清雍正内府本欽定書經傳説彙纂

第二册

清 王頊齡等撰

天津圖書館藏清雍正八年内府刻本

山東人民出版社·濟南

欽定書經傳説彙纂卷第二

舜典

集傳 今文古文皆有。今文合於堯典。而無篇首二十八字。○唐孔氏曰。東晉梅賾上孔傳。闕舜典自乃命以位以上二十八字。世所不傳。多用王范之注補之。而皆以慎徽五典以下。爲舜典之初。至齊蕭鸞建武四年。姚方興於大航頭得孔氏傳古文舜典。乃上之。事未施行。而方興以罪致戮。至隋開皇初。購求遺典。始得之。今案古文孔傳尚書。有曰若稽古以下二十八字。伏生以舜典合於堯典。只以愼徽五典。以上接帝曰欽哉之下。而無此二十八字。梅賾既失孔傳舜典。故亦不知有此二十八字。而愼徽五典以下。則固具於伏生之書。故傳者用王范之注以補之。至姚方興乃得古文孔傳舜典。於是始知有此二十八字。或者由此乃謂古文舜典一篇。皆盡亡失。至是方全得之。遂疑其僞。蓋過論也。

集說 程子曰。舜典篇末載舜終。是夏時所作可知。與堯典虞時所作同。○朱子曰。東萊謂舜典止載舜元年事。則是若說是作史之妙。則不然焉知當時別無文字在。○金氏履祥曰。子王子曰。孟子引堯典。今皆載於舜典。有以證孟子所讀。未嘗分也。孔壁之分。以冊書舒卷之長分之。無他義也。自蕭齊姚方興以二十八字加於愼徽五典之上。然後典分爲二。勢不得合矣。且玄德二字。六經無此語。此莊老之言。晉宋所尚。愚知其非本語。履祥案重華見於楚辭。玄德見於淮南子。則此二十八字。虞書當已有之。非至宋齊閒。方作此附會也。

曰若稽古帝舜。曰重華協于帝。濬哲文明。溫恭允塞玄德升聞乃命以位。

【集傳】華。光華也。協。合也。王氏肯堂曰。再見曰重。不二曰協。帝。謂堯也。濬。深。哲。智也。溫。和粹也。塞。實也。眞氏德秀曰。唐虞之時。未有誠字。此云允塞。即誠義也。玄。幽潛也。升。上也。孔氏穎達曰。從下而上謂之升。言堯既有光華而舜又有光華。可合于堯。姚氏舜牧曰。重華。即復旦之謂。因言其目。則深沈而有智。文理而光明。和粹而恭敬。誠信而篤實。有此四者。幽潛之德。程子曰。玄。幽遠之稱。舜潛德幽遠之中。又其德深遠。故云。上聞於堯。申氏時行曰。升聞。如師曰有鰥。帝曰予聞是也。堯乃命之以職位也。

集說孔氏穎達曰舜在畎畝之閒潛德顯彰於外升聞天子之朝○程子曰虞舜側微重華協于帝盛德光華與堯相襲協宜於帝位言以聖繼聖宜於天下也故云重華協于帝此句總言舜事已下重敘其德也○凡論聖人者必取其德之煥發者稱之隨其所取不必同也故稱堯曰欽明文思稱文王曰徽柔懿恭稱孔子曰溫良恭儉讓譬論玉之美者或取其色之溫潤或取其質之堅正或取其聲之清越舉其一則知其爲寶矣○林氏之奇曰堯舜充實輝光之德塞乎天地之閒初無異也而史官經緯錯綜以成文體於堯典先言欽明文思安安允恭克讓而後言光被四表格于上下蓋言堯有如是之德故能有如是之輝光也舜典先言重華協于帝而後言濬哲文明蓋言所以有如是之輝光以其有如是之德也○朱子曰濬哲文明溫恭允塞細分是八德合而言之却只是四事濬是明之發處哲則見於事也文是文章明是明著易中多言文明此是就事

上說。塞。是其中實處。○王氏炎曰。濬哲存於內。發於外。則爲文明。溫恭形於外。根於內。則爲塞實此則光華之所從生也。○呂氏祖謙曰。重華者。舜盛德重光合照。如日月遞明。常有輝光相暎與堯渾然無異。○時氏瀾曰。舜之德聞於上。堯之聞逮於下。二聖之德交感其中自不容間。則知命以位。無私於其間也。○金氏履祥曰。協于帝。則自欽明而下。皆與帝堯協。然聖德則一。而資質功力氣象自各不同。故又以濬哲以下形容之。光被至時雍。君道也。玄德至弗逆。臣道也。○陳氏櫟曰。濬哲文明溫恭允塞之盛德。由其光輝而不可掩言之。則曰重華。本於幽潛而未見言之。則曰玄德。幽潛之中。光華出焉。此與闇然而日章同意。○陳氏雅言曰。堯有是德之光。而舜復有是德之光。夫是之謂重堯之光華既如此而舜之光華復如此。夫是之謂協。此其德之發於外者無不同也。○杜氏偉曰。本言二聖之合德。却言其光華者。聖人所存處不可見。恆於其發處見之也。○王氏肯堂曰。程子以乾之初二。爲舜之側微耕漁時。德在幽潛。而竟升聞於上。正見光華不容掩處。

愼徽五典。五典克從。納于百揆。百揆時敘。賓于四門。四門穆穆。納于大麓。烈風雷雨弗迷。

集傳 徽。美也。五典。五常也。程子曰。堯旣命之以位。而舜敬美其五常之教。父子有親。君臣有義。夫婦有別。長幼有序。朋友有信。是也。從。順也。左氏所謂無違教也。此蓋使爲司徒之官也。吳氏澄曰。此試之以教萬民之事。揆。度也。百揆者。揆度庶政之官。王氏炎曰。入處其位。故曰納。惟唐虞有之。猶周之冢宰也。吳氏澄曰。此試之以總百官之事。時敘以時而敘。左氏所謂無廢事也。四門。四方之門。古者以賓禮親邦國。諸侯各以方至而使主焉。故曰賓。孔氏安國曰。四方諸侯來朝者。舜賓迎之。穆穆。和之至也。左氏所謂無凶人也。此蓋又兼四岳之官也。吳氏澄曰。此試之以臨諸侯之事。麓。山足也。烈。迅。迷。錯也。史記曰。堯使舜入山林川澤。暴風雷雨。舜行不迷。蘇氏曰。洪水爲害。堯使舜入山林。相視原隰。雷雨大至。衆懼失常。而舜不迷。其度量有絕人者。而天地鬼神亦或有以相之歟。愚謂遇烈風雷雨非常之變而不震懼失常。非固聰明誠智。確乎不亂者。不能也。易震驚百里。不喪匕鬯。意爲近之。

【集說】孔氏穎達曰。王肅云。堯得舜任之。事無不統。自慎徽五典以下。是也。○程子曰。言長幼則兄弟尊卑備矣。言朋友則鄉黨賓客備矣。孔氏謂父義母慈兄友弟恭子孝。爲能盡人倫。夫婦人倫之本。夫婦正而後父子親。乃遺之可乎。○張子曰。父子至朋友。其有分也。故謂之五品。其有彝也。故謂之五典。爲父子者。教之使有親。爲君臣者。教之使有義。至於夫婦長幼朋友亦然。故謂之五教。○林氏之奇曰。孔氏云。麓。錄也。納舜使大錄萬幾之政。此說不然。周官曰。唐虞稽古。建官惟百。內有百揆四岳。則當堯時官無尊於百揆者。大錄萬幾之政。非百揆而何。既納于百揆。又納于大麓。必無此理。○賓諸侯于四方之門。而四方諸侯來朝者。莫不和睦。如詩所謂有來雍雍至止肅肅是也○朱子語類問嶽五典是使之掌教納于百揆是使之宅百揆賓于四門是使之爲行人之官納大麓恐是爲山虞之官曰若爲山虞則其職益卑且合從史記說使之入山雖遇烈風雷雨弗迷其道也○納于大麓謂如治水之類弗迷謂舜不迷於風雨也若主祭之說某不敢信且雷雨在天如何解迷若是舜在主祭而乃有風雷之變豈得是好○呂氏祖謙曰愼有敬敷之意徽有在寛之意○時氏瀾曰舜察於人倫五典之任舉而措之耳聖人無所不敬況於五典不可以容一毫之人僞堯之試舜莫先於此克從言相感之速也○納百揆內治也賓四門外治也○陳氏大猷曰或問左氏傳舜舉八元布五教於四方舉八凱以揆百事此事當在歷試之時而書以爲舜自爲之何也曰堯以五典百揆之事試舜而舜能舉賢以爲之則亦無異於舜之自爲也○董氏鼎曰此一節與堯典以親九族而九族睦至協和萬邦而民時雍語意氣

象相似。分明上句是感。下句是應。見二聖人隨感隨應。功用神速處。○薛氏瑄曰。揆。政事可止可行。莫不揆度。其宜也。時敘蓋時至事起化至神流非舜使之敘。而自不先不後而敘也。○申氏時行曰。此承上乃命以位。而言舜之主事而事治。以見其德。愼徽。言其敬長小心以美人倫。使有恩以相愛。有文以相接。而天敘天秩。蔚然於皇極之內也。克從則百姓親。五品遜。而德足以惇典庸禮可知。納百揆。以德而爲率作之權也。時敘。則大綱舉。萬目張。而德足以統理萬幾可知。四門穆穆。則德足以儀刑百辟可知。風雷是偶值其變。觀其弗迷。則見其有絕人之度。而其德足以當大任而不懾又可知。蓋處職而盡職。固足以見其德。遇變而不變。亦足以見其德也。○王氏肯堂曰。五典在人。爲秉彝懿德。惟不親不遜。故失其美耳。舜敬以美之。直從他克諧以孝一段躬行心得處。昭布出來。爲勞來匡直輔翼之施。使天下之爲父子兄弟者。無不反薄歸厚。而相親相遜。是五典之美。

自舜之一念兢兢業業處以美之也。

帝曰格汝舜詢事考言乃言厎可績三載汝陟帝位舜讓于德弗嗣。

【集傳】格來詢謀乃汝厎致陟升也堯言詢舜所行之事。王氏肯堂曰。所行之事即歷試之事。而考其言則見汝之言致可有功。程子曰。詢謀汝所行之事。以考汝之前言。皆可致功實也。於今三年矣汝宜升帝位也。讓于德讓于有德之人也或曰謙遜自以其德不足爲嗣也。

孔氏穎達曰。君之馭臣。必三年考績。鯀三考乃退。

集說

此一考使升者。大聖之事。不可以常法論也。○程子曰。聞其言。則堯知其聖矣。見其事。至於三年。而後天下知其聖也。○蘇氏軾曰。舜之始見堯也。必有以論天下之事。其措置當爾。其成當如何。考三年而其言驗。乃致其功。○林氏之奇曰。唐虞官人之法。必先察其言。然後考其成功之稱否而加黜陟焉。此所謂敷奏以言。明試以功。車服以庸。是也。○朱子曰。堯命舜曰。三載汝陟帝位。舜讓于德。弗嗣。則是不居其位也。其曰受終于文祖。則是攝行其事也。故舜之攝。不居其位。不稱其號。只是攝行其職事耳。到得後來舜遜於禹。不復言位。止曰總朕師爾。其曰汝終陟元后。則今不陟也。率百官若帝之初者。但率百官如舜之初爾。○舜居攝時。不知稱號謂何。觀受命則是巳將天下分付他了。○時氏瀾曰。當是時。足以受堯之天下者。無以易舜。讓德弗嗣。蓋一旦將任天地萬物之責。聖人之心。自有惕然如不勝之意此堯之兢兢。舜之業業也。下文若不相接。意必舜有再遜之辭。史官闕焉。當有如舜命禹之辭曰惟汝諧者。即大禹謨可以互見。史官省文之體。讀書者當知之。○王氏樵曰。堯於舜。以聖知聖。豈待考而後見。久而始決。而必曰厎績。必曰三載。使其功效已著。人所共見。而後舉而加諸上位。則莫不宜之。此聖人舉人之道也。人無聖人之明。而欲舍功能之實。信心任耳。豈不難哉。○申氏時行曰。堯之禪位。不於玄德升聞之日。而必於歷試三載之後者。以天下與人易。爲天下得人難也。舜當曆數之在躬。猶謙讓而不處者。不以得天下爲樂。而以治天下爲憂也。

附錄　金氏履祥曰。王文憲謂論語引堯曰。咨爾舜。天之曆數在爾躬。允執其中。四海困窮。天祿永終。當在此。○曹氏學佺曰。案此下疑有闕文。金氏取論語補之。以接受終之事。且使禹謨十六字心傳。有所本云。

正月上日。受終于文祖。

集傳 上日。朔日也。孔氏穎達曰。每月皆有朔日。此是正月之朔。故云上日。言一歲日之上也。葉氏曰。上旬之日。曾氏曰。如上戊上辛上丁之類。未詳孰是。受終者。堯於是終帝位之事。而舜受之也。文祖者。堯始祖之廟。未詳所指爲何人也。

集說 王氏炎曰。堯所從受天下者也。林氏之奇曰。據下文月正元日。舜格于文祖。大禹謨言正月朔旦。受命于神宗。則此上日。宜爲朔旦。特史官變其辭而云爾。猶正月朝會謂之元會。元會亦朔日也。豈有受命于神宗。獨用朔日。而受終于文祖。獨不用朔日乎。然月令。仲春之月。擇元日命民社。則元日亦不必爲朔日也。元日既不必爲朔日。則上日亦不必爲上句之日也。曾氏以謂舜之受終。其日不可以不卜。卜之而朔日不吉。則用上句之日。下言用朔日。蓋朔既吉。不須用他日。此說雖長。然而世代久遠。時日之詳。不可得而考。曾氏之說。亦不敢以爲必然之論。薛氏云。受天下於人。必告於其人之所從受者。此論當矣。然而所祖之人。不可得而知也。祭法曰。有虞氏禘黃帝而郊嚳。祖顓頊而宗堯。舜典大禹謨皆虞書也。既是虞書。則所稱祖宗。必自虞世言之。神宗。卽堯也。神宗爲堯。則文祖亦可指爲顓頊。然而去古遠矣。不可以爲必然之論。○董氏鼎曰。堯老舜攝。堯之爲帝自若也。而遽以受終告祖者。蓋天子之有天下。當以其身爲始終。昔由祖以有其始。今告祖以受其終。此爲告攝而謂之受終。蓋以重舜之責也。○潘氏士遴曰。易坤六三曰。無成有終。文言曰。地道無成。而代有終也。用六利永貞。象曰。以大終也。易。陽爲大。陰爲小。以大終者。左右其大以有終也。當時堯命舜陟帝位。舜固讓。舜之受終。正受代堯終。皆以終堯事。所謂成厥終也。

在璿璣玉衡。以齊七政。

集傳 在。察也。楊氏肇芳曰。察。心目在是也。美珠謂之璿。璣。機也。以璿飾璣所以象天體之轉運也。衡。橫也。謂衡簫也。以玉爲管。馬氏融曰。橫簫。所以視星宿也。以璿爲璣。以玉爲衡。蓋貴天象也。橫而設之所以窺璣而齊七政之運行。孔氏穎達曰。璣爲轉運。衡爲橫簫。運璣使動於下。以衡望之。是王者正天文之器。猶今之渾天儀也。七政。日月五星也。七者運行於天有遲有速有順有逆。猶人君之有政事也。吳氏澄曰。各有限節度數如國家之政然。此言舜初攝位。整理庶務。首察璣衡以齊七政。馬氏融曰。日月星皆以璿璣玉衡。度知其盈縮進退。蓋曆象授時。所當先也。

○案渾天儀者。天文志云。言天體者三家。陳氏師凱曰。案此段注。全據孔氏疏。此所謂天文志。乃蔡邕所作。非諸史之志也。一曰周髀。二曰宣夜。三曰渾天。晉天文志云。一曰蓋天。蔡邕所謂周髀者。卽蓋天之說也。其本庖犧氏立周天歷度。其所傳。則周公受於殷商。周人志之。故曰周髀。宣夜絕無師說。不知其狀如何。孔氏穎達曰。虞喜云。宣。明也。夜。幽也。幽明之數。其術兼之。但絕無師說。周髀之術。以爲天似覆盆。蓋以斗極爲中。中高而四邊下。日月傍行遶之。日近而見之爲晝，日遠而不見爲夜。晉天文志云：髀，股也。股者，表也。其言天似蓋笠，地法覆槃，天地各中高外下。北極之下，爲天地之中，其地最高，而滂沲四隤，三光隱映，以爲晝夜。蔡邕以爲考驗天象，多所違失。渾天説曰：天之形狀似鳥卵，地居其中，天包地外，猶卵之裹黄，圓如彈丸。陳氏師凱曰：此説是吳中常侍廬江王蕃所作，晉志亦引之。又晉志及孔疏裏字皆作裹。取包裹之義，今蔡傳諸本竝訛作裏字。故曰渾天，言其形體渾渾然也。其術以爲天半覆地上，半在地下，其天居地上見者一百八十二度半强。陳氏師凱曰：此度是自東數向西去，直排定者，如機上數經絲也。地下亦然，北極出地上三十六度。南極入地下亦三十六度。陳氏師凱曰。此下數句。論度數。直至冬至去極一百一十五度。皆是自北數向南去。橫布定者。如機上數緯絲也。愚案渾天家見天體圓如彈丸。南北東西。縱廣如一。遂借三百六十五度闊狹之限。橫布於天。以記二極相去及出地入地冬夏二至春秋二分日行相去中間所隔廣狹多寡之數。是以渾天說中所論度數。有以縱言者。有以橫言者。讀者宜別之。而嵩高正當天之中。極南五十五度。當嵩高之上。又其南十二度。爲夏至之日道。又其南二十四度。爲春秋分之日道。又其南二十四度。爲冬至之日道。南下去地三十一度而已。是夏至日。北去極六十七度。春秋分。去極九十一

度冬至去極一百一十五度此其大率也其南北極持
其兩端其天與日月星宿斜而迴轉此必古有其法遭
秦而滅至漢武帝時落下閎始經營之鮮于妄人又量
度之至宣帝時耿壽昌始鑄銅而爲之象揚氏雄曰或
問渾天曰落
下閎營之鮮于妄人度之耿中丞象之幾乎幾乎莫之
能違也○陳氏師凱曰此皆據孔疏漢志不載今案隋
志云渾天儀者羲和之舊器積代相傳謂之機衡又有
渾天象者以著天體以布星辰古渾象以二分爲一度
周七尺三寸半而莫知何代所造今案虞喜云落下閎
爲武帝於地中轉渾天定時節作泰初曆或其所製也
隋志分儀象爲二篇謂機衡爲儀謂有機無衡者
爲象故注疏及傳亦或言象或言儀各有所指也宋錢

樂又鑄銅作渾天儀。衡長八尺。孔徑一寸。璣徑八尺。圓周二丈五尺強。陳氏師凱曰。錢樂。本名樂之。孔疏脫之字。南史無傳。隋志言徑八尺者。漢候臺銅儀也。又云宋文帝元嘉十三年。太史令錢樂之采效儀象鑄銅爲之。徑六尺八分少。周一丈八尺二寸六分少。地在天內不動。以爲渾儀。則內鈌衡管。以爲渾象。則地不在外。是别爲一體。愚案孔疏與正史。大同小異。蔡傳止據疏義耳。轉而望之。以知日月星辰之所在。卽璿璣玉衡之遺法也。歷代以來。其法漸密。本朝因之。陳氏師凱曰。渾儀至唐李淳風一行而法甚密。本朝因之者。言宋亦因用舊儀。不曾改創法度也。爲儀三重。其在外者曰六合儀。平置黑單環。俞氏震曰。名地平環。此地面四方之象也。上刻十二辰八干四隅在地之位。以準地面而定四方。側立黑雙環。俞氏震曰。名天經環。此天半在地上。半在地下之象也。背刻去極度數。陳氏師凱曰。皆是自北數向南去之度。以中分天脊直跨地平。使其半入地下。而結於其子午。以爲天經。斜倚赤單環。俞氏震曰。名天緯環。上下與天經相銜。東西與地平相銜。此天腹赤道之象也。背刻赤道度數。陳氏師凱曰。皆是自西數向東去之度。以平分天腹橫繞天經。亦使半出地上。半入地下。而結於其卯酉。以爲天緯。三環表裏相結不動。其天經之環。則南北二極。皆爲圓軸。虛中而內向。以挈三辰四遊之環。以其上下四方。於是可考。故曰六合。次其內曰三辰儀。側立黑雙環。俞氏震曰。制卽如天經黑雙環在內而差小。銜附黃赤二環以轉動。亦刻去極度數。外貫天經之軸。內挈黃赤二道。其赤道則爲赤單環。俞氏震曰。制亦如天緯赤單環在內而差小。上下與三辰雙環相銜。外依天緯。亦刻宿度。而結於黑雙環之卯酉。其黃道則爲黃單環。俞氏震曰。上下亦與三辰雙環相銜。亦刻宿度。而又斜倚於赤道之腹。以交結於卯酉。而半入其內。以爲春分後之日軌。半出其外。以爲秋分後之日軌。又爲白單環。俞氏震曰。鎖定黃赤二環。以承其交使不傾墊下設機輪以水激之使其日夜隨天東西運轉以象天行以其日月星辰於是可考故曰三辰其最在內者曰四遊儀陳氏師凱曰案新唐書天文志貞觀初李淳風上言舜璿璣玉衡渾天儀也太宗因詔爲之七年儀成帝稱善置於凝暉閣又舊唐書天文志云開元九年詔一行與梁令瓚更造渾儀一日一夜天轉一周命之曰水運渾天俯視圖置於武成殿前其規環尺寸具載唐志宋太宗更名太平渾儀亦爲黑雙環如三辰儀之制俞氏震曰在內而又小以貫天經之軸其環之內則兩面當中各施直距俞氏震曰直距者銅板二縱置於四遊儀內上屬北極下屬南極中施關軸以夾望筒所謂望筒者卽玉衡也外指兩軸

而當其要中之內面。又爲小竅。以受玉衡要中之小軸。使衡既得隨環東西運轉。又可隨處南北低昂。以待占候者之仰窺焉。以其東西南北。無不周徧。故曰四遊。俞氏震曰。右渾儀三重。六合不動。以象天地四方。三辰運動以象天行。四遊則亦運動而窺測焉。雙環雙鑄一樣。二合爲一。故厚。可貫管軸。單環單鑄。故薄。其天經環南北二極之次。有孔。衡軸以穿三辰四遊於內。使可運轉。軸如管虛中。其外有臍兩層。以間隔三辰四遊之位次。○陳氏師凱曰。爾雅疏云。地與星辰。俱有四遊升降。愚謂天動地靜。地氣雖升降。而地之體則隤然不動。所謂四遊決無此理。輒據此以釋四遊儀之所以得名耳。　此其法之大略也。沈括曰。舊法規環。一面刻周天度。一面加銀丁。蓋以夜候天晦不可目察。則以手切之也。古人以璿飾璣。疑亦爲此。今太史局秘書省銅儀制極精緻。亦以銅丁爲之。曆家之説。又以北斗魁四星爲璣。杓三星爲衡。史記天官書索隱云。春秋運斗樞云。斗。第一天樞。第二璇。第三璣。第四權。第五衡。第六開陽。第七摇光。第一至第四爲魁。第五至第七爲杓。○晉志。魁四星爲璿璣。杓三星爲玉衡。今詳經文簡質。不應北斗二字。乃用寓名。恐未必然。姑存其説。以廣異聞。

集説 蔡氏邕曰。懸璣以象天。而衡望之。轉璣窺衡以知星宿。○孔氏穎達曰。上天之體。不可得知。測天之事。見於經者。惟有此璿璣玉衡而已。○邵子曰。天南高而北下。是以望之如倚蓋焉。地東南下。西北高。是以東南多水。西北多山。天覆地。地載天。天地相函。故天上有地。地上有天。○林氏之奇曰。曾氏云。步七政之軌度時數。而以轉璣窺衡。兩不差焉。故曰齊。其不齊者。爲陵歷鬭食盈縮犯守者也。蓋璣衡之所見者。皆其軌度時數之當然。不如璣衡。則爲變異。此說是也。○堯之曆象日月星辰。考四方之中星。至舜考察日月之行。加之以五緯之躔度。然後其法加密也。王氏云。堯典所言者。皆道也。於此所言。皆器也。事也。此說殊不然。夫堯典所謂曆象。卽舜典所謂璣衡。舜典所謂七政。卽堯典所謂日月星辰。皆在其中矣。豈有道與器與事之異哉。○夏氏僎曰。七政在天躔度長短多寡不同。日行一度。月行十三度十九分度之七。歲星日行千七百二十八分度之百四十五。熒惑日行一萬三千八百二十四分度之七千三百五十五。太白辰星。日各行一度。鎭星日行四千三百八十分度之百四十五。七政躔度長短多寡不同如此。然必謂之齊者。沈存中謂熙寧中受詔。典領曆官考察星辰。以璣衡求極星。從窺管候之。凡三月。極星常循窺管之中。夜夜不差。則窺管卽玉衡也。○朱子曰。孔注謂舜察天文。齊七政。以審己當天心與否。未必然。只是從新整理起。此是最先當理會者。故從此理會去。○一日論及璣衡及黄赤道日月躔度。潘子善曰。嵩山本不當天之中。爲是天形欹側。遂當其中耳。曰。嵩山不是天之中。乃是地之中。黄道赤道皆在嵩山之北。南極北極。天之樞紐。只此處不動。如磨臍然。此是天之中。至極處。如人之臍帶也。○曆法要當先論太虚。以見三百六十五度四分度之一。一定位。然後論天行。以見天度加損虚度之歲分。歲分既定。然後七政乃可齊耳。○眞氏德秀曰。舜受終之初。察璿璣以揆七政之運。正如人子之事親。候伺顔色。惟恐一毫少咈於親心。此大舜事天之敬也。○張氏居正曰。帝王致治之道。莫大於敬天勤民。故帝堯即位，即命羲和欽若昊天；帝舜受攝，即在璿璣玉衡以齊七政。其敬天勤民之心，先後一揆也。○申氏時行曰：在器者有隱見完否之弊，在天者亦有轉移進退之差，所以致其察也。天運難見，即諸器而可求；法制易湮，驗諸天而益合。則一推步之間，而天時以定，曆法以審矣。此固體帝堯欽若昊天之心，爲敬授人時之地者也。○王氏肯堂曰：二十八宿附天，天不動，動者日月五星。其行歷處，即爲曆數，故謂之政。天積氣無形，二十八宿分之爲限，每宿各有定數，合爲三百六十五度有餘。日月五星循此宿度，隨天轉行，以成人間歲時日月之候。曆數所以算之，儀象所以觀而察之。遲速順逆，合其常度而不差，所謂齊也。七政齊而四時正，此曆象授時所當先也。

【案】璿璣玉衡，乃治曆觀天之器也。曆之理，非數無以顯；而數非象無以明。璿璣玉衡，實具天象。七政麗天，惟月之距地爲近。次日。次金水。次火。次木。次土。而恒星爲最遠。七政之行。惟月之左旋爲速。次日。次金水。次火。次木。次土。而恒星爲最遲。又就其行度細較之。日有盈縮。月有朓朒。五星復有遲留順逆之不同。必有以齊之。而後曆可治焉。然七政之行。必紀於天之度。而天度不離乎黄赤二道之經緯。平分天腰者。赤道也。交於赤道以會於兩極者。爲赤經。與赤道平行者爲赤緯。斜交赤道而出其内外者。黄道也。交於黄道以會於黄極者爲黄經。與黄道平行者爲黄緯。聖人觀天地之經緯。七政之運行。而爲璿璣以象之。復爲玉衡以窺之。以察日之南北則節氣之蚤晚可辨。以察日之出入則晝夜之永短可分。以察月之周天與會日。則晦朔弦望之期候可定。至於五星之會日沖日而有合伏退望。五星之近日遠日而有順逆遲留。與夫日月五星之互相掩映而爲交食凌犯。俱可推步而不爽。是卽所謂齊也。蓋璿璣之設。象天體之經緯。玉衡之製。窺七政之運行。曆家雖有周髀宣夜渾天之異名。要皆與璣衡相爲表裏者也。

肆類于上帝。禋于六宗。望于山川。徧于羣神。

集傳 肆。遂也。程子曰。猶言於是也。類。禋。望。皆祭名。周禮肆師類造于上帝。注云。郊祀者。祭昊天之常祭。非常祀而祭告于天。其禮依郊祀爲之。故曰類。如泰誓武王伐商。王制言天子將出。皆云類于上帝是也。孔氏穎達曰。所言類者。皆是祭天之事。言以事類而祭也。禋。精意以享之謂。孫氏炎曰。潔敬之祭也。宗。尊也。所尊祭者。其祀有六。祭法曰。埋少牢於泰昭。祭時也。鄭氏康成曰。昭者。明也。亦壇也。時。四時也。亦謂陰陽之神也。埋之者。陰陽出入於地中也。凡此以下。皆用少牢。相近於坎壇。祭寒暑也。鄭氏康成曰。相近讀爲禳祈。郤也。求也。寒於坎。暑於壇。王宮。祭日也。夜明。祭月也。幽宗。祭星也。雩宗。祭水旱也。鄭氏康成曰。王宮。日壇。夜明。月壇。宗。讀爲禜。幽禜。星壇。雩禜。水旱壇。山川。名山大川。五嶽四瀆之屬。望而祭之。故曰望。徧周徧也。羣神。謂邱陵墳衍古昔聖賢之類。孔氏穎達曰。周禮大司徒注云。積石曰山。竹木曰林。注瀆曰川。水鍾曰澤。土高曰邱。大阜曰陵。水厓曰墳。下平曰衍。此舉邱陵墳衍。則林澤亦包之矣。古之聖賢。謂祭法所云在祀典者。黃帝顓頊句龍之類。皆祭之也。言受終觀象之後。卽祭祀上下神祇。以攝位告也。

【集說】孔氏穎達曰。祭法云。有天下者祭百神。偏祭羣神。是天子事也。周禮大宗伯云。以禋祀祀昊天上帝。以實柴祀日月星辰。以槱燎祀司中司命。風師雨師。鄭云。禋之言煙。周人尚臭。煙氣之臭聞者也。鄭以禋祀之文在燎柴之上。故以禋爲此解。而洛誥曰明禋。又曰禋于文王武王。經傳此類多矣。非燔柴祭之也。知是精誠潔敬之名耳。○蘇氏軾曰。春秋不郊。猶三望。三望分野之星與國中山川。乃知古者郊天。必及天地間尊神。魯諸侯。故三望而已。此之禋六宗。望山川。偏羣神。蓋與類上帝爲一禮爾。考之祭法。其泰壇祭天。卽此類上帝也。祭時寒暑日月星水旱。卽此禋六宗也。四坎壇祭四方。與山林川谷邱陵能出雲爲風雨見怪物。皆曰神。卽此望山川偏羣神也。祭法所敘。舜典之章句義疏也。○林氏之奇曰。自形體而言之。則謂之天。自主宰而言之。則謂之帝。其實一也。○朱子曰。類只是祭天之名。其義則不可曉。與所謂旅上帝同。皆不可曉。然決非是常祭。○

問六宗。曰。古注說得自好。鄭氏宗讀爲禜。即祭法中所謂祭時祭寒暑祭日祭月祭星祭水旱者。如此說。則先祭上帝。次禋六宗。次望山川。然後徧及羣神。次序皆順○張氏居正曰。人君一身。乃是天地百神之主。故舜於攝位之初。首舉祀典如此。

輯五瑞。既月乃日覲四岳羣牧。班瑞于羣后。

集傳 輯。斂。孔氏穎達曰。釋言云。輯。合也。輯是合聚之義。故爲斂也。瑞。信也。公執桓圭。周禮疏云。桓。若屋之桓楹。宮室之象。所以安其上也。侯執信圭。伯執躬圭。子執穀璧。男執蒲璧。周禮注云。穀。所以養人。蒲。爲席。所以安人。○薛氏季宣曰。桓圭。圭之方者。以四植文爲飾。信圭直之。躬圭絀之。穀璧粟文。蒲璧微麤。瑞器。其總名也。五等諸侯執之以合符於天子。而驗其信否也。周禮。天子執冒以朝諸侯。鄭氏注云。名玉以冒。以德覆冒天下也。諸侯始受命。天子錫以圭。圭頭斜銳。其冒下斜刻。周禮疏云。方四寸。斜刻之。小大長短廣狹如之。諸侯來朝。天子以刻處冒其圭頭。有不同者。則辨其僞也。既盡覲見。四岳四方之諸侯。羣牧。九州之牧伯也。孔氏穎達曰。州牧各監一州諸侯。王氏天與曰。毛氏云。牧取守養之義。○程子曰。輯五瑞。徵五等之諸侯也。此巳上皆正月事。至盡此月。則四方之諸侯有至者矣。遠近不同。來有先後。故日日見之不如他朝會之同期於一日。蓋欲以少接之。則得盡其詢察禮意也。班。頒同。孔氏穎達曰。釋言云。班。賦也。孫炎曰。謂布與也。輯是斂聚。班爲散布。故爲還也。羣后。卽侯牧也。既見之後。審知非僞。則又頒還其瑞。以與天下正始也。

集說　林氏之奇曰。四岳則盡率方岳之諸侯。羣牧則各率其方之諸侯以從四岳。猶康王之誥云。太保率西方諸侯入應門左。畢公率東方諸侯入應門右。蓋於是始見四方之諸侯也。○朱子曰。覲是正君臣之禮。較嚴。天子當依而立。不下堂而見諸侯。朝是講賓主之禮。天子當宁而立。在路寢門之外。相與揖遜而入。○陳氏大猷曰。類帝而下。見君受命於天。輯五瑞而下。見臣受命於君。○陳氏雅言曰。輯瑞於攝位之初者。將以驗其信否。而盡其詢察之道。班瑞於既覲之後者。所以與之正始。而示夫更新之義也。○鄧氏孝孺曰。四岳領羣牧。羣牧領羣后。制也。不曰覲羣后。而曰覲四岳羣牧。明統也。不曰班瑞於岳牧。而曰班瑞於羣后。紀實也。○陸氏鍵曰。來則見之。見則班之。上不以亟見爲數。下不以後至爲慢。此爲攝位而異其禮。亦是通天下精神之妙法。

歲二月。東巡守。至于岱宗。柴。望秩于山川。肆覲東后。協時月正日。同律度量衡。修五禮。五玉。三帛。二生。一死。贄。如五器。卒乃復。五月南巡守。至于南岳。如岱禮。八月西巡守。至于西岳。如初。十有一月朔巡守。至于北岳。如西禮。歸。格于藝祖用特。

集傳 孟子曰。天子適諸侯曰巡守。巡守者。巡所守也。歲二月。當巡守之年二月也。林氏之奇曰。歲二月者。來歲之二月。蓋前一年。羣后來朝。故至明年。舜乃巡守。考制度于四岳。非與覲岳牧頒瑞同在一年之中。岱宗。泰山也。應氏劭曰宗。長也。五岳之長。地理今釋 岱宗。魯頌作泰山。周禮作岱山。在今山東濟南府泰安州北五里。柴燔柴以祀天也。望。望秩以祀山川也。朱子曰。燔柴以祀天而遂望祭東方之山川。又各以其秩次而就祭之也。○注家以至岱宗柴爲句。某謂當以柴望秩於山川爲一句。如柴望大告武成。漢郊祀志。亦云柴望秩於山川。秩者。其牲幣祝號之次第。如五岳視三公。

四瀆視諸侯。其餘視伯子男者也。孔氏穎達曰。祭五岳。如祭三公之禮。祭四瀆。如祭諸侯之禮。祭山川。如祭伯子男之禮。東后東方之諸侯也。時謂四時。月。謂月之大小。日謂日之甲乙。其法略見上篇。曾氏旼曰。三百六十。當期之日。然時之爲九十日常有餘。月之爲三十日常不足。故協之爲難。幷時之有餘。月之不足而協之。故十九年而七閏。謂之章。二十七章謂之會。時月之朔。由章會至于統元則至與朔合焉。此之謂協時月日。在天爲度。在曆爲日。時月由此積焉。故正之。諸侯之國。其有不齊者。則協而正之也。林氏之奇曰。古者天子曆官。主頒朔於諸侯。諸侯必受曆於天子。以頒授於萬民。協正者。懼時月之有差也。○朱子曰。只是合同其時月日爾。非謂作曆也。律。謂十二律。律黃鍾。大簇。姑洗。蕤賓。夷則。無射。大呂。夾鍾。仲呂。林鍾。南呂。應鍾也。班氏固曰。五聲之本。生于黃鍾之律。九寸爲宮。或損或益。以定商角徵羽。九六相生。陰陽之應也。黃帝使伶倫自大夏之西。崑崙之陰。取竹之解谷生。其竅厚均者。斷兩節間而吹之。以爲黃鍾之宮。制十二篇以聽鳳之鳴。其雄鳴爲六。雌鳴亦六。比黃鍾之宮。而皆可以生之。是爲律本。六爲律。六爲呂。凡十二管。皆徑三分有奇。空圍九分。王氏天與曰。蓋空圍中九分也。而黃鍾之長九寸。陳氏師凱曰。律呂本原云。黃鍾者。陽聲之始。陽氣之動也。故其數九。大呂以下。律呂相間。以次而短。至應鍾而極焉。陳氏師凱曰。律呂本原云。黃鍾九寸。大呂八寸三分七釐六毫。大簇八寸。夾鍾七寸四分三釐七毫三絲。姑洗七寸一分。仲呂六寸五分八釐三毫四絲六忽。

蕤賓六寸二分八釐。林鍾六寸。夷則五寸五分五釐一毫。南呂五寸三分。無射四寸八分八釐四毫八絲。應鍾四寸六分六釐。**以之制樂而節聲音。則長者聲下。短者聲高。下者則重濁而舒遲。上者則輕清而剽疾。**陳氏師凱曰。律呂本原云。黄鍾之數九九八十一。是爲五聲之本。故三分損益以生徵商羽至角聲六十四。以三分之不盡一算。數不可行。此聲之數所以止於五也。朱子曰。五聲之序。宮最大而沈濁。羽最細而輕清。商之大次宮。徵之細次羽。而角居四者之中焉。愚謂五聲之大小。出於五行之生數。數少者清。數多者濁。天一生水。數最少。故羽最清。天五生土。數最多。故宮最濁。地二生火。故徵之清次羽。地四生金。故商之濁次宮。天三生木。居四者之中。故角音之清濁亦居四者之中也。實本于河洛之自然。豈人力之所强爲哉。**以之審度而度長短。**班氏固曰。

度起于黃鍾之長。而五度審矣。則九十分黃鍾之長。一爲一分。而十分爲寸。十寸爲尺。十尺爲丈。十丈爲引。以之審量而量多少。班氏固曰。量起于黃鍾之龠。而五量嘉矣。則黃鍾之管。其容子穀秬黍中者。一千二百以爲龠。而十龠爲合。陳氏師凱曰。蔡傳謂十龠爲合。蓋誤於孔疏也。漢志。合龠爲合。蓋合者。取合幷二龠之義。若謂十龠爲合。則一斛該萬龠。而量過於大矣。據朱子文集。亦作合龠爲合。十合爲升。十升爲斗。十斗爲斛。以之平衡而權輕重。班氏固曰。衡權起于黃鍾之龠。而五權謹矣。則黃鍾之龠所容千二百黍。其重十二銖。兩龠則二十四銖爲兩。十六兩爲斤。三十斤爲鈞。四鈞爲石。此黃鍾所以爲萬事根本。諸侯之國。其有不一者。則審而同之也。林氏之奇曰。班孟堅律曆志云。推曆生律制器。規圜矩方。權重衡平。準繩嘉量。探賾索隱。鈎深致遠。莫不用焉。蓋律曆之法。同起于數。由衡生規。由規生矩。由矩生繩。由繩生準。而天下制度。舉不出于此矣。堯曆象之時。制度已備。舜之時。不過同之協之而已。時月之差。由積日而成。其法則先麤而後精。度量衡。受法於律。其法則先本而後末。故言正日在協時月之後。同律在度量衡之先。立言之敘。蓋如此也。五禮。吉凶軍賓嘉也。孔氏穎達曰。周禮大宗伯云。以吉禮祀邦國之鬼神示。以凶禮哀邦國之憂。以賓禮親邦國。以軍禮同邦國以嘉禮親萬民之昏姻。知五禮謂此者。以帝王相承事有損益。後代之禮亦當是前代禮也。修之。朱子曰。修品節之也。所以同天下之風俗。五玉。五等諸侯所執者。卽五瑞也。三帛。諸侯世子執纁。公之孤執玄。附庸之君執黃。二生。卿執羔。大夫執鴈。一死。士執雉。鄭氏康成曰。羔。取其羣而不失其類。鴈。取其候時而行。雉。取其守介死不失節也。五玉三帛二生一死所以爲贄而見者。林氏之奇曰。三帛二生一死贄則受之。惟五玉則禮畢而復還之。聘義云。以圭璋聘重禮也。已聘而還圭璋。此輕財而重禮之義也。此九字當在肆覲東后之下。協時月正日之上。誤脫在此。言東后之覲。皆執此贄也。朱子曰此段疑有錯簡。如五器。劉侍講曰。如。同也。五器。卽五禮之器也。王氏樵曰。如簠簋籩豆之屬。爲吉禮之器。衰絰冠屨之屬。爲凶禮之器。旗物鐸鐃之屬。爲軍禮之器。玉帛生死之屬。爲賓禮之器。琴瑟鐘磬射侯投壺之屬。爲嘉禮之器。是也。周禮六器。蒼璧。黃琮。青圭。赤璋。白琥。玄璜。六贄。璧以帛。琮以錦。圭以馬。璋以皮。琥以繡。璜以黼。卽舜之遺法也。卒乃復者。舉祀禮覲諸侯。一正朔。同制度。修五禮。如五器。數事皆畢。則不復東行。而遂西向。且轉而南行也。故曰卒乃復。朱子曰。卒乃復。是事畢而歸。非是以贄爲復也。南岳衡山。孔氏穎達曰。釋山又云。霍山爲南岳。張揖云。天柱謂之霍山。郭璞爾雅注云。霍山今在廬江灊縣。潛水出焉。別名天柱山。【地理今釋】南岳。周禮作衡山。山海經作岣嶁山。在今湖廣衡州府衡山縣西北三十里。接衡陽縣。及長沙府界。**西岳華山。**地理今釋西岳。禹貢作太華。周禮作華山。在今陝西西安府華陰縣南十里。**北岳恆山。**地理今釋北岳。禹貢作恆山。漢避文帝諱。改常山。在今山西大同府渾源州南二十里。接直隸眞定府界。案恆山自班固漢志載於上曲陽。今眞定府曲陽縣。酈道元水經注以下咸宗之。然今曲陽縣治。去山趾一百四十里。不若渾源之近。本朝釐正祀典。祠恆山於渾源州。當主渾源爲是。**二月東。五月南。八月西。十一月北。各以其時也。格。至也。言。至于其廟而祭告也。**林氏之奇曰。巡守四岳既畢。然後歸格于藝祖用特。則是一年而周四岳。然後歸也。**藝祖疑卽文祖。或曰。文祖藝祖之所自出。未有所考也。特。特牲也。謂一**

牛也。古者君將出。必告於祖禰。歸。又至其廟而告之。孝子不忍死其親。出告反面之義也。王制曰。歸格於祖禰。鄭注曰。祖下及禰。皆一牛。程子以爲但言藝祖。舉尊爾。實皆告也。但止就祖廟。共用一牛。不如時祭各設主於其廟也。二説未知孰是。今兩存之。

【集説】林氏之奇曰。必以歲二月東巡者。朱博士曰。天子巡守。必順陰陽之氣以出入。春則之乎東。夏則之乎南。秋則之乎西。冬則之乎北。而又以地言之。自東徂南。自南徂西。自西徂北。然後自北而歸京師。亦其理也。此説盡之。○律之十二。又生於曆之十二。故同律度量衡。必先協時月正日。禮有因革損益。故曰修。○胡旦疑一歲不能周萬五千里。此不然。叔恬問王通。舜一歲而巡守四岳。國不費而民不勞。何也。曰。儀衛少而徵求寡也。○朱子語類。問建牧立伯。小大相維。自可以垂拱無爲矣。何故復有巡守之舉。豈牧伯不足任耶。或云因以祭天。且朝諸侯。又云君民一體。不可邈然不相接。故必躬親巡撫。然後上下情通而教化洽矣。此先王之誠心。二說孰是。曰。建牧立監。與巡守之義。竝行不悖。祭天朝諸侯巡撫之意。皆在其中矣。先王之政。體用兼舉。本末備具。非若後世儒者一偏之說。有體而無用。得本而遺末也。○巡守亦非舜創立此制。蓋亦循襲將來。故黃帝紀。亦云披山通道。未嘗寧居。○舊說皆云如五器。謂即是諸侯五玉之器。初既輯之。至此禮既畢。乃復還之。看來似不如此。五器。五禮之器也。五禮者。乃吉凶軍賓嘉之五禮。如者。亦同之義。言有以同之。使天下禮器皆歸於一。○問四岳惟衡山最遠。先儒以爲非今之衡山。別自有衡山。不知在甚處。曰。恐是嵩山之南。若如此。則四岳相去甚近矣。又云。唐虞時。以潛山爲南岳。五岳亦近非是一年往一處。然古之天子。一歲不能遍及四岳。則到一方境上會諸侯。亦可。周禮有此禮。○呂氏祖謙曰。巡守而歸。苟民物有一不得其所。其見祖廟有愧必矣。想舜歸格之時。對越在廟。慰愜可知。○自此以下至遏密八音以前。皆史雜載舜攝位二十八年中之事。○陳氏經曰。時月日。正朔所自出。律度量衡。制度所自始。五禮。名分上下所由正。此所以大一統。而無國異政之患也。○歸而告至。則出告可知。○陳氏大猷曰。天下非一人所能獨治。於是有封建。諸侯不能保其常治。於是有巡守。巡守所以維持封建也。歲月易流。人心易懈。法度易弛。上下易隔。非天子時巡考察作新之。治豈能久而無弊哉。

五載一巡守。羣后四朝。敷奏以言。明試以功。車

服以庸。

集傳五載之內。天子巡守者一。諸侯來朝者四。蓋巡守之明年。則東方諸侯來朝於天子之國。又明年。則南方之諸侯來朝。又明年。則西方之諸侯來朝。又明年。則北方之諸侯來朝。又明年。則天子復巡守。是則天子諸侯雖有尊卑。而一往一來。禮無不答。是以上下交通。而遠近洽和也。敷陳。奏進也。周禮曰。民功曰庸。王氏樵曰。如敎養萬民等事。是也。程子曰。敷奏以言者。使各陳其爲治之說。言之善者。則從而明考其功。有功。則賜車服以旌異之。孔氏穎達曰。功成則表顯其能用。其言不善。則亦有以告飭之也。林氏曰。天子巡守。則有協時月日以下等事。諸侯來朝。則有敷奏以言以下等事。

【集說】鄭氏康成曰。人以車服爲榮。故天子之賞諸侯皆以車服賜之。覲禮云。天子賜侯氏以車服。是也。又如采菽詩云。君子來朝。何以予之。雖無予之。路車乘馬。又何予之。玄衮及黼。皆庸以車服之證也。○林氏之奇曰。以封建爲國。則巡守朝覲之時。不可以不嚴。舜五載一周四岳。覲諸侯。考制度。定禮樂。以一四方之視聽。其閒四年。則使四方諸侯。分來朝於京師。考試其言行而黜陟之。於是諸侯皆奉天子之政令。莫敢有異議者。茲其所以爲唐虞之治也○周官之六年五服一朝又六年王乃時巡考制度于四岳諸侯各朝于方岳大明黜陟此則唐虞之禮也但其年歲久近之不同耳○朱子曰五載一巡守此是立法如此若一歲間行一遍則去一方近處會一方之諸侯如周禮所謂十二歲巡守殷國殷國則是會一方之諸侯使來朝也則巡守去回禮一番○問古之巡守不至如後世千騎萬乘否曰今以左氏觀之如所謂國君以乘卿以旅國君則以千五百人衛正卿則以五百人從則天子亦可見矣曰春秋之時與茅茨土階之時莫不同否曰也不然如黃帝以師爲衛則天子衛從亦不應大段寡弱也○時氏瀾曰大抵人情久則玩多怠廢而不振五年一提警之使制度井然復如其初以時而新不致有廢置更改之患○姚氏舜牧曰堯贊舜曰乃言厎可績言不厎績徒言奚爲此敷奏之後又加以明試也○盧氏廷選曰敷奏者言其已行之政事也試而曰明考覈功實也羣牧考羣后

四岳考羣牧。天子坐明堂以聽之也。

肇十有二州封十有二山濬川。

集傳 肇。始也。十二州。冀兗青徐荊揚豫梁雍幽幷營也。中古之地。朱子集作古者中國之地。但爲九州。曰冀兗青徐荊揚豫梁雍。禹治水作貢亦因其舊。陳氏經曰。禹貢之作。乃在堯時。及舜卽位。以冀青地廣。始分冀東恆山之地爲幷州。其東北醫無閭之地爲幽州。周禮職方氏云。東北曰幽州。其山鎮曰醫無閭。又分青之東北遼東等處爲營州。孔氏穎達曰。知分冀州爲幽州幷州者。周禮職方氏。九州之名。有幽幷。無徐梁周立州名。必因於古。知舜時當有幽幷。職方幽幷山川。於禹貢皆冀州之域。知分冀州之域爲之也。爾雅釋地九州之名。於禹貢無梁青而有幽營。云燕曰幽州。齊曰營州。孫炎以爾雅之文。與職方禹貢竝皆不同。疑是殷制。則營州亦有所因。知舜時亦有營州。齊卽青州之地。知分青州爲之。於此居攝之時。始置十有二州。蓋終舜之世常然。宣三年左傳云昔夏之方有德也。貢金九牧。則禹登王位。還置九州。而冀州止有河内之地。今河東一路是也。封表也。封十二山者。每州封表一山。以爲一州之鎮。如職方氏言揚州。其山鎮曰會稽之類。濬川。林氏之奇曰。洪水既平。不可以不時而疏導之也。濬導十二州之川也。孔氏穎達曰。州内雖有多山。取其最高大者。以爲其州之鎮。川無大無小。皆當深之。故云濬川。

然舜既分十有二州。而至商時。又但言九圍九有。周禮職方氏。亦止列爲九州。有揚荆豫青兗雍幽冀并。而無徐梁營也。則是爲十二州。蓋不甚久。不知其自何時復合爲九也。吳氏曰。此一節。在禹治水之後。其次序不當在四罪之先。蓋史官泛記舜所行之大事。初不計先後之敘也。

【集說】程子曰。上古九州。舜始分爲十二州。州在洪水既平之後此歷敘舜事故肇分十二州在四罪之前言殛鯀在說用刑之中。非是先分十二州而後殛鯀也。封十二山。孔傳云。封。大也。必非以人力增大其山使大也。蓋表其山爲一州之鎭耳。○楊氏時曰：十二州九州，或分或合，因時而已，不必強爲之說。○陳氏雅言曰：肇十有二州者，定疆理之制也。封十有二山者，表州域之鎭也。濬川者，防壅塞之患也。至於川之濬者，不以數拘，大者濬之，小者亦濬之。夫天下之患，常起於微，聖人之智，常察其幾。山之表識，無待於致詳；水之疏導，則不容以或略。此史臣書法所以異也。○王氏樵曰：案古冀州，北抵沙漠，東西南三面皆盡河爲界，是兼有今河北、河東之地，於九州爲最大。夫分州置牧，所以聯屬諸侯，董正治功也。地太廣則有所不及，此冀青之所以分十二州之所以肇也。○爾雅有徐幽營而無青梁，并青入於徐，梁入於雍，并入於冀也。此殷制也。職方有青幽并而無徐梁，營蓋周又分冀爲并，而併營於幽，復禹之青而省徐入青也。○湯氏顯祖曰：此舜經理天下之事，人知有虞之治爲無爲，不知其初固大有爲也。

象以典刑。流宥五刑。鞭作官刑。扑作教刑。金作贖刑。眚災肆赦。怙終賊刑。欽哉欽哉。惟刑之恤哉。

集傳 象。如天之垂象以示人。而典者。常也。示人以常刑。所謂墨劓剕宫大辟。五刑之正也。所以待夫元惡大憝。殺人傷人。穿窬淫放。凡罪之不可宥者也。流宥五刑者。流遣之使遠去。如下文流放竄殛之類也。宥。寬也。以

朱子曰。象其人所犯之罪。而加以所犯之刑。又曰。此言正法。象如象魏之象。或謂畫爲五刑之狀。亦可。

孔氏安國曰。以

流放之法寬五刑。所以待夫罪之稍輕。雖入於五刑。而情可矜。法可疑。與夫親貴勳勞而不可加以刑者。則以此而寬之也。鞭作官刑者。孔氏安國曰。以鞭爲治官事之刑。木末垂革。官府之刑也。扑作教刑者。夏楚二物。禮記學記注曰。夏。槄也。楚。荊也。爾雅注云。槄。今之山楸。○孔氏安國曰。不勤道業則撻之。學校之刑也。孔氏穎達曰。大射鄉射。皆云司馬搢扑。則扑亦官刑。惟言作教刑者。官刑鞭扑俱用。教刑惟扑而已。皆以待夫罪之輕者。金作贖刑者。金。黃金。孔氏穎達曰。古之金銀銅鐵總號爲金。此傳黃金。今之銅也。古之贖罪者。皆用銅。贖。贖其罪也。蓋罪之極輕。雖入於鞭扑之刑。而情法猶有可議者也。此五句者。從重入輕。陳氏師凱曰。典刑最重。流宥次之。鞭輕。扑又輕。贖又輕。各有條理。法之正也。肆。縱也。眚災肆赦者。眚謂過誤。災謂不幸。程子曰。謂非人所致而至者。若人有如此而入於刑。則又不待流宥金贖而直赦之也。賊。殺也。怙終賊刑者。怙。謂有恃。終。謂再犯。若人有如此而入於刑。則雖當宥當贖。亦不許其宥。不聽其贖。而必刑之也。此二句者。或由重而卽輕。陳氏師凱曰。指眚災肆赦。或由輕而卽重。陳氏師凱曰。指怙終賊刑。蓋用法之權衡。所謂法外意也。聖人立法制刑之本末。

此七言者。大略盡之矣。雖其輕重取舍陽舒陰慘之不同。然欽哉欽哉惟刑之恤之意。則未始不行乎其閒也。蓋其輕重毫釐之閒。各有攸當者。乃天討不易之定理。而欽恤之意行乎其閒。則可以見聖人好生之本心也。據此經文。則五刑有流宥而無金贖。周禮秋官亦無其文。至呂刑乃有五等之罰。疑穆王始制之。非法之正也。蓋當刑而贖。則失之輕。疑赦而贖。則失之重。且使富者幸免。貧者受刑。又非所以爲平也。

林氏之奇曰。聖人原人情之輕重。然後用其常刑。使君子不陷於無辜。小人不至於苟免。人將遷善遠罪。日趨於君子之域。此則刑期無刑之謂也。荀氏云

【集說】世俗之說曰。治古無肉刑而有象刑。是不然。以爲治耶。則人固莫觸罪。以爲人或觸罪而直輕其刑。然則是殺人者不死。傷人者不刑也。罪至重而刑至輕。庸人不知惡也。亂莫大焉。薛氏又論世俗以爲畫衣冠異章服爲象刑。豈非讀舜典而誤歟。○朱子曰。欽哉欽哉惟刑之恤。夫豈一於輕而已哉。又以舜命臯陶之辭考之。士官所掌。惟象流二法而已。其曰惟明克允。則或刑或宥。亦惟其當而無以加矣。又豈一於宥而無刑哉。今必曰堯舜之世。有宥而無刑。則是殺人者不死。而傷人者不刑也。是聖人之心。不忍於元惡大憝。而反忍於銜冤抱痛之良民也。是所謂怙終賊刑。刑故無小者。皆爲空言以誤後世也。其必不然也亦明矣。今徒流之法。既不足以止穿窬淫放之姦。而其過於重者。則又有不當死而死

於強暴贓滿之類者，苟采陳羣之議，一以宮剕之辟當之，則雖殘其支體，而實全其軀命，且絶其爲亂之本，而使後無以肆焉，豈不仰合先王之意，而下適當時之宜哉。○象以典刑一句，乃五句之綱領，諸刑之總括。流宥五刑者，犯此五刑，而情輕可恕，則流以宥之，如五流有宅，五宅三居之類是也。鞭作官刑者，此官府之刑，猶今之鞭撻吏人，如周禮治胥史鞭五百、鞭三百之類。扑作教刑，此學官之刑，猶今之學舍榎楚，如侯明撻記之類是也。金作贖刑，謂鞭扑二刑之可恕者，則許用金以贖其罪。眚災肆赦者，言不幸而觸罪者，則肆而赦之。怙終賊刑者，言有恃而不改者，則賊而刑之。此二者，法外之意，猶今律令之名例也。欽哉欽哉，惟刑之恤哉者，聖人畏刑之心，閔夫死者之不可復生，刑者之不可復續，惟恐察之有不審，施之有不當，雖已得其情，而猶必矜其不教無知而抵冒至此也。流專以宥肉刑，而不下及於鞭扑；贖專以待鞭扑，而不上及於肉刑；至於過誤必赦，故犯必誅之法。則又權衡乎五者之內。欽哉欽哉恤刑之旨。則常通貫乎七者之中。○或問欽哉欽哉惟刑之恤。曰。多有人解做寬恤之恤。某之意不然。若做寬恤。如被殺者。不令償命。死者何辜。大率是說刑者民之司命。不可不謹。如斷者不可續。乃矜恤之恤耳。○金氏履祥曰。眚災肆赦者。蓋罪重而情輕。不原其情。則絕人自新之路。怙終賊刑者。蓋罪輕而情重。不誅其罪。則亦爲長姦之門。○陳氏雅言曰。不欽則或失之於怠慢。不恤則或失之於慘刻。二者。刑之所由不得其平也。故必主之以欽而加之以恤。此傳所謂欽恤之心。未始不行乎其閒者也。○王氏樵曰。孔疏云敬之敬之。惟此刑罰之事。最須憂念。憂念此刑。恐有濫失。欲使得中也。

流共工于幽洲。放驩兜于崇山。竄三苗于三危。殛鯀于羽山。四罪而天下咸服。

集傳流遣之遠去，如水之流也。放，置之於此，不得他適也。竄則驅逐禁錮之。程子曰：放者，屏斥之；竄者，投置之。殛則拘囚困苦之。朱子曰：殛非殺也，洪範云殛死，猶今言貶死。隨其罪之輕重而異法也。共工、驩兜、鯀，事見上篇。三苗，國名，在江南荊揚之間，恃險爲亂者也。地理今釋三苗，今湖廣武昌、岳州二府，江西九江府地。史記正義曰：吳起云：三苗之國，左洞庭而右彭蠡。今江州、鄂州、岳州也。幽洲，北裔之地，水中可居曰洲。地理今釋幽洲，案說文洲通作州，括地志云：故龔城在檀州燕樂縣界。今順天府密雲縣東北塞外地。故老傳云：舜流共工幽洲，居此城。崇山，南裔之山，在今澧州。朱子曰：或云在澧州慈利縣。○皇輿表澧州今岳州府〔地理今釋〕崇山在今湖廣永定衛西大庸所東。

三危西裔之地即雍之所謂三危既宅者。〔地理今釋〕三危在今陝西嘉峪關外廢沙州衛界括地志云山有三峰故曰三危俗亦名卑羽山在沙州敦煌縣東南三十里案蔡傳云三危西裔之地即禹貢所謂三危既宅者禹貢三危自在大河之南與此爲二且三苗爲南境之國經言竄是屛之遠方左氏傳所謂流四凶族投諸四裔以禦魑魅不當仍在近南之地也存此備考。

羽山東裔之山即徐之蒙羽其藝者。程子曰殛鯀必於羽山者非時適在彼或敗功害事於彼耳。〔地理今釋〕羽山在今山東兗州府沂州近南一百里接郯城縣及江南淮安府海州贛榆縣界。

服者天下皆服其用刑之當罪也。程子曰舜之誅四凶怒在四凶舜何與焉蓋因是

人有可怒之事而怒之。聖人之心。本無怒也。陳氏師凱曰。可怒者在四凶。非舜之私意怒之也。程子云。喜怒在事。則理之當喜怒者也。聖人以天下之怒爲怒。故天下咸服之。春秋傳所記四凶之名。與此不同。說者以窮奇爲共工。渾敦爲驩兜。饕餮爲三苗。檮杌爲鯀。不知其果然否也。陳氏師凱曰。文公十八年注云。渾敦不開通之貌。窮奇。其行窮。其好奇。檮杌。頑凶無儔匹之貌。貪財爲饕。貪食爲餮。

集說　孔氏穎達曰。連引四罪。述其刑當之驗。明此諸事。皆是徵用之時所行。於此總見之也。○程子曰。史官載述舜之制刑。因敘其所用刑也。大抵流放統謂之流。故曰流宥五刑。而於流之中。有輕重之稱。以地之善惡遠邇爲差○四凶之才皆可用堯之時聖人在上皆以其才任大位而不敢露其不善之心堯非不知其不善也伏則聖人亦不得而誅之也○四凶立堯朝必順而聽命聖人豈不察其終出於惡哉亦欲其面革畏罪而已苟誠信其假善而不知其包藏則危道也是以雖堯舜之盛於此未嘗無戒戒所當戒也○孫氏覺曰放重於流竄重於放殛重於竄○林氏之奇曰據舜誅四凶在於歷試之初肇十有二州封十有二山濬川在命禹平水土之後而作典者載先後之辭如此者蓋史官因言舜之明愼用刑遂援其誅四凶之事以爲證非謂先肇十有二州而後誅四凶也世徒見四凶得罪不在堯世則謂堯不能去不知舜之去四凶實受堯命如禹居攝時亦受舜命征苗也○薛氏季宣曰四凶至舜而去或者遂謂堯不如舜罪惡未著堯當咈衆而誅之乎待其罪而後誅堯舜之心一也○眞氏德秀曰欽恤二言百聖相傳此其心法而用刑特一事耳四凶之罪不

加以五者之正刑而止從流宥既仁之至迸諸四夷不與同中國又義之盡流放竄殛舊說以爲誅殺非也儻果誅之則於市於朝不於四裔矣大率曰流曰放若後之安置居住曰竄曰殛若後之羈管編隸○胡氏居仁曰四凶堯深知其惡只是用其才當時舜禹皐陶稷契未出無人可用故如此聖人在上駕馭之他亦不敢露其惡

二十有八載帝乃殂落百姓如喪考妣三載四海遏密八音

集傳　殂落死也孔氏穎達曰堯壽百十六歲注六誤爲七死者魂氣歸于天故曰殂體魄歸于地故曰落喪爲之服也遏絕密靜也

八音。金石絲竹匏土革木也。言堯聖德廣大。恩澤隆厚。故四海之民。程子曰。言庶民。則君子可知。思慕之深。至於如此也。儀禮。圻内之民。爲天子齊衰三月。圻外之民無服。今應服三月者。如喪考妣。應無服者。遏密八音。堯十六卽位。在位七十載。又試舜三載。老不聽政二十八載。乃崩。在位通計百單一年。

集說 王氏炎曰。此言哀慕之情。非言喪服之禮也。○時氏瀾曰。自此以前。舜之治事甚詳。自此以後。任九官十二牧之外。事若有所不親者。蓋堯在。舜猶臣道也。舜卽位。行君道也。於前。可以觀坤作成物之義。於後可以觀乾知大始之義。○陸氏鍵曰。雖紀帝堯君道之終。實見帝舜相道之久。

月正元日。舜格于文祖。

【集傳】月正。正月也。元日。朔日也。林氏之奇曰。朔日而謂之元日。猶人君即位之始年。謂之元年也。漢孔氏曰。舜服堯喪三年畢。將即政。故復至文祖廟告。蘇氏曰。受終告攝。此告即位也。然春秋國君。皆以遭喪之明年正月。即位於廟而改元。孔氏云喪畢之明年。不知何所據也。

【集說】孔氏穎達曰。王肅云。月正元日。猶言正月上日。變文耳。禮云令月吉日。又變文言吉月令辰。此之類也○復至文祖廟前以攝位告今以卽政告也此猶是堯之文祖自此以後舜當自立祖廟堯之文祖當遷於丹朱之國也○自此以下言舜眞爲天子命百官受職之事○張氏居正曰月正乃一歲之始元日又一月之始人君卽位改元方與天下更始故取歲月之首以重其事也○王氏樵曰自此以前當知舜之所以事君自此以後當知舜之所以爲君

詢于四岳闢四門明四目達四聰

集傳　詢謀闢開也舜旣告廟卽位乃謀治于四岳之官開四方之門以來天下之賢俊廣四方之視聽以決天下之壅蔽者申氏時行曰闢四門者廣賢路也明目達聰達民隱也○劉氏應秋曰廣賢路達民隱

卽知人
安民也。

【集說】林氏之奇曰。唐孔氏云。告廟既訖。乃謀政治於四岳之官。大仕路。致衆賢。使爲已遠視聽四方也。蓋四岳之職。主招延衆賢。以待上之所求。爲天子之耳目也。故必咨訪詢問之。惟其闢四方之門。則天下之仕者皆願立於朝矣。○朱子語類問明四目達四聰。孔安國言廣視聽於四方。如何。曰。亦是以天下之目爲目。以天下之耳爲耳之意。○陳氏大猷曰。舜初攝位則覲岳牧。初卽位則復詢岳咨牧。蓋內外之要職莫先焉。○明目達聰。謂四方之聞見皆無壅於上耳。推其本原。固出於帝舜不自用其聰明之所致。○胡氏士行曰。此舜取人爲善。公天下之大也。十二牧九官之事。皆由此得之。○金氏履祥曰。四岳累朝元老。其職周知四方。故首詢之。闢四門者。來四方之賢。明四目者。察四方之事。達四聰者。通四方之言。皆四岳職也。○陳氏櫟曰。自此至惟時亮天功。紀舜初卽位事。闢四門。有以天下爲一家之氣象焉。明四目達四聰。有以天下爲一身之精神焉。○王氏樵曰。百揆總內。而不可以兼四方。州牧各總其州。而不可以兼內。故設四岳。所以闢通內外。使上下之情無不達。遠近之事無不知者也。○天下之民。有饑寒不得衣食者。獄訟不平其冤者。失賢不舉者。天子必知之。遠方之民聞之。皆曰。夫我居之僻。見我之近也。我居之幽見我之明也。可欺乎哉。○申氏時行曰。舜攝位二十八年。其於天下之賢。宜無不知。於天下之情。宜無不照。及其卽位。乃首詢於四岳者。將以盡來天下之賢才。而惟恐有一人之不得自進。將以盡見聞天下之事。而惟恐有一事之不得自通。蓋天下之大。一日照察之不及。則一日有所遺。是以聖人常慮其不及也。況當初政之日乎。

咨十有二牧曰。食哉惟時。柔遠能邇。惇德允元。

而難任人。蠻夷率服。

【集傳】牧。養民之官。十二牧。十二州之牧也。王政以食爲首。農事以時爲先。林氏之奇曰。李校書曰。時皆訓是。此食哉惟時。先儒乃謂當如敬授民時之時者。句自此絶。則訓字當異。此蓋與直哉惟清同句體也。此說甚善。舜言足食之道惟在於不違農時也。柔者寬而撫之也。能者擾而習之也。顧氏錫疇曰。柔能以教化言。所以維此養道也。柔是順其自然而導之。不強之以所難也。能者。有教其所不能。責其所可能意。遠近之勢如此。先其略而後其詳也。惇。厚。允。信也。德。有德之人也。元。仁厚之人也。難。拒絶也。任。古文作壬。包藏凶惡之人也。言當厚有德信仁人。而拒姦惡也。凡此五者。處之各得其宜。則不特中國順治。雖蠻夷之國。亦相率而服從矣。

集說 朱子曰。柔遠能邇。柔遠。却說得輕。能邇。是使之帖服之意。○時氏瀾曰。難任人。難之一字甚嚴。曰難者。非特去之而已。常有戒謹恐懼之意。當時既無任人何難之有。蓋此心不可以不常存也。少不戒謹恐懼則任人或得乘其閒矣。○陳氏櫟曰。重民食。一遐邇。親君子。遠小人。則內治舉而外夷服。欲州牧以是爲國而率諸侯也。○金氏履祥曰。每州以一諸侯之長。專任牧民之事。夫諸侯固各牧其國之民。然或各私其國。曲防遏糴。州牧。所以通其利也。養民者。視年之上下而爲之備。視地之豐歉而爲之通。周知民之貧弱孤寡而爲之恤。

不使民食之後時也。崇厚道德。信任元善。畏惡壬佞。率諸侯者如此。則當時風俗治體可知矣。蠻夷率服。推言其效也。○孫氏繼有曰。上四岳總外治於內者。此州牧總外治於外者。生養失遂。不可謂牧。教化不興。不可謂牧。舉錯不明。不可謂牧。五者均重。皆牧民之事。親君子。使造福於民。難壬人。不使貽害於民。皆善牧之道也。

舜曰。咨四岳。有能奮庸熙帝之載。使宅百揆。亮采惠疇。僉曰。伯禹作司空。帝曰。俞。咨禹。汝平水土。惟時懋哉。禹拜稽首。讓于稷契暨皐陶。帝曰。俞。汝往哉。

集傳 奮。起。熙。廣。載。事。亮。明。惠。順。疇。類也。一說亮。相也。林氏之奇曰。亮采者。輔相之義。與寅亮天工。弼亮四世之亮同。爾雅曰。亮左右也。以是知亮有輔相之義。舜言有能奮起事功。以廣帝堯之事者。使居百揆之位。孔氏穎達曰。舜本以百揆攝位。今既卽政。故求置其官。以明亮庶事而順成庶類也。林氏之奇曰。謂天下之事。各以其類。無不順也。僉衆也。四岳所領四方諸侯有在朝者也。禹姒姓。崇伯鯀之子也。孔氏穎達曰。禹代鯀爲崇伯。以其伯爵。故稱伯禹。平水土者。司空之職。時是。懋勉也。指百揆之事以勉之也。蓋四岳及諸侯言伯禹見作司空可宅百揆。孔氏穎達曰。言人之賢而舉其爲官。知禹治洪水有成功。言可用也。帝然其舉。而咨禹使仍作司空。而兼行百揆之事。錄其舊績。而勉其新功也。以司空兼百揆。如周以六卿兼三公。後世以他官平章事知政事。亦此類也。稽首。首至地。稷。田正官。孔氏穎達曰。獨稱官者。鄭云。時天下賴后稷之功。故以官名通稱。稷名棄。姓姬氏。封於邰。契。臣名。姓子氏。封於商。稷契皆帝嚳之子。暨。及也。皋陶。亦臣名。俞者。然其舉也。汝往哉者。不聽其讓也。此章稱舜曰。此下方稱帝曰者。以見堯老舜攝。堯在時。舜未嘗稱帝。此後舜方眞卽帝位而稱帝也。

【集說】劉氏向曰。舜命九官。濟濟相讓。和之至也。○林氏之奇曰。書於名分之際最嚴。蓋恐涉於疑似而起後世之論也。如舜居攝。疑其稱帝。故於命禹稱舜曰。以見前此未嘗稱帝也。周公攝政。疑其稱王。故於多方言周公曰王若曰。以見周公雖攝。而號令皆成王之命也。○聖人以公天下爲心。一有所廢置。必與衆共之。未嘗徇一己之私見。○朱子曰。禹以司空行宰相事。汝平水土。則是司空之職。惟時懋哉。則又勉以行百揆之事。○呂氏祖謙曰。當時紹堯極治。何用奮迅激昂。蓋天下之治。不進則退。必常存奮起之心。乃有日新不窮之理。雖極治之時。此意不可忘也。○陳氏經曰。舜豈不知禹必詢於衆者。付之公論而我無與也。○馬氏明衡曰。舜卽位之初。卽切切求賢以任事。與堯疇咨若時登庸疇咨若予采。皆是一意。聖人之治天下。無有急於此。故孟子謂堯舜急先務親賢者以此。○王氏樵曰。治莫急於相。故舜詢岳咨牧之後。卽求百揆之人。其次播穀。其次敷教。其次明刑。其次利用。其餘以及草木鳥獸。各遂其生焉。然後節之以伯夷之禮。和之以后夔之樂。而終之納言以相與保治於無窮。此九節相承之序。而萬世治天下之大規格。不出乎此。

帝曰棄黎民阻飢汝后稷播時百穀。

【集傳】阻。厄。孔氏穎達曰。黎民阻飢。謂往者洪水時。 后。君也。有爵土之稱。林氏之奇曰。謂之后稷者。蓋雖在朝為公卿。而分土胙民為諸侯。尊而君之。故稱后稷。蓋當時稱后。非獨稷一人。如呂刑稱伯夷稷禹皆謂之后。而後世亦稱夔為后夔。皆尊而君之之稱也。 播。布也。穀非一種。故曰百穀。申氏時行曰。播百穀者。順天時之蚤晚。因地利之高下。以樹藝之也。○潘氏士遴曰。三穀各二十種。蔬果各二十種。共為百穀。三穀。粱者。黍稷之總名。稻者。溉種之總名。菽者。衆豆之總名。 此因禹之讓而申命之使仍舊職以終其事也。

【集說】孔氏安國曰。衆人之難在於飢。汝后稷布種是百穀以濟之。美其前功以勉之。○孔氏穎達曰。稷是五穀之長。立官主此稷事。○林氏之奇曰。稷之播百穀。契之敷五教。皆在禹平水土之後。未即位之前。舜使禹宅百揆。不許其讓。而稷契皐陶之位。皆無可遷者。但稱美其前功。申儆之而已。○葉氏夢得曰。史記言稷少好耕農。民皆法則之。堯舉爲農師。使教民稼穡。則棄之爲稷。堯時已然。舜以舊官申命之耳。○呂氏祖謙曰。阻飢猾夏。當時豈有此事。然尚憂此所以爲唐虞也。○金氏履祥曰。棄之爲稷久矣。帝始即位。因其職而申命之也。舜典凡不咨而命。命而不讓者。皆因其職而申命之也。○呂氏柟曰。舜命九官。濟濟相讓。稷契皐陶夔龍之不讓者何。曰。命以舊職而復讓。非誠矣。○王氏肯堂曰。阻飢不親不遜。寇賊姦宄。蓋洪水初平之後。教養方興之時。聖人望治無窮之心。視民如傷之意。慮其如此。○觀曰百穀則凡資生於天備氣於時。可以養人者。百種並植。以盡物之宜。可知矣觀曰播。則凡地之可生。萊之可闢者。百種廣布。以盡地之利。可知矣。

帝曰。契。百姓不親。五品不遜。汝作司徒。敬敷五教在寬。

集傳 親。相親睦也。五品。父子君臣夫婦長幼朋友五者之名位等級也。孔氏穎達曰。品。謂品秩。一家之內。尊卑之差是也。遜。順也。司徒。掌教之官。敷。布也。五教。父子有親。君臣有義。夫婦有別。長幼有序。朋友有信。以五者當然之理。而爲教令也。林氏之奇曰。自其可爲萬世常行之法言之。謂之五品。自其設而爲教言之。則謂之五教。敬敬其事也。聖賢之於事。雖無所不敬。而此又事之大者。故特以敬言之。寬裕以待之也。蓋五者之理。出於人心之本然。非有強而後能者。自其拘於氣質之偏。溺於物欲之蔽。始有昧於其理而不相親愛。不相遜順者。申氏時行曰。百姓不親。就情義乖離說。五品不遜。就倫理紊亂說。惟其不親。所以不遜也。於是因禹之讓。又申命契仍爲司徒。使之敬以敷教。而又寬裕以待之。使之優柔浸漬。以漸而入。則其天性之眞。自然呈露。不能自已。而無無恥之患矣。孟子所引堯言勞來匡直輔翼使自得之。又從而振德之。亦此意也。

【集說】孔氏穎達曰。治不遜之罪。宜峻法以繩之。而貴其務在寬者。此五品不遜。直是禮教不行。風俗未淳耳。未有殺害之罪。故教之務在於寬。若其不孝不恭。其人至於逆亂而後治之。於事不得寬也。○林氏之奇曰。其契爲司徒。在禹平水土之後。至舜之卽位。凡三十餘年矣。而申命之言。猶有在寬之語。堯舜之教民。其優游不迫如此。宜其垂拱坐視夫民之阜也。○朱子語類。問堯德化如此久。何故至舜猶曰百姓不親。五品不遜。曰。也只是怕恁地。○敬敷五教在寬。只是不急迫。慢慢地養他。○禮樂所以成教化。而兵刑輔之。當唐虞之時。禮樂之官析爲二。兵刑之官合爲一。詳略之意可見。○陳氏大猷曰。或問五典。蘇氏從左傳以爲父義母慈兄友弟恭子孝。如何。曰。林氏謂中庸論天下之達道五。曰君臣父子兄弟夫婦朋友。人倫盡於五者。敷五教於人。而君臣之義。夫婦之別。朋友之信。豈有忽而不教者哉。當以孟子之說爲正。曰。孔氏以敷訓布。而子謂敷者。宣而布之。何也。曰。敷有敷宣敷布二義。宣謂闡明之。布謂班行之。兼此二義。方能敷教。曰。蘇氏謂教民必寬而後可。亟則以德爲怨。否則相率而爲僞。此說如何。曰。此說亦可互相發明。若更添亟則拘迫不能有成之意。則尤善也。曰。教亦多術。豈專在於寬哉。曰。教人者。易於欲速而受教者。難於速成。易於欲速。則忿疾厭倦之所自生。難於速成。則齟齬扞格之所自起。故夫子言誨人不倦。必世後仁。皆是貴寬之意。既以敬爲主。則所以教之者無不至。特慮其失之迫耳。故言在寬。曰。寬則得無縱弛之患乎。曰。主於敬而行之以寬。自不至縱弛也。曰。子採呂氏之說。謂爲含洪廣大。漸漬涵養。辭不幾於贅乎。曰。含洪廣大。以度量之寬言之。漸漬涵養。以時日之寬言之。意義全也。○陳氏櫟曰。施教之道。敬寬二字。不可闕一。穆王命君牙。曰敬明乃訓。曰弘敷五典。得敬寬之意。舜此二義。上以堯之匡直自得爲法。下可以爲萬世法。○陳氏雅言曰。敬以處己。則人不敢慢。寬以待人。則人易從。此二字。千萬世掌教者不能易也。○馬氏明衡曰。敬敷者。端其本以先之。不敢苟也。在寬者。和其心以待之。不可亟也。是亦重責己而略責人之意。○王氏肯堂曰。五者之理。出於天命之本然。人心之不容已。而非有待於外也。吾之爲教。則因其本然之不容昧者。使致其察識。因其心之不容已者。使盡其推行。而亦非有所強於外也。則夫防範禁董。其意何嘗不寬哉。

帝曰。皋陶。蠻夷猾夏。寇賊姦宄。汝作士。五刑有服。五服三就。五流有宅。五宅三居。惟明克允。

集傳 猾亂夏明而大也曾氏曰中國文明之地故曰華夏四時之夏疑亦取此義也劫人曰寇孔氏穎達曰寇者衆聚爲之故羣行攻劫曰寇殺人曰賊在外曰姦在內曰宄孔氏穎達曰成十七年左傳云亂在外爲姦在內爲宄士理官也孔氏穎達曰士卽周禮司寇之屬鄭玄云士察也主察獄訟之事月令云命大理昭十四年左傳云叔魚攝理是謂獄官爲理官也服服其罪也呂刑所謂上服下服是也三就孔氏以爲大罪於原野大夫於朝士於市不知何據孔氏穎達曰魯語云大刑用甲兵次刑斧鉞中刑刀鋸故大者陳之原野小者致之市朝賈逵注云用兵甲者諸侯逆命征討之刑大夫已上於朝士已下於市竊恐惟

大辟棄之於市。宮辟則下蠶室。餘刑亦就屛處。蓋非死刑。不欲使風中其瘡。誤而至死。聖人之仁也。五流。五等象刑之當宥者也。五宅三居者。流雖有五。而宅之但爲三等之居。如列爵惟五。分土惟三也。孔氏以爲大罪居於四裔。次則九州之外。次則千里之外。雖亦未見其所據。然大槩當略近之。此亦因禹之讓而申命之。又戒以必當致其明察。乃能使刑當其罪。而人無不信服也。申氏時行曰。呂刑云。獄成而孚。輸而孚。所謂克允也。

【集說】程子曰。聖王爲治。修刑罰以齊衆。明敎化以善俗。刑罰立則敎化行矣。敎化行而刑措矣。雖曰尚德而不尚刑。顧豈偏廢哉。○孫氏覺曰。惟明則情僞畢知。克允則輕重適當。○王氏十朋曰。命皐陶次於契。刑所以弼敎也。○夏氏僎曰。舜命契敎以一言曰寛。命皐陶敎以一言曰明。簡而易守也。○薛氏季宣曰。禮大刑用甲兵。則蠻夷盜賊之事。亦領於士師也。○陳氏經曰。易卦言用刑者。如噬嗑。如賁。如旅。其象皆有取於離。用刑在惟明。可知。居刑官。不明。不足以盡人心。不允。不足以當人罪。故戒以惟明克允。○陳氏大猷曰。兵乃刑之大者。唐虞以德化天下。士官之設。已非得已。隆古之時。兵既不常用。但領之於士官。兵刑合爲一官。所以見聖人不求詳如此。蓋仁天下之深意也。疑者以士師不可爲將帥。夫爲將者。非必盡是掌兵之官。如今之兵部樞密皆掌兵。而未嘗爲將。意者唐虞平時兵政。止以士官兼領。如今世之制。故征苗自屬之大禹。而不以命皐陶也。

夫工虞之微。且列於九官。使其果有司馬。豈應置而不言。唐虞兵刑之官合爲一。而禮樂分爲二。成周禮樂之官合爲一。而兵刑分爲二。蓋帝者之世詳於化而略於政。王者之世詳於政而略於化。此世變升降之異也。○王氏樵曰。五刑與流。其來久矣。此三就三居之等。想帝之所新制者。三就之意。見罪不至死者。猶欲保全之。三居之意。見流宥之中。又以情輕重爲地之遠近。仁至義盡。所以爲聖人之法也。○蠻夷王化之所不加。因其猾夏。則治之而已。若寇賊姦宄。乃吾民也。胡爲至是哉。失之於井牧教化。而後有刑。刑之所不及。而後有兵。故豶豕之牙。聖人常治其本也。○董氏其昌曰。惟明克允。蓋刑有五而就有三。其間或者輕重混淆。便不明於刑。以致不允。流有五而居又有三。其間或者遠近混淆。便不明於流。以致不允。故須是明。乃能允。○潘氏士遴曰。士所掌。惟象刑流法。蓋鞭扑以下。官府學校。隨事施刑。不領於士也。

帝曰疇若予工僉曰垂哉帝曰俞咨垂汝共工垂拜稽首讓于殳斨暨伯與帝曰俞往哉汝諧

集傳 若順其理而治之也曲禮六工有土工金工石工木工獸工草工周禮有攻木之工攻金之工攻皮之工設色之工摶埴之工皆是也帝問誰能順治予百工之事者垂臣名有巧思林氏之奇曰垂所制器歷代傳之以爲寶傳所謂垂之竹矢是也莊子曰攦工倕之指卽此也殳斨伯與三臣名也殳以積竹爲兵建兵車者斨方銎斧也古者多以其所能爲

名。殳斨豈能爲二器者歟。往哉汝諧者。往哉汝和其職也。楊氏肇芳曰。工虞各有治所。統有衆職。如考工記輪人輿人之屬。共工爲之長。故曰往哉汝諧。勑使涖其治所而合和衆職。

集說 孔氏穎達曰。疇若予工。單舉工名。汝作共工。帝謂此人堪供此職。非呼此官爲共工也。其官或以共工爲名。要帝意言共。謂供此職也。○薛氏季宣曰。前共工不名。蓋世官也。共工放後。工官始分而垂爲之。○陳氏櫟曰。垂之巧。因萬物自然之理而爲之。行所無事之大智大巧耳。豈若後世之器械技巧。咸精其能作爲淫巧以蕩上心之比哉。○孫氏繼有曰。爲天下之主。凡所以前民用者。皆予工也。若者。有一器。卽有一器之理守法信度。因聖人制作之理而持循之。此之謂若。非身親繩墨也。只明示百工以制器尚象之式。使工必中程器必適用。諧謂諧和衆職也。工拙不至相冒。各精其工。乃謂之諧。○張氏爾嘉曰。古人制作。盡物之宜。精以適用。今人制作。窮人之意。巧以悅觀。琢朴散醇。莫此爲甚。

帝曰。疇若予上下草木鳥獸。僉曰。益哉。帝曰。俞。咨益。汝作朕虞。益拜稽首。讓于朱虎熊羆。帝曰。俞。往哉汝諧。

集傳　上下。山林澤藪也。虞。掌山澤之官。顧氏錫疇曰。以虞名官。以其能審度山澤而順治之也。周禮分爲虞衡。屬於夏官。朱虎熊羆。四臣名也。孔氏安國曰。四人皆在元凱之中。高辛氏之子。有曰仲虎仲熊。意以獸爲名者。亦以其能服是獸而得名歟。史記曰。朱虎熊羆。爲伯益之佐。前殳斨伯與。當亦爲垂之佐也。

【集說】○孔氏安國曰。若謂順施政敎。取之有時。用之有節。○林氏之奇曰。曾氏云。案周禮大山澤虞中士四人。下士皆八人。中山澤虞。下士皆六人。小山澤虞。下士皆二人。益之爲虞。豈一山一澤之虞。蓋爲衆虞之長也。○或以益爲皐陶之子。是未必然。據伯益。卽伯翳也。其後爲秦。春秋之時。浸以強盛。使伯益果皐陶之子。則秦乃皐陶之後也。而臧文仲聞六與蓼滅。曰皐陶庭堅。不祀忽諸。使皐陶猶有後於秦。則文仲之言不若是也。案史記云。帝禹立而舉皐陶薦之。且授政焉。卒封皐陶之後於六。而後舉益任之政。以是觀之。則益與皐陶。不得爲一族也明矣。○朱子曰。孟子說益烈山澤而焚之。是使之除去障翳。驅逐禽獸耳。未必使之爲虞官也。至舜命之作虞然後使之養育其草木鳥獸耳○呂氏祖謙曰君爲天下萬物之主故鳥獸草木莫不有職以掌之後世之君不識代天理物民與物理一而分殊民且不恤安能用心到此此見唐虞天涵地育廣大氣象○陳氏櫟曰所以盡人之性亦必盡物之性也○馬氏明衡曰周禮有山虞澤虞乃是育養禽獸魚鼈之官其職比此較輕上古之時洪水之後山林川澤皆未能得所益之爲虞蓋皆平治一番與禹平水土相表裏其事甚重故孟子亦與禹竝言之

帝曰咨四岳有能典朕三禮僉曰伯夷帝曰俞咨伯汝作秩宗夙夜惟寅直哉惟清伯拜稽首讓于夔龍帝曰俞往欽哉

【集傳】典。主也。三禮。祀天神。享人鬼。祭地祇之禮也。伯夷。臣名。姜姓。秩。序也。宗。祖廟也。秩宗。主敘次百神之官。而專以秩宗名之者。蓋以宗廟爲主也。周禮亦謂之宗伯。而都家皆有宗人之官以掌祭祀之事。亦此意也。夙。早。寅。敬畏也。陳氏經曰。夙夜者。自蚤至暮。無時而不寅。亦無時而不直清也。直者。心無私曲之謂。人能敬以直內。不使少有私曲。陳氏雅言曰。敬則此心收斂。無少私曲而能直。則其心潔清。而無物欲之汚。陳氏雅言曰。直則此心虛明。無少雜亂而能清。可以交於神明矣。夔龍。二臣名。

【集說】朱子曰。惟寅故直。惟直故清。○人能敬。則內自直。內直。則看得禮文分明。○問伯夷典禮。而曰夙夜惟寅直哉惟清何也。曰。禮是見成制度。夙夜惟寅。直哉惟清。乃所以行其禮也。○眞氏德秀曰。勅伯夷獨曰欽者。禮之本。敬而已。○陳氏櫟曰。九官惟百揆秩宗咨四岳而命。重可知矣。心者。神明之舍。所以交於神明之本也。既戒以寅。猶勉以欽。丁寧至矣。○王氏樵曰。人之心直者。其正也。而敬則直。不敬則邪。人心之體清者。其常也。而直則清。不直則雜。匪直而清。事神則難矣。故夙夜之間。無曰不顯。莫予云覯。當不顯亦臨。常如對越之敬。○孫氏繼有曰。五禮。惟三禮爲重。三禮又以宗廟爲主。故禮曰三禮。官曰秩宗。天子爲天地宗廟之主。秩宗主祀事以相天子。非其心通天地。德合神明者。不足以典之。夙夜二句。示以交神之道。下欽哉。卽此二句意。

帝曰。夔。命汝典樂。教冑子。直而溫。寬而栗。剛而

無虐簡而無傲詩言志歌永言聲依永律和聲八音克諧無相奪倫神人以和夔曰於予擊石拊石百獸率舞

集傳 胄長也自天子至卿大夫之適子也陳氏雅言曰天子之元子衆子與公卿大夫之適子皆將有天下國家之責故不可不素教而預養之教之之道莫大於成其德卽大學之教而此命夔掌之也 栗莊敬也上二無字與毋同凡人直者必不足於溫故欲其溫寬者必不足於栗故欲其栗所以慮其偏而輔翼之也剛者必至於虐故欲其無虐簡者

必至於傲。故欲其無傲。所以防其過而戒禁之也。教胄子者。欲其如此。而其所以教之之具。則又專在於樂。如周禮大司樂。掌成均之法。以教國子弟。林氏之奇曰。大司樂曰。以樂德教國子中和祗庸孝友。與此意同。蓋直能溫。寬能栗。剛能無虐。簡能無傲。則中和祗庸孝友矣。○朱子曰。大司樂之教。卽是夔典樂事。○陳氏埴曰。周禮大司樂。正自夔所職充廣之。而孔子亦曰興於詩。成於樂。蓋所以蕩滌邪穢。斟酌飽滿。動盪血脈。流通精神。養其中和之德。而救其氣質之偏者也。王氏肯堂曰。人之德性。本無不備。而氣質所賦。鮮有不偏。故學而至變化氣質者。學斯有力。教而至於變化氣質者。教斯有功。心之所之謂之志。心有所之。必形於言。故曰詩言志。既形於言。則必有長短之節。故曰歌永言。既有長短。則必有高下清濁之殊。故曰聲依永。聲者。宮商角徵羽也。管子曰。凡聽徵。如負豕覺而駭。凡聽羽。如鳴鳥在樹。凡聽宮。如牛鳴窌中。凡聽商。如離羣羊。凡聽角。如雉登木。○班氏固曰。宮爲君。商爲臣。角爲民。徵爲事。羽爲物。大抵歌聲長而濁者爲宮。以漸而清且短。則爲商爲角爲徵爲羽。所謂聲依永也。朱子曰。音律如尖塔樣。闊者濁聲。尖者清聲。宮以上則太濁。羽以下。則太清。皆不可爲樂。惟五聲者。中聲也。既有長短清濁。則又必以十二律和之。乃能成文而不亂。假令黃鍾爲宮。則大簇爲商。姑洗爲角。林鍾爲徵。南呂爲羽。蓋以三分損益隔八相生而得之。朱子曰。律管只以九寸爲準。則上生下生。三分益一損一。如破竹矣。○潘氏士遴曰。相生之分釐毫絲。以九爲法。因三分損益而立。所以生十一律。蓋天地大數。始一而終于十。若通用全。則變化不行。用九之法。聖心之妙算也。餘律皆然。卽禮運所謂五聲六律十二管。還相爲宮。朱子曰。禮記注疏。五聲六律十二管。還相爲宮處分明。所謂律和聲也。人聲既和。乃以其聲被之八音而爲樂。則無不諧協。而不相侵亂。失其倫次。陳氏大猷曰。諧是衆音和協。倫是各有條理。可以奏之朝廷。薦之郊廟。而神人以和矣。

孔氏穎達曰。大司樂云。大合樂以致鬼神示。以和邦國。以諧萬民。以安賓客。以說遠人。是神人和也。聖人作樂以養情性。育人材。事神祇。和上下。其體用功效廣大深切乃如此。今皆不復見矣。可勝歎哉。夔曰以下。蘇氏曰。舜方命九官。濟濟相讓。無緣夔於此獨言其功。此益稷之文簡編脫誤。復見於此。陳氏櫟曰。夔曰於以下爲益稷錯簡無疑。

集說　程子曰。求中聲須得律。律不得。則中聲無由見。律者自然之數。○林氏之奇曰。唐虞三代仕於朝者。非天子之族類。則世臣巨室之家。豈其時世家子弟皆賢。惟所以教胄子者。有其具也。然教之必典樂之官。長善救失。以成就其德。優而游之。使自求之。厭而飫之。使自趨之。自興於詩。至成於樂。此教之序也。○夏氏僎曰。

直溫以下。所謂樂德也。詩言志至律和聲。所謂樂語也。○薛氏季宣曰。翕如純如。八音克諧之謂。皦如。無相奪倫之謂。○朱子曰。古者教人多以樂。如舜命夔之類。蓋終日以聲音養其性情。亦須理會得樂。方能聽。○諷誦歌詠之間。抑揚高下。尚且由人。到那律和聲處。直是不可走作。所以詠歌之際。深足以養人情性。至如播之金石。被之管絃。非是不和。終不若人聲自然。故晉人孟嘉有言。絲不如竹。竹不如肉。謂漸近自然。至八音克諧。無相奪倫。神人以和。此是言祭祀燕饗時事。又是一節。○古人以樂教胄子。緣平和中正。古人詩只一兩句。歌便衍得來長。聲是宮商角徵羽。是聲依所歌而發。却用律以和之。如黃鍾爲宮。則大簇爲商之類。不可亂其倫序也。○詩之作。本言志而已。方其詩也。未有歌也。及其歌也。未有樂也。以聲依永。以律和聲。則樂乃爲詩而作。非詩爲樂而作也。詩者其本。而樂者其末也。○古人作詩。只是說他心下所存事。人便將他詩來歌其聲之清濁長短。各依他作詩之語言。却將律來調和其聲。令人却先安排下腔調了。然後做言語去合腔子。豈不是倒了。却是永依聲也。○聲依永。律和聲。此皆有自然之調。沈存中以爲臣與民不要大。事與物大不相妨。若合得自然。二者亦自大不得。○十二律自黄鍾而生。黄鍾是最濁之聲。其餘漸漸清。若定得黄鍾。自入得樂。○樂律自黄鍾至仲呂。皆屬陽。自蕤賓至應鍾。皆屬陰。此是一箇大陰陽。黄鍾爲陽。大呂爲陰。太簇爲陽。夾鍾爲陰。每一陽間一陰。又是一箇小陰陽。○問所論樂。今考之。若以黄鍾爲宮。便是太簇爲商。姑洗爲角。蕤賓爲變徵。林鍾爲徵。南呂爲羽。應鍾爲變宮。若以大呂爲宮。便是夾鍾爲商。仲呂爲角。林鍾爲變徵。夷則爲徵。無射爲羽。黄鍾爲變宮。其餘則旋相爲宮。周而復始。若言相生之法。則以律生呂。便是下生。以呂生律。則爲上生。自黄鍾下生林鍾。林鍾上生太簇。太簇下生南呂。南呂上生姑洗。姑洗下生應鍾。應鍾上生蕤賓。蕤賓本當下生。今却復上生大呂。大呂下生夷則。夷則上生夾鍾。夾鍾下生無射。無射上生仲呂。相生之道。至是窮矣。遂復變而上生黃鍾之宮。然黃鍾君象也。非諸宮之所能役。故虛其正而不復用。所用只再生之變者。就再生之變。又缺其半。餘宮亦皆倣此。曰然。又曰。宮商角徵羽。與變宮變徵。皆是數之相生。自然如此。非人力所能加損。此其所以為妙。

○樂中最忌臣陵君。故有四清聲。清聲者。減正律之半。如應鍾為宮。其聲最短而清。或蕤賓為商。則商聲高如宮聲。是為臣陵君。不可用。遂用蕤賓減半律為清聲以應之。雖減半律。然只是此律。故亦自能相應也。如方響鐵有十六片。乃是十二律外添四清聲也。

○古樂有唱有和。唱者發歌詠者。和者。繼其聲也。詩詞之外。應更有疊字散聲。以歎發其趣。故曰一唱三歎。有遺音者此也。元定以變宮變徵不入調。以濟五音之不及。正緣宮徵之閒。音節遠而難和。故以此二變收之。正所謂疊字散聲者。蓋如今之鼓琴瑟吹笛管者。必有襯字以扶助之。

方成音律。自古以來。多未諳此。○陳氏埴曰。問后夔典樂四語。與臯陶九德旨意如何。曰。胄子之性。未免或偏。聖人因其性而敎之。所以矯其偏而歸之中。若臯陶所言九德。乃其德之巳成。寬而又栗。柔而又立者然也。○陳氏經曰。直溫以下。德之中和也。言志以下。樂之中和也。將敎以中和之德。必敎以中和之樂。

帝曰。龍。朕堲讒說殄行。震驚朕師。命汝作納言。夙夜出納朕命。惟允。

【集傳】堲。疾。讒說殄行。畏忌者。堲之謂也。殄。絕也。殄行者。謂傷絕善人之事也。朱子曰。殄行。是傷人之行。書曰。亦敢殄戮用乂民。殄殲乃讐。皆傷殘之義。師。衆也。謂其言之不正而能變亂黑白。以駭衆聽也。

納言官名。孔氏安國曰。納言。喉舌之官。聽下言。納於上。受上言。宣於下。必以信。○林氏之奇曰。納言之職。詩所謂出納王命。王之喉舌也。命令政教。必使審之。既允而後出。則讒說不得行。而矯僞無所託矣。敷奏復逆。陳氏師凱曰。復逆者。周禮云。小臣掌三公及孤卿之復逆。注疏云。復是報白之義。逆謂上書。必使審之。既允而後入則邪僻無自進。而功緒有所稽矣。周之內史。漢之尚書。魏晉以來所謂中書門下者。皆此職也。陳氏師凱曰。周禮春官。內史掌王之八枋之法。以詔王治。執國法。及國令之貳。以考政事。以逆會計。掌敘事之法。受納訪。以詔王聽治。秦改稱尚書。漢亦尊此官。明帝詔曰。尚書。蓋古之納言。出納朕命。漢尚書稱臺。魏晉以來爲省。晉志云。給事黃門侍郎與侍中。俱管門下衆事。舊唐志云。晉始置門下省。南北朝皆因之。侍中二員。隋曰納言。武德改侍中。掌出納帝命。

集說 孔氏穎達曰。官以納言爲名。亦云出納朕命。互相見也。○林氏之奇曰。顏淵問爲邦。孔子曰。遠佞人。佞人殆。舜命龍之辭。正孔子答顏淵之意。蓋自古已安已治。而其所以至於危亂者。未有不由於小人變白爲黑。以是爲非者。故治定功成之後。尤宜以是爲戒也。○朱子曰。納言之官。如今之門下審覆。自外而進入者。既審之。自内而宣出者。亦審之。恐讒說殄行之震驚朕師也。○納言之官。如今給事中。朝廷誥令。先過後省。可以封駁矣。○陳氏經曰。讒人無世無之。雖唐虞極治。而巧言孔壬。猶所可畏。豈可謂此時遂無此事。○金氏履祥曰。出納朕命惟允。讒殄不行。三代而上。道化出於一。異端不作。蓋以此爾。○王氏樵曰。言有出納。而官名納言者。以納該出也。出者。上之命。納者。下之言。而統曰朕命者。以上該下也。出允則命令當納。允則聽覽詳。○楊氏肇芳曰。讒人借公論以行奸。所出未必不是命教。所入未必不是奏。逆但恐因以售詐耳。○傅氏元初曰。帝舜之時。明目達聰。絕去壅蔽。而慮及讒說殄行者何。蓋讒說之人。反是爲非。倒白爲黑。或假綸綍之傳宣。或托敷奏而進說。方善人君子相與匡扶國是。翊贊皇猷。而讒說一出。大則移易主意。次則阻撓事機。人心搖動惶惑。所關匪細。謹喉舌。正所以防壅蔽。養聰明。

總論 王氏炎曰。百揆。百官之首。故先命禹。養民。治之先務。故次命稷。富然後教。故次命契。刑以弼教。故次命皋陶。工立成器以爲天下利。人治之末。故次命垂。如此治人者略備矣。然後及草木鳥獸。故次命益。民物如此則隆禮樂之時也。故次命夷。夔。禮先樂後。故先夷後夔。樂作則治功成矣。羣賢雖盛。治功雖成。苟讒說得行。

則賢者不安。前功遂廢。故命龍於末。所以防讒間。衛羣賢。以成其終。

帝曰。咨。汝二十有二人。欽哉。惟時亮天功。

集傳二十二人。四岳。九官。十二牧也。周官言內有百揆四岳。外有州牧侯伯。蓋百揆者。所以統庶官。而四岳者。所以統十二牧也。既分命之。又總告之。使之各敬其職以相天事也。林氏之奇曰。四岳九官十二牧。莫非所以相天事。代天工者。故以亮天功言之。史記作惟是相天事。

曾氏曰。舜命九官。新命者六人。命伯禹。命伯夷。咨四岳而命者也。命垂。命益。汎咨而命者也。命夔。命龍。因人之讓。不咨而命者也。夫知道而後可宅百揆。知禮而後可典三禮。知道知禮。非人人所能也。故必咨於四岳。若予工。若上下草木鳥獸。則非此之比。故泛咨而已。禮樂命令。其體雖不若百揆之大。然其事理精微。亦非百工庶物之可比。伯夷既以四岳之舉而當秩宗之任。則其所讓之人。必其中於典樂納言之選可知。故不咨而命之也。若稷契皐陶之不咨者。申命其舊職而已。又案此以平水土。若百工。各爲一官。而周制同領於司空。陳氏師凱曰周官司空掌邦土居四民時地利王制云司空執度度地居民山川沮澤時四時量地遠近興事任力所謂平水土若百工同領於司空也此以士一官兼兵刑之事而周禮分爲夏秋兩官陳氏師凱曰通典以兵附於刑亦猶古意蓋帝王之法隨時制宜所謂損益可知者如此

集說林氏之奇曰自詢于四岳至夙夜出納朕命惟允各隨其職而戒之至此又總而申勅之也○陳氏大猷曰皆當敬以輔相顯明天之功○胡氏士行曰岳牧九官之事皆天之事也天工人其代之維天之命於穆不已可一時息乎欽則誠與天一矣此咨命之要領也○王氏樵曰天降生民與之以仁義禮智之性亦畀之以相生相養之資是故絲麻穀粟五材百貨天之養也牖民孔易天之教也五福六極天之刑賞也禮者天

之序也。樂者天之和也。山川分判天之州域也。凡有職乎人者孰非天之事哉。○姚氏舜牧曰天所欲爲曰天工。人所用力曰天功。

三載考績。三考黜陟幽明。庶績咸熙。分北三苗。

【集傳】考核實也。三考九載也。九載則人之賢否事之得失可見。於是陟其明而黜其幽。賞罰明信人人力於事功。楊氏肇芳曰事功奮起謂之明。事功猥瑣不煥發者便謂之幽。若不善之人不可一日立於朝。何俟九載此所以庶績咸熙也。北猶背也。其善者留其不善者竄徙之。使分背而去也。○孔氏穎達曰善留惡去。使分背也。○董氏鼎曰。分北只是分別義故文兩兩相背。此言舜命二十二人之後，立此考績黜陟之法。以時舉行。而卒言其效如此也。案三苗見於經者。如典謨益稷禹貢呂刑詳矣。蓋其負固不服，乍臣乍叛。舜攝位而竄逐之。禹治水之時。三危巳宅。而舊都猶頑不卽工。禹攝位之後。帝命徂征而猶逆命。及禹班師而後來格。於是乃得考其善惡而分北之也。呂刑之言遏絶。則通其本末而言。不可以先後論也。

【集說】孔氏穎達曰。此以下。史述舜事。非帝語也。○考績法明。人皆自勵。故得衆功皆廣也。○林氏之奇曰。

周官太宰。歲終。則令百官府。各正其治。受其會。聽其致事。而詔王廢置。三歲。則大計羣吏之治。而誅賞之。此卽唐虞考績之法也。然而其制已密。不若唐虞之寬也。○呂氏祖謙曰。史官載分北三苗。見萬國皆順軌也。○陳氏大猷曰。人情太寬則肆。太嚴則拘。故考績於三載。時加警策。以作其怠。黜陟於九載。期之久遠。以要其成。不肆不拘。所以爲善。○王氏樵曰。竄三苗於三危。此舜攝位時事。所竄者其君也。禹貢所記既宅丕敘者。以其竄於三危者而言也。苗不卽工。徂征來格。分背則皆其舊都也。計苗之事。終舜之世始定。竄者初年。分北者末年也。

舜生三十。徵庸三十。在位五十載。陟方乃死。

集傳 徵。召也。陟方。猶言升遐也。韓子曰。竹書紀年。陳氏師凱曰。晉束晳傳云。太康二年。汲郡人盜發魏襄王墓。或言安釐王冢。得竹書數十車。其紀年十三篇。帝王之沒皆曰陟。陟昇也。謂昇天也。書曰。殷禮陟配天。言以道終。其德協天也。故書紀舜之沒云陟。其下言方乃死者。所以釋陟爲死也。地之勢東南下。如言舜巡守而死。宜言下方。不得言陟方也。案此得之。但不當以陟爲句絕耳。方猶云徂乎方之方。陳氏師凱曰。楊子法言云。雲徂乎方。雨流乎淵。注云。徂往也。方四方也。陟方乃死。猶言殂落而死也。舜生三十年。堯方召用。歷試三年。居攝二十八年。通三十年。乃卽帝位。又五十年而崩。蓋於篇末總敘其始終也。史記言舜巡守崩於蒼梧之野。孟子言舜卒於鳴條。未知孰是。今零陵九疑有舜塚云。陳氏師凱曰。零陵今湖南永州郡名。舜冢在道州界。蒼梧今廣西梧州也。

【集說】朱子曰。舜壽百有十歲。○舜生三十徵庸數語只依古注點。自好。○金氏履祥曰。舜典所載。皆帝舜初政。至三考之後。庶績咸熙。所黜者獨三苗耳。卒章通載始終。若其晚年授禹之事。則具在禹謨。○陳氏櫟曰。史於舜即位初。惟載咨岳牧命九官。即以九載黜陟繼之。篇末總序舜一生始終。中間幾五十年無事可見。何也。孔子曰。舜有臣五人而天下治。又曰。無爲而治者。其舜也與。以此觀之。可見舜惟得聖賢之臣以共爲。故終身可恭已而無爲也。

欽定書經傳說彙纂卷第二

總論　熊氏禾曰。舜典。理會天道人道地道外。此後言恤刑討罪。所以去小人也。咨牧命官。所以用君子也。末言考績黜陟之法。其於君子小人之辨嚴矣。後之欲盡君道者。當以此爲法。

欽定書經傳說彙纂卷第三

大禹謨

【集傳】謨。謀也。林氏曰。虞史既述二典。其所載有未備者。於是又敘其君臣之閒嘉言善政。以爲大禹臯陶謨益稷三篇。所以備二典之未備者。今文無。古文有。

【集說】孔氏安國曰。禹稱大。大其功。○林氏之奇曰。堯典既爲舜典張本。故舜典之初。卽載歷試受禪之事。舜典載禹宅百揆。繼舜之任。而其本末未有所屬也。故大禹謨則載大禹居攝帝位。率百官若帝之初。然後舜之始末無所不備。此其所以謂之虞書也。○陳氏大猷曰。書名大禹謨。以此書多禹之謨也。禹之功。多見於謨之所述。○金氏履祥曰。二典。虞書之經。三謨。猶二典之傳。○吳氏澄曰。典者。載堯舜二帝之善政。謨者。載禹皐陶二臣之嘉言。○許氏謙曰。三謨皆陳於帝舜之前。乃舜典之别篇。禹謨自格汝禹以下。舜晚年事。以禹王天下。故在皐益之前。○王氏樵曰。禹謨中有益。而篇名大禹謨。以禹爲主也。皐陶謨中有禹。而篇名皐陶謨。以皐陶爲主也。

曰若稽古大禹。曰文命敷于四海。祗承于帝。

【集傳】命。教。祗。敬也。姚氏舜牧曰。堯舜禹相傳。只是一箇敬字。祗承者。敬之謂也。帝謂舜也。文命敷于四海者。卽禹貢所謂東漸西被朔南暨。

聲教訖于四海者。是也。楊氏肇芳曰。敷非推致盛德精神。自然翔洽也。史臣言禹既巳布其文教于四海矣。於是陳其謨以敬承于舜。如下文所云也。文命。史記以爲禹名。蘇氏曰。以文命爲禹名。則敷于四海者。爲何事耶。

【集說】林氏之奇曰。此書主爲舜而作。自舜之時言之。禹尚爲臣。未可以君天下之辭而稱也。故曰若稽古大禹。○呂氏祖謙曰。聲教如此。亦巳至矣。方祇承于帝。無一毫自有之意。見禹有君民之大德。有事君之小心。然祇承與重華異。重華有日月竝明之意。祇承不過坤承乾之象也。○王氏肯堂曰。帝以好問樂善而咨詢於下。禹以責難陳善而祇承於上。此二句。爲謨之起語。如湯誥諸篇之有本序。○孫氏繼有曰。舜以文德之君。禹以文德佐之。故聲教四訖。禹之文命。卽舜之文命也。

曰后克艱厥后。臣克艱厥臣。政乃乂。黎民敏德。

集傳 曰以下。卽禹祇承于帝之言也。艱。難也。孔子曰。爲君難。爲臣不易。卽此意也。乃者。難辭也。敏。速也。禹言君而不敢易其爲君之道。臣而不敢易其爲臣之職。夙夜祇懼。各務盡其所當爲者。則其政事乃能修治而無邪慝。下民自然觀感。速化於善。而有不容已者矣。

集說 蘇氏軾曰。君臣各艱畏。則非辟無自入。民利在爲善。故敏於德。○林氏之奇曰。世之人。徒以舜之爲君。恭己正南面而已。不知舜之君臣。其都俞賡歌於一堂之上。自一話一言。未嘗不以克艱爲戒。惟君臣不忘於克艱。玆所以享無爲之治也。○朱子曰。自后克艱厥后至四夷來王。只是一時說話。後面則不可知。○呂氏祖謙曰。克艱者。厥后厥臣。各止其所之意。君克艱。君之事。臣克艱。臣之事。思不出其位也。○眞氏德秀曰。禹言君臣之道。蔽以克艱一言。可謂至矣。蓋以爲難。則存敬畏之心。以爲易。則啓驕逸之志。此治亂安危所自分。○王氏樵曰。政乂民化。正見不可不克艱也。蓋政自君臣出。而民則觀上而興者也。得於觀感。風動神速。故下箇敏字。

帝曰。俞。允若玆。嘉言罔攸伏。野無遺賢。萬邦咸寧。稽于衆。舍己從人。不虐無告。不廢困窮。惟帝時克。

集傳 嘉善攸所也。舜然禹之言。以爲信能如此。則必有以廣延衆論。悉致羣賢。而天下之民。咸被其澤。無不得其所矣。然非忘私順理。愛民好士之至。無以及此。而惟堯能之。非常人所及也。蓋爲謙辭以對。而不敢自謂其必能。舜之克艱。於此亦可見矣。程子曰。舍己從人。最爲難事。己者。我之所有。雖痛舍之。尤懼守己者固而從人者輕也。孫氏繼有曰。舍己從人。則計在必行。不難以一言止之。事雖已遂。不難以一言挽之。絕無繫吝。

方謂之從。

【集說】孔氏安國曰：考衆從人，矜孤愍窮，凡人所輕，聖人所重。○孔氏穎達曰：言之善者，必出賢人之口。但言之易，行之難，或有人不賢而言可用，故嘉言與賢異其文。○張子曰：稽衆舍己，堯虛其心以爲天下也。○王氏安石曰：舜后也，故但言堯克艱事。今案定公問一言與邦，孔子對以君難臣不易，下文惟及君而不及臣，意亦類此。○蘇氏軾曰：無告，天民之窮者；困窮，士之不遇者。○朱子曰：無告困窮，自非大無道之世，孰肯虐而廢之者。然心力用不到，那上便是自家廢虐之，須是聖人方寸理會，無一處不到。○眞氏德秀曰：知爲君之難易，知其難而能盡其道者難，故曰允若茲惟帝時克。堯稽衆以求事理之當，舍己以從人情之公，無告易虐而不虐，困窮易廢而不廢，皆自克艱一念爲之。孔子論博施濟衆修己安百姓，皆曰堯舜其猶病諸，可謂知堯之心矣。○傅氏元初曰：舜置敢諫之鼓，一如堯時。管子曰：舜有告善之旌，而主不蔽。王仲淹曰：堯有衢室之問，舜有總章之訪，并天下之謀，并天下之智也。

案孟子謂舜聞一善言，若決江河，沛然莫之能禦。在深山中時尚如此，况在廷之陳謨乎。觀其一聞禹克艱之言，卽知廣聽納，燭幽隱，凡治天下之要道，皆出於此。此卽決江河莫禦之氣象也。而猶不敢自居，以爲帝堯能之。其眞知克艱者哉。

益曰：都，帝德廣運，乃聖乃神，乃武乃文，皇天眷命，奄有四海，爲天下君。

集傳 廣者，大而無外。運者，行之不息。大而能運，則變化不測。故自其大而化之而言。則謂之聖。自其聖而不可知而言。則謂之神。自其威之可畏而言。則謂之武。自其英華發外而言。則謂之文。潘氏士遴曰。經文眷顧奄盡武倒者。取韻句也。也。堯之初起。不見於經。傳稱其自唐侯特起爲帝。觀益之言。理或然也。或曰。舜之所謂帝者。堯也。羣臣之言帝者。舜也。如帝德罔愆。帝其念哉之類。皆謂舜也。蓋益因舜尊堯而遂美舜之德。以勸之言。不特堯能如此。帝亦當然也。今案此說所引。比類固爲甚明。但益之語接連上句惟帝時克之下。未應遽舍堯而譽舜。又徒極口以稱其美。而不見其有勸勉規戒之意。恐唐虞之際。未遽有此諛佞之風也。依舊說贊堯爲是。

集說　孔氏安國曰。益因舜言。又美堯也。言堯有此德。故爲天所命。所以勉舜也。○朱子曰。都。歎美之辭也。都者。君子之居。鄙者。野人之居。故古者謂野爲鄙。謂都爲美也。○眞氏德秀曰。廣運而與天同德。故能受天之命。益之勉舜。全在廣運二字。○陳氏櫟曰。廣。聖德之全體也。運。聖德之大用也。聖神。全體之不可見者。武文。大用之可見者也。其可見者。卽不可見者之發見呈露也。

禹曰。惠迪吉。從逆凶。惟影響。

【集傳】惠順迪道也逆反道者也惠迪從逆猶言順善從惡也禹言天道可畏吉凶之應於善惡猶影響之出於形聲也以見不可不艱者以此而終上文之意

【集說】陳氏經曰當順道之時反已無愧心廣體胖其吉逆之時十目所視心勞日拙其凶孰甚焉外此而言凶孰大焉外此而言吉是儌倖於非望之福也當從是其爲禍可得而逭也○胡氏士行曰迪則吉逆則凶非於善惡之外别有禍福也其應之速可知迪卽克艱之道○王氏樵曰惟影響非言其必然之應乃言其非自外來皆由此出不曰如影響而曰惟影響善惡吉凶卽是影響之理○潘氏士遴曰惠迪不言福而言吉從逆不言禍而言凶蓋聖人論吉凶不論禍福也觀三百八十四爻所教决擇趨避之意惟曰吉凶悔吝而未嘗

一及於禍福所謂知幾其神見幾而作正謂此也

益曰吁戒哉儆戒無虞罔失法度罔遊于逸罔淫于樂任賢勿貳去邪勿疑疑謀勿成百志惟熙罔違道以干百姓之譽罔咈百姓以從己之欲無怠無荒四夷來王

【集傳】先吁後戒欲使聽者精審也儆與警同朱子曰古文作敬開元改今文虞度罔勿也法度法則制度也呂氏祖謙曰不獨政事紀綱之謂一身之間動作飲食莫不有法度動容周旋皆中於禮淫過也葉氏夢得曰淫如水之浸淫而不返當

四方無可虞度之時法度易至廢弛故戒其失墜朱子曰言當警戒於無虞度之時謂戒於無形也逸樂易至縱恣故戒其遊淫言此三者所當謹畏也任賢以小人閒之謂之貳去邪不能果斷謂之疑謀圖爲也有所圖爲揆之於理而未安者則不復成就之也夏氏僎曰疑謀如詩所謂築室于道謀是用不潰于成當自作一句不連上文百志猶易所謂百慮也咈逆也九州之外世一見曰王陳氏師凱曰周禮秋官大行人云九州之外謂之蕃國世壹見注云九州之外無朝貢之歲嗣王卽位乃一來耳帝於是八者朝夕戒懼無怠於心無荒於事則治

道益隆。四夷之遠。莫不歸往。中土之民。服從可知。今案益言八者。亦有次第。蓋人君能守法度。不縱逸樂。俞氏鯤曰。逸就身說。樂就心說。則心正身修。義理昭著。而於人之賢否。孰爲可任。孰爲可去。事之是非。孰爲可疑。孰爲不可疑。皆有以審其幾微。絶其蔽惑。故方寸之間。光輝明白。而於天下之事。孰爲道義之正而不可違。胡氏士行曰。因民譽。可以驗已治。舍大道而行小惠。以干之則不可。孰爲民心之公而不可咈。孔氏安國曰。專欲難成。犯衆興禍。故戒之。皆有以處之不失其理。而毫髮私意不入於其間。

此其懲戒之深旨。所以推廣大禹克艱惠迪之謨也。苟無其本而是非取舍。決於一已之私。乃欲斷而行之。無所疑惑。則其爲害。反有不可勝言者矣。可不戒哉。

【集說】王氏安石曰。罔失法度以下。修之身者也。任賢勿貳以下。修之朝者也。罔違道以下。施之天下者也。○林氏之奇曰。禹既以吉凶影響之理。陳戒於舜。益於是申言所以儆戒之道。當如此也。○舜之盛德。於淫佚荒怠等事。雖不至於此。然而儆戒之意。實未嘗敢忘。此益之所以拳拳爲舜言之也。○朱子曰。此一段先說儆戒無虞。蓋制治未亂。保邦未危。自其未有可虞之時。必儆必戒。則不至失法度。遊于逸。淫于樂矣。若無儆戒底心。欲不至於失法度。不遊逸。不淫樂。不可得也。既能如此。然後可以知得賢者邪者正者。謀可疑者。無可疑者。

若是自家身心顛倒便會以不賢爲賢以邪爲正所當疑者亦不知矣何以任之去之勿成之哉蓋此三句便是從上面有三句了方會恁地又如此然後能罔違道以求名罔咈民以從欲蓋於賢否疑審有所未明則何者爲道何者爲非道何者是百姓所欲何者非百姓所欲哉○時氏瀾曰人只有一心安得有百志蓋志者心之所之也聖人動與理契凡精神心術之運隨所之而光明盛大故謂之百志惟熙罔違道以干百姓之譽謂不偏於人也罔咈百姓以從己之欲謂不偏於己也○陳氏大猷曰多事之際常情皆知儆戒無事之時明主猶或玩弛儆戒則强立而清明玩弛則頽放而昏塞○俞氏鯤曰戒其干譽則或至咈民戒其咈民則或至干譽傳曰以欲從人則可以人從欲鮮濟以欲從人非克己愛民之君不能也然苟不主乎理而主於從人則鮮不違道干譽矣道義之正雖順民而不得謂之干譽民心之公雖獨斷而不得謂之咈民

禹曰於帝念哉德惟善政政在養民水火金木土穀惟修正德利用厚生惟和九功惟敘九敘惟歌戒之用休董之用威勸之以九歌俾勿壞

【集傳】益言儆戒之道禹歎而美之謂帝當深念益之所言也且德非徒善而已惟當有以善其政政非徒法而已在乎有以養其民下文六府三事卽養民之政也水火金木土穀惟修者水克火火克金金克木木克土而生五穀或相制以洩其過或相助以補其不足而六者

無不修矣。陳氏師凱曰。水克火以烹飪。火克金以煅冶。金克木以成器。此相制以洩其過者也。斲木爲耜。揉木爲耒。耒耨之利。以教天下。此木克土而生五穀。相助以補其不足者也。正德者。父慈子孝。兄友弟恭。夫義婦聽。所以正民之德也。利用者。工作什器。商通貨財之類。所以利民之用也。厚生者。衣帛食肉。不饑不寒之類。所以厚民之生也。六者既修。民生始遂。不可以逸居而無教。故爲之惇典敷教。以正其德。陳氏師凱曰。惇典。惇五典也。敷教。敷五教也。上云父子兄弟夫婦。是五典五教中切於民者也。其實并五典盡教之。三者舉其近耳。通功易事。以利其用。制節謹度。以厚其生。使皆當其理而無所乖。則無不和矣。九功。合六與三也。敘者。言九者各順其理。而不汩陳以亂其常也。歌者。以九功之敘而詠之歌也。孔氏安國曰。言六府三事之功有次序。皆可歌樂。乃德政之致。言九者既已修和。各由其理。民享其利。莫不歌詠而樂其生也。然始勤終怠者。人情之常。恐安養既久。怠心必生。則已成之功。不能保其久而不廢。故當有以激勵之。如下文所云也。董。督也。威。古文作畏。其勤於是者。則戒而休美之。蘇氏軾曰。先事而語曰戒。○張氏九成曰。戒用休。若周官大比興賢能。明其有功者。屬其治地者之類。其怠於是者。則督責而懲戒之。張氏九成曰。董用威。如周官宅不毛者有里布。田不耕者出屋粟。與鄉八刑糾萬民之類。然又以事之出於勉強者不能久。故復即其前日歌詠之言。協之律呂。播之聲音。用之鄉人。用之邦國。以勸相之。使其歡欣鼓舞。趨事赴功。不能自已。吳氏棫曰。勸以九歌者。民已樂之。又因其情。被之絃歌。以助其樂事赴功。周官。縣正趨其稼事。里宰趨其耕耨。籥章吹豳雅豳頌與夫爲春酒。殺羔羊。及百日之蜡。一日之澤。古之遺制。猶有存者。而前日之成功。得以久存而不壞。此周禮所謂九德之歌。九韶之舞。而太史公所謂佚能思初。安能惟始。沐浴膏澤而歌詠勤苦者也。葛氏曰。洪範五行。水火木金土而已。穀本在木行之數。禹以其爲民食之急。故别而附之也。

集説 孔氏穎達曰。此言五行與洪範之次不同。洪範以生數爲次。此以相克爲次。襄二十七年左傳云。天生五材。民竝用之。彼惟五材。此兼以穀爲六府者。穀之於民尤急。穀是土之所生。故於土下言之。○蘇氏軾曰。古之治民者。於其勤苦之事。則歌之使忘其勞。九功之歌。意其若豳詩也歟。○林氏之奇曰。古者作樂。歌以象德。舞以明功。舜之爲治。自德惟善政至九敘惟歌。其功德皆已盡善矣。故其樂象之。而韶樂遂以九爲節。周禮大司樂曰。九德之歌。九韶之舞。奏之宗廟之中。若樂九變。則人鬼可得而禮矣。蓋舜之韶樂。升歌於上者。九德之歌合樂而舞於庭者。九韶之舞。韶樂之奏。至於鳥獸率舞鳳凰來儀。原其所以致此者。則本於九功惟敘而舜之德施於有政然也。○朱子曰。水如隄防灌漑。金如五兵田器。火如出火納火禁焚萊之類。木如斧斤以時之類。古人設官掌此六府。蓋爲民惜此物。不使之妄用。非如今世之民用財無節也。戒之用休。言戒諭以休美之事。勸之以九歌。感動之意。但不知所謂九歌者如何。周官有九德之歌。大抵禹只說綱目。其詳不可考矣。九歌今亡。其詞恐是君臣相戒如賡歌之類。此便是作韶樂之本。○呂氏祖謙曰。德惟善政。政本於德也。政在養民。民資於政也。○消息盈虛者。天理之常。輔相財成者。君道之大。天下之理盛必有衰。成必有壞。俾云者。聖人財成輔相以贊消息盈虛之理。使之盛而不衰。成而不壞也。○王氏炎曰。政之大要。莫切於養民。六府養民之具也。正德所以養其心。利用厚生所以養其身。溝澮之導。瀦之蓄。井之汲。水之修也。鑽燧有變。焚萊有禁。火之修也產於地取之有時鎔範而成之金之修也植於山林斬之有時掄材而取之木之修也辨肥瘠相高下以植百物土之修也播種有宜耨穫有節穀之修也水以制火火以煉金金以治木木以墾土土以生穀此六府之序六府修然後可以正民德先富而後教也織袵而衣耒耜而耕釜甑而爨資六府以利用也老有奉幼有長鰥寡廢疾皆有養資六府以厚生也六府出於天地而修之在人三事行於天下而和之在人○陳氏經曰人情始勤終怠安保其不壞故戒以休使勤者心有所慕董以威使怠者心有所畏然畏慕有時而忘不若使心有所樂故勸以九歌感動於自然非有勉強矯拂將樂事勸功而忘其勞斯可使九功永久不壞也

案虞書言養民之政最詳前但言授人時播百穀以發其端此則包舉所以養之之事教卽在養之中故欲正德先務養民也成周立法至備皆出於此

帝曰俞地平天成六府三事允治萬世永賴時乃功。

【集傳】水土治曰平言水土既平而萬物得以成遂也孔氏安國曰五行序曰成六府卽水火金木土穀也六者財用之所自出故曰府○王氏炎曰謂之府天地之藏其出不窮者也○金氏履祥曰六府禮所謂天子之六府物有其官官修其方三事正德利用厚生也三者人事之所當爲故曰事舜因禹言養民之政而推其功以美之也

【集說】張氏九成曰天施地生洪水之患地不得以生天雖施之亦無自而成今地既平天之功始成也○

朱子曰地平天成是包得下面六府三事在○問六府三事林少穎云六府本乎天三事行乎人吳才老說上是施下是功未知孰是曰林說是○呂氏祖謙曰雖歷萬世之遠不能外天地以有生外六府三事以爲治是禹之功與天地相終始也○王氏樵曰禹平水土六府孔修然後庶土交正厎愼財賦咸則三壤成賦中邦卽利用厚生之事也祇台德先不距朕行卽正德之事也然所以必列而爲三事者六府天地自然之利聖人因而修之而已三事則聖人所以盡財成輔相之道以左右民者也○申氏時行曰六府惟修五氣順而百穀成也三事惟和民性復而民生遂也豈惟一世賴之養民之功成於當時垂於後世如此

帝曰格汝禹朕宅帝位三十有三載耄期倦于勤汝惟不怠總朕師

【集傳】九十曰耄。百年曰期。孔氏穎達曰。年在耄期之閒。故竝言之。舜至是年已九十三矣。總。率也。舜自言既老。血氣已衰。故倦於勤勞之事。汝當勉力不怠。而總率我衆也。張氏九成曰。禹惜寸陰。過門不入。不怠可知。蓋命之攝位之事。堯命舜曰陟帝位。舜命禹曰總朕師者。蓋堯欲使舜眞宅帝位。舜讓弗嗣。後惟居攝。朱子集此處有故其命禹四字。亦若是而已。

【集說】呂氏祖謙曰。聖心純亦不已。何由有倦。止倦於勤而已。非倦於道也。居天位者。以勤爲本。不怠二字。足以當帝位。帝德廣運。亦不怠之功用也。聖人之道。未嘗一日怠。怠則閒斷。不可以言聖矣。○時氏瀾曰。天行健天之不息也。聖道運而無積。聖人之不息也。自古爲帝爲王者。功業皆以不息而成。

禹曰。朕德罔克。民不依。皋陶邁種德。德乃降。黎民懷之。帝念哉。念兹在兹。釋兹在兹。名言兹在兹。允出兹在兹。惟帝念功。

集傳 邁。勇往力行之意。種。布。降。下也。禹自言其德不能勝任。民不依歸。惟皋陶勇往力行以布其德。德下及於民。而民懷服之。帝當思念之而不忘也。兹。指皋陶也。禹遂言念之而不忘。固在於皋陶。舍之而他求。亦惟在於皋陶。朱子曰。用舍皆在此人。名言於口。固在於皋陶。誠發於心。亦惟在於皋陶也。朱子曰。語黙皆在此人。允出則誠實之所發見者也。蓋反覆思之。而卒無有易於皋陶者。張氏居正曰。八箇皋陶字。都指皋陶說。惟帝深念其功。而使之攝位也。

集說　蘇氏軾曰。種德如農之種植。衆人之種德也近。朝種而暮穫。報亦狹矣。皋之種德也遠。栽培之深厚。滋養之豐裕。及其充溢不已。自沛然如雨露之降。民被其潤澤而懷之也。○楊氏時曰。禹總百揆。而皋陶施刑。內外之治舉矣。古者兵刑之官合爲一。觀舜之命皋陶。蠻夷猾夏。是其責也。則皋陶之職所施於外者爲詳。故皋陶雖不可以無禹。而禹亦不可以無皋陶。孟子曰。舜以不得禹皋陶爲已憂。而子夏亦言舜有天下。選於衆舉皋陶不仁者遠蓋有見乎此○朱子語類問諸說皆以禹欲舜念皋陶而林氏以爲禹自言其念之如此未知二說如何曰林說是○陳氏經曰皋陶所掌者刑德安在至威之中至愛存焉慈祥惻怛之寓雖刑也而實種德也○王氏樵曰禹自以勤事之勞不若皋陶道化之厚至誠推先而不自知其德業之盛眞聖人之心也○好生者帝之德也涵育之久洽於民而民無不化以帝之心爲心者皋陶之德也邁種之久降於民而民無不懷

帝曰皋陶惟兹臣庶罔或干予正汝作士明于五刑以弼五教期于予治刑期于無刑民協于中時乃功懋哉

【集傳】干犯。正政。弼輔也。聖人之治。以德爲化民之本。而刑特以輔其所不及而已。期者。先事取必之謂。舜言惟此臣庶。無或有干犯我之政者。以爾爲士師之官。能明五刑。以輔五品之教。而期我以至於治。其始雖不免於用刑。而實所以期至於無刑之地。孔氏安國曰。雖或行刑。以殺止殺。終無犯者。故民亦皆能協於中道。初無有過不及之差。則刑果無所施矣。凡此皆汝之功也。懋勉也。蓋不聽禹之讓。而稱皋陶之美以勸勉之也。

【集說】林氏之奇曰聖人制刑非期於刑殺人凡以輔吾教之不逮而已出教則入刑出刑則入教使民趨教而刑爲無用是聖人之本心也皐陶能體此意使人知契與伯夷之教而不知有皐陶之刑此舜之威德惟皐陶能推明其意而見於治功者然也董仲舒曰天道之大者在陰陽陽爲德陰爲刑刑主殺而德主生是故陽常居大夏而以生育長養爲事陰常居大冬而積於虛空不用之處以此見天之任德不任刑也王者承天意以從事則知刑以弼教期于無刑眞聖人之本意也○朱子曰皐陶明刑以弼五教而期于無刑蓋三綱五常天理民彜之大節而治道之本根也故聖人之治爲之教以明之爲之刑以弼之雖其所施或先或後或緩或急而其丁寧深切之意未嘗不在乎此也○聖人亦不曾徒用政刑到德禮既行天下既治亦不曾不用政刑故書說刑期于無刑只是存心期於無而刑初非可廢○陳氏經曰明刑以弼教非特期至於治又期無刑

焉弼教以刑民猶有所畏而爲善也無刑而協中則無所畏而爲善矣○陳氏大猷曰明五刑智也法守也期無刑仁也法外意也協于中則不犯正不待論也程子曰禹之功脱民於昏墊以全其生皋陶之功使民復其所受之中以全其所以生也

皋陶曰帝德罔愆臨下以簡御衆以寛罰弗及嗣賞延于世宥過無大刑故無小罪疑惟輕功疑惟重與其殺不辜寧失不經好生之德洽于民心兹用不犯于有司

集傳 愆過也簡者不煩之謂上煩密則下無所容御者

急促。則衆擾亂。嗣世。皆謂子孫。然嗣親而世疏也。延遠及也。父子罪不相及。而賞則遠延于世。其善善長而惡惡短如此。過者。不識而誤犯也。故者。知之而故犯也。過誤所犯。雖大必宥。不忌故犯。雖小必刑。卽上篇所謂眚災肆赦。怙終賊刑者也。罪已定矣。而於法之中。有疑其可重可輕者。則從輕以罰之。功已定矣。而於法之中。有疑其可輕可重者。則從重以賞之。辜。罪。經。常也。謂法可以殺可以無殺。殺之則恐陷於非辜。不殺之恐失於輕縱。二者皆非聖人至公至平之意。而殺不辜者。王氏肯堂曰。不辜與無辜異。無辜者。無是罪也。有罪而罰不當罪。則曰不辜。尤聖人之所不忍也。故與其殺之而害彼之生。寧姑全之。而自受失刑之責。此其仁愛忠厚之至。皆所謂好生之德也。蓋聖人之法有盡。而心則無窮。故其用刑行賞。或有所疑。則常屈法以申恩。而不使執法之意。有以勝其好生之德。此其本心所以無所壅遏。而得行於常法之外。及其流衍洋溢。漸涵浸漬。有以入於民心。則天下之人。無不愛慕感悅。興

起於善而自不犯于有司也皐陶以舜美其功故言此以歸功於其上蓋不敢當其褒美之意而自謂己功也

【集說】孔氏安國曰善則歸君人臣之義○刑疑附輕賞疑從重忠厚之至○程子曰書稱堯舜不曰刑必當罪賞必當功而曰罪疑惟輕功疑惟重與其殺不辜寧失不經異乎後世刻核之論矣○蘇氏軾曰帝因禹之讓皐陶故推其功而勉之皐陶憂天下後世以刑爲足以治也故推明其所自以爲非帝之至德不能至也○朱子曰聖人之心涵育發生眞與天地同德其宥過非私恩其刑故非私怒罪疑而輕非姑息功疑而重非過予如天地四時之運寒凉肅殺常居其半而涵育發生之心未始不流行乎其閒此所以好生之德洽于民心而自不犯于有司非旣抵冒而復縱舍之也○呂氏祖謙曰聖人於故犯雖小必刑蓋不事姑息而濟仁以

義乃見聖人好生不偏處過慈近於姑息反所以害仁○應氏鏞曰罰弗及嗣一人之身始惡終善猶不可棄況其嗣乎賞延于世與人爲善嘉勸來者然世賞而不世官也○陳氏經曰帝德無所過皆中也簡寬以下忠厚仁恕無非所以爲中○陳氏大猷曰上好人之生人亦自好其生仁心之相感也○眞氏德秀曰帝德雖覆載無以加而皋陶但以罔愆言之蓋必如是僅可謂之無過耳○王氏肯堂曰簡者執至一之德以運萬幾守無爲之中以宰百職不但省其科條先其體要而已寬者心同天地羣生長育其中量若江河庶類泳游其内非但執其綱維寬其督責而已○孫氏繼有曰刑施於既犯之後德化於未犯之先有司能使民之不寃不能使民之不犯故皋陶不敢以爲已功而直歸美於帝德也

帝曰俾予從欲以治四方風動惟乃之休。

集傳 民不犯法而上不用刑者。舜之所欲也。汝能使我如所願欲以治。教化四達。如風鼓動。莫不靡然。是乃汝之美也。舜又申言以重歎美之。

集說 薛氏季宣曰。舜皋陶非苟以相諛。其道然也。后非臣罔輔。臣非后罔克。君臣同德。所以爲有虞之治也。世之論用刑者。不入於深。則入於縱。舜皋陶明刑之說。亦可少思矣。○呂氏祖謙曰。掌刑何以能風動四方。蓋皋陶之刑。非徒刑。乃德教也。四方鼓舞於德教中。休孰加焉。○陳氏雅言曰。皋陶能體其君心。使天下之民鼓舞動盪於德教中。而莫見其有爲之迹。蓋明刑弼教期于予治者。皋陶之職也。刑期于無刑者。皋陶法外意也。皋陶固可謂善體其君之心。而帝舜亦可謂深知大臣之美矣。

帝曰。來禹。洚水儆予。成允成功。惟汝賢。克勤于邦。克儉于家。不自滿假。惟汝賢。汝惟不矜。天下莫與汝爭能。汝惟不伐。天下莫與汝爭功。予懋乃德。嘉乃丕績。天之曆數在汝躬。汝終陟元后。

【集傳】洚水。洪水也。古文作降。孟子曰。水逆行。謂之洚水。蓋山崩水渾。下流淤塞。故其逝者。輒復反流而氾濫決溢。洚洞無涯也。其災所起。雖在堯時。然舜既攝位害猶未息。故舜以爲天警懼於己。不敢以爲非己之責。而自寬也。允信也。禹奏言而能踐其言。試功而能有其功。所謂成允成功也。朱子曰。成功。謂水患既平。而九功皆敘。○王氏樵曰。克副其言。是之謂成允。克厎其績。是之謂成功。禹能如此。則既賢於人矣。而又能勤於王事。儉於私養。孔氏穎達曰。惡衣薄食。卑其宮室。是儉於家。盡力爲民。是勤於邦。此又禹之賢也。有此二美。而又能不矜其能。不伐其功。孔氏安國曰。滿謂盈實。假大也。言禹心謙冲。不自盈大。自賢曰矜。自功曰伐。然其功能之實。則自有不可掩者。故舜於此復申命之。必使攝位也。懋楙古通用。楙盛大之意。朱子曰。懋宜作楙。楙盛大之意。此作懋者。乃訓勉爾。丕大績功也。懋乃德者禹有是德。朱子曰德指其克勤儉不矜伐而言。而我以爲盛大嘉乃丕績者禹有是功。朱子曰指其成允成功而言。而我以爲嘉美也。曆數者帝王相繼之次第猶歲時氣節之先後汝有盛德大功故知曆數當歸於汝汝終當升此大君之位不可辭也是時舜方命禹以居攝未卽天位故以終陟言也。

集說　程子曰禹不矜不伐天地同量也○不矜不伐至柔也然乃見剛○林氏之奇曰司馬溫公曰人君之所畏者惟天若不畏天何事不可爲堯舜之洪水而謂儆予蓋自盡其所以畏天之意而不謂我無以致之

也。唐虞之治。實基於此。○允成於此而功成於彼。蓋有不期然而然者。禹以至誠惻怛之心。思天下之有溺者。由已溺之。故信而後勞其民。民雖勞而不怨。則其成天下之大順。致天下之大利。蓋可指顧而辦也。○呂氏祖謙曰。禹繼父治水。人易疑之。禹能使人信於未成功之先。故功成於人已信之後。○滿假不必矜誇。功成之後。自以爲功。卽滿假也。禹既成功。其心寂然若無所以爲不自滿假。○纔立已便有物與我對。對則必爭。一矜伐其功能。便有爭之理。矜伐者。爭之對也。不矜不伐無我也。無我則無對。無對則無爭。○陳氏經曰。聖賢所爲盡已而已。尚何矜伐之有。如禹之功。皆是禹所當然。故禹自不見其爲功能也。○劉氏應秋曰。舜之意。以皐陶雖有明刑弼教之功。而禹則有再造乾坤之力。天位之攝。不容舍禹而之皐也。

人心惟危。道心惟微。惟精惟一。允執厥中。

【集傳】心者人之知覺。朱子曰。所覺者。心之理。能覺者。氣之靈。理未知覺。氣聚成形。理與氣合。便能知覺。主於中而應於外者也。指其發於形氣者而言。則謂之人心。指其發於義理者而言。則謂之道心。人心易私而難公。故危。陳氏師凱曰。如專欲求利於己。則必違義而生害。道心難明而易昧。故微。陳氏師凱曰。天下公共之理。不能卽其善端發見而充廣之。則人欲肆。而所謂道者。微妙難見矣。惟能精以察之而不雜形氣之私。一以守之而純乎義理之正。朱子曰。省察於二者公私之閒以致其精。而不使其有毫釐之雜。持守於道心微妙之本以致其一。而不使其有頃刻之離。道心常爲之主。而人心聽命焉。

則危者安。微者著。動靜云爲。自無過不及之差。而信能執其中矣。陳氏師凱曰。此時中之中。指巳發而言也。先儒於未發之中。則以不偏不倚訓之。於巳發之中。則以無過不及訓之。蓋未發之前。不見其過與不及也。必巳發而時中。然後見其無過亦無不及焉。堯之告舜。但曰允執其中。今舜命禹。又推其所以而詳言之。蓋古之聖人。將以天下與人。未嘗不以其治之之法并而傳之。其見於經者如此。後之人君。其可不深思而敬守之哉。

集說　程子曰。人心惟危。人欲也。道心惟微。天理也。惟精惟一。所以至之。允執厥中。所以行之。○人心危而不安。道心微而難得。所以貴於精一。精之一之。然後能執其中。○朱子語類。口鼻耳目四肢屬自家體段上。便是私有底物。不比道便公共。故上面便有箇私底根本。且如危亦未便是不好。只是有箇不好底根本。○問程子曰。人心人欲也。恐未便是人欲。曰人欲也未便是不好。謂之危者。危險欲墮未墮之閒。若無道心以御之則一向入於邪惡。又不止於危也。又問聖人亦有人心。不知亦危否。曰聖人全是道心主宰。故其人心自是不危。若只是人心也危。故曰惟聖罔念作狂。○可欲之謂善。欲仁而仁至。使所欲如此。又豈可無。惟欲其所不欲乃私耳。○此心之靈。其覺於理者道心。其覺於欲者人心也。人心自是不容去除。但要道心爲主。則人心自不能奪。而亦莫非道心之所爲矣。然此處極難照管。須臾閒斷。卽人心便行矣。○自人心而收之則是道心。自道心而放之。便是人心。○有道心。則人心爲所節制。人心皆道心也。○微者難明。有時發見些子。便自家見得。有時又不見了。惟聖人便辨之精。守得徹頭徹尾。學者則須是擇善而固執之。○虛明安靜。乃能精粹而不雜。誠篤確固。乃能純一而無間。○天理人欲。是交界處。須是在天理則明天理。在人欲則去人欲。嘗愛五峰云。天理人欲同行異情。此語甚好。問既曰精一。何必云執中。曰允字有道理。惟精惟一。則信乎其能執中也。○中只是箇恰好底道理。堯告舜只這一句。舜告禹。又添人心道心精一三句。又較子細。三句是允執厥中以前事。是舜告禹做工夫處。如論語說謹權量審法度修廢官舉逸民之類。皆是恰好當做底事。這便是執中處。○自堯舜以來所傳。聖人心法無以易此。經中此意極多。所謂擇善而固執之。擇善則惟精也。固執則惟一也。又如擇乎中庸。是精。得一善則拳拳服膺而勿失。是一。又如博學之。審問之。慎思之。明辨之。皆惟精也。且如篤行。又是惟一也。至於明善。是惟精也。誠身。是惟一也。大學致知格物。非惟精不可。能誠意。則惟一也。學是學此道理。孟子以後失其傳。亦只是失此。○問允執厥中。曰。書傳所載多是說無過不及之中。且如中庸之中。亦只說無過不及。但喜怒哀樂之未發謂之中一處。却說得重也。○黃氏幹曰。人心者。人所不能無。但發而易流於縱則人欲肆而天理滅矣故名之曰危道心者亦人所不能無但發之常微而不著。不著則難見矣故名之曰微聖人於此知乎發於形氣者惟危發於義理者惟微故欲人於此用工。而精以察之於始一以守之於終。凡一念之發必察其發於形氣乎。發於義理乎。發於形氣則摧折之發於義理則擴充之。如是則精之事得矣又從而堅持固執。念念不忘。使前之擴充者。常昭著光明前之摧折者。必潛遁退聽而至於無焉此一之事也既精且一。則心之所發。身之所爲。無不合乎中矣。○金氏履祥曰。理與氣會而爲心。心則一。而知覺意念所從發者異人心者。知覺之生乎氣道心者。知覺之生乎理。先言人心而後言道心者。蓋道心之所以微。亦人心之危有以微之爾。

○陳氏櫟曰。精一既至。人心之發。皆道心也。惟孔子之從心所欲。足以証此。隨其心之所欲。而自不踰於矩度。非人心皆道心而自合於中乎。非道心之外。他有所謂中。中卽道心之流行於日用閒而無過不及者也。

無稽之言勿聽。弗詢之謀勿庸。

集傳 無稽者。不考於古。弗詢者。不咨於衆。言之無據。謀之自專。龎氏泮曰。言。如岳牧敷奏。百工之獻納。謀。如揆度。賞罰之輕重。較量賢否之用舍。是皆一人之私心。必非天下之公論。皆妨政害治之大者也。言。謂泛言。勿聽可矣。謀。謂計事。故又戒其勿用也。上文既言存心出治之本。此又告之以聽言處事之要。內外相資而治道備矣。

【集說】林氏之奇曰。仁人君子之言。上必考於古。下必稽於衆。故其用之。可以爲天下國家之利。苟非此二者。則是專已自用以濟其私。爲國家者小用之則小害。大用之則大害。無逸所謂譸張爲幻者是也。故舜諄諄戒禹。謂守盈保成之業。惟在於遏絕此二者之萌而已。○陳氏經曰。勿聽勿庸。所以守護此中而勿失之。○胡氏士行曰。聽用之際。一有不審。則耳目之官誘於物。有不搖其心之官者乎。勿聽勿庸。此亦用工於精一處也。○姚氏舜牧曰。言必則古先哲王。是言之有稽者。謀必及卿士庶人。是謀之已詢者。

可愛非君。可畏非民。衆非元后何戴。后非衆罔與守邦。欽哉。愼乃有位。敬修其可願。四海困窮。

天祿永終。惟口出好興戎。朕言不再。

【集傳】可愛非君乎。可畏非民乎。孔氏安國曰。民以君爲命。故可愛。君失道。民叛之故可畏。衆非君則何所奉戴。君非民則誰與守邦。孔氏安國曰。言衆戴君以自存。君恃衆以守國。相須而立。欽哉。言不可不敬也。可願。猶孟子所謂可欲。凡可願欲者。皆善也。人君當謹其所居之位。敬修其所可願欲者。苟有一毫之不善。生於心。害於政。則民不得其所者多矣。四海之民。至於困窮。則君之天祿。一絕而不復續。豈不深可畏哉。此又極言安危存亡之戒以深警之雖知其功德之盛必不至此然猶欲其戰戰兢兢無敢逸豫而謹之於毫釐之閒此其所以爲聖人之心也好善也戎兵也言發於口則有二者之分利害之幾可畏如此吾之命汝蓋已審矣豈復更有他說蓋欲禹受命而不復辭避也

集說 孔氏穎達曰君尊民畏之嫌其不愛故言愛也民賤君忽之嫌其不畏故言畏也○蘇氏軾曰人之所願與聖人同而不修其可以得所願者孟子所謂惡濕而居下也○呂氏祖謙曰既曰欽又曰愼復曰敬舜純誠之實積於中故純誠之言發於外○陳氏櫟曰堯授舜舜授禹言有詳略而精微之理敬畏之心戒愼之

辭。一也。堯之傳舜曰。天之曆數在爾躬。允執其中。四海困窮。天祿永終。舜之傳禹。凡所得於堯之四句。一一爲禹言之。中間增十有三句。義理益明。儆戒益至。合堯曰禹謨二篇觀之。可見矣。○王氏樵曰。敬修可願。此可愛之實。民受天地之中以生。中也者。人心之所同然也。自我先得之。則民之秉彝好是懿德。而吾之所爲。莫非可願矣。可願非敬修不得。若不修其可願。而徒恃其可愛。使有不善生於心。害於政。則可畏者至矣。

禹曰。枚卜功臣。惟吉之從。帝曰。禹。官占惟先蔽志。昆命于元龜。朕志先定。詢謀僉同。鬼神其依。龜筮協從。卜不習吉。禹拜稽首。固辭。帝曰。毋惟汝諧。

【集傳】枚卜，歷卜之也。孔氏穎達曰：周禮有銜枚氏，所銜之物，狀如箸。今人數物云一枚兩枚，則枚是籌之名也。○王氏安石曰：木幹曰枚，枝曰條。枚有條，故數物曰枚，數事曰條。枚卜，人人而卜之也。帝之所言，人事已盡，禹不容復辭，但請歷卜有功之臣，而從其吉，冀自有以當之者而已，得遂其辭也。官占，掌占卜之官也。時氏瀾曰：擇時人作卜筮，此官占也。蔽，斷。孔氏穎達曰：周禮司寇斷獄爲蔽獄，是蔽爲斷也。昆，後。王氏十朋曰：古人以昆爲兄，兄爲父後，故訓昆爲後，與後昆之後同。龜，卜；筮，著。習，重也。帝言官占之法，先斷其志之所向，然後令之於龜。蘇氏軾曰：命龜，令龜也。今我志既先定，而衆謀皆同，鬼神依順。而龜筮已協從矣。又何用更枚卜乎。况占卜之法。不待重吉也。固辭。再辭也。毋者禁止之辭。言惟汝可以諧此元后之位也。

【集說】林氏之奇曰。洪範之稽疑曰。謀及乃心。謀及卿士。謀及庶人。而後謀及卜筮。蓋人謀既盡。然後可以稽之於天命也。○朱子曰。舜所謂朕志先定詢謀僉同。鬼神其依龜筮協從。便是自家所見已決。而卜亦不過如此。故曰卜不習吉。○其。猶將也。言雖未卜。而吾志已是先定詢謀已是僉同。鬼神亦必將依之。龜筮亦必須協從之。所以謂卜不習吉者。蓋習重也。這箇道理已是斷然見得如此。必是吉了。便自不用卜。若卜則是重矣。○時氏瀾曰。聖人通神明爲一理。懋德嘉績之時。已知天人之理。不違於是也。○陳氏經曰。人謀鬼謀雖欲其合。大率以人謀爲先。就人謀中。又以謀及巳之心爲主。○眞氏德秀曰。六經言鬼神始此。

正月朔旦。受命于神宗。率百官。若帝之初。

集傳 神宗。堯廟也。陳氏師凱曰。祭法疏云。有虞氏以上尚德。禘郊祖宗。配用有德者而已。虞氏禘郊祖宗之人。皆非虞氏之親。是尚德也。自夏以下。稍用其姓代之。蘇氏曰。堯之所從受天下者曰文祖。舜之所從受天下者曰神宗。受天下於人。必告於其人之所從受者。禮曰。有虞氏禘黃帝而郊嚳。祖顓頊而宗堯。則神宗爲堯明矣。正月朔旦。申氏時行曰。必以正月朔旦者。人君體元居正。故重元也。禹受攝帝之命于神宗之廟。總率百官。其禮一如帝舜受終之初等事也。

【集說】林氏之奇曰。堯舜禹三聖相授。而守一道。堯咨舜之言。卽舜咨禹之言。禹攝所行之事。卽舜攝所行之事。○黃氏度曰。舜攝曰受終。堯雖在位。不復爲政也。禹攝曰受命。命使攝也。大政令猶自舜出。征苗可見。○時氏瀾曰。神宗。堯也。天下者。堯之天下。受命于神宗。示不敢專也。率百官若帝之初。自璿璣玉衡至於巡狩。皆如舜之故事。○吳氏澄曰。祭法必有所據。舜受堯之天下。今以授禹。其宗堯爲宜。或謂舜不當立堯廟。然堯與舜。皆黃帝之後。其宗堯何嫌。○張氏居正曰。舜之天下。原是帝堯所傳。今舜以天下傳禹。而禹受之則不得不祭告於堯。在舜則告其終。在禹則告其始也。

帝曰。咨禹。惟時有苗弗率。汝徂征。禹乃會羣后。

誓于師曰。濟濟有衆。咸聽朕命。蠢茲有苗。昏迷不恭。侮慢自賢。反道敗德。君子在野。小人在位。民棄不保。天降之咎。肆予以爾衆士。奉辭伐罪。爾尚一乃心力。其克有勳。

集傳　徂往也。舜咨嗟言今天下。惟是有苗之君。不循教命。汝往征之。征正也。往正其罪也。會徵會也。誓戒也。軍旅曰誓。有會有誓。自唐虞時已然。禮言商作誓。周作會。非也。孔氏穎達曰。軍旅曰誓。曲禮文也。隱八年穀梁傳曰。誥誓不及五帝。盟詛不及三王。交質不及二伯。

不及者。言於時未有也。據此文。五帝之世有誓。周禮立司盟之官。三王之世有盟也。隱三年左傳云。平王與鄭交質。二伯之前有質也。穀梁傳。漢初始作。不見經文。妄言之耳。禹會諸侯之師而戒誓以征討之意。濟濟。和整衆盛之貌。蠢動也。蠢蠢然無知之貌。昏闇迷惑也。不恭。不敬也。言苗民昏迷不敬。侮慢於人。妄自尊大。反戾正道。敗壞常德。用舍顛倒。民怨天怒。故我以爾衆士奉帝之辭。罰苗之罪。爾衆士庶幾同心同力。乃能有功。此上禹誓衆之辭也。林氏曰。堯老而舜攝者。二十有八年。舜老而禹攝者。十有七年。其居攝也。代總萬幾之政。而堯舜之爲天子。蓋自若也。故國有大事。猶禀命焉。禹征有苗。蓋在夫居攝之後。而禀命於舜。禹不敢專也。以征有苗推之。則知舜之誅四凶。亦必禀堯之命無疑。

集說　孔氏穎達曰。舜典竄三苗。謂舜居攝之時投竄之。祖征。是三苗之民數干王誅。呂刑稱無世在下。而得有苗國歷代常存者。蓋不滅其國。又立其近親紹其先祖也。○林氏之奇曰。有會必有誓。自唐虞以來則然也。而記禮則曰。有虞氏未施信於民而民信之。夏后氏未施敬於民而民敬之。商人作誓而民始叛。周人作會而民始疑。穀梁子亦曰。誥誓不及五帝。觀此言禹乃會羣后。

誓于師。則是會與誓。皆出於舜禹之時矣。蓋合諸侯以欽承天子之命。豈可以無會。有軍旅之事。將警衆以用之。豈可以無誓。此堯舜禹所不能廢。有會有誓。亦何害於未施信而民信。未施敬而民敬。而又謂誓者。殷民所以叛。會者。周民所以疑。此徒見春秋之時。盟會之煩。誥誓之數。而民不信也。則謂帝王之時亦然。此蓋未嘗探其本原故也。○眞氏德秀曰。道德二字竝言。始見於此。道者。常行之正路。背之。故言反。德者。固有之實理。失之。故言敗。○盧氏廷選曰。一心。如泰誓之同心同德。一力。如步伐止齊尙桓桓之類。

三旬。苗民逆命。益贊于禹曰。惟德動天。無遠弗屆。滿招損。謙受益。時乃天道。帝初于歷山。往于田。日號泣于旻天。于父母。負罪引慝。祗載見瞽

瞍夔夔齊慄瞽亦允若至諴感神矧茲有苗禹拜昌言曰俞班師振旅帝乃誕敷文德舞干羽于兩階七旬有苗格

集傳 三旬三十日也以師臨之閱月苗頑猶不聽服也贊佐屆至也是時益蓋從禹出征以苗負固恃強未可威服故贊佐於禹以爲惟德可以動天其感通之妙無遠不至蓋欲禹還兵而增修其德也滿損謙益卽易所謂天道虧盈而益謙者孔氏安國曰自滿者人損之自謙者人益之是天之常道帝

舜也。歷山在河中府河東縣。陳氏師凱曰：韻會云：河東縣雷首山，一名中條，亦名歷山。【地理今釋】歷山在今山西平陽府蒲州南三十里，即禹貢雷首山也。水經注云：河東郡南有歷山，謂之歷觀，舜所耕處。仁覆閔下謂之旻，日非一日也。言舜耕歷山，往于田之時，以不獲順於父母之故，而日號呼于旻天。孔氏穎達曰：旻，愍也。求天愍己，故呼曰旻天。于其父母，蓋怨慕之深也。負罪，自負其罪，不敢以為父母之罪；引慝，自引其慝，不敢以為父母之慝也。祗，敬；載，事也。瞍，長老之稱。言舜敬其子職之事，以見瞽瞍也。齊，莊敬也；慄，戰慄也；夔夔，莊敬戰慄之容也。舜之敬畏小心。而盡於事親者如此。允信若順也。言舜以誠孝感格。雖瞽瞍頑愚。亦且信順之。卽孟子所謂厎豫也。陳氏師凱曰。集注云。厎致也。豫悅樂也。誠感物曰誠。王氏樵曰。孔氏云。誠和也。至和感神。況有苗乎。訂傳云。誠感物曰誠。此朱子以注意未盡而訂定之詞。益又推極至誠之道。以爲神明亦且感格。而況於苗民乎。昌言。盛德之言。拜。所以敬其言也。班。還。振。整也。謂整旅以歸也。或謂出曰班師。入曰振旅。謂班師於有苗之國。而振旅於京師也。誕。大也。文德。文命德教也。干。楯。羽。翳也。孔氏穎達曰釋言云干扞也孫炎曰干楯自蔽扞也釋言又曰翿翳也郭璞云舞者持以自蔽翳也皆舞者所執也楊氏時曰古之時文武一道故干戈兵器也用之於戰陣則爲武用之於舞蹈則爲文　兩階賓主之階也七旬七十日也格至也言班師七旬而有苗來格也舜之文德非自禹班師而始敷苗之來格非以舞干羽而後至史臣以禹班師而歸弛其威武專尚德教干羽之舞雍容不迫有苗之至適當其時故作史者因即其實以形容有虞之德數千載之下猶可以是而想其一時氣象也

集說　林氏之奇曰唐虞之世聲教所被訖于四海之外不服者惟一有苗國而已舜禹懷之以德待之以寬能使之自服蓋自苗民始叛至於是凡五六十餘年然後得其心悅誠服聖人優游寬大之政也○張氏九成曰帝之文德素敷至此又誕敷之聖人躬自厚之意○時氏瀾曰惟德動天天且可以德動況苗民天地間之一物乎至誠可以感神神與人一理也○王氏充耘曰三旬苗民逆命言兵力服人之難也七旬苗格言德化感人之速也○王氏守仁曰誕敷文德者如天之蕩蕩風雷之後雨露繼之益見清明聖人有不得處自反誠切謂之誕敷心盡事亦盡也

總論　董氏鼎曰自后克艱至時乃功皆所以發明究竟克艱之旨自格汝禹至若帝之初皆所以紀述授受之辭而征苗一節則攝位後事也前節綱領在后臣克艱後節綱領在人心道心○王氏樵曰禹謨一篇義理弘大傳心之要在焉孟子曰若禹皋陶則見而知之

所見而知者。此也。六府三事。洪範之原也。禹發自得之學。初陳於帝。後敘爲疇。箕子傳之以授武王。至矣哉。

皐陶謨

【集傳】今文古文皆有。

【集說】彭氏勗曰。此篇綱領。在迪德知人安民三者而已。蓋人君信蹈其德。則能知人安民。故皐陶首推廣迪德之義。中陳知人之事。末列安民之道。其言之序如此。豈非嘉謨也哉。○林氏之奇曰。皐陶一篇。首尾皆與禹相答問。其實陳於帝舜之前。此所以謂之謨。史記曰。帝舜朝。禹皐陶相與語帝前是也。夫惟相語帝前。故揚子雲曰。皐陶以之爲帝謨。不曰爲禹謨也。○王氏應麟曰。若稽古。稱堯舜禹三聖。而皐陶與焉。舜以天下遜禹。禹獨推皐陶。孟子論道之正傳。亦曰。若禹皐陶則見而知

之又曰舜以不得禹皐陶爲已憂子夏亦云舜舉皐陶觀於謨而見皐陶之學之粹也

曰若稽古皐陶曰允迪厥德謨明弼諧禹曰俞如何皐陶曰都愼厥身修思永惇敘九族庶明勵翼邇可遠在茲禹拜昌言曰俞

【集傳】稽古之下卽記皐陶之言者謂考古皐陶之言如此也皐陶言爲君而信蹈其德王氏樵曰人君能信蹈其德則明足以燭理虛足以受善則臣之所謀者無不明所弼者無不諧也王氏肯堂曰謨主開陳弼主匡正謨弼屬臣明諧屬君謂有事而獻謀則能洞悉其旨而無疑有違而獻規則能諧合其言而

無忤也。俞如何者。禹然其言。而復問其詳也。都者。皐陶美其問也。愼者。言不可不致其謹也。身修。則無言行之失。王氏樵曰。無言行之失。究其極。非聖人不能。思永則非淺近之謀。林氏之奇曰。修身者。又不可不思。爲長久之道。動而世爲天下道。行而世爲天下法。言而世爲天下則。此其所謂思永也。厚敘九族。則親親恩篤。而家齊矣。陳氏櫟曰。程子家人傳曰。正倫理。篤恩義。家人之道。也。惇者。篤恩義。敘者。正倫理。二字盡齊家之道。庶明勵翼。王氏綱振曰。庶明。則是亮工亮采之人。羣哲勉輔。而國治矣。邇近。茲此也。王氏肯堂曰。邇指九族。庶明。遠指天下。茲指修身。言近而可推之遠者。在此道也。陳氏大猷曰。治無二本。邇可。則遠在此矣。蓋身修家齊國治而天下平矣。皐陶此言。所以推廣允迪謨明之義。申氏時行曰。身修思永。允迪之義也。家齊國治天下平。則不特謨明弼諧而已。故曰推廣允迪謨明之義故禹復俞而然之也。○又案典謨皆稱稽古。而下文所記則異。陳氏第曰。史固有詞同而實異者。不可一例齊之。若作稽古皐陶。下敘其德。所謀者明。所弼者諧。如堯舜禹之例義亦無不可。但皐陶未有言。禹曰俞。又誰然乎。典主記事。故堯舜皆載其實。謨主記言。故禹皐陶則載其謨。后克艱厥后。臣克艱厥臣。禹之謨也。允迪厥德。謨明弼諧。皐陶之謨也。然禹謨之上。增文命敷于四海祇承于帝者。禹受舜天下。非盡皋陶比例。立言輕重。於此可見。

【集說】朱子語類。問允迪厥德謨明弼諧。是形容皋陶之迪厥德或是皋陶之言。曰。下文說謹厥身修思永。是允迪厥德意。庶明勵翼。是謨明弼諧意。恐不是形容皋陶底語。○時氏瀾曰。禹克勤克儉。不自滿假。學問工夫之深。其於身修思永之道。已入其奧。故聞皋陶之言。不特俞之。且拜之。蓋深契乎心。故感發之機。形之拜而不自知也。○陳氏經曰。禹皋同列之際。或都或俞或吁或咈。或如何。無非眞情實意之所發。有合於心則都之俞之。不合。則吁之咈之。善之在人。猶在己也。故聞言而拜。不爲諂。善之在己。猶在人也。故自言而先曰都。不爲矜。○眞氏德秀曰。皋陶陳謨。未及他事。首以謹修其身爲言。蓋人君一身。天下國家之本。愼之一言。又修身之本也。思永。欲其悠久不息也。爲君孰不知身之當修。然心或放則能暫而不能久。必悠久不息。常思所以致謹。然後謂之永。否則朝勤夕怠。乍作乍止。果何益哉。慎則敬而不忽。思永則久而不忘。修身之道備矣。然後以親親尊賢。二者繼之。九族必有以篤敘之。使均被吾恩。衆賢必有以勸勵之。使樂爲吾輔。身爲之本。而二者又各盡其道。則自家可推之國。自國可推之天下。其道在此而已中庸九經之序。其亦有所祖於此歟。○陳氏櫟曰。允迪厥德。謨明弼諧。孔注亦以爲臯陶之言。蓋迪德之君則臣言易入。故謨易以明。而弼易以諧。臯陶欲君迪德。以爲已陳謨之地也。○王氏肯堂曰。於修身曰慎。於知人曰兢業。於安民曰寅恭。是知敬也者。又迪德之要歟。迪德功用。則在盡用天下有德之人。而化天下之民咸歸於德。

臯陶曰。都。在知人。在安民。禹曰。吁。咸若時。惟帝其難之。知人則哲。能官人。安民則惠。黎民懷之。

能哲而惠。何憂乎驩兜。何遷乎有苗。何畏乎巧言令色孔壬。

集傳 皋陶因禹之俞。而復推廣其未盡之旨。歎美其言。王氏樵曰。都字。上節是美禹之問。此是美己之言。所以動帝之聽也。謂在於知人。在於安民。二者而已。知人。智之事。安民。仁之事也。禹曰吁者。歎而未深然之辭也。顧氏憲成曰。知人安民。未易言也。禹故吁嗟以歎其難。時。是也。帝。謂堯也。言既在知人。又在安民。呂氏祖謙曰。兩日在者。辭定而理決也。二者兼舉。雖帝堯亦難能之。孔氏安國曰。帝堯亦以知人安民爲難。○顧氏錫疇曰。惟帝其難之。猶云卽帝堯之心。其猶必以爲難盡也。　哲。智之明也。惠。仁之愛也。能哲而惠。猶言能知人而安民也。遷。竄。巧。好。令。善。孔。大也。好其言。善其色。而大包藏凶惡之人也。言能哲而惠。則智仁兩盡。雖驩兜。惡如驩兜者不足憂。昏迷如有苗者不足遷。與夫好言善色大包藏姦惡者不足畏。是三者舉不足害吾之治。極言仁智功用如此其大也。或曰。巧言令色孔壬。共工也。孔氏穎達曰。上既言驩兜有苗。則言庸違也。令色。象恭也。此巧言令色。共工之行也。巧言。靜言庸違也。令色。象恭也。○林氏之奇曰。不言何畏乎共工。而言巧言令色孔壬者。蓋言共工之所爲如此也。

禹言三凶而不及鯀者。爲親者諱也。○楊氏曰。知人安民此皋陶一篇之體要也。九德而下。知人之事也。天敘有典而下。安民之道也。非知人而能安民者。未之有也。

集說 張子曰。萬事只一天理。舜舉十六相。去四凶。堯豈不能。堯固知四凶之惡。然民未被其虐。天下未欲去之。堯以安民爲難。遽去其君則民不安。故不去。必舜而後因民不堪而去之也。○林氏之奇曰。禹既然其言。皋陶於是又推廣其義。而欲盡乎邇可遠在茲之道者。必在乎自尊賢之知。而推之。以盡夫知人之哲。自親親之仁。而推之。以盡夫愛民之惠。能官人。則盡乎知人之道。而知不可勝用也。黎民懷之。則盡乎安民之道。而仁不可勝用也。仁且知。聖人之事備矣。○王氏樵曰。知人。則鑒別之明。能使大小庶官各當其職。以天下材治天下事於治何有必如是而後可以言知人此知人之所以難也安民則恩惠之廣能使親賢樂利各得其所民懷之而不能忘必如是而後可以言民安此安民之所以難也〇孫氏繼有曰自修身而言知人智之事安民仁之事皆德之所當迪者自修身而推知人而後百官得其職安民而後萬民遂其生皆務之所當先者必二者兼盡而後爲迪德之全功〇傅氏元初曰知人安民千古致治盡此四字

皋陶曰都亦行有九德亦言其人有德乃言曰載采采禹曰何皋陶曰寬而栗柔而立愿而恭亂而敬擾而毅直而溫簡而廉剛而塞彊而義彰厥有常吉哉

【集傳】亦總也。亦行有九德者，總言德之見於行者，其凡有九也。朱子曰：行者，可見之迹也。亦言其人有德者，總言其人之有德也。載行采事也，總言其人有德，必言其行某事某事爲可信驗也。王氏樵曰：蘇氏云如稱人孝，須言常見有某事某事以知其孝；如稱人廉，須言常見有某事某事以知其廉。禹曰何者，問其九德之目也。寛而栗者，寛弘而莊栗也。孔氏穎達曰：寛謂度量寛弘。○朱子曰：栗字再見虞書，皆莊敬謹嚴之意。柔而立者，柔順而植立也。孔氏穎達曰：柔謂性行和柔。愿而恭者，謹愿而恭恪也。亂，治也。亂而敬者，有治才而敬畏也。孔氏穎達曰：恭在貌敬在心。愿者遲鈍。外失於儀。故言恭。治者輕物。內失於心。故稱敬。**擾。馴也。**孔氏穎達曰。擾謂事理擾順。**擾而毅者。馴擾而果毅也。**孔氏安國曰。致果爲毅。○朱子曰。毅。強忍也。**直而溫者。徑直而溫和也。簡而廉者。簡易而廉隅也。**朱子曰。簡是好資質。較之煩苛瑣細者不同。廉有分辨也。**剛而塞者。剛健而篤實也。彊而義者。彊勇而好義也。**孔氏穎達曰。剛是性。彊是志。○朱子曰。義者。心之制。事之宜。**而。轉語辭也。正言而反應者。所以明其德之不偏。**鄭氏康成曰。凡人之性有異。有其上者。不必有下。有其下者。不必有上。上下相協。乃成其德。**皆指其成德之自然。非以彼濟此之謂也。彰。著也。成德著之於身。而又**

始終有常。其吉士矣哉。潘氏士遴曰。易曰。可久則賢人之德。德未有不可常者。

集說 程子曰。存諸中爲德。發於外爲行。○蘇氏軾曰。亦行有九德者。以此自修也。亦言其人有德者。以此求人也。論其人。則曰斯人也有某德。言其德則曰是德也有某事某事。載采采者。歷言之也。○林氏之奇曰。易曰。君子以成德爲行。日可見之行也。君子之德。必至於成。然後爲行。寬而不栗。柔而不立。至於剛而不塞。彊而不義。皆非成德也。德至於成。然後可用。○葉氏夢得曰。觀人不求其全而求其常。常而不全。不害爲德。德而不常。皆矯僞耳。○朱子語類。問聖賢教人。如克己復禮等語。多只是教人克去私欲。不見有教人變化氣質處。如何。曰。寬而栗。柔而立。剛而無虐。這便是教人變化氣質處。又曰。有人生下來。便自少物欲者。看來私欲是氣質中一事。○九德分得細密。九德只是好底氣質。然須兩件湊合將來。方成一德。凡十八種。○眞氏德秀曰。知人誠非易事。然不過以德求之而已。有德。則爲君子。無德。則爲小人。此知人之要也。人之行。凡有九德。言人之有德者。必觀其行事如何。蓋德者。事之本。事者。德之施。徒曰有德。而不見之事。則德爲虛言矣。此又知人之要也。自寛而栗以下。其目凡九。渾全而無偏弊。然後爲成德。觀其德之成與否。而人材之優劣判矣。此又知人之要也。然有德者。又貴乎常而不變。若勉於暫。不能持之久。亦不足以言德矣。是又知人之要也。

日宣三德。夙夜浚明有家。日嚴祗敬六德。亮采有邦。翕受敷施。九德咸事。俊乂在官。百僚師師。百工惟時。撫于五辰。庶績其凝。

【集傳】宣。明也。三德。六德者。九德之中。有其三。有其六也。

浚治也。夏氏僎曰：浚與濬通，治而深之之謂。亮亦明也。有家，大夫也。孔氏穎達曰：大夫受采邑，賜氏族，立宗廟，世不絕祀，故稱家。有邦，諸侯也。張氏九成曰：爲諸侯則有山川土地之廣，人民之衆，而豐於都邑，故稱有邦。浚明亮采，皆言家邦政事明治之義。氣象則有大小之不同。三德而爲大夫，六德而爲諸侯，以德之多寡、職之大小槩言之也。林氏之奇曰：皋陶論官人，其於諸侯局之以六，大夫限之以三，此則學者以意逆志而得之，不可泥其文於章句之閒也。○姚氏舜牧曰：夙夜浚明有家，亮采有邦，言其人能勝家邦之寄也。夫九德有其三，必日宣而充廣之，而使之益以著。九德有其六，尤必日嚴而祗敬之，而使之益以謹也。孔氏穎達曰。祇亦爲敬。嚴則敬之狀也。○林氏之奇曰。嚴祇敬。敬事之心。有加無已也。翕合也。德之多寡雖不同。人君惟能合而受之布而用之。如此則九德之人咸事其事。大而千人之俊。小而百人之乂。孔氏穎達曰。馬王鄭皆云。才德過千人爲俊。百人爲乂。皆在官使以天下之才。任天下之治。唐虞之朝。下無遺才。而上無廢事者。良以此也。師師。相師法也。言百僚皆相師法。而百工皆及時以趨事也。陳氏櫟曰。惟時。如食哉惟時。惟時惟幾。皆天時也。況撫五辰。分配四時。正與天時意脈相貫。百僚百工皆謂百官。言其人之相師。則曰百僚言其人之趨事則曰百工。夏氏僎曰：自聯事言則曰百僚，自治事言則曰百工。其實一也。撫，順也。五辰，四時也。孔氏穎達曰：百官皆撫順五行之時。所撫順者，堯典敬授民時，平秩東作之類是也。木火金水旺於四時，而土則寄旺於四季也。王氏炎曰：春則寅卯爲木之辰，夏則巳午爲火之辰。餘倣此。禮運曰：播五行於四時者是也。凝，成也。言百工趨時而衆功皆成也。

眞氏德秀曰：凝者，凝定堅久之謂。成功非難，而堅久爲難。

集說　胡氏旦曰：五行在地爲物，在天爲時。順其時而撫之，則五物皆成其材而爲人用矣。故仲春斬陽木，仲夏斬陰木，所以撫木辰也。季春出火，季秋納火，所以撫火辰也。司空以時相阪隰，所以撫土辰也。秋爲徒杠，春達溝渠所以撫水辰也又春盛德在木布德施惠所以順木辰夏盛德在火勞民勸農所以順火辰秋盛德在金冬盛德在水禁暴誅慢謹蓋藏斂積聚所以順金水之辰土寄旺四時四辰順土在其中矣○林氏之奇曰爲天子者必能盡用天下之才兼收並蓄罔有或遺然後能成天下之治故必用是九德之人自寬而栗至彊而義者無所不容無所不受蓋所謂邱陵積土以爲高江漢積水以爲大大人合幷以爲公也○時氏瀾曰人君不以一己之才爲才而斂天下之才以爲才故合九德之人而受之又布之於職事之閒使九德之人咸事而無遺才俊乂之人在官而無曠職此人君之體也○王氏樵曰師師以交進其德惟時以交修其職然職事相觀亦有相師法處大抵以義理則同道相益以國事則同心共濟無分於在我在人也○六德之多固三德之所少三德之有或六德之所無彼以其多寡有無相師而交益焉踐履相觀精神相感心術相示有者無

所棄於無而無者不以忌乎有多者不以病乎少而少者樂其資於多無不切於反觀而憂其所不至非聖世羣賢合聚何以有此

附錄 董氏鼎曰王氏云日宣達三德之賢使任有家日嚴祗敬六德之賢使任有邦眞氏取之皆作君用賢說庶於下文翕受敷施九德之賢相協

無敎逸欲有邦兢兢業業一日二日萬幾無曠庶官天工人其代之

集傳 無與毋通禁止之辭敎非必敎令謂上行而下效也言天子當以勤儉率諸侯不可以逸欲導之也陳氏大猷

曰逸。豫怠遊宴之類。欲。聲色嗜好之類。兢兢。戒謹也。業業。危懼也。孫氏繼有曰。兢兢敬而又敬。業業懼而又懼。幾。微也。周子曰。動而未形。有無之間者幾也○朱子曰。幾者理雖已萌。事則未著。易曰。惟幾也。故能成天下之務。蓋禍患之幾。藏於細微。而非常人之所豫見。及其著也。則雖智者不能善其後。故聖人於幾。則兢業以圖之。所謂圖難於其易。爲大於其細者。此也。一日二日者。言其日之至淺。萬幾者。言其幾事之至多也。蓋一日二日之閒。事幾之來。且至萬焉。是可一日而縱欲乎。曠。廢也。言不可用非才而使庶官曠廢厥職也。天工。天之工也。人君代天理物。庶官所治。無非天事。苟一職之或曠。則天工廢矣。可不深戒哉。

【集說】孔氏安國曰。不爲逸豫貪欲之教。是有國者之常。當戒懼萬事之微。位非其人爲空官。言人代天理官。不可以天官私非其才。○司馬氏光曰。治之於微則用力寡而功多。治之於盛則用力多而功寡。故曰知幾其神乎。○曾氏鞏曰。唐虞至治之極也。其君臣相勑曰兢兢業業。一日二日萬幾。則處至治之極而保之以祗慎。唐虞之所同也。○呂氏祖謙曰。一二日之中。幾微有萬而難察。自微而動之善則善之惡則惡。一心之中。少有不敬。善惡自此判矣。○陳氏大猷曰。功成之後。逸欲易生。惟戒逸欲而存兢業。則此心清明剛健。事之幾微無不洞燭。逸欲少肆。兢業少閒。則此心昏惰。何以察微眇而圖之。○天子能以一心察天下之幾。不能以一身兼天下之務。任之庶官而已。不可使曠。非無其人之爲曠。非其人之爲曠也。終以無曠庶官。欲君臣同克艱以保治也。天不自爲。人代爲之。一官曠。則一事闕矣。○金氏履祥曰。此章又自君心推之。以結知人之本。而起安民之端也。天下之治。雖散於條目顯設之閒。實在於戒謹恐懼之本。無是心。則雖有政不行焉。此皋陶警切之意。聖賢論治之本也。○袁氏黄曰。天子有一毫逸欲。卽其下化之。猶教之也。獨言有邦者。天子用人。至諸侯而極。舉大以包其小也。居人之上。則逸欲易肆。故獨言有邦。

天敘有典。勅我五典五惇哉。天秩有禮。自我五禮有庸哉。同寅協恭和衷哉。天命有德。五服五章哉。天討有罪。五刑五用哉。政事。懋哉懋哉。

集傳 敘者。君臣父子兄弟夫婦朋友之倫敘也。秩者。尊卑貴賤等級隆殺之品秩也。金氏履祥曰。天敘者。天理自然之倫敘。天秩者。天理自然之品節。敕正。呂氏祖謙曰。敕有整飭之意。惇厚。庸常也。有庸。馬本作五庸。衷。降衷之衷。卽所謂典禮也。朱子曰。衷卽是中。○陳氏師凱曰。湯誥傳云。天之降命。而具仁義禮智信之理。所謂衷也。蓋本於天而備於我。其體。則具於中而無少偏倚。其用。則行於外而非過不及。蔡氏所以謂之卽典禮也。典禮雖天所敘秩。然正之使敘倫而益厚。用之使品秩而有常。則在我而已。朱子曰。許多典禮都是天敘天秩下了。聖人只是因而勑正之。因而用出去而已。○姚氏舜牧曰。勑我是整齊在我。自我是托始在我。

故君臣當同其寅畏協其恭敬。誠一無間。融會流通。而民彝物則。各得其正。所謂和衷也。朱子曰。同寅協恭。是君臣上下一於敬。○陳氏師凱曰。各得其正。則發必中節。而於天理之自然者。皆無所乖沴。是以能和衷也。

章顯也。五服五等之服。自九章以至一章是也。蔡氏卞曰。周官司服。公服袞冕而下九章之服。如王之服。侯伯服鷩冕而下七章之服。如公之服。子男服毳冕而下五章之服。如侯伯之服。孤服絺冕而下三章之服。如子男之服。卿大夫服玄冕而下一章之服。如孤之服。士服皮弁。無章數也。○馬氏廷鸞曰。周天子與上公。皆服九章。然公有降龍無升龍。別於天子。○陳氏師凱曰。司服注云。九章。一曰龍。二曰山。三曰華蟲。四曰火。五曰宗彝。皆畫以爲繢。六曰藻。七曰粉米。八曰黼。九曰黻。皆絺以爲繡。公衣五章。裳四章。侯伯衣三章。裳四章。無龍與山也。子男衣三章。宗彝藻米。裳二章。黼黻無龍山蟲火也。孤刺。粉米於衣。無畫也。衣一章。裳二章。黼黻而已。大夫衣無文。裳一章。刺黻而已。凡冕服。皆玄衣纁裳。五服同用冕。其旒數則異。言天命有德之人則五等之服以彰顯之。孔氏安國曰。五服。尊卑彩章各異。所以命有德。○孔氏穎達曰。制爲五服。所以表貴賤也。服有等差所以别尊卑也。天討有罪之人則五等之刑以懲戒之。蓋爵賞刑罰乃人君之政事。君主之臣用之當勉勉而不可怠者也。○楊氏曰。典禮自天子出。故言勑我自我。若夫爵人於朝。與衆共之。刑人於市。與衆棄之。天子不得而私焉。此其立言之異也。

【集說】程子曰。書言天敘天秩。天有是理。聖人循而行之。所謂道也。天命天討。只是天理自當如此。人何嘗與。與則便是私意。有善有惡。善則理當善。如五服自有一箇次第以彰顯之。惡則理當惡。彼自絕於理。故用刑以懲之。刑賞之用。何嘗容心於喜怒哉。只是一箇義之與比。○張子曰。生有先後。所以爲天敘。小大高下。相竝而相形焉。是謂天秩。天之生物也有敘。物之既形也有秩。知敘然後經正。知秩然後禮行。○蘇氏軾曰。敘秩二者。道德之事。非君臣同其誠敬。莫能致也。命有德討有罪。此二者。政事也。勉之而已。○朱子曰。天敘天秩天命天討。既曰天。便自有許多般在其中。天人一理。只有一箇分不同。○因其生而第之以其所當處者。謂之敘。因其敘而與之以其所當得者。謂之秩。天敘便是自然底次序。君便教他居君之位。臣便教他居臣之位。父便教他居父之位子便教他居子之位秩便是那天敘裏面物事如天子祭天地諸侯祭山川大夫祭五祀士庶人祭其先天子八諸侯六大夫四士二皆是有這箇敘便是他這箇自然之秩○要五禮有庸五典五惇須是同寅協恭和衷要五服五章五刑五用須是政事懋哉懋哉○呂氏祖謙曰典禮出於天天命之謂性也曰惇曰庸修道之謂教也天敘天秩非人所爲惟君與天爲一故能惇之庸之也同寅協恭和衷哉典禮之根源也君臣聚精會神與天無閒則所惇所庸乃天之典禮不然則無非虛文矣○時氏瀾曰命德討罪皆不云我者見賞罰之純乎天也蓋典禮雖本於天猶待人輔相樽節而成之若賞罰則不可加一毫於其閒有一毫之人則賞罰我之賞罰非天之賞罰矣觀鯀於舜而誅禹於舜而用此天命天討也舜可謂不以我矣政事懋哉懋哉言此心勉勉不已不可有一毫止息有所止息則有我之心乘閒而入矣

天聰明，自我民聰明；天明畏，自我民明威。達于上下，敬哉有土。

集傳　威，古文作畏，二字通用。林氏之奇曰：天明畏，馬本作天明威；自我民明威，古文作自我民明畏。畏威不必分也。明者，顯其善；畏者，威其惡。朱子曰：所明如明明揚側陋之明，所畏如董之用威、威用六極之意。天之聰明，非有視聽也，因民之視聽以爲聰明；天之明畏，非有好惡也，因民之好惡以爲明畏。上下，上天下民也。敬，心無所慢也。有土，有民社也。孔氏穎達曰：鄭玄云：天子、諸侯及卿大夫有地者，皆曰君。即此有土可兼大夫以上，但此文本意實主於天子。言天人一理。通達無間。時氏瀾曰。自我之言。天人貫通之理也。此理徹上下而無間斷。民心所存。卽天理之所在。而吾心之敬。是又合天民而一之者也。有天下者。可不知所以敬之哉。

集說 孔氏穎達曰。皇天無心。以百姓之心爲心。民之所欲。天必從之。此卽泰誓所云。天視自我民視。天聽自我民聽。○程子曰。天聰明。自我民聰明。言理無二也。若夫天之所爲。人之所能。則各有分矣。○林氏之奇曰。天有聰明之道。而其聞見則付之於民。天有明畏之道。而其好惡則付之於民。蓋公天下之聞見好惡而褒貶。則天之聰明明畏。不外是矣。○眞氏德秀曰。隆古君臣講明政治。無一事不本於天。無一事不本於敬。○胡氏士行曰。前言典禮命討。皆本之天。然天豈高遠茫昧哉。民心之天。卽天之天也。○金氏履祥曰。聰明。聽其言。視其行也。明畏鑒其德。禍其淫也。此節言天心由於民。而民心不可欺。有民者不可以不敬。前章言知人之目。而以人之代天終之。後章言安民之目。而以天之自民終之。警戒之意深矣。

皋陶曰。朕言惠可底行。禹曰。俞。乃言底可績。皋陶曰。予未有知。思曰贊贊襄哉。

集傳 思曰之曰。當作日。襄。成也。皋陶謂我所言順於理。可致之於行。禹然其言。以爲致之於行。信可有功。皋陶謙辭。我未有所知。言不敢計功也。鄭氏曉曰。是謙言惟思日贊助於帝。以成其治而已。張氏九成曰。贊贊所助非一事也。○劉氏應秋

曰績以已然見成者言襄以未然待贊者言

集說林氏之奇曰張横渠薛氏皆以曰當作日字此說然而考之於經如洛誥曰今王即命曰吕刑曰今爾罔不由慰日勤釋文一音作曰以是知日字曰字經文多相亂而此下文又有予思日孜孜與此文勢正相類故可從也○金氏履祥曰皋陶之陳謨悉矣其切於悟主也故終之曰朕言惠可底行欲人不以爲空言而必行之也其切於自反也故又繼之曰予未有知思曰贊贊襄哉欲已不爲空言而輔行之也○張氏居正曰天下事非言之難惟行之難故皋陶於陳謨之終而勉舜以力行禹因而贊揚之亦不必其言之出於已大臣責難陳善之忠同寅協恭之美於此可見○孫氏繼有曰贊贊者賢才之進退生民之休戚所係於君德者甚大人不可一日不知民不可一日不安故日

以知人安民之謨。贊帝以行之。期於成治而已。

總論

董氏鼎曰。皋陶發明知人之謨。尤覺詳於安民之謨。明於知人。則安民有不難者矣。然於言知人之餘。則戒逸欲。崇兢業。惟恐人君不知戒懼。而至於曠官廢事。於安民之中。則懋政事。敬有土。惟恐人君不知懋敬。而至於褻天玩民。蓋以人君一心。又知人安民之根柢歟。○薛氏瑄曰。皋陶謨典禮刑賞四者。萬世爲治之大經。不出於此。先儒謂知人安民。皋陶一篇之體要。竊謂允迪厥德。又知人安民之本源也。蓋允迪厥德者。實踐此德於身也。至若知人智之事。安民仁之事。則皆此德之推行耳。苟非此德實踐於身。則私欲盛而天理微。知人之智。何自而明。安民之仁。何自而行哉。○王氏樵曰。二典紀堯舜之事。三謨紀禹皋之言。序書者之微意也。孟子曰。由堯舜至於湯。五百有餘歲。若禹皋陶。則見而知之。若湯。則聞而知之。欲求湯之所聞。與禹皋陶之所見而知者。舍是書。何以哉。

益稷

集傳 今文古文皆有。但今文合於皐陶謨。帝曰來禹汝亦昌言。正與上篇末文勢接續。古者簡冊以竹爲之。而所編之簡。不可以多。故釐而二之。非有意於其間也。以下文禹稱益稷二人佐其成功。因以名篇。

集說 孔氏穎達曰。禹言曁益曁稷。是禹稱二人。二人佐禹有功。因以名篇。旣美大禹。亦所以彰此二人之功也。禹先言暨益。故益在稷上。○蔡氏曰。當時下民昏墊。故須治水。而奏種之功。全在益稷。更數聖人而後其功始就。○呂氏祖謙曰。益稷與皐陶謨議論相承。初不間斷。但以禹首舉益稷爲言。故取以紀其目。

帝曰。來禹。汝亦昌言。禹拜曰。都。帝。予何言。予思日孜孜。皐陶曰。吁。如何。禹曰。洪水滔天。浩浩懷山襄陵。下民昏墊。予乘四載。隨山刊木。暨益奏庶鮮食。予決九川。距四海。濬畎澮。距川。暨稷播奏庶艱食鮮食。懋遷有無化居。烝民乃粒。萬邦

作乂皐陶曰俞師汝昌言

集傳 孜孜者勉力不怠之謂帝以皐陶既陳知人安民之謨因呼禹使陳其言禹拜而歎美謂皐陶之謨至矣我更何所言惟思日勉勉以務事功而已觀此則上篇禹皐陶答問者蓋相與言於帝舜之前也如何者皐陶問其孜孜者何如也禹言往者洪水汜溢上漫於天浩浩盛大包山上陵下民昏瞀墊溺困於水災如此之甚也四載水乘舟陸乘車泥乘輴山乘樏也輴史記作橇

漢書作毳。以板爲之。其狀如箕。擿行泥上。陳氏第曰。輴。史記夏本紀作橇。河渠書作毳。漢書溝洫志亦作毳。尸子作蕝。實一物也。樏。史記作橋。漢書作梮。以鐵爲之。其形似錐。長半寸。施之履下。以上山不蹉跌也。陳氏第曰。樏。史記夏本紀作檋。河渠書作橋。漢書溝洫志作梮。實一物也。蓋禹治水之時。乘此四載。以跋履山川。踐行險阻者。隨。循。刊。除也。左傳云。井堙木刊。刊除木之義也。蓋水涌不洩。氾濫瀰漫。地之平者。無非水也。其可見者。山耳。故必循山伐木。通蔽障。開道路。而後水工可興也。奏。進也。血食曰鮮。林氏之奇曰。鳥獸新殺曰鮮。故曰鮮食。水土未平。民未粒食。與益進衆鳥獸魚鼈之肉於民。使食以充飽也。孔氏穎達曰。於時雖漸播種。得穀猶少。人食未足。故鮮食以助穀。九川。九州之川也。林氏之奇曰。史記以導弱水以下爲九川。蓋弱水也。黑水也。河也。漢也。江也。沇也。淮也。渭也。洛也。通有九川。然亦不必如此之泥。要之謂九川者。但謂九州之內。凡有川澤。皆疏導之。使之各有所歸也。距。至。濬。深也。周禮。一畝之間。廣尺深尺曰畎。一同之間。廣二尋深二仞曰澮。畎澮之間。有遂有溝。有洫。皆通田間水道。以小注大。言畎澮而不及遂溝洫者。舉小大以包其餘也。先決九川之水。使各通於海。次濬畎澮之水使各通於川也。孔氏穎達曰。先言決川至海。後言濬畎至川者。川既入海。然後濬澮得入川也。○林氏之奇曰。自畎而之遂。自遂而之溝。自溝而之洫。自洫而之澮。自澮而之川。自川而之海也。播布也。謂布種五穀也。艱難也。水平播種之初民尚艱食也。王氏充耘曰。用人力播種。非如鳥獸蟲魚。自然生長也。故以彼爲鮮食。此爲艱食。懋勉也。懋勉其民徙有於無。交易變化其所居積之貨也。林氏之奇曰。懋遷有無。遷有以之無也。如魚鹽徙山林。材木徙川澤是也。化居者。化易其所居積。王肅云。易居者不得空去。使滿而去。使滿而來。其說是也。○李氏儒烈曰。居謂所宜居積者。近水者居魚鱉。近山者居果實。烝衆也。米食曰粒。蓋水患悉平。民得播種之利。而山林川澤之貨。又有無相通。以濟匱乏。然後庶民粒食。萬邦興起治功也。禹因孜孜之義。述其治水本末先後之詳。而警戒之意。實存於其閒。蓋欲君臣上下。相與勉力不怠。以保其治於無窮而已。師法也。皋陶以其言爲可師法也。

【集說】王氏安石曰。大水決而有所歸。小水濬而有所入。治水之次第也。○蘇氏軾曰。禹曰予何言。亦猶皋陶之予未有知也。曰予思日孜孜。亦猶皋陶思日贊贊襄哉也。皆相因之辭。伏生以益稷合於皋陶謨。有以也。○蔡氏下曰。水平之後。天下知禹之功而已。禹以益稷與有功焉。故言暨益暨稷。是禹不自有其功。而與益稷同之不矜不伐乃在於此○黃氏度曰不過數十言禹之治水規模盡在此益山澤之政稷播種與契敷教其次序亦盡在此○呂氏祖謙曰禹不矜不伐此乃歷舉其功若矜伐何也蓋艱難之念恐其易忘平成之功恐其難保謂今雖平成昔者之心頃刻不可忘也禹雖不陳謨乃陳謨之大者使自言其功而非有深意何以謂之昌言哉○金氏履祥曰隨山刊木之初益焚山澤爲民奏魚獸之食此其初救民之權宜也決川濬畎之際稷降播種爲民舉艱鮮之食此其中民食之兼舉也至於懋遷有無之後穀粟通行而烝民皆乃粒食此其末民食之皆足也○董氏鼎曰禹爲司空稷爲田正益爲虞土田山澤鳥獸魚鼈其所掌也是三人者均主水土治水之役所當偕行隨時施宜因利乘便以救斯民於墊溺窮餓之中禹不忘益稷相從於艱苦中而述其功如此微禹之言後世孰從而知之○王氏樵曰溝澮田間水道旱則藉其容水潦則欲其泄水而以川爲脈絡

者也。旱阻而川水不入。潦霪而畎澮水不出。皆田之患也。川以海為都者也。不距於海則有侵畎澮之分。犯陵陸之位者矣。距海者距海。距川者距川。血脈流通。如一身焉。田功莫大於正經界。備旱潦。此等大綱領皆定於禹。至於中公外私。九一而助。則法制品節。因是而加詳云爾。○申氏時行曰。先川而後畎澮者。除天下之害。先大而後小也。先播種而後懋遷者。興天下之利。先本而後末也。○禹述治水之難。以寓保治之意。則儆戒之深意。責難之微辭。莫有過於是者。此所以為昌言也。人君以此存心。而所以為復隍之慮者益深。人臣以此存心。而所以為保泰之謀者益至。豈不可以師法邪。

禹曰。都。帝。愼乃在位。帝曰。俞。禹曰。安汝止。惟幾惟康。其弼直。惟動丕應。徯志以昭受上帝。天其申命用休。

集傳　禹既歎美又特稱帝以告之。所以起其聽也。慎乃在位者。謹其在天子之位也。天位惟艱。一念不謹。或以貽四海之憂。一日不謹。或以致千百年之患。帝深然之。而禹又推其所以謹在位之意。如下文所云也。夏氏僎曰：安汝止以下，皆謹在位之事。止者。心之所止也。人心之靈。事事物物。莫不各有至善之所而不可遷者。人惟私欲之念動搖其中。始有昧於理而不得其所止者。安之云者。順適乎道心之正而不陷於人欲之危動靜云爲各得其當而無有止而不得其止者王氏樵曰寂然不動安其止也感而遂通物各付物止之各於其所亦安其止也惟幾所以審其事之發惟康所以省其事之安卽下文庶事康哉之義至於左右輔弼之臣又皆盡其繩愆糾繆之職王氏樵曰其弼直謂心有非幾則格其非事有未當則正厥事內外交修無有不至若是則是惟無作作則天下無不丕應固有先意而徯我者以是昭受于天天豈不重命而用休美乎

林氏之奇曰。大學曰。知止而后有定。人之所止而不能安。則將泛然而無所歸宿。外物得以移之矣。

集說 苟能安其所止。則意誠心正。舉天下之物。曾不足以動其心。如是則寂然不動。感而遂通天下之故矣。此實愼乃在位之本也。惟幾惟康。其弼直言能安止矣。又能盡此三者。然後有以盡夫愼乃在位之道也。○朱子曰。惟幾當審萬事之幾。惟康當求箇安穩處。弼直以直道輔之。應之。非惟人應之。天亦應之。○時氏瀾曰。惟幾惟康。則內得其養。弼直則外得其養。○眞氏德秀曰。人之一心。靜而後能動。定而後能應。若其膠膠擾擾。將爲物役之不暇。又何以宰萬物乎。先儒謂心者。人之北辰。辰惟居其所。故能爲二十八宿之綱維。心惟安所止。故能爲萬事之樞紐。○陳氏櫟曰。安汝所當止。靜也。幾者動之微。動者幾之著。靜而知幾。以圖康。又得直臣弼之。則下應人心。上當天心矣。○王氏樵曰。禹曰安汝止。伊尹曰欽厥止。詩曰於緝熙敬止。易曰艮其止。孔門知止。此聖學相承之微旨也○止以理言安以心言若何而能安曰無欲則靜虛動直○君位繫天人之重故言謹位而及於得天得民然天命主於人心故丕應又在昭受之先

帝曰吁臣哉鄰哉鄰哉臣哉禹曰俞

集傳 鄰左右輔弼也臣以人言鄰以職言帝深感上文弼直之語故曰吁臣哉鄰哉鄰哉臣哉反復歎詠以見弼直之義如此其重而不可忽禹卽俞而然之也

集說 孔氏安國曰鄰近也君臣道近相須而成○張氏綱曰臣以分言鄰以情言一於分則離一於情則褻○薛氏季宣曰舜稱臣鄰之說語君臣之相依也○陳氏經曰臣當親近我而助我故曰臣哉鄰哉親我助

我乃盡爲臣之道故曰鄰哉臣哉○鄒氏補之曰臣謹其分也鄰忘其分也臣而復鄰嚴不至於苛鄰而又臣和不至於流○王氏充耘曰禹言帝愼乃在位以歸重於君舜曰臣哉鄰哉以倚重其臣

帝曰臣作朕股肱耳目予欲左右有民汝翼予欲宣力四方汝爲予欲觀古人之象日月星辰山龍華蟲作會宗彝藻火粉米黼黻絺繡以五采彰施于五色作服汝明予欲聞六律五聲八音在治忽以出納五言汝聽

集傳 此言臣所以爲鄰之義也君元首也君資臣以爲

助猶元首須股肱耳目以爲用也下文翼爲明聽即作股肱耳目之義孔氏穎達曰言已動作視聽皆由臣也左右者輔翼也猶孟子所謂輔之翼之使自得之也宣力者宣布其力也言我欲左右有民則資汝以爲助欲宣力四方則資汝以有爲也象像也日月以下物象是也鄭氏康成曰自日月至黼黻所取義皆君德也服所以象德服是服必有是德當觀象而自省焉易曰黃帝堯舜垂衣裳而天下治蓋取諸乾坤則上衣下裳之制創自黃帝而成於堯舜也日月星辰○孔氏安國曰日月星爲三辰孔氏穎達曰辰在星下總

上三事爲辰。辰非別爲物也。取其照臨也。山取其鎮也。龍取其變也。華蟲雉。取其文也。會繪也。宗彝虎蜼。爾雅注。蜼似獮猴而大尾末有岐鼻向上雨。卽自懸於樹。以尾塞鼻。或以兩指。○孔氏穎達曰。周禮宗廟彝器。有虎彝蜼彝。故以宗彝爲虎蜼也。取其孝也。藻。水草。孔氏穎達曰。詩云。魚在在藻。是藻爲水草。取其潔也。火取其明也。粉米。白米。取其養也。黼若斧形。取其斷也。黻爲兩已相背。取其辨也。黃氏度曰。案繢人職。白與黑謂之黼。黑與青謂之黻。絺。鄭氏讀爲黹紩也。紩以爲繡也。日也。月也。星辰也。山也。龍也。華蟲也。六者繪之於衣。宗彝也。藻也。火也。粉米也。黼也。

黻也六者繡之於裳所謂十二章也孔氏穎達曰天數不過十二王者制作皆以十二象天也衣之六章其序自上而下裳之六章其序自下而上孔氏穎達曰日月尊者在上黼黻尊者在下蓋以衣在上爲陽陽統於上故所尊在先裳在下爲陰陰統於下故所重在後采者青黃赤白黑也色者言施之於繒帛也繪於衣繡於裳皆雜施五采以爲五色也汝明者汝當明其大小尊卑之差等也孔氏安國曰天子服日月而下諸侯自龍袞而下至黼黻士服藻火大夫加粉米上得兼下下不得僭上以五采明施于五色作尊卑之服又案周禮以日月星辰畫於旂冕服九章登龍於山登火於宗

彝以龍山華蟲火宗彝五者繪於衣以藻粉黼黻四者繡於裳衮冕九章以龍爲首鷩冕七章以華蟲爲首毳冕五章以虎蜼爲首蓋亦增損有虞之制而爲之耳六律陽律也不言六呂者陽統陰也有律而後有聲有聲而後八音得以依據故六律五聲八音言之敘如此也在察也忽治之反也聲音之道與政通故審音以知樂審樂以知政而治之得失可知也五言者詩歌之協於五聲者也呂氏祖謙曰五言樂之成言者三百篇之詩是也○葉氏夢得曰五言卽五聲雖言也播

於律之所和。則爲五聲。雖聲也本於詩之所諷。則爲五言。**自上達下謂之出。自下達上謂之納。**陳氏大猷曰。納。采詩而納之於上。如命大師陳詩以觀民風與工以納言是也。出。出詩而播之樂章。如關雎用之鄉人。用之邦國。與時而颺之是也。**汝聽者言汝當審樂而察政治之得失者也。**蘇氏軾曰。其音安樂和平。則時政修理。其音怨怒乖離。則時政怠惰。

集說 王氏安石曰。敬敷五教。司徒掌之。豈非左右有民。稷掌阻飢。皋陶治姦宄。豈非宣力四方。夷作秩宗。豈非制衣服。夔典樂。豈非察音聲。然彼皆各治一官。禹則總百官而治之者也。帝兼舉四事。而寄以股肱耳目蓋如此。○林氏之奇曰。心居中。虛以治五官。心有所欲爲。亦不能獨成其功。要必資手足耳目之助。使手足耳目之職廢於外。則心之思慮亦不能獨成。故帝言此者。必資夫羣臣之助也。○易曰。后以財成天地之道。輔相天地之宜以左右民蓋天子之職也人臣但爲之助而已○周禮司服自天子至於卿士其服皆有差等則知唐虞之制亦必有尊卑等差於其閒作服汝明者恐其亂於上下之分故使之明尊卑差等以示之也夫自天子至於士宗廟宫室車服冕旒器用莫不有尊卑上下之差此但言作服者舉其一以包其餘○薛氏季宣曰古人之象所以昭示後世使人合三才之道被之於服用得於觀感而化○朱子語類問五言東萊釋作君臣民事物之言曰君臣民事物是五聲所屬宫屬君最大羽屬物最小此是論聲若商放緩便是宫聲出納五言恐只是審樂知政之類○呂氏祖謙曰作服禮之大者也六律八音五聲樂之大者也治定功成制禮作樂之時也禮樂非可以虛文舉言禮樂必在左右宣力之後者人民和氣浹洽然後可以興禮樂固有次序也○陳氏大猷曰舜以臣鄰命禹見君臣之忘勢繼之以作股肱耳目見君臣之忘形君臣猶一身也君猶心臣猶體

臣作朕股肱耳目。君以臣爲體也。汝翼爲明聽以遂予之所欲臣以君爲心也○許氏謙曰。章服之象想上古有之。故舜采取其意。定某某繪於衣。某某繡於裳不然則何待詳言之邪。○王氏充耘曰。予欲左右有民是言教宣力四方。是言政。觀象作服。是制禮。審音出納五言。是作樂。四者。爲治之大要也。

予違汝弼。汝無面從。退有後言。欽四鄰。

集傳 違。戾也。言我有違戾於道。爾當弼正其失。王氏安石曰。拂我而相之之謂之弼。故弼字或作拂。爾無面諛以爲是。而背毀以爲非。不可不敬爾鄰之職也。申結上文弼直鄰哉之義。而深責之禹者如此。

【集說】林氏之奇曰。舜所言所行。爲法於天下。傳於後世。豈復有違於道義者哉。禹事君盡忠。亦可爲萬世法。豈復有面從而退有後言者哉。蓋君臣之間。相與儆戒。惟其無是事而尤不忘儆戒之心。此其所以爲大聖人也。○孫氏覺曰。聖人不以無違自處。而以有違求弼。不居其聖也。○呂氏祖謙曰。舜非有慊而畏人之後言。非容受未盡而致人之後言。虞廷之臣。又非肯欺其君而爲面是背非之行也。聖人敬畏無已。惟恐過之不聞。在下者有難言之患。求言之切至也。○陳氏大猷曰。上言予欲汝翼爲明聽。謂當將順乎我也。此言予違汝弼。謂不當苟順乎我也。○四鄰諸臣。各有其職。而舜悉以責禹者。禹百揆。無所不統也。於此可觀君道。亦可以觀相道矣。

【附錄】孔氏安國曰。四近。前後左右之臣。勑使敬其職。○孔氏穎達曰。冏命實賴左右前後有位之士匡其不及知四近謂前後左右近君之臣也更欲告以此下之辭故勑之○鄭玄以四近爲左輔右弼前疑後丞惟伏生書傳有此言文王世子云有師保有疑丞以外經傳無此官也

庶頑讒說若不在時侯以明之撻以記之書用識哉欲竝生哉工以納言時而颺之格則承之庸之否則威之

【集傳】此因上文而慮庶頑讒說之不忠不直也讒說即舜所聖者時是也在是指忠直爲言孔氏安國曰若所行不在於是而爲非者當察之侯射侯也明者欲明其果頑愚讒說與否也蓋

射所以觀德。頑愚讒說之人。其心不正。則形乎四體。布乎動靜。其容體必不能比於禮。其節奏必不能比於樂。其中必不能多。審如是。則其爲頑愚讒說也必矣。周禮。王大射。則供虎侯熊侯豹侯。諸侯供熊侯豹侯。卿大夫供麋侯。皆設其鵠。又梓人爲侯。廣與崇方。周禮注云。崇高也。方猶等也。高廣等。謂侯中也。畫布曰正。棲皮曰鵠。三分其廣而鵠居一焉。應古制亦不相遠也。撻。扑也。卽扑作教刑者。蓋懲之使記而不忘也。識。誌也。錄其過惡以識於冊。如周制鄉黨之官。陳氏師凱曰案地官黨正族師閭胥皆鄉大夫所屬故總稱爲鄉黨之官以時書民之孝悌睦婣有學者也聖人不忍以頑愚讒說而遽棄之用此三者之教啓其憤發其悱使之遷善改過欲其竝生於天地之閒也工掌樂之官也孔氏穎達曰禮通謂樂官爲工知工是樂官如周禮大師瞽矇之類格有恥且格之格謂改過也承薦也聖人於庶頑讒說之人既有以啓發其憤悱遷善之心而又命掌樂之官以其所納之言時而颺之以觀其改過與否如其改也則進之用之如其不改然後刑以威之黃氏度曰讓罰不悛桎梏

而坐諸嘉石。甚者納之圜土。其又甚者遷徙之。以見聖人之教。無所不極其至。必不得已焉而後威之。其不忍輕於棄人也如此。此卽龍之所典。而此命伯禹總之也。

【集說】林氏之奇曰。庶頑讒說。苟能生其遷善之心。未必不爲豪傑之才。惟上之人棄之。則彼以不肖之心應之矣。邵康節之言曰。堯舜之世。非無小人。難其爲小人也。謂染於聖人之教。亦將變而爲君子。此唐虞之世。所以比屋可封也。○黃氏度曰。禮以道其志。樂以和其聲。政以一其行。刑以防其姦。禮樂刑政。其極一也。侯明撻記書識。皆刑政也。侯明周禮鄉五物詢衆庶。其事始此。○吳氏澄曰。帝舜爲君爲師之道。仁之至。義之盡也。○張氏爾嘉曰。直者。人之生理。頑讒枉其直性。生理幾澌滅於天地之閒。故多方引誘。正是曲全人心。下面納言因悔悟處驗其生生之機若何。

禹曰俞哉帝光天之下至于海隅蒼生萬邦黎獻共惟帝臣惟帝時舉敷納以言明庶以功車服以庸誰敢不讓敢不敬應帝不時敷同日奏罔功。

集傳 俞哉者蘇氏曰與春秋傳公曰諾哉意同口然而心不然之辭也隅角也蒼生者蒼蒼然而生視遠之義也獻賢也黎獻者黎民之賢者也孫氏覺曰黎首之民謂之黎民賢於黎民

則謂之共同時是也敷納者下陳而上納也明庶者明其衆庶也禹雖俞帝之言而有未盡然之意謂庶頑讒說加之以威不若明之以德使帝德光輝達於天下海隅蒼生之地莫不昭灼德之遠著如此則萬邦黎民之黎獻賢孰不感慕興起而皆有帝臣之願惟帝時舉而用之爾敷納以言而觀其蘊明庶以功而考其成旌能命德以厚其報如此則誰敢不讓於善敢不精白一心敬應其上而庶頑讒說豈足慮乎帝不如是則今任用之臣

遠近敷同。孫氏覺曰。敷同。猶普同。率爲誕慢。日進於無功矣。豈特庶頑讒說爲可慮哉。

集說 孔氏穎達曰。舜典云。敷奏明試。與此異者。彼言施於諸侯。故令奏言試功。此謂方始擢用。故言納庶。納。謂受取之。庶。謂在羣衆。○林氏之奇曰。禹雖然帝之言。又有以廣帝之意。謂輔弼之責。雖在臣鄰。然當廣延天下之賢。無謂止此而已。○王氏十朋曰。諸侯以黜陟爲重。故言試。黎獻以多得爲盛。故言庶。○陳氏經曰。諸侯之功已著。特使奏其言而試其功。以驗其已然之效。黎獻之功未著。故受其言而明衆庶以功。以責其將然之效。○王氏樵曰。讓者。眞知己之不足。人之有餘。悅慕之意新。而矜高之志屈。誠服人之善而推遜之也。敬應者。有職者勤於職。無職者勤於德。以求不負乎上而答其陶成之意也。誰敢。謂人之感化嚮應。自不容已。使有不然。則是自棄於陶鎔也。而誰敢哉。○申氏時行曰。人君德輝遠著。既有以來天下之賢。而課賞有方。又有以盡用賢之道。則公道昭明。而人心激勸。莫不歸於忠直。不惟黎獻者益盡其用。而頑讒者亦歸於化矣。○張氏爾嘉曰。德之感人。神於威威有及有不及。德無所不到。

無若丹朱傲。惟慢遊是好。傲虐是作。罔晝夜頟頟。罔水行舟。朋淫于家。用殄厥世。予創若時。娶于塗山。辛壬癸甲。啓呱呱而泣。予弗子。惟荒度土功。弼成五服。至于五千。州十有二師。外薄四海。咸建五長。各迪有功。苗頑弗卽工。帝其念哉。

帝曰迪朕德時乃功惟敘皋陶方祗厥敘方施象刑惟明

集傳 漢志堯處子朱於丹淵爲諸侯丹朱之國名也頟頟不休息之狀罔水行舟如奡盪舟之類孔氏安國曰無水陸地行舟朋淫者朋比小人而淫亂于家也殄絶也世者世堯之天下也丹朱不肖堯以天下與舜而不與朱故曰殄世程子曰夫聖莫聖於舜而禹之戒舜至曰無若丹朱好慢遊作傲虐且舜之不爲慢遊傲虐雖愚者亦

當知之。豈以禹而不知乎。蓋處崇高之位。所以儆戒者。當如是也。創懲也。禹自言懲丹朱之惡。而不敢以慢遊也。陳氏櫟曰。以丹朱爲帝戒。復以己之懲朱繼之。塗山。國名。在今壽春縣東北。皇輿表。壽春縣。即今鳳陽府壽州。隸江南。【地理今釋】塗山。在今江南鳳陽府懷遠縣東南八里。孔穎達正義曰。哀七年左傳。禹會諸侯于塗山。杜預云。塗山在壽春縣東北。塗山國。蓋近彼山也。禹娶塗山氏之女也。辛壬癸甲。四日也。禹娶塗山。甫及四日。即往治水也。啓。禹之子。呱呱。泣聲。荒。大也。言娶妻生子。皆有所不暇顧念。惟以大相度。平治水土之功爲急也。孟子言禹八年於外。三過其門而不入。是也。五服。甸侯綏要荒也。言非特平治水土。又因地域之遠近。以輔成五服之制也。疆理宇內。乃人君之事。非人臣之所當專者。故曰弼成也。王氏樵曰。弼成五服二句。禹貢甸服五節即其事也。主之者帝。而分畫之者禹。故曰弼成。五千者。每服五百里。五服之地。東西南北相距五千里也。十二師者。每州立十二諸侯以爲之師。使之相牧以糾羣后也。薄。迫也。九州之外。迫於四海。每方各建五人以爲之長。而統率之也。孔氏穎達曰。王制謂五國以爲屬。屬有長。此建五長。亦如彼文。○孫氏繼有曰。五長内布中國之政教。外通蕃夷之職貢。則以捍中國撫蕃夷爲職。聖人經理之制。其詳内略外者如此。卽就也。謂十二師五長内而侯牧。外而蕃夷皆蹈行有功。惟三苗頑慢不率。不肯就工。帝當憂念之也。帝言四海之内。蹈行我之德教者。是汝功惟敘之故。其頑而弗率者。則皐陶方敬承汝之功敘方施象刑惟明矣。曰明者。言其刑罰當罪。可以畏服乎人也。上文禹之意。欲舜弛其鞭扑之威。益廣其文教之及。而帝以禹之功敘既已如此。而猶有頑不卽工如苗民者。是豈刑法之所可廢哉。或者乃謂苗之凶頑六師征之。猶且逆命。豈臯陶象刑之所能致。是未知聖人兵刑之敘與帝舜治苗之本末也。帝之此言。乃在禹未攝位之前。非徂征後事。蓋威以象刑。而苗猶不服。然後命禹征之。征之不服。以益之諫。而又增修德教。及其來格。然後分背之。舜之此言。雖在三謨之末。而實則禹未攝位之前也。

集說 林氏之奇曰。禹拯生民之難。思天下之溺。由己之溺。不暇顧其妻子。至於沐雨櫛風。股無胈脛無毛而不以爲勞其志如此舉天下之聲色嗜好曾何足以易此志哉○夏氏僎曰洪水未平九功未敘人救死不贍何暇迪德舜謂今天下所以迪行我德而各迪有功者實汝之九功惟敘故也皐陶方敬承汝功之敘又慮迪德者怠方施象刑明示人以儆之則已迪德者益勉未迪德者益懼而勉矣此正如九功惟敘之後董之用威不容已也○陳氏經曰天下皆迪功弗即工特一有苗若不足介意也聖人之心以爲一物梗化則有不能忘之意○眞氏德秀曰舜以大聖之資安有可戒之事而益以怠荒戒皐陶以逸欲戒禹又有傲虐戒豈憂其有是而豫防之邪抑知其無是而姑爲是言邪人心惟危自昔所畏雖聖主不敢忘操存之功大臣事聖主不敢廢規儆之益後之君臣宜視以爲法○朱惟驕怠是以逞欲禹惟敬戒是以忘私○張氏爾嘉曰天下有一處不安則君心無日不危四方迪功而有苗負固終爲盛治之虧文德是敷刑罰精爽天下無玩愒不張之紀

法則有苗負固何足憂哉

夔曰戞擊鳴球搏拊琴瑟以詠祖考來格虞賓在位羣后德讓下管鼗鼓合止柷敔笙鏞以閒鳥獸蹌蹌簫韶九成鳳凰來儀

【集傳】戞擊考擊也鳴球玉磬名也陳氏大猷曰球擊能鳴故稱鳴球○黃氏鎮成曰周禮考工磬氏爲磬小胥正樂縣之位凡縣鍾磬半爲堵全爲肆搏至拊循也王氏炎曰磬輕爲戞重爲擊琴瑟重爲搏輕爲拊樂之始作升歌於堂上則堂上之樂惟取其聲之輕清者與人聲相比故曰以詠蓋戞擊

嗚球搏拊琴瑟。鄭氏康成曰。琴五絃。瑟二十四絃。○爾雅疏曰。琴長三尺六寸六分。五絃後加文武二絃。大瑟長八尺一寸。廣一尺八寸。二十七絃。雅瑟長八尺一寸。廣一尺八寸。二十三絃。常用者十九絃。頌瑟長七尺二寸。廣一尺八寸。二十五絃。盡用之。○黃氏鎮成曰。琴操曰。伏羲作琴。世本曰。神農作琴。樂記曰。舜作五絃之琴以歌南風。明堂位曰。大琴。大瑟。中琴。小瑟。四代之樂器也。以合詠歌之聲也。孔氏穎達曰。歌詠詩章。○黃氏度曰。石尚角。角清濁之中。琴瑟尚宮。宮聲大。樂器重者從細。輕者從大。故登歌以磬合琴瑟。細大諧也。格。神之格。思之格。虞賓。丹朱也。堯之後爲賓於虞。猶微子作賓於周也。丹朱在位。與助祭羣后。以德相讓。則人無不和可知矣。黃氏度曰。丹朱傲嚚。而能與羣后德讓。舜德照臨之久矣。於是樂感發之。下。堂下之樂也。管。鄭氏康成曰。管如篪。而有六孔。猶周禮所謂陰竹之管。孤竹之管。孫竹之管也。周禮注曰。陰竹。生於山北者。孤竹。竹特生者。孫竹。竹枝根之末生者。鼗鼓。黃氏鎮成曰。周官。小師掌教鼓鼗。瞽矇掌播鼗。蓋鼗之播也。有瞽矇者。有眂瞭者。如鼓而小。有柄。持而搖之。則旁耳自擊。柷敔。郭璞云。柷如漆桶。方二尺四寸。深一尺八寸。中有椎柄。連底撞之。令左右擊。敔。狀如伏虎。背上有二十七鉏鋙。刻。黃氏鎮成曰。柷方二尺四寸。陰也。敔二十七鉏鋙。陽也。樂作。陽也。以陰數成之。樂止。陰也。以陽數成之。以籈櫟之。黃氏鎮成曰。通典曰。碎竹以擊其首。而逆戛以止樂。宋依唐制。以竹爲籈。破一端爲十二莖樂將止。先擊其首。次三戛之。籈長一尺。以木爲之。始作也。擊柷以合之。及其將終也。則櫟敔以止之。蓋節樂之器也。笙以匏爲之。黃氏鎭成曰。禮記曰。女媧之笙簧。世本曰。隨作笙。禮曰。三笙一和而成聲。周禮。笙師掌教吹竽笙。列管於匏中。又施簧於管端。十二簧爲笙。鄭氏康成曰。鏞大鍾也。章氏士俊曰。明堂位。垂之和鍾。世本云。垂作鍾。傳曰。伏羲之孫鼓延始爲鍾。考工記。六分其金而錫居一。謂之鍾鼎之齊。鳧氏爲鍾。葉氏曰。鍾與笙相應者曰笙鍾。與歌相應者曰頌鍾。頌或謂之鏞。詩賁鼓維鏞是也。大射禮。樂人宿縣于阼階東。笙磬西面。其南笙鍾。西階之西。頌磬東面。其南頌鍾。頌鍾。即鏞鍾也。上言以詠。此言以間。相對而言。蓋與詠歌迭奏也。潘氏士遴曰。歌則衆樂止。獨笙鏞間之。蓋樂始作。則琴瑟以歌。次衆音合作。衆音暫止。而後笙鏞間歌也。鄉飲酒禮云。歌鹿鳴。笙南陔。間歌魚麗。笙由庚。或其遺制也。蹌蹌。行動之貌。言樂音不獨感神人。至於鳥獸無知。亦且相率而舞。蹌蹌然也。簫。古文作箾。舞者所執之物。說文云。樂名箾韶。季札觀周樂。見舞韶箾者。則箾韶蓋舜樂之總名也。今文作簫。故先儒誤以簫管釋之。九成者。樂之九成也。潘氏士遴曰。孔穎達云。成樂曲終也。每曲一終。

必變更奏故書言九成傳言九奏周禮言九變其實一也功以九敘故樂以九成九成猶周禮所謂九變也孔子曰樂者象成者也故曰成鳳凰羽族之靈者其雄爲鳳其雌爲凰來儀者來舞而有容儀也戛擊鳴球搏拊琴瑟以詠堂上之樂也下管鼗鼓合止柷敔笙鏞以閒堂下之樂也唐孔氏曰樂之作也依上下而遞奏閒合而後曲成祖考尊神故言於堂上之樂鳥獸微物故言於堂下之樂九成致鳳尊異靈瑞故別言之非堂上之樂獨致神格堂下之樂偏能

舞獸也。或曰。笙之形如鳥翼。鏞之虡爲獸形。故於笙鏞以閒言鳥獸蹌蹌。風俗通曰。舜作簫笙以象鳳。蓋因其形聲之似。以狀其聲樂之和。豈眞有鳥獸鳳凰而蹌蹌來儀者乎。曰。是未知聲樂感通之妙也。瓠巴鼓瑟而遊魚出聽。伯牙鼓琴而六馬仰秣。聲之致祥召物。見於傳者多矣。況舜之德致和於上。夔之樂召和於下。其格神人。舞獸鳳。豈足疑哉。今案季札觀周樂。見舞韶箾者。曰德至矣。盡矣。如天之無不覆。如地之無不載。雖甚盛德。

蔑以加矣。夫韶樂之奏。幽而感神。則祖考來格。林氏之奇曰。來格者。祭義云。其入室也。僾然必有見乎其位。周還出戶。肅然必有聞乎其容聲。出戶而聽。愾然必有聞乎其歎息之聲。是爲來格。明而感人。則羣后德讓。微而感物。則鳳儀獸舞。原其所以能感召如此者。皆由舜之德。如天地之無不覆幬也。其樂之傳。歷千餘載。孔子聞之於齊。尚且三月不知肉味。曰不圖爲樂之至於斯。則當時感召。從可知矣。又案此章夔言作樂之效。其文自爲一段。不與上下文勢相屬。蓋舜之在位五十餘年。其與禹皐陶夔益相與答問者多矣。史官取其尤彰明者。以詔後世。則是其所言者。自有先後。史官集而記之。非其一日之言也。諸儒之說。自臯陶謨至此篇末。皆謂文勢相屬。故其說牽合不通。今皆不取。

【集說】王氏通曰。夫樂。象成者也。象成莫大於形而流於聲。故韶之成也。虞氏之恩。被動植矣。烏鵲之巢。可俯而窺也。鳳凰何爲而藏乎。○孔氏穎達曰。功成道洽。禮備樂和。史述夔言繼於後。○程子曰。記云後世有作者。虞帝弗可及矣。如百獸舞。鳳凰儀。三代以降無此也。○林氏之奇曰。饗禮曰。升歌清廟。示德也。下管象武。示事也。燕禮曰。升歌鹿鳴。下管新宮。蓋堂上之樂。以歌爲主。堂下之樂。以管爲主。其實相合以成。○九成者。韶樂之作。所以象治功之成。而舜治功之成。見於九功惟敘九敘惟歌。故其樂以九爲節。歌於堂上者。九德之歌。舞於庭者。則九韶之舞。亦猶武王之功成於六。故其樂以六爲節也。○薛氏季宣曰。中和之至。感化之極也。○朱子曰。有舜與文王之德。則聲爲律而身爲度。簫韶二南之詩。不患其不作。○陳氏櫟曰。此章夔言作樂之效。乃史載之以終典謨。蓋功成作樂。帝者致治之盛也。郊特牲曰。歌者在上。匏竹在下。貴人聲也。卽此說以證此章與儀禮。皆無不合。古文簡質。下之一字。別管鼗等爲堂下之樂。顯見鳴球琴瑟爲堂上之樂矣。奏石絲以詠歌之時。則堂下之樂不作。奏匏竹等衆樂之時。則堂上之樂不作。以今奏樂例之。亦如此耳。○王氏充耘曰。陽數極於九。而樂。陽聲也。作樂而至於九成。則樂之和至此極矣。感物而致鳳凰。則感通亦至此極矣。○孫氏繼有曰。樂有八音。鳴球。石也。琴瑟。絲也。管。竹也。鼗鼓。革也。柷。木也。敔。土也。笙。匏也。鏞。金也。

夔曰於予擊石拊石百獸率舞庶尹允諧

集傳　重擊曰擊輕擊曰拊石磬也有大磬有編磬有歌磬磬有大小故擊有輕重八音獨言石者蓋石音屬角最難諧和記曰磬以立辨夫樂以合爲主而石聲獨立辨者以其難和也王氏肯堂曰角聲不高不下太高則近徵太下則近商爲淸濁之中故難和石聲旣和則金絲竹匏土革木之聲無不和者矣詩曰旣和且平依我磬聲則知言石者總樂之和而言之也或曰玉振之也者終條理之事故舉磬以終焉上言

鳥獸。此言百獸者。考工記曰。天下大獸五。脂者。膏者。臝者。羽者。鱗者。羽鱗總可謂之獸也。百獸舞。則物無不和可知矣。尹正也。庶尹者。衆百官府之長也。允諧者。信皆和諧也。孫氏繼有曰。允諧與德讓不同。彼以貌言。此以心言。庶尹諧。則人無不和可知矣。

集說　孫氏覺曰。前先言祖考虞賓羣后。而後及鳥獸。以貴賤爲序也。此先言鳥獸。而後及庶尹。以難易爲序也。○王氏炎曰。八音以石爲君。而韶樂以球爲首。宜於此又單言石也。○夔之作樂。所以形容治功之成。有舜之德。不可無夔之樂。以發之。有夔之樂。不可無舜之德以本之。二者交致。而天下之至和極矣。○吳氏澄曰。

道德。樂之本。聲音。樂之具。舜德極大極盛。而韶樂又盡善盡美。故其感應之妙。古今莫及。

帝庸作歌曰。勅天之命。惟時惟幾。乃歌曰。股肱喜哉。元首起哉。百工熙哉。臯陶拜手稽首颺言曰。念哉。率作興事。慎乃憲。欽哉。屢省乃成。欽哉。乃賡載歌曰。元首明哉。股肱良哉。庶事康哉。又歌曰。元首叢脞哉。股肱惰哉。萬事墮哉。帝拜曰。俞。往欽哉。

集傳 庸。用也。歌。詩歌也。勅。戒勅也。幾。事之微也。惟時者。

無時而不戒勑也。惟幾者。無事而不戒勑也。蓋天命無常。理亂安危。相爲倚伏。今雖治定功成。禮備樂和。然頃刻謹畏之不存。則怠荒之所自起。毫髪幾微之不察。則禍患之所自生。不可不戒也。此舜將欲作歌。而先述其所以歌之意也。股肱。臣也。元首。君也。王氏樵曰。人之形。視聽呼吸。皆在元首。作而行之。則在股肱。故人君謂之元首。臣謂之股肱。人臣樂於趨事赴功。則人君之治爲之興起。而百官之功皆廣也。拜手稽首者。首至手。又至地也。大言而疾曰颺。率。總率也。臯陶言人君當總率羣臣以起事功，又必謹其所守之法度。蓋樂於興事者，易至於紛更，故深戒之也。屢，數也。興事而數考其成，則有課功覈實之效，而無誕慢欺蔽之失。兩言欽哉者，興事考成二者，皆所當深敬而不可忽者也。此皐陶將欲賡歌，而先述其所以歌之意也。賡，續。王氏樵曰：賡者，依帝之歌而續之也。載，成也。續帝歌以成其義也。皐陶言君明則臣良，而衆事皆安，所以勸之也。叢脞，煩碎也。惰，懈怠也。墮，傾圮也。言君行臣職，煩瑣細碎，則臣下懈怠，不肯任事，而萬事廢壞所以戒之也舜作歌而責難於臣皋陶賡歌而責難於君君臣之相責難者如此有虞之治茲所以爲不可及也歟帝拜者重其禮也林氏之奇曰禮曰君於臣則無答拜蓋至尊之勢無所屈也然皋陶之賡歌舜拜而受之豈以師傅之禮待皋陶歟重其禮然其言而曰汝等往治其職不可以不敬也林氏曰舜與皋陶之賡歌三百篇之權輿也學詩者當自此始

集說　范氏祖禹曰君以知人爲明臣以任職爲良君知人則賢者得行其所學臣任職則不肖者不得苟容於朝此庶事所以康也若夫君行臣職則叢脞矣臣不任君之事則惰矣此萬事所以隳也君人者如天運

於上而四時寒暑各司其序則不勞而萬物生矣君所治者大所司者要也臣所治者寡所職者詳也君務察而多疑欲以一人之身代百官之所爲則雖聖智亦日力不足矣○林氏之奇曰帝所歌謂夫元首之起必由股肱之喜是君之所望於臣也臯陶之歌謂夫股肱之良必由元首之明是臣之所望於君也以足成其義也○呂氏祖謙曰治定功成君臣陶於至和不能自已正手舞足蹈之時於是時而作歌宜其發揚蹈厲而至樂乃在儆戒畏懼之中所以見情性之正而爲本於三百篇也○舜之時恭己正南面法度彰禮樂著羣賢布職但總其大綱不可復加二典三謨或記其臣之拜或記其君之拜皆和氣浹洽不自知其所以然也○時氏瀾曰事固以奮庸而立又必謹守其法加之以欽此是情性之正天理之公○臣歌先元首君歌先股肱交相責任之義也○陳氏經曰保治在勑天勑天之要在時幾人求天於天聖人求天於己人事之盡卽天也不可失

其時不可忽其微常存儆勑天命可保矣○陳氏櫟曰歌者和樂之發也當和樂之時不忘戒謹之意歌之所謂喜喜於乘時圖幾也所謂起起而乘時圖幾也所謂熙則其乘時圖幾之效驗也○王氏樵曰司馬氏云王者之職在於量材任人賞功罰罪而已苟能謹擇公卿牧伯而屬任之則其餘不待擇而精矣謹察公卿牧伯之賢愚善惡而進退誅賞之則其餘不待進退誅賞而治矣然則王者所擇之人不爲多所察之事不爲煩此治事之要也

總論 林氏之奇曰大禹皐陶益稷三篇當時君臣相與都俞告戒之辭史官取其深切著明者垂於後世然堯舜行事其本末既載於二典必爲此三篇者蓋以君臣之盛德尤在於此故也○彭氏勗曰此篇乃史臣紀舜禹皐陶交相規勉之辭故中雖述后夔作樂之效終復紀其相戒之歌有虞君臣安不忘危之心於此可

見。

欽定書經傳說彙纂卷第三

清雍正内府本欽定書經傳説彙纂

第一册

清 王頊齡等撰

天津圖書館藏清雍正八年内府刻本

山東人民出版社·濟南

圖書在版編目（CIP）數據

清雍正内府本欽定書經傳説彙纂 /（清）王項齡等撰 .— 濟南：山東人民出版社，2024.3

（儒典）

ISBN 978-7-209-14299-1

Ⅰ.①清… Ⅱ.①王… Ⅲ.①《尚書》-注釋 Ⅳ.① K221.04

中國國家版本館 CIP 數據核字（2024）第 038798 號

項目統籌：胡長青

責任編輯：趙　菲

裝幀設計：武　斌

項目完成：文化藝術編輯室

清雍正内府本欽定書經傳説彙纂

〔清〕王項齡等撰

主管單位　山東出版傳媒股份有限公司

出版發行　山東人民出版社

出 版 人　胡長青

社　　址　濟南市市中區舜耕路517號

郵　　編　250003

電　　話　總編室（0531）82098914

　　　　　市場部（0531）82098027

網　　址　http://www.sd-book.com.cn

印　　裝　山東華立印務有限公司

經　　銷　新華書店

規　　格　16開（160mm×240mm）

印　　張　148.5

字　　數　1188千字

版　　次　2024年3月第1版

印　　次　2024年3月第1次

ISBN 978-7-209-14299-1

定　　價　430.00圓（全八册）

《儒典》選刊工作團隊

學術顧問　杜澤遜　李振聚　徐　泳

項目統籌　胡長青

責任編輯　劉　晨　劉嬌嬌　張艷艷

呂士遠　趙　菲　劉一星

前言

中國是一個文明古國、文化大國，中華文化源遠流長，博大精深。在中國歷史上影響較大的是孔子創立的儒家思想，因此整理儒家經典、注解儒家經典，爲儒家經典的現代化闡釋提供权威、典范、精粹的典籍文本，是推進中華優秀傳統文化創造性轉化、創新性發展的奠基性工作和重要任務。

中國經學史是中國學術史的核心，歷史上創造的文本方面和經解方面的輝煌成果，大量失傳了。西漢是經學的第一個興盛期，除了當時非主流的《詩經》毛傳以外，其他經師的注釋後來全部失傳了。東漢的經解祇有鄭玄、何休等少數人的著作留存下來，其餘也大都失傳了。南北朝至隋朝興盛的義疏之學，其成果僅有皇侃《論語疏》幸存於日本。五代時期精心校刻的《九經》、北宋時期國子監重刻的《九經》以及校刻的單疏本，也全部失傳。南宋國子監刻的單疏本，我國僅存《周易正義》、《爾雅疏》、《春秋公羊疏》（三十卷殘存七卷）、《春秋穀梁疏》（十二卷殘存七卷），日本保存了《尚書正義》、《毛詩正義》、《禮記正義》（七十卷殘存八卷）、《周禮疏》（日本傳抄本）、《春秋公羊疏》（日本傳抄本）、《春秋正義》（日本傳抄本）。南宋兩浙東路茶鹽司刻八行本，我國保存下來的有《周禮疏》、《禮記正義》、《春秋左傳正義》（紹興府刻）、《論語注疏解經》（二十卷殘存十卷）、《孟子注疏解經》（存臺北『故宫』），日本保存有《周易注疏》《尚書正義》（凡兩部，其中一部被清楊守敬購歸）。南宋福建刻十行本，我國僅存《春秋穀梁注疏》、《春秋左傳注疏》（六十卷，一半在大陸，一半在臺灣），日本保存有《毛詩注疏》《春秋左傳注疏》。從這些情況可以看出，經書代表性的早期注釋和早期版本國内失傳嚴重，有的僅保存在東鄰日本。

鑒於這樣的現實，一百多年來我國學術界、出版界努力搜集影印了多種珍貴版本，但是在系統性、全面性和準確性方面都還存在一定的差距。例如唐代開成石經共十二部經典，石碑在明代嘉靖年間地震中受到損害，明代萬曆初年西安府學等學校師生曾把損失的文字補刻在另外的小石上，立於唐碑之旁。近年影印出版唐石經拓本多次，都是以唐代石刻與明代補刻割裂配補的裱本爲底本。由於明代補刻采用的是唐碑的字形，這種配補本難以區分唐刻與明代補刻，不便使用，亟需單獨影印唐碑拓本。

爲把幸存於世的、具有代表性的早期經解成果以及早期經典文本收集起來，系統地影印出版，我們規劃了《儒典》編纂出版項目。

《儒典》出版後受到文化學術界廣泛關注和好評，爲了滿足廣大讀者的需求，現陸續出版平裝單行本。共收録一百十一種元典，共計三百九十七册，收録底本大體可分爲八個系列：經注本（以開成石經、宋刊本爲主。開成石經僅有經文，無注，但它是用經注本删去注文形成的）、經注附釋文本、纂圖互注本、單疏本、八行本、十行本、宋元人經注系列、明清人經注系列。

《儒典》是王志民、杜澤遜先生主編的。本次出版單行本，特請杜澤遜、李振聚、徐泳先生幫助酌定選目。特此説明。

二〇二四年二月二十八日

目録

第一册

御製書經傳説彙纂序　一
欽定書經傳説彙纂總裁校對分修校刊諸臣職名　一五
欽定書經傳説彙纂目録　一九
欽定書經傳説彙纂卷首上　二七
欽定書經傳説彙纂卷首下　一三三
欽定書經傳説彙纂卷第一　二〇三

第二册

欽定書經傳説彙纂卷第二　二七九
欽定書經傳説彙纂卷第三　三九九

第三册

欽定書經傳説彙纂卷第四　五五一
欽定書經傳説彙纂卷第五　七一五
欽定書經傳説彙纂卷第六　八〇三

第四册

欽定書經傳説彙纂卷第七　八六一
欽定書經傳説彙纂卷第八　九八三
欽定書經傳説彙纂卷第九　一〇六九

第五册

欽定書經傳説彙纂卷第十　一一五七
欽定書經傳説彙纂卷第十一　一二六九
欽定書經傳説彙纂卷第十二　一三八一

第六册

欽定書經傳説彙纂卷第十三　一四六九
欽定書經傳説彙纂卷第十四　一五七五
欽定書經傳説彙纂卷第十五　一六四三

第七册

欽定書經傳説彙纂卷第十六　一七三一
欽定書經傳説彙纂卷第十七　一八二一
欽定書經傳説彙纂卷第十八　一八九一
欽定書經傳説彙纂卷第十九　一九九一

第八册

欽定書經傳説彙纂卷第二十　二〇六九
欽定書經傳説彙纂卷第二十一　二一五一
欽定書經傳説彙纂書序　二二六七

御製書經傳說彙纂序

朕思六經皆治世之書，而帝王之大經大法昭垂萬古者惟尚書爲最備。蓋自繼天立極精一

執中二帝三王之心法
遞相授受而治法亦因
之以傳令觀書所載成
天平地經國造邦建官
立教禮樂兵刑之弘綱

大用與夫賡颺都俞之休風嘉謨嘉猷之陳告凡所爲永膺天命而致時雍協和之效者雖相去數千年尚可於方策

中想見其欽明寅畏之衷敷布經綸之跡後之君臣得奉為模楷以追踪於唐虞三代之隆詎不於書是賴哉我

皇考聖祖仁皇帝聖學淵深治功弘遠存於中者二帝三王之心發於外者二帝三王之治而稽古好學於典謨訓誥之

篇沉潛研究融會貫通
初
命講官分日進講著有解
義一編須示海内復
指授儒臣薈萃漢唐宋元

明諸家之說參考折中
親加正定廣大悉備於地
理山川援今据古靡不
精核爲書經傳說彙纂
凡二十有四卷茲值刊

校告竣與易詩春秋諸經次第傳布敬製序文勒之卷首夫後世之天下唐虞三代之天下也而治法之垂爲典章心

法之原於性命者先後
同揆百世之聖君賢輔
未能易也故為君者必
思比德於堯舜禹湯文
武而後無忝乎為君為

臣者必思媲休於臯夔伊傅周召而後無忝乎爲臣朕夙夜兢兢翼克守主敬存誠之道以遂覲光揚烈之懷尤冀卿

尹百執事共體元首股肱之誼殫協恭勵翼之忱寅亮天工誠和民志俾薄海内外永底乂安於以遠宗聖哲而仰承

皇考尊崇經學啓牖萬世

之盛心顧不美歟是為

序

雍正八年仲春十二日

都察院左副都御史臣王圖炳奉

敕敬書

欽定

雍正八年三月十四日奉

旨開列

欽定書經傳說彙纂總裁校對分修校刊諸臣職名

總裁

原任經筵講官太子太傅武英殿大學士兼工部尚書贈少傅臣王頊齡

南書房校對

經筵講官起居注太子太保兼太子太保保和殿大學士兼吏部戶部尚書仍管翰林院事臣張廷玉

經筵講官太子太傅文華殿大學士仍兼戶部尚書事務臣蔣廷錫

經筵講官太子少傅刑部尚書臣勵廷儀

都察院左副都御史臣王圖炳

巡撫安慶等處地方軍務兼理糧餉兵部右侍郎兼都察院右副都御史臣魏廷珍

在館分修校對

太　常　寺　少　卿臣陸紹琦

原任提督四譯館太常寺少卿臣吳廷掞

鴻臚寺卿降一級調用臣李鳳翥

原任湖北巡撫臣鄭任鑰

日講官起居注翰林院侍講臣蔣　漣

左春坊左諭德兼翰林院修撰臣王希曾

原任提督貴州學政左春坊左贊善臣王奕仁

原　任　翰　林　院　檢　討臣陳　均

原　任　翰　林　院　檢　討臣湯大輅

原　任　兵　部　車　駕　司　主　事臣李同聲

行人司掌印司正臣董洪
原任廣東廣州府知府臣張銷
監生臣張雲章
監生臣王簡心
校刊
通政使司通政使臣趙之垣

欽定書經傳説彙纂目錄

卷首上
引用姓氏
書傳圖
卷首下
綱領
卷第一
虞書
堯典
卷第二
虞書

舜典
卷第三
虞書
大禹謨　皋陶謨
卷第四
夏書
禹貢上
卷第五
夏書
禹貢下
卷第六

夏書
甘誓　五子之歌　胤征
卷第七
商書
湯誓　仲虺之誥　湯誥
伊訓　太甲上　太甲中
太甲下
卷第八
商書
咸有一德　盤庚上　盤庚中
盤庚下

卷第九
商書
說命上　說命中　說命下
高宗肜日　西伯戡黎　微子
卷第十
周書
泰誓上　泰誓中　泰誓下
牧誓　武成
卷第十一
周書
洪範

卷第十二
周書
旅獒　金縢　大誥
卷第十三
周書
微子之命　康誥　酒誥
卷第十四
周書
梓材　召誥
卷第十五
周書

洛誥　多士

卷第十六

周書

無逸　君奭

卷第十七

周書

蔡仲之命　多方

卷第十八

周書

立政　周官

卷第十九

周書
君陳　顧命
卷第二十
周書
康王之誥　畢命　君牙
冏命
卷第二十一
周書
呂刑　文侯之命　費誓
秦誓
書序

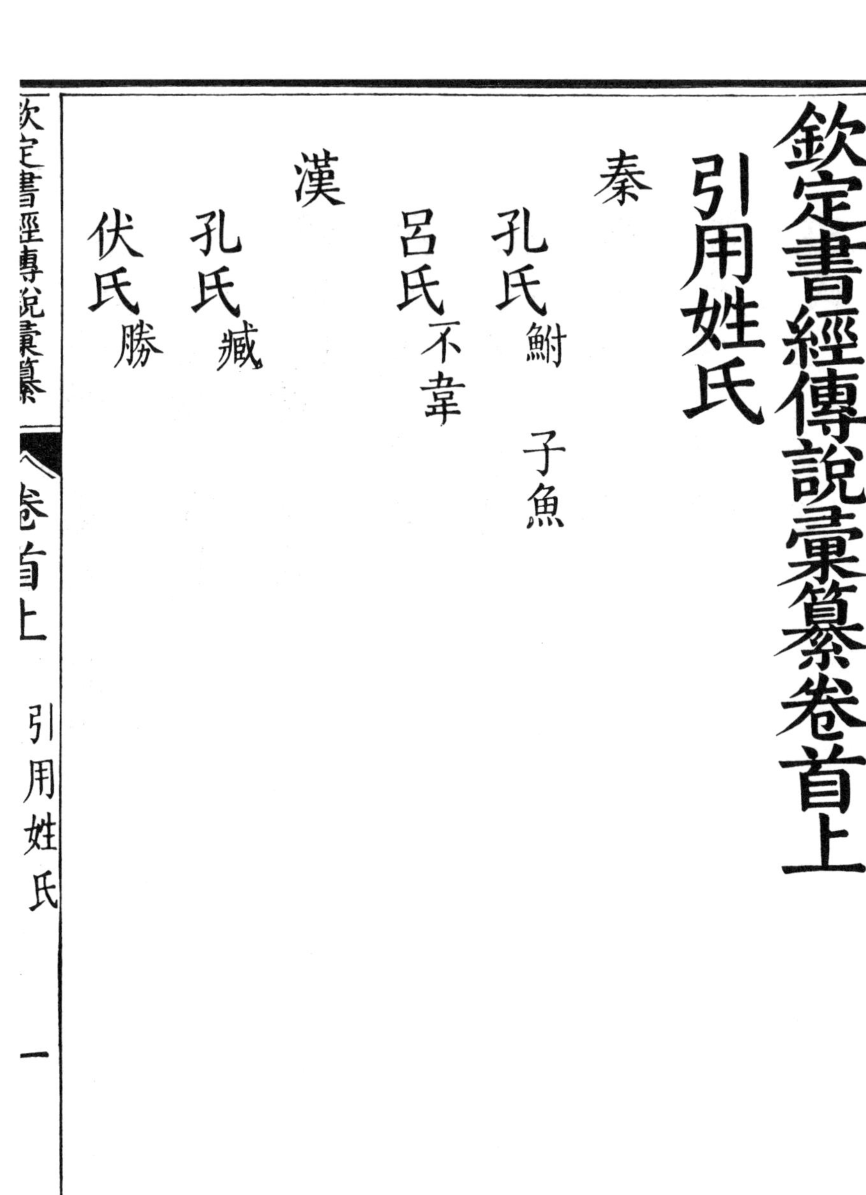

欽定書經傳說彙纂卷首上

引用姓氏

秦

孔氏鮒 子魚

呂氏不韋

漢

孔氏臧

伏氏勝

董氏仲舒　寛夫　廣川

孔氏安國　子國

司馬氏遷　子長

劉氏向　子政

孔氏光　子夏

劉氏歆　子駿

揚氏雄　子雲

班氏固　孟堅

桑氏欽

趙氏岐　邠卿

馬氏融　季長

賈氏逵　景伯

鄭氏興　少贛

鄭氏衆　仲師

鄭氏康成

應氏劭　仲瑗

許氏慎 叔重

蔡氏邕 伯喈

李氏巡

魏

孔氏衍 舒元

高堂氏隆 升平

王氏肅 子邕

孫氏炎 叔然

吳

韋氏昭　弘嗣

陸氏璣　元恪

晉

杜氏預　元凱

皇甫氏謐　士安

郭氏璞　景純

宋

范氏蔚宗

梁

劉氏勰　彦和

後魏

酈氏道元　善長

隋

王氏通　仲淹

關氏朗

唐

陸氏元朗　德明

顏氏師古　籀

孔氏穎達　仲達

賈氏公彥

司馬氏貞

張氏守節

李氏延壽

劉氏知幾

徐氏堅 元固

韓氏愈 退之 昌黎

柳氏宗元 子厚

杜氏佑 君卿

後晉

劉氏昫

宋

邢氏昺　叔明

聶氏崇義　洛陽

胡氏旦　周父

胡氏瑗　翼之　安定

歐陽氏脩　永叔　廬陵

周子敦頤　茂叔　濂溪

邵子雍　堯夫　康節

王氏安石　介甫　臨川

司馬氏光　君實　涑水

張子載　子厚　橫渠

程子顥　伯淳　明道

程子頤　正叔　伊川

曾氏鞏　子固　南豐

蘇氏軾　子瞻　東坡　眉山

蘇氏轍　子由　潁濱

范氏祖禹　淳夫　華陽

顧氏臨　子敦

呂氏大臨　與叔　藍田

孫氏覺　莘老

家氏安國　復禮　眉山

劉氏安世　器之　元城

沈氏括　存中

楊氏時　中立　龜山

陳氏祥道　用之　長樂

胡氏安國 康侯

劉氏彝 執中 長樂

蔡氏卞 元度

彭氏汝礪 器資

張氏綱 彥正

葉氏夢得 少蘊

曾氏旼 彥和

吴氏棫 才老

胡氏寅　明仲　致堂

薛氏季宣　士龍

林氏之奇　少穎　三山

程氏大昌　泰之

王氏十朋　龜齡　梅溪

張氏行成　文饒

夏氏僎　元肅　柯山

鄭氏樵　漁仲　夾漈

林氏光朝　謙之

張氏九成　子韶　橫浦

朱子熹　元晦　考亭

張氏栻　敬夫　南軒

呂氏祖謙　伯恭　東萊

蔡氏元定　季通　西山

陳氏傅良　君舉　止齋

楊氏萬里　廷秀　誠齋

黄氏度 文叔

項氏安世 平甫 容齋

陸氏九淵 子靜 象山

王氏炎 晦叔 雙溪

葉氏適 正則 水心 龍泉

易氏祓 彥祥

蔡氏沉 仲默 九峰

黄氏榦 直卿 勉齋

陳氏淳 安卿 北溪 臨漳

陳氏埴 器之 潛室

董氏銖 叔重

薛氏肇明

陳氏經 正甫 三山

羅氏泌 長源

羅氏苹

時氏瀾 金華

成氏申之 眉山
傅氏寅 同叔 杏溪
趙氏敦臨 茈民
董氏琮 玉振 復齋
徐氏僑 崇文 毅齋
李氏舜臣 隆山
鄭氏伯熊 景望 永嘉
方氏愨 性夫 嚴陵

王氏昭禹　光遠　東巖

應氏鏞　子容　金華

鄒氏補之　公袞

眞氏德秀　景元　西山

魏氏了翁　華父　鶴山

王氏應麟　伯厚

董氏夢程　萬里　介軒

陳氏大猷　東齋　東滙

熊氏禾　去非　退齋又號勿軒

方氏岳　秋崖

方氏回　萬里　虛谷

劉氏克莊　潛夫　后村

程氏若庸　達原　徽菴

馬氏廷鸞　翔仲　碧梧

黃氏震　東發

吴氏泳　鶴林

王氏日休　龍舒

唐氏聖任

章氏如愚　俊卿　山堂

鄭氏元瑤

李氏杞　子材　謙齋

李氏樗　迂仲

馮氏當可　時行　縉雲

許氏月卿　太空　山屋

朱氏方大

王氏柏　魯齋　會之

陳氏振孫　伯玉　直齋

張氏震　眞父

張氏沂

陳氏賓

李氏謹思　明通　養吾

鄒氏近仁　魯卿　歸軒

史氏漸　鴻漸

胡氏士行　廬山

胡氏方平　師魯　玉齋

齊氏夢龍　覺翁　節初

俞氏震

袁氏俊翁

元

許氏衡　平仲　魯齋

金氏履祥　吉父　仁山

吴氏師道　傳正

許氏謙　益之　白雲　東陽

吴氏澄　幼清　草廬　臨川

馬氏端臨　貴與

戴氏表元　率初

黄氏潛　晉卿

黄氏瑞節　觀樂

胡氏 一桂 庭芳 雙湖

董氏 鼎 季亨 鄱陽

陳氏 櫟 壽翁 定宇 新安

鄒氏 季友 晉昭 番陽

段氏 昌武 子武

王氏 天與 立大 梅浦

彭氏 應龍 翼夫 集齋

朱氏 祖義 子由

王氏充耘 耕野

余氏芑舒 德新 息齋

陳氏師凱 廬山

王氏希旦 愈明 葵初

金氏燧 番陽

黃氏鎮成 元鎮

李氏祁 一初

于氏欽 益都

胡氏一中　允文

何氏異孫

林氏駉　寧德

余氏闕　廷心　一字天心

明

朱氏升　允升

方氏孝孺　希哲　正學

陳氏雅言　永豐

蔣氏悌生　叔仁

楊氏士奇　初名寓以字行號東里

薛氏瑄　德溫　敬軒　河津

彭氏勖　祖期

章氏陬　仲寅

錢氏福　與謙　鶴灘

王氏守仁　伯安　陽明　姚江

邱氏濬　仲深　瓊山

楊氏慎 用修 升菴
何氏喬新 廷秀
胡氏居仁 叔心 敬齋 餘干
邵氏寶 二泉 北虞
龐氏泮 原化
蔡氏清 虛齋
何氏孟春 子元 彬州
陸氏深 儼山

羅氏欽順　整庵

魏氏校　莊集

呂氏柟　仲木　涇野

韓氏邦奇　汝節　苑洛

鄭氏曉　窒甫　淡泉

吴氏寬　原博　匏菴

都氏穆　元敬

李氏瓚

莫氏如忠　子良　中江

馬氏明衡　子萃

馬氏森　孔養

張氏居正　時大　太岳

申氏時行　瑤泉

李氏維楨　本寧

茅氏坤　鹿門

王氏樵　方麓

羅氏洪先　念菴

歸氏有光　熙甫　震川

鍾氏天才　學山

鍾氏庚陽　長卿

馮氏夢楨　開之　具區

顧氏憲成　叔時　涇陽

楊氏時喬　止菴

湯氏顯祖　若士　義仍

劉氏應秋　兑陽

袁氏宗道　伯修

董氏其昌　思白

焦氏竑　弱侯　漪園

王氏肯堂　宇泰　損齋

盧氏廷選

來氏宗道　路然

郝氏敬　仲輿　京山

胡氏瓚　伯玉

洪氏翼聖　南池

來氏斯行　道之

姚氏舜牧　虞颺　承菴

陳氏第　季立　連江

陸氏鍵　實府　開宗

袁氏仁

俞氏鯤　之鵬

杜氏偉　道升

袁氏黄　了凡

萬氏國欽　二愚

顧氏錫疇　九疇

曹氏學佺　能始　石倉

秦氏繼宗

張氏爾嘉　佘峰

傅氏元初　渼溪

潘氏士遴 叔獻

錢氏與暎

楊氏肇芳 葆元

鄧氏孝儒 伯羔

張氏雲鸞 羽臣

夏氏允彝 彝仲

茅氏瑞徵 伯符

王氏綱振 振子

李氏 儒烈

鄒氏 禎期

徐氏 廣 廣居

孫氏 繼有 瑶岑

龐氏 招俊

沈氏 滁 則新

董氏 二酉

顧氏 霖調

朱氏養醇

袁氏默

章氏士俊

以上五人未詳世次今附於此

書傳圖

唐虞夏商

黄帝

少昊 蟜極 帝嚳

摯

唐堯

契 十四世 商湯

棄 十五世 周文王

昌意 顓頊

窮蟬 敬康 句望 橋牛 瞽瞍 虞舜

鯀 夏禹

伯益

禹 啟

太康

仲康 帝相 少康 帝杼 帝槐 帝芒 帝泄

帝不降 孔甲 帝皋 帝發 帝桀

帝扃 帝廑孔甲繼立

周譜系圖

湯
太丁 外丙 仲壬
太甲
沃丁 太庚 小甲 雍己
太戊
仲丁 外壬 河亶甲
祖乙
祖辛 沃甲
祖丁 南庚
陽甲 盤庚 小辛 小乙
武丁
祖庚 祖甲
廩辛 庚丁
武乙 太丁 帝乙 紂

文王
武王 周公
成王 康王 昭王 穆王
共王 懿王 孝王 夷王 厲王
宣王 幽王 平王 二十一世 赧王

堯典曆象授時之圖

正月建寅　二月建卯　三月建辰　四月建巳　五月建午　六月建未　七月建申　八月建酉　九月建戌　十月建亥　十一月建子　十二月建丑

日月會于娵訾　日月會于降婁　日月會于大梁　日月會于實沈　日月會于鶉首　日月會于鶉火　日月會于鶉尾　日月會于壽星　日月會于大火　日月會于析木　日月會于星紀　日月會于玄枵

室　壁　奎　婁　胃　昴　畢　觜　參　井　鬼　柳　星　張　翼　軫　角　亢　氐　房　心　尾　箕　斗　牛　女　虛　危

林氏之奇曰。日行一度。月行十三度十九分度之七。星者。四方之中星也。角亢氐房心尾箕。凡七十五度。斗牛女虛危室壁。凡九十八度四分度之一。奎婁胃昴畢觜參。凡八十度。井鬼柳星張翼軫。凡百一十二度。共爲三百六十五度四分度之一。辰則日月所會也。正月會亥。辰爲娵訾。二月會戌。辰爲降婁。三月會酉。辰爲大梁。四月會申。辰爲實沈。五月會未。辰爲鶉首。六月會午。辰爲鶉火。七月會巳。辰爲鶉尾。八月會辰。辰爲壽星。九月會卯。辰爲大火。十月會寅。辰爲析木。十一月會丑。辰爲星紀。十二月會子。辰爲玄枵。○蔡氏沈曰。曆所以紀數之書。象所以觀天之器。如下篇璣衡之屬是也。日。陽精。一日而繞地一周。月。陰精。一月而與日一會。星。二十八宿衆星爲經。金木水火土五星爲緯。皆是也。辰。以日月所會。分周天之度爲十二次也。

堯典四仲

春分日在昴初昏

仲春

午　未　申　酉　戌　亥　子　丑　寅　卯　辰　巳

柳星張　鬼　井　觜參　胃昴畢　婁　奎　壁　室　女虛危　牛　斗　箕　尾　氐房心　角亢　翼軫

鶉火　鶉首　實沈　大梁　降婁　娵訾　玄枵　星紀　析木　大火　壽星　鶉尾

春

鶉鳥正七宿之中

星鳥

中星圖上

夏至日在星初昏 仲夏

夏

大火正七宿之中 星火

堯典四仲

秋分日在房初昏

星虛正七宿之中

仲秋

星虛

中星圖下

冬至日在虛初昏 仲冬

冬

子 丑 寅 卯 辰 巳 午 未 申 酉 戌 亥

大火 析木 星紀 玄枵 娵訾 降婁 大梁 實沈 鶉首 鶉火 鶉尾 壽星

心房氐 尾箕 斗牛 女虛危 室壁 奎婁 胃昴畢 觜參 井鬼 柳星張 翼軫 角亢

星昴正七宿之中 星昴

鄭氏伯熊曰。二十八宿環列於四方。隨天而西轉。東方七宿自角至箕。是爲蒼龍。以次舍而言。則房心爲大火之中。南方七宿自井至軫。是爲鶉鳥。以形而言。則有朱鳥之象。虛者。北方七宿之中星也。昴者。西方七宿之中星也。星本不移。附天而移。天傾西北。極居天之中。二十八宿半隱半見。各以其時。所以必於南方而考之。仲春之月。星火在東。星鳥在南。星昴在西。星虛在北。至仲夏則鳥轉而西。火轉而南。虛轉而東。昴轉而北。仲秋則火轉而西。虛轉而南。昴轉而東。鳥轉而北。至仲冬則虛轉而西。昴轉而南。鳥轉而東。火轉而北。來歲仲春鳥復轉而南矣。循環無窮。此堯典考中星以正四時。甚簡而明。異乎呂令之星舉月本也。然聖人南面視四星之中。豈徒然哉。凡以授民時秩民事而已。

虞書日永

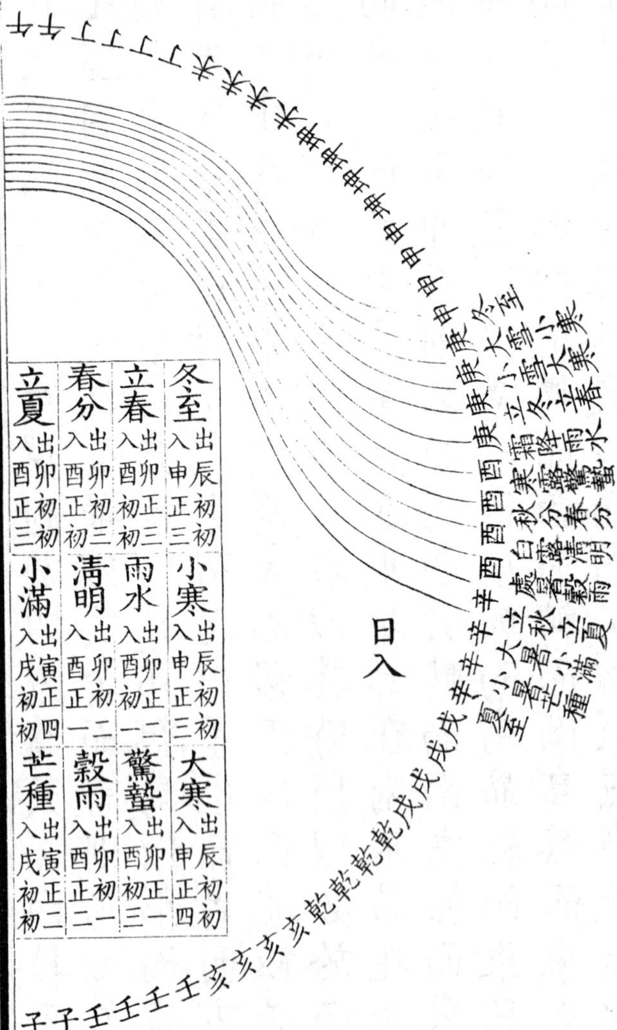

午午丁丁丁丁未未未未坤坤坤坤申申申申庚庚庚庚酉酉酉酉辛辛辛辛戌戌戌乾乾乾亥亥亥壬壬壬壬子子

冬至 小寒 大寒
大雪 小雪 大寒
小雪 立冬 立春
立冬 霜降 雨水
霜降 寒露 驚蟄
寒露 秋分 春分
秋分 白露 清明
白露 處暑 穀雨
處暑 立秋 立夏
立秋 大暑 小滿
大暑 小暑 芒種
小暑 夏至

日入

冬至	立春	春分	立夏
出辰初初 入申正三	出卯正三 入酉初初	出卯初三 入酉正初	出卯初初 入酉正三
小寒	雨水	清明	小滿
出辰初初 入申正三	出卯正二 入酉初一	出卯初二 入酉正一	出寅正四 入戌初初
大寒	驚蟄	穀雨	芒種
出辰初初 入申正四	出卯正一 入酉初三	出卯初一 入酉正二	出寅正二 入戌初初

日短之圖

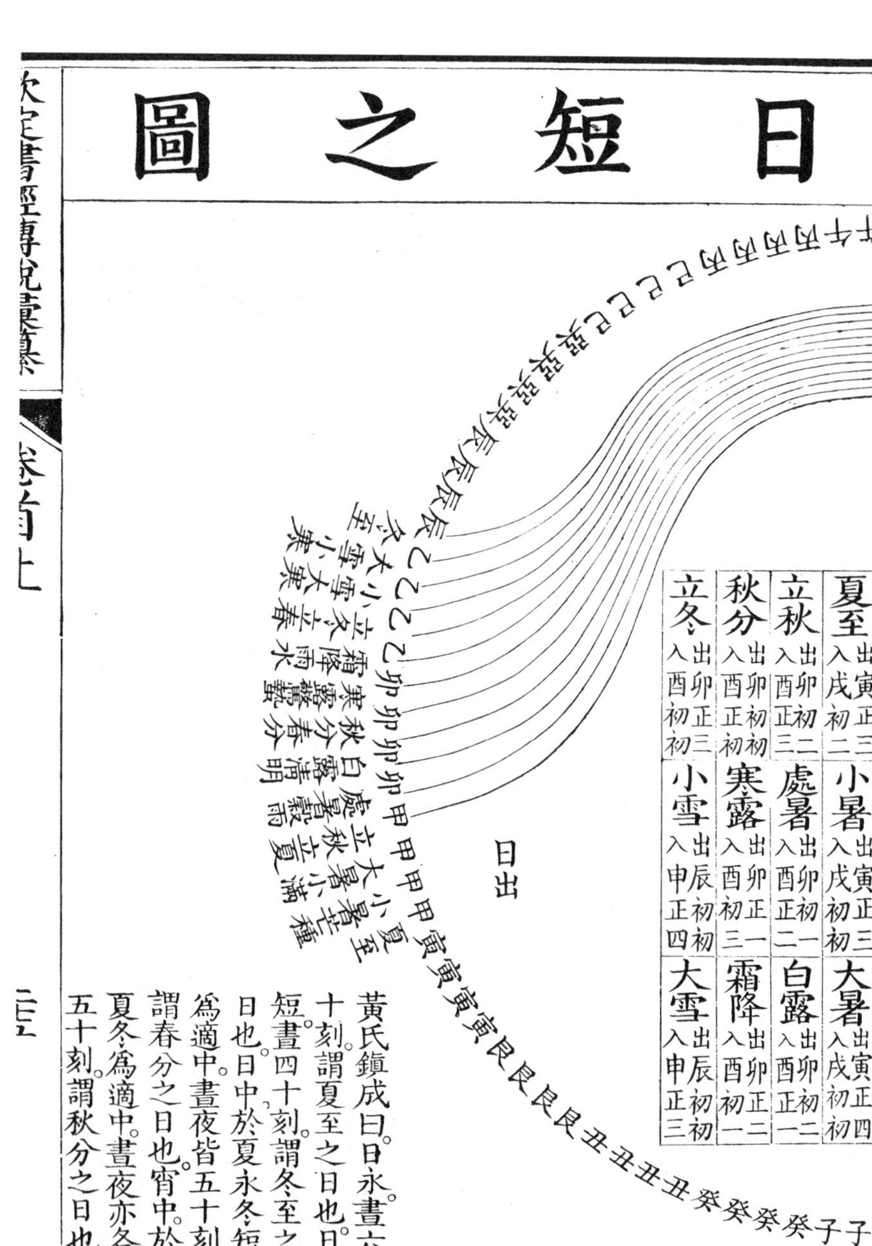

黃氏鎮成曰。日永。晝六十刻。謂夏至之日也。日短。晝四十刻。謂冬至之日也。日中。於夏永冬短。爲適中。晝夜皆五十刻。謂春分之日也。宵中。於夏冬。爲適中。晝夜亦各五十刻。謂秋分之日也。

閏月定時

陳氏祥道曰。考諸傳記。五日爲候。三候爲氣。六氣爲時。四時爲歲。歲之氣二十有四。而候七十有二。然則一月之內。六候二氣。朔氣常在前。中氣常在後。朔氣在晦。則後月閏。中氣在朔。則前月閏。朔氣有入前月。而中氣常在是月。中數周則爲歲。朔數周則爲年。是年不必具四時。而歲必具十二月也。二十四氣。播於十二月之中。中朔大小不齊。則氣有十六日者。有十五日七分者。是以三十三月巳後。中氣在晦。不置閏。則中氣入後月矣。

歲法三百五十四日三百四十八分
日法計九百四十分
十九歲七閏之外無餘分

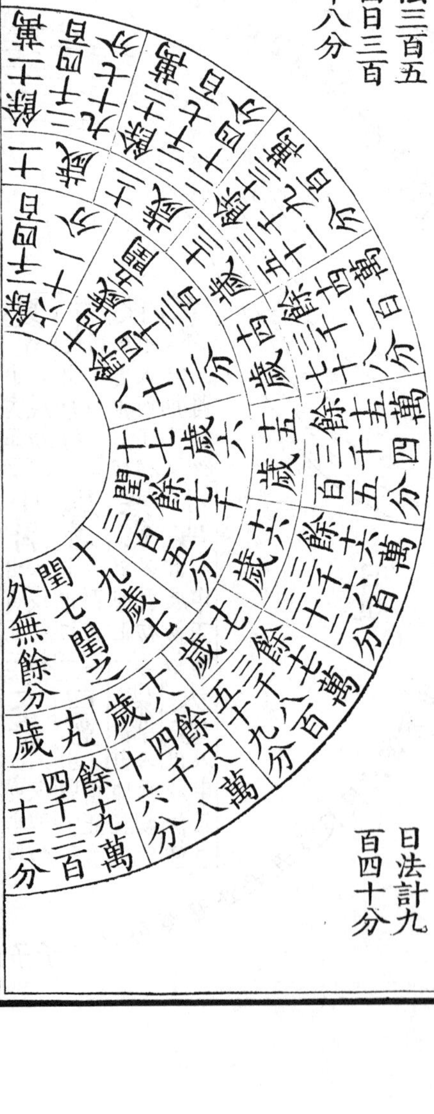

成歲之圖

歲餘法一萬二百二十七分

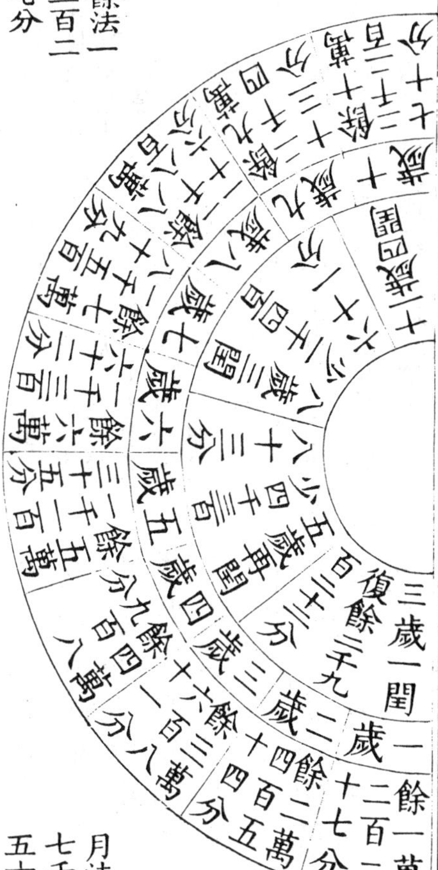

月法二萬七千七百五十九分

袁氏俊翁曰。案一歲閏。率餘十日八百二十七分。十九年共餘一百九十日一萬五千七百一十三分。得全日二百六日六百七十三分。自前後通置七閏。四小三大則二百六日盡矣。尚餘六百七十三分。自此以下。每章七閏。通前餘分不滿全日。則四小三大。通前餘分巳過全日。則三小四大。餘分通而積焉。所謂十九年七閏而氣朔分齊者。不過取其全日得齊。而餘分竟不能齊焉。若使朔日子初初刻冬至。則氣朔之餘分齊矣。才差一二刻。則尚有未盡之餘分者矣。

七政之圖

月

月行十三度十九分度之七二十七日有奇行一周天二十九日九百四十分日之四百九十九而與日會其行有九道

太白 以晨出東方二百四十日而入入四十日又出西方二百四十日而入入三十五日復出

熒惑 以十月入太微受制出行列宿司無道出入無常守舍

塡星 常以甲辰元始建斗之歲塡行一宿二十八歲一周天

歲星 太歲在四仲則歲行三宿太歲在四孟四季則歲行二宿二八十六三四十二而行二十八宿十二歲而周天也

辰星 春見奎婁夏見東井秋見角亢冬見牽牛出以辰戌入以丑未晨見候之於東方夕見候之於西方

日

日行一度循二十八舍歲行三百六十五度四分度之一而爲一周天行西陸謂之春行南陸謂之夏行東陸謂之秋行北陸謂之冬

班氏固曰。歲星曰東方春木。於人五常。仁也。五事。貌也。仁虧貌失。逆春令。傷木氣。罰見歲星。歲星所在國不可伐。可以伐人。熒惑曰南方夏火。禮也。視也。禮虧視失。逆夏令。傷火氣。罰見熒惑。太白曰西方秋金。義也。言也。義虧言失。逆秋令。傷金氣。罰見太白。辰星曰北方冬水。知也。聽也。知虧聽失。逆冬令。傷水氣。罰見辰星。塡星曰中央季夏土。信也。思心也。仁義禮知以信爲主。貌言視聽。以心爲主。故四星皆失塡星乃爲之動。

五辰之圖

孔氏穎達曰。五行之時。卽四時也。禮運曰。播五行於四時。土寄王四季。故爲五行之時也。○胡氏旦曰。五行在地爲物。在天爲時。順其時而撫之。春盛德在木。布德施惠。所以順木辰。夏盛德在火。勞民勸農。所以順火辰。秋盛德在金。冬盛德在水。禁暴誅慢。謹蓋藏。斂積聚。所以順金水之辰。土寄旺四時。四辰順。土在其中矣。○陳氏師凱曰。自立春後木旺七十二日。立夏後火旺七十二日。立秋後金旺七十二日。立冬後水旺七十二日。季春辰土旺十八日。寄在立夏前。季夏未土旺十八日。寄在立秋前。季秋戌土旺十八日。寄在立冬前。季冬丑土旺十八日。寄在立春前。亦共七十二日。通爲三百六十日。

明魄朔望之圖

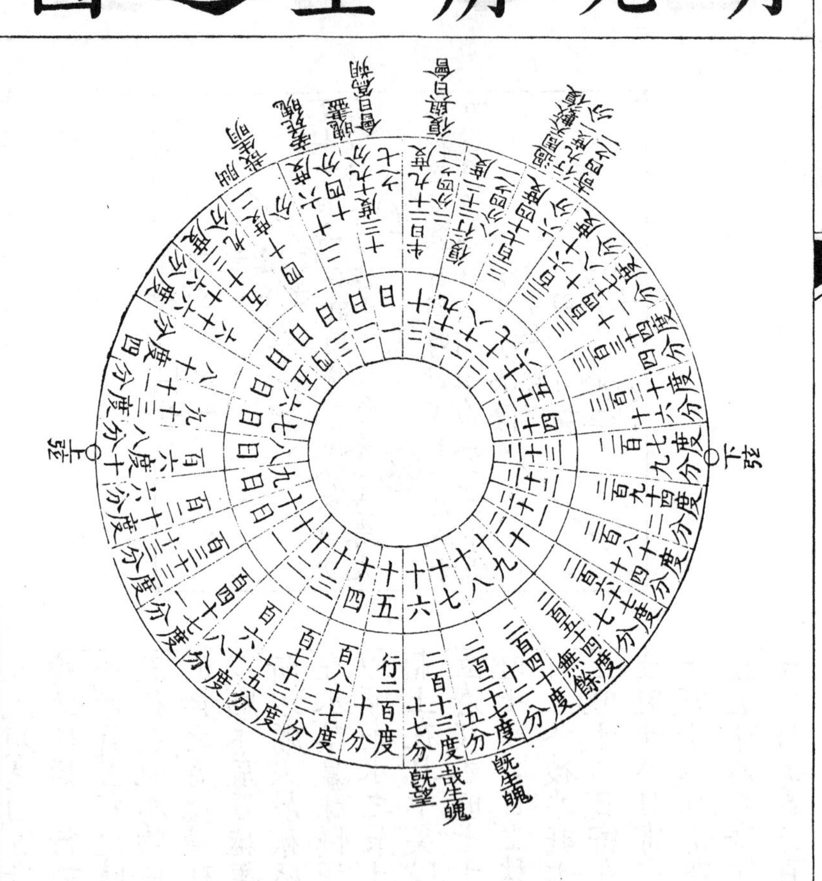

武成
旁死魄
哉生明
既生魄
康誥
哉生魄
召誥
既望
丙午朏
顧命
哉生魄
畢命
庚午朏

朱子曰日爲魂月爲魄魄是黯處魄死則明生明生之時大盡則初二小盡則初三月受日之光常全人望在下却在側邊了故見其盈虧不同且如月在午日在酉則是近一遠三謂之弦至日月相望則日在西月在東人在中得以望見其光之全自十六日生魄之後其光之遠近如前之弦謂之下弦至晦則日與月相沓月在日後光盡體伏矣○蔡氏沈曰死魄朔也二日故曰旁死魄哉始也始生明月三日也生魄望後也日月相望謂之望既望十六日也朏月出也三日明生之名始生魄十六日○黄氏鎮成曰朔蘇也晦而復蘇明於是乎生焉上弦月行漸遠於日以周天言之近日九十一度有奇遠日二百七十四度有奇是近一遠三上弦在八日其常或退在九日其變也望月行甚遠而與日對相去百八十二度六十二分有奇望在十五日其常或進在十四日或退在十六日其變也下弦月行過中遠日二百七十四度有奇近日九十一度有奇亦近一遠三下弦在二十二日其常或進在二十一日或退在二十三日其變也

虞書璿璣玉衡之圖

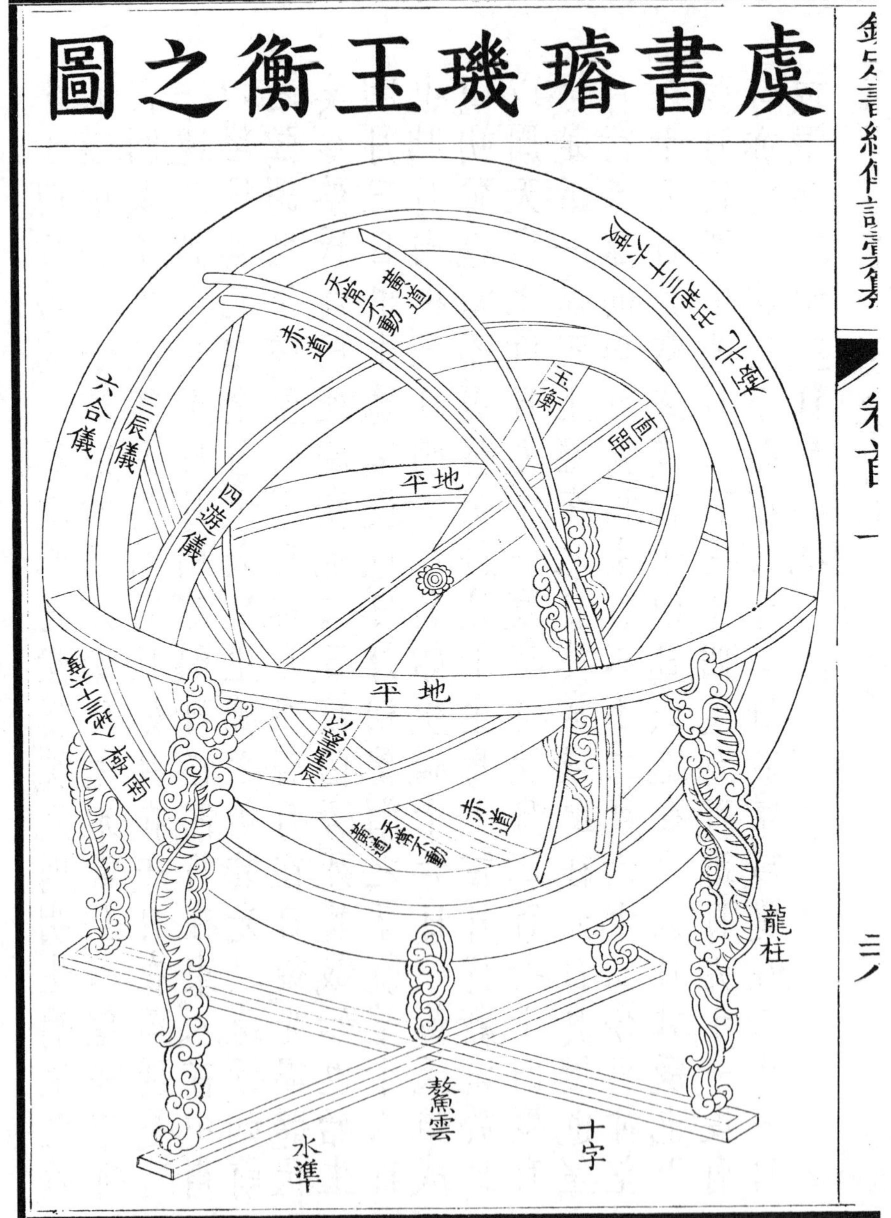
北極出地三十六度
黃道
天常不動
赤道
六合儀
三辰儀
玉衡
直距
地平
四游儀
地平
南極入地三十六度
赤道
黃道天常不動
龍柱
鰲雲
十字
水準

蔡氏沈曰。美珠謂之璿。璣。機也。以璿飾璣。所以象天體之轉運也。衡。横也。謂衡簫也。以玉爲管。横而設之。所以窺璣。而齊七政之運行。猶今之渾天儀也。○爲儀三重。其在外者曰六合儀。以其上下四方。於是可考。故曰六合。次其内曰三辰儀。以其日月星辰。於是可考。故曰三辰。其最在内者曰四遊儀。以其東西南北。無不周徧。故曰四遊。○吴氏澄曰。地平單環。徑八尺。闊五寸。厚一寸半。天經雙環。徑八尺。闊五寸。厚八分。兩環合一寸六分。天緯單環。徑七尺八寸一分。闊九分。厚五分。三辰雙環。徑七尺四寸八分。闊一寸八分。厚七分。兩環合一寸四分。黄赤二道單環。徑七尺二寸一分。闊九分。厚六分。四遊雙環。徑六尺二寸八分。闊一寸八分。厚八分半。兩環合一寸七分。直距銅板二。長各如四遊環内徑。闊一寸六分。厚八分。望筒長隨直距。方一寸六分。兩端方掩方一寸七分。中閒圓孔。徑七分半。地平之下。槊以龍柱四。各高七尺七寸。植於水槽上。一名水平。其臺爲十字。或爲方井。中鑿水道。相通行水。以激機輪。

日月冬夏

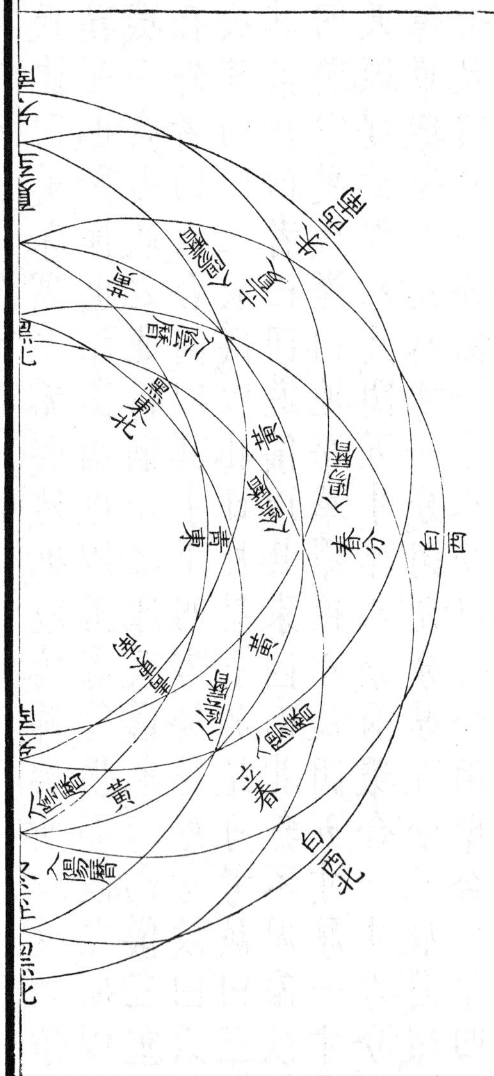

胡氏一中曰日有中道月有九行說見洪範本傳今以陽曆陰曆之說推之凡月行所交以黃道內爲陰曆外爲陽曆冬入陰曆夏入陽曆月行青道冬至夏至後青道半交在春分之宿當黃道東立冬立夏後青道半交在立春之宿當黃道東南至所衝之宿亦如之冬入陽曆夏入陰曆月行白道冬至夏至後白道半交在秋分之宿當黃道西立冬立夏後白道半交在立秋之宿當黃道西北至所衝之宿亦如之春入陽曆秋

九道之圖

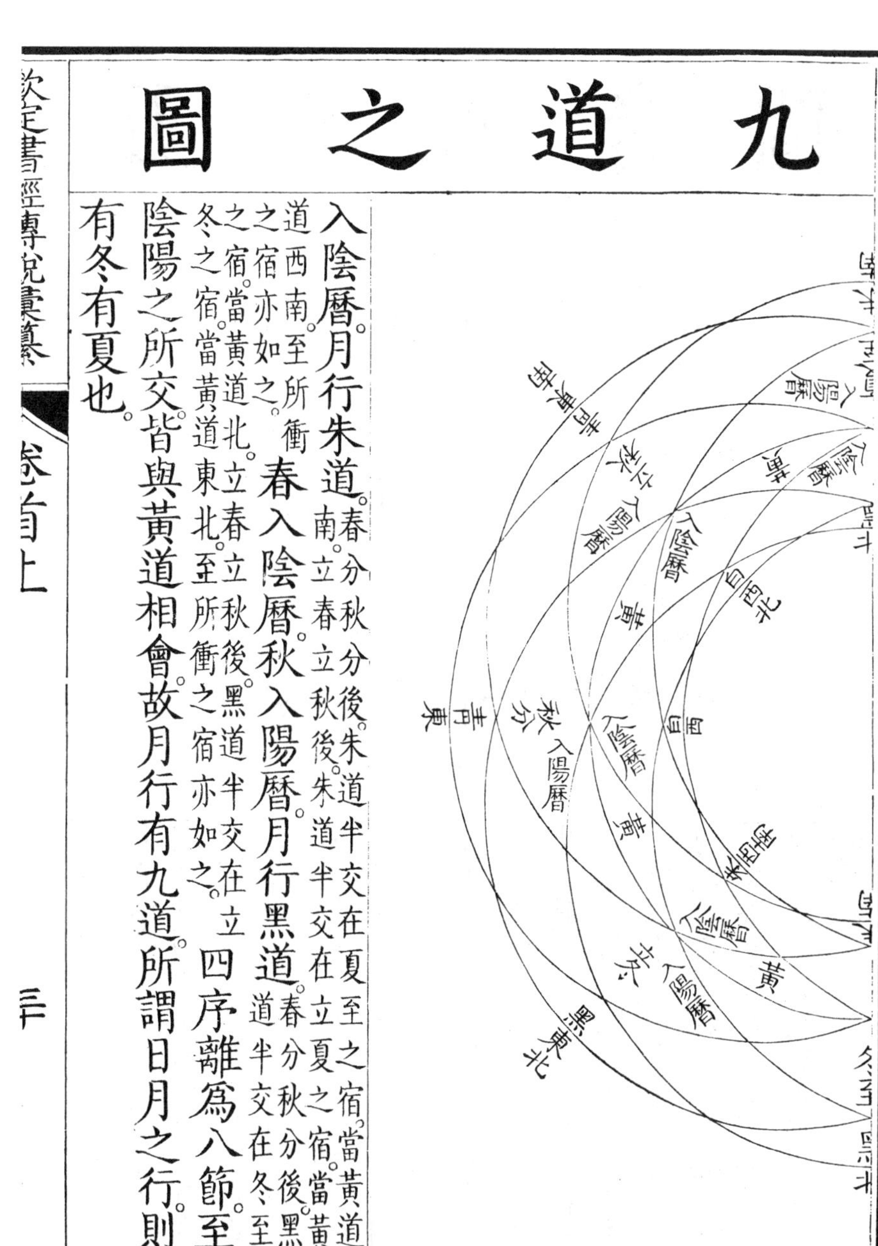

入陰曆。月行朱道。春分秋分後。朱道半交在夏至之宿。當黃道南。立春立秋後。朱道半交在立夏之宿。當黃道西南至所衝之宿亦如之。春入陰曆。秋入陽曆。月行黑道。春分秋分後。黑道半交在冬至之宿。當黃道北。立春立秋後。黑道半交在立冬之宿。當黃道東北。至所衝之宿亦如之。四序離爲八節至陰陽之所交皆與黃道相會故月行有九道。所謂日月之行。則有冬有夏也。

五聲八音圖

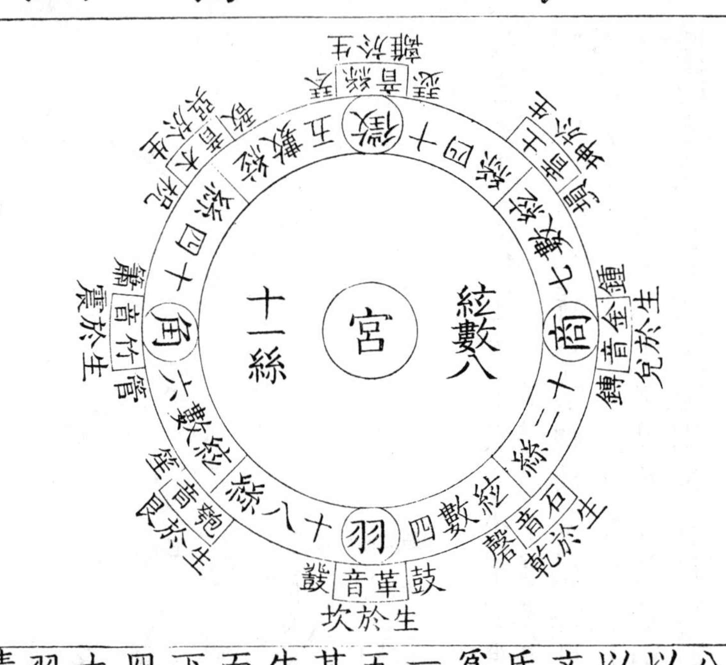

周禮。大司樂。以六律六同五聲八音六舞大合樂。以致鬼神示。以和邦國。以諧萬民。以安賓客。以說遠人。以作動物。凡六樂者。文之以五聲。播之以八音。○陳氏祥道曰。五聲起於黃鍾。黃鍾爲宮。管九寸。九之則其數八十一。三分宮去一而下生徵。其數五十四。三分徵益一而上生商。其數七十二。三分商去一而下生羽。其數四十八。三分羽益一而上生角。其數六十四。以上生下皆三生二。以下生上皆三生四。數多者濁。數少者清。聲濁者大。聲清者細。大不踰宮。細不踰羽。徵之聲又清於角。角之聲又清於商。

六律六呂圖

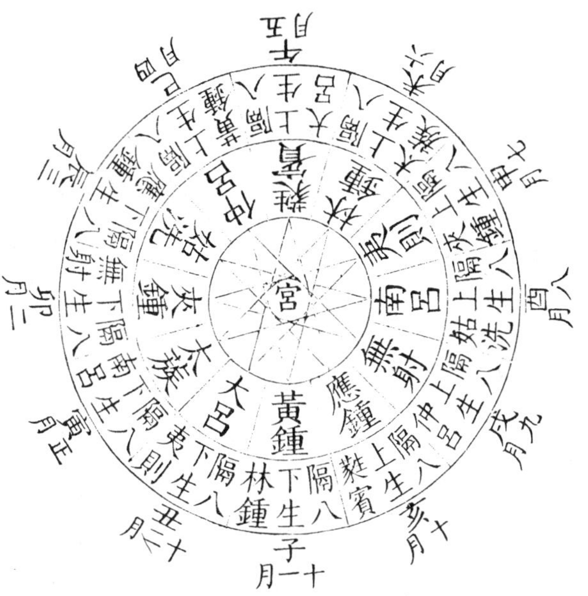

宮
黃鍾　大呂　太蔟　夾鍾　姑洗　中呂　蕤賓　林鍾　夷則　南呂　無射　應鍾
子十一月　丑十二月　寅正月　卯二月　辰三月　巳四月　午五月　未六月　申七月　酉八月　戌九月　亥十月

陳氏祥道曰先王因天地陰陽之氣而辨十有二辰因十有二辰而生十有二律其長短有度多寡有數輕重有權損益有宜始於黃鍾終於中呂黃鍾太蔟姑洗損陽以生陰林鍾南呂應鍾益陰以生陽蕤賓夷則無射又益陽以生陰大呂夾鍾中呂又損陰以生陽何則黃鍾至姑洗陽之陽也林鍾至應鍾陰之陰也陽之陽陰之陰則陽息陰消之時故陽常下生而有餘陰常上生而不足蕤賓至無射陰之陽也大呂至中呂陽之陰也陰之陽陽之陰則陽消陰息之時故陽常上生而不足陰常下生而有餘然則自子午以左皆上生子午以右皆下生矣

河圖數圖

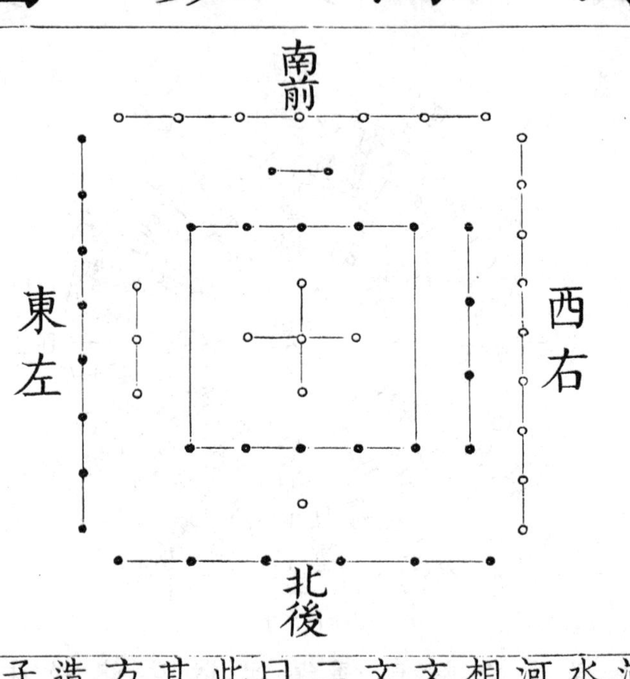

劉氏歆曰。虙犧氏繼天而王。受河圖而畫之。八卦是也。禹治洪水。賜洛書。法而陳之。九疇是也。河圖洛書。相爲經緯。八卦九章。相爲表裏。○關氏朗曰。河圖之文。七前六後。八左九右。洛書之文。九前一後。三左七右。四前左。二前右。八後左。六後右。○邵子曰。圓者。星也。星紀之數。其肇於此乎。方者。土也。畫州井地之法。其放於此乎。蓋圓者。河圖之數。方者。洛書之數。故羲文因之而造易。禹箕敘之而作範也。○朱子曰。河圖以五生數統五成數。而同處其方。蓋揭其全以示人。而道其常數之體也。洛書以五

洛書數圖

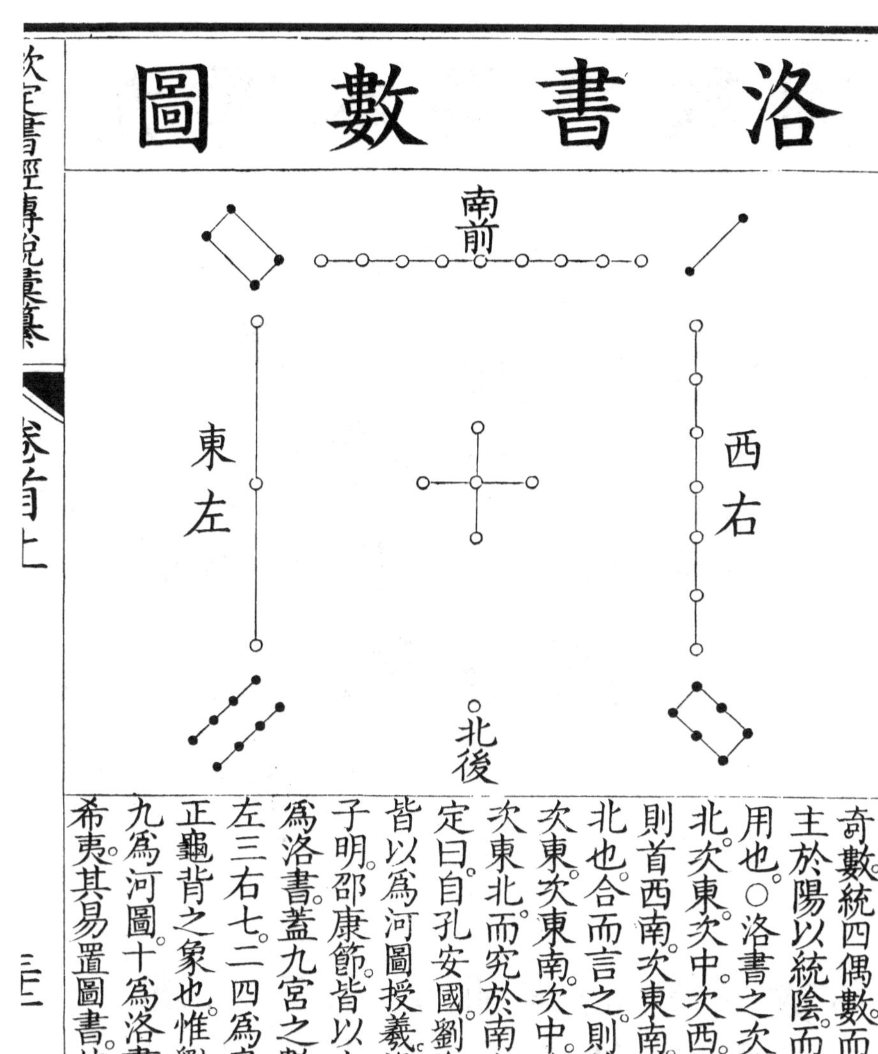

奇數。統四偶數。而各居其所。蓋主於陽以統陰。而肇其變數之用也。○洛書之次其陽數則首北。次東。次中。次西。次南。其陰數則首西南。次東南。次西北。次東北也。合而言之。則首北。次西南。次東。次東南。次中。次西北。次西。次東北而究於南也。○蔡氏元定曰。自孔安國劉向父子班固皆以爲河圖授羲。洛書錫禹。關子明。邵康節皆以十爲河圖。九爲洛書。蓋九宮之數戴九履一。左三右七。二四爲肩。六八爲足。正龜背之象也。惟劉牧意見。以九爲河圖。十爲洛書。託言出於希夷。其易置圖書。並無明驗。

九疇本洛書數圖

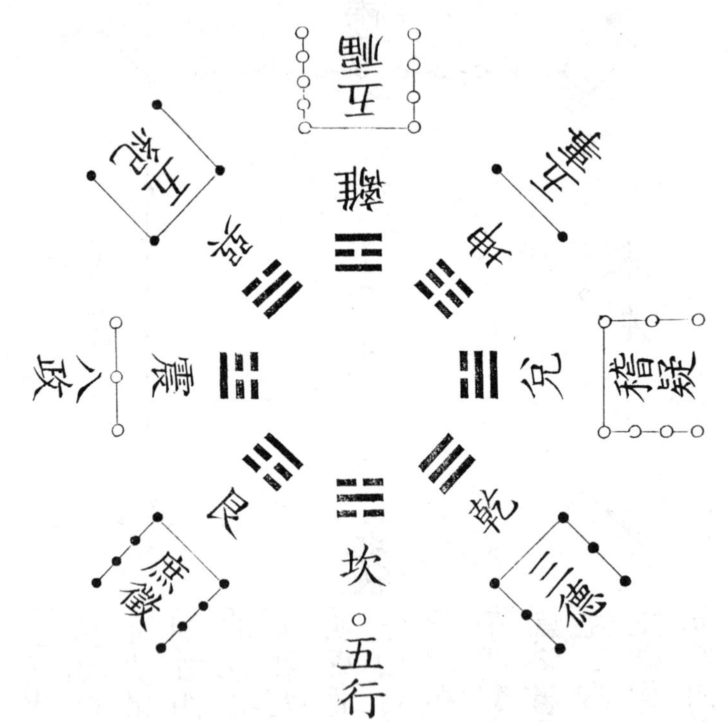

一合九而爲十。二合八而爲十。三合七而爲十。四合六而爲十。此洛書以虛數相合而爲四十者也。若九疇則以實數相合而爲五十矣。

九疇相乘得數圖

五行五事相乘爲二十五

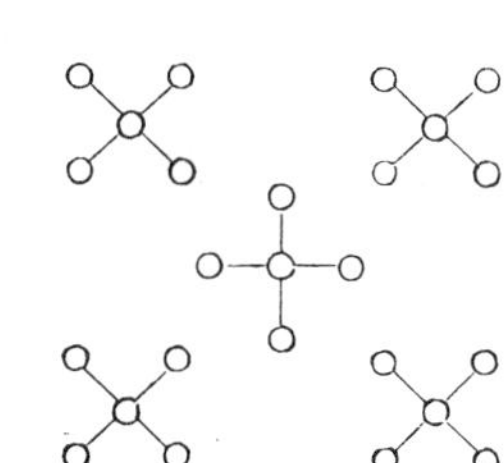

庶徵不與五相乘故不言五

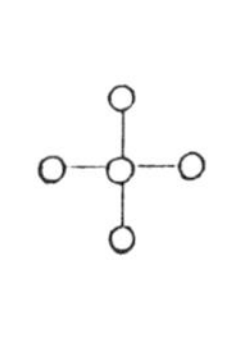

五福五紀相乘爲二十五

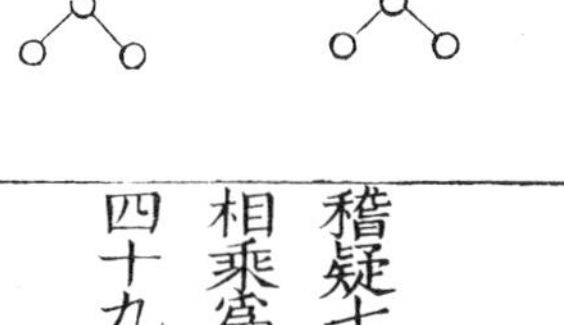

右五疇相乘。象天圓而有變。

三德相乘爲九

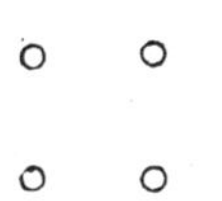

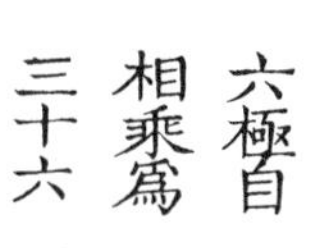

六極自相乘爲三十六

稽疑七相乘爲四十九

八政相乘爲六十四

右四疇相乘。象地方而無變。

箕子洪範

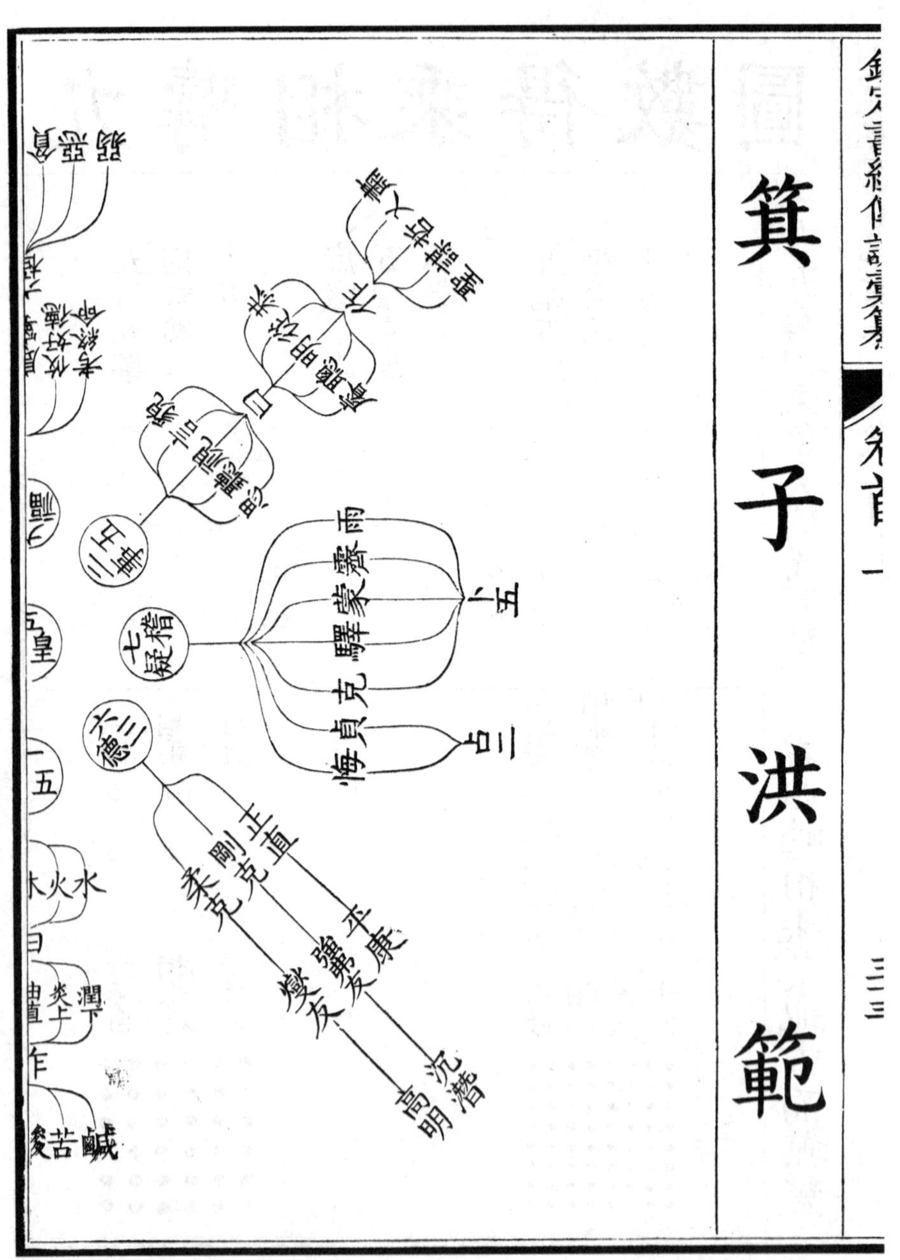
五事
貌
言
視
聽
思
恭
從
明
聰
睿
肅
乂
哲
謀
聖
七稽疑
雨
霽
蒙
驛
克
貞
悔
卜五
占二
三德
正直
剛克
柔克
平康
彊弗友
燮友
沈潛
高明
五
水
火
木
潤下
炎上
曲直
鹹
苦

九疇之圖

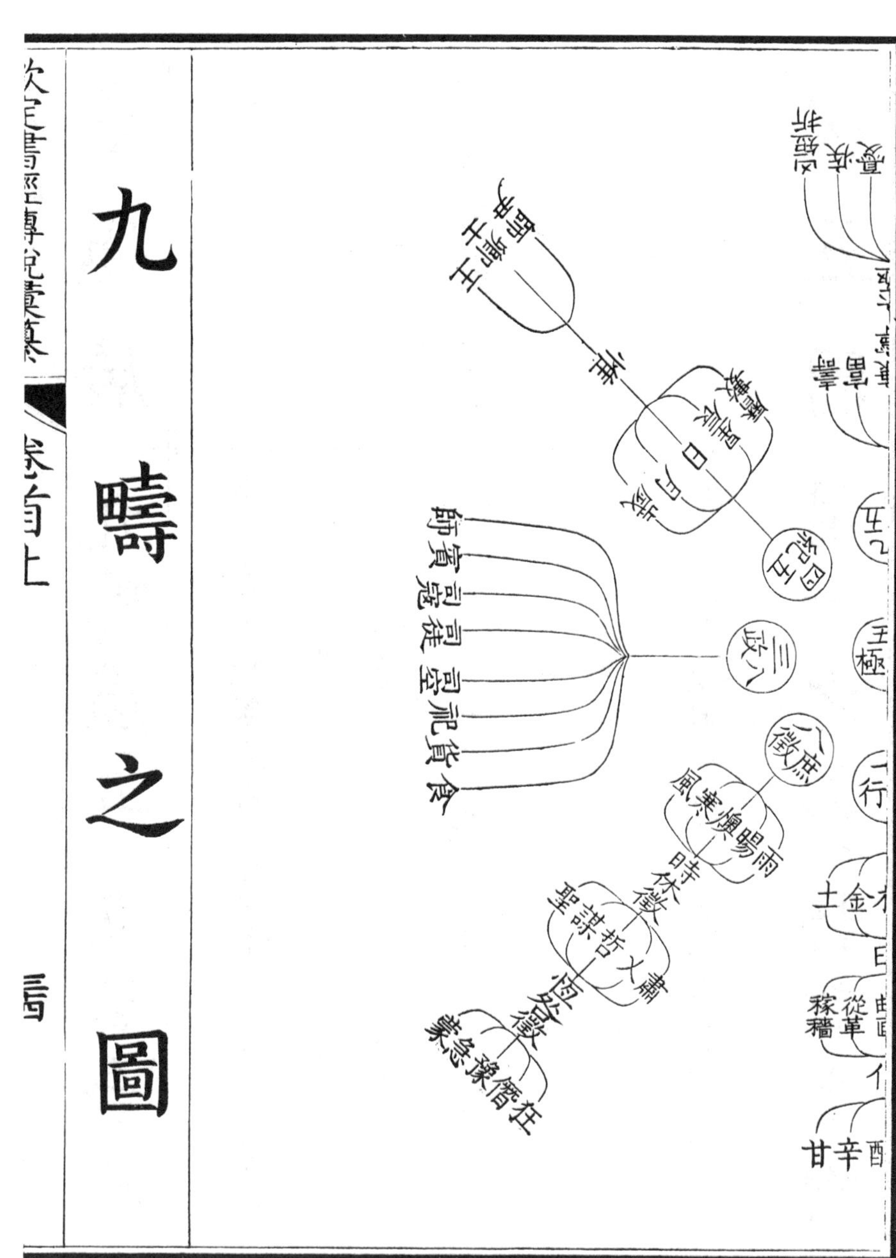
五紀
三八政
八庶徵
五行
皇極
歲
月
日
星辰
曆數
食
貨
祀
司空
司徒
司寇
賓
師
雨
暘
燠
寒
風
時
休徵
肅
乂
哲
謀
聖
咎徵
狂
僭
豫
急
蒙
金
土
從革
稼穡
辛
甘

皇極居次五圖

九疇虛五用十之圖

皇極虛五。無數也。九疇外有六極。用十也。

九疇合八疇數之圖

合爲十者二。合爲十五者亦二。總而爲大衍之數五十。

大衍洪範本數圖

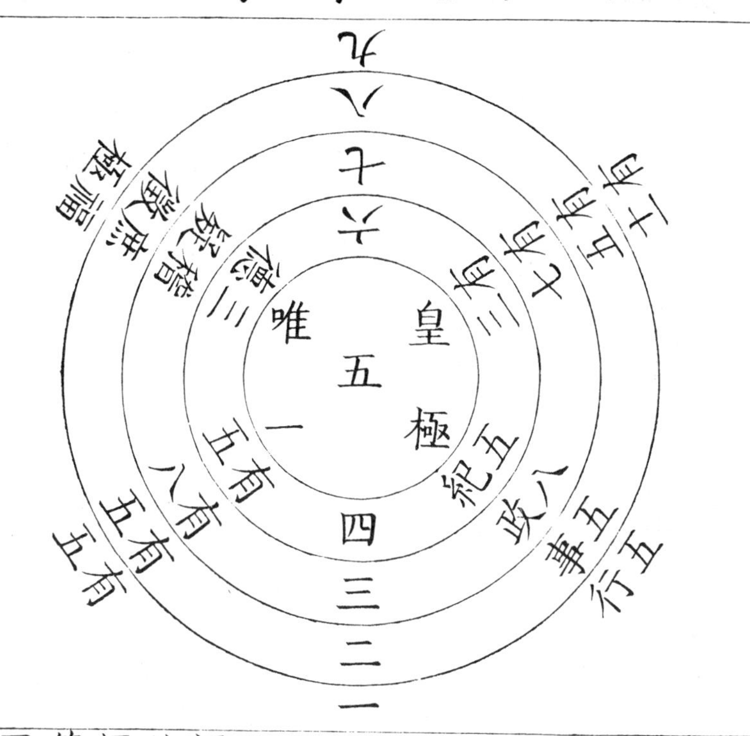

大衍之數五十者。一與九爲十。二與八爲十。三與七爲十。四與六爲十。五與五爲十。共五十也。其用四十有九者。一用五行。其數五。二用五事。其數五。三用八政。其數八。四用五紀。其數五。五用皇極。其數一。六用三德。其數三。七用稽疑。其數七。八用庶徵。其數五。九用五福六極。其數共十有一。積算至五十也。不曰一而曰極。大衍所虛之太極也。

虞書律度

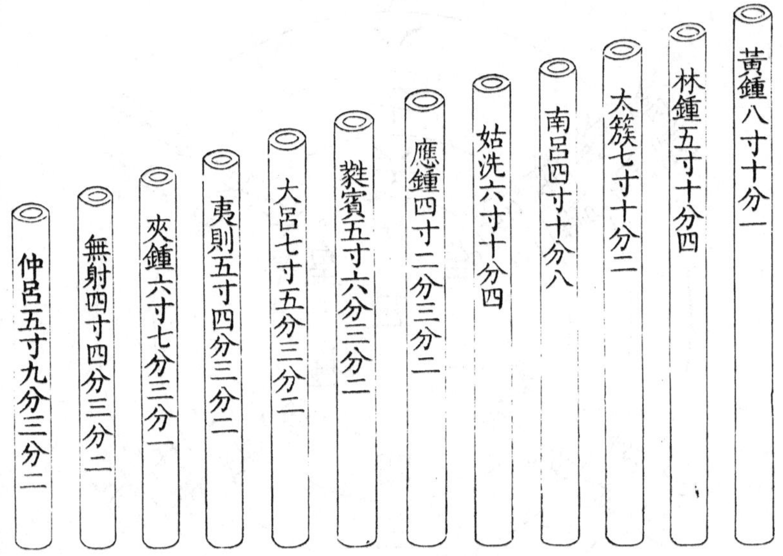

司馬遷曰。王者制事立法。物度軌則壹稟於六律。六律爲萬事根本焉。○班氏固曰。數者。一十百千萬也。所以算數事物。順性命之理也。本起於黃鍾之數。始於一而三之。三三積之。歷十二辰之數。十有七萬七千一百四十七。而五數備矣。○孔氏穎達曰。律者。候氣之管。而度量衡三者法制皆出於律。○度者。分寸尺丈引。所以度長短也。本起於黃鍾之管。以子穀秬黍中者。以一黍之廣度之。

量衡之圖

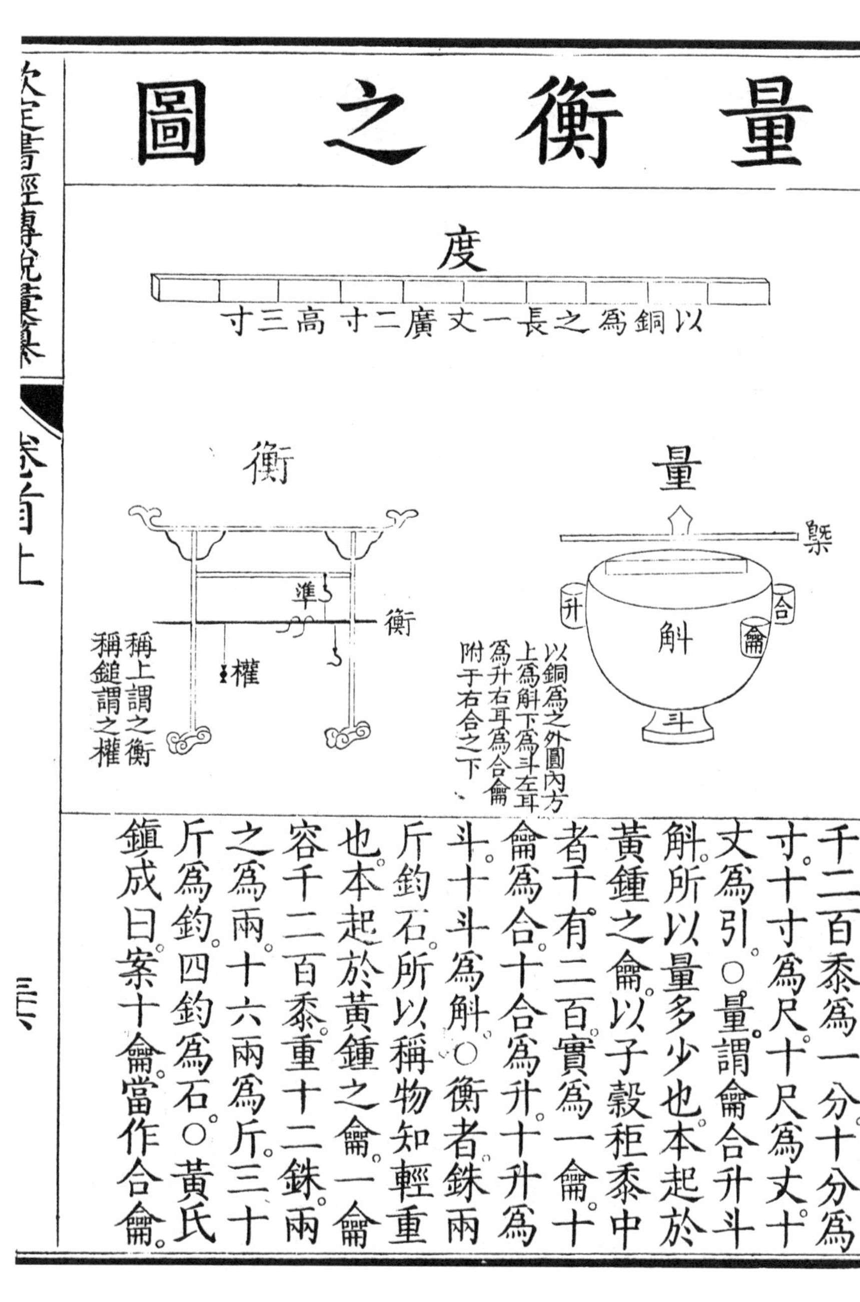
度
以銅爲之長一丈廣二寸高三寸
量
槩
升
合
斛
龠
斗
以銅爲之外圓內方上爲斛下爲斗左耳爲升右耳爲合龠附于右合之下
衡
準
衡
權
稱上謂之衡稱鎚謂之權

千二百黍爲一分。十分爲寸。十寸爲尺。十尺爲丈。十丈爲引。○量謂龠合升斗斛。所以量多少也。本起於黃鍾之龠。以子穀秬黍中者千有二百實爲一龠。十龠爲合。十合爲升。十升爲斗。十斗爲斛。○衡者銖兩斤鈞石。所以稱物知輕重也。本起於黃鍾之龠。一龠容千二百黍。重十二銖。兩之爲兩。十六兩爲斤。三十斤爲鈞。四鈞爲石。○黃氏鎮成曰。案十龠當作合龠。

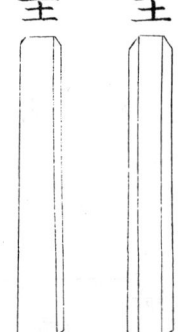

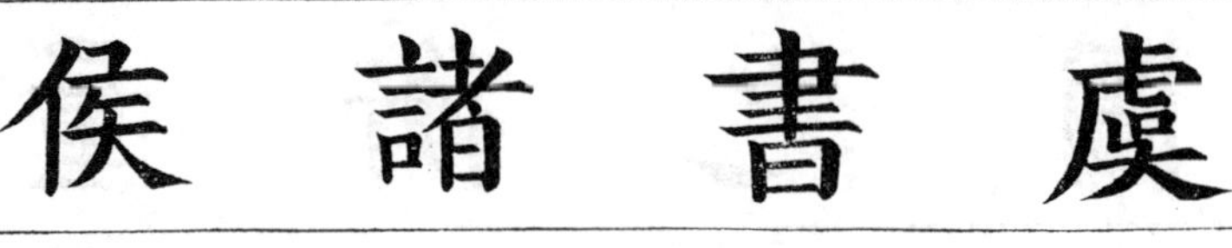

虞書諸侯

五玉

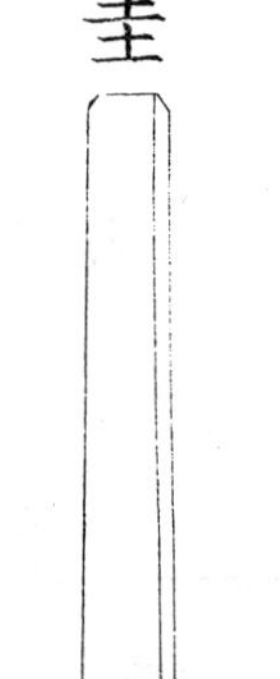

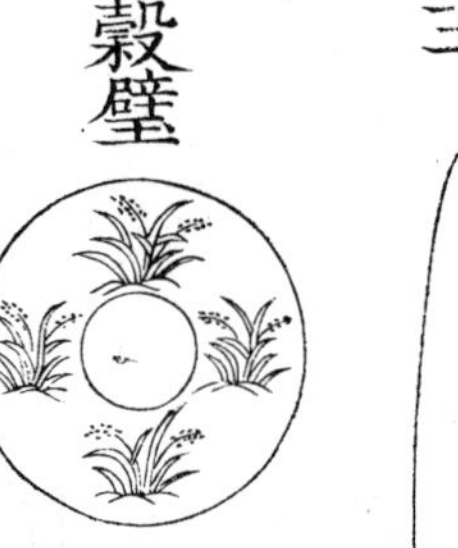

周禮典瑞。公執桓圭。侯執信圭。伯執躬圭。子執穀璧。男執蒲璧。○蔡氏沈曰。五玉。五等諸侯所執者。卽五瑞也。○陳氏師凱曰。桓圭。周禮疏云。桓。若屋之桓楹。桓。宮室之象。所以安其上也。四植謂之桓。柱之竪者。竪之則有四稜也。桓圭葢以桓爲瑑飾。長九寸。○信圭。躬圭。周禮注云。信當作身。皆象以人形。爲瑑飾。欲其愼行保身。皆長七寸。○穀璧。蒲璧。周禮注云。穀。所以養人。蒲爲席。所以安人。葢以穀蒲爲瑑飾。皆徑五寸。不執圭者。未成國也。案大宗伯云。七命賜國。子男五命。故云未成國也。○黃氏鎭成曰。陸佃云。信圭直。躬圭屈。爲人形。誤矣。

玉帛之圖

孔氏安國曰。三帛。諸侯世子執纁。公之孤執玄。附庸之君執黃。二生。卿執羔。大夫執鴈。一死。士執雉。所以爲贄以見之。○孔氏穎達曰。附庸雖則無文而爲一國之主。則亦當繼小國之君同執帛也。帛必有色。王肅云。三帛纁玄黃也。周禮孤與世子。皆執皮帛。鄭云。束帛而表之以皮爲之飾也。此不言皮。蓋於時未以爲飾。○羔小羊。取其羣而不失其類也。鴈取其候時而行也。雉取其守介。死不失節也。曲禮云。贄諸侯圭。卿羔。大夫鴈。士雉。雉不可生。知一死是雉。二生是羔鴈也。

孔氏穎達曰。日月星山。龍華蟲。六者畫以作繪施於衣也。宗彝。藻火粉米。黼黻。六者紩以爲繡施之於裳也。周禮司服注云。此古天子冕服十二章也。至周而以日月星辰畫於旌旗。冕服九章。登龍於山。登火於宗彝。尊其神明也。○陳氏祥道曰。星。五星也。辰。十二次也。華蟲。雉也。宗彝。虎彝。蜼彝也。粉米。粉其米也。黼。

章服之圖

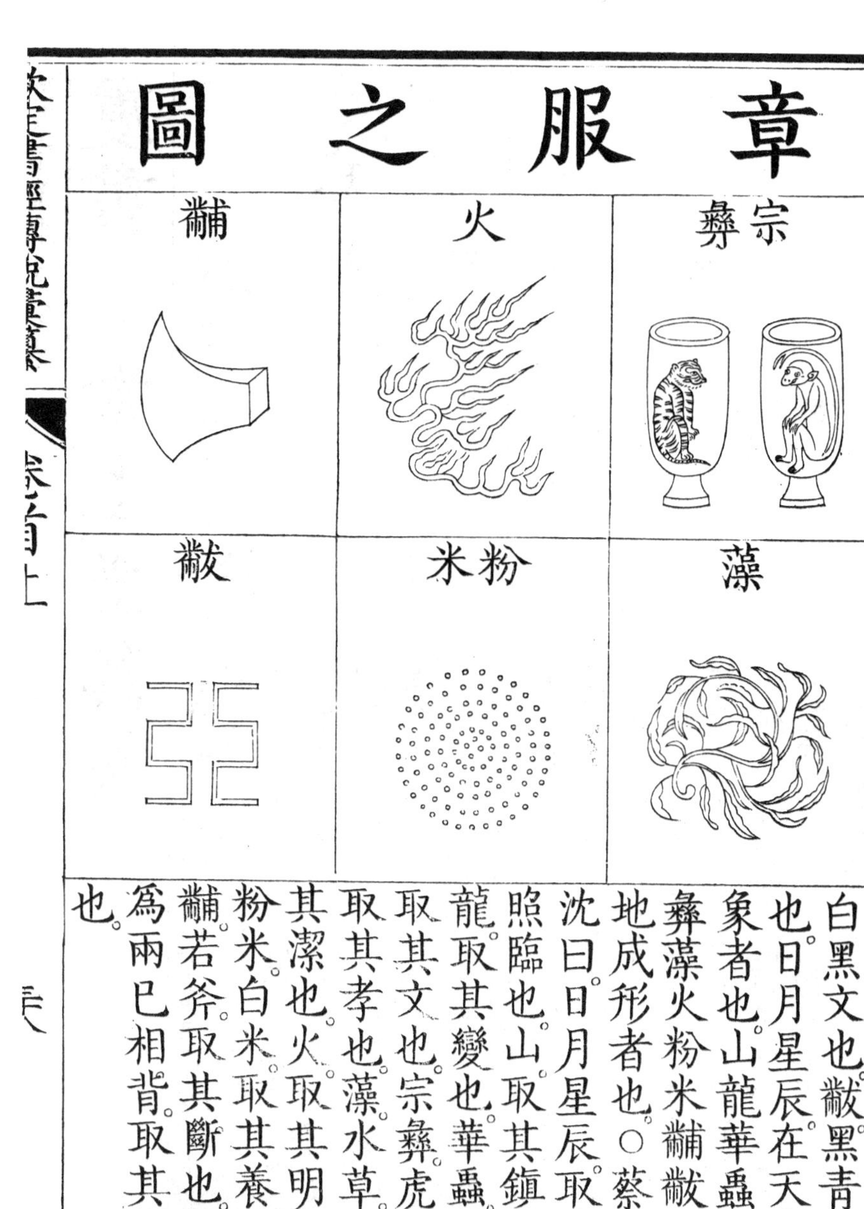

白黑文也。黻，黑青文也。日月星辰，在天成象者也。山、龍、華蟲、宗彝、藻、火、粉米、黼、黻，在地成形者也。○蔡氏沈曰：日月星辰，取其照臨也。山，取其鎮也。龍，取其變也。華蟲，雉，取其文也。宗彝，虎蜼，取其孝也。藻，水草，取其潔也。火，取其明也。粉米，白米，取其養也。黼，若斧，取其斷也。黻，爲兩巳相背，取其辨也。

虞書　堂上樂器圖

球

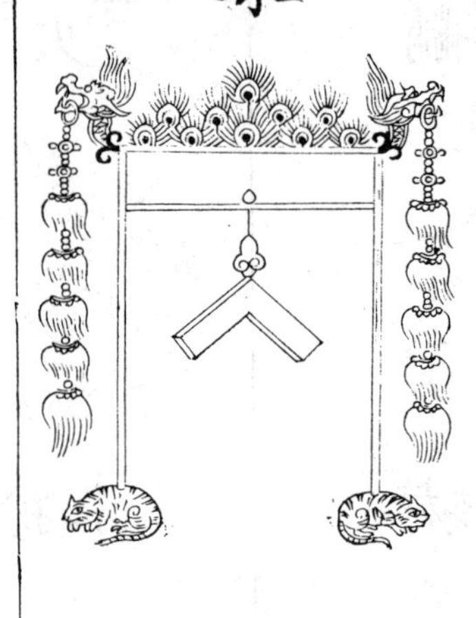

琴

孔氏穎達曰。球。玉也。樂器惟磬用玉。故球爲玉磬。○陳氏祥道曰。考工記磬氏爲磬。倨句一矩有半。其博爲一。股爲二。鼓爲三。三分其股博。去一以爲鼓博。三分其鼓博。以其一爲之厚。蓋磬方中矩。則倨句一矩有半。觸其弦也。其博爲一股。疑一律也。股爲二。後長二律。鼓爲三。前長三律也。股非所擊也。短而博。鼓其所擊也。長而狹。

黃氏鎮成曰。樂記云。舜作五絃之琴以歌南風。明堂位云。大琴。大瑟。中琴。小瑟。四代之樂器也。樂書云。琴長八尺一寸。正度也。廣雅云。琴長三尺六寸六分。象三百六十有六日。五絃。象五行。大絃爲君。寬和而溫。小絃爲臣。清廉不亂。桓譚新論云。五絃第一絃爲宮。其次商角徵羽。文王武王各加一絃。以爲少宮少商。

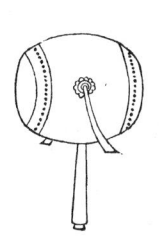

堂下樂器圖

瑟

陳氏祥道曰。樂記云。清廟之瑟。朱絃而疏越。越。底孔也。疏。通之也。朱絃。練而朱之也。蓋絲不練。則勁而聲清。練則熟而聲濁。孔小則聲急。大則聲遲。故疏越以遲其聲。不失於太急。練絲以濁其聲。不失之太清。舊圖雅瑟長八尺一寸。廣一尺八寸。二十三絃。其常用者十九絃。頌瑟長七尺二寸。廣尺八寸。二十五絃。盡用之。

管

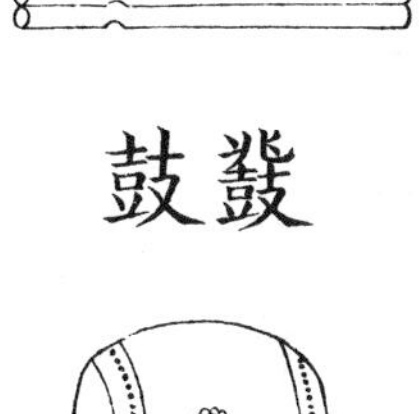

鼗鼓

周禮大司樂。圜丘。孤竹管。方丘。孫竹管。宗廟。陰竹管。○鄭氏康成曰。管如篴。併兩而吹之。○郭氏璞曰。管長尺。圍寸。併漆之。有底。賈氏以爲如篪。六孔。

黃氏鎮成曰。周官小師。掌教鼓鼗。瞽矇掌播鼗。蓋鼗之播也。有瞽矇者。有眂瞭者。而其制。鄭氏以爲如鼓而小。有柄。持而搖之。旁耳自擊。是也。周禮圖曰。鼗所以節樂。

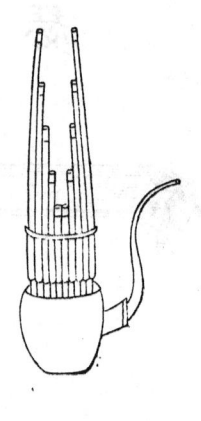

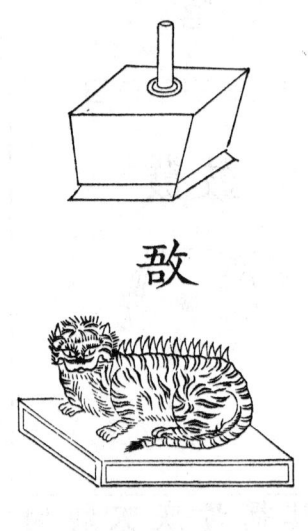

柷

敔

笙

孔氏穎達曰。樂之初。擊柷以作之。樂之將末。戛敔以止之。釋樂云。所以鼓柷謂之止。所以鼓敔謂之籈。郭璞云。柷如漆桶。方二尺四寸。深一尺八寸。中有椎柄。連底撞之。令左右擊。止者。其椎名也。敔如伏虎。背上有二十七鉏鋙。刻以木長一尺櫟之。籈者其名也。

陳氏祥道曰。周禮。笙師掌教吹竽笙。爾雅。大笙謂之巢。小者謂之和。先儒謂笙列管匏中。施簧管端。大者十九簧。小者十三簧。笙長四尺。簧。金鍱爲之。蓋衆管在匏。有巢之象。故大笙曰巢。大者倡。小者和。故小笙曰和。

鏞

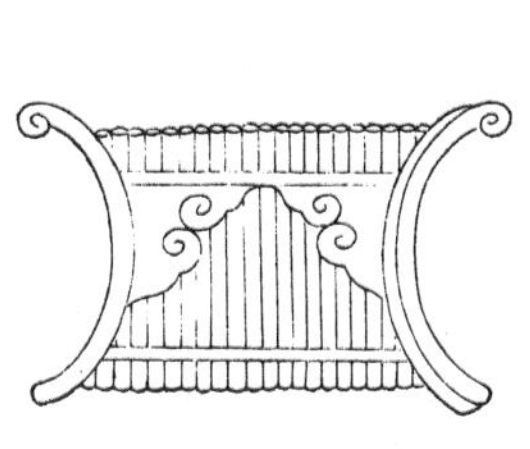

考工記鳧氏爲鍾兩欒謂之銑銑閒謂之于于上謂之鼓鼓上謂之鉦鉦上謂之舞舞上謂之甬甬上謂之衡鍾縣謂之旋旋蟲謂之幹鍾帶謂之篆篆閒謂之枚枚謂之景于上之攠謂之隧○聶氏崇義曰欒銑謂鍾口兩角于鍾脣之上祛也鼓所擊處甬衡鍾柄也旋蟲以蟲爲飾也帶介於鼓鉦舞甬衡之閒枚鍾乳也每處有九兩面皆三十六攠所擊之處也○蔡氏沈曰鏞大鍾也詩賁鼓維鏞是也

應氏劭曰簫參差象鳳翼○郭氏璞曰大者編二十三管長尺四寸小者十六管長尺三寸○孔氏穎達曰韶是舜樂簫乃樂器○蔡氏沈曰簫古文作箾舞者所執之物箾韶蓋舜樂之總名今文作簫故先儒以簫管釋之

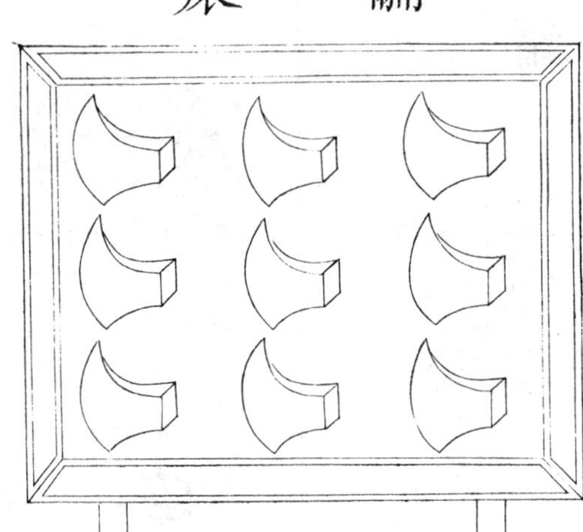

聶氏崇義曰。司几筵云。凡大朝覲。大饗射。凡封國。命諸侯。王位設黼依。依音扆注云。斧謂之黼。其繡白黑采。以絳帛爲質。依。其製如屏風。賈釋云。諸文多作斧字。若據采色而言。卽繢人職白與黑謂之黼。若據繡於物上。卽爲金斧之文。近刃白。近銎曲恭切黑。則曰斧。取金斧斷割之義。屏風之名。出於漢世。故引爲況。舊圖云。從廣八尺。畫斧無柄。設而不用之義。○陳氏師凱曰。正義云。禮有斧扆。置於扆地。因名爲扆。據爾雅。則扆自是户牖閒地名。以屏置其地。因亦名屏爲扆。

陳氏祥道曰。祼圭尺有二寸。大章中璋九寸。邊璋七寸。圭璋其柄也。瓚其勺也。柄則圭璋純玉爲之。三璋之勺。則飾以金焉。玉人所謂黃金勺青金外是也。先儒謂凡流皆爲龍口。瓚槃大五升。口徑八寸。下有槃口徑一尺。然古者有圭瓚璋瓚。而無下槃。有鼻而無龍口。先儒之說。蓋漢制歟。

書序班宗彝○孔氏穎達曰周禮有司尊彝之官。鄭云彝亦尊也。鬱鬯曰彝。然則盛鬯爲彝。盛酒爲尊。皆祭宗廟之酒器也。

陳氏祥道曰。爾雅。卣中尊。周禮。鬯人。廟用修。謂漆尊也。修讀曰卣。謂獻素何切象之屬。然卣盛鬯。而獻象之屬盛酒。則卣獻象異矣。其飾或漆或畫。不可考也。

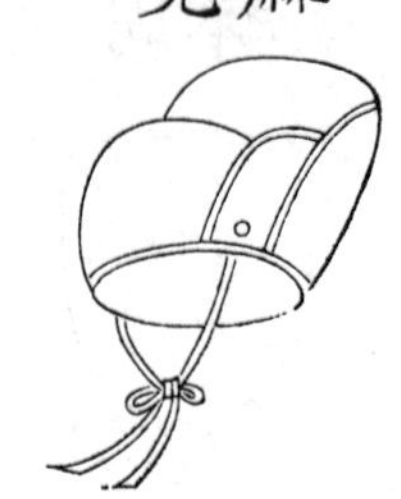

冕

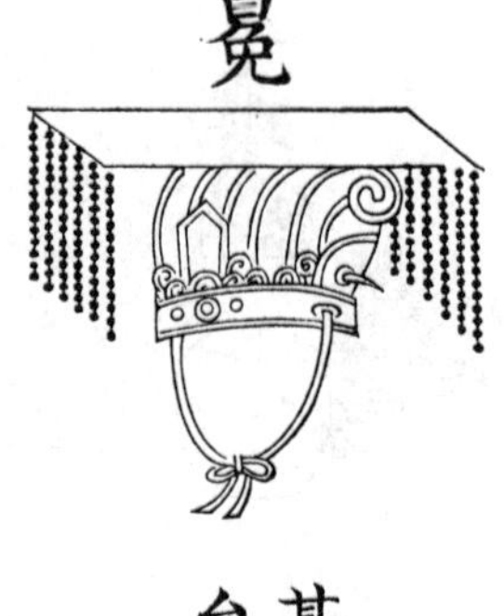

雀弁

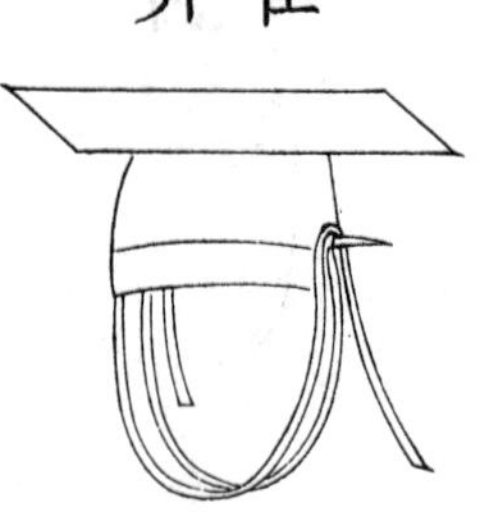

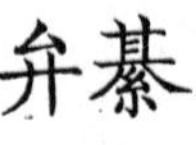

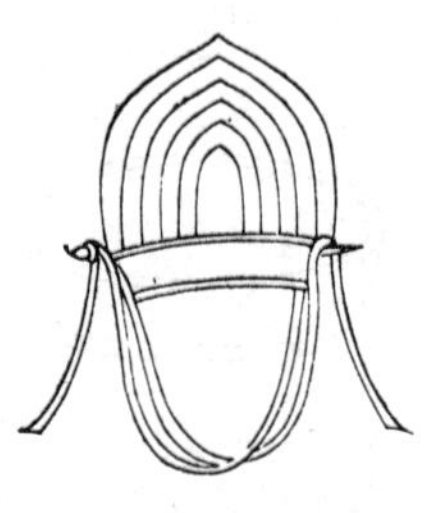

聶氏崇義曰。天子吉服有九冕。服六。弁服三。司服云。王祀昊天上帝。則服大裘而冕。祀五帝亦如之。享先王。則袞冕。享先公。饗射。則鷩冕。祀四望山川。則毳冕。祭社稷五祀。則絺冕。祭羣小祀。則玄冕。兵事韋弁服。眂朝皮弁服。凡甸冠弁服。論語云。麻冕禮也。漢制度云。冕制皆長尺六寸。廣八寸。前圓後方。王用白玉珠十二旒。三公諸侯青玉七旒。卿大夫黑玉五旒。

蔡氏沈曰。雀弁。赤色弁也。綦弁。以文鹿子皮爲之。○陳氏師凱曰。文鹿子皮。其皮赤質白文者也。安國以雀弁爲韋弁。蓋以周禮凡兵事韋弁服也。

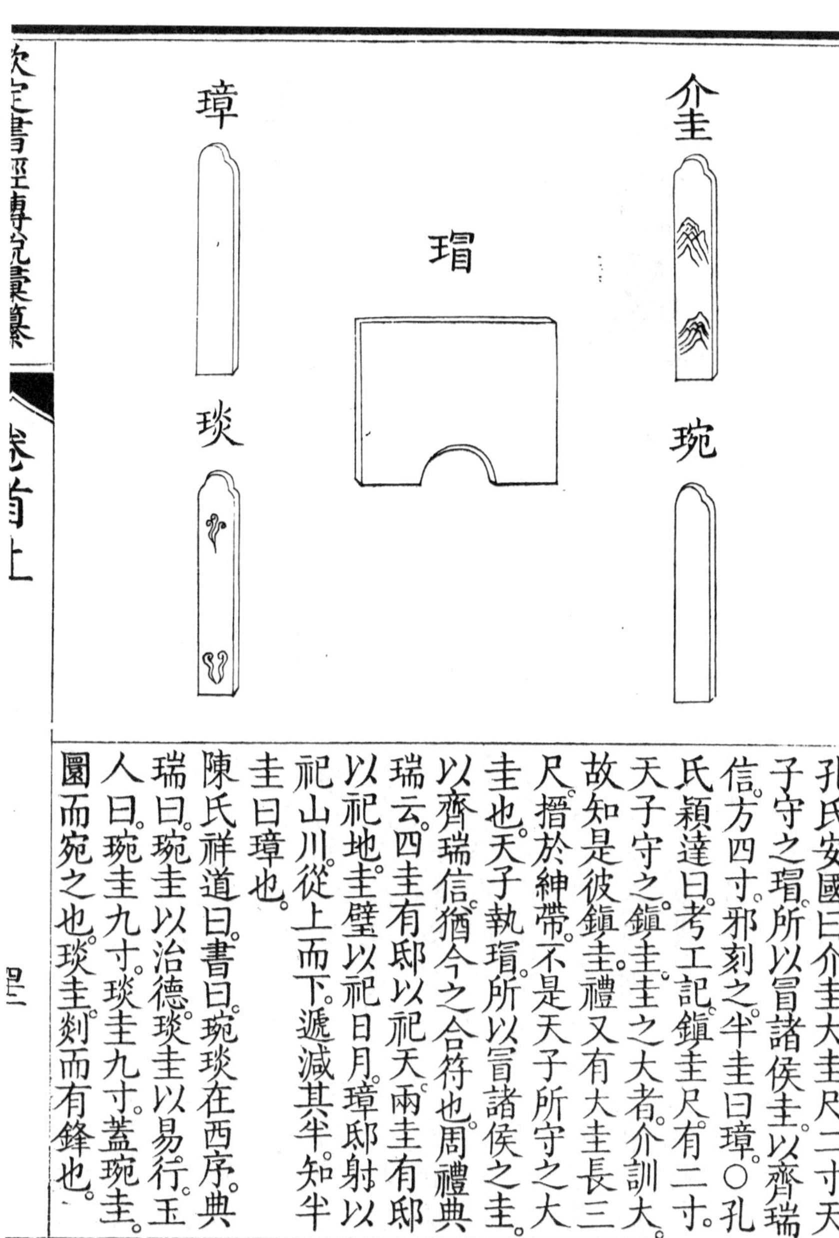

孔氏安國曰。介圭大圭。尺二寸。天子守之。瑁所以冒諸侯圭。以齊瑞信。方四寸。邪刻之。半圭曰璋。○孔氏穎達曰。考工記鎮圭尺有二寸。天子守之。鎮圭。圭之大者。介訓大。故知是彼鎮圭。禮又有大圭長三尺。搢於紳帶。不是天子所守之大圭也。天子執瑁。所以冒諸侯之圭。以齊瑞信。猶今之合符也。周禮典瑞云。四圭有邸以祀天。兩圭有邸以祀地。圭璧以祀日月。璋邸射以祀山川。從上而下。遞減其半。知半圭曰璋也。

陳氏祥道曰。書曰。琬琰在西序。典瑞曰。琬圭以治德。琰圭以易行。玉人曰。琬圭九寸。琰圭九寸。蓋琬圭。圜而宛之也。琰圭剡而有鋒也。

豆

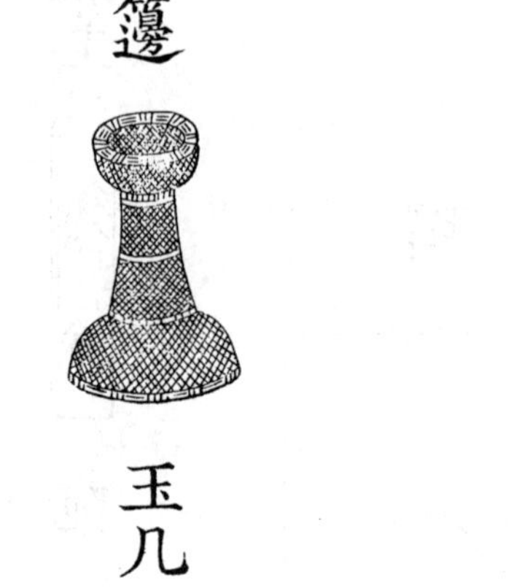

籩

笥

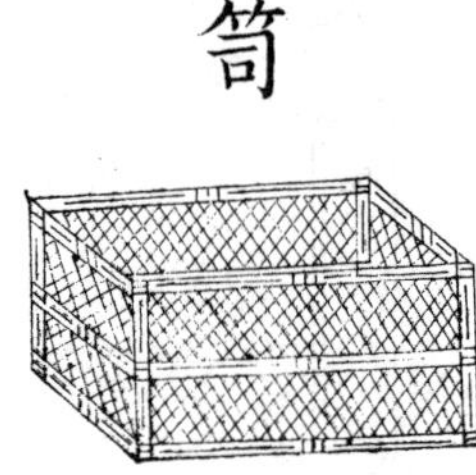

玉几

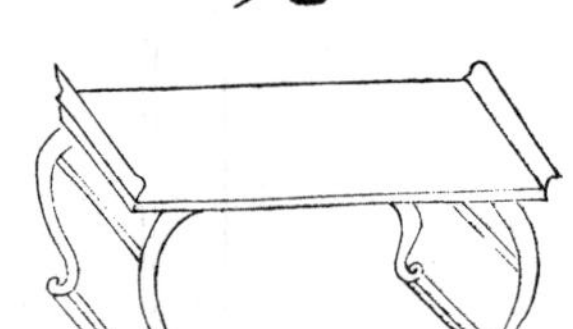

聶氏崇義曰。舊圖。豆高尺二寸。漆赤中。大夫以上畫赤雲氣。諸侯飾以象。天子加玉飾。皆謂飾口足也。鄭注周禮云。豆以木爲之。受四升。口圓徑尺二寸。有蓋。盛齏醢葅醬之屬。豆宜濡物。籩宜乾物故也。籩以竹爲之。口有縢緣。形制如豆。亦受四升。盛脯脩膴鮑糗餌之屬。

陳氏祥道曰。鄭氏釋曲禮云。圓曰簞。方曰笥。簞笥。飯器也。然書曰衣裳在笥。則笥亦盛衣。○周禮五几。莫貴於玉几。書之四几。莫貴於華玉几。馬融曰。几長三尺。阮諶曰。几長五尺。高二尺。舊圖。几兩端赤。中央黑。

木鐸

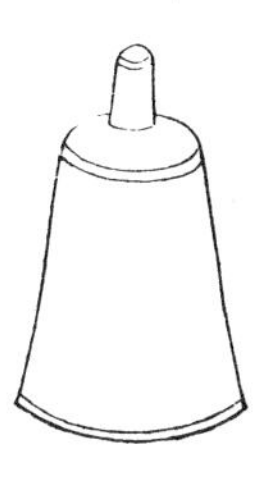

鼎

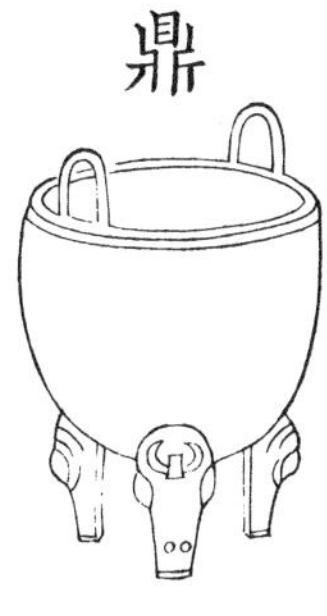

篚有蓋

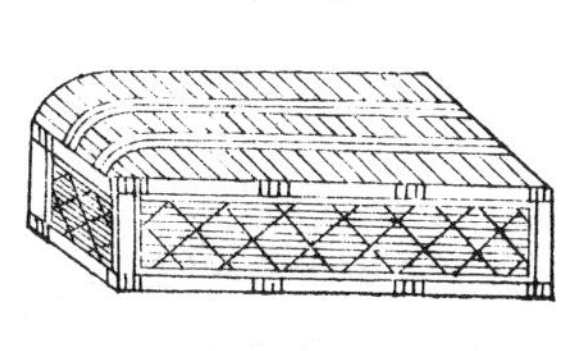

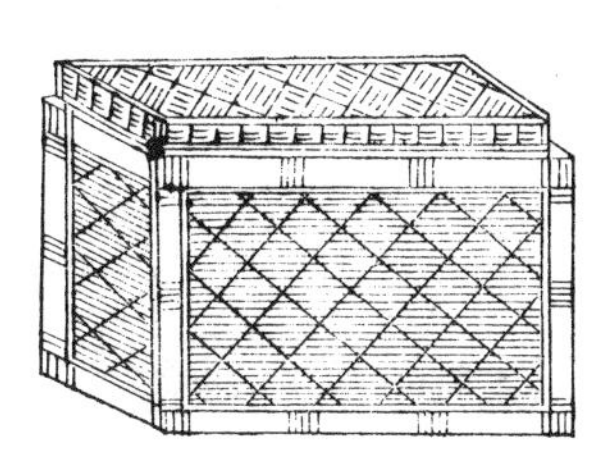

孔氏穎達曰。周禮小宰云。正歲帥理官之屬。而觀治象之法。徇以木鐸。禮有金鐸木鐸。鐸是鈴。其體以金爲之。舌有金木之異。木鐸。木舌也。周禮教鼓人以金鐸通鼓。大司馬教振旅。兩司馬執鐸。明堂位云。振木鐸於朝。是武事振金鐸。文事振木鐸也。

陳氏祥道曰。鼎。下有足。上有耳。體有大小。侈弇之別。用有牛羊豕魚之異。舊圖天子之鼎。飾以黃金。諸侯飾以白金。容一斛。大夫羊鼎。飾以銅。容五斗。士豕鼎。飾以鐵。容三斗。而牛羊豕鼎。各狀其首於足上。

聶氏崇義曰。篚。以竹爲之。長三尺。廣一尺。深六寸。足高三寸。如今小車笭。案少牢禮云。勺爵觚觶實於篚。又燕禮云。君臣異篚。其單言篚者。臣篚也。言膳篚者。君篚也。又有玉幣之篚。有盛食之篚。

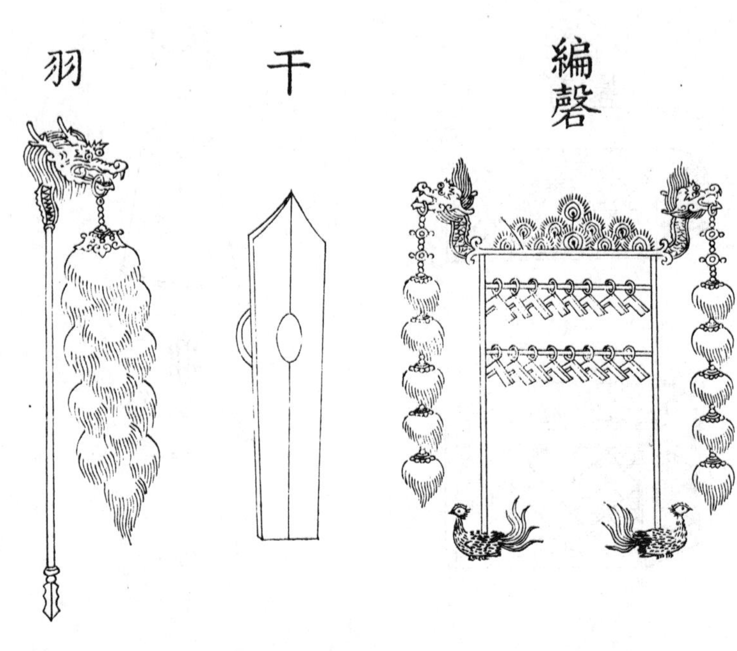

聶氏崇義曰小胥職云凡縣鍾磬半爲堵全爲肆注云鍾磬編縣之二八十六枚而在一簴謂之堵鍾一堵磬一堵謂之肆○陳氏師凱曰編鍾編磬所以用十六枚者蓋十二律當十二枚又有四清聲作四枚共十六枚也

孔氏安國曰干楯羽翳也皆舞者所執脩闡文教舞文舞于賓主階閒○孔氏穎達曰明堂位云朱干玉戚以舞大武是武舞執斧執楯詩云左手執籥右手秉翟是文舞執籥經云舞干羽即亦舞武也傳惟言舞文者以不用於敵故教爲文也○聶氏崇義曰舞師掌教兵舞帥而舞山川之祭祀教羽舞帥而舞四方之祭祀兵舞謂干戚也羽析白羽爲之舞者所持以指麾又蔽翳其身也

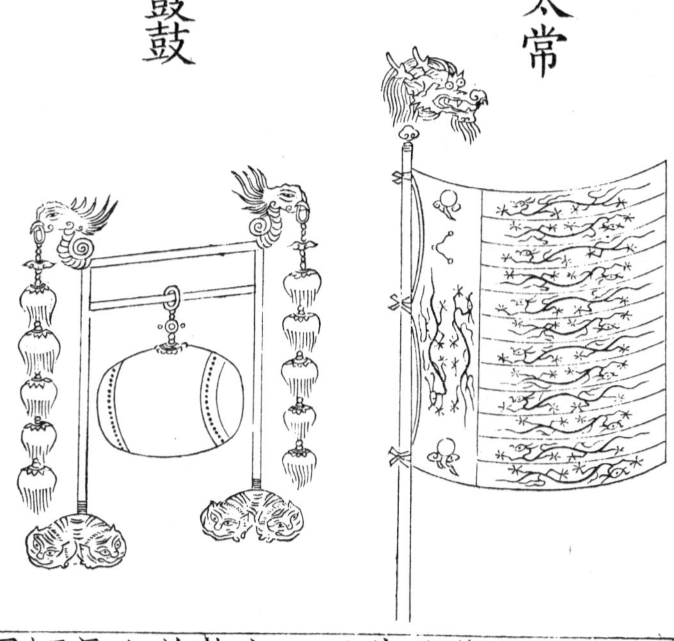

聶氏崇義曰案巾車王乘玉輅建太常十有二斿以祀又覲禮注云王建太常縿首畫日月其下及斿交畫升龍降龍縿皆正幅用絳帛爲質斿則屬焉又用弧張縿之幅又畫枉矢於縿之上故輈人云弧旌枉矢是也凡旌旗之杠皆注旄與羽於竿首故夏采注云緌以旄牛尾爲之綴於橦上其杠長九仞其斿曳地又左傳云三辰旂旗昭其明也據杜鄭二注皆以三辰爲日月星蓋太常之上又畫星也舊圖旂首爲金龍頭案唐制云金龍頭銜結綬及鈴緌則古注旄及羽於竿首之遺制也○鼖鼓兩面鼓鼓人職曰鼖鼓鼓軍事注云大鼓曰鼖長八尺韗人云鼓長八尺鼓四尺謂鼓面也中圍加三之一謂之鼖鼓注云中圍加三之一者加於面之圍以三分之一也

鉞　旄　干　戈

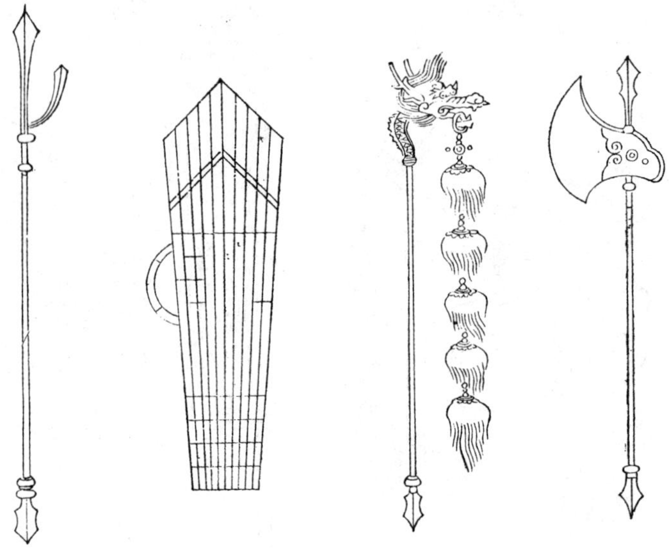

陳氏祥道曰書曰左杖黃鉞鉞斧也斧莫重於鉞黃鉞以金飾其柄也

蔡氏沈曰旄軍中指麾白則見遠麾非右手不能故右秉白旄也

陳氏祥道曰周禮司兵掌五兵五盾五盾干櫓之屬五兵之用長以衞短短以救長則人持其一矣盾則夫人而有之書曰比爾干干欲其比則夫人有之可知也○盾以革爲之其繫之也以繡韋其屬繡韋以紛書曰敿乃干則敿者繫以紛也

聶氏崇義曰考工記云戈廣二寸內倍之胡三之援四之注云戈今之句子戟內謂胡以內接柲者也長四寸胡六寸援八寸援直刃也胡其子也疏云胡子橫歃微邪向上不倨不句似磬之折殺也柲長六尺六寸

陳氏祥道曰。酋矛。常有四尺。夷矛三尋。凡矛上銳而旁勾。上銳。所以象物生之芒。旁勾。所以象物生之勾。酋言其就。夷言其易。短者其體就。長者其體易。此矛之辨也。

孔氏穎達曰。說文云。冑。兜鍪也。兜鍪。首鎧也。經典皆言甲冑。秦世已來。始有鎧兜鍪之文。古之甲用皮。秦漢已來用鐵。鎧鍪二字皆從金。蓋用鐵爲之。因以作名也。

陳氏祥道曰。周禮司弓矢。掌六弓。王弓弧弓。合九而成規。夾弓庾弓。合五而成規。唐弓大弓。合七而成規。王弧。王之弓。唐大。諸侯之弓。夾庾。大夫之弓。王弧則彤之。唐大則彤之。荀卿曰。大夫黑弓。則夾庾黑之可知。○矢藳長三尺。羽長六寸。刃長二寸。方言曰。關東謂之矢。關西謂之箭。江淮之間曰鏃。

聶氏崇義曰。巾車掌王之五輅。玉金象革四輅。其飾雖異。其制則同。今特圖玉輅之一。兼太常之旂。以備祭祀所乘。其

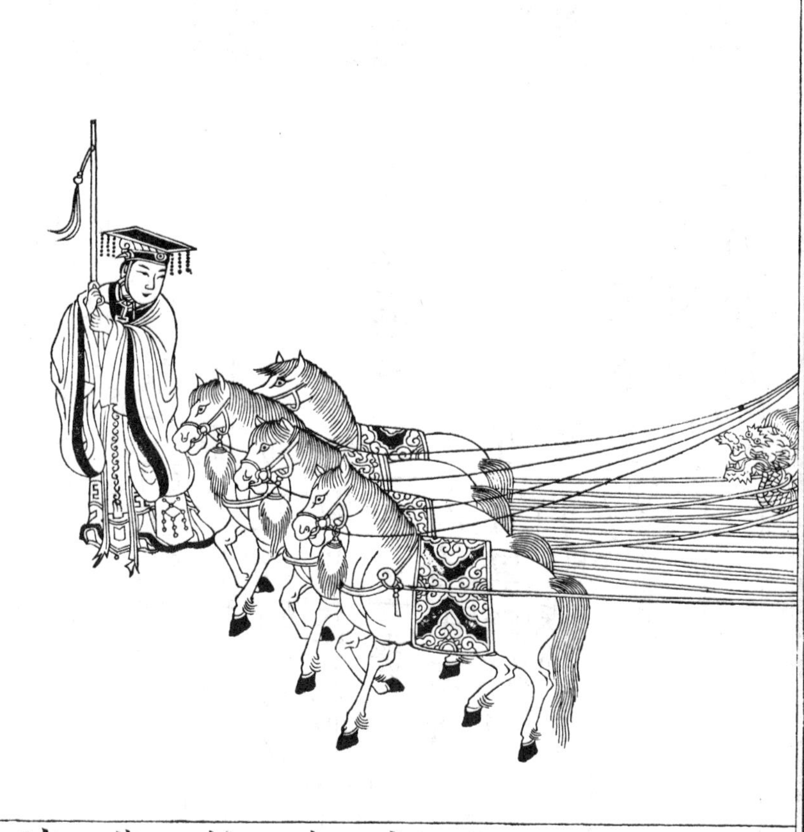

車式倣考工記。輪軹之崇。轐輢之狀。輻內輻外之制。大穿小穿之殊。蓋之所居。釳乞音之所在。觀之則諸輅皆可知矣。

堯制五服圖

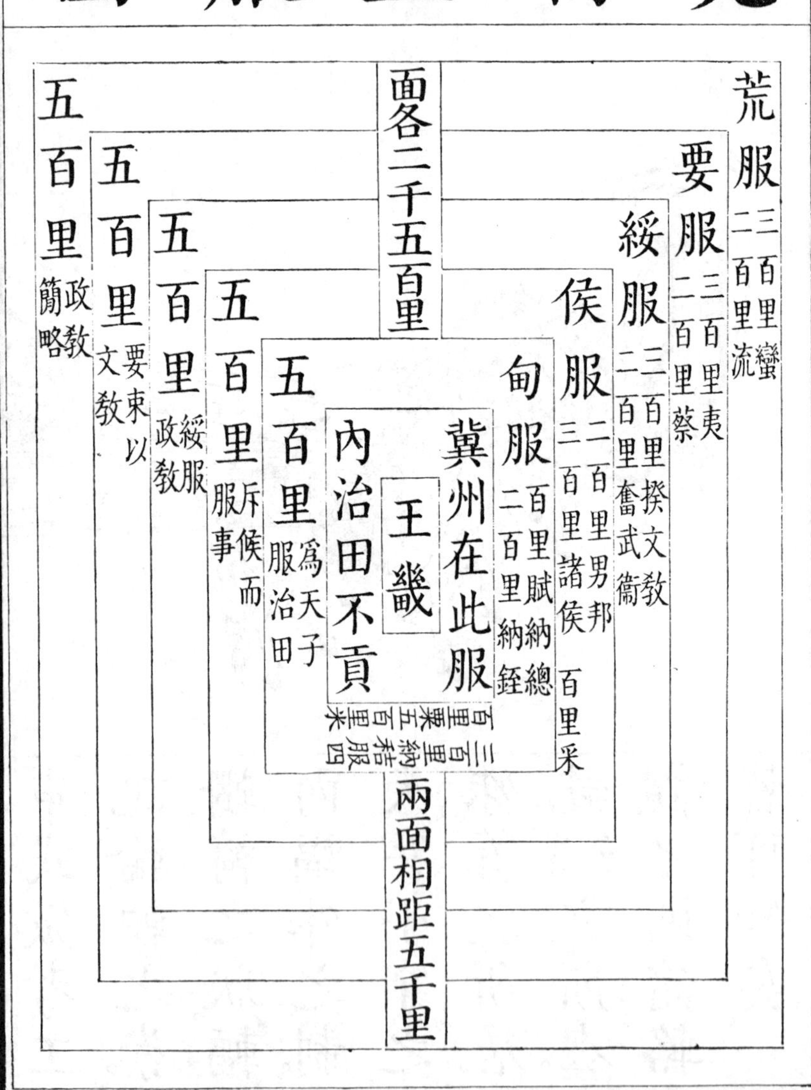
面各二千五百里
荒服
三百里蠻
二百里流
要服
三百里夷
二百里蔡
綏服
三百里揆文教
二百里奮武衛
侯服
百里采
二百里男邦
三百里諸侯
甸服
百里賦納總
二百里納銍
三百里納秸服四百里粟五百里米
冀州在此服
王畿
內治田不貢
五百里
爲天子服治田
五百里
斥候而服事
五百里
綏服政教
五百里
要束以文教
五百里
政教簡略
兩面相距五千里

禹弼五服圖

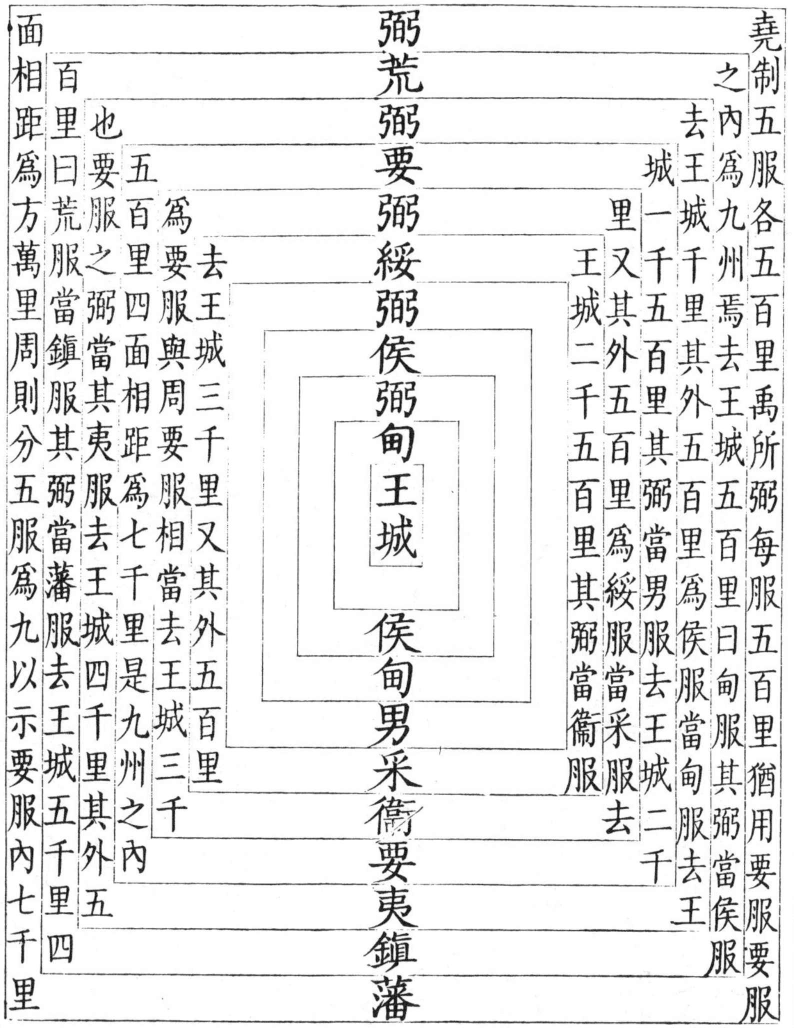

堯制五服各五百里禹所弼每服五百里猶用要服要服之內爲九州焉去王城五百里曰甸服其弼當侯服去王城千里其外五百里爲侯服當甸服去王城一千五百里其弼當男服去王城二千里又其外五百里爲綏服當采服去王城二千五百里其弼當衞服去王城三千里又其外五百里爲要服與周要服相當去王城三千五百里四面相距爲七千里是九州之內也要服之弼當其夷服去王城四千里其外五百里曰荒服當鎮服其弼當藩服去王城五千里四面相距爲方萬里周則分五服爲九以示要服內七千里

商七廟之圖

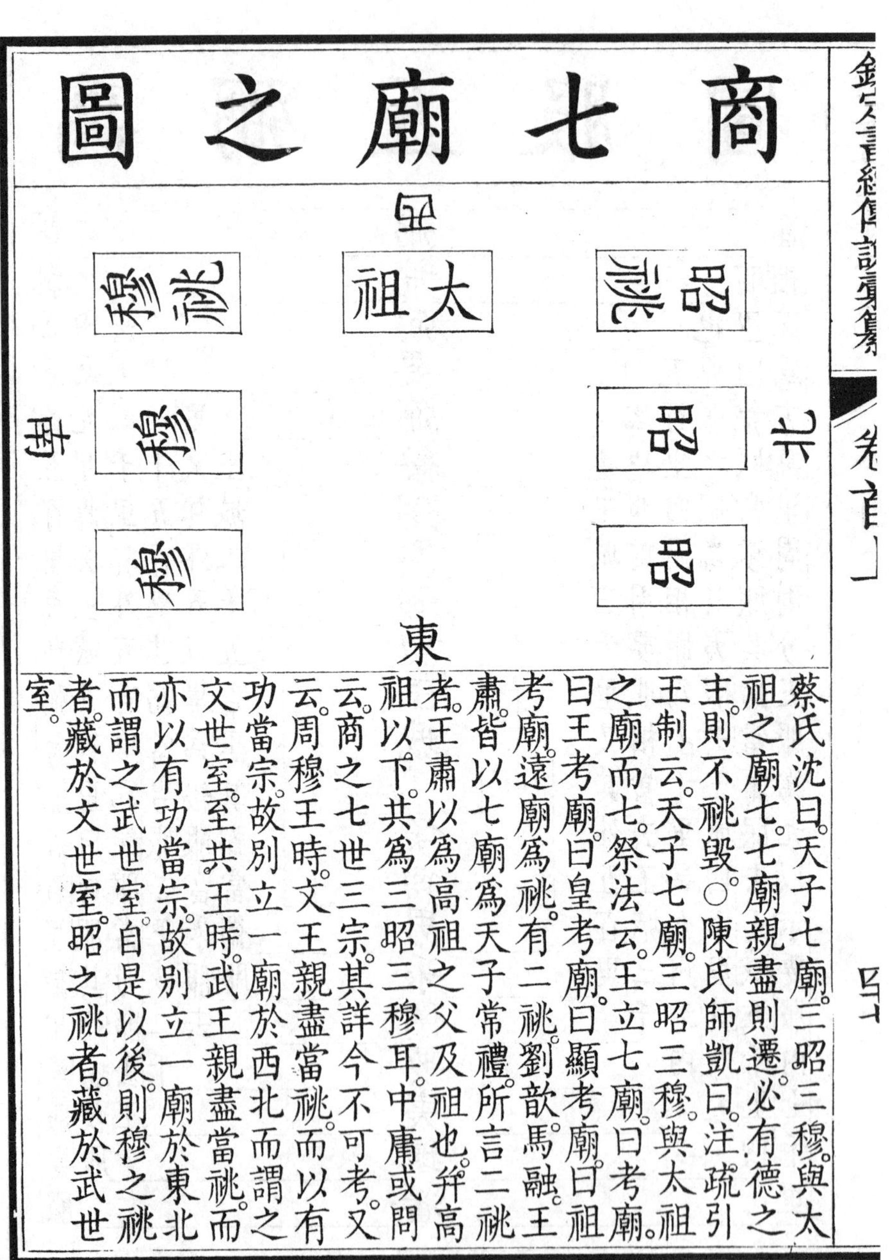

蔡氏沈曰。天子七廟。三昭三穆。與太祖之廟七。七廟親盡則遷。必有德之主。則不祧毀。○陳氏師凱曰。注疏引王制云。天子七廟。三昭三穆。與太祖之廟而七。祭法云。王立七廟。曰考廟。曰王考廟。曰皇考廟。曰顯考廟。曰祖考廟。遠廟爲祧。有二祧。劉歆馬融王肅皆以七廟爲天子常禮。所言二祧者。王肅以爲高祖之父及祖也。并高祖以下。共爲三昭三穆耳。中庸或問云。商之七世三宗。其詳今不可考。又云。周穆王時。文王親盡當祧。而以有功當宗。故別立一廟於西北而謂之文世室。至共王時。武王親盡當祧而亦以有功當宗。故別立一廟於東北而謂之武世室。自是以後則穆之祧者。藏於文世室。昭之祧者。藏於武世室。

商遷都之圖

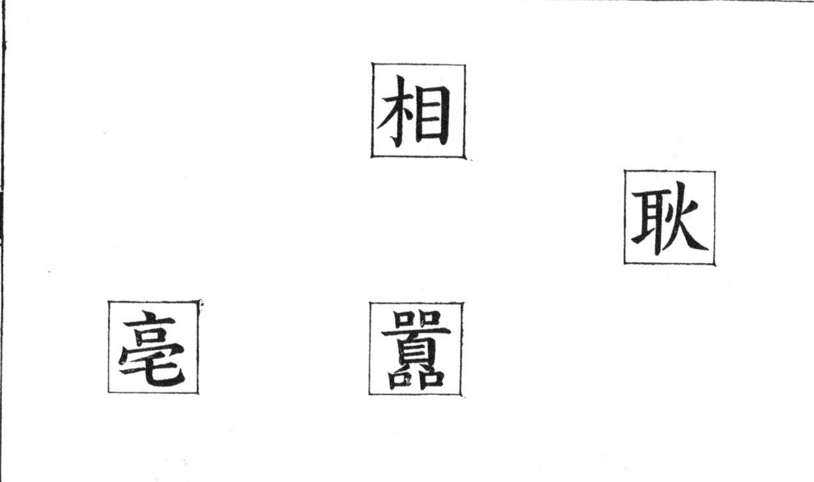

書序。仲丁遷于囂。河亶甲居相。祖乙圮于耿。盤庚五遷。將治亳殷。○孔氏安國曰。自湯至盤庚凡五遷都。○孔氏穎達曰。仲丁。是太戊之子。河亶甲。仲丁弟也。祖乙。河亶甲子。盤庚陽甲弟。○囂在陳留浚儀縣。皇甫謐云。仲丁自亳遷囂在河北。或曰。今河南敖倉。二說未知孰是。相在河北。耿在河東皮氏縣耿鄉是也。殷亳之别名。則亳殷。卽是一都也。亳。鄭以爲偃師。皇甫以爲梁國穀熟縣。○蔡氏沈曰。孔氏謂湯遷亳。仲丁遷囂。河亶甲居相。祖乙居耿。并盤庚遷殷爲五邦。然以不常厥邑于今五邦。今不承于古。文勢考之。則盤庚之前。當自有五遷。史記言祖乙遷邢。或祖乙兩遷也。

周營洛邑圖

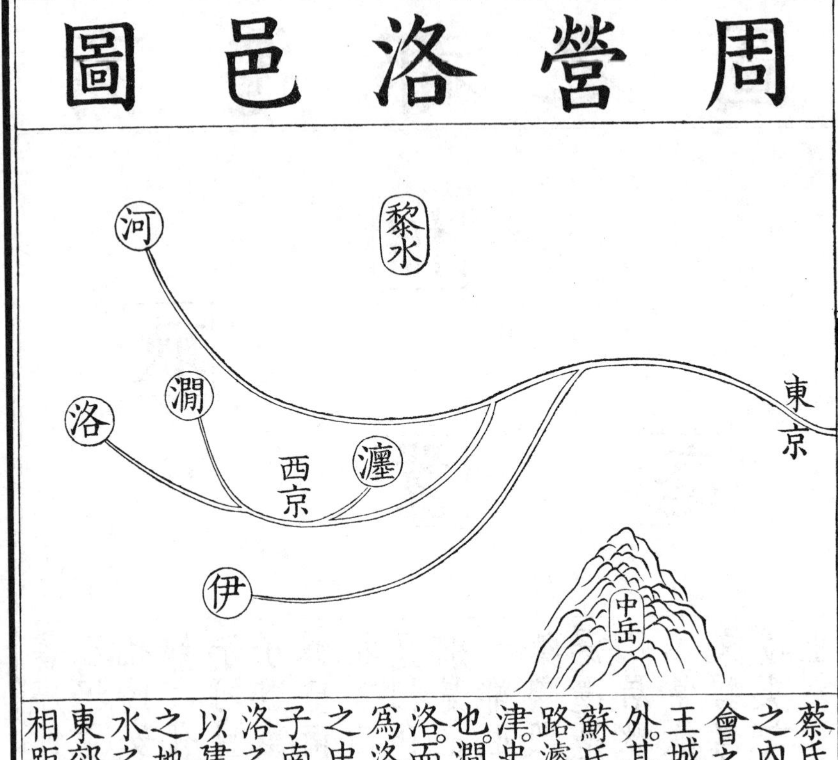

蔡氏沈曰。河朔黎水。河北水交流之內也。澗水東。瀍水西。王城也。朝會之地。瀍水東。下都處商民之地。王城在澗瀍之間。下都在瀍水之外。其地皆近洛水。○陳氏師凱曰。蘇氏云。黎水。黎陽也。黎陽。今大名路濬州也。地有黎陽津。亦名白馬津。史氏云。澗瀍之東西。卽洛之中也。澗水之東。卽洛之偏也。同名爲洛。而王城頑民之居不同。非洛自爲洛。澗瀍自爲澗瀍。洛邑居天下之中。伊洛瀍澗。實周流於其間。天子南向。則澗水在洛之右。瀍水在洛之左。周公於澗瀍之中。營王城以建王居。定郊社宗廟。是爲郟鄏之地。今河南是也。又循之左。越瀍水之東。復營下都。名曰成周。又曰東郊。以居殷民。今洛陽是也。二城相距十有八里。

召誥土中圖

正南
日中
第一南表
表影之末在中表
第二中表
夜從中表望北極以立北表
第三北表
正北
北極
日
春秋二分夕入之日
第五西表
西
日
春秋二分初出之日
第四東表
東

蔡氏沈曰。洛邑天地之中。故謂之土中。○陳氏師凱曰。大司徒云。以土圭之法測土深。正日景。以求地中。日南則景短多暑。日北則景長多寒。日東則景夕多風。日西則景朝多陰。日至之景。尺有五寸。謂之地中。天地之所合也。四時之所交也。風雨之所會也。陰陽之所和也。然則百物阜安。乃建王國焉。鄭司農云。土圭之長。尺有五寸。以夏至之日。立八尺之表。其景適與土圭等。謂之地中。今潁川陽城地爲然。案步占之說。以爲日與地相去一萬五千里。爲地之中。土圭長一尺五寸。以一寸準千里。寰宇記云。河南登封縣測景臺高一丈。周迴十六步。縣北有陽城山。○王氏昭禹曰。土圭横植於地。於圭之端立表。以表端之日景。與土圭相齊。無過不及。然後見地之中。

舊本禹貢隨

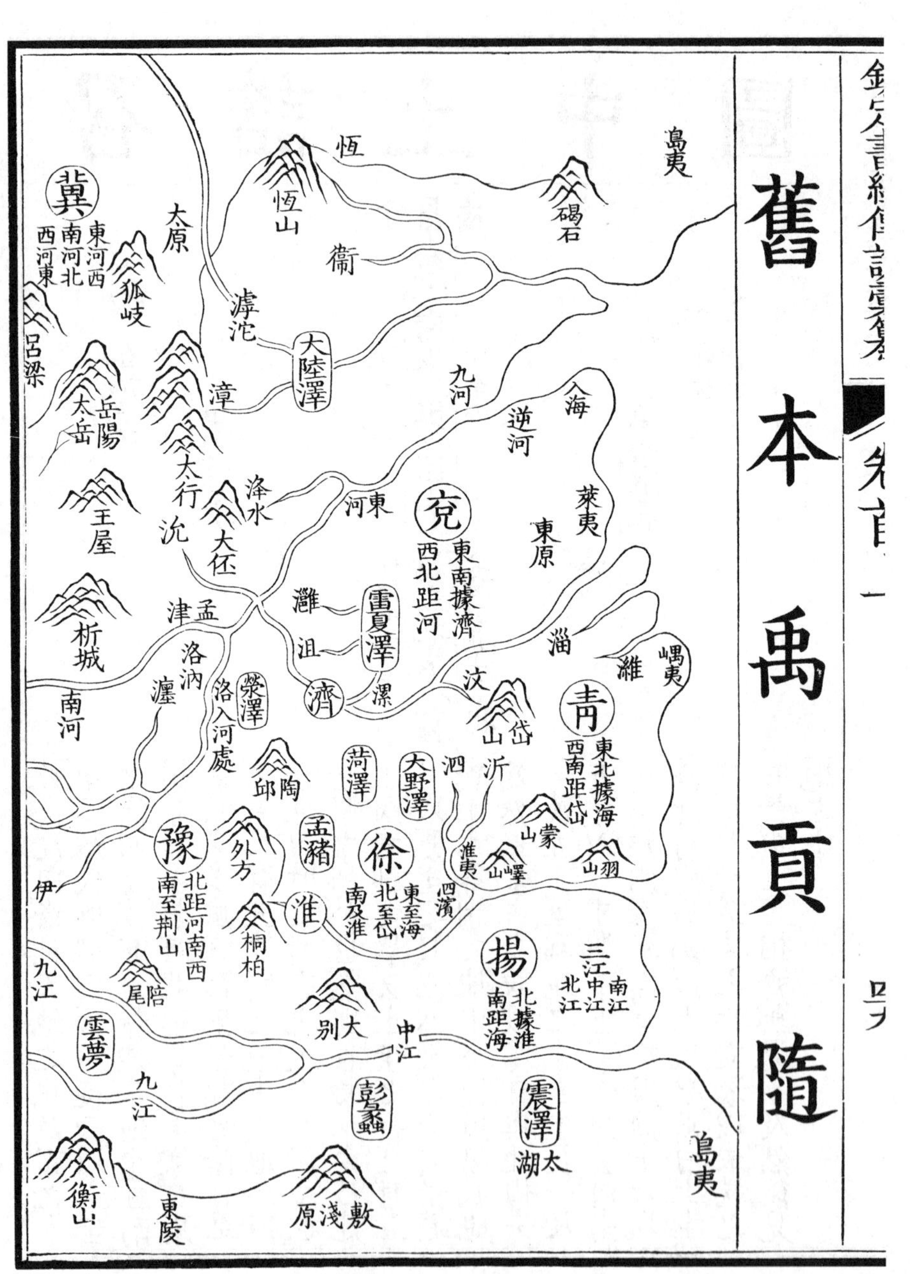
冀
東河西
南河北
西河東
太原
恆
恆山
碣石
島夷
衛
狐岐
呂梁
滹沱
大陸澤
漳
岳陽
太岳
九河
入海
逆河
太行
絳水
王屋
沇
大伾
河東
兗
東南據濟
西北距河
萊夷
東原
析城
孟津
灉
雷夏澤
沮
淄
濰
嵎夷
洛汭
滎澤
濟
漯
汶
青
東北據海
西南距岱
瀍
南河
洛入河處
陶丘
菏澤
大野澤
泗
沂
岱
山
蒙山
孟豬
徐
淮夷
嶧山
羽山
豫
北距河
南至荊山
外方
伊
淮
東至海
北至岱
南及淮
四瀆
桐柏
揚
三江
北江
中江
南江
北據淮
南距海
九江
陪尾
大別
中江
雲夢
九江
彭蠡
震澤
太湖
島夷
衡山
東陵
敷淺原

山濬川之圖

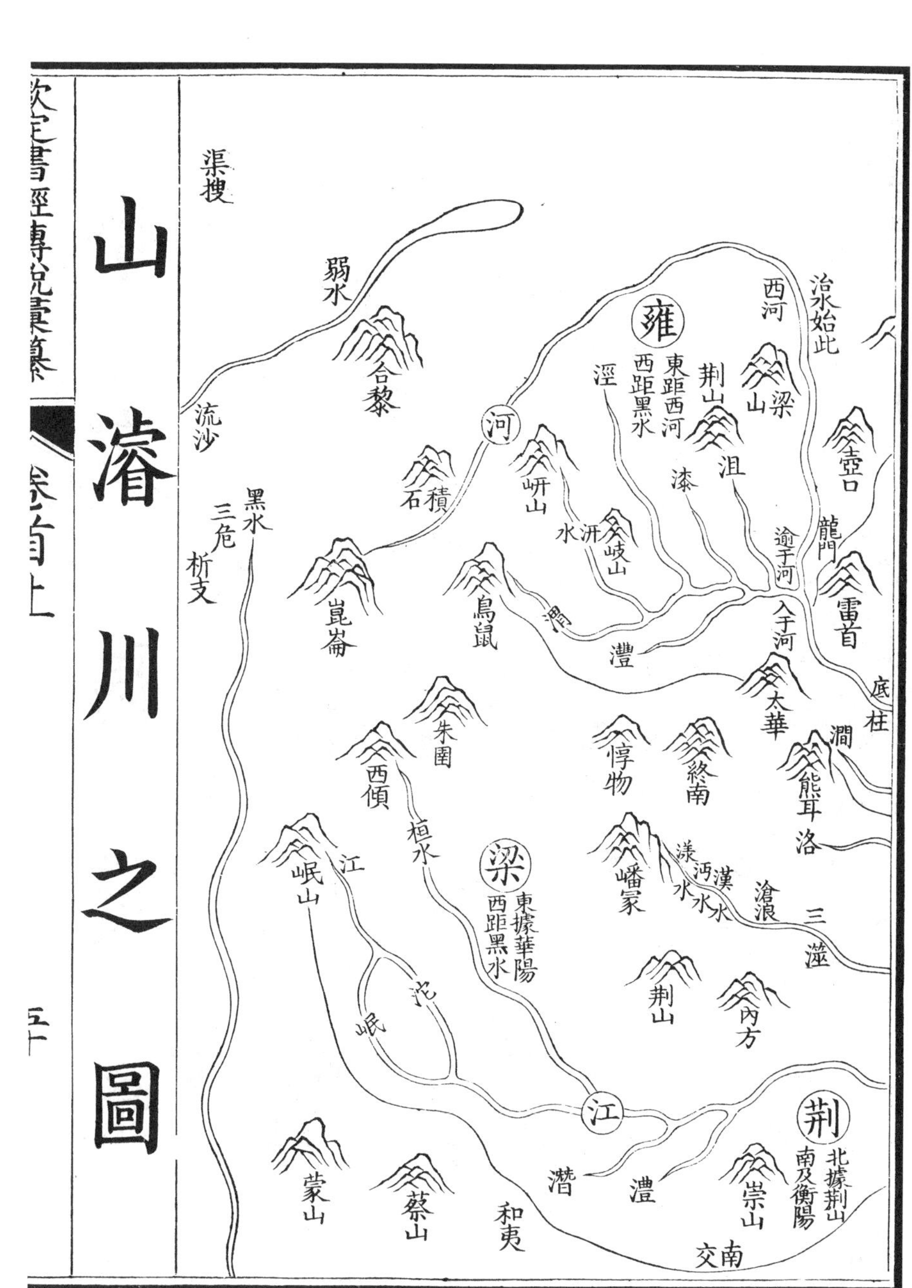

渠搜
弱水
合黎
流沙
黑水
三危
析支
積石
崑崙
河
岍山
汧水
岐山
鳥鼠
渭
灃
涇
雍
東距西河
西距黑水
荆山
漆
沮
梁山
西河
汾水始此
壺口
龍門
逾于河
入于河
雷首
太華
底柱
澗
熊耳
洛
朱圉
西傾
惇物
終南
嶓冢
漾水
沔水
漢水
滄浪
三澨
梁
東據華陽
西距黑水
桓水
江
岷山
沱
岷
荆山
內方
江
荆
北據荆山
南及衡陽
潛
澧
崇山
蒙山
蔡山
和夷
南交

今定禹貢隨

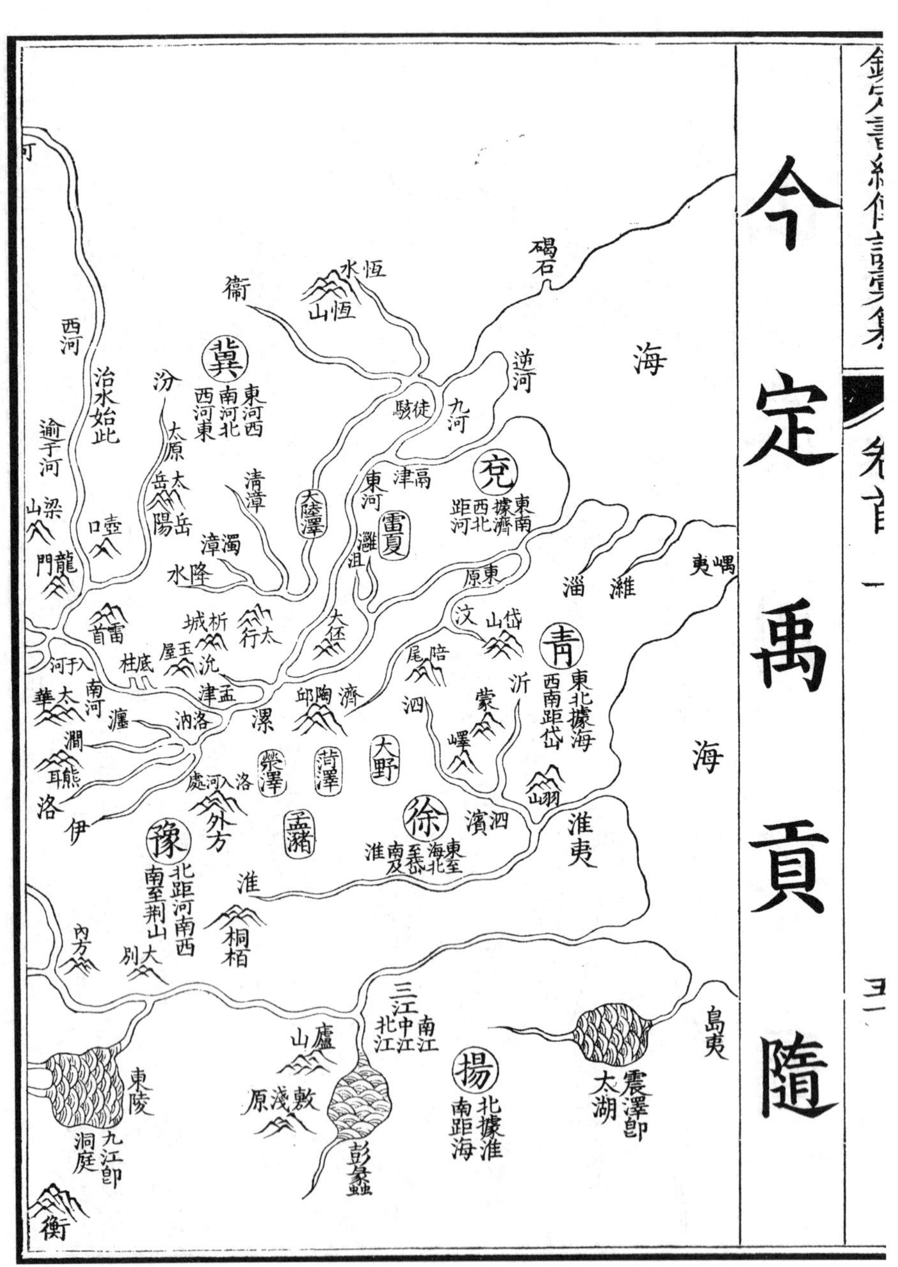
碣石
海
恒水
恒山
衞
冀
東河西
南河北
西河東
汾
西河
治水始此
逾于河
梁山
龍門
壺口
太原
太岳
岳陽
清漳
濁漳
降水
大陸澤
逆河
九河
徒駭
鬲津
東河
雷夏
兗
東南據濟
西北距河
灉沮
東原
淄
濰
嵎夷
雷首
析城
太行
王屋
底柱
大伾
岱山
青
東北據海
西南距岱
陪尾
入于河
太華
南河
瀍
洛汭
孟津
沇
濼
陶丘
濟
泗
蒙
羽山
沂
嶧
澗
熊耳
洛
伊
入河處
洛
外方
豫
北距河
南至荊山
西南
滎澤
菏澤
孟豬
大野
徐
東至海
北至岱
南及淮
濱泗
淮
淮夷
桐柏
內方
大別
三江
北江
中江
南江
廬山
敷淺原
彭蠡
揚
北據淮
南距海
震澤
太湖
島夷
東陵
九江
洞庭
衡

山濬川之圖

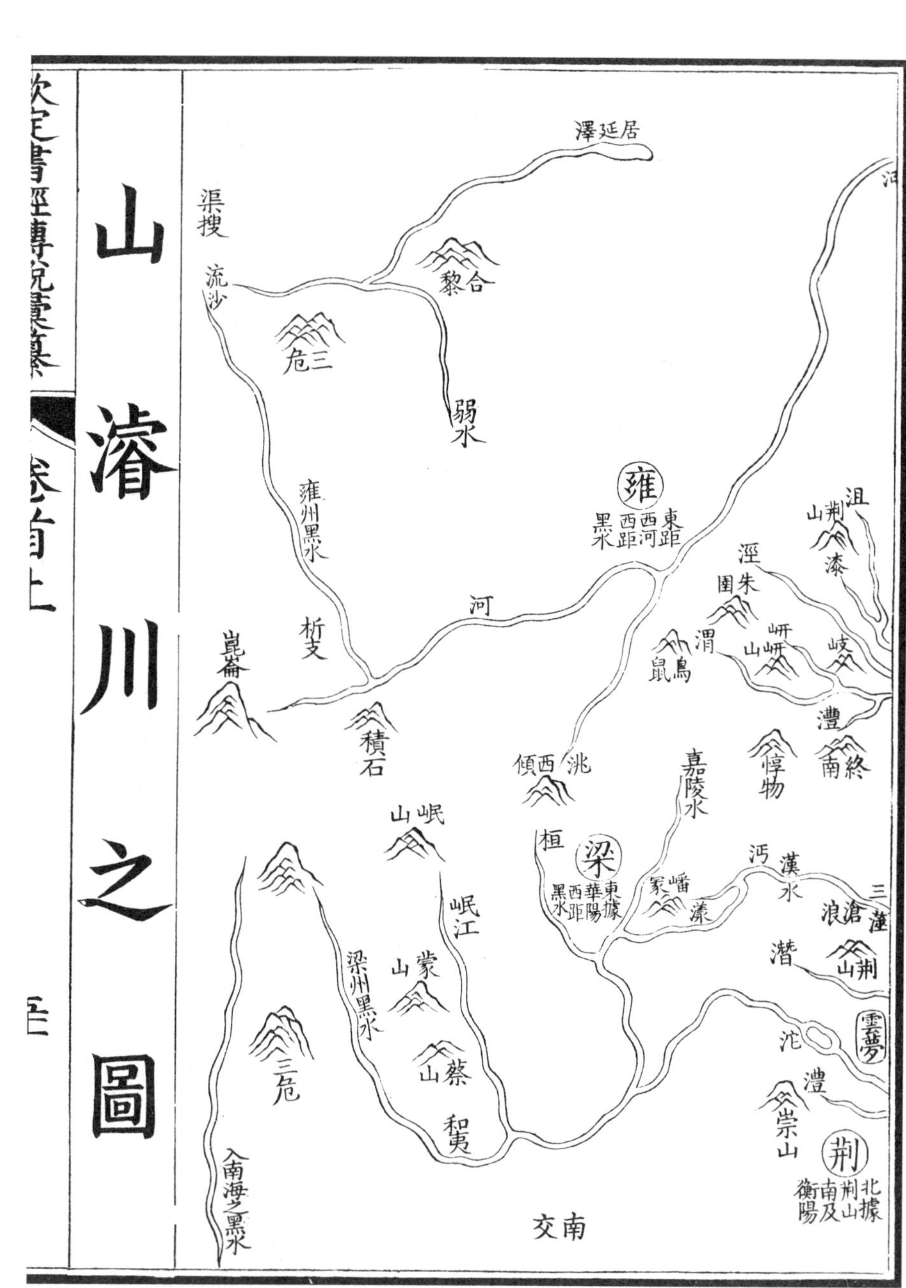

欽定書經傳說彙纂
卷首上
三
山濬川之圖
居延澤
渠搜
流沙
合黎
三危
弱水
雍
東距西河西距黑水
雍州黑水
河
析支
崑崙
積石
西傾
洮
岷山
岷江
桓
梁
東據華陽西距黑水
嶓冢
漾
嘉陵水
惇物
終南
鳥鼠
渭
朱圉
涇
荊山
沮
漆
岍山
岐
灃
沔
漢水
滄浪
三澨
潛
荊山
雲夢
沱
澧
崇山
荊
北據荊山南及衡陽
蒙山
梁州黑水
蔡山
和夷
三危
入南海之黑水
南交

濬畎澮

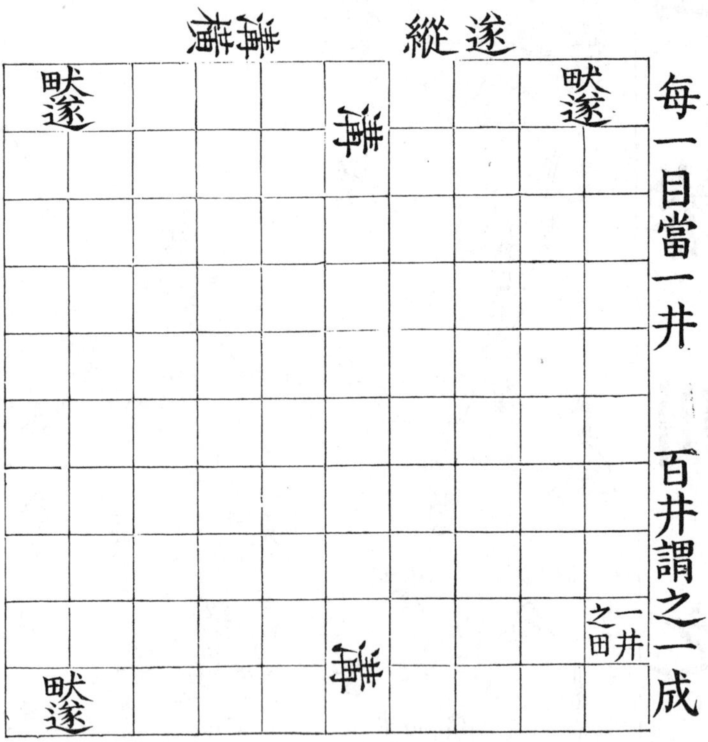
遂縱
溝橫
畎遂
畎遂
溝
溝
畎遂
一井之田
每一目當一井
百井謂之一成

周禮考工記耜廣五寸二耜為耦一耦之伐廣尺深尺謂之畎田首倍之廣二尺深二尺謂之遂九夫為井井閒廣四尺深四尺謂之溝方十里為成成閒廣八尺深八尺謂之洫方百里為同同閒廣二尋深二仞謂之澮專達於川凡天下之地勢兩

距川圖

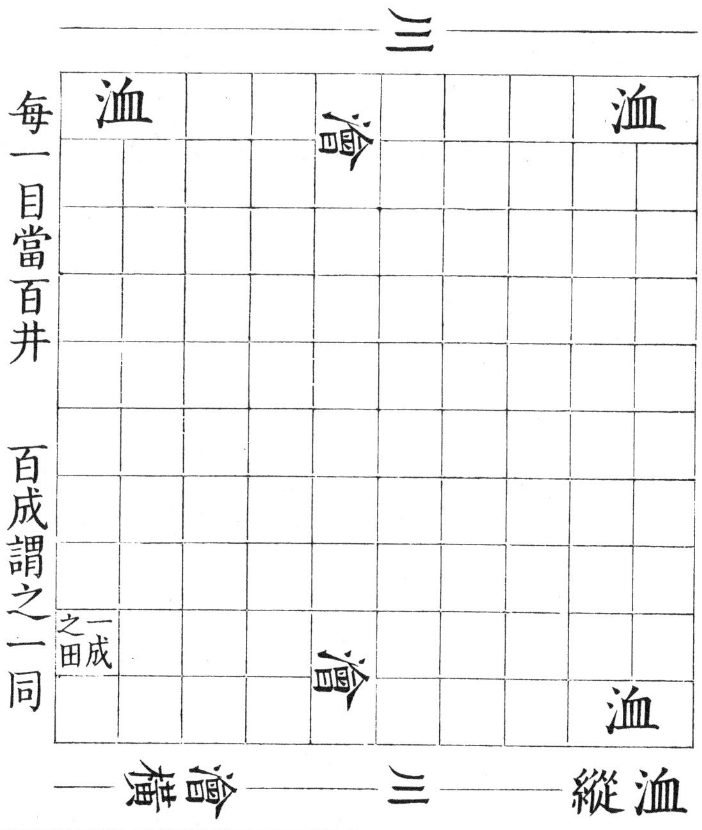

三

洫			澮				洫

每一目當百井

百成謂之一同

一成之田

澮

洫

洫縱 三 澮橫

山之閒必有川焉大川之上必有涂焉○蔡氏沈曰九川九州之川也周禮一畆之閒廣尺深尺曰畎一同之閒廣二尋深二仞曰澮畎澮之閒有遂有溝有洫皆通田閒水道以小注大也先決九川之水使各通於海次濬畎澮之水使各通於川

禹貢任土作貢之圖

雍	冀	兗
田上上 賦中下 土黃壤 貢球琳琅玕	賦上上錯 田中中 土白壤	田中下 賦貞 土黑墳 貢漆絲 篚織文

梁	豫	青
田下上 賦下中三錯 土青黎 貢璆鐵銀鏤砮磬 熊羆狐狸織皮	田中上 賦錯上中 土壤 下土墳壚 貢漆枲絺紵 篚纖纊 錫磬錯	田上下 賦中上 土白墳 貢鹽絺海物絲枲 鈆松怪石 篚檿絲

荊	揚	徐
田下中 賦上下 土塗泥 羽毛齒革金杶榦栝 貢柏礪砥砮丹箘輅楛 包匭菁茅納錫大龜 篚玄纁璣組	田下下 賦下上上錯 土塗泥 貢金三品瑤琨篠簜 齒革羽毛木 篚織貝 包橘柚	田上中 賦中中 土赤埴墳 貢土五色夏翟孤桐 浮磬蠙珠魚 篚玄纖縞

蔡氏沈曰。林氏曰。冀州先賦後田者。冀。王畿之地。天子所自治。併與場圃園田漆林之類而征之。如周官載師所載。賦非盡出於田也。故以賦屬於厥土之下。餘州皆田之賦也。故先田而後賦。又案九州九等之賦。皆每州歲入總數。以九州多寡相較而爲九等。非以是等田。而責其出是等賦也。冀獨不言貢篚者。冀。天子封內之地。無所事於貢篚也。○篚。竹器。筐屬。古者幣帛之屬。則盛以筐篚而貢焉。經曰。篚厥玄黃。是也。林氏曰。有貢又有篚者。所貢之物入於篚也。○鄭氏元瑶曰。召公曰。明王慎德。四夷咸賓。無有遠邇。畢獻方物。惟服食器用。予觀禹貢九州貢篚。亦以服食器用爲要。而冀州獨不言貢篚者。蓋畿甸之內。賦其總銍秸粟米也。總銍秸粟米者。食爲土貢之要也。兗之蠶絲。豫之絺紵。是衣服之用。亦爲土貢之要也。自服食之外。則器用次之。若夫大賂南金犀革象齒珠貝之類。非服食器用之物。貴其土產也。皆遠於畿甸。而或貢於要荒之服焉。

欽定書經傳說彙纂卷首上

欽定書經傳說彙纂卷首下

綱領一

此篇論删書傳書源流今文古文

周禮。外史掌三皇五帝之書。掌達書名於四方。鄭氏康成曰。謂若堯典禹貢。達此名使知之。

司馬氏遷曰。學者多稱五帝。尚矣。然尚書獨載堯以來。而百家言黃帝。其文不雅馴。薦紳先生難言之。

隋經籍志云。書之所興。蓋與文字俱起。孔子觀書周室。得虞夏商周四代之典。删其善者爲百篇。

孔氏穎達曰。聖賢闡教。事顯於言。言愜羣心。書而示法。因號曰書。後人見其久遠。自於上世。尚者上也。言此上代以來之書。故曰尚書。

林氏之奇曰。孔子之前。書之多寡。不可得而見。書緯云。孔子得黃帝玄孫帝魁之書。迄於秦穆公。凡三千二百四十篇。爲尚書。斷遠取近。定其可爲世法者百二十篇。爲簡書。此說不然。古書簡質。必不如是之多也。班孟堅藝文志。於古今書外。又有周書七十一篇。劉向云。周時號令。蓋孔子所論百篇之餘。於周時所刪去者。纔七十一篇。自周以前。疑愈少矣。謂有三千餘篇。非也。

許氏謙曰。聖人欲納天下於善。無他道焉。惟示之觀戒而已。故孔子於春秋。嚴其褒貶之辭。使人知所懼。於書。獨存其善。使人知所法。以上論刪書

陸氏德明曰。書者。本王之號令。右史所記。孔子刪錄。及秦禁學。伏生失其本經。口誦二十九篇。傳授。伏生授。濟南張生。千乘歐陽生。字和伯。生授同郡兒寬。御史大夫。寬又從孔

安國受業。以授歐陽生之子。歐陽大小夏侯尚書皆出於寬。歐陽氏世傳業。至曾孫高作尚書章句。爲歐陽氏學。高孫地餘。字長賓。侍中少府。以書授元帝。傳至歐陽歙。字正思。後漢大司徒。歙以上八世皆爲博士。濟南林尊。字長賓。爲博士。論石渠。官至少府太子太傅。受尚書於歐陽高。以授平當。字子思。下邑人。徙平陵。官至丞相。子晏亦明經。至大司徒。及陳翁生。梁人。信都太傅。家世傳業。翁生授殷崇。琅邪人。爲博士。及龔勝。字君賓。楚人。右扶風。當授朱普。字公文。九江人。爲博士。及鮑宣。字子都。勃海人。官至司隸。後漢濟陰曹曾。字伯山。諫大夫。受業於歐陽歙。傳其子祉。河南尹。又陳留陳弇。字叔明受業於丁鴻樂安牟長。字君高。河內太守。中散大夫。竝傳歐陽尚書。沛國桓榮。字春卿。太子太傅。太常。受尚書於朱普。東觀漢紀云榮事九江朱文。文卽普字。以授漢明帝。遂世相傳。東京最盛。漢紀云。門生爲公卿者甚衆。學者慕之以爲法。榮子郁。以書授和帝。官至侍中太常。郁子焉。復以書授安帝。官至太子太傅。太尉。張生。濟南人。爲博士。授夏侯都尉。魯人。都尉傳族子始昌。昌邑太傅。始昌傳族子勝。字長公。後屬東平長信少府。太子太傅。勝從始昌受尚書及洪範五行傳說災異。又事同郡簡卿。卿者。兒寬門人。又從歐陽氏問。爲學精熟。所問非一師。受詔撰尚書說。尚書章句二十九卷。號爲大夏侯氏學。傳齊人周堪。字少卿。太子少傅。光祿勳。及魯國孔霸。字次孺。孔子十三世孫。爲博士以書授元帝。官至太中大夫。號褒成君。霸傳子光。字子夏。丞相。光又事牟卿。堪授魯國牟卿。爲博士。及長安許商。字伯長。四至九卿。商授沛唐林。字子高。王莽時爲九卿。及平陵吳章。字偉君。王莽時博士。重泉王吉。字少音。王莽時爲九卿。齊炔欽。字幼卿。王莽時博士。後漢北海牟融。亦傳大夏侯尚書。夏侯建。字長卿。勝從父兄子。爲博士議郎。太子少傅。師事夏侯勝。及歐陽高。左右采獲。又從五經諸儒問。與尚書相出入者。牽引以次章句。爲小夏侯氏學。傳平陵張山拊。字長賓。爲博士。論石渠。至少府。山拊授同縣李尋。字子長。騎都尉。及鄭寬中。字少君。爲博士。授成帝。官至光祿大夫。領尚書事。山陽張無故。字子孺。廣陵太傅。信都秦恭。字延君。城陽內史。陳留假倉。字子驕。以謁者論石渠。至膠東相。寬中授東郡趙玄。御史大夫。無故授沛唐尊。王莽太傅。恭授魯馮賓。爲博士。後漢東海王良。亦傳小夏侯尚書。漢宣帝本始中。河內女子得泰誓一篇獻之。與伏生所誦合三十篇。漢世行之。然泰誓年月。不與序相應。又不與左傳國語孟子衆書所引泰誓同。馬鄭王肅諸儒皆疑之。漢書儒林傳云。百兩篇者出東萊張霸分析合二十九篇以爲數十又采左傳書序爲作首尾凡百二篇篇或數簡文意淺陋成帝時劉向校之非是後遂黜其書古文尚書者孔惠之所藏也魯恭王壞孔子舊宅漢景帝子名餘封於魯謚恭王於壁中得之皆科斗文字博士孔安國字子國孔子十二世孫官至諫大夫臨淮太守以校伏生所誦爲隸古寫之增多二十五篇又伏生誤合五篇凡五十九篇爲四十六卷安國又受詔爲古文尚書傳不獲奏上藏之私家藝文志云未列學官以授都尉朝司馬

遷亦從安國問。故遷書多古文説。劉向以中古文校歐陽大小夏侯三家經文。脱誤甚衆。都尉朝授膠東庸生。名譚。庸生授清河胡常。字少子。爲博士。至部刺史。常授虢徐敖。右扶風掾。敖授琅邪王璜。及平陵塗惲。字子眞。惲授河南乘欽。字君長。一本作桑欽。王莽時。諸學皆立。惲璜等貴顯。范曄後漢書云。中興扶風杜林。傳古文尚書。賈逵字景伯。扶風人。左中郎將。侍中。爲之作訓。馬融作傳。鄭玄注解。由是古文尚書。遂顯於世。案今馬鄭所注。竝伏生所誦。非古文也。孔氏之本絶。是以馬鄭杜預之徒。皆謂之逸書。王肅亦注今文。而解大與古文相類。或肅私見孔傳而祕之乎。江左中興。元帝時。豫章內史枚頤。字仲眞。汝南人。隋經籍志作梅賾。○奏上孔傳古文尚書。亡舜典一篇。購不能得。乃取王肅注堯典。從愼徽五典以下。分爲舜典篇以續之。孔序謂伏生以舜典合於堯典。孔傳堯典止說帝曰欽哉。而馬鄭王之本。同爲堯典。故取爲舜典。學徒遂盛。後范甯字武子。順陽人。東晉豫章太守。變爲今文集注。俗間或取舜典篇以續孔氏。齊明帝建武中。吳興姚方興。采馬王之注。造孔傳舜典一篇。云於大航頭買得。上之。梁武時爲博士議。曰。孔序稱伏生誤合五篇。皆文相承接。所以致誤。舜典首有曰若稽古。伏生雖昏耄。何容合之。遂不行用。漢始立歐陽尚書。宣帝復立大小夏侯博士。平帝立古文。永嘉喪亂。衆家之書竝滅亡。而古文孔傳始興。置博士。鄭氏亦置博士一人。近惟崇古文。馬鄭王注遂廢。今以孔氏爲正。其舜典一篇。仍用王肅本。

李氏延壽曰。齊時儒士。罕傳尚書之業。徐遵明兼通之。遵明受業於屯留王聰傳授浮陽李周仁及渤海張文敬李鉉河間權會竝鄭康成所注非古文也下里諸生略不見孔氏注解武平末劉光伯名炫劉士元名焯始得費甝義疏乃留意焉○劉焯少與炫爲友賈馬王鄭所傳章句多所是非著五經述議行於世炫聰明博學名亞於焯時稱二劉

劉氏昫曰孔穎達明鄭氏尚書同郡劉焯名重海內穎達造其門焯初不之禮穎達請質疑滯多出其意表焯改

容敬之。

朱子曰。諸經皆以注疏爲主。書則兼取劉敞。王安石。蘇軾。程頤。楊時。晁說之。葉夢得。吳棫。薛季宣。呂祖謙。

眞氏德秀曰。蔡季默。名沈。西山先生名元定。季子也。從文公遊。文公晚年訓傳諸經略備。獨書未及整。環視門生求可付者。遂以屬君。君沉潛反復數十年。然後克就。其書考序文之誤。訂諸儒之說。以發明二帝三王羣聖賢用心之要。洪範洛誥泰誓諸篇。往往有先儒所未及者。

吳氏師道曰。東萊呂成公。名祖謙。倡明正學。四方來者至千餘人。清江時氏名鑄字壽卿者。公同年進士。與弟鋹。率其家羣從弟子十餘人。悉從公遊。若澐。若瀾。若涇。尤時氏之秀。成公輯書說。自秦誓泝洛誥。未畢而卒。瀾以平昔所聞纂成之。

金氏履祥曰。朱子傳注諸經略備。獨書未及。嘗別出小序。辨正疑誤。指其要領。以授蔡氏而爲集傳。諸說至此有所折衷矣。而書成於朱子既沒之後。門人語錄未萃之前。猶或不無遺漏放失之憾。

楊氏士奇曰。書傳纂疏。元陳櫟輯。今讀書傳者。率資此書。及董鼎纂注。尤詳備。學者多未及見。以上論傳書源流

孔氏臧與弟安國書曰。舊章潛於壁室。欻爾而見。豈非聖祖之靈。欲令讚明其道以闡其業。曩雖爲今學。亦多所不信。唯聞尚書二十八篇。取象二十八宿。何圖古文乃有百篇邪。知以今雠古之隸篆推科斗。已定五十餘篇。竝爲之傳。

家語。孔衍上成帝書曰。臣祖安國。以經學見稱前朝。得古文科斗尚書。訓傳其義。其典雅正實。與世所傳者。不同日而語也。光祿大夫向。以爲其時所未施之故。不記於別錄。臣竊惜之。

班氏固曰。孔氏有古文尚書。孔安國以今文字讀之。因以起其家逸書得十餘篇。蓋尚書滋多於是矣。○劉向以中古文校歐陽大小夏侯三家經文。酒誥脫簡一。召誥脫簡二。率簡二十五字者。脫亦二十五字。簡二十二字者。脱亦二十二字。文字異者七百有餘。脱字數十。顔氏師古曰。中者。天子之書也。言中以别於外耳。

范氏蔚宗曰。劉陶明尚書。爲之訓詁。推三家尚書及古文。是正文字三百餘事。名曰中文尚書。

孔氏穎達曰。伏生所傳三十四篇。謂之今文。則夏侯勝夏侯建歐陽和伯等三家所傳。及後漢末蔡邕所勒石經是也。孔所傳者。膠東庸生劉歆賈逵馬融等所傳是也。鄭玄師祖孔學。而賤夏侯歐陽等。何意鄭注竝與孔異。

篇數竝與三家同。良由孔注之後。其書散逸。至晉世始得古文尚書而施行焉。然孔注之後。歷及後漢之末。無人傳說。至晉之初猶得存者。雖不列學官。散在民間。事雖久遠。故得猶存。

歐陽氏修曰。開元十四年。明皇以洪範無偏無頗。聲不協。詔改爲無偏無陂。天寶三年。又詔集賢學士衞包改古文從今文。馬氏端臨曰。漢之所謂古文者。科斗書。今文者。隸書也。唐之所謂古文者。隸書。今文者。世所通用之俗字也。

劉氏安世曰。今之書。乃漢所謂尚書。若復求孔子所定之書。今不見矣。漢承秦火之後。諸儒各以所學談經。自濟南伏生以降。不獨一人。就其中取之。獨孔安國古文尤勝諸家。則今尚書是也。

林氏之奇曰。賈馬鄭服。皆不見古文尚書。至晉齊閒。其書漸出。及隋開皇二年求遺書。得舜典。然後五十八篇方備。孔氏書始出。皆用隸書。今之所傳。乃唐天寶所定之本也。

朱子曰。書有古文有今文。今文乃伏生口傳。古文乃壁中之書。大禹謨説命。高宗肜日。西伯戡黎。泰誓等篇。凡易讀者皆古文。況又是科斗書。以伏生書字文考之。方讀得。豈有數百年壁中之物。安得不訛損一字。又卻是伏生記得者難讀。此尤可疑。今人作全書解。必不是。○問尚書古文今文有優劣否。曰。孔壁之傳。漢時卻不傳。只是司馬遷曾師授。如伏生尚書。漢世卻多傳者。鼂錯以伏生不會出。其女口授。有齊音不可曉者。以意屬成。此載於史者。及觀經傳。及孟子引享多儀。出自洛誥。卻無差。只疑伏生偏記得難底。卻不記得易底。然有一說可論難易。古人文字有一般如今人書簡說話。雜以方言。一時記錄者。有一般是做出告戒之命者。疑盤誥之類。是一時告語百姓。盤庚勸諭百姓遷都之類。是出於記錄。至於蔡仲之命。微子之命。冏命之屬。或出當時做成底詔誥文字。如後世朝廷詞臣所爲者。

章氏如愚曰。書學不同。非伏生之由也。蓋古人傳授點定大義。則意見義通。無俟乎訓詁之末也。生當煨燼之餘。授書於人。其所誦者傳之。其所忘者闕之。於大義既未有害。而盤誥聱牙。自是書之本體。亦非生所改易也。典謨貢範。同出於生。而明白坦亮如彼。獨盤誥有艱深焉。則其書之所以艱深。非齊音使然。而世儒之所以疑生者。皆非其實也。

金氏履祥曰。孔壁中不惟有古文諸篇。計必兼有今文諸篇。安國雖以伏生之書考古文。不能復以古文之書訂

今文是以古文多平易今文多艱澁

陳氏第曰孔安國古文二十五篇至東晉始顯唐人疏之始大行於世未有議其爲僞者宋吴才老始曰安國所增多之書皆文從字順非若伏生之書詰曲聱牙至有不可讀者吴草廬因之曰二十五篇采輯補綴無一字無所本而平緩卑弱殊不類秦漢以前之文愚竊以爲過也今文自殷盤周誥外若堯典臯謨甘誓湯誓高宗肜日西伯戡黎牧誓洪範無逸顧命何嘗不文從字順

乎。左國禮記諸書。稱引二十五篇。彬彬具在。今謂作古文者采綴爲之。是倒置本末。而以枝葉作根幹矣。且其紀綱道德。經緯人事。深沉而切至。高朗而矯健。又安見其平緩卑弱乎。孔穎達曰。古文經雖然早出。晚始得行。其詞富而備。其義弘而雅。故復而不厭。久而愈亮。可謂知言也已。以上論今文古文

綱領二 此篇論尚書大旨體例及書序

禮記。疏通知遠。書教也。

孔氏鮒曰子曰吾於帝典見堯舜之聖焉於大禹皋陶謨益稷見禹稷皋陶之忠勤功勳焉於洛誥見周公之德焉故帝典可以觀美大禹謨禹貢可以觀事皋陶謨益稷可以觀政洪範可以觀度泰誓可以觀義五誥可以觀仁甫刑可以觀誡通斯七者則書之大義舉矣

董氏仲舒曰禹繼舜舜繼堯三聖相受而守一道○堯舜三王之業皆由仁義爲本

揚氏雄曰說事者莫辨乎書○虞夏之書渾渾爾商書灝

灝爾。周書噩噩爾。

劉氏勰曰。子夏歎書昭昭若日月之明。離離如星辰之行。言昭灼也。○尚書覽文如詭。而尋理卽暢。

劉氏知幾曰。尚書者。七經之冠冕。百氏之襟袖。學者必先精此書。次覽羣籍。

司馬氏光曰。尚書者。二帝三王嘉言要道。盡在其中。爲政之成規。稽古之先務也。欲求楷模。莫盛於此。

張子曰。欽明文思。堯德也。濬哲文明。溫恭允塞。舜德也。舜之德與堯不同。蓋聖人有一善之源。足以兼天下之善。如孟子言堯舜之道。孝弟而已矣。蓋知所本。○堯舜之心。其施直欲至於無窮。言朔南暨聲教。東漸於海。西被於流沙。是猶有限。此外更有去處。修已以安百姓。欲得人人如已。然安得如此。○稽衆舍已。堯也。與人爲善。舜也。聞言則拜。禹也。用人惟已。改過不吝。湯也。不聞亦式。不諫亦入。文王也。皆虛其心以爲天下也。

程子曰。人主得堯舜禹湯文武之道。則天下享唐虞夏商周之治。○堯與舜更無優劣。及至湯武便別。孟子言性之反之。自古無人如此說。只孟子分別出來。便知得堯舜是生而知之。湯武是學而能之。文王之德則似堯舜。禹之德則似湯武。要之皆是聖人。○萬物皆只是一箇天理。己何與焉。至如言天討有罪。五刑五用哉。天命有德。五服五章哉。此都是天理自然當如此。人幾時與。與則便是私意。

曾氏鞏曰。唐虞爲二典者。所記獨其迹耶。并與其深微之意而傳之。方是時。豈特任政者。皆天下之士哉。蓋執簡操筆而隨者。亦皆聖人之徒也。

楊氏時曰。書存者五十九篇。竊以一言蔽之曰。中而已矣。堯舜禹授受之際。豈不重哉。而所言止此。仲虺稱湯曰。建中於民。箕子陳洪範曰。皇建其有極。然則帝之所以爲帝。王之所以爲王。率此道也。夫所謂中者。豈執一之謂哉。亦貴乎時、中也。時中者。當其可之謂也。後世昧執中之權。而不知時措之宜。徇名失實。烏足與論聖人之中道哉。

朱子曰。堯舜禹之相授也。曰人心惟危。道心惟微。惟精惟一。允執厥中。堯舜禹皆大聖人也。生而知之。宜無事於學矣。而猶曰精曰一曰執者。明雖生而知之。亦資學以成之也。○日新又新。昔成湯所以反之而至於聖者。正惟學於伊尹。而有得於此。故稱其德者。曰不邇聲色。不殖貨利。又曰以義制事。以禮制心。又曰從諫弗咈。改過不吝。又曰與人不求備。檢身若不及。皆日新之謂也。至詩所謂聖敬日躋者。則其語意。於日新爲至近。而敬之一字。又見其所以日新之本。蓋不如是。則亦何地可據。而能日繼其功哉。至武王受師尚父丹書之戒。而於几席觴豆刀劍户牖盥盤。莫不銘焉。則亦聞湯之風而興起者。皆可以爲萬世帝王之法矣。

王氏炎曰。爲治有定法。天下無定時。時異則法異。雖堯舜禹相授一道。法亦不能無損益。分劃九州。堯之制也。然舜則析爲十有二州。分命羲和。堯之制也。至夏則羲和合爲一官。聖人順人情。觀世變。立法經治。雖不可變古。亦不可泥古也。

王氏應麟曰。仲虺之誥。言仁之始也。湯誥。言性之始也。太甲。言誠之始也。說命。言學之始也。皆見於商書。○湯之誥曰。惟皇上帝。降衷於下民。武之誓曰。惟人萬物之靈。劉子所謂天地之中。子思所謂天命之性。孟子所謂性善。淵源遠矣。○虞之賡歌。夏五子之歌。此三百之權輿也。洪範無偏無陂。至歸其有極。與周禮大師教以六詩。

同一機。伊訓三風十愆。自聖謨洋洋而下。亦叶其音。蓋欲日誦是訓。如衛武公之抑戒也。
陳氏淳曰。堯舜禹湯文武更相授受中天地爲三綱五常之主。皐陶伊傅周召又相與輔相。躋天下文明之治。
董氏鼎曰。一書之中。其於明德新民之綱。修齊治平之目。卽堯典已盡其要。而危微精一四言。所以開知行之端。主善協一四言。所以示博約之義。務學。則說命其入道之門。爲治。則洪範其經世之要也。他如齊天運。則有羲和之曆。定地理。則有禹貢之篇。正官僚。則有周官之制度。修己任人。則有無逸立政諸書。煨燼壞爛之餘。百篇僅存其半。而宏綱實用尚如此。故嘗謂六經莫備於書。易主卜筮。卽洪範之稽疑也。禮主節文。卽虞書之五禮也。詩主咏歌。卽后夔之樂教也。周禮設官。卽周官六卿率屬之事也。春秋褒貶。卽臯謨命德討罪之權也。帝王修齊治平之規模事業。盡在此書。學者其可不盡心焉。

方氏孝孺曰。堯舜禹功德之盛。未足見聖人之大。於處盛美而不居。然後可見其量也。

章氏陬曰。韓子有言。記事者必提其要。若天文地理圖書律呂四者。皆書之要也。

薛氏瑄曰。堯典以欽之辭始。益稷以欽之辭終。則堯舜傳心之要可知矣。○舜之兢兢業業。禹之祗台德先。成湯之慄慄危懼。文王之小心翼翼。皆敬謹之謂也。○人君之德。惟明爲先。書稱堯曰欽明。舜曰文明。禹曰明明。湯曰克明。文王曰若日月之照臨。皆言明也。明則在己之理欲判然。在人之邪正別白。處己處人。萬事皆得其當矣。○易雖古於書。然伏羲時。但有卦畫而無文辭。文辭實始於書。故凡言德。言聖。言神。言心。言道。言中。言性。言天。言命。言誠。言善。言一之類。諸性理之名。多見於書。

錢氏與映曰。爲人君而建極馭寓。不可不知書。爲人臣而爲德爲民。不可不知書。爲庶人而遵由道路。不可不知書。以上論尚書大旨

孔氏穎達曰。書體爲例有十。一曰典。二曰謨。三曰貢。四曰

歌。五曰誓。六曰誥。七曰訓。八曰命。九曰征。十曰範。堯典舜典二篇。典也。大禹謨臯陶謨二篇。謨也。禹貢一篇。貢也。五子之歌一篇。歌也。甘誓泰誓三篇。湯誓牧誓費誓秦誓八篇。誓也。仲虺之誥。湯誥大誥。康誥。酒誥。召誥。洛誥。康王之誥八篇。誥也。伊訓一篇。訓也。說命三篇。微子之命。蔡仲之命。顧命。畢命。冏命。文侯之命九篇。命也。胤征一篇。征也。洪範一篇。範也。此各隨事而言。益稷亦謨也。因其人稱言以別之。其太甲。咸有一德。伊尹訓道王。

亦訓之類。盤庚亦誥也。故王肅云。不言誥。何也。取其從而立功。非但錄其誥。高宗肜日與訓序連文。亦訓辭可知也。西伯戡黎云。祖伊恐奔告於受。亦誥也。武成云。識其政事。亦誥也。旅獒戒王。亦訓也。金縢自爲一體。祝亦誥辭也。梓材酒誥分出。亦誥也。多士以王命誥。自然誥也。無逸戒王。亦訓也。君奭周公誥召公。亦誥也。多方周官上誥於下。亦誥也。君陳君牙與畢公之類。亦命也。呂刑陳刑告王。亦誥也。書篇之名。因事而立。旣無體例隨便爲文。

鄭氏樵曰。典謨訓誥誓命。孔安國以爲書之六體。由今觀之。有一篇備數篇之體。如大禹謨曰。禹乃會羣后誓師。則是謨亦有誓也。說命曰。王庸作書以誥。則是命亦有誥也。以至益稷洪範本謨而不言謨。旅獒無逸本訓而不言訓。盤庚梓材本誥不言誥。胤征不言誓。君陳君牙不言命。大抵五十八篇之中聖人取予之意。各有所主。有取於治亂興廢之所由者。如典謨訓誥湯誓之類是也。有世不得以爲治。而有取其言以傳遠者。如五子之歌君牙冏命是也。有取其事者。胤征是也。有取其意者。呂刑是也。有特記其時者。文侯之命是也。有以示戒勸者。費秦誓是也。與三百篇之美刺。二百四十二年之褒貶。無以異也。

朱子曰。古史之體可見者。書春秋而已。春秋編年通紀。以見事之先後。書則每事別記。以具事之首尾。意者當時史官。既以編年紀事。至於事之大者。則又採合而別記

之若二典所記上下百有餘年而武成金縢諸篇其所紀理或更歲月或歷數年其間豈無異事蓋必已具於編年之史而今不復見矣

董氏鼎曰陸德明以六體分正攝蓋以典謨訓誥誓命名篇者爲正不以名篇而在六體之類者爲攝然古之爲書者隨時書事因事成言取辭之達意而已豈如後之作文者求必合體制也孔氏以六體言大槩已舉雖不以六字名篇合其類則是亦正也何以攝爲

陳氏櫟曰。書體有六。典謨訓誥誓命是也。今篇名元有此六字者。固不待言矣。其無此六字。如太甲咸有一德旅獒無逸立政。訓體也。盤庚西伯戡黎。微子多士多方君奭周官。誥體也。胤征。誓體也。君陳。君牙。呂刑。命體也。雖其間不無簡編之殘斷。字語之舛訛。然上自堯舜之盛。下逮東周之初。二千餘年之事。猶賴此可考焉。以上論書體例

孔氏穎達曰。書序。鄭玄馬融王肅。竝云孔子所作。依緯文也。百篇。凡六十三序。

林氏光朝曰。序乃歷代史官相傳。以爲書之總目。猶詩之有小序也。

朱子曰。某看得書小序不是孔子自作。只是周秦間低手人作。然後人亦自理會他本義未得。且如皋陶矢厥謨。禹成厥功。帝舜申之。申重也。序者本意先說皋陶。後說禹。謂舜欲令禹重說。故將申字係禹字。蓋伏生書以益稷合於皋陶謨。而思曰贊贊襄哉。與帝曰來禹汝亦昌言。禹拜曰都。帝予何言。予思日孜孜相連。申之二字。便見是舜命禹重言之意。此是序者本意。今人都不如此說。○小序斷不是孔子做。○問除書序不以冠篇首者。豈非有所疑於其間邪。曰。誠有可疑。且如康誥第述文王。不曾說及武王。只有乃寡兄是說武王。又是自稱之詞。然則康誥是武王誥康叔明矣。但緣其中有錯說周公初基處。遂使序者以爲成王時事。此豈可信。曰。然則殷地。武王既以封武庚。而使三叔監之矣。又以何處封康叔。曰。既言以殷餘民封康叔。豈非封武庚之外。將以封之乎。又曾見吴才老辨梓材一篇云。後半截不是梓材。緣其中多是勉君。乃臣告君之詞。未嘗如前一截稱王曰。又稱汝。爲上告下之詞。亦自有理。

馬氏廷鸞曰。書序自爲一編。故以昔在帝堯起於篇首。後接舜典。則曰虞舜側微。接禹謨。則曰皐陶矢厥謨。禹成厥功。益足證古序自爲一篇。而相續之辭如此。蓋史氏舊文也。

何氏異孫曰。書序。東萊呂氏以爲皆孔子文。而朱文公悉以爲非。蔡傳以爲周秦間人文字。有合經處。中間略有得春秋意者。如武成洪範費誓秦誓數篇。東萊見一二處中有似春秋。遂以爲皆孔子之書。不知各篇元自有史官敘作書之意。儘自明白。

金氏履祥曰。前漢書言張霸采左傳書敘作書首尾。後漢書言衞宏作詩序。衞宏之云。朱子嘗引之以證詩序之僞矣。獨書序疑而未斷。方漢初時。泰誓且有僞書。何況書序之類。且孔傳古文。其出最後。則其爲齊魯諸儒次第附會而作序。亦可知也。

朱氏升曰。古文書序。自爲一篇。孔注移之各冠篇首。序文與書本旨。往往不協。蔡氏置於後以存其舊。蓋朱子所授之旨也。以上論書序

綱領三

此篇論讀書之法及諸家書解得失

王氏通曰。昔聖人之述書也。帝王之制備矣。故索焉而皆獲。

張子曰。尚書難看。蓋難得胸臆如此之大。只欲解義。則無

難也。書稱天應如影響。其禍福果然否。大抵天道不可得而見。惟占之於民。人所悅。則天必悅之。所惡。則天必惡之。只爲人心至公也。至衆也。民雖至愚無知。惟於私已。然後昏而不明。至於事不干礙處。則自是公明。大抵衆所向者。必是理也。理則天道存焉。故欲知天者。占之於人可也。

程子曰。看書須要見二帝三王之道。如二典。卽求堯所以治民。舜所以事君。○三代忠質文。其因時之尚然也。夏近古人多忠誠。故爲忠。忠弊。故救之以質。質弊。故救之以文。非道有弊也。後世不守。故浸而成弊。雖不可以一二事觀之。大槩可知。○漢儒之談經也。以三萬餘言明堯典二字。可謂知要乎。惟毛公董相。有儒者氣象。

朱子曰。聖人千言萬語。只是說箇當然之理。恐人不曉。又筆之於書。自書契以來。二典三謨伊尹武王箕子周公孔孟都只如此。可謂盡矣。只就文字閒求之。句句皆是。做得一分。便是一分工夫。非茫然不可測也。但恐人自不子細求索之耳○問尚書難讀蓋無許大心胸他書亦須大心胸方讀得如何程子只說尚書曰他書卻有次第且如大學自格物致知以至平天下有多少節次尚書只合下便大如堯典自克明俊德以親九族至黎民於變時雍展開是大小大分命四時成歲便是心中包一箇三百六十五度四分度之一底天方見得恁地若不得一箇大底心胸如何了得○尚書初讀甚難似見於已不相干後來熟讀見堯舜禹湯文武之事皆切

於已○尚書先將文義分曉者讀之聱牙者且未讀如二典三謨等篇義理明白句句是實理堯之所以爲君舜之所以爲臣皋陶稷契伊傅輩所言所行最好綢繆玩味體貼向自家身上來其味自别○問鄭可學尚書如何看曰須要考歷代之變曰世變難看唐虞三代事浩大闊遠何處測度不若求聖人之心如堯則考其所以治民舜則考其所以事君且如湯誓湯曰予畏上帝不敢不正熟讀豈不見湯之心大抵尚書有不必解者

有須著意解者。不必解者。如仲虺之誥太甲諸篇。只是熟讀。義理自分明。何俟於解。如洪範。則須著意解。如典謨諸篇。辭稍雅奥。亦須略解。若如盤庚諸篇。已難解。而康誥之屬。則已不可解矣。○學者須是有業次。且如讀堯舜典曆象日月星辰。律度量衡。五樂五禮之類。禹貢山川。洪範九疇。須一一理會令透。今人只做得西漢以下工夫。無人就堯舜三代原頭處理會來。○問書當如何看。曰。且看易曉處。其他不可曉者。不要强說。縱說得出。恐未必是當時本意。○尚書中盤庚五誥之類。實是難曉。若要添減字硬說將去儘得。然只是穿鑿。終恐無益耳。○如堯典舜典臯陶謨益稷。出於伏生。便有難曉處。如載采采之類。大禹謨便易曉。如五子之歌。胤征有甚難記。卻記不得。至如泰誓武成皆易曉。只牧誓中便難曉。如五步六步之類。如大誥康誥夾著微子之命。穆王之時。冏命君牙易曉。到呂刑亦難曉。便是未易理會。○商書中伊尹告太甲五篇。伊訓。太甲三篇咸有一德。說得極切。其所以治心修身處。雖爲人主言。然初無貴賤之別。宜取細讀。今人不於此等處理會。卻只理會小序。○書中周公之言便難讀。立政君奭之篇是也。最好者惟無逸一書。中間用字亦有譸張爲幻之語。至若周官蔡仲等篇。卻是官樣文字。必出於當時有司潤色之文。非純周公語也。○問書何緣無宣王書。曰是當時偶然不曾載得。○尚書只是虛心平氣。闕其所疑。隨力量看教浹洽。便自有得力處。不須預爲計較。必求赫赫之功也。○道夫請點尚書以幸後學。曰。某今無工夫。曰。先生於書既無解。若更不點。則句讀不分。後人承舛聽訛。卒不足以見帝王之淵懿。曰。公豈可如此說。焉知後來無人。道夫再三請之。曰。書亦難點。如大誥語句甚長。今人卻都碎讀了。所以曉不得。某嘗欲作書說。竟不曾成。如制度之屬。祇以疏文爲本。若其他未穩處。更與挑剔令分明便得。

黃氏鎭成曰。道德仁聖統乎心。制作名物達於事。內外之道合。而帝王之政備矣。然統乎心者。先後古今。脗合無二。達於事者。儀章器物。因革無存。故求帝王之心易。而考帝王之事難。

薛氏瑄曰。古人敘事之文。極有法。如禹貢篇首。以敷土奠高山大川爲一書之綱。次冀州。以王畿爲九州之首。次八州。次導山。次導水。以見經理之先後。次九州。四隩。九川。九澤。四海。以結經理之效。次制貢賦。立宗法。祇台德先。分五服。以述經理之政事。而終之以聲教訖于四海。執圭以告厥成功。始終本末。綱紀秩然。非聖經其能然乎。○洪範篇。造化氣數天理人事皆具。書之易也。○一五行之疇。於八疇無不包。誠以五行一陰陽也。陰陽一太極也。太極本無極也。天下之理。豈有出於無極太極之外者哉。其旨深矣。○二五事。踐形盡性之學備於此。○典謨仲虺成湯伊傳諸書。尤切於學者。以上論讀書之法

歐陽氏修曰。箕子陳洪範。條其事爲九類。別其說爲九章。考其說。不相附屬。劉向爲五行傳。迺取五事皇極庶徵附於五行。以爲八事皆屬五行與。則至於八政五紀三

德稽疑福極之類。又不能附。至俾洪範之書。失其倫理。所謂旁引曲取而遷就其說也。然自漢以來。未有非之者。

朱子曰。尚書注疏。程張之外。蘇氏說亦有可觀。但終是不純粹。林少穎說。召誥已前亦詳備。聞新安有吳才老裨傳。頗有發明。卻未曾見。諸家雖或淺近。要亦不無少補。但在詳擇之耳。不可以篇帙浩汗。而遽憚其煩也。○諸說。蘇氏傷於簡。林氏傷於繁。王氏傷於鑿。呂氏傷於巧。

然其間儘有好處○書疏載在璿璣玉衡處先說箇天今人讀著亦無甚緊要以某觀之若看得此亦可以粗想象天之形與日月星辰之運進退疾遲之度皆有分數而曆數大槩亦可知矣○古人說話皆有源流荊公解聰明文思處牽合洪範之五事此卻是穿鑿如小旻詩云國雖靡止或聖或否民雖靡膴或哲或謀或肅或艾卻合洪範五事此人往往曾傳箕子之學劉文公云人受天地之中以生等語亦是有所師承不然亦必曾

見上世聖人之遺書。大抵成周時。於王都建學。盡收得上世許多遺書。故其時人得以觀覽。而剽聞其議論。當時諸國想亦有書。若韓宣子適魯。見易象與魯春秋。但比王都差少耳。故孔子看了魯國書。猶有不足。得孟僖子以車馬送至周。入王城見老子。因得徧觀上世帝王之書。○胡安定書解。未必是安定所注。行實之類不載。但言行錄上有少許。不見有全部。專破古說。似不是胡平日意。又聞引東坡說。東坡不及見安定。必是僞書。○

曾彦和。名旼。熙豐後人。解禹貢。林少穎吳才老甚取之。○林書儘有好處。但自洛誥已後。非他所解。○問書解誰者最好。莫是東坡書爲上否。曰。然。又問但若失之簡。曰。亦有只消如此解者。又云。說著處直是好。他看得文勢好。又筆力過人。發明得分外精神。○尚書句讀。王介甫蘇子瞻整頓得數處甚是。見得古注全然錯。○胡氏闢得吳才老解經亦過當。才老於考究上極有功夫。只是義理上。自是看得有不子細。○因論書解。必大曰。舊聞一士人說注疏外當看蘇氏陳氏解曰介甫解亦不可不看書中不可曉處先儒既如此解且只得從他說但一段訓詁如此說得通至別一段如此訓詁便說不通不知如何○荆公不解洛誥但云其間煞有不可强通處今姑擇其可曉者釋之今人多說荆公穿鑿他却有如此處若後來人解書又卻須要解盡○李經叔異伯紀名綱丞相弟解書甚好亦善考證○吕伯恭解書自洛誥始某問之曰有解不去否曰也無及數日後謂某曰

書也是有難說處。今只是强解將去爾。要之伯恭卻是傷於巧。○向在鵞湖。見伯恭欲解書。云且自後面解起。今解至洛誥。有印本是也。其文甚閙熱。某嘗問伯恭書有難通處否。伯恭初云。亦無甚難通處。數日問。卻云果是有難通處。○後數年再會於衢。伯恭始謂予曰。書之文誠有不可解者。甚悔前日之不能闕所疑也。伯恭所以告予者。雖其徒或未必知。讀者知求伯恭晚所欲闕者而闕之。庶幾得其所以書矣。○元祐說命無遜講義。

及晁以道葛子平程泰之吴仁傑數書。可便參訂。序次當以注疏爲先。疏節其要者。以後只以時世爲先後。西山間有發明經旨處。固當附本文之下。其統論卽附篇末。記得其數條。理會點句。及正多方多士兩篇。可併考之。○史丞相名浩書。亦有好處。如命公後。衆說皆云命伯禽爲周公之後。史云成王旣歸。命周公在後。看公定予往已一言。便見得是周公且在後之意。○薛士龍名季宣書解。其學問多於地名上有功夫。

陳氏振孫曰：陸佃農師撰二典義通考一卷。佃爲王氏學。長於考訂。○葉少藴名夢得博極羣書。强記絶人。書與春秋之學。視諸儒爲最精。○鄭樵漁仲撰通考七卷。其目曰糾繆四。闕疑一。復古二。樵以遺逸召用。博聞洽見。然近迂僻。

方氏岳曰：滕溪齋先生名璘與其弟合肥令君名珙同登晦翁之門。學者謂之新安兩滕。和叔名鉛漸涵於二父之淵源。披剝於百家之林藪。著尚書大意。

黄氏震曰。經解惟書最多。至蔡九峰參合諸儒要說。嘗經朱文公訂正。其釋文義既視漢唐爲精。其發指趣又視諸家爲的。

董氏鼎曰。安國之傳。不無可疑。而穎達之疏。惟詳制度。至宋諸儒數十家。而後其說漸備。又得文公朱子有以折其衷。而悉合於古。雖集傳之功未竟。而委之門人九峰蔡氏。既嘗親訂定之。則猶其自著也。

陳氏櫟曰。余編書傳。宗朱蔡。采諸家。附巳見。大略與深山董氏相類第不盡載蔡傳於前爾。

戴氏表元曰。雙溪王先生。名炎著尚書小傳。訓詁家所未及。於時文公假令尚在。當有莫逆於言辭文字之間者。

黃氏溍曰。許白雲先生名謙書說。時有與蔡氏不能盡合者。要歸於是而已。

李氏祁曰。九峰蔡氏。親受朱子指畫。作爲集解。其微辭隱義。諸家或所未發。蔡氏亦止據其所長而采之。使當時復有他說。則亦必在所不遺矣。

歸氏有光曰。王荆公曾文定公皆有洪範傳。其論精美。遠出二劉敞攽二孔武仲平仲之上。

李氏維楨曰。金壇王中丞名樵日記。裒錄百家訓詁。於經旨多所發明。

都氏穆曰。朱子於經傳多有訓釋。惟尚書則否。蓋以其多錯簡脫。非古文之全也。蔡氏書傳序云。二典禹謨先生蓋嘗是正。則其他固未之及。世所傳有朱子書說。蓋當時門人取語錄文集中語以成之。非朱子意也。以上論諸家書

解得失

欽定書經傳說彙纂卷首下

欽定書經傳說彙纂卷第一

虞書

集傳 虞舜氏，因以爲有天下之號也。書凡五篇。陸氏德明曰：虞書凡十六篇，十一篇亡。堯典雖紀唐堯之事，然本虞史所作，故曰虞書。其舜典以下，夏史所作，當曰夏書。春秋傳亦多引爲夏書。此云虞書，或以爲孔子所定也。

集說 孔氏穎達曰：莊八年左傳云，夏書曰：皋陶邁種德。僖二十四年左傳引夏書曰：地平天成。二十七年引夏書：賦納以言。襄二十六年引夏書曰：與其殺不辜，寧失不經。皆在大禹謨、皋陶謨，當云虞書，而云夏書者。以事關禹。故引爲夏書。若洪範以爲周書。以箕子至周。商人所陳。而傳引之。卽曰商書也。○夏氏僎曰。二典禹謨俱謂之虞書者。蓋三聖授受實守一道。謂之唐書。則可以該舜。不可以該禹。謂之夏書。則可以該舜。不可以該堯。惟曰虞書。則見舜上承於堯。下授於禹。○薛氏季宣曰。虞書詳於舜而畧於堯追記可知。○黃氏鎭成曰。堯典雖言堯事。而自疇咨以下。實爲禪舜張本。三謨等篇。亦舜時事。所以均謂之虞書也。○王氏樵曰。舜史記堯事。禹史記舜事。不應皆曰稽古。以理考之。紀載出於虞史。而緒成於夏啓以後史臣之手。稽古等語。夏史所加也。春秋傳多引爲夏書。據所成也。孔子定爲虞書。原所作也。

堯典

集傳 堯唐帝名。孔氏穎達曰。號之曰堯者。釋名以爲其尊高堯堯然。物莫之先。故謂之堯也。○胡氏安國曰。古者不以名爲諱。堯典稱有鰥在下曰虞舜。則堯舜者。固二帝之名也。○朱子曰。看來堯舜只是名。

說文曰。典從冊在丌上。尊閣之也。此篇以簡冊載堯之事。故名曰堯典。後世以其所載之事。可爲常法。故又訓爲常也。今文古文皆有。

董氏鼎曰。篇題下每書古今文有無者。孔壁伏生二書之分耳。非以字畫言辭論也。

【集說】孔氏安國曰。言堯可爲百代常行之道。○孔氏穎達曰。舜登庸由堯。故追堯作典。○經之與典俱訓爲常。名典不名經者。以經是總名。包殷周以上。皆可爲後代常法。故以經爲名。典者。經中之別。特指堯舜之德。於常行之內。道最爲優。故名典不名經也。○程子曰。上古世淳人朴。順事而爲治耳。至堯始爲治道。因事制法。著見功跡。而可爲典常也。不惟隨時。亦其憂患後世而有作也。故作史者。以典名其書。○呂氏祖謙曰。二典與他書不同。如易之有乾坤。

曰若稽古帝堯曰放勳欽明文思安安允恭克讓光被四表格于上下。

【集傳】曰。粤越通。古文作粤。曰若者。發語辭。周書越若來三月。亦此例也。稽。考也。史臣將敘堯事。故先言考古之帝堯者。其德如下文所云也。朱子曰。曰若稽古帝堯。是作書者敘起。曰者。猶言其說如此也。放。至也。猶孟子言放乎四海是也。勳。

功也。言堯之功大而無所不至也。蘇氏軾曰：自孟子太史公咸以放勳重華文命爲堯舜禹之名，然有不可者。以類求之，則皋陶爲名允迪乎。欽恭敬也，明通明也，敬體而明用也。文文章也，思意思也。文著見而思深遠也。吕氏祖謙曰：散而在外則爲文，欽明之發見也。藴而在内則爲思，欽明之潛蓄也。文思表裏之謂。安安無所勉强也。言其德性之美皆出於自然而非勉强。所謂性之者也。黄氏度曰：安安從容中道，盛德之形容也。允信克能也。常人德非性有，物欲害之，故有强爲恭而不實，欲爲讓而不能者。惟堯性之，是以信恭而能讓也。光顯，被及，表外，格至上天下。地也。言其德之盛如此。故其所及之遠如此也。呂氏大臨曰。格。極其所至也。德之盛者。上下與天地同流而無閒也。蓋放勳者。總言堯之德業也。欽明文思安安。本其德性而言也。允恭克讓。以其行實而言也。至於被四表格上下。則放勳之所極也。孔子曰。惟天爲大。惟堯則之。故書敘帝王之德。莫盛於堯。而其贊堯之德。莫備於此。且又首以欽之一字爲言。此書中開卷第一義也。讀者深味而有得焉。則一經之全體。不外是矣。其可忽哉。

集說孔氏穎達曰：史述帝堯心意恆敬，智慧甚明，發舉則有文謀，思慮則能通敏，在於已身有此四德。又能信實恭勤，善能謙讓。恭則人不敢侮，讓則人莫與爭。由此爲下所服，名譽著聞。聖德美名，充滿被溢於四方之外，又至于上天下地。言其日月所照，霜露所墜，莫不聞其聲名，被其恩澤也。○林氏之奇曰：史記曰：堯有大功，於是推言其所以爲大功者，欽明文思安安，允恭克讓，光被四表，格于上下，此其所以爲大功也。○朱子曰：堯是初頭出治第一箇聖人，堯典是第一篇典籍，說堯之德，都未下別字，欽是第一箇字，聖賢千言萬語，大事小事，莫不本於敬，收拾得自家精神在此，方看得道理盡，看道理不盡，只是不專一。○敬是徹上徹下工夫，做到聖人田地也，只放下這箇敬不得，如堯舜也只終始是一箇敬，如說欽明文思，頌堯之德四箇字，獨將這箇敬爲首，如說恭己正南面而已，如說篤恭而天下平，皆是。○欽是箇本領，能敬便能明，惟明故文理詳察，粲然可觀而其間意思自是深遠○安安只是重疊字若小心翼翼成性存存言堯之欽明文思皆本於自然不勉強也○眞氏德秀曰堯之德以欽爲首而其行以恭爲先學者之學聖人此其準的也○金氏履祥曰經緯天地曰文謂其彌綸天地之道煥乎其有文章思言其運量周密所謂其智如神也安安蓋盛德從容之極恭讓謂之允克則其至誠之發眞實氣象又自不同光被四表言其發越覆冒之盛格于上下言其充塞感通之極也朱子常言聖人之心精明純粹而已則欽明二字已足以盡聖人之德而又曰文思兼語其用也文者明之用思者欽之用欽明卽惟精惟一文思卽允執厥中也○王氏充耘曰或謂書以道政事故堯典篇首先言功而後言德及觀吾夫子曰巍巍乎唯天爲大唯堯則之本言堯之德巍巍乎其有成功則言堯之功其先德後功雖與先功後德不同然於功德二者皆以巍巍乎三字稱之無異辭迺知夫子所言史臣所記辭異旨同初

非有意以功德爲先後。而表是書爲政事之編也。○呂氏柟曰。欽明文思允恭克讓。猶稱舜者曰濬哲文明溫恭允塞。稱仲尼曰溫良恭儉讓也。是故欽。德之聚也。明。德之通也。文。德之理也。思。德之深也。安安。德之定也。允。德之積也。恭。德之顯也。克。德之才也。讓。德之固也。以欽爲先者。德之始。以讓爲後者。德之終也。○董氏其昌曰。堯德只一箇欽。爲主。欽之昭晰處爲明。欽之經緯處爲文。欽之謀慮處爲思。而欽之形現出來。是爲恭。爲讓。纔有此德。便有此光華。這光。被及四表。以至於上下也。

克明俊德。以親九族。九族既睦。平章百姓。百姓昭明。協和萬邦。黎民於變時雍。

集傳　明。明之也。俊。大也。朱子曰。克明俊德。是明明德之意。與文王克明德同。堯之大德。上文所稱是也。九族。高祖至玄孫之親。禮記。親親以三爲五。以五爲九。鄭康成注。已。上親父。下親子。三也。以父親祖。以子親孫。五也。以祖親高祖。以孫親玄孫。九也。舉近以該遠。五服異姓之親。亦在其中也。孔氏穎達曰。夏侯歐陽等。以爲九族者。父族四。母族三。妻族二。皆據異姓有服。○朱子曰。九族。以三族言者較大。然亦不必如此泥。但其所親者皆是。睦親而和也。王氏安石曰。睦者。交相親也。平均章明也。金氏履祥曰。平。均齊無偏。章。品節有文。百姓。畿內民庶也。昭明。皆能自明其德也。萬邦。天下諸侯之國也。黎。黑也。民首皆黑。故曰黎民。於。歎美辭。變。變惡爲善也。陳氏大猷曰。於。如詩於穆之於。蓋神化之妙。難以形容。與直言變者氣象不侔矣。時是雍和也此言堯推其德自身而家而國而天下所謂放勳者也。

【集說】孔氏安國曰言天下衆民皆變化從上是以風俗大和。○程子曰前言堯之德此言堯之治其事有次序。○林氏之奇曰堯之德其見於充實輝光者如天地之覆載日月之照臨極其至矣此又言其舉而措之天下事業者也。○唐氏聖任曰睦者親之應昭明者平章之應時雍者協和之應也。○朱子語類問堯典自欽明文思以下皆說堯之德則所謂克明俊德者古注作能明俊德之人似有理曰且看文勢不見有用人意○平章百姓只是近處百姓黎民則合天下之民言之矣典謨中百姓只是說民如罔咈百姓之類若國語說百姓則多是指百官族姓○此家齊而後國治之意百姓昭明乃三綱五常皆分曉不鶻突也○九族既睦是堯一家之明德。百姓昭明。是堯一國之明德。黎民於變時雍。是堯天下之明德。○眞氏德秀曰。欽明文思者。衆德之目。俊德。即其總名也。明俊德者。脩身之事。其下即齊家治國平天下之事也。百姓昭明。謂新民而民亦有以明其德也。堯典其大學之宗祖歟。○陳氏櫟曰。以脩齊治平論此章。始於司馬公稽古錄。朱子從之。眞氏又揭此章冠大學衍義一書。且以爲大學之宗祖。至論也。○王氏充耘曰。此盡己之性。能盡人之性者也。○王氏樵曰。上備舉堯之衆德而首以欽之一言。此總挈堯之盛德而蔽以明之一言。聖人之心。小心翼翼。昭事上帝。是以清明在躬。志氣如神。而其功及於家國天下。程子所謂唯上下一於恭敬。則天地自位。萬物自育。氣無不和。而四靈畢至。此體信達順之道。○聖人之德。固無積累之漸。然其功化之及物。則未嘗不自近以及遠。

附錄 孔氏穎達曰。百官謂之百姓者。隱八年左傳云。天子建德。因生以賜姓。謂建立有德以爲公卿。因其所生之地。而賜之以爲其姓。令其收斂族親自爲宗主。明王者任賢不任親。故以百姓言之。○蘇氏軾曰。百姓凡國之大族民之望也。方是時上世帝皇之子孫。其得姓者。蓋百餘族而已。故曰百姓。○林氏之奇曰。敦宗睦族之道。必偏內外之親。晏子曰。使吾父之黨無不乘車。吾母之黨無不足衣食。妻之黨無有凍餒者。敦九族之道固自此始。時雍者。程氏曰。化成俗美。而時雍和。程氏之說善。

乃命羲和。欽若昊天。曆象日月星辰。敬授人時。

【集傳】乃者。繼事之辭。羲氏和氏。主曆象授時之官。孔氏安國曰。重黎之後。羲氏和氏世掌天地四時之官。○朱子曰。羲和卽是那四子。或云有羲伯和伯共六人。未必是。

若。順也。**昊**。廣大之意。**曆**。所以紀數之書。**象**。所以觀天之器。如下篇璣衡之屬是也。王氏安石曰。曆者。步其數。象者。占其象。日。陽精。一日而繞地一周。月。陰精。一月而與日一會。星。二十八宿衆星爲經。金木水火土五星爲緯。皆是也。漢天文志。經星常宿。中外官凡百一十八名。積數七百八十三星。皆陰陽之精其本在地而上發於天者也。○張子曰。五緯。五行之精氣。○朱子曰。緯星是陰中之陽。經星是陽中之陰。辰。以日月所會分周天之度爲十二次也。陸氏德明曰。日月所會。謂日月交會於十二次也。○朱子曰。辰。天壤也。每一辰。各有幾度。謂如日月宿於角幾度。卽所宿處爲辰。人時。謂耕穫之候。凡民事早晚之所關也。其說詳見下文。

集說孔氏穎達曰。已上論堯聖性。此說堯之任賢。故云乃命。非時雍之後。方始命之。○楚語云。顓頊命南正重司天以屬神。火正黎司地以屬民。堯育重黎之後。使復典之以至夏商。據此則自堯及商。無他姓也。呂刑稱乃命重黎。傳云重卽羲。黎卽和也。羲和雖別爲氏族。而出自重黎。故呂刑以重黎言之。○昊天者。混元之氣。昊然廣大也。四方中星者。二十八宿。布在四方。隨天轉運。更互在南方。每月各有中者。月令每月昏旦推舉一星之中。若使每日視之。卽諸宿每日昏旦。莫不當中。中則人皆見之。故以中星表宿。天子南面而視四方星之中。知人緩急。故曰敬授人時。辰日月所會者。舉其人目所見。以星言之。論其日月所會。以辰言之。其實一也。命羲和。以算術推步。累歷其所行。法象其所在。具有分數節候。參差不等。敬記此天時。以爲曆而授人也。○王氏安石曰。古聖人重曆數。至周。官益輕。蓋創端造始。推測天度。非上哲有所不能。及成法已具。有司守之。亦可步占。所以始重終輕。其勢然也。○程子曰。事之最大最先。在推測天道。治曆明時。萬事莫不本於此。脩齊治平。治之道也。順時治曆。創制立度。治之法也。聖人治天下。惟此兩端而已。○曆象之法。大抵主於日。日一事正。則其他皆可推。○林氏之奇曰。改正朔。始於周。古惟用夏正。人時。但言民時也。○朱子曰。羲和主曆象授時而已。非是各行其方之事。○曆是古時一件大事。故炎帝以鳥名官。首曰鳳鳥氏。曆正也。歲月日時既定。則百工之事。可考其成。無曆。則無以知三辰之所在。無璣衡。則無以見三辰之所在。○如何見得天有三百六十五度。只是天得過處爲度。天之過處。便是日之退處。日月會爲辰。○天道左旋。日月星竝左旋。星不是貼天。天是陰陽之氣在上面。下人看見星隨天去耳。○問經星左旋緯星。與日月右旋。是否。曰。今諸家是如此說。横渠說天左旋。日月亦左旋。看來横渠之說極是。只恐人不曉。所以詩傳只載舊說。或曰。此亦易見。如以一大輪在外。一小

輪載日月在內大輪轉急小輪轉慢雖都是左轉只有急有慢便覺日月似右轉了曰然但如此則曆家逆字皆著改做順字退字皆著改做進字

○曆家言天左旋日月星辰右行非也其實天左旋日月星辰皆左旋但天之行疾於日天一日一周更攙過一度日一日一周恰無贏縮以月受日光爲可見月之望正是日在地中月在天中所以日光到月四畔更無虧欠惟中心有黶翳處是地有影蔽者爾及日月各在東西則日光到月者止及其半故爲上下弦逐夜增減皆以此推地在天中不爲甚大只將日月行度折算可知天包乎地其氣極緊試登極高處驗之可見形氣相催緊束而成體但中間氣稍寬所以容得許多品物若一例如此氣緊則人與物皆消磨矣謂日月只是氣到寅上則寅上自光氣到卯上則卯上自光者亦未必然既曰日月則自是各有一物方始各有一名星光亦受於日但其體微爾

○呂氏祖謙曰作曆之前欽若昊天是先天而天弗違

作曆之後。敬授人時。是後天而奉天時。皆以欽敬爲主。○眞氏德秀曰。敬之見於經始此。○黃氏鎮成曰。天體蒼蒼。無以測其旋運。古之聖人。乃舉二十八舍。推晝夜之所移以分度限。一歲而周得三百六十五度四分度之一有奇。因列舍之方。析而爲四象。因日月之所會。布而爲十二次。天體於是可推。四時於是可正。東方七宿。曰角亢氐房心尾箕。有蒼龍之形。北方七宿。曰南斗牽牛須女虛危營室東壁。有玄武之形。西方七宿。曰奎婁胃昴畢觜觽參。有白虎之形。南方七宿。曰東井輿鬼柳星張翼軫。有朱鳥之形。謂之四象。自南斗至須女。曰星紀。須女至危。曰玄枵。危至奎。曰娵訾。奎至胃。曰降婁。胃至畢。曰大梁。畢至東井。曰實沈。東井至柳。曰鶉首。柳至張。曰鶉火。張至軫。曰鶉尾。軫至氐。曰壽星。氐至尾。曰大火。尾至南斗。曰析木。謂之十二次。故經於春曰星鳥者。以見四方列舍之有四象之形也。於夏曰星火者。以見一歲日月所會之有十二次也。於秋曰星虛。於冬曰星昴者。以見象次皆列舍之所分也。中星所指定正南之位。分二十四氣。以察四仲所指之星。綴日於天。正虛一度。則爲冬至。昴宿昏見於午。斗杓指子。爲仲冬之中氣隨時遞轉。可以類知。○二十八舍度最多者。莫如東井。三十三度。通志。三十四度。其次莫如南斗。二十六度。通志。二十五度。度最少者。莫如觜觿。二度。通志。一度。其次莫如輿鬼。四度。通志。二度。○陳氏櫟曰。四子先總命之。繼分命之。末復總命之。雖分方與時。其實通掌。正如春官正至冬官正。雖分四時。實通兼云。○陳氏雅言曰。聖人事天治民。亦欽敬之心而已。敬天之心。嚴於曆象之際。勤民之心。嚴於授時之際。聖人於事。何往不敬。而況於事天治民之大者乎。○潘氏士遴曰。因星辰以定日月之會。而日以推月。月以推歲。歲成而分至啓閉。始得不爽。其候天之元氣。無形可見。只觀斗綱所建之辰。凡日月一歲十二會也。二十八宿日月常經行其度。金木水火土。隨時過宮。但有遲速耳。邵子云。天無星處皆辰。

地無石處皆土。是星與辰一也。

案曆以紀日月星辰所歷。象以著日月星辰之像。曆象首及於日。蓋因日由黃道。行有恆度。雖有盈縮加減之差。而差亦有恆度。故曆象先測太陽。而後及諸耀。是日行爲諸耀之本也。次及於月。月之晦朔弦望。一生於日。蓋日與月各隨天行。又各有自行度分。遲疾不一。因而有朔望。兼有交食錯綜損益。而閏餘生焉。又次及於星。星以二十八宿爲經。所以定諸耀之行度次舍。所謂日躔躔於星也。所謂月離離於星也。星以五行爲緯。而推步五緯亦以經星爲準。蓋諸耀之行。循於黃道。而黃道非有光象可求。必用經星之度分以紀之也。又次及於辰。邵子云。天無星處皆辰。蓋辰者日月所會。五緯所經。分周天爲十二辰。所以紀日月五緯推行之次也。後世又參以地圓之理。地心地面之說。而因地以測諸差。法益加密焉。是故曆象日月星辰爲作曆之綱。綱既定而後曆可成。其曰欽若敬授實古聖敬天勤民之至意也。

分命羲仲。宅嵎夷。曰暘谷。寅賓出日。平秩東作。日中星鳥。以殷仲春。厥民析。鳥獸孳尾。

【集傳】此下四節。言曆既成。而分職以頒布。且考驗之。恐其推步之或差也。或曰。上文所命。蓋羲伯和伯。此乃分命其仲叔。未詳是否也。宅。居也。嵎夷。卽禹貢嵎夷。既畧者也。【地理今釋】嵎夷。今朝鮮地。案孔安國傳。東表之地稱嵎夷。正義曰。青州在東界外之畔。爲表。故云東表之地。禹貢錐指。援據後漢書。以嵎夷爲朝鮮地。蓋朝鮮古屬青州。與今山東登州府隔海相對。正合孔傳東表之語。薛季宣書古文訓。謂嵎夷海隅諸夷。今登州。于欽齊乘。又指爲寧海州。皆非也。曰暘谷者。取日出之義。孔氏安國曰。暘。明也。日出於谷而天下明。故稱暘谷。羲仲所居官次之名。蓋官在國都。而測候之所。則在於嵎夷東表之地也。寅。敬也。賓。禮接之如賓客也。亦帝嚳曆日月而迎送之意。張氏守節曰。言作曆。弦望晦朔。日月未至而迎之。過而送之。出日。方出之日。蓋以春分之旦朝方出之日。而識其初出之景也。平。均。秩。序。作。起也。東作。春月歲功方興所當作起之事也。朱子曰。平秩東作之類。只是如今穀雨芒種之節候爾。林少穎作萬物作之作說。卽是此意。蓋以曆之節氣早晚均次其先後之宜以授有司也日中者春分之刻於夏永冬短爲適中也晝夜皆五十刻舉晝以見夜故曰日星鳥南方朱鳥七宿孔氏穎達曰總舉七宿春分之昏朱鳥七宿皆得見也唐一行推以鶉火爲春分昏之中星也金氏履祥曰午上有鶉鳥星在星星之東首西尾東星爲星鳥未爲鶉首巳爲鶉尾是也殷中也春分陽之中也析分散也先時冬寒民聚於隩至是則以民之散處而驗其氣之溫也乳化曰孳交接曰尾以物之生育而驗其氣之和也

集說 孔氏穎達曰。堯於羲和之內。乃分命其羲氏而字仲者。○以春位在東。因治於東方。其實主四方春政。○馬融云。古制刻漏。晝夜百刻。晝長六十刻。夜短四十刻。晝短四十刻。夜長六十刻。晝中五十刻。夜亦五十刻。融之此言。據日出見爲說。天之晝夜。以日出入爲分。人之晝夜。以昏明爲限。日未出前二刻半爲明。日入後二刻半爲昏。損夜五刻以裨於晝。則晝多於夜。復校五刻。古今曆術與太史所候。皆云夏至之晝六十五刻。夜三十五刻。冬至之晝四十五刻。夜五十五刻。春分秋分之晝五十五刻。夜四十五刻。此其不易之法也。然今太史細候之法。則校常法半刻也。○蘇氏軾曰。羲和之任亦重矣。堯都冀州。而其所任之臣。乃在四極萬里之外。理或不然。當是致日景以定分至。然後曆可起。故使往驗於四極。非常宅也。○朱子曰。宅嵎夷之類。恐只是四方度。其日景。如唐時尚使人去四方觀望。○在地之位。一定不易。在天之象。運轉不停。惟天之鳥星。加於地之位。

午位乃與地合得天運之正○中星或以象言或以次言或以星言者蓋星適當昏中則以星言如星虛星昴是也星不當中而適當其次者則以次言如星火是也次不當中而適界於兩次之間者則以象言如星鳥是也○陳氏大猷曰或問孔言中星與林氏異如何曰考論中星當以林說爲是林曰鳥火虛昴皆是分至之昏見於南方直正午之中星而孔氏以謂七星畢見不以爲中星故唐孔氏云仲春之月日在奎婁入於酉地則初昏之時井鬼在午柳星張在巳翼軫在辰仲夏之月日在東井而入於辛地則初昏之時角亢在午氐房在巳箕尾在辰仲秋之月日在角而入於酉地則初昏之時斗牛在午女虛危在巳室壁在辰仲冬之月日在斗入於申酉地則初昏之時奎婁在午胃昴在巳畢觜參在辰信如孔說則是鳥火虛昴當分至之昏皆見於巳非正午也何以爲四方中星哉王肅覺其非遂謂宅嵎夷宅南交宅西宅朔方孟月也日中日永宵中日短仲

月也。鳥火虛昴。季月也。此說並與天象偶合。然分孟仲季。非書之意。蓋二孔王肅皆不知曆家有歲差之法。以月令日在某宿而求之。所以不合。○鄭氏伯熊曰。二十八宿。環列四方。隨天而西轉。四方雖有定星。而星無定居。各以時見於南方。仲春星火在東。星鳥在南。星昴在西。星虛在北。至仲夏則鳥轉而西。火轉而南。虛轉而東。昴轉而北。至仲秋則火轉而西。虛轉而南。昴轉而東。鳥轉而北。至仲冬則虛轉而西。昴轉而南。鳥轉而東。火轉而北。來歲仲春。則鳥又轉而南矣。堯典考中星以正四時。甚簡而明。○陳氏師凱曰。春分之日。初出之景於地則在卯方之中。於日則在卯時之中。蓋春分巳前則冬至日出辰。漸漸南來。未及乎卯中也。春分巳後。漸漸北去。至夏至而日出寅。又過乎卯中也。直至秋分。則又自北而來。至於卯中。秋分巳後。又自卯中南行而至於辰。爲冬至。故春分秋分。日皆出卯。晝夜皆五十刻。而氣候亦得寒溫之中也。○朱鳥七宿。一行撰開元大衍曆。中星者。所以正四時日行之所在。昏中。則夕見於地之正南方。旦中。則晨見於地之正南方。月令記昏旦二中。堯典止記昏中。古者玉衡之器。以玉爲管。横設之。以二端對南北。自南面北望之。則北極正對管之北端。自北面南望之。則昏時某星正直管之南端。在南上正午之地。故謂之中星。其北極一處。則凝然不動。常對管端。其南上中星。則逐時移動。每夜定挨過一度。蓋太陽所在星輝隱没。本不知其行在甚度。惟從中星推之。中星挨至某宿第幾度。則黄道日軌。亦退至西上日入處某宿第幾度。晝考諸日影。夜考諸中星。則七政之運。皆可推。而曆日不差矣。鶉火午上柳星張三宿也。自驚蟄至清明。則此三宿。逐次爲中星。當春分之夕。則星宿爲中星也。然此只是就堯典論之。後世如月令。史漢晉隋唐宋諸書。所載中星皆不同。有二十四氣中星。又有五更中星。蓋後世曆法漸密。推步愈精。不如古曆之簡易也。

案朱子云。宅嵎夷之類。恐只是四方度其日景。如唐時尚使人去四方觀望。此說極是。至於測中星。亦所以測日也。恆星當午。自人視之爲天之中。故曰中星。蓋因晝有日光而不見星。故於初昏測之。既得中星。計至日入度分。加入昏刻所行。而太陽之眞躔乃得確據。晝測日影。夜考中星。此曆家之要務也。又中星諸方各異。隨時不同。故分測四方。參互考驗。始無差忒。然恆星隨天左旋。自東而西。又有自行度分。自西而東。每歲所行。今定爲五十一秒。卽古之歲差也。其自行分秒雖微。久則自著。堯時春分日躔在昴。而初昏中星爲鶉鳥。今之春分日躔在室。而初昏中星則在東井。自堯至今四千餘年。而相差若此。是知曆不可以一時爲準。法不可以一隅而定。惟使疇人專家。明習其理。隨時隨地。實測互証。常加修改。協於天行。斯無弊之良法也。

申命羲叔宅南交。平秩南訛。敬致日永。星火。以正仲夏。厥民因。鳥獸希革。

【集傳】申。重也。南交。南方交阯之地。黃氏度曰。案漢初置交阯郡。後置交州。杜佑通典曰。復禹舊號。是則本名交。後世增益之也。【地理今釋】南交。今安南國。林之奇尚書解云。南交卽交阯也。史記五帝本紀曰。黃帝之地。北至於幽陵。南至於交阯。則交阯之對幽都。其來尚矣。陳氏曰。南交下。當有曰明都三字。訛。化也。謂夏月時物長盛。所當變化之事也。史記索隱作南爲。謂所當爲之事也。敬致。周禮所謂冬夏致日。蓋以夏至之日中。祠日而識其景。如所謂日至之景。尺有五寸。謂之地中者也。周禮疏云。周公欲求土中而營王城。故有土圭測日影之法。永。長也。日永。晝六十刻也。星火。東方蒼龍七宿。火謂大火。孔氏穎達曰。火。蒼龍之中星。特舉一星。舉中。則七星可知。仲夏初昏之時。東方七宿皆得見也。○金氏履祥曰。心宿有三星。中一星名曰大火。夏至昏之中星也。正者。夏至陽之極。午爲正陽位也。因析而又析。以氣愈熱而民愈散處也。希革。鳥獸毛希而革易也。

【集說】晉天文志云。鄭衆說土圭之長尺有五寸。以夏至之日。立八尺之表。其景與土圭等。謂之地中。今頴川陽城地也。鄭玄云。凡日景於地千里而差一寸。景尺有五寸者。南戴日下萬五千里也。以此推之。日當去其下地八萬里矣。日邪射陽城。則天徑之半也。體圓如彈丸。地處天之半。而陽城爲中。則日春秋冬夏昏明晝夜去陽城皆等。無盈縮矣。故知從日邪射陽城爲天徑之半也。以句股法言之。旁萬五千里句也。立極八萬里股也。從日邪射陽城弦也。以句股求弦法入之。得八萬一千三百九十四里三十步五尺三寸六分。天徑之半而地上去天之數也。倍之十六萬二千七百八十八里六十一步四尺七寸二分。天徑之數也。以周率乘之徑率約之。得五十一萬三千六百八十七里六十八步一尺八寸二分。周天之數也。○孔氏穎達曰。又就所分羲氏之内。重命其羲氏而字叔者。○七宿房在其中。但房心連體。心統其名。左傳言火中。火見。詩稱七月流火。皆指房心爲火。故曰火。蒼龍之中星特舉一星與鳥不類。○方氏慤曰。陽生於子。而其氣舒。故晝刻多。日浸長。陰生於午。而其氣促。故晝刻少。日浸短。以陰生於午。則陽極於此。故仲夏言日長至。陽生於子。則陰極於此。故仲冬言日短至。所謂冬至夏至者。其名蓋出於此。然而以刻數之則如是爾。以景量之。夏至日極北而在東井。其景尺有五寸。冬至日極南而在牽牛。其景丈有三尺。以爲長短之極則與此異矣蓋刻之長短。由日出之早晚景之長短。由日行之南北故也。○林氏之奇曰。敬致者孔氏謂敬行其教以致其功。則何獨於南方言之周官冬夏致日左氏曰日官居卿以底日則敬致者致日之謂也。○朱子曰。伊川云。測景以三萬里爲準若有窮然有至一邊。已及一萬五千里者。而天地之位蓋如初也此言蓋誤所謂升降一萬五千里中者。謂冬夏日行南陸北陸之間相去一萬五千里耳。非謂周天只三萬里也。○王氏天與曰。案月令疏云二十八宿隨天而行每日雖周天一匝。早晚不同。此朱子之所引也。以此推之自仲春至仲夏。滿九十一日有奇。而星宿隨天所過之度亦積至九十一度有奇。故夏至初昏。星鳥嚮西而星火正見南方。下文星虛星昴亦然此四時中星所以不同也。○申氏時行曰。敬致與寅賓寅餞不同蓋夏至之日。旣行於北陸而不同於春秋之晷測候之所又在於南方。而不同於出入之處。故於夏至之午。立土圭之法。伺日行之中天。而察其晷影之長短。此所謂敬致也。○潘氏士遴曰。夏至午時。立八尺表。表下横置尺五之土圭。伺日行至中天。去極六十七度强。夏至之午。景與土圭相齊。恰長一尺五寸。便是地中。

案 堯時夏至日躔在星。而初昏中星爲大火。今夏至日躔於觜。而初昏中星則亢宿中之大角偏東數分餘也

分命和仲。宅西。曰昧谷。寅餞納日。平秩西成。宵中星虚。以殷仲秋。厥民夷。鳥獸毛毨。

集傳 西。謂西極之地也。地理今釋 西。朔方。案史記五帝紀注。徐廣曰。西者。今天水之西縣。漢屬隴西郡。非也。西縣。秦置。在今陜西鞏昌府秦州界。非以和仲宅西而名。西之不可爲西縣。猶朔方之不

可爲朔方郡。皆不當專指一處。黃度尚書說云。禹貢西被流沙。自流沙以西皆夷界。山川不紀於職方。故稱西以見境域之不止此也。朔則北限沙漠。荒茫攸遠。山川不可見。故稱朔方以爲大界。或曰。山海經。北荒有幽都山。樂史寰宇記。幽州有幽都山。皆爲附會。此說良是。曰昧谷者。以日所入而名也。孔氏安國曰。昧。冥也。日入於谷而天下冥。故曰昧谷。餞禮送行者之名。納日。方納之日也。申氏時行曰。納日在酉時酉位。蓋以秋分之莫夕方納之日。而識其景也。西成。秋月物成之時。所當成就之事也。宵夜也。宵中者。秋分夜之刻。於夏冬爲適中也。晝夜亦各五十刻。舉夜以見日。故曰宵。孔氏穎達曰。宵。陽氣消也。星虛北方玄武七宿之虛星秋分昏之中星也孔氏穎達曰虛玄武之中星七星秋分之日昏時竝見亦曰殷者秋分陰之中也夷平也暑退而人氣平也毛毨鳥獸毛落更生潤澤鮮好也

集說孔氏穎達曰又分命和氏而字仲者○谷者日所行之道故謂日入之處爲昧谷非實有谷而日入也○三時皆言日惟秋言夜明日中宵亦中宵中日亦中春之與秋日夜皆等春言出日即以日言之秋言納日即以夜言之○孫氏覺曰仲春陽中故舉日仲秋陰中故舉宵○王氏肯堂曰出日納日之日日月之日也日中永短之日日夜之日也○潘氏士遴曰四方之職皆互文見宅西則嵎夷爲東可知朔言方則三方可知北曰幽都則南明都可知言南交則朔方爲北可知舉春日中則宵中可知秋宵中則日中可知日永短則宵

永短可知。春中星全舉七宿之鳥。則夏秋冬之爲龍虎玄武可知。夏獨舉大火一辰。則春鶉火秋玄枵冬大梁可知。秋冬獨言一宿。則春星宿夏房宿可知。

案堯時秋分日躔在房。而初昏中星爲虛。今秋分日躔於翼。而初昏中星則斗宿第四星偏東數分餘也。

申命和叔宅朔方曰幽都。平在朔易。日短星昴。以正仲冬。厥民隩。鳥獸氄毛。

集傳朔方。北荒之地。謂之朔者。朔之爲言蘇也。萬物至此死而復蘇。李氏巡曰。萬物盡於北方。蘇而復生。故北稱朔。猶月之晦而有朔也。日行至是則淪於地中。萬象幽暗。故曰幽都。朱氏祖義曰。卽幽州也。史記。黃帝之地。北至幽陵。在。察也。朔易。冬月歲事已畢。除舊更新。所當改易之事也。朱子曰。朔易。亦是時候歲一改易。於此有終而復始之意日短。晝四十刻也。星昴。西方白虎七宿之昴宿。冬至昏之中星也。孔氏穎達曰。西方七宿。昴爲中。故昴爲白虎之中星。亦曰正者。冬至陰之極。子爲正陰之位也。隩。室之內也。孫氏炎曰。室中隱隩之處也。氣寒而民聚於內也。氄。毛。鳥獸生耎毳細毛以自溫也。蓋既命羲和造曆制器。而又分方與時。使各驗其實。以審夫推步之差。聖人之敬天勤民。其謹如是。是以術不違天。而政不失時也。又案此冬至日在虛，昏中昴。今冬至日在斗，昏中壁，中星不同者，蓋天有三百六十五度四分度之一，歲有三百六十五日四分日之一。天度四分之一而有餘，歲日四分之一而不足，故天度常平運而舒，日道常内轉而縮，天漸差而西，歲漸差而東，此歲差之由。唐一行所謂歲差者是也。古曆簡易，未立差法，但隨時占候修改，以與天合。至東晉虞喜，始以天爲天，以歲爲歲，乃立差以追其變，約以五十年退一度。朱子曰：中星自堯時至今，已差五十度。何承天以爲太過。乃倍其年而又反不及。至隋劉焯。取二家中數七十五年爲近之。然亦未爲精密也。因附著于此。

集說 孔氏穎達曰。又重命和氏而字叔者。○王氏安石曰。北方。以位言之。則日月星辰之象。皆伏而不見。以時言之。則草木歸根。昆蟲閉蟄。皆有隱伏之意。故謂之幽都。○程子曰。落下閎作曆。言數百年當差一日。其差理必然。何承天以其差遂立歲差法。以所差分數攤在所曆之年。看一歲差著幾分。其差後亦不定。獨邵堯夫立差法。冠絶古今。却於日月交感之際。以陰陽虧盈求之。遂不差。大抵陰常虧。陽常盈。故只於這裏差了。曆上若是通理。所通爲多。○林氏之奇曰。鳥獸孳尾希革毛毨氄毛。蓋萬物之微。感天地至和之氣。而動作應時。

故作曆者觀此以候天時之蚤晚如禮記月令云魚上冰獺祭魚倉庚鳴鴻鴈來之類是堯典之遺法也○朱子曰今之造曆者無定法只是趕趁天之行度以求合或過則損不及則益所以多差因言古之鍾律細算寸分毫釐絲忽皆是定法如合符契皆自然而然莫知所起古之聖人其思之如是之巧然皆非私意撰爲之也意古之曆書亦必有一定之法而今亡矣三代而下造曆者紛紛莫有定議愈精愈密而愈多差由不得古人一定之法也季通常言天之運無常日月星辰積氣皆動物也其行度疾徐或過不及自是不齊使我之法能運乎天而不爲天之所運則其疏密遲速或過不及之間不出乎我此虛寬之大數縱有差忒皆可推而不失矣何者以我法之有定而律彼之無定自無差也季通言非是天運無定乃其行度如此其行之差處亦是常度但後之造曆者爲數窄狹而不足以包之耳○堯時昏旦星中於午月令差於未漢晉以來又差今比堯時

似差四分之一。古時冬至日在牽牛。今却在斗。○太史公曆書。說是太初。然却是顓頊四分曆。劉歆三統曆。唐一行大衍曆。最詳備。五代王朴司天考亦簡嚴。然一行王朴之曆。皆止用之二三年即差。王朴曆是七百二十加去。季通亦用。却依康節三百六十數。○呂氏祖謙曰。既成今歲之終。又慮來歲之始。故謂之朔易。始而終。終而始。此天地生生不窮之道。而聖人體之以贊化育。艮始終萬物之意也。○陳氏埴曰。謂之中星者。當南方之正。直午位之中者也。然星隨天西轉。無刻不有中星。但其法以初昏爲候。故堯典之所指。即謂昏中也。其以星鳥言者。是以四象言也。其以星火言者。是以二十八宿言也。要皆不出於二十八宿。四分之。則爲四象。十二分。則爲十二辰耳。然堯典但提其大綱。若曆家則轉加密矣。故月令析爲十二。三統析爲二十四氣。且兼旦中而言。則愈析愈密。固不厭析也。蓋周天三百六十五度四分度之一。四分其度而得一。謂零散數也。其一晝夜左旋一周天而又奇一度。置周不數。而獨數其奇。故謂星日行一度。若甲日某星初度中。卽乙日某星二度中。日有三百六十六。卽中星亦有三百六十六。必星官以玉衡窺之。毫釐不差。斯可以定節氣而成四時。若三統分二十四氣。在曆家且爾。況月令堯典乎。古今曆法不同。大抵較疎密耳。○陳氏大猷曰。案曆家自北齊向子信始首知歲差之法。以古曆指之。凡八十餘年差一度。月令日在某宿。比之堯時則已差矣。以日會月在某宿。未知中星。宜其不合矣。故唐一行云。日在虛一。則星火星昴。皆以仲月昏中。而沈存中亦云。堯典日短星昴。今乃日短星東壁。以是知歲差之法。乃曆家之所通知。特先儒未之思耳。○陳氏櫟曰。訂傳謂今冬至日在斗昏壁中。所謂今者。文公之時也。證之今日。又不同矣。近歲方氏回。當至元十八年辛巳作孫君山經序。有曰。今冬至日在箕九度。昏室中。由此觀之。烏可不用歲差法。隨時追其變。而治曆以與天合哉。既當隨時修改以與天合。

則執經膠泥以求與古合決所不可也○金氏燧曰歲有差數先賢故立歲差之法以步之差法當以七十三年者爲稍的堯時冬至日在虛七度昏昴中至月令時該一千九百餘年月令冬至日在斗二十二度昏奎中至本朝初該一千七百餘年冬至日在斗初度昏壁中今延祐又經四十餘年而冬至日在箕八度矣昏亦壁中以此驗之誠有不同○潘氏士遴曰凡測星治地令平規而圜之徑二十步一尺七寸四分寸之二六尺爲步周三百六十五寸二十五分一尺爲一度以象周天之數立一表于地圭之中命曰中表不動從表之北向南而望星置一表於正南之經頭命曰游儀之表每日逐星西過以尺量其下去所表之數每一尺爲一度候星以牽牛爲始望星在正南之昏時爲法從此以後日西過經八日昏時女星來中故牛爲八度復候女星至十二日後虛星來中故爲十二度復候虛星至十日後危星來故虛爲十度

案堯時冬至日躔於虛。而初昏中星爲昴。今冬至日躔於箕。而初昏中星。則室宿中之雲雨星偏東數分餘也

帝曰。咨。汝羲暨和。朞三百有六旬有六日。以閏月定四時成歲。允釐百工。庶績咸熙。

集傳 咨。嗟也。嗟歎而告之也。暨。及也。朞。猶周也。孔氏安國曰。帀四時曰朞。○鄭氏康成曰。中數曰歲。朔數曰年。中朔大小不齊。正之以閏。若今作曆日。○陸氏德明曰。十日爲旬。○蘇氏軾曰。有六旬有六日。有讀爲又。古又有通。**允。信。釐。治。工。官。庶。衆。績。功。咸。皆。熙。廣也。天體至圓。周圍三百六十五度四分度之一。**范氏蔚宗曰。在天成度。在曆成日。○胡氏方平曰。四分度之一者。天行每一度。計九百四十分。分爲四分。則計

四箇二百三十五分也。繞地左旋。常一日一周而過一度。日麗天而少遲。故日行一日亦繞地一周。而在天爲不及一度。積三百六十五日九百四十分日之二百三十五。陳氏師凱曰。九百四十分者。曆家額設一日細數也。二百三十五者。卽四分日之一也。○胡氏方平曰。天一度有九百四十分。歲一日亦有九百四十分。均以四分分之。每分計二百三十五分。是天與日所行之餘分也。而與天會。是一歲日行之數也。月麗天而尤遲。一日常不及天十三度十九分度之七。胡氏方平曰。十九分度之七者。以九百四十分。分爲十九分。每分計四十九分四釐七毫三絲六忽八秒。十九分內中取七分。總爲三百四十六分三釐一毫五絲七忽六秒。此月行一日不及**積二十九日九百四十分日之**天與日常度之餘分也。朱子曰。天無體。只二十八宿便**四百九十九。而與日會。**是體。且如日月皆從角起。天亦從角起。日則一日一周。依舊只在角上。天則一周了。又過角些子。日日累上去。則一年便與日會。**十二會。得全日三百四十八。**陳氏師凱曰。十二箇二十九日也。**餘分之積。又五千九百八十八。**陳氏師凱曰。十二箇四百九十九分也。**如日法。九百四十而一。得六。**陳氏師凱曰。以九百四十。爲一日之法。而除五千九百八十八。得六箇九百四十。爲六日也。**不盡三百四十八。**黃氏瑞節曰。將餘分五千九百八十八除之。六日外。餘三百四十八分也。**通計得日三百五十四。**陳氏師凱曰。有全日三百四十八。并餘分之積。得六日也。九百四十分日之三百四十八。陳氏師凱曰。卽上除不盡之數。計四時令三十四分三分分之二也。是一歲月行之數也。歲有十二月。月有三十日。三百六十者。一歲之常數也。陳氏師凱曰。曆家設此爲常額。多於此者爲盈。少於此者爲虛。故日與天會。而多五日九百四十分日之二百三十五者。爲氣盈。胡氏方平曰。氣則二十四氣。自今年冬至。至來年冬至前一日。計三百六十五日二百三十五分。是於三百六十日外。多五日二百三十五分者。爲氣盈。月與日會。而少五日九百四十分日之五百九十二者。爲朔虛。胡氏方平曰。朔則十二月朔。自今年十一月初一至來年十一月初一前一日。計三百五十四日三百四十八分。是於三百六十日內。少五日五百九十二分者。爲朔虛。合氣盈朔虛而閏生焉。金氏燧曰。閏所以消其盈而息其虛也。故一歲閏率。則十日九百四十分日之八百二十七。黃氏瑞節曰。將日行所多五日又二百三十五分。合月行所少五日又五百九十二分。通得十日又八百二十七分。一歲之閏率也。三歲一閏。則三十二日九百四十分日之六百單一。五歲再閏。則五十四日九百四十分日之三百七十五。胡氏方平曰。三歲一閏。積氣朔之數。三箇十日八百二十七分。計三十二日六百單一分。五歲再閏。積五箇十日八百二十七分。計五十四日一百七十五分。但五歲內無再閏。而易繫乃有五歲再閏之文者。蓋以氣盈六日。朔虛六日。而再閏在五歲內者。舉成數也。在六歲內者。舉本數也。十有九歲七閏。則氣朔分齊。是爲一章也。黃氏瑞節曰。十九歲七閏。合十九歲日行所多。月行所少。通得整日一百九十。每歲餘分八百二十七。以十九乘之。得一萬五千七百一十三。以日法九百四十分而一除之。得十六日。猶餘六百七十三分。并一百九十日。通二百單六日。又六百七十三分也。今爲七閏月。每月二十九日。通二百單三日。每月餘分四百九十九分。以七乘之。得三千四百九十二。以日法九百四十分而一除之。得三日。猶餘六百七十三分。并二百單三日。通二百單六日。又六百七十三分也。所謂氣朔分齊者。十九年。合氣盈朔虛得二百單六日不盡六百七十三分。七閏月。亦二百單六日不盡六百七十三分。氣之分與朔之分。至十九年而皆齊。此所謂氣朔分齊而爲一章也。故三年而不置閏。則春之一月入於夏。而時漸不定矣。子之一月入於丑。而歲漸不成矣。積之之久。至於三失閏。則春皆入夏。而時全不定矣。十二失閏。子皆入丑。歲全不成矣。其名實乖戾。寒暑反易。農桑庶務。皆失其時。故必以此餘日。置閏月於其閒。然後四時不差。而歲功得成。以此信治百官。而衆功皆廣也。

集說 孔氏安國曰。一歲三百六十日。除小月六。爲六日。是爲一歲有餘十二日。未盈三歲。是得一月。則置閏焉。以定四時之氣節。成一歲之曆象。○王氏肅曰。斗之所建。是爲中氣。日月所在。斗指兩辰之閒。無中氣。故以爲閏也。○孔氏穎達曰。日。日行一度。則一朞三百六十五日四分日之一。今言三百六十六日者。王肅云。四分日之一。又入六日之內。舉全數以言之也。○無閏時不定。歲不成。故須置閏以定四時。左傳云。履端於始。序則不愆。舉正於中。民則不惑。歸餘於終。事則不悖。是也。○黄氏度曰。秦顓頊曆。置閏在歲後。堯曆考中星定分至。隨月置閏。故四時不差。遂爲後世法。○朱子曰。天道與日月五星皆是左旋。天道日一周天而常過一度。日。一日一周天。起度端終度端。故比天道常不及一度。月行不及天十三度十九分度之七。今人却云月行速日行遲。此錯說也。但曆家以右旋爲說。取其易見日月之度爾。○問天道左旋自西而東。日月右行。則如何。曰。横渠說日月皆是左旋。說得好。蓋天行甚健。一日一夜周三百六十五度四分度之一。又進過一度。日行速健。次於天一日一夜周三百六十五度四分度之一。正恰好。被天進一度。則日爲退一度。二日。天進二度。則日爲退二度。積至三百六十五日四分日之一。則天所進過之度。又恰周得本數。而日所退之度。亦恰退盡本數。遂與天會而成一年。是謂一年一周天。月行遲。一日一夜行三百六十五度四分度之一。行不盡。比天爲退了十三度有奇。至二十九日半強。恰與天相値在恰好處。是謂一月一周天。進數爲順天而左。退數爲逆天而右。曆家以進數難算。只以退數算之。故謂之右行。且曰日行遲。月行速。○曆家只算所退之度。却云日行一度。月行十三度有奇。此乃截法。故有日月五星右行之說。其實非右行也。橫渠云。天左旋。處其中者順之。少遲則反右矣。此說最好。○閏餘生於朔不盡周天之氣。周天之氣。謂二十四氣也。月有大小。朔不得盡此氣。而一歲日子足矣。故置閏。○中氣只在本月。若趲得中氣在月盡後。月便當置閏。○問曆所以數差。古今豈無人考得精者。曰。若考得精密。有箇定數。永不會差。伊川說康節曆不會差。今曆愈密而愈差。因以兩手量卓邊云。且如這許多濶。分作四段。被他界限濶。便有差。不過只在一段界限之內。容易推測。便有差。容易見。今之曆法。於這四界分作八界。又分作十六界。界限愈密。則差數愈遠。何故。以界限愈密而踰越多也。其差則一。而古今曆法疎密不同故耳。只是不曾推得定。移來湊合天之運行。只有季通說得好。當初造曆。便合幷天運所躔之處。都算在裏。幾年後躔幾分。幾年後躔幾度。將這躔數。都算做正數。直推到盡頭。如此可以正而不差。今人不曾得箇大統正。說天之運行有差。不知天之運行。合當如此。○呂氏祖謙曰。閏者。一歲之樞紐。天地之數。惟奇則無窮。一歲餘十二日有奇。苟不置閏。則四時之氣。無由而定。一歲之功。無由而成。以閏月歸奇。始可以定時而成歲。○金氏履祥曰。周天概舉全日。而中星亦通舉辰象。其閒度刻。則有司隨時推之。以與天合。後世度不足而析爲分。分不足而又爲秒。有爲九百四十分日之二百三十五者。太初則又爲八十一分日之二十分少。劉氏王氏又爲五百八十九分日之百四十五。唐大衍又析一度爲三千四十分。而每歲日餘三十七分大。至朱震統元曆。

析一度爲萬分。歲周三百六十五日二千四百四十六分七十二秒半。而周天則三百六十五度二千五百七十二分二十五秒。分秒愈多。算法當愈密。久亦未嘗不差者。聖人言天常寬。而曆則密。後世作曆常密。而於天反疎。蓋聖人因天以定曆。後世制曆以推天也。○王氏肯堂曰。日差則月不成。月差則時不成。時差則歲不成。故先舉朞三百六旬有六日之大數。以見一歲之盈虛。而以置閏月爲定四時之要。以定四時爲成歲之要。歲成於時。時定於月。月正於日。此作曆之要也。

案朞三百有六旬有六日。蓋舉成數言之。卽今歲實也。歷代諸家所定歲實不一。漢志以天周爲三百六十五度四分度之一。在天爲一度。在曆爲一日。是以天周卽歲周也。東晉虞喜分天周爲三百六十五度二十六分。乃四分之一有餘。定歲周爲三百六十五日二十四分。爲四分之一不足。宋何承天改天周爲三百六十五度二十五分半。歲周爲三百六十五日二十四分半。元郭守敬。考古準今。定天周爲三百六十五度二千五百七十五分。歲周爲三百六十五日二千四百二十五分。然天周歲周俱用奇零。勢難齊一。惟邵子元會運世以三百六十爲率。蓋天周爲起數之宗。天度既整。然後以整馭零。爲法較易。故今時憲曆定天周爲三百六十度。度爲六十分。分爲六十秒。秒以下俱以六十遞析。而歲周爲三百六十五日二四二一八七五。日爲十二時。時爲八刻。刻爲十五分。分爲六十秒。秒以下俱以六十遞析。二四二一八七五。當十二時中二時七刻零三分四十五秒。歷代以來。雖餘分多寡。稍有增損。要皆本乎堯典之成數而修明之。至月與日會而有合朔。日與天會而有分至。其中氣朔策之不齊。而氣盈朔虛之數以生。乃置閏以通之。使四時咸得其正。此堯典之法。所以爲萬世之規範也。

帝曰。疇咨若時登庸。放齊曰。胤子朱啓明。帝曰。吁。嚚訟。可乎。

集傳　此下至鯀績用弗成，皆爲禪舜張本也。疇，誰。咨，訪問也。若，順。庸，用也。堯言誰爲我訪問能順時爲治之人而登用之乎。放齊，臣名。胤，嗣也。胤子朱，堯之嗣子丹朱也。啓，開也。言其性開明，可登用也。吁者，歎其不然之辭。嚚，謂口不道忠信之言。訟，爭辯也。朱蓋以其開明之才，用之於不善，故嚚訟。禹所謂傲虐是也。此見堯之至公至明。深知其子之惡。而不以一人病天下也。或曰。肖國。子爵。堯時諸侯也。夏書有肖侯。周書有肖之舞衣。今亦未見其必不然。姑存於此云。

集說 孔氏穎達曰。堯任羲和。衆功已廣。復求賢人。欲任用之。○林氏之奇曰。虞書上采堯事。爲舜典。張本則必推本舜之所以得天下於堯。使朱果肖國之君。則其事不應載之堯典。史記作嗣子丹朱。其說是也。○朱子曰。自疇咨若時登庸到篇末。只是一事。皆是爲禪位設也。一舉而放齊舉肖子。再舉而驩兜舉共工。三舉而四岳舉鯀。皆不得其人。故卒以天下授舜。○呂氏祖謙曰。登庸者。大用之意也。○啓明之中有不同。君子因啓明以爲善。小人因啓明以爲惡。○姚氏舜牧曰。上古爲治。只是一箇順。看此處若時若采。及舜典若工若上下草木鳥獸可見。○龎氏招俊曰。時字。泛指氣化。若者。因風氣漸開。而盡裁成輔相之道。値人文巳著。而樹經綸調爕之功也。朱以啓明之才。用之嚚訟。必致逞己見。拂時宜。故決其不可。

帝曰。疇咨若予采。驩兜曰。都。共工方鳩僝功。帝曰。吁。靜言庸違。象恭滔天。

【集傳】采。事也。都。歎美之辭也。驩兜。臣名。共工。官名。蓋古之世官族也。方。且。鳩。聚。僝。見也。孔氏穎達曰。言共工方且鳩聚而見其功也。朱子曰。方鳩僝功。語未可曉。亦未灼然知僝功爲見功。且依古注說。靜言庸違者。靜則能言。用則違背也。象恭。貌恭而心不然也。孔氏穎達曰。貌象恭敬。而心傲狠。

滔天二字。未詳。與下文相似。疑有舛誤。林氏之奇曰。象恭云滔天。其說難通。故齊唐以謂古者竹簡容二十字。自象恭至滔天。始及一行。故傳者誤書滔天二字。○朱子曰。羨文也。

上章言順時。此言順事。職任大小可見。鍾氏庚陽曰。上順時。總治之職。此順事。分治之職。

集說　陸氏九淵曰。堯之知共工丹朱。不是於形跡閒見之。直是見他心術。○時氏瀾曰。常人之情。言人之惡。必至忿嫉。聖人則有咨嗟歎憫之心。○陳氏櫟曰。兜共。四凶之二。同惡相濟。敢爲欺罔。堯已燭其姦。未及誅之耳。舜既受禪。長惡不悛。故罪之。○羅氏欽順曰。嚚訟圮族。剛惡也。靜言庸違。象恭。柔惡也。小人之情狀。固不止此。然即此三者。亦足以概之。○申氏時行曰。釆。即禮樂刑政工虞教養等事。靜言庸違者。言行不相顧也。象恭者表裏不相符也以之順事安能有實績乎此共工所以不可用也○姚氏舜牧曰驩兜是黨惡的人與放齊不同然共工方鳩僝功亦是實事小人欲自見於天下何嘗不竭力供職微著其功惟是言行相違表裏不一任以大事必至傾覆耳○王氏肯堂曰事而曰若者凡事莫不有當然不易之理遵而行之無所違悖是之謂順知此則雖通變宜民亦行其所無事也

帝曰咨四岳湯湯洪水方割蕩蕩懷山襄陵浩浩滔天下民其咨有能俾乂僉曰於鯀哉帝曰吁咈哉方命圮族岳曰异哉試可乃已帝曰往欽哉九載績用弗成

【集傳】四岳。官名。一人而總四岳諸侯之事也。湯湯。水盛貌。洪。大也。孟子曰。水逆行。謂之洚水。洚水者。洪水也。蓋水涌出而未洩。故氾濫而逆流也。割。害也。孔氏穎達曰。刀害爲割。故割爲害也。蕩蕩。廣貌。懷。包其四面也。襄。駕出其上也。大阜曰陵。浩浩。大貌。滔。漫也。極言其大勢若漫天也。俾。使。乂。治也。言有能任此責者。使之治水也。僉。衆。共之辭。四岳與其所領諸侯之在朝者。同辭而對也。於。歎美辭。鯀。崇伯名。孔氏穎達曰。周語云。有崇伯鯀。鯀是崇君。伯爵。故云鯀。崇伯之名。歎其美而薦之也。

咈者甚不然之之辭。方命者。逆命而不行也。王氏曰。圓則行。方則止。方命。猶今言廢閣詔令也。蓋鯀之爲人悻戾自用。不從上令也。圮敗。族類也。言與衆不和。傷人害物。鯀之不可用者以此也。楚辭言鯀婞直。是其方命圮族之證也。岳曰。四岳之獨言也。异義未詳。疑是已廢而復强舉之之意。潘氏士遴曰。說文。异。舉也。曰舉哉。便有不得已意。試可乃已者。蓋廷臣未有能於鯀者。不若姑試用之。取其可以治水而已。言無預他事。不必求其備也。朱子曰。异哉。是不用亦可。試可乃已。言試而可則用之亦可已而已之也堯於是遣之往治水而戒以欽哉蓋任大事不可以不敬聖人之戒辭約而意盡也載年也孔氏穎達曰夏曰歲商曰祀周曰年唐虞曰載孫炎曰載取萬物終而更始是年之別名九載三考功用不成故黜之

集說　孔氏穎達曰人有性雖不善才堪立功者衆皆據之言鯀可試冀或有益故遂用之李顒曰堯雖獨明於上衆多不達於下故不得不副倒懸之望耳○鯀既無功早應黜廢而待九年無成始退之者水爲大災而百官謂鯀能治及遣往治非無小益下人見其有益謂鯀實能治之日復一日以終三考三考無成衆人乃服然後退之祭法云鯀障洪水而殛死禹能修鯀之功然則禹之大功顧亦因鯀是治水有益之驗但不能成

功耳。○程子曰。古之時。民居少。人各就高而居。中國雖有水。亦未爲害也。及堯之時。人漸多。漸就平廣而居。水氾濫。乃始爲害。當是時。龍門未闢。伊闕未析。砥柱未鑿。堯乃因水之氾濫而治之。以爲天下後世無窮之利。非堯時水特爲害也。蓋已久矣。上世人少。就高而居。則不爲害。後世人多。就下而處。則爲害也。○治水。天下之大任也。非至公之心。能舍己從人。盡天下之議。則不能成其功。豈方命圮族者所能哉。鯀雖九年弗成。然所治固非他人所及也。惟其功有緒。故其自任益強。咈戾圮族益甚。公議隔而人心離。是以其惡愈顯。而功卒不可成也。○薛氏季宣曰。四岳不名。尊大臣之禮也。其所以咨四岳者。四岳輔導之任。而諸侯之長也。○黄氏度曰。箕子曰。鯀堙洪水。汨陳其五行。帝乃震怒。不畀洪範九疇。彝倫攸斁。水失其性而五行皆亂。彝倫由是而斁。是之謂毀其類。堯見微知著。衆人固不識也。夫有材而不知道。逆而施之。鮮不敗其類者。○朱子語類。問四岳百揆。

曰四岳是總在外諸侯之官百揆則總在內百官者又問四岳是一人是四人曰汝能庸命巽朕位不成讓於四人又如咨二十有二人乃四岳九官十二牧尤見得四岳只是一人○問堯既知鯀如何猶用之曰鯀也是有才智想見只是狠拗自是所以楚辭說鯀悻直以亡身必是他去治水有不依道理壞事處○庸命方命之命皆謂命令也庸命者言能用我之命以巽朕位也方命者言止其命令而不行也○時氏瀾曰觀往欽哉之命見鯀非無治水之材所以方命圮族本於忽視天下使其降志下心知天下有所當敬則命何敢方族何敢圮自然成功而有餘矣○陳氏經曰聖人觀人觀其心術不觀其才朱之啓明共之僝功鯀之試可其才豈無所長心術不正其才適足爲爲惡之資耳○陳氏大猷曰於人所共賢而賢之易於人所共賢而知其非賢難○吳氏澂曰邵子皇極經世書帝堯六十一載命鯀治水六十九載其績弗成或疑績用弗成蓋在舜既徵庸

之後。史言之於此以終上事也。○申氏時行曰。上而方命。則必不能體君之心。下而圮族。則必不能全民之命。又何以順水之道而治之哉。堯之所言。謂其德之不足用也。岳之強舉。取其才之猶可用也。堯知之而復用之者。蓋以方割之民。不可以坐視。而一己之見。不可先四岳耳。此堯所以有愛民之仁。而卒不失爲知人之智。

帝曰。咨四岳。朕在位七十載。汝能庸命。巽朕位。岳曰。否德忝帝位。曰。明明揚側陋。師錫帝曰。有鰥在下。曰虞舜。帝曰。俞。予聞。如何。岳曰。瞽子。父頑。母嚚。象傲。克諧以孝。烝烝乂。不格姦。帝曰。我其試哉。女于時。觀厥刑于二女。釐降二女于嬀

汭嬪于虞帝曰欽哉

集傳　朕古人自稱之通號吴氏曰咠遜古通用言汝四岳能用我之命而可遜以此位乎蓋丹朱既不肖羣臣又多不稱故欲舉以授人而先之四岳也否不通忝辱也明明上明謂明顯之下明謂已在顯位者揚舉也側陋微賤之人也言惟德是舉不拘貴賤也蘇氏軾曰明其高明者揚其側陋者師衆錫與也四岳羣臣諸侯同辭以對也鰥無妻之名虞氏舜名也王氏肅曰虞地名也○皇甫氏謐曰今河東太陽山西虞地是也○黄氏

度曰虞今解州安邑縣。俞應許之辭予聞者我亦嘗聞是人也如何者復問其德之詳也岳曰四岳獨對也瞽無目之名言舜乃瞽者之子也舜父號瞽叟心不則德義之經爲頑母舜後母也象舜異母弟名傲驕慢也諧和烝進也言舜不幸遭此而能和以孝使之進進以善自治而不至於大爲姦惡也程子曰烝烝勉益漸進之意○陳氏埴曰不格姦亦謂能感動其慈愛之心至於和豫。女以女與人也時是刑法也二女堯二女娥皇女英也此堯言其將試舜之意也莊子所謂二女事之以觀其內是也。蓋夫婦之閒。隱微之際。正始之道。所繫尤重。故觀人者於此爲尤切也。釐。理。降。下也。陳氏埴曰。釐降只是他經理二女下降時事爾。嬀。水名。在今河中府河東縣。皇輿表。河中府。今平陽府。河東縣。今蒲州。竝隸山西。出歷山入河。爾雅曰。水北曰汭。亦小水入大水之名。蓋兩水合流之內也。故從水從內。蓋舜所居之地。孔氏穎達曰。嬀水在河東虞鄉縣。歷山西。西流至蒲坂縣南入於河。舜居其旁。周武王賜陳胡公之姓爲嬀。爲舜居嬀水故也。○薛氏季宣曰。嬀水出解州解縣。地理今釋　嬀汭在今山西平陽府蒲州界。案孔安國傳云。舜所居嬀水之汭。經典釋文云。汭。水之內也。皆不以汭爲水名。而水經注云。歷山有舜井。嬀水出焉。南曰嬀水。北曰汭水。異源同歸。渾流南入於河。史記正義亦引地記云。河東郡青山東山中有二泉。南流者嬀水。北流者汭水。今考山西平陽府蒲州南有嬀汭二水。皆南注大河。與水經注地記二書合。蓋汭本訓北訓內。又爲小水入大水之名。或後人見嬀水北有一小水入嬀。遂蒙堯典文而加名耳。嬪婦也。虞舜氏也。史言堯治裝。下嫁二女于嬀水之北。使爲舜婦于虞氏之家也。欽哉。堯戒二女之辭。卽禮所謂往之女家。必敬必戒者。況以天子之女嫁於匹夫。尤不可不深戒之也。

【集說】孔氏安國曰。堯年十六。以唐侯升爲天子。在位七十年。則時年八十六。○以二女妻舜。觀其施法度於二女。將使治國。故先使治家。○周子曰。治天下有則。家之謂也。家難而天下易。家親而天下疏也。家人離。必起於婦人。故睽次家人。以二女同居而志不同行也。堯所以釐降二女於嬀汭。舜可禪乎。吾茲試矣。是治天下觀於家。治家觀於身而已矣。○司馬氏光曰。舜自修於畎畝之中。而聞於堯。此舜之所難也。舜在畎畝之中。而堯聞之。此堯之所難也。○程子曰。四岳。堯之輔臣。固賢者也。堯將禪帝位。固宜先四岳。四岳不能當。復使之明揚在下之可當者。宜其得聖人也。後世多疑以爲岳可授。則盍授之。不可授。則何命之也。夫將以天下之公器授人。堯其宜獨爲之乎。故先命之大臣百官。以至天下。有聖過於己者。必見推矣。遞相推讓。卒當得最賢者矣。事事次序。理自當然。○曾氏旼曰。唐虞建官。內有百揆四岳。時無百揆。則官無隆於四岳。四岳之賢於羣臣可知。想其德未足以宅百揆。則於庸命有所不能可知。古之人自知甚明。其所不當受者。雖與之天下。不受也。○

朱子曰。先儒多疑舜乃前世帝王之後。在堯時不應在側陋。此恐不然。上古人壽長。傳數世之後。經歷之遠。自然有微而在下者。○呂氏祖謙曰。明明揚側陋。見堯爲天下得人之意。廣大無閒。自朝廷。自草野。自幽隱。自遠僻。明者可舉。則明之。側陋者可舉。則揚之。其公天下之道如此。○堯曰予聞者。不過亦嘗聞舜之名。非堯先有欲遜舜之心。學者因予聞之說。以爲堯已知有舜。欲用之久矣。先遜四岳。料其必辭。待其薦而後用舜。此後世之心也。蓋堯雖聞舜賢。舜爲人果如何。堯亦未知也。觀如何二字。足以見堯之心。○時氏瀾曰。四岳之舉舜。指家庭之事而言之。堯之試舜。亦於家庭之事而觀之。○眞氏德秀曰。堯問若時登庸之人。而放齊以朱對。又問若采之人。而驩兜以共工對。又問治水之人。而四岳以鯀對。此不當舉而舉者也。後問可以巽位之人。而四岳以舜對。此當舉而舉者也。堯於其不當舉者。則吁而歎之。於其當舉者。則俞而然之。此其所以爲聖歟。○陳氏大猷曰舜自處頑嚚傲之間而盡其道固難使二女處焉而亦盡其道尤難使非化二女與已同德安能如此二女亦舜之儔也歟○羅氏欽順曰能使頑父嚚母傲弟相與感化而不格姦則天下無不可化之人矣非甚盛德其孰能之

總論

程子曰自放勳至格于上下堯之德也自克明俊德至於變時雍堯治天下之道也自乃命羲和至庶績咸熙堯立治之法也自帝曰疇咨以下至篇終言堯之聖明能知人也○呂氏祖謙曰堯典一篇始終無非欽也始之欽明終之欽哉其中曰允恭曰欽若曰敬授曰寅賓寅餞曰敬致曰往欽哉皆以敬爲辭○熊氏禾曰韓子曰堯以是道傳之舜舜以是道傳之禹湯文武周公孔子則堯典是第一傳道之祖以前雖有伏羲神農黃帝三聖人者作孔子作易大傳不過略述其開物成務大概而已創制立法蓋未詳也堯典曰放勳孔

子稱之亦曰巍巍乎其有成功煥乎其有文章蓋混沌既判至堯適當一元文明之會也○人君以一身出而爲天地人物之宗主不過爲生民立極盡其輔相財成之道三才之責既盡則聖人之能事畢矣○董氏鼎曰帝堯爲五帝之盛帝堯典爲百篇之首篇呂氏謂書首二典猶易首乾坤乾君道坤臣道也天地之道備於乾坤而君臣之道見於二典至當之論也然堯典篇中不過三大節修齊治平一也治曆明時二也知人舉舜三也節目有三而綱領惟一一者欽而已欽敬者一心之主宰而萬事之根本見於修齊治平者此敬見於治曆明時者亦此敬見於知人傳賢者亦此敬一篇之中言欽不一曰恭曰寅何往非一敬所貫通者先儒謂敬者百聖傳心之法讀是書者宜亦曰毋不敬○薛氏瑄曰書載堯舜之事皆先德行而後事功事功之大者莫大於用人之一事

欽定書經傳說彙纂卷第一

案古之帝王有治法有道法有心法治法三才並建命羲和以曆象所以治天時也咨四岳以俾乂所以治水土也咨若時若采所以治民事也道法者欽明以下至親睦平章皆是也惟心法則欽之一字可以聚衆德一貫治道聖聖相傳不越乎此非獨一書中綱領即堯典一篇三致意焉雖其說必待程朱發之而大昭其義然上古史官實足窺見大聖之精微其言已揭日月而行矣舜典悉同於堯二聖人所以爲千古立極禹湯文武周公寧外是歟雖然用人乃爲治之最要者所以末三節歸重於疇咨可見不得其人而輔佐之雖堯舜不能爲治則知人之難可不兢兢愼之歟

清雍正内府本欽定書經傳説彙纂

第三册

清　王頊齡等撰

天津圖書館藏清雍正八年内府刻本

山東人民出版社·濟南

欽定書經傳說彙纂卷第四

夏書

集傳 夏，禹有天下之號也。書凡四篇。禹貢作於虞時。而繫之夏書者，禹之王以是功也。孔氏穎達曰：治水是堯末時事。

集說 孔氏穎達曰：此篇必在虞書之内，蓋夏史抽入夏書，或仲尼始退其第。○金氏履祥曰：禹貢敘水土，在唐虞之際，禹謨序功，謨在有虞之時，舊皆名夏書，以夏史之所述也。夫子定書，升禹謨於虞書，以著三聖相傳之道，冠禹貢於夏書，以明大禹有天下之本也。

禹貢上

【集傳】上之所取謂之賦，下之所供謂之貢。是篇有貢有賦，而獨以貢名篇者，孟子曰：夏后氏五十而貢。貢者，較數歲之中以爲常，則貢又夏后氏田賦之總名。孔氏安國曰：禹制九州貢法。今文古文皆有。

【集說】孔氏穎達曰：九州之土，物產各異，任其土地所有，以定貢賦之差，亦因其肥瘠多少不同，制爲差品。治田出穀，經定其差等，謂之厥賦；以其所出之穀，市其土地所生異物獻，謂之厥貢。雖以所賦之物爲貢，用賦物不盡有也，亦有全不用賦物，直隨地所有，採取以爲貢者，此之所貢，卽與周禮太宰九貢不殊，但周禮分之爲九耳。○林氏之奇曰：別而言之，雖有貢有賦，有上下之差，合而言之。則貢者乃賦稅之總稱。田賦包篚。皆在其中。此貢之一字。與商之助。周之徹。皆是其一代之制。取民之總名也。○朱子曰。禹自言予決九川。距四海。濬畎澮距川。一篇禹貢。不過此數語。

禹敷土。隨山刊木。奠高山大川。

集傳 敷。分也。分別土地以爲九州也。奠。定也。定高山大川以別州境也。若兗之濟河。青之海岱。揚之淮海。雍之黑水西河。荆之荆衡。徐之海岱淮。豫之荆河。梁之華陽黑水是也。方洪水横流。不辨區域。禹分九州之地。隨山之勢。相其便宜。斬木通道以治之。蘇氏軾曰。山行多迷。刊木以表之。且以通道。史記云。行山表木。○呂氏祖謙曰。隨山有兩意。一謂隨山開道以觀水勢。一謂隨山之脈絡。相視其水勢。濬其川。又定其山之高者與其川之大者。以爲之紀綱。葉氏夢得曰。治水者。惟形勢之順。形勢以山川爲主。山川以高且大者爲主。高山大川。各定其所而名正。則其餘可以類求。此三者。禹治水之要。故作書者首述之。○曾氏曰。禹別九州。非用其私智。天文地理。區域各定。故星土之法。則有九野。而在地者。必有高山大川爲之限隔。風氣爲之不通。民生其閒。亦各異俗。禮記王制曰。廣谷大川異制。民生其閒者異俗。故禹因高山大川之所限者。別爲九州。又定其山之高峻。

水之深大者。爲其州之鎮。秩其祭。而使其國主之也。

【集說】杜氏佑曰。九州本制。起於顓頊。辨其疆界。始於禹貢。○黃氏度曰。高山。山之會也。崗麓分衍。谿壑隨大小行其中。衆水輳合於大川。大川。所以紀理衆小水也。九州皆有高山大川。不獨五岳四瀆。所謂刊旅滌源者也。○鄭氏樵曰。州縣之設。有時而更。山川之形。千古不易。所以禹貢分州。必以山川定疆界。使兖州可移。而濟河之兖州不能移。梁州可遷。而華陽黑水之梁州不能遷。故禹貢爲萬世不易之書。○呂氏祖謙曰。史官作禹貢。首言禹敷土。見禹之胸中。先有一定之規模。分布九州之土。某土如此。某土如彼。然後用工。所以有成。奠高山大川者。先定高山之標準。次辨其大川之所歸。○羅氏苹曰。廣谷大川。風俗之所以分。故推其高大者先正之。然後九州可別。如大山定。而山之西爲兖。大河定。而河之南爲豫。此分畫之要也。

冀州。

【集傳】冀州。帝都之地。左傳疏曰。堯治平陽。舜治蒲坂。禹治安邑。三都相去。各二百餘里。俱在冀州。三面距河。兗河之西。雍河之東。豫河之北。孔氏穎達曰。兗州云濟河。自東河以東也。豫州云荊河。自南河以南也。雍州云西河。自西河以西也。明東河之西。西河之東。南河之北。是冀州之境也。周禮職方河內曰冀州。是也。爾雅曰。兩河間曰冀州。○史記正義曰。古帝王之都。多在河東河西。故呼河北爲河內。河南爲河外。又云。河從龍門南至華陰。東至衛州東北入海。曲繞冀州故言河內。八州皆言疆界。而冀不言者。以餘州所至可見。晁氏曰。亦所以尊京師。示王者無外之意。

【地理今釋】

冀州。今山西之太原。平陽。汾州。潞安。大同。五府。澤。遼。沁。三州。直隸之順天。永平。保定。廣平。順德。宣化。六府。及眞定。河間。二府。西北境。大名府濬縣西境。盛京之錦州府。河南之懷慶。衛輝。彰德。三府。其北直抵塞外陰山下。西起東受降城今蒙古名薩爾几村之北。東訖于大遼水也。

集說 曾氏旼曰。九州其來久矣。洪水堙没。禹治水。復分別之。舜卽位。分爲十二州。分冀東爲幷。東北爲幽。分青之東北爲營。至商又但言九圍。九有。爾雅九州有幽營而無青梁。其商制歟。周禮職方氏有幽幷而無徐梁營。則周制也。○朱子曰。平陽晉州蒲坂。太行山之盡頭。其地磽瘠。人民朴陋儉嗇。惟堯舜能都之。○成氏申之曰。河自積石東北流。入中國。則折而南流。雍州在其西。故曰西河。至華陰。折而東流。豫州在其南。故曰南河。至大伾。又折而西北流。兗州在其東。故曰東河。冀地最廣。兗最狹。冀今河東河北皆在焉。居天下四分之一。舜分爲幽并。幽州。燕薊幽涿朔莫等州。是其域也。并州。太原澤潞晉代汾絳等州。是其域也。○焦氏竑曰。冀在唐虞。水患特甚。在今日。河流徐邳。而九河故地。乃爲漳衞入海之道。則冀之東北。無復河水之繞。而所謂三面濱河者。蓋舊迹也。○茅氏瑞徵曰。王氏曰。九州之序。禹貢始於冀。次於兖。而終於雍。職方氏則始於揚。次於荆。而終於并者。蓋禹貢言治水之序也。職方言遠近之序也。治水則自帝都始。然後順水性所便。自下而上。故由兖至雍也。以遠近言。則周之化。自北而南。爲遠。揚在東南。荆在正南。并在正北。先遠而後近也。

既載壺口。

【集傳】經始治之謂之載。壺口。山名。漢地志在河東郡北屈縣東南。（應氏劭曰。已有南屈。故稱北屈。）今隰州吉鄉縣也。（皇輿表吉鄉縣。今吉州。屬平陽府。【地理今釋】壺口。今山西平陽府吉州西南七十里有壺口山。黃河之水注其中如壺然。○今案既載云者。冀州帝都之地。禹受命治水所始。在所當先。經始壺口等處。以殺河勢。焦氏竑曰。河自塞外入中國。壺口當南出之孔道。故名河口。故曰既載。朱子曰。既者。已事之詞。載者。始有事也。然禹治水施功之序。則皆自下流始。故次兖。次青。次徐。次揚。次荊。次豫。次梁。次雍。兖最下。故所先。雍最高。故獨後。禹言予決九川。距四海。濬畎澮距川。即其用工之本末。先決九川之水以距海。則水之大者有所歸。又濬畎澮以距川。則水之小者有所泄。皆自下流以疏殺其勢。讀禹貢之書。求禹功之序。當於此詳之。

【集說】孔氏穎達曰。九州之次。以治爲先後。水性下流。當從下而泄。故治水皆從下爲始。自兖巳下。皆準地之形勢。從下向高。從東向西。青徐揚三州。竝爲東偏。雍州高於豫。豫高於青徐。雍豫之水。從青徐而入海也。梁高於荆。荆高於揚。梁荆之水。從揚而入海也。兖在冀東南。冀兖二州之水。各自東北入海也。冀州之水。不經兖州。以冀是帝都。河爲大患。故先從冀起。而次治兖。若使冀州之水。東入兖州。水無去處。治之無益。雖是帝都。不得先也。

治梁及岐。

【集傳】梁。岐。皆冀州山。梁山。呂梁山也。在今石州離石縣東北。皇輿表。離石縣。今永寧州屬汾州府。爾雅云。梁山晉望。卽冀州呂梁也。呂不韋曰。龍門未闢。呂梁未鑿。河出孟門之上。又春秋梁山崩。左氏穀梁皆以爲晉山。則亦指呂梁矣。酈道元謂呂梁之石崇竦。河流激盪。震動天地。此禹旣事壺口。乃卽治梁也。岐山在今汾州介休縣。狐岐之山。勝水所出。東北流注于汾。酈道元云。後魏於胡岐置六壁。防離石諸胡。因爲大鎮。今六壁城在勝水之側。實古河逕

之險阨二山河水所經治之所以開河道也先儒以爲**雍州梁岐者非是**

【地理今釋】案孔傳梁岐在雍州今陝西西安府韓城縣西北九十里之梁山鳳翔府岐山縣東北四十里之岐山也岐山一名天柱山山南爲周原詩所謂周原膴膴也蔡傳疑雍州之山不當載于冀州指今山西汾州府永寧州東北之呂梁山一名骨脊山者爲梁山汾州府孝義縣西之狐岐山一名薛頡山者爲岐山然二山去河甚遠不得謂河水所經曾旼云壺口梁岐一役也其施功皆同時不可分言于二州故并言于冀得此可釋蔡氏之疑

【集說】朱子曰他所舉山川皆先地後績者觀成功而言也壺口梁岐及太原皆先績後地者本用功之始而言也豈治之有難易歟○論形勢先識大綱如水則中國莫大于河南方莫大于江涇渭則入河者也先定

大者。則小者便易攷。

既修太原至于岳陽。

【集傳】修。因鯀之功而修之也。曾氏旼曰。記云。禹能修鯀之功。廣平曰原。今河東路太原府也。孔氏穎達曰。太原。原之大者。【地理今釋】案孔傳。高平曰太原。今以爲郡名。正義曰。卽晉陽縣也。唐之晉陽縣。今山西太原縣是。東北去太原府治四十里。蔡傳以爲今河東路太原府者。亦統同言之也。岳。太岳也。周職方冀州。其山鎭曰霍山。地志謂霍太山。卽太岳。在河東郡彘縣東。今晉州霍邑也。孔氏安國曰。太岳。在太原西南。○皇輿表。晉州。今平陽府。霍邑。今霍州。屬平陽府。【地理今釋】岳陽。太岳。一名霍太山。

今爲中鎮。在山西平陽府霍州東三十里。山周二百餘里。南接岳陽。趙城二縣。北接靈石縣。東接沁源縣界。

山南曰陽。卽今岳陽縣地也。皇輿表。今屬平陽府。堯之所都。徐氏堅曰。帝堯爲唐侯所都。

揚子雲冀州箴曰。岳陽是都。是也。蓋汾水出於太原。經於太岳。東入于河。此則導汾水也。茅氏瑞徵曰。河入海汾入河。二水原相屬。禹自壺口至太岳。治河卽以治汾。

集說　陳氏櫟曰。惟冀州有修治之辭。餘州皆無之。非餘州皆無事也。以冀例之。見餘州之役。自禹創始者。皆曰治。修鯀之功者。皆曰修。蒙冀文也。○夏氏允彝曰。鯀隄在今開州。博州亦有鯀隄。又名禹隄。衛州亦有禹隄。通名金隄。一名千里隄。今案汾水。自管涔而下。西瀕省城。不數百武。地卑濕。又河土疏。且沙淖。故善徙。說者謂河出山陜中。勢得逞。故易徙。全賴石堤堅固。非得已也。○茅氏瑞徵曰。岳陽向爲堯都。鯀極意崇防。頗有遺蹟可因。而壺口梁岐。則禹創爲疏鑿耳。總之治冀州水。以河爲主。先疏下流。以殺河勢。便得大頭腦。河流既定。太原一帶。只修鯀舊績。自可奏功。此神禹化工手段也。并鯀蹟不朽矣。凡既字。皆據成功言。工力創造曰治。沿緒曰修。道里附近曰及。總括曰至。皆書法也。

覃懷厎績。至于衡漳。

【集傳】覃懷地名。地志河內郡有懷縣。今懷州也。【地理今釋】覃懷今河南懷慶府地。通典云。懷州禹貢覃懷之地是也。曾氏曰。覃懷平地也。當在孟津之東。大行之西。淶水出乎其西。淇水出乎其東。方洪水懷山襄陵之時。而平地致功爲難。故曰厎績。衡漳。水名。衡古横字。地志。漳水二。一出上黨沾縣大黽谷。今平定軍樂平縣。皇輿表。今平定州樂平縣。屬太原府。少山也。名爲清漳。一出上黨長子縣鹿谷山。今潞州長子縣。皇輿表。今長子縣。屬潞安府。發鳩山也。名爲濁漳。酈道元謂之衡水。又謂之横水。東至鄴。合清漳東北至阜城。入北河。鄴。今潞州涉縣也。皇輿表。涉縣。今屬彰德府。阜城。今定遠軍東光縣也。皇輿表。東光縣。今阜城縣。屬河間府。地理

【今釋】衡漳。清漳水。出今山西太原府樂平縣西南三十里沾嶺。水經注所謂少山大黽谷也。東南流至河南彰

德府涉縣交漳口。會濁漳水。又東北流入直隸界。至廣平縣。分二支。一支東行入衛河。一支爲經流。東北行。經山東邱縣界。復分二支。一支北行入大陸澤。一支爲經流。東北行。經直隸清河。阜城。交河。至青縣。合衛河。北流至天津西沽。合桑乾諸水。東行入海。所謂老漳河也。其一支入大陸者。亦東北行。至天津西沽。合諸水入海。所謂新漳河也。濁漳水。出今山西潞安府長子縣西五十里發鳩山。亦東南流。至交漳口。會清漳。○又案桑欽云。二漳異源而下流相合。同歸于海。唐人亦言漳水能獨達于海。請以爲瀆。而不云入河者。蓋禹之導河。自洚水大陸。至碣石入于海。本隨西山下東北去。周定王五年。河徙砱礫。案漢書溝洫志。周定王五年。河徙。不著其地。蔡傳則云。定王五年。河徙砱礫。又見於導河傳。說本程氏。但砱礫地名未詳。據溝洫志載賈讓治河奏。有滎陽漕渠。如淳曰。今礫谿口是也。師古曰。礫谿。谿名。卽水經所云泲水東過礫谿者。似程氏訛以今爲令。又加石作砱。遂爲周時河徙之處。而蔡傳相承引用耳。則漸遷而東。漢初。漳猶入河。其後河徙日東。而取漳水益遠。至欽時。河自大伾而下。已非故道。而漳自入海矣。故欽與唐人所言者如此。

集說　曾氏旼曰。河自大伾北流。漳水東流注之。地形。東西爲横。南北爲從。河北流而漳東注。則河從而漳横矣。○林氏之奇曰。禹自覃懷致功。遂踰大行而北。既得漳源而導之入河。漳水合河下流。如不以道。則亦害於河流故也。○夏氏僎曰。自壺口至衡漳。皆所以治河之害。與夫别流之入于河也。

厥土惟白壤。

【集傳】漢孔氏曰。無塊曰壤。孔氏穎達曰。壤是土和緩之名。故云無塊。此土本色爲然。水去。土復其性。色白而壤。顏氏曰。柔土曰壤。夏氏曰。周官大司徒辨十有二壤之物。而知其種。以教稼穡樹藝。以土均之法。辨五物九等。周禮注。五物。五地之物也。九等。騂剛赤緹之屬。○周禮疏。禹貢白壤白墳九等。與此騂剛之屬九等不同者。以禹貢是九州大判。各爲一等。此九等。無妨一州竝有其類。故不同也。制天下之地征。則夫教民樹藝。與因地制貢。固不可不先於辨土也。然辨土之宜有二。白以辨其色。壤以辨其性也。蓋草人糞壤之法。騂剛用牛。赤緹用羊。墳壤用麋。渴澤用鹿。周禮草人。凡糞種。騂剛用牛。赤緹用羊。墳壤用麋。渴澤用鹿。鹹潟用貆。勃壤用狐。埴壚用豕。彊檃用蕡。輕爂用犬。注云。凡所以糞種者。謂煑取汁也。赤緹。縓色也。渴澤。故水處也。　糞治田疇。各因色性而辨其所當用也。曾氏曰。冀州之土。豈皆白壤。云然者。土會之法。周禮注。會計也。以土計貢稅之法。從其多者論也。

集說　劉氏向曰。山川汙澤陵陸邱阜五土之宜。聖王就其勢。因其便。不失其性。高者黍。中者稷。下者秔。蒲葦菅蒯之用不乏。麻麥黍粱亦不盡。○王氏安石曰。物其土田。以知所宜。奠其賦。以知所出也。○金氏履祥曰。河東太行地勢。全體皆石。土載其上。但壤性柔細。故其地爲九州第五。

厥賦惟上上錯厥田惟中中。

集傳 賦。田所出穀米兵車之類。錯。雜也。孔氏穎達曰。賦謂土地所生以供天子。多者爲正。少者爲雜。○朱子曰。常出者爲正。閒出者爲雜。賦第一等。而錯出第二等也。田第五等也。孔氏安國曰。田之高下肥瘠。九州之中爲第五。賦高於田四等者。地廣而人稠也。林氏曰。冀州先賦後田者。冀王畿之地。天子所自治。併與場圃園田漆林之類而征之。如周官載師所載。賦非盡出於田也。周禮載師。凡任地國宅。無征。園廛。二十而一。近郊。十一。遠郊。二十而三。甸稍縣都。皆無過十二。惟其漆林之征。二十而五。故以賦屬於厥土之下。餘州皆田之賦也。故先田而後賦。又案九州九等之賦。皆每州歲入總數。以九州多寡相較而爲九等。非以是等田而責其出是等賦也。冀獨不言貢篚者。冀。天子封內之地。無所事於貢篚也。

【集說】陸氏德明曰。禹貢九州。言田賦者九。曰篚者三。曰包者二。匭者一。曰貢者八。而冀州則獨言田賦而不言貢者。蓋八州。諸侯分封之國。各以歲時致其田之所有。以獻於王者之謂貢。冀爲天子畿內之地。其物之所有。皆屬於王。則虞衡澤虞牧人罟人掌之。何貢之爲。○葉氏夢得曰。賦不皆出於田。故有田上而賦寡。如徐青梁之類。而甚若雍之田上上。而賦乃中下者。有田下而賦多。如豫冀揚之類。而甚若荆之田下中。而賦乃上上者。田下而賦多。則土賦兼其閒也。田上而賦寡。則又溝畎灌漑之於水旱畜泄有利否。而人力衆寡勤惰之不齊。不可概以田爲率也。○朱子曰。賦有九等。此乃計九州歲入多寡相較以爲之等。非科定取民也。取民則用什一。賦入既有常數。而又有閒出他等之時者。歲有豐凶。不能皆如其常。故有錯法以通之。然則雖夏法。亦未嘗不通也。

恒衛既從大陸既作。

集傳 恒衛。二水名。恒水。地志。出常山郡上曲陽縣恒山北谷。在今定州曲陽縣西北恒山也。皇輿表。定州曲陽縣今眞定府曲陽縣。

東入滱水。水經曰。滱水。出代郡靈邱縣高氏山。南過廣昌縣南。又東南過中山上曲陽縣北恒水從西來注之。薛氏曰。東流合滱水。至瀛州高陽縣。入易水。皇輿表瀛州。今河間府。高陽縣。今屬保定府。晁氏曰。今之恆水。西南流至眞定府行唐縣。東流入于滋水。又南流入于衡水。非古逕矣。地理今釋恆水。一名長溪。源出恆山。自直隸眞定府阜平縣龍泉關北。迤邐流經大派山。爲大派水。亦曰沙水。又東南至保定府祁州界。合滋河。入于唐水。唐水。卽滱水也。衛水。地志。出常山郡靈壽縣東北。卽今眞定府靈壽縣也。東入滹沱河。薛氏曰。東北合滹沱河。過信安軍九域志。霸州淤口寨。改信安軍。入易水。地理今釋衛水。今名雷溝河。出眞定府靈壽縣良同村。南流至縣東南。入滹沱河。從。從其道也。大陸。

孫炎曰。鉅鹿北廣阿澤。河所經也。程氏曰。鉅鹿去古河絕遠。河未嘗逕邢以行鉅鹿之廣阿非是。地理今釋大陸澤。一名廣阿澤。跨今直隸保定府東鹿縣。元和志。大陸澤。在深州鹿城縣南。是也。順德府鉅鹿縣。元和志。大陸澤。一名鉅鹿澤。在邢州鉅鹿縣西北五里。是也。眞定府隆平縣。通典。趙州昭慶縣有大陸澤。元和志。廣阿澤。在趙州昭慶縣東二十五里。是也。寧晉縣。明一統志。寧晉縣有葫蘆河。即大陸澤。是也。深州。通典。深州陸澤縣。禹貢大陸澤在此。元和志。深州陸澤縣南三里。即大陸之澤。是也。上承滹沱。滏陽。漳。唐。諸河水。滙為巨浸。又東北流。為新漳河。至大城縣。為子牙河。至天津衞入海。○案漢書溝洫志。禹之行河水。本隨西山下東北去。鉅鹿正在西山之下。自是大河所經。程大昌以為鉅鹿去河絕遠。未嘗逕邢以行。非也。當從孫炎之說為是。案爾雅。高平曰陸。大陸云者。四無山阜。曠然平地。蓋禹河自澶相以北。皇輿表。澶。今大名府開州。相。今彰德府。皆行西山之麓。故班馬王横。皆謂載之高地。則古河之在貝冀。以及枯洚之南。率皆穿西山踵趾以行。及其已過信洚之北。漢書地理志。冀州信都縣有洚水。故曰信洚。則西山勢斷。曠然四平。蓋以此地謂之大陸。乃與下文北至大陸者合。故隋改趙之昭慶以爲大陸縣。唐又割鹿城置陸渾縣。皆疑鉅鹿之大陸不與河應。而亦求之向北之地。杜佑。李吉甫。以爲邢趙深三州皇輿表。邢州。今順德府。趙州。深州。今屬眞定府。爲大陸者得之。作者。言可耕治。水患既息。而平地之廣衍者。亦可耕治也。恆衛水小而地遠。大陸地平而近河。曾氏旼曰。恆衛。在帝都之北而且遠。大陸地最卑而河所經。故其成功於田賦之後。

集說 傅氏寅曰。大陸之地廣大。跨相趙深三州俱有之。不止於河所經也。恆衛二水。既入滱與滹沱。而滱滹沱皆經大陸之北而東行。言恆衛既從。則滱滹沱之治可知矣。滱滹沱治。則大陸之可耕作必矣。○黃氏度曰。河未入海。則恆衛合而爲瀰漫之勢。大陸淪焉。自河北流不壅。恆衛皆順從。大陸於是可耕作矣。○呂氏祖謙曰。言水土平於田賦之前者。其害大。當先治也。言於田賦後。其害小。徐治之也。

島夷皮服。

集傳 海曲曰島。爾雅釋名曰。海中可居者曰島。海島之夷。以皮服來貢也。焦氏竑曰。爾雅所謂東北方之文皮者。是也。

集說 林氏之奇曰。冀州之島夷。青州之萊夷。徐州之淮夷。梁州之和夷。與雍州之崑崙析支渠搜。皆是逐州之間。所近要荒之服也。洪水既平之後。任土作貢。自綏服之內。皆有每歲之常貢。至於要荒之服。則不責其必貢也。亦不責其重貨也。間有欲效誠於上者。惟輸其所有之物。如蠙珠織皮之類。是也。島夷皮服者。言水害既除。海曲之夷。獻其皮服也。○王氏炎曰。北地寒。故服用皮。南地暖。故服用卉。

夾右碣石入于河。

【集傳】碣石。地志在北平郡驪城縣孔氏穎達曰。碣石。海畔山也。○皇輿表。驪城縣。今永平府撫寧縣。西南河口之地。今平州之南也。皇輿表。平州。今永平府。

【地理今釋】碣石。案漢書地理志云。大碣石山。在右北平郡驪城縣西南。武帝紀注。文穎云。碣石在遼西絫縣。絫縣。今罷入臨渝。此石著海旁。蓋驪城卽今直隸永平府撫寧縣。絫縣。卽今昌黎縣。二縣壤地連接。杳無碣石踪跡。而海水蕩滅之說。又荒誕不可信。考肇域志云。山東濟南府海豐縣有馬谷山。卽古碣石。劉文偉亦以馬谷山在古九河之下。合于禹貢入河入海之文。斷爲碣石無疑。近世論碣石者。惟此說庶幾近之。冀州

北方貢賦之來。自北海入河。南向西轉。而碣石在其右轉屈之閒。故曰夾右也。蘇氏軾曰。夾。挾也。自海入河。逆流而西。右顧碣石。如在挾掖也。

程氏曰。冀爲帝都。東西南三面距河。他州貢賦。皆以達河爲至。故此三方亦不必書。而其北境。則漢遼東西右北平漁陽上谷之地。其水如遼。濡。滹。易。皆中高。不與河通。故必自北海。然後能達河也。又案酈道元言驪城枕海。有石如甬道數十里。當山頂有大石如柱形。韋昭以爲碣石。其山昔在河口海濱。故以誌其入貢河道。歷世既久。爲水所漸。淪入于海。已去岸五百餘里矣。程氏大昌曰。道元所書。特爲詳具。韋昭推究首尾。謂漢世水波襄食地廣。碣石當已苞淪於海。故歷代釋經。皆援此碣石以爲之據也。戰國策以碣石在常山郡九門縣者。恐名偶同。而鄭氏以爲九門無此山也。孔氏穎達曰。鄭云。戰國策碣石。在九門縣。今屬常山郡。蓋別有碣石。與此名同。今驗九門。無此山也。

集說　孔氏穎達曰。下文導河入于海。傳云入于渤海。渤海之郡。當以此海爲名。計渤海北距碣石五百餘里。河入海處。遠在碣石之南。禹行碣石。不得入于河也。蓋遠行通水之處。北盡冀州之境。然後南迴入河而逆上也。夾右者。孔云。夾行此山之右。則行碣石山西南行入河。在碣石之右。故云夾右也。顧氏亦云。山西曰右。○林氏之奇曰。禹貢所載。上言田賦貢篚之事。而於下言其所以達於帝都之道。其始末曲折。莫不盡備。而皆以達于河爲至。蓋達于河。則達于帝都故也。此云夾右碣石入于河者。蓋在冀州之北者。遠於帝都之地。或有舟楫轉輸。則必遵海道以入于河。然後至於帝都。瀕河之地。則徑自河以達於帝都矣。○朱子曰。碣石山負海當河。入海之衝。自海道夾出碣石之右。然後入河而達帝都也。冀州三面距河。其建都實取轉漕之利。朝會之便故九州之終。皆言達河。以紀其入帝都之道。冀實帝都。亦曰入河者。爲北境絕遠者言之。以明海道亦可至也。

濟河惟兖州。

【集傳】兖州之域。東南據濟。西北距河。鄭氏樵曰。以地命州。如兖州者。當時所命之名。後世安知其在南在北。故以濟水河水之閒爲兖州也。濟河。見導水。蘇氏曰。河濟之閒。相去不遠。兖州之境。東南跨濟。非止於濟也。愚謂河昔北流。兖州之境。北盡碣石河右之地。後碣石之地淪入于海，河益徙而南，濟河之間始相去不遠。蘇氏之說未必然也。

地理今釋 兖州，今山東之東昌府及兖州府、曹州、陽穀、壽張、鄆城三縣，濟南、青州二府西北境，直隸之大名府及眞定、河間二府東南境，河南之衛輝府胙城縣也。○林氏曰：濟古文作泲。說文注云：此兖州之濟也。其從水從齊者，說文注云：出常山房子縣。皇輿表：房子縣，今趙州臨城縣，屬眞定府。贊皇山。則此二字音同義異，當以古文爲正。茅氏瑞徵曰：泲即沇水，其從水從齊者，非四瀆之水。然水經注云：二濟同名，則泲之訛爲濟舊矣。

集說 孔氏穎達曰：此下八州發首言山川者，皆謂境界所及也。○林氏之奇曰：以高山大川定逐州疆界。

序所謂別九州篇首所謂奠山川也九州命名之意蓋出於一時之偶然不可必求其義也○朱子曰河患惟兖爲甚兖州是河曲處其曲處兩岸無山皆是平地所以潰決常必在此故禹自其決處導之用工尤難○熊氏禾曰兖州當河之下流西距河東距濟北濱海南接徐豫之境

九河既道

集傳 九河爾雅一曰徒駭二曰太史三曰馬頰四曰覆鬴五曰胡蘇六曰簡潔七曰鉤盤八曰鬲津其一則河之經流也先儒不知河之經流遂分簡潔爲二既道者既順其道也○案徒駭河地志云滹沱河寰宇記云在

滄州清池南。皇輿表。清池縣。今滄州。屬河間府。許商云。在平城。馬頰河。元和志。在德州安德平原南東。皇輿表。安德。今陵縣。平原。今德州平原縣。竝屬濟南府。寰宇記云。在棣州滴河北。皇輿表。棣州滴河。今商河縣。屬濟南府。輿地記云。卽篤馬河也。覆鬴河。通典云。在德州安德胡蘇河。寰宇記云。在滄之饒安無棣臨津三縣。皇輿表。饒安。今滄州。無棣。今慶雲縣。臨津。今南皮縣。竝屬河間府。許商云。在東光。皇輿表。東光。今東光縣。屬河間府。簡潔河。輿地記云。在臨津。案孔穎達九河疏。據爾雅郭璞注。以簡潔爲二河。朱子孟子集注亦因之。曰簡。曰潔。分舉犂然。蔡傳則據曾旼之說。合簡潔爲一河。其一則河之經流也。林之奇嘗辨之。

以爲九河勢均。安得以一爲經流。八爲支派哉。當從朱子孟子集注爲正。鈎盤河。寰宇記云。在樂陵東南。皇輿表。樂陵。今武定州樂陵縣。屬濟南府。從德州平昌來。輿地記云。在樂陵。鬲津河。寰宇記云。在樂陵東西北流入饒安。許商云。在鬲縣。輿地記云。在無棣。太史河。不知所在。自漢以來。講求九河者甚詳。漢世近古。止得其三。唐人集累世積傳之語。遂得其六。歐陽忞輿地記。又得其一。或新河而載以舊名。或一地而互爲兩說。要之皆似是而非。無所依據。至其顯然謬誤者。則班固以滹沱爲徒駭。而不知滹沱不與古河相涉。欒史馬頰。乃以漢篤馬河當之。鄭氏求之不得。又以爲九河。齊桓塞其八流以自廣。夫曲防。齊之所禁。塞河。宜非桓公之所爲也。河水可塞。而河道果能盡平乎。皆無稽考之言也。惟程氏以爲九河之地。已淪於海。引碣石爲九河之證。以謂今滄州之地。北與平州接境。皇輿表平州。今永平府。相去五百餘里。禹之九河。當在其地。後爲海水淪沒。故其迹不存。方九河未沒於海之時。從今海岸東北。更五百里平地。河播爲九。在此五百里中。又上文言夾右碣石。則九河入海之處。有碣石在其西北岸。九河水道變遷。難於推考。而碣石通趾頂皆石。不應仆沒。今兖冀之地。既無此石。而平州正南。有山而名碣石者。尚在海中。去岸五百餘里。卓立可見。則是古河自今以爲海處。向北斜行。始分爲九。其河道已淪入於海明矣。漢王橫言。昔天常連雨。東北風。海水溢西南出。浸數百里。九河之地。已爲海水所漸。酈道元亦謂九河碣石。苞淪於海。後世儒者。知求九河於平地。而不知求碣石有無以爲之証。故前後異說。竟無歸宿。蓋非九河之地。而強鑿求之。宜其支離而不能得也。

【地理今釋】案孔穎達九河疏。徒駭在成平。胡蘇在東光。鬲津在鬲縣。此祖漢許商徒駭最北。鬲津最南之言也。其餘六者。復據爾雅九河之次。謂太史馬頰覆釜。在東光之北。成平之南。簡絜鉤盤在東光之南。鬲縣之北。蔡傳以太史河不知所在。又合簡絜爲一。與孔疏異。今考直隸河間府滄州（自唐迄元。滄州治清池縣。）之西。交河縣（漢成平縣）之東北六十里。有徒駭河。漢書地理志所謂滹沱河。民曰徒駭河。是也。山東濟南府平原縣北有篤馬河。東北經陵縣。德平。商河。（隋唐爲滳河）縣。樂陵諸縣界。其流或斷或續。相傳卽馬頰河也。濟南府德州有覆釜河。東北至海豐縣入海。河間府東光縣東南有胡蘇河。東經寧津縣。（唐臨津縣。）滄州。（漢饒安縣。）

在州東南。慶雲縣隋唐爲無棣縣。界。至海豐縣入海。河間府南皮縣城外有簡河。絜河。二河相去最近。濟南府樂陵縣東南有鉤盤河。自平原。德平。二縣界流入。至海豐縣東入海。德州西南有鬲津河。東經吳橋。寧津。德平。樂。陵。慶雲。諸縣界。至海豐縣大沽口入海。其太史河。據齊乘在清滄二州之間。明一統志亦云在南皮縣北。今其地雖無顯跡。然以孔疏參之。明一統志亦非無據。蓋九河故道。自春秋時已湮廢遷徙。漢唐以來諸儒訪求古跡。就所見之斷港絕潢指爲某河某河。似乎是非不可知。然河自大陸以北。順勢下趨。禹時九河。自當在德州以上。河間數百里之地。考之于古。驗之于今。是亦可信也已。

【集說】孔氏安國曰。河水分爲九道。在此州界。平原以北是。○呂氏祖謙曰。禹不惜數百里地。疏爲九河以分其勢。善治水者。不與水爭地也。○余氏闕曰。多其委。使河之大有所瀉。而其力有所分。此禹治河之道也。自周定王時。河始南徙。訖於漢。而禹之故道失矣。故西京時。受患特甚。自瓠子再決。流爲屯氏諸河。其後河入千乘。而德棣之河。又播爲八。漢人指以爲太史馬頰者。偶合於禹迹。故訖東都至唐。河不爲害者千數百年。至宋而河又南決。乃由彭城合汴泗東南以入淮。

雷夏既澤。

集傳 澤者。水之鍾也。爾雅釋名曰。下而有水曰澤。言潤澤也。○風俗通曰。水草交厝。名之爲澤。雷夏地志在濟陰郡城陽縣西北。今濮州雷澤縣西北也。皇輿表。雷澤縣。今東昌府濮州。地理今釋 雷夏。今山東東昌府濮州東南有雷澤。接曹州界。水經注云。雷澤在大成陽故城西北十餘里。其陂東西二十餘里。南北十五里。卽舜所漁也。山海經云。澤中有雷神。龍身而人頰。鼓其腹則雷。然則本夏澤也。因其神名之曰雷夏也。洪水橫流而入于澤。澤不能受則亦氾濫奔潰。故水治而後雷夏爲澤。

【集說】孔氏穎達曰。洪水之時。高原亦水。澤不爲澤。雷夏既澤。高地水盡。此復爲澤也。

灉沮會同。

【集傳】灉。沮。二水名。灉水。曾氏曰。爾雅。水自河出爲灉。許愼云。河灉水在宋。又曰。汳水受陳留浚儀陰溝。至蒙爲灉水。東入于泗。水經。汳水出陰溝。東至蒙爲狙獾。【案】水經。汳水至梁郡蒙縣爲濉水。又獲水出汳水於梁郡蒙縣北。無狙獾字。當是濉獲二字之訛。則濉水卽汳水也。濉之下流。入于睢水。沮水地志睢水。出沛國芒縣。皇輿表。漢沛國芒縣。今歸德府永城縣。睢水其沮水歟。晁氏曰。爾雅云。自河出爲濉。濟出爲濋。求之於韻。沮有楚音。二水河濟之别也。二說未詳孰是。

地理今釋 案元和志。濉水。沮水。俱出濮州雷澤縣西北平地去縣四十里。九域志。濮州有沮溝。卽禹貢濉沮會同是也。宋時河決曹濮閒。濉沮之源。適當其衝。久而泥滓塡淤。二水遂湮。蔡傳乃欲以汳睢當之。非是。韓汝節云。汳睢在豫徐之境。無豫于兖州。而兖州自有濉沮也。會者。水之合也。同者。合而一也。

【集說】王氏炎曰。九域志濮州有沮溝。卽禹貢灉沮會同者。下流相合。接山東諸水。盈涸不常。○茅氏瑞徵曰。河濟爲兗州二大水。灉沮其支流也。二水竝治。而兗境無復水患矣。

桑土既蠶。是降丘宅土。

【集傳】桑土宜桑之土。既蠶者。可以蠶桑也。蠶性惡濕。故水退而後可蠶。然九州皆賴其利。而獨於兗言之者。兗地宜桑。後世之濮上桑閒。猶可驗也。鄭氏康成曰。今濮水之上。地有桑閒者。僖三十一年衛遷于帝邱。杜預云。今東郡濮陽縣也。濮陽在濮水之北。是有桑土矣。地高曰邱。爾雅釋邱曰。非人爲之邱。孫炎曰。地性自然也。○廣雅曰。小陵曰邱。兗地多在卑下。水害尤甚民皆依邱陵以居。至是始得下居平地也。

集說 孔氏穎達曰。降丘宅土。與既蠶連文。知下邱居平土。就桑蠶也。計下邱居土。諸處皆然。獨於此州言之者。鄭玄云。此州寡於山。而夾川兩大流之閒。遭洪水。其民尤困。水害既除。於是下邱居土。以其免於厄。尤喜。故記之。○王氏綱振曰。兗州水治後。歷數其土可桑可蠶可宅可作。備言民生衣食居止之利。

厥土黑墳。厥草惟繇。厥木惟條。

集傳 墳土脈墳起也。如左氏所謂祭之地。地墳是也。繇。茂。條。長也。孔氏穎達曰。繇是茂之貌。條是長之體。言草茂而木長也。○林氏曰。九州之勢。西北多山。東南多水。多山則草木爲宜。不待書也。

兖徐揚三州。最居東南下流。其地卑濕沮洳。洪水爲患。草木不得其生。至是或繇。或條。或夭。或喬。而或漸包。故於三州特言之。以見水土平。草木亦得遂其性也。

集說 陳氏大猷曰。兖徐揚居河濟江淮下流。水未平。則爲下濕。於草木非宜。水既平。則爲沃衍。於草木尤宜。故以三州言草木。

厥田惟中下。厥賦貞作十有三載乃同。

集傳 田第六等。賦第九等。貞。正也。兖賦最薄。言君天下者。以薄賦爲正也。作十有三載乃同者。孔氏穎達曰。作者。役功作務。

兖當河下流之衝。水激而湍悍。地平而土疎。被害尤劇。今水患雖平。而卑濕沮洳。未必盡去。土曠人稀生理鮮少。必作治十有三載。然後賦法同於他州。此爲田賦而言。故其文屬於厥賦之下。先儒以爲禹治水所歷之年。且謂此州治水最在後畢。州爲第九成功。因以上文厥賦貞者。謂賦亦第九。與州正爲相當。殊無意義。其說非是。

集說　王氏炎曰。水患未盡去。則賦難定其等。故十三載始較所收而定其賦之下下。州界既狹。又有浸灌之患。賦所以最少。○王氏充耘曰。天道變於上。地力復於下。然後使供輸比同於他州。蓋因其受患之深。所以優恤之至。○陳氏雅言曰。地利之美有未闢。故田稍高而賦爲至下。人工之修有未齊。故賦旣薄而其入尤後○王氏樵曰。史臣敘兖之成功。其文異於他州者有二。記桑土。一也。記賦貞十三載乃同。二也。皆以河患故也。

厥貢漆絲。厥篚織文。

集傳 貢者。下獻其土所有於上也。周禮太宰。以九貢致邦國之用。○朱子曰。貢者。諸侯貢天子。故畿外八州皆有貢。兖地宜漆宜桑。故貢漆絲也。周禮典絲。掌絲入而辨其物。○孔氏穎達曰。任土作貢。此州貢漆。知地宜漆林也。周禮載師云漆林之征。篚。竹器。筐屬也。古者幣帛之屬。則盛之以筐篚而貢焉。經曰。篚厥玄黃是也。織文者。織而有文。錦綺之屬也。顏氏師古曰。錦。織綵爲文也。○孔氏穎達曰。綺。是織繒之有文者。是綾錦之別名。故云錦綺之屬。以非一色故以織文總之。林氏曰。有貢又有篚者。所貢之物入於篚也。

集說 孔氏穎達曰。鄭玄云。貢者。百功之府。受而藏之。其實於篚者。入於女功。故以貢篚別之。篚之所盛。皆供衣服之用。諸州無厥篚者。無入篚之物。故不貢也。○林氏之奇曰。八州之貢。揚荆最多。兗雍最寡。各因其地之所有。而不強之以所無也。雖有多寡。然皆以其所入。準其高下。以充每歲之常貢。是以有多寡而無輕重。○呂氏祖謙曰。八州之貢。皆服食器用之物。所謂惟正之供也。

浮于濟漯。達于河。

【集傳】舟行水曰浮。漯者。河之枝流也。兗之貢賦。浮濟浮漯。以達于河也。孔氏安國曰。因水入水曰達。○孔氏穎達曰。謂不須舍舟而陸行。水路相通。得乘舟徑達也。帝都冀州三面距河。達河則達帝都矣。又案地志曰。漯水出東郡東武陽。至千乘皇輿表。東武陽。今濮州朝城縣。屬東昌府。千乘。今青州府樂安縣。入海。漢書地理志。過郡三。行千二十里。程氏以爲此乃漢河與漯殊異。然亦不能明言漯河所在。未詳其地也。

【地理今釋】漯。今山東東昌府朝城縣南有漯河陂。廣十餘里。又青州府高苑縣北有漯河。濟南府禹城縣西二里有漯河。一名源河。俗又名土河。東北入臨邑縣界。案朝城漢之東武陽縣。高苑。漢之千乘縣。禹城。漢之高唐縣也。

蓋漯水本出高唐。至千乘入海。自禹導河至大伾。始分河之一支。史記。禹厮二渠以引其河。注。其一則漯川東北流。首經東武陽。至高唐合漯水。自合漯水。則高唐以南。武陽以北之河。皆被以漯名矣。故漢志于平原郡高唐注則云漯水所出。于東郡東武陽。則云禹治漯水東北至千乘入海。疏解漯水源流。固自瞭然。蔡傳未究斯旨。又誤解程大昌此河乃漢河。元非禹河之語。竟不知漯水所在。善乎陳師凱書傳旁通曰。程氏之意。非指漯爲漢河。蓋言漯入河處所受河水。乃漢以後所徙頓邱之河。非禹時澶相以北之河。其漯水仍以東武陽爲是也。

集說　程氏大昌曰。禹貢古河。其分派旁出者凡二。在南爲濟。少北爲漯。二水雖分枝於河。而皆不得名河。周定王時。河徙故瀆。則已與禹貢異。漢元光。河又改向頓邱。東南流入渤海。則漢河全非禹河故迹矣。司馬遷班固雖能言禹河之在降水大陸者別爲一枝，而又雜取漢世新河，亦附之禹。其曰禹釃爲二渠者是也。孟康順承遷固此語，以漢河爲漯川，然漯在禹時，未嘗得附名於河也。

海岱惟青州。

【集傳】青州之域，東北至海，西南距岱。岱，泰山也。在今襲慶府奉符縣西北三十里。皇輿表：襲慶府，今兗州府。奉符縣，今濟南府泰安州。【地理】

【今釋】青州，今山東之登州、萊州二府，青州府益都、臨淄、昌樂、安邱、壽光、臨朐六縣及諸城、高苑、博興、樂安四縣南境，濟南府肥城、長清、歷城、章邱、鄒平、長山、新城、淄川八縣及泰安州、萊蕪縣北境，兗州府東阿、平陰二縣北境。其東北跨海，爲盛京之奉天府，訖于朝鮮國也。

集說 孔氏穎達曰。東萊東境之縣。入海曲之閒。青州之境。非至海畔而已。堯時青州當越海而有遼東也。舜爲十二州。分青州爲營州。營州。卽遼東也。○杜氏佑曰。青州之界。從岱山東歷密州東北歷海曲萊州越海分遼東樂浪三韓之地。西抵遼水也。○金氏履祥曰。青州於中國爲正東。故名從東方之色。

嵎夷既略。

集傳 嵎夷薛氏曰。今登州之地。略。經略。爲之封畛也。楊氏愼曰。昭七年左傳經略注。聚土爲封曰略。經。謂巡行。略。謂邊界。卽堯典之嵎夷。曰寧海州爲禹貢嵎夷。于氏欽

集說 鄭氏曉曰。嵎夷。東表之地。可以興樹藝而爲之封也。可以立溝塗而爲之畛也。青州之土平矣。○焦

氏竑曰。經界東方。盡嵎夷之地。舉遠以見近也。

濰淄其道。

【集傳】濰淄二水名。濰水。地志云。出琅琊郡箕縣。今密州莒縣皇輿表。密州莒縣。今青州府莒州。東北濰山也。北至都昌入海。今濰州昌邑也。皇輿表。濰州。今濰縣。屬萊州府。【地理今釋】濰水。出今山東青州府莒州西北九十里箕屋山。即濰山也。土人名爲淮河。東流逕諸城縣西。折而北。至萊州府昌邑縣東北五十里入海。淄水。地志云。出泰山郡萊蕪縣原山。今淄州淄川縣皇輿表。淄川縣。今屬濟南府。東南七十里原山也。東至博昌縣入濟。今青州壽光縣也。【地理今釋】淄水。出今青州府益都縣西南顏神鎮東南二十五里岳陽山。即原山也。其山接濟南府章邱。淄川。萊蕪。三縣。淄水出于山之東谷。東北流至青州府壽光縣北。由清水泊入海。禹時淄水入海不入濟。水經注敘述甚明。史記河渠書亦云。禹治水之後。于齊則通菑濟之閒。是二水不通可知。蔡氏因漢書淄水入泲一語。云淄水東入濟。非是。

其道者。水循其道也。上文言既道者。禹爲之道也。此言其道者。氾濫既去。水得其故道也。

林氏曰。河濟下流兗受之。淮下流徐受之。江漢下流揚受之。青雖近海。然不當衆流之衝。但濰淄二水。順其故道。則其功畢矣。比之他州。用力最省者也。

集說王氏綱振曰：青州是濟水會汶入海處，則濟汶皆宜入紀，但因汶入海近，不爲青害，而濟之治又詳見於豫兗二州，故本州但紀濰淄治，正如江漢皆揚州入海，亦因江入海，不爲揚害，而其治亦詳見於荊梁二州，故本州但紀彭蠡震澤治，同一例。

厥土白墳，海濱廣斥。

集傳濱，涯也。海涯之地，廣漠而斥鹵。孔氏穎達曰：言水害除，復舊性也。許愼曰：東方謂之斥，西方謂之鹵。斥鹵，鹹地，可煑爲鹽者也。金氏履祥曰：斥鹵可煑爲鹽，故齊有魚鹽之利，今登州千里長沙，是其地。

集說林氏之奇曰：此州土有二種，平地之土，色白而性墳，海濱之土，彌望皆斥鹵。○鄭氏曉曰：上辨一州之土。下辨一方之土。○茅氏瑞徵曰。州境邊海者三。而青土獨別。舉海濱以鹽利蚤開。故特標土產爲貢鹽志其始也。

厥田惟上下。厥賦中上。

【集傳】田第三。賦第四也。

【集說】金氏履祥曰。九州雍田第一。青徐卽次之。後世所謂秦得百二。齊得十二。亦言其地利之饒。非獨形勢也。○鄭氏曉曰。田有定則。賦有定等也。

厥貢鹽絺。海物惟錯。岱畎絲枲。鈆松怪石。萊夷作牧。厥篚檿絲。

集傳 鹽斥地所出。絺。細葛也。錯。雜也。海物非一種。故曰錯。林氏曰。旣總謂之海物。則固非一物矣。此與揚州齒革羽毛惟木文勢正同。錯蓋别爲一物。如錫貢磬錯之錯。理或然也。畎。谷也。岱山之谷也。枲。麻也。怪石。怪異之石也。陸氏德明曰。怪石。碔砆之屬。 林氏曰。怪石之貢。誠爲可疑。意其必須以爲器用之飾而有不可闕者。非特貢其怪異之石以爲玩好也。孔氏穎達曰。岱山之谷。有此五物。美於他方所有。故貢之也。 萊夷。顔師古曰。萊山之夷。齊有萊侯萊人。卽今萊州之地。司馬氏貞曰。宣七年左傳。齊侯伐萊。服虔以爲東萊黃縣是。今案地理志。黃縣有萊山。恐卽此地之夷。〔地理今釋〕案蔡傳以萊夷爲今萊州之地。然元和志云。故黃城在登州黃縣東南二十五里。古萊子國。宣七年春秋傳曰齊侯伐萊。杜注。今萊黃縣是。今之登州府。亦禹貢萊夷地。不獨萊州府矣。　作牧者。言可牧放。夷人以畜牧爲生也。檿。山桑也。山桑之絲。其韌中琴瑟之絃。蘇氏曰。惟東萊爲有此絲。以之爲繒。其堅韌異常。萊人謂之山繭。

【集說】林氏之奇曰。凡貢不言所出。以一州所出。皆可貢也。言所出者。以此地所出爲良也。○朱子曰。萊夷及揚之島夷。閒於貢篚之閒。時貢土物。以見來王之意。

浮于汶。達于濟。

【集傳】汶水出泰山郡萊蕪縣原山。今襲慶府萊蕪縣也。皇輿表。襲慶府萊蕪縣。今泰安州萊蕪縣。屬濟南府。西南入濟。在今鄆州中都縣也。皇輿表。鄆州中都縣。今東平州汶上縣。屬兗州府。【地理今釋】汶水出今山東濟南府萊蕪縣。其源非一。合流于泰安州之靜安鎮。謂之大汶。又有小汶出新泰縣宮山之下。至徂徠山南。入大汶。水經注有牟汶。北汶。柴汶。元和志又有嬴汶。禹貢錐指云。汶水有五。北汶。嬴汶。柴汶。牟汶。其一則經流也。嬴汶在今萊蕪縣南三十里。源出新泰縣宮山之陰。流合牟汶。牟汶在萊蕪縣南門外。西流至泰安州東入汶。北汶即泮水。源出泰山分水嶺。泰安州志謂之塹汶。柴汶在泰安州東三十五里。俗名司馬河。又有水出萊蕪縣寨子村流合牟汶者。近志指爲浯汶。據漢志。瑯邪靈門縣有高櫜山。浯水所出。東北入濰。說文云。水出靈門山。世謂之浯汶。在今莒州界。與萊蕪無涉。志誤。汶水舊由安民亭合濟水東北入海。自明永樂九年。于東平州東六十里築戴村壩。盡遏汶水出南旺。南北分流。南流達于濟寧州。會沂泗諸水入淮者十之四。北流達于臨清州。會漳衛諸水入海者十之六。蓋淄水出萊蕪原山之陰。東北而入海。汶水出萊蕪原山之陽。西南而入濟。不言達河者。因於兗也。

矣。

【集說】桑氏欽曰。汶水出原山。西南過贏縣南。又東南過奉高縣北。又西南過壽張縣北。又西南至安民亭。入于濟。○程氏大昌曰。青之浮汶入濟。蓋期至河而非以至濟也。經書青貢。止曰達濟而不竟之於河者。達濟則河自可達。不待復書也。○于氏欽曰。入濟之汶。見禹貢論語之汶上。書傳謂之北汶。即今大清河。入濰之汶。

見漢書。入沂之汶。見水經。齊有三汶。清河爲大。○焦氏竑曰。西南入濟。汶之水道。浮汶達濟。青之貢道。今之汶則南北分流。爲轉漕之要道矣。○胡氏瓚曰。自河南徙而濟水中枯。止汶水北流。今過之。南接淮泗。北通漳衛以濟漕。所謂會通河也。張秋北有鹽河通會城。是浮汶之故道。

海岱及淮惟徐州。

集傳 徐州之域。東至海。南至淮。北至岱。而西不言者。岱之陽。濟東爲徐。岱之北。濟東爲青。言濟不足以辨。故略之也。爾雅濟東曰徐州者。商無青。幷青於徐也。周禮正東曰青州者。周無徐。幷徐於青也。杜氏佑曰。今分入兗州之域。　林氏曰。一州之境。必有四至。七州皆止二至。蓋以鄰州互見。至此州獨載其三邊者。止言海岱。則嫌於青。止言淮海。則嫌於揚。故必曰海岱及淮。而後徐州之疆境始別也。

地理今釋 徐州。今江南之徐州。及鳳陽府懷遠。五河。虹。靈璧。四縣。泗。宿。二州。淮安府桃源。清河。安東。宿遷。睢寧。贛榆。六縣。邳。海。二州。山東之兖州府滋陽。曲阜。寧陽。泗水。金鄉。魚臺。嘉祥。鉅野。汶上。郯城。鄒。滕。嶧。費。十四縣。及平陰縣南境。濟寧。東平。沂。三州。濟南府新泰縣。及萊蕪縣。泰安州南境。青州府莒州。蒙陰。沂水。日照。三縣。及諸城縣南境也。

集說 鄭氏康成曰。成王封周公元子伯禽於魯。其封域在禹貢徐州大野蒙羽之野。又武王以陶唐氏火正閼伯之虛。封微子啓宋公爲商後。其封域在徐州泗濱西。及豫州盟豬之野。○熊氏禾曰。徐州沂泗諸水在其前。冀東與兗豫之地。皆可接引而在懷抱拱揖之內。亦東方一形勝也。

淮沂其乂。

【集傳】淮沂二水名。淮見導水。曾氏曰。淮之源出于豫之境。至揚徐之閒始大。其氾濫爲患。尤在於徐。故淮之治。於徐言之也。沂水。地志云。出泰山郡蓋縣艾山。寰宇記曰。艾山一名臨樂。今沂州沂水縣也。皇輿表。沂州今屬兗州府。沂水縣今屬青州府。南至于下邳。西南而入于泗。孔氏穎達曰。地志云。過郡五。行六百里。○金氏履祥曰。此禹貢之沂。

〔地理今釋〕沂水。出今山東青州府沂水縣西北一百七十里雕崖山。鄭康成云。沂水出沂山。或云臨樂山。酈道元云。沂水出艾山。禹貢錐指。謂雕崖。臨樂。艾山。皆沂山支阜之異名也。接蒙陰縣界。南流至江南淮安府宿遷縣北。匯爲駱馬湖。又南入運河。曾氏曰。徐州水以沂名者非一。酈道元謂水出尼邱山西北。徑魯之雩門。亦謂之沂水。金氏履祥曰。此曾點浴沂之沂。水出太公武陽之冠石山。皇輿表。武陽。今費縣。屬兗州府。亦謂之沂水。許氏愼曰。沂水出東海費縣。東西入泗。俗謂爲小沂水。而沂水之大則出於泰山也。又案徐之水有泗有汶有汴有瀰。而獨以淮沂言者。周職方氏。青州。其川淮泗。其浸沂沭。周無徐州。

兼之於青。周之青。卽禹之徐。則徐之川。莫大於淮。淮乂。則自泗而下。凡爲川者可知矣。徐之浸。莫大於沂。沂乂。則自沭而下。凡爲浸者可知矣。鄭氏曉曰。泉源注於海曰川。可爲陂障以灌溉者曰浸。

【集說】孔氏穎達曰。淮出桐栢山。發源遠矣。於此州言之者。淮水至此而大。爲害尤甚。喜得其治。故於此記之。

蒙羽其藝。

【集傳】蒙。羽。二山名。蒙山。林氏之奇曰。卽語東蒙。詩奄有龜蒙。地志。在泰山郡蒙陰縣西南。今沂州費縣也。地理今釋蒙山。在今山東青州府蒙陰縣南八里。西南接兗州府費縣界。延袤一百餘里。羽山。地志在東海郡祝其縣南。今海州朐山縣也。皇輿表。朐山縣。今海州。屬淮安府。藝者。言可種藝也。孔氏穎達曰。詩云。藝之荏菽。故藝爲種也。○茅氏瑞徵曰。其藝與旣藝亦別。旣藝言已開墾。其藝則可施功種藝也。

集說王氏炎曰。先淮後沂。先大而後小也。先蒙後羽。先高而後下也。淮沂乂而後蒙羽可藝。事之相因也。○焦氏竑曰。蒙山與龜山相連。延袤八十餘里。蒙山之陽爲費縣。陰爲蒙陰縣。羽山在今淮安府贛榆縣西北八十里。卽舜殛鯀處。然登州府又有羽山。在府治東南三十里。亦以爲舜殛鯀處。○茅氏瑞徵曰。經云徐田上中。齊乘稱沂州東南芙蓉山下有湖。溉田千頃。香粳鍾畝。古稱琅琊之稻。元和志。承縣界有陂十三所。今沂嶧二州仰迦承二水溉田。青徐水利。莫與爲匹。皆十三陂之遺跡。則蒙羽爲沃壤可知。

大野既豬。

集傳 大野。澤名。地志。在山陽郡鉅野縣北。今濟州鉅野縣也。皇輿表。鉅野縣。今屬兖州府。 鉅。卽大也。水蓄而復流者謂之豬。孔氏穎達曰。豬。停水處也。往前漫溢。今得豬水爲澤也。 案水經。濟水至乘氏縣分爲二。南爲荷。北爲濟。酈道元謂一水東南流。一水東北流入鉅野澤。則大野爲濟之所絕其所聚也大矣何承天曰。鉅野廣大。南導洙泗。北連清濟。徐之有濟。於是乎見又鄆州中都西南。亦有大野陂。或皆大野之地也。

【地理今釋】元和志云。大野澤。一名鉅野。在鄆州鉅野縣今屬山東兖州府東五里。南北三百里。東西百餘里。禹貢錐指云。鉅野屢遭河患。自漢以來。衝決塡淤。凡四五度。高下易形。久已非禹迹之舊。逮元至正四年。河又決入此地。及河南徙。澤遂涸爲平陸。而畔岸不可復識矣。

【集說】曾氏旼曰。職方。河東曰兖州。其澤藪曰大野。濟水之所絕。禹時蓋在徐之西。兖之東也。周無徐。故專屬兖。○王氏樵曰。或云鄆州中都西南有大野陂。鄆州。今東平州。卽古東原。而中都則汶上縣也。今南旺湖實在汶上西南。縈迴百五十餘里。漕河貫乎其中。西湖廣衍。倍於東湖。東湖北接馬踏伍莊坡湖以及安山。南接蜀山馬場坡湖以及昭陽諸湖。連亘數百里。而東原徐鄆諸邑。又悉環列左右。與古經志合。是南旺湖卽古大野無疑。

東原厎平。

集傳 東原。漢之東平國。今之鄆州也。晁氏曰。東平自古多水患。數徙其城。咸平中。又徙城於東南。則其下濕可知。厎平者。水患已去而厎於平也。後人以其地之平。故謂之東平。又案東原在徐之西北。而謂之東者。以在濟東故也。東平國在景帝亦謂濟東國云。益知大野東原。所以志濟也。地理今釋 東原。今山東兗州府東平州及濟南府泰安州之西南境也。

集說 曾氏旼曰。淮沂。水之流者。大野。水之止者。蒙羽。地之高者。東原。地之平者。無不治也。○王氏炎曰。大野豬而後東原平。亦事之相因也。

厥土赤埴墳。草木漸包。

集傳 土黏曰埴。埴。膩也。黏泥如脂之膩也。周有摶埴之工。孔氏穎達曰。考工記用土爲瓦。謂之摶埴之工。是埴爲黏土。老氏言埏埴以爲器。惟土性黏膩細密。故可摶可埏也。漸。進長也。如易所謂木漸。言其日進於茂而不已也。包。叢生也。如詩之所謂如竹包矣。言其叢生而稹也。孔氏穎達曰。釋言云。苞。稹也。孫炎曰。物叢生曰苞。齊人名曰稹。郭璞曰。今人呼叢緻者爲稹。漸包。謂長進叢生。言其美也。

集說 林氏之奇曰。徐受淮之下流。其地墊溺已甚。草木不得遂茂久矣。今洪水既平。乃至進長叢生。故可書也。○王氏樵曰。埴土性之美者也。而又墳起。最宜於生物。故草木漸包。

厥田惟上中。厥賦中中。

集傳 田第二等。賦第五等也。

集說 胡氏瓚曰。土稟沖和之氣。故壤爲上。太燥者不凝。故墳次之。墳膏起也。青在壤上者。以有斥鹵之利。豫壤同而先冀者。或田賦遞爲上下也。色性相參而三壤則矣。○茅氏瑞徵曰。徐州土美。故田第二。凡賦卑於田者。以壤地狹。或人工未修也。

厥貢惟土五色。羽畎夏翟。嶧陽孤桐。泗濱浮磬。淮夷蠙珠暨魚。厥篚玄纖縞。

集傳 徐州之土雖赤。而五色之土。亦閒有之。故制以爲貢。水經注。姑幕縣有五色土。王者封建諸侯。隨方受之。○元和志。徐州彭城郡。開元貢五色土各一斗。○寰宇記。出彭城縣北三十五里之赭土山。 周書作雒曰。諸侯受命于周。乃建大社于國中。其壝東青土。南赤土。西白土。北驪土。中央疊以黃土。將建諸侯。鑿取其方面之土。苞以黃土。孔氏穎達曰。四方各依其方色。皆以黃土覆之。苴以白茅。孔氏穎達曰。易稱藉用白茅。茅色白而潔美。以爲土封。故曰受削土于周室。此貢土五色。意亦爲是用也。羽畎。羽山之谷也。夏翟。孔氏穎達曰。釋鳥云。翟。山雉。此言夏翟共爲雉名。周禮立夏采之官。取此名也。雉具五色。其羽中旌旄者也。孔氏穎達曰。周禮司常曰。全羽爲旞。析羽爲旌。用此羽爲之。故曰羽中旌旄。染人之職。秋染夏。周禮染人掌染絲帛。凡染春暴練。夏纁玄。秋染夏。冬獻功。鄭氏曰。染夏者。染五色也。林氏曰。古之車服器用。以雉爲飾者多。不但旌旄也。曾氏曰。山雉具五色。出于羽山之畎。則其名山以羽者。以此歟。嶧山名。地志云。東海郡下邳縣西有葛嶧山。古文以爲嶧山。焦氏竑曰。在鄒縣者爲鄒嶧。在邳州者爲葛嶧。【地理今釋】嶧陽。一名葛嶧山。在今江南淮安府邳州西南。俗名距山。以與沂水相距也。下邳。今淮陽軍下邳縣也。皇輿表。下邳縣。今邳州。屬淮安府。陽者。山南也。孤桐。特生之桐。管子曰。五沃之土。其木爲桐。其材中琴瑟。應氏劭曰。梧桐出嶧陽山。採東南孫枝爲琴。聲甚清越。詩曰。梧桐生矣。于彼朝陽。蓋草木之生。以向日爲貴也。泗水名。出魯國卞縣桃墟西北陪尾山。源有泉四。四泉俱導。因以爲名。西南過彭城。又東南過下邳入淮。卞縣。今襲慶府泗水縣也。皇輿表。襲慶府泗水縣。今兗州府泗水縣。【地理今釋】泗水。出今山東兗州府泗水縣東五十里陪尾山。四源竝發。故名。西南流至兗州府城東金口壩。分爲二派。一越壩西南流至濟寧州界爲泗河。又西南至魯橋入運河。一從壩上西流至兗州府城西爲府河。又西南至濟寧州東合洸水。又西南至天井牐入運河。濱。水旁也。浮磬。石露水濱若浮於水然。孔氏安國曰。泗水涯。水中見石。可以爲磬。或曰。非也。泗濱非必水中。泗水之旁近浮者。石浮生土中。不根著者也。今下邳有石磬山。或以爲古取磬之地。曾氏曰。不謂之石者。成磬而後貢也。陳氏大猷曰。石輕浮可爲磬者。成而貢之。磬聲清越。取輕浮者良。淮夷。淮之夷也。地理今釋淮夷。淮南北近海之夷民。今江南淮安揚州二府近海之地皆是。蠙。蚌之別名也。孔氏穎達曰。此蠙出珠。故以蠙爲珠名。暨。及也。

珠爲服飾。魚用祭祀。今濠泗楚皆貢淮白魚。亦古之遺制歟。夏翟之出於羽畎。孤桐之生於嶧陽。浮磬之出於泗濱。珠魚之出於淮夷。各有所產之地。非他處所有。故詳其地而使貢也。玄赤黑色幣也。武成曰。篚厥玄黃。孔氏穎達曰。篚之所盛。例是衣服之用。纖。縞皆繒也。爾雅。縞皓也。○孔氏安國曰。纖細也。禮曰。及期而大祥。素縞麻衣。中月而禫。禫而纖。記曰。有虞氏縞衣而養老。則知纖縞皆繒之名也。曾氏曰。玄赤而有黑色。以之爲衮。所以祭也。以之爲端。所以齊也。胡氏一桂曰。端取其正。謂士服。衣袂二尺二寸。屬幅廣袤等也。以之爲冠。以爲首服也。黑經白緯曰纖。纖也。縞也。皆去凶即吉之所服也。

集說 茅氏瑞徵曰。此州制貢。大略竝供禮樂之用。○顧氏霖調曰。物取國之用。不困天下以無故之求。地取物之良。不強天下以難得之貨。經國之義。愛民之仁也。

浮于淮泗。達于河。

集傳 許愼曰。汳水受陳留浚儀陰溝。皇輿表。浚儀今祥符縣。屬開封府。至蒙爲灉水。東入于泗。則淮泗之可以達于河者。以灉至于泗也。許愼又曰。泗受泲水。東入淮。蓋泗水至大野而合汴。然則泗之上源。自汴亦可以通河也。案史記河渠書敘禹功畢。迺云。自是之後。滎陽下引河東南爲鴻溝與濟汝淮泗會。則汳水爲鴻溝分流。禹時所未有。許慎所云。乃漢周以後水道。不可爲禹時淮泗入河之証也。蓋徐州貢道。自淮入泗。自泗入汴入漯以達河。當在菏澤以東。若菏澤以西。汴水屢見屢伏。與河無相通之理。泗水安能達于河耶。蔡氏所謂泗之上源。自濟可以通河者。亦未明晰。

淮海惟揚州。

集傳　揚州之域。北至淮。東南至于海。爾雅曰。江南曰揚州。地理今釋　揚州。今江南之江寧。揚州。廬州。安慶。池州。太平。寧國。徽州。鎮江。常州。蘇州。松江。十二府。滁。和。廣德。三州。鳳陽府鳳陽。

臨淮。定遠。霍邱。盱眙。天長。六縣。壽州淮安府山陽。鹽城。二縣。河南之汝寧府光山。固始。二縣。光州。湖廣之黃州府羅田。蘄水。廣濟。黃梅。四縣。蘄州。廣東之潮州府。及浙江。江西。福建。皆是也。

【集說】熊氏禾曰。揚州在地東南隅。以地勢言。山必起于西北。澤必匯于東南。經言淮海惟揚州。北距淮。東南至海。閩粵雖上古未通。亦當在要荒之服。禹會諸侯於塗山。會稽又禹迹之所至矣。西抵荊州之境。淮之西。當在桐柏荊州之界。江之西。當在衡漳之界。其地乃淮東西江東西及兩浙之地。

彭蠡既豬。

【集傳】彭蠡。地志在豫章郡彭澤縣東。【地理今釋】彭蠡湖。在今江西南昌府城東北一百五十里。饒州府城西四十里。南康府城東五里。九江府城東南九十里。上承章貢諸水。與江水相吞吐。周迴四百五十里。亦曰鄱陽湖者。以中有鄱陽山而名。俗又稱在都昌縣者爲東鄱湖。在南昌縣者爲西鄱湖。合江西江東諸水。跨豫章饒州南康軍三州之地。皇輿表。豫章。今南昌府。饒州。今饒州府。南康軍。今南康府。所謂鄱陽湖者是也。夏氏允彝曰。彭蠡。一名鄱陽湖。以中有鄱陽山也。詳見導水。

【集說】鄭氏曉曰。彭蠡澤之大者。禹既疏導。由是衆流之來有所鍾。下流之去有所泄。始得而豬也。

陽鳥攸居。

【集傳】陽鳥。隨陽之鳥。謂鴈也。孔氏穎達曰。日。陽也。此鳥南北與日進退。故曰陽鳥。今惟彭蠡洲渚之閒。千百爲羣。記陽鳥所居。猶夏小正記鴈北鄉也。楊氏愼曰。小正於其來則曰鄉。去則曰遰。言澤水既豬。洲渚既平。而禽鳥亦得其居止。林氏之奇曰。水退。其地可居也。而遂其性也。

孔氏穎達曰。鴻鴈九月而南。正月而北。左思蜀都賦。所云木落南翔。氷泮北徂。是也。○蘇氏軾曰。陽鳥避寒就暖。彭蠡在彭澤西北。北方之南。南方之北也。故陽鳥多留於此。

三江既入。

集傳　庚仲初吳都賦注。松江下七十里分流。東北入海者爲婁江。東南流者爲東江。併松江爲三江。其地今亦名三江口。吳越春秋所謂范蠡乘舟出三江之口者。是也。○又案蘇氏謂岷山之江爲中江，嶓冢之江爲北江，豫章之江爲南江，卽導水所謂東爲北江、東爲中江者。既有中北二江，則豫章之江爲南江可知。今案此爲三江若可依據，然江漢會於漢陽，合流數百里，至湖口而後與豫章江會，又合流千餘里而後入海，不復可指爲三矣。蘇氏知其說不通，遂有味别之說。禹之治水本爲民去害，豈如陸羽輩辨味烹茶爲口腹計耶？亦可見其說之窮矣。以其說易以惑人，故并及之。或曰：江漢之水。

揚州巨浸。何以不書。曰禹貢書法。費疏鑿者。雖小必記。無施勞者。雖大亦略。江漢荆州而下。安於故道。無俟濬治。故在不書。況朝宗于海。荆州固備言之。是亦可以互見矣。此正禹貢之書法也。

地理今釋　案三江。孔安國。班固。鄭康成。韋昭。桑欽。郭璞。顧夷諸說不一。惟鄭康成曰。左合漢爲北江。右合彭蠡爲南江。岷江居其中。則爲中江。故書稱東爲中江者。明岷江至彭蠡弁與南合。始得稱中也。融洽前後經文。確不可易。宋蘇軾實宗其說。蔡傳專主庾仲初吳都賦注。以松江婁江東江爲三江。力排蘇說。且曰。大江合漢與彭蠡之後。又千餘里而入海。不復可指爲三。不知三江云者。因上流有中江北江南江而言之。非截然指爲三也。蔡傳又云。禹貢無施勞者。雖大亦略。揚州大江。無俟濬治。故在不書。不知禹貢所紀皆成功。而施功卽在其中。當洪水氾濫之後。大江自彭蠡以東至入海處。其閒豈無泥沙壅塞。謂之無施勞。可乎。況管子。荀子。淮南子。皆云禹疏三江。可證也。

【集說】程氏大昌曰。揚居東南近海之地。水自爲源而直達于海者甚多。諸家見經有三江。隨其所見。指執三水。至于經文中江北江。皆棄之不錄。今證以地理。乃知三江本不爲三。其實一江而三名爾。○袁氏仁曰。岷江在梁。漢江在荊。而其入海皆在揚。故于揚言之。

震澤底定。

【集傳】震澤。太湖也。孔氏穎達曰。大澤蓄水。南方名之曰湖。周職方。揚州藪曰具區。地志。在吳縣西南五十里。今蘇州吳縣也。【地理今釋】

震澤。即太湖。介于江南浙江之間。今江南蘇州府之吳。吳江。二縣。常州府之武進。無錫。宜興。三縣。浙江湖州府之烏程。長興。二縣。皆其所分隸也。　曾氏曰。震如三川震之震。若今湖翻。是也。具區之水。多震而難定。故謂之震澤。厎定者。言厎於定而不震蕩也。

集說 金氏履祥曰。案揚州之境。自建嶺至柳虔北枝趨敷淺原。水皆東流。又自建嶺一枝。轉而北趨。介衢爲歙嶺。亘宣而厎建康。其岡脊以西之水。皆西流。是俱匯爲彭蠡。其岡脊以東之水。南則浙江。北則震澤也。彭蠡之水不豬。則今江西江東諸州之水。爲揚西偏之患。震澤之水不泄。則今浙西諸州之水。爲揚東偏之患。大江之南。西偏莫大於彭蠡。東偏莫大於震澤。二患既平。則揚之土田皆治矣。故舉二湖。以見揚之告成。○夏氏允彝曰。三吳之水。悉注於震澤。震澤之水。三江分洩之以入海。則震蕩者平定。相因之勢也。震澤西南。受杭歙諸郡之水。西北。受宣州諸溪之水。旣高若建瓴。而入海之地。又亢若仰盂。水亦反流而趨內。其中受水之處。蓄而不洩。內溢而外噎。則激蕩靡寧。勢固然也。故必使三江之流。旣深且廣。務使海下於江。江下於湖。而又流闊易瀉。則震澤治。而東南無水患矣。

篠簜旣敷。厥草惟夭。厥木惟喬。厥土惟塗泥。

集傳 篠。箭竹。爾雅曰。東南之美者。有會稽之竹箭焉。郭璞注。篠也。簜。大竹。郭璞曰。竹闊節曰簜。敷。布也。水去。竹已布生也。少長曰夭。喬。高也。邢氏昺曰。木枝上竦而曲卷者。名喬。如木楸上竦者。亦曰喬。塗泥。水泉濕也。說文曰。泥黑土在水中者也。下地多水其土淖。

集說　王氏炎曰。南方地煖。故草木皆少長。而木多上竦。河朔地寒。雖合抱之木。不能高也。兗徐言草木。皆居厥土之下。凡土無高下燥濕。其性皆然。兼山林言之。若揚之塗泥。惟言沮洳之多。山林不與。故先草木也。青不言草木。而貢有松檿絲。則可知。荊亦不言。然貢有杶榦等。亦可知矣。蓋兗青相同。荊揚爲一。惟徐漸包爲異耳。

厥田惟下下。厥賦下上上錯。

集傳　田第九等。賦第七等。雜出第六等也。言下上上錯者。以本設賦九等。分爲三品。下上與中下異品。故變文

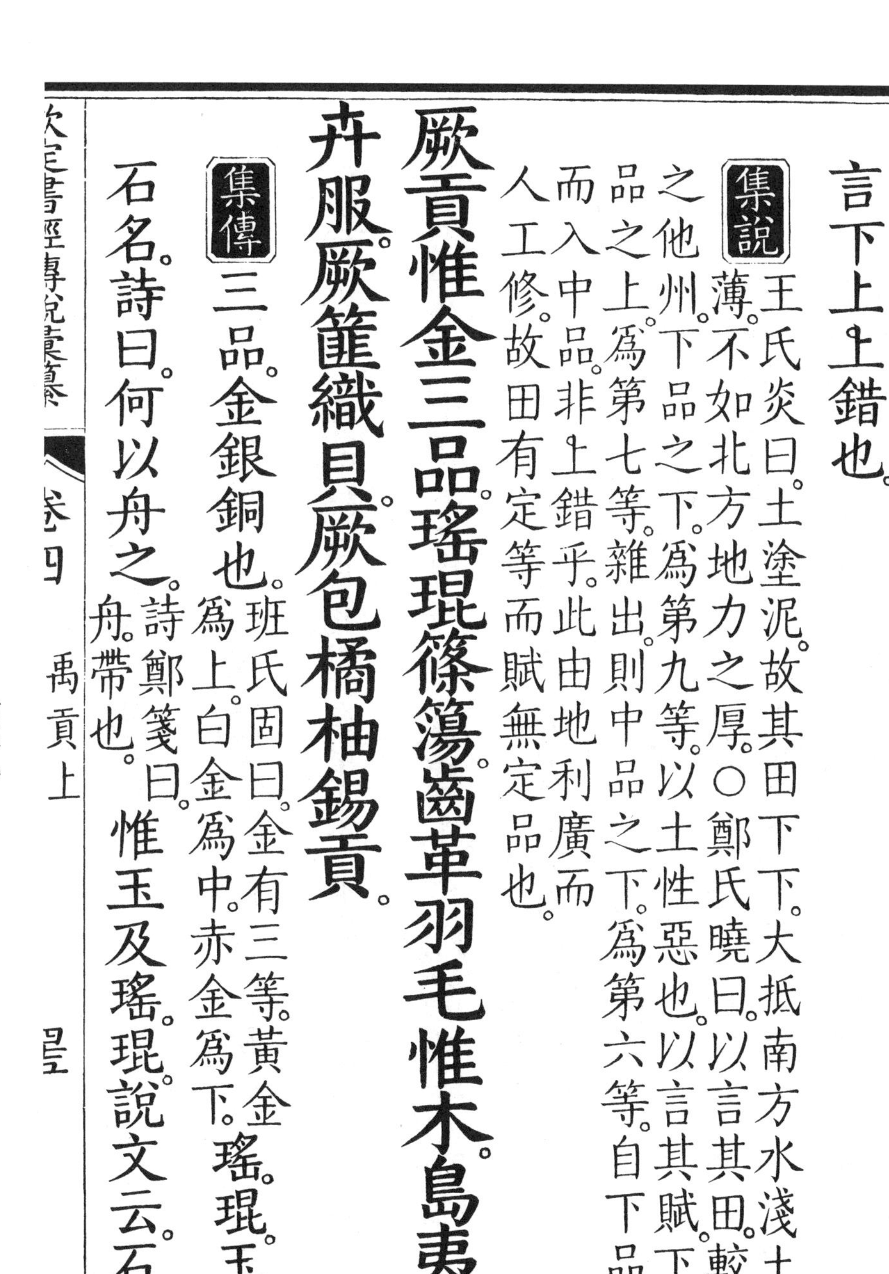

言下上上錯也。

集說 王氏炎曰。土塗泥。故其田下下。大抵南方水淺土薄。不如北方地力之厚。○鄭氏曉曰。以言其田。較之他州。下品之下。爲第九等。以土性惡也。以言其賦。下品之上。爲第七等。雜出。則中品之下。爲第六等。自下品而入中品。非上錯乎。此由地利廣而人工修。故田有定等而賦無定品也。

厥貢惟金三品。瑤琨篠簜。齒革羽毛惟木。島夷卉服。厥篚織貝。厥包橘柚錫貢。

集傳 三品。金銀銅也。班氏固曰。金有三等。黃金爲上。白金爲中。赤金爲下。瑤。琨。玉石名。詩曰。何以舟之。詩鄭箋曰。舟。帶也。惟玉及瑤。琨。說文云。石之美似玉者。取之可以爲禮器。篠之材。中於矢之笴。簜之材。中於樂之管。簜亦可爲符節。周官掌節有英簜。象有齒。犀兕有革。鳥有羽。獸有毛。木。楩梓豫章之屬。齒革可以成車甲。羽毛可以爲旌旄。木可以備棟宇器械之用也。島夷。東南海島之夷。卉草也。葛越。孔氏穎達曰。葛越。南方布名。用葛爲之。左思吳都賦云。蕉葛升越。弱於羅紈是也。木綿之屬。織貝。錦名。織爲貝文。詩曰貝錦是也。鄭氏康成曰。凡爲織者。先染其絲。乃織之。其文成矣。○吳氏澄曰。染其絲五色。織之成文者。曰織貝。不染五色而織之成文者。曰織文。今南夷木綿之精好者。

亦謂之吉貝。蘇氏軾曰。島夷績草木爲服。如今吉貝木綿之類。其紋斕斑如貝。故曰織貝。海島之夷。以卉服來貢。而織貝之精者。則入篚焉。包裹也。小曰橘。大曰柚。顔氏師古曰。柚似橘而大。其味尤酸。橘柚皆不耐寒。故包裹而致之。錫者。必待錫命而後貢。非歲貢之常也。張氏曰。必錫命乃貢者。供祭祀燕賓客則詔之。口腹之欲。則難於出令也。

【集說】周禮掌節。凡邦國之使節。皆金也。以英蕩輔之。掌皮。掌秋斂皮。冬斂革。角人。掌以時徵齒角。凡骨物於山澤之農。羽人。掌以時徵羽翮之政於山澤之農。○考工記曰。燕之角。荆之幹。妢胡之笴。吳粵之金錫。此材之美者也。○孔氏穎達曰。橘柚錫貢文在篚下。以不常故耳。荆州大龜。豫州磬錯。皆爲非常。竝在篚下。

沿于江海。達于淮泗。

【集傳】順流而下曰沿。沿江入海。自海而入淮泗。孔氏穎達曰。文十年左傳云。沿漢泝江。泝是逆。沿是順。沿江入海。順也。自海入淮。自淮入泗。逆也。不言達于河者。因於徐也。禹時江淮未通。故沿于海。至吳始開邗溝。左傳哀公九年。吳城邗。溝通江淮。注云。於邗江築城穿溝。東北通射陽湖。西北至宋口入淮。通糧道也。今廣陵邗江是。○郡縣志。在江都縣東二里。隋人廣之。而江淮舟船始通也。孟子言排淮泗而注之江。記者之誤也。

【集說】朱子語類。孟子說瀹濟漯而注諸海。決汝漢。排淮泗而注之江。據今水路及禹貢所載。惟漢入江。汝泗自入淮。而淮自入海。分明是誤。蓋一時牽於文勢。而不暇考其實爾。今人强爲之解釋。終是可笑。○易氏祓曰。揚之貢。在北者。可徑達淮泗。在南者。邗溝未開。無道入淮。必沿江海以達淮泗。則與徐州同貢以達於河。

荆及衡陽惟荆州。

集傳 荆州之域。北距南條荆山。曾氏旼曰。此荆州之荆山。非雍州荆岐既旅之荆山。南盡衡山之陽。荆衡各見導山。唐孔氏曰。荆州以衡山之陽爲至者。蓋南方惟衡山爲大。以衡陽言之。見其地不止此山。而猶包其南也。

地理今釋 荆州。今湖廣之武昌。漢陽。安陸。荆州。岳州。長沙。衡州。常德。辰州。寶慶。永州。十一府。郴。靖。二州。施州衛。及襄陽府南漳縣。德安府安陸。雲夢。孝感。應城。應山。

五縣。隨州南境。黄州府黄岡。麻城。黄陂。黄安。四縣。四川之夔州府建始縣。廣西之桂林府全州及興安縣越城嶺北境也。

集說 熊氏禾曰。荆州之地亦廣。北接羅豫之境。南逾五嶺。即越之南徼也。越雖上古未通。已當在要荒之服。東抵揚州之境西抵梁州。及西南夷等處。皆楚地也。

江漢朝宗于海。

集傳 江。漢。見導水。春見曰朝。夏見曰宗。朝宗。諸侯見天子之名也。江漢合流于荆。去海尚遠。然水道已安。而無有壅塞横決之患。雖未至海。而其勢已奔趨于海。猶諸侯之朝宗于王也。孔氏安國曰。百川以海爲宗。○孔氏穎達曰。朝宗。是人事之名。詩云。沔彼流水。朝宗于海。假人事而言水也。

集說鄭氏曉曰。江漢發源於梁。而荆當其下流之衝。入海於揚。而荆據其上游之會。故於此言朝宗。見其上無所壅。下有所洩。○茅氏瑞徵曰。荆州之水。以江漢爲主。詩曰。滔滔江漢。南國之紀。此正記其合流處。合則力大勢鋭。不至海不已。故以朝宗狀其勢。

九江孔殷。

集傳九江。卽今之洞庭也。水經言九江在長沙下雋西北。水經曰。江水。又東至長沙下雋縣西北。澧水沅水資水合東流注之。湘水從南來注之。楚地記曰。巴陵瀟湘之淵。在九江之閒。今岳州巴陵縣。皇輿表。巴陵縣屬岳州府。即楚之巴陵。漢之下雋也。洞庭正在其西北。則洞庭之爲九江審矣。今沅水。漸水。元水。辰水。敘水。酉水。澧水。資水。湘水。皆合於洞庭。意以是名九江也。孔甚殷正也。九江水道。甚得其正也。○案漢志。九江在廬江郡之尋陽縣。尋陽記。九江之名。一曰烏江。二曰蜯江。三曰烏白江。四曰嘉靡江。五曰畎江。六曰源江。七曰廩江。八曰提江。九曰箘江。今詳漢九江郡之尋陽。乃禹貢揚州之境。而唐孔氏又以爲九江之名。起於近代。未足爲據。程氏大昌曰。隋以九江名尋陽。第知因舊地舊名。以名新郡。而差池貿易。不勝紊矣。且九江派别取之邪。亦必首尾短長。大略均布。然後可目之爲九。然其一水之間。當有一洲。九江之間。沙水相間。乃爲十有七道。而今尋陽之地。將無所容。況沙洲出沒。其勢不常。果可以爲地理之定名乎。設使派别爲九。則當曰九江旣道。不應曰孔殷。於導江。當曰播九江。不應曰過九江。反復參考。則九江非尋陽明甚。本朝胡氏以洞庭爲九江者。得之。曾氏亦謂導江曰過九江。至于東陵。東陵。今之巴陵。今巴陵之上。即洞庭也。因九水所合。遂名九江。故下文導水曰過九江。經之例。大水合小水。謂之過。則洞庭之爲九江。益以明矣。

地理今釋　九江。即洞庭湖。在今湖廣岳州府巴陵縣西南。北接華容。安鄉。二縣。西南接常德府龍陽縣。東南接長沙府湘陰縣界。爲湖南衆水之匯。案漢書地理志。廬江郡尋陽縣。禹貢九江在南。皆東合爲大江。蔡傳云。九江尋陽。乃禹貢揚州之域。不得以荆州之水當之。且導江經文。過九江。至于東陵。東陵。即今巴陵。岳州府治九江在巴陵之上。其非尋陽可知。山海經。於洞庭之山云。澧沅瀟湘。在九江之間。水經云。九江在長沙下雋縣今武昌府通城。崇陽。二縣地西北。至宋曾彥和。以沅。沅水出今貴州黎平府生苗界。俗名清水江。東北入湖廣境。合辰酉等水。注洞庭湖。漸。出今湖廣常德府武陵縣。東入沅。無。亦作潕。出今湖廣辰州府沅陵縣。入沅。辰。出今貴州銅仁府東北。至湖廣辰州府。入沅。敘。一名渠江。出今湖廣靖州。西北入沅。酉。出今沅陵縣。東入沅。湘。出今廣西桂林府興安縣。東北入洞庭湖。資。出今湖廣寶慶府武岡州。東北入湘。澧詳後導江。水。皆合洞庭中。東入于江。是爲九江。蔡氏遵之。朱子考定九江。去無澧二水。而易以瀟。一名營水。出今湖廣永州府寧遠縣。北注湘水。蒸。出今寶慶府邵陽縣界。東注于湘。大抵通儒。皆主洞庭之說也。

【集說】金氏履祥曰。計禹時九江入江會合未甚廣。故未有洞庭之名。其後漸序日廣。方八百里。而洞庭山遂在其中。故因山得名。今所謂荊湖南北路。自是而分。○陳氏櫟曰。江漢朝宗于海。卽繼曰九江孔殷。導江不曰播九江。而曰過九江。則大江自大江。九江自九水可見。證以導江東至于澧。過九江至于東陵。則九江當在澧水之下。巴陵之上。而不在尋陽與今之江州尤明矣。

沱潛既道。

集傳 爾雅曰。水自江出爲沱。自漢出爲潛。凡水之出於江漢者。皆有此名。此則荆州江漢之出者也。孔氏穎達曰。荆梁二州各有沱潛。但地勢西高東下。雖於梁州合流。還從荆州分出耳。今案南郡枝江縣與皇表。南郡枝江縣。今有沱水。王氏炎曰。土人謂枝江縣百荆州府枝江縣。里洲。夾江沱二水之閒。其與江分處謂之上沱。與江合處。謂之下沱。然其流入江。而非出於江也。華容縣皇輿表華容縣今監利縣屬荆州府有夏水首出於江尾入於沔亦謂之沱若潛水則未有見也王氏炎曰隋志南郡松滋縣有涔即古潛字故史記云沱涔既道今松滋分爲潛江縣矣地理今釋案荆州之沱有二說漢書地理志云南郡枝江縣今屬湖廣荆州府江沱出西東入江顏師古曰沱即江別出者也水經江水東逕上明城北注云其地夷敞北據大江江氾枝分東入大江縣治洲上故以枝江爲稱是古枝江縣有沱水也今不可考又孔穎達正義引鄭注云華容漢華容縣今荆州府監利石首二縣地非今之岳州府華容縣也有夏水首出江尾入沔此所謂沱也夏水自今荆州府江陵縣東南首受江水曰中夏口經監利縣沔陽州界入漢水以其冬竭夏流故名夏水其在梁州者則今四川成都府郫縣沱江是江在縣北六里一名郫江至瀘州入大江其上流爲成都府灌縣蔡傳所謂永康軍

導江縣也。○潛水。一在今安陸府潛江縣東。由蘆洑腦分流遶城東南。一支通順河入沔陽州境。今淤。一支南流至拖船埠入漢水。此荆州之潛也。禹貢錐指曰。韻會。潛。水伏流也。荆州之潛。雖不如龍門石穴之奇。亦必漢水伏流從平地涌出。故謂之潛。今漢水之分流者名蘆洑。宜取伏流之意。以爲古潛水。庶幾得之。葢禹時本自伏流涌出。復入于漢。及乎後世。通渠漢川雲夢之際。則開通上源以資舟楫之利。禹迹遂不可知耳。一在今四川保寧府廣元縣。亦名龍門水。自朝天驛北穿穴而出。入嘉陵江。此梁州之潛也。郭璞爾雅音義云。有水從漢中沔陽縣南流至梓潼漢壽入大穴中。通峒山下。西南潛出。一名沔水。舊俗云。卽禹貢潛也。又四川順慶府渠縣東有潛水。渠縣。蔡傳所謂渠州流江縣也。

集說　程氏大昌曰。江有汜之詩。始曰汜。中曰渚。終曰沱。三者展轉變稱。皆取聲協。亦可以見其不主一地。

不專一名也。然則凡水之出江漢，皆可名以沱潛。沱潛云者，乃從江漢下流得名爾。今兩州皆言沱潛旣道，蓋作經者甚喜江漢之厎平，故以沱潛循道記之。其意若曰不獨其上流治，其下流亦治云爾。

雲土夢作乂。

【集傳】雲夢，澤名。周官職方：荊州其澤藪曰雲夢，方八九百里，跨江南北。華容、枝江、江夏、安陸，皇輿表：江夏今武昌府江夏縣，安陸今德安府安陸縣。皆其地也。朱子曰：江陵之下，岳州之上，是雲夢。又曰：江陵之下，連岳州，是雲夢。○金氏履祥曰：司馬相如謂雲夢方八九百里，其所連亘固廣矣。楚之藪澤不一，後人旣以雲夢兼稱，故所在藪澤皆爲雲夢耳。【地理今釋】漢書地理志云：南郡華容縣，見前沱水注。雲夢澤在南，荊州藪。編縣，今安陸府荊門州有雲夢宮。又江夏郡西陵縣今黃州府蘄州。及黃岡。麻城二縣。有雲夢宮。水經注云。雲杜縣今安陸府京山縣。東北有雲夢城。又夏水東逕監利縣今屬荆州府南。縣土卑下。澤多陂陁。西南自州陵今安陸府沔陽州。東界逕于雲杜沌陽。今漢陽府漢陽縣。為雲夢之藪。杜預云。枝江縣今屬荆州府。安陸縣今屬德安府。有雲夢。蓋跨川亘隰。兼包勢廣矣。元和志云。雲夢澤在安陸縣南五十里。又云。雲夢澤在雲夢縣今屬德安府西七里。然則東抵蘄州。西抵枝江。京山以南。青草以北。皆為古之雲夢。正義所謂雲夢一澤而每處有名者也。左傳。楚子濟江。入于雲中。又楚子以鄭伯田于江南之夢。

孔氏穎達曰。此澤亦得單稱雲。單稱夢。經之土字。在二字之閒。蓋史文兼上下也。合而言之則為一。別而言之則二澤也。雲土者。雲之地土見而已。夢作乂者。夢之地已可耕治也。蓋雲夢之澤。地勢有高卑。故水落有先後。人工有蚤晚也。

集說 羅氏泌曰。雲夢。楚之二澤也。江南爲夢。江北爲雲。後世以爲一澤。雲在前爲水所沒。至是始得爲土。夢在前雖土而未可作。至是始可作而乂之。蓋夢地差高而雲下。○茅氏瑞徵曰。此由江漢二水治。相因而致荆之功。以江漢朝宗爲主。九江經流。沱潛其别流也。雲土夢作乂。而荆州水土無不平治矣。

厥土惟塗泥。厥田惟下中。厥賦上下。

集傳 荆州之土。與揚州同。故田比揚只加一等。而賦爲第三等者。地闊而人工修也。

厥貢羽毛齒革。惟金三品。杶榦栝柏。礪砥砮丹。惟箘簵楛。三邦厎貢厥名。包匭菁茅。厥篚玄纁璣組。九江納錫大龜。

集傳 荆之貢。與揚州大抵多同。然荆先言羽毛者。漢孔氏所謂善者爲先也。案職方氏。揚州其利金錫。荆州其利丹銀齒革。則荆揚所産。不無優劣矣。杶栝栢。三木名也。曾氏旼曰。揚言惟木。多不勝名也。荆木名之。貢止此也。杶木似樗。而可爲弓榦。栝木。栢葉松身。礪。砥。皆磨石。砥以細密爲名。礪以麤糲爲稱砮者。中矢鏃之用。肅愼氏貢石砮者。是也。丹。丹砂也。箘簵。竹名。楛。木名。皆可以爲矢。董安于之治晉陽也。公宮之垣。皆以荻蒿苫楚廧之。其高丈餘。趙襄子發而試之。其堅則箘簵不能過也。則箘簵。蓋竹之堅者。其材中矢之笴。楛。肅愼氏貢楛矢者。是也。三邦。未詳其地。厎。致也。致貢箘簵楛之有名者也。孔氏安國曰。三物皆出雲夢之澤。近澤三國。常致貢之。其名天下稱善。○張氏九成曰。厥名。猶言尤美也。匭。匣也。菁茅有刺而三脊。所以供祭祀縮酒之用。既包而又匣之。所以示敬也。齊桓公責楚貢包茅不入。王祭不供。無以縮酒。孔氏穎達曰。郊特牲云。縮酌用茅。明酌也。鄭注云。以茅縮酒也。周禮甸師云。祭祀供蕭茅。鄭興云。蕭字或爲莤。莤讀爲縮。束茅立之祭前。酒沃其上。酒滲下。若神飲之。又管子云。江淮之間。一茅而三脊。名曰菁茅。菁茅。一物也。孔氏謂菁以爲葅者。非是。今辰州麻陽縣苞茅山出苞茅。有刺而三脊。纁。周禮染人夏纁玄。纁。絳色幣也。孔氏穎達曰。爾雅釋器云。三染謂之纁。李巡云。三染其色已成爲絳。纁。絳一名也。考工記云。三入爲纁。五入爲緅。七入爲緇。鄭云。纁者。三入而成。玄色在緅緇之間。其六入者。是染玄纁之法也。璣。珠不圓者。組綬類。孔氏穎達曰。玉藻說佩玉所懸者。皆云組綬。是相類之物也。○

吳氏澄曰。璣組。以璣穿結爲組也。大龜尺有二寸。史記龜策傳曰。龜千歲滿尺二寸。所謂國之守龜。非可常得。故不爲常貢。若偶得之。則使之納錫於上。謂之納錫者。下與上之辭。重其事也。

集說 申氏時行曰。厥貢至璣組。常貢也。納錫句。不常貢也。惟箘簵楛一句。以戎備言。因地而取其良也。包匭菁茅。以祀事言。因物而致其敬也。納錫。一以見其非常。一以見重其事也。

浮于江沱潛漢。逾于洛。至于南河。

集傳 江沱潛漢。其水道之出入。不可詳。而大勢則自江沱而入潛漢也。逾。越也。漢與洛不通。故舍舟而陸。以達于洛。自洛而至于南河也。王氏炎曰。凡曰逾。皆水道不通。遵陸而後能達也。逾于沔同義。程氏曰。不徑浮江漢。兼用沱潛者。隨其貢物所出之便。或由經流。或循枝派。期於便事而已。

集説 孔氏安國曰。河在冀州南。東流。故越洛而至南河。○張氏九成曰。順流而下曰浮。自荆州順江流以入沱。自沱順流以入潛。自潛順流以入漢。至漢則捨舟陸行以入洛。○鄭氏曉曰。荆州至冀州。中閒還隔豫州。貢道近於漢者。則徑浮於漢。不必沿江而入漢也。近於潛者。則徑浮於潛而入漢。不必自江而入漢也。沱自華容縣出於江。入於沔。沔卽漢也。由江入沱。由沱入漢。一路也。潛自漢出。至潛江縣入於江。由江入潛。由潛入漢。一路也。

荆河惟豫州。

【集傳】豫州之域西南至南條荆山北距大河。【地理今釋】豫州今河南之河南開封歸德南陽汝寧五府汝州直隸之大名府東明長垣二縣山東之兗州府定陶城武曹單四縣江南之鳳陽府潁亳二州潁上太和蒙城三縣湖廣之襄陽府襄陽光化宜城棗陽穀城五縣均州鄖陽府鄖保康二縣及鄖西縣東境德安府隨州北境也。

【集說】朱子語類問周公定豫州爲天地之中東西南北各五千里今北邊無極而南方交趾際海道里長短貿殊何以云各五千里曰此但以中國地段四方相去言之未說極邊與際海處周公以土圭測天地之中則豫州爲中而南北東西際天各遠許多至於北遠而南近則地形有偏耳所謂地不滿東南也○熊氏禾曰

豫州。古人於此定都。不但形勢之所在。亦朝會貢賦之便。○茅氏瑞徵曰。河患兗爲甚。豫次之。故二州疆域並繫以河。

伊洛瀍澗既入于河。

【集傳】伊水。山海經曰。熊耳之山。伊水出焉。東北至洛陽縣南。北入于洛。郭璞云。熊耳在上洛縣南。今商州上洛縣也。皇輿表。宋上洛縣爲商州治。今爲商州。屬西安府。地志言伊水出弘農盧氏之熊耳者。非是。皇輿表。盧氏縣。漢屬弘農郡。今屬河南府。【地理今釋】伊水。出今河南河南府盧氏縣熊耳山。縣志。謂伊水出悶頓嶺之陽者。古熊耳盤基甚廣。悶頓亦熊耳也。至偃師縣南入洛。洛水。地志云。出弘農郡上洛縣冢領山。水經謂之讙舉山。今商州洛南縣冢領山也。至鞏縣入河。今河南府鞏縣也。【地理今釋】洛水。出今陝西西安府雒南縣冢嶺山。至河南府鞏縣東北入河。瀍水。地志云。出河南郡穀城縣替亭北。今河南府河南縣西北有古穀城縣。其北山。實瀍水所出也。至偃師縣入洛。今河南府偃師縣也。【地理今釋】瀍水。出今河南府洛陽縣西北穀城山。至縣東入洛。澗水。地志云。出弘農郡新安縣東南入于洛。新安在今河南府新安澠池之閒。今澠池縣東二十三里。新安城是也。城東北有白石山。卽澗水所出。酈道元云。世謂之廣陽山。然則澗水出今之澠池。至新安入洛也。【地理今釋】澗水。出今河南府澠池縣東北白石山。至洛陽縣西南入洛。伊瀍澗水入于洛。而洛水入于河。此言伊洛瀍澗入于河。若四水不相合。而各入河者。猶漢入江。江入海。而荆州言江漢朝宗于海意同。蓋四水竝流。小大相敵故也。詳見下文。

【集說】傅氏寅曰。下文導洛。言東北會于澗瀍。又東會于伊。此序水之次第。自上而及下也。此言伊洛瀍澗乃治水之先後。自下而及上也。○錢氏福曰。始焉三水得洛而有依。以一而會三。洛固受乎衆流。終焉洛水得河以爲歸。總四而歸一。洛實爲之統領。○王氏樵曰。豫之洛。猶雍之渭。而書法不同。涇灃漆沮。雖皆入渭。而水之大小不同。故曰屬。曰從。曰同。各别志之。伊洛瀍澗四水相敵。故統志其入河。與江漢同文。

滎波既豬。

【集傳】滎波。二水名。濟水自今孟州温縣入河。皇輿表。孟州。今爲孟縣。與温縣同。潛行絶河。南溢爲滎。在今鄭州滎澤縣西五里敖倉東南。敖倉者。古之敖山也。案。今濟水但入河。不復過河之南。滎瀆水受河水。有石門。謂之滎口石門也。鄭康成謂滎今塞爲平地。滎陽民猶謂其處爲滎澤。

酈道元曰。禹塞淫水於滎陽。皇輿表。滎陽縣。今屬開封府。下引河東南以通淮泗濟水。分河東南流。漢明帝使王景卽滎水故瀆。東注浚儀。謂之浚儀渠。漢志謂滎陽縣有狼蕩渠。首受濟者。是也。南曰狼蕩。北曰浚儀。其實一也。波水。周職方。豫州其川滎雒。其浸波溠。爾雅云。水自洛出爲波。山海經曰。婁涿之山。波水出其陰。北流注于穀。二說不同。未詳孰是。孔氏以滎波爲一水者。非也。

地理今釋 滎波卽滎澤。在今河南開封府滎陽縣南三里古城村。案孔安國傳云。滎澤波水已成遏豬。正義曰。鄭云。今塞爲平地。滎陽民猶謂其處爲滎澤。在其縣東。蓋濟水伏流地中。絶河而南溢爲巨澤。禹貢錐指云案馬鄭王本波竝作播。伏生今文亦然。孔安國解作一水非二水。以爲二水自顏師古始。宋林之奇本之。引周職方豫州其川滎雒。其浸波溠。爾雅水自洛出爲波。別滎波爲二水。蔡氏因之。然案圖究義。以滎波爲二水。終無是處。傅氏寅曰。上文言導洛。此則專主導濟言。不當又泛言洛之支水。職方所記山川。非治水次第。不必泥也。山海經。婁涿之山。波水出於其陰。北流注於穀水。今本作陂。郭璞云。世謂之百荅水。非屬波水證一。惟酈注引作波。然亦出於山。不出於洛。非屬波水證二。水經洛水又東門水出焉。注云爾雅所謂洛別爲波也。惟此堪引。然余考門水下流爲鴻關水。今謂之洪門堰。在商州洛南縣。東北至靈寶縣而入河。何嘗見水豬爲澤乎。非屬波水證三。且職方豫州之波出魯山縣。鄭注謂卽滎播固非。而洛南之波水。則與滎澤相距五六百里。中隔大山。豈可總撮而言之曰滎波既豬乎。其說極詳。引之以証林氏之失。

【集說】傅氏寅曰。導水之法。大抵自下而上。此先言伊洛瀍澗之入河。而後次及滎澤。何也。洛濟入河處。不甚相遠。平時洛併諸水之力。附河而下。濟猶有所不堪。況橫流浩蕩之時。滎澤所承。其有不爲害之慘乎。禹灼知利病。故經始河患於淪濟之功。必先疏四水以循故道。而滎波固可豬矣。

導菏澤。被孟豬。

【集傳】菏澤。地志在濟陰郡定陶縣東。今興仁府濟陰縣南三里。皇輿表。興仁府濟陰縣。今曹州曹縣。屬兗州府。其地有菏山。故名其澤爲菏澤也。蓋濟水所經。水經謂南濟。東過冤句縣南。漢書地理志顏師古注。句。音劬。又東過定陶縣南。皇輿表。定陶縣。屬兗州府曹州。又東北。菏水東出焉。是也。地理今釋菏澤。古濟水所匯。當在今山東兗州府曹州東南。及定陶縣界。被。及也。孟豬。爾雅作孟諸。孔氏穎達曰。周禮作望諸。聲轉字異。總是一地也。地理志在梁國睢陽縣東北。皇輿表。睢陽縣。今商邱縣。爲歸德府治。今南京虞城縣。皇輿表。宋南京。今歸德府。虞城縣。屬歸德府。西北孟諸澤。是也。地理今釋孟豬周禮作望諸。史記作明都。澤。今河南歸德府商邱。虞城二縣界。有孟諸臺。寰宇記云。虞城孟諸澤。俗呼爲湄臺蓋澤中有臺也。曾氏曰。被。覆也。菏水衍溢。導其餘波。入於孟豬。不常入也。故曰被。

【集說】林氏之奇曰。菏澤水盛。然後覆被孟豬。亦猶弱水餘波入于流沙也。周禮青州澤藪曰望諸。卽此澤也。蓋職方氏之青州在豫州之正東。故得兼有孟豬。○葉氏夢得曰。孟豬菏澤。其相去遠。被言水僅相及。而孟豬之蓄。不以菏澤也。○茅氏瑞徵曰。滎波在豫西北。菏孟在豫東北。澤與豬不同。豬是蓄而復流。澤是水之聚

厥土惟壤。下土墳壚。

【集傳】土不言色者。其色雜也。焦氏竑曰。冀白壤。雍黃壚。壤。豫止曰壤者。色雜也。疏也。顏氏曰。玄而疏者謂之壚。其土有高下之不同。顧氏臨曰。高地則壤。下地則壚。如青厥土白墳。海濱廣斥。是也。故別言之。

【集說】呂氏不韋曰。凡耕之道。必始於壚。爲其寡澤而後枯。○王氏炎曰。壤則沃。墳壚則爲瘠。○鄭氏曉曰。

此因其土之不同。辨其性之不同也。伊洛至此四合。水之流止者得其治。地之高下者辨其性也。

厥田惟中上。厥賦錯上中。

集傳 田第四等。賦第二等。雜出第一等也。

集說 傅氏寅曰。此州田宜若最上。而止居第四者。以下土又有黑剛之處。非播種所宜故也。○金氏履祥曰。唐虞甸服。跨河而南。故豫之賦。與冀相埒。○鄭氏曉曰。錯字在上者高一等。在下者低一等。觀冀州及此可見。皆在本品之中。若出本品。則變文如揚州也。

厥貢漆枲絺紵。厥篚纖纊。錫貢磬錯。

集傳 林氏曰。周官載師。漆林之征。二十有五。周禮職方氏。豫州其利漆枲。○史記貨殖傳。陳夏千畝漆。周以爲征。而此乃貢者。蓋豫州在周爲畿內。故載師掌其征。而不制貢。禹時豫在畿外。故有貢也。推此義。則冀不言貢者可知。顏師古曰。織紵以爲布及練。然經但言貢枲與紵。陸氏璣曰。紵亦麻也。宿根在地。至春自生。今紵布皆用此。成布與未成布。不可詳也。纊。細綿也。孔氏穎達曰。纖是細。故言細綿。

磬錯。治磬之錯也。孔氏安國曰。治玉石曰錯。○孔氏穎達曰。詩云。他山之石。可以攻玉。又曰。可以爲錯。磬有以玉爲之者。非所常用之物。故非常貢。必待錫命而後納也。與揚州橘柚同。然揚州先言橘柚。而此先言錫貢者。橘柚言包。則於厥篚之文無嫌。故言錫貢在後。磬錯。則與厥篚之文嫌於相屬。故言錫貢在先。蓋立言之法也。

集說 張氏九成曰。揚荆二州。去冀都甚遠。其待錫命則有說矣。豫州北近冀都。而磬錯亦以錫貢。聖賢之惜人力如此。〇鄭氏曉曰。厥賦至此。上上之所取者。常暫異其制。下之所貢者。常暫異其物。厥田至此。田有定等。而物之出於田者無定制。貢有定品。而物之非常貢者。無定期也。

浮于洛。達于河。

集傳 豫州去帝都最近。豫之東境。徑自入河。豫之西境。

則浮于洛而後至河也。焦氏竑曰。洛自西來。中分豫境。

【集說】茅氏瑞徵曰。洛匯衆流入河。卽資之爲運道。轉漕最爲直捷。此在豫西境者也。若東境徑自入河矣。

華陽黑水惟梁州。

【集傳】梁州之境。東距華山之南。西據黑水。【地理今釋】梁州黑水。卽今雲南之金沙江。其源發於西蕃諾莫渾五巴什山分支之東。曰阿克達母必拉。南流至塔城關。入雲南麗江府境。亦曰麗水。東南流。至姚安府大姚縣之左卻鄉。卽苴卻營。北。打冲河自鹽井衞來會之。打冲河。出自西蕃界。在崑崙東南百里。二源同發。名查褚必拉。蒙古謂之七察兒哈那。平地水泉數十泓。涯洳觱沸。散若列星。匯而南流。有支河十二道。左右流入之。至占對安撫司。入四川界。南流東折。繞鹽井衞之東北。又南至烏喇倮果。入金沙江。又東入四川境。逕會川衞南。又東至東川府西。折而東北流。逕烏蒙府西北馬湖府南。又東逕敘州府南。入岷江。

華山。卽太華。見導山。黑水。見導水。

地理今釋　梁州。今陜西之漢中府。興安州及西安府商州。雒南山陽鎭安商南四縣。鞏昌府兩當文成三縣。徽階二州。湖廣之鄖陽府房竹山。竹溪三縣及鄖西縣西境。四川之成都保寧順慶龍安馬湖五府。潼川嘉定卭眉雅五州及敘州重慶夔州三府瀘州。江北諸州縣。松潘建昌二衞。疊溪營。黎大所。天全六蕃招討司。是也。

集說　孔氏穎達曰。華山在豫州界內。此梁州之境東據華山之南。不得其山。故言陽也。○杜氏佑曰。梁州當夏殷間。爲蠻夷國。所謂巴賓彭濮之人也。○曾氏旼曰。華山卽西嶽。在梁雍之東。其陽爲梁州。其陰爲雍州。○熊氏禾曰。梁州卽今全蜀之地。或言秦以前未嘗通。至秦鑿山開道。關塞始通。恐止言金牛一道耳。下言岷嶓沱潛。蔡蒙和夷。禹之故迹皆可見。何嘗不通中國也。

岷嶓既藝。

【集傳】岷。嶓。二山名。岷山。地志在蜀郡湔氐道西徼外。在今茂州汶山縣。皇輿表。汶山縣。省入茂州。屬成都府。江水所出也。水經注云。江水逕汶山道。汶出徼外岷山西玉輪坂下。而南行。又東逕其縣。而東注于大江。晁氏曰。蜀以山近江源者。通爲岷山。連峰接岫。重疊險阻。不詳遠近。青城天彭諸山之所環遶。皆古之岷山。青城乃其第一峰也。【地理今釋】岷山。跨古雍梁二州。自陝西鞏昌府岷州衛以西。大山重谷。谽谺起伏。西南走蠻箐中。直抵四川成都府之西境。凡茂州之雪嶺。灌縣之青城。皆其支脈。而導江之處。則在今松潘衛北西蕃界之浪架嶺。漢書地理志所云岷山在湔氐道西徼外。是也。嶓冢山。地志云。在隴西郡氐道縣。皇輿表。隴西郡。今鞏昌府。漾水所出。又云在西縣。今興元府西縣三泉縣也。皇輿表。興元府。今漢中府。西縣。今沔縣。屬漢中府寧羌州。蓋嶓冢一山。跨于兩縣云。

地理今釋

嶓冢有二。一在陝西漢中府寧羌州北九十里。東漢水所出。卽導漾之嶓冢。一在鞏昌府秦州西南六十里。西漢水所出。二山南北相去三四百里。而支脈隱然聯屬。郡縣志所謂隴東之山皆嶓冢。是也。川原既滌。水去不滯。而無泛溢之患。其山已可種藝也。

集說 葉氏夢得曰。江漢見於荆者。既朝宗于海。則已治矣。故於發源無所用力。特言岷嶓既藝。則不特水治也。○林氏之奇曰。江漢二水。發源此州。當其泛溢慓悍。而未有所歸。則其發源之山。亦爲水所浸灌。而不得遂其播種之利。今既疏導以入於海。則岷嶓所出之水。皆順流而東。此二山。遂可種藝矣。

沱潛既道。

集傳 此江漢別流之在梁州者。沱水。地志。蜀郡郫縣。江沱在東。西入大江。郫縣。今成都府郫縣也。又地志云。蜀郡汶江縣。江沱在西南。東入江。汶江縣。今永康軍導江縣也。皇輿表。永康軍導江縣。今灌縣。屬成都府。潛水。地志云。巴郡宕渠縣潛水西南入江。鄭氏康成曰。潛。蓋漢西出嶓冢東南。至巴郡江州入江者。宕渠。今渠州流江縣也。皇輿表。宋渠州流江縣。今渠縣。屬順慶府廣安州。酈道元謂宕渠縣有大穴。潛水入焉。通罡山下。西南潛出。南入于江。又地志。漢中郡安陽縣灊谷水。出西南入漢。灊。音潛。安陽縣。今洋州眞符縣也。皇輿表。宋洋州眞符縣。今爲洋縣。屬漢中府。○又案梁州。乃江漢之原。此不志者。岷之藝。導江也。嶓之藝。導漾也。道沱。則江悉矣。道潛。則漢悉矣。上志岷嶓。下志沱潛。江漢源流。於是而見。

【集說】孔氏安國曰。沱潛發源此州。入荆州。○吳氏澄曰。凡江漢支流皆名沱潛。不拘一處。岷嶓藝。則江漢之上源治矣。沱潛導則江漢之下流治矣。○陸氏深曰。今蜀山綿連延亘。凡居左者皆曰岷。右者皆曰嶓。江別流而復合者皆曰沱。漢別流而復合者皆曰潛。

蔡蒙旅平。

【集傳】蔡蒙。二山名。蔡山。輿地記在今雅州嚴道縣。皇輿表。宋嚴道縣。今省入雅州。【地理今釋】蔡山。宋葉少蘊謂卽周公山。在今四川雅州東五里。蒙山。地志蜀郡青衣縣。今雅州名山縣也。【地理今釋】蒙山在今雅州名山縣西五里。接雅州及蘆山縣界。酈道元謂山上合下開。沫水逕其閒。水經。青衣水。出青衣縣西蒙山。東與沫水合。涸崖水脈漂疾。歷代爲患。蜀郡太守李冰。發卒鑿平涸崖。則此二山在禹爲用功多也。祭山曰旅。周禮大宗伯。旅上帝及四望。鄭云。旅陳也。陳其祭祀以祈焉。旅平者。治功畢而旅祭也。

集說 陳氏大猷曰。古人舉事必祭。況治水土大事。必不敢忽。然旅獨於梁雍言之者。蓋九州終於梁雍。以見前諸州名山皆有祭也。旅獨於蔡蒙荊岐言之者。蓋紀梁之山。終於蔡蒙。紀雍之山。始於荊岐。以見州內諸名山皆有祭也。故下文復以九山刊旅總結之。

和夷厎績。

集傳 和夷地名。四川志。和夷在黎雅越雋等處。嚴道以西。有和川。有夷道。或其地也。又案晁氏曰。和夷。二水名。和水。今雅州榮經縣北和川水。自蠻界羅嵒州東西來。逕蒙山。所謂青衣水而入岷江者也。夷水。漢地志。越巂蘇示縣西北有尸江。師古曰。尸。古夷字。出巴郡魚復縣東南過佷山縣南。又東過夷道縣北。東入于江。今詳二說。皆未可必。但經言厎績者三。覃懷。原隰。既皆地名。則此恐爲地名。或地名因水。亦不可知也。

地理

今釋　和夷。案水經注引鄭說云。和夷。和上夷所居之地。和即和川水。在今四川雅州榮經縣。寰宇記謂榮經縣北九十里有和川水。從羅岩古蠻州來也。蔡傳以夷爲嚴道今榮經縣。宋曰嚴道。以西之夷道。榮經以西無夷道。非是時瀾書說云。嚴道以西。地名和川。夷人所居。乃爲得之。

集說 茅氏瑞徵曰。梁州治水。亦以江漢爲主。蔡蒙和夷。總見水治而地之險且遠者。無不奏効耳。

厥土青黎。

集傳 黎。黑也。吴氏澄曰。土不言質。質不一也。

集說 傅氏寅曰。獨言色之青黑。而不及其性。則非壤非墳可知。使其果爲沃壤。如孔氏之說。則田宜上品。而顧乃止居下上何耶。○董氏二酉曰。黎。訓黑。以色言。或訓疏。以性言。考黎字無疏訓。疏乃黑土之性耳。說者見蜀土疏惡。遂以附會字義。實不然也。

厥田惟下上。厥賦下中三錯。

【集傳】田第七等。賦第八等。雜出第七第九等也。案賦雜出他等者。或以爲歲有豐凶。或以爲户有增減。皆非也。意者地力有上下年分不同。如周官田一易再易之類。故賦之等第。亦有上下年分。冀之正賦第一等。而閒歲第二等也。揚之正賦第七等。而閒歲第六等也。豫之正賦第二等。而閒歲第一等也。梁之正賦第八等。而閒歲出第七第九等也。當時必有條目詳具。今不存矣。書之所載。特凡例也。若謂歲之豐凶。户之增減。則九州皆然。

何獨於冀揚豫梁四州言哉。

集說 王氏樵曰。無錯者。其等已定。有錯者。其等難定。時進退以通節之也。○秦氏繼宗曰。田有三等。故定三等之賦。然不以第七爲定賦。而以第八爲定賦。間歲乃出第七。而又間出第九以寬之。仁之至矣。揚豫正賦皆下。於間賦一等。亦此意也。至冀。則宜出第一等。而間歲第二。無非法中之仁而已。

厥貢璆鐵銀鏤砮磬熊羆狐貍織皮。

集傳 璆。廣韻。璆。與球同。玉磬。鐵。柔鐵也。鏤。剛鐵。可以刻鏤者也。寰宇記曰。定筰縣有鐵石山。山有砮石。火燒之。成鐵。爲劍戟極利。磬。石磬也。言鐵而先於銀者。鐵之利多於銀也。鄒氏近仁曰。漢志犍爲郡朱提縣。有朱提山。出銀。犍爲正梁州之境。後世蜀之卓氏程氏。以鐵冶富擬封君。則梁之利尤在於鐵也。織皮者。梁州之地。山林爲多。獸之所走。熊羆狐狸四獸之皮。製之可以爲裘。其毳毛。織之可以爲罽也。蘇氏轍曰。以罽者曰織。以裘者曰皮。○林氏曰。徐州貢浮磬。此州既貢玉磬。又貢石磬。金氏履祥曰。漢於犍爲水濱得古磬十六枚。蓋其土人所琢也。豫州又貢磬錯。以此觀之。則知當時樂器。磬最爲重。豈非以其聲角。而在清濁小大之間。最難得其和者哉。

集說 鄭氏曉曰。璆。即鳴球也。璆鐵銀鏤砮磬。器用之需也。熊羆狐狸織皮。服用之需也。厥賦至此。取地力而異其等。供地利而有其制。

西傾因桓是來。浮于潛。逾于沔。入于渭。亂于河。

集傳 西傾山名。地志在隴西郡臨洮縣西。今洮州臨潭縣西南。皇輿表。洮州臨潭縣。今爲洮州衛。地理今釋 西傾山一名嵹臺山。在今陝西鞏昌府洮州衛西蕃界。延袤千里。外跨諸羌。桓水名。水經曰。西傾之南。桓水出焉。地理今釋 桓水。一名白水。出今陝西岷州衛東南分水嶺。至四川保寧府昭化縣東。入西漢水。西漢水。出秦州嶓冢山。上流爲犀牛江。下流爲嘉陵江。蘇氏曰。漢始出爲漾。東南流爲沔。至漢中東行爲漢沔。地理今釋 沔水。一名沮水。漢書地理志。武都郡沮縣。沮水出東狼谷。沮縣。卽今陝西漢中府略陽縣也。東南至沔縣西南入漢水。名曰沮口。酈道元曰。自西傾而至葭萌。浮于西漢。西漢。卽潛水也。自西漢遡流而屆于晉壽界。阻漾枝津。南歷岡北。迤邐接漢沔。案今水經注云。南歷岡穴。迤邐而接漢。沿此入漾。書所謂浮潛而逾沔矣。岡穴。卽郭璞所謂峒山。括地志所謂龍山大石穴也。蔡傳作南歷岡北。非是。迤邐接漢沔句。亦有脫誤。歷漢川。至于褒水。逾褒而暨于衙嶺之南溪。灌于斜川。屆于武功。而北以入于渭。漢武帝時。人有上書欲通褒斜道及漕。事下張湯問之。云褒水通沔。斜水通渭。皆可以漕。從南陽上沔入褒。褒絕水至斜閒百餘里。以車轉從斜下渭。如此。則漢中穀可致。經言沔渭而不言褒斜者。因大以見小也。褒斜之閒。絕水百餘里。故曰逾。然於經文則當曰逾于渭。今曰逾于沔。此又未可曉也。絕河而渡曰亂。

集說孔氏穎達曰。西傾在雍州。自西傾山南行。因桓水是來。浮於潛水也。○朱子曰。西傾雖在雍州。其人有事於京師者。必道取梁州。因桓水而來。故梁貢道及之。○傅氏寅曰。浮潛逾沔。逾之一字。與自漢逾洛同義。漢不通洛。則自潛逾沔之地。亦非水道相貫。而所以至此。必捨舟陸行者。以潛入沔之處相遠。而於此而逾。非惟趨沔爲近。且入渭爲便。故貢道不得不然耳。○鄭氏曉曰。桓水入潛。潛出於沔。沔接於褒。故貢道於西傾之山因桓浮潛。由潛達沔。由沔達褒。褒不與斜通。故舍舟而陸。若夫斜入於渭。渭入於河。故貢道由斜川而達於渭。由渭而亂於河。史臣於梁州之貢道。必詳其所自所經所至也。

黑水西河惟雍州。

集傳　雍州之域。西據黑水。地理今釋　雍州黑水。出陝西甘肅塞外。南流至河州。入積石河。今俗名大通河是也。案括地志云。黑水出伊州伊吾縣北。東南流至鄯州。又東南至河州入黃河。今黑水上源爲流沙壅塞。巳無遺跡可考。其下流爲大通河。在瓜州之南。歷西寧衛東。南至河州入河。西寧即唐之鄯州。則括地志之説。與今圖合。○又案河之積石。北則大通河入之。南則大夏河注之。二水入河之口。南北相值。後人或遂指大夏爲黑水絶河而南之跡。不知大夏雖在黃河之南。實仍在南山之北。且其源自南而北。與山南入海之水。絕不相通。

東距西河。謂之西河者。主冀都而言也。

【地理】【今釋】雍州。今陝西之臨洮。平涼。慶陽。延安。鳳翔五府。西安府長安。咸寧。咸陽。興平。臨潼。高陵。鄠。藍田。涇陽。三原。盩厔。渭南。富平。醴泉。朝邑。郃陽。澄城。白水。韓城。華陰。蒲城。同官。武功。永壽。三水。淳化。長武二十七縣。同。華。耀。乾。邠五州。鞏昌府隴西。安定。會寧。通渭。寧遠。伏羌。西和。秦安。清水。漳。禮十一縣。秦州及榆林。寧夏。寧夏中。靖遠。岷州。洮州。甘州。莊浪。諸衛所。其在化外者。南至西傾積石。西踰三危。北抵沙漠。皆是也。

【集說】孔氏穎達曰。禹治豫州。乃次梁州。自東向西。故言梁州之境。先以華陽而後黑水。從梁適雍。自南向北。故先黑水而後西河。河在雍州之東。而謂之西河者。龍門之河。在冀州西界。故謂之西河。王制云。自東河至於西河。千里而近。是河相對而爲東西也。○朱子曰。雍州土厚水深。其民重厚質直。以善導之。易以興起而篤於仁義。以猛驅之。其強毅果敢之資。亦足以強兵力農。而成富強之業。

弱水既西。

集傳　柳宗元曰。西海之山有水焉。散渙無力。不能負芥。投之則委靡墊沒。及底而後止。故名曰弱。既西者。導之西流也。地志云。在張掖郡删丹縣。焦氏竑曰。删丹。即今山丹衛。薛氏曰。弱水出吐谷渾界。窮石山。自删丹西至合黎山。與張掖縣河合。皇輿表。張掖縣。今甘州衛。又案通鑑。魏太武擊柔然。至栗水西。行至菟園水。分軍收討。又循弱水西行至涿邪山。

則弱水在菟園水之西。涿邪山之東矣。北史載太武至菟園水。分軍搜討。東至瀚海。西接張掖水。北度燕然山。與通鑑小異。豈瀚海張掖水。於弱水爲近乎。程氏據西域傳。以弱水爲在條支。援引甚悉。然長安西行。一萬二千二百里。又百餘日。方至條支。其去雍州如此之遠。禹豈應窮荒而導其流也哉。其説非是。【地理今釋】弱水。今陝西山丹衛漢删丹縣。城西有山丹河。古弱水也。法顯佛國記。謂之流沙河。出衛西南窮石山。正流西至合黎山。與張掖河合。又東北至甘州衛北。迆邐流至塞外。入居延澤。其餘波溢入流沙也。

集說 林氏之奇曰。衆水皆東。而弱水獨西。黑水獨南。因其性與勢之自然也。必欲東之。則逆其自然。非行所無事矣。○程氏大昌曰。弱水之當西。如四瀆之當東也。時必壅溢而東行。導之而至合黎。既皆復故。則逆行者順矣。○傅氏寅曰。横流之時。弱水亦東侵而被於河。河不安而涇亦受其患。導之使西以復其故道。則河西無氾濫之水。河安而涇亦安矣。○焦氏竑曰。據今甘州衛有合黎山。則亦不必遠求之別域。而定以甘州之弱水爲非矣。

涇屬渭汭。

集傳 涇。渭。汭。三水名。涇水。地志。出安定郡涇陽縣西。今原州百泉縣岍頭山也。淮南子。涇出薄落之山。高誘注。薄落。一名幵頭山。○括地志。笄頭山。一名崆峒山。在原州平凉縣西。東南至馮翊陽陵縣入渭。今永興軍高陵縣也。皇輿表。今高陵縣。屬西安府。【地理今釋】涇水。出今陝西平凉府平凉縣西南笄頭山。亦名崆峒山。東至西安府高陵縣西南入渭水。渭水。地志。出隴西郡首陽縣西南。今渭州渭源縣皇輿表。今渭源縣。屬臨洮府。鳥鼠山西北南谷山也。東至京兆船司空縣入河。今華州華陰縣也。皇輿表。華州華陰縣。今屬西安府。【地理今釋】渭水。出今陝西臨洮府渭源縣西鳥鼠山。東至西安府華陰縣東北入河。汭水。地志作芮。扶風汧縣弦蒲藪。芮水出其西北。東入涇。今隴州汧源縣皇輿表。隴州汧源縣。今屬鳳翔府。弦蒲藪。有汭水焉。【地理今釋】

汭水，出今平涼府華亭縣，有二源，北源出湫頭山之朝那湫，南源出𦽦山，至縣東與北河合，又東至涇州西北入涇水。

周職方，雍州其川涇汭。詩曰：汭鞫之即，皆謂是也。

屬，連屬也。涇水連屬渭汭二水也。

集說 王氏樵曰：雍州之水，渭爲大，涇之源最居雍之北境，自北而南注，以渭爲歸，而汭東入焉，是涇上屬于汭，而下屬于渭也。經不以渭立文，而曰涇屬渭汭，以涇水在中，先會汭水，後入渭水，順其勢而言，故謂屬渭汭者，涇而其實納涇者，渭也。

漆沮既從。

集傳 漆沮，二水名。漆水，寰宇記自耀州同官縣東北界皇輿表。宋耀州同官縣。今屬西安府。來。經華原縣。皇輿表。宋華原縣。今耀州。屬西安府。合沮水。〔地理今釋〕漆水。源出陝西西安府同官縣北高山。流經縣城東。合同官水。西南至耀州。屬西安府。與沮水合。沮水地志出北地郡直路縣東。今坊州宜君縣西北境也。皇輿表。宋坊州。今中部縣。宜君縣。今屬延安府。寰宇記。沮水自坊州昇平縣北皇輿表。宋昇平縣。省入宜君縣。子午嶺出。俗號子午水。下合榆谷慈馬等川。遂爲沮水。至耀州華原縣。合漆水。至同州朝邑縣。皇輿表。同州朝邑縣。今屬西安府。東南入渭。〔地理今釋〕沮水。出陝西延安府中部縣西。南流經宜君。屬延安府。同官。二縣境。至耀州城南。會漆水。東南入富平縣屬西安府界。名石川河。又南流至臨潼縣屬西安府。北交口鎮。入渭水。二水相敵故竝言之。既從者。從於渭也。又案地志。謂漆水出扶風縣。皇輿表。今扶風縣。屬鳳翔府。晁氏曰。此豳之漆也。水經。漆水出扶風杜陽縣。程氏曰。杜陽。今岐山普潤縣之地。亦漢漆縣之境。其水入渭。在灃水之上。與經序渭水節次不合。非禹貢之漆水也。

【集說】蘇氏軾曰。從。如少之從長。渭大而漆沮小。故言從。○程氏大昌曰。雍地四漆沮。而實三派。禹貢漆沮。惟富平石川河。正當其地。漆在沮東。至華原而西。乃始合沮。沮在漆西。既已受漆。則遂南東而合乎洛。洛又在漆沮之東。至同州白水縣。與漆沮合。而相與南流以入於渭。三水雖分。及至白水縣。遂混爲一流。○段氏昌武曰。詩漆沮。言於渭之上流。書漆沮。入於渭之下流。詩自土沮漆。言於岐周之閒。書言于東會于灃。又東會于涇之下。

灃水攸同。

集傳 灃水。地志作酆。出扶風鄠縣終南山。皇輿表。鄠縣。今屬西安府。今永興軍鄠縣山也。東至咸陽縣入渭。地理今釋 灃水。源出今陝西西安府鄠縣東南終南山。自紫閣而下。至咸陽縣東南。入渭水。同者。同於渭也。蘇氏軾曰。灃渭相若。故言同。渭水自鳥鼠而東。灃水南注之。涇水北注之。漆沮東北注之。曰屬。曰從。曰同。皆主渭而言也。

【集說】葉氏夢得曰。灃在涇上。漆沮在涇下。今言涇而後漆沮。言漆沮而後灃者。漆沮既從而不違。則灃可與渭同入於河。灃以後成。用力宜差多。故詩獨言豐水東注。維禹之績也。○傅氏寅曰。治弱水以及涇漆沮。雖自西而東。然涇漆沮治而後治灃。則又自下而上也。禹之規畫如此。度勢隨宜。行其所無事也。如河患在九河。疏其下。則其上易爲力。江患在彭蠡豬其上。則其下無足憂。皆所以先後順理也。

荊岐既旅。終南惇物。至于鳥鼠。

【集傳】荊岐。二山名。荊山。卽北條之荊。孔氏安國曰。此荊在岐東。非荊州之荊。【地理】荊。地志。在馮翊懷德縣南。今耀州富平縣掘陵原也。

【今釋】荊山。在今陝西西安府富平縣西南十里。下有荊渠。岐山。說文曰。山有兩岐。因以名焉。地志。

在扶風美陽縣西北。今鳳翔府岐山縣東北十里也。詩譜曰。周自太王居岐之陽。皇甫謐云。今美陽西北有岐城舊址。郡國志。岐山南有周原。終南。惇物。鳥鼠。亦皆山名。終南。地志。古文以太一山爲終南山。水經注曰。終南。杜預以爲中南。亦曰太白山。在扶風武功縣。今永興軍萬年縣南五十里也。皇輿表。萬年縣。今咸寧縣。〔地理今釋〕終南山。在今陝西西安府長安縣南五十里。東至藍田縣。西至鳳翔府郿縣。綿亘八百餘里。惇物。地志。古文以垂山爲惇物。在扶風武功縣。今永興軍武功縣也。〔地理今釋〕惇物山。漢書地理志。右扶風縣武功。注。大壹山。古文以爲終南。垂山。古文以爲惇物。皆在縣東。武功。今陝西鳳翔府郿縣。考圖志不載是山。胡渭禹貢錐指。以爲太乙之北峯。在縣東四十里者是也。

鳥鼠。爾雅。其鳥曰鵌。其鼠曰鼵。地志。在隴西郡首陽縣西南。今渭州渭源縣西也。俗呼爲青雀山。【地理今釋】鳥鼠山。在今陝西臨洮府渭源縣西二十里。舉三山而不言所治者。蒙上既旅之文也。

【集說】程氏大昌曰。終南山。橫亘關中南面。西起秦隴。東徹藍田。凡雍岐郿鄠長安萬年。相去且八百里。而連綿峙據其南者。皆此一山也。○鄭氏曉曰。自涇屬至此。衆水致功。而衆山致祭。荆山。漆沮經其下也。岐山。涇汭經其傍也。終南。灃水所出也。惇物。灃水所經也。鳥鼠。渭水所經也。

原隰厎績。至于豬野。

【集傳】廣平曰原。下濕曰隰。詩曰。度其隰原。卽指此也。山水考曰。原隰。泛言之。則原爲廣平。隰爲下濕之地。然西安府城南實有其地。鄭氏曰。其地在豳。朱子詩傳曰。豳在岐山之北。原隰之野。今邠州也。皇輿表。今邠州。屬西安府。豬野。地志云。武威縣東北有休屠澤。古文以爲豬野。今涼州姑臧縣也。皇輿表。涼州姑臧縣。今爲涼州衞。【地理今釋】豬野。在今陝西鎭蕃衞東北八十里。卽漢書地理志所云休屠澤也。治水成功。自高而下。故先言山。次原隰。次陂澤也。

【集說】孔氏穎達曰。原隰。豳地。從此致功。西至豬野之澤也。○鄭氏曉曰。地勢有高卑。水落有先後。山既治矣。由是廣平之原。厎于績焉。原既治矣。由是下濕之隰。厎于績焉。隰既治矣。由是豬野之澤。厎于績焉。治水成功。自高而下。弱水至攸同。言水之常變者得其平也。荆岐至豬野。言地之高下者得其平也。

三危既宅。三苗丕敘。

集傳 三危。卽舜竄三苗之地。或以為燉煌。未詳其地。杜氏預曰。瓜州。今燉煌也。○後漢西羌傳注。三危山。在今沙州燉煌縣東南。山有三峰。故曰三危。三苗之竄。在洪水未平之前。及是三危已既可居。三苗於是大有功敘。今案舜竄三苗。以其惡之尤甚者遷之。而立其次者於舊都。今既竄者已丕敘。而居於舊都者。尚桀驁不服。蓋三苗舊都。山川險阻。氣習使然。今湖南猺洞。時猶竊發。俘而詢之。多爲猫姓。豈其遺種歟。

集說　呂氏祖謙曰。三苗有罪。自當竄逐。發政施仁。自當及之。故治水至三危。亦必使安宅丕敘。後世以爲投之四裔。若棄之者。非聖人之心也。○金氏履祥曰。聖人黜惡。以遠爲罰。經理則不以遠爲閒。○鄭氏曉曰。三危既宅。地之遠者得其平。三苗丕敘。人之頑者從其化。宅是造廬舍。定疆埸。敘是遷善改過。革其凶頑。

厥土惟黃壤。

集傳　黃者。土之正色。林氏曰。物得其常性者最貴。雍州之土黃壤。故其田。非他州所及。

集説 董氏仲舒曰。五行莫貴於土。五色莫盛於黃。○陳氏櫟曰。土黃壤最貴。故雍田上上。塗泥最下。故揚田下下。

厥田惟上上。厥賦中下。

集傳 田第一等。王氏炎曰。東方朔云。關中之地。號爲畝直一金。田上上可知。而賦第六等者。地狹而人功少也。

集説 孔氏穎達曰。荆州云人功修。此州云人功少者。王制云。凡居民。量地以制邑。度地以居民。地邑民居必參相得。則民當相準。而有人功修人功少者。記言初置邑者。可以量之。而州境闊遠。民居先定。新遭洪水。存亡不同。故地勢有美惡。人功有多少。治水之後。卽爲此差。在後隨人少多。必得更立其等。此非永定也。

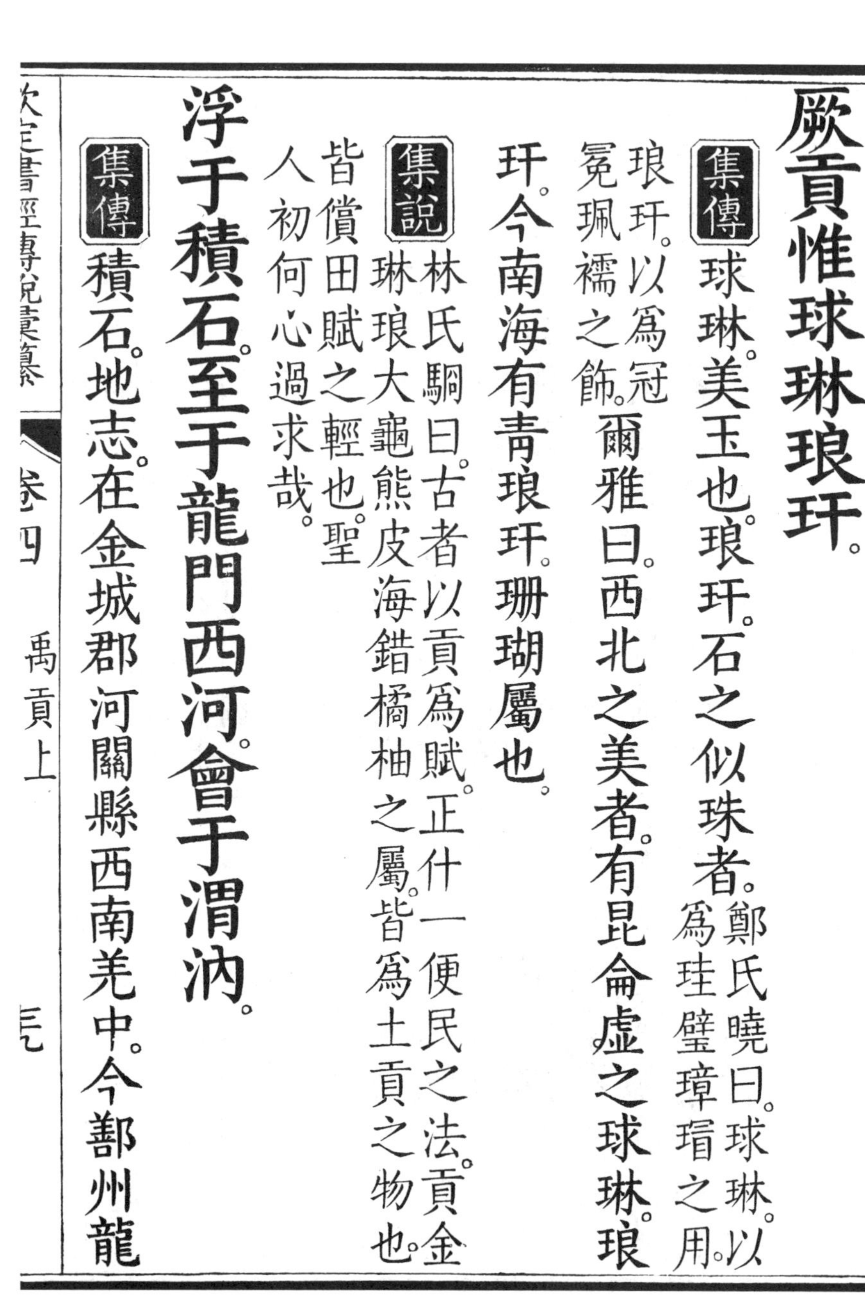

厥貢惟球琳琅玕。

【集傳】球琳。美玉也。琅玕。石之似珠者。鄭氏曉曰。球琳。以爲珪璧璋瑁之用。琅玕。以爲冠冕珮繻之飾。爾雅曰。西北之美者。有昆侖虛之球琳。琅玕。今南海有青琅玕。珊瑚屬也。

【集說】林氏駉曰。古者以貢爲賦。正什一便民之法。貢金琳琅大龜熊皮海錯橘柚之屬。皆爲土貢之物也。皆償田賦之輕也。聖人初何心過求哉。

浮于積石。至于龍門西河。會于渭汭。

【集傳】積石。地志在金城郡河關縣西南羌中。今鄯州龍支縣界也。

地理今釋　積石山。在今河州北一百二十里。水經注謂之唐述山。括地志云。山勢峭拔下臨黃河。其西五十里有積石關。唐置積石軍於此。山海經云。積石山。在金城河門關西南境中。漢之河關縣。今之河州。杜佑通典云。禹施功自積石山而東。今西平郡龍支縣今西寧衛地。與河州接界。界山是也。案諸家言積石者。多以此爲小積石。別有大積石。去此尚千餘里。其說蓋本於漢書西域傳。謂河源出于闐。北流與葱嶺河合。東注蒲昌海。潛行地下。南出于積石。爲中國河之文。其實禹施功之始。即此積石。更無所謂大積石也。歐陽忞輿地廣記云。班固所載張騫窮河源事。乃意度之。非實見蒲昌海與積石通流。其言甚正。蓋河源在吐蕃境。漢時吐蕃未通中國。武帝以于闐山出玉。案古圖書。乃名河所出爲崑崙。後人遂幷積石亦失其實耳。于闐東流之水。古名玉河。葱嶺之水。名新頭河。見法顯佛國記。總與河源無涉。至水經幷云積石在葱嶺之北。則又失之遠矣。或議杜佑主龍支之積石，謂因唐置積石軍于澆河故城而誤。考後漢書郡國志隴西郡河關縣積石山在西南。又桓帝紀燒當羌叛，段熲追擊于積石。注即禹貢導河積石，在鄯州龍支縣南，是河州積石之名非始于唐矣。蔡氏據杜氏說釋經，最當。龍門山。地志在馮翊夏陽縣，今河中府龍門縣也。皇輿表河中府今蒲州，龍門縣今河津縣。地理今釋龍門山在今陝西西安府韓城縣東北五十里，大河之西，東與壺口隔水相望。西河，冀之西河也。雍之貢道有二，其東北境則自積石至于西河，其西南境則會于渭汭。孔氏穎達曰：會，合也。人行逆流而水相向，故逆流曰會。○王氏樵曰：渭自鳥鼠而東，中貫雍境，取漕莫徑焉。言渭汭不言河者，蒙梁州之文也。他州貢賦亦當不止一道發此例以互見耳○案邢恕奏乞下熙河路打造船五百隻於黄河順流放下至會州西小河内藏放熙河路漕使李復奏竊知邢恕欲用此船載兵順流而下去取興州契勘會州之西小河鹹水其闊不及一丈深止於一二尺豈能藏船黄河過會州入韋精山石峽險窄自上垂流直下高數十丈船豈可過至西安州之東大河分爲六七道散流渭之南山逆流數十里方再合逆溜水淺灘磧不勝舟載此聲若出必爲夏國侮

笑。事遂寢。邢恕之策。如李復之言。可謂謬矣。然此言貢賦之路。亦曰浮于積石。至于龍門西河。則古來此處河道。固通舟楫矣。而復之言乃如此。何也。姑錄之以備參考云。

【集說】熊氏禾曰。正道皆從渭達河。惟山脊以西之地。渭道不可通處。必自積石之河。經涉龍門。然後達於西河。以至帝都也。○鄭氏曉曰。雍之貢賦。以其東北境言之。河見於積石。經流於龍門。而爲西河。故貢賦之來。由積石浮河。北行。東轉。南向。而至于龍門。由龍門而達于西河。則遶出雍州之東境。而至冀州之西境。西境卽西河也。至西河。則至帝都矣。以其西南境言之。渭入於河。漆沮東注於渭。涇水北注於渭。灃水南注於渭。故貢賦之來。或由乎灃涇。或由乎漆沮。皆會於渭水之北焉。至渭。則達河矣。

織皮。崑崙。析支。渠搜。西戎即敘。

【集傳】崑崙。即河源所出。在臨羌。漢書張騫傳曰。漢使窮河源。其山多玉石采來。天子案古圖書。名河所出曰崑崙云。【地理今釋】崑崙。西戎國。蓋附近崑崙山者。○案鄭康成云。衣皮之民居此崑崙析支渠搜三山之野者。是崑崙析支渠搜。皆本山名。而因以爲國號也。 析支。在河關西千餘里。【地理今釋】析支。今西蕃。在陝西臨洮府河州西。應劭曰。禹貢析支。屬雍州。在河關之西。東去河關千餘里。羌人所居。謂之河曲羌也。唐書党項傳曰。党項漢西羌別種。其地古析支。東距松州。西葉護。南春桑迷桑等羌。北吐谷渾。 渠搜。水經曰。河自朔方東轉。經渠搜縣故城北。蓋近朔方之地也。【地理今釋】渠搜。涼土異物志云。古渠搜國。在大宛北界。隋書西域傳云。鏺汗國。文獻通考云。鏺汗國。東去瓜州五千五百里。都葱嶺之西五百餘里。古渠搜國。渠搜當在西域。非朔方也。傅寅禹貢集解云。陸氏曰。漢志朔方郡有渠搜縣。武紀云。北發渠搜。是也。然考漢朔方之渠搜。非此所謂渠搜。此亦當是金城以西之戎也。後世種落遷徙。故漢有居朔方者。當禹時渠搜居朔方。則不應浮積石。陸說非也。三國皆貢皮衣。故以織皮冠之。皆西方戎落。故以西戎總之。即。就也。雍州水土既平。而餘功及於西戎。故附於末。○蘇氏曰。青徐揚三州。皆萊夷淮夷島夷所篚。此三國亦篚織皮。但古語有顛倒詳略爾。其文當在厥貢惟球琳琅玕之下。浮于積石之上。簡編脱誤。不可不正。愚謂梁州亦篚織皮。恐蘇氏之説爲然。

集說 鄭氏曉曰。雍州土地最廣。史謂金城千里。天府之國也。其地弱水西流。渭水東流。而涇汭漆沮灃水。皆入渭而入河也。荆岐在雍之北。終南惇物在雍之南。鳥鼠又在雍之西矣。原隰在邠岐之閒。又西而豬野。在甘涼之境。又西而三危。則夷裔之區矣。其貢道有二。東北來者險而遠。西南來者便而近。

欽定書經傳說彙纂卷第四

欽定書經傳說彙纂卷第五

禹貢下

導岍及岐至于荊山逾于河壺口雷首至于太岳厎柱析城至于王屋太行恆山至于碣石入于海

集傳 此下隨山也。孔氏穎達曰導山本爲治水故以導山名之。岍岐荊三山皆雍州山岍山地志扶風汧縣西吴山古文以爲岍山今隴州吴山縣吴嶽山也。皇輿表隴州吴山縣今隴州屬鳳翔府。周禮雍州山鎮曰嶽山。又案寰宇記。隴州汧源有汧山。汧水所出。禹貢所謂汧山也。地理今釋 地理志名吳山。在今皇輿表。汧源縣。省入隴州。漢書陝西鳳翔府隴州南八十里。晁氏以爲今之隴山。天井。金門。秦嶺山者。皆古之岍也。岐荆見雍州。孔氏穎達曰。荆岐上已具州境隔絶。更從上理説。此復言之。以山勢相連而所治山川首尾所在也。壺口雷首。太岳。底柱。析城王屋太行恆山。皆冀州山。壺口太岳。碣石見冀州。雷首地志在河東郡蒲坂縣南。今河中府河東縣也。皇輿表。河中府河東縣。今蒲州。屬平陽府。地理今釋 雷首山。括地志云。此山西起雷首東至吳坂。長數百里。隨地異名。通典云。雷首在河東縣。今山西蒲州。此山凡有八名。歷山。首陽山。薄山。襄山。甘棗山。中條山。渠豬山。獨頭山也。互見前歷山下。

厎柱石在大河中流。其形如柱。今陝州陝縣皇輿表。宋陝縣省入陝州。屬河南府。三門山。金氏履祥曰。三門。分天門地門人門。惟地門不可過是也。地理今釋厎柱山。在今河南河南府陝州東四十里大河中。西北去山西平陽府平陸縣五十里。

析城地志在河東郡蒦澤縣西。今澤州陽城縣也。晁氏曰。山峰四面如城。地理今釋析城山。在今山西澤州陽城縣西南七十里。

王屋地志在河東郡垣縣東北。今絳州垣曲縣也。皇輿表。絳州垣曲縣。今屬平陽府。晁氏曰。山狀如屋。地理今釋王屋山。在今河南懷慶府濟源縣西北九十里。接山西平陽府垣曲縣。及澤州陽城縣界。山有三重。其狀如屋。太行山。地志在河內郡山陽縣西北。今懷州河內也。皇輿表。宋懷州。今懷慶府。河內縣爲府治。地理今釋太行山。延袤千餘里。起於河南懷慶府。濟源縣。迤而東北。跨山西河南直隸界。恆山。地志在常山郡上曲陽縣西北。今定州曲陽也。皇輿表。定州曲陽縣。今屬眞定府。逾者。禹自荊山而過于河也。呂氏祖謙曰。人逾。非山逾。孔氏以爲荊山之脈。逾河而爲壺口雷首者。非是。蓋禹之治水。隨山刊木。其所表識諸山之名。必其高大可以辨疆域。廣博可以奠民居。故謹而書之。以見其施功之次第。初非有意推其脈絡之所自來。若今之葬法所言也。若必實以山脈言之。則尤見其說之謬妄。蓋河北諸山根本脊脈。皆自代北寰武嵐憲諸州乘高而來。其脊以西之水。則西流以入龍門西河之上流。其脊以東之水。則東流而爲桑乾幽冀以入于海。其西一支。爲壺口太岳。次一支。包汾晉之源。而南出以爲析城王屋。而又西折以爲雷首。又次一支。乃爲太行。又次一支。乃爲恆山。其間各隔沁潞諸川。不相連屬。豈自岍岐跨河而爲是諸山哉。山之經理者。已附於逐州之下。於此又條列而詳記之。而山之經緯者可見矣。王鄭有三條四列之名。皆爲未當。陳氏櫟曰。三條之說出於馬融。王肅。以岍岐至碣石爲北條。西傾至陪尾爲中條。嶓冢至敷淺原爲南條。四列之說出於鄭玄。謂岍岐爲正陰列。西傾爲次陰列。嶓冢爲次陽列。岷山爲正陽列。今據導字分之以爲南北二條。而江河以爲之紀。於二之中又分爲二焉。此北條大河北境之山也。

【集說】林氏之奇曰。禹之治水。本導川澤之流而歸之於海。乃先之以隨山者。蓋洪水爲害。凡故川舊瀆。皆爲水之所浸滅。不復可見。將欲施功。無所措也。故必先以高山鉅鎮不爲水之所墊沒者。以爲表識。自西決之使歸於東水既順流而下漸入于海則川瀆之故迹稍稍可求蓋先隨山而後濬川此禹治水之序也○朱子曰每州各言境內山川首尾不相聯貫且自東而西非自然之形勢故於此通說九州山川聯貫首尾更從西而東以著自然之形勢○問味別地脈之說如何曰禹治水不知是要水有所歸不爲民害還是只要辨味點茶如陸羽之流尋脈踏地如後世風水之流邪且太行自西北發脈來爲天下之脊此是中國大形勢其底柱王屋等山皆是太行山脚今說者分陰陽列言導岍及岐至于荆山山脈逾河而過爲壺口雷首厎柱析城王屋碣石則是荆山地脈却來做太行山脚其所謂地脈尚說不通況禹貢本非理會地脈邪○鄭氏曉曰大禹隨山首於雍州岍岐荆三山謂之及者以其相距之近也謂之至者以其相去之遠也禹於是而逾河者雍冀之閒河流閒斷禹自雍之東境而入冀之西境也壺口雷首太岳冀州西河之山也厎柱析城王屋冀州南河

之山也。太行恆山碣石。冀州東河之山也。入于海者。諸山之水。至此皆入海矣。其自西北而東南者。地勢有高卑。山勢有經緯。水勢有源流也。○王氏樵曰。江爲南河。河爲北河。南北兩河。上應雲漢。葢天文地理自然之分判也。於二之中又分爲二。北條有大河之北境者。有大河之南境者。南條有江漢之北境者。有江漢之南境者。論横勢。則先北而南。論縱勢。則皆自西而東矣。

西傾朱圉鳥鼠至于太華。熊耳外方桐柏至于陪尾。

集傳 西傾朱圉鳥鼠太華。雍州山也。熊耳外方桐柏陪尾。豫州山也。孔氏安國曰。凡此皆先舉所施功之山於上。而後條列所治水於下。互相備。西傾。見梁州。朱圉。地志。在天水郡冀縣南。今秦州大潭縣也。皇輿表。秦州大潭縣。今伏羌縣。屬鞏昌府。俗呼爲白巖山。〔地理今釋〕朱圉山在今陝西鞏昌府伏羌縣西南三十里。鳥鼠。見雍州。太華。地志。在京兆華陰縣南。今華州華陰縣二十里也。皇輿表。華州華陰縣。今屬西安府。熊耳。在商州上洛縣。〔地理今釋〕熊耳山。在今河南河南府盧氏縣西南七十里。接陝西西安府商州晉上洛縣界。熊耳雖有東西異名。其實一山。故郭璞云在上洛。班固云在盧氏。蔡傳以班固爲非。非也。詳見豫州。外方。地志。潁川郡嵩高縣有嵩高山。古文以爲外方。在今西京登封縣也。皇輿表。宋西京。今河南府。登封縣屬焉。〔地理今釋〕外方。今中嶽嵩山。

在河南河南府登封縣北十里。西接洛陽縣。北接鞏縣。東接開封府密縣界。緜亘一百五十里。桐柏。史記索隱曰。桐柏一名大復山。地志。在南陽郡平氏縣東南。今唐州桐柏縣也。皇輿表。唐州桐柏縣。今屬南陽府。地理今釋桐柏山。在今河南南陽府桐柏縣東一里。東南接湖廣德安府隨州西接襄陽府襄陽縣界。陪尾。地志。江夏郡安陸縣東北有橫尾山。古文以爲陪尾。今安州安陸也。皇輿表。宋安州今德安府。安陸縣爲府治。地理今釋陪尾山。在今山東兗州府泗水縣東五十里。案孔傳云。淮出桐柏。經陪尾。今德安府安陸縣北有橫山。漢志所謂橫尾山。古文以爲陪尾者也。淮水不經此山下。吴澄書纂言曰。唐志。泗水縣有陪尾山。泗水出焉。蓋此是也。以橫尾爲陪尾者。非是。互見泗水下。西傾不言導者。蒙導岍之文也。此北條大河南境之山也。

集說　傅氏寅曰。西傾朱圉鳥鼠。至于太華。卽雍州終南惇物。至于鳥鼠之役也。熊耳外方桐柏。至于陪尾。卽豫州伊洛瀍澗。與夫導淮之役也。圖而觀之。凡畎澮之水。或入于河渭。或入于伊洛。或入于淮。皆可以形勢見也。○王氏樵曰。上節導河之北境。故自雍而盡于冀之東北。此節導河之南境。故自雍而盡于冀之東南。禹循西傾而東至于太華。其陰則北河與地絡之所會也。其陽則南河與地絡之所會也。河自下龍門其勢湍急。及華之陰。喬嶽綿亘。其勢不可復南。乃折而東流。而涇渭灃漆。伊洛瀍澗。諸水入焉。熊耳四山者。志伊洛淮水之所以治也。

導嶓冢。至于荊山。內方。至于大别。

【集傳】嶓冢。卽梁州之嶓也。山形如冢。故謂之嶓冢。詳見梁州。荊山。南條荊山。地志在南郡臨沮縣北。今襄陽府南漳縣也。【地理今釋】荊山。在今湖廣襄陽府南漳縣西少北八十里。昭四年左傳。荊山九州之險。指此。內方。大別。亦山名。內方。地志。章山。古文以爲內方山。水經。沔水自荊城東南流。逕當陽縣之章山東。酈道元注云。禹貢所謂內方山至于大別者也。在江夏郡竟陵縣東北。今荊門軍長林縣也。皇輿表。宋荊門軍長林縣。今爲荊門州。屬安陸府。【地理今釋】內方山。在今湖廣安陸府鍾祥縣西。周迴百餘里。接荊門州界。左傳吳與楚戰。定四年傳。吳自豫章與楚夾漢。楚濟漢而陳。自小別至于大別。蓋近漢之山。今漢陽軍漢陽縣北大別山是也。李氏樗曰。漢水東流漢陽軍。觸大別山。南入于江。【地理今釋】大別山。一名魯山。在今湖廣漢陽府漢陽縣東北半里。漢水西岸。地志水經云。在安豐者非是。孔氏穎達曰。二別近漢之名。無緣得在安豐縣。此南條江漢北境之山也。

【集說】鄭氏曉曰。此爲漢水之經始也。嶓冢漢水出焉。荊山內方。漢水所經。大別。漢水所入。導嶓冢至荊山。導內方至大別。而治漢之功可施矣。

岷山之陽。至于衡山。過九江。至于敷淺原。

【集傳】岷山。見梁州。衡山。南嶽也。廣雅曰。岣嶁謂之衡山。地志。在長沙國湘南縣。今潭州衡山縣也。皇輿表。衡山縣。宋屬潭州。今屬衡州府。九江。見荆州。敷淺原。地志云。豫章郡歷陵縣南有博易山。漢書地理志作傅陽山。師古曰。傅讀曰敷。古文以爲敷淺原。今江州德安縣博陽山也。皇輿表。宋江州。今爲九江府。德安縣屬焉。晁氏以爲在鄱陽者。非是。今案晁氏以鄱陽有博陽山。又有歷陵山。爲應地志歷陵縣之名。然鄱陽漢舊縣地。不應又爲歷陵縣。山名偶同。不足據也。江州德安。雖爲近之。然所謂敷淺原者。其山甚小而庳。亦未見其爲在所表見者。惟廬阜在大江彭蠡之交。最高且大。宜所當紀志者。而皆無考據。恐山川之名。古今或異。而傳者未必得其眞也。姑俟知者。

地理今釋　敷淺原。案朱子九江彭蠡辨云。敷淺原。說者以爲漢歷陵縣之博易山。在今江州德安縣。爲山甚小而庳。不足以有所表見。而其全體正脈。遂起而爲廬阜。則甚高且大。以盡乎大江彭蠡之交。而所以識夫衡山東過一支之所極者。唯是爲宜耳。蔡傳遵用師說。指廬阜爲敷淺原。而復以無可考據爲疑。何也。廬阜在今江西九江府德化縣南。山北。隸南康府星子縣。

過。經過也。與導岍逾于河之義同。孔氏以爲衡山之脈。連延而爲敷淺原者。亦非是。蓋岷山之脈。其北一支爲衡山。而盡於洞庭之西。其南一支度桂嶺北經袁筠之地。至德安。所謂敷淺原者。二支之閒。湘水閒斷。衡山在湘水西南。敷淺原在湘水東北。其非衡山之脈連延過九江而爲敷淺原者明甚。且其山川岡脊源流具在眼前。而古今異説如此。況殘山斷港。歷數千百年者。尚何自取信哉。岷山不言導者。蒙導嶓冢之文也。此南條江漢南境之山也。

集説　朱子語類。問岷山之分支何以見。曰。凡兩山夾行。中閒必有水。兩水夾行。中閒必有山。江出於岷山。岷山夾江兩岸而行。那邊一支去爲隴。這邊一支爲湖南。又一支爲建康。又一支爲兩浙。而餘氣爲福建二廣。

○禹貢西方南方。殊不見禹施工處。緣是山高少水患。某作九江彭蠡辨。禹貢大槩可見。禹貢只載九江。無洞庭。今以其地驗之。有洞庭無九江。則洞庭之爲九江無疑矣。洞庭彭蠡。冬月亦涸。只有數條江水在其中。○詳經文敷淺原。合是衡山東北一支盡處。疑卽廬阜。但無明文可攷耳。德安縣敷陽山。正在廬山之西南。故謂之敷陽。非以其地卽爲敷淺原也。若如舊說。正以敷陽爲敷淺原。則此山甚小。又非山脈盡處。若遂如晁氏之說以爲江入海處。則合是今京口。所過之水。又不但九江而已也。若以衡山東北盡處而言。卽爲廬阜無疑。蓋自岷山東南至衡山。又自衡山東北而至此。則九江之原。出於此三山之北者。皆合於洞庭而注於岷江。故自衡山而至此者。必過九江也。

導弱水至于合黎。餘波入于流沙。

集傳 此下濬川也。弱水見雍州。合黎山名。隋地志在張掖縣西北。皇輿表張掖縣今甘州衞。亦名羌谷。地理今釋合黎山亦名要塗山。在今陝西甘州衞西北四十里。緜延而西接高臺鎮彝二所界。流沙。杜佑云在沙州西八十里。通典曰沙州古流沙地。其沙隨風流行。故曰流沙。唐書西域傳曰吐谷渾西北有流沙數百里。○朱子曰流沙在合黎之西。地理今釋流沙在今陝西嘉峪關外索科鄂模。即居延澤。漢志古文以爲流沙。以北東至賀蘭山。西至廢沙州界。幾南北千餘里。東西數百里。其沙隨風流行。隨處有之。水之疏導者。已附于逐州之下。於此又派別而詳記之。而水之經緯皆可見矣。濬川之功。自隨山始。故導水次於導山也。又案山水皆原於西北。故禹敘山敘水。皆自西北而東南。導山則先岍岐。導水則先弱水也。

集說　程氏大昌曰。堯時弱水。必嘗壅溢東行。禹導之至合黎。則逆行者順道。其遠而無所事治者。固不極之於西海。近而無能爲害者。亦任其波委之入流沙。故於雍特曰既西。而於導水不曰入于西海。皆紀實也。○朱子曰。自導弱水至導洛。凡九條。皆導水之事。大槩自北而南。先言山以爲水之經。故此言水以爲山之紀。弱水最在西北。水又西流。不經中國。故首言之。○鄭氏曉曰。志合黎。見其經流有所歸。志流沙。見其支流有所洩

導黑水。至于三危。入于南海。

集傳　黑水。地志出犍爲郡南廣縣汾關山。皇輿表。犍爲郡南廣縣。今

敘州府南溪縣。水經出張掖雞山。南至燉煌。過三危山。南流入于南海。唐樊綽云。西夷之水。南流入于南海者凡四。曰區江。曰西洱河。曰麗水。曰瀰渃江。皆入于南海。其曰麗水者。卽古之黑水也。三危山臨峙其上。

地理今釋 三危山。在大河南。今陝西岷州衛塞外古疊州西西蕃界中。雲南麗江府北。河圖括地象云。三危在鳥鼠西南。與汶山相接。黑水出其南。鄭玄云。南當岷山。則在積石西南。是也。案今雲南大理府雲龍州西有三崇山。一名三危。瀾滄江經其麓。有黑水祠。或以爲卽古三危也。然其地太南。似未爲的。姑存備考。

案梁雍二州西邊皆以黑水爲界。是黑水自雍之西北。而直出梁之西南也。

案雍州黑水。在黃河之北。梁州及導川之黑水。在黃河之南。其大槩之截然者如此。蔡傳以黑水自雍之西北而直出梁之東南。猶據紙上之言而臆度之也。今依地理今釋正之。中國山勢岡脊。大抵皆自西北而來。積石西傾岷山岡脊以東之水。既入于河漢岷江。其岡脊以西之水。卽爲黑水而入于南海。地志。水經。樊氏之說。雖未詳的實。要是其地也。程氏曰。樊綽以麗水爲黑水者。恐其狹小不足爲界。其所稱西洱河者。却與漢志葉榆澤相貫。廣處可二十里。既足以界別二州。其流又正趨南海。

地理今釋導川黑水。卽今雲南之瀾滄江。其源發於西蕃諾莫渾五巴什山分支之西。曰阿克必拉。南流至你那山。入雲南界。東岐一支爲漾備江。卽程大昌所謂葉榆河。東南流。分注大理府之西洱海。經流入順寧府境。其正支南行。絕雲龍江而東南至雲州屬順寧府北之分水嶺。仍與漾備江合。又南流至阿瓦國入南海。○案金沙瀾滄。一爲梁州之黑水。一爲導川之黑水。然皆非四大水之黑水也。昔人謂蕃名山川。皆以形色西南夷地。水色多黑。故悉蒙黑名。如打冲金沙瀾滄俱得稱黑水也。而眞黑水之源。去瀾滄之西三百餘里。蕃名哈拉烏蘇色禽。經蒙蕃怒彝猓猓界。由緬甸入南海。卽佛書所謂黑水出阿耨達山卽大崑崙山。在今達賴喇嘛界。東。是也。禹迹之所不至。蓋中國在阿耨達之東。故名震旦。所入大水。唯黃河一支可見。黑水出阿耨達之東。實在中國之西南。未嘗流入內地。故從古無人知其源委也。

又漢滇池。卽葉榆之地。案漢書地理志。益州郡滇池縣有滇池澤。在西北。葉榆縣有葉榆澤。在東。滇池。今雲南府昆明縣。葉榆。今大理府泰和縣。相去五六百里。程氏以漢滇池卽葉榆之地。非是。蔡傳引此。不加考耳。武帝初開滇嶲時。其地古有黑水舊祠。夷人不知載籍。必不能附會。而綽及道元皆謂此澤以榆葉所積得名。則其水之黑。似榆葉積漬所成。且其地乃在蜀之正西。又東北距宕昌不遠。宕昌卽三苗種裔。與三苗之敘于三危者。又爲相應。其證驗莫此之明也。

【地理今釋】案黑水之辨。諸家紛如。今考地圖。禹貢之黑水有三。正不必強合。水經注所謂黑水出張掖雞山。今甘州。至於燉煌。今廢沙州。此雍州之黑水也。漢書地理志。犍爲郡縣南廣。注云。汾關山。符黑水所出。南廣。今南溪縣。北至僰道入江。今敘州府。唐樊綽亦以麗江爲古黑水。云羅些城北有三危山。羅些城在今麗江府北境。其水從山南行。上流出吐蕃界。薛季宣謂瀘水爲黑水。今打沖河。引酈道元說。黑水亦曰瀘水。即若水。出姚州徼外吐蕃界中。山海經。黑水之閒有若水。是也。以麗江之說爲非。不知打沖河至大姚縣即合金沙江。會流入岷江。薛氏之說。原與漢志相合。此梁州之黑水也。宋程大昌以瀾滄江爲黑水。李元陽黑水辨亦云。隴蜀無入南海之水。唯滇之瀾滄足以當之。而元史載勸農官張立道使交趾。竝黑水以至其國。吳任臣山海經注亦以瀾滄爲古黑水。此導川之黑水也。蓋雍州之黑水。其源在黃河之北。梁州及導川之黑水。其源皆在黃河之南。有截然不相紊者。第以張掖燉煌。尚在內地。可以尋源而求。而推其委而不得。遂託爲越河伏流之說。夫崑崙爲地軸。其山根連延起頓。包河南。接秦隴。直達長安爲南山。黑水自燉煌而南。縱可越大河之伏流。其不能越河以南之南山也明矣。若狃于雍州三危既宅之說。此是言雍州分域以內。今終南鳥鼠皆在河之南。而三危更在鳥鼠之南。書疏。鄭康成引地記云。三危在鳥鼠之西。南當岷山。要知禹貢導川之三危。必在河之南。非竄三苗之三危也。辨詳三危下。其與雍州之黑水又何涉邪。然主瀘水麗江瀾滄之說者。亦皆以意度。未能確指水之分合。不知瀘水麗江。源異而流同。麗江瀾滄。源近而流別。分合言之。梁州之黑水有兩支。而與導川之黑水。實出一地也。而古未有及之者。蓋以二水僻在蕃界。隔蔽南山阻奥。從古未通中國。卽魏之法顯。唐之玄奘。元世祖之南征邱處機之西遊。皆繞出崑崙以外。歷西域諸國。至于滇南。總未嘗經其地。但從入中國之支流。以古今分域配之。料約爲某水某水而已。今海內一統。西南徼外。咸入版圖。爰遣使臣徧歷其地。究源討委。寫圖以誌支派經絡。瞭如指掌。諸家浮說。有所折衷矣。

集說 林氏之奇曰。三危距南海凡數千里。禹之導黑水也。至三危。卽得黑水之故道。遂從此以達南海。蓋其間數千里。不加人功修治。故經載此水至于三危。卽日入于南海。蓋惟自其施功者言之。其實三危距南海甚遠也。○陳氏大猷曰。萬水能載。而弱水獨弱。且西流。萬水皆清。而黑水獨黑。且南流。天地之間。有常有變。不可一律齊。聖人順其性而已。○羅氏泌曰。禹至導黑弱。而西戎卽敘。然後見其仁之至焉。黑弱二水。塞外之橫流。失其故道。而爲邊民之患。今爲中國治之。則決其奔突而注之塞外。然導弱必至合黎。而納餘波于流沙。導黑必至三危。而入其流于南海。禹之心。視西戎無以異於梁州之民。此天地之大也。

導河積石。至于龍門。南至于華陰。東至于底柱。又東至于孟津。東過洛汭。至于大伾。北過洚水。

至于大陸。又北播爲九河。同爲逆河。入于海。

【集傳】積石。龍門。見雍州。華陰。華山之北也。底柱。見導山。孟。地名。津。渡處也。林氏之奇曰。河流至孟津。然後其勢稍緩。故可以横舟而渡也。杜預云。在河内郡河陽縣南。今孟州河陽縣也。皇輿表。宋孟州河陽縣。今爲孟縣。屬懷慶府。武王師渡孟津者。即此。今亦名富平津。【地理今釋】孟津。即今河陽渡。又名富平津。在河南懷慶府孟縣南十八里。洛汭。洛水交流之内。程氏大昌曰。河之南。洛之北。其兩閒爲汭。汭之爲言。在洛水之内也。在今河南府鞏縣之東。洛之入河。實在東南。河則自西而東過之。故曰東過洛汭。大伾。孔氏曰。山再成曰伾。張揖以爲在成皋。鄭玄以爲在修武武德。皇輿表。修武縣。今屬懷慶府。武德縣。宋時省入河內縣。亦屬懷慶府。臣瓚以爲修武武德無此山。成皋山又不再成。今通利軍黎陽縣臨河有山。蓋大伾也。地理今釋大伾山。亦名黎山。在今直隸大名府濬縣東南二里。周五里。案黎陽山在大河垂欲趨北之地。故禹記之若成皋之山。既非從東折北之地。又無險礙如龍門底柱之須疏鑿。西去洛汭。既巳大近。東距洚水大陸。又爲絕遠。當以黎陽者爲是。洚水。地志。在信都縣。今冀州信都縣皇輿表。宋冀州信都縣。今縣省入冀州。屬眞定府。枯洚渠也。地理今釋降今本作洚。水。出今山西潞安府屯留縣西南八十里盤秀嶺。至潞安府潞城縣入濁漳水。而濁漳水。由是亦名降水矣。程氏曰。周時河徙砯礫。至漢又改向頓邱皇輿表。頓邱縣。宋省入清豐縣。今屬大名府。東南流。與禹河迹大相背戾。地志魏郡鄴縣有故大河在東北。直達于海。疑卽禹之故河。孟康以爲王莽河。非也。古洚瀆自唐貝州皇輿表。貝州。今廣平府。經城北入南宮。皇輿表。南宮縣。今屬眞定府冀州。貫穿信都。大抵北向而入故河。於信都之北。爲合北過洚水之文。當以信都者爲是。大陸見冀州。九河。見兗州。逆河。意以海水逆潮而得名。九河既淪于海。則逆河在其下流。固不復有矣。河上播而爲九。下同而爲一。其分播合同。皆水勢之自然。禹特順而導之耳。今案漢西域傳。張騫所窮河源。云河有兩源。一出葱嶺。一出于闐。于闐在南山下。其河北流。與葱嶺河合。東注蒲昌海。蒲昌海。一名鹽澤。去玉門陽關三百餘里。其水停居。冬夏不增減。潛行地中。南出積石。又唐長慶中。劉元鼎使吐蕃。自隴西成紀縣皇輿表。隴西。今爲秦州。成紀縣。省入秦州。

屬鞏昌府。西南。出塞二千餘里。得河源於莫賀延磧尾。曰悶磨黎山。其山中高四下。所謂崑崙也。地理今釋崑崙山。在今西番界。有三山。一名阿克坦齊禽。一名巴爾布哈。一名巴顏喀拉。總名枯爾坤。譯言崑崙也。在積石之西。河源所出。案漢書地理志。金城郡臨羌縣西北至塞外。有西王母石室。西有弱水崑崙山祠。此蔡傳所據以爲崑崙在臨羌者也。然漢志言西有崑崙山祠。非言山在縣界。漢臨羌縣在今陝西西寧衛西。崑崙山不當若是之近。通典云。吐蕃自云。崑崙山在國中西南。河之所出。唐書吐蕃傳云。劉元鼎使還。言自湟水入河處。西南行二千三百里。有紫山。直大羊同國。古所謂崑崙。蕃曰悶摩黎山。東距長安五千里。河源其閒。蓋卽今之枯爾坤也。元史河源附錄云。吐蕃朶甘思東北有大雪山。名亦耳麻不莫剌。其山最高。譯言騰乞里塔。卽崑崙也。案此。卽今蕃語所稱阿木你馬勒產母孫大雪山也。在星宿海東。其山緜亘三百餘里。上有九峰。最爲高大。黃河經其南。又遶其東北。梁寅所謂河遶山之三面如玦然者。但如其言。則崑崙轉在河源下流。似未爲的。東北流。與積石河相連。河源澄瑩。冬春可涉。下稍合流。色赤。益遠。他水幷注。遂濁。吐蕃亦自言崑崙在其國西南。二說恐劉氏爲是。河自積石三千里而後至于龍門。經但一書積石。不言方向。荒遠在所略也。元史地理志河源附錄。河源。古無所見。禹貢導河。止自積石。漢使張騫持節到西域。度玉門。見二水交流。發葱嶺。趨于闐。匯鹽澤。伏流千里。至積石而再出。唐薛元鼎（案唐書作劉元鼎。此誤。）使吐蕃。訪河源。得之於悶磨黎山。然皆歷歲月。涉艱難。而其所得。不過如此。世之論河源者。又皆推本二家。其說怪迂。總其實皆非本眞。意者漢唐之時。外夷未盡臣服。而道未盡通。故其所往每迂迴艱阻。不能直抵其處。而究其極也。元有天下。薄海內外。人迹所及。皆置驛傳。使騎往來。如行國中。至元十七年。命都實爲招討使。佩金虎符。往求河源。都實既受命。是歲至河州。州之東六十里。有寧河驛。驛西南六十里有山。曰殺馬關。林麓穹隘。舉足浸高。行一日。至巔西去愈高。四閱月。始抵河源。是冬還報。并圖其城傳位置以聞。其後翰林學士潘昂霄。從都實之弟闊闊出得其說。撰爲河源志。臨川朱思本。又從八里吉思家得帝師所藏梵字圖書。而以華文譯之。與昂霄所志互有詳略。今取二家之書。考定其說。案河源在土蕃朶甘思西鄙。有泉百餘泓。沮洳散渙。弗可逼視。方可七八十里。履高山下瞰。燦若列星。以故名火敦腦兒。火敦譯言星宿也。羣流奔湊。近五七里。匯二巨澤。名阿剌腦兒。自西而東。連屬吞噬。行一日。迤邐東騖成川。號赤賓河。又二三日。

水西南來。名亦里赤。與赤賓河合。又三四日。水南來。名忽闌。又水東南來名也里术。合流入赤賓。其流浸大。始名黃河。然水猶清。人可涉。又一二日。岐爲八九股。名也孫斡論。譯言九渡。通廣五七里。可度馬。又四五日。水渾濁。土人抱革囊騎過之。聚落糾木幹象舟。傳髦革以濟。僅容兩人。自是兩山峽束。廣可一里二里或半里。其深叵測。朶甘思東北有大雪山。名亦耳麻不莫剌。其山最高。譯言騰乞里塔。卽崑崙也。山腹至頂皆雪。冬夏不消。土人言。遠年成冰時。六月見之。自八九股水至崑崙。行二十日。河行崑崙南半日。又四五日。至地名闊卽及闊提。二地相屬。又三日。地名哈喇別里赤兒。四達之衝也。多寇盜。有官兵鎮之。近北二日。河水過之。崑崙以西。人簡少。多處山南。山皆不穹峻。水亦散漫。獸有髦牛野馬狼狍羱羊之類。其東山益高。地亦漸下。岸狹隘。有狐可一躍而越之處。行五六日。有水西南來。名納鄰哈剌。譯言細黃河也。又兩日。水南來。名乞兒馬出。二水合流入河。河水北行。轉西流。過崑崙北。一向東北流。約行半月。至貴德州。地名必赤里。始有州治官府。州隸吐蕃等處宣慰司。司治河州。又四五日。至積石州。卽禹貢積石。五日至河州安鄉關。一日至打羅坑。東北行一日。洮河水南來入河。又一日至蘭州。過北卜渡。至鳴沙河。過應吉理州。正東行。至寧夏府南。東行。卽東勝州。隸大同路。自發源至漢地。南北澗溪。細流傍貫。莫知紀極。山皆草石。至積石。方林木暢茂。世言河九折。彼地有二折。蓋乞兒馬出。及貴德必赤里也。

【地理今釋】案地圖。河出今西蕃巴顏喀拉山東。名阿爾坦河。東北流三百餘里。合鄂敦塔拉諸泉源。大小千百泓。錯列如星。元史所謂火敦腦兒。卽星宿海也。滙爲查靈鄂靈二海子。各周三百餘里。東西相距五十餘里。元史所謂滙二巨澤。名阿剌腦兒也。折而北。經蒙古托羅海山之南。轉東南流千餘里。南北受數十小水。經烏藍莽乃山下。有多母打禿昆多倫河。多拉昆多倫河。自東南來入之。元史所謂納鄰哈剌乞兒馬出二水也。自此折而西北。流三百餘里。前後小水奔注。不可勝計。繞阿木你馬勒產母孫山之東。即元史所謂崑崙山也。流百五十餘里。有齊普河。呼呼烏蘇河。自西來入之。又迆邐東北。流三百餘里。會路克圖衮俄羅濟諸水。歷歸德堡。元史作貴德州。經積石山。至陝西臨洮府河州。入中國界。過蘭州。又折而東北。經寧夏衛。流出塞外。河以內爲河套地。又東南至延安府府谷縣入塞。河以東爲山西界。南流至潼關衛。又折而東。由河南山東界。至江南淮安府安東縣。入海。龍門而下。因其所經。記其自北而南。則曰南至華陰。記其自南而東。則曰東至厎柱。程氏大昌曰。河至華陰。則已改爲東流。今曰東至厎柱者。自改東已後。惟厎柱爲可記也。又詳記其東向所經之地。則曰孟津。曰洛汭。曰大伾。又記其自東而北。

則曰北過洚水又詳記其北向所經之地則曰大陸曰九河又記其入海之處則曰逆河鄭氏曉曰河下趨而海上逆也自洛汭而上河行於山其地皆可考自大伾而下垠岸高於平地故決齧流移水陸變遷而洚水大陸九河逆河皆難指實然上求大伾下得碣石因其方向辨其故迹則尤可考也其詳悉見上文○又案李復云同州韓城皇輿表同州韓城縣今屬西安府北有安國嶺東西四十餘里東臨大河瀕河有禹廟在山斷河出處禹鑿龍門起於唐張仁愿

所築東受降城之東。自北而南。至此山盡。兩岸石壁峭立。大河盤束於山峽閒千數百里。至此山開岸闊。豁然奔放。怒氣噴風。聲如萬雷。今案舊說。禹鑿龍門。而不詳其所以鑿。誦說相傳。但謂因舊修闢。去其齟齬。以決水勢而已。今詳此說。則謂受降以東。至于龍門。皆是禹新開鑿。若果如此。則禹未鑿時。河之故道。不知却在何處。而李氏之學極博。不知此說又何所考也。

集說　程氏大昌曰。黄河自鹽澤西來。暨達潼關。其面勢所向。凡四大折。其初一折。由積石而逕湟中。則鄯蘭也是一折也及至靈州西南遂轉北而行凡千餘里北河西岸即爲凉肅甘沙四郡是又一折也迨其北流千里而遥至九原豐州則又轉而東流故豐州北面正拄大河是又一折也豐州之東爲榆林北境固抵大河而河從此州之東又轉而南故勝州北東兩面皆抵大河自此而往直至潼關皆是河南矣此又一折也○自洛汭以上山水名稱迹道古今如一自大伾以下不特水道難考雖名山舊嘗憑河者亦便不可究非山有徙移也河既變遷年世又遠人知新河之爲河不知舊山之不附新河也○朱子曰禹當時治水也只理會河患積石龍門所謂作十三載乃同者正在此處向未經鑿治時龍門正道不甚泄故一派西滚入關陝一派東滚往河東故此爲患最甚禹自積石至龍門著工夫最多又其上散從西域去亦不甚爲患○釋水云河千里一曲一直河從積石北行又東乃折而南計應三千里然後至龍門而爲西河龍門地勢險河率破山以行禹功

於此最難自龍門南流至華陰而極始折而東至于厎柱又東至孟津東過洛汭而爲南河至大伾而極始折而北流爲東河至兖州而分爲九復合爲一而入海河流於是終矣河爲四瀆宗其發源西北故敘中國之水以河爲先逆河是開渠通海以泄河之溢秋冬則涸春夏則泄○方氏回曰建紹後黄河決入鉅野溢于泗以入于淮者謂之南清河由汶合濟至滄州以入海者謂之北清河是時淮僅受河之半金之亡也河自開封北衞州決而入渦河以入淮一淮水獨受大黄河之全以輸之海濟水之絕于王莽時者今其源出河北溫縣猶經枯黄河中以入汶而後趨海清濟貫濁河遂成虚論矣

嶓冢導漾東流爲漢又東爲滄浪之水過三澨至于大别南入于江東匯澤爲彭蠡東爲北江

入于海。

集傳 漾。水名。水經曰。漾水出隴西郡氐道縣嶓冢山。東至武都。常璩曰。漢水有兩源。此東源也。卽禹貢所謂嶓冢導漾者。其西源出隴西嶓冢山會泉。始源曰沔。逕葭萌入漢。案水經注云。西原出隴西嶓冢山。會泉逕葭萌入漢。始源曰沔。蔡傳改云會泉始源曰沔。辭義不明。且泉字當是白水二字之誤。卽白水江也。東源在今西縣之西。西源在今三泉縣之東也。酈道元謂東西兩川。俱出嶓冢。而同爲漢水者是也。地理今釋 漾水。出今陝西漢中府寧羌州北嶓冢山。東至漢中府南鄭縣南爲漢水。

亦名東漢水。東流至白河縣。入湖廣界。又東流。經鄖縣。至均州。又東南流。歷光化。穀城二縣。至襄陽縣東津灣。折而南流。經鍾祥縣。至潛江縣大漢口。復東流。經漢川縣。至漢陽縣漢口。合岷江。

水源發于嶓冢爲漾。至武都爲漢。又東流爲滄浪之水。酈道元云。武當縣北四十里。漢水中有洲曰滄浪洲。水曰滄浪水。是也。〔地理今釋〕滄浪水。在今湖廣襄陽府均州北四十里。蓋水之經歷隨地得名。謂之爲者。明非他水也。三澨。水名。今郢州長壽縣皇輿表。宋郢州長壽縣。今爲安陸府鍾祥縣。磨石山。發源東南流者。名澨水。至復州景陵縣皇輿表。宋復州景陵縣。今爲沔陽州景陵縣。屬安陸府。界來。又名汊水。疑卽三澨之一。然據左傳漳澨薳澨。則爲水際。未可曉也。

【地理今釋】三澨。案說文云。澨。埤增水邊土。人所止也。王逸注。西澨。杜預注漳澨。或云水涯。或云水邊。蔡傳以三澨爲水名。恐非。禹貢錐指云。三澨當在淯水入漢處。一在襄城北。卽大堤。一在樊城南。一在三洲口東。皆襄陽縣地。在古邔縣之北也。

大別。見導山。入江。在今漢陽軍漢陽縣。匯。迴也。彭蠡。見揚州。北江。未詳。入海。在今通州靜海縣。皇輿表。宋靜海縣。今省入通州。屬揚州府。○今案彭蠡古今記載皆謂今之番陽。然其澤在江之南。去漢水入江之處。已七百餘里。所蓄之水。則合饒信徽撫吉贛南安建昌臨江袁筠隆興。

南康數州之流。非自漢入而爲匯者。又其入江之處。西則廬阜。東則湖口。皆石山峙立。水道狹甚。不應漢水入江之後。七百餘里。乃橫截而南入于番陽。又橫截而北流爲北江。且番陽合數州之流。豬而爲澤。泛溢壅遏。初無仰於江漢之匯而後成也。不惟無所仰於江漢。而衆流之積。日遏月高。勢亦不復容江漢之來入矣。今湖口橫渡之處。其北則江漢之濁流。其南則番陽之清漲。不見所謂漢水匯澤而爲彭蠡者。番陽之水。既出湖口。則依南岸。與大江相持以東。又不見所謂橫截而爲北江者。又以經文考之。則今之彭蠡。既在大江之南。於經則宜曰南匯彭蠡。不應曰東匯。於導江則宜曰南會于匯。不應曰北會于匯。匯既在南。於經則宜曰北爲北江。不應曰東爲北江。以今地望參校。絕爲反戾。今廬江之北有所謂巢湖者。湖大而源淺。每歲四五月間。蜀嶺雪消。大江泛溢之時。水淤入湖。至七八月大江水落。湖水方洩。隨江以東。爲合東匯北匯之文。然番陽之湖方五六百里。不應舍此而錄彼。記其小而遺其大也。案東匯北匯。傳欲以巢湖當之。而自謂不應記其小而遺其大。則巢湖不可代彭蠡也。明矣。蓋嘗以事理情勢考之。洪水之患。惟河爲甚。意當時龍門九河等處。事急民困。勢重役煩。禹親莅而身督之。若江淮則地偏水急。不待疏鑿。固已通行。或分遣官屬往視。亦可。況洞庭彭蠡之閒。乃三苗所居。水澤山林。深昧不測。彼方負其險阻。頑不卽工。則官屬之往者。亦未必遽敢深入。是以但知彭蠡之爲澤。而不知其非漢水所匯。但意如巢湖江

水之淤而不知彭蠡之源爲甚衆也以此致誤謂之爲匯謂之北江無足怪者然則番陽之爲彭蠡信矣

集說　金氏履祥曰東匯澤爲彭蠡朱子以爲多句東爲北江入于海鄭漁仲以爲羨文意禹治水之時與今不同方江漢未奠令江西諸水壅遏不通匯而爲湖雖非江漢所匯而勢實匯之中江北江想當時方言如此以識江漢合流之别彭蠡源淺而與江漢竝列爲北中南此恐亦當時東南之方言爾○鄭氏曉曰禹治江漢之水皆始於梁中於荊而終於揚也蓋江漢發源於梁合流於荊而入海於揚漾漢在梁州滄浪至于入江在荊州彭蠡至入海在揚州三澨而上漾漢異名而同源大别而下江漢異源而同流○王氏樵曰江漾二水勢鈞力敵能自達于海者也故禹貢雖紀其合流仍各見其首尾

朱子曰。彭蠡之爲澤也。實在大江之南。瀰漫數十百里。方數千里之水。皆會而歸焉。北過南康揚瀾

附錄

左里。則兩岸漸迫山麓。而湖面稍狹。遂東北流以趨湖口。而入於江矣。然以地勢北高而南下。故其入于江也。反爲江水所遏而不得遂。因卻而自豬。以爲是瀰漫數十百里之大澤。則是彭蠡之所以爲彭蠡者。初非有所仰於江漢之匯而後成也。又況漢水自漢陽軍大別山下。南流入江。則其水與江混而爲一。至此已七百餘里矣。今謂其至此而後一先一後。以入于彭蠡。既匯之後。又復循次而出。以爲二江。則其入也。何以識其爲昔日之漢水而先行。何以識其爲昔日之江水而後會。其出也。何以識其爲昔日之漢水而今分以之北。何以識其爲昔日之江水而今分以居中邪。且以方言之。則宜曰南會。而不應曰北會。以實計之。則湖口之東。今但見其爲一江。而不見其分流也。湖口橫渡之處。予嘗過之。但見舟北爲大江之濁流。舟南爲彭蠡之清漲而已。蓋彭

蠡之水。雖限於江而不得洩。然其旣平。則亦因其可行之隙。而又未嘗不相持以東也。惡睹所謂中江北江之別乎。莆田鄭樵漁仲。獨謂東匯澤爲彭蠡東爲北江入于海十三字爲衍文。得之。案朱子彭蠡辨。獨取鄭樵之說。謂經文東匯以下十三字爲衍文。蔡傳因之。後來諸儒。或信經文。或從朱蔡。今亦竝存不廢。但經文畢竟爲主。且古今水道遷移。安能歷久悉合。故以順經文者爲正說。而朱子之論辨。則爲附錄。後節辨東迆北會于匯東爲中江之誤。與此一例。庶不失先經後傳之義耳。

岷山導江。東別爲沱。又東至于澧。過九江。至于東陵。東迆北會于匯。東爲中江。入于海。

集傳 沱。江之別流於梁者也。澧。水名。水經出武陵充縣西至長沙下雋縣西北入江。【地理今釋】澧水。出今湖廣永定衛西歷山。至岳州府安鄉縣南。會赤沙河入洞庭湖。鄭氏云。經言過言會者。水也。言至者。或山或澤也。澧宜山澤之名。傅氏寅曰。今長沙郡有澧陵縣。其以陵名爲縣乎。案下文九江。澧水既與其一。則非水明矣。九江。見荊州。東陵。巴陵也。酈氏道元曰。江夏有西陵縣。故是言東矣。○羅氏泌曰。巴陵與夷陵。相對出爲東西。以夷陵曰西陵。則巴陵爲東陵。信矣。今岳州巴陵縣也。【地理今釋】東陵。卽巴邱山。一名天岳山。臨大江。今湖廣岳州府城是其遺址。地志在廬江西北者。非是。會匯中江。見上章。【地理今釋】江水。出今四川松潘衛北西蕃界。源有三支。正支自浪架嶺岷山之隨地異名者。南流。東支自弓槓口至漳臘營。合正支。西支自殺虎塘至黃勝關。合正支。南經茂州。威州。汶川縣。以至灌縣。離堆。岐爲數十股。滂沱南下。左抱成都府。西環崇慶州。衆流以次會于新津縣南。又南行。逕眉州。嘉定州。至敘州府東南。合金沙江。折而東北流。至重慶州。嘉陵江。發源陝西鳳翔府寶雞縣之大散嶺。至鞏昌府徽州。合西漢水。入四川界。涪江。發源松潘衛東雪欄山。東南流。至合州。與嘉陵江會。自北來合流入之。又東北經夔州府巫山縣。入湖廣界。東流至彝陵州。東南流。至枝江縣。又東流至荆州府。折而南流。至石首縣。又東流。至監利縣。又南流。至岳州府。折而東北流。至武昌府。與漢江合。又東流至黃州府。又東南流。入江西界。至湖口縣。與南江合。卽贛江。又東北流。入江南界。經江寧府。至揚州府通州入海。

【集說】林氏之奇曰。江漢二水。皆自西來。至其合處。則其勢池靡而相屬。故漢水自發源嶓冢。皆東流。至其將與江合也則稍折而南江水自發源岷山皆東流至其將與漢合也則稍折而北蓋江在漢南漢在江北漢稍南江稍北則其勢相屬故會於彭蠡而復東也匯者彭蠡之澤也不言會於彭蠡者蓋蒙上東匯澤爲彭蠡之文且見其與漢水共注此澤也○傅氏寅曰江至東陵始與漢合而經於東陵之下記其東行斜迆而北者著其與漢既合之形勢也繼曰會于匯者著其同爲彭蠡澤也○邵氏寶曰江漢水漲彭蠡鬱不流逆爲巨浸無仰其入而有賴其過彼不過則此不積所謂匯也者如此故曰北會于匯匯言其外也蠡言其內也于匯不于彭蠡勢則然也蓋實志也江水濬發最在上流其次則漢自北入其次則彭蠡自南北入三水竝持而東則江爲中江漢爲北江彭蠡所入爲南江可知已非判然異派之謂也且江漢之合茫然一水惟見其爲江也不見其爲漢也故曰中江曰北江然其勢則相敵也故曰江漢朝宗

附録　朱子曰頃在南康考其山川形勢疑晁氏九江東陵之說以爲洞庭巴陵者爲可信蓋江流自澧而東即至洞庭而巴陵又在洞庭之東也若謂九江即今江州其下少東便合彭蠡之口不應言至東陵然後東迤北會于匯也○禹貢之文古今讀者不過隨文解義以就章句如說九江則曰江過尋陽派别爲九或曰有小江九北來注之如是姑爲誦說則可矣若以山川形勢之實考之吾恐其說有所不通也若曰派别爲九則江流上下洲渚不一今所計以爲九者若必首尾短長均布若一則横斷一節縱别爲九一水之閒當有一洲九江之閒沙水相閒乃爲十有七道於地將無所容若曰參差取之不必齊一則又不知斷自何許而數其九也况洲渚出沒其勢不常江陵先有九十九洲後乃復生一洲是豈可以爲地理之定名乎若曰旁計横入小江之數則自岷山以東至入海處不知其當爲幾千百江矣且經文言九江孔殷正以見其吐吞壯盛浩無津

涯之勢決非尋常分派小江之可當又繼此而後及夫沱潛雲夢則又見其決非今日江州甚遠之下流此又可以証前二説者為不可通也唯國初胡秘監旦近世晁詹事説之皆以九江為洞庭則其援証皆極精博而經之凡例亦自可考今以洞庭為九江更以經之凡例通之則過九江至于東陵者言導岷山之水而是水之流橫截乎洞庭之口以至東陵也是漢水過三澨之例也過九江至于敷淺原者言導岷陽之山而導山之人至于衡山之麓遂越洞庭之尾東取山路以至乎敷淺原也是導岍岐荆山而逾于河以盡常碣之例也以是觀之則經之文義不亦既明矣乎若更以他書考之則廬江出陵陽東南而西流北折以為鄱餘二水遂以會于彭蠡而入于江及其入江則廬山屹立乎其西南而江之北岸即為郡之南境疑江與山蓋相因以得名而郡境雖在江北亦以其南直此山此江而得名也然則彭蠡安得為無源而必待漢匯江會而成哉漢志豫章

爲郡。領縣十八。其彭蠡縣下注云。禹貢彭蠡澤在西。其餘則言水入湖漢者八。入大江者一。而湖漢一水。則又自雩都東至彭澤入江。行千九百八十里也。案今地勢。彭蠡既與江通。而豫章諸水。不由彭蠡別無入江之路。則湖漢者卽是彭蠡。而其所受衆水之源。又不止於廬江而已也。漢志不知湖漢之卽爲彭蠡。而兩言之。又不知入大江者。亦必豬於彭蠡。而別爲一例。又不知湖漢之爲湖。止以其澤名之。而復兼以漢稱。則又承禹貢之誤而弗深考也。至於雩都之水。則又但見其爲一郡衆流之最遠者。而遂推爲湖漢之源以主其名。則又不知湖漢之名。初非一水。必自隆興以北。衆水皆會。豬爲大澤。然後可以名之。非雩都一水所可得而專也。又有欲以揚州之三江。卽爲荆州之中江北江。而猶病其闕一。乃顧彭蠡之餘波。適未有號。則姑使之僭冒南江之名以足之。且又自謂聖經書法之妙。非他人之所及。是亦極巧而新矣。然自湖口而下。江本無二。安得有三。且於下文之震澤。又懸隔遼夐而不相屬也。則又安能曲說而強附之哉。問諸吳人。震澤下流。實有三江以入于海。彼既以目驗之。恐其說之必可信。而於今尚可考也。

導沇水。東流爲濟。入于河。溢爲滎。東出于陶丘北。又東至于菏。又東北會于汶。又北東入于海。

集傳 沇水。濟水也。發源爲沇。既東爲濟。地理今釋 沇水。卽濟水之上流。蔡傳所謂發源爲沇既東爲濟是也。地志云。濟水出河東郡垣縣王屋山東南。今絳州垣曲縣山也。始發源王屋山頂崖下。曰沇水。既見而伏。東出于今孟州濟源縣。皇輿表。孟州今孟縣。與濟源縣俱屬懷慶二源。東源周迴七百步。其深不測。西源周迴六百府。八十五步。其深一丈。合流至溫縣。皇輿表。溫縣。今屬懷慶府。是爲濟水。歷虢公臺西南入于河。地理今釋濟水。出今河南懷慶府濟源縣王屋山。既見而伏。至濟源縣西北五里。重源顯發。有東西二池。合流至溫縣東南入河。溢滿也。復出河之南。溢而爲滎。滎卽滎波之滎。見豫州。又東出于陶丘北。陶丘。地名。地理今釋陶丘在今山東兗州府定陶縣西南七里。再成曰陶。孔氏穎達曰。釋邱。再成爲陶丘。李巡曰。再成。其形再重也。郭璞云。今濟陰定陶城中有陶丘。在今廣濟軍西。皇輿表。廣濟軍。今定陶縣。屬兗州府。又東至于菏。菏卽菏澤。亦見豫州。謂之至者。濟陰縣自有菏派。濟流至其地爾。汶北汶也。見青州。又東北至于東平府壽張縣皇輿表。壽張縣今屬兖州府。安民亭。合汶水。至今青州博興縣入海。唐李賢謂濟自鄭以東貫滑。曹。鄆。濟。齊。青。以入于海。本朝樂史謂今東平濟南淄川北海界中。有水流入海。謂之淸河。酈道元謂濟水當王莽之世。川瀆枯竭。其後水流逕通津渠。勢改尋梁脈。水不與昔同。然則滎澤濟河雖枯。而濟水未嘗絶流也。程氏曰。滎水之爲濟。本無他義。濟之入河。適會河滿溢出南岸。溢出者。非濟水。因濟而溢。故禹還以元名命之。案程氏言溢之一字。固爲有理。然出於河南者。既非濟水。則禹不應以河枝流而冒稱爲濟。蓋溢者。指滎而言。非指河也。且河濁而滎清。則滎之水。非河之溢明矣。況經所書。單立導沇條例。若斷若續。而實有源流。或見或伏。而脈絡可考。先儒皆以濟水性下勁疾。故能入河穴地。流注顯伏。南豐曾氏齊州二堂記云。泰山之北。與齊之東南諸谷之水。西北匯于黑水之灣。又西北匯于柏崖之灣。而至于渴馬之崖。蓋水之來也衆。其北折而西也悍疾尤甚。及至于崖下。則泊然而止。而自崖以北。至于歷城之西。蓋五十里。而有泉涌出。高或致數尺。其旁之人名之曰趵突之泉。齊人皆謂嘗有棄糠於黑水之灣者。而見之於此。蓋泉自渴馬之崖潛流地中。而至此復出也。其注而北。則謂之濼水。達于清河以入于海。舟之通于濟陳氏師凱曰。曾集濟作齊。者皆於是乎達也。齊多甘泉。其顯名者十數。而色味皆同。以余驗之。蓋皆濼水之旁出者也。然則水之伏流地中，固多有之。奚獨於滎澤疑哉。吴與沈氏亦言古説濟水伏流地中。今歷下凡發地皆是流水。世謂濟水經過其下。東阿亦濟所經。取其井水煮膠。謂之阿膠。用攪濁水則清。人服之下膈疏痰。蓋其水性趨下。清而重故也。濟水伏流絶河。乃其物性之常。事理之著者。程氏非之。顧弗深考耳。

集説 陳氏櫟曰：虚谷方氏嘗親過枯黄河。見濟水出河北温縣者。今徑枯黄河以入汶。而後趨海。而謂清濟貫濁河。遂成虚論。以此觀之。則濟水性下。固能伏流而出爲滎。程泰之謂溢爲滎非濟溢。辨之者以河濁滎清證其非。當矣。今大河徙而南流。古大河遂爲枯瀆。濟之貫河。其迹昭然。泰之之非。不辨而明也。○鄭氏曉曰。今案濟水發源於冀。經流於豫。分流於徐。入海於青。凡三伏而四見。一見於王屋而遂伏。再見而爲濟。再伏而入河。三見而爲滎。三伏而穴地。四見而出陶丘之北。自此不復伏矣。

導淮自桐柏。東會于泗沂。東入于海。

集傳 水經云。淮水出南陽平氏縣胎簪山。孔氏穎達曰。胎簪蓋桐柏之傍小山。○河南通志胎簪在桐柏縣西三十里。又名大復山。禹只自桐柏導之耳。桐柏。見導山。泗沂。見徐州。沂入于泗。泗入于淮。此言會者。以二水相敵故也。入海。在今淮浦。申氏時行曰。淮出于豫。經于徐。而入海于揚【地理今釋】淮水。發源河南南陽府桐柏縣桐柏山。山下有淮井。泉源所出。水經云。出胎簪山者。卽桐柏之支峰也。東流至光州東北。會汝水。出河南汝寧府遂平縣西六十里洪山。又東由固始縣。入江南鳳陽府潁州界。又東流至潁上縣東南。淠水入之。又東北至懷遠縣。合過河。又東逕長淮衞。至五河縣。合澮河。又東逕泗州城南。盱眙城北。漫衍入洪澤湖。東北出淮安府清河縣之清口。與黃河會。東則刷黃河以入海。南則入運河以濟漕。歷揚州府寶應縣。高郵州。抵江都縣。入揚子江。○案禹時江淮本不相通。自春秋時。吳伐齊。於廣陵城今揚州府。東南築邗城。城下掘深溝。謂之邗江。東北通射陽湖。屬淮安府山陽縣而北至末口入淮。此溝通江淮之故道也。至晉永和中。江都水斷。乃於歐陽埭在江都縣西南。引江至廣陵城。而北出白馬湖。合中瀆入淮。謂之山陽瀆。隋時又開廣之。以通戰艦。明初陳瑄循故瀆開新運河以通漕。此卽今之運道也。

集說吴氏澄曰。沂至下邳先入泗。泗至淮陵乃入淮。而曰東會于泗沂。二水均敵。不以沂既入泗而沒其名。如朝宗並稱江漢之例。○鄭氏曉曰。淮水雖出于胎簪。然自桐柏以上。其水尚微。而無泛溢之患。故禹但自桐柏導之。泗沂者。淮水之所敵也。淮則東會之海者。百川之所歸也。淮則東入之。而淮無不治矣。桐柏去胎簪不遠。

導渭自鳥鼠同穴。東會于灃。又東會于涇。又東過漆沮。入于河。

集傳同穴山名。地志云。鳥鼠山者。同穴之枝山也。餘並見雍州。孔氏曰。鳥鼠共爲雌雄。同穴而處。其説怪誕不經。不足信也。酈道元云。渭水出南谷山。在鳥鼠山西北。禹只自鳥鼠同穴導之耳。

【集說】蘇氏軾曰。此言渭水自西而東之次。雍州散言境內諸水。非西東之次也。○陳氏櫟曰。灃涇漆沮皆入渭。渭入河。東會于灃。卽灃水攸同也。東會于涇。卽涇屬渭汭也。東過漆沮。卽漆沮既從也。灃涇大。與渭竝。故曰會。既得灃涇。渭愈大。漆沮皆小。故曰過。前分言於雍。而自源徂流言於此也。

導洛自熊耳。東北會于澗瀍。又東會于伊。又東北入于河。

【集傳】熊耳。盧氏皇輿表。盧氏縣。今屬河南府。之熊耳也。河南通志。熊耳有三。一在盧氏縣西南五十里。兩峰相竝如熊耳。禹貢導洛自熊耳。即此。餘竝見豫州洛水。出冢嶺山。禹只自熊耳導之耳。○案經言嶓冢導漾。岷山導江者。漾之源出於嶓。江之源出於岷。故先言山而後言水也。言導河積石。導淮自桐柏。導渭自鳥鼠同穴。導洛自熊耳。皆非出於其山。特自其山以導之耳。故先言水而後言山也。河不言自者。河源多伏流。積石其見處。故言積石而不言自也。沇水不言山者。沇水伏流。其出非一。故不誌其源也。弱水黑水不言山者。九州之外。蓋略之也。小水合大水謂之入。大水合小水謂之過。二水勢均相入謂之會。天下之水。莫大於河。故於河不言會。此禹貢立言之法也。

【集説】王氏炎曰。凡導川。皆決而委之於海。天下之水。在北莫大於河。在南莫大於江漢。故先言導河。而漢次之。江又次之。淮濟亦四瀆。先言濟而淮次之。皆自北而南也。四瀆之西有渭。東有洛。亦大川。故以是終焉。

九州攸同。四隩既宅。九山刊旅。九川滌源。九澤既陂。四海會同。

【集傳】隩。隈也。李氏曰。涯內近水爲隩。陂。障也。孔氏穎達曰。詩云。彼澤之陂。毛傳云。陂澤障也。會同。與灉沮會同同義。四海之隩。水涯之地。已可奠居。九州之山。槎木通道。已可祭告。王氏樵曰。刊旅舉始末以包中間。刊者。治水之始。旅者。功成祭告。

九州之川。濬滌泉源而無壅遏。九州之澤。已有陂障而無決潰。林氏之奇曰。九山九川九澤。皆是泛指九州之山川澤而言之也。四海之水。無不會同。而各有所歸。此蓋總結上文言九州四海水土無不平治也

集說 孔氏穎達曰。九州所同。與下爲目。其言九山九川九澤。是同之事矣。○林氏之奇曰。禹貢所載。冀州以下。列敘九州之疆界。治水之曲折。與夫田賦貢篚所入之多寡。所輸之遠邇。其所以辨之者。纖悉盡矣。自九

州攸同以下。又所以同之也。蓋有以辨之則廣谷大川異制。民生其閒異俗。五味異和。器械異制衣服異宜。各得其所而不相雜亂。故有以同之。則車同軌書同文。行同倫。各要其所歸而不見其爲異。此先王疆理天下之大要也。○呂氏祖謙曰。凡治水。不出兩端。川流畎澮轉相入以達于海。所以使之有所歸也。或遠而不達。則捐數百里之地以爲澤。所以使之有所容也。○鄭氏曉曰。此總結上文成功也。九州之土。或地或山高卑不一。而皆平治矣。九州之水。或川或澤流止不一。而皆平治矣。四隩不特兖之降丘宅土。雍之三危既宅而已。九山不特梁之蔡蒙旅平。雍之荊岐既旅而已。九川不特青之濰淄其道。徐之淮沂其乂而已。九澤不特徐之大野既豬。兖之雷夏既澤而已。四海會同。不特江漢會同歸于海。涇渭會同歸于河而已。四隩既定以下。卽九州攸同之實也。

六府孔修。庶土交正。厎愼財賦。咸則三壤。成賦中邦。

集傳 孔。大也。水火金木土穀皆大修治也。孔氏穎達曰。民不失業。各得殖其資產。故六府修治也。○林氏之奇曰。卽大禹謨所謂水火金木土穀惟修。是也。土者。財之自生。謂之庶土。則非特穀土也。○孔氏安國曰。謂壤墳壚。○金氏履祥曰。謂凡山澤邱陵墳衍原隰之土。庶土有等。當以肥瘠高下名物交相正焉。葉氏夢得曰。謂以九土相參而辨其等。以任土事。厎。致也。因庶土所出之財。而致謹其財賦之入。孔氏穎達曰。言取民有節。什一而稅。不過度也。如周大司徒以土宜之法。辨十有二土之名物。以任土事之類。咸皆也。則。品節之也。九州穀土。又皆品節之以上中下三等。夏氏允彝曰。三壤之中。又各有三品。復有上下錯。而總之爲三壤。禹之法亦密矣。如周大司徒辨十有二壤之名物。以致稼穡之類。中邦。中國也。蓋土賦或及於四夷。而田賦則止於中國而已。故曰成賦中邦。

集說 張氏九成曰。非特水得其性。而火金木土穀。亦各得其性而爲天下用矣。蓋水於天地閒爲物最大。水得其性。則五行皆得其性矣。此鯀湮洪水。乃謂之汨陳其五行。而九疇之次五行。所以一曰水。居其先者。豈無謂乎。○葉氏夢得曰。六府無廢財。貢賦之法。於是而立。○陳氏祥道曰。冀州白而壤。雍州黃而壤。豫州厥土惟壤。則壤色非一而已。壤與墳埴塗泥雖殊。而墳埴塗泥。亦壤中之小別耳。此禹貢總言三壤。而周官總言十二壤也。○呂氏祖謙曰。九州之土。彼此相視。高下各得其正。厎愼見聖人當庶土交正之時。欲制其賦。先懷敬愼之心。制其法歸於中。以爲萬世之傳。惟先有敬心。則能則上中下三等之壤。以成賦於中邦。此四句。載禹制賦之辭。本末皆備。厎愼者。其心也。則壤者。其迹也。

錫土姓。

集傳 錫土姓者。言錫之土以立國。錫之姓以立宗。左傳所謂天子建德。因生以賜姓。孔氏安國曰。謂有德之人生此地。以此地名。賜之姓以顯之。胙之土而命之氏者也。

集說林氏之奇曰。錫土姓者。於是始可以疆天下。封建土是也。諸侯而成五服也。隱八年左傳胙之土。卽所謂錫土是也。命之氏。卽所謂錫姓是也。如契封於商。賜姓子氏。稷封於邰。賜姓姬氏。其他諸侯皆然。陳博士曰。當洪水未平之初。有國者。亦皆有土。有宗者。亦皆有姓。至是則錫之徧矣。是也。○呂氏祖謙曰。三代之時。曰姓者。統其祖考之所自出也。百世而不變。曰氏者。則其子孫之所自分也。數世而一變。○鄭氏曉曰。水土平。貢賦定。豈可不任人以治之。由是分茅胙土。或授之采地。或授之封地。別族命氏。或因功而受姓。或因德而受姓。或因地而受姓。或因生而受姓。此是建官分治。乃州十有二師。咸建五長之事。不重賞功。然所封亦是有功之臣。或同姓之臣也。○王氏樵曰。當時堯舜在上。封建雖非禹所得專。而實一出禹所經畫。所謂弼成五服也。朱子謂因生以賜姓。如舜居嬀汭。及武王即位。封舜之後於陳。賜姓爲嬀。諸侯以字爲謚。謚當作氏。孫以王父之宗爲氏。如魯有子展。其後爲展氏。展喜。展禽。是也。此姓與氏之分也。後世以氏爲姓。而姓氏遂無辨。

祗台德先。不距朕行。

集傳　台。我。距。違也。禹平水土。定土賦。建諸侯。治已定。功已成矣。當此之時。惟敬德以先天下。則天下自不能違越我之所行也。王氏炎曰。曰台曰朕。皆禹自言。指台朕爲堯舜。非經意也。

集說　張氏九成曰。此深明禹以勤德率諸侯。而諸侯各迪有功之意也。○呂氏祖謙曰。禹之治水。歷年之久。涉地之廣。勞役亦多矣。而天下翕然從禹之行而無距者。禹有德以先之也。禹貢所紀。若皆禹之力。禹豈外是以求德哉。衆人爲之。則力也。禹爲之。則德也。禹之盡其力者。其心何如也。史官恐後人見禹之胼胝。而斷以盡力之說。故以德先終之。此作史之妙。

五百里甸服。百里賦納總。二百里納銍。三百里納秸服。四百里粟。五百里米。

【集傳】甸服。畿内之地也。孔氏安國曰。規方千里之内。謂之甸服。甸田服事也。以皆田賦之事。故謂之甸服。王氏安石曰。甸者。井牧其地之謂。五百里者。王城之外。四面皆五百里也。禾本全曰總。孔氏穎達曰。入之供飼國馬。周禮掌客。待諸侯之禮。有芻有禾。此總是也。刈禾曰銍。孔氏穎達曰。說文云。銍。穫禾短鎌也。詩云。奄觀銍刈。半稾也半稾去皮曰秸。孔氏穎達曰。郊特牲云莞簟之安而稾秸之設。秸亦稾也。去穗送稾易於送穗也。謂之服者。三百里內。去王城爲近。非惟納總銍秸。而又使之服輸將之事也。獨於秸言之者。總前二者而言也。粟穀也。內百里爲最近。孔氏穎達曰。就其甸服內又細分之。從內而出。此爲其首。故幷禾本總賦之外百里次之。只刈禾半稾納也。外百里又次之。去稾麤皮納也。外百里爲遠。去其穗而納穀。外百里爲尤遠。去其穀而納米。蓋量其地之遠近。而爲納賦之輕重精麤也。此分甸服五百里而爲五等者也。

集說　孔氏穎達曰。更敘弼成五服之事。甸服每於百里卽爲一節。侯服二百里內各爲一節。三百里外共爲一節。綏要荒三服每服分而爲二。內三百里爲一節。外二百里爲一節。以遠近有較。故其任不等。○其於稅也。皆當什一。但所納有精麤遠輕而內重耳。○曾氏旼曰。桓十四年穀梁傳曰。甸粟而納之王宮。米而藏之御廩。而九數有粟米之法。爲粟二十㪷爲米十㪷。粟米之辨也。周官倉人掌粟入之藏。舂人掌供米物。於此可見。○朱子曰。里者。乃道途遠近之數。非方井之里也。甸。治田也。畿內天子之田。其民主爲天子治田事。故謂之甸服。○近麤而遠精。近者易致。遠者難致故也。畿內專言田賦者。畿內不封諸侯。故田賦入天子。然五服各不同。亦舉凡例互相見。

五百里侯服。百里采。二百里男邦。三百里諸侯。

集傳 侯服者。侯國之服。甸服外。四面又各五百里也。采者。卿大夫邑地。男邦。男爵小國也。諸侯。諸侯之爵。大國次國也。蘇氏軾曰。自三百里而往。皆諸侯也。先小國而後大國者。大可以禦外侮。小得以安內附也。金氏履祥曰。內小國。則弱有所依。外大國。則內無所逼。

此分侯服五百里而爲三等也。

集說 張子曰。采地所得。亦什一之法。其餘歸諸天子。所謂貢也。諸侯卿大夫采地必有貢。貢者必於時享。天子。皆廟受之。此所謂幣餘之賦也。○卿大夫采地圭田。皆以爲永業。所謂世祿之家。○林氏之奇曰。建侯服以封親賢使各守其人民社稷以爲天子之蕃衛也○輸賦稅則遠者輕而近者重建侯邦則遠者大而近者小遠近大小輕重莫不有法於其間而疆理天下之制盡於此矣○張氏九成曰周官六鄉之外爲六遂六遂之外有家邑爲大夫之采地小都爲卿之采地大都公之采地王子弟所食邑也與此王畿五百里外始有采服同意○朱子曰第二之百里爲男爵之國三百里謂自三至五爲百里者三隨文生例

五百里綏服三百里揆文教二百里奮武衛

集傳 綏安也謂之綏者漸遠王畿而取撫安之義侯服外四面又各五百里也孔氏安國曰侯服外之五百里安服王者之政教揆度也綏服內取王城千里外取荒服千里介於內外之間

故以內三百里揆文教。孔氏穎達曰。諸侯揆度王者政教而行之。卽是安服王者之義外二百里奮武衛。孔氏穎達曰。由其心安王化。奮武以衛天子。文以治內。武以治外。聖人所以嚴華夏之辨者如此。此分綏服五百里而爲二等也。

集說孔氏穎達曰。周語云。先王之制。邦內甸服。邦外侯服。侯衛賓服。夷蠻要服。戎狄荒服。彼賓服當此綏服。韋昭云。以文武教衛爲安。王賓之。因以名服。然則綏者。據諸侯安王爲名。賓者。據王敬諸侯爲名。彼云先王之制。則此服舊有二名。○陳氏大猷曰。內三百里非全無武衛。以文教爲主。外二百里非全無文教。以武衛爲主。文教以善其生。武衛以護其生。民斯安矣。武以衛言。保護而已。治世武事易弛。故奮以修之。○鄭氏曉曰。漸遠王畿。其制皆撫安之事。三百里揆文教。立學校。明禮義。使教化誕敷於內。固所以安之也。二百里奮武衛。修車馬。備器械。使威武揚於外。亦所以安之也。

五百里要服。三百里夷。二百里蔡。

【集傳】要服。去王畿已遠。皆夷狄之地。其文法略於中國。謂之要者。取要約之義。特羈縻之而已。綏服外。四面又各五百里也。蔡。放也。左傳云。蔡蔡叔是也。流放罪人於此也。此分要服五百里而爲二等也。

【集說】呂氏祖謙曰。要服已皆蠻夷。然猶近中國。故爲之要約而已。不一一治之也。

五百里荒服。三百里蠻。二百里流。

集傳 荒服去王畿益遠。而經略之者。視要服爲尤略也。以其荒野。故謂之荒服。王氏安石曰。荒不治也。言不可要而治也。要服外。四面又各五百里也。流。流放罪人之地。金氏履祥曰。如流共工于幽州。是也。蔡與流。皆所以處罪人。而罪有輕重。故地有遠近之别也。此分荒服五百里而爲二等也。○今案每服五百里。五服則二千五百里。南北東西相距五千里。故益稷篇言弼成五服。至于五千。然堯都冀州。冀之北境并雲中。

涿易亦恐無二千五百里藉使有之亦皆沙漠不毛之地而東南財賦所出則反棄於要荒以地勢考之殊未可曉但意古今土地盛衰不同當舜之時冀北之地未必荒落如後世耳亦猶閩浙之閒舊爲蠻夷淵藪而今富庶繁衍遂爲上國土地興廢不可以一時槩也周制九畿曰侯甸男采衛蠻夷鎮藩每畿亦五百里而王畿又不在其中併之則一方五千里四方相距爲萬里蓋倍禹服之數也漢地志亦言東西九千里南北一萬三

千里。先儒皆疑禹服之狹。而周漢地廣。或以周服里數皆以方言。或以古今尺有長短。或以禹直方計。而後世以人迹屈曲取之。要之皆非的論。蓋禹聲教所及則地盡四海。而其疆理則止以五服爲制。至荒服之外。又別爲區畫。如所謂咸建五長是已。若周漢則盡其地之所至而疆畫之也。

集說 林氏之奇曰。要服之三百里夷。其外二百里。是亦夷也。而謂之蔡。荒服之三百里蠻。其外之二百里。是亦蠻也。而謂之流。蓋其外之二百里。其地爲最遠。中國之人。有惡積罪大而先王不忍殺之者。則投之於最遠。其爲蠻夷之地。則蒙上之文而可見也。五服之名。與其每服之內。遠近詳略。皆是當時疆理天下之實迹也。故於侯服則言其建國小大之制。至於要荒。則言其蠻夷遠近之辨。與夫流放輕重之差。皆所以紀其實也。○金氏履祥曰。五服。亦大約限制以爲朝貢之節詳略之宜耳。每服之中。又自分爲二三節。此周制九服之所由起也。

東漸于海。西被于流沙。朔南暨聲教訖于四海。禹錫玄圭。告厥成功。

集傳 漸。漬。被。覆。暨。及也。地有遠近。故言有淺深也。聲。謂風聲。敎。謂教化。林氏曰。振舉於此。而遠者聞焉。故謂之聲。軌範於此。而遠者效焉。故謂之教。上言五服之制。此言聲教所及。蓋法制有限。而教化無窮也。錫。與師錫之錫同。林氏之奇曰。古者下錫上。亦可謂之錫也。水土既平。禹以玄圭爲贄。而告成功于舜也。水色黑。故圭以玄云。

【集說】林氏之奇曰。此言九州疆界之所抵。以見其聲教之所暨也。考之上文。海岱惟青州。海岱及淮惟徐州。言青徐之境東海也。故曰東漸于海。雍州之弱水既西。弱水至于合黎。餘波入于流沙。是雍州之界。抵於流沙。揚州曰淮海惟揚州。則是揚州之界。抵於南海。冀州夾右碣石入于河。河之入海在碣石之右。則冀州之界。抵於北海。故曰朔南暨聲教訖于四海。朔南不言其所至者。連下文而互見也。聲教者。言文德之所及也。然下文既曰訖于四海則是四方皆至於海矣而西獨言被于流沙者蓋水之西流至此而極不見其所歸未可以正名其爲海也故王制曰西不盡流沙東不盡東海亦惟以東海對流沙也○傅氏寅曰水患平而錫土姓君之報功也聲教訖四海而錫玄圭臣之歸美以報上也歸美必以玄圭者言吾君之德與天爲一而寓誠於圭以表見之也君無是德而臣欲成是功其可乎此禹告成功之深意也○呂氏祖謙曰漸被暨亦不須於一字上爲之輕重但水患治平自西自東自南自北無思不服

總論 陳氏大猷曰聖人政事所治詳內略外不求盡於四海而道德所化則無內外之限而必極於四海

自禹敷土而下鯀舉治水規模言之自冀州而下以帝都爲主自東而西區别九州之疆域言之自導岍而下則自西而東貫串九州之山水言之自九州攸同而下則總合九州成績言之自五百里甸服而下則以成五

服自内及外言之。自東漸而下。則遠舉四極言之。以至於告成功終焉。經緯錯綜。法度森嚴。非聖經不及此。○陳氏櫟曰。禹貢一書。雖紀平水土。制貢賦之事。而躬行教化之精微寓焉。曰祗台德先。不距朕行。躬行心得。以爲教化之本者也。曰文教聲教。教化之流行。而躬行之效驗也。

欽定書經傳說彙纂卷第五

欽定書經傳說彙纂卷第六

甘誓

【集傳】甘，地名，有扈氏國之南郊也。在扶風鄠縣。黄氏度曰：鄠縣有甘水甘亭。【地理今釋】甘，今陝西西安府鄠縣，本夏扈國，秦改扈爲鄠，有甘亭。元和志云：甘亭在縣西南五里，夏啓伐有扈，誓師于甘之野，即此處也。 誓，與禹征苗之誓同義。孔氏穎達曰：曲禮云：約信曰誓。言其討叛伐罪之意，嚴其坐作進退之節。陳氏師凱曰：周禮大司馬，中春教振旅，以教坐作進退疾徐疏數之節。所以一衆志而起其怠也。誓師于甘，故以甘誓名篇書有六體誓其一也。今文古文皆有。○案有扈。夏同姓之國。史記曰。啓立有扈不服。遂滅之。唐孔氏因謂堯舜受禪。啓獨繼父。以是不服。亦臆度之耳。左傳昭公元年。趙孟曰。虞有三苗。夏有觀扈。杜氏預曰。觀國。今頓邱衛縣。商有姺邳。杜氏預曰。二國商諸侯。邳。今下邳縣。周有徐奄。杜氏預曰。二國皆嬴姓。則有扈亦三苗徐奄之類也。孔氏穎達曰。三苗與有扈徐奄。尚書略有其事。其觀與姺邳。則史傳無文。

集說　孔氏穎達曰。啓伐有扈。必將至其國。乃出兵與啓戰。故以甘爲有扈之郊地名。○林氏之奇曰。古者將欲整齊其衆而用之。則必有誓。而尤嚴於軍旅。周官士師之職。以五戒先後刑罰。一曰誓。用之於軍旅。蓋所以宣言其討罪之意。而示之以賞刑之必信。帝王之世所不能廢也。故禹啓湯武皆有之。〇姚氏舜牧曰。有扈氏同姓之國。稱亂以抗王師。不臣甚矣。於是聲罪致討。且明部伍之法。示刑賞之典。仁義中兼節制。儼不庭而彰天討。是王者之師也。

大戰于甘。乃召六卿。

集傳 六卿。六鄉之卿也。案周禮鄉大夫每鄉卿一人。六鄉六卿。平居無事。則各掌其鄉之政教禁令。而屬於大司徒。有事出征。則各率其鄉之一萬二千五百人。而屬於大司馬所謂軍將皆卿者是也意夏制亦如此孔氏穎達曰天子六軍其將皆命卿周禮夏官序文也鄭玄云夏亦然則三王同也古者四方有變專責之方伯方伯不能討然後天子親征之天子之兵有征無戰今啓既親率六軍以出而又書大戰于甘則有扈之怙強稔惡敢與天子抗衡豈特孟子所謂六師移之者書曰大戰蓋所以深著有扈不臣之罪而爲天下後世諸侯之戒也

集說林氏之奇曰天子親征六卿各率其鄉之師以從蓋舉國而伐之也扈之威強勢將與京師抗衡而

方伯連率之力所不能討。啓之是行也。社稷之安危蓋係於此。豈得已而不已者乎。○胡氏士行曰。冢宰司徒宗伯。司馬。司寇。司空。無事爲六卿。有事則分掌六師。六卿分職。司馬主兵。官制也。六卿並將。司馬帥一。兵制也。○王氏樵曰。周禮鄉老。二鄉。則公一人。鄭氏曰。三公內與王論道。中參六官之事。外與六鄉之教。如鄭氏之說此公卽論道之三公。則每鄉卿一人。豈卽六卿而分領六鄉耶。今以書考之。泰誓牧誓。皆呼司徒司馬司空。彼之三卿。卽此之六卿。平時軍將皆命卿。況天子親征。六卿必從可知。鄭氏以軍帥選於六官六鄉之吏則固六官爲首。鄉吏次之。而此之六卿。必非鄉官也。○俞氏鯤曰。大戰于甘。總一事之始終而書之。乃召至末。又言未戰之前有此誓。非謂將大戰于甘。乃召六卿也。

案六卿之說。玩蔡氏傳。本鄭康成說爲多。故以六卿與六鄉之卿爲一。正主周禮注所謂三公內與王論道。中參六官之事。外與六鄉之教也。說者以爲六卿。非自冢宰至司空之六卿。蓋王之六鄉。别有此六卿也。若以爲六卿分職之六卿。無緣冢宰亦屬於司馬。考之周禮六鄉六卿之外。無别有所謂六卿者。以備有事出征而從王以行也。其說亦已無據矣。如以六卿屬之司馬爲無其事。則九伐統於司馬。自是設官之大經大法。猶司徒施教。則六卿總屬之也。且天子親征。則六卿必從固已。恐亦無空國而出之理。冢宰固攝國政者。其屬之司馬。疑亦特其屬官耳。若謂六卿與六鄉之卿必不爲一。則鄭氏所云外與六鄉之教。安見其不然耶。唐虞建官維百。自多兼職。雖世遠不可盡考。無執一說以泥之可也。當以蔡傳爲正。

王曰嗟。六事之人。予誓告汝。

集傳 重其事。故嗟歎而告之。林氏之奇曰。李校書論虞書言咨。其後變而爲嗟。蓋嗟者，卽咨之義也。六事者，非但六卿，有事於六軍者皆是也。

【集說】孔氏穎達曰：發首二句，敘其誓之由。王曰已下，皆是誓之辭也。鄭玄云：變六卿言六事之人，言軍吏下及士卒也。下文戒左右與御，是偏勅在軍之士。六卿之身及所部之人，各有軍事，故六事之人，爲總呼之辭。○黃氏度曰：數扈之罪，以誓告軍帥，然後中軍出號令。司馬左右陳行，而以天子之命誓之，各行有司之事。

有扈氏威侮五行，怠棄三正，天用勦絕其命。今予惟恭行天之罰。

【集傳】威，暴殄之也。侮，輕忽之也。鍾氏天才曰：威是暴殄而戕其質，侮是輕忽而拂其性。鯀汩五行而殛死，況於威侮之者乎。三正，子丑寅之正也。夏正建寅。怠棄者。不用正朔也。有扈氏暴殄天物。輕忽不敬。廢棄正朔。虐下背上。獲罪于天。天用勦絕其命。今我伐之。惟敬行天之罰而已。今案此章。則三正迭建。其來久矣。舜協時月正日。亦所以一正朔也。子丑之建。唐虞之前。當巳有之。

集說 孔氏穎達曰。天子用兵。稱恭行天罰。諸侯討有罪。稱肅將王誅。皆示有所禀承。不敢專也。○陳氏大猷曰。凡背五常之道。拂生長斂藏之宜。皆威侮五行也。○王氏綱振曰。唐虞欽若昊天。敬授人時。大禹六府孔修。祇承于帝。無一不致其恭。何敢威侮怠棄。況三正五行。實相表裏。水火金木土穀之修。未有不從撫辰得者。

五行。天以養人。不爲節嗇愛惜。三正。王用奉天。不與遵守禀承。此其得罪于天與君何如。安得不恭行天罰。

案五行有以質言者。有以氣言者。或以蔡傳偏以質具於地者言之。不以氣行於天者言。此說非也。氣質二者。雖分言各有所屬。其實不可離也。舍氣則無以爲質。舍質亦無以見氣之運行。讀者但知暴殄天物爲屬之生質言。不知人物既經暴殄。則氣戕害多矣。況其下言輕忽不敬。非天而何。因二者原不可分。故暴殄天物。卽輕忽不敬也。經文二字。原以威屬人物上。侮屬運行上言。蔡傳極體經意。奈何執一以議之乎。至三正。注疏主天地人而後人以夏以前無改正朔事。林之奇則謂不必求之太深。但言其廢三綱五常。或以爲三正必有所指。如三綱三事之類。或以爲不用夏時之正。亦不用唐虞以前之正。如秦用亥爲正。或以爲三正本兼用。如周禮有正月。又有正歲。豳風一之日二之日。是一陽二陽之月。亦得爲正。春秋雖用周正。而祭祀田獵。仍用夏時。紛紛之說。總以蔡傳不用正朔一語概之爲是。而三正之說。其來已久。則爲子丑寅之正。亦不必多疑矣。卽注疏天地人。亦三正取義之原也。有扈既不遵正朔。又何知三正之義乎。怠棄三正。兼言之宜也。

左不攻于左。汝不恭命。右不攻于右。汝不恭命。御非其馬之正。汝不恭命。

【集傳】左車左。右車右也。攻。治也。黃氏度曰。各治其事。謂之共命。古者車戰之法。甲士三人。一居左以主射。一居右以主擊刺。御者居中。以主馬之馳驅也。左傳宣公十二年。楚許伯御樂伯。攝叔爲右。以致晉師。樂伯曰。吾聞致師者。左射以菆。陳氏師凱曰。菆矢之善者。是車左主射也。攝叔曰。吾聞致師者右入壘。折馘。陳氏師凱曰。折其左耳。執俘而還。是車右主擊刺也。御非其馬之正。猶王良所謂詭遇也。蓋左右不治其事。與御非其馬之正。皆足以致敗。故各指其人以責其事。而欲各盡其職而不敢忽也。

【集說】黃氏度曰。御主馬政。作一車之將。右與射佐之。射人曰。使有爵者乘王之倅車。蓋將選也。師以持重爲不可勝。進退動靜。莫不有法。是故御非其法爲不恭命。三代節制如此。○胡氏士行曰。各嚴部分。不出其位。所謂師出以律也。○王氏樵曰。首左字當一斷。呼左之人而告之也。下御字右字亦然。一車。甲士三人。步卒七十二人。每二十五人爲一兩。蓋甲士則每兩之長。而步卒則各供其長而爲之助者也。故古者臨軍誓戰。所戒者三人而已。呼左則凡車左執射者同聽之。呼右呼御亦然。凡車之命。係此三人。自一乘至於萬乘皆有是。

用命賞于祖。不用命戮于社。予則孥戮汝。

集傳 戮。殺也。禮曰。天子巡狩。以遷廟主行。孔氏穎達曰。曾子問云。孔子曰。天子巡守。以遷廟之主行。載於齊車。言必有尊也。巡守尚然。征伐必也。左傳軍行祓社釁鼓。然則天子親征。必載其遷廟之主與其社主以行。孔氏穎達曰。定四年左傳云。君以軍行。祓社釁鼓。祝奉以從。是天子親征。又載社主行也。以示賞戮之不敢專也。祖左。陽也。故賞于祖。社右。陰也。故戮于社。

孥子也。孥戮。與上戮字同義。言若不用命。不但戮及汝身。將幷汝妻子而戮之。戰危事也。不重其法。則無以整肅其衆而使赴功也。或曰。戮。辱也。黃氏度曰。周禮掌戮。鄭康成曰。戮。猶辱也。孥戮。猶秋官司厲孥男子以爲罪隸之孥。陳氏師凱曰。周禮孥作奴。謂坐爲盜賊而爲奴者。輸於罪隸。古人以辱爲戮。謂戮辱之以爲孥耳。林氏之奇曰。此篇與湯誓。皆有孥戮之言。非殺之之謂也。左傳僖二十七年。楚子文治兵於睽。終朝而畢。不戮一人。文六年。夷之蒐。賈季戮臾駢。臾駢之人欲盡殺賈氏以報焉。臾駢曰。不可。以是知謂之戮者。非是殺之。但加恥辱焉。古者罰弗及嗣。孥戮之刑。非三代之所宜有也。案此說固爲有理。然以上句考之。不應一戮而二義。蓋罰弗及嗣者。常刑也。予則孥戮者。非常刑也。洪氏翼聖曰。孥戮是後日常刑。則愛克厥威。非常刑。則威克厥愛。盤庚遷都。尚有劓殄滅之無遺育之語。則啓之誓師。豈爲過哉。

【集說】孔氏穎達曰。禮。左宗廟。右社稷。是祖陽而社陰。就祖賞。就社戮。親祖嚴社之義也。大功大罪。則在軍賞罰。其偏敘諸勳。乃至太祖賞耳。○陳氏櫟曰。啓行天罰。以恭爲本。我恭天命。左右御當恭我命。用命而賞。賞其恭命也。不用命而戮。戮其不恭命也。賞戮不敢專。必行之祖社。皆致恭也。恭敬者。百聖之心法。亦家法也。啓之此心。卽禹祗承祗台之心也。○姚氏舜牧曰。禹誓師之辭曰。爾尚一乃心力。其克有勳。此云不用命戮于社。

子則孥戮汝。蓋視前較有別。矣此可徵世道之一變。

總論 吳氏泳曰。甘誓一篇。僅八十字。而其閒六軍之制。車乘之法。邦國賞刑之典。誓師之辭。靡不明備。一傳至仲康。而胤征所言。亦可以考當時人物。軍旅。官名。制度。乃知明明我祖。萬邦之君。有典有則。貽厥子孫。眞至言哉。○董氏鼎曰。禹自征苗以來。未嘗用師。軍旅之事。宜啓所未聞也。而一旦赫然以征有扈。召六卿而誓。與會羣后而誓者同科。威侮五行。怠棄三正。與侮慢自賢。反道敗德者同意。恭行天罰。用命不用命。與奉將天罰。爾尚一乃心力者同辭。蓋宛然神考家法也。然則禹固不以天下爲無事而不訓以兵。啓亦不以天下爲無事而不習於兵。講之以豫。用之以節。斯其爲王者之師歟。

五子之歌

集傳 五子。太康之弟也。歌。與帝舜作歌之歌同義。

今文無。古文有。

集說 孔氏穎達曰。史述作歌之由。先敘失國之事。其一曰以下。乃是歌辭。此五子作歌五章。辭相連接。自爲終始。○不言五弟而言五子者。以其述祖之訓。故繫父以言之。○程子曰。書爲王者之軌範。不獨著聖王之事以爲法。亦存其失以示戒。五子之歌是也。○黃氏度曰。禹萬世永賴之功。豈便至覆絶。五歌幾使人不忍聞。其民歌詩流傳。誰不動心。少康中興而羿浞皆誅。此歌實有感動焉。

太康尸位。以逸豫滅厥德。黎民咸貳。乃盤遊無度。畋于有洛之表。十旬弗反。

【集傳】太康，啓之子。尸，如祭祀之尸，謂居其位而不爲其事，如古人所謂尸祿尸官者也。豫，樂也。夏諺曰：吾王不遊，吾何以休？吾王不豫，吾何以助？一遊一豫，爲諸侯度。夏之先王，非不遊豫，蓋有其節，皆所以爲民，非若太康以逸豫而滅其德也。民咸貳心。孔氏安國曰：君喪其德，則衆民皆二心矣。太康猶不知悔，乃安於遊畋之無度。言其遠，則至于洛水之南；言其久，則十旬而弗反。是則太康自棄其國矣。

【集說】林氏之奇曰：夏都冀州，在大河之北；洛在河之南。太康舍其宗廟社稷，渡河而去，畋于洛之南，至於百日而猶不反。是其在我者。既有棄天下之心。安得無后羿之變乎。○陳氏櫟曰。此史序五子作歌之由。能敬必有德。逸豫則怠勝敬。所以至滅其德。○姚氏舜牧曰。德爲民心所同具。滅厥德。則民心貳矣。非民之貳於我。由我之貳於民也。君與民原是一體。貳不得。○張氏爾嘉曰。禹之得天下以兢業。太康之失天下以逸豫。敬肆之分如此。

有窮后羿因民弗忍距于河。

【集傳】窮國名。【地理今釋】窮水經注云。鬲縣故有窮后國也。今山東濟南府德州北有鬲縣故城。是其地。**羿窮國君之名也。**孔氏穎達曰。襄四年左傳曰。后羿自鉏遷于窮石。○陳氏師凱曰。杜預注云。鉏羿本國名。晉地記云。河南有窮谷。本有窮氏所遷也。**或曰。羿善射者之名。賈**

逵說文。羿帝嚳射官。故其後善射者皆謂之羿。孔氏穎達曰。淮南子云。堯時十日竝生。堯使羿射九日而落之。言雖不經。要言堯時亦有羿。則羿是善射之號。非復人之名字。信如彼言。則不知羿名爲何也。有窮之君亦善射。故以羿目之也。羿因民不堪命。距太康于河北。使不得返。遂廢之。

集說 呂氏祖謙曰。姦雄何世無之。在我之理。既堅既正。則彼無自而入。苟有閒隙。彼必投之。羿之距太康。所以因民弗忍也。因者。明禍亂之本在此不在彼也。○陳氏經曰。禹功在萬世。觀河洛者思之。再傳一爲遊田。而民遂貳。何也。民之於禹。如賴慈母。一遇太康。如嬰兒失母無依。所以貳也。然羿能奪之一時。不能禁民思禹於他日。少康以一成一旅。卒祀夏配天。非民之不忘禹而何。

厥弟五人。御其母以從。徯于洛之汭。五子咸怨。述大禹之戒以作歌。

集傳 御。侍也。怨。如孟子所謂小弁之怨。親親也。小弁之詩。父子之怨。五子之歌。兄弟之怨。親之過大而不怨。是愈疏也。五子知宗廟社稷危亡之不可救。母子兄弟離散之不可保。憂愁鬱悒。慷慨感厲。情不自已。發爲詩歌。推其亡國敗家之由。皆原於荒棄皇祖之訓。雖其五章之間。非盡述皇祖之戒。然其先後終始。互相發明。史臣以其作歌之意。序於五章之首。後世序詩者。每篇皆有小序。以言其作詩之義。其原蓋出諸此。

集說 孔氏穎達曰。太康初去之時。其弟五人。侍其母以從太康。太康畋于洛南。五弟待于洛北。太康久而不反。致使羿距于河。五子皆怨。史述太康之惡既盡。然後言其作歌。故令羿距之文。乃在母從之上。作文之勢然也。○呂氏祖謙曰。五子咸怨。非仇怨之怨。蓋怨艾之怨也。知其所謂怨。則知述戒作歌之意矣。五子之歌。一章切於一章。一章遠思大禹敬民之訓。二章自尋咎其取亡之道。三章痛惜冀都之業。四章又反復家緒之本末。五章其情極矣。盡取其憂愧之罪。歸之於己。觀此五章俯仰高下節奏所在。五子之心爲何如。○俞氏鯤曰。厥弟三句。敘羿距以前事。五子咸怨。敘羿距以後事。蓋太康畋洛之時。五子侍母以隨從之。意必周旋左右。朝夕規諫。動以母子兄弟之至情。冀其悔悟反國。而太康不聽。不得已而徯于洛之汭。及至爲羿所距。五子與母竝不反國。而後怨而作歌也。若謂五子之從在羿距之後。不應五子越河而居洛汭。又經文五子咸怨句。分明是另提端語。

其一曰皇祖有訓。民可近。不可下。民惟邦本。本固邦寧。

【集傳】此禹之訓也。皇大也。林氏之奇曰。皇者。尊而大之之辭。皇祖者。猶言大祖也。君之與民。以勢而言。則尊卑之分。如霄壤之不侔。以情而言。則相須以安。猶身體之相資以生也。故勢疎則離。

情親則合。以其親。故謂之近。以其疏。故謂之下。言其可親而不可疏之也。且民者。國之本。本固而後國安。本既不固。則雖強如秦。富如隋。終亦滅亡而已矣。其一其二。或長幼之序。或作歌之序。不可知也。

集說 林氏之奇曰。詩歌肇於虞夏。五子之作歌。史官總而序之。其言不出于一人。其意若出一人也。○呂氏祖謙曰。可近不可下。君民的然爲一體。可親之意。使近不可推之使下。視民爲下。則有邈然不相接之意矣。民惟邦本。本固邦寧。百世與王之定法也。禹受位於舜。其相傳之要。曰可愛非君。可畏非民。衆非元后何戴。后非衆罔與守邦。躬履之久。見之精切。故作訓以戒子孫。堅決著明。

予視天下。愚夫愚婦。一能勝予。一人三失。怨豈在明。不見是圖。予臨兆民。懍乎若朽索之馭六馬。爲人上者。奈何不敬。

【集傳】予。五子自稱也。君失人心。則爲獨夫。獨夫卽愚夫愚婦。一能勝我矣。三失者。言所失衆也。時氏瀾曰。一失至於三而不變。不可望其復改矣。頻復之凶也。民心怨背。豈待其彰著而後知之。當於事幾未形之時而圖之也。朽。腐也。朽索易絕。六馬林氏之奇曰。古者車皆四馬。惟天子之車。則特駕六馬。四馬則兩服兩驂。六馬則兩驂之外。又有兩騑。易驚。朽索固非可以馭馬也。以喻其危懼可畏之甚。爲人上者。奈何而不敬乎。孔氏安國曰。能敬則不驕。在上不驕。則高而不危。前既引禹之訓言。此則以已之不足恃。民之可畏者。申結其義也。

集說 林氏之奇曰。天下之安。必由匹夫匹婦之無所不被其澤。天下之危。必起於匹夫匹婦之怨。其所以致怨者。亦不在於顯然過惡。苟失於此者。在毫釐之間。必有怨之矣。惟以君而臨民。其危如朽索之馭六馬。則爲人上。其可不敬民哉。君能敬民。則本固邦寧。而社稷永保矣。○陳氏經曰。君之固結民心。以敬爲本。太康失邦。由失民心。失民心。由於逸豫不敬也。

其二曰。訓有之。內作色荒。外作禽荒。甘酒嗜音。

峻宇彫牆。有一于此。未或不亡。

【集傳】此亦禹之訓也。林氏之奇曰。前言皇祖有訓。此蒙其文。故但曰訓有之也。色荒。惑嬖寵也。禽荒。耽遊畋也。荒者。迷亂之謂。甘嗜。皆無厭也。峻。高大也。宇。棟宇也。彫。繪飾也。言六者有其一。皆足以致滅亡也。禹之訓昭明如此。而太康獨不念之乎。此章首尾意義已明。故不復申結之也。

【集說】呂氏祖謙曰。天下之事。皆有其則。至其則而止。所謂度也。夫婦之正。不可廢也。蒐狩之常。不可闕也。嘉會合禮。不可以去酒。導民性情。不可以無樂。棟宇以蔽風雨。垣牆以禦穿窬。制於聖人。豈以滅德。然色禽而

至於荒酒至於酣音至於嗜宇則峻之牆則彫之非其則矣○王氏十朋曰三風十愆君有一於身國必亡與此同意

其三曰惟彼陶唐有此冀方今失厥道亂其紀綱乃厎滅亡

集傳 堯初爲唐侯後爲天子都陶故曰陶唐孔氏穎達曰世本云帝堯爲陶唐氏韋昭云陶唐皆國名猶湯稱殷商也地理今釋鄭康成唐譜云唐者帝堯舊都之地今曰太原晉陽是堯始居此後乃遷河東平陽漢晉陽縣今山西太原府太原縣也又漢書顏師古注云陶丘在濟陰今山東兖州府定陶縣有堯城堯嘗居之後居于唐故堯號陶唐氏堯授舜舜授禹皆都

冀州。言冀方者。舉中以包外也。大者爲綱。小者爲紀。朱子曰。紀者。如絲之有紀。綱者。如網之有綱。絲無紀。則不能以自理。網無綱。則不能以自舉。厎致也。堯舜禹相授一道以有天下。今太康失其道而紊亂其紀綱。以致滅亡也。○又案左氏所引惟彼陶唐之下。有帥彼天常一語。厥道作其行。乃厎滅亡作乃滅而亡。

集說 孔氏穎達曰。冀州統天下四方。堯都平陽。舜都蒲坂。禹都安邑。相去不盈二百。皆在冀州。自堯以來都不出此地。故舉陶唐以言之。○陳氏大猷曰。道者。君天下之本。紀綱者。維持天下之制。

其四曰明明我祖。萬邦之君有典有則。貽厥子孫。關石和鈞王府則有荒墜厥緒。覆宗絕祀。

集傳 明明明而又明也我祖禹也典猶周之六典則猶周之八則。周禮天官六典。一曰治典。二曰教典。三曰禮典。四曰政典。五曰刑典。六曰事典。八則。一曰祭祀。二曰法則。三曰廢置。四曰祿位。五曰賦貢。六曰禮俗。七曰刑賞。八曰田役。所以治天下之典章法度也。貽。遺。關。通之所由通也。黄氏度曰。輕重之所由平也。和平也。黄氏度曰。輕重平也。百二十斤爲石。三十斤爲鈞。鈞與石。五權之最重者也。陳氏師凱曰。五權。銖兩斤鈞石也。關通以見彼此通同無折閲之意。王氏肯堂曰。荀子。良賈不爲折閲不市。折閲。注謂損所賣物價也。和平以見人情兩平無乖爭之意言禹以明明之德君臨天下典則法度所以貽後世者如此至於鈞石之設所以一天下之輕重而立民信者王府亦有之（陳氏經曰王國府庫也）其爲子孫後世慮可謂詳且遠矣奈何太康荒墜其緒覆其宗而絕其祀乎○又案法度之制始於權權與物鈞而生衡（陳氏師凱曰謂錘與物鈞所稱適停則衡平也）衡運生規規圓生矩矩方生繩繩直生準（韋氏昭曰立準以望繩以水爲平也）是權衡者又法度之所自出也（陳氏師凱曰規矩繩權衡謂之五則準繩連體權衡合德百工繇焉以定法式）故以鈞石

言之。

集說林氏之奇曰。太史公曰。禹聲爲律。身爲度。左準繩。右規矩。自古法度之器。至禹而後明甚也。○朱子語類問關石和鈞。只是鈞石之名。如周禮嘉量之類。曰。恐是。○齊氏夢龍曰。以理言。則以君臣父子兄弟夫婦朋友爲五典是也。就事言。則以堯舜所行爲二典是也。動則隨時取中。靜則守正不移。而皆自然有以爲之準。此所謂事理當然之極也。言其物之當然者。則曰物則。言其理之自然者。則曰天則。○鄭氏曉曰。萬邦之君。上是表先王之君天下。下是述先王貽謀之善也。典則乃所以治天下者。法度之大。治之本也。鈞石乃所以一天下者。法度之小。治之末也。若政教。若禮樂。所以爲治天下之大經者。謂之典。如爵祿廢置予奪誅賞。所以爲治天下之大法者。謂之則。

其五曰。嗚呼曷歸。予懷之悲。萬姓仇予。予將疇依。鬱陶乎予心。顔厚有忸怩。弗慎厥德。雖悔可追。

集傳　曷。何也。嗚呼曷歸。歎息無地之可歸也。予將疇依。彷徨無人之可依也。爲君至此。亦可哀矣。仇予之予。指太康也。指太康而謂之予者。不忍斥言。忠厚之至也。鬱陶。哀思也。朱子曰。思之甚而氣不得伸也。顔厚。愧之見於色也。忸怩。愧之發於心也。可追。言不可追也。

【集說】林氏之奇曰：夫所以曷歸者，太康也，而五子則曰嗚呼曷歸，予懷之悲。虐民而民仇之者，太康也，而五子則曰萬姓仇予，予將疇依。所宜憂，所宜愧，皆在太康，而五子任之以爲己事者，蓋仁人之於兄弟，親愛之而已矣。有邦則同其安榮，失邦則同其危辱。其危也可憂，其辱也可愧。五子之於太康，可謂有仁人之心矣。

【總論】陳氏大猷曰：五子不咎羿，而曰萬姓仇予；不咎萬姓，而曰弗愼厥德；不咎太康，而惟自怨自艾。所謂怨而不怒也。太康失國，因於不敬愼爾，故五子之歌，始之曰奈何不敬，終之曰弗愼厥德，以是始終焉，乃一篇之綱領也。故曰：敬勝怠者吉，怠勝敬者滅。

胤征

【集傳】胤，國名。孟子曰：征者，上伐下也。此以征名，實即誓也。林氏之奇曰。雖以胤征爲名。然以典謨訓誥誓命之體求之。其實誓也。仲康丁有夏中衰之運。羿執國政。社稷安危在其掌握。而仲康能命胤侯以掌六師。胤侯能承仲康以討有罪。是雖未能行羿不道之誅。明羲和黨惡之罪。然當國命中絶之際。而能舉師伐罪。猶爲禮樂征伐之自天子出也。夫子所以錄其書者以是歟。今文無古文有。○或曰。蘇氏以爲羲和貳於羿忠於夏者。故羿假仲康之命。命胤侯征之。今案篇首言仲康肇位四海。胤侯命掌六師。又曰胤侯承王命徂征。詳其文意。蓋史臣善仲康能命將遣師。胤侯能承命致討。未見貶仲康不能制命。而罪胤侯之爲專征也。若果爲簒羿之書。則亂臣賊子所爲。孔子亦取之爲後世法乎。

集說　呂氏祖謙曰。夏書存於後世者最少。因胤征可以考官名法度人物軍旅之事。顯然備具。

○申氏時行曰。此篇首節。是史官敘胤侯征羲和之始詞。告于衆三節。數羲和之罪之當征。今予以爾三節。嚴將士出征之律。須要識得羲和之罪實在于黨羿。而不止于忽天戒。胤侯之征羲和。雖未能及羿。而實翦羿之羽翼也。

惟仲康肇位四海。胤侯命掌六師。羲和廢厥職。酒荒于厥邑。胤后承王命徂征。

【集傳】仲康。太康之弟。孔氏穎達曰。計五子之歌。仲康當是其一。胤侯。胤國之侯。命掌六師。命爲大司馬也。仲康始卽位。卽命胤侯以掌六師。次年方有征羲和之命。陳氏師凱曰。經世書以征羲和爲元年事。則是卽位之次年也。古者逾年改元。必本始而言者。蓋史臣善仲康肇位之時。已能收其兵權。故羲和之征。猶能自天子出也。林氏曰。羿廢太康而立仲康。然其簒也。乃在相之世。仲康不爲羿所簒。至其子相然後見簒。是則仲康猶有以制之也。羿之立仲康也。方將執其禮樂征伐之權。以號令天下。而仲康卽位之始。卽能命胤侯掌六師。以收其兵權。如漢文帝入自代邸。卽皇帝位。夜拜宋昌爲衛將軍鎭撫南北軍之類。陳氏師凱曰。漢衛宮之軍在南。爲南軍。京城之軍在北。爲北軍。羲和之罪。雖曰沈亂于酒。然黨惡於羿。同惡相濟。故胤侯承王命往征之。以翦羿羽翼。故終仲康之世。羿不得以逞。使

仲康盡失其權則羿之簒夏豈待相而後敢邪羲氏和氏夏合爲一官曰胤后者諸侯入爲王朝公卿如禹稷伯夷謂之后也

集說 林氏之奇曰羿專廢立之權且將有竊國擅權之志當此之時兵柄之得失國家社稷之存亡係焉苟遲之以旬月之閒則無及矣故命胤侯掌六師必於肇位四海之下羿之於夏所以懷其不軌之謀而不得逞者惟胤侯掌其六師之權也仲康之沈幾先物於斯見矣○堯時分命羲和四子定曆象正閏餘以爲甚重其設官分職莫先於此至於夏時則羲和合而爲一職不復分四時之官各主一方之政一時之事如堯之羲和矣至於周時羲和之職不復有而馮相保章氏之所掌皆以中士爲之隸於周官大宗伯之屬則其職任蓋

又輕於夏時矣。○俞氏鯤曰：羿立仲康而曰仲康肇位者，正仲康之始，不予羿以權也。

附錄　金氏履祥曰：羿距太康，不能返國，城於甸服東南而居之。至是而仲康立，說者多稱羿廢太康而立仲康，失之矣。使羿廢太康而立仲康，仲康既立，使胤侯爲司馬，兵權有歸矣，而不討羿，是德羿也；不返太康，是紾兄也。不然，權出於羿，是仲康爲虛位，而胤侯爲羿黨也。若是，胤征之書，孔子奚取焉？且襄四年左傳稱羿代夏政，號帝夷羿，豈立仲康而爲之臣者？其不然也明矣。仲康繼立于外，命胤侯掌六師，其規模舉措固已有大過人者，然迄不能移征羲和之師而加之羿，或者勢未可歟？假之以年，安知其不能討羿？以羿之強僭，而終仲康之世莫敢誰何者，以仲康之賢，有胤侯之助也。仲康雖立國於外，然肇位四海，諸侯之尊夏固自若，獨羲和以不臣受征，而夫子於書取胤征焉。君子是以知仲康爲能自振，而胤侯之爲王室倚重矣。○鄒氏季友曰：夏都安邑在河之北太康立十九年爲羿所距遂居河南之陽夏宋開封之太康縣也二十九年崩弟仲康立觀肇位四海之語則諸侯猶宗之爲君也十四年崩子相立羿但據冀州河北之地不臣於夏而已未必執夏之政柄故五子之歌但以冀方爲言也羿亦好遊田其臣寒浞弑之而篡其位及夏后相自河南遷河北帝邱帝邱宋濮州也在位二十八年方爲寒浞之子澆所弑夏遂中絶者四十年而少康復興焉史記夏本紀略而不書故解者皆未詳考

案仲康肇位自二孔以爲羿廢太康所立後之説經者因之林之奇爲較詳然疑太康既見距於羿五子亦在洛汭不得返故都太康國於陽夏又十年而殁仲康繼之皆在河南此左氏傳魏絳所以有羿代夏政及帝夷羿之稱也朱子謂袁道潔考之太康但失河北至相始失河南則仲康之立當在河南未必羿奉之於安邑也

唯以爲立之故都。遂疑此篇爲羿挾天子之命。反加羲和以忠夏之名。而在仲康非惟不能自振。亦有德羿紾兄之嫌。是此篇之全文。俱爲不順。林氏雖極闢之。無一言及於仲康之本在河南。則此等議論。俱無所施也。胤征之命。特仲康勢弱。不能遽討羿。而先翦其羽翼耳。金履祥通鑑前編考之至備。今附存之。

告于衆曰。嗟予有衆。聖有謨訓。明徵定保。先王克謹天戒。臣人克有常憲。百官修輔。厥后惟明明。

【集傳】徵。驗。保。安也。蘇氏軾曰。徵猶書所謂庶徵也。保猶詩所謂天保也。聖人謨訓。明有徵驗。可以定安邦國也。下文卽謨訓之語。金氏履祥曰。克謹天戒以下。皆明徵定保之事。惟時羲和以下。皆明徵之反。天戒日蝕之類。謹者恐懼修省。以消變異也。常憲者。奉法修職。以供乃事也。君能謹天戒於上。臣能有常憲於下。百官之衆。各修其職。以輔其君。故君內無失德。外無失政。此其所以爲明明后也。黃氏度曰。詩曰。明明天子。又曰。明明不已。明明。有繼之辭也。又案日蝕者。君弱臣強之象。后羿專政之戒也。羲和掌日月之官。黨羿而不言。是可赦乎。

集說 王氏安石曰。使羲和守常憲。以修輔。則仲康得愼天戒而修省矣。今畔官離次。不知有日蝕之變。則是不有常憲昧先聖之謨訓安能免於誅乎○林氏之奇曰謨者人臣所陳之謨若大禹謨皋陶謨是也然人君所以爲法於後世者亦謂之謨伊訓曰聖謨洋洋是也訓者人臣所陳之訓若伊訓高宗之訓是也然人君所以垂敎於後世者亦謂之訓如五子之歌曰皇祖有訓是也○時氏瀾曰凡天之所以示證於人君者皆所以警戒而定保之如仲舒所謂自非大無道盡欲扶持而安全也先王克謹天戒則明徵之戒也人臣克有常憲謂常行之法也百官不言輔弼而言修輔修者輔弼之工夫人君有本然之明若非人臣所能致而得臣以輔之則明而又明有日新無疆之意也○申氏時行曰克謹於上者君以天之心爲心也交修於下者臣以君之心爲心也

每歲孟春遒人以木鐸徇于路官師相規工執

藝事以諫。其或不恭。邦有常刑。

【集傳】遒人宣令之官。人而令之，故以爲名也。木鐸，金口木舌。施政教時，振以警衆也。

孔氏穎達曰。訓遒爲聚。聚人而令之，故以爲名也。孔氏穎達曰。禮有金鐸、木鐸。鐸是鈴也。其體以金爲之。舌有金木之異。周禮教鼓人以金鐸通鼓。大司馬教振旅。兩司馬執鐸。明堂位云。振木鐸於朝。是武事振金鐸。文事振木鐸。周禮小宰之職。正歲帥治官之屬。徇以木鐸。陳氏經曰。徇。巡而示之也。徇于大路。欲其無不聞也。曰不用法者。國有常刑。亦此意也。官以職言。師以道言。陳氏師凱曰。非師保之師。如承以大夫師長之師。規正也。陳氏經曰。規運筵以爲圓者也。以喻規正之義。相規云者。胥教誨也。工百工也。百工技藝之事。孔氏穎達曰。百工各執所治技藝以諫。若月令云。無作淫巧以蕩上心。見其淫巧不正。當執之以諫。諫失常也。至理存焉。理無往而不在。故言無微而可略也。孟子曰。責難於君謂之恭。官師百工不能規諫。是謂不恭。不恭之罪。猶有常刑。而況於畔官離次。俶擾天紀者乎。

【集說】蔡氏卞曰。周景王將鑄無射。伶州鳩諫曰。匱財罷民。魯莊丹楹刻桷。匠慶諫曰。無益於君。而替前人之令德。執藝事諫。此類是也。○張氏九成曰。相規。規君也。襄十四年左傳。大夫規誨。詩沔水。規宣王。○薛氏季宣曰。國語。公卿列士獻詩。瞽獻典。史獻書。師箴。瞍賦。矇誦。百工諫。庶人傳語。近臣盡規。親戚補察。瞽史教誨。師曠所謂各有親暱以相輔佐古規諫之詳見者如此。

惟時羲和顛覆厥德沈亂于酒畔官離次俶擾天紀遐棄厥司乃季秋月朔辰弗集于房瞽奏鼓嗇夫馳庶人走羲和尸厥官罔聞知昏迷于天象以干先王之誅政典曰先時者殺無赦不及時者殺無赦。

集傳 次位也官以職言次以位言畔官則亂其所治之職離次則舍其所居之位俶始擾亂也天紀則洪範所

謂歲月日星辰曆數是也蓋自堯舜命羲和曆象日月星辰之後爲羲和者世守其職未嘗紊亂至是始亂其天紀焉遐遠也遠棄其所司之事也辰日月會次之名昭七年左傳晉侯問士文伯曰何謂辰曰日月之會是謂辰房所次之宿也集漢書作輯集輯通用言日月會次不相和輯唐曆志曰日月嘉會而陰陽輯睦則陽不疚乎位以常其明陰亦含章示沖以隱其形若變而相傷則不輯矣而掩蝕孔氏穎達曰日食者月掩之也月體掩日日被月映也於房宿也案唐志日蝕在仲康卽位之五年瞽樂官周禮瞽矇之官掌作樂以其無目而審於音也

奏進也。孔氏穎達曰。詩云。奏鼓簡簡。謂伐鼓爲奏鼓。古者日蝕則伐鼓孔氏穎達曰。杜預以爲伐鼓于社。責羣陰也。用幣以救之。文十五年左傳曰。日有食之。天子不舉。伐鼓于社。諸侯用幣于社。伐鼓于朝。春秋傳曰。惟正陽之月則然。餘則否。昭十七年左傳。季平子曰。唯正月朔。慝未作。日有食之。於是乎有伐鼓用幣。其餘則否。孔疏云。慝未作。陰未起也。今季秋而行此禮。夏禮與周異也。嗇夫小臣也。孔氏穎達曰。禮云。嗇夫承命告于天子。鄭玄云。嗇夫蓋司空之屬也。漢有上林嗇夫。庶人庶人之在官者。周禮庭氏救日之弓矢。周禮注。救日爲太陽之弓。救月爲太陰之弓。救日以枉矢。救月以恆矢。嗇夫庶人。蓋供救日之百役者。曰馳曰走者。以見日蝕之變。天子恐懼于上。嗇夫庶人。奔走于下。以助救日如此其急。羲和爲曆象之官。尸居其位。若無聞知。則其昏迷天象。以干先王之誅。豈特不恭之刑而已哉。政典。先王政治之典籍也。孔氏安國曰。若周官六卿之治典。先時後時。皆違制失時。當誅而不赦者也。今日蝕之變如此。而羲和罔聞知。是固干先王後時之誅矣。

集說 孔氏安國曰。先時。謂曆象之法。四時節氣弦望晦朔。先天時。則罪死無赦。不及。謂曆象後天時。雖治其官。苟有先後之差。則無赦。況廢官乎。○林氏之奇曰。房有二說。或以爲房星。案日月會于大火之次。正在季秋月朔，謂之房星，理亦可通。然唐律曆志曰：君子慎疑，寧以日在之宿爲文，近代善曆者推仲康時九月合朔，已在房心北矣。觀此說，則以房爲所次之舍，其說爲長。○周官冢宰掌建邦之六典，以佐王治邦國。治典者，冢宰之所掌也。敎典者，司徒之所掌也。禮典者，宗伯之所掌也。政典者，司馬之所掌也。刑典者，司寇之所掌也。事典者，司空之所掌也。胤侯掌六師，爲大司馬，故舉政典以爲言。蓋大司馬法也。○朱子曰：日月一歲凡十二會，方會則月光都盡而爲晦，已會則月光復蘇而爲朔，朔後晦前各十五日，日月相對，則月光正滿而爲望。晦朔日月之合，東西同度，南北同道，則月掩日而日爲之食。望而日月之對，同度同道，則月抗日而月爲之食。是皆有常度矣。王者修德行政，能使陽盛足以勝陰，陰衰不能侵陽，則日月之行，雖或當食，而月常避日，故其遲速高下，必有參差而不正相對者，所以當食而不食也。○問月食如何？曰：至明中有暗處，其暗至微，望之時，月與日正對。無分毫相差。月爲暗處所射。故食。雖陽勝陰。畢竟不好。若陰有退避之意。則不相敵。而不成食矣。

【附錄】林氏之奇曰。自政典曰以下。乃是胤侯誓師勅戒吏士之辭。當屬於下文。不當復謂指羲和而言也。○陳氏櫟曰。政典司馬所掌。胤侯爲大司馬。故引政典之語以勅戒吏士。先時不及時。先後失師期也。以屬下文者是。

【案】朱子曰。先時不及時。林氏謂是警衆之詞。非言昏迷天象之人。以上文考之。林說非是。蓋政典以下云云。合之上文。固未爲不合。然疑殺無赦之刑施之先時不及時。則或有推算小誤所差在時刻遲速閒者。一以此刑概之。似太重。若以此屬之下節。爲以爾有衆發端。則於兵家紀律之嚴。似不嫌其過也。故兩存之。

今予以爾有衆。奉將天罰。爾衆士同力王室。尚弼予欽承天子威命。

【集傳】將。行也。我以爾衆士奉行天罰。爾其同力王室。庶幾輔我以敬承天子之威命也。蓋天子討而不伐。諸侯伐而不討。仲康之命胤侯。得天子討罪之權。胤侯之征羲和。得諸侯敵愾之義。其辭直。其義明。非若五霸摟諸侯以伐諸侯。其辭曲。其義迂也。

【集說】呂氏祖謙曰。將帥但知承王命。王者但知奉天討。不敢認爲己權。則人君安敢輕兵。人臣安敢專命。士卒安敢犯命。○董氏其昌曰。奉將天罰者何。言不敬天戒。天必罰之也。而又曰天子威命者。蓋出於天則爲天罰出於天子。則爲天子威命。是欽承威命。卽所以奉將天罰。無二也。

火炎崑岡。玉石俱焚。天吏逸德。烈于猛火。殲厥渠魁。脅從罔治。舊染汙俗。咸與惟新。

集傳 崑。出玉山名。岡。山脊也。逸。過。渠。大也。言火炎崑岡。不辨玉石之美惡而焚之。苟爲天吏。王氏安石曰。吏奉將天罰。故曰天吏。而有過逸之德。不擇人之善惡而戮之。其害有甚於猛火。不辨玉石也。今我但誅首惡之魁而已。脅從之黨。則罔治之。舊染汙習之人。亦皆赦而新之。其誅惡宥善是猶王者之師也。今案胤征始稱羲和之罪。止以其畔官離次。俶擾天紀。至是有脅從舊染之語。則知羲和之罪。當不止於廢時亂日。是必聚不逞之人。崇飲私邑。以爲亂黨。助羿爲惡者也。胤后徂征。隱其叛逆而不言者。蓋正名其罪。則必鋤根除源。而仲康之勢。有未足以制后羿者。故止責其曠職之罪。而實誅其不臣之心也。

集說　薛氏季宣曰。殲渠魁義也。赦脅從仁也。所以爲王者之師。○陳氏櫟曰。觀脅從之語。羲和聚黨助逆明矣。仲康于羿。勢既未能鋤其根株。不可不翦其羽翼。故乘日食之變。正其昏迷之罪。名正言順。羿亦不得庇之也。使非聚黨助逆。則褫職奪邑。司寇行戮足矣。何至勞大司馬興師誓衆。如臨大敵哉。○王氏樵曰。殲厥渠魁。脅從罔治。大哉王言。遂爲萬世討罪之衡。天吏二字。始見於此。

嗚呼。威克厥愛。允濟。愛克厥威。允罔功。其爾衆士。懋戒哉。

集傳 威者。嚴明之謂。愛者。姑息之謂。記曰。軍旅主威。蓋軍法不可以不嚴。嚴明勝。則信其事之必濟。姑息勝。則信其功之無成。誓師之末。而復嗟歎以是深警之。欲其勉力戒懼而用命也。

【集說】薛氏季宣曰。威克厥愛。濟人之實也。愛克厥威。適以害仁也。嗚呼之歎。將以伸其說爾。愛人而去其害。其仁莫之禦矣。此之謂允濟。仁者一怒而安天下。小不忍於小人。使天下不得少安。仁者之功。不如是也。○時氏瀾曰。大抵威愛當觀其所發。發於私乎。雖愛非愛。發於公矣。雖威非威。威雖非聖人之所尚。苟當威而不威則不知時措者也。況軍旅主于威乎。○孫氏繼有曰。威愛行。師不可廢一。同甘苦。均勞佚。豈曰無愛。愛之過。其流必至於姑息。姑息。非愛也。大抵行師之道。平時則當拊循。臨時則尚節制。此所謂威愛者。當自其臨時言之。

【總論】董氏鼎曰。將帥奉天子之命。天子奉天與先王之命。仲康莅政之始。命將出師。而胤侯之誓如此。則大本正。大權立。而大奸懼矣。其克嗣祖考也宜哉。然羲和在堯時爲四子。既總於一人。有司於朝。有邑於野。湎酒失職。黜之可矣。何至上煩王師之征。其曰殲厥渠魁。脅從罔治。則脅衆以拒命。染惡以成風。已非一日。傳謂助羿爲惡。特隱其叛逆而不言者。豈不當哉。

欽定書經傳說彙纂卷第六

清雍正内府本欽定書經傳説彙纂

第七册

清 王頊齡等撰

天津圖書館藏清雍正八年内府刻本

山東人民出版社·濟南

欽定書經傳說彙纂卷第十六

無逸

集傳 逸者，人君之大戒，自古有國家者，未有不以勤而興，以逸而廢也。益戒舜曰：罔遊于逸，罔淫于樂。舜大聖也，益猶以是戒之，則時君世主，其可忽哉。成王初政，周公懼其知逸而不知無逸也，故作是書以訓之，言則古昔必稱商王者，時之近也，必稱先王者，王之親也，舉三宗者，繼世之君也，詳文祖者耳目之所逮也。上自天命精微。下至畎畝艱難。閭里怨詛。無不具載。豈獨成王之所當知哉。實天下萬世人主之龜鑑也。是篇凡七更端。周公皆以嗚呼發之。深嗟永歎。其意深遠矣。亦訓體也。今文古文皆有。

集說 林氏之奇曰。周公於成王。逸豫之心未萌。而其諄諄告戒之言已如此。○張氏栻曰。周召之於成王。所陳在敬。所戒在逸。蓋敬則不逸。逸則不敬。敬逸之分。而歷年之延否。享國之壽夭判焉。召公以敬陳於前。周公以無逸戒於後。不如是。不足以爲周召。○呂氏祖謙曰。逸者。禍亂之源。三年東征以定外亂。此特治其末流爾。無逸者，治源之書也。○彭氏勖曰：無逸一篇，其要在知小人之依。是以首論人之賢愚，係乎能知小人之依與否。繼言殷三宗之壽，由其能知乎此。後王之夭，亦由其不能知也。周之先王，其智固不異於三宗。周之後王，宜以文王爲法，而以商紂爲戒。末言三宗、文王有迪哲之實，故聞小人之怨詈，則反諸躬而不尤人。成王其可聽信其語而速怨哉？周公總以嗣王其監于兹結之，得無意邪。

周公曰：嗚呼！君子所其無逸。

【集傳】所，猶處，所也。君子以無逸爲所，動静食息，無不在是焉。作輟，則非所謂所矣。

【集說】薛氏季宣曰。安於逸樂。則傲慢生。而放僻邪侈之心作。故君子以敬作所。無逸則敬。敬則安。安則久。久則遠。禍敗何從而生乎。○呂氏祖謙曰。凡人乍勤乍惰。亦有無逸之時。然能暫而不能居。非所其無逸者也。惟君子以無逸爲所。如魚之於水。鳥之於林。有不可得而離者焉。○陳氏大猷曰。所。若北辰居其所之所。蓋居而不移之謂。○王氏樵曰。無逸者。君子敬戒惕厲之心也。所其無逸者。君子所以爲敬戒惕厲之密也。置此身於天理之中。動靜食息。將必有事焉。使有時而操。有時而放。則怠荒有乘其隙之所矣。所謂無逸者。無時無處而不在於無逸焉。則君子誠無可以自逸之所。而君子之於無逸也。乃恆其所者也。是曰所其無逸。

【附錄】孔氏安國曰。歎美君子之道。所在念德。其無逸豫。○林氏之奇曰。君子所其無逸者。言君子之所在。其惟無逸也。○朱子語類。萍鄉柳兄言呂東萊解無逸一篇極好。先生扣之曰。伯恭如何解君子所其無逸。柳兄曰東萊解所字爲居字先生曰若某則不敢如此說諸友請曰先生將如何說先生曰恐有脱字則不可知若說不行而必強立一說雖若可觀只恐道理不如此○陳氏櫟曰所其無逸與王敬作所不可不敬德朱子皆不欲以處所安居之意釋之懼其巧也然呂說儘可喜外此則孔注之說林氏亦本之此外則無說矣呂說朱子非之而蔡氏仍本之眞氏乙記不取呂蔡說大學衍義則又全采呂說云

先知稼穡之艱難乃逸則知小人之依

集傳 先知稼穡之艱難乃逸者以勤居逸也依者指稼穡而言小民所恃以爲生者也農之依田猶魚之依水木之依土魚無水則死木無土則枯民非稼穡則無以

生也。故舜自耕稼以至爲帝。禹稷躬稼以有天下。文武之基。起於后稷。四民之事。莫勞於稼穡。生民之功。莫盛於稼穡。周公發無逸之訓。而首及乎此。有以哉。

【集說】林氏之奇曰。蘇氏曰。舊說先知農夫之艱難。乃謀逸豫。非也。周公方以逸爲深戒。何其謀逸之亟也。蓋曰。王當先知稼穡之道。惟艱難乃所以逸樂。此說是也。先儒之失。在於謀之一字。以逸豫爲謀。則是有心於逸。將爲民害矣。惟以稼穡艱難爲念。而不留意於逸者。乃所以能逸。蓋好逸未必得逸。無逸者。自然逸也。李翱曰。人皆知重斂可以得財。而不知輕斂之得財愈多。柳子厚曰。汙吏之爲商。不若廉吏之爲商。其爲利也博。是周公無逸乃逸之說也。○張氏栻曰。周自后稷以農事開國。歷世相傳。相與咨嗟歎息。服習于艱難。而詠歌其勞苦。此實王業之根本也。周公之告成王。詩有七月。皆言農桑之候。書有無逸。欲其知稼穡知小人之依。帝王所傳心法之要。端在於此。夫治常生於敬畏。而亂常起於驕逸。使爲國者。每念稼穡之艱難。而心不存焉者寡矣。是心常存。則驕矜逸豫何自而生。豈非治之所由興歟。○呂氏祖謙曰。此非始於憂勤。終於逸樂之論也。蓋言先備嘗稼穡之艱難。乃處於安逸。則深知小人之所依。未嘗知稼穡之艱難。而遽處安逸。與一宮室起一力役。視之若易然。而民有不得其死者矣。成王生於深宮。遽處人上。公深爲之懼。故以此言警之。若以始勤終逸釋之。是乾健之體。有時而息矣。○陳氏經曰。艱難之中。自有逸樂之理。君子當以艱難爲逸。不當以逸爲逸也。○陳氏大猷曰。所其無逸。知小人之依。此一篇之綱領。後章言三宗文王及怨詈之事。皆反覆推明乎此也。○茅氏坤曰。大抵人君所處。本是安逸。要之天下民生恃以爲安。故不得自逸。知小人之依。斯人君所以安民者也。所以自安之道也。天命永於多享。人心免於怨咨。其君之安逸何如哉。此周公以無逸戒之。即召公戒疾敬厥德之意也。

相小人。厥父母勤勞稼穡。厥子乃不知稼穡之艱難。乃逸。乃諺。既誕。否則侮厥父母。曰昔之人無聞知。

集傳 不知稼穡之艱難乃逸者。以逸爲逸也。俚語曰諺。言視小民。其父母勤勞稼穡。其子乃生於豢養。不知稼穡之艱難。乃縱逸自恣。乃習俚巷鄙語。既又誕妄。無所不至不然則又訕侮其父母曰古老之人無聞無知徒自勞苦而不知所以自逸也昔劉裕奮農畝而取江左一再傳後子孫見其服用反笑曰田舍翁得此亦過矣此正所謂昔之人無聞知也使成王非周公之訓安知其不以公劉后稷爲田舍翁乎

【集說】蘇氏軾曰農夫之子而飽煖且不知艱難而況王乎○呂氏祖謙曰周公既儆成王復引閭里近事明之乃逸者縱逸自恣也乃諺者縱逸則所習者下委巷謠諺常誦於口也既誕者長惡不悛遂至於誕妄也若非誕妄則必訕侮其父母自以爲黠而反以老成爲愚也

周公曰嗚呼我聞曰昔在殷王中宗嚴恭寅畏天命自度治民祗懼不敢荒寧肆中宗之享國七十有五年

【集傳】中宗太戊也嚴則莊重恭則謙抑寅則欽肅畏則戒懼天命即天理也中宗嚴恭寅畏（金氏履祥曰嚴恭敬之齊於外也寅畏敬之存於中也）以天理而自檢律其身至於治民之際亦祗敬恐懼而不敢怠荒安寧中宗無逸之實如此故能有享國永年之效也案書序太戊有原命咸乂等篇意述

其當時敬天治民之事。今無所考矣。

【集說】孔氏安國曰。以敬畏之故。得壽考之福。○孔氏穎達曰。商自成湯以後。政教漸衰。至此王而中興之。王者祖有功。宗有德。殷家中世尊其德。其廟不毁。故稱中宗。○林氏之奇曰。聲色游畋以肆其逸豫之情。人君之所欲也。而享國長久以介眉壽。又人君之所大欲也。以其所大欲。節其所欲。庶其知所慕矣。○酒誥曰。在昔殷先哲王迪畏天顯小民。太戊之嚴恭寅畏天命。所謂畏天顯也。治民祗懼。所謂畏小民也。○呂氏祖謙曰。既論無逸之理。復舉無逸之君以告成王。中宗無逸之實。嚴恭寅畏。合而言之。則敬而已矣。維天之命。存於心。流行於天下。著見於祲象。內體道心之微。外觀天下之公。仰因祲象之示。參驗省察。不違其則。所謂以天命自律也。因桑穀而修省。此天命自度之一端。天人一理。既畏天命。必不敢輕下民。祗懼而不敢荒怠宴安。中宗之敬則然矣。惟敬故壽也。主靜。則悠遠博厚。自強。則堅實精明。操存。則血氣循軌而不亂。收斂。則精神內固而不浮。至於儉約克治。去戕賊之累。又不在言。凡此皆敬之力。壽之理也。自此至文王。其壽莫非此理。○陳氏經曰。以天命之理。自爲法度。凡身所躬行。合於法度者。無非天命之流行。

其在高宗時。舊勞于外。爰曁小人。作其卽位。乃或亮陰。三年不言。其惟不言。言乃雍。不敢荒寧。嘉靖殷邦。至于小大。無時或怨。肆高宗之享國五十有九年。

【集傳】高宗。武丁也。未卽位之時。其父小乙使久居民間。

與小民出入同事。故於小民稼穡艱難。備嘗知之也。雍和也。發言和順。當於理也。嘉美。靖安也。顧氏錫疇曰。化行俗美曰嘉。四方安業曰靖。嘉靖者。禮樂教化。蔚然於安居樂業之中也。漢文帝與民休息。謂之靖則可。謂之嘉則不可。小大無時或怨者。萬民咸和也。乃雍者。和之發於身。嘉靖者。和之達於政。無怨者。和之著於民也。餘見說命。高宗無逸之實如此。故亦有享國永年之效也。

集說 張氏九成曰。不敢荒寧。則志氣凝定。精神純一。此長年之基。民心大和。導迎善氣。又所以致長年也。

○呂氏祖謙曰。三年不出一語。聖賢之君未必盡然。故謂之乃或是或一道也。高宗之所以壽。固無異於中宗。於小大無時或怨之後。民氣大和。導迎善氣。是亦壽考之理。又發此意以申勸成王。下章論文王之咸和萬民。亦是意也。○王氏樵曰。傳中和字。因發言和順而生。其實和之發於身。本於恭默思道。和之達於政。著於民。本於不敢荒寧。是高宗之得力處。亦在一敬字而已。○孫氏繼有曰。言乃雍者。謂其命令政教皆爲國爲民之至計。不乖於理。故謂之雍。

其在祖甲。不義惟王。舊爲小人。作其卽位。爰知小人之依。能保惠于庶民。不敢侮鰥寡。肆祖甲之享國。三十有三年。

【集傳】史記。高宗崩。子祖庚立。祖庚崩。弟祖甲立。則祖甲。高宗之子。祖庚之弟也。鄭玄曰。高宗欲廢祖庚立祖甲。祖甲以爲不義。逃於民間。故云不義惟王。○案漢孔氏以祖甲爲太甲。蓋以國語稱帝甲亂之。七世而殞。孔氏見此等記載。意爲帝甲。必非周公所稱者。又以不義惟王。與太甲茲乃不義文似。遂以此稱祖甲者爲太甲。然詳此章舊爲小人作其卽位。與上章爰曁小人作其卽位。文勢正類。所謂小人者。皆指微賤而言。非謂憸小之人也。作其即位。亦不見太甲復政思庸之意。又案邵子經世書。高宗五十九年。祖庚七年。祖甲三十三年。世次歷年。皆與書合。亦不以太甲爲祖甲。況殷世二十有九。以甲名者五帝。以太以小以沃以陽以祖別之。不應二人俱稱祖甲。國語傳訛。承謬旁記。曲說不足盡信。要以周公之言爲正。又下文周公言自殷王中宗。及高宗。及祖甲。及我周文王。及云者。因其先後次第而枚舉之辭也。則祖甲之爲祖甲而非太甲。明矣。

集說　呂氏祖謙曰商去周未遠故公以成王耳目所接者言之○陳氏師凱曰西山眞氏曰祖甲爲太甲明矣蘇氏以享國多寡爲次得之新安陳氏曰祖甲爲太甲較分明經世書與三及字皆不足援以爲辨案眞氏陳氏皆不取蔡氏說今且平論之蘇氏謂以享國多寡爲次則高宗五十九年之後便當到文王五十年何必逆取太甲以厠於其間也陳氏謂經世書三及字皆不足援然考之經文則祖甲享國下即云自時厥後立王生則逸又云亦罔或克壽既以祖甲爲太甲則中宗高宗皆太甲後人安得言生則逸罔或壽邪既云不論世次則不可言自時厥後矣以兩自時厥後詳之則蔡氏所考不可破而諸說皆非是○王氏樵曰考之經世書太甲祖甲在位皆三十三年太甲之立必蚤此雖無他證然太甲湯孫繼湯而立必在沖年以此知周公之稱三宗固以其德亦取其享國之最永者言之此太甲之所以不與也祖甲在位之年雖未及中宗高宗之久

然計其壽亦不相遠矣。蓋言其舊爲小人。則知其卽位之晚也。尤見其畎畝艱難備嘗之故。○陸氏鍵曰。人君惠民易而保惠難。必仁恩無處不到。無念不徹。使民實被我澤。方能保惠。不侮亦保惠中事。○孫氏繼有曰。周公之意。非以天子必居民間而後知小人之依。高宗祖甲。事實如此。故據實而言耳。

附錄孔氏安國曰。湯孫太甲。爲王不義。久爲小人之行。在桐三年。起就王位。於是知小人之依。故得久年。此以德優劣。立年多少爲先後。故祖甲在下。殷家亦祖其功。故稱祖。○孔氏穎達曰。諸書皆言太甲。此言祖甲者。殷家亦祖其功。故稱之。祖甲與二宗爲類。惟見此篇。必言祖其功。亦未知其然。殷之先君有祖乙。祖辛。祖丁。稱祖多矣。或可號之爲祖。未必祖其功而存其廟也。○林氏之奇曰。祖甲。湯孫太甲也。太甲者。太戊之祖。論世次之先後。則先太甲。次太戊。次武丁。今乃以祖甲列於武丁之後者。蘇氏曰。此方論享國之長短。故先言享國之最長者。非世次也。而鄭康成乃以祖甲爲武丁子帝甲。案殷本紀。祖甲立。是爲帝甲。帝甲淫亂。殷復衰。殷之君既有祖甲。而又其世次在於武丁之後。則其說似爲勝。然帝甲既以淫亂而殷道衰。則非無逸之君。周公豈取之哉。康成之說。以謂帝甲有兄祖庚賢。武丁欲廢兄立弟。祖甲以爲不義。逃於人間。故曰久爲小人。此說蓋本於馬融。無所經見。難以憑信。陳少南亦以此說爲信。而以司馬史記爲誣。且謂周公言自殷王中宗及高宗及祖甲及我周文王。此其文不可謂不以世次先後言之也。夫周公既以享國之長短爲先後。而列序其事於上矣。其曰自殷王中宗及高宗及祖甲及我周文王。蓋因前之文也。非其世次也。唐孔氏引國語曰。帝甲亂之。七代而殞。則司馬氏以帝甲爲淫亂之主。不爲無據。豈可謂之誣哉。

【案】祖甲之非太甲。蔡傳辨之詳矣。然自孔安國以祖甲爲湯孫太甲。後儒多從其說。二甲之得相混者。以其享國皆三十三年故也。太甲何以敘在中宗高宗後。注疏謂以立年多少爲先後。不以世次爲序。似亦可通。第不知太甲之又稱祖甲。何自而昉。孔安國謂殷家亦祖其功。故稱祖。孔穎達又謂殷有祖乙祖辛祖丁。稱祖多矣。或可號之爲祖也。蔡傳所據者。一以經文世次甚明。一以鄭康成謂武丁欲廢祖庚立祖甲。祖甲以爲不義而逃之民間。故以是爲不義。惟王之證。則祖甲之舊爲小人。與高宗之爰暨小人適相類。皆是習勞民間之意耳。若注疏所據。惟以國語祖甲亂之二語。而史遷殷本紀亦有祖甲淫亂之言。不應與二宗齊舉也。旣以祖甲爲太甲。不得不以舊爲小人。謂爲小人之行。及處桐悔過而後。起而卽位。爰知小人之依也。要之世代久遠。傳疑不一。今錄諸儒之說。以備考訂焉。

自時厥後立王。生則逸。生則逸。不知稼穡之艱

難。不聞小人之勞。惟耽樂之從。自時厥後。亦罔或克壽。或十年。或七八年。或五六年。或四三年。

集傳 過樂謂之耽。泛言自三宗之後。卽君位者。生則逸豫。不知稼穡之艱難。不聞小人之勞。惟耽樂之從。伐性喪生。故自三宗之後。亦無能壽考。遠者不過十年七八年。近者五六年。三四年。爾。耽樂愈甚。則享年愈促也。凡人莫不欲壽而惡夭。此篇專以享年永不永爲言。所以開其所欲。而禁其所當戒也。

集說 林氏之奇曰。自古人臣之愛君。未有不欲其君之壽考。蓋洪範五福。以壽爲先。則世之所謂百福者。莫壽若也。天保。報上之詩也。則曰如南山之壽。不騫不崩。而召公之對揚王休也。亦曰天子萬年。天子萬壽。周公之戒成王。蓋欲其享國長久。與天地相爲無窮。其愛成王之心。可謂至矣。而其所以享國之久長者。則在於無逸。以是知周公愛君之深。所謂愛君以德者也。○呂氏祖謙曰。憂勤者必壽。逸豫者必夭。此周公格言大訓。非特以戒成王也。蓋人之一心。苟有所操存。則精神思慮日由於天理之中。其壽固可必。孔子所謂仁者壽。詩人所謂樂只君子。萬壽無期。亦即其理而推之耳。○陳氏經曰。逸樂人所好。然所好有甚於逸樂者。苟以艱難而得壽。奚爲而逸樂。艱難人所惡。然所惡有甚於艱難者。苟以逸樂而促壽。奚爲而不艱難。公之言。奪常情之好惡。而示以所甚好甚惡也。○馬氏森曰。周公既以無逸致壽者爲之勸。又以逸樂損壽者爲之戒。使知無逸之必可法。而逸樂之必不可縱。

周公曰。嗚呼。厥亦惟我周太王王季克自抑畏。

集傳 商猶異世也。故又卽我周先王告之。言太王王季能自謙抑謹畏者。蓋將論文王之無逸。故先述其源流之深長也。孔氏安國曰。將說文王。故本其父祖。大抵抑畏者。無逸之本。縱肆怠荒。皆矜誇無忌憚者之爲。故下文言文王曰柔曰恭。曰不敢。皆原太王王季抑畏之心發之耳。

集說 胡氏寅曰。抑有遏止之意。人所以肆行而無所畏者。不能自抑也。遏其妄情。止其私欲。惟義理是從。

則必畏天命。必畏祖宗。必畏師保。必畏諫諍。必畏謗讟。必畏禍亂。凡可以致治者。無不慕也。凡可以致亂者。無不畏也。此非他人所能與。由我而已矣。故曰克自抑畏。言其心自爲之。不由乎人也。○陳氏大猷曰。克自者。眞能自用其力而人不與也。抑者。所以下之也。如制忿欲去奢侈。皆是也。

文王卑服。卽康功田功。

集傳 卑服。猶禹所謂惡衣服也。康功。安民之功。田功。養民之功。言文王於衣服之奉所性不存。而專意於安養斯民也。卑服。蓋舉一端而言。宮室飲食自奉之薄。皆可類推。

【集說】孔氏安國曰：文王節儉，卑其衣服，以就其安人之功，以就田功，以知稼穡之艱難。○孔氏穎達曰：立君所以牧人，安人之功，諸有美政皆是也。就安人之內，田功最急，故特云田功，以示知稼穡之艱難也。○顧氏錫疇曰：即字從功上見出，孜孜以圖之，必到成功處。方是即。康功，除殘去暴；田功，分田制產，安民養民，皆底於成，故曰功。

徽柔懿恭，懷保小民，惠鮮鰥寡。自朝至于日中昃，不遑暇食，用咸和萬民。

【集傳】徽、懿，皆美也。昃，日昳也。柔謂之徽，則非柔懦之柔；恭謂之懿，則非足恭之恭。文王有柔恭之德，而極其徽懿之盛。和易近民。於小民則懷保之。於鰥寡則惠鮮之。惠鮮云者。鰥寡之人。垂首喪氣。賚予賙給之。使之有生意也。自朝至于日之中。自中至于日之昃。一食之頃。有不遑暇。孔氏穎達曰。遑亦暇也。重言之。古人自有複語。欲咸和萬民。使無一不得其所也。文王心在乎民。自不知其勤勞如此。豈秦始皇衡石程書。隋文帝衛士傳餐。代有司之任者之爲哉。立政言罔攸兼于庶言庶獄庶愼。則文王又若無所事事者。不讀無逸。則無以知文王之勤。不讀立政。則無以知文王之逸。合二書觀之。則文王之所從事。可知矣。

【集說】朱子語類。問徽柔懿恭。是一字二字。曰二字。柔者須徽。恭者須懿。柔而不徽。則姑息。恭而不懿。則非由中出。柔易於暗弱。徽者。發揚之意。恭形於外。懿則有蘊藏之意。○王氏樵曰。文王之德。何所不備。特贊其柔恭者。將言其保民敬寡。故自其德之親下者言之也。視窮民之微賤。如保赤子。周知其情而處之無不到。此非徽柔懿恭者不能也。周公之言。何其曲盡也。○劉氏應秋曰。言有盛德以恤民。而又勤政以和民也。

文王不敢盤于遊田。以庶邦惟正之供。文王受命惟中身。厥享國五十年。

【集傳】遊田。國有常制。文王不敢盤遊無度。上不濫費。故下無過取而能以庶邦惟正之供。於常貢正數之外。無橫斂也。言庶邦。則民可知。文王爲西伯。所統庶邦。皆有常供。春秋貢於霸主者。班班可見。至唐猶有送使之制。陳氏師凱曰。唐食貨志云。憲宗時。分天下之賦爲三。一曰上供。二曰送使。三曰留州。則諸侯之供方伯舊矣。受命言爲諸侯也。中身者。漢孔氏曰。文王九十七而終。卽位時年四十七。言中身。舉全數也。上文崇素儉。恤孤獨。勤政事。戒遊佚。皆文王無逸之實。故其享國有歷年之永。

集說林氏之奇曰。天地之生財有限。而庶邦之貢賦有常。若以供其私費。則必有不繼者。而橫賦暴斂。將自此起矣。文王之所以不敢盤于遊田也。○呂氏祖謙曰。遊田。國有常制。至於盤于遊田。則以是爲耽樂。固文王之所不爲也。不曰不爲。而曰不敢者。翼翼之小心也。以遊田之簡。可知其用之約。既無濫費。自無過取。所以庶邦之貢於文王者。於正數之外。無一毫之加也。此章論文王之家法。凡無逸之條目。如敦儉素。重農畝。恤困窮。勤政事。戒佚遊。防橫斂。大略皆備。其稱文王之壽。即前章之意。○金氏履祥曰。省耕省斂。非不遊也。不敢盤于遊。恐流連以廢事耳。教民講武。乾豆賓客。非不田獵也。不敢盤于田。恐暴殄或擾民耳。

周公曰。嗚呼。繼自今嗣王。則其無淫于觀。于逸。于遊。于田。以萬民惟正之供。

【集傳】則法也其指文王而言淫過也言自今日以往嗣王其法文王無過于觀逸遊田以萬民惟正賦之供上文言遊田而不言觀逸以大而包小也言庶邦而不言萬民以遠而見近也

【集說】呂氏祖謙曰無逸雖戒成王實欲後世子孫共守此訓故以繼自今嗣王言之觀覽以舒其目安逸以休其身遊豫以省風俗田獵以習武備爲人君者所不能無也特不可過而已過則人欲肆而駸駸入於亂亡矣故周公戒之前稱文王此戒嗣王皆先言簡遊田而繼以惟正之供蓋欲禁橫斂必先絕橫斂之源觀逸遊田者橫斂之源也四者既省用有常經自應以萬民惟正之供也九貢九賦什一之制皆名正義順天下之

中制。過是。則害於理財正辭之義矣。

無皇曰。今日耽樂。乃非民攸訓。非天攸若。時人丕則有愆。無若殷王受之迷亂。酗于酒德哉。

集傳 無與毋通。皇與遑通。訓。法。若。順。則。法也。毋自寬假曰。今日姑爲是耽樂也。一日耽樂。固若未害。然下非民之所法。上非天之所順。時人大法其過逸之行。猶商人化受而崇飲之類。故繼之曰。毋若商王受之沈迷酗于酒德哉。酗酒謂之德者。德有凶有吉。韓子所謂道與德爲虛位是也。

集說 胡氏寅曰。無皇者。不敢自暇也。不敢自暇曰。姑爲今日之樂。後日不爲也。今日爲之。心必好焉。安能忘之。後日欲不爲。得乎。若曰姑爲今日之樂耳。則是逸意已萌。民心不從。天意不順。下得罪於民。上得罪於天。如此之人。大有過咎也。○林氏之奇曰。一日之勤。則有一日之效。一日之逸。則有一日之害。蓋至誠無息。悠久無疆。皆不息之積也。苟有息焉。則一日之耽樂。而終身之禍。其在是矣。○呂氏祖謙曰。人之始耽樂者。每自恕曰。吾惟今日耽樂爾。不知是心一流。則自一日而至於二日。或至於終身不返。故周公警之。以謂苟不戒一日之耽樂。順長不已。則必至於爲紂之徒也。無皇曰今日耽樂。蓋原逸樂之始。使之深絕其微。無若殷王受之迷亂。蓋要逸樂之終。使知必至此極。始終備矣。○眞氏德秀曰。紂之惡。無所不有。酗酒。其最也。人無智愚。皆知憂勤必享國。逸欲必戕生。惟沉湎于酒。心志昏亂。則雖死亡在前。亦不知畏。故欲無逸則不可酗酒。酗酒則必不能無逸。公所以專以此申戒也。○薛氏瑄曰。人君天下之表儀。一日之耽樂。雖若不至於大害。然作於上。卽應於下。是其爲訓於民。非言語之訓。乃以身訓之訓。

周公曰。嗚呼。我聞曰。古之人猶胥訓告。胥保惠。胥教誨。民無或胥譸張爲幻。

【集傳】胥相。訓誡。惠順。譸誑。張誕也。變名易實以眩觀者曰幻。歎息言古人德業已盛。其臣猶且相與誡告之。相與保惠之。相與教誨之。保惠者。保養而將順之。非特誡告而已也。教誨則有規正成就之意。又非特保惠而已也。惟其若是。是以視聽思慮。無所蔽塞。好惡取予。明而不悖。故當時之民。無或敢誑誕爲幻也。

集說 程子曰。傳德義者。在乎防見聞之非。節嗜好之過。保身體者。在乎適起居之宜。存畏慎之心。○呂氏祖謙曰。訓告者。以格言訓迪之也。保惠者。以善道保養之也。教誨者。教戒誨語。諄諄懇惻。非特訓告而已也。訓告教誨。皆見於言語。保惠則極其調護於日用飲食之間。功用蓋相表裏也。左右前後。無非正人。訓誨保養正氣充實。邪說何自而投隙乎。○金氏履祥曰。訓告教誨。義同而復出。猶云師導之教誨。傳傳之德義者歟。○孫氏繼有曰。上詳告以無逸之道。此又慮其聽之不審。故又舉古人資於臣者言之。古人指三宗文王。言猶者。言其德業已盛，宜無賴於臣之助矣。然其時，君有愼終如始之心，常不廢採擇，臣亦有憂盛危明之意，常不憚箴規，猶相與訓告之，訓告不已，而又保惠之，保惠不已，而又教誨之，只是惓惓無已之意，胥者，交修之意，非一人也。

此厥不聽，人乃訓之，乃變亂先王之正刑，至于小大，民否則厥心違怨，否則厥口詛祝。

集傳 正刑，正法也。言成王於上文古人胥訓告保惠教誨之事，而不聽信，則人乃法則之，君臣上下，師師非度，必變亂先王之正法，無小無大，莫不盡取而紛更之。蓋先王之法。甚便於民。甚不便於縱侈之君。如省刑罰以重民命。民之所便也。而君之殘酷者。則必變亂之。如薄賦斂以厚民生。民之所便也。而君之貪侈者。則必變亂之。厥心違怨者。怨之蓄於中也。厥口詛祝者。孔氏穎達曰。請神加殃謂之詛。以言告神謂之祝。怨之形於外也。爲人上而使民心口交怨。其國不危者。未之有也。此蓋治亂存亡之機。故周公懰懰言之。

集說 孔氏穎達曰。襄十七年左傳曰。宋國區區而有詛有祝。詩曰。侯詛侯祝。是詛祝。祝意小異耳。○林氏之奇曰違怨者司馬侍講曰外雖迫於威刑不敢不從獨其心相違而怨憾也詛祝者昭二十七年左傳曰楚郤宛之難國言未已進胙者莫不謗令尹則是祝詛者因祭而爲之也否者言民之不違怨則詛祝不詛祝則違怨也○眞氏德秀曰篇中有兩至于小大恐當作一義上言至于小大無時或怨下言至于小大民否則厥心違怨蓋皆爲民而言○陳氏大猷曰承上章無怨咸和之意遂及於違怨詛祝

周公曰嗚呼自殷王中宗及高宗及祖甲及我周文王茲四人迪哲

【集傳】迪蹈哲智也孟子以知而弗去爲智之實迪云者所謂弗去是也人主知小人之依而或忿戾之者是不

能蹈其知者也。惟中宗高宗祖甲文王。允蹈其知。故周公以迪哲稱之。

集說 王氏樵曰。迪哲者。言四君之知。非苟知之。亦允蹈之也。蓋爲世主有知而不能勿去者。故此發此一義。其實偏首二知字。卽迪哲也。篇中歷敘三宗文王無逸之實。卽迪哲之事也。此則總上事而申明之。以起下意。故蔡傳卽以下意解迪哲。曰人主知小人之依。而或忿戾之者。是不能蹈其知者也。○孫氏繼有曰。此於知依之中。又抽出一迪字來。必迪而後謂之能知也。世主於小人之依。非無知之者。但心雖知之。而身不能蹈之。容有逸豫病民而不及覺者。惟三宗文王經畫區處。必使民之各得其依而後巳。

厥或告之曰。小人怨汝詈汝。則皇自敬德。厥愆。

曰。朕之愆。允若時。不啻不敢含怒。

集傳詈。罵言也。其或有告之曰。小人怨汝詈汝。汝則皇自敬德。孔氏穎達曰。皇。大也。大自敬德者。謂增修善政也。反諸其身。不尤其人。其所誣毁之愆。安而受之。曰。是我之愆。允若時者。誠實若是。非止隱忍不敢藏怒也。蓋三宗文王於小民之依。心誠知之。故不暇責小人之過言。且因以察吾身之未至。怨詈之語。乃所樂聞。是豈特止於隱忍含怒不發而已哉。

集說　朱氏方大曰。聞謗而自反以敬德。則凡怨詈之來。皆箴砭之益。吾方資之以自反。何止不敢含怒於心而已。苟非發於中心之誠。惟不敢含怒而止。則是僅能怨人之言。而未盡反己之功也。○陳氏大猷曰。四君至明。故能如此。凡聞謗而責人。皆不明所致也。○王氏樵曰。四君迪哲。只是如保赤子。心誠求之。民之所好好之。民之所惡惡之。使民眞不失其所依。乃是眞知處。何曾有致怨。亦非謂必待怨詈之來。無所藏怒。而始足以見其迪哲也。蓋言其平時照管旣無不周到。至於一旦聞人有怨詈。悚然自反。直任其咎。略無忿疾人言之心。尤足以見其迪知之實也。

此厥不聽。人乃或譸張爲幻。曰小人怨汝詈汝。則信之。則若時。不永念厥辟。不寬綽厥心。亂罰無罪殺無無辜怨有同是叢于厥身。

集傳 綽。大。叢。聚也。言成王於上文三宗文王迪哲之事。不肯聽信。則小人乃或誑誕變置虛實曰。小民怨汝詈汝。汝則聽信之。則如是。不能永念其爲君之道。不能寬大其心。以誑誕無實之言。羅織疑似。亂罰無罪。殺戮無辜。天下之人受禍不同。而同於怨。皆叢於人君之一身。亦何便於此哉。大抵無逸之書。以知小人之依爲一篇綱領。而此章則申言既知小人之依。則當蹈其知也。三宗文王能蹈其知故其胷次寛平人之怨詈不足以芥蔕其心如天地之於萬物一於長育而已其悍疾憤戾天豈私怒於其間哉天地以萬物爲心人君以萬民爲心故君人者要當以民之怨詈爲已責不當以民之怨詈爲已怒以爲已責則民安而君亦安以爲已怒則民危而君亦危矣吁可不戒哉

集說　范氏祖禹曰明君惟聽正直故讒慝之言不入於耳暗君好聽讒佞故欺誑之言日至於前人君當修德以弭怨不可以刑殺止怨以刑殺止怨怨之愈甚大決所潰不可收拾矣○夏氏僎曰向之怨詈猶有限

也。至此普天同怨。是怨叢於一身矣。民氣如此。欲享國長久。得乎。此意蓋在言外也。○陳氏櫟曰。末章承上章以論處怨詈之道。召民和。而使自無時或怨。上也。因怨言而自反。次也。以殺罰止怨而怨叢無次矣。周公以怨詈等事。寬廣君心。而伸舒民氣。其爲邦本國脈計。豈淺淺哉。

周公曰。嗚呼。嗣王其監于兹。

集傳 兹者。指上文而言也。無逸一篇。七章章首皆先致其咨嗟詠歎之意。然後及其所言之事。至此章則於嗟歎之外。更無他語。惟以嗣王其監于兹結之。所謂言有盡而意則無窮。成王得無深警於此哉。

集說

呂氏祖謙曰。無逸之篇。七更端。每以嗚呼發之。蓋深嗟永歎。其意在於言語之外也。始以逸豫爲戒終則以棄忠言。惑邪說。壞法度。治誹謗結之。惟無逸。然後能去其病。而所以保無逸者。亦不過是數者之戒也苟不幸而有是病。其趨於逸豫。如水之就下。而逸豫者。亦所以生是病也。故以是而終無逸之義。

總論

董氏鼎曰。此篇挈所其無逸以爲之綱。而分先知稼穡艱難與不知艱難以爲之目。此一書之大旨也。商三君。先知艱難者也。後王生則逸。不知艱難者也戒嗣王之觀逸遊田。懼其不知艱難也。遠引古人。恐不盡信。故尤欲其師文王焉。○呂氏枏曰。無逸惡乎久。曰。一以存性。二以養情。三以遠害。四以廣恩。五以立命。六以得民。七以得天。夫何爲不久。於太王王季何言抑畏。曰。豈惟太王王季哉。雖齊民之起家者。皆自謙抑謹畏始耳。傳謂不翕聚則不能發散。人稱文武成康之盛。而不知自抑畏之積也。文王之無逸云何。曰。卑服康功田功。其本也。蓋自是則能懷保小民。不侮鰥寡。自是則能徽柔懿恭。自是則能不盤遊田。惟正之供也。懷保惠鮮。言徽柔懿恭。咸和萬民。言不遑暇食。惟正之供。言不盤遊田者。何。曰小人鰥寡。非仁德不可近。萬民之廣。非勤政不易及。上無淫用。斯下無過取矣。古之人謂何。曰指上三宗文王也。猶胥以下。指當時之臣而言也。孔安國以爲君臣相訓告者。亦通。然自此至是叢于厥身。專主聽言也。夫於小人之怨詈且樂受。而況人臣之訓告保惠教誨者乎。故允若時者。言其誠也。不啻不敢含怒者。言其非僞也。

君奭

【集傳】召公告老而去。周公留之。史氏錄其告語爲篇。亦誥體也。以周公首呼君奭。因以君奭名篇。篇中語多未詳。今文古文皆有。○案此篇之作。史記謂召公疑周公當國踐祚。唐孔氏謂召公以周公嘗攝王政。今復在臣位。葛氏謂召公未免常人之情。以爵位先後介意。故周公作是篇以諭之。陋哉斯言。要皆爲序文所誤。獨蘇氏謂召公之意。欲周公告老而歸。爲近之。然詳本篇旨意。迺召公自以盛滿難居。欲避權位。退老厥邑。周公反復告諭以留之爾。熟復而詳味之。其義固可見也。

集說程子曰。師保之任。古人難之。故召公不悅者。不敢安於保也。周公作書以勉之。以爲在昔人君所以致治者。皆賴其臣。而使召公謀所以裕已也。○朱子曰。召公不悅。這意思曉不得。若論事了。亦儘未在。看來是見成王已臨政。便也小定了。許多事周公自可了得。所以求去。○問召公不悅之意。曰。召公不悅。只是小序恁地說。裏面却無此意。這只是召公要去後周公留他。說道朝廷不可無老臣。又問又曰等語不可曉。曰。這箇只是大綱綽得箇意脈子。便恁地說。不要逐箇字去討。便無理會。這箇物事難理會。又曰。弗弔。只當作去聲讀。又曰。召公不悅。蓋以爲周公歸政之後。不當復留。而已亦老而當去。故周公言二人不可不留之意。又歷道古今聖賢倚賴老成。以固其國家之事。又曰予不惠若兹多誥。予惟用閔于天越民。只此便見周公之心。每讀至此。未嘗不喟然太息也。試於此等處虚心求之。如何。○吕氏祖謙曰。召公不疑周公。前輩辨之詳矣。於其盛滿而欲去。周公反復留之。後世權位相軋。排之使去。則有之。挽之使留。蓋亦鮮矣。周公固不可以後世論也。大臣之秉心。公則深恐無助。私則惟恐不專也。○成功不可居。洛邑成而周公告歸。召公亦同此心也。已而成王留周公。周公皤然改矣。召公猶守欲退之心也。周公遂力留之。及其既喻。非特留於一時。終相成王。且相康王。惟不苟於隨。所以篤於信也。○陳氏大猷曰。或謂周公去朝居洛。召公獨執政柄。所以欲去。今以洛誥君陳考之。周公固居洛以化殷民。以無逸蔡仲等考之。周公未嘗不在朝以輔大業。意其往來鎬洛之間也。方是時。洛邑雖成。而殷民尚未孚。四方雖定。而天命人心尚未固。宜周公諄諄於留召公歟。○王氏樵曰。此篇大意專言國有老成。則天命可固。因言天眷佑人國家。使其臣子多賢。效忠宣力之人。充布内外。足以應其相之旁求。副其君之任使。至是。則爲相者。可謂不惟以一身之材能事其君。而以衆人之材能事其君。吾身有時不在。而不患無復如我者焉。如是而功成身退。告老而去。其復何憾。若猶未也。則未可去也。

周公若曰。君奭。

集傳 君者。尊之之稱。奭。召公名也。古人尚質。相與語。多名之。

集説 林氏之奇曰。尊之爲君。正如棄謂之后稷。曰后曰君。一也。○薛氏季宣曰。君而名之。猶君陳君牙之類也。

弗弔天降喪于殷殷既墜厥命我有周既受我不敢知曰厥基永孚于休若天棐忱我亦不敢知曰其終出于不祥

集傳　不祥者休之反也天既下喪亡于殷殷既失天命我有周既受之矣我不敢知曰其基業長信於休美乎如天果輔我之誠邪我亦不敢知曰其終果出於不祥乎○案此篇周公留召公而作此其言天命吉凶雖曰我不敢知然其懇惻危懼之意天命吉凶之決實主於

召公留不留如何也。

集說呂氏祖謙曰。人之於天。或恃而不自修。或懼而不自彊。謂厥基永孚于休。恃而不自修者也。意天之必福已者也。謂其終出于不祥。懼而不自彊者也。意天之必禍已者也。周公謂吾之於天。豈敢計禍福必之哉。惟盡在我之誠以順天而已。○陳氏經曰。此首以天命王業之難保諭留之。○胡氏士行曰。殷喪而周受之。天何常哉。其休其不祥。我敢曰知以必之天哉。惟盡吾誠而已。○陳氏櫟曰。此數句。與召誥不敢知曰有歷年不其延。語脈略同。

嗚呼。君已曰。時我。我亦不敢寧于上帝命。弗永遠念天威越我民罔尤違。惟人。在我後嗣子孫。

大弗克恭上下。遏佚前人光在家不知。

集傳　尤。怨。違背也。周公歎息言。召公已嘗曰。是在我而已。周公謂我亦不敢苟安天命。而不永遠念天之威於我民無尤怨背違之時也。天命民心。去就無常。實惟在人而已。今召公乃忘前日之言。翻然求去。使在我後嗣子孫。大不能敬天敬民。驕慢肆侈。遏絕佚墜文武光顯。可得謂在家而不知乎。

集說　林氏之奇曰。君已曰時我。指召誥所陳之言。召誥言敬德。則祈天永命。不敬德。則早墜厥命。命之修短。不在天而在人。故周公告召公。多援召誥之言。而爲之反覆辯明。曉人者。當如是也。○朱子曰。諸誥多是長句。如君奭弗永遠念天威越我民罔尤違。只是一句。越只是及。罔尤違。是總說上天與民之意。○顧氏錫疇曰。帝命。是今日眷我者。卽厥基之休意。天威。是他日離我者。卽終出不祥意。○王氏綱振曰。敬本人之明德。文武敬天敬民。克恭上下。故爲前人恭明德。然文以此受命。武以此集命。著見昭聞。焜耀後嗣。故又爲前人光。

天命不易。天難諶。乃其墜命。弗克經歷嗣前人恭明德。

集傳 天命不易。猶詩曰命不易哉。命不易保。天難諶信。乃其墜失天命者。以不能經歷繼嗣前人之恭明德也。

吳氏曰。弗克恭。故不能嗣前人之恭德。遏佚前人光。故不能嗣前人之明德。

集說　呂氏祖謙曰。不易。蓋天命之理。天命至公。不可攀援。不可倚著。古先聖王所以兢兢慄慄。若隕深淵者也。驗吾心操舍之際。則知之矣。自天言之。則曰不易。自人觀天言之。則曰難諶。○王氏樵曰。帝命之弗敢寧。天威之當永念。正以天命不易天難諶故也。是命也。前人以恭明之德。克當天心而得之。後嗣子孫不能經歷繼嗣。則失之矣。恭德者。畏天顯。畏小民。無遺壽耇。尊賢下士也。明德者。聲色不邇。貨利不殖。講學稽古。知人遠佞也。

在今予小子旦。非克有正。迪惟前人光。施于我沖子。

【集傳】吳氏曰。小子。自謙之辭也。非克有正。亦自謙之辭也。言在今我小子旦。非能有所正也。凡所開導。惟以前人光大之德。使益焜燿。而付于沖子而已。以前言後嗣子孫遏佚前人光而言也。

【集說】呂氏祖謙曰。明德者。光之體。光者。明德之發。由恭承則言其體。由施用則言其發也。玩非克有正之辭。則周公退託求助於召公之意在其中矣。○馮氏夢禎曰。開導其君。敬天敬民。使前光不遺佚而益焜燿。則光在前人者。今在沖子矣。故曰施于我沖子。

又曰。天不可信。我道惟寧王德延。天不庸釋于文王受命。

【集傳】又曰者。以上文言天命不易天難諶。此又申言天不可信。故曰又曰。天固不可信。然在我之道惟以延長武王之德。使天不容捨文王所受之命也。

【集說】呂氏祖謙曰。徒信天而不知反求。則以天爲在外。無聲無臭儀刑文王所以得天者。是則信天之實也。上天之載信文王。萬邦作孚。求天者。莫親於文王也言此者。所以繹迪前人光之意而終之也。○凡分章皆更端又曰。則紀其語之既終。復續形容議論之起伏。并與精神而寫之者也。○馬氏森曰。誕膺天命。以撫方夏。

周之天命。文實始受之也。武王繼之以德。而天不貳適。有以集大統而凝之。於今則保文王之命者。在延武王之德也。故曰惟寧王德延。使天不容釋文王受命。

公曰。君奭。我聞在昔成湯既受命。時則有若伊尹。格于皇天。在太甲。時則有若保衡。在太戊。時則有若伊陟臣扈。格于上帝。巫咸乂王家。在祖乙。時則有若巫賢。在武丁。時則有若甘盤。

集傳　時則有若者。言當其時有如此人也。保衡即伊尹也。見說命。孔氏穎達曰。說命云。昔先正保衡。作我先王。佑我烈祖。格于皇天。商頌那祀成湯。稱爲烈祖。

太戊。太甲之孫。孔氏穎達曰。太戊。沃丁弟之子。是爲太甲孫也。伊陟。伊尹之子。臣扈與湯時臣扈。二人而同名者也。巫氏。咸。名。祖乙。太戊之孫。巫賢。巫咸之子也。武丁。高宗也。甘盤見說命。呂氏曰。此章序商六臣之烈。蓋勉召公匹休於前人也。伊尹佐湯。以聖輔聖。其治化與天無閒。伊陟臣扈之佐太戊。以賢輔賢。其治化克厭天心。自其徧覆言之謂之天。自其主宰言之謂之帝。書或稱天。或稱帝。各隨所指。非有重輕。至此章對言之。則聖賢之分。而深淺見矣。巫咸止言其乂王家者。咸之爲治。功在王室。精微之藴。猶有愧於二臣也。亡書有咸乂四篇。其乂王家之實歟。巫賢甘盤而無指言者。意必乂亦於巫咸也。○蘇氏曰。殷有聖賢之君七。此獨言五。下文云殷禮陟配天。豈配祀于天者。止此五王。而其臣偕配食于廟乎。在武丁時不言傅說。豈傅說不配食於配天之王乎。其詳不得而聞矣。

集說 孔氏穎達曰。成湯未爲天子。已得伊尹。言既受命者。以功格皇天在受命之後。故言既受命也。伊尹之下。已言格于皇天。保衡之下。不言格于皇天。從可知也。○王氏安石曰。不言傅說而言甘盤者。蓋始迪高宗成其德者。甘盤也。以書考之。高宗命說。固已大過人矣。此甘盤之力也。○陳氏經曰。湯初勝夏。已有臣扈。湯至太戊百三十年。必二臣而名同也。詩有家父。春秋又有家父。亦此類。○吳氏澄曰。周公舉商家所以能創業守成中興者。皆得大臣爲之輔相。以見召公未可去也。湯雖聖。亦賴伊尹之助。保衡。以其保護王躬。而天下之事皆取平焉。故曰保衡。蓋太甲始立是號。以尊伊尹而不名也。○陳氏雅言曰。周公敘商六臣之烈。以告召公。雖其君臣有聖賢之分。治化有淺深之異。然皆爲一代之名臣。召公於此。上比伊尹而無所讓。次比伊陟臣扈巫咸而有餘。下比巫賢甘盤而遠過之。今而求去。則殷民反側之未安。成王守成之無助。寧不愧於商之諸臣者乎。此周公所以勉留之之意也。周公此言。雖主於留召公而發。非爲人物評論。然其立言之意。抑揚高下。自是如此。

率惟茲有陳保乂有殷故殷禮陟配天多歷年所。

集傳　陟升遐也言六臣循惟此道有陳列之功以保乂有殷故殷先王終以德配天而享國長久也。

集說　葉氏夢得曰以其祭上陟而配天猶言郊祀后稷以配天宗祀文王於明堂以配上帝○呂氏祖謙曰配天蓋天子之禮也自湯以諸侯升而用天子之禮久而不墜實六臣之力也○王氏樵曰案陟配天蘇氏謂五王配祀于天而其臣亦配食于廟此蓋殷禮也至周惟郊祀后稷以配天宗祀文王於明堂以配上帝餘

不配天也陟配天言其臣主之同其榮多歷年所言其致國祚之久○袁氏宗道曰陟配天以有道之主配祀于天也多歷年所傳世十九歷年六百也

天惟純佑命則商實百姓王人罔不秉德明恤小臣屏侯甸矧咸奔走惟茲惟德稱用乂厥辟故一人有事于四方若卜筮罔不是孚

集傳　佑助也實虛實之實國有人則實孟子言不信仁賢則國空虛是也稱舉也亦秉持之義事征伐會同之類承上章六臣輔君格天致治遂言天佑命有商純一

而不雜。故商國有人而實。內之百官著姓。與夫王臣之微者。無不秉持其德。明致其憂。外之小臣。與夫藩屏侯甸。矧皆奔走服役。惟此之故。惟德是舉。用乂其君。故君有事于四方。如龜之卜。如蓍之筮。天下無不敬信之也。

【集說】林氏之奇曰。大臣者。小臣之倡率也。大臣輔政之久。以保乂有殷。故此諸臣。無小無大。無內無外。皆能乂厥辟。故一人有事于四方。則莫不信之。若卜筮焉。此治道之大成也。○王氏炎曰。商大臣事業。至於有爲而罔不孚。今四國多方。諄諄告命。猶懼不信。召公豈可求去。○陳氏雅言曰。周公言不特上文六臣。能有輔君之功。天之於商。其佑命之也。純一而不二。故商國賢才衆多而能實。當時在內在外者皆賢。君之用人。惟有德者是舉。而此衆賢皆能治君之事。以與君共理。一人有所命。令於天下。天下之民。如敬聽於卜筮而無不孚信也。周公此言。意謂商賢聖之君。其始以得五六大臣佐佑之助。故能得天佑命之純。是以衆賢維時而出。無內外大小之間。實由於五六大臣之得人也。公意政欲召公知吾二人。其進退係於國體者如此。豈可以盛滿難居爲懼而果於求退也。◎茅氏坤曰。大臣輔君之烈。有以享天之心。而凝其眷命。則天亦感通罔間。而滋至不已。此佑命之純也。佑命純。則貞元之會。人文之朗。天地不閉。賢人不隱。濟濟多士。生此王國。商於是乎實矣。

公曰。君奭。天壽平格。保乂有殷。有殷嗣天滅威。今汝永念。則有固命。厥亂明我新造邦。

集傳 呂氏曰。坦然無私之謂平。格者。通徹三極而無間者也。陳氏師凱曰：貫通天地人之理也。天無私壽，惟至平通格于天者，則壽之。伊尹而下六臣能盡平格之實，故能保乂有殷。多歷年所，至于殷紂，亦嗣天位，乃驟罹滅亡之威。天曾不私壽之也。固命者，不墜之天命也。今召公勉爲周家久永之念，則有天之固命，其治效亦赫然明著於我新造之邦，而身與國俱顯矣。

集說　呂氏祖謙曰：國命之固不固，惟繫於召公念之永不永。其忍不爲此而留哉？召公而永念，則天命必固，其治效亦赫然明著於我新造之邦矣。○孫氏繼有曰：大臣與國一體，不以一己爲壽，而以社稷靈長爲壽。

自古天壽人國使之年所多歷者非私壽之由其國有平格之臣耳平者衡也大臣持心如衡不與以私是能格天故曰平格

公曰君奭在昔上帝割申勸寧王之德其集大命于厥躬

【集傳】申重勸勉也在昔上帝降割于殷申勸武王之德而集大命於其身使有天下也

【集說】夏氏僎曰天勸文王又勸武王故曰申勸如天復命武王○呂氏祖謙曰德成則命集德者命之實命者德之致也○王氏樵曰此言申勸寧王之德則前此式勸文王之德可知矣申者繼前之辭也集猶大統

未集之集。此言周家之命集于
武王。以起下文文王受命之意。

惟文王尚克修和我有夏。亦惟有若虢叔。有若閎夭。有若散宜生。有若泰顛。有若南宫括。

【集傳】虢叔。文王弟。孔氏穎達曰。僖五年左傳云。虢仲虢叔。王季之穆也。是虢叔爲文王之弟。虢。國名。叔。字。【地理今釋】漢書地理志有三虢。北虢在大陽。今山西平陽府平陸縣東北有大陽故城。東虢在滎陽。今河南開封府滎澤縣。西虢在雍州。韋昭云。西虢。虢叔之後在鎬京畿内。今陝西鳳翔府寶雞縣有虢縣故城。

閎。散。泰。南宫。皆氏。夭。宜生。顛。括。皆名。言文王庶幾能修治燮和我所有諸夏者。孔氏穎達曰。所有諸夏。謂亦三分有二屬己之諸國也。

惟有虢叔等五臣爲之輔也。康誥言一二邦以修，無逸言用咸和萬民，即文王修和之實也。

集說　董氏其昌曰：歷敘五臣亦有意，見五臣同心，不以有一人在位，而其餘遂求去也。○鄒氏祺期曰：修者，承敘式化，理而不亂；和者，甄陶涵育，順而不乖，俱主德教說，而養在其中。曰尚克者，難其事而重其助於臣也。

又曰：無能往來，茲迪彝教，文王蔑德降于國人。

集傳　蔑，無也。夏氏曰：周公前既言文王之興本此五臣，故又反前意而言曰：若此五臣者，不能爲文王往來奔走於此。導迪其常教。則文王亦無德降及於國人矣。周公反覆以明其意。故以又曰更端發之。

集說 林氏之奇曰。此五人。蓋文王疏附先後奔走禦侮之臣。德雖本於文王。而其博施於民。則以五臣之力也。

亦惟純佑秉德。迪知天威。乃惟時昭文王。迪見冒聞于上帝。惟時受有殷命哉。

集傳 言文王有此五臣者。故亦如殷爲天純佑命。百姓王人。罔不秉德也。上既反言文王若無此五臣爲迪彝教則亦無德下及國人故此又正言亦惟天乃純佑文王蓋以如是秉德之臣蹈履至到實知天威以是昭明文王啓迪其德使著見於上覆冒於下而升聞于上帝惟是之故遂能受有殷之天命也

集說 呂氏祖謙曰迪見者蹈履而實見非小知之窺測也冒聞者覆冒而徧聞非一事之感格也○陳氏櫟曰此言以文王之聖猶不可無五臣之助也○陳氏雅言曰上章言商賢聖之君皆已受天命之君也故以一人有事於四方若卜筮罔不是孚言之言其效足以化民也此言文王始受天命之君也故以惟時受有殷命哉言之言其效有以得於天也周公言此意謂文王得此五臣之助亦如商之衆君得上六臣之助五臣之

輔周。無異於六臣之輔商。故佑命之純於周。無異於昔之純於商也。天眷厚而賢才衆多者。蓋以大臣之德。有以契於天。故其道有以顯其君。賢臣輔而君德修著。不惟其君之德有以被於時。而其極有以格夫天。是則文王之所以受有殷命之故。雖文王之德。亦五臣之助也。周公此言。主於留召公。故皆歸重於臣之辭。召公縱不以商之六臣爲念。獨不以周之五臣爲意乎。

武王惟兹四人尚迪有祿。後暨武王誕將天威。咸劉厥敵。惟兹四人昭武王惟冒。丕單稱德。

【集傳】號叔先死。故曰四人。劉。殺也。單。盡也。武王惟此四人。庶幾迪有天祿。其後王氏樵曰。後者。前承文王之辭也。暨武王盡殺其敵。惟此四人能昭武王。遂覆冒天下。天下大盡稱武王之德。謂其達聲教于四海也。文王冒西土而已。丕單稱德。惟武王爲然。於文王言命。於武王言祿者。文王但受天命。至武王方富有天下也。呂氏曰。師尚父之事文武。烈莫盛焉。不與五臣之烈。蓋一時議論。或詳或略。隨意而言。主於留召公。而非欲爲人物評也。

【集說】陳氏櫟曰。此言以武王之聖。猶不可無四臣之助也。上言殷先王猶有賴於六臣。此二章言周文武猶有賴於五臣四臣。召公可不鑒之而遽求去乎。留之之意切矣。○杜氏偉曰。上言資四臣以得天下。下言資四臣以化天下。迪有祿。謂啓迪武王之德。使之格天而有天祿也。厥敵未盡除。則天下猶有梗化者在。教化何以得大行邪。昭武王。與上昭文王一般。惟冒雖說武王之德覆冒天下。却要本四臣能使他如此。丕單稱德者。沐其覆冒之德而稱頌之也。

今在予小子旦。若游大川。予往暨汝奭其濟。小子同未在位。誕無我責。收罔勖不及。耇造德不降。我則鳴鳥不聞。矧曰其有能格。

【集傳】小子旦。自謙之稱也。浮水曰游。周公言承文武之業。懼不克濟。若浮大川。罔知津涯。豈能獨濟哉。予往與汝召公其共濟可也。小子成王也。成王幼沖。雖已卽位。與未卽位同。誕大也。大無我責上疑有缺文。收罔勖不及。未詳者。造德不降。言召公去。則耇老成人之德不下於民。在郊之鳳。將不復得聞其鳴矣。況敢言進此而有感格乎。是時周方隆盛。鳴鳳在郊。卷阿鳴于高岡者。乃詠其實。陳氏師凱曰。卷阿召公所作。曰鳳凰鳴矣于彼高岡。故周公云爾也。

集說 張子曰。耇造德降。則民諴和而鳳可致。故鳴鳥聞。所以爲和氣之應也。○林氏之奇曰。功成名遂。奉身而去。其爲一身進退之節。固當明白。然國家安危長短之原。實自此而分。尤所當念。自此而下。皆周公言其當留之義也。○呂氏祖謙曰。自後世觀之。天下可無召公。不可無周公。而周公於召公之去。反惴惴然。惟恐其不留焉。斯周公之所以爲周公也。○李氏瓚曰。案淮夷之滅。西奄之踐。東夷之伐。肅愼之來。俱召公既留已後事。若召求去。誰與共濟也哉。

附錄 孔氏穎達曰。我與汝用心輔弼。同於成王未在位之時。恐其未能嗣先王明德。我當與汝輔之。汝大無非責我之留也。○余氏芑舒曰。收罔勖不及。呂云。召公若收斂退藏。罔勖勉成王之所不逮。亦通。

案 誕無我責之上。蔡傳疑有缺文。據孔穎達周公語意。只是勸勉召公大無責我之留而已。收罔勖不及。蔡傳以爲未詳。若曲通其義。則余氏引呂祖謙之說。亦可以備一解也。

公曰。嗚呼君。肆其監于茲。我受命無疆惟休。亦

大惟艱。告君乃猷裕。我不以後人迷。

集傳　肆。大猷。謀也。茲。指上文所言。周公歎息欲召公大監視上文所陳也。我文武受命。固有無疆之美矣。然迹其積累締造。蓋亦艱難之大者。不可不相與竭力保守之也。告君謀所以寬裕之道。勿狹隘求去。我不欲後人迷惑而失道也。○呂氏曰。大臣之位。百責所萃。震撼擊撞。欲其鎮定。辛甘燥濕。欲其調齊。槃錯棼結。欲其解紓。黯闇汚濁。欲其茹納。自非曠度洪量。與夫患失乾沒者。

陳氏師凱曰患失卽論語所謂鄙夫乾沒出前漢張湯傳云始爲小吏乾沒服虔云射成敗也如淳云豫居物以待之得利爲乾失利爲沒未嘗無翩然捨去之意況召公親遭大變破斧缺斨之時陳氏師凱曰詩云既破我斧又缺我斨言周公東征之時也屈折調護心勞力瘁又非平時大臣之比顧以成王未親政不敢乞身爾一旦政柄有歸浩然去志固人情之所必至然思文武王業之艱難念成王守成之無助則召公義未可去也今乃汲汲然求去之不暇其迫切已甚矣盡謀所以寬裕之道圖功攸終展布四體爲久大規模

使君德開明。未可捨去而聽後人之迷惑也。

【集說】林氏之奇曰。後人。指成王也。下言前人謂武王。則後人之爲成王必矣。○呂氏祖謙曰。周公自言我終不獨善。而使後人迷惑。自言所以不去者以勉召公也。○陳氏經曰。不以後人迷。謂欲使後人嗣前人恭明德。不至於遏佚前人光也。○陳氏櫟曰。不以後人迷。如以其君霸。以其君顯之以。留而明保啓迪成王。是不以後人迷也。去而聽其迷惑。是以後人迷也。

公曰。前人敷乃心。乃悉命汝。作汝民極。曰。汝明勖偶王。在亶乘茲大命。惟文王德。丕承無疆之恤。

集傳　偶，配也。黄氏度曰：元首股肱，相配而成體也。蘇氏曰：周公與召公同受武王顧命輔成王，故周公言前人敷乃心腹，以命汝召公位三公，以爲民極，且曰：汝當明勉輔孺子，如耕之有偶也。在於相信，如車之有馭也。并力一心，以載天命。念文考之舊德，以丕承無疆之憂。武王之言如此，而可以去乎。

集説　林氏之奇曰：昔武王命二公，言汝之明勉以配王，在於誠信以乘此天之大命，惟念文王之德以輔其君，則可以大承其無窮之憂。君臣相與儆戒以保天命也。意謂武王之所以命吾二人者如此，則我家無窮之憂正吾二人所當任其責其可以舍而去乎乘大命者王氏曰乘者以乘車而踰爲彼所載而行是也○金氏履祥曰此述武王顧託之命○作汝民極謂大臣之職爲民標準故當時凡言爲大臣者皆曰以爲民極○王氏充耘曰天子以身建極於上而謂三公爲民極者何蓋論道經邦三公之責是亦所以爲民極也偶王者上而天子次卽三公相與共治天下蓋三公所以副貳天子如耦耕相似在亶乘茲大命如亶聰明之亶言的實如此夫天之大命無人焉以乘載之則墜地矣故偶王以乘此大命者公之責也夫謂之三公則位不可謂不尊欲其偶王以乘大命纘文王之德以承無窮之憂則責任不可謂不重武王命召公如此公乃欲去獨不思念前人之言乎

公曰君告汝朕允保奭其汝克敬以予監于殷

喪大否肆念我天威。

集傳　大否。大亂也。告汝以我之誠。呼其官而名之。言汝能敬以我所言。監視殷之喪亡大亂。可不大念我天威之可畏乎。

集說　眞氏德秀曰。周公言天威。曰肆念我天威。蓋天在我而不在外。此心少有不存。則是不念天威矣。豈必求之外乎。○陳氏櫟曰。我天威。如召誥言我受天命。大臣與國同體。天命天威。皆以我負荷之。不敢以不切已視之也。○來氏宗道曰。殷喪大否。卽天威之在殷也。天威在殷。由無平格之臣也。使不監於殷而去之。則天威昔在殷。而今將在周矣。可不念此而留乎。殷喪。從有殷嗣天滅威來。天威。從弗永遠念天威來。此節又舉天威之可懼者留之也。○王氏綱振曰。周公監殷喪大否。留公以共濟此周公之允也召公能肆念天威留與周公共濟此召公之敬也。

予不允惟若茲誥予惟曰襄我二人汝有合哉。言曰在時二人天休滋至惟時二人弗戡其汝克敬德明我俊民在讓後人于丕時。

集傳　戡。勝也。戡堪古通用周公言我不信於人。而若此告語乎予惟曰。王業之成在我與汝而已汝聞我言而有合哉。亦曰在是二人但天休滋至惟是我二人將不堪勝。汝若以盈滿爲懼。則當能自敬德。益加寅畏。明揚俊民。布列庶位。以盡大臣之職業。以答滋至之天休。毋徒惴惴而欲去爲也。他日在汝推遜後人于大盛之時。超然肥遯。陳氏師凱曰。肥遯。遯卦上九爻辭也。程子曰。肥者。充大寬裕之意。遯者。飄然遠逝。無所繫滯之。爲善。誰復汝禁。今豈汝辭位之時乎。

集說 蘇氏軾曰。德勝福則安。福勝德則危。今天休滋至。恐二人德不能勝。由此知召公之不悅。蓋以滿溢爲憂也。○周公言汝以滿溢爲憂乎。則當求俊民而顯明之。他日讓此後人于昌大之時而去。未晚也。○王氏安石曰。大臣之善。在乎能讓。讓則推賢揚善。而無妨功害能。此所以能明俊民。○朱子曰。襄我二人。周公自謂已與召公○陳氏經曰今時未至盛大未有賢俊可讓召公未可去也大臣進退常以得人爲慮有賢者可以讓則身可以退蕭何且死必引曹參管仲不能薦賢所以不免於譏也○王氏樵曰文王時則有五人武王時則有四人弗憂於弗戡也今惟我二人而已其何以戡夫滋至之休乎滋至則盈盈則難持召公所以有盈滿之懼然知懼在於自强非可以退求自免也故曰其汝克敬德明我俊民勉其益修德以自盡益求賢以自輔爾

嗚呼篤棐時二人我式克至于今日休我咸成文王功于不怠丕冒海隅出日罔不率俾

集傳 周公復歎息言篤於輔君者是我二人我用能至

于今日休盛然我欲與召公共成文王功業于不怠大覆冒斯民使海隅日出之地無不臣服然後可也周都西土去東爲遠故以日出言吳氏曰周公未嘗有其功以其留召公故言之蓋敘其所已然而勉其所未至亦人所說而從者也

集說 蘇氏軾曰以我二人厚輔之故周室乃有今日之休然今日之休未可以爲足也惟至於日月所照莫不率服乃已耳○陳氏大猷曰伐淮夷踐奄在此書後可見當時未能罔不率俾也右二章以文武留召公也○陳氏櫟曰告汝朕允與予不允惟若兹誥下文予不惠若兹多誥語皆相應告汝皆我允信之心也我豈

不信而惟若此誥語乎我豈不相惠順而若此多誥乎末謂今日之休不可恃前人之功所當終必極天所覆日所照皆臣服然後文王之功方可以成言我與汝當同任其責而咸成之惟不倦可以成終召公殆未可去也前以商六臣周五臣四臣留之末以文武與身留之諄切至此召公得不留哉○陳氏雅言曰是時洛邑既宅頑民既遷有卷阿鳳凰之歌有既醉鳧鷖之雅謂之今日休宜矣然而淮夷未滅西奄未踐東夷未伐肅慎未來謂之我咸成文王功于不怠召公得不留意哉吳氏之言可謂深達周公之心而善達人情之論者矣

公曰君予不惠若茲多誥予惟用閔于天越民

【集傳】周公言我不順於理而若茲諄復之多誥邪予惟用憂天命之不終及斯民之無賴也韓子言畏天命而

悲人窮。亦此意。前言若兹誥。故此言若兹多誥。周公之告召公。其言語之際。亦可悲矣。

集説 ○顧氏錫疇曰。予不惠。正應告汝朕允句。閔天越民者。惟憂之深。故不覺言之切也。夏氏僎曰。天命難諶。民心難保。大臣去留。繫天命之從違。民心之向背。今召公欲去。實周公之憂也。國有老成。則天眷不移。民心永保。不然。則胥可憂耳。予

公曰。嗚呼。君惟乃知民德。亦罔不能厥初。惟其終。祗若兹。往敬用治。

集傳 上章言天命民心。而民心又天命之本也。故卒章

專言民德以終之。周公歎息謂召公踐歷諳練之久。惟汝知民之德。民德。謂民心之嚮順。亦罔不能其初。今日固罔尤違矣。當思其終。則民之難保者。尤可畏也。其祗順此誥。往敬用治。不可忽也。此召公已留。周公飭遣就職之辭。厥後召公既相成王。又相康王。再世猶未釋其政。有味於周公之言也夫。

集說 呂氏祖謙曰。召公之欲去也。見民之罔尤違。謂民心已安而可保。此其欲去之根。故卒章復深言民情難保以警之。洛誥周公之留。則有酬答載於簡冊。此篇乃無召公肯留之語。其領受之意固見矣。

林氏之奇曰無逸君奭皆周公所作方其爲成王言則謂商周之治無不在其君之憂勤及其爲召公言則謂商周之治無不在其臣之輔相言各有所當也○王氏柏曰此篇文意雖多不可曉大意是周公留召公共政之書也歷舉湯之興有此六臣文武之時有此五臣今日止有吾二人而已當時雖有芮伯彤伯畢公衞侯毛公諸臣要未可與召公班也周公拳拳於天命之難保而幼主之不可不開導輔相之意反覆憂深求助懇惻故召公竟無他辭○董氏鼎曰一書之中首言憂國之心非人所知次言天命可畏惟人是賴又次言殷先王與我文武得人之助然文王時五人至武王時四人今又惟我二人而已君若求去豈我一人所能戡哉憂之深是以留之切留之切是以言之詳召公同功一體之人均有忠君愛國之心者也安得不油然而感幡然而留哉○郝氏敬曰竊觀周公之志而知聖人天行之健不息之誠以天地民物爲心未嘗遲回於衰

耄之年也。吾當爲之事。與夫不可辭之責。一息不容少懈。吾夫子思夢見周公。孟子謂公思兼三王。坐以待旦。讀君奭。始信其然矣。

欽定書經傳說彙纂卷第十六

欽定書經傳說彙纂卷第十七

蔡仲之命

【集傳】蔡。國名。【地理今釋】蔡國。今河南汝寧府上蔡縣。縣西南十里有故蔡城。杜預云。武王封叔度于汝南上蔡。至平侯徙新蔡。昭侯徙居九江下蔡也。仲。字。蔡叔之子也。叔沒。周公以仲賢命諸成王復封之蔡。此其誥命之辭也。今文無古文有。○案此篇次敘。當在洛誥之前。

【集說】孔氏穎達曰。蔡叔之沒。不知何年。其命蔡仲。未必初卒即命。以其繼父命子。故繫之蔡叔之後也。蔡叔有罪，而命蔡仲者，父卒命子，罪不相及也。○吕氏祖謙曰：叔未死之前，周公之心，所謂庶幾改之，予日望之者也。叔既没矣，於是以平日友愛之至情，不得施於叔者，施之於仲也。

惟周公位冢宰，正百工，羣叔流言，乃致辟管叔于商，囚蔡叔于郭鄰，以車七乘，降霍叔于庶人，三年不齒。蔡仲克庸祗德，周公以爲卿士。叔卒，乃命諸王邦之蔡。

集傳　周公位冢宰，正百工，武王崩時也。郭鄰，孔氏曰：中國之外地名。蘇氏曰：郭，虢也。黄氏度曰：逸書作虢，古通用。　周禮六遂五家爲鄰。管。霍。國名。杜氏預曰。管在滎陽京縣東北。○陳氏師凱曰。今河南鄭州管城縣。左傳閔二年。晉滅霍。杜預云。永安縣東北有霍太山。今山西平陽路霍山也。地理今釋霍國。今山西平陽府霍州。州西南十六里有霍城。地理通釋云。霍。姬姓。文王子叔處所封。

武王崩。成王幼。周公居冢宰。百官總已以聽者。古今之通道也。當是時。三叔以主少國疑。乘商人之不靖。謂可惑以非義。遂相與流言倡亂以搖之。是豈周公一身之利害。乃欲傾覆社稷。塗炭生靈。天討所加。非周公所得已也。故致辟管叔于商。致辟云者。誅戮之也。囚蔡叔于郭鄰。以車七乘。囚云者。制其出入。孔氏穎達曰。周禮有掌囚之官。鄭云。囚拘也。而猶從以七乘之車也。降霍叔于庶人。三年不齒。孔氏穎達曰。若今除名爲民。不得與兄弟年齒相次。三年之後。方齒錄以復其國也。三叔刑罰之輕重。因其罪之大小而已。仲叔之子克常敬德。周公以爲卿士。叔卒。乃命之成王而封之蔡也。周公留佐成王。食邑於圻內。圻內諸侯。孟仲二卿。故周公用仲爲卿。陳氏師凱曰。孟仲二卿。猶言上下二卿。皆命於其君。周公以仲爲已卿士。則是自命之卿也。非魯之卿也。蔡左傳在淮汝之間。仲不別封。而命邦之蔡者。所以不絕叔於蔡也。封仲以他國。則絕叔于蔡矣。呂氏曰。象欲殺舜。舜在側微。其害止於一身。故舜得遂其友愛之心。周公之位。則繫于天下國家。雖欲遂友愛於三叔。不可得也。舜與周公。易地皆然。史臣先書惟周公位冢宰正百工。而繼以羣叔流言。所以結正三叔之罪也。後言蔡仲克庸祗德。周公以爲卿士。叔卒。卽命之王。以爲諸侯。以見周公蹙然於三叔之刑。幸仲克庸祗德。則亟擢用分封之也。吳氏曰。此所謂冢宰正百工。與詩所謂攝政皆在成王諒闇之時。非以幼沖而攝。而其攝也。不過位冢宰之位而已。亦非如荀卿所謂攝天子位之事也。三年之喪。二十五月而畢。方其畢時。周公固未嘗攝。亦非有七年而後還政之事也。百官總已以聽冢宰。未知其所從始。如殷之高宗已然。不特周公行之。此皆論周公者所當先知也。

集說 孔氏安國曰。蔡仲能用敬德。稱其賢也。明王之法。誅父用子。言至公也。叔之所封。圻內之蔡。仲之所封。淮汝之間。圻內之蔡名已滅。故取其名以名新國。欲其戒之。〇孔氏穎達曰。杜預云。武王封叔度於汝南上蔡。胡徙新蔡。昭侯徙居九江下蔡。圻內蔡地。不知所在。○周禮。冢宰以八則治都鄙。馬融云。距王城四百里至五百里。謂之都鄙。以封王之子弟在畿內者。冢宰又云。乃施則于都鄙。而建其長。立其兩。馬鄭皆云。立卿兩人。是畿內諸侯立二卿。定四年左傳說此事云。周公舉之以爲己卿士。是爲周公圻內之卿士也。世家云。周公舉胡以爲魯卿士。周公身不就封。安得使胡爲卿士。馬遷說之謬爾。○蘇氏軾曰。蔡叔未卒。仲無君國之理。所以封仲必在叔卒之後也。○林氏之奇曰。周公之賞罰。未嘗容心於其間。蔡叔之罪。不可赦也。則遷之於遠。不以其弟之故而私之。蔡仲之賢。不可棄也。則薦之於王。不以蔡叔之故而惡之。此其所以爲周公也。○張氏震曰。象得罪於舜。安得不貸之以恩。管叔得罪於周。安得不斷之以義。霍叔不絕其身。蔡叔不絕其子。而管叔獨不免誅絕。恩與義竝行而不悖也。○薛氏季宣曰。羣叔之罪。在後世之議。蓋不容誅也。周公獨誅管叔。蔡叔罪止於囚。霍叔降而復之。蔡叔尚存。蔡仲已爲卿士。仁人之於兄弟。其不宿怨蓄怒。父子兄弟。罪不相及。於周公見之矣。舜殛鯀而興禹。周公囚蔡叔而官蔡仲。罰不及嗣。帝王之通道也。蔡叔卒而後蔡仲受爵。罪人未歿。不可復其子之國也。○朱子語類。問周公誅管蔡。自公義言之。其心固正大直截。自私恩言之。其情終有不自滿處。所以孟子謂周公之過。不亦宜乎。曰。是。但他豈得已爲此哉。周公當初怕武庚叛。故遣管蔡霍去監他。爲其至親可恃。不知他反去與那武庚同作一黨。便發出這件事來。問是時可調護否。曰。他已叛。只得殺。如何調護得。蔡叔霍叔罪較輕。所以只囚于郭鄰。降于庶人。○呂氏祖謙曰。管叔始禍造亂。不得而赦。致云者。有重之難之之意。所以深著周公之不得已也。於蔡叔霍叔每求其輕。是以知周公之於管叔。亦欲求其生而不可得也。○魏氏了翁曰。左傳定公四年云。蔡仲改行率德。周公舉之以爲己卿士。己字極好玩味。可見周公大聖人。蔡叔有罪而囚之。有子仲祗德。則以爲己卿士。眞與天地同其大也。

王若曰。小子胡。惟爾率德改行。克愼厥猷。肆予命爾侯于東土。往即乃封。敬哉。

【集傳】胡。仲名。言仲循祖文王之德。改父蔡叔之行。能謹其道。故我命汝爲侯於東土。往就汝所封之國。其敬之哉。呂氏曰。敬哉者。欲其無失此心也。命書之辭。雖稱成王。實周公之意。

【集說】薛氏季宣曰。率德改行。斯可以君國而長民矣。封。土也。天子建侯立國。分以天子之社。使置社於其國。因謂之封。蔡在宗周之東。故曰東土。侯其爵也。

爾尚蓋前人之愆。惟忠惟孝。爾乃邁迹自身。克勤無怠。以垂憲乃後。率乃祖文王之彝訓。無若爾考之違王命。

集傳　蔡叔之罪。在於不忠不孝。故仲能掩前人之愆者。惟在於忠孝而已。叔違王命。仲無所因。故曰邁迹自身。克勤無怠。所謂自身也。垂憲乃後。所謂邁迹也。率乃祖文王之彝訓。無若爾考之違王命。上文所謂率德改行也。

集說 林氏之奇曰。忠孝一道也。臣子一心也。未有忠而不孝。孝而不忠者。諸侯以富貴不離其身。保其社稷以保其人民爲孝。蔡叔忠孝兩失。仲欲掩蓋其愆。尤則惟在於此二者也。○黃氏度曰。巳封其子。而不爲其父諱。何也。昭明王法。以訓天下。雖蔡仲亦當體國。何諱乎。○呂氏祖謙曰。子之新善著。則父之舊愆庶乎其掩矣。蔡叔之惡。旣無以貽厥子孫。仲乃一國始封之祖。創業垂統之責。繫焉。盍克勤無怠。以垂法於後。斯須之怠。則流弊或在於數百年後。不可不謹其源也。○陳氏傅良曰。舜命禹。未嘗戒以鯀。周公命微子。未嘗及武庚。今命仲而尤其父者。於越人疏之。於其兄戚之也。父子兄弟之間。猶有諱而不敢盡言。是愈疏矣。成王於仲。親親之道也。蔡仲在人。其謂叔曰。幸哉有子如此歟。故曰蓋前人之愆。○眞氏德秀曰。人子不幸如大禹之承鯀。蔡仲之承蔡叔。又當思所以蓋之。故治水成功。而鯀配夏郊。率德改行。而蔡叔世祀。豈非孝之大乎○王氏樵曰。末二句有因其已然。而堅其將來之意。

皇天無親。惟德是輔。民心無常。惟惠之懷。爲善不同。同歸于治。爲惡不同。同歸于亂。爾其戒哉。

集傳　此章與伊尹申誥太甲之言相類。而有深淺不同者。太甲蔡仲之有間也。善固不一端。而無不可行之善。惡亦不一端。而無可爲之惡。爾其可不戒之哉。

集說　孔氏安國曰。天之於人。無有親疏。惟有德者則輔佑之。民心於上。無有常主。惟愛己者則歸之。人爲善爲惡各有百端未必同而治亂所歸不殊宜愼其微○林氏之奇曰李博士曰治以善而致善雖不一苟在所可欲焉皆足以致治何必同哉此戒仲以無一善之不可爲也亂以惡而致惡雖不一苟在所可惡焉皆足以致亂何必同哉此戒仲以無一惡之不可去也此說盡之矣

愼厥初惟厥終終以不困不惟厥終終以困窮

集傳 惟思也窮困之極也思其終者所以謹其初也

集說 張氏九成曰感激者多銳於初而怠於終○呂氏祖謙曰建國之始必審其始而思其終終始具舉然後可久可大而不至於困徒謹初而不思其終則終必困窮雖葸然憂懼無益也語以謹始而卽援以慮終竭兩端之教也○陳氏大猷曰仲率德改行能謹初矣尤當克勤無怠是在於惟厥終也○王氏樵曰此與仲

虺之誥篇末相似。彼言謹其終之道。惟於其始圖之。此言謹其初之道。惟在於思其終。蓋未有始之不謹。而能謹其終。亦未有不思其終。而能謹其始者也。始終一理也。於始慮終。終以不困。不愼終於始。終以困窮矣。

懋乃攸績。睦乃四鄰。以蕃王室。以和兄弟。康濟小民。

【集傳】勉汝所立之功。親汝四鄰之國。蕃屏王家。和協同姓。康濟小民。五者。諸侯職之所當盡也。

【集説】呂氏祖謙曰。勉其所當爲之績。欲其無邀功生事也。睦其四鄰之國。欲其無結怨起隙也。上奉天子。旁睦友邦。下安民庶。是乃所當懋之攸績。諸侯之職畢矣。觀策戒蔡仲之辭。則周家所以示德意於諸侯。安靜鍾定之規模。可概見矣。○陳氏雅言曰。此成王命蔡仲爲諸侯。傳云。五者。諸侯職之所當盡也。所謂畫一以告之。亦以見侯職之所當盡者。不一而足也。○馬氏森曰。懋績勤以立功也。睦鄰和於異姓也。蕃王室忠以事上也。和兄弟。親於同姓也。康濟小民。惠以撫下也。○焦氏竑曰。懋績中。有舉賢能明政刑之事。睦鄰中。有事大恤小之事。蕃王室中。有衞內捍外之事。和兄弟中。有恩以相愛義以相接之事。康濟中。有教以安民性養以安民生之事。

率自中。無作聰明亂舊章。詳乃視聽。罔以側言改厥度。則予一人汝嘉。

集傳 率。循也。無。毋同。詳。審也。中者。心之理。而無過不及之差者也。舊章者。先王之成法。厥度者。吾身之法度。皆中之所出者。作聰明。則喜怒好惡。皆出於私。而非中矣。其能不亂先王之舊章乎。戒其本於己者然也。側言。一偏之言也。視聽不審。惑於一偏之說。則非中矣。其能不改吾身之法度乎。戒其徇於人者然也。仲能戒。是則我一人汝嘉矣。呂氏曰。作聰明者。非天之聰明。特沾沾小智耳。作與不作。而天人判焉。王氏樵曰。聰明。天德也。作聰明。則私智爾。

集說 林氏之奇曰。率自中。與率性之謂道之率同。耳之德爲聰。而聽則用之以聽。目之德爲明。而明則用之以視是聰明在已而視聽用以應物也不以已之聰明而亂舊章則其處已也審不以人之側言而改厥度則其應物也明○呂氏祖謙曰舊章往往不與新進喜事者合故作聰明者尤欲亂之聽覽不貴於速而貴於詳迎刃立決見事風生宜若可喜然忽略踈快動皆愆尤讒說姦言每乘其匆遽而入之惟詳其視聽安徐審訂表裏畢陳側媚之言將不得售故詳者乃聽覽之大法也規矩準度未至於樂循理者則常若爲其縶維側言乃解其縶維而縱之放逸之場者故從之也輕蔡仲以英妙之年任國事周公老成深慮故戒如此○陳氏經曰舊章則已然之法度則當然之制無非中也周公慮仲懲創乃父之愆用意過當反以生事爲奇故有此戒○陳氏大猷曰內不變於已之私智外不惑於人之私言則中道合而侯職盡矣○王氏樵曰民受天地之中以生是以有動作禮義威儀之則在吾身則謂之度在先王修之於禮樂刑政以治天下國家則謂之舊章

詩曰。不愆不忘。率由舊章。不愆不忘則無不中矣。

王曰。嗚呼。小子胡。汝往哉。無荒棄朕命。

【集傳】飭往就國。戒其毋廢棄我命汝所言也。

【集說】呂氏祖謙曰。仲豈荒棄王命者。地之遠。時之久。敬或有時而衰。將行而復戒之。所以俾其著之于心也。

【總論】王氏柏曰。史臣序詞。既詳且嚴。自金縢有羣叔流言之語。至此篇始著其事。備其詞。體正而意盡。周公之心。坦然明白。率德改行一語。而父子得失在焉。周家之刑慶當焉。播之衆而命焉。皆其父子自取。而周公無一毫固必之心。蔡叔未沒。以仲爲卿士。蔡叔既沒。復封仲於蔡。周公友愛可見矣。曰蓋前人之愆。曰無若爾考。皆昌言而不隱。一欲盡天下之公議。一欲伸家庭之至情。言之深。所以愛之切也。○董氏鼎曰。此篇大體與微子之命相似。而微子之辭温厚。蔡仲之辭嚴厲。蓋微子先代之後。周賓而不臣。又本賢人也。蔡仲父爲不道。忠孝兩虧。已無足法。所望仲能率祖德。改父行。邁迹自身。以垂憲乃後耳。蓋以拳拳圖終之說。且戒之以無亂舊章。無改法度。無同歸于亂。嗚呼。仁哉。

多方

【集傳】成王即政。奄與淮夷又叛。成王滅奄。歸作此篇。案費誓言徂茲淮夷徐戎竝興。即其事也。孔氏穎達曰。言魯征淮夷。作費誓。王親征奄滅其國。二者爲一時之事也。疑當時扇亂。不特殷人如徐戎淮夷四方容或有之故及多方亦誥體也今文古文皆有○蘇氏曰大誥康誥酒誥梓材召誥洛誥多士多方八篇雖所誥不一然大略以殷人心不服周而作也予讀泰誓武成常怪周取殷之易及讀此八篇又怪周安殷之難也多方所誥不止殷人乃及四方之士是紛紛焉不心服者非獨殷人也予乃今知湯已下七王之德深矣方殷之虐人如在膏火中歸周如流不暇念先王

之德。及天下粗定。人自膏火中出。卽念殷先七王如父母。雖以武王周公之聖。相繼撫之。而莫能禦也。夫以西漢道德比之殷。猶碔砆之與美玉。然王莽公孫述隗囂之流。終不能使人忘漢。光武成功若建瓴然。史記高祖紀。下兵於諸侯。猶居高屋之上建瓴水也。注。瓴。盛水瓶。居高屋之上而幡瓴水。言其向下之勢易也。使周無周公。則亦殆矣。此周公之所以畏而不敢去也。

【集說】林氏之奇曰。奄卽淮夷之一種。總言則謂之淮夷。如春秋赤狄之有潞氏甲氏也。周公攝政時。奄嘗與三監同叛。多士曰昔朕來自奄。已嘗征之。今奄又叛。成王滅之而歸鎬京。諸侯來朝周公又稱王命以告之。故作此篇。○薛氏季宣曰。商人化於紂之威虐已深。周公寬而教之。優而柔之。不讋以威而勤於教。懷柔其德性。蓋久而後服之也。民遷善而遂誠服。迄致刑措之美。聖人移風易俗。寧求一切之近功乎。孔子謂必世後仁。又曰五誥可以觀仁。至矣。○朱子曰。大誥梓材多士多方等篇。乃當時編人君告其民之辭。多是方言。故當時士民曉得。而今士人不曉得。○呂氏祖謙曰。多方與多士辭指相出入。多士。旣遷殷民而獨誥新民者也。故其辭視多方爲略。多方。旣踐奄而徧誥庶邦者也。故其辭視多士爲詳。

惟五月丁亥。王來自奄。至于宗周。

集傳 成王即政之明年，商奄又叛，成王征滅之。杜預云：奄不知所在。宗周，鎬京也。呂氏曰：王者定都，天下之所宗也。東遷之後，定都于洛，則洛亦謂之宗周。衞孔悝之鼎銘曰：隨難于漢陽，即宮于宗周。是時鎬巳封秦，宗周蓋指洛也。然則宗周初無定名，隨王者所都而名耳。

集說 孔氏穎達曰：當時淮夷、徐戎竝起爲亂，魯與二國相近，發意欲竝征二國，故以二國警衆。但成王恐魯不能獨平二國，故復親往征之。所以成王政之序與費誓之經竝言淮夷，爲此故也。洛邑亦名宗周。知此是鎬京者，成王以周公歸政之時，暫至洛邑，還歸處西都。鎬京是王常居，知至于宗周，至鎬京也。且此與周官同時事也。周官序云。還歸在豐。經云歸于宗周。豐鎬相近。卽此宗周是鎬京也。○陳氏櫟曰。洛誥戊辰王在新邑。孔注。十二月戊辰晦。此七年之十二月。卽成王卽政之年也。多士作於是年三月。曰昔朕來自奄。是逑東征時事。乃自武王誅紂伐奄後第二番叛也。多方作於卽政之明年五月。乃奄之第三番叛。王隳其地遷其君。又因以告多方也。以去年十二月戊辰晦算之。則次年正月朔已巳。五月朔。非丁卯則戊辰。丁亥。非二十日卽二十一日也。多士與多方之作。先後蓋一年有三月云。

周公曰。王若曰。猷告爾四國多方。惟爾殷侯尹民。我惟大降爾命。爾罔不知。

【集傳】呂氏曰。先曰周公曰。而復曰王若曰。何也。明周公傳王命而非周公之命也。周公之命誥終於此篇。故發例於此。以見大誥諸篇凡稱王曰者。無非周公傳成王之命也。成王滅奄之後。告諭四國殷民。而因以曉天下也。所主殷民。故又專提殷侯之正民者告之。言殷民罪應誅戮。我大降宥爾命。爾宜無不知也。

集說 葉氏夢得曰。四國叛。則多方爲之繹騷。四國定。則多方因之休息。則多方之裕在四國也。○金氏履祥曰。四國者。三監武庚國內臣民。多方者。若淮夷徐戎奄。新服之國。變置之君。與凡東諸侯嘗顧望兩端。或嘗動于亂者。殷侯。武庚也。

洪惟圖天之命弗永寅念于祀。

【集傳】圖謀也。言商奄大惟私意圖謀天命。顧氏錫疇曰。不盡人事。妄希天命。自底滅亡。不深長敬念以保其祭祀。呂氏曰。天命可受而不可圖。圖則人謀之私。而非天命之公矣。此蓋深示以天命不可妄干。乃多方一篇之綱領也。下文引夏商所以失天命受天命者。以明示之。

【集說】呂氏祖謙曰。徧告四方者何也。殷奄屢叛。驅扇者廣。今雖平殄。譬餘邪遺疾。猶或在肺腑間。恐或有時而發也。故渙發大號。歷敘天命之公。前代之事。征誅安集之本末。俾四方咸與聞之。大破羣疑。深絕亂根。蓋本於是兵寢刑措者四十餘年。其亦訓誥之助歟。○杜氏偉曰。上示之以恩。而發其良心。此惕之以禍。而破其邪心。下文言桀以圖命而亡。則紂之亡可知。湯以受命而興。則周之興可知矣。皆本此節來。○俞氏鯤曰。以圖度。而亡其宗祀。是不能深長敬念以保其祭祀。乃自貽之慼。非天降之災。上句是干其所不可干。下句是不能保其所當保。

惟帝降格于夏。有夏誕厥逸。不肯感言于民。乃大淫昏。不克終日勸于帝之迪。乃爾攸聞。

集傳 言帝降災異以譴告桀。桀不知戒懼。乃大肆逸豫。憂民之言。尚不肯出諸口。況望其有憂民之實乎。勸勉也。迪。啓迪也。視聽動息日用之間。洋洋乎皆上帝所以啓迪開導斯人者。桀乃大肆淫昏。終日之間。不能少勉。於是天理或幾乎息矣。況望有惠迪而不違乎。此乃爾之所聞。欲其因桀而知紂也。厥逸。與多士引逸不同者。猶亂之爲亂爲治耳。逸豫以民言。淫昏以帝言。各以其義也。此章上疑有闕文。王氏樵曰。諸篇例。先言夏先后而後言桀。而此章便言桀。故疑有闕文。

集說 王氏安石曰。惟帝降格于夏。與多士則惟帝降格嚮于時夏同意。○吴氏澄曰。周之伐殷。猶殷之伐夏也。故先舉夏亡殷興之事，次及殷亡周興之事。以喻殷民，使之知天命也。○王氏樵曰：夫日用之間，常行之理。此心之靈，若或啓之。雖至愚之人，未嘗無一念之明，是帝之迪。人無往而不在也。人惟終日孜孜，順天之理。因其所明，不敢荒棄。則動與吉會，而天命固在是矣。豈待圖度於杳冥，冀幸於非分哉。奈何桀紂不知出此，乃大淫昏，不克終日勸于帝之迪，則自絕於天矣。

厥圖帝之命，不克開于民之麗。乃大降罰，崇亂有夏。因甲于內亂，不克靈承于旅。罔丕惟進之恭，洪舒于民。亦惟有夏之民叨懫日欽，劓割夏邑。

集傳　此章文多未詳。麗猶日月麗乎天之麗。謂民之所依以生者也。依於土。依於衣食之類。甲始也。言桀矯誣上天。圖度帝命。不能開民衣食之原。於民依恃以生者。一皆抑塞遏絶之。猶乃大降威虐于民。以增亂其國。其所因。則始於内嬖。蠱其心。敗其家。不能善承其衆。不能大進於恭。而大寬裕其民。亦惟夏邑之民。貪叨忿懫者。則日欽崇而尊用之。以戕害於其國也。

鄭氏康成曰。叨與饕同。貪也。懫與懥同。忿也。

集說 呂氏祖謙曰。原其所因。蓋始於內亂。妹喜之嬖是也。探其根而言之。○王氏樵曰。桀失天命。由失民心。桀失民心。其事多端。而其大者在內嬖用事。用舍顛倒。叨憒者任。而仁善者遠。洪舒者爲無用。而劓割者爲能臣。此所以纍其民甚。而民欲與之偕亡也。○沈氏漸曰。君之慢天。全在虐民。故上節言誕厥逸不肯慼言于民。君之虐民。亦從恃天命做出。故此節首言圖命。而下皆詳其結怨于民之事。

天惟時求民主。乃大降顯休命于成湯。刑殄有夏。

集傳 言天惟是爲民求主耳。桀既不能爲民之主。天乃大降顯休命於成湯。使爲民主。而伐夏殄滅之也。○呂氏曰。曰求曰降。豈眞有求之降之者哉。天下無統。渙散漫流。勢不得不歸其所聚。而湯之一德。乃所謂顯休命之實。一衆離而聚之者也。民不得不聚於湯。湯不得不受斯民之聚。是豈人爲之私哉。故曰。天求之。天降之也。

集說 顧氏錫疇曰。民不可一日無主。必得代夏者。斯可刑殄桀耳。故興湯以亡桀。

惟天不畀純。乃惟以爾多方之義民。不克永於多享。惟夏之恭多士。大不克明保享于民。乃胥惟虐于民。至于百爲。大不克開。

集傳 純。大也。義民。賢者也。言天不與桀者大。乃以爾多方賢者。不克永于多享。以至于亡也。言桀於義民不能用。其所敬之多士。率皆不義之民。上文所謂叨懫日欽者。同惡相濟。大不能明保享于民。乃相與播虐于民。民無所措其手足。凡百所爲。無一能達。上文所謂不克開于民之麗者。政暴民窮。所以速其亡也。此雖指桀多士。爾殷侯尹民。嘗逮事紂者。寧不惕然內愧乎。

集說 葉氏夢得曰。天佑之則曰純佑命。不畀之則曰不畀純。○黄氏度曰。義民。舉而加諸萬民之上。尊之以爵崇之以位天下皆以爲當然則以其賢也以其能乂民也反是則非義矣立政曰茲乃三宅無義民○呂氏祖謙曰天之不畀於桀者大矣然非天大絕之也桀之絕天者大故天之絕桀者亦大○義民知義之民也桀之時三宅無義民義民在下雖多何補以爾多方之義民不能永受衆多之服享如負米而飢載泉而渴蓋哀之也百爲大不克開欲耕害其耕欲賈害其賈四向皆窮無一能達民窮如此也

乃惟成湯克以爾多方簡代夏作民主

【集傳】簡擇也民擇湯而歸之

【集說】葉氏夢得曰簡如簡在帝心之簡○姚氏舜牧曰天求民主蓋從多方之所簡耳○顧氏錫疇曰天命主於民心也故不曰天簡而曰多方簡

愼厥麗乃勸。厥民刑用勸。

集傳 湯深謹其所依。以勸勉其民。故民皆儀刑而用勸勉也。人君之於天下。仁而已矣。仁者。君之所依也。君仁。則莫不仁矣。

集說 呂氏祖謙曰。前章不克開于民之麗者。言民之所依也。此章謹厥麗乃勸者。君之所依也。湯深謹其君之所依。所以爲勸民之本。徒善其外。而不謹其中心之所底麗依止。蓋未有能動者。厥民所以儀刑觀法者。亦用此而競勸。感之非自外也。○杜氏偉曰。體仁以長人。乃人君之大德。故仁爲君之所依。愼麗。有仁之本以感民。仁之政以防民。刑用勸者。儀刑其德教。而勉爲愼德之歸。儀刑其法制。而勉爲法外之民也。

以至于帝乙罔不明德慎罰亦克用勸。

集傳 明德。則民愛慕之。謹罰。則民畏服之。自成湯至于帝乙。雖歷世不同。而皆知明其德。謹其罰。故亦能用以勸勉其民也。明德謹罰。所以謹厥麗也。明德。仁之本也。謹罰。仁之政也。

集說 陳氏雅言曰。德者。化民之本。使人知所慕而樂於爲善。刑者。輔治之具。使民知所畏而不敢爲惡。有商哲王。不徒以刑用刑。而以德用刑也。慎厥麗者。以仁之全體而言。明德慎罰者。以仁之大用而言。乃勸者。上之勸下也。刑用勸者。下之自勸也。亦克用勸者。蓋兼上下而言也。

要囚，殄戮多罪，亦克用勸；開釋無辜，亦克用勸。

集傳 德明之而已。罰有辟焉，有宥焉，故再言辟而當罪，亦能用以勸勉；宥而赦過，亦能用以勸勉。言辟與宥，皆足以使人勉於善也。

集說 呂氏祖謙曰：赦而民勸，猶可也；刑而民亦勸，則有默行於刑赦之間者矣。每語結之以勸者，天下非可驅以智力，束以法制，惟勸化其民，使常有欣欣不自已之意，乃維持長久之道也。○陳氏經曰：明德化民，用德其本心；慎罰不濫及民，用刑不得已也。本原既正，則或刑或宥，皆足以勸民於善。刑一也，先王用之而使民勸，後世用之而爲民毒，何也？先王之刑，皆仁之寓；後世之刑，不仁之具也。夫子未嘗不釣弋也，而仁見於不綱不射宿之際。文王非不蒐田也。而仁見於一發不再舉之時也。○陳氏雅言曰。人知明德之爲仁。而不知愼罰之防範人心者。蓋亦所以爲仁也。人知開釋無辜之爲愼罰。而不知殄戮多罪之懲創人心者。尤所以止罰也。有商以仁爲家法。於是深可見矣。○王氏樵曰。彼要囚之中。有情罪已當。而當殄戮者。亦有原情可恕。而當開釋者。戮之不當。則良民懼。而戮不足以爲勸。非愼罰也。釋之不當。則姦人幸。而釋不足以爲勸。非愼罰也。商王則時乎殄戮多罪也。亦克用勸焉。時乎開釋無辜也。亦克用勸焉。愼罰如此。則其明德以爲之本者又可知矣。○來氏宗道曰。要囚。與康誥同。多罪而殄戮。無辜而開釋。正所謂仁政也。湯以仁而開之於前。諸君以仁而守之於後。家法積累維持若此。斯商之所以與也。

今至于爾辟。弗克以爾多方享天之命。

【集傳】呂氏曰。爾辟。謂紂也。商先哲王。世世傳家法。積累維持如此。今一旦至于汝君。乃以爾全盛之多方。不克坐享天命而亡之。是誠可閔也。天命至公。操則存。舍則亡。以商先王之多。基圖之大。紂曾不得席其餘蔭。其亡忽焉。危微操舍之幾。周公所以示天下深矣。豈徒曰慰解之而已哉。

【集說】王氏安石曰。此言殷之興甚詳。言其亡甚略。蓋對殷遺民。不忍痛言其失也。○陳氏經曰。多方。一也。湯以之而作民主。紂不能以之而亨天命。在所以如何耳。○王氏樵曰。今至于爾辟。對上三節看。先王以仁而興。紂以不仁而亡。

嗚呼。王若曰。誥告爾多方。非天庸釋有夏。非天庸釋有殷。

【集傳】先言嗚呼。而後言王若曰者。唐孔氏曰。周公先自歎息。而後稱王命以誥之也。庸。用也。有心之謂。釋。去之也。上文言夏殷之亡。因言非天有心於去夏。亦非天有心於去殷。下文遂言乃惟桀紂自取亡滅也。○呂氏曰。周公先自歎息。而始宣布成王之誥告。以見周公未嘗稱王也。又此篇之始。周公曰。王若曰。複語相承。書無此體也。至於此章。先嗚呼而後王若曰。書亦無此體也。周公居聖人之變。史官豫憂來世傳疑襲誤。蓋有竊之爲口實矣。故於周公誥命終篇。發新例二。著周公實未嘗稱王。所以别嫌明微。而謹萬世之防也。

【集說】夏氏僎曰。此章申言夏殷之事。我周之事。而詳諭之。

乃惟爾辟。以爾多方。大淫圖天之命。屑有辭。

【集傳】紂以多方之富。大肆淫泆。圖度天命。瑣屑有辭。與多士言桀大淫泆有辭義同。殷之亡。非自取乎。以下二章推之。此章之上當有闕文。

集說　來氏宗道曰。恃多方之富。乃是紂爲惡之源。惟其恃所不可恃。故爲所不當爲也。

乃惟有夏圖厥政。不集于享。天降時喪。有邦間之。

集傳　集。萃也。享。享有之享。桀圖其政。不集于享。而集于亡。故天降是喪亂。而俾有殷代之。夏之亡。非自取乎。

集說　孔氏穎達曰。湯是夏之諸侯。故云有邦。○呂氏祖謙曰。集乃積集之集。享乃享國之享。治世之政。聚其所以興。所謂集于享也。亂世之政。積其所以滅。所謂不集于享也。○顧氏錫疇曰。間之者。自禹至桀。四百年之統。自此而間斷也。

乃惟爾商後王逸厥逸。圖厥政。不蠲烝。天惟降時喪。

集傳 蠲。潔。烝。進也。紂以逸居逸。淫湎無度。故其爲政不蠲潔而穢惡。不烝進而怠惰。天以是降喪亡于殷。殷之亡。非自取乎。此上三節。皆應上文非天庸釋之語。

集說 林氏之奇曰。逸厥逸。甚言其逸也。猶言醇乎醇。○陳氏經曰。上逸。過逸也。下逸。安逸也。謂過逸其安逷，猶言安其危。

惟聖罔念作狂，惟狂克念作聖。天惟五年須暇之子孫，誕作民主，罔可念聽。

【集傳】聖，通明之稱。言聖而罔念，則爲狂矣；愚而能念，則爲聖矣。紂雖昏愚，亦有可改過遷善之理，故天又未忍遽絶之，猶五年之久，須待暇寬於紂。蘇氏軾曰：以此五年暇以待之。○林氏之奇曰：武王未克紂之前五年，以紂之罪惡爲可伐，而欲冀其改過，故須暇之也。覬其克念，大爲民主，而紂無可念可聽者。五年，必有指實而言。孔氏牽合歲月者。非是。或曰。狂而克念。果可爲聖乎。曰。聖固未易爲也。狂而克念。則作聖之功。知所向方。太甲其庶幾矣。聖而罔念。果至於狂乎。曰。聖固無所謂罔念也。禹戒舜曰。無若丹朱傲。惟慢遊是好。一念之差。雖未至於狂。而狂之理亦在是矣。此人心惟危。聖人拳拳告戒。豈無意哉。

【集說】王氏安石曰。操則存。舍則亡。其心之謂歟。思曰睿。睿作聖。操其心以思。所謂念也。○程子曰。六德智仁聖義中和。聖。通明之稱。狂。狂愚之稱。○林氏之奇曰。念不念之間。聖狂所以分也。苟其質之聖矣。自恃其聖而不之思。日復一日。天命之性。益就彫喪。其作狂也何有。苟其質之狂矣。自恥其狂而思之。日復一日。天命之性。忽然而復。其作聖也何有。○朱子曰。艾軒云。文字只看易曉處。如尚書惟聖罔念作狂。惟狂克念作聖。不與上下文相似。下文便不可曉。只看這兩句。○或謂性相近。習相遠。惟上智與下愚不移。書中謂惟聖罔念作狂。惟狂克念作聖。若如此。則又有移得者。如何。曰。上智下愚不移。如狂作聖則有之。既是聖人。決不到作狂。此只是甚言不可不學。○呂氏祖謙曰。紂固無能改之事。而有可改之理。罔念克念之機。所謂可改之理。周官列六德而聖居一焉。則非大而化之聖矣。若大而化之。寧有罔念。又豈狂者一克念而遽可至哉。然大而化之。亦通明之極而化之者也。狂而克念。亦大而化之之基也。雖曰通明。不念則狂。雖曰狂惑。能念則通。其機惟在念不念之間。紂雖狂惑。如其能念。作聖孰禦。惟其有可改之理。天故以商先王之故。徘徊五年。須而待之。暇而寬之。

依依於其子孫。而冀其改焉。○陳氏經曰。惟上智與下愚不移。孔子之言。聖狂之成也。其習既成。則不移矣。書之言。聖狂之分也。聖狂之分。生於一念之頃。堯舜而忘兢業。豈不趨於狂。桀紂而能改過遷善。豈不趨於聖。孔子雖曰不移。實有可移之理。但恐下愚自暴自棄。不肯移耳。肯移之。是狂之克念也。言此者。明紂之爲惡。倘一旦改悔。天不終棄之也。○李氏㮨曰。紂惡甚矣。天猶待之如此。見天心仁愛人君。自非大無道。天皆欲扶持而全安之。惟終無悛心。所以禍不可遏也。○馬氏森曰。罔念克念。指出一念幾微之地。而實天人相與之際。興喪之原。皆由於此。蓋一篇之大義也。○來氏斯行曰。罔念。謂恃其聖。克念。謂恥其狂。聖狂不係於所稟。而係於一念轉移之間如此。

天惟求爾多方。大動以威。開厥顧天。惟爾多方。

罔堪顧之。

【集傳】紂既罔可念聽天。於是求民主於爾多方。大警動以禋祥譴告之威。以開發其能受眷顧之命者。而爾多方之衆皆不足以堪眷顧之命也。

【集說】孔氏穎達曰。顧謂迴視。有聖德者。天迴視之。詩所謂乃眷西顧。此惟與宅。與彼顧同。言天顧文王而與之居。卽此意也。○莫氏如忠曰。此言天命未定之時。多方諸侯無一能當天眷者。禋祥猶言災異。譴告是使多方知天欲亡紂之意。而有德者愈修其德以當之也。非消天變意。

惟我周王靈承于旅。克堪用德。惟典神天。天惟式教我用休簡畀殷命尹爾多方。

集傳 典。主。式。用也。克堪者。能勝之謂也。德輶如毛。民鮮克舉之。言德。舉者莫能勝也。文武善承其衆。克堪用德。是誠可以爲神天之主矣。故天式教文武。用以休美。簡擇畀付殷命。以正爾多方也。呂氏曰。式教用休者。如之何而教之也。文武既得乎天。天德日新。左右逢原。其思也。若或起之。其行也。若或翼之。乃天之所以教而用以昌大休明者也。非諄諄然而教之也。此章深論天下向者天命未定。眷求民主之時。能者則得之。孰有過汝者。乃無一能當天之眷。今天既命我周而定于一矣。爾猶洶洶不靖。欲何爲邪。明指天命而讋服四海姦雄之心者。莫切於是。

集說 呂氏祖謙曰。前論夏之亡。本於不克靈承于旅。此論周之興。亦曰靈承于旅。文武於德能勝而用之。其力過孟賁遠矣。漢唐賢主。豈無欲布德於天下者。惟力薄而奪於私欲。故駁而不純。是知德非眞力。則莫能勝。莫能用也。○陳氏大猷曰。可爲神與天之主。山川宗社之得其安。三光寒暑之得其序。皆人君有以主之。○陳氏櫟曰。非有仁以爲己任之弘。兼死而後已之毅。不能堪而用之也。克堪用之。必如眞積力久之力而後可。

○王氏充耘曰。君子先成民而後致力於神。故民和而神降之福。有明德以薦馨香。則神歆其祀。故善承其民。克堪用德者。可以爲神之主。民之所欲。天必從之。皇天無親。惟德是輔。故天惟式教我用休。蓋亦因其材而篤焉。天知文武有可爲之資。故陰有佐佑而扶持之。使其德日盛而業日新。天休滋至。寖明寖昌。然後一旦簡畀殷命。而尹爾多方也。民承其君。而曰君承其民。是謂民惟邦本。雖賤而不忽。所謂王司敬民者是也。○陳氏雅言曰。德者。事神治民之本。人君者。兼有事神治民之責。文武之克堪用德。既有以靈承其旅於先。則能治民者。未有不能推以事神者也。上天之式教用休。將以簡畀殷命於後。蓋可以事神者。未有不可付以治民者也。○顧氏錫疇曰。天於文武。只是至公無私。欲得周王以爲天下。非以天下私周王者。

今我曷敢多誥。我惟大降爾四國民命。

【集傳】言今我何敢如此多誥。我惟大降宥爾四國民命。舉其宥過之恩。而責其遷善之實也。

【集說】呂氏祖謙曰。既曰不敢多誥矣。自是而下。訓誥猶繹絡而不絕焉。於是見周公之惓惓斯民也。○姚氏舜牧曰。首提我惟大降爾命。因反覆天命興亡之故。使自潛消其反側之萌。此復提我惟大降爾四國民命。將啓以自新善後之路。使不自陷於罰殛之禍。

爾曷不忱裕之于爾多方。爾曷不夾介乂我周王享天之命。今爾尚宅爾宅。畋爾田。爾曷不惠王熙天之命。

集傳夾，夾輔之夾。介，賓介之介。爾何不誠信寬裕於爾之多方乎？爾何不夾輔介助我周王享天之命乎？爾之叛亂，據法定罪，則瀦其宅，收其田可也。今爾猶得居爾宅，耕爾田，爾何不順我王室，各守爾典，以廣天命乎？此三節，責其何不如此也。

集說呂氏祖謙曰：教以誠信寬裕，惟詐故迫，惟誠故裕。○陳氏大猷曰：乂我周王，如乂用厥辟之乂，謂治其君之事。○申氏時行曰：乂者，保乂之也。享天之命者，民心安，則天命固也。惠者，協和大順，丕應徯志之謂。熙則天命益廣，不特享之而已。殷命皆順我王室，則四方無虞，百姓太和，非所以廣天之命乎？○馬氏森曰：忱則無反側動搖之念。而上下一心以相與。裕則無忿觸不靜之謀。而彼此優游於安命。夾介則消其叛亂之非。而篤其比輔之義。

爾乃迪屢不靜。爾心未愛。爾乃不大宅天命。爾乃屑播天命。爾乃自作不典。圖忱于正。

【集傳】爾乃屢蹈不靜。自取亡滅。爾心其未知所以自愛邪。爾乃大不安天命邪。爾乃輕棄天命邪。爾乃自爲不法。欲圖見信于正者。以爲當然邪。此四節。責其不可如此也。

集說 陳氏大猷曰。自作不典。亂綱常之事。苟欲人信以爲正。蓋四國從殷以求興復。自以爲正義也。○孫氏繼有曰。託言心不忘商。義不臣周。以圖忱于王。此殷人不靖之根本。故指其立心而深折之。

我惟時其教告之。我惟時其戰要囚之。至于再。至于三。乃有不用我降爾命。我乃其大罰殛之。非我有周秉德不康寧。乃惟爾自速辜。

集傳 我惟是教告而誨諭之。我惟是戒懼而要囚之。王氏樵曰。要束而囚執之也。今至于再。至于三矣。爾不用我降宥爾命。而猶狃于叛亂反覆。我乃其大罰殛殺之。非我有周持德不安靜。乃惟爾自爲凶逆。以速其罪耳。

集說 呂氏祖謙曰。秉德不康寧。多士多方皆言之。蓋頑民不自省已之屢叛屢起。乃不康寧之大者。反咎周之遷徙討伐爲不康寧。此其所以爲惡也。故每提耳而告之。○金氏履祥曰。教告之。謂東征之前文告之也。戰要囚之。謂東征之時俘囚之。然不殺也。至再至三。而爾不用命。故遷殛之。○王氏充耘曰。與舜之庶頑讒說侯以明之。否則威之相類。皆是聖人不忍輕於棄人。反覆教戒。終於不改。然後刑之。蓋有不得已焉耳。○萬氏國欽曰。我惟時者。言我但止如是而已。教告。以口舌代斧鉞也。戰要囚。用戰懼而要囚之。拘其身體。以禁其爲惡而已。大罰殛之。則將直行斧鉞之誅。幷治餘黨之罪矣。不康寧者。不仁而好殺之謂也。上三條。既敘其恩而責之以善。此條復敘其恩。而懼之以禍。

王曰。嗚呼。猷。告爾有方多士暨。殷多士。今爾奔走臣我監五祀。

【集傳】監。監洛邑之遷民者也。猶諸侯之分民。有君道焉。所以謂之臣我監也。言商士遷洛。奔走臣服我監。於今五年矣。不曰年而曰祀者。因商俗而言也。又案成周既成。而成王即政。成王即政。而商奄繼叛。事皆相因。纔一二年爾。今言五祀。則商民之遷。固在作洛之前矣。尤爲明驗。

集說 呂氏祖謙曰。開諭既備。故此章勉長治商民者。以勞來安集之事焉。始告多方而復云殷者。雖誕告萬方。而所主則殷也。次告多方而不云殷者。例已見前。而不必重出也。蓋皆歷敘天命廢興。古今成敗。是宜天下共聞之也。此章專論勞來安集商民之事。告殷多士可矣。而有方多士何與焉。復兩出之何也。蓋告天下以安集商民之本末。使知其甚厚不薄也。○監蓋王命監成周之新民者。不曰臣我周而曰臣我監者。舉其親於民者也。○申氏時行曰。殷士。是有位於商。而今無位於周者。臣非必列職。但奔走臣服便是。曰五祀者。見臣服之久。情宜孚而勢宜定。不可反側動搖也。

越惟有胥伯小大多正。爾罔不克臬。

集傳 臬。事也。周官多以胥以伯以正爲名。陳氏師凱曰。如大胥小胥象胥。宗伯宮伯宮正酒正之類。胥。有才智者也。伯與正皆長也。胥伯小大衆多之正。蓋殷多士授職於洛。共長治遷民者也。其奔走臣我監亦久矣。宜相體悉。竭力其職。無或反側偷惰而不能事也。

集說 金氏履祥曰。王曰以下。告遷洛之官士也。有方多士者。三國之遺臣殷多士者。武庚之遺臣。胥伯小大多正則周所置治教之職也。○劉氏應秋曰。臬指化民之事。言殷士舍化誨殷民之外。無有所謂職事矣。○潘氏士遴曰。此又就殷士中摘出有位者言。

自作不和。爾惟和哉。爾室不睦。爾惟和哉。爾邑克明。爾惟克勤乃事。

集傳 心不安靜則身不和順矣身不安靜則家不和順矣言爾惟和哉者所以勸勉之也和其身睦其家而後能協于其邑驩然有恩以相愛粲然有文以相接爾邑克明始爲不負其職而可謂克勤乃事矣前既戒以罔不克臬故以克勤乃事期之也

集說 王氏樵曰上和哉欲安靜其心以和其身也下和哉欲和順其身以和其家也

爾尚不忌于凶德亦則以穆穆在乃位克閱于乃邑謀介

【集傳】忌畏也。穆穆和敬貌。頑民誠可畏矣。然如上文所言。爾多士庶幾不至畏忌頑民凶德。亦則以穆穆和敬。端處爾位。以潛消其悍逆悖戾之氣。又能簡閱爾邑之賢者。以謀其助。則民之頑者。且革而化矣。尚何可畏之有哉。成王誘掖商士之善。以化服商民之惡。其轉移感動之機。微矣哉。

【集說】呂氏祖謙曰。復告胥伯多正以舊染汙俗。凶德實多。誅之。則不可勝誅。化之。則不言而化。爾其庶幾寬綽厥心。不忌疾於凶德。反循其本。亦則以穆穆和敬之容。端居爾位以臨之。則有孚顒若。凶德蓋潛消於觀感之際矣○茅氏坤曰化服凶人莫如和敬穆穆是和睦之見於容貌者頑民之中不無賢者簡閱其賢者用之正所以感化不賢者也臨治正其容儀則民有所觀法輔治簡其賢人則民有所觀感○王氏樵曰善衆而惡寡治之始乎惡惡衆而善寡治之始乎善當遷殷之初成王擇殷士之可與者使比介於周之賢臣以薰陶其德多士所謂臣我多遜周公所以欲王先服殷之御事者此也殷士既從則又敎之以益修其身治其心使自身心而達於家邑無不和順則凶德庶幾乎不足畏而可以默奪而潛消猶懼其末也爾邑之賢者又敎以克閱而謀其助則善人益多而善者之力勝矣夫以殷治殷以賢引賢而使之以賢治不肖此聖人轉移殷俗之妙機也

爾乃自時洛邑尚永力畋爾田天惟畀矜爾我

有周惟其大介賚爾。迪簡在王庭。尚爾事。有服在大僚。

集傳 爾乃自時洛邑。庶幾可以保有其業。力畋爾田。王氏樵曰。畋爾田者。治田曰畋。猶捕魚曰漁也。天亦將畀予矜憐於爾。我有周亦將大介助賚錫於爾。啓迪簡拔置之王朝矣。其庶幾勉爾之事。有服在大僚。不難至也。多士篇。商民嘗以夏迪簡在王庭。有服在百僚爲言。故此因以勸勵之也。

集說 呂氏祖謙曰。多士序商民之怨周。曰夏迪簡在王庭。有服在百僚。予一人惟聽用德。則以大義裁之。

此乃以迪簡在王庭有服在大僚爲勸何也爵位上之所命非下之可干因其怨望而許之姑息之政也示以好惡而勸之磨厲之具也此周公御商士之開闔大用也○陳氏櫟曰介如佑賢輔德賚如錫之土田且將自此洛邑之胥伯正而迪簡在王朝矣又有尊尚爾職事者且將有事而升在大僚矣此卽所謂大介賚也蓋遷殷民時就拔其豪俊爲胥伯正以共長治之乃用其素所服習者此安集新民之要道故今特勸勵之使表率殷士殷民而躋於泰和也

王曰嗚呼多士爾不克勸忱我命爾亦則惟不克享凡民惟曰不享爾乃惟逸惟頗大遠王命則惟爾多方探天之威我則致天之罰離逖爾

士。

【集傳】誥告將終。乃歎息言。爾多士如不能相勸信我之誥命。爾亦則惟不能享上。凡爾之民。亦惟曰上不必享矣。爾乃放逸頗僻。大違我命。則惟爾多士自取天威。我亦致天之罰。播流蕩析。俾爾離遠爾土矣。爾雖欲宅爾宅。畋爾田。尚可得哉。多方。疑當作多士。上章既勸之以休。此章則董之以威。商民不惟有所慕而不敢違越。且有所畏而不敢違越矣。

【集說】呂氏祖謙曰。後世或以刑賞爲霸政。而非王者之事。今觀周公之待多方。先之以介賚之賞。後之以離逖之刑。申勅明著。炳如丹青。周公豈亦霸者乎。然則果何以爲王霸之辨也。曰。周公之所介賚。天之所畀矜也。周公之所離逖。天之所罰也。而周公何與於其間哉。其視霸者區區信必。邀民以利。驅民以善者。大不侔矣。然則王者之賞罰。天也。霸者之賞罰。人也。○王氏樵曰。前言不用我降爾命。我乃大罰殛之。爲凡民言也。此爲殷士之多遜者言。故言離逖爾土。罰蓋有間也。○曹氏學佺曰。始誥多方。而終歸重於多士者。以其爲民倡也。

王曰。我不惟多誥。我惟祗告爾命。

【集傳】我豈若是多言哉。我惟敬告爾以上文勸勉之命而已。

【集說】呂氏祖謙曰：周公前既告多方以今我曷敢多誥矣，猶復諄諄於誥之畢，言我豈獨專爲煩言贅語者，惟敬告爾以今日之命誥而已。

又曰：時惟爾初，不克敬于和，則無我怨。

【集傳】與之更始，故曰時惟爾初也。爾民至此，苟又不能敬于和，猶復乖亂，則自底誅戮，毋我怨尤矣。開其爲善，禁其爲惡，周家忠厚之意，於是篇尤爲可見。○呂氏曰：又曰二字，所以形容周公之惓惓斯民，會已畢而猶有餘情，誥已終而猶有餘語，顧盼之光猶瞱然溢於簡冊也。

【集說】呂氏祖謙曰。是又爾更端爲善之一初也。蓋殷民與紂同惡。武王克紂。是維新之一初也。不能而從三監之叛。則既失此初矣。遷洛又一初也。復不能而屢迪不靜。則又失此初矣。今歸自滅奄。而又爲多方之誥丁寧反復。諭以時惟爾初。初之過。一皆洗滌。今之善當相與維新。豈非又一初乎。若又失此初。不能敬以納民于和。則永無可望矣。但曰則無我怨。而自取誅戮之意隱然於不言之表。周家忠厚。何其至哉。○馬氏森曰。又曰時惟爾初云者。則總多方多士而申誥之。以與更始。言不可復有乖亂也。

【總論】呂氏柟曰。多方洪惟圖天之命二句。言商奄也。自惟帝降格于夏。至劓割夏邑。言桀之虐爲天所喪也。自惟時求民主。至刑殄有夏。言湯之賢爲天所命也。惟天不畀純以下。則言天之所以喪桀者。桀之虐非一端其所恭多士大不開民之麗也乃惟成湯以下則言天之所以命湯者湯之善非一世其所慎之麗至于帝乙也今至于爾辟以下則言紂猶夫桀也天惟求爾多方以下則言周猶夫湯也爾曷不忱裕之于爾多方以下勉也爾乃迪屢不靜以下戒也我惟時其教告之以下至乃惟爾自速辜以下儆之也自是以上蓋皆使殷侯尹民以告多方之辭也有方多士以下則專言多士耳多士者多方民之本也告多士之道惟在和順和則足以處僚而克臬順則足以永圖而力田多方民將自化矣

欽定書經傳說彙纂卷第十七

欽定書經傳說彙纂卷第十八

立政

集傳 吳氏曰。此書戒成王以任用賢才之道。而其旨意。則又上戒成王專擇百官有司之長。如所謂常伯常任準人等云者。蓋古者外之諸侯。一卿已命於君。內之卿大夫。則亦自擇其屬。如周公以蔡仲爲卿士。伯冏謹簡乃僚之類。其長既賢。則其所舉用無不賢者矣。葛氏曰。誥體也。今文古文皆有。

【集說】程子曰周公作立政之書舉言常伯至於綴衣虎賁以知恤茲者鮮一篇之中丁寧重複惟在此一事而已又曰僕臣正厥后克正又曰后德維臣又曰侍御僕從罔非正人以旦夕承弼厥辟出入起居罔有不欽是古人之意人主跬步不可離正人也蓋所以涵養氣質薰陶德性故能習與智長化與心成也○林氏之奇曰成王繼統周公爲師召公爲保二公在王之左右而爲賢才之主於內則天下之賢莫不因之以進想夫朝廷之上小大前後莫匪正人端士也而此篇猶以用人爲戒者蓋成王旣聽政以躬攬萬幾之務則一進一退而邪正兩途自此而分此周公所以諄諄以用人爲戒也○呂氏祖謙曰無逸立政二篇相爲經緯以無逸之心明立政之體君道備矣自立政後周公不復有書納忠於王此絕筆也爲治體統固臻其極而反覆申重之意忠愛惇篤之誠深長

遠大之慮學者當於言外體之○陳氏櫟曰此篇以用三宅爲立政用人之綱領立政二字每段多提掇之故以名篇孟子曰人不足與適也政不足與閒也唯大人爲能格君心之非無逸周公格心之書也立政公言用人爲政之書也忠愛拳拳體用備矣

周公若曰拜手稽首告嗣天子王矣用咸戒于王曰王左右常伯常任準人綴衣虎賁周公曰嗚呼休茲知恤鮮哉

集傳 此篇周公所作而記之者周史也故稱若曰言周公帥羣臣進戒於王贊之曰拜手稽首告嗣天子王矣

羣臣用皆進戒曰。王左右之臣。有牧民之長曰常伯。有任事之公卿曰常任。有守法之有司曰準人。三事之外。掌服器者曰綴衣。執射御者曰虎賁。皆任用之所當謹者。周公於是歎息言曰。美矣此官。然知憂恤者鮮矣。言五等官職之美。而知憂其得人者少也。吳氏曰。綴衣虎賁。近臣之長也。葛氏曰。綴衣。周禮司服之類。陳氏師凱曰。天官有司裘。有內司服。有縫人。春官亦有司服。虎賁。周禮之虎賁氏也。陳氏師凱曰。夏官虎賁氏。掌先後王而趨。舍則守王閑。在國則守王宮。有大故則守王門。又有旅賁氏。執戈盾。夾王車而趨。

【集說】孔氏穎達曰。周公既拜手稽首而後發言。還自言拜手稽首。示已重其事。欲令受其言。故盡禮致敬以告王也。召誥云。拜手稽首。旅王若公。亦是召公自言已拜手稽首。與此同也。○林氏之奇曰。下文所謂宅乃事。即此常任也。宅乃牧。即此常伯也。宅乃準。即此準人也。此以爲伯。而下文以爲牧。則以伯爲牧民之長。宜矣。伯既牧民之長。而曰左右者。蓋以牧伯而兼公卿也。夫常伯常任準人。所以與天子圖回萬幾者。固不可以不得人。然其朝見也有時。至於綴衣虎賁。朝夕與王處。茍非其人。則王德以之而蠹。雖外得其人。何補焉。○知人則哲。皋陶以爲惟帝其難之。常伯以下。周公以爲知恤鮮哉。乃知人主之職事。其所謂難者。莫難於此也。○呂氏祖謙曰。常伯等。即三宅。三代之書。他無所見。意者公卿輔相之別名歟。官有別名。如相曰阿衡。保衡。三卿曰圻父。農父。宏父。此亦三代輔政大臣別名耳。綴衣虎賁特於侍御僕從中錯舉二者。以見其餘耳。職重者有安危之寄。職親者有習染之移。其繫天下之本一也。此數職。先言休兹。而繼以知恤。必知建官之美意。然後深以爲恤也。三宅。左右大臣。綴衣虎賁。左右小臣。職有小大。而經綸康濟。薰陶涵養賴焉。知其美而加之憂。庶不以非人處之矣。○陳氏雅言曰。周公言立政之道。以得人爲本。是以統率羣臣。將有言於王。而先贊之以拜手稽首。以竭其事君之禮。復稱嗣天子王。以尊其爲君之名。所以開其進言之端也。○孫氏繼有曰。君道無不當謹。而惟用人爲要。用人無不當謹。而惟左右爲要。常伯常任準人。此以議政而在左右者。三事之外。虎賁綴衣。此又以供役而在左右者。侍御固不得與三宅等。其在王左右一也。故羣臣竝舉而言之。

古之人迪惟有夏乃有室大競。籲俊尊上帝迪知忱恂于九德之行。乃敢告教厥后曰。拜手稽首后矣。曰。宅乃事。宅乃牧。宅乃準。茲惟后矣。謀面用丕訓德。則乃宅人。茲乃三宅無義民。

【集傳】古之人有行此道者。惟有夏之君。當王室大強之時。而求賢以爲事天之實也。迪知者。蹈知而非苟知也。忱恂者。誠信而非輕信也。言夏之臣。蹈知誠信于九德之行。乃敢告教其君曰。拜手稽首后矣云者。致敬以尊其爲君之名也。曰宅乃事。宅乃牧。宅乃準。茲惟后矣云者。致告以敘其爲君之實也。茲者。此也。言如此而後可以爲君也。即臯陶與禹言九德之事。謀面者。謀人之面貌也。言非迪知忱恂于九德之行。而徒謀之面貌。用以爲大順於德。乃宅而任之。如此則三宅之人。豈復有賢者乎。蘇氏曰。事。則向所謂常任也。牧。則向所謂常伯也。準。則向所謂準人也。一篇之中。所論宅俊者。參差不齊。然大要不出是三者。其餘則皆小臣百執事也。吳氏曰。古者凡以善言語人。皆謂之教。不必自上教下而後謂之教也。

【集說】林氏之奇曰天下有至強之勢不在於山川之險甲兵之銳人民之衆惟在於賢才之多而已能求賢才而用之則其勢無敵矣豈不大競乎籲呼也故籲俊有求賢之意惟禹以籲俊爲心故其臣亦以薦揚爲務○呂氏祖謙曰自皐陶以九德告禹夏后蓋世守以爲知人之法焉方夏之盛任三宅者如此及其衰也竝至於罔無義民言所任者皆不義之人無一君子也茲乃云者此乃三宅之位非他位也猶無義民則他可知矣○陳氏大猷曰宅者居而安之之謂或才德不稱或委任不篤皆非宅也○陳氏櫟曰公既歎知恤者鮮歷舉古之知恤者以告王夏后商湯文武皆知恤此者以次言之也人中之俊乃天生之以遺國家者俊非徒才俊必有德如所謂以克俊有德皐陶亦曰九德咸事俊乂在官未嘗歧俊與德而二之○陳氏雅言曰有夏之君信能行此用賢之道不以國家之盛治爲已足惟以賢俊之當籲爲未至其事天之道至矣有夏之臣信能

有此九德之行故不徒致敬以尊其爲君之名而且致告以敘其爲君之實其事君之道得矣夏之君臣各盡其道此其立政之要也以上迪字與下迪知忱恂作對說呂氏謂周公之戒成王自綴衣虎賁之外其禮其辭與夏略同然則以圖任三宅爲人君之職者三代告君之常法也表親近之職使人君不敢輕者周公養源之精意也○王氏樵曰古之賢臣以人事君古之賢王以人事天

桀德惟乃弗作往任是惟暴德罔後

集傳 夏桀惡德弗作往昔先王任用三宅而所任者乃惟暴德之人故桀以喪亡無後

集說 呂氏祖謙曰非人才果異於往日也桀之惡德弗作往日先王之任用而已往惟俊德是任效見於

有室大競。桀惟暴德是任。效見於絶世無後。信乎存亡在所任也。

亦越成湯陟。丕釐上帝之耿命。乃用三有宅。克卽宅。曰三有俊。克卽俊。嚴惟丕式。克用三宅三俊。其在商邑。用協于厥邑。其在四方。用丕式見德。

【集傳】亦越者。繼前之辭也。耿。光也。湯自七十里升爲天子。典禮命討。昭著於天下。所謂陟丕釐上帝之光命也。三宅。謂居常伯常任準人之位者。三俊。謂有常伯常任準人之才者。克即者。言湯所用三宅。實能就是位而不曠其職。所稱三俊。實能就是德而不浮其名也。三俊。說者謂他日次補三宅者。詳宅以位言。俊以德言。意其儲養待用。或如說者所云也。惟思式法也。湯於三宅三俊。嚴思而丕法之。故能盡其宅俊之用。而宅者得以效其職。俊者得以著其才。賢智奮庸。登于至治。其在商邑。用協于厥邑。近者察之詳。其情未易齊。畿甸之協。則純之至也。其在四方。用丕式見德。遠者及之難。其德未易徧。

觀法之同。則大之至也。至純至大。治道無餘蘊矣。曰邑曰四方者。各極其遠近而言耳。

集說 黃氏度曰。曰三有俊。辨論後來之俊。可居此三宅者也。克即俊。就其所論定無不可登用也。既用三宅。又辯三俊者。文王之詩曰。思皇多士。生此王國。王國克生。維周之楨。人材惟層出閒見。用之不盡。而後國家之興爲未艾也。○呂氏祖謙曰。嚴惟丕式。嚴思賢者。惟大則效之。然後能用宅俊。所謂學於伊尹而後臣之。其一證也。未用宅俊之前。知之者惟湯。既用之後。則夫人而信之。○蔣氏悌生曰。嚴惟者。其難其愼之謂。簡擇於未用之前。既用之。必使爲政於天下。丕式者。信任於使用之後。○陳氏大猷曰。事事物物之理。莫非天命之流行。典禮刑賞。則其大者。湯升天位。大理治上帝之明命。謂大治天下。使事物昭然各當於理。即丕釐上帝之耿命也。○陳氏櫟曰。宅俊用而遠近孚。蓋舉用當而人心服。好人所好。不拂人之性故也。嚴惟丕式。君大法乎賢也。用丕式見德。下之人因之而大法乎君也。湯用三宅。而且儲三俊以供無窮之用。上廣夏后之所未及而下爲文武之所取法焉。○王氏樵曰。思慮精專。一於賢者。卽凡事委心聽順。惟賢者是師而不自用。便是丕式處。○兩丕式字。上言君丕式乎賢。下言民丕式乎君。四方之人。皆大法乎君。而以德自見。所謂徧爲爾德也。○鄒氏禎期曰。湯之心與宅俊合。故商邑之心與湯合。宅俊之德爲湯所式。故湯德又爲四方所式也。

嗚呼其在受德暋。惟羞刑暴德之人同于厥邦。乃惟庶習逸德之人同于厥政。帝欽罰之。乃伻我有夏式商受命。奄甸萬姓。

【集傳】羞刑。進任刑戮者也。庶習。備諸衆醜者也。言紂德強暴。又所與共國者。惟羞刑暴德之諸侯。所與共政者。惟庶習逸德之臣。下。上帝敬致其罰。乃使我周有此諸夏。用商所受之命。而奄甸萬姓焉。甸者。井牧其地。什伍其民也。

【集說】王氏安石曰。羞。進也。有崇尚之意。桀紂所用非人。皆本於身有惡德。故曰桀德受德者。推本言之也。○呂氏祖謙曰。論夏商之興亡。不出於任用得失之間。立政之體統端在此矣。○共政之任。親於共國。舉賢者拔其萃。嗜惡者從其尤。皆用其極者也。○鄒氏季友曰。井牧。周禮小司徒。井牧其田野。注云。井牧者。襄二十五年左傳所謂井衍沃牧隰皋是也。田制，一夫百畝，故百畝爲夫，九夫爲井，隰皋之地，九夫爲牧，二牧而當一井，以田有不易一易再易，通率二而當一也。什伍，周禮士師，掌其民人之什伍，又族師云，五家爲比，十家爲聯，五人爲伍，十人爲聯，以受邦職，以役國事。○申氏時行曰：同于厥邦，是在外之諸侯；同于厥政，是在內之臣工。用非人以理厥邦，則四方之丕式無有矣；狎小人以敗厥政，則厥邑之用協無有矣，正與湯相反。

亦越文王武王克知三有宅心，灼見三有俊心，以敬事上帝，立民長伯。

【集傳】三宅三俊，文武克知灼見，皆曰心者，即所謂迪知忱恂而非謀面也。三宅已授之位，故曰克知；三俊未任以事。故曰灼見。以是敬事上帝。則天職修。而上有所承。以是立民長伯。則體統立。而下有所寄。人君位天人之兩間。而俯仰無怍者。以是也。夏之尊帝。商之丕釐。周之敬事。其義一也。長。如王制所謂五國以爲屬。屬有長。伯。如王制所謂二百一十國以爲州。州有伯。是也。

【集說】林氏之奇曰。文武既有以當天之心。故天命之以有天下。則封建諸侯。而天子端拱於上也。此所以立民長伯。○呂氏祖謙曰。三宅共政者也。知其心者猶未盡。則不能無間。惟文武眞能知其心也。三俊待用者也。未與事遇。則底蘊不外見。惟文武灼然見其心也。知宅俊皆曰心者。君臣相與。萬化之源。苟貌親口惠。相期於肝膽之外。則無其本矣。〇陳氏櫟曰。立民長伯。當時宅俊。或有出而封爲長伯者歟。諸侯入爲王官。王官出爲諸侯古常有之。〇顧氏錫疇曰。克知二句。是知之明。以敬事二句。是任之重。〇孫氏繼有曰。大抵人臣立朝。以心術爲本。心術不正。縱行事可觀。言論可采。亦非吉士。克知灼見者。知其心之果正而無他。卽克知厥若之意。

立政任人準夫牧作三事。

集傳 言文武立政三宅之官也。任人常任也。準夫準人也。牧常伯也。以職言故曰事。

集說 張氏九成曰。所謂立政。豈無紀綱賞罰。豈無典章文物。周公乃無一言及之。獨曰任人準夫牧作三事而已。○顧氏錫疇曰。三事者。庶官之首。庶政之綱。文武所慎簡者。莫先於此。此得其人。使各舉所知。各簡其屬。無不得其人矣。○孫氏繼有曰。人君之政。總之則柄歸於一人。三事則分任之。分之則事寄於百官。三事則總率之。故首列之。

虎賁綴衣趣馬小尹左右攜僕百司庶府。

集傳 此侍御之官也。趣馬。掌馬之官。鄒氏季友曰。周禮校人掌王馬之政。趣馬其屬也。注云。趣馬下士。趣養馬者。馬一十二匹。立趣馬一人。小尹。小官之長。攜僕。攜持僕御之人。王氏樵曰。孔傳左右攜持器物之僕。蔡傳曰攜持僕御之人。則以爲二事。百司若司裘司服。庶府若內府大府之屬也。王氏炎曰。凡治事曰百司。

凡掌財曰庶府。○陳氏師凱曰。周官有玉府。內府。外府。泉府。天府。

【集說】顧氏錫疇曰。宮府合爲一體。天子自大臣召對外。惟此侍御之官。親近周旋。自虎賁而下。凡七等官。俱就得人說。虎賁修武備以壯掖庭之威。綴衣布物采以昭黼扆之煥。趣馬閑輿衛以備法駕。小尹正羣頒以供法從。左右攜僕。如云左右攜持器物之僕。以司稱者。各辦所職。服用之需。於此取。以府稱者。各典所守。儲蓄之備。於此藏。以上諸官。俱是內官之長。

大都。小伯。藝人。表臣百司。太史。尹伯。庶常吉士。

【集傳】此都邑之官也。呂氏曰。大都小伯者。謂大都之伯。小都之伯也。林氏之奇曰。周禮以小都之田任縣地。以大都之田任疆地。注。小都。卿之采邑。大都。

公之采邑。王子弟所食邑。大都言都不言伯。小伯言伯不言都。互見之也。董氏琮曰。古人立言之法。有互文見意者。如詩鉦人伐鼓之類是也。藝人者。卜祝巫匠。陳氏師凱曰。卜如太卜。卜師。龜人。菙人。簭人。占夢。眡祲是也。祝如太祝。喪祝。甸祝。詛祝是也。巫如司巫。男巫。女巫。神士是也。匠如攻木。攻金。攻皮。設色。刮摩。搏埴之工。皆是也。執技以事上者。禮記王制曰。凡執技以事上者。祝史射御醫卜及百工。表臣百司。表外也。表對裏之詞。上文百司。蓋內百司。若內府內司服之屬。所謂裏臣也。此百司。蓋外百司。若外府外司服之屬。所謂表臣也。太史者。史官也。周禮。太史下大夫。○孔氏穎達曰。周禮每官各有長。若太史爲史官之長。尹伯者。有司之長。如庖人內饔。膳夫則是數尹之伯也。陳氏師凱曰。傳意謂庖人爲庖尹。內饔爲饔尹。而膳夫則兼二者而爲之伯也。蓋庖饔各治其事。而又統於膳夫也。然此二句。以下文比之。必有脫字。○王氏樵曰。庖人尹庖。內外饔尹饔。此呂氏原文。蔡傳漏尹庖尹饔四字。鐘師尹鐘。磬師尹磬。大師司樂。則是數尹之伯也。陳氏師凱曰。大師及司樂。爲鐘師磬師之伯。此二節。特舉例以解尹伯。以是求之。尹伯固不止於此二者矣。凡所謂官吏。莫不在內外百司之中。至於特見其名者。則皆有意焉。虎賁綴衣。趣馬小尹。左右攜僕。以扈衞親近而見。庶府。以冗賤人所易忽而見。藝人。恐其或興淫巧機詐以蕩上心而見。太史以。奉諱惡陳氏師凱曰。王制云。太史典禮。執簡記。奉諱惡。簡記。策書也。大事書於策。小事簡牘。諱。先王名也。惡。忌日也。及子卯不樂。公天下後世之是非而見。尹伯。以大小相維。體統所係而見。若大都小伯。則分治郊畿。不預百司之數者。既條陳歷數文武之衆職。而總結之曰庶常吉士。庶衆也。言在文武之廷。無非常德吉士也。

【集說】呂氏祖謙曰。人之相去。何啻千百等。用之者小大亦各有方。今合而謂之吉士。蓋長短雖不齊。要皆慈祥良善之人。而不容一慘刻傾險者投足其間。此文武用人之大法。所以立周家忠厚之治體也。○陳氏經曰文武以一人之聰明豈能周知內外遠近小大之臣哉三宅大臣人主所親擇其下小大之臣又委之三宅高宗曰惟暨乃僚穆王亦曰愼簡乃僚皆然也○孫氏繼有曰庶常吉士一句總上立政以下來幷下二節蓋無德不可謂之吉即有而不常亦僞耳非吉也惟文武克知灼見而後用之故自三宅以至百官無一非常德之吉士不特三宅可以事上帝長庶民而餘皆可以分天職佐民瘼此謂得人之盛

司徒司馬司空亞旅

集傳　此諸侯之官也司徒主邦敎司馬主邦政司空主邦土餘見牧誓言諸侯之官莫不得人也諸侯之官獨舉此者以其名位通於天子歟

集說 林氏之奇曰：司徒、司馬、司空，諸侯之三卿也。亞，其貳也。旅，其衆士也。○呂氏祖謙曰：先儒以三卿爲文武未伐紂前官制，苟果皆文武在廷之官，何繇重出於庶常吉士之後乎？此章蓋通敘文武之官，文王雖不有天下，武王克商，官制實達乎四海，其爲侯國之官無疑也。○陳氏師凱曰：案康誥言圻父、農父、宏父三卿，亦與此同，可見此爲諸侯之官。蓋大國三卿，兼攝六事。傳謂名通天子者，大國三卿皆命於天子也。

夷、微、盧烝，三亳阪尹。

集傳 此王官之監於諸侯四夷者也。微、盧見經。孔氏穎達曰：牧誓所云有微、盧、彭、濮人，此舉夷微、盧，以見彭、濮之等諸夷也。亳見史。三亳：蒙爲北亳，穀熟爲南亳，偃師爲西亳。地理今釋 案蔡傳云：三亳，蒙爲北亳，穀熟爲南亳，偃師爲西亳。今河南歸德府商邱縣北四十里有大蒙城。水經注云。汳水東經大蒙城北。疑卽蒙亳也。所謂景亳爲北亳矣。南亳西亳。詳見湯誥。烝或以爲衆。或以爲夷名。阪未詳。古者險危之地。封疆之守。或不以封。而使王官治之。參錯於五服之間。是之謂尹。孔氏穎達曰。夷微以下。以一尹總之。地志載王官所治非一。此特舉其重者耳。自諸侯三卿以降。惟列官名。而無他語。承上庶常吉士之文。以內見外也。夫上自王朝。內而都邑。外而諸侯。遠而夷狄。莫不皆得人以爲官使。何其盛歟。

集說 林氏之奇曰言夷微盧之衆及三亳之地與夫凡阪險之地爲之尹者無不得人也○王氏樵曰微盧烝蓋夷國之內屬者武王伐商微盧嘗從焉爲之置尹如漢爲西域置都護之比也險危之地不必邊裔如陝之崤函趙之井陘鄭之虎牢皆參錯於五服之間者○孫氏繼有曰夷情叛服亦係中國安危故設爲尹以監之尹雖遠臣而內藩王室外攝夷情不得其人亦足致亂故附於吉士之後

文王惟克厥宅心乃克立兹常事司牧人以克俊有德

集傳 文王惟能其三宅之心能者能之也知之至信之篤之謂故能立此常任常伯用能俊有德也不言準人

者。因上章言文王用人。而申克知三有宅心之說。故略之也。

集說　朱子曰。文王惟克厥宅心。人皆以宅心爲處心。非也。即前面所說三有宅心耳。若處心。則云克宅厥心。○吳氏澄曰。惟能心其心。故能於其官。而能得其人也。三克字。皆謂文王能之。○陳氏櫟曰。以宅心爲三宅之心。與上文克知三有宅心。合爲一說。○陳氏雅言曰。天下之賢。固莫難於獲其用。尤莫難於盡其用。謂之以克俊有德者。蓋才德雖常事司牧人之所固有。然所以能究其用者。實文王之克厥宅心有以致之也。知之至。信之篤。文王之心。與三宅之心。脗合交契。無毫髮彼此之閒。故能立此常事司牧人。而其有才有德。莫不竭盡其蘊。無敢或隱其賢。是豈徒常事司牧人之所自能哉。皆以文王克之而後能也。○王氏樵曰。三克字最有力。

言文王之知人。惟克知其心。乃克立其官。以克稱其任之人也。人君未嘗不欲其官之得人。惟此之權度未精。而彼之底蘊未盡。則情僞可得而亂。邪正可得而易。位置之閒。不覺人官每至於相左也。常事。常任也。司牧人。常伯也。

文王罔攸兼于庶言庶獄庶慎。惟有司之牧夫。是訓用違。

【集傳】庶言。號令也。庶獄。獄訟也。庶慎。國之禁戒儲備也。有司。有職主者。牧夫。牧人也。文王不敢下侵庶職。惟於有司牧夫。訓勑用命。及違命者而已。漢孔氏曰。勞於求才。逸於任賢。

【集說】傅氏元初曰。文王三宅之賢。無非常德吉士。安得有違命者。推誠任人。馭下有體。只是訓戒之。欲其用命。不欲其違命耳。

庶獄庶慎。文王罔敢知于茲。

【集傳】上言罔攸兼。則猶知之。特不兼其事耳。至此罔敢知。則若未嘗知有其事。蓋信任之益專也。上言庶言。此不及者。號令出於君。有不容不知者故也。呂氏曰。不曰罔知于茲。而曰罔敢知于茲者。徒言罔知。則是莊老之無爲也。惟言罔敢知。然後見文王敬畏思不出位之意。毫釐之辨。學者宜精察之。

【集說】王氏安石曰。君道以擇人爲職。上必無爲而用天下。下必有爲而爲天下用。此君臣之分也。○陳氏櫟曰。牧夫。卽宅牧之屬。上文只及常事司牧人。而不及準人。庶獄。卽準人之事也。此篇論三宅。有全言之者。有舉其二者。有舉其一者。參錯及之耳。

亦越武王。率惟敉功。不敢替厥義德。率惟謀從容德。以並受此丕丕基。

【集傳】率。循也。敉功。安天下之功。義德。義德之人。容德。容德之人。蓋義德者。有撥亂反正之才。容德者。有休休樂善之量。皆成德之人也。周公（王氏樵曰。公字下。闕一承字。）上文言武王率循文王之功。而不敢替其所用義德之人。率循文王之謀。而不敢違其容德之士。意如虢叔閎夭散宜生泰顛南宮适之徒。所以輔成王業者。文用之於前。武任之於後。故周公於君奭言五臣克昭文王受有殷命。武王惟茲四人。尚迪有祿。正猶此敘文武用人而言竝受此丕丕基也。

集說胡氏士行曰：用義德之賢以戡定，用容德之賢以計安，立政任人之意也。○吴氏澄曰：武王率循文王之功，其於義德之人，用之而不敢替；率循文王之謀，其於容德之人，從之而不敢違。蓋拯民危急，必資剸裁之能；詒謀宏遠，必資寛大之度。此武王述事繼志而不改父之臣，故父子竝受此大大之基業也。○王氏充耘曰：能撥亂反正，所以能成大功；能兼總衆善，所以能定大謀。○王氏希旦曰：紂用暴德逷德之人，正與此相反。○呂氏枏曰：立政止言文王用三宅三俊，武王率文王，不言宅俊而言義德容德者何？非有義德之才、容德之量者，不足以居三事也。○王氏樵曰：此言武王能用文王之人，又武王知人任人之要也。自其以武功定天下謂之功，文王之功盛矣，而輔之者義德之臣也，武王率循而不替焉。蓋其爽邦劉敵之臣，即戡黎伐崇之彦，豈有勿作往任者哉！自其以文德經天下謂之謀，文王之謀大矣，而輔之者容德之臣也，武王率循而不違焉。蓋其稽謀自天之者。卽秉德迪知之賢。豈但不改其臣而已哉。

嗚呼。孺子王矣。繼自今我其立政。立事。準人。牧夫。我其克灼知厥若。丕乃俾亂。相我受民。和我庶獄庶愼。時則勿有閒之。

集傳　我者。指王而言。若。順也。周公旣述文武基業之大。歎息而言曰。孺子今旣爲王矣。繼此以往。王其於立政立事準人牧夫之任。當能明知其所順。順者。其心之安也。孔子曰。察其所安。人焉廋哉。察其所順者。知人之要也夫既明知其所順果正而不他然後推心而大委任之使展布四體以爲治相助左右所受之民和調均齊獄愼之事而又戒其勿以小人閒之使得終始其治此任人之要也民而謂之受者言民者乃受之於天受之於祖宗非成王之所自有也

集說 孔氏穎達曰自此以下四言繼自今者凡人靡不有初鮮克有終戒成王使繼續從今以往常用賢也○張氏九成曰王繼文武以立政可謂難矣而難之中自有簡易之道亦曰立事準人牧夫我其克灼知厥若而已知三宅之心卽所以立政○呂氏祖謙曰物莫不有所順水順而下火順而上蓋有湮之而不下鬱之

而不上者矣。終非其所順也。人豈無矯飾以勉爲善者。苟能灼知其所順。則心之所安。不得遁矣。夏后宅人。亦曰用丕訓德。訓順也。知厥若。又勿使異意者間之。知人不可不盡。任人不可不專。竭兩端告之也。○董氏琮曰。孔氏以立政爲大臣。立事爲小臣。諸家皆以立政立事爲一意。而於準人牧夫。則以爲舉其二以包其一。理所未安。竊意從張氏之說。則立政乃作書之本意。立事乃任人之官。庶於經意爲兩得。○陳氏大猷曰。我者我其君。君臣一體也。○王氏希旦曰。提起立政二字。最是下文商人周文王立政。國則罔有立政用憸人。在今後嗣王立政。皆是提起作書之本意。立政之要在於事牧準人。○陳氏雅言曰。克灼知厥若者。此明於知人。時則勿有間之。此誠於任人。始焉而非知之明。則無以得賢才之用。終焉而非任之誠。則無以盡賢才之用。成湯之克宅克卽。文武之克知灼見。皆克知厥若之謂也。成湯之嚴惟丕式。文王之罔攸兼罔敢知。皆時則勿有間之之意也。周公前舉三事以爲告。此則欲其法三代之法以爲政。上言知人之要。則舉三宅之名。下言任人之要。則舉三宅之職。立政一篇之旨。萃於此矣。○張氏居正曰。灼知厥若。則能明察於未任之先。而匪人不得以倖進。勿有閒之。則能篤信於既任之後。而君子不至於孤危。此兩言者。任賢之要道也。○王氏樵曰。立事卽常任。牧夫卽常伯。此處乃是備舉三宅官名。相受民。牧之責也。和庶獄。準之責也。和庶慎事之責也。前章常事司牧人。卽常任常伯。舉其二以包準人也。有司之牧夫。舉一以包常任準人也。既是舉一以包二。則不必以庶言等三件事爲三宅通有也。

自一話一言。我則末惟成德之彥。以乂我受民。

【集傳】末。終。惟。思也。自一話一言之閒。我則終思成德之美士以治我所受之民。而不敢斯須忘也。

集說 陳氏櫟曰。話言。樞機之發也。委任三宅。欲勿以小人間之。苟或一話言間。微不終于專主君子。則小人乘間入之矣。此公戒王以委任三宅。專一周密之法也。〇王氏樵曰。自一話一言。承勿有間之而言。言人君思慮當專在於君子。無一話言之間。而後君子得終其治。斯民得受其福也。

嗚呼予旦已受人之徽言。咸告孺子王矣。繼自今文子文孫。其勿誤于庶獄庶慎。惟正是乂之。

集傳 前所言禹湯文武任人之事。無非至美之言。我聞之於人者。已皆告孺子王矣。文子文孫者。成王。武王之文子文王之文孫也。成王之時。法度彰。禮樂著。守成尚文。故曰文。誤。失也。有所兼。有所知。不付之有司而以己誤之也。正。猶康誥所謂正人。與宮正酒正之正。指當職者爲言。不以己誤庶獄庶愼。惟當職之人是治之。下文言其勿誤庶獄。惟有司之牧夫。卽此意。

集說 呂氏祖謙曰。簡畀正人。付之獄愼。使之以正法斷刑。以正理揆事。所謂正道也。苟不知正道。雖惴惴欲其勿誤。能勿誤乎。○金氏履祥曰。誤者。以身兼之。事煩力寡。易於致誤。○王氏樵曰。上言勿閒之以人。此言勿誤之以己。大抵人君任賢不專。其弊有是二端。故反覆言之也。

自古商人亦越我周文王立政立事牧夫準人。則克宅之克由繹之兹乃俾乂。

集傳 自古及商人。及我周文王。於立政所以用三宅之道。則克宅之者。能得賢者以居其職也。克由繹之者。能紬繹用之。王氏樵曰。案由字只如字讀。傳謂紬繹用之。是以意解。非卽以由字爲紬字也。紬音抽。漢書谷永傳云。燕見紬繹。師古曰。紬繹者。引其端緒也。而盡其才也。旣能宅其才以安其職。又能繹其才以盡其用。兹其所以能俾乂也歟。

集說 呂氏祖謙曰。由繹。由其外而繹其中也。由其言而繹其心。由其才而繹其德。由其發舒於一時而繹其持久於歲晏者。繹之蓋不一端而足也。克宅之則人與位相稱。克由繹之。則表與裏相符。其審如是。然後俾之爲治。既俾之爲治。則一委之其人矣。○陳氏經曰。繹如繹絲。謂窮其端緒。克宅。任之當矣。又紬繹之。詳其所行。考其所就。猶堯之詢事考言。舜之明試考績也。○陳氏雅言曰。三宅之官。百官有司之長也。擇之不審。則以正爲邪。以不肖爲賢。固不足以得賢才之用。用之不至。則禮貌之或衰。意見之或殊。亦何足以盡賢才之用。故克宅之者。以心相照。此知人之明也。克由繹者。以心相與。此待人之誠也。謂之乃者。言必如是。而後有以得其心也。謂之俾者。言下之治由於上之使也。立政一篇之旨。皆是言人君之用人。當擇之於始。善用之於終。

國則罔有立政用憸人。不訓于德。是罔顯在厥世。繼自今立政。其勿以憸人。其惟吉士。用勱相

我國家。

集傳　自古爲國。無有立政用憸利小人者。小人而謂之憸者。形容其沾沾便捷之狀也。憸利小人。不順于德。是無能光顯以在厥世。王當繼今以往。立政勿用憸利小人。其惟用有常吉士。使勉力以輔相我國家也。呂氏曰。君子陽類。用則升其國於明昌。小人陰類。用則降其國於晻昧。陰陽升降。亦各從其類也。

集說　張氏九成曰。憸人者。傾巧辯給之人。詐足飾非。言足拒諫。悅其心。則譽桀紂爲堯舜。失其意。則誣伯夷爲盜跖。○呂氏祖謙曰。人主惟以别白君子小人爲職。國之興亡。常必由之。此篇反覆於君子小人之際。有旨哉。文武有庶常吉士。公復以其惟吉士望王。召公之歌詩。王多吉士。亦至于再。穆王命伯冏。吉士猶在口也。是則周家父祖所傳。師保所訓。子孫所守。惟在吉士。一代治體可識矣。憸人者。吉士之反。周之家法所嚴惡斥絕者也。○王氏綱振曰。憸人。不是容悦小人。孔傳云。憸利小人。正言其才智機鋒。能聳發人主。以爲必可共功。必能顯世。而不知究竟罔顯也。

今文子文孫。孺子王矣。其勿誤于庶獄。惟有司之牧夫。

集傳 始言和我庶獄庶慎。時則勿有間之。繼言其勿誤于庶獄庶慎惟正是乂之。至是獨曰其勿誤于庶獄惟有司之牧夫。蓋刑者。天下之重事。挈其重而獨舉之。使成王尤知刑獄之可畏。必專有司牧夫之任。而不可以已誤之也。

集說 孔氏穎達曰。言庶獄。欲其重刑。言有司牧夫。欲其慎官人。○蔡氏卞曰。以庶獄庶慎對庶言。則獄慎尤重。故不及庶言。以庶獄對庶慎。則庶獄尤重。故不及庶慎。○呂氏祖謙曰。獄曷爲其獨重也。民命所繫。亦國命所繫也。導迎善氣。祈天永命者。獄也。並告無辜。無世在下者。亦獄也。宜周公獨言而獨戒之。○顧氏錫疇曰。曰文子文孫。見有纘承之責。曰孺子王矣。見其居天位之尊。

其克詰爾戎兵以陟禹之迹方行天下至于海表罔有不服以覲文王之耿光以揚武王之大烈。

集傳 詰治也治爾戎服兵器也陟升也禹迹禹服舊迹也方四方也海表四裔也言德威所及無不服也覲見也耿光。陳氏大猷曰耿亦光也耿光光之著也德也大烈業也於文王稱德於武王稱業各於其盛者稱之呂氏曰兵刑之大也故既言庶獄而繼以治兵之戒焉或曰周公之訓稽其所弊。得無啓後世好大喜功之患乎。曰。周公詰兵之訓。繼勿誤庶獄之後。犴獄之閒。尚恐一刑之誤。況六師萬衆之命。其敢不審而誤舉乎。推勿誤庶獄之心。而奉克詰戎兵之戒。必非得已不已。而輕用民命者也。

集說林氏之奇曰。呼文子文孫。言守成以文。終以詰爾戎兵。則武不可弛。○呂氏祖謙曰。公非教王用兵。恐其晏安而使之自強。如易謙卦言利用侵伐。亦是於謙抑之中。有自強之意也。蓋奮張其氣。而不使隳偷。操握其衆。而不使捍格。摧壓其姦。而不使覬覦。保治之良圖也。古人治兵。乃所以弭兵。後世銷兵。乃所以召兵。○金氏履祥曰。古人詰兵。蓋有國之常政。軍伍藏於井甸。陣法講於蒐狩。射御習於鄉學。巡邊四征。寓於巡狩會同但恐守文之主或自廢弛爾況其時淮奄未盡平故周公言及之○王氏樵曰禹迹卽所謂弼成五服至于五千外薄四海咸建五長聲教訖于四海是也陟謂今威德所加盡禹迹所至也方行德威之流行也文王之耿光光于四方顯于西土武王之大烈永清四海丕單稱德覲揚謂不遏佚之顧文子文孫而言

嗚呼繼自今後王立政其惟克用常人

集傳 幷周家後王而戒之也常人常德之人也臯陶曰彰厥有常吉哉常人與吉士同實而異名者也

集說 呂氏祖謙曰常人之於國也蓋食之穀粟衣之布帛雖無異味異文而有生者常用而不可一日易也然每多重遲木訥不能與小慧新進者爭長於頰舌之間故世主惑於取舍而治亂分焉此周公所以慨歎

而深致意於卒章歟○陳氏大猷曰理之常行而不可易者爲常道行此常道而不易者爲常人常言其體之不易吉言其用之休祥也言常人於兵刑之後以常人尤宜任此而謹之歟○金氏履祥曰周公丁寧之意幷後王而戒之使成王行之後王傳之以爲家法也常人憸人二者相反凡憸利便捷者憸人也凡持重守正者常人也憸人常以生事爲功常人常以生物爲意此用人者所當辨也

周公若曰太史司寇蘇公式敬爾由獄以長我王國茲式有慎以列用中罰

【集傳】此周公因言慎罰而以蘇公敬獄之事告之太史使其幷書以爲後世司獄之式也蘇國名也左傳蘇忿

生以溫爲司寇。孔氏穎達曰。成十一年左傳云昔周克商。封蘇忿生以溫爲司寇。是忿生爲武王司寇。封蘇國也。周公告太史以蘇忿生爲司寇。用能敬其所由之獄。培植基本。以長我王國。命於此取法而有謹焉。則能以輕重條列。蘇氏軾曰。列者。前後相比。猶今言例也。用其中罰。而無過差之患矣。

集說 孔氏安國曰。言主獄當求蘇公之比。此法有所慎行。必以其列。用中罰。不輕不重。○陳氏大猷曰。蘇公能以法式而敬其所用之獄。重民命以延國命。治獄者。當以爲法式而有謹焉。以舊事爲比。而用其輕重之中者也。立政以用人爲本。而兵刑乃政之大者。故以此終焉。○陳氏櫟曰。立政之綱領在三宅。三宅中所重。尤在準人之刑獄故既告王以勿誤庶獄末復命太史書蘇公敬獄事以示法焉蘇公所以爲司寇在乎敬後人之法蘇公在乎愼能愼則能敬矣固爲後之司獄者慮尤爲後之君用人以司獄者慮能如蘇公者則用否則斥蓋以此終立政用人之意歟○陳氏雅言曰敬者愼之存於心愼者敬之見於事○王氏樵曰漢有決事比周禮小司寇登中于天府注曰取其計獄蔽訟之得其中者上於天府使藏之以爲法比後罪犯有合於是者則援引以爲質也卽列用中罰之意觀此則引律條以定罪其來久矣○式敬之式用也茲式之式法也茲式有愼周公欲後之典獄者如是欲後之任典獄者必擇如是之人也

董氏鼎曰王政莫大於用人用人莫先於三宅三宅得人則百官皆得人而王政立矣一篇之中宅事牧準其綱領也休茲知恤其血脈也自迪惟有夏至暴德罔後言夏先后知恤乎此乃室大競休何如哉桀

不知恤也。故罔有後。而成湯陟焉。自亦越成湯至奄甸萬姓。言商先王知恤乎此故用協用見德。休何如哉紂。不知恤也。故帝罰之。而我周式商受命焉。自亦越文王武王至竝受丕丕基。言文武亦猶夏商先王之知恤也。是以竝受丕基。式克至今日休也。自孺子王矣以下至終篇。拳拳以告憸人。用常吉。詰戎兵。謹刑獄爲王告。蓋欲王以先王之知恤爲法。以夏商後王之不知恤爲鑒。忠愛之至。至今可挹也。

周官

集傳 成王訓迪百官。史錄其言。以周官名之。亦訓體也。今文無。古文有。○案此篇與今周禮不同。如三公三孤。周禮皆不載。或謂公孤兼官。無正職。故不載。陳氏師凱曰。周禮未嘗不言公孤。但不載其專職耳。如云王之三公八命。出封加一等。則九命爲伯。是舉朝無尊於此者。而外朝之位。三公在前。孤卿大夫在左。公侯伯子男在右。是惟三公可以面天子。孤則亞於三公。故其位與諸侯之公相對。六卿莫敢先也。其摯。孤執皮帛。卿執羔。則卿亞於孤。又可見矣。然三公論道經邦。三孤貳公弘化。非職乎。職任之大。無踰此矣。或又謂師氏卽太師。保氏卽太保。然以師保之尊。而反屬司徒之職。亦無是理也。陳氏師凱曰。師氏僅中大夫。保氏乃下大夫。豈有三公之尊。而資級如是之卑邪。周禮注。謂周召兼此官。必無是理。案師氏以三德三行教國子。保氏以六藝六儀教國子。猶後世國子先生之儔。故列在司徒之屬。又此言六年五服一朝。而周禮六服諸侯有一歲一見者。二歲一見者。三歲一見者。亦與此不合。是固可疑。然周禮非聖人不能作也。意周公方條治事之官。而未及師保之職。所謂未及者。鄭重而未及言之也。書未成而公亡。其閒法制有未施用。故與此異。而冬官亦闕。要之周禮首末未備。周公未成之書也。惜哉。讀書者參互而考之。則周公經制。可得而論矣。

孔氏安國曰。言周家設官分職用人之法。○

集說　孔氏穎達曰。設官分職。周禮序官之文。言設置羣官。分其職掌。經言立三公六卿。是設官也。各言所掌。是分職也。各舉其官之所掌。示以才堪乃得居之。是說用人之法。○朱子語類。問司徒司馬司空三公三少之官。曰。漢自古文尚書出。方有周官篇。伏生口授二十五篇無周官。故漢只置太尉司徒司空爲三公。而無周三公三少。蓋未見古文尚書。但見伏生書牧誓立政篇中所說司徒司馬司空而置也。古者諸侯之國。只置得司徒司馬司空三卿。惟天子方得置三公三少六卿。牧誓立政所說。周家是時方爲諸侯。故不及三公三少及周官篇所說。則周是時已得天下矣。三公三少。本以師道傅佐天子。只是加官。周公以太師兼冢宰。召公以太保兼冢宰。是以加官而兼宰相之職也。後世官職益紊。今遂以三公三少之官爲階官。不復有師保之任論道經邦之責矣然古者猶是文臣之有功德重望者方得加師保之官以其有教輔天子之名也後世遂以諸子或武臣爲之既是天子之子與武臣豈可任師保之責邪訛謬傳襲不復改正○陳氏櫟曰周禮周公未全未行之書周官成王建置訓迪已施行之書也今只當據周官以解周官其與周禮不合處略之可也

惟周王撫萬邦巡侯甸四征弗庭綏厥兆民六服羣辟罔不承德歸于宗周董正治官

集傳 此書之本序也庭直也葛氏曰弗庭弗來庭者六服侯甸男采衛并畿內爲六服也禹貢五服通畿內周

制五服在王畿外也周禮又有九服侯甸男采衛蠻夷鎮藩與此不同宗周鎬京也董督也治官凡治事之官也言成王撫臨萬國巡狩侯甸孔氏穎達曰六服而惟言侯甸者二服去圻最近舉近以言之也四方征討不庭之國以安天下之民六服諸侯之君無不奉承周德成王歸于鎬京督正治事之官外攘之功舉而益嚴內治之修也唐孔氏曰周制無萬國惟伐淮夷非四征也大言之爾

集說 林氏之奇曰當成王之時六合爲周聲教所暨率皆臣服獨淮夷未平爾淮夷未平則當時六服之

君。固雖洗心滌慮以奉承天子之德而行之。然謂之莫不承德。則不可也。惟滅淮夷而遷以化之。則是莫不承德矣。如舜之世。聲教所暨。訖于四海。惟三苗不服。必至於苗民之格。然後爲至治也。○呂氏祖謙曰。成王撫萬邦。至罔不承德。乾開坤闔。秋殺春生。四海皆隨其運轉。功成治定。歸于宗周。董正治官。訓督裁正。品式備具。本末內外。體統相承。萬世皆入其維持。不如是。何以覲文王之耿光。揚武王之大烈乎。○王氏充耘曰。成王爲萬邦之君。盡撫綏之道。侯甸之諸侯。以時而來朝者。則巡守其土而察其政治焉。四方之諸侯。其或有弗庭者。則征伐其國而使畏懼焉。巡守征伐。皆以綏安億兆之民而已。在外之事無不舉。於是歸於鎬京國都。以爲端本澄源之計。天子所與共治於內者。莫大於三公。而其亞爲三孤。又次爲六卿。而其下各有屬。昔非無是官也。有是官而綱紀之未定。昔非無是職也。有是職而體統之未明。故立三公使論道。而三孤則輔之於後。命六卿使

分職。而其屬則任之於下。如絲牽而繩聯。如臂動而指
隨。以立一代之定制。以承歷代之弘規。無有董之而不
治。正之而或紊者。既治其外。復詳其內。傳所謂外攘之
功舉。而益嚴內治之修者。如此。○陳氏櫟曰。巡侯甸。即
六服而略言之也。六服。承德即九服而以內五服幷王
畿言之也。內五服。九州內。外四服。九州外。以內五服幷
畿內爲六。正與侯甸男邦采衞之辭合。略外四服耳。○
陳氏師凱曰。周禮王畿千里。外有九服。每服五百里。則
每方五九四千五百。合之爲九千里。通王畿爲方萬里。
以開方法計之。方千里者。爲方百里者百。則方萬里者。
爲方百里者萬矣。以百里爲諸侯之國。率之是九服之
內。可容萬國。然周初會於牧野者。八百諸侯。王制所計。
亦止千七百七十三國。故孔氏以此爲大言之。非實數
也。然史官例以萬邦萬國言一統之廣。其來久矣。○陳
氏雅言曰。當功成治定之日。而致謹於建官分職之命。
蓋天下以一人爲主。致治以任官爲要。萬邦雖廣。而承

德之心無不同。外攘既舉。而治官之政不敢後。史臣將欲述成王訓迪之辭。而先敘其本末如此。○王氏樵曰。撫萬邦。只言君臨天下之意。省方觀民。去暴除殘。皆所以安天下之民也。六服承德。則是素直而賢者。固于旬于宣以廣一人之德化。悔其不直者。亦來享來王以奉天子之威靈。

王曰。若昔大猷。制治于未亂。保邦于未危。

【集傳】若昔林氏之奇曰。若者發語之辭。若昔。猶曰在昔也。大道之世。制治保邦于未亂未危之前。卽下文明王立政是也。

【集說】孔氏穎達曰。治謂政教。邦謂國家。治有失則亂。邦不安則危。制其治於未亂之前。安其國於未危之前。標此二句於前。以示立官之意。○陳氏櫟曰。王意謂今兆民綏。六服承。若已安已治。然治亂在庶官。當先幾而備之。將言唐虞夏商周之建官。故以此三言開端焉。○顧氏錫疇曰。未亂。就正理說。是綱紀法度無不修治之謂。未危。就國祚說。是天下國家無不奠安之謂。

曰。唐虞稽古建官惟百。內有百揆四岳。外有州牧侯伯。庶政惟和。萬國咸寧。夏商官倍。亦克用乂。明王立政。不惟其官。惟其人。

集傳 百揆。無所不總者。四岳。總其方岳者。州牧。各總其州者。侯伯。次州牧而總諸侯者也。百揆四岳總治于內。州牧侯伯總治于外。內外相承。體統不紊。故庶政惟和。

而萬國咸安。夏商之時。世變事繁。觀其會通。制其繁簡。官數加倍。亦能用治。明王立政。不惟其官之多。惟其得人而已。

集說 孔氏穎達曰。舜典云。肇十有二州。此說虞事。知置州牧十二也。侯伯。謂諸侯之長。益稷篇云。外薄四海。咸建五長。知侯伯是五國之長也。○呂氏祖謙曰。唐虞建官惟百。而謂之稽古。則官之有百。蓋前於唐虞矣。侯伯。逮春秋猶襲以霸者之稱。在唐虞則必次州牧而總諸侯者也。若曰五等之侯伯。則奚獨置其三者而舉二也。治道之達。自百揆而受之以四岳。自四岳而受之以州牧。自州牧而受之以侯伯。唐虞之治綱可識矣。唐虞之官。見於書者猶多。成王獨舉其四。惟識其大。故能挈其綱也。夏商之官倍之。觀其會通。而制其繁簡也。○

張氏震曰。事繁。故官多。然大體未嘗變也。舜命九官。至商列爲八政。至周合爲六典。大綱皆出於一。所增特其屬耳。○王氏樵曰。官者。治亂安危之所出。人則制之保之者也。惟其人。是一篇之要。○孫氏繼有曰。明王立政。不惟其官之繁簡。惟得其人。則簡固乂。繁亦乂。此惟人之謂也。

今予小子祗勤于德。夙夜不逮。仰惟前代時若。訓迪厥官。

【集傳】逮。及。時。是。若。順也。成王祗勤于德。早夜若有所不及然。蓋修德者。任官之本也。

【集說】呂氏祖謙曰。成王實用力於此。而眞知其不足。所以仰惟前代時若。訓迪厥官而共治之也。德。君德也。祗勤于德。則止其所。而非叢脞也。訓迪厥官。訓導之。俾各知所職。下文所序。是也。○陳氏經曰。仰前代唐虞夏商建官之意而時若之。○陳氏櫟曰。唐虞稽古至亦克用乂。此唐虞夏商之建官。所以致治保邦者也。立政而官惟其人。爲政在人也。訓官而先祗勤于德。取人以身也。此成王仰若唐虞夏商。而訓官以致治保邦者也。○王氏樵曰。董正訓迪。一也。分爲二節。正其體統。一也。訓其職守。二也。如三孤貳公。六卿分職。六職之中。冢宰又統百官。六卿又各率其屬。外之九牧。又統諸侯以聽六卿之倡。此所謂體統也。公論道。孤弘化。六卿各有所掌。六屬受六卿之率。各有所司。九牧受六卿之倡。宣布於諸侯。各有其事。以至成王之所告戒。自有官君子以下。皆職守也。

立太師。太傅。太保。茲惟三公。論道經邦。燮理陰陽官不必備惟其人。

【集傳】立始辭也。三公非始於此。立爲周家定制。則始於此也。賈誼曰。保者。保其身體。傳者。傳之德義。師道之教訓。此所謂三公也。陰陽以氣言。道者。陰陽之理。恆而不變者也。易曰。一陰一陽之謂道是也。論者。講明之謂。經者。經綸之謂。變理者。和調之也。非經綸天下之大經。參天地之化育者。豈足以任此責。故官不必備。惟其人也。

【集說】周子曰。陰陽理而後和。〇程子曰。三代之時。人君必有師傅保之官。師道之教訓。傅傅之德義。保保其身體後世作事無本知求治而不知正君知規過而不知養德傳德義之道固已疎矣保身體之法復無聞焉輔養之道非謂告詔以言過而後諫也傳德義者在乎防見聞之非節嗜好之過保身體者在乎適起居之宜存畏慎之心三公不必備惟其人誠以謂不得其人而居之不若闕之之愈也○王氏樵曰道者即經綸邦國和調陰陽之道也惟三公以道爲天子師爲能知其所以然之故則使之論說於天子之前故論道皆所以經邦而燮理陰陽經邦燮理皆實事則論道非空言也○申氏時行曰道者陰陽之理所以綱紀人物而運行造化論是闡明其理以啓沃君心涵養君德者經邦是經理邦國之民物即論道時事謂其議道以置法而有裁成輔相之規模明道以出治而有經綸康濟之謨略得是理以立命者使各止其所而不亂具是理以成性者使各就其緒而不紊也燮理陰陽謂由是以均調氣機參贊化育使五行順布而陰陽無乖戾之虞四序節

宣而陰陽無愆伏之患也。亦只是以民物之和。兆陰陽之和。論道處有格心體段。燮理處有格天事業。三公道尊望重。所以嚴其選也。

少師少傅少保曰三孤。貳公弘化。寅亮天地。弼予一人。

集傳 孤。特也。三少雖三公之貳。而非其屬官。故曰孤。天地以形言。化者天地之用。運而無迹者也。易曰範圍天地之化 陳氏師凱曰。範模也。圍匡郭也。聖人範圍天地之化。蓋參贊之極功。能使造化囿於聖人精神心術之中。如物之得其模範匡郭而不違也。是也。弘者張而大之。寅亮者。敬而明之也。公論道。孤弘化。公燮理陰陽。孤寅亮天地。公論於前。孤弼於後。公孤之分如此。

集說 孔氏安國曰。孤卑於公。尊於卿。特置此三者。副貳三公。弘大道化。○葉氏夢得曰。成王以周召爲師保。而太傅無聞。周公沒。召公仍爲保而不聞設師傅。蓋難之也。○朱子曰。三公三孤。本無職事。亦無官屬。但以道義輔佐天子而已。三公三少。只是加官。○呂氏祖謙曰。陰陽以氣言。天地以形言。燮理。運之者也。寅亮。承之者也。公孤之分。於此著矣。然弼予一人。乃格君心之任。獨於孤言之。而公之職反不與焉。何也。論道經邦。燮理陰陽。未有不自君心者也。○陳氏傅良曰。周召以師保爲冢宰。是卿兼三公也。顧命自同召太保奭以下。皆卿也。是時召公爲保兼冢宰。芮伯爲司徒。彤伯爲宗伯。畢公爲司馬。皆是以三公兼之。衛侯康叔爲司寇。毛公爲司空。審如是。則三公多是六卿兼之。但其人足以兼公。則加其公之職位。無其人。則止爲卿而已。三公三孤。皆無其人。則闕焉而已。而六卿自若也。要之成周以三公三孤待非常之德。故曰官不必備惟其人。○陳氏櫟曰。貳公弘化。蓋貳公以弘大其論道經邦之化耳。弘大道化以寅亮天地體用之謂也。○王氏樵曰。弘化。卽三公之論道經邦也。寅亮天地。卽三公之燮理陰陽也。弘如人能弘道之弘。蓋天地無爲。而吾之所講明推行者。無非所以弘化也。化者天地之用。而弘之者人。使天地之心徧於萬物庶事。無不得其所。是卽寅亮天地也。弼予一人。卽所謂導之敎訓。傅之德義。保其身體也。上文三公不言者。以論道中足以包之也。○道化與陰陽天地。非有異義。莊子注曰。天道陰陽運行則爲化。自無而有自有而無則爲化。此皆一陰一陽之妙。而天地之所以爲天地者也。聖人有以參贊之。設官以論其道弘其化。則陰陽和。天地位。其實論道者非不弘化。弘化者非不論道。而燮理陰陽與寅亮天地。又非二事也。所以見公論於前。孤弼於後。其道相成。而非有二爾。三公言官不必備惟其人。則三孤亦然。三孤言弼予一人。則三公可知。

冢宰掌邦治。統百官。均四海。

集傳 冢。大宰。治也。天官卿。治官之長。是爲冢宰。内統百官。外均四海。蓋天子之相也。百官異職。管攝使歸于一。是之謂統。四海異宜。調劑使得其平。是之謂均。

集説 孔氏穎達曰。此經言六卿所掌之事。周禮云。乃立天官冢宰。使帥其屬而掌邦治。治官之屬。大宰卿一人。鄭玄云。百官總焉。則謂之冢。列職於王。則稱大。是冢大異名之意。○蘇氏軾曰。政教禮刑。無所不掌。謂之邦治。而百官總已以聽焉。故冢宰爲天官。必三公兼之。餘卿或兼或特命。○林氏之奇曰。曾博士曰先王建官分治。未嘗不以正名爲先。名既正矣。然後分職以聽於上。而事各有所係焉。自冢宰以至司空。則所正之名也。自掌邦治以至掌邦土。則所分之職也。自統百官以至時地利。則事各有所係也。此說是也。然冢宰之職。雖與六卿分掌有司之事。然不若司徒而下。但掌一事而已。蓋冢宰爲六卿之首。故凡有司之事。又冢宰總之也。○董氏琮曰。周禮大宰。掌建邦之六典。一曰治典。二曰教典。三曰禮典。四曰政典。五曰刑典。六曰事典。六典大宰兼掌。此言掌邦治者。敎禮政刑之屬。莫非治也。○呂氏祖謙曰。三公三孤。天子所與調精祲之原而無所治者也。統萬事而分治之。則六卿之職。六卿者。萬事之綱也。冢宰管攝百官。非官官而控制之。自百而歸六。自六而歸一。所操至簡也。所調劑者。非人人而稱量之也。大與之爲大。小與之爲小。所居至易也。明乎簡易之道。相業無餘蘊矣。○陳氏雅言曰。百官異職而能統之。則有倫有要。有綱有紀。咸得其序矣。四海異宜而能均之。則或遠或近。或多或寡。咸得其正矣。此訓迪其職也。○傅氏元初曰。朱子言天子至尊。其嬪御侍衛飲食衣服貨賄之官。皆領於冢宰。然則大宰所統之官。蓋宮中府中。俱爲一體。而四海之無難均可知矣。

司徒掌邦教。敷五典。擾兆民。

【集傳】擾。馴也。地官卿。主國教化。敷君臣父子夫婦長幼朋友五者之教。以馴擾兆民之不順者而使之順也。陳氏櫟曰。順其自然而導之。即舜典在寬之意。唐虞司徒之官。固已職掌如此。

【集說】孔氏穎達曰。周禮云。乃立地官司徒。使帥其屬而掌邦教。以佐王安擾邦國。大宰職云。二曰教典以擾萬民。五典、即五教也。布五常之教。以安和天下之人民。使小大協睦也。周禮司徒十有二教。分五教爲之。五教可以常行。謂之五典也。○王氏安石曰。善教者。浹於民心。而耳目無聞焉。以道擾民者也。不善教者。施於民之耳目而求浹於心。以道強民者也。擾之爲言。猶山藪之擾毛羽。川澤之擾鱗介也。自然而然。豈有制哉。強之爲言。其猶囿毛羽沼鱗介乎。一失其制。脫然逝矣。○陳氏大猷曰。司徒掌養民教民之事。今獨言教。取其重者言之。猶宗伯掌禮樂而獨言掌邦禮也。

宗伯掌邦禮。治神人。和上下。

集傳 春官卿。主邦禮。治天神地祇人鬼之事。和上下尊卑等列。春官於四時之序爲長。故其官謂之宗伯。成周合樂於禮官。謂之和者。蓋以樂而言也。

【集說】孔氏穎達曰。周禮云。乃立春官宗伯。使帥其屬而掌邦禮。以佐王和邦國。宗伯。宗廟官之長。其職云。掌建邦之天神人鬼地祇之禮。又主吉凶賓軍嘉之五禮。吉禮之別。十有二。凶禮之別有五。賓禮之別有八。軍禮之別。有五。嘉禮之別。有六。總有三十六禮。皆在宗伯職掌之文。大宰職云。三曰禮典。以和邦國。以諧萬民。○金氏履祥曰。宗伯不言司。蓋所掌者禮。禮莫重於祭。祭莫切於宗廟。不敢言司。尊宗廟。且崇禮也。上下者。尊卑貴賤之等。儀和則不僭不逼。各安其分。有序則和也。○陳氏櫟曰。秩宗典天神地祇人鬼之三禮。及國之吉凶軍賓嘉五禮。以和上下尊卑等列。是宗伯所掌。乃三禮與五禮也。禮所以辨上下定民志。上下辨。民志定。則和矣。和有樂之意。○呂氏柟曰。治神人和上下者。治以禮言。和以樂言。皆兼幽明而舉之也。與司徒之敎不亦複乎。蓋相因而成也。

司馬掌邦政統六師平邦國。

【集傳】夏官卿。主戎馬之事。掌國征伐。統御六軍。平治邦國。平謂強不得陵弱。衆不得暴寡。而人皆得其平也。軍政莫急於馬。故以司馬名官。何莫非政。獨戎政謂之政者。用以征伐而正彼之不正。王政之大者也。

【集說】孔氏穎達曰。周禮云。乃立夏官司馬。使帥其屬而掌邦政。以佐王平邦國。其職主戎馬之事。天子六軍。軍師之通名也。其職掌九伐之法。○呂氏祖謙曰。政官之長。是爲司馬。自夏后氏命胤侯掌六師。舉政典以誓衆。則邦政之掌於司馬舊矣。天下無事。寓兵於農。然後賦役百爲始有所施。是固政之所從出也。天下有事。舉兵討亂。邦之存亡安危繫焉。其爲政之大。又不待論矣。此戎政所以獨謂之政也。統六師而謂之平邦國。則王者用師之本旨。特欲平邦國之不平者耳。非有他求也。○申氏時行曰。六師者。六鄉六遂之師。平居聚衆。則蒐苗獮狩。咸屬其教閱。有事出征。則伍兩卒旅。咸屬其指麾。由是奉行九伐之法。以除天下之殘賊。肅將四征之威。以靖天下之禍亂。使強暴者不得肆。弱寡者賴以安。所謂平邦國也。

司寇掌邦禁。詰姦慝。刑暴亂。

【集傳】秋官卿。主寇賊法禁。羣行攻劫曰寇。詰姦慝。刑彊暴作亂者。掌刑不曰刑而曰禁者。禁於未然也。呂氏曰。

姦慝隱而難知。故謂之詰。推鞫窮詰而求其情也。暴亂顯而易見。直刑之而已。

【集說】孔氏穎達曰。周禮云。乃立秋官司寇。使帥其屬而掌邦禁。以佐王刑邦國。其職云。刑邦國詰四方。馬融云。詰。猶窮也。窮四方之姦也。夏官主征伐。秋官主刑殺。征伐亦殺人。而官屬異時者。夏司馬討惡助夏時之長物。秋司寇刑姦。順秋時之殺物也。○陳氏經曰。刑曰邦禁。此初設刑美意。禁民使不爲惡。而非以虐民也。虞禮樂分二官。周合爲一。虞以士兼兵。周分爲二。帝世詳於化而略於政。王世詳於政而略於化。世道升降之異也。○陳氏大猷曰。姦慝乃暴亂之本。隱而難知。故窮詰其情也。暴亂乃姦慝之著。已見所犯。故加刑也。要之詰而後刑。刑者必詰。互文也。

司空掌邦土。居四民。時地利。

【集傳】冬官卿。主國空土。王氏樵曰。空土者。凡土之曠田之未授者也。以居士農工商四民。順天時。以興地利。案周禮。冬官。則記考工之事。與此不同。蓋本闕冬官。漢儒以考工記當之也。

【集說】孔氏穎達曰。周禮冬官亡。小宰職云。冬官掌邦事。禮記王制記司空之事云。量地以制邑。度地以居民。足明冬官有主土居民之事。齊語云。管仲制法。令士農工商四民不雜。卽此居民也。周禮云事。此云土者。爲下有居四民。故云土。以居民爲急故也。○林氏之奇曰。司空者。考工記曰。國有六職。百工居一焉。鄭氏曰。百工。司空事官之屬。司空掌營城郭。建都邑。立社稷宗廟。車服器械。監百工者。以此觀之。則名曰司空者。亦其一事也。○黃氏度曰。凡居於王土者必有職。有土則各以時致其利。故工之飭材。成此利也。賈之阜貨通此利也。皆土物也。皆邦事也。蓋無有不作而食者。○呂氏祖謙曰。地利者。陂澤之灌漑。土壤之膏腴。皆是也。不曰興利而曰時地利者。江河之徙移。固有昔瘠而今沃者。陵谷之遷變。固有昔下而今高者。隨時而權其興廢。然後地利可盡焉。○陳氏大猷曰。爲治莫先於教化。故冢宰之後。司徒次之。教化莫先於禮樂。故宗伯次之。教之和之而猶有不率者。則大者加以甲兵。小者加以刑罰。不得已也。故司馬司寇次之。暴亂去而後民得安居。故以司空之居民終焉。○金氏履祥曰。司空掌空土之官也。分畫空土。以待臣之受封。士之受祿。農之受田。工之受肆。賈之受廛也。凡土之未授者。司空主之。既授。則屬之司徒司馬。

六卿分職。各率其屬。以倡九牧。阜成兆民。

集傳 六卿分職。各率其屬官。以倡九州之牧。自內達之於外。政治明。教化洽。兆民之衆。莫不阜厚而化成也。案周禮。每卿六十屬。六卿三百六十屬也。呂氏曰。冢宰相天子。統百官。則司徒以下。無非冢宰所統。乃均列一職。而併數之爲六者。綱在網中也。乾坤之與六子。竝列於八方。冢宰之於五卿。竝列於六職也。

集說 林氏之奇曰。程氏曰。古之時分職。主察天時以正四時。遂居其方之官。主其時之政。在堯謂之四岳。於周乃六卿之任。統天下之治者也。蓋周之六卿。本於羲和四子。羲和四子。分主四時之政。周則不然矣。然本自準四子而爲之故以六卿之故加天地二字而曰天官地官春官夏官秋官冬官也蓋雖不主四時之政而其名猶有唐虞之遺意○呂氏祖謙曰六卿倡九牧自內而達之外九牧各率其州之諸侯以應六卿之令自外而受之於內內倡外應周浹泰和此成周治天下之體統也○陳氏櫟曰周以六卿倡九牧猶唐虞以揆岳統牧伯故皋成之效不減和寧泰和在唐虞成周豈非以治天下之綱紀立而體統定歟

六年五服一朝又六年王乃時巡考制度于四岳諸侯各朝于方岳大明黜陟

【集傳】五服侯甸男采衛也六年一朝會京師十二年王一巡狩時巡者猶舜之四仲巡狩也考制度者猶舜之

協時月正日同律度量衡等事也。陳氏師凱曰。大行人云。王之所以撫邦國諸侯者。歲徧存。三歲徧頫。五歲徧省。七歲屬象胥諭言語。協辭命。九歲屬瞽史諭書名。聽聲音。十有一歲達瑞節。同度量。成牢禮。同數器。修法則。十有二歲王巡狩殷國。案此則制度已預飭於前。至巡狩特考之。諸侯各朝方岳者。猶舜之肆覲東后也。大明黜陟者。猶舜之黜陟幽明也。疏數異時。繁簡異制。帝王之治。因時損益者可見矣。

【集說】林氏之奇曰。此篇所載六卿。與周禮同。惟六年五服一朝。與周禮異。此言五服。而大行人所言者六服。則其事不同。尤可以見也。又六年王乃時巡者。十有二年也。考制度朝方岳。明黜陟。皆斟酌舜之事而行之。

惟五年之與十二年異耳。案文中子。叔恬問曰。舜一歲而巡四岳。國不費而民不勞。何也。曰。兵衛少而徵求寡也。周之時。兵衛日多。徵求日衆。故不能五年而以十二年也。○呂氏祖謙曰。六卿倡九牧。既立爲治之綱矣。繼以朝覲巡狩之制。所以振其綱也。卿牧倡和。固有體統。然多歷年歲。非時有以振之。豈無壅滯而不達乎。六年一朝。所以達其壅也。豈無廢壞而不修乎。又六年王時巡至大明黜陟。所以修其廢也。諸侯既親承德意於天子。天子復親考制度於諸侯。禮樂刑政。斯四達而不悖矣。

附錄 孔氏穎達曰。周禮大行人云。侯服歲一見。其貢祀物。甸服二歲一見。其貢嬪物。男服三歲一見。其貢器物。采服四歲一見。其貢服物。衛服五歲一見。其貢材物。要服六歲一見。其貢貨物。必如所言。則周之諸侯。各以服數來朝。無六年一朝之事。昭十三年左傳。叔向云。明王之制。使諸侯歲聘以志業。間朝以講禮。再朝而會以示威再會而盟以顯昭明自古以來未之或失也說左傳者以爲三年一朝六年一會十二年而盟事與周禮不同謂之前代明王之法先儒未嘗措意不知異之所由計彼六年一會與此六年五服一朝事相當也再會而盟與此十二年王乃時巡諸侯各朝於方岳亦相當也叔向盛陳此法以懼齊人使盟若周無此禮叔向妄說齊人當以辭拒之何敬以從命乎且云自古以來未之或失則當時猶尚行之不得爲前代之法脅當時之人明矣大行人所云見者何必皆是君自朝乎遣使貢物亦應可矣大宗伯云時見曰會殷見曰同時見殷見不云年限時見曰會何必不是再朝而會乎殷見曰同何必不是再會而盟乎計六年大集應六服俱來而此文惟言五服孔以五服爲侯甸男采衛蓋以要服路遠不必常能及期故寬言之而不數也

【案】六年五服一朝漢孔氏注五服侯甸男采衛六年一朝會京師蔡傳從之唐孔氏疏既據周禮一歲一見二

歲一見之文則是六服諸侯各以服數來朝無六年一朝之事又引左傳叔向所云歲聘間朝再朝而會以爲計彼六年一會與此六年五服一朝事適相合此以左傳揣度周官而曲通其說也宋元諸儒只信周禮六年各以服數來朝而謂周官言五服不言六服者或要服遠不必如期而至耳蔡傳則疑周禮與周官不合故附著其說於此

王曰嗚呼凡我有官君子欽乃攸司愼乃出令令出惟行弗惟反以公滅私民其允懷

【集傳】建官之體統前章既訓迪之矣此則居守官職者咸在曰凡有官君子者合尊卑小大而同訓之也反者

令出不可行而壅逆之謂。言敬汝所主之職。謹汝所出之令。令出欲其行。不欲其壅逆而不行也。以天下之公理滅一己之私情。則令行而民莫不敬信懷服矣。

集說 程子曰。公則一致。私則萬殊。人心不同如面。只是私心。○呂氏祖謙曰。令出於君。今戒凡有官君子而謂之謹乃出令。蓋令之大者。固無異統。而百司庶府。自下條教於其屬。亦何莫非令。隨其輕重皆有休戚。固不可易也。○民之從違。視公私之消長。私意寖克則民懷寖深。至於允懷。則心誠懷之。無有餘藴。非以公盡滅其私者不能也。上盡其公。則下盡其情也。不曰至公無私。而曰以公滅私者。蓋私者。古今在官者之實病。故成王示之消長之理。使知所用力也。○陳氏經曰。令未出而致謹。可也。既出。則有行無反矣。不謹於未令之先。必反於既令之後何以示信乎○陳氏櫟曰滅私者純乎天理而私欲淨盡之謂欲民之允懷非以公盡滅其私者不可允懷誠服之謂也○王氏樵曰易渙汗其大號謂如汗之出而不反也以公滅私令之愼也民其允懷令之行也

學古入官議事以制政乃不迷其爾典常作之師無以利口亂厥官蓄疑敗謀怠忽荒政不學牆面莅事惟煩

【集傳】學古學前代之法也制裁度也迷錯繆也典常當代之法也周家典常皆文武周公之所講畫至精至備

凡莅官者。謹師之而已。不可喋喋利口。更改而紛亂之也。積疑不決。必敗其謀。怠惰忽略。必荒其政。人而不學。其猶正牆面而立。必無所見。而舉錯煩擾也。○蘇氏曰。鄭子產鑄刑書。晉叔向譏之曰。昔先王議事以制。不爲刑辟。其言蓋取諸此。先王人法竝任。而任人爲多。故律設大法而已。其輕重之詳。則付之人。臨事而議。以制其出入。故刑簡而政清。自唐以前。治罪科條。止於今律令而已。人之所犯。日變無窮。而律令有限。以有限治無窮。

不聞有所闕。豈非人法兼行。吏猶得臨事而議乎。今律令之外。科條數萬而不足於用。有司請立新法者。日益不已。嗚呼。任法之弊。一至於此哉。

集說王氏炎曰。議事以古義裁之。故曰以制。○呂氏祖謙曰。議事斷之以制。制卽前日所學之成法也。○有疑卽辨。可否立決。蓄而不辨。一前一却。謀所以不成也。怠失之不及。忽失之過。荒其政均也。旣歷數莅官之病。復勉之以學之不可已。學者應事以理。雖萬變而不勞。不學者應事以才。不通於理。觸事面牆。始猶以才力營之。事漸多。則不勝其煩矣。○陳氏櫟曰。學古而後入官。則謀事必能以古制裁酌之。然世亦有好古而至於好異者。故又欲其以典常之理爲師也。不學。則於理不明。惟見其煩擾而已。學不學之得失。相去如此。○王氏充耘曰無以利口亂厥官猶云罔以側言改厥度罔以辯言亂舊政皆爲輕信他人之言耳○陳氏雅言曰前代之法者堯舜禹湯之所垂訓其法固善然有宜於古而不宜於今者故學之於入官之先而議之於制事之際則事得其宜而無或有迷繆矣當代之法者文武周公之所講畫皆宜於今而不戾於古者故爲典常而不可易但當謹師而不可亂則事皆有所守而不至或輕改矣○湯氏顯祖曰學所以大蓄識而果德行者也蓄疑怠忽而不學則雖有古不知所以制雖有常不知所以師於政事之理猶面牆也

戒爾卿士功崇惟志業廣惟勤惟克果斷乃罔後艱

集傳 此下申戒卿士也王氏曰功以志崇業以勤廣斷

以勇克此三者。天下之達道也。呂氏曰。功者。業之成也。業者。功之積也。崇其功者存乎志。廣其業者存乎勤。勤由志而生。志待勤而遂。雖有二者。當幾而不能果斷。則志與勤虛用。而終蹈後艱矣。

集說 林氏之奇曰。洪範卿士惟月。隱三年左傳曰。鄭武公莊公爲平王卿士。注曰。王卿之執政者。則卿士大臣也。王氏曰。卿士職業異于士大夫。故別爲之戒。○志所以極高明。故致其志者。功之所以崇。勤所以致廣大。故盡其勤者。業之所以廣。蓋無志則所期者卑陋而已。何自而崇乎。不勤則所成者淺近而已。何自而廣乎。○朱子曰。斷以不疑。鬼神避之。需者事之賊也。○陳氏大猷曰。事之所成爲功。職之所務爲業。如士業於學。學問思辨皆學業。至於道充德備。則學之功成矣。農業於田。播耨耘耔皆農業。至收穫有秋。則農功成矣。功之高卑。由立志之高下。欲功之高。立志固貴乎高。然必勤以廣業。則職業日勉日高。其基立而其成高也。否則事業以怠惰而狹小。如築臺然。安有基狹而臺高者。雖有此志。終不遂矣。○陳氏櫟曰。功崇至後艱四句。乃申言蓄疑敗謀怠忽荒政之意而加警策耳。功崇惟志業廣惟勤。怠忽荒政之反也。惟克果斷。乃罔後艱。蓄疑敗謀之反也。○王氏充耘曰。所謂後艱者。非後患。乃艱難而不易耳。蓋天下之事。乘其幾而爲之。則易爲力。後其時而爲之。則難爲功。

位不期驕。祿不期侈。恭儉惟德。無載爾僞。作德。心逸日休。作僞。心勞日拙。

【集傳】貴不與驕期而驕自至祿不與侈期而侈自至。故居是位當知所以恭。饗是祿。當知所以儉。然恭儉豈可以聲音笑貌爲哉。當有實得於已。不可從事於僞。作德。則中外惟一。故心逸而日休休焉。作僞。則揜護不暇。故心勞而日著其拙矣。或曰。期待也。位所以崇德。非期於爲驕。祿所以報功。非期於爲侈。亦通。

【集說】呂氏祖謙曰。居移氣。養移體。位祿之移養。入於驕侈而不自知。處此而欲恭儉。必實有是德。不容毫髮之僞。然後可也。天下之至逸而無憂者莫如德。天下之至勞而無益者莫如僞。使作僞者共知勞而無益。亦何苦爲此乎○陳氏經曰制驕莫如恭制侈莫如儉實有得於恭儉則爲德以聲音笑貌爲之則僞矣恭儉出於德者逸而休恭儉出於僞者勞而拙○孫氏繼有曰位高則氣盈氣盈則必驕禄厚則用廣用廣則必侈恭儉驕侈念不竝立故必恭儉然後可以制驕侈但恭儉一也以恭儉之心發之爲恭儉則爲德以驕侈之心文之以恭儉則爲僞

居寵思危罔不惟畏弗畏入畏

【集傳】居寵盛則思危辱當無所不致其祗畏苟不知祗畏則入于可畏之中矣後之患失者與思危相似然思危者以寵利爲憂患失者以寵利爲樂所存大不同也

【集說】林氏之奇曰：易曰：亡者，保其存者也；亂者，有其治者也。蓋自以爲存者，必至於亡；自以爲治者，必至於亂。故曰以爲不足畏者，必至於可畏。觀魯季孫自以爲亡無日[illegible][illegible]曰：知懼如是，斯不亡矣。正此之謂。○陳氏櫟曰：居寵之寵，卽指祿位言。利祿與危辱爲鄰，甚可畏也。思其危則畏懼不暇，何敢驕侈乎？○申氏時行曰：上二畏字，以兢業之心言；末一畏字，以危辱之禍言。

推賢讓能，庶官乃和；不和政厖。舉能其官，惟爾之能；稱匪其人，惟爾不任。

【集傳】賢，有德者也；能，有才者也。王氏曰：道二，義利而已。推賢讓能，所以爲義。大臣出於義，則莫不出於義，此庶官所以不爭而和。蔽賢害能。所以爲利。大臣出於利。則莫不出於利。此庶官所以爭而不和。庶官不和。則政必雜亂而不理矣。稱亦舉也。所舉之人。能修其官。是亦爾之所能。舉非其人。是亦爾不勝任。古者大臣以人事君。其責如此。

【集說】陳氏經曰。人能推讓。樂善故也。不能推讓。忌嫉故也。九官相讓。衆賢和朝。范宣子讓。其下皆讓。安有不和者哉。忌嫉人。人必忌嫉我。交相忌嫉。何有於和。○董氏鼎曰。[illegible]所稱舉之賢否。益足以見我之賢否。則推人之賢。乃我之賢也。讓人之能。乃我之能也。爲人臣者。以是觀之。必無妬賢嫉能之事。賢者有所勸。而不肖者亦可以自警矣○邱氏濬曰有虞之朝禹遜之稷契臯陶垂遜之殳斨伯與益遜朱虎熊羆伯夷遜夔龍蓋君以其人之行與能而用之而其人不自賢不自能而推之賢讓之能其私與如此此百官和于朝而庶績所以咸熙也歟成王仰惟唐虞建官之意而時若之而以推賢讓能望其臣蓋欲其効虞廷之九官濟濟相讓也○申氏時行曰庶官是六卿之屬賢能凡有才德者皆是賢不必其出于己而惟賢是推能不必其出于己而惟能是讓此至公之心大臣之義也庶官和則是觀感其推讓之義而師師濟濟無忌克無乖爭也不和政厖是大臣出于私而庶官化之舉能其官以下言大臣薦舉之公私不惟係庶官之和與不和而亦係臣職之盡與不盡不可不慎也

王曰嗚呼三事暨大夫敬爾有官亂爾有政以

佑乃辟。永康兆民。萬邦惟無斁。

集傳 三事。卽立政三事也。王氏樵曰。三事。以爲卽立政三事者。成周雖分六官。其職則仍古三事之職也。亂治也。篇終歎息。上自三事下至大夫而申戒勑之也。其不及公孤者。公孤德尊位隆。非有待於戒勑也。

集說 呂氏祖謙曰。訓戒既終。復提要總告之。各敬爾官以治爾政。卽前所謂欽乃攸司也。統而言之。惟在於輔君以安民耳。○陳氏大猷曰。前言阜成兆民。指當時言。此言永康兆民。期於永久也。○董氏鼎曰。唐虞建官。庶政和。萬國寧。我周建官。庶政之和亦若是。則我周萬邦之寧者。其有厭斁乎。此成王歸于宗周。不暇他及而汲汲於董正治官以國家紀綱所係根本所關至不輕也○申氏時行曰三事卽六卿大夫卽六卿之屬蓋六卿所[illegible]卽子民理事守法之任也官以位言卽卿屬政以[illegible]言卽政治教化官必有政而亂政卽所以敬其官[illegible]以佑二句謂以此輔君永康其民也萬邦惟無斁言被其阜成之澤者永有尊親之心而無厭斁矣

總論　呂氏祖謙曰金縢成王初年之書也洛誥周公還政之書也無逸立政周公教戒成王之書也周官成王親政開物成務之書也合是數篇以觀成王可以見其本質焉可以見其昏明疑信之變焉可以見其講貫啓發之深焉可以見其知類通達離師傅而不反焉成王進德之序備矣周公格君之功著矣○陳氏經曰周官立政之效也二篇大率相爲表裏周公作立政告成王王能推行之考此篇如撫萬邦征弗庭卽詰戎兵行天下之意也立太師傅保以下卽用三宅之意也戒百官以典常作師卽克用常人之意也成王尊所聞行

所知如此。其高明光大宜哉。

欽定書經傳說彙纂卷第十八

欽定書經傳說彙纂卷第十九

君陳

集傳 君陳。臣名。唐孔氏曰。周公遷殷頑民於下都。周公親自監之。周公既歿。成王命君陳代周公。此其策命之詞。史錄其書。以君陳名篇。今文無古文有。

集說 夏氏僎曰。必封國爲君。故稱君。○林氏之奇曰。君陳。漢孔氏但曰臣名。鄭康成注禮記坊記曰。君陳。蓋周公之子。伯禽弟也。蘇氏陳少南俱以爲非。而陳少南爲詳明。謂周公命康叔。成王命蔡仲。父子之苗裔。見於告戒之辭。如是之審。況周公叔父。有大勳勞於成王。今命其子以繼父事。何無懿親之語。若言他人然。決無是理也。○李氏舜臣曰。周公化商民。已無不盡。繼其後者。不必創爲新政以駭之。惟一循周公軌轍可也。故王命君陳。三舉周公之訓以告之。今但一遵周公之訓。無忿嫉。無求備。有忍。從容。則東郊之民耳目不駭。常如周公之在其左右。安靜帖息。可前卜也。此命君陳之大旨也。宜康王曰惟君陳克和厥中。

王若曰。君陳。惟爾令德孝恭。惟孝友于兄弟。克施有政。命汝尹茲東郊。敬哉。

【集傳】言君陳有令德。事親孝。事上恭。惟其孝友於家。是以能施政於邦。孔子曰。居家理。故治可移於官。陳氏曰。天子之國。五十里爲近郊。自王城言之。則下都乃東郊之地。故君陳畢命。皆指下都爲東郊。地理今釋東郊。卽下都。詳見湯誥。

集說林氏之奇曰。言君陳之所以爲令德者。惟孝恭而已。孝經曰。夫孝。德之本也。敎之所由生也。君陳之令德孝恭。可謂得其本矣。孝於父母者。必友愛於兄弟。旣盡其孝友之道。則可以施之政也。○呂氏祖謙曰。令德。卽孝恭也。令者。所以形容孝恭之粹美。孝恭者。所以指其德之實也。惟孝友于兄弟。自父母而達之兄弟也。克施有政。自家而達之官也。君陳之德如此。則旣成而可施於用矣。成王所以舉東郊之任命之也。東郊。周公之居也。今汝臨長之。如之何其不敬也。○陳氏經曰。商民難化。由於民彝泯亂。王屬之孝友之君陳。所以正其本○王化頑民不求威猛剛克之臣而屬之孝恭孝友之君陳仁哉○陳氏櫟曰治洛以化商民爲重故君陳曰尹茲東郊畢命曰保釐東郊其任一也孝恭之恭其德性本敬也敬哉之敬勉其加敬也

昔周公師保萬民民懷其德往慎乃司茲率厥常懋昭周公之訓惟民其乂

【集傳】周公之在東郊有師之尊有保之親師教之保安之民懷其德君陳之往但當謹其所司率循其常勉明周公之舊訓則民其治矣蓋周公既殁民方思慕周公之訓君陳能發明而光大之固宜其翕然聽順也

集說　呂氏祖謙曰：民深懷周公之德，苟君陳一事少異周公之初，一法少變周公之舊，則觀聽疑駭，民不可得而治矣。○金氏履祥曰：周公以德師保萬民，民方思之，君陳但循其治，明其訓，不待別有作爲也。○陳氏櫟曰：化商之要，莫大於法周公。爾今所司，卽周公之舊所司也。周公之訓，卽公舊日所以師保萬民者也。繼公所司之職，以化公所化之民，豈可少異於公之訓乎？曰愼曰懋，上文所謂敬哉者，莫大於是。○陳氏雅言曰：周公舊訓，卽所謂常法也。周公旣歿，民之思慕惟在於周公。君陳爲治政之取法者，亦惟在於周公。我旣能以周公之道待彼，彼亦安得不以周公之道待我哉？此民懷其德與民惟其乂，雖有敘已往、期方來之不同，然其爲效則一而已。○王氏樵曰：懋昭，是申明提撕，使人心益開曉，而無復扞格不入之處，是卽所以發明而光大之也。

我聞曰至治馨香感于神明黍稷非馨明德惟馨爾尚式時周公之猷訓惟日孜孜無敢逸豫

【集傳】呂氏曰成王既勉君陳昭周公之訓復舉周公精微之訓以告之至治馨香以下四語所謂周公之訓也既言此而揭之以爾尚式時周公之猷訓則是四言爲周公之訓明矣物之精華固無二體然形質止而氣臭升陳氏師凱曰形質指犧牲粢盛也止置於此而不動者也氣臭升者燔燎羶香達於彼者也止者有方升者無間陳氏師凱曰止者有方言物在俎豆有方所也升者無間如臭陰達於淵泉臭

陽達於牆屋所達無界限也則馨香者精華之上達者也至治之極馨香發聞感格神明不疾而速凡昭薦黍稷之苾芬是豈黍稷之馨哉所以苾芬者實明德之馨也至治舉其成明德循其本非有二馨香也周公之訓固爲精微而舉以告君陳尤當其可自殷頑民言之欲其感格非可刑驅而勢迫所謂洞達無間者蓋當深省也自周公法度言之典章雖具苟無前人之德則索然萎薾徒爲陳迹也故勉之以用是猷訓惟日孜孜無敢逸豫焉是訓

也。至精至微。非日新不已。深致敬篤之功。孰能與於斯。

【集說】蘇氏軾曰。物之精華。發越於外者。爲聲色臭味。足以移人。亦足以感鬼神。聖人以至治明德。比于馨香。有以也。○林氏之奇曰。至治之世。其馨香之發見。可以感於神明。而其所以爲馨香者。非黍稷也。蓋以德之昭明。故發而爲治。其馨香如是也。如黍稷可以爲馨香。則隨之粢盛豐備。虞之享祀豐潔。亦可以感於神明矣。成王言此者。蓋謂君陳欲商民之感慕。惟在於德。德之馨香。可以感於神明。豈商民之難化哉。○陳氏經曰。論馨香之效。至於感神明。極所以馨香之本。又根諸明德。有是德。則有是治。有是治。則有是馨香。有是馨香。則有是感應。○陳氏大猷曰。治本無馨香。然善治之極。則協氣休聞之所發越。猶馨香之旁達而可愛也。惡政之極。則醜聲穢德之彰聞。猶腥臭之旁達而可惡也。故善譽謂之流芳。惡聲謂之遺臭。神聰明不可欺。故曰神明。○

董氏鼎曰：益贊禹曰：惟德動天，至誠感神。周公化商之訓曰：明德惟馨，感于神明。幽遠難通，莫天與神若，猶可以德感動，況苗民、商民乎？周公與益之言，其意一也。○王氏樵曰：孝友之道，通於神明，堯舜之聖，亦不出此。欲君陳益進其德，以至於此，則洞達無間，何有於殷民哉？聲色之於以化民，末也。所謂懋昭周公之訓者，其本在此也。○孫氏繼有曰：明德非勉强於旦夕者所能也，必惟日孜孜，無敢逸豫，而後能法公之德，繼公之治。是故以篤敬嚴之。

凡人未見聖，若不克見；既見聖，亦不克由聖。爾其戒哉！爾惟風，下民惟草。

【集傳】未見聖，如不能得見；既見聖，亦不能由聖。人情皆然。君陳親見周公。故特申戒以此。君子之德。風也。小人之德。草也。草上之風必偃。君陳克由周公之訓。則商民亦由君陳之訓矣。

集說 林氏之奇曰。東坡嘗曰。天地之化育。有可以指而言者。有不可求而得者。日皆知其所以爲暖。雨皆知其所以爲潤。雷電皆知其所以爲震。雪霜皆知其所以爲殺。至於風。悠然布於天地之間。來不知其所自出。去不知其所入。故曰天地之化育。有不可求而得者。蓋風之於物。鼓舞搖蕩而不知其所以然。君子之化民似之。至於草。則其勢柔弱。惟風是從。民之於上亦如之。○陳氏大猷曰。戒哉戒其勿如凡人也。○金氏履祥曰。君陳逮事周公。令德昭聞。但患其間斷則爲人欲所昏。又患其玩於見。忽於行。則明德不續矣。常人之情。雖莫不有好德景行之心。而少有克己蹈道之力。當時親見周公者亦不少。而少有能學周公者。坐是故也。○董氏鼎曰。風之動物。妙於無迹。草之從風。亦不知其然而然。所謂神而化之者。誠在君陳自求之而已。○陳氏雅言曰。君陳親見周公之聖。往繼周公之任。能式時周公之訓。不至如常人之不克由聖。則民將待周公者待我。風行草偃之速。有不足以喻其從化之易矣。此申言上文懋昭周公之訓。惟民其乂之意。而反其辭以戒之。喻其效以勉之。○王氏樵曰。民所視效在爾君陳之身。未有風行而草不偃。未有上行而下不效。爾能由周公之訓則民亦由爾之訓矣。

圖厥政。莫或不艱。有廢有興。出入自爾師虞。庶言同則繹。

集傳　師。衆虞度也。言圖謀其政。無小無大。莫或不致其難。有所當廢。有所當興。必出入反覆。應氏鏞曰。出上之意以達之下。入下之言以達之上。而與衆反覆籌度之也。與衆共虞度之。衆論既同。則又紬繹而深思之而後行也。蓋出入自爾師虞者。所以合乎人之同。庶言同則繹者。所以斷於己之獨。孟子曰。國人皆曰賢。然後察之。國人皆曰可殺。然後察之。庶言同則繹之謂也。

集說　林氏之奇曰。自古爲政。因時而已。故有行於古而戾於今。則可廢。拂於古而宜於今。則可興。既有廢與則其出入取舍之際不可以自任也謀之貴同斷之貴獨謀之不同則不能合天下之視聽以度其是非斷之不獨則又將依違牽制政無自而立矣○呂氏祖謙曰廢與云者非謂更革周公之法蓋政事舉措之間斟酌權量以求其當而已夫上守周公之法下資衆人之論非私之已者所能成王舉以屬君陳其知之也素矣○陳氏大猷曰周公之訓所不可易至於政則謹始和中由俗而革或當廢或當興必出謀之國人入謀之左右○陳氏雅言曰事有當廢事有當興卽所圖謀之政也虞之於人繹之於已卽能致其艱者矣○張氏居正曰外參於國人而不專執乎已見內審於獨斷而不輕徇乎衆言斯可謂其難其愼而政之興革當無有不善者矣○傅氏元初曰上下風草之機何其甚易而政事廢興之局又當致其甚難故曰罔或不艱

爾有嘉謀嘉猷則入告爾后于內爾乃順之于

外曰斯謀斯猷惟我后之德嗚呼臣人咸若時惟良顯哉

集傳 言切於事謂之謀言合於道謂之猷道與事非二也各舉其甚者言之良以德言顯以名言王氏炎曰良言其善顯言其善之昭著也或曰成王舉君陳前日已陳之善而歎息以美之也○葛氏曰成王殆失斯言矣欲其臣善則稱君人臣之細行也然君既有是心至於有過則將使誰執哉禹聞善言則拜湯改過不吝端不爲此言矣嗚呼此其

所以爲成王歟。

【集說】蘇氏軾曰。臣謀之而君能行。此亶君之德也。豈待其順之于外。云爾也哉。成王之言此者。非貪臣之功。實欲歸功于臣。以來衆言也。○黃氏度曰。人臣招過掠美。豈惟不足成其君。而其身亦何以居之。顧豈能爲良顯乎。詩曰。仲山甫之德。柔嘉維則。令儀令色。小心翼翼。又曰。既明且哲。以保其身。夙夜匪懈。以事一人。○呂氏祖謙曰。此王舉君陳前日之善也。君陳平昔謀猷入告。及既施行。則澹然不有。前日尚忘已之善而皆歸之於君。今日豈忘人之善而欲出於已乎。○陳氏大猷曰。臣人。猶言人臣。○陳氏櫟曰。此非特善則稱君臣之義當然。以善言上聞。而君不我違。使得行之於外。非有德之君。不能若此。此乃人臣宣上德意。以明示於衆也。成王非欲臣之譽已。蓋欲君陳審謀猷以見之設施。庶幾君常其歸美。而臣遂其良顯耳。○張氏居正曰。夫君陳有善不自以爲已功而歸之於君成王受善亦不自以爲已出而歸之君陳蓋亦庶幾乎唐虞都俞之休風矣其致治太平宜哉○王氏樵曰嘉謀以事言嘉猷以道言謀必有道猷必有事亦互言之也謀雖臣之謀而聽謀者君之聰猷雖臣之猷而施行其猷者君之賢舜用其中於民人之善卽舜之善則斯謀斯猷謂之我后之德理實如是也

王曰君陳爾惟弘周公丕訓無依勢作威無倚法以削寬而有制從容以和

集傳　此篇言周公訓者三曰懋昭曰式時至此則弘周公之丕訓欲其益張而大之也君陳何至依勢以爲威

倚法以侵削者。孔氏安國曰。無倚法制以行刻削之政。然勢。我所有也。法。我所用也。喜怒予奪。毫髮不於人而於已。是私意也。非公理也。安能不作威以削乎。君陳之世。當寬和之時也。然寬不可一於寬。必寬而有其制。和不可一於和。必從容以和之。而後可以和厥中也。

集說 孔氏穎達曰。君陳之智。必不及周公。而命闡大周公訓者。遵行其法。使廣被於民。卽是闡揚而大之。非遺君陳爲法。使大於周公法也。○夏氏僎曰。上文言周公之訓不可不遵。然未言今日治商民當如何。故此及之。無依勢至以和。此言商民不犯法者。待之當如此。其下則言不幸入於法者。待之當如此。姦宄敗亂。又非此比故三細不宥。○呂氏祖謙曰。周公之訓大矣猶欲弘之者。繼前人之政。苟止以持循因襲爲心。其所成必降前人數等。惟奮然開拓。期以光大前業。然後僅能不替。蓋造始之與繼成。其力量不同也。和中之時。大體固當寬。苟無制。則流蕩放肆。安能從容以和乎。馴擾調娛於品節之中。游息化養於範圍之內。斯其所以和也。○依勢倚法。粗言之。則君陳豈假寵利行私者。若不必戒也。精言之。則是二病者。雖賢者猶懼不能免焉。勢者我之所居也。法者我之所用也。朝夕居之用之。已豈能不與其間。一有與焉。則爲依勢作威倚法以削矣。作者非其自然。削者侵其當然也。是二病者。藏於眇忽幾微之間。豈可不精辨哉。○張氏居正曰。周公告成王治洛。則曰明作有功。惇大成裕。是嚴中有寬。成王告君陳。則曰寬而有制。從容以和。是寬中有嚴。可見剛柔相濟。仁義竝行。乃萬世治天下之大法也。○劉氏應秋曰。上欲君陳由訓而勉之以敬篤之功。凡人三節。皆由訓之事。下欲君陳弘訓。而示之以和平之治。殷民六節。皆弘訓之事。由者。率由之也。弘則又從而恢廓之矣。

殷民在辟。予曰辟。爾惟勿辟。予曰宥。爾惟勿宥。惟厥中。

集傳 上章成王慮君陳之徇已。此則慮君陳之徇君也。言殷民之在刑辟者。不可徇君以爲生殺。惟當審其輕重之中也。

集說 林氏之奇曰。法者。所與天下共也。苟輕重不麗於法。而以人主之指意爲出入。則何以法爲哉。○呂氏祖謙曰。君陳。篤厚之人也。懼其持守者或不足。故告之以殷民之麗於罪。無徇上之意。惟觀法之中也。○薛氏季宣曰。法之與宥。非人君所得而私也。人臣徇人主之私。則民將何賴。不從令而惟中之問。其刑與貸。無有輕重之失矣。命其臣而訓以無從君令。非有道而忘已者不能也。○陳氏經曰。君之喜怒無常情。法之輕重有常理。不徇君而徇理之中。可也。君言苟是。從君可也。非從君乃從理也。君言苟未是。則從理可也。從理。乃所以從君也。

有弗若于汝政。弗化于汝訓。辟以止辟。乃辟。

【集傳】其有不順于汝之政。不化于汝之訓。刑之可也。然刑期無刑。刑而可以止刑者。乃刑之。此終上章之辟。

【集說】林氏之奇曰。刑之用也。豈得已哉。蓋刑一人而使千萬人莫不畏。皆將遷善遠罪。惟恐蹈斯人之覆轍。如此。則刑可措矣。故君陳之以弗若弗化之故而加之以辟者。其意將以止辟也。○洪氏翼聖曰。申言辟不徇君而辟之惟厥中也。必其辟以止辟者。然後乃辟苟非可以止辟者。其肯徇君以爲辟乎。是辟能審其中。而非失之於濫及矣。

狃于姦宄敗常亂俗。三細不宥。

集傳 狃。習也。常。典常也。俗。風俗也。狃于姦宄。與夫毀敗典常。壞亂風俗。人犯此三者。雖小罪。亦不可宥。以其所關者大也。此。終上章之宥。

集說 王氏樵曰。敗常。孔氏謂毀敗五常之敎。如康誥不孝不友之類。亂俗。僻言怪行以亂風俗。如少正卯之類。敗常亂俗。是兩樣。○孫氏繼有曰。三細。非以三者爲細也。三事中所犯亦自有大小。舉小以該大。○傅氏元初曰。辟而有止辟者在。宥而有不宥者存。正是寬而有制從容以和的意思。曰乃辟。則非以致刑兼刑措之用者。其寧開一面可知矣。曰三細不宥。則大者不宥可知。而出此三者之外。其捐棄細過。偕之大道。又可知矣。

爾無忿疾于頑。無求備于一夫。

【集傳】無忿疾人之所未化。無求備人之所不能。

【集說】陳氏經曰。頑不率教者。不可忿疾之。率教者。則當獎拔之。然不可以求備。下文分言之。必有忍至德乃大。即無忿疾于頑之意。簡厥修至率其或不良。即無求備之意。○馬氏森曰。於未化者而忿疾之。則民將無所容。而爲善之機塞矣。於不能者而求備之。則天下皆棄人。而進善之心阻矣。是必不怒其頑也。而從容以待其化。不責之備也。而引掖以進於善。則寬和之道得。而宜民之治興矣。○孫氏繼有曰。忿疾。則絕之已甚。適堅其爲惡之心。求備。則求之太詳。適阻其爲善之志。故以無忿疾無求備者戒之。

必有忍。其乃有濟。有容德乃大。

【集傳】孔子曰。小不忍則亂大謀。必有所忍。而後能有所濟。然此猶有堅制力蓄之意。若洪裕寬綽。恢恢乎有餘地者。斯乃德之大也。忍言事。容言德。各以深淺言也。

【集說】蘇氏軾曰。有殘忍之忍。有容忍之忍。近世學者。乃謂當斷不可以不忍。忍所以爲義。是成王教君陳果於刑殺。以殘忍爲義也。夫不忍人之心。人之本心也。故古者以不忍勸人。以容忍勸人。則有之矣。未有以殘忍勸人者也。○林氏之奇曰。忍者。勉强而行。人與己猶二。容者。自然而然。人己渾乎爲一矣。自有忍而充於有容。則忍之迹泯。而廣大之德成矣。○容忍二字雖同。然别。而言之。如勾踐之於吳。太王之於狄。所謂忍也。使其不忍。則趣亡矣。其何以濟。如湯之於葛。文王之於昆夷。所謂容也。不以其頑而包之於度量之內。殆若天地焉。孰得而測度之。非大而何。○薛氏瑄曰。治大衆。必有容乃可。易曰。包蒙吉。○孫氏繼有曰。忍便有委曲化導之意。則政訓可以漸入。風俗可以漸移。故曰濟。容便有萬物一體之量。若人己兩忘。賢愚一視。故曰大。德大則事之濟不待言矣。

簡厥修。亦簡其或不修。進厥良以率其或不良。

集傳 王氏曰。修謂其職業。良謂其行義。職業有修與不修。當簡而別之。則人勸功。進行義之良者。以率其不良。則人勵行。

集說 林氏之奇曰。殷民雖染紂之惡。然亦已薰陶於周公之訓。故有修者。亦有不修者。有良者。亦有不良者。以其或已化或未化故也。○夏氏僎曰。修者。簡別之。不使與不修者混。不修者。亦簡別之。不使與修者雜。既簡別之如此。然後於中。選其能自修而至於爲良善者進用之。則不良者知所愧慕。亦必修飭而至於良善。是進其良。所以率其不良者也。○陳氏大猷曰。修者。方修於善。良者。已進於善。○陳氏櫟曰。修不修皆可簡別。故不修者亦以簡言。惟良者可進用。故不良者以率言。此其立言所以不同也。○申氏時行曰。修是力田安居。務其職業者。以保言。良是和身睦家。善其行義者。以師言。簡修者。表厥宅里。簡不修者。殊厥井疆。不使混而無別。

也。進者。舉而用之。率者。倡率鼓舞之。所謂舉善以敎不能也。○王氏樵曰。使不修者皆修。在於簡別之分明。使不良者皆良。在於勸率之有道。皆以人治人。而無忿疾于頑求備于一夫之意。此所以爲和中也。

惟民生厚。因物有遷。違上所命。從厥攸好。爾克敬典在德。時乃罔不變。允升于大猷。惟予一人膺受多福。其爾之休。終有辭于永世。

集傳　言斯民之生。其性本厚。而所以澆薄者。以誘於習俗而爲物所遷耳。然厚者既可遷而薄。則薄者豈不可反而厚乎。反薄歸厚。特非聲音笑貌之所能爲。爾民之於上。固不從其令而從其好。大學言其所令反其所好則民不從。亦此意也。敬典者。敬其君臣父子兄弟夫婦朋友之常道也。在德者。得其典常之道而著之於身也。蓋知敬典而不知在德。則典與我猶二也。惟敬典而在德焉。則所敬之典。無非實有諸已。實之感人。捷於桴鼓。所以時乃罔不變。而信升于大猷也。如是則君受其福。臣成其美。而有令名於永世矣。

集說 孔氏安國曰。人之於上。不從其令。從其所好。故人主不可不愼所好。○林氏之奇曰。敬典者。卽康誥所謂敬典也成王命君陳與命康叔之言大概不異蓋殷之頑民其遷於成周者周公君陳尹之其留居於故都者康叔君之故成王命之之言欲其待之以寛持之以久惟以優游不迫之道漸染而使之遷善不可以暴戾之刑驅迫之其語雖殊而其意一也○鄭氏伯熊曰人君不言福風俗淳厚偕之大道此人君之福也成王云膺受多福康王云永膺多福皆以商民式化言之天保報上受福之詩也歸之羣黎百姓徧爲爾德詩之意即成康之意也○呂氏祖謙曰化之博也福之厚也名之長也所以致之者皆出於敬典在德而已東郊之命君陳始以令德孝恭得之成王終以敬典在德勉之取之以實期之以實也○陳氏經曰民變其舊俗而後進於大道允升大猷則化頑成仁反薄歸厚矣○胡氏士行曰民性本善顧上有好者率之耳德化行世道升君之福臣之名何有紀極君陳可不勉哉○陳氏櫟曰敬典在德是能謹其所好時罔不變是即從厥攸好也蓋

德者。化商民之本。敬者。又以德化商民之本。始曰命汝尹茲東郊。敬哉。終曰爾克敬典在德。始終一敬。而德有諸已矣。德有諸已。而商民可化矣。一篇綱領中之綱領。○王氏樵曰。敬典在德。亶所謂明德之馨香。可以洞達無間者。於化殷乎何有。所以時乃罔不變。允升于大猷也。

總論 林氏之奇曰。殷民之心術。丕變於紂之惡爲已深。所以迪屢不靜。歷數世而餘風未殄。將欲作其愧恥之心。而革其暴戾之習。以馴致於士君子之域。非一朝一夕所能也。故當其初遷。則周公爲師保。及公既歿。又擇君陳而命之。繼其後也。○張氏居正曰。此篇之言。甚切於治道。君陳所以成和中之治。歷三紀而世變風移。皆本於此。其篇中敬典在德一言。尤爲綱要。蓋以教化爲先務。以修德爲本原。自古帝王修身致治。用此道也。先儒謂君陳一命。乃成王亶得實造之學。

顧命

【集傳】顧還視也成王將崩命羣臣立康王史序其事爲篇謂之顧命者鄭玄云回首曰顧臨死回顧而發命也今文古文皆有○呂氏曰成王經三監之變王室幾搖故此正其終始特詳焉顧命成王所以正其終康王之誥康王所以正其始

【集說】林氏之奇曰書五十八篇命篇之名皆撮取其篇中數字以爲簡編之別惟顧命費誓則又特命焉此亦出於史官一時之意而已○黃氏度曰君奭周召相重在師保顧命召畢相重在率

諸侯。○呂氏祖謙曰。天子。天下之共主也。成王力疾。臨廟朝而命之二公受遺。率諸侯而輔之。所以公天位而嚴大寶也。○眞氏德秀曰。此篇見周公養成君德之效。又見召公當危疑之際。區處周密。皆可爲來世法。

惟四月。哉生魄。王不懌。

集傳 始生魄。十六日。王有疾。故不悅懌。

集說 吳氏澄曰。不懌。疾甚也。天子之疾曰不懌。曰不豫。皆臣子不忍斥言之也。

甲子。王乃洮類水。相被冕服。憑玉几。

集傳 王發大命臨羣臣。必齊戒沐浴。今疾病危殆。故但洮盥頮面。扶相者被以衮冕。憑玉几以發命。

集說 孔氏穎達曰。禮。洗手謂之盥。洗面謂之靧。頮是洗面。知洮爲盥手。相者。正王服位之臣。被以冠冕。加朝服。以衮冕朝諸侯之服加王身也。覲禮。王服衮冕而有玉几。此旣憑玉几。明服衮冕也。○林氏之奇曰。論語朝服拖紳。孔子不敢以褻服見其君。成王不敢以褻服臨其臣。君臣之禮。豈可以疾而廢之哉。○夏氏僎曰。漢志言哉生魄。即甲子日。恐不然。武成言一月壬辰旁死魄越翼日癸巳。今此哉生魄上無日辰。故甲子不可考其爲何日也。○呂氏祖謙曰。甲子去崩纔一日耳。猶盥洗以致潔。冕服以致嚴。顧託之言。淵奧精明。蓋臨衆之敬。不以困憊廢。素定之理。雖垂歿固烱如也。惟善治氣者。能歷疾病而不惰。善養心者。能臨死亡而不昏。豈一朝一夕之積哉。○張氏居正曰。成王之克自敬德可見。

乃同召太保奭芮伯彤伯畢公衛侯毛公師氏虎臣百尹御事。

【集傳】同召六卿下至御治事者。太保芮伯彤伯畢公衛侯毛公六卿也。冢宰第一召公領之。司徒第二芮伯爲之。林氏之奇曰芮伯作旅巢命此在武王之世成王之世爲司徒。宗伯第三彤伯爲之。司馬第四畢公領之。陳氏師凱曰畢公名高繼周公爲東方諸侯之伯則亦必繼周公爲太師。司寇第五衛侯爲之。司空第六毛公領之。陳氏師凱曰毛公名鄭時以諸侯入爲太傅。太保畢毛三公兼也。芮彤畢衛毛皆國名。

【地理今釋】芮。孔傳云。周同姓圻內之國。杜預云。馮翊臨晉縣芮鄉。今陝西西安府朝邑縣有南芮鄉北芮鄉。古芮伯國也。彤。案胡三省通鑑注。彤伯之國。當在鄭縣界。鄭縣。今陝西西安府華州。州西南有彤城。畢。杜注云。在長安縣西北。長安今屬陝西西安府。衞。今河南衞輝府淇縣。毛。路史云。毛伯國。上邽藉水旁有毛泉。上邽今陝西鞏昌府秦州地。案毛泉見水經注。亦未言卽毛伯之國。路史不知何據。今毛地未知確在何所。姑存其說。

入爲天子公卿。師氏。大夫官。虎臣。虎賁氏。林氏之奇曰。下大夫掌先後王。及守王宮者也。百尹。百官之長。及諸御治事者。平時則召六卿使率其屬。此則將發顧命。自六卿至御事。同以王命召也。

【集說】孔氏穎達曰。太保是三公官名。畢毛又亦稱公。知此三人是三公也。三人是三公。而與侯伯相次。知六者是六卿。衛侯爲司寇而位第五。知此先後是六卿次第也。以三公尊故特言公。其餘三卿。舉其本爵見其以國君入爲卿也。天子三公。皆以卿爲之。不復別置其人。高官兼攝下司者。漢世以來。謂之爲領。王肅云。彤姒姓之國。其餘五國。姬姓。畢毛文王庶子。〇周禮師氏中大夫。掌以媺詔王。居虎門之左。司王朝得失之事。帥其屬守王之門。重其所掌。故與虎臣竝於百尹之上特言之。諸御治事。謂諸掌事者。蓋大夫士皆被召也。王肅云。治事。蓋羣士也。〇林氏之奇曰。此蓋紀述一時所命之人。而周家命官之意見於此者有四。以六卿兼主三公之事。一也。諸侯入爲公卿。二也。公卿皆同姓之邦。三也。三公九卿。各以其職任爲尊卑。不以爵秩高下。四也。〇朱子曰。顧命排得三公三孤六卿齊整。召公與畢公毛公是三公。芮伯彤伯衛侯是三孤。太保是冢宰。芮伯是司徒。衛侯是康叔爲司寇。所以康誥中多說刑。三公。只是以道義傳保王者。無職事官屬。却下行六卿事。漢時太傅。亦無官屬。○潘氏士遴曰。敘畢公於二伯後。敘毛公於衛侯後。敘六卿。不敘三公也。

王曰。嗚呼。疾大漸。惟幾。病日臻。既彌留。恐不獲誓言嗣。兹予審訓命汝。

【集傳】此下。成王之顧命也。自嘆其疾大進。惟危殆。病日至。既彌甚而留連。恐遂死不得誓言以嗣續我志。此我所以詳審發訓命汝。統言曰疾。甚言曰病。

【集說】孔氏穎達曰。志欲有言。若不能言。則不能續志。○呂氏祖謙曰。誓言則發之力。審訓則思之熟。不易其言欲羣臣之不苟於聽也。

昔君文王武王宣重光奠麗陳教則肄肄不違用克達殷集大命。

【集傳】武猶文謂之重光猶舜如堯謂之重華也奠定麗依也言文武宣布重明之德定民所依陳列教條則民習服習而不違天下化之用能達於殷邦而集大命於周也。

【集說】蘇氏軾曰奠定民所麗著定民居也○林氏之奇曰下武之序曰武王有聖德復受天命能昭先人

之功。文王有聲之序曰。武王能廣文王之聲。所謂重光也。○朱子語類問奠麗陳教則肆。麗字據孔氏音力馳反。施也。諸家多作附麗之麗。謂土著也。奠麗謂養之。陳教謂教之。未知其說如何。某竊謂從孔氏說亦自平直。奠麗者。謂定其所施之號令也。陳教則陳其所以教之之道也。肆。或訓勞。或訓習。愚意謂從習爲長。未敢自決。曰。前篇有以麗訓刑者。肆當訓習。○呂氏祖謙曰。堯舜君臣。故謂之重華。文武父子。故謂之重光。奠麗者。定民之所附麗。如居之麗於棟宇。食之麗於畎畝之類。肆者。教養之事。必先肆習。肆習之久。事理貫徹。舉無所違。然後能推而達之。代殷而集大命也。○陳氏雅言曰。宣重光。言先王相繼而能明其德也。奠麗至不違。言能盡教養之政。而化服民心也。用克至大命。言能推敎養之效。以大受天命也。文王奠民之所麗。武王亦無異於文王。觀其散財發粟可知。教民之道。則明德慎罰。此文王已陳之教條也。武王亦無異於文王。觀其惇信明義。則又可知。是以斯民至於服習不違。自友邦之修治。以至西土之怙冒。自東征之撫綏。以至蠻貊之率俾。敎養之效。無違不及。謂之用克達殷者信矣。於以見文武以德爲善政之本。以善政爲化服民心之本。以化服民心爲大受天命之本也。

在後之侗。敬迓天威。嗣守文武大訓。無敢昏逾。

集傳 侗。愚也。成王自稱。言其敬迎上天威命而不敢少忽。嗣守文武大訓而無敢昏逾。天威。天命也。大訓。述天命者也。於天言天威。於文武言大訓。非有二也。

集說 呂氏祖謙曰。此成王自敍平日用力之實也。敬迓者。凜然如在其上。敬以承之。而非心之有所將迎也。嗣守。言操存之工也。敬則不昏。昏則不存矣。少昏卽逾。君子所以毋不敬也。○王氏充耘曰。天威。卽上所集之大命。文武奠麗陳敎。布爲大訓。正是述天理以啓佑後人者。嗣守無逾。正是敬迓天威處也。○王氏樵曰。天威言敬迓者。戒謹恐懼。常迎之于先幾。文武大訓。卽述天命者。必踐履服行。始可謂之能嗣守也。無敢昏逾。常惺惺然在心而不踰越其則也。

今天降疾。殆弗興弗悟。爾尚明時朕言。用敬保元子釗。弘濟于艱難。

【集傳】釗。康王名。成王言今天降疾我身。殆將必死。弗興弗悟。爾庶幾明是我言。用敬保元子釗。大濟于艱難。曰元子者。正其統也。

【集說】夏氏僎曰。王業以艱難而成。今則艱難之業。將責之康王矣。○呂氏祖謙曰。弗興弗悟。血氣之病耳。若志氣則無敢昏逾者。初未嘗病也。○吳氏澄曰。明是朕言者。不昧我所命而遵用之也。宗社之重。基業之大。付之一人。可謂艱難。言當敬保護康王。大渡脫艱難也。

柔遠能邇。安勸小大庶邦。

【集傳】懷來馴擾。安寧勸導。皆君道所當盡者。合遠邇小大而言。又以見君德所施。公平周溥。而不可有所偏滯也。

集說　孔氏穎達曰：言當爲善政，遠近俱安之。又當安勸小大衆國，安之使國得安存，勸之使相勸爲善。○王氏樵曰：遠者柔以懷之，使來；邇者擾而馴之，使治。小大庶邦咸有以安之，而使大小相安；有以勸之，而使謹守侯度。合遠邇而柔能異施，通小大而安勸無間，則君德所及無所偏滯矣。

思夫人自亂于威儀，爾無以釗冒貢于非幾。

集傳　亂，治也。威者，有威可畏；儀者，有儀可象。舉一身之則而言也。蓋人受天地之中以生，是以有動作威儀之則。成王思夫人之所以爲人者，自治於威儀耳。自治云者，正其身而不假於外求也。貢，進也。成王又言羣臣其無以元子而冒進於不善之幾也。蓋幾者動之微。而善惡之所由分也。非幾。則發於不善而陷於惡矣。威儀。舉其著於外者而勉之也。非幾。舉其發於中者而戒之也。威儀之治。皆本於一念一慮之微。可不謹乎。孔子所謂知幾。子思所謂謹獨。周子所謂幾善惡者。皆致意於是也。成王垂絕之言。而拳拳及此。其有得於周公者亦深矣。○蘇氏曰。死生之際。聖賢之所甚重也。成王將崩之一日。被冕服以見百官。出經遠保世之言。其不死於燕安婦人之手也明矣。其致刑措宜哉。

集說朱子語類。問非幾幾字。多訓危。竊謂幾卽事也。猶萬幾之幾。冒貢于非幾。謂冒進于非所當爲之事。未知是否。曰。幾者事之微也。○呂氏祖謙曰。周公精微之傳。成王得之。將終方以示羣臣。孔子精微之傳。曾子得之。將終方以示孟敬子。皆近在於威儀容貌顏色辭氣之際。然則周孔豈惟同道。其用工之次第品目。亦莫不同也。○威儀失則豈特形於事見於行。然後當戒。一俯一仰。毫釐有間。卽非天命。已冒進於非之幾矣。其誥戒之嚴密。可見其察之精也。○王氏樵曰。動作威儀之則。此固修身者所當自致其力而無假於外。然主之者心也。心或冒貢于非幾。威儀不可得而治矣。輔之者臣也。君心之非未格。臣亦與有責矣。爾左右輔弼。胥訓告。胥保惠。胥敎誨。務防其未萌之欲。止其未形之邪。使心不入于非幾而後可。○當時諸臣。固非引其君於非者。

然或幾微之事。徇之而不謹。自微而大。將自是滋矣。此人主之所甚畏。而輔君者不可不謹也。○顧氏錫疇曰。治民本於一身。治身本於一心。此成王反本窮源之論。思字。身親歷驗而熟思長慮也。謹幾工夫在於愼獨。

茲既受命還。出綴衣于庭。越翼日乙丑。王崩。

【集傳】綴衣。幄帳也。羣臣既退。徹出幄帳於庭。喪大記云。疾病。君徹懸。陳氏師凱曰。懸。樂懸也。鍾磬之在簨簴者。天子宮懸。諸侯軒懸。東首於北牖下。孔氏穎達曰。寢於北牖下。東首。反初生也。是也。於其明日。王崩。

【集說】孔氏穎達曰。周禮射人掌國之三公三孤卿大夫之位。三公北面。孤東面。卿大夫西面。司士掌治朝之位。與射人同。是天子之朝位。與射禮位同。其入門當立定位如此。及王呼與言。必各自前進。已受顧命。退還本治事之位○綴衣者連綴衣物出之於庭則是從內而出下云狄設黼扆綴衣則綴衣是黼扆之類黼扆是王坐立之處知綴衣是施張於王坐之上故以爲幄帳也周禮幕人掌帷幕幄帟綬之事鄭云在旁曰帷在上曰幕帷幕皆以布爲之四合象宮室曰幄王所居之帳也帟王在幕居幄中坐上承塵也幄帟皆以繒爲之然則幄帳是黼扆之上所張之物此言出綴衣于庭則亦幷出黼扆王發顧命在此黼扆幄帳之坐命訖乃復反於寢處以王病重不復能臨此坐故徹出幄帳于庭也○呂氏祖謙曰正死生之變而審安危之幾於此章見之羣臣既退而徹幄所謂疾病內外皆埽蓋靜以俟終順之至也

太保命仲桓南宮毛俾爰齊侯呂伋以二干戈虎賁百人逆子釗於南門之外延入翼室恤宅

宗。

【集傳】桓毛二臣名。伋太公望子。爲天子虎賁氏。延引也。翼室路寢旁左右翼室也。太保以冢宰攝政。命桓毛二臣使齊侯。【地理今釋】史記武王封師尚父于齊都營邱。正義云營邱在青州臨淄北百步外城中。今山東青州府臨淄縣西北三里有營邱城是也。呂伋以二干戈虎賁百人逆太子釗于路寢門外。引入路寢翼室。爲憂居宗主也。呂氏曰。發命者冢宰。傳命者兩朝臣。承命者勳戚顯諸侯。體統尊嚴。樞機周密。防危慮患之意深矣。入自端門。萬姓咸覲。與天下共之也。延入翼室。爲憂居之宗。宗天下不可一日無統也。唐穆敬文武以降。閹寺執國命。易主於宮掖。而外廷猶不聞。然後知周家之制。曲盡備豫。雖一條一節。亦不可廢也。

集說 夏氏僎曰。桓毛。必宿衛之臣。○王氏安石曰。稱子者。所以正名明父子繼世之義。稱名未成君也。王宮南向。南門。王宮之外門也。○范氏祖禹曰。成王崩。太子必在側。當是時。本在內。特出而迎之。所以顯之於衆也。○黃氏度曰。呂伋仲桓南宮毛。書姓書名。謹之也。伋書國書爵。殊之於大夫也。○王氏樵曰。初喪未爲梁闇。故以東夾室爲恤宅之地。

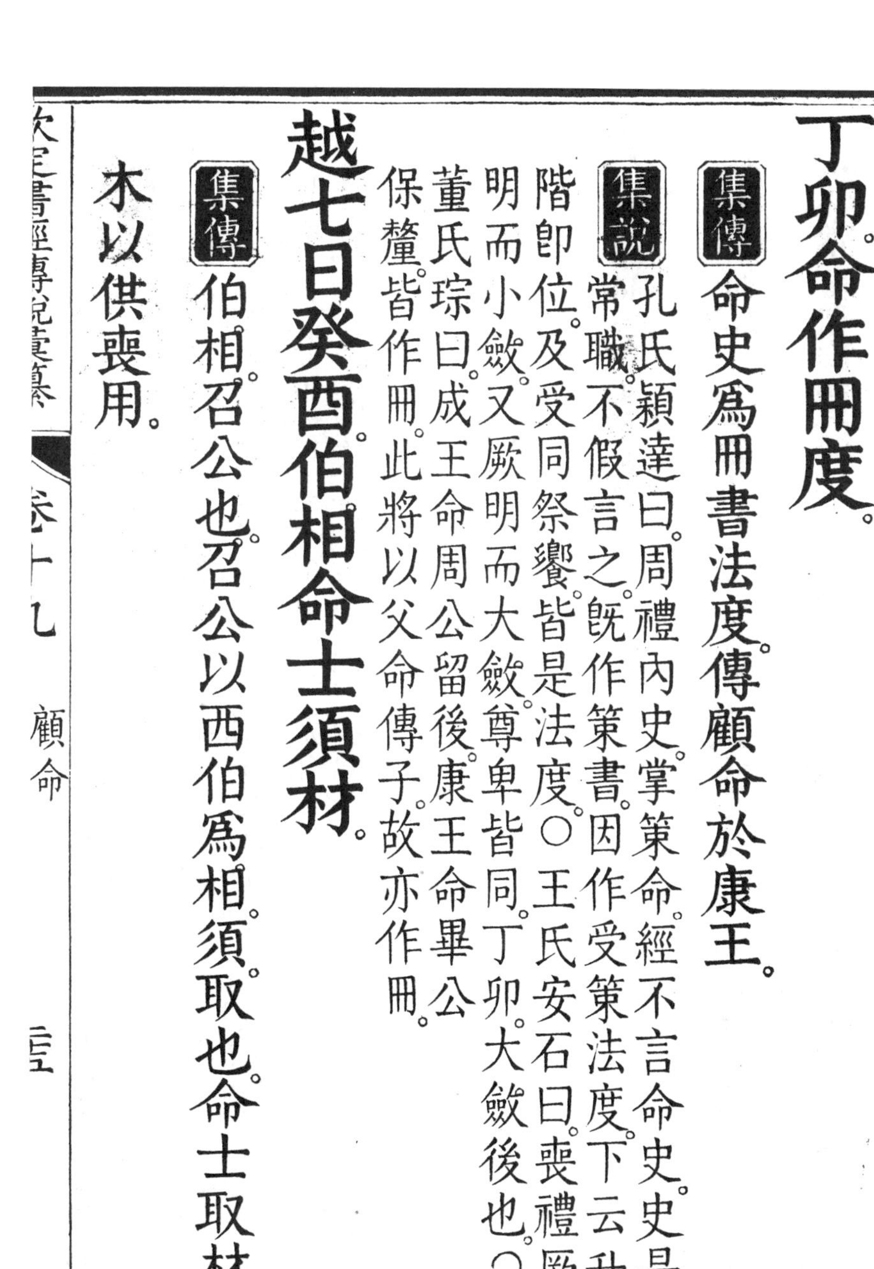

丁卯。命作冊度。

【集傳】命史爲冊書法度。傳顧命於康王。

【集說】孔氏穎達曰。周禮內史掌策命。經不言命史。史是常職。不假言之。既作策書。因作受策法度。下云升階卽位。及受同祭饗。皆是法度。○王氏安石曰。喪禮厥明而小斂。又厥明而大斂。尊卑皆同。丁卯。大斂後也。○董氏琮曰。成王命周公留後。康王命畢公保釐。皆作冊。此將以父命傳子。故亦作冊。

越七日癸酉。伯相命士須材。

【集傳】伯相召公也。召公以西伯爲相。須取也。命士取材木以供喪用。

【集說】孔氏穎達曰。自此以下至立于側階。惟命士須材。是擬供喪用。其餘皆是將欲傳命布設之事。○成王既崩。事皆聽於冢宰。自非召公。無由發命。知伯相即召公也。王肅云。召公爲二伯。相王室。故曰伯相。上言太保命仲桓。此改言伯相者。於此所命士多。非是國相不得大命諸侯。故改言伯相。以見政皆在焉。○薛氏季宣曰。士。山虞匠人之屬。○呂氏祖謙曰。自康王受命前。命皆出於召公。曰太保命仲桓南宮毛。又曰命作册度。又曰伯相命士。所以一號令也。

狄設黼扆綴衣。

【集傳】狄。下士。祭統云。狄者。樂吏之賤者也。喪大記。狄人設階。蓋供喪役而典設張之事者也。黼扆。屏風。畫爲斧文者。設黼扆幄帳。如成王生存之日也。

【集說】孔氏穎達曰。釋宫云。牖户之間謂之扆。李巡曰。謂牖之東。户之西。郭璞曰。禮云。斧扆者。以其所在處名之。又云。禮有斧扆。形如屏風。畫爲斧文。置於扆地。因名爲扆。是黼扆者。屏風畫爲斧文。在於户牖之間。考工記云。畫繢之事。白與黑謂之黼。是用白黑畫屏風。置之於扆地。故名爲黼扆。經於四坐之上。言設黼扆綴衣。則四坐皆設之。所云狄設。亦是伯相命設之。設四坐及陳寶玉兵器與輅車。各有所司。皆是相命。不言所命之人。從上省文也。

牖間南嚮。敷重篾席。黼純。華玉仍几。

【集傳】此平時見羣臣覲諸侯之坐也。敷設重席。所謂天子之席三重者也。篾席桃竹枝席也。陳氏師凱曰。此据古注也。竹枝字當乙。爾雅云。桃枝四寸有節。疏云。竹相去四寸有節者。名桃枝。黼白黑雜繒。純緣也。華。彩色也。華玉以飾几。仍因也。因生時所設也。周禮吉事變几。凶事仍几是也。

【集說】孔氏穎達曰。周禮司几筵云。凡大朝覲大饗射。凡封國命諸侯王位設黼扆。扆前南嚮設莞筵紛純。加繅席畫純。加次席黼純。左右玉几。彼所設者。即此坐也。彼言扆前。此言牖間。彼言次席。此言篾席。一也。鄭注彼云。次席桃枝席。有次列成文。則此席用桃枝之竹。必相傳有舊說也。考工記云。白與黑謂之黼。釋器云。緣謂之純。黼純蓋以白繒黑繒錯雜彩以緣之。○金氏履祥曰。古者前爲堂。後爲室。室中以東向爲尊。戶在其東南牖在其南。户牖之外爲堂。以南向爲尊。其位在户外之西。牖外之南。故爾雅户牖之間謂之扆。謂設扆之處也。此所謂牖間南嚮之坐也。

西序東嚮敷重厎席綴純文貝仍几。

集傳 此旦夕聽事之坐也。東西廂謂之序。厎席。蒲席也。綴雜彩。孔氏穎達曰。綴者。連綴諸色。席必以彩爲緣。故以綴爲雜彩也。文貝有文之貝。以飾几也。孔氏穎達曰。貝者。水虫。取其甲以飾器物。李巡曰。貝甲以黃爲質。白爲文彩。名爲餘蚳。以白爲質。黃爲文彩。名爲餘泉。飾几。謂用此餘蚳餘泉之貝飾几也。

集說 孔氏穎達曰。西序之坐在燕饗坐前。以其旦夕聽事重於燕飲。故西序爲旦夕聽事之坐。○按朝士職。掌治朝之位。王南面。此西序東嚮者。以此諸坐並陳。避牖間南嚮覲諸侯之坐故也。○呂氏祖謙曰。就路寢西廂。設坐東嚮也。○金氏履祥曰。爾雅。東西牆謂之序。蓋古者宮室之內。以墉牆爲隔。猶今以壁隔也。東西牆猶言東西壁。壁之外。卽夾室。故又曰東西廂謂之序。自堂言之。則東西壁爲序。自夾室言之。則牆乃夾室之牆也。夾之前謂之廂。故夾室亦通可謂之廂矣。

東序西嚮。敷重豐席。畫純。雕玉仍几。

【集傳】此養國老饗羣臣之坐也。豐席。筍席也。陳氏師凱曰。筍席當爲莞席。傳寫誤也。畫。彩色。孔氏穎達曰。考工記云。畫繢之事。雜五色。是彩色爲畫。蓋以五彩色畫帛以爲緣。雕。刻鏤也。孔氏穎達曰。雜以金玉刻鏤爲飾。

集說 孔氏穎達曰。其東序西嚮。養國老饗羣臣之坐者。按燕禮云。坐於阼階上西嚮。則養國老及饗與燕禮同。○呂氏祖謙曰。就路寢東廂設坐西嚮也。○金氏履祥曰。賈氏注禮曰。序以西爲正堂。序東有夾室。蓋士惟東房西室。乃以室户房間爲中。房前東壁爲序。序東有夾。惟天子諸侯則有東西房。有東西夾。○馬氏森曰。豐席。傳解筍席。與下西夾席同。恐或誤也。孔傳訓豐爲莞。本草曰蒲。一名苻離。楚謂之莞。鄭箋云。莞。小蒲也。而司几筵有莞筵蒲筵。則是蒲有小大之異。爲席有精有麄。故特爲兩種席也。爾雅疏。鼠莞纖細似龍鬚。可以爲席。詩云。下莞上簟。則豐當爲莞。始得之。

西夾南嚮。敷重筍席。玄紛純。漆仍几。

集傳 此親屬私燕之坐也。西廂夾室之前。筍席。竹席也。

孔氏穎達曰。釋草云。筍。竹萌。孫炎曰。竹初萌生謂之筍。是筍爲蒻竹。取筍竹之皮以爲席也。紛。雜也。以玄黑之色雜爲之緣。漆。漆几也。牖間兩序西夾。其席有四。牖户之間謂之扆。天子負扆朝諸侯。則牖間南嚮之席。坐之正也。其三席。各隨事以時設也。將傳先王顧命。知神之在此乎。在彼乎。故兼設平生之坐也。

集說 孔氏穎達曰。夾室之坐。在燕饗坐後。又夾室是隱映之處。又親屬輕於燕饗。故夾室爲親屬私宴之坐。○房與夾室。實同而異名。天子之室有左右房。房卽室也。以其夾中央之大室。故謂之夾室。此坐在西廂夾室之前。故繫夾室言之。○陳氏師凱曰。牖户之間。是以地言。又云負扆者。是以器言也。据爾雅。則扆自是户牖間地名。以屛置其地。因亦名屛爲扆。以所畫之色言。則曰黼扆。以所畫之形言。則曰斧扆。以天子所倚立而言。則曰負扆。以天子之位而言。則曰當扆而立。○顧氏錫疇曰。席所以坐。純所以緣。几所以憑。天子朝覲聽治養老私燕。各有定處。平居各因事而設。今並設之。以聽神之隨有所憑也。

越玉五重。陳寶。赤刀。大訓。弘璧。琬琰。在西序。大玉。夷玉。天球。河圖。在東序。胤之舞衣。大貝。鼖鼓。在西房。兌之戈。和之弓。垂之竹矢。在東房。

【集傳】於東西序坐北。列玉五重。及陳先王所寶器物。赤刀。赤削也。孔氏安國曰。寶刀。赤刃削。大訓。三皇五帝之書。訓誥亦在焉。文武之訓。亦曰大訓。弘璧。大璧也。琬琰。圭名。夷。常也。球。鳴球也。河圖。伏羲時龍馬負圖。出於河。一六位北。二七位南。三八位東。四九位西。五十居中者。易大傳所謂河出圖是也。胤國名。胤國所制舞衣。孔氏穎達曰。以夏有胤侯。知胤是國名也。胤是前代之國。舞衣至今猶存。明其所爲中法。故常寶之。大貝。如車渠。孔氏穎達曰。伏生書傳云。散宜生之江淮。取大貝。如大車之渠。是言大小如車渠也。考工記謂車罔爲渠。其貝形曲如車罔。故比之也。鼖鼓長八尺。孔氏穎達曰。考工記云。鼓長八尺。謂之鼖鼓。釋樂云。大鼓謂之鼖。兌。和。皆古之巧工。垂舜時共工。舞衣。鼖鼓。戈弓竹矢。皆制作精巧中法度故歷代傳寶之孔氏曰弘璧琬琰大玉夷玉天球玉之五重也呂氏曰西序所陳不惟赤刀弘璧而大訓參之東序所陳不惟大玉夷玉而河圖參之則其所寶者斷可識矣愚謂寶玉器物之陳非徒以爲國容觀美意者成王平日之所觀閱手澤在焉陳之以象其生存也楊氏中庸傳曰宗器於祭陳之示能守也於顧命陳之示能傳也

集説 孔氏穎達曰上云西序東嚮東序西嚮則序旁已有王之坐矣下句陳玉復云在西序在東序者明

於東西序坐北也。西序二重。東序三重。二序共爲列玉五重。又陳先王所寳之器物。河圖大訓貝鼓戈弓。皆是先王之寳器也。○上言陳寳。非寳則不得陳之。故知赤刀爲寳刀也。謂之赤刀者。其刀必有赤處。刀一名削。周禮考工記云。築氏爲削。合六而成規。鄭注云。曲刃刀也。又云赤刀者。武王誅紂時刀。赤爲飾。周正色也。琬琰共爲一重。典瑞云。琬圭以治德。琰圭以易行。考工記琬圭琰圭皆九寸。常玉天球。傳不解常天之義。王肅云。夷玉。東夷之美玉。天球。玉磬也。鄭云。大玉。華山之球也。夷玉。東北之珣玗琪也。天球。雍州所貢之玉。色如天者。皆璞。未見琢治。故不以禮器名之。○王氏安石曰。宗社守器。明前王所守。後王所受。皆在是也。○顧氏錫疇曰。西序參以大訓者。寳聖言也。東序參以河圖者。寳神物也。舞衣用之文舞。大貝用之服飾。鼖鼓用之音樂。供文事也。戈弓竹矢。供武備也。

大輅在賓階面綴輅在阼階面先輅在左塾之前次輅在右塾之前

【集傳】大輅玉輅也綴輅金輅也先輅木輅也次輅象輅革輅也王之五輅玉輅以祀不以封爲最貴金輅以封同姓爲次之象輅以封異姓爲又次之革輅以封四衛爲又次之木輅以封蕃國爲最賤其行也貴者宜自近賤者宜遠也王乘玉輅綴之者金輅也故金輅謂之綴輅最遠者木輅也故木輅謂之先輅以木輅爲先輅則

革輅象輅爲次輅矣。賓階西階也。禮記周人殯於西階之上。阼階東階也。爾雅阼階主階也○鄭氏康成曰阼猶酢也東階所以答酢賓客。面南鄉也。孔氏穎達曰據人在堂上面向南方南向謂轅向南也。塾門側堂也。孔氏穎達曰釋宮云門側之堂謂之塾孫氏炎曰夾門堂也。五輅陳列以象成王之生存也。周禮典路云若有大祭祀則出路大喪大賓客亦如之。是大喪出輅爲常禮也。又按所陳寶玉器物皆以西爲上者。成王殯在西序故也。

集說 孔氏穎達曰。金玉象皆以飾車。三者以飾爲之名。木則無飾。故指木爲名耳。鄭云革輅。輓之以革而漆之。木輅。不輓以革。漆之而已。○林氏之奇曰。面。猶向也。賓階阼階之面則南向。自內而向外。左塾右塾之前則北向。既在門內。故自外而向內。蓋大輅在西階。先輅在西塾。是先輅與大輅相向。綴輅在東階。次輅在東塾。是次輅與綴輅相向也。

二人雀弁執惠。立于畢門之內。四人綦弁執戈上刃夾兩階戺。一人冕執劉。立于東堂。一人冕執鉞。立于西堂。一人冕執戣。立于東垂。一人冕執瞿。立于西垂。一人冕執鋭。立于側階。

集傳 弁。士服。雀弁。赤色弁也。綦弁。以文鹿子皮爲之。惠。

三隅矛。路寢門。一名畢門。上刃。刃外嚮也。堂廉孔氏穎達曰。廉者。稜也。立在堂下。近於廉稜。曰戺冕大夫服。劉鉞屬。戣瞿皆戟屬。鄭氏康成曰。劉蓋今鑱斧。鉞大斧。戣瞿蓋今三鋒矛。銳當作鈗。說文曰。鈗。侍臣所執兵。從金允聲。周書曰。一人冕執鈗。讀若允。東西堂。路寢東西廂之前堂也。孔氏穎達曰。鄭玄云。序內半以前曰堂。此立於東堂西堂者。當在東西廂近階而立也。東西垂。孔氏穎達曰。垂。堂上之遠地也。路寢東西序之階上也。側階。北陛之階上也。○呂氏曰。古者執戈戟以宿衞王宮。皆士大夫之職。無事而奉燕私。則從容養德。而有膏澤之潤。有事而司禦侮。則堅明守義。而無腹心之虞。下及秦漢。陛楯執戟。尚餘一二。此制既廢。人主接士大夫者。僅有視朝數刻。而周廬陛楯。或環以椎埋嚚悍之徒。有志於復古者。當深繹也。

【集說】孔氏穎達曰。禮。大夫服冕士服弁。立堂下服爵弁綦弁者。皆士也。以其去殯遠。故使士爲之。其在堂上服冕者。皆大夫也。以其去殯近。皆使大夫爲之。先門次階次堂。從外向內而敘之也。次東西垂次側階。又從近向遠而敘之也。在門者兩。守門兩廂各一人。故二人。在階者兩廂各二人。故四人。○此經所陳七種之兵。惟戈。經傳多言之。考工記有其形制。其餘皆無文。古今兵器。名異體殊。此等形制。皆不可得而知。王肅惟云。皆兵器之名也。○陳氏經曰。自設黼扆至此。典章文物之備。豈爲華侈之具哉。一以象前王平生所坐所寶所乘所衞。以起嗣王之追慕。而盡誠紹述也。一以昭前王委重投艱之意。使嗣王肅敬以祗承也。一以起羣臣諸侯之尊敬。想慕前王而繫心於嗣王也。一以表人主之崇高富貴。尊無二上。而傳授之正如此。以絕天下覬覦之萌也。

王麻冕黼裳。由賓階隮。卿士邦君麻冕蟻裳。入即位。

【集傳】麻冕三十升麻爲冕也。張氏九成曰。升八十縷。麻冕三十升。則其經二千四百縷。極細之布也。隮。升也。康王吉服。自西階升堂。以受先王之命。故由賓階也。蟻。玄色。公卿大夫孔氏穎達曰。略舉卿士爲文。公與大夫必在。及諸侯皆同服。亦廟中之禮。不言升階者。從王賓階也。入卽位者。各就其位也。王氏樵曰。位者。平日之班次也。○呂氏曰。麻冕黼裳。王祭服也。卿士邦君祭服之裳皆纁。今蟻裳者。蓋無事於奠祝。不欲純用吉服。有位於班列。不可純用凶服。酌吉凶之間。示禮之變也。

集說 孔氏穎達曰。王麻冕者。蓋袞冕也。周禮司服享先王則袞冕。鄭云。袞之衣五章。裳四章。則袞衣之裳非獨有黼。言黼裳者。以裳之章色黼黻有文。故特取爲文。詩采菽言王賜諸侯玄袞及黼。以黼有文。故特言之。

禮。君升阼階。此用西階升者。以未受顧命。不敢當主也。○公卿大夫及諸侯。皆同服吉服。如助祭各服其冕服也。禮無蟻裳。今云蟻者。裳之名也。蟻蟲色黑。裳色如蟻。故以蟻名之。禮祭服皆玄衣纁裳。此獨云玄裳者。卿士邦君於此無事。不可全與祭同。改其裳以示變於常也。○呂氏祖謙曰。儀物既備。然後延嗣王受顧命而踐位。自此始稱王。○董氏琮曰。孔氏以卿士爲公卿大夫。案隱三年左傳。鄭武公爲平王卿士。洪範曰。卿士惟月。則卿士。指朝之執政者而言。

太保。太史。太宗。皆麻冕彤裳。太保承介圭。上宗奉同瑁。由阼階隮。太史秉書。由賓階隮。御王冊命。

【集傳】太宗。宗伯也。彤。纁也。太保受遺。太史奉冊。太宗相禮。故皆祭服也。介。大也。大圭。天子之守。長尺有二寸。同。爵名。祭以酌酒者。瑁方四寸。邪刻之。以冒諸侯之珪璧。以齊瑞信也。太保宗伯以先王之命奉符寶以傳嗣君。有主道焉。故升自阼階。太史以冊命御王。故持書由賓階以升。蘇氏曰。凡王所臨所服用。皆曰御。

【集說】孔氏穎達曰。禮。祭服纁裳。纁是赤色之淺者。故以彤爲纁。言是常祭服也。考工記玉人云。鎭圭尺有二寸。鎭圭。圭之大者。天子之所守。故奉之以奠康王所位。以明正位爲天子也。禮於奠爵無名同者。但下文祭酢皆用同奉酒。知同是酒爵之名也。上宗。鄭玄云猶太宗。變其文者。宗伯之長。大宗伯一人。與小宗伯二人。凡三人。使其上二人也。○林氏之奇曰。介圭以爲天子之守。而冒圭以合諸侯之信。故當康王之受顧命。皆奉而進之。○夏氏僎曰。圭瑁先王所執。今將授嗣王。若先王予之。故自阼階而升。太史執書。將進之嗣王。故與王接武同升。○陳氏大猷曰。太保冢宰總大權。故承鎮圭。宗伯掌祭祀朝覲禮。故奉同瑁。書卽册命也。秉言持之。以升。御言奉之以進。○顧氏錫疇曰。上列儀物而先西後東。以成王殯在西序。所以象生存。此肅儀衛而先東後西。以康王位在東。所以敬嗣君也。

曰。皇后憑玉几。道揚末命。命汝嗣訓。臨君周邦。率循大卞。燮和天下。用答揚文武之光訓。

【集傳】成王顧命之言書之冊矣此太史口陳者也皇大后君也言大君成王力疾親憑玉几道揚臨終之命命汝嗣守文武大訓曰汝者父前子名之義卞法也臨君周邦位之大也率循大卞法之大也燮和天下和之大也居大位由大法致大和然後可以對揚文武之光訓也

【集說】孔氏穎達曰告以爲法之道令率循之明所循者法也故以大卞爲大法○呂氏祖謙曰不曰嗣位而曰嗣訓訓所以守位循其本也○薛氏季宣曰天有常法古今一貫用之天下則天下化繼於先王則先王

法。惟精惟一。斯能率由是道而無或失之矣。○陳氏大猷曰。顧命中成王自言嗣守文武大訓。故此言命汝嗣訓。燮亦和也。答揚文武光訓。卽所謂嗣訓也。竊意冊命中必述成王命召畢之因。載顧命之語。史略其前之已見者。而獨載此口陳語也。

王再拜。興。答曰。眇眇予末小子。其能而亂四方以敬忌天威。

【集傳】眇。小。而。如。亂。治也。王拜受顧命。起答太史曰。眇眇然予微末小子。其（陳氏大猷曰。其未定之辭。）能如父祖治四方以敬忌天威乎。謙辭退託於不能也。顧命有敬迓天威嗣守文武大訓之語。故太史所告。康王所答。皆於是致意焉。

集說 王氏樵曰。此康王受顧命。答太史。其能如祖父治四方以敬忌天威。敬天卽所以嗣訓也。

乃受同瑁。王三宿。三祭。三咤。上宗曰饗。

集傳 王受瑁爲主。受同以祭。宿。進爵也。祭。祭酒也。咤。奠爵也。禮成於三。故三宿三祭三咤。葛氏曰。受上宗同瑁。則受太保介圭可知。宗伯曰饗者。傳神命以饗告也。

集說 孔氏穎達曰。天子執瑁。故受瑁爲主。同是酒器。故受同以祭。三祭各用一同。非一同而三反也。釋詁云。肅。進也。宿卽肅也。三宿爲三進爵。從立處而三進至神所也。三祭。三酹酒於神坐也。每一酹酒。則一奠爵。三奠爵於地也。經典無此咤字。以旣祭必當奠爵。旣言三祭。知三咤爲三奠爵也。王肅亦以咤爲奠爵。禮於祭末。必飲神之酒。受神之福。禮特牲少牢主人受嘏福是受神之福也。此非大祭。故於王三奠爵訖。上宗以同酌酒進王。讚王曰饗福酒也。○林氏之奇曰。曰饗所謂嘏也。詩箋曰。予福曰嘏。特牲少牢之禮。尸嘏主人。故此則上宗嘏王。欲王之饗之也。○陳氏櫟曰。咤有兩說。孔氏以爲奠爵。諸儒多因之。蘇氏以爲至齒不飲。與嚌同義。初疑咤從口。意蘇說爲是。及考字書。詫與吒同。陟駕反。祭奠酒爵也。咤本詫字。傳寫訛耳。孔注音釋云。說文作詫。由此觀之。則咤訓奠爵。不可易也。若與嚌同義。則此處何爲君咤而臣嚌。且與呂氏太保飲福不甘味。王飲福亦廢之說。不合矣。○鄒氏季友曰。吉祭。尸受酒灌於地。此非吉祭。不迎尸。故王代尸祭酒也。

太保受同。降盥以異同秉璋以酢。授宗人同。拜。

王答拜。

集傳 太保受王所咤之同。而下堂盥洗。更用他同秉璋以酢。酢。報祭也。祭禮。君執圭瓚祼尸。太宗執璋瓚亞祼。報祭。亦亞祼之類。故亦秉璋也。以同授宗人而拜尸。王答拜者。代尸拜也。宗人。小宗伯之屬。相太保酢者也。太宗供王。故宗人供太保。

集說 孔氏穎達曰。祭祀以變爲敬。不可卽用王同。故太保盥手更洗異同實酒。乃秉璋以酢祭。於上祭後。復報祭。猶如正祭大禮之亞獻也。半圭曰璋。亞獻用璋瓚。此非正祭。亦是亞獻之類。故亦執璋。若助祭公侯伯子男。自得執圭璧也。○林氏之奇曰。君於臣無答拜。此答之者。以其傳先王之命也。○陳氏櫟曰。王祭告成王。言已已受顧命也。太保秉璋以酢。授同而拜。告成王已已傳顧命也。○金氏履祥曰。王答拜者。明爲後也。古者始喪。雖卑者亦拜之。此雜用喪禮。又如代尸拜也。

太保受同祭嚌宅授宗人同拜王答拜。

集傳 以酒至齒曰嚌。太保復受同以祭。飲福至齒。宅居也。太保退居其所。以同授宗人。又拜。王復答拜。太保飲福至齒者。方在喪疚。歆神之賜而不甘其味也。若王則喪之主。非徒不甘味。雖飲福亦廢也。

集說 陳氏櫟曰：王答拜，蔡氏則曰代尸拜，王氏則曰因太保拜而對拜夏氏則曰王亦拜成王柩紛紛揣度要之。王答召公拜，何疑焉。君在廟門外則全於君，在廟門內則全於子。況康王方在廟中柩前受顧命，未出廟門臨朝堂而受羣臣朝也。冢宰以元老大臣受託孤重寄，先王臨之在上，先之拜告傳顧命，繼之拜告禮成，康王爲喪主立柩前，其答拜，禮亦宜之。冢宰傳顧命以相授，見大臣如見先王也，答之拜，敬大臣，即所以敬先王也。何必如諸說之紛紜哉。○金氏履祥曰：在喪祭告，王不飲福，故太保攝飲福。

太保降，收。諸侯出廟門俟。

集傳 太保下堂，有司收撤器用。廟門，路寢之門也。成王之殯在焉，故曰廟。言諸侯，則卿士以下可知。俟者，俟見新君也。

集說 黄氏度曰。殯宫稱廟。鬼神之依也。○吕氏祖謙曰。太保降收者。蓋百官總已以聽召公。公退則有司收徹矣。視其進退以爲節也。俟者。俟見康王於門外。下篇康王亦出外朝而告諸侯。蓋入廟門則子道也。出廟門。則君道也。新天子之尊。固屈於門内而伸於門外也。父子君臣之義著矣。

欽定書經傳說彙纂卷第十九

清雍正内府本欽定書經傳説彙纂

第六册

清 王頊齡等撰

天津圖書館藏清雍正八年内府刻本

山東人民出版社·濟南

欽定書經傳說彙纂卷第十三

微子之命

集傳 微國名子爵也成王既殺武庚封微子於宋以奉湯祀史錄其誥命以為此篇今文無古文有

集說 史記宋微子世家微子度紂終不可諫欲死之及去未能自決問於大師少師乃勸微子去遂行周武王伐紂克殷微子乃持其祭器造於軍門肉袒面縛左牽羊右把茅膝行而前以告武王乃釋微子復其位如故武王崩成王少周公代行政管蔡疑之乃與武庚作亂周公既承成王命誅武庚乃命微子代殷後奉其先祀作微子之命以申之國于宋○孔氏穎達曰武王既克紂微子

乃歸之。非去紂卽奔周也。馬遷之書。辭多錯謬。面縛。縛手於後。又安得牽羊把茅也。要言歸周之事。是其實耳。○林氏之奇曰。微子之篇曰。詔王子出迪。孔子曰。微子去之。則微子雖去商。亦遯於荒野而已。未適他國也。及武王既克紂。痛社稷之無主。於是始抱祭器以歸周。微子既歸於周。但以殷之封爵。居其舊位而已。使武王之命殷後。擇其賢而立之。則必以箕子微子先於武庚矣。然所以立武庚爲商後者。非二子之讓而後立之也。武庚紂之嫡子。舍而不立。尚誰立哉。惟武庚與三叔同惡竊發。周公既巳東征而誅之矣。則殷命自此而黜焉。序所以先言成王黜殷命而殺武庚。然後繼之曰命微子啓代殷後也。蓋武王之立商後。則因其故都。至成王之封微子。則始國於宋。樂記曰。武王克殷。既下車。投殷之後於宋。唐孔氏曰。微子初封於宋。不知何爵。此時因舊宋命之爲公。命爲湯後。此蓋順樂記之言而文致之耳。未必有所據也。○微子者。殷圻内之爵也。既已封之宋。則當曰宋公。今不曰宋公之命。而以微子之命名篇。猶稱殷爵者。蓋殷臣之客於周者也。故雖爵爲上公。尹兹東夏。而以殷爵圻内之封爲稱號。至於後世子孫。亦皆以微子稱之。非有他爵謚也。

案蔡傳以微子封宋爲成王時事。與書序及史記相合。觀經文庸建爾于上公。尹兹東夏。自是始封就國之體。或謂武王封微子于宋者。據樂記言武王下車。投殷之後於宋是也。但記者特詳於論樂。不似書序史記專論微子時事。始末備悉。故陳澔集説云。殷後不曰封而曰投者。舉而徙置之辭。然封微子于宋在成王時。此特歷敘黄帝堯舜禹湯之次而言之耳。則亦以蔡氏書傳爲斷也。

王若曰。猷。殷王元子。惟稽古崇德象賢。統承先

王修其禮物作賓于王家與國咸休永世無窮

【集傳】元子長子也微子帝乙之長子紂之庶兄也崇德謂先聖王之有德者則尊崇而奉祀之也象賢謂其後嗣子孫有象先聖王之賢者則命之以主祀也言考古制尊崇成湯之德以微子象賢而奉其祀也禮典禮物文物也修其典禮文物不使廢壞以備一王之法也孔子曰夏禮吾能言之杞不足徵也殷禮吾能言之宋不足徵也文獻不足故也殷之典禮微子修之至孔子時

已不足徵矣。故夫子惜之。賓以客禮遇之也。振鷺言我客戾止。左傳謂宋先代之後。天子有事膰焉。有喪拜焉者也。呂氏曰。先王之心。公平廣大。非若後世滅人之國。惟恐苗裔之存。爲子孫害。成王命微子。方且撫助愛養。欲其與國咸休。永世無窮。公平廣大氣象。於此可見。

集說 孔氏安國曰。言二王之後。各修其典禮正朔物色。與時王竝通三統。爲時王賓客。與時皆美。長世無竟。○孔氏穎達曰。郊特牲云。天子存二代之後。猶尊賢也。尊賢不過二代。書傳云。王者存二王之後。與已爲三。所以通三統。立三正。禮運云。杞之郊也。禹也。宋之郊也。契也。是二王後得郊祭天。以其祖配之。鄭云。命以天子禮祭其始祖受命之王自行其正朔服色此謂通天三統是立二王後之義也此命首言稽古則立先代之後自古而有此法也○林氏之奇曰惟稽古崇德象賢此總言其所以封之之意也林子和曰本成湯而言之則曰崇德自微子而言則曰象賢此說是也蓋非成湯之盛德有奕世之餘慶則何以使其爵土之不絕非微子之賢則何以繼先人之緒而修其制度乎○呂氏祖謙曰象者欲其盛德之象形容長存而不泯也聖人開一代之治各有一代之典禮周既受命商之禮物不可用矣而禮物之舊復修於微子可以觀三代易世至公之意況消息盈虛何常之有損益之理如循環先王禮物之不修後聖有作扶救之用何所稽考自微子至戴公歷年未遠止得商頌十二篇孔子刪詩五篇而已禮物之不修故也

嗚呼乃祖成湯克齊聖廣淵皇天眷佑誕受厥

命撫民以寬除其邪虐功加于時德垂後裔

【集傳】齊，肅也。齊則無不敬，聖則無不通。廣言其大，淵言其深也。誕，大也。皇天眷佑，誕受厥命，卽伊尹所謂天監厥德，用集大命者。撫民以寬除其邪虐，卽伊尹所謂代虐以寬，兆民允懷者。功加于時，言其所及者衆。德垂後裔，言其所傳者遠也。後裔，卽微子也。此崇德之意。

朱子曰：裔，衣裾之末。衣之餘也，故以爲子孫之稱。

【集說】呂氏祖謙曰：齊聖廣淵，於此識湯德之全體。湯克寬克仁，其開六百年基業，正在於寬。○時氏瀾曰：

後世傳記多謂湯尚嚴。商人先罰而後賞。不知自古人君立一代規模。未有不出於寬。其間有若整治嚴肅者。亦寬之用耳。○陳氏櫟曰。湯之寬。非縱弛之寬。乃自齊聖廣淵盛德中流出。總言之。皆垂後裔之德之源也。功加于時。功卽德之效。德垂後裔。德卽功之本。互言之爾。湯之功德。而可使之不祀乎。此所以生下文之意也。

爾惟踐修厥猷。舊有令聞。恪愼克孝。肅恭神人。予嘉乃德。曰篤不忘。上帝時歆。下民祗協。庸建爾于上公。尹茲東夏。

集傳　猷。道。令。善。聞。譽也。微子踐履修舉王氏樵曰。履其後曰踐。能敦行之曰修。成湯之道。舊有善譽。非一日也。恪。敬也。恪謹克孝。

肅恭神人。指微子實德而言。抱祭器歸周。亦其一也。篤。厚也。我善汝德。曰厚而不忘也。歆。饗。庸。用也。王者之後稱公。故曰上公。尹。治也。宋亳在東。故曰東夏。陳氏師凱曰。自豐鎬言之。則宋在東。宋國今爲歸德府。屬河南。即高辛氏閼伯所居商邱也。有微子墓。【地理今釋】蔡傳云。宋亳在東。故曰東夏。今河南歸德府商邱縣。宋微子所封以爲湯後也。此象賢之意。

【集說】王氏安石曰。宋。商後。得郊天。故云上帝時歆。○葉氏適曰。周制。三公在朝。八命。有功德出封作伯。九命。謂之上公。二王後。亦出封之公也。○張氏九成曰。恪慎在心。肅恭在貌。克孝內也。故言恪慎。神人外也。故言肅恭。○眞氏德秀曰。恪慎克孝。是事親以敬也。肅恭神人。是事神治人亦以敬也。敬以事神。故上帝時歆。敬以

治人故下民祗協古聖賢惟於敬用功而已微子之德信乎其爲象賢也

欽哉往敷乃訓愼乃服命率由典常以蕃王室弘乃烈祖律乃有民永綏厥位毗予一人世世享德萬邦作式俾我有周無斁

集傳　此因戒勉之也服命上公服命也金氏履祥曰服謂上公九旒九章之服命謂上公九命凡車旗獻享之節也宋王者之後成湯之廟當有天子禮樂慮有僭擬之失故曰謹其服命率由典常以戒之也弘大律範毗輔式法斁厭也卽詩言在此無斁之

意。○林氏曰。偪生於僭。僭生於疑。非疑無僭。非僭無偪。謹其服命。遵守典常。安有偪僭之過哉。魯實侯爵。乃以天子禮樂祀周公。亦既不謹矣。其後遂用於羣公之廟。甚至季氏僭八佾。三家僭雍徹。其原一開。末流無所不至。成王於宋。謹愼如此。必無賜周公以天子禮樂之事。豈周室既衰。魯竊僭用。託爲成王之賜。伯禽之受乎。

集說蘇氏軾曰。方武庚叛後。微子蓋處可疑之地。而命之曰上帝時歆。曰弘乃烈祖。曰萬邦作式。此三代之事。後世所不能及也。○林氏之奇曰。立二王之後。欲其統承先王。故勉之以弘乃烈祖。欲其修其禮物。故勉之以愼乃服命。欲其永世無窮。故勉之以世世享德。欲其作賓于王家。與國咸休。故勉之以俾我有周無斁。○黃氏度曰。杞宋一體。杞遂微弱不振。宋歷春秋。爲望國。與周俱亡。微子之德爲有傳也。○眞氏德秀曰。微子旣篤於敬矣。猶以欽哉勉之。欲其敬而又敬也。往敷乃訓。欲其以修於已者。布其敎於國人也。○陳氏大猷曰。此章廣上文統承先王至永世無窮之意。○王氏充耘曰。宋。一諸侯耳。如何爲萬邦式。葢宋先代之後。諸侯宋魯。於是觀禮。有欲學殷禮者。必之宋也。○孫氏繼有曰。王室以國家言。故曰蕃。一人以君身言。故曰毗。德在烈祖。而微子能光大之。曰弘。德在微子。而後世能憑藉之。曰享。有民以東夏之民言。言民之所觀法者。在始封之君。萬邦以諸侯言。言諸侯所觀法者。在先代之後。在微子曰綏位。在周家則曰無斁。未有周有斁志而宋能綏位者。

嗚呼。往哉惟休。無替朕命。

【集傳】歎息言。汝往之國。當休美其政。而無廢棄我所命汝之言也。

【集說】林氏之奇曰。嗚呼者。又嗟歎以重其言也。言我之所以命汝者。其言丁寧反覆如此。則爾之往卽爾封。惟無廢我所命汝之言。服膺而勿失。則其體莫大於此矣。

【總論】王氏炎曰。泰誓牧誓。言紂之失至于再三。與周之友邦及從征之臣言也。酒誥。言紂之失亦無所隱。與殷兄弟之間相與言也。至多士多方。言紂之失則略。與殷之遺民言也。微子之命。竝無一字及紂與武庚之事。不可對商之賢子言也。而惟言湯之聖。微子之賢。其言有體也哉。○眞氏德秀曰。此非特得誥命賢者之體。蓋武庚之罪。當行天討。微子之德。當加天命。非有一毫喜怒之私。故其辭從容和平。略無忿疾之意。於此可見聖人之心矣。○呂氏枏曰。微子之命。義而仁。信而禮。其賢王誼辟之志乎。故自崇德以下。皆言古制也。乃祖成湯以下。言崇德也。踐修以下。言象賢也。往敷乃訓以下。則言統承先王修其禮物作賓王家與國咸休也。故弘乃烈祖世世享德者。皆統承之事也。愼乃服命率由典常者。皆修禮物之事也。蕃王室毗一人俾我有周無斁者。皆作賓之事也。

康誥

【集傳】康叔。文王之子。武王之弟。武王誥命爲衛侯。今文古文皆有。○案書序以康誥爲成王之書。今詳本篇。康叔於成王爲叔父。成王不應以弟稱之。說者謂周公以成王命誥。故曰弟。然既謂之王若曰。則爲成王之言。周公何遽自以弟稱之也。且康誥酒誥梓材三篇。言文王者非一。而略無一語以及武王。何邪。說者又謂寡兄勖爲稱武王。尤爲非義。寡兄云者。自謙之辭。寡德之稱。苟語他人。猶之可也。武王。康叔之兄。家人相語。周公安得以武王爲寡兄而告其弟乎。或又謂康叔在武王時尚幼。

故不得封。然康叔。武王同母弟。武王分封之時。年巳九十。安有九十之兄。同母弟尚幼不可封乎。且康叔。文王之子。叔虞。成王之弟。周公東征。叔虞巳封於唐。豈有康叔得封。反在叔虞之後。必無是理也。又案汲冢周書克殷篇。言王卽位於社南。羣臣畢從。毛叔鄭奉明水。衞叔封傳禮。召公奭贊采。師尚父牽牲。史記亦言衞康叔封布兹。徐氏廣曰。兹者。籍席之名。與汲書大同小異。康叔在武王時。非幼。亦明矣。特

序書者不知康誥篇首四十八字為洛誥脱簡遂因誤為成王之書是知書序果非孔子所作也康誥酒誥梓材篇次當在金縢之前

【集說】朱子曰康誥三篇此是武王書無疑其中分明說王若曰孟侯朕其弟小子封豈有周公方以成王之命命康叔而遽述己意以告之乎決不解如此五峯吴才老皆說是武王書只緣誤以洛誥書首一段置在康誥之前故敘其書於大誥微子之命之後問如此則封康叔在武庚未叛之前矣曰想是同時商畿千里紂之地亦甚大所封必不止三兩國也○或問孔氏小序以康誥為成王周公之書而子以武王言之何也曰此五峯胡氏之說也嘗因而考之其曰朕弟寡兄皆為武王

之自言。乃得事理之實。而其他證亦多。小序之言。不足深信。○胡氏於皇王大紀考究得康誥非周公成王時。乃武王時。蓋有朕其弟之語。若成王。則康叔爲叔父矣。又首尾只稱文考。成王周公。必不只稱文考。又有寡兄之語。亦是武王自稱無疑。如今人稱劣兄之類。又唐叔得禾。傳記所載。成王先封唐叔。後封康叔。決無姪先叔之理。○問殷地。武王既以封武庚而使三叔監之矣。又以何處封康叔。曰。既言以殷餘民封康叔。豈非封武庚之外。又以封之乎。

惟三月哉生魄。周公初基。作新大邑于東國洛。四方民大和會。侯甸男邦采衛。百工播民和。見士于周。周公咸勤。乃洪大誥治。

【集傳】三月，周公攝政七年之三月也。始生魄，十六日也。百工，百官也。士，《說文》曰：事也。《詩》曰：勿士行枚。呂氏曰：斧斤版築之事，亦甚勞矣，而民大和會，悉來赴役，卽文王作靈臺，庶民子來之意。蘇氏曰：此《洛誥》之文，當在「周公拜手稽首」之上。

【地理今釋】東國洛。洛有王城，有成周。王城在今河南河南府洛陽縣西五里。《括地志》云：故王城一名河南城，本郟鄏，周公新築，在洛州河南縣北九里苑內東北隅。自平王以下十二王皆都此，至敬王乃遷都成周，至赧王又居王城也。成周在今洛陽縣東三十里，《洛誥》所謂「我卜瀍水東，亦惟洛食」者也。又名下都，周遷殷頑民于此。《史記正義》云：東周，古洛陽城也。《括地志》云：洛陽故城在洛州洛陽縣東北二十六里。周公所築。即成周城也。

集說　孔氏安國曰。初造基。建作王城大都邑於東國洛汭。居天下土中。○林氏之奇曰。洛邑之地。既爲天地之中。故作新之。而四方之民。莫不和悅而來會也。其列爵分土。布於九服之國。則侯甸男采衞五服之諸侯。莫不咸在也。周制爲九服。王畿之外。五百里曰侯。又其外方五百里曰甸。又其外方五百里曰男。又其外方五百里曰采。又其外方五百里曰衞。衞服之外。則蠻服矣。衞服以內。即禹貢之綏服。蠻服以內。即禹貢之要服。故其會於洛邑者。惟此五者而已。○陳氏櫟曰。初基定基址也。鎬在西。洛在東。故曰東國洛。見士。朝見而趨事也。民大和會。人心本自和也。播民和。因人心之和而播敷宣暢其和也。悅以使民。民忘其勞。公不忘民之勞而勤勞之。所以得民心也。以召誥攷之。周公以三月十二日乙卯至洛。先觀召公營洛規模。十四日丁巳。行郊禮。十五日戊午。行社禮。十六日巳未。初基作洛。繼此五日內號召齊集。計度區畫。分配科派。至二十一日甲子朝。乃用書命庶殷諸侯丕作。召誥所謂用書命丕作。即此所謂洪大誥治也。如召誥傳中引春秋傳士彌牟營成周之類。參以召誥日月。脗合洛誥。冠以此九句。方有頭緒。强附於此。全不相應。其爲洛誥脫簡。何可疑者。○陳氏雅言曰。遷都定國之事。非民之和。則不足以有爲。非民力之勤。則不足以有成。然其所以能勤者。皆由於能和也。其心既和。則其力自勤。而況有百工以播其和。有周公以咸其勤。

王若曰。孟侯。朕其弟。小子封。

集傳 王武王也。孟長也。言爲諸侯之長也。封康叔名。舊說周公以成王命誥康叔者。非是。

集說　吳氏棫曰。先儒謂康叔受封時尚幼者。以此書稱小子之故。康叔與武王周公。皆太姒之子。安得爲尚幼。今陝右之俗。凡尊命卑。貴命賤。雖長且老者。亦以小子呼之。表見親愛之辭。此所謂小子亦然。○王氏柏曰。觀其詞氣鄭重。反復告戒。若武王面命之意。詳玩之。亦史臣受武王諄諄之旨。特爲此丁寧之言。見康叔者。爲武王之所親愛。故曰未有若汝封之心。又曰朕心朕德惟乃知。皆嘉之之詞也。又見武王亦慮商民之難化。所以舉所甚親者任此責。想命三叔之時。亦必有勤懇之言如此篇者。

惟乃丕顯考文王克明德愼罰。

集傳　左氏曰。明德謹罰。文王所以造周也。明德。務崇之之謂。謹罰。務去之之謂。明德謹罰。一篇之綱領。不敢侮鰥寡以下。文王明德謹罰也。汝念哉以下。欲康叔明德也。敬明乃罰以下。欲康叔謹罰也。爽惟民以下。欲其以德行罰也。封敬哉以下。欲其不用罰而用德也。終則以天命殷民結之。

集說 林氏之奇曰。天佑下民。作之君。作之師。凡欲其修德以子惠斯民而已。其爲刑罰殺戮。則誠有所不得已焉。董仲舒曰。陽常居大夏。而以生育長養爲事。陰常居大冬。則積於空虛不用之處。如此見天之任德而不任刑也。天使陽出布施於上以成歲功。使陰入伏於下而時出佐陽。明德者。陽出布施於上之譬也。慎罰者。使陰入伏於下之譬也。明德謹罰。則文王愛民之心至矣。○陳氏大猷曰。治天下。不過德刑兩端。德者人所同慕感化人心之本也。文王則克明之。使民慕而入於德。罰者。人所同畏。防範人心之具也。文王則克謹之。使民畏而不入於罰。○王氏樵曰。案罰謂之慎。言輕重適當不妄加耳。成二年左傳謂務去之之謂。而蔡氏引之何也。蓋辟以止辟。刑期無刑。此自古聖人明刑之本意也。後世鮮復知之矣。孔子曰。古之知法者能省刑。本也。後之知法者不失有罪。末矣。

不敢侮鰥寡。庸庸。祗祗。威威。顯民。用肇造我區夏。越我一二邦以修我西土。惟時怙冒聞于上帝。帝休。天乃大命文王殪戎殷。誕受厥命。越厥邦厥民。惟時敘。乃寡兄勖。肆汝小子封在茲東土。

集傳鰥寡人所易忽也。於人易忽者而不忽焉。以見聖人無所不敬畏也。卽堯不虐無告之意。論文王之德而首發此。非聖人不能也。庸用也。用其所當用。敬其所當敬。威其所當威。言文王用能敬賢討罪。一聽於理而已。無與焉。故德著於民。用始造我區夏及我一二友邦。漸以修治。至罄西土之人。怙之如父。冒之如天。明德昭升。聞于上帝。帝用休美。乃大命文王。殪滅大殷。大受其命。

萬邦萬民各得其理莫不時敘汝寡德之兄亦勉力不怠故爾小子封得以在此東土也吴氏曰殪戎殷武王之事也此稱文王者武王不敢以爲已之功也○又案東土云者武王克商分紂城朝歌以北爲邶南爲鄘東爲衞意邶鄘爲武庚之封而衞卽康叔也漢書言周公善康叔不從管蔡之亂似地相比近之辭然不可考矣

集說 孔氏安國曰惠恤窮民不慢鰥寡用可用敬可敬刑可刑明此道以示民○孔氏穎達曰用可用敬可敬卽明德也用可用謂小德小官敬可敬謂大德大官刑可刑謂愼罰也○林氏之奇曰論聖人之盛德必

稱其不廢困窮不侮鰥寡者。蓋困窮鰥寡。人情之所易忽者。而仁惠加焉。猶不敢侮慢。則其深仁厚澤。所以覆被斯民者。無以復加矣。○陳氏大猷曰。不敢侮鰥寡者。仁民也。庸庸祗祗明德之事。威威愼罰之事。是是非非。使民曉然知所好惡。所以顯民也。恐康叔以受封爲當然。故歷言文王之積累。汝兄之勉勵。故汝得有此土地。庶其念所自之艱難而不敢慢易也。

王曰。嗚呼。封。汝念哉。今民將在祗遹乃文考。紹聞衣德言。往敷求于殷先哲王用保乂民。汝丕遠惟商耇成人宅心知訓。別求聞由古先哲王。用康保民。弘于天若德裕乃身。不廢在王命。

集傳 此下明德也。遹。述。衣。服也。今治民將在敬述文考之事。繼其所聞。而服行文王之德言也。林氏之奇曰。若說命所謂說乃言惟服。是也。往。之國也。宅心。處心也。安汝止之意。知訓。知所以訓民也。由。行也。曰保乂。曰知訓。曰康保。經緯以成文爾。武王既欲康叔祗遹文考。又欲敷求商先哲王。又丕遠惟商者成人。又別聞由古先哲王。近述諸今。遠稽諸古。不一而足。以見義理之無盡。易曰君子多識前言往行以畜其德。弘者。廓而大之也。天者。理之所從出也。康叔博學以聚之。集義以生之。眞積力久。衆理該通。此心之天理之所從出者。始恢廓而有餘用矣。若是則心廣體胖。動無違禮。斯能不廢在王之命也。○呂氏曰。康叔力求聖賢問學。至於弘于天。德裕身。可謂盛矣。止能不廢王命。才可免過而已。此見人臣職分之難盡。若欲爲子。必須如舜與曾閔。方能不廢父命。若欲爲臣。必須如舜與周公。方能不廢君命。

【集說】林氏之奇曰。康叔之治民。固不可不取法於文考。然文考必取法於殷先哲王及商耇成人。故既祗遹文王。則當敷求殷先哲王。遠惟商耉成人也。殷先哲王。商耉成人。必取法於古先哲王。故既敷求殷先哲王。遠惟商耉成人。則當別求古先哲王也。古先哲王。必取法於天。故別求古先哲王。則當弘于天也。至於弘于天。則無以復加矣。道之大原出於天故也。召誥曰。無遺壽耉。曰其稽我古人之德。曰其有能稽謀自天。亦此意。能弘于天。則能順性命之理以成其德。而可以裕乃身矣。

○胡氏士行曰。凡羣聖心傳之妙。制作之法。悉聞悉見。則學問精深。衆理該貫。道之大原。其出于天者。裕然在乃身。而後王命可以不廢矣。

○王氏樵曰。弘于天之說。蔡氏實本程子易傳之意。易曰。天在山中。大畜。君子以多識前言往行。以畜其德。程子曰。天爲至大。而在山之中。所畜至大之象。君子觀象以大其蘊蓄。人之蘊蓄。由學問而大。在多聞前古聖賢之言與行。考迹以觀其用。察言以求其心。識而得之。以蓄成其德。乃大畜之義也。愚謂大畜。卽所謂弘于天也。天者。理之所從出。而吾心

之體無不該考迹而知古人之致用察言而得古人之用心積之之多至于一旦豁然貫通焉斯可以言弘于天矣

王曰嗚呼小子封恫瘝乃身敬哉天畏棐忱民情大可見小人難保往盡乃心無康好逸豫乃其乂民我聞曰怨不在大亦不在小惠不惠懋不懋

集傳 恫痛瘝病也視民之不安如疾痛之在乃身不可不敬之也天命不常雖甚可畏然誠則輔之民情好惡

雖大可見。而小民至爲難保。汝往之國。所以治之者非他。惟盡汝心。無自安而好逸豫。乃其所以治民也。古人言怨不在大。亦不在小。惟在順不順。勉不勉耳。順者順於理。勉者勉於行。卽上文所謂往盡乃心。無康好逸豫者也。

【集說】孔氏安國曰。治民務除惡政。當如痛病在汝身。欲去之。○夏氏僎曰。民之休戚。汝之休戚也。故曰恫瘝乃身。敬哉以下。卽當敬之事。○朱子曰。恫瘝常如疾痛之在身。則無不覺矣。○時氏瀾曰。今命爾爲諸侯。非欲富貴爾身。乃委疾痛於爾身耳。天心難奉。民心難安。爾自此以往。當盡其誠心。不可安康而好逸豫。此心不分於逸豫。則必專於乂民。如鰥寡孤獨。人所易虐。能撫摩之。是惠所不惠也。纖悉微小。人所易忽。能力行之。是懋所不懋也。所以然者。正以爲弭怨之道也。

已汝惟小子。乃服惟弘王。應保殷民。亦惟助王宅天命。作新民。

集傳 服。事。應。和也。汝之事。惟在廣上德意。和保殷民。使之不失其所。以助王安定天命。而作新斯民也。此言明德之終也。大學言明德。亦舉新民終之。

集說 朱子曰。鼓之舞之之謂作。鼓之舞之。如擊鼓然。自然使人跳舞踴躍。然民之所以感動者。由其本有此理。但上之人既自有以明其明德。時時提撕警發。則下之觀瞻感化。各自有以興起其同然之善心。而不能已耳。○陳氏大猷曰。殷民。乃天命所視以去留。人心所視以觀化。保殷民所以助王宅天命而作新民也。○陳氏櫟曰。此欲康叔法文王之明德。而極於新民也。大學傳引康誥曰克明德。即截上文克明德慎罰一句。上三字。引作新民。即此章此一句也。大學三綱領之二。其源實出於康誥。二帝夏商以來。言明德者有矣。未有言新民者。言克明德作新民。體用相對。首見於康誥。而大學祖述之。○王氏樵曰。惟以德化民。而不恃刑罰以爲治。此上之德意也。當廣此德意以和保殷民。於以助我安定天命而作新斯民。蓋我承文考誕受之命。則有安定之責。我受文考時敘之民。則有作新之責。皆於殷民既化卜之。夫以事之在汝者而有助於我。以責之在我者而有賴於汝。此寄託之重。而期望之深也。

王曰嗚呼封敬明乃罰人有小罪非眚乃惟終自作不典式爾有厥罪小乃不可不殺乃有大罪非終乃惟眚災適爾既道極厥辜時乃不可殺

集傳　此下謹罰也式用適偶也人有小罪非過誤乃其固爲亂常之事用意如此其罪雖小乃不可不殺即舜典所謂刑故無小也人有大罪非是故犯乃其過誤出於不幸偶爾如此既自稱道盡輸其情不敢隱匿罪雖

大時乃不可殺即舜典所謂宥過無大也諸葛孔明治蜀服罪輸情者雖重必釋其既道極厥辜時乃不可殺之意歟

【集說】蘇氏軾曰此設爲死罪之大小以明其情之有輕重非謂小罪爲可殺也如甲乙皆有死罪而甲之罪小於乙非謂其罪不至死也今世之法謀殺已傷雖未殺皆死雖未傷而寘人於必死之地亦死過失殺雖已殺皆贖與此意略相似○林氏之奇曰用刑之道惟敬故明王制曰一成而不可變故君子盡心焉惟盡心而不苟則既致其敬矣既致其敬則其意論輕重之序謹測深淺之量豈有不明者哉○金氏履祥曰過自已生爲眚罪自外至爲災○陳氏櫟曰小罪怙終刑之可也殺之無乃過乎蓋敗常越軌其罪雖小其情乃亂之

原不殺則爲害將甚大曰有者謂小罪中有如此者非謂凡有小罪而怙終者皆殺之也此又宜於作不典觀之〇陸氏鍵曰愼罰之本敬則明明生于敬下舉此二等以見例肆赦賊刑有虞先有法之經而後舉此示法之權殷民情變而莫測不可以常法律止可權情之輕重耳加重于匿情而末減于輸情所以儆頑矯枉也

王曰嗚呼封有敘時乃大明服惟民其勑懋和若有疾惟民其畢棄咎若保赤子惟民其康乂

集傳有敘者刑罰有次序也明者明其罰服者服其民也左氏曰乃大明服已則不明而殺人以逞不亦難乎勑戒勑也民其戒勑而勉於和順也若有疾者以去疾

之心去惡也。故民皆棄咎。若保赤子者。以保子之心保善也。故民其安治。

【集說】林氏之奇曰。前告之以敬明乃罰。故此以爲有其敘。則是汝能明之也。刑既明。則民服矣。故天下莫不曉然知上之好惡。此所以相戒勑懋勉而莫不和平也。然汝之用法。必常有不忍人之心而後可。若有疾若保赤子。皆出於中心之所誠然。蓋人有疾而欲去之。有赤子而欲保之。此豈可以僞爲哉。舉斯心以加諸彼。則無往而不爲仁矣。○張氏九成曰。刑罰足以制人之形。而不足以服人之心。必不紊刑之倫序。時乃大明刑罰而足以服其心。宜民勑懋而且和也。○陳氏大猷曰。去民之惡。如去已疾。則調治無所不至。保其民如保已之赤子。則愛護無所不至。先言有疾。後言赤子。蓋民棄咎。然後可康乂也。○王氏樵曰。明者。聽之得其情。而處之當于法也。明服。情相得而足以服乎人也。惟民其勑懋和。是人無不服處。若有疾以下。又是於明服中分開兩端而言。蓋民之未肯畢棄咎。以上之徒法以繩之耳。視民之不善。如疾之在已。則攻治鍼砭。無非所以爲德也。以此心待民。民自知惡之不可爲。而畢舍其咎矣。民之已陷于惡者。旣以去疾之心去之。民之未陷于惡者。當以保赤子之心保之。赤子若無人保。則雖有陷穽在前而不知。豈赤子之罪哉。心誠求之。得其不言之欲。止其未形之邪。與之作主。全在保者。以此心治民。民自慕於善而無不安治矣。

非汝封刑人殺人。無或刑人殺人。非汝封。又曰劓刵人。無或劓刵人。

【集傳】刑殺者。天之所以討有罪。非汝封得以刑之殺之也。汝無或以已而刑殺之。刵截耳也。刑殺。刑之大者。劓刵。刑之小者。兼舉小大以申戒之也。又曰。當在無或刑人殺人之下。又案。刵。周官五刑所無。呂刑以爲苗民所制。

【集說】黃氏度曰。刑不得已而用之。要爲奉行天討。吾何容心焉。故曰非汝封刑人殺人。非汝封劓刵人。劓刵輕。又曰。丁寧之辭。刑輕。人亦輕用之。故丁寧之如此。周官五刑無刵。呂刑曰。劓刵椓黥。劓刵相屬。豈二罪同科而有輕重歟。鄭康成謂臣從君坐之刑。未見所據。○胡氏士行曰。若疾若子以待吾民。可也。刑可輕。刑殺劓刵之乎。

王曰。外事。汝陳時臬司。師茲殷罰有倫。

集傳 外事。未詳。陳氏曰。外事。有司之事也。臬。法也。爲準限之義。陳氏大猷曰。臬。門梱也。有限準之義。故以訓法。言汝於外事。但陳列是法。使有司師此殷罰之有倫者用之爾。○吕氏曰。外事。衛國事也。史記言康叔爲周司寇。司寇。王朝之官。職任内事。故以衛國對言爲外事。今案篇中言往敷求。往盡乃心。篇終曰往哉封。皆令其之國之辭。而未見其留王朝之意。但詳此篇。康叔蓋深於法者。異時成王或舉以任司寇之職。而此則未必然也。金氏履祥曰。康叔爲司寇。載在定四年左傳。蓋在成王時。若武王時。蘇公忿生爲司寇耳。

集說 金氏履祥曰。外事者。獄之未成在有司而未達於康叔者。陳氏所謂有司之事也要囚。獄之已成而達於康叔者。此則康叔之事也。○吳氏澄曰。野之獄訟各有大夫士自治其事。不屬國中。故曰外事。蓋如魯之費郈。楚之申息。齊之平陸靈邱也。司之者得其人使之師此殷罰之有倫理者。殷法乃殷民所習知。故師之以治殷民。言罰不言刑。舉其輕者言也。○陳氏櫟曰。用殷罰正是初得天下初分封時事。若是後來。何以師用殷罰爲哉。味師殷罰有倫句。愈見得此爲武王之辭。

又曰要囚。服念五六日至于旬時。丕蔽要囚。

集傳 要囚。獄辭之要者也。服念。服膺而念之。旬。十日。時。三月。爲囚求生道也。蔽。斷也。

集說 林氏之奇曰。殷家之罰。信有倫矣。囚之要辭。固麗於法矣。然汝猶未必能得其情也。當服而念之。自五六日至於一旬。又其久者則至於一時。法固然矣。無可生之道矣。乃可大斷其辭。而加以刑罰也。唐太宗謂羣臣曰。死者不可復生。決囚雖三覆奏。而頃刻之間。何暇思慮。自今宜二日五覆奏。正得周之遺意也。○陳氏大猷曰。要者。結罪之辭。與周禮鄉士異其死刑之罪而要之之要同。要囚。謂結定其囚之罪也。蔽要囚。謂斷其所結定之囚。猶今世引斷也。今世大辟囚已結罪後。猶有審覆經年者。○陳氏櫟曰。歐陽公瀧岡阡表載其父崇公任獄官。每爲囚求生道。嘗曰。爲之求生道而不得。夫然後我與死者。可以俱無憾矣。亦合此意。○申氏時行曰。曰服念。見有矜恤之仁。曰丕蔽。見有明斷之義。

王曰。汝陳時臬事。罰蔽殷彝。用其義刑義殺。勿庸以次汝封。乃汝盡遜。曰時敘。惟曰未有遜事。

【集傳】義宜也。次次舍之次。遜順也。申言敷陳是法與事。罰斷以殷之常法矣。又慮其泥古而不通。又謂其刑其殺。必察其宜於時者而後用之。既又慮其趨時而徇已。又謂刑殺不可以就汝封之意。既又慮其刑殺雖已當罪。而矜喜之心乘之。又謂使汝刑殺盡順於義。雖曰是

有次敘汝當惟謂未有順義之事蓋矜喜之心生乃怠惰之心起刑殺之所由不中也可不戒哉

集說 林氏之奇曰言殷罰殷彝唐孔氏曰衞居殷墟又周承殷後刑書相因故兼用其有理者謂當時刑書或無正條而有殷故事可兼用者若今律無條求故書之比也殷罰有倫罰蔽殷彝卽上文所謂有敘也用其義刑義殺勿庸以次汝封卽上文所謂非汝封刑人殺人也〇陳氏櫟曰雖盡遜而惟曰未遜心常不自是則虛明公正之體不失而審慎矜恤之念常存刑罰之不中者鮮矣卽呂刑所謂雖休勿休曾子所謂如得其情則哀矜而勿喜也〇劉氏應秋曰戒泥古戒徇已是謹於方用之時戒矜喜是謹於既中之後

已汝惟小子未其有若汝封之心朕心朕德惟

乃知。

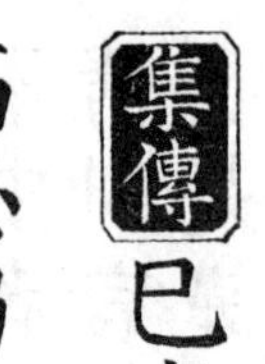
集傳 已者。語辭之不能已也。小子。幼小之稱。言年雖少而心獨善也。爾心之善。固朕知之。朕心朕德。亦惟爾知之。將言用罰之事。故先發其良心焉。

集說 陳氏櫟曰。能愼罰者。汝之心。欲汝愼罰者。我之心。我之心惟欲以德行罰耳。我之與汝。心實相知。所以深相孚契相戒飭也。○申氏時行曰。天地以生物爲心。而人得之爲不忍之心。天地之大德曰生。而人得之爲好生之德。康叔同有是心。故能以心契心而知朕心。同有是德。故能以德契德而知朕德。有此心德。則刑罰之本以端。而用之可以無不當矣。

凡民自得罪。寇攘姦宄。殺越人于貨。暋不畏死。罔弗憝。

【集傳】越，顛越也。孔氏穎達曰：顛越人，謂不死而傷。盤庚云顛越不恭。暋，强。憝，惡也。自得罪，非爲人誘陷以得罪也。凡民自犯罪。爲盜賊姦宄。潘氏士遴曰：外用巧術曰姦，內用計謀曰宄。殺人顛越人，以取財貨。强狠亡命者，人無不憎惡之也。用罰而加是人，則人無不服，以其出乎人之同惡，而非卽乎吾之私心也。特舉此以明用罰之當罪。

集說林氏之奇曰好生而惡死者天下之眞情也人惟畏死然後可以死懼之既不畏死矣則何所不至哉此其所以犯天下之所共怒而無不惡之也○呂氏祖謙曰說者以凡民自得罪以下與上文不叶蓋舉一端以爲證驗也蓋謂如此等罪之人人所同惡而刑加焉豈容以次汝封乎所謂刑加於自犯之罪也用刑皆如此則契公理矣所刑苟非人所同惡是移法就巳也

王曰封元惡大憝矧惟不孝不友子弗祗服厥父事大傷厥考心于父不能字厥子乃疾厥子于弟弗念天顯乃弗克恭厥兄兄亦不念鞠子哀大不友于弟惟弔茲不于我政人得罪天惟

與我民彝大泯亂。曰乃其速由文王作罰。刑茲無赦。

【集傳】大憝。即上文之罔弗憝。言寇攘姦宄。固爲大惡而大可惡矣。況不孝不友之人。而尤爲可惡者。當商之季。禮義不明。人紀廢壞。子不敬事其父。大傷父心。父不能愛子。乃疾惡其子。是父子相夷也。天顯。猶孝經所謂天明。尊卑顯然之序也。弟不念尊卑之序。而不能敬其兄。兄亦不念父母鞠養之勞。而大不友其弟。是兄弟相賊也。父子兄弟至於如此。苟不於我爲政之人而得罪焉。則天之與我民彝。必大泯滅而紊亂矣。曰者。言如此則汝其速由文王作罰。孫氏繼有曰。想周禮大司徒不孝不弟之刑。自文王所創立者。故曰作罰。刑此無赦而懲戒之不可緩也。

集說 孔氏安國曰。言人之罪惡。莫大於不孝不友。天與我民五常。使父義母慈兄友弟恭子孝。而廢棄不行。是大滅亂天道。言當速用文王所作違教之罰。刑此亂五常者。無得赦。○蔡氏卞曰。先責子之不孝。然後責父之不慈。先責弟之不恭。然後責兄之不友。周禮有不孝不弟之刑。而無不慈不友之罪。卽此意也。○呂氏祖謙曰。前言殷罰殷彝。此言文王作罰刑者。殷法。常事用之。父子兄弟之獄。則用文王之法。經紂之惡。人倫戕敗。

文王於維持綱常之罰有作焉。故以殷罰治殷俗。因人情之所安也。以文王罰刑誅不孝不友。撥殷亂之所在也。○陳氏櫟曰。案前已告康叔明德以作新民矣。此言慎罰而速懲不孝不友者。蓋已致新民之化不率。而後方嚴齊民之刑。何用法峻急之有。○王氏樵曰。案孟子嘗引殺越人于貨愍不畏死。以爲不待教而誅者也。此爲不待教而誅則由文王作罰者。爲教之而不改者可知矣。觀舜以蠻夷猾夏寇賊姦宄屬之臯陶是元惡大憝直命臯陶刑之而已。至於百姓不親。五品不遜。則屬之契。不以其不親不遜而遽忿疾之也而教之教之而又在寬焉。則文王之罰。其所以先後乎此者可知矣。

不率大戛。矧惟外庶子訓人。惟厥正人。越小臣諸節。乃別播敷。造民大譽。弗念弗庸。瘝厥君。時乃引惡惟朕憝。已汝乃其速由茲義率殺。

集傳 戛。法也。言民之不率教者。固可大寘之法矣。況外庶子。以訓人爲職。與庶官之長及小臣之有符節者。乃別布條教。違道干譽。弗念其君。弗用其法。以病君上。是乃長惡於下。我之所深惡也。臣之不忠如此。刑其可已乎。汝其速由此義而率以誅戮之可也。○案上言民不孝不友。則速由文王作罰。刑茲無赦。此言外庶子正人小臣背上立私。則速由茲義率殺。其曰刑曰殺。若用法峻急者。蓋殷之臣民。化紂之惡。父子兄弟之無其親。君臣上下之無其義。非繩之以法。示之以威。殷民孰知不孝不義之不可干哉。周禮所謂刑亂國用重典者。是也。然曰速由文王。曰速由茲義。則其刑其罰。亦仁厚而已矣。

【集說】孔氏穎達曰。正人。若周官三百六十職。正官之首。小臣諸節。謂正人之下。非長官之身。下至符吏諸有符節者。○林氏之奇曰。薛博士曰。庶子者。公族之官也。周官諸子掌國子之倅。燕義以謂天子之官。有庶子之官。文王世子。謂庶子之正於公族者。教之以孝弟睦友子愛。明於父子之義。長幼之序。其所掌。則諸侯與天子之官同。故燕義之所掌。與周官無異也。所謂訓人。即如文王世子所言是也。此其所謂掌與天子之官同。以外云者。指衞而言也。正。長也。正人謂衆官之長。若周官宮正主中官之長。司會主天下之大計之官之長是也。

○眞氏德秀曰。上文寇攘殺越。乃不待教而誅者。此則教之不改而後誅之者也。乃別播敷造民大譽。謂我所惡者。不孝不友也。諸臣不以此訓民。乃別立條教以要譽愚俗。使其不知不孝不友之爲惡。豈非不體上心。不用上令。而病其君乎。引惡謂引而入於不孝不友之地。此所以速由茲義以率殺也。蓋導民以惡。乃賊人心。害風教之大者。不然。安得遽以刑殺加之乎。

案爾雅。戛訓職。謂常法。故孔安國以爲戛。常也。孔穎達曰。猶楷也。言爲楷模之常。意今從蔡傳。只是寘之法之意。

亦惟君惟長不能厥家人越厥小臣外正惟威惟虐大放王命乃非德用乂

集傳 君長指康叔而言也康叔而不能齊其家不能訓其臣惟威惟虐大廢棄天子之命乃欲以非德用治是康叔且不能用上命矣亦何以責其臣之瘝厥君也哉

集說 林氏之奇曰不能厥家人如文十六年左傳云不能其大夫至於君祖母以及國人也○朱子曰乃非德用乂言汝若寬縱則小臣外正皆得爲威虐汝之爲此欲以德乂民而實非德也姑息而已○金氏履祥曰臣者民之表故責民之不孝友其本又在責臣之不忠也君者臣之表責臣之不忠爲君長者又不可不自

盡其道也。

汝亦罔不克敬典。乃由裕民。惟文王之敬忌。乃裕民曰。我惟有及。則予一人以懌。

【集傳】汝罔不能敬守國之常法。由是而求裕民之道。惟文王之敬忌。敬則有所不忽。忌則有所不敢。期裕其民。曰。我惟有及於文王。則予一人以悅懌矣。此言謹罰之終也。穆王訓刑。亦曰敬忌云。

【集說】陳氏櫟曰。前兩言速由。何其急也。此兩言乃裕。又何其寬緩也。始欲其以刑齊民。以懲戒人之惡習。

終欲其以身率人以容養人之善心其急其緩竝行而不相悖也○王氏樵曰此示慎罰之標準文王克明德語其實曰敬止克慎罰語其要曰敬忌後之欲明德慎罰者師文王而已明德以作新民終之慎罰以敬忌終之明德自內而驗之外慎罰自外而本之心也○有時而用殷罰有時而用文王之罰則疑若無常殊不知法由前古而至我周講畫至精至備皆天討不易之定理國之典常也

王曰封爽惟民迪吉康我時其惟殷先哲王德用康乂民作求矧今民罔迪不適不迪則罔政在厥邦

集傳 此下欲其以德用罰也求等也詩曰世德作求言

明思夫民當開導之以吉康。我亦時其惟殷先哲王之德用以安治其民。爲等匹於商先王也。迪。即迪吉康之迪。況今民無導之而不從者。苟不有以導之。則爲無政於國矣。迪言德而政言刑也。前既嚴之民。又嚴之臣。又嚴之康叔。此則武王之自嚴畏也。

集說　真氏德秀曰。欲導民於吉康。其何以哉。惟於殷先哲王之德。用以康乂民者。作而求之而已。蓋殷先哲王之所爲。無非導民吉康之道也。導之以仁義。而民趨於仁義。導之以孝弟。而民趨於孝弟。此則所謂吉康也。政者。所以正民。不能導民。俾知所適。尚何政之有。古之所謂政者。合教化而言。後世所謂政者。離教化而言。

○王氏肯堂曰明思夫民染惡深而被化淺未可遽齊以刑尤當導之以德而躋之遷善遠罪吉康之地也夫順理則裕從欲惟危則道之以德非吉康而何道謂先之也

王曰封予惟不可不監告汝德之說于罰之行今惟民不靜未戾厥心迪屢未同爽惟天其罰殛我我其不怨惟厥罪無在大亦無在多矧曰其尚顯聞于天

集傳　戾止也又言民不安靜未能止其心之狠疾迪之者雖屢而未能使之上同乎治明思天其殛罰我我何

敢怨乎。惟民之罪不在大。亦不在多。苟爲有罪。卽在朕躬。況曰今庶羣腥穢之德。其尚顯聞于天乎。

集說 蘇氏軾曰。今殷民不靜。其心無所止戾。道之而屢不從者。罪在我也。天其罰殛我明矣。我其敢怨。無曰我無罪。罪豈在大與多乎。言行之失。毫釐爲千里。況其顯聞于天者乎。○金氏履祥曰。前責之民。因責之臣。責之臣。因責之康叔。此二章武王又反之身而自責焉。篇中一節上一節。○陳氏櫟曰。爽惟蓋當時語。此王責已以勵康叔也。○張氏爾嘉曰。民皆吉康。正德之說足矣。而慮有不從者。則不免于罰之行。故告以德在先而罰在後。以已所監於殷先哲王者併示之也。

王曰。嗚呼。封。敬哉。無作怨。勿用非謀非彝。蔽時忱。丕則敏德。用康乃心。顧乃德。遠乃猷。裕乃以民寧。不汝瑕殄。

【集傳】此欲其不用罰而用德也。歎息言。汝敬哉。毋作可怨之事。勿用非善之謀。非常之法。惟斷以是誠。大法古人之敏德。用以安汝之心。省汝之德。遠汝之謀。寬裕不迫。以待民之自安。若是。則不汝瑕疵而棄絕矣。

【集說】薛氏肇明曰。忱者。至誠之道也。敏者。至健之德也。惟至誠。故能有守。惟至健。故能有爲。○眞氏德秀曰。裕乃以民寧。不必言行寬政。但自無作怨以下數句。行之優裕。即所以致民之寧。而民不瑕絕之也。蓋爲善未至於優裕。皆勉强也。與前德裕乃身之裕同。至此則不言用罰。而純言用德矣。○陳氏大猷曰。爲治有不易之定論。通行之常道。明德愼罰是也。舍是則爲非謀非彝。王恐叔惑於邪說異術。謂民難以德化。易以刑服。故戒以勿用。而惟斷以至誠也。丕則敏德。大法古人之敏德。如上章法文王之明德。作求殷先哲王德。是也。慮其悠悠而欲其汲汲。故以敏德言。又恐其欲速也。故又欲其安汝心。安則恐其警省不至也。故又欲其囬顧汝德。顧則又恐其察慮之太迫也。故又欲其弘遠汝謀。庶能優游寬裕而與民相安矣。○金氏履祥曰。敏德者。謂其進德之速。康乃心。顧乃德。存養省察。所以固是德也。人心本有是德。一有覺焉。其進固敏。然存養省察之功不繼。則將復失之。不足以爲有德矣。

王曰。嗚呼。肆汝小子封。惟命不于常。汝念哉。無我殄享明乃服命。高乃聽。用康乂民。

集傳　肆未詳。惟命不于常。善則得之。不善則失之。汝其念哉。毋我殄絕所享之國也。明汝侯國服命。高其聽。不可卑忽我言。用安治爾民也。

集說　蘇氏軾曰。高乃聽。聽於古也。告以文考先哲王之道。所聽豈不高乎。○董氏琮曰。肆。語辭。如肆徂厥敬勞。肆往姦宄。皆語辭也。○王氏樵曰。始言由文考之德。得天得民。肆汝小子封。得以在茲東土。有天命殷民之寄。中再以助王宅天命。作新民期之。故此復以天命殷民結之。

王若曰。往哉封。勿替敬典。聽朕告汝。乃以殷民世享。

【集傳】勿廢其所敬之常法。聽我所命而服行之。乃能以殷民而世享其國也。世享。對上文殄享而言。

【集說】李氏杞曰。康誥一篇。始終以敬哉敬典爲言。是知致敬之道。乃修身治民之本。康叔所以化商民之綱要。莫大於此。○陳氏櫟曰。商民不孝不友。化之之本。在於勿替所當敬之典。卽前所謂罔不克敬典者。篇將終。復申言之。大學引惟命不于常。而斷之曰道善則得之。不善則失之矣。弗念弗聽。則殄享。不善而失之也。敬典聽告。則世享。善則得之也。武王封康叔。拳拳反覆於文王明德慎罰之家法。無慮數百言。末復以天命之無常享國之難必者警戒之。康叔實能敬聽而力行其言。衛之享國。卒與周家相爲長久。吁。豈偶然哉。

呂氏枏曰。明德慎罰二事。固一篇之綱領。然而明

總論

德尤爲之本。故不敢侮鰥寡以下。言文王明德慎罰。康叔得國之由也。汝念哉至作新民。欲康叔明德也。然念哉以下。欲其師諸人恫瘝以下。欲其盡諸已。乃服以下。言所以當明德之故也。敬明乃罰至則予一人以懌。欲康叔謹罰也。然敬明及有敘二節。言罰有辟宥之異也。故自非汝封至朕德惟乃知。多言罰之宥也。然或欲忘已。或欲師殷。或欲服念。用義刑殺以爲遜事。則固非縱也。是即不可殺若保赤子之意矣。其又曰未有汝封之心者。言其有是心。而後能爲是宥也。自凡民得罪至則予一人以懌者。多言罰之辟也。然或言寇殺或言亂倫。或言違教瘝君。則固非刻也。是即不可不殺若有疾之意矣。其又曰惟君惟長罔不克敬典者。言端是本而後能用是辟也。爽惟民以下。言民有罪。實由於德之未明也。故予惟不可不監以下。則言先其德之説于汝者。欲其行之罰也。若是。則明德慎罰。豈二事哉。故無作

怨以下。專言盡明德之事以裕民。則罰可廢矣。肆予小子封以下。則欲其聽言。蓋又以天命殷民。警之。則所以明德而謹罰者。自不能已。是康誥之旨也。

酒誥

【集傳】商受酗酒。天下化之。妹土。商之都邑。其染惡尤甚。武王以其地封康叔。故作書誥教之云。今文古文皆有。○案吳氏曰。酒誥一書。本是兩書。以其皆爲酒而誥。故誤合而爲一。自王若曰明大命于妹邦以下。武王告受故都之書也。自王曰封我西土楳徂邦君以下武王告康叔之書也書之體爲一人而作則首稱其人爲衆人而作則首稱其衆爲一方而作則首稱一方爲天下而作則首稱天下君奭書首稱君奭君陳書首稱君陳爲一人而作也甘誓首稱六事之人湯誓首稱格汝衆此爲衆人而作也湯誥首稱萬方有衆大誥首稱大誥多邦此爲天下而作也多方書爲四國而作則首稱四國多士書爲多士而作則首稱多士今酒誥

爲妹邦而作。故首言明大命于妹邦。其自爲一書無疑。案吴氏分篇引證。固爲明甚。但既謂專誥毖妹邦。不應有乃穆考文王之語。意酒誥專爲妹邦而作。而妹邦在康叔封圻之内。則明大命之責。康叔實任之。故篇首專以妹邦爲稱。至中篇始名康叔以致誥。其曰尚克用文王教者。亦申言首章文王誥毖之意。其事則主於妹邦。其書則付之康叔。雖若二篇。而實爲一書。雖若二事。而實相首尾。反復參究。蓋自爲書之一體也。

【集說】朱子語類。問揚子雲言酒誥之篇俄空焉。曰。孔書以巫蠱事不曾傳。漢儒不曾見者多。如鄭康成晉杜預皆然。想揚子雲亦不曾見。○吳氏澄曰。康叔封於紂都。就封之時。武王有誥之之辭。載之於康誥之篇矣。又特誥之以此。俾往妹土。教戒其臣民。勿湎於酒。而别爲酒誥之篇。○陳氏櫟曰。此篇初以酗酒戒妹土之人。不專爲康叔言。但責之康叔。使明戒酒之命於國人。後方呼康叔名以丁寧之。至末云矧汝剛制于酒。則專戒康叔之身。欲其以身率國人也。

王若曰。明大命于妹邦。

【集傳】妹邦。卽詩所謂沬鄉。【地理今釋】妹邦。今河南衛輝府淇縣北有妹鄉。孔傳云。妹。

紂所都。朝歌以北。是也。篇首稱妹邦者。誥命專爲妹邦發也。

集說 林氏之奇曰。案鄘國風桑中詩曰。沬之鄉矣。沬之北矣。沬之東矣。此所謂妹。卽詩之沬也。妹爲紂都。故名妹邦。○薛氏季宣曰。妹古沬字。沬水在衞之北。沬邦。衞也。○金氏履祥曰。此以下。令康叔誥殷民之辭也。○陳氏櫟曰。大命。卽下文是。

乃穆考文王。肇國在西土。厥誥毖庶邦庶士越少正御事朝夕曰。祀茲酒。惟天降命。肇我民。惟元祀。

集傳 穆。敬也。詩曰。穆穆文王。是也。上篇言文王明德。則曰顯考。此篇言文王誥毖則曰穆考。言各有當也。或曰。文王世次爲穆。亦通。毖。戒謹也。少正。官之副貳也。文王朝夕勑戒之曰。惟祭祀則用此酒。天始令民作酒者。爲大祭祀而已。西土庶邦。遠去商邑。文王誥毖。亦諄諄以酒爲戒。則商邑可知矣。文王爲西伯。故得誥毖庶邦云。

【集說】孔氏安國曰。父昭子穆。文王第稱穆。○孔氏穎達曰。以穆連考。故以昭穆言之。周自后稷以至文王十五世。據世次。偶爲穆也。僖五年左傳曰。大伯虞仲。大王之昭。言大王爲穆。而子爲昭。又曰。虢仲虢叔。王季之穆。亦王季爲昭。而子爲穆。與文王同穆也。又管蔡郕霍等十六國。亦曰文王之昭。則以文王爲穆。其子與武王爲昭。又曰邦晉應韓武之穆。以繼武王爲昭也。衆國。卽衆多國君。衆士。朝臣也。旣總呼爲士。則卿大夫俱在內。少正御治事。以其卑賤。更別目之。○林氏之奇曰。王氏謂誥毖誥敎以敬事。故曰穆穆考。夫以穆爲敬。則與康誥之稱丕顯考同。而詩又有穆穆文王之語。其說亦通。然不若先儒以爲昭穆之穆。爲不費解也。○周自后稷始封於邰。公劉遷邠。大王遷岐。則其國於西土也舊矣。而以爲肇國在西土者。漢孔氏曰。西土岐周之政。其意謂文王治岐。後遷於豐。故以肇國爲岐周之政。而薛氏之言尤爲明白。曰文王自大王王季有西土之國。則其誥毖臣民如此也。○周官曰。建其正。立其貳。設其攷。陳其殷。置其輔。此言庶士。周官之所謂殷也。此言少正。周官之所謂貳也。○文王所以朝夕之間。諄諄告戒者。蓋以天之降命於我。始使爲酒者。惟以大祀故也。非大祀而用之。則非天之所以降命之本意矣。先王設爲酒正之官。掌酒之政令。以式法授酒材。以辨其五齊三酒之名。

於祭祀共之。以實八尊。凡以奉天之命而已。

天降威我民用大亂喪德亦罔非酒惟行越小大邦用喪亦罔非酒惟辜。

【集傳】酒之禍人也。而以爲天降威者。禍亂之成。是亦天爾。箕子言受酗酒亦曰天毒降災。正此意也。民之喪德君之喪邦。皆由於酒。喪德故言行。喪邦故言辜。

【集說】朱子曰。南軒酒誥一段。解天降命天降威處。誠千百年儒者所不及。今備載其說曰。酒之爲物。本以奉祭祀供賓客。此卽天之降命也。而人以酒之故至於失德喪身。卽天之降威也。釋氏本惡天之降威者。乃併與天之降命者去之吾儒則不然去其降威者而已降威者去而降命者自在如飲食而至於暴殄天物釋氏惡之必欲食蔬茹吾儒則不至於暴殄而已衣服而至於窮極奢侈釋氏惡之必欲衣壞色之衣吾儒則去其奢侈而已至於惡淫慝而絶夫婦吾儒則去其淫慝而已釋氏本惡人欲併與天理之公者去之吾儒去人欲所謂天理者昭然矣譬如水焉釋氏惡其泥沙之濁而窒之以土不知土既窒則無水可飲矣吾儒不然澄其泥沙而水之清者可酌此儒釋之分也○呂氏祖謙曰天降命所以使民置酒者以祭祀無酒無以薦馨香非以資人之酣飲也後人失其本意乃以酒得禍而亦曰天降者天理不在人心外民爲酒所困卽天降威也○史氏漸曰吾竊喜衛人何其服酒誥之訓世守於無窮也始也商俗淫湎武王以酒誥戒之逮幽王之世上下沈湎衛武公作賓之初筵以見衛人非特一時聞訓不敢自越於禁防又能以其所以爲禁防者傳爲子孫法

焉。○陳氏櫟曰：酒，一而已。用以祀者，此酒也；喪德喪邦者，亦此酒也。天理人欲同行異情。人之於酒，知其祭祀而本於降命之天，又能於燕飲而凜然知有降威之天，則天理行而人欲窒，方無酒禍矣。○沈氏漸曰：惟行惟辜，見非此酒，則無此行，無此罪也。

文王誥教小子有正有事：無彝酒。越庶國：飲惟祀，德將無醉。

【集傳】小子，少子之稱，以其血氣未定，尤易縱酒喪德，故文王專誥教之。有正，有官守者；有事，有職業者。無，毋同。彝，常也。毋常於酒，其飲惟於祭祀之時，然亦必以德將之無至於醉也。

【集說】林氏之奇曰：陳少南曰：有官則不敢飲，有事則不敢飲。如此則常乎酒者無有也。此說是也。夫無常酒者，非不飲也，蓋不可非所當飲而飲之，故於庶國惟因祀賜胙而飲之，則其所飲者不以爲常矣。雖其所當飲而惟以德將之，則豈至於醉而亂哉。○陳氏櫟曰：以德將之，不至於醉，天理足以制人欲也。及亂而燕喪威儀，無德以將之故耳。○孫氏繼有曰：雖當飲酒之時，亦不可無飲酒之節。德將，乃獻酬升降雍容有禮之謂。

惟曰我民迪小子，惟土物愛，厥心臧。聰聽祖考之彝訓，越小大德，小子惟一。

【集傳】文王言我民亦常訓導其子孫，惟土物之愛，勤稼

穡服田畝無外慕則心之所守者正而善日生爲子孫者亦當聰聽其祖父之常訓不可以謹酒爲小德小德大德小子惟一視之可也

【集說】呂氏祖謙曰大抵縱酒者多不事稼穡勤稼心臧者必不暇縱酒聽貴聰不聰則誨諄諄聽藐藐矣當時飲酒者必以爲小德無害於事殊不知正病之根源也以爲小而不戒必至縱而不已故不可分彼爲大德此爲小德當以一體觀之也○真氏德秀曰民業文王之化亦各訓迪子弟惟土地所生之物是愛故其心臧蓋一溺於酒則必旁求珍異以自奉其欲廣則其心蠹矣是時爲子弟者亦各聰聽祖考之常訓訓之常則入于耳者熟聽之聰則志于心也恪故於小大之德視之惟一○金氏履祥曰國之子弟文王得以誥教之至

於凡民子弟。則又使其民各導迪之。○來氏宗道曰。民勞則思。思則善心生。故云厥心臧。心臧有孝養父母能盡綱常倫理意。

妹土嗣爾股肱純。其藝黍稷。奔走事厥考厥長。肇牽車牛遠服賈。用孝養厥父母。厥父母慶。自洗腆致用酒。

集傳　此武王教妹土之民也。嗣。續。純。大。肇。敏。服。事也。言妹土民當嗣續汝四肢之力。無有怠惰。大修農功。服勞田畝。奔走以事其父兄。或敏於貿易。牽車牛遠事賈。以孝養其父母。父母喜慶。然後可自洗腆。致用酒。洗以致其潔。腆以致其厚也。薛氏曰。或大修農功。或遠服商賈。以養父母。父母慶。則汝可以用酒也。

集說 林氏之奇曰。天之命民以爲酒者。蓋使其奉祭祀而致其孝而已。今致用酒以養父母。是亦孝也。觀七月之詩。旣言其終歲勤動而有于耜舉趾之勤。則爲之言其閒暇逸樂。以盡其孝敬者。曰爲此春酒以介眉壽。蓋古人所以敦厚風俗。而作其和順之心者。正在於此。則以是而飲酒。豈爲過哉。○呂氏祖謙曰。聖人之教。至於斷絶人情則不行。所以閉其飲酒之門者多矣。故開其一而使之有節。但不可踰此節耳。○眞氏德秀曰。此土之民。久染沉酣之俗。繼自今。宜純用股肱之力。以從事於農商。以養其父母。兼農商言之。於理爲長。○胡氏士行曰。開飲酒之門。不過三事。祭祀用酒。父母慶用酒。養老用酒。三者皆適情之中。有養性之術。

庶士有正越庶伯君子。其爾典聽朕教爾大克羞耇惟君。爾乃飲食醉飽。丕惟曰。爾克永觀省。作稽中德。爾尚克羞饋祀。爾乃自介用逸。茲乃允惟王正事之臣。茲亦惟天若元德。永不忘在王家。

集傳　此武王教妹土之臣也。伯長也。曰君子者賢之也。典常也。羞養也。言其大能養老也。惟君未詳。丕惟曰者。

大言也。介助也。用逸者用以宴樂也。言爾能常常反觀內省。使念慮之發營爲之際。悉稽乎中正之德。而無過不及之差。則德全於身。而可以交於神明矣。如是則庶幾能進饋祀。爾亦可自副朱氏養醇曰。享神爲正。而我後飲是副之也。而用宴樂也。如此則信爲王治事之臣。如此亦惟天順元德。李氏杞曰。元德。卽中德。而永不忘在王家矣。王氏充耘曰。永不忘在王家。所謂有成績以紀於太常之類。案上文父母慶。則可飲酒。克羞耇者。則可飲酒。羞饋祀。則可飲酒。本欲禁絕其飲。今乃反開其端者。不禁之禁也。聖人之教。不迫而民從者。此也。孝養羞耇饋祀。皆因其良心之發而利導之。人果能盡此三者。且爲成德之士矣。而何憂其湎酒也哉。

【集說】蘇氏軾曰。酒。人情之所不能免。禁而絕之。雖聖人不能。故戒其沉湎之禍。而開其德飲之樂。聖人之禁人蓋如此。○眞氏德秀曰。此乃武王誥教庶正庶伯之詞。欲其能長自觀省。每有動作。必稽乎中德。無過與不及也。中德卽中道也。卽身而言。則曰中德。卽事而言。則曰中道。○陳氏櫟曰。德之一字。爲酒誥一篇之綱領。上文之德將無醉。下文之經德德顯德馨。與此之稽中德。若元德。實互相照應云。○王氏樵曰。常常反觀內省。是下工夫處。念慮云爲。悉稽乎中正而無過不及。此非僻不萌。德性常用處。事神之道。難於事人。故先推原其本如此○非以人臣之職盡於羞耇饋祀二事正以飲惟祀飲惟羞耇言其無彝酒爾謹酒如是則信爲王治事之臣以職業不曠而言也天亦順其元德以身心不放而言也謹酒而身心不放志氣清明德之所居福之所向故以元德贊之以天若許之

王曰封我西土棐徂邦君御事小子尚克用文王教不腆于酒故我至于今克受殷之命

【集傳】徂往也輔佐文王往日之邦君御事小子也言文王毖酒之教其大如此

【集說】孔氏穎達曰此乃總言不可不用文王慎酒之教棐輔也徂往也以事已過故言往日御事謂國君

之下衆臣也不厚於酒即無彝酒也○林氏之奇曰先王之所以享天休命爲社稷無疆之慶者豈惟修之於身動容周旋莫不中禮而無有沉湎淫佚之過哉蓋其訓誥之所啓迪教化之所漸被若內若外若小若大無不翕然而從之此治道之所以大成而天命之所以永享也○吳氏棫曰凡稱我皆武王自謂也余謂三篇皆武王書觀此一節可以無疑矣或者終謂周公代成王之言何爲三篇無一言及武王周公達孝不應遽忘之若是也若果周公之言則尚克用文王教不腆于酒之下但繼以故我至于今克受殷之命乃周公受之而武王不與也無是理矣○王氏充耘曰沉湎者喪亂之原則不耽于酒者固興邦之所由也

王曰封我聞惟曰在昔殷先哲王迪畏天顯小民經德秉哲自成湯咸至于帝乙成王畏相惟

御事厥棐有恭。不敢自暇自逸。矧曰其敢崇飲。

集傳 以商君臣之不暇逸者。告康叔也。殷先哲王。湯也。迪畏者。畏之而見於行也。畏天之明命。畏小民之難保。經其德而不變。所以處己也。秉其哲而不惑。所以用人也。湯之垂統如此。故自湯至于帝乙。賢聖之君六七作。雖世代不同。而皆能成就君德。敬畏輔相。故當時御事之臣。亦皆盡忠輔翼。而有責難之恭。自暇自逸。猶且不敢。況曰其敢尚飲乎。

【集說】孔氏穎達曰以周受於殷今又衞居殷地故舉殷代以酒興亡得失而爲戒○林氏之奇曰君之畏相不在於體貌則臣之以恭而輔君亦豈在於擎拳曲跽而後爲恭哉孟子曰責難於君謂之恭厥棐有恭則知責難矣惟御事之臣思夫責難以致其恭則將朝夕自飭而不恤其私而況於崇飲乎御事謂凡治事之臣非指定其人而稱之也○應氏鏞曰古之王者克自抑畏固無俟乎勉強然必擇其道隆德盛者以爲輔相而尊敬嚴憚之所以維持其敬心而不懈也○陳氏經曰迪畏行其所畏也上畏天道之顯明下畏小民之難保畏天畏民無隱顯輕重之間德者得此理經德常其德而不失也哲者明此理秉哲持其明而不昏也經德秉哲乃畏天畏民之實○眞氏德秀曰此章乃一篇之根本凡人敬則不縱欲縱欲則不敬商之君臣既一於敬舉天下之物欲不足以動之況荒敗於酒乎此正天理人欲相爲消長之機宜深味之○陳氏櫟曰言商先王

之前後君臣內外。一皆以敬畏修德爲心。故不暇湎酒而與。欲康叔法其所以興也。○迪畏天民。則常若上帝之臨汝。常見小人之難保。敢縱酒乎。一縱酒。則天顯雖可畏。酣飲則不暇顧。小民雖可畏。酣飲則不暇恤矣。○王氏樵曰。成王畏相。則爲君者。同一敬畏之心。惟御事棐有恭。則爲臣者。同一敬畏之心。君以論相爲職。相以正君爲職。求其正已。而非求其適已。取其可畏。而非取其可愛。則能畏相矣。正君者。以獻可替否爲事。而不以趨和承意爲能。以經世宰物爲心。而不以榮身固寵爲術。則厥棐有恭矣。

越在外服。侯甸男衞邦伯。越在內服。百僚庶尹。惟亞惟服宗工。越百姓里居。罔敢湎于酒。不惟不敢。亦不暇。惟助成王德顯。越尹人祗辟。

【集傳】自御事而下。在外服則有侯甸男衛諸侯。與其長伯。在内服則有百僚庶尹。林氏之奇曰。庶尹。庶官之長。惟亞孔氏安國曰。亞次大夫。○孔氏穎達曰。舉大夫尊者爲言。其實士亦爲亞次之官。惟服陳氏大猷曰。惟服。服奔走服事之人。下士府史之屬。宗工。林氏之奇曰。宗工。尊官。國中百姓。與夫里居者。孔氏安國曰。百官族姓。及卿大夫致仕里居者。亦皆不敢沈湎于酒。不惟不敢。亦不暇。不敢者。有所畏。不暇者。有所勉。惟欲上以助成君德。而使之昭著。下以助尹人祗辟。而使之益。不怠耳。成王。顧上文成王而言。祗辟。顧上文有恭而言。呂氏曰。尹人者。百官諸侯之長也。指上文御事而言。

集說　陳氏經曰：商先哲王以迪畏爲心。己之所行。無非此畏。子孫之所遵。無非此畏。羣臣之所效法。無非此畏。前乎此。堯舜之兢業。此畏也。後乎此。文王之不侮鰥寡。武王之夙夜祇懼。此畏也。商先王恭行敬畏。不惟其子孫爲能然。王朝之御事皆然。不惟御事皆然。外服之諸侯。內服之百官。里居之百姓。亦然。以見君臣上下內外。無一不在敬畏中。豈惟不敢飲。亦且不暇飲。所以不暇者。果何事哉。上以助成君德之顯明。下以盡正人之道。而自敬其法而已矣。○陳氏大猷曰：朝廷君臣風化如此。宜乎內外皆不敢湎于酒。不敢畏而不敢縱耳。不暇則有職者勤於職。無職者勤於德。自不暇飲也。○王氏樵曰：言當時內外之臣。同心以承君相之意。而欲成其美如此也。

我聞亦惟曰。在今後嗣王酣身。厥命罔顯于民。祇保越怨不易。誕惟厥縱淫泆于非彝。用燕喪威儀。民罔不盡傷心。惟荒腆于酒。不惟自息乃逸。厥心疾狠。不克畏死。辜在商邑。越殷國滅無罹。弗惟德馨香祀。登聞于天。誕惟民怨。庶羣自酒。腥聞在上。故天降喪于殷。罔愛于殷。惟逸。天非虐。惟民自速辜。

集傳　以商受荒腆于酒者。告康叔也。後嗣王。受也。受沉酣其身。昏迷於政。命令不著於民。其所祇保者。惟在於作怨之事。不肯悛改。大惟縱淫泆于非彝。泰誓所謂奇技淫巧也。燕。安也。用安逸而喪其威儀。史記受爲酒池肉林。使男女裸而相逐。其威儀之喪如此。此民所以無不痛傷其心。悼國之將亡也。而受方且荒怠。益厚于酒。不思自息其逸。力行無度。其心疾狠。雖殺身而不畏也。辜在商邑。雖滅國而不憂也。弗事上帝。無馨香之德以格天。大惟民怨。惟羣酗腥穢之德以聞于上。故上天降喪于殷。無有眷愛之意者。亦惟受縱逸故也。天豈虐殷。惟殷人酗酒。自速其辜爾。曰民者。猶曰先民。君臣之通稱也。

集說陳氏櫟曰。此章與前多相反相應。前曰祀茲酒。此曰弗惟德馨香祀。庶羣自酒。腥聞在上。設酒初意本以祭祀。今不以祭祀。而惟用於羣飲。無馨香之聞。而惟腥穢之聞。不亡何待。前曰天降喪。小大邦用喪。罔非酒惟辜。此曰天降喪于殷。惟民自速辜。前乃泛言其理。此專指殷亡之事。以實其說也。○王氏樵曰。逸字有二。有安逸之逸。有縱逸之逸。此不自息者。乃縱欲之逸也。○王氏綱振曰。此節凡三言酒。先曰酣身。繼曰荒腆。末曰腥聞。有一節甚一節意。所以始于喪德。終于喪邦。而天之降威。卒不能逃也。

王曰。封。予不惟若兹多誥。古人有言曰。人無於水監。當於民監。今惟殷墜厥命。我其可不大監撫于時。

集傳 我不惟如此多言。所以言湯言受如此其詳者。古人謂人無於水監。水能見人之妍醜而已。當於民監。則其得失可知。今殷民自速辜。既墜厥命矣。我其可不以殷民之失。爲大監戒。以撫安斯時乎。

集說 林氏之奇曰。荀子曰。水靜則明燭鬚眉。則水可以監形也。形之妍醜監於水。固可以見之。至於政之醇疵豈水之所能監哉必監於民而後見也以民爲監其有益於已者大矣○陳氏櫟曰此總結上文引殷先哲王後嗣王兩章而起下章欲康叔率羣臣以剛制酒之意

予惟曰汝劼毖殷獻臣侯甸男衛矧太史友內史友越獻臣百宗工矧惟爾事服休服采矧惟若疇圻父薄違農父若保宏父定辟矧汝剛制于酒

集傳 劼用力也汝當用力戒謹殷之賢臣與鄰國之侯甸男衛使之不湎于酒也毖殷獻臣侯甸男衛與文王

毖庶邦庶士同義。殷之賢臣諸侯。固欲知所謹矣。況太史掌六典八法八則。內史掌八柄之法。陳氏師凱曰。六典。治典教典禮典政典刑典事典也。八法。官屬官職官聯官常官成官法官刑官計也。八則。祭祀法則廢置祿位賦貢禮俗刑賞田役也。八柄。曰爵曰祿曰予曰置曰生曰奪曰廢曰誅也。汝之所友者。及其賢臣百僚大臣。可不謹於酒乎。太史內史獻臣百宗工。固欲知所謹矣。況爾之所事。服休坐而論道之臣。服采起而作事之臣。可不謹於酒乎。曰友曰事者。國君有所友。有所事也。然盛德有不可友者。故孟子曰。古之人曰事之云乎豈曰友之云乎服休服采固欲知所謹矣況爾之疇匹而位三卿者若圻父迫逐違命者乎若農父之順保萬民者乎若宏父之制其經界以定法者乎皆不可不謹于酒也圻父政官司馬也主封圻農父教官司徒也主農宏父事官司空也主廓地居民謂之父者尊之也先言圻父者制殷人湎酒以政爲急也圻父農父宏父固欲知所謹矣況汝之身所以爲一國之視傚者可不謹於酒乎故曰矧汝剛制于酒剛制亦劼毖之意剛

果用力以制之也。此章自遠而近。自卑而尊。等而上之。則欲其自康叔之身始。以是爲治。孰能禦之。而況毖於酒德也哉。

【集說】王氏安石曰。殷獻臣。謂賢臣嘗仕商。而今里居者。侯甸男衞。謂四方諸侯接於衞者。服休者。以德爲事。謂在位者也。服采者。以事爲事。謂在職者也。戒康叔劼毖於酒。先當劼毖所賓所友所事之人。亦畏相之類也。○林氏之奇曰。康叔爲諸侯之長。故其所劼毖者。及於侯甸男衞也。獻臣百宗工。謂賢臣之爲百宗工者。上既言殷獻臣。則此獻臣。其未嘗仕於商者。乃周臣也。先儒曰。圻父司馬。農父司徒。宏父司空。此三者。雖無所經見。然惟圻父見於詩。其詩曰圻父。予王之爪牙。圻父帥爪牙之士。則其爲司馬可知也。圻父司馬。則農父之爲司徒宏父之爲司空亦可以意見之蓋古者天子六卿諸侯三卿武王牧野之戰其誓者司徒司馬司空而已梓材之篇亦舉此三卿惟康叔之有三卿故雖無所經見當從先儒之説○朱子曰矧惟若疇至定辟古注從父字絶句荆公從違保辟絶句復出諸儒之表○陳氏傅良曰諸侯有太史無内史内史惟天子有之内史是商故臣康叔所當親之爲友者也○陳氏櫟曰剛制固劼毖之意而用力加重焉此章有四矧字一節重於一節所職愈重則所戒愈嚴劼毖以上所戒勅言剛制以已所撿制言在羣臣則當謹上之戒在康叔則當防已之欲嚴於身以率其下也○王氏樵曰劼毖者力戒謹之使不湎于酒也殷獻臣殷之故家遺族人望所在故以是爲始也此文在侯甸男衛之上則凡殷之賢臣居於殷墟者皆是侯甸男衛則康叔所統之諸侯也得劼毖之與文王誥庶邦同義既曰獻臣何待于劼毖蓋殷俗染溺已深恐賢者亦有所未免故教衆人自賢者始

自太史友以下則皆衞臣也教衞臣則自貴者始太史內史皆曰友者太史內史之官君之所賓友也再舉獻臣則賢臣之在衞國者百僚大臣泛言之至于特舉其官則以其尤重耳下文有事有疇則宗工中之尤重者也爾事蓋卽後世所謂賓師三卿則居位執政者也侯國之三卿名位通於天子列於六職故謂之若疇非謂三卿之禮秩與康叔等也

厥或誥曰羣飲汝勿佚盡執拘以歸于周予其殺

【集傳】羣飲者商民羣聚而飲爲姦惡者也佚失也其者未定辭也蘇氏曰予其殺者未必殺也猶今法曰當斬

者。皆具獄以待命。不必死也。然必立法者。欲人畏而不敢犯也。羣飲。蓋亦當時之法。有羣聚飲酒。謀爲大姦者。其詳不可得而聞矣。如今之法。有曰夜聚曉散者。皆死罪。蓋聚而爲妖逆者也。使後世不知其詳。而徒聞其名。凡民夜相過者。輒殺之可乎。

集說　薛氏肇明曰。衞承紂之舊俗。其民沉酗於酒。武王既封康叔。故陳飲酒之戒。爲法以告衞邦。刑以重刑。亦隨時之義也。○金氏履祥曰。此防殷民之亂也。古者羣飲。惟蜡。惟鄉飲射。則聚衆而飲。皆有司治之。無故而忽羣飲。非姦宄。即叛亂可知。○方氏孝孺曰。聖人之治天下。立法也嚴。而行法也恕。嚴者。所以使民知法之可畏而不犯。怨者。所以使民知刑罰行於不得已而不怨。斯二者。其爲事不同。其至仁之心一也。吾讀酒誥之書。疑武王欲殺羣飲爲過。旣而思之。武王豈好殺之主哉。其爲是言也。蓋愛其民之深而人不知也。示之以姑息。陷民于死地。而後刑之。孰若先之以不可犯之禁。使民不陷於罪之爲美乎。武王以爲使殷民酗醟而至於爲亂。不誅之。則害法。誅之。則害仁。不若威之以至嚴。使聞吾言者疑吾過。察吾意者感吾仁。聖人之用心。不苟以悅民。而民陰受其惠。此仁之至也。○王氏肯堂曰。予其殺者。嚴爲之刑而未必殺也。故曰無佚。曰殺。見除惡之義。曰歸周。曰其。見議獄之仁。

又惟殷之迪諸臣惟工。乃湎于酒。勿庸殺之。姑惟教之。

【集傳】殷受導迪爲惡之諸臣百工。雖湎于酒。未能遽革。而非羣聚爲姦惡者。無庸殺之。且惟教之。

【集說】董氏鼎曰。殷諸臣湎酒者。勿殺而姑教之。以其染惡深而被化淺也。○王氏樵曰。湎酒而不曰羣飲此其罪之所以殊耳。如時說。則同一飲酒。而臣民異法。亦有難通者。○申氏時行曰。教之者。卽羞耆羞饋祀之言也。

有斯明享。乃不用我教辭。惟我一人弗恤。弗蠲乃事。時同于殺。

【集傳】有者。不忘之也。斯。此也。指教辭而言。享上享下之

享言殷諸臣百工不忘教辭不湎于酒我則明享之其不用我教辭惟我一人不恤於汝弗潔汝事時則同汝于羣飲誅殺之罪矣

集說 劉氏應秋曰此承上姑惟教之而示以賞罰之典也

王曰封汝典聽朕毖勿辯乃司民湎于酒

集傳 辯治也乃司有司也即上文諸臣百工之類言康叔不治其諸臣百工之湎酒則民之湎酒者不可禁矣

集說 胡氏士行曰此正身正官以清不飲之原也故以終篇○陳氏櫟曰酒誥一篇始終以毖慎言篇終

又提其要以致諄切之訓云。案勿辯乃司民湎于酒說者不同。句讀亦異。孔氏作一句讀。曰辯使也。勿使汝所司之民沉湎于酒。唐孔氏謂勿使汝所司民之吏沉湎于酒。吏當正身以率民也。王氏曰。汝司民有湎于酒。則以正治之。勿爲之辯以爲無罪。蘇氏曰。當專一司以察沉湎。若以泛責羣吏。而不辯其司。禁必不行矣。呂氏讀勿辯爲句。謂復有循舊習者。汝不可辯說諉之舊習。實乃所司牧之民湎于酒。是誰之過歟。蔡氏讀勿辯乃司爲句。其說最優於諸家。○焦氏竑曰。上言臣之惡輕于民。故待臣必寬于民。此言民之治由于臣。故教臣當先于民。

總論 董氏鼎曰。古之爲酒。本以供祭祀。灌地降神。取其馨香下達。求諸陰之義也。後以其能養陽也。故用之以奉親養老。又以其能合歡也。故用之冠婚賓客。然曰賓主百拜而酒三行。又曰終日飮酒而不得醉焉。未嘗過也。自禹飲儀狄之酒而疏之，後世何莫由斯。然則文王之教，不惟當明於妹邦也。○王氏樵曰：武王作誥，最初禁酒，恐民喪德敗性，慮至遠，教至周也。後若漢文帝戒爲酒醪以糜穀，景帝以歲旱禁酤，猶有古遺意。然所謂不惟不敢，亦不暇者，已不復及矣。

欽定書經傳說彙纂卷第十三

欽定書經傳說彙纂卷第十四

梓材

【集傳】亦武王誥康叔之書。諭以治國之理。欲其通上下之情。寬刑辟之用。而篇中有梓材二字。比稽田作室爲雅。故以爲簡編之別。非有他義也。今文古文皆有。○案此篇文多不類。自今王惟曰以下。若人臣進戒之辭。以書例推之。曰今王惟曰者。猶洛誥之今王卽命曰也。肆王惟德用者。猶召誥之肆惟王其疾敬德。王其德之用也。巳若茲監者。猶無逸嗣王其監于茲也。惟王子子孫孫永保民者。猶召誥惟王受命無疆惟休也。反覆參考。與周公召公進戒之言。若出一口。意者此篇得於簡編斷爛之中。文既不全。而進戒爛簡。有用明德之語。編書者以與罔厲殺人等意合。又武王之誥。有曰王曰監云者。而進戒之書。亦有曰王曰監云者。遂以爲文意相屬。編次其後。而不知前之所謂王者。指先王而言。非若今王之爲自稱也。後之所謂監者。乃監視之監。而非啓監之監也。其非命康叔之書亦明矣。讀書者。優游涵泳。沈潛反覆。繹其文義。審其語脈。一篇之中。前則尊諭卑之辭。後則臣告君之語。蓋有不可得而強合者矣。

集說 朱子曰。吳才老辯梓材後半截。不是梓材。緣其中多是勉君。乃臣告君之辭。未嘗如前一半稱王曰又稱汝。爲上告下之辭。亦有此理。○又說梓材是洛誥中書。甚好。其他文字亦有錯亂。而移易得出人意表者。然無如才老此樣處恰恰好。○梓材後都稱王。恐别是一篇。不應王告臣下。不稱朕予而自稱王。斷簡殘編。無從考正只得於言語句讀中。有不曉者缺之。

王曰。封以厥庶民暨厥臣達大家。以厥臣達王。惟邦君。

【集傳】大家。巨室也。孟子曰。爲政不難。不得罪於巨室。孔氏曰。卿大夫及都家也。孔氏穎達曰。卿大夫在朝者。都家卿大夫所得邑。又公邑而大夫所治。亦是周禮有都家之官。以厥庶民暨厥臣達大家。則下之情無不通矣。以厥臣達王。則上之情無不通矣。王言臣而不言民者。率土之濱。莫非王臣也。邦君上有天子。下有大家。能通上下之情。而使之無閒者。惟邦君也。

【集說】孔氏穎達曰。以用也。用之者。既用其言以爲政。又用其人以爲輔。○林氏之奇曰。自古天下之患。常起於上下之情不通。上之情。莫不願通於下。下之情。莫不願通於上。然而常蔽塞不通者。無以達之也。故誥康叔如此。則自天子至於庶民。其好惡喜怒。莫不曉然而可知。上下交通而無閒。此則邦君之任也。○呂氏祖謙曰。自康叔言。則有臣民大家三等。自王言之。則率土皆王臣。但言厥臣。皆在其中矣。○陳氏大猷曰。大家。如晉六卿。魯三桓。齊諸田。楚昭屈景之類。定四年左傳載封康叔。分以殷民七族。自陶氏至終葵氏。即衛之大家也。大家之情。與臣民常親。蓋臣民素服屬於大家。而大家之強阻。亦臣民擁助之也。國君能施仁政。撫其臣民。由臣民以達其情於大家。則巨室之所慕。一國慕之。又由臣以達其情於天子。而邦君之責盡矣。○王氏應麟曰。

周封建諸侯。與大家巨室共守之。以爲社稷之鎭。九兩所謂宗以族得民。公劉之雅。所謂君之宗之。此封建之根本也。魯之封有六族焉。衞之封有七族焉。唐之封有九宗五正焉。皆所以繫人心。維國勢。○陳氏櫟曰。邦君處上下之閒。達王必自達大家始。得罪於巨室者。不公正而無以服其心也。此難以強力服。而可以公心化。以邦君一人公正之心。能通乎一國臣民千萬人之心。由之以達乎大家之心。則以其下達者而上達。其流通而無留滯也必矣。○王氏樵曰。云以某達某者。謂先得乎此之心。而後可以通乎彼也。魯君失民。故不能制三家。故達乎大家有道。臣民愛戴。政自行於大家矣。不能其大夫國人。何以事上。故達乎天子有道。一國順治。情自孚於天子矣。

汝若恆越曰。我有師師。司徒。司馬。司空。尹旅。曰。

予罔厲殺人。亦厥君先敬勞。肆徂厥敬勞。肆往姦宄殺人歷人宥。肆亦見厥君事戕敗人宥。

【集傳】恆常也。師師。以官師爲師也。尹正官之長。旅衆大夫也。敬勞恭敬勞來也。徂往也。歷人者。罪人所過。律所謂知情藏匿資給也。陳氏師凱曰。三者皆因罪人所歷過。或知情。或藏匿。或資給之。戕敗者。毀傷四肢面目。漢律所謂疻也。漢書薛宣傳注。以杖手毆擊之。剝其皮膚。腫起青黑。而無瘡瘢者。律謂疻痏。○陳氏師凱曰。疻。說文云。毆傷也。此章文多未詳。

【集說】林氏之奇曰。以論語之所謂厲己。孟子之所謂厲民觀之。則厲殺人者。不以其罪而殺之也。故謂之厲。敬勞者。唐孔氏曰。卽論語所謂先之勞之是也。惟爲君必先有以敬勞之。而後其臣罔厲殺人。故汝今往之國。不可不盡其敬勞之道。○時氏瀾曰。虛心屈已。不敢自用。常言我有師師。則非一人矣。官屬官長。無不師之。始盡爲邦之道。○陳氏櫟曰。此節自當缺之。今姑采合諸說解之曰。汝若常發越謂羣臣言。我有交相師師之三卿。與正長之尹。衆大夫之旅。我意言我欲無虐殺人耳。亦以其君先恭敬勞來其民。爲臣者。遂往效君以敬勞。遂與往日爲姦宄殺人者。罪人所輕歷者。今皆寬宥。與之爲新。羣臣遂亦見其君之事。凡戕敗人者。亦寬宥之矣。君宥其大者。臣亦宥其小者。大意欲康叔率其臣以戒虐殺。施寬宥也。

王啓監厥亂爲民。曰無胥戕。無胥虐。至于敬寡。至于屬婦。合由以容。王其效邦君越御事厥命

曷以引養引恬自古王若茲監罔攸辟

集傳 監三監之監康叔所封亦受畿内之民當時亦謂之監故武王以先王啓監意而告之也言王者所以開置監國者其治本爲民而已其命監之辭蓋曰無相與戕殺其民無相與虐害其民人之寡弱者則哀敬之使不失其所婦之窮獨者則聯屬之使有所歸保合其民率由是而容蓄之也且王所以責效邦君御事者其命何以哉亦惟欲其引掖斯民於生養安全之地而已自

古王者之命監若此。汝今爲監。其無所用乎刑辟。以戕虐人可也。

集說　林氏之奇曰。周官太宰曰。乃施典于邦國。而建其牧。立其監。注曰。監謂公侯伯子男各監一國。書曰。王啓監厥亂爲民。然則監者。蓋指諸侯而言。啓監云者。猶曰立其監也。明王奉若天道。建邦設都。立后王君公。承以大夫師長。不惟逸豫。惟以亂民。則啓監者。非爲民而何。○陳氏經曰。引有徐徐之意。治亂民猶亂繩。急目前之效而欲速者。皆非所以安養之也。○陳氏大猷曰。周禮建牧立監以維邦國。自黃帝已立左右監以監視萬國。乃諸侯之長也。康叔孟侯。故稱之爲監。○王氏樵曰。至于謂加恩到此也。寡者。人之所忽。而至于敬寡婦者。惠所難遍。而至于屬婦。則窮獨可知。屬者。無依者使之有依也。○民不能自生自養自致于安。爲之引者。邦君御事之責也。引字中有事在。言此者。見侯職有所重。王室之責成有所在。而不可徒事乎刑也。

惟曰若稽田。既勤敷菑。惟其陳修。爲厥疆畎。若作室家。既勤垣墉。惟其塗塈茨。若作梓材。既勤樸斲。惟其塗丹雘。

【集傳】稽。治也。敷菑。廣去草棘也。陳氏師凱曰。敷。廣也。爾雅云。田一歲曰菑。郭璞云。江東呼初耕地反草爲菑。疆。畔也。畎。通水渠也。周禮匠人爲溝洫。廣尺深尺曰畎。塗塈。泥飾也。林氏之奇曰。塈。說文曰。仰塗也。顏師古注漢書。亦曰。卽今之仰泥也。茨。蓋也。林氏之奇曰。穀梁傳曰。焚雍門之茨。范甯注曰。茨。蓋也。茅茨者。亦謂之茅蓋屋也。梓。良材。可爲器者。林氏之奇曰。器用以梓木爲良。故古者木工謂之梓人。臒。采色之名。孔氏穎達曰。塗丹。皆飾物之名。謂塗丹以朱臒。臒是采色之名。有青有朱。知是朱者。與丹連文故也。敷菑以喩除惡。垣墉馬氏融曰。卑曰垣。高曰墉。以喩立國。樸斲陳氏大猷曰。具粗曰樸。致巧曰斲。以喩制度。武王之所已爲也。疆畎。塈茨。丹臒。則望康叔以成終云爾。

【集說】朱子曰。梓材一篇。有可疑者。如稽田垣墉之喩。卻與無胥戕無胥虐之類。不相似。以至於欲至于萬年。惟王子子孫孫永保民。卻又似洛誥之文。乃臣戒君之辭。非酒誥語也。○陳氏櫟曰。三者之譬。謂武王既盡勞以始之。叔當因舊成就潤飾以終之。不可變成規而隳前功也。○王氏肎堂曰。立防閑之具。而備禦之有方。

使巳去之惡無自而乘隙曰爲疆畎盡維持之心而綢繆之有法使巳勤之基永保其無虞曰塗塈茨妙粉飾之功而潤色之盡善使巳立之制煥乎其有文曰塗丹雘

今王惟曰先王既勤用明德懷爲夾庶邦享作兄弟方來亦既用明德后式典集庶邦丕享

集傳　先王文王武王也夾近也陸氏德明曰夾音協近也○孔氏穎達曰夾者是人左右而夾之故言近也懷遠爲近也兄弟言友愛也泰誓曰友邦冢君方來者方方而來也既盡也先王盡勤用明德而懷來于上諸侯亦盡用明德而視效於下也后後王

也式用也典舊典也集和輯也此章以後若臣下進戒之辭疑簡脫誤於此

【集說】林氏之奇曰惟先王之所以懷服庶邦使之小大相比以永享者其本在於用明德故今王繼體而立用此常道以集庶邦而庶邦亦將大享也蓋今王之集庶邦既用先王之常道則庶邦之來享安得不盡如先王之世哉○陳氏櫟曰朱子既以爲他書錯簡誤綴在此則不當復以爲武王命康叔只云臣告君可也○王氏充耘曰古者封建諸侯各私其土各子其民其勢易至分裂而自守以天子而統馭萬邦千里之王畿其力豈足制諸侯哉所恃者有德以柔服之而已故夙夜匪懈已之所以自治者益殷則殷聘世朝諸侯之所以事上者愈謹不然則諸侯不享而爲天子者徒建空名於諸侯之上耳故自古以來惟以四方朝貢爲盛事周

公敎成王。亦以爲敬識百辟享。亦識其有不享。爲此故也。〇王氏樵曰。易曰。地上有水。比。先王以建萬國。親諸侯。取象於比之意。欲其情義足以相維繫而不散也。所謂懷爲夾。作兄弟方來者也。先王用何道。曰明德而已。比之九五曰顯比。言顯明其比道。如接之以禮。待之以誠。上以德而顯比於下。下亦以德而親比於上。修其職貢。孰敢有貳者哉。諸侯之向背。卜王室之盛衰。王室之盛衰。視吾德之修否而已。后式典集。庶邦丕享。有周大臣。當其全盛之時。而豫以進戒。其見遠矣哉。

皇天既付中國民越厥疆土于先王。

集傳 越。及也。皇天既付中國民及其疆土于先王也。

集說 林氏之奇曰。皇天盡以中國民付之先王。而一民莫非其臣。盡以疆土付之先王。而尺地莫非其有。

○朱子曰尚書句讀有長者如皇天既付中國民越厥疆土于先王是一句○沈氏澣曰有人斯有土故帶疆土言之

肆王惟德用和懌先後迷民用懌先王受命

集傳 肆今也德用用明德也和懌和悅之也先後勞來之也迷民迷惑染惡之民也命天命也用慰悅先王之克受天命者也

集說 王氏安石曰民迷則悖欲使保乂之當先以和和然後惟王之聽惟王之聽然後可以先後之使不失道○陳氏大猷曰迷民未率故王惟德是用以和懌先後之和之使不乖懌之使不怨先引之於前後助之

於後。不惟以悅民心。亦所以悅先王受命之心。○王氏樵曰。謂之逃民。見其因無君師敎導。繆其所趨。非所當忿疾也。當用德和懌之。謂以禮義和融悅樂其心。使之慕於善而不能巳。或先之以啓其悟。或後之以掖其成。如是。而民有終於逃者乎。

附錄 陳氏櫟曰。訓肆爲今。不若云故也。遂也。朱子謂爲承上起下之辭。書中肆字在句首者。如肆類于上帝。肆嗣王丕承基緒。肆惟王其疾敬德。與上文肆往姦宄。肆亦見厥君事。皆故與遂之意耳。

巳若兹監。惟曰欲至于萬年。惟王子子孫孫永保民。

集傳 巳語辭。監視也。此人臣祈君永命之辭也。案梓材有自古王若茲。監罔攸辟之言。而編書者誤以監爲句讀。而爛簡適有巳若茲監之語。以爲語意相類。合爲一篇。而不知其句讀之本不同。文義之本不類也。孔氏依阿其説。於篇意無所發明。王氏謂成王自言必稱王者。以覲禮考之。天子以正遏諸侯。則稱王。亦強釋難通。獨吳氏以爲誤簡者爲得之。但謂王啓監以下。卽非武王之誥。則未必然也。

集説　陳氏櫟曰。子子孫孫永保民。則欲世王之久安天下也。意實公而非私於王家。人臣祈天永命。忠愛無窮之心歟○馬氏森曰。諸侯乃國之藩屏。民乃國之根本。用德。所以化服臣民。而凝固天命之道。實在茲也。

總論 蘇氏軾曰。此書專言王惟不殺。則子孫萬年享國。故以皇天所付爲言。詳考大誥康誥酒誥梓材四篇。反復丁寧。以殺爲戒。以不殺爲德。此易所謂聰明睿智神武而不殺者。故周有天下。八百餘年。天人之際。有不可盡知者。至於殺不殺之報。一一若符契可必也。而世主不以爲監。小人又或附會六經以勸之殺。悲夫。唐末五代之亂。殺人如飲食。周太祖叛漢。漢隱帝使開封尹劉銖屠其家百口。太祖旣克京師。夜召其故人知星者趙延義。問漢祚所以短促。延義荅曰。漢本未亡。以刑殺寃濫。故不及期而滅。時太祖方以兵圍劉銖及蘇逢吉第。期滅其族。聞延義言。矍然貸之。誅止其身。予讀至此。未嘗不流涕太息。故表其事於書傳。以救世云。

召誥

集傳　左傳曰。武王克商。遷九鼎于洛邑。史記載武王言。我南望三途。杜氏預曰。三塗在陸渾南。○陳氏師凱曰。史作塗。北望嶽鄙。杜氏預曰。嶽蓋河北太行山。鄙。都鄙。謂近嶽之邑。顧詹有河。粤詹洛伊。毋遠天室。營周居于洛邑而後去。則宅洛者。武王之志。周公成王成之。召公實先經理之。洛邑既成。成王始政。召公因周公之歸。作書致告。達之於王。其書拳拳於歷年之久近。反復乎夏商之廢興。究其歸。則以誠小民爲祈天命之本。以疾敬德爲誠小民之本。一篇之中。屢致意焉。古之大臣。其爲國家長遠慮蓋如此。以召公之書。因以召誥名篇。今文古文皆有。

【集說】林氏之奇曰。武王有宅洛之意。而周公成王成之者。誠以洛爲地中。五服諸侯之朝覲貢賦。道里爲均。故建以爲都。以居九鼎。而會諸侯於此焉。車攻之詩。美宣王復會諸侯于東都。而其詩謂之復古。則自宣王之前。其會諸侯。蓋皆於此。而萬乘之君。則當在于鎬。以宗廟社稷之所在。而王業之所本故也。○陳氏大猷曰。成王實都鎬京。特往來朝諸侯祀淸廟於洛。故鎬京謂之宗周。以其爲天下所宗也。洛邑謂之東都。又謂之成周。以周道成於此也。洛邑天下之至中。豐鎬天下之至險。

成王于洛邑定鼎以朝諸侯。所以承天地沖和之氣。宅土中以莅四海。其示天下也公。於鎬京定都以壯基本。所以據天下形勢處上游以制六合。其慮天下也遠。漢唐竝建兩京。蓋亦識形勢之所在而有得於成王周公之遺意歟。○陳氏櫟曰。宅洛之事。武王志之。成王述之。上告祖廟。迭咨大臣。一日而建千萬年宅中圖大之基。謹重如此。周公自洛歸鎬。召公因作誥。其忠愛尤在此。蓋以宅中圖大固難。保大定功尤難。王之在豐。召之相宅。固見宅中圖大之難矣。召公拳拳以敬德永命戒王。敬不敬之異效。凡七言之。至謂不敬德則必墜厥命。其詞甚危。見保大定功之尤難也。

惟二月既望越六日乙未。王朝步自周。則至于豐。

【集傳】日月相望謂之望。既望。十六日也。孔氏穎達曰。望之在月十六日爲多。此年二月小。乙亥朔。十五日卽爲望。是巳丑爲望。言巳望者。謂庚寅十六日也。乙未。二十一日也。周。鎬京也。去豐二十五里。林氏之奇曰。豐者。漢右扶風霸縣酆水。是也。卽禹貢所謂東會于灃。其邑在灃水之西。鎬者。漢長安西南有昆明池北鎬陂是也。文王廟在焉。成王至豐。以宅洛之事告廟也。

【集說】孔氏穎達曰。文王居豐。武王於豐立文王之廟。遷都而廟不毀。故成王居鎬京。則至于豐以告文王廟也。大事告祖。必告於考。經不言告武王。以告文王則告武王可知。以告祖見考也。告廟當先祖後考。此必於豐告文王。於鎬告武王也。○王氏安石曰。以朏望明魄紀月。以甲子紀日。書法也。○朱子曰。豐鎬去洛邑三百里。長安所管六百里。王畿千里。亦有橫長處。非若今世畫圖之爲方也。恐井田之制。亦是此類。此不可執畫方之圖以定之。○或問周都豐鎬。則王畿之內。當有西北之戎。如此則稍甸縣都。如之何其可爲也。曰周禮一書。聖人作爲一代之法爾。到不可用法處。聖人須別有權變之道。

惟太保先周公相宅。越若來三月。惟丙午朏。越三日戊申。太保朝至于洛。卜宅。厥既得卜。則經營。

【集傳】成王在豐。使召公先周公行。相視洛邑。越若來。古語辭。言召公於豐迤邐而來也。朏。孟康曰。月出也。三日明生之名。戊申。三月五日也。卜宅者用龜卜宅都之地。既得吉卜。則經營規度其城郭宗廟郊社朝市之位。

集說 孔氏穎達曰。經營考工記所云。匠人營國方九里。左祖右社。面朝後市。是也。下有丁巳郊。故知規度城郭郊廟朝市之位處也。匠人王城方九里。如典命文。又以公城方九里。天子城十二里。郊者鄭注周禮云。近郊五十里。其廟案小宗伯云。建國之神位。右社稷左宗廟。鄭注朝士職云。庫門內之左右。其朝者鄭云外朝一在庫門之外。臯門之內。是詢衆庶之朝。內朝二者其一在路門外。王每日所視。謂之治朝。其一在路門內路寢之朝。王每日視訖退適路寢。謂之燕朝。或與宗人圖私事。顧氏云。市處王城之北。朝爲陽。故在南。市爲陰。故處北。○林氏之奇曰。周官太卜。國大遷大師。則貞龜。盤庚之遷亳。太王之遷岐。衞文公之遷楚邱。未嘗不卜也。洪範曰。謀及乃心。謀及卿士。謀及庶人。謀及卜筮。營洛之謀成王君臣既有定議矣。於是謀及卜筮也。卜既吉。則人謀鬼謀。無有差忒。所以經之營之。而規度其朝市宗廟郊社之位。○王氏肯堂曰。經營未是興工。只是定其處所蓋經營定。纔攻之。故三日庚戌始以庶殷攻位也。經營中亦有許多事。如城郭之里數。宗廟郊社朝市制度修廣之數之類。

越三日庚戌。太保乃以庶殷。攻位于洛汭。越五日甲寅位成。

【集傳】庶殷。殷之衆庶也。用庶殷者。意是時殷民已遷于洛。故就役之也。位成者。左祖右社。前朝後市之位成也。

【集說】孔氏穎達曰。於戊申三日庚戌。爲三月七日。治都邑之位於洛水之汭。謂洛水北也。於庚戌五日。爲三月十一日甲寅。而所治之位皆成矣。○莊二十九年左傳發例云。凡土功。水昬正而裁。日至而畢。此以周之三月農時役衆者。彼言尋常土功。此則遷都事大。不可拘以常制也。○林氏之奇曰。禹貢導河東過洛汭。而導洛東北入于河。則洛汭爲洛水之北也。可知。禹貢曰。導洛東北會于澗瀍。則澗瀍皆在洛之北。而王城在瀍之西。成周在瀍之東。雖澗在瀍之西。而澗瀍皆在洛之北故位于洛汭也。○馬氏森曰。上卜宅得卜。見敬以稽天而天意從。此攻位位成。見悅以使民而民心服。

若翼日乙卯周公朝至于洛。則達觀于新邑營。

【集傳】周公至。則徧觀新邑所經營之位。呂氏柟曰。召公先理其繁。周公斯觀其要也。

集說 孔氏穎達曰。乙卯。十二日也。○呂氏祖謙曰。召公巳成位。周公方來觀。上相之體然也。○王氏樵曰。至洛卜宅者。卜其地之吉。即所謂澗水東。瀍水西。又瀍水東。是也。得卜。是巳得其地。即所謂惟洛食者也。卜以戊申。而周公至以乙卯。乃云我卜者。二公同心同謀。召公之卜。即周公之卜也。伻來以圖及獻卜。即獻此戊申之卜也。或言乙卯日周公再卜者。非。

越三日丁巳。用牲于郊。牛二。越翼日戊午。乃社于新邑。牛一。羊一。豕一。

集傳 郊。祭天地也。故用二牛。社祭用太牢。禮也。皆告以營洛之事。

【集說】孔氏穎達曰。丁巳十四日也。○林氏之奇曰。用牲于郊。告祭於天地也。王博士曰。昊天有成命。郊祀天地也。蓋祭亦可以郊言之。惟郊于天地。故用牛二也。○朱子曰。此閒當有告卜語。○古時天地定不是合祭。日月山川百神亦無合共一時祭享之理。豈有祭天便將下許多百神一齊排作一堆都祭。周禮有圜丘方澤之說。後來人卻只說地便是后土。見於書傳言郊社多矣。某看來不要如此也。還有方澤之祭。○陳氏經曰。郊不曰新邑者。郊在國外。社在國內故也。○陳氏大猷曰。此蓋即洛邑新立之郊社以告作洛於天地。不告廟者。在豐已告也。○王氏充耘曰。郊社。大事也。周召以人臣行之。可乎。蓋因事祭告。奉王冊命以行事。非常祭之比也。

案祭天地分合。從古聚訟。此經云用牲于郊牛二。注疏謂以后稷配。故牛二。蔡傳則云祭天地也。蔡但言祭天地。不言合者。天地各攻其位。位成而祭之也。疑此時南北郊之名已立。言郊者。統天地言之歟。周禮大宗伯有蒼璧禮天。黃琮禮地之說。大司樂有圜丘方澤之說。又祭法言燔柴于泰壇。祭天也。瘞埋于泰折。祭地也。用騂犢。此皆天地竝言。祭天地異所。王者尊天而親地。未有祭天而不及地者。亦未有言其合者也。然則兆于南郊。就陽位也。禮固明言之。而北郊未有明文。此經之偶缺耳。注疏之家。鄭康成賈公彥孔穎達輩皆已補言之。周禮典瑞云。兩圭有邸以祀地。注疏皆謂祀于北郊。又牧人言陽祀陰祀。注疏亦謂陰祀祭地北郊。又如禮記泰壇泰折之文。疏云。此經論祭帝於南郊。地示于北郊也。此皆北郊之說。鑿鑿可據者。以此言之。祭地之位。不待推而可知也。雖有冬夏至之分。而此於位之初成。非常祀之時可比。故同日而舉也。社于新邑。謂此乃所以祀地者。非也。王爲羣姓立社曰大社。王自爲立社曰王社。諸侯爲百姓立社曰國社。諸侯自爲立社曰侯社。又大夫以下成羣立社曰置社。鄭云。此今時里社也。又月令命民社。仲春之祭也。詩以社以方。秋祭也。孟冬則云大割祀于公社。是一歲又三社也。社之祭。自天子以至於士庶人。皆得共之。其名至多。名同而義則各異。兹之社于新邑。乃社稷之社。位在庫門之右者。此共工氏之子曰勾龍者。是也。特以其平九州之功而報之。而奉以爲主耳。謂之地示之神。可乎。地祇勾龍。同得謂之后土者。因昭二十九年左傳魏獻子問社稷五祀。誰氏之五官。史墨答之。以勾龍爲后土。猶言后土之官耳。其實康成所云后土者。謂地神也。非謂勾龍也。況乎祭天地之禮。貴簡貴誠。只用繭犢。此人鬼之祭。故曰牛一羊一豕一。郊特牲所謂社稷太牢。而蔡傳引之者也。若以此社爲祭地。則王制所云祭天地社稷。地與社豈重累而舉之乎。至於后稷配天。以思文之詩爲樂歌。此乃行之於宗周者，東都初建，恐未遑及此耳。

越七日甲子，周公乃朝用書命庶殷侯甸男邦伯。

【集傳】書役書也。春秋傳曰：士彌牟營成周，計丈數，揣高低，度厚薄，仞（杜氏預曰：度高曰揣，度深曰仞。）溝洫，物土方，（杜氏預曰：物，相也。相取土之方面。）議遠邇，量事期，計徒庸，慮材用，書餱糧，以令役於諸侯。亦此意。王氏曰：邦伯者，侯甸男服之邦伯也。庶邦冢君咸在，而獨命邦伯者，公以書命邦伯，而邦伯以公命命諸侯也。

【集說】孔氏安國曰。是時諸侯皆會。故周公乃昧爽以賦功屬役書。命衆殷侯甸男服之邦伯使就功。邦伯。方伯。卽州牧也。○孔氏穎達曰。甲子。二十一日也。○康誥云。周公初基。作新大邑于東國洛。四方民大和會。侯甸男邦采衞百工播民和。見士于周。與此一事也。康誥五服。此惟三服者。文有詳略耳。賦功。謂賦斂諸侯之功。科其人夫多少。屬役。謂付屬役之處。使知得地之尺丈也。

厥既命殷庶庶殷丕作。

【集傳】丕作者。言皆趨事赴功也。殷之頑民。若未易役使者。然召公率以攻位而位成。周公用以書命而丕作。殷民之難化者。猶且如此。則其悅以使民可知也。

集說 林氏之奇曰。召公營洛。自戊申距甲寅。七日而成。周公繼至。自乙卯距甲子。十日而用書。庶殷丕作。周召之規模。其敏如此。總而計之。自成王之至豐。乙未之日。距甲子。凡一月耳。萬年之業。成於一月之閒。此豈後世可及哉。○陳氏櫟曰。觀此。則殷民之遷。在未作洛之前。明矣。讀此當參看洛誥。洛誥曰。予惟乙卯。朝至于洛師。此云乙卯。周公朝至于洛。其日同。但洛誥言是日再卜。此不言者。周公之吉卜。不殊召公之吉卜也。兼洛誥自詳之。此可略也。乙卯至甲子十日。乙卯日卜。及達觀新營。丙辰不言事。蓋丁巳戊午。將行郊社大禮。前一日養精神而無爲也。已未至癸亥五日。又不言事。乃將用書命丕作。竭精神以有爲也。此五日中。必會集臣庶。計丈數。揣高卑等事。役書一定。然後甲子朝頒布之。洛誥脫簡之在康誥者曰。惟三月哉生魄。周公初基。至乃洪大誥治。即是三月十六日乙未。戊午祭社後一日也。曰洪大誥治。即用書命丕作也。細而考之。脗合無閒。誰謂殘編斷簡。不可見聖人經理之微密哉。○王氏樵曰。周召二公相繼以終事。卜宅經營攻位位成者。召公也。觀營祭告。命殷殷作者。周公也。位者。定其作之規模。作者。成其位之功緒。

太保乃以庶邦冢君出取幣。乃復入錫周公。曰。拜手稽首。旅王若公。誥告庶殷越自乃御事。

【集傳】呂氏曰。洛邑事畢。周公將歸宗周。召公因陳戒。成王乃取諸侯贄見幣物。以與周公。且言其拜手稽首。所以陳王及公之意。蓋召公雖與周公言。乃欲周公聯諸侯之幣。與召公之誥。并達之王。謂洛邑已定。欲誥告殷民。其根本乃自爾御事。不敢指言成王。謂之御事。猶今稱人爲執事也。

集說 王氏安石曰。庶邦冢君諸侯會于洛者。洛邑成而獻幣。所以爲禮。且致慶也。○蘇氏軾曰。旅讀如庭實旅百之旅。諸侯之幣。旅王及公者。尊周公也。○朱子語類。問據召誥文。只說召公先至洛。而周公繼至。不說成王亦來也。然召公出取幣入錫周公。乃曰旅王若公。其辭又多是戒成王。未知如何。曰此蓋因周公以告于王耳。○陳戒於王。而誥庶殷諸侯及其御事者。所謂公事公言之。王者無私也。王時在鎬。豈亦如後篇告卜。遣使奉幣。具此辭以告之歟。○陳氏櫟曰。作洛之急務。在化殷人。而化殷之大本。在於王身。下文遂詳言之。此召公納忠之大者。幣特恭敬之寓耳。篇末奉幣供王之幣。即此出取之幣。前後相照應。

嗚呼。皇天上帝改厥元子。茲大國殷之命。惟王受命。無疆惟休。亦無疆惟恤。嗚呼。曷其奈何弗敬。

集傳 此下皆告成王之辭。託周公達之王也。曷。何也。其。語辭。商受嗣天位爲元子矣。元子不可改而天改之。大國未易亡而天亡之。皇天上帝。其命之不可恃如此。今王受命。固有無窮之美。然亦有無窮之憂。於是歎息言王曷其奈何弗敬乎。蓋深言不可以弗敬也。又案此篇專主敬言。敬則誠實無妄。視聽言動。一循乎理。好惡用捨。不違乎天。與天同德。固能受天明命也。人君保有天命。其有要於此哉。伊尹亦言皇天無親。克敬惟親。敬則天與我一矣。尚何疎之有。

集說林氏之奇曰。此言天命之無常。苟無其德。雖紂之元子。而有此大國。元子。則其分爲正。大國。則其勢爲強。皇天上帝。亦改其命。而命有德者以代之也。惟周世世修德。可以上當天意。而膺其景命。成王繼武王而受命作君。則其休可謂無疆矣。然其休無疆。則其憂亦無疆也。有一言可以盡畏天之道者。敬而已。人君能敬以事天。則天之眷顧於我。無有窮已也。此召公所以戒王不可不敬也。○朱子曰。此數句者。一篇之大旨也。元子者。天之元子也。下文至篇終。反覆推衍此數句意耳。○眞氏德秀曰。詩云。天位殷適。使不挾四方。亦改厥元子大國殷命之意。○陳氏櫟曰。元子。天之元子。卽大君者吾父母宗子之意。此元子謂殷紂。後元子謂成王。人君所以保天命。惟有敬耳。此一節。元老大臣。拳拳忠愛。嗟歎以深警上心。不能自已之至情也。

天既遐終大邦殷之命。茲殷多先哲王在天。越厥後王後民。茲服厥命。厥終智藏瘝在。夫知保抱攜持厥婦子。以哀籲天。徂厥亡出執。嗚呼天亦哀于四方民。其眷命用懋。王其疾敬德。

【集傳】後王後民。指受也。此章語多難解。大意謂天既欲遠絕大邦殷之命矣。而此殷先哲王。其精爽在天。宜若可恃者。而商紂受命。卒致賢智者退藏。病民者在位。孔氏穎達曰。瘝。病也。小人在位。殘暴在下。故以病言之。民困虐政。保抱攜持其妻子。哀號呼天。往而逃亡。出見拘執。無地自容。故天亦哀民。而眷命用歸於勉德者。天命不常如此。今王其可不疾敬德乎。

【集說】孔氏穎達曰。天既遠終殷命。言其去而不復反也。殷先智王雖精神在天。而不能救紂者。以紂不行敬故也。戒王使行敬。○林氏之奇曰。殷先哲王所以享國者。惟敬之故也。殷先哲王雖在天。而後王後民。藉其餘慶。以服天命者。亦惟敬之故也。殷家自湯至于武丁。賢聖之君六七作。故曰多先哲王也。厥終。指紂也。惟紂謂敬不足行。而商家之業自此終矣。觀微子遯荒。箕子佯狂。則當世之所謂智者。莫不藏於山澤之閒。其在位在職。豈有利澤加於百姓哉。惟病民而已。此天之所以眷命而作周也。王既繼文武而有天下。則其於敬德也。不可不疾。惟恐不及也。○陳氏櫟曰。言天命不可恃。祖宗不可恃。惟敬德庶可凝固天命。而迓續祖德耳。敬德而言疾。最有力。蓋人心操則存。捨則亡。必緊著精神。汲汲用工。則莊敬日強。苟悠悠玩愒。則安肆日偷矣。後又言肆惟王其疾敬德。一篇綱領在敬字。而敬之工夫。又在疾字。

相古先民有夏。天迪從子保。面稽天若。今時既

墜厥命今相有殷天迪格保面稽天若今時既墜厥命

【集傳】從子保者從其子而保之謂禹傳之子也面鄉也視古先民有夏天固啓迪之又從其子而保佑之禹亦面考天心敬順無違宜若可爲後世憑藉者今時已墜厥命矣今視有殷天固啓迪之又使其格正夏命而保佑之湯亦面考天心敬順無違宜亦可爲後世憑藉者今時已墜厥命矣以此知天命誠不可恃以爲安也

集說孔氏穎達曰。此說二代興亡。其意同也。○林氏之奇曰。大抵天之降災祥。惟視德之所在。當禹湯以其聖德克當天心。宜其天意之眷顧不容釋也。然使一日不敬德。則命不可恃。使桀紂而知敬德。則天迪從子保格保。將千萬年而不替也。以是知天之於禹湯桀紂。非有好惡於其間也。惟視其敬德與不敬德而已矣。○眞氏德秀曰。面。謂向之而不背也。惟其朝夕一念。對越于天而不敢背違。然後能考知天意之所順矣。順乎天。則天亦順之。此所謂天若也。○陳氏大猷曰。天命雖邈無形聲。而能面而嚮之。參稽其至順之理。終日與之對越周旋。所謂顧諟天之明命也。○陳氏櫟曰。從其子而保之。即孟子天與子則與子之意。開萬世傳子之端。自禹始。故於夏言從子保。而於商只言格保。蒙上文也。兩面稽天若。即對越在天之意。此一節。蓋謂天與祖宗皆不可恃也。○申氏時行曰。夏周相去已遠。故曰相古。商乃近代。故曰今相。

今沖子嗣。則無遺壽耉。曰其稽我古人之德。矧曰其有能稽謀自天。

【集傳】稽。考。矧。況也。幼沖之主。於老成之臣。尤易疎遠。故召公言今王以童子嗣位。不可遺棄老成。言其能稽古人之德。是固不可遺也。況言其能稽謀自天。是尤不可遺也。稽古人之德。則於事有所證。稽謀自天。則於理無所遺。無遺壽耉。蓋君天下者之要務。故召公特首言之。

【集說】朱子曰。已陳夏商敬德墜命之所由。又戒王也。○陳氏櫟曰。老成知古。又能知天。如太公周畢諸公在不可遺也。稽考古德。非壽耇者聞見之遠。無所質稽考天意。以定謀慮。非壽耇者德盛智明。不能決也。○王氏樵曰。將言敬德諴民。而先之以無遺壽耇。乃從進德之資。推言其要。以爲最先。即仲虺言修德檢身。而約之能自得師之義。幼沖之主。於老成之臣。雖日在左右。嚴之而勿親。則無從而受其益。無遺者。親之之謂也。

嗚呼。有王雖小。元子哉。其丕能諴于小民。今休。王不敢後。用顧畏于民碞。

集傳 召公歎息言。王雖幼沖。乃天之元子哉。謂其年雖小。其任則大也。其者。期之辭也。諴。和。碞。險也。王其大能諴和小民。爲今之休美乎。小民雖至微。而至爲可畏。王當不敢緩於敬德用顧畏于民之嵒險可也。

集說 蘇氏軾曰。民猶水也。水能載舟。亦能覆舟。物無險於民者矣。○眞氏德秀曰。召公此篇言畏天必及民。是畏民當如畏天也。周公作酒誥曰。迪畏天顯小民。多士曰。罔顧于天顯民祗。周召之啓告其君者。如出一口。○王氏樵曰。誠者。得民心之和也。今休者。眷命用懋乃前人之休爾。治化維新。導迎和氣。斯王今日之休也。不敢後。所謂疾敬德也。民嵒者。天命之得失恆于斯國祚之修短恆于斯。知莫險于民。則不敢後于敬德以誠其民矣。

王來紹上帝。自服于土中。旦曰。其作大邑。其自時配皇天。毖祀于上下。其自時中乂。王厥有成命治民今休。

【集傳】洛邑天地之中。故謂之土中。王來洛邑。繼天出治。當自服行於土中。是時洛邑告成。成王始政。故召公以自服土中爲言。又舉周公嘗言作此大邑。自是可以對越上天。可以饗荅神祇。自是可以宅中圖治。王氏樵曰。中又謂自中而布治於四方也。成命者。天之成命也。成王而能紹上帝服土中。則庶幾天有成命。治民今卽休美矣。○王氏曰。成王欲宅洛邑者。以天事言。則日東景夕多風。賈氏公彥曰。據中表之東表而言。於晝漏半。中表景得正時。東表日巳昳矣。是地與日爲近。晝漏半。巳得夕景。故云景夕多風。**日西景朝多陰**。賈氏公彥曰。據中表之西表而言。是地於日爲近西。亦於晝漏半。中表景得正時。西表日未中。仍得朝時之景。故云日西則景朝多陰。**日南景短多暑**。賈氏公彥曰。據中表之南表而言。晝漏半。立八尺之表。表北得尺四寸景。不滿尺五寸。不與土圭等。是其日南。是地於日爲近南。景短多暑。不堪置都。**日北景長多寒**。賈氏公彥曰。據中表之北表而言。亦晝漏半。表北得尺六寸景。是地於日爲近北。是其景長多寒也。**洛天地之中。風雨之所會。陰陽之所和也。以人事言。則四方朝聘貢賦。道里均焉。故謂之土中。**

集說王氏昭禹曰。土圭橫植於地。於圭之端立表。以表端之日景。與土圭相齊。無過不及。然後見地之中。

○朱子曰。言王來居洛邑。繼天爲治。服事也。土中。洛邑爲天下中也。林氏以此句王來爲王亦至洛邑之驗。恐未必然。但王命來此定邑耳。○稱周公言當作大邑。而自此以祀上帝。以及愼祀上下神祇。又自此居中以爲治。則是王受天成命以治民矣。蓋召公述周公宅洛之意。○陳氏大猷曰。君前臣名。故稱旦曰。配天使仰無愧於天。毖祀上下。使幽無愧於鬼神。宅中爲治。使俯無愧於民。王其有成命而治民今休。周公所期如此之重。王可不思所以稱之。○陳氏櫟曰。作洛之事。召公任之。而未嘗明言之。至此方言服于土中。而舉周公之言。以見作洛所以配上帝。奉祭祀。成治功。凝天命。其重如此。蓋下文將自進其敬德祈天之忠言。所以先引周公期望之語以開其端也。○陳氏師凱曰。周禮地官司徒測土深。正日景所以求地之中也。所謂日南景短。日北景長。日東景夕。日西景朝者。是指其立表之處而言其不中也。皆非地之中。而用此法者。乃所以求中也。步占之說。

以爲日與地相去一萬五千里。爲地之中。土圭之法。圭長一尺五寸。以一寸準千里。當晝漏方半。置圭立表以測度之。夏至之日。立八尺之表。其景適與土圭等。定此爲地中也。〇王氏樵曰。上就元子言。而勉其諴小民以凝今日之休。疾敬德以爲諴民之本。此就宅洛言。而上節之所期者。正將于新邑初政卜之也。紹上帝。卽元子之意。自服土中。卽丕能諴小民之意。曰自服者。王今親政。非復如昔者仰成大臣而已。舉旦之言。以見期望之同。周至文武。天命已成。此言王當終有成命者。王必自求所以面稽于天者。而後可謂之成命也。天有成命。斯諴民之至。而信爲今日之休也。此今休字與上相應。上期之之辭也。此決之之辭也。

王先服殷御事。比介于我有周御事。節性。惟日其邁。

【集傳】言治人當先服乎臣也。王先服殷之御事。以親近副貳我周之御事。使其漸染陶成相觀爲善。以節其驕淫之性。吳氏澄曰。節。裁抑之也。性。氣質之性。○王氏樵曰。性。如性之欲也之性。節。好惡無節之節。則日進於善而不已矣。

【集說】孔氏穎達曰。殷家治事之臣。謂殷朝舊人。常被殷家任使者。周家治事之臣。謂西土新來。翼贊周家初基者。○林氏之奇曰。成王營洛邑而遷殷頑民。蓋使周民與殷民雜居也。故有殷治事之臣。亦有周治事之臣。我有周御事。其於朝廷之教令。如草之從風。無事於服之也。所當先者。惟訓服殷家舊治事之臣。除其暴虐。而消其貪鄙。使之親比介助我周家治事之臣。和叶而爲一。欲服殷御事。無他節性而已。節之者。非強其所無也。以其所固有之性。還以治之。去其不善而反之善也。有以節之。則臣民將遷善遠罪而不自知。惟日其進於善也。

王敬作所。不可不敬德。

集傳　言化臣必謹乎身也。所。處所也。猶所其無逸之所。王能以敬爲所。則動靜語默。出入起居。無往而不居敬矣。不可不敬德者。甚言德之不可不敬也。

集說　陳氏大猷曰。既以周臣率之使之相觀而善。又以身率之使之下觀而化也。殷臣化殷民亦視效之而化矣。○馬氏明衡曰。以敬爲所。如仁爲安宅義爲正路。蓋安身立命於是。造次顛沛於是。更無他事也。○孫氏繼有曰。作所。則心與敬一。無離合作輟之可言矣。

我不可不監于有夏。亦不可不監于有殷。我不敢知曰有夏服天命。惟有歷年。我不敢知曰不其延。惟不敬厥德。乃早墜厥命。我不敢知曰有殷受天命。惟有歷年。我不敢知曰不其延。惟不敬厥德。乃早墜厥命。

集傳　夏商歷年長短。所不敢知。我所知者。惟不敬厥德。即墜其命也。與上章相古先民之意。相爲出入。但上章主言天眷之不足恃。此則直言不敬德。則墜厥命爾。

集說孔氏穎達曰。相。監。俱訓爲視。上言相有夏相有殷。今復重言監有夏監有殷者。上言順天則興。棄命則滅。此言敬則歷年。不敬則短。故重言視夏殷。○林氏之奇曰。古人於天命。不以爲必有。不以爲必無。而每致於不可測知之域。惟人事之修於昭昭赫赫之間者。則未嘗不盡言之也。故召公於夏殷之有歷年。及不其延。皆曰我不敢知者。疑之之辭也。至於敬德則有歷年。不敬德則墜厥命。蓋無可疑者。○王氏樵曰。此承上不可不敬德。而又以夏商興亡之故。重發不可不敬之意。

今王嗣受厥命。我亦惟兹二國命。嗣若功。王乃初服。

集傳 今王繼受天命。我謂亦惟此夏商之命。當嗣其有功者。謂繼其能敬德而歷年者也。況王乃新邑初政。服行敎化之始乎。

集說 林氏之奇曰。繼其功。則修人事。不責天命。不過敬德而已。夏以敬德而有歷年。殷亦以敬德而有歷年。皆其功效也。成王既嗣其命。可不嗣其功哉。○陳氏大猷曰。此章言尤懇切。○金氏履祥曰。今王繼二代而受天命。當繼其所以有功者。不可跡其所以亡也。○陳氏櫟曰。王乃初服者。善始可以占終。法二國之敬德而歷年。尤當謹之初服也。此句呂蔡以屬上章。孔朱以冠下章。使與初生初服宅新邑爲一套語。亦通。但此句實結上生下。若生子一段議論。實因此句而申明之。

嗚呼若生子罔不在厥初生自貽哲命今天其命哲命吉凶命歷年知今我初服

【集傳】歎息言王之初服若生子無不在於初生（孔氏穎達曰此初生謂年長以解習學非初始生也）習爲善則善矣自貽其哲命爲政之道亦猶是也今天其命王以哲乎命以吉凶乎命以歷年乎皆不可知所可知者今我初服如何爾初服而敬德則亦自貽哲命而吉與歷年矣

【集說】孔氏穎達曰以此新即政始行教化比子之初生始欲學習爲善則善矣若能爲善天必授之以賢

智之命。是此賢智之命。由已行善而來。是自遺智命矣。○林氏之奇曰。天以正性而命於人。初無智愚之別。其所以爲上智下愚者。於已取之而已矣。故曰自貽哲命。言人之秉哲者。雖命於天。而其所以能哲者。乃自貽之也。○朱子曰。王之初服。不可不謹其習。猶子之初生。不可不慎其所教。蓋習於上則智。習於下則愚矣。故今天命正在初服之時。敬德則哲則吉則永年。不敬則愚則凶則短折也。○陳氏經曰。自貽哲命。命在我也。天其命哲。命在天也。

宅新邑。肆惟王其疾敬德。王其德之用。祈天永命。

集傳　宅新邑。所謂初服也。王其疾敬德。容可緩乎。王其德之用。而祈天以歷年也。

集說 朱子曰。天無一物之不體。已知我初服宅洛矣。王其可不疾敬德哉。所以祈天永命者。只在德而已矣。○呂氏祖謙曰。祈永命無他術。惟敬德爲可耳。曰祈者。欲王知天命之未定也。○眞氏德秀曰。天命至公。不可以求而得也。曰祈者。蓋一於用德。乃不祈之祈也。○陳氏櫟曰。此一節。發明王乃初服之意。蓋今日作邑而自服土中。乃所謂初服。召公所以欲王乘此一初之機而疾敬德也。疾敬德則能用德。疾云者。欲其乘此機而速勉之。有今罔後之謂也。肆惟王其疾敬德。蓋申上文王其疾敬德之語。而致重復懇切之意云。○王氏樵曰。上言知今我初服。見哲命吉凶歷年皆未定。惟視初服何如。故此遂勉其疾于敬德。而用是以祈天永命。祈天永命。卽吉與歷年也。曰德之用。見無他道也。

其惟王勿以小民淫用非彝，亦敢殄戮，用乂民若有功。

集傳 刑者，德之反。疾於敬德，則當緩於用刑，勿以小民過用非法之故，亦敢於殄戮用治之也。惟順導民，則可有功。民猶水也，水汎濫橫流，失其性矣。然壅而遏之，則害愈甚。惟順而導之，則可以成功。

集說 林氏之奇曰：王既惟德之用，則推之以治天下國家，豈以刑罰而繩斯民哉？如殷俗之靡，其淫用非彝也久矣。然不教而殺之，是果於殺戮也，豈可以乂民乎？成王告康叔，既謂不可以其民亂非彝而速用刑罰。

不可以其湎于酒而庸殺。召公之告成王。又謂不可以淫用非彝而敢殄戮。此皆忠厚之心也。

其惟王位在德元。小民乃惟刑用于天下。越王顯。

集傳　元。首也。居天下之上。必有首天下之德。王位在德元。則小民皆儀刑用德于下。於王之德益以顯矣。

集說　薛氏季宣曰。民可近不可下。勿以小民易虐。果於殄戮。順之則其功可就。然非王居至善之德。刑於四海。民亦何所倣效。修身而天下法。敬德之修。是乃王之自貽哲命也。○呂氏祖謙曰。以小民淫用非彝而敢於殄戮。忿嫉一生。則損君德矣。人君之德。止於好生。元者善之長。君以德元覆冒天下。安可以小民淫用。遂損君德。○陳氏大猷曰。王位不在於土地人民惟在德元而已德元亦猶乾元坤元之始生萬物者也。○陳氏櫟曰。至此則非彝之小民化爲用德之小民正所謂順導之而有功者。王奚以尚刑不尚德爲哉。○王氏充耘曰。王者德足以蓋天下。而天下皆化之所謂黎民於變時雍之氣象也則王豈不赫然章顯矣乎。

上下勤恤。其曰我受天命丕若有夏歷年。式勿替有殷歷年。欲王以小民受天永命。

集傳 其亦期之辭也。君臣勤勞。期曰我受天命。大如有夏歷年。用勿替有殷歷年。欲兼夏殷歷年之永也。召公又繼以欲王以小民受天永命。蓋以小民者。朱子曰。以小民如以

某師之以勤恤之實受天永命者歷年之實也蘇氏曰君臣一心以勤恤民庶幾王受命歷年如夏商且以民心爲天命也

集說林氏之奇曰夏殷歷年以能化小民之故欲王以此小民而祈天永命也王敬厥德於上而小民儀刑於下上下好德如一則天豈用釋之哉孟子曰民爲貴得乎邱民而爲天子故祈天永命必在於小民也○眞氏德秀曰永命之道無他惟修德與愛民而巳命在天於小民何與蓋天無心以民爲心耳○吳氏澄曰王以小民受天永命一語通結上三節與王其德之用祈天永命一語相始終○陳氏櫟曰勤恤卽無疆惟恤之恤上下勤勞以軫無疆之恤惟期於兼二代之歷年非他有以也惟欲王以小民受永命耳三節三言小民始

戒王以非彝殄戮之。繼欲以元德儀刑之。末欲以之而受永命。以之者何。惟尚德不尚刑。知其生雖至微。而關於天命者至大至久也。

拜手稽首曰。予小臣敢以王之讎民百君子。越友民保受王威命明德。王末有成命。王亦顯。我非敢勤。惟恭奉幣。用供王能祈天永命。

集傳 讎民殷之頑民與三監叛者。百君子殷之御事庶士也。友民周之友順民也。保者保而不失。受者受而無拒。威命明德者。德威德明也。末終也。召公於篇終致敬言。予小臣敢以殷周臣民。保受王威命明德。王當終有天之成命。以顯于後世。我非敢以此爲勤。惟恭奉幣帛。用供王能祈天永命而已。蓋奉幣之禮。臣職之所當恭。而祈天之實。則在王之所自盡也。又案恭奉幣意。卽上文取幣以錫周公而旅王者。蓋當時成王將舉新邑之祀。故召公奉以助祭云。

【集說】薛氏季宣曰。先讎民。後友民者。作洛以鎮靜商人爲先也。與前言先服殷御事同意。○時氏瀾曰。召公前既言王先服殷御事。比介于我有周御事。合而爲一矣。至此又分爲讎民友民者。前自心而言。後自勢而言也。自心言之，一視同仁，合商周而爲一。自勢言之，所謂讎民友民者，化猶未純正，將隨其宜而撫摩教迪之。所謂之讎者，欲成王知商民尚伺闕失，乘閒投隙，其勢可畏，警戒之切至此，初非分爲二體也。○陳氏經曰：保受王之威德，奉行之，此臣之職也。王既有成命，當求所以永命。成命在今日，永命在子孫。保受王之威德者，臣下之所能。至於祈天永命，則非人臣之所能，在人君疾敬德，以祈天命。我非敢勤者，召公不敢自以治洛爲功勞也。至此則責望於王之身者甚重，恐成王專倚恃臣下也。我但能恭奉幣以供王，王之能祈天永命而已，則祈天永命，在王而不在召公矣。○陳氏大猷曰：篇終復總始末之要，以告王。敢以讎民等保受威命明德者，因庶殷侯甸和會作洛而言。敢以者，自任之辭。王末有成命，與上王厥有成命相應。王亦顯，與上越王顯相應。惟恭奉幣，指前取幣旅王而言。待王能祈天永命，將以致慶而已。期望不已之意，可謂婉而篤矣。記曰：頌而無諂。

諫而無驕。召公以之。○杜氏偉曰。敬德一也。自施之政令。以整肅天下爲威命。自宣之教化。以啓迪天下爲明德。

總論

林氏之奇曰。詳考此篇。其大意在於祈天永命。而其所以祈天永命者。敬德而已。蓋敬德在人。而永命在天。修其在人者。而在天者自至。如炊之必熟。耕之必穫也。苟其德之不建。而晏然自以爲天命之在我。此則紂之謂已有天命也。其亡不旋踵矣。召公於成王之初服。即以此告之。賢者之愛君。必止亂於未形。而閑邪於未然。若其已然而後救之。則衆人之所皆能也。何賴於賢乎。成王之成厥德。蓋有自來也。○眞氏德秀曰。一篇之中。言敬者凡七八。曰曷其奈何弗敬。曰王敬作所。曰不可不敬德。曰王其疾敬德。兩言惟不敬厥德。乃早墜厥命。曰肆惟王其疾敬德。言之諄。望之切。異時成王爲守文令主。而周家卜世卜年。於夏商且過其歷。然後知召公之言。眞人主之藥石。國家之蓍龜也哉。

欽定書經傳説彙纂卷第十四

欽定書經傳說彙纂卷第十五

洛誥

集傳 洛邑既定。周公遣使告卜。史氏錄之以爲洛誥。又幷記其君臣答問。及成王命周公留治洛之事。今文古文皆有。○案周公拜手稽首以下。周公授使者告卜之辭也。王拜手稽首以下。成王授使者復公之辭也。王肇稱殷禮以下。周公教成王宅洛之事也。公明保予沖子以下。成王命公留後治洛之事也。王命予來以下。周公許成王留洛。君臣各盡其責難之辭也。伻來以下。成王錫命毖殷命寧之事也。戊辰以下。史又記其祭祀冊誥等事。及周公居洛歲月久近以附之。以見周公作洛之始終。而成王舉祀發政之後。卽歸于周。而未嘗都洛也。

集說 王氏安石曰。此誥有不可知者。當闕之。而釋其可知者。○葉氏適曰。此篇當與召誥參看。蓋非一時之言。史取周公得卜。至遣使告卜。相與往來告戒本末。序次之以示後世也。○林氏之奇曰。召誥洛誥二篇。辭雖不同。而其意相爲終始。左氏之作傳以釋經。有先經以始事者。有後經以終義者。召誥之篇。是先經以始事之類也。洛誥之篇。是後經以終義之類也。○陳氏櫟曰。此篇大可疑者。惟有公告王宅洛行祀出命之辭。而不載王至洛之事與其日月。觀十二月在洛祭告命周公留治洛之事。尚謹書之。則自三月後至十二月。前此數月中至洛之大事。其當書也必矣。又此篇首章九句。脱簡在康誥之首。則首至洛之事。其脱簡又可想矣。且孺子其朋。及汝惟沖子惟終等處。聱牙難通。又王曰公功棐迪篤之下。無周公答辭。而卽又繼以王曰。豈非此等處有脱簡錯簡邪。

周公拜手稽首曰。朕復子明辟。

集傳 此下。周公授使者告卜之辭也。拜手稽首者。史記周公遣使之禮也。復。如逆復之復。成王命周公往營成周。周公得卜。復命于王也。謂成王爲子者。親之也。謂成王爲明辟者。尊之也。周公相成王。尊則君。親則兄之子也。明辟者。明君之謂。先儒謂成王幼。周公代王爲辟。至是反政成王。故曰復子明辟。夫有失。然後有復。武王崩。成王立。未嘗一日不居君位。何復之有哉。蔡仲之命言周公位冢宰。正百工。則周公以冢宰總百工而已。豈不彰彰明甚矣乎。王莽居攝。幾傾漢鼎。皆儒者有以啓之。

是不可以不辨。○蘇氏曰。此上有脫簡在康誥。自惟三月哉生魄至洪大誥治四十八字。

【集說】程子曰。猶言告嗣天子王矣。○葉氏夢得曰。復如孟子有復于王之復。自孔氏以復子明辟謂周公攝而歸政之辭。古今儒者從之不敢易。獨王氏以爲不然。世或未之信。以予考之。周公踐天子位以治天下。初無經見。獨明堂位云爾。明堂位非出吾夫子也。蓋武王崩。周公以冢宰攝政。此禮之常。攝者。攝其事。非攝其位。世見周公在喪之攝。不知其非以成王幼而攝。故至卜洛猶有歸政之言。則王氏之言爲有證。○呂氏祖謙曰。前乎此者。封康叔。伐三監。莫不繫之於成王。則昔固爲辟自若也。而今何復焉。政使如世儒之說。則天下之事豈有大於此者。何爲下文無一語及之。而專論營洛獻卜之故邪。

王如弗敢及天基命定命。予乃胥保大相東土。其基作民明辟。

【集傳】凡有造基之而後成。成之而後定。基命所以成始也。定命所以成終也。言成王幼沖。退託如不敢及知天之基命定命。予乃繼太保而往。大相洛邑。其庶幾爲王始作民明辟之地也。洛邑在鎬京東。故曰東土。

【集說】王氏炎曰。承天命以作新邑。是謂基命。都邑既成。久安長治。是謂定命。○胡氏士行曰。洛邑既成。則中天下。定四海。王其始爲民明辟矣。○潘氏士遴曰。如弗敢及。以天命重大難堪。欲元老贊成。一切創始善後事宜。皆委重大臣也。

予惟乙卯朝至于洛師。我卜河朔黎水。我乃卜澗水東瀍水西。惟洛食。我又卜瀍水東。亦惟洛食。伻來以圖及獻卜。

【集傳】乙卯。卽召誥之乙卯也。洛師。猶言京師也。吳氏澄曰。師。衆也。言可以居衆也。河朔黎水。【地理今釋】蔣氏曰。黎水。今黎陽也。續文獻通考云衛河淇水合流至黎陽故城爲黎水。亦曰濬水。黎陽故城在今直隸大名府濬縣東北。河北黎水交流之內也。澗水東。瀍水西。王城也。朝會之地。瀍水東。下都也。處商民之地。王城在澗瀍之間。下都在瀍水之外。其地皆近洛水。故兩云惟洛食也。食者。史先定墨。而灼龜之兆。正食其墨也。吴氏澄曰。卜宅以兆食墨而明。爲吉。不食。則其兆曖昧。非吉也。○朱氏祖義曰。古者卜龜。先用墨畫龜。而後灼之。而其兆之文。循墨而行。如食墨然。則謂之吉也。伻使也。圖洛之地圖也。獻卜。獻其卜之兆辭也。

集說　蘇氏軾曰。黎。今黎陽也。營洛以處殷民。民重遷。以河朔爲近。便卜不吉。然後卜洛也。○林氏之奇曰。周公之營東都。蓋以求天地之中。欲諸侯之朝覲貢賦道里爲均。而乃先卜河朔黎水者。顧氏曰。黎水近於紂都。爲其懷土重遷。故先卜近以悅之。此說固是。意者黎水去洛不遠。亦不失爲地中也。黎水爲河朔。則澗水瀍水。皆在河之南可知矣。○呂氏祖謙曰。周公何爲而先卜黎也。意在地近者。商民之心。意在地中者。周公之心。並列二說。以聽於天而已。卜黎於先者。先人後己之心也。黎既不吉。改卜洛邑。龜乃協從。蓋周公之心。卽天心也。無閒故無違也。○史氏漸曰。世或謂周公三卜而後洛。初於黎水。再於澗東瀍西。又於瀍東。皆不若洛之吉。豈知澗瀍之東西。卽洛之中也。澗水之東。卽洛之偏也。同名爲洛。而王城頑民之居不同。非洛自爲洛。澗瀍自爲澗瀍。洛邑居天下之中。伊洛瀍澗。實周流於其閒。天子南嚮。則澗水在洛之右。瀍水在洛之左。周公於澗瀍之中。龜兆告吉。遂營王城。以建王宮。定郊社宗廟。是爲郟鄏之地。今之河南是也。又循之左。越瀍水之東。龜復告吉。遂營下都。以居殷民。今之洛陽是也。二城相距蓋十有八里。○王氏充耘曰。召誥言召公先至洛卜宅經營。而後周公至。洛誥却言周公卜而惟洛食。何歟。蓋周召奉王命以作洛。二人同功一體。不容分彼此於其閒。

故以事實言之。則召公得吉卜而經營。自周公遣使復命言之。則爲周公卜宅而營洛也。

王拜手稽首曰。公不敢不敬天之休。來相宅。其作周匹休。公既定宅。伻來來視予卜休恒吉。我二人共貞。公其以予萬億年敬天之休。拜手稽首誨言。

集傳 此王授使者復公之辭也。王拜手稽首者。成王尊異周公而重其禮也。匹。配也。公不敢不敬天之休命。來相宅爲周匹休之地。言卜洛以配周命於無窮也。視示也。陳氏櫟曰。古通用。示我以卜之休美而常吉者也。二人。成王周公也。貞。猶當也。夏氏僎曰。貞。如厥賦貞之貞。謂相當也。王欲與公共當此吉卜。十萬曰億。陳氏櫟曰。詩。禾三百億。鄭注。十萬曰億。韋昭注楚語曰。十萬曰億。古數也。秦始以萬萬爲億。言周公宅洛。規模宏遠。以我萬億年敬天休命。故又拜手稽首。以謝周公告卜之誨言。

【集說】孔氏穎達曰。拜手稽首。施於極敬。哀十七年左傳云。非天子。寡君無所稽首。諸侯小事大。尚不稽首。況於臣乎。成王尊敬周公。故答其拜手稽首而受其言。○朱子曰。拜受公言。猶禹之拜昌言也。○呂氏祖謙曰。敬天之休足矣。必曰不敢不敬天之休者。蓋明見天命之當然而不得不然也。見之明。然後畏之至。周公之於天命也。知之深。然後言之力。成王之於周公也。知周公則知天矣。成王之學。至於知天。是殆非前日弗敢及天基命之成王也。○吳氏澄曰。拜手稽首誨言。與後拜手稽首休享文同。皆王行此禮。又授此辭。而使者以達於公也。○王氏樵曰。始之相宅。曰公不敢不敬天之休。答其基命之語。繼之定宅。曰公其以予億萬年敬天之休。答其定

命之語。

周公曰。王肇稱殷禮。祀于新邑。咸秩無文。

【集傳】此下周公告成王宅洛之事也。殷。盛也。與五年再殷祭之殷同。秩。序也。無文。祀典不載也。言王始舉盛禮。祀于洛邑。皆序其所當祭者。雖祀典不載。而義當祀者。

亦序而祭之也。呂氏曰。定都之初。肇舉盛禮。大饗羣祀。雖祀典不載者。咸秩序而祭之。有告焉。有報焉。有祈焉。始建新都。昭假上下。告成事也。雨暘時若。大役以成。報神賜也。自今以始。永奠中土。祈鴻休也。後世不知祭祀之義。鬼神之德。觀周公首以祀于新邑爲言。若闊於事情者。抑不知人主臨鎮新都之始。齋祓一心。對越天地。達此精明之德。放諸四海。無所不準。而助祭諸侯。下逮胞翟之賤。亦皆有孚顒若。禮記祭統曰。胞者。肉吏之賤者也。翟者。樂吏之賤者也。

陳氏師凱曰。天下之人。莫不盡其孚誠。顒然瞻仰之。顒。仰望也。**收其放而合其離。蓋格君心萃天下之道。莫要於此。宜周公以爲首務也。**

集說 林氏之奇曰。漢孔氏曰。王當始舉殷家祭祀以禮典祀于新邑。王氏曰。殷者。與五年再殷祭之殷同。非夏殷之殷也。當從王氏之說。易象雷出地奮。豫。先王以作樂崇德殷薦之上帝。以配祖考。禮有殷祭殷奠皆取殷盛之義。與周因於殷禮其字雖同。而義則異矣。○陳氏櫟曰。王氏謂此殷禮疑卽篇末十二月戊辰之祭。史述其語於前。而記其事於後也。竊意十二月之祭。不過以周公留治洛之事。就冬烝以告文武耳。此曰殷禮。曰秩無文。乃非常大祭祀。豈十二月之祀足以當之。三月後以至十一月。王必嘗親至洛行大祀禮。受大朝賀。發大號令。今脫去矣。自此下至無遠用戾。乃洛邑既成。公自洛還鎬。告王以宅洛所當行之事。而請王以行。及自陳欲退老之辭也。繼此云云。述往復之辭。而有錯誤之簡者也。證之召誥。公定宅後。嘗還鎬京。觀召公取諸侯之幣錫公。由公以達王。則可見矣。孺子其朋以下。必有訛誤脫簡。漏却王祀新邑等。必在此處無疑也。況梓材庶邦享集丕享等語。其爲敬識百辟享之上下文。脫簡在彼。尤爲顯然乎。○王氏充耘曰。王者爲天下神人之主。故卽位卽政。必先享祀羣神。朝會羣后。今洛邑成而王卽政。與新卽位同。故曰王肇稱殷禮。舉盛禮自今始。故當徧于羣神。宜乎其咸秩無文也。祭祀之後。繼以敬識百辟享。則教以朝會諸侯之事也。先神後人。禮當如此。

予齊百工伻從王于周。予惟曰庶有事。

集傳 周公言予整齊百官。使從成王于周。謂將適洛時也。予惟謂之曰庶幾其有所事乎。公但微示其意。以待成王自教詔之也。

集說 夏氏僎曰。王祭于新邑。我則整齊百官。使從王往新邑也。○呂氏祖謙曰。方周公當國之時。百官賢否。雖或小不齊。公固化之有道。處之有方。於治道未害也。今成王親政之初。所從百官。豈容有一小人參錯其間。故公必精察審擇。使咸出於正。無少不齊。老臣愛君之心亦篤矣。不授之以人而徒責之事。周公必不爾也。○陳氏櫟曰。國之大事在祀與戎。故古人於祭祀皆曰有事。

今王卽命曰。記功宗。以功作元祀。惟命曰。汝受命篤弼。

集傳　功宗。功之尊顯者。祭法曰。聖王之制祭祀也。法施於民則祀之。以死勤事則祀之。以勞定國則祀之。能禦大災則祀之。能捍大患則祀之。蓋功臣皆祭於大烝。而勳勞之最尊顯者。則爲之冠。故謂之元祀。孔氏安國曰。有大功。則列大祀。周公告成王卽命曰。記功之尊顯者。以功作元祀矣。又惟命之曰。汝功臣受此襃賞之命。當益厚輔王室。蓋作元祀。旣以慰答功臣。而又勉其左右王室。益圖久大之業也。

集說王氏安石曰。記功若紀于太常。載在盟府之類。作元祀。若茲予大享于先王。爾祖其從與享之類。○呂氏祖謙曰。洛邑既成。周業既定。論創業之勳。不可後也。功臣之冠。天下觀瞻。鎮服羣下。實係此舉。論功莫先於宗。言宗。則凡功臣可得而推矣。報功莫重於祀。言祀。則凡慶賞可得而推矣。○王氏樵曰。周公攝政。此等大事。蓋不敢專。而有待于成王之親政。故今語王以宅洛所當行而首及之。

丕視功載。乃汝其悉自教工。

集傳丕。大。視。示也。功載者。記功之載籍也。大視功載。而無不公。則百工效之。亦皆公也。大視功載。而或出於私。則百工效之。亦皆私也。其公其私。悉自汝教之。所謂乃汝其悉自教工也。上章告以褒賞功臣。故戒其大視功載者如此。

【集說】胡氏士行曰。記人之功。小大有序。公褒賞激勸之權。以勵百工。而申命以啓其篤弼之忠。凡載功之書。大加閱視以示羣工之教。此皆王之所當自服者也。○陳氏櫟曰。以功作元祀者。所以報功臣於既往。丕視功載者。所以勸功臣於方來。載之今日。又當祀之後日也。○王氏充耘曰。紀功載籍。必昭示於大庭廣衆之閒。功之高下有無。自有公論。不可以私意而爲之輕重增損也。凡可以使衆人見者。其紀載必公。不然則必不敢以示人矣。

孺子其朋。孺子其朋。其往。無若火始燄燄。厥攸灼。敘弗其絕。

【集傳】孺子。稚子也。朋。比也。上文百工之視效如此。則論功行賞。孺子其可少徇比黨之私乎。孺子其少徇比黨之私。則自是而往。有若火然。始雖燄燄尚微。而其灼爍。將次第延爇。不可得而撲滅矣。言論功行賞。徇私之害。其初甚微。其終至於不可遏絕。所以嚴其辭而禁之於未然也。

【集說】孔氏安國曰。言朋黨敗俗。事從微至著。防之宜以初。○林氏之奇曰。燄燄不滅。炎炎若何。天下之患。

未有不始於微而成於著也。漢唐朋黨之禍。皆始於細微。於其細微而不謹。則其末寖淫而不可解。○呂氏祖謙曰。論功者。成王之初政。周公懼其私心之或萌。故嚴厲其辭。所以閑之於始。而禁之於未發也。○傅氏元初曰。朋者。人臣所大禁。而君亦有朋。一念偏私。卽是憧憧朋從之害。悉自教工之效。其可掩乎。

厥若彝。及撫事。如予。惟以在周工往新邑。伻嚮。卽有僚。明作有功。惇大成裕。汝永有辭。

【集傳】其順常道。及撫國事。王氏樵曰。若彝。以常所持循而言。撫事。以臨事聽斷而言。常如我爲政之時。惟用見在周官。勿參以私人往新邑。使百工知上意嚮。各就有僚。明白奮揚而赴功。惇厚博大以裕俗。則王之休聞。亦永有辭于後世矣。

集說 呂氏祖謙曰。漢文近於惇大成裕。而無所謂明作有功。漢宣近於明作有功。而無所謂惇大成裕。周之治體。蓋非後世可及也。○金氏履祥曰。建都之始。治體風俗。於是關係。勵精者乏寬大之體。而寬大者少振勵之功。二者兼之。於振勵奮發之中。有優柔寬大之意。此一代治體之所以爲全美。而成王之所以永有辭於世也。○王氏肯堂曰。明作。是建事之精采。惇大。是爲治之規模。成裕者。成化於不迫也。謂精白一心。奮發勇往。所以順常道而撫國事者。不敢怠于斯須。而又崇尚忠厚。務爲寬博。所謂順常道而撫國事者。不責效于旦夕也。

公曰。已。汝惟沖子惟終。

集傳　周之王業，文武始之，成王當終之也。此上詳於記功敎工，內治之事。此下則統御諸侯，敎養萬民之道也。

集說　孔氏穎達曰：周公止而復言，故更言公曰。已者，道嗣父祖之位，當終其美業，能致太平，是終之也。○呂氏祖謙曰：蓋憂其不克負荷，而勉其不可不負荷也。前言已如是矣，爲後言發端也。言其年幼而任重

汝其敬識百辟享，亦識其有不享。享多儀，儀不及物，惟曰不享。惟不役志于享，凡民惟曰不享，惟事其爽侮。

集傳　此御諸侯之道也。百辟，諸侯也。享，朝享也。儀，禮。物，

幣也。諸侯享上，有誠有僞，惟人君克敬者能識之。識其誠於享者，亦識其不誠於享者。享不在幣而在於禮，幣有餘而禮不足，亦所謂不享也。諸侯惟不用志於享，則國人化之，亦皆謂上不必享矣。舉國無享上之誠，則政事安得不至於差爽僭侮，隳王度而爲叛亂哉！人君可不以敬存心，辨之於早，察之於微乎。

集說 蘇氏軾曰：小人賄以悅人，必簡於禮。公戒王責諸侯以禮，不以幣，恐其役志乎物，而不役志乎禮，則諸侯慢而王室輕矣，此治亂之本，故公特言之。襄二十五年《春秋傳》曰：晉趙文子爲政，薄諸侯之幣而重其禮。

謂穆叔曰。自今以往。兵其少弭矣。夫以列國之卿。輕幣重禮。猶足以弭兵。王而賄。其致寇也必矣。唐之衰。君相皆可以賄取。方鎮爭貢羨餘。行苞苴。而天子始失其政。以至於亡。周公之戒至矣。○朱子曰。享朝而以幣享王。誠以奉上之辭。幣有餘而禮不及者。往往有輕上之心。以爲可以幣交也。曰。吾幣足矣。何以禮爲。如是者猶不享也。諸侯不役志于享。上則天下之民。皆無復有享上之心矣。天下之事。安得不爽亂而輕侮乎。○呂氏祖謙曰。王者御諸侯。非用智任術。亦曰敬而已。敬則是心常存。無愛憎之私。故能識其享與不享也。所謂不享者。庭實任土之物。固與其他諸侯無異。苟無誠意。則其陞降俯仰之儀。必有不與物相稱者。是以謂之不享。○陳氏櫟曰。此因將往新邑朝諸侯而言。亦因召公取諸侯之幣旅王而言也。

乃惟孺子。頒朕不暇。聽朕教汝于棐民彝。汝乃是不蘉。乃時惟不永哉。篤敘乃正父。罔不若予。不敢廢乃命。汝往敬哉。茲予其明農哉。彼裕我民。無遠用戾。

集傳　此教養萬民之道也。頒朕不暇。未詳。或曰。成王當頒布我汲汲不暇者。聽我教汝所以輔民常性之道。汝於是而不勉孔氏穎達曰。蘉。鄭王皆以爲勉焉。則民彝泯亂。而非所以長久之道矣。正父。武王也。猶今稱先正云者。篤者。篤厚而不忘。敘者。先後之不紊。言篤敘武王之道。無不如我。

則人不敢廢汝之命矣。呂氏曰。武王沒。周公如武王。故天下不廢周公之命。周公去。成王如周公。則天下不廢成王之命。戾至也。王往洛邑。其敬之哉。我其退休田野。惟明農事。蓋公有歸老之志矣。彼謂洛邑也。王於洛邑和裕其民。則民將無遠而至焉。

集說 孔氏穎達曰。謙言己所不暇。若猶有美事。未得施者然。故戒成王。欲命勉行之。○朱子曰。周公戒成王。使聽我教汝以輔民常性之道。若汝不勉。則不能永保天命也。然則所以輔民常性者。惟在乎勉而已。篤敘汝武王之所行。無不如予之所以厚敘者。○呂氏祖謙曰。周公之於民至矣。然治道有先後之序。蓋亦有不暇爲者故屬成王頒布我所不暇爲者於天下王其聽我教汝於輔助斯民教養之常道次第而頒之於民可也篤敘云者典刑具在誠意不存亦徒法而已故行之貴乎篤也○陳氏櫟曰汝往敬哉茲予其明農哉味此二句可見公時在鎬欲王往新邑而已將退老也此章之下當必有公從王至新邑舉祀發命之事而今闕矣

王若曰公明保予沖子公稱丕顯德以予小子揚文武烈奉答天命和恆四方民居師

【集傳】此下成王答周公及留公也大抵與上章參錯相應明顯明之也保保佑之也稱舉也和者使不乖也恆者使可久也居師者宅其衆也言周公明保成王舉大

明德。使其上之不忝於文武。仰不愧天。俯不怍人也。

【集說】林氏之奇曰。文王武王之所以肇造區夏。而建無窮之功業者。惟其上得天下得人而已。故周公能盡其翊贊之力。以成王揚文武之烈。則亦可以奉答天命而爲上天之眷顧。和恆四方民。而爲下民之所愛戴也。○朱子曰。居師營洛邑。定民居也。○陳氏櫟曰。此王既至洛舉祀後。與公言將留公治洛。先敘述公之功德以慰藉之也。

惇宗將禮。稱秩元祀。咸秩無文。

【集傳】宗。功宗之宗也。下文宗禮同。將。大也。

【集說】陳氏櫟曰。此蓋王述已行之事之辭。即答公所謂王肇稱殷禮祀于新邑咸秩無文也。

惟公德明光于上下勤施于四方旁作穆穆迓衡不迷文武勤教予沖子夙夜毖祀

集傳 旁無方所也因上下四方爲言穆穆和敬也迓迎也言周公之德昭著於上下勤施於四方旁作穆穆以迎治平不迷失文武所勤之教於天下公之德教加於時者如此予沖子夫何爲哉惟早夜以謹祭祀而已蓋成王知周公有退休之志故示其所以留之之意也

集說 孔氏穎達曰惟典祭祀以政事委公襄二十六年左傳衛獻公使與甯喜言曰政由甯氏祭則寡人

亦猶是也。○蘇氏軾曰。祭則我沖子。政則周公。成王言我歸宗周。毖祀而已。○呂氏祖謙曰。天下皆在周公光宅之中。識其不已之心者。成王也。天下皆向周公日新之化。識其迓平之象者。成王也。周公勤施不已之心。雖聖人所同然。征誅四國。思兼三王。其勞特甚。信乎其爲勤施也。不曰既平。而曰迓平者。既平。則盈不可久矣。迓則有亹亹方進之思焉。勤勞勳德如是。成王弁冕奉祭。其敢忘所自乎。其敢少遠周公乎。○胡氏士行曰。公之德。文武之德也。勤者。所以運此德於不息也。迓迎其方來。不以目前之治爲足也。公之勤施至則文武之教勤。益大昭明於天下而不迷矣。○陳氏櫟曰。此王推美歸重於公。猶欲其益因德業之盛而加自強不息之誠。我小子但主祀而已。此已示留公之意也。

王曰。公功棐迪篤。罔不若時。

【集傳】言周公之功，所以輔我啓我者厚矣。王氏樵曰：周公位冢宰，則有輔佐之功；兼師保，則有啓迪之功。當常如是，未可以言去也。

【集說】朱子曰：公之功，輔導我已厚矣，無不若是，以上所稱也。○金氏履祥曰：謂公之功已至，然所以輔導予者，願益加厚，罔不如今日，未可去也。

王曰：公！予小子其退卽辟于周，命公後。

【集傳】此下成王留周公治洛也。成王言我退卽居于周，命公留後治洛。蓋洛邑之作，周公本欲成王遷都，以宅天下之中，而成王之意，則未欲捨鎬京而廢祖宗之舊。

故於洛邑舉祀發政之後。即欲歸居于周。而留周公治洛。謂之後者。先成王之辭。猶後世留守留後之義。先儒謂封伯禽以爲魯後者。非是。考之費誓東郊不開。乃在周公東征之時。則伯禽就國。蓋已久矣。下文惟告周公其後。其字之義。益可見其爲周公。不爲伯禽也。

集說朱子曰。上文王曰兩段。周公無答辭。疑有闕文。○史丞相說書。亦有好處。如命公後。衆說亦皆云命伯禽爲周公之後。史云成王既歸。命周公在後。看公定予往已一言。便見得是周公且在後之意。○陳氏櫟曰。成王自謂其退。卽辟于周。味退之一字。則王時進在洛邑可知。據身在洛邑言。故以還歸宗周爲退。退固王之謙辭。亦述往返語勢之當然耳。先儒於此皆忽之。故不敢質言此章爲王至洛後之辭也。

四方迪亂。未定于宗禮。亦未克敉公功。

集傳 宗禮。卽功宗之禮也。亂。治也。四方開治。公之功也。未定功宗之禮。故未能敉公功也。敉功者。安定其功之謂。卽下文命寧者也。

迪將其後監我士師工。誕保文武受民。亂爲四輔。

集說 吴氏澄曰。敉。慰撫綏安之意。猶下文言寧。禮記言康。皆謂尊崇賞賚也。

集傳 將。大也。周公居洛。啓大其後。使我士師工有所監視。大保文武所受於天之民。而治爲宗周之四輔也。漢三輔蓋本諸此。今案先言啓大其後。而繼以亂爲四輔。則命周公留後於洛。明矣。

集說 朱子曰。周公在後監我百官。士也。師也。工也。四輔。猶四鄰。○陳氏師凱曰。漢三輔。京兆馮翊扶風三郡也。案王制曰。設四輔。及三公。四輔。左輔右弼前疑後丞也。蔡不據此者。以成周未嘗設四輔官。時公旦任太師在三公列。不聞爲四輔。故止引漢三輔爲比。周家非有三郡。特以王城鎬京相爲鄰輔。如朱子四鄰之義耳。○王氏樵曰。畢命言周公克愼厥始。君陳克和厥中。旣歷三紀。世變而風始移。殷民之難化如此。使非周公留鎭。監我師工。則愼始之政。誠有未易言者。○顧氏錫疇曰。後。卽命公後之後。謂公居洛邑。必當興建事功。恢弘治道開大留後之事業也。監我士師工。卽伻嚮卽有僚之意。受民。只指在洛之民。

王曰。公定予往已。公功肅將祗歡。公無困哉。我惟無斁其康事。公勿替刑。四方其世享。

【集傳】定。爾雅曰。止也。成王欲周公止洛。而自歸往宗周。言周公之功。人皆肅而將之。欽而悅之。宜鎭撫洛邑。以慰懌人心。毋求去以困我也。我惟無厭其安民之事。公勿替所以監我士師工者。四方得以世世享公之德也。

吳氏曰。前漢書兩引公無困哉。皆以哉作我。當以我爲正。

集說 林氏之奇曰。觀畢命曰既歷三紀。世變風移。四方無虞。予一人以寧。則世享可見矣。○朱子曰。此王與公決而歸之言也。○王氏樵曰。肅將順政教於外也。祗歡懷敬愛於中也。人心於公如此。公留則王室安。公去則天下疑。非困我哉。我惟無怠於安民之事。公留而勿替所以儀刑我臣工者。則四方得以世享公之德於無窮也。○馬氏森曰。肅將者。仰德教之盛而服膺恭奉之不違。遵其道也。祗歡者。感德教之及。而敬念悅懌之不忘。慕其澤也。

周公拜手稽首曰。王命予來。承保乃文祖受命民越乃光烈考武王弘朕恭。

集傳 此下。周公許成王留等事也。來者。來洛邑也。承保乃文祖受命民。及光烈考武王者。吳氏澄曰。武王之下。不再言受命民者。省文。答誕保文武受民之言也。責難於君謂之恭。弘朕恭者。大其責難之義也。

集說 林氏之奇曰。成王留公于洛以鎮撫之。公宗臣也。義所不得辭。故拜手稽首。致恭盡禮。以受王命也。○吳氏澄曰。恪恭臣事君之職也。今又命我治洛。是欲弘大我事君之恭也。○王氏樵曰。以退爲去。以留爲來。王於文王武王。皆欲令周公奉其道。安其民。周公分言之。辭繁而不殺者。見其所承之重也。弘朕恭。欲展其事上之敬。意在下文。下兩節。一以治洛之效望之成王。卽所謂弘朕恭也。一以治洛之事自效。卽所謂承保也。

孺子來相宅其大惇典殷獻民亂爲四方新辟作周恭先曰其自時中乂萬邦咸休惟王有成績。

集傳 典。典章也。殷獻民。殷之賢者也。言當大厚其典章。及殷之獻民。蓋文獻者。爲治之大要也。亂。治也。言成王於新邑致治。爲四方新主也。作周恭先者。人君恭以接下。以恭而倡後王也。公又言其自是宅中圖治。萬邦咸底休美。則王其有成績矣。此周公以治洛之效望之成王也。

【集說】胡氏士行曰。此立治之規模。君盡君道。臣盡臣道也。○金氏履祥曰。定都之初。觀望一新。故謂之新辟。而始遷之君。亦後世之所倡始。故謂之恭先。○成王雖歸宗周。然建洛邑爲東都。則朝覲會同。政令皆於此。故公勉王之言云爾。○陳氏櫟曰。孺子來相宅。乃公述王之此行也。作周恭先。爲周家恭敬之王之先。以恭而率先夫後之爲王者也。曰者。公期望於王之辭。其自時中乂。其卽將然之辭也。○王氏樵曰。因其來而不果居。故止曰相宅。周公以治洛之本在王。故以事之在王者言之。典者。文武之所講畫。咸以正而罔缺者也。大惇典。則法必監於先王。而無不舉之政。殷獻民。前代之舊臣世家。能知其善政而守其遺風者也。大惇獻。則材不棄於異代。而習其故事。知其土俗。以治其民。又易入者也。此二者。治之要也。治爲四方新辟。卽作民明辟之意。君德莫大於恭。作周恭先者。以恭而倡後王也。下因言予將何以爲王期哉。曰其自是三句相連。蓋中乂則咸休。咸休則成績也。成王既不果居洛。而猶曰自時中乂者。因朝會而出政令。不必王之常居於斯而後謂之中乂也。

予旦以多子越御事。篤前人成烈。答其師。作周孚先。考朕昭子刑。乃單文祖德。

集傳 多子者。衆卿大夫也。唐孔氏曰。子者。有德之稱。大夫皆稱子。師。衆也。周公言我以衆卿大夫及治事之臣。

篤厚文武成功以答天下之衆也孚信也作周孚先者人臣信以事上以信而倡後人也考成也昭子猶所謂明辟也親之故曰子林氏之奇曰子指成王也此篇稱成王曰子曰孺子皆是叔父家人之辭刑儀刑也單殫也言成我明子儀刑而殫盡文王之德蓋周公與羣臣篤前人成烈者所以成成王之刑乃殫文祖德也此周公以治洛之事自效也

集說 孔氏穎達曰欲令成王行善政爲後世賢王所推先公與羣臣盡誠節爲後世賢臣所推先也○陳氏大猷曰此處上下疑有闕文○陳氏櫟曰作周孚先爲周家孚信之臣之先以信而率先夫後之爲臣者也

亂爲四方新辟。當與亂爲四輔對觀。作周孚先當與作周恭先對觀。蓋公與王交相期望。各盡責任之辭也。

【附錄】吳氏澄曰。予統率羣士大夫增廣前人已成之烈。副答民衆之望。爲周家人臣信以事上者之倡。成我所以昭明乎子之儀刑。乃能使王殫盡文祖之德。昭。猶後篇昭文王昭武王之昭。

【案】蔡傳。昭子。猶所謂明辟也。未知何所本。舊說大槩昭訓明。子則指成王。卽君奭篇昭文王昭武王。蔡氏皆以昭明之義釋之。則援彼例此。當云昭明乎子之儀刑耳。

伻來毖殷。乃命寧予以秬鬯二卣。曰明禋。拜手稽首休享。

【集傳】此謹毖殷民。而命寧周公也。秬。黑黍也。一稃二米。

和氣所生。鬯。鬱金香草也。卣。中尊也。孫氏炎曰。尊彝爲上。罍爲下。卣居中。○郭氏璞曰。卣。不大不小者。明潔。禋。敬也。以事神之禮事公也。蘇氏曰。以黑黍爲酒。合以鬱。鬯所以祼也。宗廟之禮莫盛於祼。王使人來戒敕庶殷。且以秬鬯二卣。綏寧周公曰明禋。曰休享者何也。事周公如事神明也。古者有大賓客。以享禮。禮之酒清人渴而不飲。肉乾人饑而不食也。故享有體薦。豈非敬之至者。則其禮如祭也歟。

【集說】孔氏穎達曰。以黑黍爲酒。煑鬱金之草。築而和之。使芬香條暢。謂之秬鬯。酒周禮鬱鬯之酒。實之於彝。此言在卣者。詩大雅江漢。及文侯之命。皆言秬鬯一卣。則未祭實之於卣。祭時實之於彝。○陳氏櫟曰。明禋拜手稽首休享者。述王命使之辭。曰此明潔以禋祀之酒。今拜稽而致休美以享公焉。敬之至者。其禮如祭。傳曰。享有體薦。一證也。記曰。君子敬則用祭器。又一證也。

予不敢宿則禋于文王武王。

【集傳】宿。與顧命三宿之宿同。禋。祭名。周公不敢受此禮。而祭於文武也。

【集說】余氏芑舒曰。顧命。宿訓爲進爵。孔氏說也。唐孔氏申其義。以爲進爵於神前。○陳氏師凱曰。顧命則謂三進爵於神前。此則周公言我不敢自進此酒。則用以祭文武也。

附錄王氏安石曰。成王使周公來毖商民。乃命寧周公以秬鬯二卣。曰明禮於文武。使之明禮。則以太平告文武也。故周公不敢宿成王明禮之命。卽禮文武○林氏之奇曰。文侯之命。常武皆曰一卣。此言二者。宣王平王之賜其臣。使以祭其太祖。故惟一卣。此告于文王武王。故以二也。予不敢宿。與曲禮曰。凡爲君使者。已受命。君言不宿於家之宿同。○如蘇氏言。則寧予以秬鬯二卣。正如禮記所謂康周公。故以賜魯。其論寧予之言。固爲明白。然謂事周公如事神明。故曰明禮。曰休享。恐無是理。豈有周公尚存。而謂之禮乎。使當時誠以此致之周公。則一卣可矣。何必二哉。以其二卣。則成王命周公禮於文武也明矣。非是禮于文武。出周公之意也。

案鬯卣明禮之命。蔡傳謂成王綏寧周公。而以事神之禮事公。公不敢自進此酒。則用以祭文武。此據蘇軾之解也。而王安石林氏之奇釋此兩節大意。則以爲事神與事人不同。故秬鬯二卣。王命寧周公者。卽命公禮于文武公受命。不敢留宿。而卽以祭文武。其說亦長。

惠篤敘。無有遘自疾。萬年厭于乃德。殷乃引考。

【集傳】此祭之祝辭。周公爲成王禱也。惠順也。篤敘與篤敘乃正父同。順篤敘文武之道。身其康強。無有遘遇自罹疾害者。子孫萬年厭飽乃德。殷人亦永壽考也。

【集說】陳氏大猷曰。惠順文武之道。篤敘而行之。○馬氏森曰。福莫大於好德也。則使之惠迪不違。而順篤敘乎文武之道焉。福莫大於康寧也。則使之身其康強。無有遘厲自罹疾害者焉。至於子孫。亦當保佑之使善繼善述。皆厭飽祖德之華腴。而好德之福。有以貽之遠也。殷民亦使之享有遐齡。獲無疆壽考。而康寧之福。有以及之衆也。爲王禱之如此。○張氏爾嘉曰。王者不以一身爲福。而合子孫黎民以成其福。

王伻殷乃承敘萬年。其永觀朕子懷德。

【集傳】承。聽受也。敘。教條次第也。王使殷人承敘萬年。其永觀法我孺子而懷其德也。蓋周公雖許成王留洛。然且謂王伻殷者。若曰。遷洛之民。我固任之。至於使其承敘萬年。則實繫於王也。亦責難之意。與召誥末用供王能祈天永命語脈相類。

【集說】林氏之奇曰。周公欲王推其優游寬大之道以化殷人。使之風移俗易。故曰其永觀朕子懷德也。

戊辰王在新邑烝祭歲文王騂牛一武王騂牛一王命作册逸祝册惟告周公其後王賓殺禋咸格王入太室祼

集傳 此下史官記祭祀册誥等事以附篇末也戊辰十二月之戊辰日也是日成王在洛舉烝祭之禮曰歲云者歲舉之祭也周尚赤故用騂宗廟禮太牢此用特牛者命周公留後於洛故舉盛禮也逸史佚也陳氏師凱曰古字通作逸作册者册書也逸祝册者史逸爲祝册以告神也惟

告周公其後者。祝冊所載。更不他及。惟告周公留守其後之意。重其事也。王賓。猶虞賓杞宋之屬。助祭諸侯也。諸侯以王殺牲禋祭祖廟。故咸至也。太室。清廟中央室也。祼。灌也。以圭瓚酌秬鬯。灌地以降神也。

集說 孔氏穎達曰。三月丙午朏。以算術計之。三月甲辰朔大。四月甲戌朔小。五月癸卯朔大。六月癸酉朔小。七月壬寅朔大。八月壬申朔小。九月辛丑朔大。又有閏九月辛未朔小。十月庚子朔大。十一月庚午朔小。十二月己亥朔大。計十二月三十日戊辰晦也。○太室。室之大者。故爲清廟。廟有五室。中央曰太室。清廟。神之所在。故王入太室。祼獻鬯酒以告神也。○夏氏僎曰。郊特牲云。既灌然後出迎牲。則祼在前。殺牲在後。今此先言殺後言祼者。蓋此所謂王賓殺禋咸格。非謂諸侯至殺牲時始至也。乃謂諸侯以王將舉此殺禋盛禮。皆來助祭。諸侯既至。然後王入清廟祼酒也。此與郊特牲之義何異。○薛氏季宣曰。烝。冬祭也。四時之祭。大烝爲重。大烝之祭。功臣與焉。烝祭文王武王之廟。而并享宗功。歲用騂牛各一。周家之禮。自成王新邑始也。

王命周公後作册逸誥在十有二月。

【集傳】逸誥者。史逸誥周公治洛留後也。在十有二月者。明戊辰爲十二月日也。

【集說】吴氏澄曰。書之常法。當以日繫月。以事繫日。此先記日記事。後乃記月。變例也。

惟周公誕保文武受命惟七年。

【集傳】吴氏曰。周公自留洛之後。凡七年而薨也。成王之留公也。言誕保文武受民。公之復成王也。亦言承保乃文祖受命民。越乃光烈考武王。故史臣於其終。計其年曰。惟周公誕保文武受命惟七年。蓋終始公之辭云。

【集說】陳氏櫟曰。此三節。史臣記王在洛。以留公在後治洛之事。祭告文武及命公也。上言逸祝冊告文武之冊也。下云作冊逸誥。告命周公之冊也。重其事。故既廟祭而冊祝先王。又因廟祭而冊命周公也。○陳氏師凱曰。周公位冢宰。攝政已七年。欲退休。成王留之治洛。又歷七年。自武王喪後。共十四年也。

【總論】金氏履祥曰。召誥洛誥。相爲首尾。惟洛誥所紀。若無倫次。有周公至洛。使告圖卜往復之辭。有周公歸周。迎王往洛對答之辭。有成王在洛。留周公于後而歸之辭。有周公爲王留洛。相勉敘述之辭。辭從其辭。事從其事。各以類附。然無往來先後之序。蓋其日月必已具在繫年之史。故此篇事辭。各以類附。不嫌於亂雜。但其間亦必有闕文錯簡。皆伏生口授之訛。而孔氏又以所聞伏生之書爲定。以此致誤。

多士

集傳 商民遷洛者。亦有有位之士。故周公洛邑初政。以王命總呼多士而告之。編書者因以名篇。亦誥體也。今文古文皆有。○吴氏曰。方遷商民于洛之時。成周未作。其後王與周公患四方之遠。鑒三監之叛。於是始作洛邑。欲徙周而居之。其曰昔朕來自奄。大降爾四國民命。我乃明致天罰移爾遐逖。比事臣我宗多遜者。述遷民之初也。曰今朕作大邑于茲洛。予惟四方罔攸賓。亦惟爾多士攸服奔走臣我多遜者。言遷民而後作洛也。故洛誥一篇。終始皆無欲遷商民之意。惟周公既誥成王留治于洛之後。乃曰伻來毖殷。又曰王伻殷乃承敘。當時商民已遷于洛。故其言如此。愚謂武王已有都洛之志。故周公黜殷之後。以殷民反覆難制。卽遷于洛。至是建成周。造廬舍。定疆埸。乃告命與之更始焉爾。此多士之所以作也。由是而推。則召誥攻位之庶殷。其已遷洛之民歟。不然。則受都。今衞州也。洛邑。今西京也。相去四百餘里。召公安得舍近之友民。而役遠之讎民哉。書序以爲成周既成。遷殷頑民者。謬矣。吾固以爲非孔子所作也。陳氏櫟曰。諸家過信小序。所以於昔朕來自奄。全說不通。吳蔡當矣。

【集說】呂氏祖謙曰。遷洛之事。召誥經營之。洛誥考成之。多士則慰安之也。○張氏行成曰。周公營建洛邑。於是使其耳目一新。心志變易。日見周之士大夫。日聞周之號令。日被周之德化。變念商之心。爲念周之心。其論遷居於洛。則曰時惟天命無我怨。論夏迪簡在王庭。則曰予一人惟聽用德既安慰以勞苦之詞。又開勉以選任之意。使人人自喜。有仕宦之望。而無擯絕之憂。有一家之心。而無防閑之苦。嗚呼。周公忠厚之心。其亦見於此乎。○陳氏經曰。堯遷有苗於三危。而苗民始格。周公遷商於洛。而商民始化。此即孟子引而致之莊嶽之說也。

惟三月。周公初于新邑洛。用告商王士。

【集傳】此多士之本序也。三月。成王祀洛次年之三月也。

周公至洛久矣。此言初者，成王既不果遷，留公治洛，至是公始行治洛之事，故謂之初也。曰商王士者，貴之也。

集說 王氏安石曰：殷士遷于成周，從舊長所治，故先告之。殷士順從，則殷民皆然矣。○劉氏應秋曰：治洛莫先於化殷，而化殷莫先於曉諭，於是用成王之命以告商王士。○王氏綱振曰：三月，當從洛誥十二月爲定，蓋八年之三月也。七年三月，周公初基作洛，十二月，周公受命留洛，至次年三月，公方代王用誥治洛，此所謂誥告庶殷者也。

王若曰：爾殷遺多士，弗弔旻天，大降喪于殷，我有周佑命，將天明威，致王罰，勑殷命終于帝。

集傳　弗弔。未詳。林氏之奇曰。言不爲旻天所弔閔。○陳氏師凱曰。大誥引不弔昊天。與此同。意其爲歎憫之辭。當時方言爾也。旻天。秋天也。主肅殺而言。歎憫言旻天大降災害而喪殷。我周受眷佑之命。奉將天之明威。致王罰之公。勅正殷命而革之。以終上帝之事。蓋推革命之公以開諭之也。

集說　蘇氏軾曰。明威王罰。一也。在天爲明威。在人則王罰。○呂氏祖謙曰。首呼之曰爾殷遺多士。撫摩勞來之意。見於言表。略無忿嫉之氣。○喪殷。非他也。周實爲之也。而辭若無與焉者。何哉。殷得罪於天。周奉天討。未嘗有心於其間也。○馬氏森曰。殷民之背叛反側。其心固以王者之後。不肯臣服我周也。而不知興喪皆非人之所能爲。實惟天有以主之也。

肆爾多士。非我小國敢弋殷命。惟天不畀。允罔固亂。弼我。我其敢求位。

集傳 肆。與康誥肆汝小子封同。弋。取也。弋。鳥之弋。言有心於取之也。呼多士誥之。謂以勢而言。我小國亦豈敢弋取殷命。蓋栽者培之。傾者覆之。固其治而不固其亂者。天之道也。惟天不與殷。信其不固殷之亂矣。惟天不固殷之亂。故輔我周之治。而天位自有所不容辭者。我其敢有求位之心哉。

蘇氏軾曰。曰小國。非有勝商之形。曰非敢。非有翦商之心。○林氏之奇曰。言小國。亦如大誥言興我小邦周。蓋謙辭也。惟天不畀殷家以永命。蓋信其不固亂者。此所以輔我周家從百里而起。以我周家居於王位。豈敢求之哉。

惟帝不畀惟我下民秉爲惟天明畏。

【集傳】秉持也。言天命之所不與。卽民心之所秉爲。民心之所秉爲。卽天威之所明畏者也。余氏芑舒曰。明畏只如皋謨篇所訓爲明反覆天民相因之理。以見天之果不外乎民。民之果不外乎天也。詩言秉彝。此言秉爲者。彝以理言。爲以用言也。

集說 蘇氏軾曰。人心不異乎天。天心常導乎人心。○呂氏祖謙曰。不畀之理。豈在外哉。是我下民所秉之爲。蓋善善惡惡。確然不可易者也。始言天不畀。後言帝不畀。蓋剖析精微以示之。故指其主宰謂之帝。至本其明畏之理。則謂之天也。○王氏充耘曰。惟帝不畀。惟我下民秉爲。卽天視自我民視。天聽自我民聽之意。蓋上文言不畀殷而畀我。天豈嘗諄諄然命之乎。但民心之所向背。卽天意之所予奪也。

附錄 孔氏安國曰。惟天不與紂。惟我周家下民秉心爲我。皆是天明德可畏之效。○林氏之奇曰。惟上帝既不畀殷家以永命。故下民皆秉心而爲我。蓋以天之明畏。自我民明威故也。○陳氏經曰。紂之惡至於失人心。則天命之所去。周之德至於下民秉爲。卽天命之所與。

【案】孔注以惟帝不畀句。屬之殷。以下民秉爲句。屬之周。惟天明畏句。合言其效驗。後儒從之者甚衆。蔡傳則取呂祖謙之解。以此節三句。俱屬殷說。蓋謂天之所以不與者。皆因下民之所秉執而爲之也。爲字。如蔡傳。當作平聲讀。如孔注。當作去聲讀。音義雖異。於經旨各有發明耳。

我聞曰。上帝引逸。有夏不適逸。則惟帝降格。嚮于時夏。弗克庸帝。大淫泆有辭。惟時天罔念聞。厥惟廢元命。降致罰。

【集傳】引導。逸安也。來氏宗道曰。引逸者。有思若啓之。行若翼之之意。　降格。與呂刑降格同。呂氏曰。上帝引逸者。非有形聲之接也。人心得其安。則亹亹而不能已。斯則上帝引之也。是理坦然。亦何閒於桀。第桀喪其良心。自不適於安耳。帝實引之。桀實避之。帝猶未遽絕也。乃降格災異。以示意嚮於桀。桀猶不知警懼。不能敬用帝命。乃大肆淫泆。雖有矯誣之辭。而天罔念聞之。仲虺所謂帝用不臧是也。廢其大命。降致其罰。而夏祚終矣。

集說 蘇氏軾曰。順理則逸。從欲則危。雖有釋非之辭。帝不聽也。○呂氏祖謙曰。桀之亡。湯之興。凡爲商民者莫不知其應乎天而順乎人矣至於商周之際乃有疑焉觀其前則明處其中則蔽也故公舉湯桀之舊聞以告之自其明以達其蔽也○時氏瀾曰天人之際惟極乃通治極則通格于皇天是也亂極亦通惟帝降格是也治亂雖殊極乎下而通於上則一而已帝既降格譴告災異以示所嚮夏邦可以深警矣尚猶弗能敬用帝命大肆淫泆自絕於天而天亦絕之故惟時天罔念聞也○陳氏大猷曰天於人君常欲導之於安逸之地如爲善最樂作德日休卽帝之引逸也桀乃不適於逸自趨於危

乃命爾先祖成湯革夏俊民甸四方

集傳 甸治也伊尹稱湯旁求俊彦孟子稱湯立賢無方蓋明揚俊民分布遠邇甸治區畫成湯立政之大經也

周公反復以夏商爲言者。蓋夏之亡。卽殷之亡。湯之興。卽武王之興也。商民觀是。亦可以自反矣。

集說 孔氏穎達曰。天乃命成湯。使之改革夏命。用其賢俊之人。以治四方之國。○胡氏士行曰。此援商代夏以爲殷監也。○王氏樵曰。俊民甸四方。言與賢人經綸天下。蓋旁求有素。又前此之事也。甸。如治田謂之甸。以喩區畫四方之務。無不得宜亦如此也。

自成湯至于帝乙。罔不明德恤祀。

集傳 明德者。所以修其身。恤祀者。所以敬乎神也。

集說 范氏祖禹曰。明德恤祀。一代創守之本。而明德又恤祀之本也。○鄒氏禎期曰。此言商家賢聖之多。

皆能守成湯之家法也。顧諟天之明命，湯之明德也。承上下神祇社稷宗廟罔不祗肅，湯之恤祀也。罔不明德恤祀，則不惟天命自度，祭祀弗黷者能紹之，而凡象賢之君莫不皆然。

亦惟天丕建，保乂有殷，殷王亦罔敢失帝，罔不配天其澤。

集傳　亦惟天大建立，保治有殷，殷之先王亦皆操存此心，無敢失帝之則，無不配天以澤民也。

集說　薛氏季宣曰：無所不浹，天之澤也。王者宅天下，無彼疆此界之殊，配天其澤也。○王氏樵曰：操存於心者，不敢失帝之則，敬之至也。推行於政者，罔不配天其澤，仁之普也。○袁氏黄曰：罔敢失帝，隱微處操存此心。配天澤民。發用上廣大無際。○顧氏錫疇曰。商王不以天之丕建保乂者自足。而以己之事天治民者自盡。故操存愈密。常懷明恤之心。而無不配天以澤民也。

在今後嗣王。誕罔顯于天。矧曰其有聽念于先王勤家。誕淫厥泆。罔顧于天顯民祗。

集傳 後嗣王。紂也。紂大不明於天道。況曰能聽念商先王之勤勞於邦家者乎。大肆淫泆。無復顧念天之顯道。民之敬畏者也。

集說 孫氏覺曰。天顯。天道之明而可畏者。民祗。民事之當敬者。○林氏之奇曰。自古昏暴之君。其不能卒先王之遺範者多矣。然未有不畏天者。惟紂謂已有天命。天既不畏之矣。則其視先王之政爲何如哉。天有顯道。天顯也。下民祗若。民祗也。不顧于天顯民祗。上不畏天。下不敬民也。○孫氏繼有曰。敬肆不兩立。人以敬存心。則上顧天顯。下顧民祗。中念先王之勤勞。必有兢業不敢逸者。紂惟誕淫厥泆。是以慢天虐民之事。無所不爲。而天顯民祗皆不顧矣。

惟時上帝不保。降若茲大喪。

集傳 大喪者。國亡而身戮也。

惟天不畀不明厥德。

集傳 商先王以明德而天丕建。則商後王不明德而天不畀矣。

【集說】孔氏穎達曰。能明其德。天乃與之。惟天不與不明其德者。○呂氏祖謙曰。推原紂所以爲天所絶者。不明其德而已。明德。天所賦也。紂雖下愚。亦豈無是德哉。惟昏蔽蠱惑。人欲日肆。故其惡如上所陳也。

凡四方小大邦喪。罔非有辭于罰。

【集傳】凡四方小大邦國喪亡。其致罰皆有可言者。姚氏舜牧曰。王罰必聲罪致討。故云罔非有辭于罰。況商罪貫盈而周奉辭以伐之者乎。

【集說】孔氏穎達曰。凡四方小大邦國。謂諸侯有土之君。○金氏履祥曰。天之亡人國。未有無其故者。○陳氏櫟曰。紂之衆惡皆自不明德而然。其以不明德而失天命也如此。

王若曰。爾殷多士。今惟我周王。丕靈承帝事。

【集傳】靈。善也。大善承天之所爲也。武成言祇承上帝。以遏亂略。是也。

【集說】葉氏夢得曰。此言黜殷本天意。○林氏之奇曰。王者之治天下。其舉措動作。無非天之事。故其典曰天敘。禮曰天秩。命曰天命。討曰天討。凡所以施之國家者。非人之私意所能爲也。惟當承天意以從事而已矣。○金氏履祥曰。知化則善述其事。窮神則善繼其志。周之靈承。蓋得於不言之表者矣。

有命曰割殷。告勑于帝。

【集傳】帝有命曰割殷。林氏之奇曰。與割正夏之割同。則不得不戡定翦除。告其勑正之事于帝也。鄒氏禎期曰。勑者。格其不正以歸於正也。武成言告于皇天后土。將有大正于商者是也。

【集說】蘇氏軾曰。將有割殷之事。必先告正于天而後行。曰將有大正于商。是也。○林氏之奇曰。惟天以割殷之命命我周王。故周王以勑殷命而告于天也。

惟我事不貳適。惟爾王家我適。

【集傳】上帝臨汝。毋貳爾心。惟我事不貳適之謂。上帝既命。侯于周服。惟爾王家我適之謂。言割殷之事。非有私心。一於從帝而無貳適。則爾殷王家。自不容不我適矣。周不貳于帝。殷其能貳於周乎。蓋示以確然不可動搖之意。而潛消頑民反側之情爾。然聖賢事不貳適。日用飲食。莫不皆然。蓋所以事天也。豈特割殷之事而已哉。

【集說】胡氏士行曰。此言周之不得不與也。○陸氏鍵曰。事不貳適。不但指割殷言。注所謂日用飲食莫不皆然。所謂引遝而適遝。是我周一舉一動。無不與天遊。豈爾能貳於我乎。

予其曰惟爾洪無度。我不爾動。自乃邑。

【集傳】三監倡亂。予其曰乃汝大爲非法。非我爾動。變自爾邑。猶伊訓所謂造攻自鳴條也。

集說 朱氏祖義曰。惟爾大無法度。我固不爲爾恐動。其罪皆自汝邑中自造。有以招我之罰耳。

予亦念天卽于殷大戾。肆不正。

集傳 予亦念天就殷邦。屢降大戾。紂既死。武庚又死。故邪慝不正。言當遷徙也。

集說 馬氏森曰。二節承上言殷民今日所以致攻討之由。本於逆天。而予念其喪亡以圖存之。以起下文遷徙之諭也。○王氏肯堂曰。惟爾大爲非法。自造謫遷之端。重以天降大戾。又有當遷之理。○顧氏錫疇曰。自乃邑。以人言。肆不正。以地言。大戾。亦自無度生來。知此地之不正。則不但法所必遷。亦理所宜遷矣。

【附錄】董氏琮曰。肆。當作肆赦之肆。下文有率肆矜爾。則此當言赦其罪。而不正治其餘黨類也。○朱氏祖義曰。我亦念天已就於殷誅紂殺武庚。而大加罪戾。故今日汝等雖有罪。吾皆肆赦而不盡正。謂不忍盡罰也。

【案】董氏琮朱氏祖義解肆不正。與蔡傳異。謂殷已降大戾。今爾等雖有罪。皆肆赦而不正以法。其說亦通。蔡傳以邪慝不正言其當遷。此則以不正誅而起下遷徙也。

王曰。猷告爾多士。予惟時其遷居西爾。非我一人奉德不康寧。時惟天命。無違。朕不敢有後。無我怨。

【集傳】時。是也。指上文殷大戾而言。謂惟是之故。所以遷居西爾。非我一人樂。如是之遷徙震動也。是惟天命如此。汝毋違越。我不敢有後命。謂有他罰。爾無我怨也。

集說 孔氏穎達曰。從殷適洛。南行而西迴。故爲居西也。上命。故設言此以戒之。○周既伐紂。又誅武庚。殷士懼更有誅。疑其欲違國洛。而此云遷居西爾者。洛當在鎬京之東。商邦之西也。

附錄 林氏之奇曰。人情莫不欲安。今乃使爾有遷徙之勞。非我一人所奉之德不使爾康寧也。是惟天命之所宜然。在乎無違而已。故朕不敢有後。而稽留天命爾。無以遷居爲出於我之意而怨我也。○呂氏祖謙曰。無違者。戒頑民不可違天命也。我畏天命。故於遷洛之事。不敢有後耳。爾體此意而無我怨也。○朱氏祖義曰。

天命不可少違。我所以急營成周。遷爾而西。不敢有後時。○姚氏舜牧曰。朕不敢有後。正說承天命急爲遷徙耳。未可便說後有他罰。

案不敢有後。注疏謂不敢有後誅。蔡傳因之而云不敢有後命。是對殷民說。蓋惟慮其或有怨言而爲是戒諭之詞。其意甚迫切矣。如林之奇呂祖謙諸家之說。則所謂不敢有後者。就天命而言。謂急於遷徙。所以承天命而不敢後時耳。此見聖人用意之厚。而於上下文勢亦順也。

惟爾知。惟殷先人有冊有典。殷革夏命。

集傳 卽其舊聞以開諭之也。殷之先世有冊書典籍。顧氏錫疇曰。藏府曰冊。頒行曰典。載殷改夏命之事。正如是耳。爾何獨疑於今乎。

集說　呂氏祖謙曰。爾先人典冊所載殷革夏命之事。歷然可考。我周之革商。正如是耳。以所聞於前而驗所見於後。廢興之理。亦可識矣。

今爾又曰夏迪簡在王庭。有服在百僚。予一人惟聽用德。肆予敢求爾于天邑商。予惟率肆矜爾。非予罪。時惟天命。

集傳　周公既舉商革夏事以諭頑民。頑民復以商革夏事責周。謂商革夏命之初。凡夏之士。皆啓迪簡拔。在商王之庭。有服列於百僚之間。今周於商士。未聞有所簡拔也。周公舉其言。以大義折之。言爾頑民雖有是言。然予一人所聽用者。惟以德而已。故予敢求爾於天邑商。而遷之於洛者。以冀率德改行焉。予惟循商故事。矜恤於爾而已。其不爾用者。非我之罪也。是惟天命如此。蓋章德者天之命。今頑民滅德。而欲求用。得乎。

集說 鄭氏康成曰。言天邑商者。亦本天之所建。○林氏之奇曰。王者與天地合其德。天卽聖。聖卽天。故周公之於殷。遷其頑民以密邇王室。與夫以其無德而不任之以官。雖皆周家之政。皆以爲天命也。○呂氏祖謙曰商猶謂之天邑者蓋言其地舊爲天子之都重其事而敬其辭裁之者固甚正待之者亦甚厚矣○前云非我一人奉德不康寧時惟天命此又云非予罪時惟天命夫豈借天以自解哉誠以頑民蒙蔽之極故每舉天命之公以大儆省之使於此而有發焉則知洛邑之遷周蓋未嘗與也○陳氏經曰聽用德者爾有德我何敢不用爾無德我何敢苟用商士所言皆私情王所言皆天理不擇賢否而用非天理矣○陳氏大猷曰迪簡王庭職之大者有服百僚職之小者聽用德聽察其有德者而用之

王曰多士昔朕來自奄予大降爾四國民命我乃明致天罰移爾遐逖比事臣我宗多遜

【集傳】降猶今法降等云者陳氏師凱曰如今云減死一等也　言昔我來

自商奄之時。汝四國之民。罪皆應死。我大降爾命。不忍誅戮。乃止明致天罰。移爾遠居于洛。孔氏穎達曰。遐逖。俱訓爲遠。○王氏樵曰。只離其故土。遠於惡俗。卽遐逖也。以親比臣我宗周。有多遜之美。其罰蓋亦甚輕。其恩固已甚厚。今乃猶有所怨望乎。詳此章則商民之遷。固已久矣。【地理今釋】奄國。在今山東兗州府曲阜縣境。括地志云。兗州曲阜縣奄里。卽奄國之地也。

【集說】孔氏安國曰。今移徙汝於洛邑。使汝遠於惡俗。比近臣我宗周。多爲順道。○蔡氏卞曰。天下死生之命。人君制之。民嘗從四國叛矣。有可殺之道也。我乃誅其君而釋其民。是降民命也。○朱子曰。奄東方之國。○

陳氏大猷曰。此奄與淮夷三監同助武庚以叛。周公東征。一舉而誅四國。獨言來自奄者。伐奄在後。誅奄卽來也。四國殷管蔡霍也。以親我事我臣我。宗法我周濟濟多遜之盛。○杜氏偉曰。言密邇王室。與周之君子。朝夕相觀。以節其驕淫之性。而庶幾有多遜之美。此固我移爾遠居于洛之意也。

王曰。告爾殷多士。今予惟不爾殺。予惟時命有申。今朕作大邑于茲洛。予惟四方罔攸賓。亦惟爾多士攸服奔走臣我多遜。

集傳 以自奄之命爲初命。則此命爲申命也。言我惟不忍爾殺。故申明此命。且我所以營洛者。以四方諸侯無所賓禮之地。亦惟爾等服事奔走臣我多遜。而無所處故也。詳此章。則遷民在營洛之先矣。吳氏曰。來自奄稱昔者。遠日之辭也。作大邑稱今者。近日之辭也。移爾遐逖。比事臣我宗多遜者。期之之辭也。攸服奔走臣我多遜者。果能之辭也。以此又知遷民在前。而作洛在後也。

集說 呂氏祖謙曰。明許其不死。所以洗其危疑也。盤庚既遷之後。歷告百姓者。亦曰罔罪爾衆。亦是意也。胥怨之惡小。故告之以罔罪。反叛之惡大。故告之以不殺。辭之輕重。因其犯之大小。至於與民更始。則一而已。○金氏履祥曰。鎬京遠在西偏。四方道里不均。無所於賓貢。所以作大邑于茲洛。亦惟爾多士其服奔走之役焉。其習禮遜之風焉。○顧氏錫疇曰。營洛有二。一爲四方罔攸賓。故有王城之建。一爲爾多士無所處。故有下都之建。

爾乃尚有爾土。爾乃尚寧幹止。

【集傳】幹。事。止。居也。爾乃庶幾有爾田業。庶幾安爾所事。安爾所居也。詳此章所言。皆仍舊有土田居止之辭。信商民之遷舊矣。孔氏不得其說。而以得反所生釋之。於文義似矣。而事則非也。

【集說】呂氏祖謙曰。爾乃尚庶幾保有爾土。而無懷動搖之思。此蓋分之以田也。爾乃尚庶幾安寧。各幹其所止。無起覬覦之望。此蓋受之以業也。○馬氏森曰。土。謂田疇。幹者。純藝營作之計。止者。室廬居處之利也。○潘氏士遴曰。安於幹而有生業。安於止而有室居。幹者。四民之事。農工商賈是。止者。四民之居。疆場市肆是。

爾克敬。天惟畀矜爾。爾不克敬。爾不啻不有爾土。予亦致天之罰于爾躬。

【集傳】敬。則言動無不循理。天之所福。吉祥所集也。不敬。則言動莫不違悖。天之所禍。刑戮所加也。豈特竄徙不有爾土而已哉。身亦有所不能保矣。

【集說】林氏之奇曰。爾若能修已以敬。則天必有以畀予之矜憐之。畀矜者。迪簡而在百僚也。僖三十三年左傳曰。敬德之聚也。能敬必有德。德以治民。君請用之。蓋殷士之敬。則是遷善遠罪。故天畀矜而使周用之也。如其不敬。則豈特不能有此新土而已哉。我將致天之誅罰於汝之身也。○顧氏錫疇曰。克敬者。畏義畏法。不敢反側之謂。

今爾惟時宅爾邑。繼爾居。爾厥有幹有年于茲洛。爾小子乃興從爾遷。

【集傳】邑四井爲邑之邑。陳氏師凱曰。四井。三十二家也。繼者。承續安居之謂。有營爲有壽考。皆于茲洛焉。爾之子孫乃興自爾遷始也。夫自亡國之末裔。爲起家之始祖。頑民雖愚。亦知所擇矣。

【集說】林氏之奇曰：先儒以遷爲遷善，其說爲曲，不如蘇氏曰：汝能敬天安居，汝子孫其有興者，其所由來皆自於遷洛。殷人怨不在王庭百僚，故成王以此荅其意是也。蓋人之愛其子孫，天下之至情也，故以此誘之。○來氏宗道曰：近而裕身，遠而裕後，即是天之畀矜處。與衆同井爲邑，惟已所止爲居，宅者相安定處之意，繼者相承久處之意，有幹者身無外患之擾而事得以成也，有年者身無刑罰之加而壽得以永也。小子乃興，從爾遷，則百世子孫皆以爾爲起家之始祖矣。安洛之休，其大且久固如此。

王曰，又曰：時予乃或言爾攸居。

【集傳】王曰之下，當有闕文。王氏炎曰：王曰下必有脫簡，又曰下必有脫文，以多

方篇末王曰又曰推之可見時我或有所言皆以爾之所居止爲念也申結上文爾居之意

總論　林氏之奇曰此篇與盤庚皆是告以遷居之意故其辭意多相類非我一人奉德不康寧即盤庚所謂予迓續乃命于天予豈汝威也時惟天命無違即所謂天其永我命于兹新邑也無我怨即所謂爾無共怒協比讒言予一人也大抵皆然蓋古之聖人惟不忍鄙其民而欺之故其諄諄告諭之言開其爲此而禁其爲彼不約而同也〇金氏履祥曰多士之末其辭婉而多方之終其辭嚴所以言之時異也若其諄勤反覆之意則同〇董氏鼎曰多士一書中言興喪則由於天言天命則繫於德言德則本於敬終之以爾土爾邑有恒産者有恒心而非誘之以利也

欽定書經傳説彙纂卷第十五

清雍正内府本欽定書經傳説彙纂

第五册

清 王頊齡等撰

天津圖書館藏清雍正八年内府刻本

山東人民出版社·濟南

欽定書經傳說彙纂卷第十

周書

【集傳】周。文王國號。【地理今釋】史記正義曰。太王所居周原。因號曰周。文王因之。有岐城。亦名周城。在今陝西鳳翔府岐山縣。後武王因以爲有天下之號。書凡三十二篇。

【集說】史記。后稷封于邰。别姓姬氏。傳十三世。至季歷。生昌爲西伯。西伯崩。太子發立。是爲武王。○陳氏經曰。文王二十四年生武王。四十八年即諸侯位。在位五十年。年九十七而終。武王年七十三而嗣位。嗣位十三年而伐紂爲天子。七年而終。年九十三也。

泰誓上

【集傳】泰。大同。國語作大。武王伐殷。史錄其誓師之言。以其大會孟津。編書者因以泰誓名之。上篇。未渡河作。後二篇。既渡河作。今文無。古文有。○案伏生二十八篇。本無泰誓。武帝時僞泰誓出。林氏之奇曰。張霸之徒僞書。與伏生今文書合爲二十九篇。孔壁書雖出而未傳於世。故漢儒所引。皆用僞泰誓。如曰白魚入于王舟。有火復于王屋。流爲烏。太史公記周本紀亦載其語。然僞泰誓雖知剽竊經傳所引。而古書亦不能盡見。故後漢馬融得疑其僞。謂泰誓案其文若淺露。吾又見書傳多矣。所引泰誓而不在泰誓者甚多。至晉孔壁古文書行。林氏之奇曰。諸儒以比較國語禮記左傳荀孟諸書。皆合。而僞泰誓始廢。○吴氏曰。湯武皆以兵受命。然湯之辭裕。武王之辭迫。湯之數桀也恭。武之數紂也傲。學者不能無憾。疑其書之晚出。或非盡當時之本文也。

集說　孔氏穎達曰。此三篇。俱是大告諸國之君。而發首異者。此見大會誓衆。故言大會于孟津。中篇徇師而誓。故言以師畢會。下篇王更徇師。故言大巡六師。皆史官觀事而爲作端緒耳。○林氏之奇曰。篇名以泰誓者。漢孔氏曰。大會以誓衆。顧氏曰。此會中之最大者。故曰泰誓。此二說其意雖異。然而以泰爲大則同。夫否泰之泰。與太甚之太。大學之大。三字通用。泰誓之爲言。亦猶是也。是以孟子左氏傳國語舉此篇名。或作泰。或作太。或作大。明此三字音同義同。故得以通用也。○朱子曰。文王之事紂。惟知以臣事君而已。都不見其他。兹其所以爲至德也。若謂三分天下。紂尚有其一。未忍輕去臣位。以商之先王德澤未亡。曆數未終。紂惡未甚。聖人若之何而取之。則是文王之事紂。非其本心。蓋有不得已焉爾。若是則安得謂之至德哉。至於武王之伐紂。觀政于商。亦豈有取之之心。

而紂罔有悛心。武王灼見天命人心之歸己也。不得不順而應之。故曰予弗順天。厥罪惟鈞。以此觀之。足見武王之伐紂。順乎天而應乎人。無可疑矣。此處不容有毫髮之差。天理人欲。王道霸術之所以分。其端特在於此爾。○呂氏祖謙曰。天下不可一日無君也。吾讀泰誓之書。未嘗不悲武王之心。武王之無君。天下之有君也。武王蒙無君之非。而天下獲有君之幸。今觀其言曰。天視自我民視。天聽自我民聽。百姓有過。在予一人。夫天下何與於武王。而武王爲之若是力也。誠不忍坐視天下之病。而自居其身以無過也。是以放牛歸馬。爲天下也。散財發粟。爲天下也。武王何有焉。蓋至是而後見武王之心。

惟十有三年春。大會于孟津。

集傳十三年者武王即位之十三年也春者孟春建寅之月也孟津見禹貢○案漢孔氏言虞芮質成爲文王受命改元之年凡九年而文王崩武王立二年而觀兵三年而伐紂合爲十有三年此皆惑於僞書泰誓之文而誤解九年大統未集與夫觀政于商之語也古者人君即位則稱元年以計其在位之久近常事也自秦惠文始改十四年爲後元年漢文帝亦改十七年爲後元年自後說春秋因以改元爲重歐陽氏曰果重事歟西

伯卽位巳改元年。中間不宜改元而又改元。至武王卽位。宜改元而反不改元。乃上冒先君之元年。并其居喪稱十一年。及其滅商而得天下。其事大於聽訟遠矣。而又不改元。由是言之。謂文王受命改元。武王冒文王之元年者。皆妄也。歐陽氏之辨極爲明著。但其曰十一年者。亦惑於書序十一年之誤也。詳見序篇。又案漢孔氏以春爲建子之月。蓋謂三代改正朔。必改月數。改月數。必以其正爲四時之首。序言一月戊午。既以一月爲建子之月。而經又係之以春。故遂以建子之月爲春。黃氏度曰。孔氏云周孟春。孟春建寅。豈隨王而改耶。夫改正朔不改月數。於太甲辨之詳矣。而四時改易。尤爲無義。冬不可以爲春。寒不可以爲暖。固不待辨而明也。或曰。鄭氏箋詩維暮之春。亦言周之季春。於夏爲孟春。曰。此漢儒承襲之誤耳。且臣工詩言維暮之春。亦又何求。如何新畬。於皇來牟。將受厥明。蓋言暮春則當治其新畬矣。今如何哉。然牟麥將熟。可以受上帝之明賜。夫牟麥將熟。則建辰之月。夏正季春審矣。鄭氏於詩且不得其義。則其考之固不審也。不然。則商以季冬爲春。周以仲冬爲春。四時反逆。皆不得其正。豈三代聖人奉天之政乎。

集說 孔氏穎達曰。中篇言羣后以師畢會。則周之所有諸國皆集。牧誓所呼有庸蜀羌髳微盧彭濮人。知此大會。謂三分有二之諸侯。及諸戎狄皆會也。○黃氏度曰。稱春。則序一月爲建寅之月矣。此與春秋不同。春秋書王。書正月。則爲時王正月。加春於其上。以爲正。雖改。而四時之序不可改。此獨書春。則當自建寅之月始。詩書書月。皆不改夏正。○朱子曰。泰誓序。十有一年武王伐殷。經云十有三年春大會于孟津。必差誤。說者乃以十一年爲觀兵。尤無義理。舊有人引洪範十有三祀王訪于箕子。則十一年之誤可知矣。問子丑寅之建正如何曰此是三陽之月若秦用建亥之月爲正直是無謂大抵三代更易須著如此更易一番○王氏樵曰案春秋孔氏以爲周之孟春建子之月蔡氏以爲建寅之月令以金縢秋大熟未穫及洛誥十二月烝祭歲觀之恐蔡說是○後武成篇書一月程子謂商歷已絕周歷未建故用人正今之正月也不書商歷見紂自絕于天矣此說甚精當補入傳中○馬氏森曰十有三年春者記事者必表年以首事且亦以見武王事殷之久初無利天下之心也言大會者見人心歸附之同而伐商之舉有不容已也

王曰嗟我友邦冢君越我御事庶士明聽誓

【集傳】王曰者史臣追稱之也友邦孔氏穎達曰親之也同志爲友冢君尊之也越及也御事治事者庶士衆士也王氏樵曰御事

庶士。卽本國三卿亞旅師氏千夫長百夫長是也。告以伐商之意。且欲其聽之審也。

集說 黃氏度曰。王者於諸侯爲友。詩亦曰邦人諸友。諸侯各長其國。故稱大君。○時氏瀾曰。嗟之一辭。武王深見兵爲不祥之具也。甘誓嗟六事之人。湯誥嗟爾萬方有衆。皆警歎之意也。

惟天地萬物父母。惟人萬物之靈。亶聰明。作元后。元后作民父母。

集傳 亶。誠實無妄之謂。言聰明出於天性然也。大哉乾元。萬物資始。至哉坤元。萬物資生。天地者。萬物之父母也。萬物之生。惟人得其秀而靈。具四端。備萬善。知覺獨異於物。而聖人又得其最秀而最靈者。天性聰明。無待勉強。其知先知。其覺先覺。首出庶物。故能爲大君於天下。而天下之疲癃殘疾。得其生。鰥寡孤獨。得其養。舉萬民之衆。無一而不得其所焉。則元后者。又所以爲民之父母也。夫天地生物而厚於人。天地生人而厚於聖人。其所以厚於聖人者。亦惟欲其君長乎民。而推天地父母斯民之心而已。天之爲民如此。則任元后之責者。可不知所以作民父母之義乎。商紂失君民之道。故武王發此。是雖一時誓師之言。而實萬世人君之所當體念也。

【集說】孫氏覺曰。天地能生萬物而不能成。所以成之者。君也。○林氏之奇曰。有聰明之德。又居元后之位。則能審於人情之好惡。以爲之父母。然後斯民各得其所。而至昆蟲草木之微。亦無不遂其性者。如此則裁成輔相之德。於是爲至。人道盡而三才之位定矣。○朱子曰。氣質之性。古人雖不曾說著。考之經典。卻有此意。如人惟萬物之靈。亶聰明作元后。天乃錫王勇智。皆此意也。湯武征伐。皆先自說一段義理。○亶聰明作元后。須是剛健中正。方能立天下之事。如創業之君。能定禍亂者。皆是勇智過人。○呂氏祖謙曰。此雖誓師之辭。乃六經之統攝。百王之標準。○陳氏經曰。人者。萬物之一也。物得氣之偏。人得氣之全。此人性所以獨靈於物。然人雖有此靈。有不能保此靈者。必得聰明之君以父母之。斯民始得以各全其靈。聰明亦靈也。聖人先得我心之所同然。而爲靈之靈者耳。○馬氏廷鸞曰。作民父母一語。武王以之首泰誓。箕子以之終皇極。○陳氏櫟曰。萬物莫不稟氣於天。受形於地。乾稱父。坤稱母。此天地所以爲萬物一大父母也。○陳氏雅言曰。造化生物之仁。聖人養民之仁。亶聰明作元后者。天之意也。作民父母者。君之責也。天地爲萬物之父母。聖人爲萬民之父母。武王於誓師之首言此。以見人君當與天地同其德。而盡君師之責也。○孫氏繼有曰。天地之性。惟人爲貴。一民失所。卽非天地父母之心。但天地有心而無爲。其於斯人之中。生一亶聰明者。作民之元后。正欲其體天地之心。贊天地之化。作民父母。使人人皆得其所而已。傳曰。民之所好好之。民之所惡惡之。此之謂民之父母。此作民父母之道。

案此一節。卽張子西銘一篇所自出。張子特推闡得盡耳。

今商王受弗敬上天。降災下民。

集傳受紂名也。吳氏棫曰。案帝辛本紀稱紂。書稱受。或二字古通用。言紂慢天虐民。不知所以作民父母也。慢天虐民之實。卽下文所云也。

集說黃氏度曰。弗克敬天。紂植惡之本。天猶弗敬。視民何有。天爲民立君。而殘害萬姓如此。豈所以爲民父母哉。

沈湎冒色。敢行暴虐。罪人以族。官人以世。惟宮室臺榭陂池侈服。以殘害于爾萬姓。焚炙忠良。刳剔孕婦。皇天震怒。命我文考。肅將天威。大勳未集。

【集傳】沈湎。溺於酒也。冒色。冒亂女色也。族。親族也。一人有罪。刑及親族也。世。子弟也。官使不擇賢才。惟因父兄而寵任子弟也。土高曰臺。有木曰榭。李氏巡曰。臺積土爲之所以觀望。臺上有屋謂之榭。又云無室曰榭。○郭氏璞曰。榭卽今之堂堭也。澤障曰陂。孔氏穎達曰。障澤之水使不流洫。停水曰池。侈奢也。孔氏穎達曰。言匱竭民之財力為奢麗也。焚炙炮烙刑之類。刳剔。割剝也。皇甫謐云。紂剖比干妻以視其胎。未知何據。王氏樵曰。正義曰。必有孕婦被刳剔者。不知為誰。案皇甫謐謂比干妻。殆傅會也。紂虐害無道如此。故皇天震怒。命我文王。敬將天威以除邪虐。大功未集而文王崩。愚謂大勳。在文王時未嘗有意。至紂惡貫盈。武王伐之。敘文王之辭。不得不爾。學者當言外得之。

【集說】黃氏度曰。嗜酒冒色。心志內蠱。聰明日喪。遂至於敢行暴虐。○惡必若桀紂。德必若湯武。而後可行放殺之事。歷數其賊仁害義。爲獨夫之實。使天下後世共知之。而亂臣賊子。不敢以藉口而誣其君。然君子猶曰紂之爲惡不如是之甚。夫會者數十萬。一語不實。其敢出諸口哉。○朱子曰。文王爲之。恐不似武王。只待天下自歸了。紂無人與他。只是休了。東坡論亦有此意。武王則行不得也。○文王但是做得從容不迫。武王便去伐商太猛耳。文王伐崇伐密戡黎等事。又自顯然。書說王季勤勞王家。詩云。太王翦商。都是他子孫自說。不成他子孫誣其父祖。春秋分明說泰伯不從。是不從甚底事。若泰伯當武王之世。也只是爲諸侯。但時措之宜。聖人又有不得已處。○陳氏大猷曰。敬者。萬善之本。不敬者。萬惡之本。人雖至愚。猶知敬天。今紂天且不敬。宜其衆惡日深也。○張氏居正曰。武王數紂之罪甚多。而首以沈湎冒色爲言者。誠知酒色乃衆惡之原。故古之明君。清心寡欲。克己防淫。禹惡旨酒。湯遠聲色。皆所以正其本而澄其源也。○王氏樵曰。罪人以族。孔氏曰。一人有罪。刑及父母兄弟妻子。正義曰。秦政酷虐。有三族之刑。謂非止犯者之身。乃更上及其父。下及其子。經言罪人以族。故以三族解之。父母前世也。兄弟及妻當世也。子孫後世也。案經曰罰弗及嗣。傳曰罪人不孥。皆爲子耳。子且弗及。況父母兄弟妻乎。至此曰罪人以族。始不止於妻子。見紂濫刑之甚也。孥且不可。而況於族乎。孔氏以父母兄弟妻子解族字。此即所謂三族也。故正義又引秦三族以證之。○沈氏漇曰。官人以世。亦列虐中者。仁急親賢。如不擇賢能而世濟其惡。爲民之害更甚耳。

肆予小子發。以爾友邦冢君。觀政于商。惟受罔有悛心。乃夷居。弗事上帝神祇。遺厥先宗廟弗祀。犧牲粢盛。既于凶盜。乃曰吾有民有命。罔懲其侮。

【集傳】肆，故也。觀政，猶伊尹所謂萬夫之長可以觀政。八百諸侯背商歸周，則商政可知。先儒以觀政爲觀兵，誤矣。馬氏森曰：觀政于商，敘前日猶未遽伐之意。悛，改也。夷，蹲踞也。林氏之奇曰：與原壤夷俟之夷同，言倨肆而無禮也。武王言故我小子以爾諸侯之向背，觀政之失得於商。今諸侯背叛既已如此，而紂無有悔悟改過之心，夷踞而居，廢上帝百神宗廟之祀，犧牲粢盛以爲祭祀之備者，皆盡于凶惡盜賊之人。林氏之奇曰：如成七年春

秋。鼷鼠食郊牛角之類。是既于凶也。公索氏將祭而忘其牲之類。所謂既于盜也。卽箕子所謂

攘竊神祇之犧牷牲者也。受之慢神如此。乃謂我有民社。我有天命。而無有懲戒其侮慢之意。

集說 程子曰。觀政之說。必無此理。如今日天命絕。則紂便是獨夫。豈容更留之三年。今日天命未絕。便是君也。爲之臣子者。敢以兵脅君乎。○林氏之奇曰。漢儒以觀政爲觀兵。附會於序言十有一年。篇首十有三年。而爲周師再舉之說。此說考之於經而不合。揆之於理而不通。然歷代諸儒往往多從而信之以爲誠然。惟程氏之說。大可以規正漢儒之失。而解後學之疑也。○朱子曰。伊川謂無觀政之事。非深見文武之心。不能及此。非爲存名教而發也。若有心要存名教。而於事實有所改易。則夫子之錄泰誓武成。其不存名教甚矣。近

世有存名教之說。大害事。將聖人心迹都做兩截看了。殊不知聖人所行便是名教。若所行如此而所教如彼。則非所以爲聖人矣。

天佑下民。作之君。作之師。惟其克相上帝。寵綏四方。有罪無罪。予曷敢有越厥志。

【集傳】佑。助。寵。愛也。天助下民。爲之君以長之。爲之師以教之。君師者。惟其能左右上帝。以寵安天下。則夫有罪之當討。無罪之當赦。我何敢有過用其心乎。言一聽於天而已。

【集說】林氏之奇曰。荀子曰。禮有三本。天地者。生之本也。先祖者。類之本也。君師者。治之本也。紂三本絕矣。故武王既言遺棄其宗廟神祇之祀。而又言其失君師之道。以見其所以至於危亡者。皆其所自取也。○朱子曰。這箇道理。雖人所固有。若非聖人如何得如此光明正大。你不曉得。我說在這裏。你不會做底。我做下樣子在此。只是要持守這箇道理。教他常立在世間。上拄天。下拄地。常如此端正。纔一日無人維持。便顛倒了。便都壞了。所以說克相上帝。寵綏四方。天只得生你。付得這道理與你。做與不做都在你。所以又爲之立君師以作成之。既撫養你。又教導你。使無一夫不遂其性。如堯舜之時。眞箇是寵綏四方。只是世間不好底人。不定疊底事。纔遇堯舜。都安帖平定了。所以謂之克相上帝。蓋助上帝之所不及也。自秦漢以來。講學不明。世世之人君。固有因其才智做得功業。然無人知明德新民之事。君道間有得其一二。而師之道則絕無矣。○陳氏經曰。後世之君。刑政徒尚。敎化不立。不知師道不盡。則不足以盡君道矣。武王之意。謂紂既不能當君師之任。則任君師獨不在我乎。我當相天以討紂之有罪。而綏定天下之無罪者。所不得而私也。○金氏履祥曰。此章承上言紂失爲君之道。故天命我以君師之責。則夫當伐與否。不敢違天以用其心。所以卒伐也。○陳氏雅言曰。天能與人以耳目口鼻之形。而不能使之無飢餓凍餒之患。天能賦人以仁義禮智之性。而不能使之無氣稟物欲之蔽。爲君師者當曰。天之命我者。非以君位而貴我。非以師位而尊我。惟其能相上帝之所不及。撫養之。使無一之不遂其生。敎導之。使無一之不成其性。然後可以無負上天立君師之意。蓋是時紂暴虐。君師之道廢。故武王誓師之際。首及乎此。○潘氏士遴曰。聯天下之衆寡強弱。聽令一人。是謂作君。聯天下之智愚賢不肖。遵極一人。是謂作師。寵綏本其敎養實心。致寵愛于民。以不忍心行不忍政。湯曰克綏。武又加一寵字。寵則能盡君

師之責使斯民之靈性全而四方安故曰綏

同力度德同德度義受有臣億萬惟億萬心予有臣三千惟一心

集傳度量度也德得也行道有得於身也義宜也制事達時之宜也同力度德同德度義孔氏安國曰力鈞則有德者勝德鈞則秉義者強意古者兵志之辭武王舉以明伐商之必克也林氏曰左傳襄三十一年魯穆叔曰年鈞擇賢義鈞以卜昭二十六年王子朝曰年鈞以德德鈞以卜蓋亦舉古

人之語文勢正與此同百萬曰億。陳氏櫟曰此謂百萬曰億洛誥中又謂十萬曰億韋昭注楚語云十萬曰億古數也秦改制始以萬萬爲億今解尚書合主十萬爲億之說百萬曰億未見所本。紂雖有億萬臣而有億萬心衆叛親離寡助之至。力且不同況德與義乎。

集說　黃氏度曰雖有其德必觀其義武王之行天討惟其義也故易常以時兼義而言○董氏夢程曰行道有德於身身當作心案孟子曰道若大路然邵子曰道猶路也凡日用事物當然之理決不可不由者是之謂道道乃衆人公共之路必須能行此道而有得於吾心然後可謂之德禮記鄉飲酒曰德者得也得於吾身也朱子暮年榜公堂取據於德一條改有得於身爲有得於心仍俾六經用此爲通例禮記其身已是切已終

必曰心。益見向裏下工夫耳。○顧氏錫疇曰：力就士卒同心說，德以平日之固結言，義以今日之稱兵言。

商罪貫盈，天命誅之，予弗順天，厥罪惟鈞。

集傳 貫，通。盈，滿也。王氏樵曰：宣六年《左傳》，晉侯將伐赤狄，中行桓子曰：使疾其民，如盈其貫，可以証此。言紂積惡如此，天命誅之，今不誅紂，是長惡也，其罪豈不與紂鈞乎。如律故縱者，與同罪也。

集說 朱子曰：孟子稱取之而燕民不悅，弗取，文王是也。只爲商命未改，取之而燕民悅，則取，武王是也。此事間不容髮，故予不奉天，厥罪惟鈞。然問命絕否，何以卜之？只是人情而已。不期而合者八百，當時豈由武王哉。○張氏居正曰：非是武王託天以鼓衆，蓋聖人之心見得天理分明，每事奉天而行，不敢以一毫私意參乎

其間故湯之伐桀曰予畏上帝不敢不正武王之伐紂曰予弗順天厥罪惟鈞其義一也

予小子夙夜祗懼受命文考類于上帝宜于家土以爾有衆厎天之罰

【集傳】厎致也冢土大社也祭社曰宜上文言縱紂不誅則罪與紂鈞故此言予小子畏天之威蚤夜敬懼不敢自寧受命于文王之廟孫氏繼有曰意行師之始卜於文廟而吉故云受命中篇云朕夢協朕卜可見告于天神地祇以爾有衆致天之罰於商也王制曰天子將出類乎上帝宜乎社造乎禰受命文考卽

造乎禰也。王制以神尊卑爲序。此先言受命文考者。以伐紂之舉。天本命之文王。武王特稟文王之命。以卒其伐功而已。

集說 孔氏穎達曰。釋天引詩云。乃立冢土。戎醜攸行。郎云起大事。動大衆。必先有事于社而後出。謂之宜。○林氏之奇曰。古者祭於昊天上帝。則有郊祀之常禮。苟非常祀。而以其事告於天者。則其禮依郊祀而爲之。舜受堯之禪。類乎上帝。王制謂天子將出。類于上帝。非常禮也。是以其祭皆謂之類。旣以類上帝爲依郊祀而爲之。則宜于冢土。與王制宜于社。其曰宜者。亦當是非祭祀之常禮。權其事宜以制其禮。則謂之宜也。○黄氏度曰。詩文王受命作周。書武王受命文考一意。師祭皆以王者之禮。建諸天地而不悖。質諸鬼神而無疑也。○

時氏瀾曰。此湯所謂敢昭告于皇皇后帝也。使武王有一毫愧心。必不能對越而爲之矣。○陳氏經曰。紂之惡在不敬上天。文王之德在肅將天威。武王之德在夙夜祗懼。敬與不敬。聖狂分焉。興亡判焉。

天矜于民。民之所欲。天必從之。爾尚弼予一人。永清四海。時哉弗可失。

集傳 天矜憐于民。民有所欲。天必從之。今民欲亡紂如此。則天意可知。爾庶幾輔我一人。除其邪穢。永清四海。是乃天人合應之時。不可失也。

集說 陳氏經曰。四海本清。紂汙濁之。伯夷太公所以避之以待天下之清也。去紂而除其穢惡。則清其源而天下清矣。○王氏樵曰。案時哉不可失。後世襲用其言。而不識其義。將流于利害之私。夫聖人之所謂時者。義理之所當然而已。上順天理。下合人心。故曰天人合應。所以欲其不失者。畏違乎理也。不知其他也。違理是違天也。知予畏上帝之心。則知時哉不可失之心矣。

總論

林氏之奇曰。天之所以立君者。凡以爲民而已。民欲以爲君。天必佑之。民不欲以爲君。天則必棄之。紂之居於民上。以縱其淫而棄天地之性。爲巳甚矣。民之不欲以爲君。亦巳久矣。宜其爲天之所斷棄也。故武王於此一篇之中。尤致意焉。篇首言元后作民父母。見其不足以爲父母矣。又論天佑下民。作之君師。蓋言紂既失君師之任。而天遂以之命我國家。則不可不克相上帝以寵綏四方也。又言天矜于民。民之所欲。天必從之。以見其伐之必克也。其終始反覆之意。大抵言天之立君而託以民。紂不能副其所託。而又暴虐之。則其所以至於滅亡者。皆其所自取。非武王以私意而伐之也。夫莫之爲而爲。莫之致而至。皆有不可失之時。堯舜非輕以天下與人也。天實與之。堯舜不失其所以與之之時也。湯武非利於取人之天下也。天實奪之。湯武不以失其所取之時也。取與皆天。非人之所能爲也。故韓獻子曰。文王率殷之叛國以事紂。惟知時也。蓋當文王之時。紂雖爲不道。猶有可存之理。則文王率叛國以事之爲知時。及武王之時。紂之不道。無復有可存之理。則武王率叛國以伐之爲知時。苟使文王先時而伐之。武王後時而不伐。則俱爲不知時矣。禮運曰。堯授舜。舜授禹。湯放桀。武王伐紂。時也。

泰誓中

惟戊午。王次于河朔。羣后以師畢會。王乃徇師而誓。

【集傳】次。止。徇。循也。黃氏度曰。揗循其師而誓之。河朔。河北也。戊午。以武成考之。是一月二十八日。

【集說】孔氏穎達曰。莊三年左傳例云。凡師一宿爲舍。再宿爲信。過信爲次。此次直取止舍之義。非春秋三日之例也。○林氏之奇曰。漢律歷志曰。周師初發。則殷之十一月戊子。後三日得周正月辛卯朔。至戊午渡孟津。孟津去周九百里。師行日三十里。凡三十一日而渡。以是考之。則武王自宗周而至於孟津。其師行蓋巳踰月矣。於是渡河而北。距商郊密邇。故三日之閒而三誓師焉。上篇雖不明言所以誓師之日。然以中篇曰惟戊午。王次于河朔。則知上篇當是丁巳日。尚在河南。未渡孟津時所作。既誓師而渡河也。中篇則是戊午日既渡而次舍於河之北所誓也。至下篇曰時厥明。王乃大巡六師。明誓衆士。則又是戊午之明日。己未將啓行以趨商之郊。既作此篇而後行也。蓋三令五申之謹重其事而不敢忽也。○武王先次舍於河北。蓋先諸侯而渡也。諸侯之師既畢渡。然後以其師來會。武王於是巡行六師。蓋所以慰安其渡河之勞也。

曰。嗚呼。西土有衆咸聽朕言。

【集傳】周都豐鎬。其地在西。從武王渡河者。皆西方諸侯。故曰西土有衆。

【集說】呂氏祖謙曰。上篇言友邦冢君。御事庶士。先諸侯而後西土之人。所以明尊卑之分也。中下篇先及西土。立法自近者始。○陳氏櫟曰。伐紂之誓凡四。上篇併諸侯凡從者誓之。中下篇惟誓西伯所統者。至牧誓又併諸侯凡從者誓之。

我聞吉人爲善。惟日不足。凶人爲不善。亦惟日不足。今商王受力行無度。播棄犂老。昵比罪人。淫酗肆虐。臣下化之。朋家作仇。脅權相滅。無辜籲天。穢德彰聞。

集傳 惟日不足者。言終日爲之而猶爲不足也。將言紂力行無度。故以古人語發之。無度者。無法度之事。播。放也。犂。黧通。黑而黃也。微子所謂耄遜于荒是也。老成之臣所當親近者紂乃放棄之罪惡之人所當斥逐者紂乃親比之酗醉怒也肆縱也臣下亦化紂惡各立朋黨相爲仇讐脅上權命以相誅滅流毒天下無辜之人呼天告寃腥穢之德顯聞于上呂氏曰爲善至極則至治馨香爲惡至極則穢德彰聞

集說黃氏度曰人性本相近吉凶之習愈熟而愈遠○時氏瀾曰人之陷於爲惡而善端猶存則惡力尚淺不至於肆惟私欲叢長若火燎于原故肆而莫知所禁君者民之樞紐君然則臣下化之必然矣○王氏樵曰吉人一心在善凶人一心在惡善惡各無怠時所以吉凶不可相易使善有時而怠則將入于惡矣使惡有

時而怠則將改而入于善矣紂既昏迷朝無綱紀姦宄之人脅假在上之權以殺人朋私黨也權威勢也立朋以相仇脅權以相滅聖言雖簡而於後世之情狀無不包也

惟天惠民惟辟奉天有夏桀弗克若天流毒下國天乃佑命成湯降黜夏命

【集傳】言天惠愛斯民君當奉承天意昔桀不能順天流毒下國故天命成湯降黜夏命

【集說】林氏之奇曰古之人君自堯舜禹以來無非以愛民爲事天之實故能祈天永命而福祚無窮至於桀不能愛民故天爲斯民而降黜之湯能愛民故天爲斯民而佑命之其或予或奪凡以惠斯民而已○時氏

瀾曰愛民者天之本心奉天者君之本職自其源而言也

惟受罪浮于桀剝喪元良賊虐諫輔謂己有天命謂敬不足行謂祭無益謂暴無傷厥鑒惟不遠在彼夏王天其以予乂民朕夢協朕卜襲于休祥戎商必克

【集傳】浮過剝落喪去也古者去國爲喪元良微子也諫輔比干也謂己有天命如答祖伊我生不有命在天之類下三句亦紂所嘗言者鑒視也其所鑒視初不在遠

有夏多罪。天既命湯黜其命矣。今紂多罪。天其以我乂民乎。襲。重也。言我之夢。協我之卜。重有休祥之應。知伐商

胡氏一桂曰。以伐訓戎。謂以兵戎伐之也。

而必勝之也。此言天意有必克之理。

集說 孔氏穎達曰。禮記稱卜筮不相襲。襲者。重合之義。夢卜俱合於美。是必克之占也。史記周本紀云。武王伐紂。卜。龜兆不吉。羣公皆懼。惟太公強之。太公六韜云。卜戰龜兆焦筮又不吉。太公曰。枯骨朽蓍。不踰人矣。彼言不吉者。六韜之書後人所作。史記又採用六韜。非實事也。○林氏之奇曰。桀猶不免於亡。故天以其所以佑命成湯者。而命我武以伐紂之事。將使其奉天之罰而乂斯民也。其者。未定之辭也。猶盤庚曰天其永我命

于茲新邑。蓋言之於未然之前者。其辭當如此也。○金氏履祥曰。此重述受之惡。蓋以見惟日不足之意。

附錄　林氏之奇曰。國語單襄公曰。泰誓曰。朕夢協朕卜。襲于休祥。以三襲也。韋昭曰。言武王夢卜祥之合。故遂克商有天下。此說休祥者。氣候之先見者也。中庸曰。國家將興。必有禎祥。國家將亡。必有妖孽。見乎蓍龜。動乎四體。動乎四體者。夢也。見乎蓍龜者。卜也。至於禎祥。則此所謂休祥也。紂之將亡。周之將興。其吉之先見。至於夢卜休祥。三者皆合。於是知其必克之理也。

案　朕夢協朕卜。襲于休祥。蔡傳據注疏重合之義。以夢卜二者爲休祥之應。林氏則引國語以夢卜休祥分而爲三。其說亦非無本。廣見聞者。或有取焉。

受有億兆夷人。離心離德。予有亂臣十人。同心

同德雖有周親不如仁人。

集傳 夷平也。夷人言其智識不相上下也。張氏九成曰。言夷人見無復君臣上下之等也。治亂曰亂。朱子曰。馬氏云。亂治也。或曰亂本作乿。古治字。十人周公旦召公奭太公望畢公榮公太顛閎夭散宜生南宮适。其一文母。孔子曰。有婦人焉。九人而已。劉侍讀以爲子無臣母之義。蓋邑姜也。陳氏師凱曰。文母文王正妃。是爲太姒。邑姜武王后也。九臣治外。邑姜治內。言紂雖有夷人之多。不如周治臣之少而盡忠也。周至也。紂雖有至親之臣。不如周仁人之賢而可恃也。此言人事有必克之理。

【集說】時氏瀾曰。十人者。當世之望。經綸開濟之才。去武王不遠。爲天下之耳目。十人心德既同。則友邦冢君以下皆同可知矣。○金氏履祥曰。夫以紂罪之多。武王伐之理所必勝。而武王反覆計較彼已多寡以誓其師。何也。紂衆如林。師徒不無懼衆之心。故武王反覆曉之。○王氏樵曰。決之天意。君莫大于奉天。而受之罪浮于桀。決之人事。國莫大于有人。而受之衆不可以當德。親不可以敵賢。○劉氏應秋曰。自其能克亂。謂之亂臣。自其能禁暴。謂之仁人。皆指十人。非有二也。

天視自我民視。天聽自我民聽。百姓有過。在予一人。今朕必往。

【集傳】過。廣韻。責也。武王言天之視聽。皆自乎民。今民皆有責於我。謂我不正商罪。以民心而察天意。則我之伐商。斷必往矣。蓋百姓畏紂之虐。望周之深。而責武王不即拯己於水火也。如湯東面而征西夷怨。南面而征北狄怨之意。

【集說】王氏安石曰。在予一人。蓋以其身任天下之責。不如是。不足以爲天吏也。○朱子曰。天豈曾有耳目以視聽。只是自民之視聽。便是天之視聽。如帝命文王。豈天諄諄然命之。只是文王要恁地。便是理合恁地。便是帝命之也。○若一件事。民人皆以爲是。便是天以爲是。若民人皆歸往之。便是天命之也。此處甚微。故其理難看○問天視天聽謂天卽理也曰天固是理然蒼蒼者亦是天在上而有主宰者亦是天各隨他所說今旣曰視聽卽理又如何會視聽雖說不同又卻只是一箇知其同不妨其爲異知其異不害其爲同○時氏瀾曰武王上畏天下畏民自視以爲不得不往○王氏樵曰天矜于民以天之心言天視天聽以天之用言天矜猶云天至仁也天視天聽猶云天至聰明也民之所欲天必從之見天無心而以民之心爲心自我民視聽見天無爲而以民之神爲用天之從人予之從天不可後也故今朕必往

附錄 孔氏安國曰已能無惡於民民之有過在我教不至○陳氏櫟曰百姓有過不過如萬方有罪耳不必訓爲責

案 陳氏之言固王者視天下爲一家之大旨亦見湯武之合德同心第以此節上下語脈繹之解作民之責望

于周。更爲親切。蔡傳所以不從注疏也。

我武惟揚。侵于之疆。取彼凶殘。我伐用張。于湯有光。

集傳 揚。舉。侵。入也。凶殘。紂也。猶孟子謂之殘賊。武王弔民伐罪。於湯之心爲益明白於天下也。自世俗觀之。武王伐湯之子孫。覆湯之宗社。謂之湯讎可也。然湯放桀。武王伐紂。皆公天下爲心。非有私於已者。武之事質之湯而無愧。湯之心。驗之武而益顯。是則伐商之舉。豈不於湯爲有光也哉。

集說 孔氏安國曰。桀流毒天下。湯黜其命。紂行凶殘之德。我以兵取之。伐惡之道張設。比於湯又有光明。○朱子曰。武王威武奮揚。侵彼紂之疆界。取其殘賊。而殺伐之功。因以張大。比於湯之伐桀。又有光焉。

案 于湯有光。孔傳屬武王說。朱子取之以注孟子。看經義直捷顯亮。蔡傳以爲伐商之舉。於湯之心爲益明白於天下。則以有光屬成湯說。意非不深。似多一曲折。然總見得湯武弔民伐罪。皆以公天下爲心。原未嘗悖於孔傳朱注也。

勖哉夫子。罔或無畏。寧執非敵。百姓懍懍。若崩厥角。嗚呼。乃一德一心。立定厥功。惟克永世。

【集傳】勖勉也。夫子將士也。勉哉將士。無或以紂爲不足畏。寧執心以爲非我所敵也。商民畏紂之虐。懔懔若崩摧其頭角然。言人心危懼如此。汝當一德一心。立定厥功。以克永世也。

【集說】董氏鼎曰。勖哉數語。固不以至仁伐至不仁。而萌一心之戒。聖人之重用民命。臨事而懼也如此。○馬氏森曰。一德同以救民爲德也。一心同以誅暴爲心也。立定厥功。則埽除殘虐。以拯天下於水火之中。商民自是長享太平之福。而無復塗炭之懼矣。

【總論】林氏之奇曰。考之孟子。疑此二篇必有所增損潤色。其字大抵相同。其意旨則有不同者。蓋康誥伏生所傳泰誓孔壁續出。孔氏爲隸古定。其閒必有不能曉。而以意增損者。則今泰誓康誥。與孟子所舉不同者以此。

泰誓下

時厥明。王乃大巡六師。明誓衆士。

集傳 厥明。戊午之明日也。古者天子六軍。大國三軍。是時武王未備六軍。牧誓敘三卿。可見。此曰六師者。史臣之詞也。林氏之奇曰。史官之敘述。總其多而言之。蓋泛指諸侯之師也。

集說 劉氏應秋曰。巡字與徇字不同。徇只循而撫安之。巡則有整肅戒嚴之意。

王曰。嗚呼。我西土君子。天有顯道。厥類惟彰。今商王受狎侮五常。荒怠弗敬。自絕于天。結怨于民。

集傳 天有至顯之理。其義類甚明。至顯之理。卽典常之理也。紂於君臣父子兄弟夫婦典常之道。褻狎侮慢。荒棄怠惰。無所敬畏。上自絕于天。下結怨于民。結怨者。非一之謂。下文自絕結怨之實也。

集說 孔氏安國曰。天有明道。其義類惟明。言王所宜法則。○孔氏穎達曰。孝經云。則天之明。昭二十五年左傳云。以象天明。是治民之事。皆法天之道。天有尊卑之序。人有上下之節。三正五常。皆在於天。有其明道。王者所宜法則之。將言商王不法天道。故先標二句於前。其下乃述商王違天之事。○林氏之奇曰。君子。統上下而言。越王句踐伐吳。以其私卒君子六千人爲中軍。則士卒亦可言君子。○時氏瀾曰。顧諟天之明命。湯見天之明也。天有顯道。武王見天之明也。不知天者。見天於恍惚眇茫之中。不可致詰。蓋盡其心。則知其性。知其性。則知天矣。○五常者。綱維人心之道也。一有慢心。則爲狎侮。武王推紂之惡。其本原在于狎侮也。斯道森然在天下。當尊之畏之。心有度。事有則。玩心一生。則滅天理。窮人欲。爲人所不爲矣。太保作旅獒。亦諄諄於狎侮。見狎侮爲衆惡之原也。

附錄　林氏之奇曰。天有顯道二句。但謂天道之於人。其吉凶禍福。各以其類而至。厥理甚明也。禹之征有苗益贊于禹曰滿招損謙受益時乃天道湯之伐桀其誥多方曰天道福善禍淫與此言天道其意正同但辭有詳略爾○張氏九成曰天有顯然之道其禍福各以類而彰善福之類也故善自取福惡禍之類也故惡自取禍以類相召

夫豈有心哉

案天有顯道厥類惟彰二句注疏對照下文狎侮五常說以見治民必本於法天其義微而顯無所不包蔡傳從之惟林氏張氏只就吉凶禍福言以爲此誓師之本意則然不必深求耳理亦可通

斮朝涉之脛剖賢人之心作威殺戮毒痛四海崇信姦回放黜師保屏棄典刑囚奴正士郊社不修宗廟不享作奇技淫巧以悅婦人上帝弗

順祝降時喪爾其孜孜奉予一人恭行天罰。

【集傳】斮斫也。孔氏曰。冬月見朝涉水者。謂其脛耐寒。斫而視之。史記云。比干強諫。紂怒曰。吾聞聖人心有七竅。遂剖比干。觀其心。痛。病也。作刑威以殺戮爲事。毒病四海之人。言其禍之所及者遠也。回。邪也。正士。箕子也。郊所以祭天。社所以祭地。奇技。謂奇異技能。淫巧。爲過度之巧。孔氏穎達曰。技據人身。巧指器物。　列女傳。紂膏銅柱。下加炭。令有罪者行。輙墮炭中。妲己乃笑。夫欲妲己之笑。至爲炮烙之刑。則其奇技淫巧以悅之者。宜無所不至矣。祝斷也。時氏瀾曰。公羊言子路死。孔子曰。天祝予。何休注。祝。斷也。言紂於姦邪則尊信之師保則放逐之屏棄先王之法。囚奴中正之士。輕廢奉祀之禮。專意汙褻之行。悖亂天常。故大弗順。而斷然降是喪亡也。鄒氏季友曰。祝之訓斷。乃斷絕之斷。音與短同。非斷決之斷。音與煅同也。蔡傳既從孔云祝斷也。又云斷然降是喪亡。是讀斷決之斷。爲短音矣。宜定從一。爾衆士其勉力不怠奉我一人而敬行天罰乎。

【集說】林氏之奇曰。朝涉而寒者。人情之至可憫也。而乃斮其脛。賢人之忠諫。國家所賴以存者。而至於剖其心是可忍也孰不可忍也○時氏瀾曰作威作之有力其毒遠及于四海也紂終日由於小人之路與姦回之人心同氣協故崇信之師保者不順己而相禁制典刑者與己異而相束縛紂上不知有天下不知有地中不知有祖宗心無所用惟知作奇技淫巧以悅婦人耳

古人有言曰撫我則后虐我則讎獨夫受洪惟作威乃汝世讎樹德務滋除惡務本肆予小子誕以爾衆士殄殲乃讎爾衆士其尚迪果毅以登乃辟功多有厚賞不迪有顯戮

【集傳】洪大也獨夫言天命已絕人心已去但一獨夫耳

孟子曰殘賊之人謂之一夫武王引古人之言謂撫我則我之君也虐我則我之讎也今獨夫受大作威虐以殘害于爾百姓是乃爾之世讎也務專力也植德則務其滋長去惡則務絶根本兩句意亦古語喻紂爲衆惡之本在所當去故我小子大以爾衆士而殄絶殲滅汝之世讎也迪蹈登成也殺敵爲果致果爲毅孔氏穎達曰宣二年左傳文果謂果敢毅謂強決言能果敢以除賊強決以立功爾衆士其庶幾蹈行果毅以成汝君若功多則有厚賞非特一爵一級而已不

迪果毅。則有顯戮。謂之顯戮。則必肆諸市朝以示衆庶。

集說　林氏之奇曰。樹德若植嘉禾。必以雨露灌溉之。去惡如除蔓草。必芟夷蘊崇之。絶其本根。然後不至於滋蔓。○黄氏度曰。衆非元后何戴。撫我則后也。后非衆罔與守邦。虐我則讎也。舜禹湯武之言同。天下畔之是爲獨夫。紂大惟作威以酷害其民。凡其民之子孫皆得讎之。故謂之世讎。○眞氏德秀曰。武王舉古人之言以明民之常情如此。若君民之分。豈以虐我而遂讎之哉。然君民之分不可恃。而民之常情不可不察也。○金氏履祥曰。此篇專誓周師。故曰登乃辟。其辭尊。曰有顯戮。其辭嚴。與上中二誓不同。

嗚呼。惟我文考若日月之照臨。光于四方。顯于西土。惟我有周。誕受多方。

【集傳】若日月照臨。言其德之輝光也。光于四方。言其德之遠被也。顯于西土。言其德尤著于所發之地也。文王之地。止於百里。文王之德。達于天下。多方之受。非周其誰。受之文王之德。實天命人心之所歸。故武王於誓師之末。歎息而言之。

【集說】時氏瀾曰。歎息而言我周受命之本也。文王之德。與堯之光宅天下。舜之重華。一也。但文王未嘗中天下而立耳。西土者。所治之地。近而尤顯。光華所自發也。文王之德既如此。惟我有周所以大受多方。○陳氏雅言曰。此武王稱文王聖德輝光。被於遠而著於近。故能受天命而得民心也。○王氏樵曰。上三節。詳商受之惡。爲天人之所去。見亡商之有由。此節。述文王之德。爲天人之所歸。見造周之有本。若日月之照臨。就德之發用上說。光字顯字。皆於及人上見之。四方非文考所統之地。謂之光者。德之旁及所謂厥邦時敘也。西土乃文考所與之地。謂之顯者。德之深入。所謂西土怙冒也。

予克受。非予武。惟朕文考無罪。受克予。非朕文考有罪。惟予小子無良。

集傳 無罪。猶言無過也。無良。猶言無善也。商周之不敵久矣。武王猶有勝負之慮。恐爲文王羞者。聖人臨事而懼也如此。

【集說】林氏之奇曰。此蓋其兢兢業業。志不忘於夙夜。故雖有必勝之理。而反躬自責。惟恐其不勝也。此與湯之誥多方曰。俾予一人輯寧爾邦家。玆朕未知獲戾于上下。慄慄危懼。若將隕于深淵。皆是聖人至誠畏懼之心。充實於中。則發之於言。自然如此。無一毫作僞於其間也。○金氏履祥曰。善惡勝負。類應必然。武王不恃此而忘自責。○董氏鼎曰。事幸而集。則文考之功。不幸不集。則予小子之過。善則稱親。過則稱已。禮所當然也。又案三篇三數紂之惡。發舒萬民之氣。天怒已極。人怨已深。不待牧野之戰。而天下已無商矣。嗚呼。豈非萬世之永鑑哉。○王氏樵曰。前篇末舉湯。此篇末舉文考。蓋以萬古大義。則武王於湯任再起之責者也。以一家世德。則武王於文王任成終之責者也。遠則欲無愧於湯。近則欲無忝於文考。武王所以臨事而懼也。

【總論】時氏瀾曰。湯伐桀。止於湯誓一篇。武王伐紂。泰誓乃至三篇。湯伐桀之後。止於湯誥一篇。武王伐紂之後牧誓武成五誥。非武王之德不如湯。風氣之變也。且伊尹之放太甲。當時無有疑者。至武王之時。周公攝政。管蔡遂流言。世變之日流如此夫。○金氏履祥曰。愚案湯武之事。均爲應天順人。而事勢不同。湯當創業之初。武承已盛之業。湯舉事於天下望商之際。而武王舉事於諸侯從周之餘。鳴條之戰。惟亳邑之衆。而孟津之會。合諸侯之師。事勢不同。繁簡宜異。至若紂浮於桀。周文於商。其爲古今之變。固不待論。然泰誓三篇。雖或出於當時之潤色。要皆武王之意。今觀其書。上篇發明以君道爲主。首尾一意。中篇首尾不同。大意以天命爲主。下篇以善惡之類爲主。又開說天人之應。其書明整。決非後世所能附會。武王之心。光明正大。豈必復效後世回互之語哉。讀書者知此。當有見矣。

牧誓

【集傳】牧地名。在朝歌南。卽今衛州皇輿表。宋衛州今衛輝府。治之南也。【地理今釋】牧。一作坶。孔傳云。紂近郊三十里地名牧。括地志云。今衛州城。卽殷牧野之地。周武王伐紂築也。水經注云。雹水東南歷坶野。自朝歌以南。南暨清水。土地平衍。據皐跨澤。悉坶野矣。案紂都妹土。在朝歌北。隋置衛縣於此。唐武德時爲衛州治。卽今之淇縣也。牧野。當在今淇縣南。迆邐以至汲縣。故九域志謂汲城亦牧野之地也。武王軍於牧野。孔氏穎達曰。牧是郊上之地。戰在平野。故言野耳。詩云。于牧之野。禮記大傳云。牧之野。武王之大事。繼牧言野。明是牧地。臨戰誓衆。前旣有泰誓三篇。因以地名別之。

今文古文皆有。

集說　孔氏穎達曰。武王以兵戎之車三百兩。虎賁之士三百人。與受戰於商郊牧地之野。將戰之時。王設言以誓衆。史敘其事作牧誓。

時甲子昧爽。王朝至于商郊牧野。乃誓。王左杖黃鉞。右秉白旄以麾。曰。逖矣西土之人。

集傳　甲子。二月四日也。昧冥爽明也。昧爽將明未明之時也。鉞斧也。以黃金爲飾。王無自用鉞之理。左杖以爲儀耳。旄軍中指麾。白則見遠。麾非右手不能。故右秉白旄也。孔氏安國曰。左手杖鉞。示無事於誅。右手把旄。示有事於教。　案武成言癸亥陳于商郊。則癸亥之日。周師巳陳牧野矣。甲子昧爽。武王始至而誓師焉。曰者。武王之言也。逖。遠也。以其行役之遠。而慰勞之也。

【集說】孔氏穎達曰。春秋主書動事。編次爲文。於法。日月時年皆具。其有不具。史闕耳。尚書惟記言語。直指設言之日。上篇戊午次于河朔。洛誥戊辰王在新邑。與此甲子。皆有日無月。史意不爲編次。故不具也。是克紂之月。甲子之日。是周之二月四日。以曆推而知之也。昧爽。謂平旦之時。爲下文朝至發端。朝卽昧爽時也。

王曰。嗟我友邦冢君。御事。司徒。司馬。司空。亞旅。師氏。千夫長。百夫長。

【集傳】司徒司馬司空。三卿也。武王是時尚爲諸侯。故未備六卿。唐孔氏曰。司徒主民。治徒庶之政令。司馬主兵。治軍旅之誓戒。司空主土。治壘壁以營軍。亞次。旅衆也。大國三卿。下大夫五人。士二十七人。亞者。卿之貳。大夫是也。旅者。卿之屬。士是也。師氏。以兵守門者。猶周禮師氏王舉則從者也。千夫長。統千人之帥。百夫長。統百人之帥也。

【集說】孔氏穎達曰。周禮師氏中大夫。使其屬帥四夷之隸。各以其兵服守王之門外。朝在野外。則守內列。

鄭云內列蕃營之在內者也○林氏之奇曰周禮曰施法於官府乃建其正立其貳設其攷陳其殷置其輔亞卽所謂立其貳也小司徒小司馬小司空是也旅卽所謂陳其殷殷衆士也師氏若大誥所謂尹氏而洪範曰卿士惟月師尹惟日師尹蓋又在卿士之下也千夫長百夫長蓋主兵者漢孔氏云師帥卒帥也據司馬法百人爲卒以卒帥爲百夫長誠是也二千五百人爲師以師帥爲千夫長則不可要之皆是主兵之人但不可以合司馬法所載之言也

及庸蜀羌髳微盧彭濮人

【集傳】左傳庸與百濮伐楚庸濮在江漢之南羌在西蜀髳微在巴蜀盧彭在西北【地理今釋】庸杜預云今上庸縣上庸今湖廣鄖陽府竹山

縣是蜀。正義云。大劉以蜀是蜀郡。今四川成都府是。羌正義云。蜀都分爲三。羌在其西。故云西蜀。蘇氏云。先零枹罕之屬。當在今陝西甘肅以西。南接蜀漢塞外也。髳微。正義云。孔傳。髳微在巴蜀者。巴在蜀之東偏。漢之巴郡。所治江州縣也。江州縣。今巴縣地。屬四川重慶府。盧古盧戎國。今湖廣襄陽府南漳縣東北中盧故城是。文十六年左傳。楚伐庸。自盧以往。杜預云。楚盧邑。今中盧縣。水經注云。沔水過中盧縣東。縣卽春秋盧戎之國也。彭。正義云。在東蜀之西北。蘇氏曰。屬武陽縣。有彭亡。武陽。今四川眉州。州北廢彭山縣有彭亡城。是其地也。濮案左傳文十六年。庸人麇人率百濮伐楚。疏。孔安國云。庸濮在江漢之南。是濮爲西南夷也。釋例曰。建寧郡南有濮夷。無君長。各以邑落自聚。故稱百濮。建寧故城。在今湖廣荆州府石首縣。其地要在石首之南也。

武王伐紂。不期會者八百國。今誓師獨稱八國者。蓋八國近周西都。素所服役。乃受約束以戰者。若上文所言及邦冢君。則泛指諸侯而誓者也。

集說 蘇氏軾曰。楚飢。庸與百濮伐之。庸。上庸縣。濮。卽百濮。又楚伐羅。羅與盧戎兩軍之。蓋南蠻之屬楚者。羌。先零罕开之屬。彭。今屬武陽。有彭亡。髳微鈌則知此數國。皆西南之夷。○陳氏經曰。文王化行江漢。自北而南。故八國皆來助舉其遠。則近者可知。

稱爾戈。比爾干。立爾矛。予其誓。

集傳 稱。舉。戈。戟。干。楯。矛。亦戟之屬。長二丈。唐孔氏曰。戈短。人執以舉之。故言稱。楯則竝以扞敵。故言比。矛長立之於地。故言立器械嚴整。則士氣精明。然後能聽誓命。

集說　王氏樵曰。戈柲六尺有六寸。戟長丈有六尺。矛長二丈。三者長短異而形制同。干楯所以扞敵。言比則竝列而密布也。

王曰。古人有言曰。牝雞無晨。牝雞之晨。惟家之索。

集傳　索。蕭索也。牝雞而晨。則陰陽反常。是爲妖孽。而家道索矣。將言紂惟婦言是用。故先發此。

集說　朱子曰。天下之本在國。國之本在家。三代聖賢能修其政者。莫不本於齊家。蓋男正位乎外。女正位乎內。而夫婦之別嚴。家之齊也。妻齊體於上。妾承接於下。而嫡庶之分定者。家之齊也。采有德。戒聲色。近嚴敬。遠技能者。家之齊也。內言不出。外言不入。包苴不達。請謁不行者。家之齊也。書曰。牝雞之晨。惟家之索。傳曰。福之興。莫不本乎室家。道之衰。莫不始乎梱內。

今商王受。惟婦言是用。昏棄厥肆祀弗答。昏棄厥遺王父母弟不迪。乃惟四方之多罪逋逃。是崇是長。是信是使。是以爲大夫卿士。俾暴虐于百姓。以姦宄于商邑。

【集傳】肆。陳。答。報也。婦。妲己也。列女傳云。紂好酒淫樂。不離妲己。妲己所舉者貴之。所惛者誅之。惟妲己之言是用。故顛倒昏亂。祭。所以報本也。蘇氏軾曰。祭。所以報也。故謂之荅。紂以昏亂。棄其所當陳之祭祀而不報。昆弟。先王之胄也。紂以昏亂。棄其王父母弟。陳氏櫟曰。厥遺王父母弟。如昭三年左傳所謂先君之遺姑姊妹。○王氏樵曰。案文勢。蓋謂王父弟與母弟耳。王父弟。即從兄弟也。而不以道遇之。廢宗廟之禮。無宗族之義。乃惟四方多罪逃亡之人。尊崇而信使之。以爲大夫卿士。王氏樵曰。信任而使命之。是皆左右便辟用事者。又甚。則使之有位而居大夫卿士之任。使暴虐于百姓。姦宄于商邑。蓋紂惑於妲

已之變背常亂理遂至流毒如此也

集說 孔氏穎達曰不事神祇惡之大者故泰誓及此三誓言之○孫氏覺曰泰誓言紂之惡終於悅婦人牧誓言紂之惡始於用婦言豈非紂之終始出於此乎○林氏之奇曰既曰崇又曰長又曰信又曰使言其好用小人也○吳氏澄曰四方多罪之人逃亡而歸紂者乃尊寵而任用之以之居顯位俾毒民為惡也此言紂反人道之常天罰所宜加也

今予發惟恭行天之罰今日之事不愆于六步七步乃止齊焉夫子勗哉

集傳 愆過勗勉也步進趨也齊齊整也今日之戰不過

六步七步。乃止而齊。此告之以坐作進退之法。潘氏士遴曰。六步七步。作而進也。乃止而齊。坐而退也。所以戒其輕進也。

集說 林氏之奇曰。在易師之初六。師出以律。否臧凶。蓋雖帝王之師。其出也。不可以無紀律也。牧野之戰。蓋決於甲子之日。故肅之以紀律。使整齊其部伍擊刺。不使之爭利以徼一時之幸也。

不愆于四伐五伐六伐七伐。乃止齊焉。勖哉夫子。

集傳 伐。擊刺也。少不下四五。多不過六七而齊。此告之以攻殺擊刺之法。所以戒其貪殺也。上言夫子勖哉。此言勖哉夫子者。反覆成文。以致其丁寧勸勉之意。下做此。

【集說】黃氏度曰。殺敵不過七伐。必止而齊一之。嚴重堅整。務爲不可勝。擊刺自四積至七。見其爲不得巳也。○呂氏祖謙曰。大司馬之法。伍兩卒旅。各有其長。使止齊之者。使其部伍之長。各自止其止。各自齊其齊。故當戰時。井然有序。不失紀律。三軍如一人。○王氏炎曰。六步七步。足法也。六伐七伐。手法也。○王氏樵曰。六步七步。不知此車法邪。步法邪。蓋古者步卒夾車而行。動止相爲用。車不妄馳。步不妄動。步法卽車法也。至春秋時。古法巳亂。如所謂輿曳柴而馳。與視其轍亂望其旂靡之類。則古法之亂。不在毁車崇卒之後矣。

尚桓桓。如虎如貔。如熊如羆。于商郊。弗迓克奔。

以役西土。勖哉夫子。

【集傳】桓桓。威武貌。貔。執夷也。虎屬。欲將士如四獸之猛。而奮擊于商郊也。迓。迎也。能奔來降者。勿迎擊之。以勞役我西土之人。此勉其武勇。而戒其殺降也。

【集說】林氏之奇曰。武王之戰于牧野。志在爲民除害。而不在於殺人以逞其志。故又戒之弗迓克奔以役西土。蓋不欲其殺降以重傷也。○時氏瀾曰。桓桓者。師直爲壯之意。不直則餒。安能如虎如貔如熊如羆哉。武王無一毫愧心。所謂對越在天也。○陳氏大猷曰。用兵以節制爲尚。以武勇爲主。武王慮其或拘。故喻以虎貔之勇。又慮過於勇而妄殺。故以殺降爲戒。

爾所弗勖，其于爾躬有戮。

【集傳】弗勖，謂不勉於前三者。愚案此篇嚴肅而温厚，與湯誓誥相表裏，眞聖人之言也。泰誓武成，一篇之中，似非盡出於一人之口。豈獨此爲全書乎。讀者其味之。

【集説】王氏安石曰：功多厚賞，前誓已言，此不再言，而獨言有戮者，軍事以嚴終，亦威克厥愛之意。○黄氏度曰：夏商師誓皆有孥戮之罪，蓋古法也。此無之，文王罪人不孥，遂爲周法。

【總論】王氏栢曰：此篇是正與受對壘之時，諸侯之師與本國之衆，悉陳於郊，於是軍容肅整，號令精明。其詞簡而要，其法恕而嚴，教其坐作進退，不過乎六步七步，教其攻殺擊刺，不過乎六伐七伐。既作其勇奮，又戒其殺降。三稱勖哉夫子。其辭郁然。總之以爾所弗勖其于爾躬有戮。其辭凜然。此亦誓師之常法也。於是可以觀王者之兵矣。○金氏履祥曰。荀卿氏謂桓文之節制。不足以敵湯武之仁義然。而湯武之仁義。則有以該桓文之節制。吾於牧野之事見之。上篇中篇。其誓止於外清四海。時不可失。立定其功。以克永世。下篇登乃辟殄乃讎。則爲周人言之。不迪有顯戮。皆自勅其士臣之辭。非所以施於不期而會之諸侯也。至于牧野。則商郊也。一人不謹。易以敗事。故上下均于誓。而爾所不勉其于爾躬有戮。則臨戰之法。不可以貴賤異罰也。○董氏鼎曰。杖鉞秉旄。所以肅己之容。稱戈比干立矛。所以肅人之容。軍容既肅。然後發命。則人無譁而聽者審矣。自古人有言至恭行天罰。所以聲罪致討。而激士卒之義也。自今日之事至乃止齊焉。所以明審法令。而示行陣之禮也。自勖哉以下。又勉之以臨陣之勇。撫衆之仁也。以至仁伐至不仁。而謹畏戒懼尚如此。斯其爲王者之師歟。

武成

【集傳】史氏記武王往伐。歸獸。祀羣神。告羣后。與其政事。時氏瀾曰。往伐者。一月戊午師渡孟津。歸獸者。歸馬放牛。政事者。列爵分土之事也。共爲一書。篇中有武成二字。遂以名篇。今文無。古文有。

【集說】朱子語類。問武成一篇。諸家多以爲錯簡。然反覆讀之。竊以爲自王若曰以後。皆是史官歷敘以前之事。雖作武王告羣后之辭。而實史官敘述之文。故其閒如有道曾孫周王發。及昭我周王之語。皆是史官之言。非武王當時自稱如此也。亦如五誥中王若曰以下。多是周公之語。若如此看。則似不必改移。亦自可讀。又既生魄。恐是晦日。既者。言其魄之既足也。以歷推之。當爲四月晦。未知此篇。先生尋常如何看。曰。王若曰以下。固是告羣后之辭。兼敘其致禱之辭。亦與湯誥相類。但此辭卻無結殺處。只是敘其功烈政事之美。又書戊午癸亥甲子日辰。亦非誥命之體。恐須是有錯簡。然自王氏程氏劉原父以下。所定亦各不同。舊嘗考之。劉以爲王語之末有缺文。似得之。彼有七經小傳可檢看。又漢書歷志謂是歲有閏。亦是也。○呂氏祖謙曰。武成見武王有取商之規模。有定商之規模。取商以至公大義。定商以常典成法。○馬氏森曰。武成一篇。雖在泰誓牧誓之後。其所記之事。則有在於泰誓牧誓之前者。惟一月壬辰一節。是記其出征之時。厎商之罪至神羞。是歷記其告神之詞。皆泰誓前事。既戊午。卽中篇惟戊午。甲子昧爽。卽牧誓之甲子日。四月哉生明。是泰誓後事。蓋泰誓歷記其誓師之節次。武成歷記其伐紂之始終。故以此篇敘於牧誓之後。

惟一月壬辰旁死魄。越翼日癸巳。王朝步自周。于征伐商。

【集傳】一月。建寅之月。不曰正而曰一者。商建丑以十二月爲正朔。故曰一月也。詳見太甲泰誓篇。壬辰以泰誓戊午推之。當是一月二日。死魄朔也。二日。故曰旁死魄。翼。明也。先記壬辰旁死魄。然後言癸巳伐商者。猶後世言某日。必先言某朔也。周鎬京也。在京兆鄠縣上林。即今長安縣昆明池北鎬陂是也。

【地理今釋】蔡傳云。周鎬京也。鎬京在今陝西西安府長安縣南三十里。三輔決錄云。鎬在豐水東。豐在豐水西。相去二十五里。自漢武帝穿昆明池於此。鎬京遺址淪陷焉。

【集說】朱子曰。漢志引武成篇。惟一月壬辰旁死霸。若翼日癸巳。武王乃朝步自周。于征伐商。又曰。越若來三月既死霸。粵五日甲子。咸劉商王紂。又曰。惟四月既旁生霸。粵六日庚戌。武王燎于周廟。翼日辛亥。祀于天位。粵五日乙卯。乃以庶國祀馘于周廟。又畢命豐刑曰。惟十有二年六月庚午朏。王命作策豐刑。今案伏生今文尚書無武成。獨孔氏古文尚書乃有此篇。今顏氏注劉歆所引兩節。見其與古文不同。遂皆以爲今文尚書。

不知何所考也。諸家推歷以爲此年二月有閏。四月丁未爲十九日。庚戌爲二十二日。然二日皆在生魄之後。則古文爲倒。而此志所引者爲順。但其言燎于周廟。似無理耳。況古文此篇。文皆錯謬。安知旣生魄庶邦冢君暨百工受命于周十四字。非本在示天下弗服之下。丁未祀于周廟之上。而王若曰以下。乃大告武成之文邪。

○陳氏師凱曰。朔日。日月相會。二象合沓。陽上陰下。月體不明。故謂之死魄。然又謂之朔者。朔之爲言蘇也。有死而復蘇之機也。正義曰。此月辛卯朔。朔是死魄。故二日近死魄。旁近也。朔後明生而魄死。望後明死而魄生。

附錄 潘氏士遴曰。朔後明生魄死。如前月大則次月初二日魄死而明生矣。此云旁死魄。當在朔日。

案 潘氏之說。因傳中如後世言某日必先言某朔之語而推言之。如是則卽朔日也。後四月哉生明。卽孔疏亦以爲未必非二日也。其說皆通。

厥四月哉生明。王來自商。至于豐。乃偃武修文。歸馬于華山之陽。放牛于桃林之野。示天下弗服。

【集傳】哉。始也。始生明。月三日也。豐。文王舊都也。在京兆鄠縣。〔地理今釋〕豐邑在今陝西西安府鄠縣東。史記文王伐崇侯虎而作豐邑是也。即今長安縣西北靈臺豐水之上。周先王廟在焉。山南曰陽。桃林。今華陰縣潼關也。〔地理今釋〕桃林。今陝西潼關衛東南有牧牛山。接河南閿鄉縣界。亦名夸父山。山海經夸父山北有林焉。名曰桃林。水經注云。湖水出桃林塞之夸父山。武王伐紂。天下既定。散牛桃林。

卽此處也樂記曰武王勝商渡河而西馬散之華山之陽而弗復乘牛放之桃林之野而弗復服王氏安石曰軍行戰車用馬任載之車用牛服乘用也車甲衅鄭氏康成曰衅釁字也而藏之府庫倒載干戈包以虎皮鄭氏康成曰明能以武服兵也天下知武王之不復用兵也

○此當在萬姓悅服之下

集說孔氏穎達曰生明死魄俱是月初上云死魄此云生明互言耳○王氏安石曰急於偃武如此見以兵定天下非其本心也○呂氏祖謙曰但歸放用以伐紂之牛馬耳天子十二閑與邱甸之賦自不廢

丁未祀于周廟邦甸侯衛駿奔走執豆籩越三

日庚戌。柴望。大告武成。

集傳 駿。爾雅曰。速也。周廟。周祖廟也。武王以克商之事。祭告祖廟。近而邦甸。遠而侯衞。皆駿奔走。執事以助祭祀。豆。木豆。籩。竹豆。祭器也。旣告祖廟。燔柴祭天。望祀山川。以告武功之成。由近而遠。由親而尊也。○此當在百工受命于周之下。

集說 時氏瀾曰。武王伐紂。非武王之事。乃天地山川有責於我。我盡其責。至於功成。乃大告于天地山川耳。又以見武王之心。與天地神明爲一。○陳氏經曰。歸馬放牛。此偃武之事。祀于周廟以下。皆修文之事。○王氏肯堂曰。告伐。先受命文考。而後類于上帝。宜于冢土。故告成。先祀于周廟。而後柴望。由近而遠。由親而尊也。

既生魄。庶邦冢君暨百工受命于周。

【集傳】生魄。望後也。四方諸侯及百官。皆於周受命。蓋武王新卽位。諸侯百官皆朝見新君。所以正始也。○此當在示天下弗服之下。

【集說】孔氏穎達曰。諸侯與百官。舊有未屬周者。今皆受政命于周。於此時始天下一統也。○朱子語類問生明生魄如何。曰。日爲魂。月爲魄。魄是黯處。魄死則明生。書所謂哉生明。是也。老子所謂載營魄。載如人載車。車載人之載。月受日之光。魂加於魄。魄載魂也。明之生時。大盡則初二。小盡則初三。月受日之光常全。人望在下。卻在側邊了。故見其盈虧不同。或云月形如餅非也筆談云。月形如彈丸。其受光如粉塗一半。月去日近則光露一眉。漸遠則光漸大。且如月在午。日在西。則是近一遠三。謂之弦。至日月相望。則去日十矣。故謂之望。日在西而月在東。人在下面得以望見其光之全。月之中有影者。蓋天包地外。地形小。日在地下。則月在天中。日甚大。從地四面光起。其影則地影也。地礙日之光。所謂山河地影是也。如星亦受日光。凡天地之光皆是日光也。自十六日生魄之後。其光之遠近如前之弦。謂之下弦。至晦則日與月相疊。月在日後。光盡體伏矣。○陳氏櫟曰。諸家多謂生魄望後也。而不察既字。以望與既望例之。則哉生魄十六日。既生魄十七日也。夏氏又謂既盡也。與舜典既月同。謂盡此生魄以後之日。殊不知此既字。乃已然之辭。與食之既既月不同。其實十七日受命。十九日丁未祀周廟。簡倒耳。所以云此當在示天下弗服之下。而丁未祀于周廟。當在百工受命于周之下也。

王若曰。嗚呼。羣后。惟先王建邦啓土。公劉克篤前烈。至于大王。肇基王迹。王季其勤王家。我文考文王克成厥勳。誕膺天命。以撫方夏。大邦畏其力。小邦懷其德。惟九年。大統未集。予小子其承厥志。

集傳 羣后。諸侯也。先王。后稷。武王追尊之也。后稷始封於邰。故曰建邦啓土。公劉。后稷之曾孫。史記云。能修后稷之業。孔氏穎達曰。本紀云。百姓懷之。多徙而保歸焉。是能厚先人之業也。大王古公亶父也。避狄去邠。居岐。邠人仁之。從之者如歸市。詩曰。居岐之陽。實始翦商。大王雖未始有翦商之志。然大王始得民心。王業之成。實基於此。王季能勤以繼其業。孔氏穎達曰。本紀云。王季修古公之道。諸侯順之。是能纘統大王之業。勤立王家之基本也。至於文王克成厥功。大受天命。以撫安方夏。大邦畏其威而不敢肆。小邦懷其德而得自立。自爲西伯專征。而威德益著於天下。凡九年崩。大統未集者。非文王之德。不足以受天下。是時紂之惡未至於亡天下也。文王以安天下爲心。故予小子亦以安天下爲心。○此當在大告武成之下。

【集說】林氏之奇曰。國語有云。昔我先王后稷。后稷非王而稱先王者。尊之之辭也。此蓋旣得天下。將欲率諸侯祀于周廟。追王其先世。故其說如此。○朱子曰。前輩定本。更差一節。王若曰一段。或接于征伐商之下。以爲誓師之辭。或連受命于周之下。以爲命諸侯之辭。以爲誓師。固當錯連下說了。以爲命諸侯之辭者。此去祭日只爭一兩日。無緣有先誥命之理。某看。卻諸侯來便教他助祭。此是祭畢臨遣之辭。當在大誥武成之下。比前輩只差此一節。○周自積累以來。其勢日大。又當商家無道之時。天下趨周。其勢自爾。若非文王。亦須取了。孔子稱至德只二人。皆可爲而不爲者也。○問文王更在十三四年。將終事紂乎。抑爲武王牧野之舉乎。曰。看文王亦不是安坐不做事底人。如詩中言文王受命有此武功。既伐于崇，作邑于豐，則武功都是文王做來。詩載武武王武功卻少，但卒其伐功耳。文王度必不終竟休了，一似果實，文王待他十分黃熟自落下來，武王卻似生拍破一般。○張子云：天命未絶，則是君臣；當日命絶，則爲獨夫。命之絶否，何以知之？人情而已。諸侯不期而會者八百，武王安得而止之哉。詳考詩書所載，則文武之心可見。若使文王漠然無心於天下，則三分之二亦不當有矣。此等處難說。孔子謂可與立，未可與權。到那時事勢，自是要住不得。○時氏瀾曰：大邦畏力，小邦懷德，非於大用力而小用德也。文王地止百里，甲兵不多，力亦有限，獨德爲有餘，固不以力加人，亦未嘗以德而求人之懷也。德之所施，各稱其宜，于大邦自見其德威之可畏，于小邦自見其同仁之可懷而已。○陳氏經曰：大邦以力自強，遇文王而力無所施，故以爲可畏；小邦以德望人，遇文王而獲適所願，故以爲可懷。文王初無心於德力之辨也。○陳氏櫟曰。武王告諸侯。謂周之基業。自后稷公劉大王王季文王。建之篤之基之勤之成之。有自來矣。我不過承先志而爲之耳。意謂十五六世數千百年。積德累功。前作後述。以有今日。非一朝一夕之崛起。以動諸侯之聽也。

底商之罪。告于皇天后土。所過名山大川。曰惟有道曾孫周王發。將有大正于商。今商王受無道。暴殄天物。害虐烝民。爲天下逋逃主。萃淵藪。予小子既獲仁人。敢祗承上帝。以遏亂略。華夏蠻貊。罔不率俾。

【集傳】厎。至也后土社也。勾龍爲后土。周禮大祝云。王過大山川。則用事焉。孔氏曰。名山。謂華。大川。謂河。蓋自豐鎬往朝歌。必道華涉河也。曰者。舉武王告神之語。有道。指其父祖而言。周王二字。史臣追增之也。正。卽湯誓不敢不正之正。時氏瀾曰。承祖宗之志。將以大正商之不正。萃。聚也。紂殄物害民。爲天下逋逃罪人之主。如魚之聚淵。如獸之聚藪也。王氏安石曰。歸之之謂主。萃之之謂聚。藏之之謂淵。養之之謂藪。仁人。孔氏曰。大公周召之徒。略。謀略也。俾。廣韻曰。從也。仁人既得。則可以敬承上帝。而遏絶亂謀。內而華夏。外而蠻貊。無不率從矣。或曰。大公歸周。在文王之世。周召周之懿親。不可謂之獲此。蓋仁人自商而來者。愚謂獲者。得之云爾。卽泰誓之所謂仁人。非必自外來也。不然。經傳豈無傳乎。○此當在于征伐商之下。

集說 鄭氏康成曰。仁人秉心。與天爲一。上帝臨汝。無貳爾心。武王素有此心矣。又得仁人。而後敢祗承以遏亂人之謀略。亦如湯聿求元聖而後與爾有衆請命也。○林氏之奇曰。泰誓數紂之罪。其文諄複反覆。陳其不善之迹。蓋將以曉衆庶未諭之情。不得不然。此禱於天地鬼神。不必歷數其罪。故其文簡而盡。○暴殄天物。

使天下萬物鳥獸草木皆失其性。而其害虐於民尤甚。言暴於天物。則民亦在其中。以人尤重於萬物。故別言之。○劉氏應秋曰。伐其人而不數其罪。則無以明伐商之意。數其罪而不告於神。則無以明天討之公。

恭天成命。肆予東征綏厥士女。惟其士女篚厥玄黃。昭我周王天休震動。用附我大邑周。

集傳 成命。黜商之定命也。篚竹器。玄黃色幣也。敬奉天之定命。故我東征安其士女。士女喜周之來。筐篚盛其玄黃之幣。林氏之奇曰。玄黃。但謂其時所執之幣。有此色耳。明我周王之德者。是蓋天休之所震動。故民用歸附我大邑周也。或曰。玄

黃天地之色篚厥玄黃者明我周王有天地之德也○此當在其承厥志之下

集說朱子曰商人而曰我周王猶商書所謂我后也○時氏瀾曰武王旣以此安士女之心士女亦以此昭武王之心上言祭祀此言民歸人君民神之主民歸神亦歸也○陳氏經曰成命一定不易決於伐商也肆遂也武王爲西伯紂在東故曰東征

惟爾有神尚克相予以濟兆民無作神羞旣戊午師逾孟津癸亥陳于商郊俟天休命甲子昧爽受率其旅若林會于牧野罔有敵于我師前

徒倒戈攻于後以北血流漂杵一戎衣天下大定乃反商政政由舊釋箕子囚封比干墓式商容閭散鹿臺之財發鉅橋之粟大賚于四海而萬姓悅服

【集傳】休命勝商之命也武王頓兵商郊雍容不迫以待紂師之至而克之史臣謂之俟天休命可謂善形容者矣若林卽詩所謂其會如林者紂衆雖有如林之盛然皆無有肯敵我師之志紂之前徒倒戈反攻其在後之

衆以走。自相屠戮。遂至血流漂杵。蔡氏清曰。杵。舂杵也。凡古人行兵。人各攜畚鍤版杵之屬。爲營塹備。史臣指其實而言之。蓋紂衆離心離德。特劫於勢而未敢動耳。一旦因武王弔伐之師。始乘機投隙。奮其怨怒。反戈相戮。其酷烈遂至如此。此亦足以見紂積怨于民。若是其甚。而武王之兵。則蓋不待血刃也。此所以一被兵甲。而天下遂大定乎。乃者。繼事之辭。反紂之虐政。王氏樵曰。謂盡除其苛虐紊亂之政。由商先王之舊政也。式。車前橫木。有所敬則俯而憑之。商容。商之賢人。閭。族居里門也。賚予也。武王除殘去暴，顯忠遂良，賑窮賙乏，澤及天下。天下之人皆心悅而誠服之。帝王世紀云：殷民言王之於仁人也，死者猶封其墓，況生者乎？王之於賢人也，亡者猶表其閭，況存者乎？王之於財也，聚者猶散之，況其復籍之乎？唐孔氏曰：是爲悅服之事。

地理今釋　比干墓在今河南衛輝府汲縣北十里。鹿臺亦名南單臺，在今衛輝府淇縣。括地志云：鹿臺在衛縣西南二十二里是也。鉅橋在今直隸廣平府曲周縣東北。通典云：洺州曲周縣紂巨橋倉在此。今河南衛輝府淇縣東北十五里亦有鉅橋，非也。

○此當在罔不率俾之下。

集說林氏之奇曰。侯天休命者。不敢以勝負自必。必待天之佑我國家而能勝之。此謂侯天休命而已。先儒以謂夜雨止畢陳。蓋過論也。○血流漂杵。豈武王實使之然哉。蓋由其多罪逋逃之人。同惡相濟。其罪惡貫盈。天道之所不容。故使之至於此極也。○黃氏度曰。史記牧野諸侯兵會者車四千乘。紂亦發兵七十萬人距武王。孟子謂以至仁伐至不仁。何至殺人血流漂杵。孟子以仁義說齊梁之君。抑揚其辭如此。七十萬之衆前攻其後。奔逐崩潰。安得無蹂踐殺傷。故史不沒其實以見征伐之不如禪讓。聖人之所深愧也。○朱子曰。孟子說盡信書不如無書者。只緣恁地戰鬬殘戮。恐當時人以此爲口實。故說此。然看上文自說前徒倒戈。攻于後以北。不是武王殺他。乃紂之人自蹂踐相殺。荀子云。所以殺之者。非周人也。商人也。觀武王興兵。初無意於殺人。所謂今日之事。不愆於六伐七伐。乃止齊焉。是也。杵。或作鹵楯也。○時氏瀾曰。武王不別創爲周政也。止反商之舊政使天下復見六七王作之君之政令而已○財在天下本流通之物粟在天下本養人之具下之供上九貢九職自有常數紂私爲已有聚之鹿臺積之鉅橋武王散之發之使流通養人者各復其當然耳先儒或謂武王以此結天下之心是以利心量武王也利者天下之利紂以私意聚之武王以公心散之大賚于四海而萬姓悅服自然之理也○陳氏經曰先驅商之平民陳後乃紂之惡黨民怨之深遂因此易鄉反攻之○陳氏櫟曰萬姓悅服實總結乃反商政以下數句大學平天下一章不過好惡財用二者與天下爲公而已釋箕子至發粟賚四海皆反商政之大者釋箕子以下好惡與民爲公也散財以下財用與民爲公也○董氏鼎曰漢高入關除苛解嬈與父老約法三章得武王反商政之意獨不能由舊襲用秦法所以周不愧商而漢有愧於周也

列爵惟五。分土惟三。建官惟賢。位事惟能。重民五教。惟食喪祭。惇信明義。崇德報功。垂拱而天下治。

【集傳】列爵惟五。公侯伯子男也。分土惟三。公侯百里。伯七十里。子男五十里之三等也。建官惟賢。不肖者不得進。位事惟能。不才者不得任。五教。君臣父子夫婦兄弟長幼五典之教也。食以養生。喪以送死。祭以追遠。五教三事。所以立人紀而厚風俗。聖人之所甚重焉者。惇厚也厚其信明其義信義立而天下無不勵之俗有德者尊之以官有功者報之以賞官賞行而天下無不勸之善夫分封有法官使有要五教修而三事舉信義立而官賞行武王於此復何爲哉垂衣拱手而天下自治矣史臣述武王政治之本末言約而事博也如此哉○此當在大邑周之下而上猶有缺文案此篇編簡錯亂先後失序今考正其文于後

【集說】孔氏穎達曰爵五等地三品武王於此既從殷法未知周公制禮亦然否北宮錡問周之班爵祿如

何。孟子曰。其詳不可得聞矣。嘗聞其略。天子之制。地方千里。公侯方百里。伯七十里。子男五十里。漢書地里志亦云。周爵五等。其土三等也。公侯百里。伯七十里。子男五十里。漢世儒者多以爲然。包咸注論語云。千乘之國。百里之國也。謂大國惟百里耳。○王氏安石曰。惇厚其信。使天下不趨於詐。顯明其義。使天下不徇於利。崇德使人知所以尚賢。報功。使人知所以勸忠。○呂氏祖謙曰。武王能還唐虞風俗於千載之下。武成與堯舜氣象不同矣。終篇一語。堯舜無爲之治。乃恍然若存焉。○陳氏櫟曰。所重教食喪祭四者。證以堯曰可見重五教而次以食。則斯民日用飲食。徧爲爾德。否則君不君。臣不臣。雖有粟。吾得而食諸。食足矣。卽繼以慎終之喪。報本之祭。皆所以感發斯人之良心。而維持天下之教化也。○王氏充耘曰。列爵分土。是定制度法。既定須人以守之。故任賢使能。得其人。使之如何爲政。曰重教化。使民知禮義。重食喪祭。使民養生喪死無憾而已。惇信明義。

是以身率之於其先。崇德報功。是以勸賞激勵之於其後。如此。而天下可不勞而治矣。其言不一。而其閒自有次序。○王氏樵曰。封建之來久矣。上世皆有功德於民子孫世其土地。聖人因而爲之制。列爵有等。分土有限而不可踰。而又使之建官必以賢。位事必以能。所謂建邦設都。樹以君公。承以大夫師長者也。其維持之意深矣。自王綱解紐。諸侯兼幷。土地踰制。而大夫世官。於是爭亂相尋。至於戰國而其禍極矣。此非封建之弊。乃王制不行之咎也。○上自王朝。外則州牧侯伯。下至侯國之卿大夫士。皆官也。非賢能不任。則安有敗事。位事就在建官中。使能治賦者治賦。能治財者治財。能治禮樂者治禮樂。有此官。則有此事。未有無事之官。賢者之中。因能而任。故曰位事惟能。非謂官事不相通。而賢能爲二途也。○信者。人之所難守而易渝。故曰惇義者。人之所難明而易昧。故曰明。惇之自上。使天下之不薄。明之自上。使天下之不昧。信立於天下。則無相欺相背。義晰於天下。則無苟得苟免。故無不勵之俗。○張氏居正曰。分封有法。則萬邦懷。官使有要。則庶政和。五教修。則百姓親。三事舉。則民風厚。信義立。則人心知所勵。官賞行。則人心有所勸。武王經理天下。其宏綱大要。備舉而盡善如此。故不必有所作爲。但垂衣南面。端拱穆清。而天下自治矣。

今考定武成

惟一月壬辰旁死魄。越翼日癸巳。王朝步自周。于征伐商。底商之罪。告于皇天后土所過名山大川。曰。惟有道曾孫周王發。將有大正于商。今商王受無道。暴殄天物。害虐烝民。爲天下逋逃主萃淵藪予小子既獲仁人敢祗承上帝以遏亂略華夏蠻貊罔不率俾惟爾有神尚克相予以濟兆民無作神羞既戊午師逾孟津癸亥陳于商郊俟天休命甲子昧爽受率其旅若林會于牧野罔有敵于我師前徒倒戈攻于後以北血流漂杵一戎衣天下大定乃反商政政由舊釋箕子囚封比干墓式商容閭散鹿臺之財發鉅橋之粟大賚

于四海。而萬姓悅服。厥四月哉生明。王來自商。至于豐。乃偃武修文。歸馬于華山之陽。放牛于桃林之野。示天下弗服。既生魄。庶邦冢君。暨百工。受命于周。丁未。祀于周廟。邦甸侯衛。駿奔走。執豆籩。越三日庚戌。柴望。大告武成。王若曰。嗚呼。羣后。惟先王建邦啓土。公劉克篤前烈。至于大王。肇基王迹。王季其勤王家。我文考文王。克成厥勳。誕膺天命。以撫方夏大邦畏其力小邦懷其德惟九年大統未集予小子其承厥志恭天成命肆予東征綏厥士女惟其士女篚厥玄黃昭我周王天休震動用附我大邑周列爵惟五分土惟三建官惟賢位事惟能重民五教惟食喪祭惇信明義崇德報功垂拱而天下治

案劉氏王氏程子皆有改正次序今參考定讀如此大略集諸家所長獨四月生魄丁未庚戌一節今以

上文及漢志日辰推之。其序當如此耳。疑先儒以王若曰宜繫受命于周之下。故以生魄在丁未庚戌之後。蓋不知生魄之日。諸侯百工雖來請命。而武王以未祭祖宗。未告天地。未敢發命。故且命以助祭。乃以丁未庚戌祀于郊廟。大告武功之成。而後始告諸侯。上下之交。神人之序。固如此也。劉氏謂予小子其承厥志之下。當有缺文。以今考之。固所宜有。而程子從恭天成命以下三十四字屬於其下。則已得其一節。

而用附我大邑周之下。劉氏所謂缺文。猶當有十數語也。蓋武王革命之初。撫有區夏。宜有退托之辭。以示不敢遽當天命。而求助於諸侯。且以致其交相警勅之意。略如湯誥之文。不應但止自序其功而已也。列爵惟五以下。又史官之詞。非武王之語。讀者詳之。

總論 朱子曰。武成月日。以孔注漢志參考。大抵多同。但漢志二月既死魄越五日甲子爲差速。而四月既生魄。與丁未庚戌。先後小不同耳。蓋以上文一月壬辰旁死魄推之。則二月之死魄後五日。且當爲辛酉或壬戌。而未得爲甲子。此漢志之誤也。又以一月壬辰二月甲子并閏推之。則漢志言四月既生魄越六日庚戌。當爲二十二日。而經以生魄居丁未庚戌之後。則恐經文倒也。歷法雖無四月俱小之理。然亦不過先後一二日耳。不應所差如此之多也。宗廟內事。日用丁巳。漢志乃無丁未。而以庚戌燎于周廟。則爲剛日。非所當用。而燎又非宗廟之禮。且以翼日辛亥祀于天位。而粤五日乙卯。又祀馘于周廟。則六日之間。三舉大祭。禮數而煩。近於不敬。抑亦經文所無有。不知劉歆何所据也。顔注以爲今文尚書。則伏生今文二十八篇中本無此篇。顔氏之云。又未知其何所据也。讀者詳之。

案武成錯簡。自二孔疑之。後儒互有更張。至程朱而始定。朱子更以漢志日辰。及經之前文細推之。移四月既生魄於丁未祀周廟之前。更爲精密的當。無可復議矣。惟用附我大邑周之下。缺文不可復補。而程子移反商政二句於其下。稍有結束。但恐反商之政。如救焚拯溺。急不容緩。漢高祖入關。便約法三章。除秦苛政。况武王聖人仁民之心迫切實甚豈能待之歸豐之後自二月以至四月乎程子亦不得已而以此足其文勢耳然所缺實非一兩言可了也今惟以朱子之更定者爲據他家聚訟紛紛可以息矣

欽定書經傳說彙纂卷第十

欽定書經傳說彙纂卷第十一

洪範

集傳 漢志曰。禹治洪水。錫洛書。法而陳之。洪範是也。史記。武王克殷。訪問箕子以天道。箕子以洪範陳之。案篇內曰而曰汝者。箕子告武王之辭。意洪範發之於禹。箕子推衍增益以成篇歟。今文古文皆有。

集說 鄭氏康成曰。此篇。訓體也。○夏氏僎曰。此篇雖箕子之言。實周史所錄。○朱子曰。今人只管要說治道。這是治道最切緊處。這箇若理會不通。又去理會甚麽零零碎碎。○洪範一篇首尾都是歸從皇極上去。蓋人君以一身爲至極之標準。最是不易。又須斂是五福。所以斂聚五福。以爲建極之本。又須是敬五事。順五行。厚八政。協五紀。以結裏箇皇極。又須又三德。使事物之接。剛柔之辨。須區處教合宜。稽疑。便是考之於神。庶徵。是驗之於天。五福。是體之於人。這下許多。是維持這皇極。○讀洪範。且各還他題目。一則五行。二則五事。三則八政。四則五紀。五則皇極。至其後庶徵五福六極。乃權衡聖道而著其驗耳。○陳氏大猷曰。箕子之陳洪範。文王之演易。皆當殷之末。周之初也。○王氏柏曰。此書王者繼天立極之大典也。其綱目爲最明。其義理爲最密。其功用所關爲最廣。其歸宿樞機爲最精。○陳氏師凱曰。洪範上稽天文。下察地理。中參人物古今之變。窮義理之精微。究興亡之徵兆。微顯闡幽。彝倫所敘。秩然有天地萬物各得其所之妙。○王氏樵曰。人心惟危四語。聖學傳心之妙。而未及政事之詳。水火金木土穀惟修數語。善政養民之要。而未及心源事目之備。洪範一篇。性命政事。大綱細目。兼該全備。信乎唐虞以來授受之微言也。以丹書四言。武王齋戒而問之。則其受此於箕子也可知。嗚呼。後之人。其可以易而讀之哉。

惟十有三祀。王訪于箕子。

【集傳】商曰祀。周曰年。此曰祀者。因箕子之辭也。箕子嘗言商其淪喪。我罔爲臣僕。史記亦載箕子陳洪範之後。武王封于朝鮮而不臣也。蓋箕子不可臣。武王亦遂其志而不臣之也。訪就而問之也。箕國名。【地理今釋】箕蔡傳國名。姓纂云。商之圻內。僖三十三年。晉敗狄于箕者。杜預云。太原陽邑有箕城。在今山西遼州榆社縣東南三十里。子。爵也。○蘇氏曰。箕子之不臣周也。而曷爲爲武王陳洪範也。天以是道畀之禹。傳至於我。不可使自我而絕。以武王而不傳。則天下無可傳者矣。故爲箕子之道者。傳道則可。仕則不可。

【集說】程子曰。周書惟十有三祀。與惟十有一年。三與一。須有一字錯。泉州高某說。一字錯。○張氏九成曰。稱祀不稱年。稱王訪箕子。而不稱箕子朝王。稱王乃言而後箕子乃言。深見箕子爲天下萬世大法不得已之意。○朱子曰。柯國材言序稱十有一年。史辭稱十有三年。序不足憑。洪範謂十有三祀。則十三年明矣。使十一年伐殷。十三年方訪箕子。不應如是之緩。此說有理。○呂氏祖謙曰。王訪于箕子。不敢屈而致也。武王之尊德樂道。如孟子所謂大有爲之君。必有不召之臣。欲有謀焉則就之也。○陳氏櫟曰。不臣周。所以正萬世君臣之大法。陳洪範所以傳萬世天人之大法。○陳氏雅言曰。唐孔氏謂此篇不是史官敘述。必是箕子既對武王之問。退而自撰其事。故稱祀。夏氏謂古者史官於人君言動。無不書者。豈有武王訪箕子。其事如此之大。史乃不錄。而箕子自錄之理。此說極是。且如孔說。則於惟十有三祀一句雖說得通。而於王訪于箕子一句。說不通矣。

王乃言曰。嗚呼箕子。惟天陰騭下民。相協厥居。我不知其彝倫攸敘。

集傳乃言者。難辭。重其問也。箕子稱舊邑爵者。方歸自商。未新封爵也。騭。定。史記。惟天陰定下民。協。合。彝。常。倫。理也。所謂秉彝人倫也。武王之問。蓋曰。天於冥冥之中。默有以安定其民。輔相保合其居止。曾氏鞏曰。居。謂所以安者。○王氏肯堂曰。人生萬事。各有其宜。皆所謂居也。而我不知其彝倫之所以敘者如何也。

集說朱子曰。彝倫。指洪範九疇而言。竊意箕子在商。潛心九疇之學。如文王之潛心於八卦。殷滅之後。武王恐其學不傳。故訪而問之。且退託於不知以發其言。○呂氏祖謙曰。武王豈眞不知哉。云不知者。蓋眞見聖學之無窮也。○陳氏櫟曰。斯民之生。其上棟下宇。羣居聚處。是孰使之然哉。天意之陰騭默相。蓋存乎其間。而常理卽寓乎其閒。理雖高出乎無極太極之表。而其實不離乎日用常行之閒。武王於陰隲相協而繼以彝倫之所以敘攸者。所也。卽所以然之意。武王其默識之矣。○王氏充耘曰。天陰隲下民。是無形聲可驗。故武王不知彝倫之所敘者何由。○陳氏雅言曰。武王意人君代天理物。必仰承天意以治民。而使其居之順其常。得其正。以無負上天陰隲相協之心者。其道在於敘其秉彝人倫也。我欲敘之。不知所以敘之之道當何如。此問箕子以爲治之道也。箕子於是告以洪範九疇。爲爲治之大法。蓋九疇之敘。卽彝倫之所敘也。○鄭氏曉曰。相協厥居。正是陰隲之實。

箕子乃言曰。我聞在昔。鯀陻洪水。汨陳其五行。帝乃震怒。不畀洪範九疇。彝倫攸斁。鯀則殛死。

禹乃嗣興天乃錫禹洪範九疇彝倫攸敘。

【集傳】乃言者。重其答也。孔氏穎達曰。此問答皆言乃者。以天道之大。沈吟乃問。思慮乃答也。陻塞。汨亂。陳列。畀與。洪大。範法。疇類。斁敗。沈氏漸曰。不敘便是斁。錫賜也。帝以主宰言。天以理言也。洪範九疇。治天下之大法。其類有九。孔氏穎達曰。九者各有一章。故漢書謂之九章。卽下文初一至次九者。箕子之答。蓋曰。洪範九疇。原出於天。鯀逆水性。汨陳五行。呂氏祖謙曰。水湮而五行皆汨。見五行一源。故帝震怒。不以與之。此彝倫之所以敗也。禹順水之性。地平天成。故天出書于洛。禹別之以爲洪範九疇。此彝倫之所以敘也。彝倫之敘。即九疇之所敘者也。○案孔氏曰。天與禹神龜。負文而出。列於背。有數至九。禹遂因而第之。以成九類。易言河出圖。洛出書。聖人則之。蓋治水功成。洛龜呈瑞。如簫韶奏而鳳儀。春秋作而麟至。亦其理也。世傳戴九履一。左三右七。二四爲肩。六八爲足。陳氏師凱曰。又有五數居正背。此當補五數居中一句始備。即洛書之數也。

【集說】劉氏歆曰。河圖洛書。相爲經緯。八卦九章。相爲表裏。○孔氏穎達曰。水是五行之一。水性下流。鯀反塞之水失其性則五行皆失矣是爲亂陳其五行言五行陳列皆亂也○邵子曰圓者星也歷紀之數其肇於此乎方者土也畫州井地之法其倣於此乎蓋圓者河圖之數方者洛書之文故羲文因之以造易禹箕敘之而作範也○程子曰聖人能使天下順治非能爲物作則也惟止之各於其所而已止之各於其所聖人所以敘彝倫也洪範九疇聖人使天下順治之道也非能爲物作則惟止之各於其所順乎陰隲相協之妙而已陰隲相協彝倫天敘也洪範九疇彝倫攸敘也自五行至五福六極天人相因天下事大綱出不得此九者世間只順了個陰隲相協之妙便彝倫常敘自古聖人只理會得此而已矣○朱子語類問洪範之書林氏以爲洛出書之說不可深信又帝乃震怒不畀洪範九疇彝倫攸斁猶言天奪之監也天乃錫禹洪範九疇彝倫攸敘猶言天誘其衷也又云洪範之書大抵發明彝倫之敘本非由數而起又曰天乃錫禹洪範九疇猶言天乃錫

王勇智耳。不必求之太深也。某竊謂易明言河出圖洛出書。豈得不之信邪。未知林說如何。曰。便使而今天錫洛書。若非天啓其心。亦無人理會得。兩說似不可偏廢也。○鯀禹皆治水。天不開發鯀而開發禹。故言畀不畀。要之洛書乃天下之至理。鯀不順是理。自無可得之道。禹順是理。自有可得之道。畀不畀一歸之天者。特言理之至公無私爾。○問彝倫攸敘見事事物物中。得其倫理則無非此道。非道便無倫理。曰。固是。○齊氏夢龍曰。彝倫。乃天理之自然。而人類之所一日不可無者也。○陳氏師凱曰。陶唐之盛。於變時雍之際。又何彝倫之斁哉。此非言朝廷也。蓋五行既汩。九功未敘。獸蹄鳥迹之道。交於中國。堯甚憂之。此彝倫之所以斁也。豈必綱常絕滅而後謂之斁哉。○王氏充耘曰。九疇非始於禹。如卜筮起於伏羲。作曆始於黃帝。堯舜以來。皆從事五事以修身。皆用刑賞威福以爲治。豈待禹而後有乎。蓋聖人迭興。立法刱制。先後錯出而無倫。至此敘爲九章。而聖人治天下之大法首尾完具。粲然如指諸掌。則自禹始耳。

案洛書之數。其四奇居四正。以三相乘而左旋。則參天之數也。其四耦居四隅。以二相因而右轉。則兩地之數也。中之五。不與奇耦相乘而爲三二之合焉。則人之位也。人居天地之中。則必爲天地立心。然後可以上贊化育而下盡人物之性。此皇極所以爲九疇之本也。

初一曰五行。次二曰敬用五事。次三曰農用八政。次四曰協用五紀。次五曰建用皇極。次六曰乂用三德。次七曰明用稽疑。次八曰念用庶徵。次九曰嚮用五福。威用六極。

【集傳】此九疇之綱也。孔氏安國曰。此禹所第敘。在天惟五行。曾氏鞏曰。五者。行乎三才萬物之間。在人惟五事。以五事參五行。王氏安石曰。五事。人所以繼天道而成性者也。○朱子曰。五氣運行。而人稟之以成形。於是有五事。天人合矣。八政者。人之所以因乎天。五紀者。陳氏經曰。其數錯綜而條理不亂。是謂紀。天之所以示乎人。皇極者。君之所以建極也。三德者。治之所以應變也。稽疑者。以人而聽於天也。庶徵者。推天而徵之人也。福極者。人感而天應也。五事曰敬。孔氏安國曰。五事在身。用之必敬乃善。所以誠身也。八政曰農。所以厚生也。孔氏穎達曰。鄭玄云。農讀爲醲。

則農是醲意。故曰厚也。五紀曰協。所以合天也。曾氏鞏曰。政必協天時。○陳氏櫟曰。欽天授人。有不可後。推步占驗。以人合天。皇極曰建。所以立極也。三德曰乂。所以治民也。稽疑曰明。所以辨惑也。朱子曰。德雖應變無方。而事有非人謀之所能決者。故當謀之鬼神。庶徵曰念。所以省驗也。曾氏鞏曰。人治極而通於神明者盡。然猶不敢自信。故參吾之得失於天。五福曰嚮。曾氏鞏曰。福之在於民。則宜嚮之。故五福曰嚮用。所以勸也。六極曰威。蘇氏軾曰。威畏也。古者畏威通用。○曾氏鞏曰。極之在於民。則宜畏之。故六極曰威用。所以懲也。五行不言用。無適而非用也。朱子曰。用者。人之所有事也。凡用。皆指人君而言。皇極不言數。非可以數明也。孔氏穎達曰。皇極不言數者。以總該九疇。理兼萬善。非局數所能盡也。

本之以五行。敬之以五事。厚之以八政。協之以五紀。皇極之所以建也。乂之以三德。明之以稽疑。驗之以庶徵。勸懲之以福極。皇極之所以行也。人君治天下之法。是孰有加於此哉。

集說 張子曰。九疇次敘。民資以生。莫先天材。故首曰五行。君天下必先正己。故次五事。五事已正。然後邦國得而治。故次八政。政不時舉必昏。故次五紀。五紀明。然後時措得中。故次建皇極。求大中不可不知權。故次三德。權必有疑。故次稽疑。可徵然後疑決。故次庶徵。福極徵。然後可不勞而治。故九以嚮勸終焉。五爲數中。故皇極處之。權過中而合義者也。故三德處六。○張氏栻曰。九疇雖多。人君所守。惟在敬用五事。心敬則貌言視聽思極於肅乂哲謀聖其精神所運上而五行下而福極無不得其所洪範之要在於敬而已○朱子語類問洪範諸事曰此是箇大綱目天下之事其大者大槩備於此矣○初一次二此讀也全讀是以一二爲次第不見洛書本文又不見聖人法象之義故後人至以此章總爲洛書本文皆爲句讀不明也○洛書本文只有四十五點班固云六十五字皆洛書本文古字畫少恐或有模樣但今無所考漢儒說此未是恐只是以義起之不是數如此蓋皆以天道人事參五言之五行最急故第一五事又參之於身故第二一身既修可推之於政故八政次之政既成又驗之於天道故五紀次之又繼之以皇極居五蓋能推五行敬五事厚八政修五紀乃所以建極也六三德乃是權衡此皇極者也德既修矣稽疑庶徵繼之者著其驗也又繼之以福極則善惡之效至是不可加矣皇極非大中皇乃天子極乃極至言皇建此極也東西南北到此恰好乃中之極非中也但

漢儒雖說作中字。亦與今不同。如云五事之中。是也。今人說中只是含糊依違。善不必盡賞。惡不必盡罰。如此。豈得謂之中。○凡數自一至五。五居中。自九至五。五亦居中。戴九履一。左三右七。五亦居中。若有前四者。則方可以建極。後四者。却自皇極中出。三德。是皇極之權。人君所嚮用五福。所威用六極。此曾南豐所說。惟此說好。○洛書本無文字。但有奇耦之數。自一至九。洛書之本數。初次者。禹次第之文。五行以下。卽禹法則之事。蓋因洛書自然之數。而垂訓於天下後世也。若其效法次第之義。大抵因洛書之位與數而爲之。洛書一位在子。其數則水之生數。氣之始也。故爲五行。五行則陽變陰合。交運而化生萬物。則爲人事之始矣。二位在坤。其數則火之生數。氣之著也。故爲五事。五事則五氣運行。人之稟形賦色。妙合而凝。修身踐形之道立矣。三位在卯。其數則木之生數。氣至此而益著也。故爲八政。八政則修其身不止於貌言視聽思之事。而立經陳紀。創法立度。舉而措之天下矣。四位在巽。其數則金之生數。氣至此而著益久也。故爲五紀。五紀。則治不止於食貨政教之事。而察數觀象。治曆明時。仰以觀於天文矣。五居中央爲八數之中。縱橫以成十五之變。蓋土之沖氣所以管攝四時。故爲皇極耳。則人君居至尊之位。立至理之準。使四方之面內環觀者。皆於是而取則。所以總攝萬類也。六位在乾。其數則水之成數。氣合而成形也。故爲三德。三德。則不徒立至極之準。而臨機制變。隨事制宜。且盡其變於人矣。七位在西。火之成數。氣合而形已著矣。故爲稽疑。稽疑。則不徒順時措之宜。而嫌疑猶豫且決之人謀鬼謀。而盡其變於幽明矣。八位在艮。木之成數。氣合而形益著矣。故爲庶徵。庶徵。則往來相盪。屈伸相感。而得失休咎之應定矣。九位在午。其數則金之成數。氣合而著已久矣。故爲福極。福極。則休咎得失。不徒見於一身。而通行於天下矣。其事廣大悉備。故居終焉。大抵九疇之序。順而言之。則五行爲始。故五行不言用。不言用者。乃衆用之所自出。錯而言之。則皇極爲統。故皇極不言數。不言數者。乃衆數之所由該。以五行爲始。則自一至九。愈推愈廣。大衍相乘之法也。以皇極爲統。則生數主常。成數主變。太極動靜之分也。九疇本於洛書者如此。後學不悟此章具洛書之文。例以空談而說之。則陋矣。○呂氏祖謙曰。三德者。皇極之用。時中之道也。出而爲治。又當以剛柔正直之三德。權其時而用之。○程氏若庸曰。在天爲五行。言其所自然。在人爲五事。言其所當然。厚乎人而爲八政。言其利。不言其弊。占乎天而爲五紀。言其常。不言其變。序其目於皇極之先者。皆皇極之本也。序其目於皇極之後者。皆皇極之驗也。本之前四疇以立其體。至嚴至密。而無一毫之或失。驗之後四疇以達其用。至寬至廣。而無一物之或遺。信乎天子作民父母以爲天下王。可以參天地而贊化育矣。此大禹則龜文以敘九疇。箕子本禹疇以陳洪範。必以皇極爲天地人之宗主歟。

一五行。一曰水。二曰火。三曰木。四曰金。五曰土。水曰潤下。火曰炎上。木曰曲直。金曰從革。土爰稼穡。潤下作鹹。炎上作苦。曲直作酸。從革作辛。稼穡作甘。

【集傳】此下九疇之目也。孔氏安國曰。五行以下。箕子所陳。水。火。木。金。土者。五行之生序也。天一生水。地二生火。天三生木。地四生金。天五生土。唐孔氏曰。萬物成形。以微著爲漸。五行先後。亦以微著爲次。五行之體。水最微爲一。火漸著爲二。木形實爲三。金體固爲四。土質大爲五。潤下炎上曲直從革。以性言也。稼穡以德言也。潤下者。潤而又下也。炎上者。炎而又上也。曲直者。曲而又直也。從革者。從而又革也。稼穡者。稼而又穡也。孔氏安國曰。種曰稼。斂曰穡。稼穡獨以德言者。土兼五行。無正位。無成性。而其生之德。莫盛於稼穡。故以稼穡言也。稼穡不可以爲性也。故不曰曰而曰爰。爰於也。於是稼穡而已。非所以名也。作爲也。鹹苦酸辛甘者。夏氏僎曰。五味必言作者。水之發源。未嘗鹹也。流而至海。凝結既久。而鹹之味成。則鹹者。

潤下之所作。火之始炎。未嘗苦也。炎炎不已。焦灼既久。而苦之味成。則苦者。炎上之所作。木之初生。金之初鑛。土之始稼穡。亦然。**五行之味也。五行有聲色氣味。**陳氏師凱曰。五行之聲。水羽。火徵。木角。金商。土宮也。五行之色。水黑。火赤。木青。金白。土黃也。五行之氣。水朽。火焦。木羶。金腥。土香也。**而獨言味者。以其切於民用也。**蘇氏軾曰。人之用是四者。惟味爲急。故舉味以見其餘。

集說　孔氏穎達曰。六府以土穀爲二。由其體異故也。言曰者。言其本性。言作者。從其發見。指其體則稱曰。致其類。即言作。下五事庶徵言曰作者。義亦然也。○周子曰。無極而太極。太極動而生陽。動極而靜。靜而生陰。靜極復動。一動一靜。互爲其根。分陰分陽。兩儀立焉。陽變陰合。而生水火木金土。五氣順布。四時行焉。○張子曰水火氣也故炎上潤下與陰陽升降土不得而制焉木金者土之華實也其性有水火之雜故木之爲物水漬則生火燃而不離也蓋得土之浮華於水火之變也金之爲物得火之精於土之燥得水之精於土之濡故水火相得而不害爍之反流而不耗蓋得土之精實於水火之際也土者物之所以成始而成終也地之質也化之終也水火之所以升降物兼體而不遺者也○王氏安石曰五行之爲物其時其位其材其氣其性其形其事其情其色其聲其臭其味皆各有偶推而散之無所不通一剛一柔一晦一明故有清有濁有正有邪有美有惡有吉有凶性命之理道德之意皆在是矣偶之中又有偶焉萬物之變遂至於無窮○水言潤則火燥土溽木敷金斂可知也火言炎則水冽土蒸木溫金清可知也水言下火言上則木左金右土中央可知也木言曲直則土圜金方火銳水平可知也金言從革則木變土化水因火革可知也土言稼穡則水之井洫火之

爨冶木金之爲器械可知也所謂木變者何炳之而爲火爛之而爲土此之謂變所謂土化者何能燥能潤能敷能斂此之謂化水因者何因甘而甘因苦而苦因蒼而蒼因白而白此之謂因火革者何革生以爲熟革柔以爲剛革剛以爲柔此之謂革○朱子曰一五行者次第之辭與前章異後倣此○問水火木金土竊謂氣之初溫而已溫則蒸溽蒸溽則條達條達則堅凝堅凝則有形質五者雖一然推其先後之序理或如此曰向見吳斗南說五事庶徵皆嘗依此爲序其言亦有理○五行質具于地而氣行於天以質而語其生之序則曰水火木金土以氣而語其行之序則曰木火土金水○自水曰潤下至稼穡作甘皆是二意水能潤能下火能炎能上金曰從曰革從而又能革也○陳氏經曰洪範所言則五行生數必得地六天七地八天九地十成之然後陰陽各有匹配○陳氏大猷曰物之生其初皆爲水其終皆爲土五行之相生所以相繼也其相克所以相

治也。潤以質言。炎以氣言。上下以位言。曲直以形言。從革以材言。稼穡以用言。土非止於稼穡。以生民粒食之用言之也。即稼穡而推五行。則潤下用之於灌溉也。炎上用之於烹飪也。曲直之斲削。從革之鎔範。用之於宮室器用也。○董氏夢程曰。析而言之。爲五行。對而言之。爲二氣。本未嘗相離也。五行之質。存於人心者。爲肝心肺腎脾。五行之神。合於人身者。爲仁義禮智信。質者其粗也。神者。其精也。亦未嘗相離也。○程氏若庸曰。造化之初。一濕一燥。濕之流爲水。燥之爍爲火。濕之融爲木。燥之凝爲金。其融結爲土。自輕清而重濁。先天之五行。其體也。四時主相生。六府主相尅。後天之五行。其用也。其體對立。其用循環。

案禹之以是首九疇者。蓋貫通乎三才之間。皆五行之氣。故播之四時。則爲五紀。形之祥兆。則爲卜筮。具於人身。則爲五事。感於休咎。則爲庶徵。賦於氣質。則爲剛柔善惡之性。成於氣化。則爲仁鄙壽夭之命。莫非五行之所爲也。然語其近而最切。則人生所托。民用所需。無一日之可離者。故其下文但以功用氣味言之。

二五事。一曰貌。二曰言。三曰視。四曰聽。五曰思。貌曰恭。言曰從。視曰明。聽曰聰。思曰睿。恭作肅。從作乂。明作哲。聰作謀。睿作聖。

【集傳】貌言視聽思者。五事之敘也。貌澤。水也。言揚。火也。視散。木也。聽收。金也。思通。土也。亦人事發見先後之敘。人始生則形色具矣。既生則聲音發矣。既發而後能視。而後能聽。而後能思也。恭從明聰睿者。五事之德也。恭者。敬也。從者。順也。明者。無不見也。聰者。無不聞也。睿者。通乎微也。肅乂哲謀聖者。五德之用也。肅者。嚴整也。乂者。條理也。哲者。智也。謀者。度也。聖者。無不通也。

集說 周子曰。洪範思曰睿。睿作聖。無思。本也。思通。用也。幾動於彼。誠動於此。無思而無不通爲聖人。不思則不能通微。不睿則不能無不通。是則無不通生於通微。通微生於思。故思者。聖功之本而吉凶之幾也。○程子曰。思慮久後睿自然生。又曰。致思如掘井。初有渾水。久則稍引動得清者出來。人思慮始若溷濁。久自明快。○曾氏旼曰。思者。所以充人之材以至於其極。聖者。人之極也。或曰。不思而得。何也。蓋自誠而明者。不思而得。堯舜性之者也。自明而誠者。思之弗得弗措。湯武身之者也。○朱子曰。自外而言之。則貌外於言。自內而言之。

則聽內於視。自貌言視聽言之。則思所以為主於內。故曰貌曰言曰視曰聽曰思。彌遠者彌外。彌近者彌內。此其所以為次序也。○洪範五事。以思為主。蓋不可見而行乎四者之間也。然操存之漸。必自其可見而為之。○物則。切近明白。而易以持守。故五事之次。思最在後。○問視聽言動。比洪範五事。動是貌否。如動容貌之謂。曰。思也在裏了。動容貌。是外面底。心之動。便是思。又問五行比五事。曰。曾見吳仁傑說得順。他云貌是水。言是火。視是木。聽是金。思是土。將八庶徵來說。便都順。問貌如何是水。曰。他云貌是濕潤底。便是水。故其徵便是肅時雨若。洪範乃是五行之書。看得他都是以類配得到五福六極也。是配得。但略有不齊。○問禮如何屬火。曰。以其光明。問義之屬金。亦以其嚴否。曰。然。○恭作肅至睿作聖。此學問之極功。盡性踐形之事。○伯謨云。老蘇著洪範論。不取五行傳。而東坡以為漢儒五行傳不可廢。此亦自是。既廢。則後世有忽天之心。曰。漢儒也穿鑿。如五事。一事錯。則皆錯。如何却云聽之不聰。則某事應貌之不恭則某事應○黄氏榦曰。水貌。雨。太陰。火言。暘。太陽。木視。燠。少陽。金聽。寒。少陰。四者或偏於陽或偏於陰惟土思風也。通乎四者而不同焉。質陰氣陽。身之全體故貌言爲大。耳目聰明體之虚者。故視聽次之○以造化生人之初驗之。便自胞合天一生水。水便有形。人生精血凑合成形。亦若造化之有水也。地二生火。火便有氣。人有體。便能有聲者。氣之所爲。亦若造化之有火也。水陰而火陽。貌亦屬陰。而言亦屬陽也。水火雖有形質。然乃造化之初。故水但能潤下。火但能炎上。其質終是輕清。至若天三生木。地四生金。則形質已全具矣。亦如人身耳目既具。則人之形成矣。木陽而金陰。亦猶視陽而聽陰也。只以此配之。則人之身便是一箇造化理自分明。○眞氏德秀曰。貌言視聽思。各有攸主。而總以敬之一言。何哉。蓋敬者。五事之主也。敬不存於中。則形於貌者。必輕且慢。無由而能恭。發於言者。必易以肆。無由而能從。視聽蔽於物。何由而明且聽。思慮汨於多端。何由而通於微。故敬則五事皆得。不敬則五事皆失。程子曰。聰明睿智皆此出。信哉。○李氏杞曰。貌之必恭以至思之必睿。有物必有則也。作肅以至作聖。聖人而後可以踐形也。○程氏若庸曰。洪範五事配五行。與素問五行傳不合。自西京以來。說者不一。牽合傅會。莫能相通。千有餘年。至黃勉齋而後定。其言曰。配與屬不同。配者。比竝之謂。屬者。管屬之謂。嘗得其說而推之。配者。對峙而爲體。猶易之先天卦圖也。屬者。流行而爲用。猶易之後天卦圖也。洪範之五事。配水火木金土。乃先天之五事。言其體也。素問屬土金木水火而相生。五行傳屬木金火水土而相克。乃後天之五事。言其用也。配與屬不相妨。體與用不相悖。千古之疑。於是判矣。○陳氏櫟曰。五事皆當以敬用之。於外而可見者。先致持守之功。則百體各職其職。於內而不可見者。復致操存之力。則百體於天君而從其令。一敬之功。內外夾持。庶幾其無滲漏乎。又案五事以思爲終。四勿不言思。眞氏曰。勿云者。正指思而言。乃人心所以爲主。而勝私復禮之機也。○姚氏舜牧曰。肅乂哲謀聖。然後盡得恭從明聰睿五者之能事。然後完得貌言視聽思五者之本來。

【案】四勿九思。皆先視聽。此以貌言先之。何也。曰。閑邪則視聽爲要。持敬則貌言爲先。故曾子三貴。惟在容貌顔色辭氣之閒。程子亦曰。動容貌。整思慮。則自然生敬。言之先後不同。其歸一也。

三八政。一曰食。二曰貨。三曰祀。四曰司空。五曰司徒。六曰司寇。七曰賓。八曰師。

【集傳】食者。民之所急。貨者。民之所資。孔氏穎達曰。貨者。金玉布帛之總名。皆爲人用。故食爲首而貨次之。食貨所以養生也。祭祀所以報本也。司空掌土，所以安其居也。司徒掌教，所以成其性也。司寇掌禁，所以治其姦也。賓者，禮諸侯遠人，所以往來交際也。師者，除殘禁暴也。兵非聖人之得已，故居末也。

集說　孔氏穎達曰：八政用於民，以緩急爲次。食貨祀賓師，指事爲名。三卿舉官爲名者，三官所主事多，若以一字爲名，則所掌不盡，故舉官名以見義。○王氏安石曰：自食貨至於賓師，莫不有官以治之。而獨曰司空、司寇者，言官則以知物之有官，言物則以知官之有物也。○林氏之奇曰：一曰食者，務農重穀之政也。如井田補助之類是也。二曰貨者，阜通貨財之政也。如懋遷有無化居之類是也。三曰祀者，報本反始之政也。社稷宗廟山川百神以至公卿大夫士庶莫不祭其先之類是也四曰司空者度土居民之政也如辨方正位體國經野使士農工商各得其所之類是也五曰司徒者教民之政也如學校選舉之類是也六曰司寇者立法懲姦之政也如五刑之屬是也七曰賓者交際酬酢之政也如冠婚喪祭鄉飲相見之類是也八曰師者寓兵於農以修武備之政如鄉遂教閱之法是也○朱子曰周禮一書只是箇八政而已○呂氏祖謙曰司寇以上皆內治賓師爲外治

案禮記王制自冢宰制國用以下至司寇其序政與此合蓋冢宰所司食貨祀三者備矣然後司空定民之居然後司徒興民之德樂正司馬因司徒所教而升之故附於司徒而以司寇明刑終焉惟賓師二者洪範次於後王制序於前蓋八政者民生之先後緩急故柔遠安邦之事在於養教之後王制所言建國之規模綱紀則

禮樂征伐之柄必居庶政之先。義各有所當也。

四五紀。一曰歲。二曰月。三曰日。四曰星辰。五曰曆數。

集傳 歲者。序四時也。陳氏師凱曰。歲者。天時之一周。故正其歲。在於序四時。四時得其序而後歲功可成也。月者。定晦朔也。陳氏師凱曰。晦爲前月之終。朔爲後月之始。每於日月所會之辰定之。則十有二月不差矣。日者。正躔度也。陳氏師凱曰。躔者。日行於度也。日行每與月爲一月一會之期。二十九日四百九十九分。十二會而成一歲。則日行之度尚餘十日八百二十七分。謂之閏餘。積之三歲。則置閏月以貯之。故日行惟在於正躔度。躔度既正。則日月之會無先後之差。而餘分之積免失閏之謬。由是曰月曰歲。皆可協矣。**星。經星緯星也。**陳氏師凱曰。經星貼天不動。凡內官外官二十八舍。皆是也。緯星麗天而行。如杼之緯帛。水火木金土五星是也。夜則仰觀而識之。後倚北極。前定昏旦二中。伺察五緯晨夕遲疾順逆伏見。彗孛流隕。皆謹視之以奉天戒。**辰。日月所會十二次也。**陳氏師凱曰。自玄枵至娵訾。各有界限。夜考中星。知日月之行度。以追計其所會。而定晦朔弦望。必於辰推之。則歲月日皆可定矣。**曆數者。占步之法。**沈氏㴾曰。占者占候。步者推步。**所以紀歲月日星辰也。**程氏若庸曰。推步歲月日星辰之數以爲曆者也。○鄭氏曉曰。注中序字。定正字。占步字。皆屬人說。所謂以人而合天也。

集說 孔氏安國曰。歲所以紀四時。月所以紀一月。日紀一日。二十八宿迭見以敘氣節。十二辰以紀日月所會曆數節氣之度以爲曆敬授民時○程子曰古之時分職主事察天運以正四時遂居其方之官主其時之政在堯典謂之四岳於周乃分爲六卿之任統天下之治者也後世學其法者不知其道故以星曆爲工技之事而與政分矣○程氏若庸曰曆象日月星辰與庶徵相通而不同彼以證王與卿士師尹庶民之得失此特主於授時○吳氏澄曰歲自冬至至來歲冬至凡三百六十五日四分日之一日行天一周也以分至啓閉定歲之四時是爲一歲之紀月自合朔至來月合朔凡二十九日六辰有奇月與日一會也以朔晦弦望定月之大小是爲一月之紀日自日出至來日日出歷十二辰日繞地一匝也以晨昏出没定晝夜長短是爲一日之紀星謂二十八宿衆經星辰謂天之壤因日月所會分經星之度爲十二次觀象測候以驗天之體也是爲星辰之紀曆謂日月五緯所歷之度數謂一二三四五六七八九十百千萬七政行度各有盈縮疾遲立數推

算以步天之用也。是爲曆數之紀。○陳氏雅言曰。紀者。如綱之有紀。天時所以相維者也。歲者。紀周天之度。故居一。月者。紀月行之數。故居二。日者。正天與日月之躔。故居三。星者。在天之象。辰者。在天之舍。故居四。四者皆係於天。天之示乎人者也。天與日月五星之運。雖有遲速順逆之不同。而皆有數以稽之。有曆以紀之。使四時以定而歲無不成。晦朔以辨而月無不協。甲乙以審而日無不正。經緯以彰而星辰無不著。是曆者所以紀歲月日星辰之數。以人而合於天者也。歲月日星辰。此天道之所有。曆數此人事之所不可無。○申氏時行曰。人君以此欽若昊天而敬授人時。則所謂術不違天。政不失時者也。○歸氏有光曰。五紀雖五。總之實曆數之一紀。此亦王者之政。不序於八政之中。所以尊天也。

案天月日星運於歲月日辰之間。曆數則總四者之不齊而齊之。故定二至考歲差。所以協歲也。推交會正閏法。所以協月也。候出入。識短永。所以協日也。測遲疾。辨昏旦。所以協星辰也。齊七政。窮元會。所以協曆數也。合而有五紀。欽天授民。此從古帝王之良法也。

五皇極。皇建其有極。斂時五福。用敷錫厥庶民。惟時厥庶民于汝極。錫汝保極。

【集傳】皇。君。朱子曰。皇有訓大處。惟皇極之皇。不可訓大。皇只當作君。所以說遵王之義。遵王之路。直到後面以爲天下王。其意可見。蓋皇字下從王。建。立也。極。猶北極之極。至極之義。標準之名。中立而四方之所取正焉者也。言人君當盡人倫之至。語父子。則極其親。而天下之爲父子者。於此取則焉語。夫婦。則極其別。而天下之爲夫婦者。於此取則焉語。兄弟。則極其愛。而天下之爲兄弟者。於此取則焉。以至一事一物之接。一言一動之發。無不極其義理之當然。而無一毫過不及之差。則極建矣。極者。福之本。福者。陳氏櫟曰。卽第九疇之五福。極之效。極之所建。福之所集也。人君集福於上。非厚其身而已。用敷其福以與庶民。使人人觀感而化。所謂敷錫也。當時之民。亦皆於君之極。與之保守。不敢失墜。所謂錫保也。呂氏祖謙曰。錫者。上下之通稱。如師錫帝曰禹錫玄圭皆下錫上之詞。

言皇極君民所以相與者如此也。蔡氏元定曰民享君之福所以歸於君之極而與君保此極也。

【集說】劉氏彝曰天地之於物也能生之而莫能終而遂其性也能終而遂其性者聖人也天地之於人也能性之而莫能化而一於善也能化而一於善者聖人也非聖人則不能成天地造化之功非天地則不能成聖人皇極之治其道相參其能相須其力相敵故曰三才也○蘇氏軾曰至而無餘謂之極○馮氏當可曰皇極居中上總下貫與八疇爲九○林氏之奇曰箕子之陳九疇其八疇皆詳言其所以爲是疇者獨於皇極一疇不言其所以爲皇極而遽言皇建其有極斂時五福用敷錫厥庶民者蓋自五行至五紀即聖人所以建皇極以敎民者非是於數者之外別有皇極也自皇建其有極至於爲天下王皆是聖人建極以敎民之事其文

比於諸疇最爲詳備蓋聖人以先知覺後知以先覺覺後覺其致知格物正心誠意以修其身舉而措之以至於家齊國治天下平者盡在於此故箕子反覆爲武王陳之其義無所不盡也○朱子曰皇極一章乃九疇之本○自皇建其有極以下是總說人君正心修身立大中至正之標準以觀天下而天下化之之義無偏無陂以下乃是反覆贊歎正說皇極體段曰皇極之敷言以下是推本結殺一章之大意○今人將皇極作大中解都不是皇建其有極不成是大建其有中時人斯其惟皇之極不成是時人斯其惟大之中皇須是君極須是人君建一箇表儀於上且如北極是在天中喚作北中不可屋極是在屋中喚作屋中不可人君建一箇表儀於上便有肅乂哲謀聖之應五福備具推以與民民皆從其表儀下文凡厥庶民以下言人君建此表儀又須知天下有許多名色人須逐一做道理區處著始得於是有念之受之錫之福之類隨其人而區處之大抵皇

極是建立一箇表儀後又有廣大含容區處周備底意思無偏無陂以下只是反覆歌詠若細碎解都不成道理○極有湊會之義所謂三十輻共一轂斂福錫民聖人亦豈别有福以錫之只取則於此各正其身順理而行則爲福也孟子謂君仁莫不仁亦此意○漢儒說中字只是五事之中猶未爲害最是近世說中字不是只是含糊苟且不分是非不辨黑白遇當做底事只略略做些不要做盡此豈聖人之意○王氏充耘曰斂五福以錫庶民豈直有斂散之迹哉大槩有道之君立乎其上則自能措一世於治平民皆飽食煖衣入孝出弟有壽康而無鄙夭者是果誰之力哉謂非其君有以致之不可也董子所謂人君正心以正四方而諸福之物可致之祥莫不畢至者此卽建極斂福錫民之謂

案易有太極則萬物之本根此皇極則兆人之標準太極理之在天者也皇極理之在人者也在天者終古無

所加損。在人者。則非聖人得天子之位。立人類之宗。其道固有所不行。是故。太極不在八卦之內。而皇極列於九疇之中。所謂皇建其有極。而太極本無極也。此易範之精也。

凡厥庶民。無有淫朋。人無有比德。惟皇作極。

【集傳】淫朋。邪黨也。人。有位之人。比德。私相比附也。言庶民與有位之人。而無淫朋比德者。惟君爲之極。而使之有所取正耳。重言君不可以不建極也。

【集說】陳氏櫟曰。書之知人安民。詩之宜民宜人。皆以人爲有位者。民爲下民。此亦當然。證之三德。疇人用側頗僻。民用僭忒可見。朱子單言民。大約言之耳。民人所以然。惟以君建極故也。作有扶植振起之意。建立作與大略相似。不建不作，則斯道廢墜矣。○陳氏雅言曰：人君在上，而能示之以大公至正之道，則臣民在下，相率而爲大公至正之行。此孟子所謂君正莫不正者也。作極與建極微有不同，建者，植立之謂，作則有鼓舞振起之意，匡直輔翼，提撕警覺之意，欲其無一時一事之不作也。○沈氏漸曰：淫朋比德，皆偏陂好惡之生於心，與偏黨反側之害於事也。

凡厥庶民，有猷有爲有守，汝則念之。不協于極，不罹于咎，皇則受之。而康而色，曰予攸好德，汝則錫之福。時人斯其惟皇之極。

集傳　此言庶民也。有猷，有謀慮者。有爲，有施設者。有守，有操守者。是三者。君之所當念也。念之者。不忘之也。帝念哉之念。不協于極。未合於善也。不罹于咎。不陷於惡也。未合於善。不陷於惡。所謂中人也。進之則可與爲善。棄之則流於惡。君之所當受也。受之者。不拒之也。歸斯受之之受。念之受之。隨其才而輕重以成就之也。見於外而有安和之色。發於中而有好德之言。汝於是則錫之以福。而是人斯其惟皇之極矣。福者。爵祿之謂。或曰。錫福。卽上文歛福錫民之福。非自外來也。曰祿。亦福也。

上文指福之全體而言。此則爲福之一端而發。苟謂非祿之福。則於下文于其無好德。汝雖錫之福。其作汝用咎爲不通矣。

【集說】許氏衡曰。傳記中人材。傑然可觀。以道理觀之。只是偏材。聖人則圓融渾全。百理皆具。古今人材。多是血氣用事。故多偏。聖人純是德性用事。便自能圓成不偏。○陳氏雅言曰。好善見於色辭。所謂容貌辭氣。乃德之符者也。時人。卽指上三等之人言。廣收樂育。使皆知所以自勉。則人莫不觀感興起。因其所已能而益勉進其未至。皆歸於皇之極矣。○王氏樵曰。此以庶民言。有猷有爲有守。是一項人。不協于極。不罹于咎。是一項人。而康而色。曰予攸好德。是一項人。所謂氣稟有清濁純駁。觀感有淺深遲速。不可一律齊者也。念之受之錫之福。則隨材造就。所謂逐一做道理區處者也。○有猷如子貢。有爲如子路。有守如原憲。

無虐煢獨而畏高明。

【集傳】煢獨。孔氏安國曰。煢單無兄弟也。無子曰獨。孔氏穎達曰。寵貴之人。位望高也。庶民之至微者也。高明。有位之尊顯者也。各指其甚者而言。庶民之至微者。有善。則當勸勉之。有位之尊顯者。有不善。則當懲戒之。此結上章而起下章之義。

【集說】蘇氏軾曰。虐煢獨而畏高明。則人慕富貴。厭貧賤。利不在於爲善矣。○申氏時行曰。以其微而棄之。是卽虐之。不知所以懲之。是卽畏之。○歸氏有光曰。虐煢獨而畏高明。政之不平。而人心之所由以不服。皆起於此。

人之有能有爲。使羞其行。而邦其昌。凡厥正人。既富方穀。汝弗能使有好于而家。時人斯其辜。于其無好德。汝雖錫之福。其作汝用咎。

集傳 此言有位者也。有能。有才智者。羞。進也。使進其行。則官使者皆賢才。而邦國昌盛矣。正人者。在官之人。如康誥所謂惟厥正人者。富。祿之也。穀。善也。在官之人。有祿可仰。然後可責其爲善。廩祿不繼。衣食不給。不能使其和好于而家則是人將陷於罪戾矣於其不好德之人而與之以祿則爲汝用咎惡之人也此言祿以與賢不可及惡德也必富之而後責其善者聖人設教欲中人以上皆可能也

集說蔡氏元定曰進其行者進於皇之極也○陳氏大猷曰上一節是廣大以獎育人才此一節是公平以拔用人才○陳氏雅言曰朝廷有以福君子則君子有以福斯民此富之祿之雖所以爲君子計而實所以爲斯民計也○王氏樵曰使羞其行者謂有以進其所未至擴其所未能蓋才智施爲得於天資而涵養踐履成於學力人之實行易於不足故以羞其行言也○福不可以靳予亦不可以濫加造就之權其不可不謹者

又如此。

無偏無陂。遵王之義。無有作好。遵王之道。無有作惡。遵王之路。無偏無黨。王道蕩蕩。無黨無偏。王道平平。無反無側。王道正直。會其有極。歸其有極。

【集傳】偏不中也。陂王氏樵曰。古文作頗。唐玄宗以此句韻獨不協。因周易泰卦無平不陂。釋文陂字亦有頗音。遂下詔改無頗爲無陂。不平也。作好作惡。好惡加之意也。黨不公也。陳氏經曰。偏謂偏於己。黨謂黨於人。反倍常也。側不正也。王氏安石曰偏不已乃至於側陂不已乃至於反偏陂好惡巳私之生於心也偏黨反側已私之見於事也王之義王之道王之路顧氏錫疇曰以其爲裁制之宜曰義以其爲事物之當然曰道以其爲天下之共由曰路皇極之所由行也蕩蕩廣遠也平平平易也正直不偏邪也皇極正大之體也申氏時行曰體是體段非體用之體遵義遵道遵路會其極也蕩蕩平平正直歸其極也曹氏學佺曰會極歸極卽上文錫汝保極會者合而來也歸者來而至也呂氏祖謙曰會如會聚之會歸如歸宿之歸有所會然後有所歸此章蓋詩之體所以使人吟詠而得其情性者也夫歌詠

以協其音。反覆以致其意。戒之以私。而懲創其邪思。訓之以極。而感發其善性。諷詠之閒。怳然而悟。悠然而得。忘其傾斜狹小之念。達乎公平廣大之理。人欲消熄。天理流行。會極歸極。有不知其所以然而然者。其功用深切。與周禮大師教以六詩者。周禮春官大師教六詩。曰風。曰賦。曰比。曰興。曰雅。曰頌。同一機而尤要者也。後世此意不傳。皇極之道。其不明於天下也。宜哉。

【集傳】林氏之奇曰。建極者。如北辰之居所。而會其有極。歸其有極者。則如衆星之拱北辰也。○朱子曰。無有作好。無有作惡。謂好所當好。惡所當惡。不可作爲耳。○曰王道蕩蕩。又曰王道平平。曰無黨無偏。又曰無偏無黨。只是一箇道。反覆說。○陳氏大猷曰。此承上文言人君能作成人。故人皆趨極。以申第一節凡厥庶民。惟皇作極之義。○許氏謙曰。無偏陂好惡偏黨反側。戒辭也。遵王之義道路。勸辭也。王道蕩蕩平平正直。贊辭也。會其極。遵其義道路。歸其極。皆至於蕩蕩平平正直也。○陳氏櫟曰。六王字。卽指皇極之君。義道路。卽指皇極。互辭協韻耳。遵。猶有不敢違之意。至王道蕩蕩三句。則自合乎王道。無事於遵矣。會合于君所建之有極。結遵義六句。歸宿于君所建之有極。結蕩蕩六句。二有極字。與章首皇建其有極之有極相應。實有之極。亦君民同有之極也。○陳氏師凱曰。此章上六句用無字者。所謂戒之以私而懲創其邪思也。下六句用王字者。所謂訓之以極而感發其善性也。○陳氏雅言曰。會極者。如行者之赴家。食者之求飽。與極猶二也。歸極者。如行者之到家食者之得飽與極爲一也。

曰皇極之敷言是彝是訓于帝其訓。

集傳 曰起語辭。夏氏僎曰。曰字。箕子更端之言。敷言。上文敷衍之言也。言人君以極之理。而反復推衍爲言者。是天下之常理。是天下之大訓。王氏樵曰。本天命人心之正。切彝倫日用之常。乃天下之常理。推之四海而皆準。俟諸後聖而不惑。乃天下之大訓。非君之訓也。天之訓也。蓋理出乎天。言純乎天。則天之言矣。此贊敷言之妙如此。

集說 蘇氏軾曰。天錫禹九疇。不能如是諄諄也。粗有象數而已。禹與箕子推而廣之。至皇極尤詳。曰帝以象數告。而我敷廣其言爲彝訓。與帝言無異。故曰于帝其訓。○陳氏雅言曰。聖人在上。旣建極而以身教于天下。復敷言而以言教于天下。蓋身教者。示以躬行踐履之實。言教者。使其歌誦吟詠而得。二者不可偏廢也。天下惟理爲至常。惟理爲至大。皇極之敷言。純乎一理。故謂之常理。故謂之大訓。是理也。本之於天。惟皇上帝降衷之理也。言而不異於降衷之理。是豈可以君之訓視之哉。乃天之訓也。天者。其不言之聖人。聖人者。其能言之天。一而二。二而一者也。○申氏時行曰。天之理妙於無言。而君之言純乎天理。則是上天神道以設教。人君代天以有言。其所以鼓舞萬民者。卽陰騭之化工。其所以教治百官者。卽相協之深意也。豈不爲天之訓乎。

凡厥庶民。極之敷言。是訓是行。以近天子之光。

曰。天子作民父母。以爲天下王。

【集傳】光者。道德之光華也。潘氏士遴曰。不曰德曰光。就其接民者言。天子之於庶民。性一而已。庶民於極之敷言。是訓是行。申氏時行曰。訓者。諷詠而紬繹之謂。行者。佩服而踐修之謂。則可以近天子道德之光華也。曰者。民之辭也。謂之父母者。指其恩育而言。親之之意。謂之王者。指其君長而言。尊之之意。言天子恩育君長乎我者。如此其至也。言民而不言人者。舉小以見大也。曹氏學佺曰。庶民如此。有位者可知。

【集說】王氏充耘曰。上言人君立教。一本於天。此言庶民歸極。則歸功於君。君代天立教。但知有天而已。庶民因君以復其性。但知有君而已。○陳氏雅言曰。譬之水焉。天子之光。則如水之至清。庶民則未免少有查滓者也。譬之鏡焉。天子之光。則如鏡之至明。庶民則未免少有昏翳者也。

朱子皇極辨曰。洛書九數而五居中。洪範九疇而皇極居五。故自孔氏傳訓皇極爲大中。而諸儒皆祖其說。余獨嘗以經之文義語脈求之。而有以知其必不然也。蓋皇者。君之稱也。極者。至極之義。標準之名。常在物之中央。而四外望之以取正焉者也。故以極爲在中之準的則可。而便訓極爲中則不可。若北辰之爲天極。脊棟之爲屋極。其義皆然。而禮所謂民極。詩所謂四方之極者。於皇極之義爲尤近。顧今之說者。既誤於此而并失於彼。是以其說展轉迷謬。而終不能以自明也。卽如舊說。姑亦無問其他。但卽經文而讀皇爲大。讀極爲中。則夫所謂惟大作中。大則受之。爲何等語乎。今以余說推之。則人君履至尊之位。四方輻輳。面內而環觀之。自東而望者。不過此而西也。自南而望者。不過此而北也。此天下之至中也。既居天下之至中。則必有天下之純德而後可以立至極之標準。故必順五行敬五事以修其身。厚八政協五紀以齊其政。然後至極之標準卓然有以立乎天下之至中。使夫面內而環觀者。莫不於是而取則焉。語其仁。則極天下之仁。而天下之爲仁者莫能加也。語其孝。則極天下之孝。而天下之爲孝者莫能尚也。是則所謂皇極者也。由是而權之以三德。審之以卜筮。驗其休咎於天。攷其禍福於人。如挈裘領。豈有一毫之不順哉。此洛書之數。所以雖始於一。終於九。而必以五居其中。洪範之疇。所以雖本於五行。究於福極。而必以皇極爲之主也。若箕子之言。有曰皇建其有極云者。則以言夫人君以其一身而立至極之標準於天下也。其曰斂時五福用敷錫厥庶民云者。則以言夫人君能建其極。則爲五福之所聚。而又有以使民觀感而化焉。則是又能布此福而與其民也。其曰惟時厥庶民于汝極。

錫汝保極云者。則以言夫民視君以爲至極之標準而從其化。則是復以此福還錫其君。而使之長爲至極之標準也。其曰凡厥庶民無有淫朋。人無有比德。惟皇作極云者。則以言夫民之所以能有是德者。皆君之有以爲其至極之標準也。其曰凡厥庶民。有猷有爲有守。汝則念之。不協于極。不罹于咎。皇則受之云者。則以言夫君既立極於上。而下之從化。或有淺深遲速之不同。其有謀者。有才者。有德者。人君固當念之而不忘。其或未能盡合而未抵乎大戾者。亦當受之而不拒也。其曰而康而色。曰予攸好德。汝則錫之福。時人斯其惟皇之極云者。則以言夫人之有能革面從君。而以好德自名。則雖未必出於中心之實。人君亦當因其自名而與之以善。則是人者。亦得以君爲極而勉其實也。其曰無虐煢獨而畏高明。人之有能有爲。使羞其行而邦其昌云者。則以言夫君之於民。一視同仁。凡有才能。皆使進善。則人才衆多。而國賴以興也。其曰凡厥正人。既富方穀。汝弗能使有好于而家。時人斯其辜。于其無好德汝雖錫之福。其作汝用咎云者。則以言夫凡欲正人者。必先有以富之。然後可以納之於善。若不能使之有所賴於其家。則此人必將陷於不義。至其無復更有好德之心。而後始欲教之以修身。勸之以求福。則已無及於事。而其起以報汝。唯有惡而無善矣。蓋人之氣禀或清或濁或純或駁。有不可以一律齊者。是以聖人所以立極乎上者。至嚴至密。而所以接引乎下者。至寬至廣。雖彼之所以化於此者。淺深遲速。其效或有不同。而吾之所以應於彼者。長養涵育。其心未嘗不一也。其曰無偏無陂遵王之義。無有作好。遵王之道。無有作惡。遵王之路。無偏無黨。王道蕩蕩。無黨無偏。王道平平。無反無側。王道正直。會其有極。歸其有極云者。則以言夫天下之人。皆不敢徇其己之私。以從乎上之化。而會歸乎至極之標準也。蓋偏陂好惡者。己私之生於心者也。偏黨反側者。已私之見於事者也。王之義王之道王之路。王之化也。所謂皇極者也。遵義遵道遵路。方會其極也。蕩蕩平平正直。則已歸於極矣。其曰皇極之敷言。是彝是訓。于帝其訓云者。則以言夫人君以身立極而布命於下。則其所以爲常爲教者。皆天之理。而不異乎上帝之降衷也。其曰凡厥庶民。極之敷言。是訓是行。以近天子之光云者。則以言夫天下之人。於君所命。皆能受其教而謹行之。則是能不自絕遠。而有以親被其道德之光華也。其曰曰天子作民父母以爲天下王云者。則以言夫人君能立至極之標準。所以能作億兆之父母。而爲天下之王也。不然。則有其位。無其德。不足以首出庶物。統御人羣。而履天下之極尊矣。

六三德。一曰正直。二曰剛克。三曰柔克。平康正直。彊弗友剛克。燮友柔克。沈潛剛克。高明柔克。

【集傳】克治。友順。爕和也。正直剛柔。三德也。正者無邪。直者無曲。林氏之奇曰：卽皇極所謂王道正直是也。剛克柔克者。威福予奪抑揚進退之用也。彊弗友者。彊梗弗順者也。爕友者。和柔委順者也。沈潛者。沈深潛退。不及中者也。高明者。高亢明爽。過乎中者也。蓋習俗之偏。氣稟之過者也。陳氏櫟曰：習俗之偏。以彊爕言。氣稟之過。以沈潛高明言。故平康正直。無所事乎矯拂。無爲而治是也。彊弗友剛克。以剛克剛也。爕友柔克。以柔克柔也。沈潛剛克。以剛克柔也。高明柔克。以柔克剛也。正直之用一。而剛柔之用四也。聖人撫世酬物。因時制宜。三德乂用。陽以舒之。陰以斂之。執其兩端。用其中于民。所以納天下民俗於皇極者。蓋如此。

集說 周子曰。性者。剛柔善惡中而已矣。剛善爲直。爲義。爲斷。爲嚴毅。爲幹固。惡爲猛。爲隘。爲彊梁。柔善爲慈。爲順。爲巽。惡爲懦弱。爲無斷。爲邪佞。惟中也者。和也。中節也。天下之達道也。聖人之事也。故聖人立教。俾人自易其惡。自至其中而止矣。○范氏祖禹曰。治天下者。不過三德。曰正直剛柔而已。不剛不柔曰正直。正直者。中德也。剛克謂剛勝柔也。柔克謂柔勝剛也。如經云威克厥愛。愛克厥威之克。○林氏之奇曰。正直剛克柔克。此三德之目。自平康正直至民用僭忒。則釋三德之用以盡其義也。世之平康。則剛柔皆不可偏勝。而正直之用於是爲宜然世不能常平康而有所謂彊弗友燮友之時則德亦不可以常主不剛不柔而必有所謂剛克柔克以禦之此所以有三德之不同而其用之亦各有其時是猶持權衡者未嘗不欲其平然而不能無低昂也抑其昂舉其低然後不失其爲平一於剛則失之亢一於柔則失之懦亢且懦則其違中道遠矣是必將有以抑其過而引其不及以歸於中道此聖人之善用權也○陳氏經曰皇極以體常三德以盡變○程氏若庸曰三德一經而四權正直之用一經也剛柔之用四權也四權之中其二政以治之其二教之自治也○陳氏師凱曰正直即前所謂王道正直是也平康即前所謂無反無側後所謂家用平康是也在下者無反側在上者惟正直夫何爲哉恭己正南面而已矣○邵氏寶曰三德之用五所以施之者三世也人也地也世云者周禮平國亂國新國之謂也人云者論語求也退由也兼人之謂也地云者中庸南方之强北方之强之謂也

【案】三德者。所以宜民善俗。協之于中。當重教化上。而刑賞自兼用之。宋元諸儒。大槩從世道上說。如呂刑所謂刑罰世輕世重。周官所謂刑新國用輕典。刑亂國用重典。刑平國用中典。似說向一邊去。邵氏兼世與人與地言之。其義較備。

惟辟作福。惟辟作威。惟辟玉食。臣無有作福作威玉食。

【集傳】福威者。上之所以御下。玉食者。陸氏德明曰。玉食。珍食也。下之所以奉上也。曰惟辟者。戒其權不可下移。曰無有者。戒其臣不可上僭也。

集說 孔氏穎達曰。言政當一統。權不可分也。○司馬氏光曰。誅一不善。而天下不善者皆懼。故謂之威。賞一有功。而天下之有功者皆喜。故謂之福。人主必聰明剛斷。然後能收威福之柄。○林氏之奇曰。此三者繫於人君之所操持。則威福在已。名分謹嚴。故有以操縱予奪以用此三德。其或假於臣下。則權勢下移。紀綱紊亂。其何以操此三德以爲皇極之用哉。○唐氏聖任曰。以德行權。則威福不下移。○申氏時行曰。玉食是四方九州所常貢者。與威福相因。皆名分所係之大。故竝言之。

臣之有作福作威玉食。其害于而家。凶于而國。人用側頗僻。民用僭忒。

集傳 頗。不平也。僻。不公也。僭。踰也。忒。過也。臣而僭上之權。

則大夫必害于而家。諸侯必凶于而國。有位者。固側頗僻而不安其分。小民者。亦僭忒而踰越其常。甚言人臣僭上之患如此。

集說　黃氏度曰。三德論卿大夫之變。至春秋。大夫卒擅諸侯之國。作福作威玉食。害家凶國。悉如箕子所言。陵夷至於戰國。世變極矣。自洛書之道不傳。變遂不可止。○陳氏櫟曰。此所謂臣。大臣也。大臣僭天子。則次而邦君。次而大夫。次而小臣。次而庶民。皆效而陵僭。無一安其分者。夫皇極。立本者也。三德。趣時者也。皇極建。則三德適時措之宜。而權出於上。皇極不建。則三德失時措之宜。而柄移於下矣。○申氏時行曰。皇建有極。則威福玉食。自天子出。皇之不極。則威福玉食。自諸侯出。自大夫出。必然之勢也。自天子出。則家不異政。國不殊俗。自諸侯大夫出。則害于而家。凶于而國。亦必然之勢也。大臣法。然後小臣廉。在大夫諸侯既如此。則在位之臣。相觀而化。因之而側頗僻。不但比德而已。上有道揆。然後下有法守。今大夫諸侯既如此。則在下之民。從風而靡。因之而僭忒。不但淫朋而已。所謂甚言其害也。

七稽疑擇建立卜筮人乃命卜筮。

集傳 稽考也。有所疑。則卜筮以考之。龜曰卜。蓍曰筮。蓍龜者。至公無私。故能紹天之明。卜筮者。亦必至公無私。而後能傳蓍龜之意。必擇是人而建立之。孔氏穎達曰。建亦立也。然後使之卜筮也。蘇氏軾曰。卜筮必立此人。不使不立者占也。

曰雨曰霽曰蒙曰驛曰克

【集說】林氏之奇曰。周禮春官太卜掌三兆三易之法。卜師掌開龜之四兆。龜人掌六龜之屬。華氏掌共燋契以待事。占人掌占龜。皆是所擇以建立其官而命以卜筮之職者也。○朱子曰。龜歲久則靈。蓍生百歲。一本百莖。亦物之神靈者。卜筮實問鬼神。以蓍龜神靈之物。故假之以驗其卦兆。卜法以明火爇柴灼龜爲兆。筮法以四十九蓍分卦揲扐。凡十有八變而成卦。○蔡氏元定曰。皇極之君。以人謀未免乎有心。有心未免於有私。此所以洗心齋戒以聽天命而無所容其心也。擇建立卜筮人者。非其人則不可。非其職則不專。必得其人而立之。然後乃可命之卜筮。定天下之吉凶。成天下之亹亹。非細事也。○王氏肯堂曰。太極動靜而陰陽分。陰陽變合而五行具。卜兆有五象。五行也。卜卦有二象。陰陽也。皆所以紹天明而前民用者也。

集傳 此卜兆也。王氏安石曰。以龜占象之謂卜。以火灼龜其象可占之謂兆。雨者。如雨。其兆爲水。霽者。開霽。其兆爲火。蒙者。蒙昧。其兆爲木。驛者。絡驛不屬。其兆爲金。克者。交錯。孔氏穎達曰。王肅云。兆相侵入。蓋兆爲二坼。其坼相交也。有相勝之意。其兆爲土。

集說 孔氏穎達曰。此上五者。灼龜爲兆。其璺坼形狀有五種。是卜兆之常法也。〇五兆不言一曰二曰者。灼龜所遇。無先後也。〇朱子曰。易占不用龜。而每言蓍龜。皆具此理也。蓍短龜長者。謂龜惟鑽灼之易。而蓍有扐揲之煩。龜之兆。一灼便成。亦有自然之易。洪範卜五卽龜。用二卽蓍。〇陳氏師凱曰。周禮太卜掌三兆之法。其經兆之體。皆百有二十。其頌皆千有二百。疏云。體者。謂龜之金木水火土五兆之體。經兆之體者。名體爲經也。占人云。凡卜筮。君占體。大夫占色。史占墨。卜人占坼。注云。體。兆象也。色。兆氣也。墨。兆廣也。坼。兆璺也。體有吉凶。色有善惡。墨有大小。坼有微明。尊者視兆象。卑者以次詳其餘也。○申氏時行曰。此列卜兆之體。所以著五行之變也。蓋龜之卜也。變化形於食墨之餘。象數顯於坼文之後。與五行之兆相配。五者之體不同。而五行之理以寓。其類應固可以知吉。其乖錯亦可以知凶。稽疑於卜者。但觀事之所值何如。若宜雨而雨則吉。否則凶矣。餘倣此。

附錄 孔氏穎達曰。兆氣落驛不連屬。落驛。希疏之意。雨霽既相對。則蒙驛亦相對。故驛爲落驛氣不連屬。則蒙爲氣連蒙闇也。○項氏安世曰。落驛。希疏之意。氣不連屬之貌。與絡繹字不同。絡繹則是連屬不絕也。

案 傳絡驛不屬。絡驛之絡。注疏作落。而云落驛希疏之意。項氏安世遂辨此二字不同意。然傳文云絡驛不屬。

竝非連屬。不絶之意。則字雖異而意則同也。意古落絡字通。故莊子落馬首。以落爲絡。而漢書藝文志云血脈經落。亦以落爲絡也。疏言雨霽相對。則蒙驛亦相對。故以蒙爲氣相屬。落驛爲不相屬。其說亦有理。則蔡傳所云絡驛。疑卽以絡爲落。作希疎之義。非連屬不絶之意也。

曰貞。曰悔。

集傳 此占卦也。內卦爲貞。外卦爲悔。蔡氏元定曰。六爻不動。以內卦爲貞。外卦爲悔。左傳蠱之貞風。其悔山。是也。僖十五年左傳。秦伐晉。卜徒父筮之。其卦遇蠱曰。蠱之貞風也。其悔山也。疏云。筮之畫卦。從下而始。故以下爲內。上爲外。此言貞風悔山。知內爲貞。外爲悔。又有以遇卦爲貞。之卦爲悔。蔡氏元定曰。有動爻者。以遇卦爲貞。之卦爲悔。

國語貞屯悔豫皆八是也國語公子親筮之曰尚有晉國得貞屯悔豫皆八也注曰此兩卦震在屯爲貞在豫爲悔八謂震兩陰爻在貞在悔俱不動故曰皆八也

集說王氏安石曰貞者靜而正故內卦曰貞悔者動而過故外卦曰悔動乎外豈皆有悔哉而以外卦爲悔者悔生乎動故也○朱子語類問內卦爲貞外卦爲悔曰貞是正底便是體悔是過底動則有悔又問一貞八悔曰如乾夬大有大壯小畜需大畜泰內體皆乾是一貞外體八卦是八悔餘倣此○問貞悔不止一說如六十四卦則每卦內三畫爲貞外三畫爲悔如揲蓍成卦則正卦爲貞之卦爲悔如八卦之變則純卦一爲貞變卦七爲悔朱子曰是如此○貞訓正事方正如此悔吝皆是事過後方有內卦之占是事正如此外卦之占是已如此二字有終始之意

附錄　項氏安世曰。竊以夏商占法。止用貞悔。至文王之易。以變爻爲占。六爻皆不變者。乃占貞悔。則不止用二矣。

案　夏商以前質。易卜或未盡卦變之法。故止用貞悔二者。項氏之說是也。

凡七卜五占用二衍忒。

集傳　凡七。雨霽蒙驛克貞悔也。卜五。雨霽蒙驛克也。占二。貞悔也。衍。推。忒。過也。所以推人事之過差也。王氏肯堂曰。人事指方來而未然者。有過差則其事不可爲。無過差然後可爲也。

集說　朱子曰。上七者卜筮之大凡。而其變則無窮。皆當推衍以極其變。卜之變在經兆之體百有二十。其頌千有二百。體色墨坼方功義弓之類。筮之變。如老陽變爲少陰。老陰變爲少陽。一卦變爲六十四卦。六十四卦可變爲四千九十六卦之類。引而伸之。觸類而長之。其變無有終窮。○申氏時行曰。衍忒。卽是稽疑推衍。非待已過差而然。是未然之事。疑其或有過差。而預以卜筮推衍之。所以斷其吉凶也。

立時人作卜筮。三人占。則從二人之言。

【集傳】凡卜筮。必立三人。孔氏穎達曰。卜筮各有三人。如金縢。乃卜三龜。儀禮。士喪卜葬。占者三人。以相參考。舊說卜有玉兆瓦兆原兆。周禮。太卜掌三兆之法。杜注。玉兆。顓帝之兆。瓦兆。堯之兆。原兆。周之兆。筮有連山歸藏陳氏師凱曰。杜子春云。連山。伏羲。歸藏。黃帝。鄭康成云。夏曰連山。殷曰歸藏。皇甫謐云。夏人因炎帝曰連山。殷人因黃帝曰歸藏。周易者。非是。蔡氏元定曰。知舊說非是者。禹敘洛書時未有原兆與周易也。謂之三人。非三卜筮也。

集說 孔氏安國曰。從二人之言。善鈞從衆也。○程氏若庸曰。皇極雖建。不敢自是。國有大事。參諸人謀鬼謀。以決其疑。人謀本陰陽五行之理。鬼謀則以陰陽五行之象數參之。一從一逆。可以驗其得失矣。然稽疑以卜筮爲重。而龜爲尤重也。○申氏時行曰。卜則三人同卜。筮則三人同筮。以觀其吉凶之兆同異何如。三人皆以爲吉。固斷乎可行矣。其或一人言凶。二人言吉。亦宜從其吉而行之。三人皆以爲凶。固斷乎不可行矣。其或一人言吉。二人言凶。亦宜從其凶而止之。以人言之多寡。測天命之從違。庶乎舉措合宜。而過差可免矣。

汝則有大疑。謀及乃心。謀及卿士。謀及庶人。謀及卜筮。

集說 孔氏安國曰。將舉事而汝則有大疑。先盡汝心以謀慮之。次及卿士衆民。然後卜筮以決之。○蘇氏軾曰。聖人無私之至。視其心與卿士庶人如一。皆謀及之。周禮有外朝致民之法。然上酌民言。聽輿人之誦。皆謀及之道也。○朱子曰。卜筮處末者。占法先斷人志。後命於蓍龜之靈。不至越於人也。周禮筮人。國之大事。先筮而後卜。○胡氏一中曰。殷人尚鬼。而箕子必先謀及乃心。未嘗專事鬼也。且易之爲書。爲卜筮設。大傳云。天地設位。聖人成能。言天地賴聖人參贊也。人謀鬼謀。百姓與能。言明而謀之於人。幽而謀之鬼神。不自謀以爲能。故百姓皆與其能。卽衍忒之意也。苟不決之人。已而但決之鬼神。惑之甚也。

汝則從。龜從。筮從。卿士從。庶民從。是之謂大同。

身其康彊子孫其逢吉。

【集說】孔氏安國曰。人心和順。龜筮從之。是謂大同於吉。動不違衆。故後世遇吉。○孔氏穎達曰。物貴和同。故大同之吉。延及於後。宣三年左傳稱成王定鼎。卜世三十。卜年七百。是後世遇吉。○朱子曰。心者。人之神明。其虛靈知覺。無異於鬼神。故自此以下。必以人謀爲首。然鬼神無心而人有欲。人之謀慮。未必盡能無適莫之私。故自此以下。皆以龜筮爲主。人雖不盡從。不害其爲吉。若龜筮而逆。則凶咎必矣。此條無問尊卑。其謀皆配於龜筮。故爲大同之吉。

汝則從龜從筮從卿士逆庶民逆吉。

【集說】孔氏安國曰。三從二逆。中吉。亦可舉事。○朱子曰。此條惟君謀配於龜筮。亦吉。

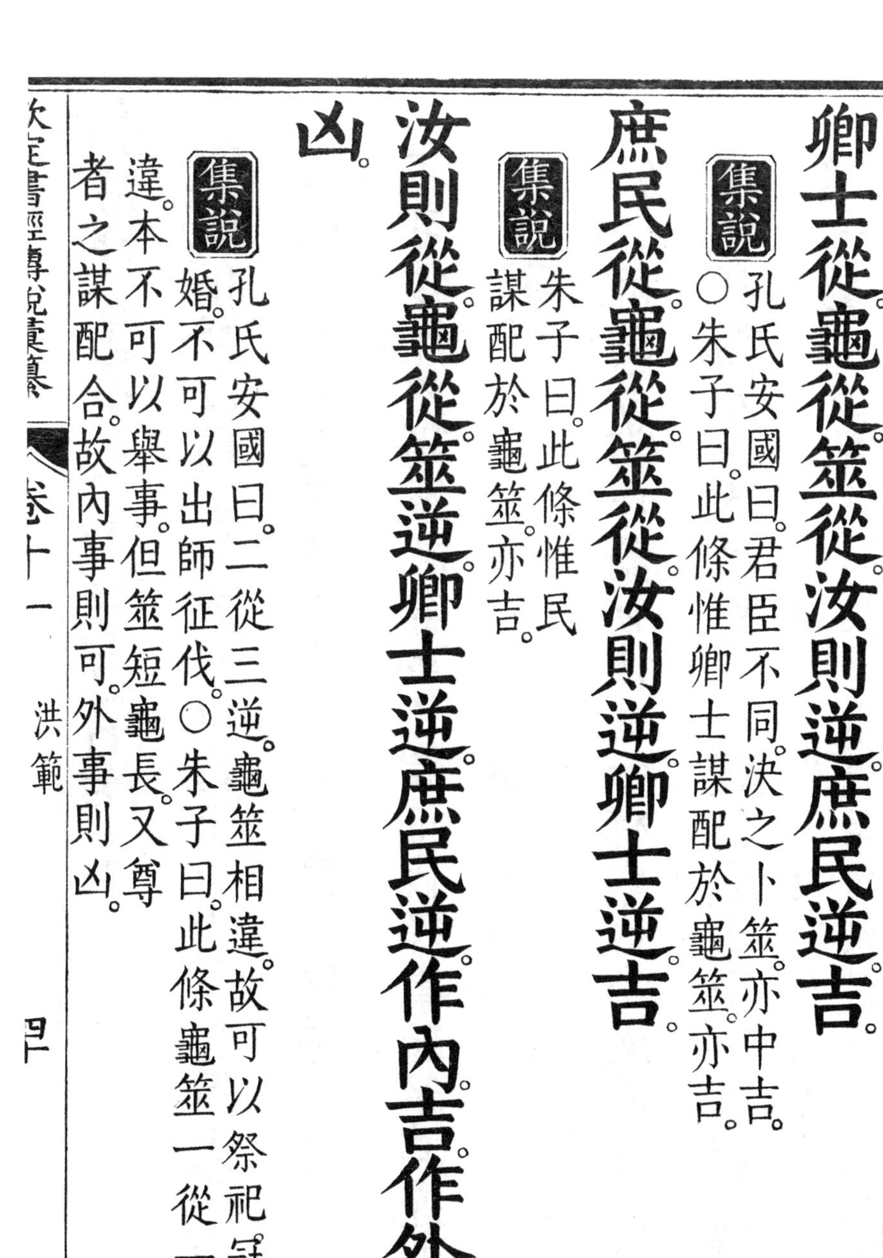

卿士從。龜從。筮從。汝則逆。庶民逆。吉。

集說 孔氏安國曰。君臣不同。決之卜筮。亦中吉。○朱子曰。此條惟卿士謀配於龜筮。亦吉。

庶民從。龜從。筮從。汝則逆。卿士逆。吉。

集說 朱子曰。此條惟民謀配於龜筮。亦吉。

汝則從。龜從。筮逆。卿士逆。庶民逆。作內吉。作外凶。

集說 孔氏安國曰。二從三逆。龜筮相違。故可以祭祀冠婚。不可以出師征伐。○朱子曰。此條龜筮一從一違。本不可以舉事。但筮短龜長。又尊者之謀配合。故內事則可。外事則凶。

龜筮共違于人，用靜吉，用作凶。

【集傳】稽疑以龜筮爲重。人與龜筮皆從，是之謂大同，固吉也。人一從而龜筮不違者，亦吉。龜從筮逆，則可作內，不可作外。內謂祭祀等事，外謂征伐等事。龜筮共違，則可靜不可作。金氏履祥曰：人謀能料可否，若氣數推移，則惟龜筮知之，故共違於人，雖人謀皆從，未可爲也。靜謂守常，作謂動作也。然有龜從筮逆，而無筮從龜逆者，龜尤聖人所重也，故禮記大事卜，小事筮，傳謂筮短龜長是也。杜氏預曰：物生而後有象，象而後有滋，滋而後有數。龜象，筮數，故象長數短。○

陳氏師凱曰。僖四年左傳。晉獻公欲以驪姬爲夫人。卜之不吉。筮之吉。公曰。從筮。卜人曰。筮短龜長。不如從長。

自夫子贊易。極蓍著卦之德。蓍重而龜書不傳云。

【集說】孔氏安國曰。皆逆。安以守常則吉。動則凶。○朱子曰。此條龜筮皆逆。人謀縱有從者。動則凶矣。○呂氏祖謙曰。五者之中。三從二逆。從之理多。吉之所在也。然三從之中。必龜筮之從。乃可。蓋龜筮無心。既已皆從。卿士庶民或別有私心。未可知也。如盤庚遷都。心已無疑。卜稽如台。獨臣民懷居而不欲遷。何妨於吉哉。汝與民逆而吉者。如周公東征。成王既不知周公。民有不靖。反曰艱大。惟在朝大臣與二公及卜筮從。故亦吉也。聖人假至公無私之物。以寓吾之誠。惟龜筮皆從。庶足驗吾無一毫之未盡。苟龜從而筮不從。必尚有未盡者。故內事猶可。外事則否。苟我與臣民皆從。而龜筮皆違。則是於理必有未盡。人已雖從。終未免於人爲。靜而不爲則吉。動爲則凶矣。此義至精微。雖天下舉以爲然。不知又自有不然者。

八庶徵。曰雨。曰暘。曰燠。曰寒。曰風。曰時。五者來備。各以其敘。庶草蕃廡。

【集傳】徵驗也。廡豐茂。所驗者非一。故謂之庶徵。余氏芑舒曰。庶徵者合五事五紀以參驗者也。雨暘燠寒風。各以時至。故曰時也。備者無缺少也。敘者應節候也。五者備而不失其敘。林氏之奇曰。五者各以時至。無過無不及。各得其多寡先後之序。○吳氏澄曰。所謂時雨時暘時燠時寒時風也。庶草且蕃廡矣。則其他可知也。孔氏穎達曰。下言百穀用成。此言庶草蕃廡者。舉草茂盛。

則穀成必矣。舉輕以明重也。○王氏安石曰。庶草者。物之尤微而莫養。而猶蕃廡。則萬物得其養可知也。雨屬水。暘屬火。燠屬木。寒屬金。風屬土。鄭氏康成曰。風。土氣也。凡氣非風不行。猶金木水火非土不處。故土氣爲風。吳仁傑曰。易以坎爲水。北方之卦也。又曰。雨以潤之。則雨爲水矣。離爲火。南方之卦也。又曰。日以烜之。則暘爲火矣。小明之詩首章云。我征徂西。二月初吉。三章云。昔我往矣。日月方燠。夫以二月爲燠。則燠之爲春。爲木。明矣。漢志引狐突金寒之言。顔師古謂金行在西。故謂之寒。則寒之爲秋。爲金。明矣。又案稽疑以雨屬水，以霽屬火。霽，暘也。則庶徵雨之爲水，暘之爲火，類例抑又甚明。王氏樵曰：以陰陽大意相對，則燠爲木而寒屬金，亦自無疑。思爲四事之主，風行四氣之間，土旺四時之季，此自相符。蓋五行乃生數自然之敘，五事則本於五行，庶徵則本於五事，其條理次第，相爲貫通，有秩然而不可紊亂者也。

【集說】孔氏安國曰：雨以潤物，暘以乾物，燠以長物，寒以成物，風以動物，五者各以其時，所以爲衆驗。○林氏之奇曰：陰陽之氣，運於天地之間，往來屈伸，有此五者之變。雨與暘對，燠與寒對，風行于四者之間，皆天地之所以化育萬物者也。○朱子語類問五行所屬，曰：舊本謂雨屬木，暘屬金，燠屬火，寒屬水，與五行相配皆錯亂了。吳斗南說。雨屬水。暘屬火。燠屬木。寒屬金。風屬土。看來雨只屬水。自分曉。如何屬木。問寒如何屬金。曰他討得證據甚好。閔二年左傳曰。金寒玦離。又貌言視聽思。皆是以次第相屬。○問八庶徵曰時。林氏取蔡氏說謂是歲月日之時。自五者來備而下。所以申言雨暘燠寒風之義。自王省惟歲而下。所以申言曰時之義。某竊謂此時字當如孔氏五者各以其時之說爲長。林氏徒見時字。與雨暘燠寒風五者。竝列而爲六。則遂以此時字爲贅。不知古人之言。如此類者多矣。且仁義禮智。是爲四端。加一信字則爲五常。非仁義禮智之外。别有所謂信也。故某以爲時之在庶徵。猶信之在五常。不知是否。曰。林氏之說。只與古說無異。但謂有以歲而論其時與不時者。有以月而論其時與不時者。有以日而論其時與不時者。可更推之。○五者備敘。則庶草滋蕃豐廡。卽下文之休徵也。有無相反。常雨則無暘。常燠則無寒。則草木不茂。百穀不成。卽下文之咎徵也。○自五行而下。得其道。則有衆休之徵。失其道。則有衆咎之徵。得失在於身。休咎應於天。匹夫尚然。況人主乎。○陳氏大猷曰。陰陽之氣交。則蒸而成雨。氣散則開而成暘。陰退陽進。則成燠。陽退陰進。則成寒。陰陽吹扇則成風。雨暘風則游氣之聚散飛揚者爲之。燠寒則二氣之循環往來者爲之。備謂皆有而不缺。敘謂應期而不亂。

一極備。凶。一極無。凶。

【集傳】極備。過多也。極無。過少也。唐孔氏曰。雨多則澇。雨少則旱。是極備亦凶。極無亦凶。餘準是。

【集說】王氏安石曰。極備極無。饑饉疫癘之所由作。故曰凶。○林氏之奇曰。此五者之氣。苟不得其序而爲過不及焉。皆凶之道也。○朱子曰。一極備凶。一極無凶。多些子不得。無些子不得。○申氏時行曰。極備而傷於太多。則陰陽之氣偏勝。而萬物無以育其生。必致於凶災。如雨多則澇。暘多則旱。是也。或極無而傷太少。則陰陽之氣有虧。而物無以遂其性。亦至於凶災。如無燠則慘。無寒則泄。是也。

曰休徵。曰肅時雨若。曰乂時暘若。曰哲時燠若。曰謀時寒若。曰聖時風若。曰咎徵。曰狂恒雨若。曰僭恒暘若。曰豫恒燠若。曰急恒寒若。曰蒙恒風若。

【集傳】狂。妄。僭。差。豫。怠。急。迫。蒙。昧也。在天為五行。在人為五事。五事修。則休徵吳氏澄曰。禎祥曰休。各以類應之。五事失。則咎徵吳氏澄曰。災沴曰咎。各以類應之。自然之理也。然必曰某事得。則某休徵應。某事失。則某咎徵應。則亦膠固不通。而不足與語造化之妙矣。天人之際。未易言也。失得之幾。應感之微。非知道者。孰能識之哉。

集說 劉氏彝曰。一德正於中。則五事治於外。一氣正於中。則五氣順於時。以形而言之。則各宜類舉。聖人觀之。所以念己政之得失也。以德而召。則不可以形拘。聖人行之。所以應天道以淵默也。○林氏之奇曰。人君之所以贊天地之化育。至於皇極建。三德乂。稽疑明。則夫陰陽二氣。見於雨暘燠寒風者。各以其時。所著見者。無非休徵也。然聖人雖有召和致祥之道。可以取必於陰陽之不乖者。而其所以警戒修省之心。則不可忘也。

是以其所念者不獨休徵而又有咎徵焉陰陽之氣一失其和則反身自省曰是吾之咎也故蚤夜以思去其所以咎而反之於休則其徵莫不各以其序矣故五者之咎雖聖人之所必無而其徵則不可不以之省也○五事之與五氣雖各以其類應然聖人之修五事以爲參天地贊化育之本者又豈務爲表㬥之飾以彊之於其外哉其肅乂哲謀聖蓋根於天命之性出於所固有之物則其充實輝光之發睟面盎背四體不言而喻此其所以通乎神明光于四海而上下與天地同流也非天下之至誠固不足以與此○朱子曰今人讀書粗心大膽如何看得古人意思如說八庶徵這若不細心體識如何會見得肅時雨若肅是恭肅便是有滋潤底意思所以便說時雨順應之乂時暘若乂是整治便自有開明底意思所以便說時暘順應之哲時燠若哲是昭融便自有和暖底意思所以便說時燠順應之謀時寒若謀是藏密便自有寒結底意思所以便說時寒順應

之。聖。時風若。聖是通明。便自有爽快底意思。所以便說時風順應之。○符舜功云。謀自有顯然著見之謀。聖是不可知之妙。不知於寒於風。果相關否。曰。凡看文字。且就地頭看。不可將大底便來壓了。箕子所指謀字。只是且說密謀意思。聖只是說通明意思。如何將大底來壓了便休。如說喫棗。固是有大如瓜者。且就眼下說。只是常常底棗。如煎藥合用棗子幾個。自家須要說棗如瓜大。如何用得許多。人若心下不細。如何讀古人書。○洪範庶徵。固不是定如漢儒之說。必以爲有是事。必有是應。多雨之徵。必推說道是某時做某事不肅。所以致此。爲此必然之說。所以教人難盡信。但古人意思精密。只於五事上體察。是有此理。如王荆公。又却要一齊都不消感應。只把若字做如似字說了。做譬喻說了。也不得。荆公固是也說道此事不足驗。然而人主自當謹戒。如漢儒之說。固不可。荆公全不相關之說。亦不可。古人意思精密。恐後世見未到耳。○人主之行事。與天地相爲流通。故行有善惡。則氣各以類而應。然感應之理。非謂行此一事。即有此一應。統而言之。一德修。則凡德必修。一氣和。則凡氣必和。固不必曰肅自致雨。無與於暘。乂自致暘。無與於雨。但德修而氣必和矣。分而言之。則德各有方。氣各有象。肅者雨之類。乂者暘之類。求其所以然之故。固各有所當也。咎徵亦然。○問休徵咎徵。諸家多以義推說。舉竊以爲此猶易中取象相似。但可以髣髴看。而不可以十分親切求也。庶徵雖有五者。大抵不出陰陽二端。雨寒。陰也。暘燠風。陽也。肅謀深而屬靜。陰類也。故時雨時寒應之。乂哲聖發見而屬動。陽類也。故時暘時燠時風應之。狂反於肅。急失於謀。故恆雨恆寒應之。僭則不乂。豫則不哲。蒙則不聖。故恆暘恆燠恆風應之。未知如此看得否。曰。大槩如此。○蔡氏元定曰。君即五者之應。以察吾之得失。一事得。則五事從。休徵無不應矣。一事失。則五事違。咎徵無不應矣。鯀堙洪水。水失其性爾。而五行爲之汨陳。以是理也。漢儒不得其意而自爲之說。驗之於古。則鑿而不經。推之將來。則膠而不應。又以福極強配五行。而以弱配皇之不極。非鑿歟○陳氏大猷曰。天地之閒。有必然之理。有或然之數。理者。聖賢之所守。數非聖賢之所泥。然堯湯雖不能無水旱之變。而卒能消水旱之災。蓋或然之數。終不能勝必然之理。聖人所以能回天地之造化也。○金氏履祥曰。時若。卽所謂五者來備。各以其敘也。言恆若以見極備之凶。而不明極無之凶。何也。蓋一極備則一極無可知。○王氏樵曰。庶徵專以五事言者。在天惟五行。在人惟五事。五事之得失。而八政之屬。凡事皆在其中。皇極之建不建。其要在是。而敬之一言。又五事之樞而建極之本也。人之五事。與天之雨暘燠寒風。俱出於五行。故相爲感應。庶徵一疇。古人燮理陰陽之實事也。

曰王省惟歲。卿士惟月。師尹惟日。

【集傳】歲月日。以尊卑爲徵也。王者之失得。其徵以歲。卿士潘氏士遴曰。卿士。執政之官。之失得。其徵以月。師尹潘氏士遴曰。師長尹正謂諸有司。之失得。其徵以日。蓋雨暘燠寒風五者之休咎。有係一歲之利害。有係一月之利害。有係一日之利害。各以其大小言也。

【集說】曾氏鞏曰。休咎之徵。各象其事者也。與王共其事者。卿士也。師尹也。則庶徵之來。王與卿士師尹當省其所以致之者。所謂念用庶徵也。○黃氏度曰。五紀庶徵。事辭雖相涉。而其用不同。○朱子語類。問王省惟歲三句。曰。此但言職任之大小如此。○陳氏櫟曰。周禮太宰歲終。受百官之會。而詔王廢置。小宰月終。受羣吏之要。宰夫旬終。正日成。以證此章。亦一說。但王卿尹省休咎於歲月日之時者。所包甚大。安止此哉。曰字。更端而言。庶徵之候。王之得失。其徵以歲。故王所省察。惟一歲之時之休咎。卿士得失。其徵以月。故卿士所省察。惟一月之時之休咎。師尹放此。卿尹不言省。蒙上文也。

案此王與卿士師尹。所省分歲月日。亦是大槩言其職之有大小耳。不可泥其詞也。且如一日間。暴風損禾稼。其風則一日也。其所損則關月與歲也。將屬之師尹乎。抑屬之卿士與王者乎。看來遇有咎徵。各不相諉。究之是無人不省。無事不省耳。

歲月日時無易。百穀用成。乂用明。俊民用章。家用平康。

集傳 歲月日三者，雨暘燠寒風不失其時，則其效如此，休徵所感也。

集說 申氏時行曰：百穀成，天時有生，則地利有養也。治道明，五辰既撫，則庶績其凝也。天地交而賢人出，因之明揚。陰陽和而家道昌，因之平康。是五氣之順布，有以感之，而實五事之交修，有以本之也。王與卿士師尹，可不隨分而省驗哉。○姚氏舜牧曰：家，通上下而言。

日月歲時既易，百穀用不成，乂用昏不明，俊民用微，家用不寧。

集傳 日月歲三者，雨暘燠寒風既失其時，則其害如此

咎徵所致也休徵言歲月日者總於大也咎徵言日月歲者著其小也胡氏一中曰言雖小而不可易也其月令春行夏令之謂乎

集說　朱子曰歲統月月統日職尊者所理大而要職小者所理小而詳君秉君道臣行臣職君君臣臣猶歲月日時之不易則休徵可致反是則爲咎徵○王氏肯堂曰休徵先大後小者見休徵之效必關於一歲善必積而後成咎徵先小後大者見咎徵之害初起於日月惡雖小而可懼

庶民惟星星有好風星有好雨日月之行則有冬有夏月之從星則以風雨

集傳　民之麗乎土猶星之麗乎天也好風者箕星好雨

者畢星。孔氏穎達曰。箕。東方木宿。畢。西方金宿。漢志言軫星亦好雨。陳氏師凱曰。此雨字誤。漢志作風。意者星宿皆有所好也。日有中道。月有九行。中道者。黃道也。孔氏穎達曰。日之行處謂之黃道。北至東井。去極近。孔氏穎達曰。夏至去北極六十七度。南至牽牛。去極遠。孔氏穎達曰。冬至去北極一百十五度。東至角。西至婁。去極中。孔氏穎達曰。去南北極各九十一度。是也。九行者。黑道二。出黃道北。赤道二。出黃道南。白道二。出黃道西。青道二。出黃道東。幷黃道爲九行也。孔氏穎達曰。月行之道與日道相近。交路而過。半在日道之裏。半在日道之表。其當交則兩道相合。交去極遠處。兩道相去六度。日極南至于牽牛。則爲冬至。極北。至于東井。則爲夏至。南北中。東至角。西至婁。則爲春秋分。陳氏師凱曰。此皆漢曆然也。每歲有差。蔡氏引之。亦示人以曆法大槩。使學者知日月之行。所以有冬夏者如此耳。月立春春分從青道。立秋秋分從白道。立冬冬至從黑道。立夏夏至從赤道。陳氏師凱曰。此亦從漢志。所謂日月之行。則有冬有夏也。月行東北入于箕。則多風。月行西南入于畢。陳氏師凱曰。南字衍文。漢志無南字。則多雨。孔氏穎達曰。詩云。月離于畢。俾滂沱矣。經箕則多風。傳記無其事。鄭氏引春秋緯云。月離于箕。則風揚沙。所謂月之從星。則以風雨也。民不言省者。庶民之休咎。係乎上人之得失。故但以月之從星。以見所以從民之欲者如何爾。姚氏舜牧曰。假天道之自然。明人事之當然。夫民生之衆。寒者欲衣。飢者欲食。鰥寡孤獨者之欲得其所。此王政之所先。而卿士師尹近民者之責也。然星雖有好風好雨之異。而日月之行。則有冬有夏之常。以月之常行。而從星之異好。以卿士師尹之常職。而從民之異欲。則其從民者。非所以徇民矣。言日月而不言歲者。有冬有夏所以成歲功也。王氏安石曰。春秋者。陰陽之中。冬夏者。陰陽之正。陰陽各致其正。而後歲成。有冬有

夏者言歲之成也

言月而不言日者從星惟月爲可見耳

集說 王氏安石曰月之好惡不自用而從星則風雨作而歲功成猶卿士之好惡不自用而從民則治教政令行而王事立矣書曰天視自我民視天聽自我民聽夫民者天之所不能違也而況於王乎況於卿士乎○沈氏括曰曆法天有黃赤二道月有九道此皆强名而已非實有也亦猶天之有三百六十五度天何嘗有度以日行三百六十五日而一期强謂之度以步日月五星行次而已日之所由謂之黃道南北極之中度最均處謂之赤道月行黃道之南謂之朱道行黃道之北謂之黑道行黃道之東謂之青道行黃道之西謂之白道黃道內外各四并黃道爲九日月之行有遲有速難可以一術御也故因其合散分爲數段每段以一色名之欲以別算位而已如算法用赤籌黑籌以別正負之數曆家不知其意遂以爲實有九道甚可嗤也○朱

子語類問庶民惟星一句解不通并下文星有好風星有好雨意亦不貫曰家用不寧以上自結上文了下文却又說起星之意似是兩段○庶民衆多衆星之象也當在師尹惟日之下但其致證不同故各發此義以互相見○二十八宿環遶日月行道之側故月行必經歷之經於箕則多風歷於畢則多雨蓋二星各有所好月經行其處順時當候則陰陽和而風雨時應言無差忒也案星非有嗜好但氣類相感月亦非有順從但行度所次耳今曰好曰從乃假設以諭人事民之性情莫不有所好上之人能順其所好所欲與聚所惡勿施則和氣致祥猶如風雨之應上言職分明則至治成此言人心順則和氣應皆庶徵之事也○蔡氏元定曰王卿士師尹其得失驗之於歲月日若庶民之得失則在君所謂百姓有過在予一人故以庶民省之於星以驗其安與不安而已蓋民之安否省之於星星之風雨本之於日月月之九道本之於日故庶民惟星繼之以日月之

行。則有冬有夏。月之從星。則以風雨也。雨暘燠寒風。既徵於貌言視聽思。又以所職大小。別之於歲月日。又以民之安否。參之於星。於以見皇極之君。視履考祥。如此之周旋而不敢忽也。○余氏芑舒曰。庶徵不言曆數者。曆數所以推天運之常。庶徵所以參人事之感。其進退飛伏。有出於曆數所推之外者矣。

案月爲陰氣之宗。風雨二者。皆生於陽而成於陰。故其氣與月相感。記曰。天秉陽。垂日星。地秉陰。竅於山川。播五行於四時。和而後月生也。是以三五而盈。三五而闕。蓋日星從天而屬陽。四時。日星之所經也。山川從地而屬陰。五行。山川之所主也。然五行之氣。實上播於四時之間。是天地陰陽之和合也。和合故月生焉。陰精陽氣。會於太虛而成象。生之謂也。古今說者。皆謂月在天日星之下。而居地之上。其去地也最近。是月在天地之中。而所以調和斟酌乎陰陽者。故曰月以爲量也。其盈也三五以受陽之施。其闕也。三五以毓陰之孕。蓋月雖懸象於天。而實地類。故既經緯日星以佐四時寒燠之令。而又專司山川風雨。胎育羣陰。記禮者之言。正與洪範相表裏也。

九五福。一曰壽。二曰富。三曰康寧。四曰攸好德。五曰考終命。

集傳 人有壽。而後能享諸福。故壽先之。富者。有廩祿也。康寧者。孫氏覺曰。形康而心寧。無患難也。攸好德者。樂其道也。考終命者。順受其正也。邵氏寶曰。命者。所得於天。盡其所得於天也。以福之急緩爲先後。

集說　王氏安石曰富貴人所欲貧賤人所惡而福極不言貴賤何也曰五福者自天子至庶人皆可使慕而嚮六極亦皆可使畏而遠若貴賤則有常分矣使自公侯至庶人皆慕貴欲其至而不欲賤之在已則陵犯篡奪何有終窮詩曰實命不猶蓋王者之世欲賤者之安其賤如此○曾氏鞏曰九疇者皆人君之道也福極者人君所以考已之得失於民福之在於民則人君之所當嚮極之在於民則人君之所當畏福言攸好德則致民於善可知也極言惡弱則致民於不善可知也視此以嚮畏者人君之事也未有攸好德而非可貴者也未有惡弱而非可賤者也故攸好德則錫之福謂貴之所以勸天下之人使協于中固已見之皇極矣於皇極言之者固所以勉人於福極不言之者攸好德與惡弱之在乎民則考吾之得失者盡矣貴賤非考吾之得失者也○林氏之奇曰唐李泌曰天命他人皆可言惟君相不可言君相所以造命也民命雖稟於天君實制之

自五行至庶徵。各得其敘。則民歸於五福矣。五福雖天所畀。實自造命者嚮而與之也。自五行至庶徵失其敘。則民陷於六極矣。欲民不陷於極。亦造命者威而避之也。使民享五福而不知六極。此治道之極功也。故九疇以是終焉。○朱子語類。問皇極五福。卽是此五福否。曰。便卽是這五福。如斂時五福。用敷錫厥庶民斂。底卽是盡得這五事。以此錫庶民。便是使民也盡得這五事。盡得五事。便有五福。○福極通天下人民而言。蓋人主不以一身爲福極。而以天下爲福極。民皆仁壽。堯舜之福也。民皆鄙夭。桀紂之極也。五福以人所尤好者爲先。○陳氏大猷曰。人莫不好生。壽則生之長者。四代皆尚齒。故五福壽爲先。雖壽不可無以養其生。故富次之。壽且富。或不免於憂患。則身心不安。故康寧又次之。壽富康寧而攸好德。則心逸日休。自求多福。福之本實在此。其爲福大矣。故好德又次之。考成也。諸福備矣。必成其正命。則全而歸之。順受其正。然後爲福之至。

六極。一曰凶短折。二曰疾。三曰憂。四曰貧。五曰惡。六曰弱。

集傳　凶者。不得其死也。短折者。横夭也。禍莫大於凶短折。故先言之。疾者。身不安也。憂者。心不寧也。貧者。用不足也。惡者。剛之過也。弱者。柔之過也。陳氏大猷曰。陷於不善者。惡也。雖欲爲善而不能自強者。弱也。以極之重輕爲先後。五福六極在君則係於極之建不建。在民人則由於訓之行不行。感應之理微矣。

集說　朱子曰。六極。以人所尤惡者爲先。○許氏謙曰。五福六極本天之所與。而君民共之者也。君建皇極於上。則能備受五福。而六極不足以及之矣。君則順天以理民。集五福於身。而導之使之避極而趨福。所謂斂福以錫之也。其予奪蓋可與天同。切不可有一毫私意於其間。有一毫之私。則有不當錫之福。不當加之極矣。此蓋係於皇極之建不建也。○歸氏有光曰。福極。天之所命。而人主制其權。故養之而可以使之壽。厚之而可以使之富。節其力而可以使之康寧。教之而可以使之攸好德。不傷之而可以使之考終命。然有養之厚之節之教之不傷之所不能及者。故必有潛移默奪於冥冥之中者。此所以爲位育之極功。而居九疇之終也。

總論　曾氏鞏曰。人君之於五行。始之以五事。修其性於已。次之以八政。推其用於人。次之以五紀。協其時於事。次之以皇極。謹其常以應天下之故。而率天下之民。次之以三德。治其中不中以適天下之變。次之以稽疑以審其吉凶於人神次之以庶徵以考其得失於天終之以福極以考其得失於民其始終先後與夫粗精小大之際可謂盡矣自五事至於六極皆言用而五行不言用者自五事至於六極皆以順五行則五行之用可知也虞書於六府言修則箕子於五行言其所化之因於人者是也虞書於六府次之以三事則箕子於五行次之以五事而下是也虞書於九功言戒之用休董之用威則箕子於九疇言庶徵之與福極是也則知二帝三王之治天下其道未嘗不同者萬世之所不能易此九疇之所以爲大法也○項氏安世曰五行天之綱也五事人之綱也八政人之紀也五紀天之紀也四者皆道之體治之所由出也三德決於人也稽疑決於天也庶徵驗於天也福極驗於人也四者皆道之用治之所以成也就兩截言之又以前四者爲綱後四者爲紀也合而言之皇極爲綱八者又皆爲紀蓋皇不立極則八者孰舉之哉○眞氏德秀曰堯憂洪水使鯀治之鯀

不能因性順導。顧乃隄而塞之以激其勢。水既失性。火木金土。從而汨亂。蓋水者。五行之首。一行亂。則五者皆亂矣。五行。天之道。鯀汨而亂之。則逆乎天矣。故天動威怒而不與以大法九疇。禹繼而隨山濬川。行所無事。而水患以平。天乃以大法九疇與之。神龜負文。出於洛水。龜所負者數爾。大禹聖人。心與天通。見其數而知其理。因次之以爲九類。卽今九疇是也。初一至次九。卽所謂彝倫也。五行者。天之所生以養乎人者也。其氣運乎天而不息。其材用於世而不匱。其理則賦於人而爲五常。以天道言之。莫大於此。故居九疇之首。五事者。天之所賦而具乎人者也。貌之恭。言之從。視之明。聽之聰。思之睿。皆性之本然也。必以敬用之。則能保其本然之性。五者治身治心之要。以人事而言。莫切於此。故居五行之次。身心既治。然後可施之有政。食貨。生民之本。衣食既足。不可忘本。故有祀焉。司空居民。既得其安矣。又有司徒之敎焉。敎之而不從者。又有司寇之刑焉。接遠人以禮。而威天下以兵。凡此皆所以厚民生。故曰農用八政。民政既舉。則欽天授人。有不可後。於是繼以歲月日時星辰曆數之紀。推步占驗。必求以合乎天。故曰協用五紀。皇者。君之稱。極者。極至之義。標準之名。位乎中而四方所取則也。故居人君之位者。由一身而至萬事。莫不盡至而後可以爲民之極。建者。立之於此而形之於彼之謂。故曰建用皇極。至於正直剛柔之施。又必視時之治否。因俗之強弱。君當攬權。無使威福之移於下。臣當循法。無使顓恣而僭乎上。爲治之道。無越乎此。故曰乂用三德。國有大事。必先詳慮於己而後謀之於人。人不能決。則又諏之卜筮以決之於天。天人相參。事無過舉。所以保其極而不失也。故曰明用稽疑。五事之得失。極之所以建不建也。然何從而驗之。觀諸天而已。雨暘燠寒風。皆以其時。則建極之驗也。五者常而無節。則不極之驗也。天人相應。若影響然。人君所當念念而致察也。故曰念用庶徵。皇極建。則舉世之人。皆被其澤。而五福應之故堯舜之民無不仁且壽者此人君之所當嚮慕也故曰嚮用五福皇極不建則舉世之人皆蒙其禍而六極隨之故桀紂之民無不鄙且夭者此人君之所當畏懼也故曰威用六極洪範九疇六十有五字爾而天道人事無不該焉原其本皆自人君一身始此武王之問箕子之言所以爲萬世蓍龜也○董氏鼎曰天地之所以爲造化者陰陽五行而已聖人不能違也天地以其氣生育民物而理行乎其中聖人以其理修己治人而氣參乎其上大抵一二三四皆經常之疇法天以治乎人者也六七八九皆權變之疇卽人以驗諸天者也而五皇極一疇則守常制變之主與天爲徒爲民之則者也伏羲本河圖而畫八卦八卦一陰陽也神禹本洛書而敘九疇九疇一五行也然易不言五行範不言陰陽蓋五行一陰陽也陰陽一太極也一而二二而一者也洪範法之大不出九疇外則彝倫道之常卽在九疇中矣舍是何以敘彝倫哉

欽定書經傳說彙纂卷第十一

欽定書經傳說彙纂卷第十二

旅獒

【集傳】西旅貢獒。孔氏穎達曰。西方之戎。有國名旅者。遣獻其大犬。其名曰獒。召公以爲非所當受。作書以戒武王。亦訓體也。因以旅獒名篇。今文無。古文有。

【集說】林氏之奇曰。西旅聞武王之威德。有慕義之意。於是獻獒以表其誠。太保召公。深慮武王之志漸怠而好戰喜功之心。由是而生。故進諫於王。以爲不當受也。○眞氏德秀曰。武王。大聖人也。西旅貢獒。初未之受。召公恐其恃大德而忽細行。以獻獒之受爲無損。故豫戒之如此。蓋積行而成德。猶累土而成山。一簣虧而全功俱虧。彼以聖人而猶致其謹。今人未有寸善。則曰吾知顧其大。不暇䘏其細。可乎哉。

惟克商。遂通道于九夷八蠻。西旅底貢厥獒。太保乃作旅獒。用訓于王。

【集傳】九夷八蠻。多之稱也。職方言四夷八蠻。爾雅言九夷八蠻。但言其非一而已。武王克商之後。威德廣被。九州之外。蠻夷戎狄。莫不梯山航海而至。曰通道云者。蓋蠻夷來王。則道路自通。非武王有意於開四夷而斥大境土也。西旅。西方蠻夷國名。犬高四尺曰獒。案說文曰。犬知人心可使者。公羊傳曰。晉靈公欲殺趙盾。盾躇階而走。靈公呼獒而屬之。獒亦躇階而從之。則獒能曉解人意。猛而善搏人者。異於常犬。非特以其高大也。太保。召公奭也。朱子曰。召地在岐邦內。召公食采於召。後封燕。史記云。與周同姓姬氏。陳氏師凱曰。史記注譙周云。周之支族。食邑於召。此旅獒之本序。

集說 孔氏穎達曰。成王時。召公爲太保。知此時太保亦召公也。○林氏之奇曰。人臣之諫其君。必救之於其始。始之不救。其末將有不可勝救者。才通道於外域。而受旅獒之獻。四夷聞之。則將爭以珍奇進。而人主之欲寖廣矣此所以諫王也○張氏九成曰召公此訓若嚴父師訓子弟然非公高識安能見微格非如此○呂氏祖謙曰創業之君有一毫之失後世便有邱山之害此於王業已成則爲謹終於示後嗣則爲謹始○陳氏經曰武王非求之公諫之若其失德何也聖狂遠矣而根於一念之微流金爍石而一陰生寒於此始墮指折膠而一陽生暑於此萌諫於微則爲力易待其著則難矣○王氏綱振曰曰厎貢見本是獻忱原無窺伺曰厥獒見本一方物不是珍奇但召公爲慮未然視無形聽無聲事君如事父耳

曰嗚呼明王慎德四夷咸賓無有遠邇畢獻方物惟服食器用

【集傳】謹德蓋一篇之綱領也方物方土所生之物明王

謹德，四夷咸賓。其所貢獻，惟服食器用而已。孔氏穎達曰：玄纁絺紵，供服也。橘柚菁茅，供食也。羽毛齒革，瑤琨篠簜，供器用也。言無異物也。

集說　林氏之奇曰：明王於所貢之方物，不責彼之所難得，不求我之所無用。不責彼之所難得，而其所獻者，皆其易得之物也。不求我之所無用，則其所受者，皆有用之物也。○陳氏櫟曰：一篇皆自明王慎德一句推廣之。曰昭德之致，曰惟德其物，曰德盛不狎侮，曰玩人喪德，曰終累大德，德之一辭，諄諄焉。惟慎德，所以自能致貢物；惟所貢無異物，所以見其慎德。若奇玩之物，非所當獻，亦非所當受。一受之，則荒怠之心生，而慎德之意失矣。○陳氏雅言曰：四夷專指中國之外而言，遠邇兼指中國之内而言。○王氏肯堂曰：慎德，言德已盛大，而猶不敢忽於細行之謹，惟恐怠心之生於忽也。所謂念無妄動，而猶不懈於操存；事無過舉，而猶不懈於細微。是也。不敢以異物來貢者。知明王能謹德。必能謹好尚。而不敢以玩物黷之也。

王乃昭德之致于異姓之邦。無替厥服。分寶玉于伯叔之國。時庸展親。人不易物。惟德其物。

【集傳】昭。示也。德之致。謂上文所貢方物也。昭示方物于異姓之諸侯。使之無廢其職。孔氏穎達曰。昭德之致。正謂賜異姓諸侯。令其見此遠物。服德畏威。無廢其貢獻常職也。分寶玉于同姓之諸侯。使之益厚其親。如分陳以肅愼氏之矢。分魯以夏后氏之璜之類。王者以其德所致方物。分賜諸侯。故諸侯亦不敢輕易其物而以德視其物也。

集說 黃氏度曰。以物爲分賜。蓋以四方畢獻。誠有輔佐之功。不敢獨饗也。然其賜物。必皆足以昭德而後可。○朱子語類問時庸展親諸家多訓展作信是否。曰。展審視也。不當訓信。○呂氏祖謙曰。聖人公天下爲心。天下之物。與天下共之。非如秦皇以千七百國獨奉一身而已。然一視同仁之中。文理密察。未嘗無等差。自親及疎。待同姓。必厚於待異姓。非如墨子之兼愛也。○陳氏經曰。四夷不敢私其物。所以表奉上之誠。聖人不敢私其物。所以示錫予之恩。予異姓。固昭德之致。分同姓以寶玉。亦德所致也。以物視物。則金玉輕如鴻毛。以德視物。雖一介重於九鼎。○金氏履祥曰。魯有封父之繁弱。晉有密須之鼓。闕鞏之甲。是分伯叔非無方物也。以寶玉爲重。所以示親親。分異姓。未必無寶玉也。以方物爲重。所以示服遠。互文以見義也。○申氏時行曰。異姓之邦。視君德以爲從違者也。頒之以方物。使之盡蕃宣屏翰之責而無廢其職。敎天下知有忠也。伯叔之國。視君德以爲親疎者也。分之以寶玉。使之篤水木本源之思。而益厚其親。敎天下知有孝也。此蓋公天下來王之物。以發天下尊王之心也。

德盛不狎侮。狎侮君子。罔以盡人心。狎侮小人。罔以盡其力。

【集傳】德盛則動容周旋皆中禮。然後能無狎侮之心。言謹德不可不極其至也。德而未至。則未免有狎侮之心。

顧氏錫疇曰。狎者。與之暱也。侮者。禮之倨也。一是視爲私人。一是忽爲易與。　狎侮君子。則色

斯舉矣彼必高蹈遠引望望然而去安能盡其心狎侮小人雖其微賤畏威易役然至愚而神亦安能盡其力哉

集說 孔氏穎達曰太甲曰接下思恭不可狎侮臣也論語曰使民如承大祭不可狎侮民也君子勞心小人勞力故别言之○林氏之奇曰孟子曰夫人必自侮然後人侮之苟盛德之至則周旋中禮尚何狎侮之有既不自侮則何人侮之有此君子所以爲之竭其謀慮小人所以爲之致其筋力君子小人以其位之貴賤而言之耳○陳氏大猷曰德愈盛者禮愈恭狎侮之形由德薄心隘而驕矜乘之也謹德之至則敬恆勝怠義恆勝欲故盛○陳氏櫟曰君子人心所同歸狎侮之則惡人之所好失人心矣安能得人盡心小人以力事人狎

侮之。雖刑驅勢迫。勉強用力耳。安能得其盡力。必如文王感民子來。方爲盡其力。○王氏肯堂曰。德盛之人。心無斯須之不莊不敬。而慢易之私。不得以入之。

不役耳目。百度惟貞。

【集傳】貞正也。不役於耳目之所好。百爲之度。惟其正而已。

【集說】林氏之奇曰。耳不役於聲。目不役於色。則玩好不可得而惑。中心至正。湛然無營。此百度所以惟正也。○王氏炎曰。心官爲主。而耳目從其令。則非禮勿聽視。百度正矣。耳目爲主。而心爲所役。則物交物而爲所引。百度何由而正。○王氏樵曰。二句一戒一勉。意耳目不專指聲色。大凡外物可以移人者。皆從耳目而入。言須心爲主。不可爲耳目所役。事之可爲不可爲。一斷之以百度之正。昭元年左傳。子產論晉侯之疾曰。茲心不爽而昏亂百度。杜預云。百度百事之節也。此不役耳目百度惟貞。亦謂志不可役物。百事之節。惟其正。如與居有節。或以遊畋聲色燕飲。而失與居之正。皆爲耳目所役也。如號令政事有節。或求取不合於禮。納受不以其正。而褻王言。瀆政體。亦爲耳目所役也。

玩人喪德。玩物喪志。

集傳 玩人卽上文狎侮君子之事。玩物卽上文不役耳目之事。德者。己之所得。志者。心之所之。

集說 王氏十朋曰。玩人則以驕而滅敬。故喪德。玩物則以慾而勝剛。故喪志。○陳氏櫟曰。喪志則亦必喪德矣。未有溺志於物而可以修德者。○王氏樵曰。德以平日所養而言。志以心之所主而言。○申氏時行曰。此申上二節玩人玩物之害。以見不可不戒也。狎侮則不特無以盡心力也。始焉德未盛而玩人。卒至併其未盛之德而喪矣。役耳目。則不特百度之不貞也。始焉心役於物而玩物。卒至心之所之。無不失正而喪之矣。戒是二者。則敬以勝怠。義以制欲。而德其有不謹乎。

志以道寧。言以道接。

集傳 道者。所當由之理也。已之志。以道而寧。則不至於妄發。人之言。以道而接。則不至於妄受。存乎中者。所以應乎外。制乎外者。所以養其中。古昔聖賢相授心法也。

集說 朱子語類問志以道寧言以道接接字如何曰接者酬應之謂言當以道酬應也又曰志我之志言人之言○呂氏祖謙曰既說玩好之害又說存養工夫志以道寧孟子所謂持其志言以道接孟子所謂我知言內外交養如此自然不作無益不貴異物○陳氏雅言曰志以道寧卽舜授禹以人心惟危道心惟微惟精惟一允執厥中者也言以道接卽舜授禹以無稽之言勿聽弗詢之謀勿庸者也○王氏樵曰志以道寧則知止有定此存乎中所以應乎外也言以道接則非禮勿聽此制乎外所以養其中也○王氏肯堂曰感物而發者已之志也必乘其時發而省察之使皆發於天理之當然而不涉於人欲之危是之謂以道而寧敷奏於廷者人之言也必卽其所奏而揆度之必合於天理之公而不徇於已私之偏是之謂以道而接

不作無益害有益功乃成不貴異物賤用物民

乃足犬馬非其土性不畜。珍禽奇獸不育于國。不寶遠物。則遠人格。所寶惟賢。則邇人安。

集傳　孔氏曰。遊觀爲無益。奇巧爲異物。蘇氏曰。周穆王得白狐白鹿。而荒服因以不至。此章凡三節。至所寶惟賢。則益切至矣。

集說　孔氏穎達曰。遊觀徒費時日。故爲無益。奇巧世所希有。故爲異物。諸是妄作。皆爲無益。諸是世所希。皆爲異物。○僖十五年左傳言晉侯乘鄭馬及戰陷於濘。是非此土所生。不習其用也。犬不習用。傳記無文。○楚語。晉趙簡子問於王孫圉曰。楚之白珩猶在乎。其爲寶也幾何矣。曰。楚之所寶者。曰觀射父。及左史倚相。若夫白珩。先王之所玩。何寶之焉。是謂寶賢也。○眞氏德秀曰。爲無益。則心志分而功不成。貴異物。則征求多而民不足。惟知本務實者不然。工商之巧。不如農桑之朴。錦繡之奢。不如布帛之溫。推類而言。莫不然也。○胡氏士行曰。人心不可不重用也。入此則出彼。入彼則出此。所作所貴所寶。其界限之嚴。必如此而後可也。○金氏履祥曰。上文因玩物而上推玩人之失。以防其原。此一段因寶物而歸重寶賢之意。以易其好。○王氏樵曰。此一段三節。無益與異物。猶汎言之。至犬馬奇獸。則指言之。至所寶惟賢。見此外人主無當留其心者。寶非其寶。邇人且不安。則切言之矣。○王氏肯堂曰。人主好奇異。而奇異之物。雖必不可至者。天下爭思中其欲而竭力奉之。若移此心惟好乎賢。則賢人又何不至乎。第患好之不專。猶弗好耳。

嗚呼。夙夜罔或不勤。不矜細行。終累大德。爲山九仞功虧一簣。

【集傳】或猶言萬一也。呂氏曰。此卽謹德工夫或之一字。最有意味。一暫止息則非謹德矣。矜矜持之矜。八尺曰仞。細行陳氏大猷曰。細行猶言小節。卽畢命所謂小物。一簣指受獒而言也。

【集說】孔氏安國曰。言當早起夜寐。常勤於德。輕忽小物。積害毀大。故君子愼其微。八尺曰仞。喻向成也。未成一簣。猶不爲山。故曰功虧一簣。是以聖人乾乾日昃。愼終如始。○林氏之奇曰。太保拳拳之意。旣盡於此矣。故又嗟歎而重申其義也。言明王之愼德。其於蚤夜之間。兢兢業業。無所不勤也。夫苟以細行爲無益於德而弗謹之。則日積一日。其爲大德之累也必矣。爲山假設以見其意耳。蓋武王之心。必自以爲威德之盛矣。雖納一爇未足以爲損也。太保則謂損盛德者。惟在夫此而已矣。此其進諫之本心也。○朱子語類問不矜細行與矜而不爭之矜如何。曰相似。是箇矜惜持守之意。○呂氏祖謙曰。當於一嚬一笑一動一作之時。仔細體察。蓋小處易得放過。功虧一簣。非止欠一簣。做了便足。聖人雖作之不已。常若欠一簣。○陳氏經曰。人主常持未成之心於既成之日。此是純亦不已之意。○陳氏雅言曰。一篇以愼德爲綱領。而此之夙夜罔或不勤。又愼德之工夫也。

允迪茲。生民保厥居。惟乃世王。

集傳 信能行此。王氏曰休曰。茲謂此一篇之言。謂誠能行此言也。則生民保其居而王業可永也。蓋人主一身。實萬化之原。苟於理有毫髮之不盡。卽遺生民無窮之害。而非創業垂統可繼之道矣。以武王之聖。召公所以警戒之者如此。後之人君。可不深思而加念之哉。

【集說】林氏之奇曰。太保既以是訓王。厥後凡四夷所獻。中國所受。一如太保之訓。觀肅愼氏楛矢之類。可以見矣。所謂允迪兹者也。周之子孫。卜世三十。卜年七百。信乎其世王也。夫却一獒之獻。亦細事耳。而世王之兆。實見於此。則知夫人君之所以祈天永命。以爲社稷無疆之休者。蓋不在大也。○胡氏士行曰。允迪非姑言之而已。兹一念也。民業之安。王業之所係焉。其本至近。其效至遠。此召公所以拳拳也。○王氏樵曰。允迪者。以誠懇惻怛之心而身體之也。生民保其居。是由吾一念之常愼。則幾微毫忽之閒。無足以遺害於民者。故得各安其生也。惟乃世王者。一念常慎。則幾微毫忽之間。皆足以垂範於後。而子孫法之。可以永守王業矣。○王氏肯堂曰。修省於一身者甚小。而貽福於天下者甚弘。撙節於一時者甚微。而燕翼於後世者甚遠。

總論 林氏之奇曰。范內翰曰。聖人能從諫於未然。賢王能改過於已然。太保因旅獒而作訓。武王虛已而納之。是從諫於未然之時也。○董氏鼎曰。前則告以慎德昭德。後則戒以喪德累德。然其曰志以道寧言以道接。雖不待竟其說。而旅之獒可以不受。吾之訓不可以不從。固已明矣。聖人不以細行而不謹。大臣不以細過而不諫。此古者所以君明臣良而後世鮮儷也。

金縢

集傳 武王有疾。周公以王室未安。殷民未服。根本易搖。故請命三王。欲以身代武王之死。史錄其冊祝之文。并敘其事之始末。合爲一篇。以其藏於金縢之匱。編書者因以金縢名篇。今文古文皆有。○唐孔氏曰。發首至王季文王。史敘將告神之事也。史乃冊祝至屏璧與珪。記告神之辭也。自乃卜至乃瘳。記卜吉及王病瘳之事也。自武王既喪已下。記周公流言居東及成王迎歸之事也。

【集說】郝氏敬曰。學者讀金縢。但當思聖人忠孝誠敬迫切至情。而不必奇其事。方其請代。惟知臣爲君死。何暇計事之有無。而藏冊金縢。亦何期後日見知。惟自盡其心。至於受命如響。莫之致而至也。

既克商二年。王有疾。弗豫。

【集傳】記年。見其克商之未久也。弗豫。不悅豫也。蘇氏軾曰。弗豫。猶言不懌。

二公曰。我其爲王穆卜。

【集傳】二公。太公召公也。李氏曰。穆者。敬而有和意。穆卜。猶言共卜也。愚謂古者國有大事卜。則公卿百執事皆在誠一而和同。以聽卜筮。故名其卜曰穆卜。下文成王因風雷之變。王與大夫盡弁。啓金縢之書以卜者。是也。先儒專以穆爲敬。而於所謂其勿穆卜。則義不通矣。

【附錄】陳氏大猷曰。穆。敬和而有深遠之意。○陳氏櫟曰。當是朝廷成禮。證以昭穆。有幽陰深遠之意。○姚氏舜牧曰。穆卜。凡卜皆言穆。

【案】孔傳以穆爲敬。據爾雅釋訓文也。蔡傳誠一而和同。既推廣言之。至如陳氏姚氏諸說。亦可參觀以盡穆卜之義耳。

周公曰。未可以戚我先王。

集傳　戚。憂惱之意。未可以武王之疾而憂惱我先王也。蓋卻二公之卜。

集說　林氏之奇曰。周公有請命代死之志。是出於中心之誠。雖同時如太公召公。亦不使之知。故託辭以告之曰。未可以戚我先王。

公乃自以爲功。爲三壇同墠。爲壇于南方北面。周公立焉。植璧秉珪。乃告太王王季文王。

集傳　功。事也。孔氏安國曰。周公乃自以請命爲已事。築土曰壇。除地曰墠。三壇。三王之位。皆南向。三壇之南。別爲一壇。北向。周公所立之地也孔氏穎達曰大除其地於中爲三壇周公爲壇於南方亦當在此墠內鄭云時爲壇墠於豐壇墠之處猶存焉植置也珪璧所以禮神詩言圭璧既卒周禮祼圭以祀先王林氏之奇曰漢孔氏曰璧以敬神置於三王之坐周公秉桓圭以爲贄案下文曰屏璧與珪則圭璧似皆以祈神非執桓圭以爲贄也周公卻二公之卜而乃自以爲功者蓋二公不過卜武王之安否爾而周公愛兄之切危國之至忠誠懇懇於祖父之前如下文所云者有不得盡焉此其所以自以爲功也又二公穆卜則必禱於宗廟用朝廷卜筮之禮如此則上下喧騰而人

心搖動。故周公不於宗廟而特爲壇墠以自禱也。

集說　程子語錄。或曰。金縢之禱。不知命乎。曰。周公誠心欲代其兄。豈問命邪。○時氏瀾曰。周公之卜。但公家自舉之禮。二公之欲卜。將動朝廷之典。如王與大夫盡弁之類也。太王王季文王。當在昭穆之數。則禱在宗廟。何必爲壇墠。周公所以特爲壇墠者。則知不敢禱於宗廟而自禱也。○陳氏經曰。孔子曰。丘之禱久矣。孔子之不禱。爲己也。周公之禱。爲君親也。爲己而禱。是不知命。爲君親而不禱。是不知義。

史乃冊祝曰。惟爾元孫某。遘厲虐疾。若爾三王。是有丕子之責于天。以旦代某之身。

集傳　史。太史也。冊祝。如今祝版之類。元孫某。武王也。遘。

遇厲惡虐暴也丕子元子也旦周公名也言武王遇惡暴之疾（王氏肯堂曰聖人無致疾之道偶與天之厲氣相值故云遘）若爾三王是有元子之責于天蓋武王爲天元子三王當任其保護之責于天不可令其死也如欲其死則請以旦代武王之身于天之下疑有缺文舊說謂天責取武王者非是詳下文予仁若考能事鬼神等語皆主祖父人鬼爲言至於乃命帝庭無墜天之降寶命則言天命武王如此之大而三王不可墜天之寶命文意可見又案死生有命

周公乃欲以身代武王之死。或者疑之。蓋方是時。天下未安。王業未固。使武王死。則宗社傾危。生民塗炭。變故有不可勝言者。周公忠誠切至。欲代其死以紓危急。其精神感動。故卒得命於三王。今世之匹夫匹婦。一念誠孝。猶足以感格鬼神。顯有應驗。而況於周公之元聖乎。是固不可謂無此理也。

集說 林氏之奇曰。周公之禱。蓋用武王名。及史官記載。則諱其名而代以某字。桓六年左傳。申繻曰。周人以諱事神。名之諱也。蓋始於周。自周以前。不諱名也。○自太王王季而言之。曰元孫。自文王而言之。則曰丕子。

其實一也。元。長也。丕。大也。皆謂武王以長子繼世而有天下也。○朱子語類問周公代武王死。亦有此理否。曰。聖人爲之。亦須有此理。○時氏瀾曰。武王爲天之元子。受天之命而建基業。平定天下。固武王之責也。然三王先受命而武王終之。武王之命不延。則不能終三王之業。是亦三王之責不盡也。然則武王之責。乃三王之責。故欲以身代武王之身也。

附錄 朱子曰。有丕子之責于天。只有晁以道說得好。他解丕子之責。如史傳中責其侍子之責。蓋云上帝責三王之侍子。侍子。指武王也。上帝責其來服事左右。故周公乞代其死。○陳氏櫟曰。蔡氏謂任保護之責于天。故疑于天之下有缺文。若依語錄用晁說。則二句文意渙然矣。

案 三王有丕子之責于天。蔡傳以武王爲天元子。三王當任其保護之責于天。此切對祖父人鬼而言。但于天之下。須添如欲其死一轉。故疑有缺文也。朱子平日論書及此。則取晁氏之說。以丕子之責。如責其侍子之責。此切指天而言之。蓋上帝之旁。應有如侍子者。常服事之。如云文王陟降在帝左右。是也。則請以旦代武王之身。二句緊相承接。竝無缺文矣。要之祖孫一氣。天人一理。能事三王。卽可以事上帝。理本相通。正不必執一說以詮經耳。

予仁若考。能多材多藝。能事鬼神。乃元孫不若旦多材多藝。不能事鬼神。

集傳 周公言我仁順祖考。多材幹。多藝能。可任役使。能事鬼神。武王不如旦多材多藝。不任役使。不能事鬼神。

材藝。但指服事役使而言。

【集說】時氏瀾曰。周公自思惟材之與藝。恐猶多於武王。可以代其死而事鬼神。此公之實言。○蔣氏悌生曰。周公勞而不伐。謙莫如周公。此對三王在天之神。自伐如此。何也。家國事重。一時愛兄之心勝。矜伐謙抑。所不暇計。此乃聖人惟德動天處。未可以輕易議之。

乃命于帝庭。敷佑四方。用能定爾子孫于下地。四方之民罔不祗畏。嗚呼。無墜天之降寶命。我先王亦永有依歸。

【集傳】言武王乃受命於上帝之庭。布文德以佑助四方。

用能定爾子孫於下地。使四方之民。無不敬畏。其任大。其責重。未可以死。故又歎息申言。三王不可墜失天降之寶命。庶先王之祀。亦永有所賴以存也。寶命。卽帝庭之命也。謂之寶者。重其事也。

集說　林氏之奇曰。周公以其身能事鬼神。是元孫之死。不若旦之死也。元孫受命于帝庭。以有天下。敷布其德。以佑助四方之民。用能定爾三王之子孫于下土。或爲天子。或爲諸侯。使四方之民。莫不敬而畏之。則是旦之生。不若元孫之生。此所以欲以旦代某之身也。○王氏樵曰。天下初定。民心易搖。武王一身。下則子孫黎民。所賴以安定。上則先王廟祀。所賴以依歸。三王若不任其保護之責。而使天降之寶命一失。則不惟下地之子孫不定。而先王亦失其所依歸。感動三王。最在此數語。

今我卽命于元龜。爾之許我。我其以璧與珪。歸俟爾命。爾不許我。我乃屏璧與珪。

【集傳】卽。就也。歸俟爾命。俟武王之安也。屏。藏也。屏璧與珪。言不得事神也。蓋武王喪。則周之基業必墜。雖欲事神。不可得也。其稱爾稱我。無異人子之在膝下。以語其親者。此亦終身慕父母。與不死其親之意。以見公之達孝也。

【集說】蘇氏軾曰。周公之禱。上帝聽而從之。無足疑者。世以己之多僞。而疑聖人之不情也。○張氏九成曰。武王若死。事未可知。大位者。姦之窺。危病者。邪之伺。異時三監之畔。周公之先見微矣。○呂氏祖謙曰。此非與三王爲要約也。周公誠意之至。自及於此。

乃卜三龜。一習吉。啓籥見書。乃并是吉。

【集傳】卜筮必立三人以相參考。三龜者。三人所卜之龜也。習。重也。謂三龜之兆一同。開籥見卜兆之書。乃并是吉。王氏柏曰。啓籥而參以龜卜之書。乃是證三卜之果吉也。

【集說】林氏之奇曰。以龜之三兆卜之。而三龜皆吉。故曰一習吉。習與習坎之習同。三龜既皆相因矣。則又以占書而考之。於是啓其鎖籥。觀其所藏之占書。亦吉也。周官太卜掌三兆之法。一曰玉兆。二曰瓦兆。三曰原兆。其經兆之體百有二十。其頌皆千有二百。頌卽春秋所謂繇。而此所謂書也。

附錄 朱子曰或曰。三王前。各一龜卜之。○時氏瀾曰。龜三而吉一。故曰一習吉。

公曰。體。王其罔害。予小子新命于三王。惟永終是圖。茲攸俟。能念予一人。

集傳 體。兆之體也。言視其卜兆之吉。王疾其無所害。我新受三王之命而永終是圖矣。茲攸俟者。卽上文所謂歸俟也。一人。武王也。言三王能念我武王。使之安也。詳此言新命于三王。不言新命于天。以見果非謂天責取武王也。

集說 薛氏肇明曰。體與詩爾卜爾筮。體無咎言之體同。周禮占人云。凡卜。君占體。大夫占色。史占墨。卜人占坼。然證以詩之語。則卜看兆體。亦可通上下言之。

附錄 曹氏學佺曰。先儒因新命于三王。卽疑上文能多材多藝以事鬼神。非指天言。亦不必如此拘泥。古者人君祀天地。必以祖考配享。其有所禱于天地。亦必藉祖宗之靈以爲之請。蓋天至尊。不敢唐突。而祖宗至親。殆可以情告也。謂新命于三王。卽新受命于天可。

公歸。乃納冊于金縢之匱中。王翼日乃瘳。

集傳 冊。祝冊也。匱。藏卜書之匱。金縢。以金緘之也。孔氏安國曰。藏之於匱。緘之以金。不欲人開之。翼曰。公歸之明日也。瘳。愈也。案金縢之匱。乃周家藏卜筮書之物。每卜。則以告神之辭書於冊。既卜。則納冊於匱而藏之。前後卜皆如此。林氏之奇曰。周官占人。凡卜筮。則繫幣以比其命。鄭康成曰。既卜筮。史必書其命龜之事及兆於冊。繫其禮神之幣而合藏焉。故前周公乃卜三龜一習吉啓籥見書者。啓此匱也。後成王遇風雷之變欲卜啓金縢者。亦啓此匱也。蓋卜筮之物。先王不敢褻。故金縢其匱而藏之。孔氏穎達曰。既告神。卽是國家舊事。

其書不可捐棄，又不可示諸世人，故藏于金縢之匱耳。非周公始爲此匱藏此冊祝，爲後來自解計也。

【集說】程子語錄：問：周公既禱三王，而藏其文於金縢之匱中，豈逆知成王之信流言，將以悟之乎？曰：以近世觀焉，祝冊既用，則或焚之，或埋之，豈周公之時未有焚埋之禮，而欲敬其事，故若此乎？○林氏之奇曰：公自壇墠歸之明日，而武王遂已瘳矣。請代武王之死者，周公之本心也。王瘳而周公不死，此則天也，非人之所能爲也。○朱子曰：既克商二年至王翼日乃瘳，此敘周公請命之事。

武王既喪，管叔及其羣弟乃流言於國曰：公將不利於孺子。

【集傳】管叔。【地理今釋】管國。今河南開封府鄭州。括地志云。鄭州管城縣外城。古管國城也。周武王弟叔所封。名鮮。武王弟。周公兄也。羣弟蔡叔度霍叔處也。流言。無根之言。如水之流。自彼而至此也。孺子。成王也。商人兄死弟立者多。武王崩。成王幼。周公攝政。商人固已疑之。又管叔於周公爲兄。尤所覬覦。故武庚管蔡流言於國。以危懼成王而動搖周公也。史氏言管叔及其羣弟而不及武庚者。所以深著三叔之罪也。

【集說】朱子曰。武王旣喪此以下。記周公成王時事。○潘氏士遴曰。流言者。自東土流於王國。使成王不知言之爲誰。後世所謂蜚語也。不利孺子之言。出自管叔。若武庚雖包藏禍心。而猶觀釁未啓。故史只著三叔罪案。

附錄 朱子曰。管叔及其羣弟。至不利於孺子。此卽大誥所謂三監及淮夷叛也。意其稱兵舉事。必以誅周公爲辭。若王敦之於劉隗刁協爾。

周公乃告二公曰。我之弗辟。我無以告我先王。

集傳 辟讀爲避。鄭氏詩傳言周公以管蔡流言。辟居東都。是也。漢孔氏以爲致辟於管叔之辟。謂誅殺之也。夫三叔流言。以公將不利於成王。周公豈容遽興兵以誅之邪。且是時。王方疑公。公將請王而誅之邪。將自誅之也。請之固未必從。不請自誅之。亦非所以爲周公矣。我之弗辟。我無以告我先王。言我不辟。則於義有所不盡。無以告先王於地下也。公豈自爲身計哉。亦盡其忠誠而已矣。

集說 項氏安世曰。孔氏謂辟者。行法也。居東。則東征也。信然。則周公誅謗以滅口。豈所以自明於天下哉。予嘗反復本文。則鄭說爲是。蓋周室初基。中外未定。流言乘閒而作。成王疑於上。國人疑於下。周公苟不避之。禍亂忽發。家國傾危。將無以見先王於地下矣。周公之與二公。蓋一體也。故密與二公謀之。使二公居中。鎮撫國事。而身自東出避之。因以寧輯東夏。但不居中。則不利之謗自息。而亂無從生矣。故周公居東二年。外變不起。而內論亦明。向者倡爲流言。謀作禍亂之人。遂得主名。內外之人。始知其爲管叔之罪也。衆論既明於下。則漸可開曉成王之惑。周公於是自作鴟鴞之詩。極道家國之艱難。心迹之勞悴。以冀王之察已也。王雖未能洞然遂信周公之忠。然亦未敢決然遂以周公爲非者。蓋由左右諸大夫國人之論。皆已明白。無有一言以助成王之疑也。○朱子文集。與蔡沈帖曰。弗辟之說。只從鄭氏爲是。向董叔重亦辨此條。一時信筆答之。謂當從古注說。後來思之不然。是時三叔方流言於國。周公處兄弟骨肉之間。豈應以片言半語。便遽然興師以誅之。聖人氣象。大不如此。又成王方疑周公。周公固不應不請而自誅之。若請之於王。王亦未必見從。則當時事勢。亦未必然。雖曰聖人之心。公平正大。區區嫌疑。似不必避。但舜避堯之子於南河之南。禹避舜之子於陽城。自是合如此。若居堯之宮。逼堯之子。卽爲簒矣。或又謂成王疑周公。故周公居東。不幸成王終不悟。不知周公又如何處。愚謂周公亦惟盡其忠誠而已矣。○金氏履祥曰。古文尚書。辟字作辥。古文凡君辟刑辟之辟。皆作㑵。唯此作辥。此必孔壁書本是避字也。辟。諧聲從辵從并。皆屏避之義。

附錄

孔氏安國曰。辟。法也。告召公太公言。我不以法法三叔。則我無以成周道。告我先王。○朱子語類。董銖問金縢我之弗辟。馬鄭皆音辟爲避。陳少南吳才老從之。而詆先儒誅辟之說。竊謂周公之誅管蔡。伊尹之放太甲。皆聖人之變。惟二公至誠無愧。正大明白。故行之不疑。未可以淺俗之心窺之也。此辟字與蔡仲之命所謂致辟之辟同。安得以辟爲避。且使周公委政而去。二年之久。不幸成王終不悟。而小人得以乘閒而入。則周家之禍。可勝言哉。周公是時。不知何以告我先王也。觀公之告二公曰。我之勿辟。我無以告我先王。其言正

大明白至誠惻怛則區區嫌疑有所不敢避矣惟有此心無愧而先王可告也自潔其身而爲匹夫之諒周公豈爲之哉曰辟字當從古注說

周公居東二年則罪人斯得

集傳 居東居國之東也鄭氏謂避居東都未知何據孔氏穎達曰居東不知居在何處王肅云東洛邑也孔氏以居東爲東征非也方流言之起成王未知罪人爲誰二年之後王始知流言之爲管蔡斯得者遲之之辭也

集說 朱子語類問罪人斯得或以爲管蔡或以爲周公官屬如何曰非也管蔡既流言成王疑之未知罪

人之爲誰也。及周公居東二年。成王因風雷之變啓金縢而悟。乃知罪在管蔡也。若曰所謂罪人者。今得之矣。又問所謂居東二年。卽東征否。曰成王方疑周公。豈得便東征乎。二年。待罪也。東征三年。非二年也。

附錄

孔氏安國曰。周公既告二公。遂東征之二年之中。罪人此得。○孔氏穎達曰。詩東山之篇。歌此事也。序云東征。知居東者。遂東往征也。詩曰自我不見。于今三年。言初去及來。凡經三年。此直數居東之年。除其去來。故二年也。○朱子曰。周公居東二年。則罪人斯得。殺武庚致辟管叔于商。囚蔡叔于郭鄰。降霍叔于庶人。命微子啓代殷後。作微子之命。皆此時事。

于後。公乃爲詩以貽王。名之曰鴟鴞。王亦未敢誚公。

集傳 鴟鴞。惡鳥也。以其破巢取卵。比武庚之敗管蔡及王室也。誚。讓也。上文言罪人斯得。則是時成王之疑十已去其四五矣。

集說 呂氏祖謙曰。王欲誚公而未敢。所謂未敢。則悔悟之根本也。

附錄 孔氏安國曰。成王信流言而疑周公。故周公既誅三監而作詩。解所以宜誅之意以遺王。王猶未悟。故欲讓公而未敢。○朱子曰。于後公乃爲詩至誚公。公既滅武庚管蔡。而成王之疑未釋。故公不欲遽歸留居東方。而周大夫爲作破斧伐柯九罭狼跋之詩。○管蔡流言。使成王疑周公。周公雖已滅之。然成王之疑未釋。則亂未弭也。故周公作鴟鴞之詩以遺王。而告以王業艱難不忍毀壞之意。所以爲救亂也。

秋。大熟。未穫。天大雷電以風。禾盡偃。大木斯拔。邦人大恐。王與大夫盡弁。以啓金縢之書。乃得周公所自以爲功代武王之說。

集傳 王與大夫盡弁。孔氏穎達曰。皮弁。是視朝服。以發金縢之書。將卜天變。孔氏穎達曰。案省故事。求變異所由。而偶得周公冊祝請命之說也。孔氏謂二公倡王啓之者。非是。案秋大熟。係于二年之後。則成王迎周公之歸。蓋二年秋也。東山之詩。言自我不見。于今三年。則居東之非東征明矣。蓋周公居東二年。成王因風雷之變。既親迎以歸。三叔懷流言之罪。遂脅武庚以叛。成王命周公征之。其東征往反首尾又自三年也。

集說　林氏之奇曰。周公之藏書于金縢也。徒以是事不得不藏。非預知天時有風雷之變。而嗣王之必將啓緘以卜之也。成王之啓書于金縢也。亦以其將卜之不得不啓。非素知公有請死之冊。將取而觀之也。啓緘而遂知周公之心。此豈人力之所能爲哉。○焦氏竑曰。雷電風而不雨。乃逆氣所感。正天之動威以彰公德處。可見向也流言居東。雖不免乎人心之危疑。今則風雷變動。終難掩乎天心之公道。

二公及王乃問諸史與百執事。對曰。信。噫。公命。

我勿敢言。

【集傳】周公卜武王之疾。二公未必不知之。周公冊祝之文。二公蓋不知也。諸史百執事。蓋卜筮執事之人。成王使卜天變者。卽前日周公使卜武王疾之人也。二公及成王得周公自以爲功之說。因以問之。故皆謂信有此事。已而歎息言。此實周公之命。而我勿敢言爾。孔氏謂周公使之勿道者。非是。

【集說】黃氏度曰。二公知周公爲武王禱。而不知其爲請代。能陰相成王不諂周公。而終不敢使成王迎周公周公之忠終當有以感動成王者雷風之變固非意料之所及也○時氏瀾曰周公之卜二公何爲不知當時周公既使二公不必與二公即不復與不惟不敢問周公亦不敢問百執事公命勿敢言見周公誠意感人之深至此而猶不言是孰使之然哉

王執書以泣曰其勿穆卜昔公勤勞王家惟予沖人弗及知今天動威以彰周公之德惟朕小子其新逆我國家禮亦宜之

【集傳】新當作親成王啓金縢之書欲卜天變既得公冊祝之文遂感悟執書以泣言不必更卜昔周公勤勞王

室。我幼不及知。今天動威以明周公之德。我小子其親迎公以歸。於國家禮亦宜也。案鄭氏詩傳成王既得金縢之書。親迎周公。鄭氏學出於伏生。而此篇則伏生所傳。當以親爲正。親誤作新。正猶大學新誤作親也。

集說 林氏之奇曰。昔公竭其勤勞於王家。至欲以身代先君之死。其至誠於社稷也如此。而我以幼沖之資。乃不及知。此成王自反之言也。今爲此言則既已知之矣。其所以知之者。則以上天動雷電之威以顯周公之聖德也。

王出郊。天乃雨。反風。禾則盡起。二公命邦人凡大木所偃。盡起而築之。歲則大熟。

【集傳】國外曰郊。王出郊者。成王自往迎公。即上文所謂親逆者也。天乃反風。感應如此之速。洪範庶徵。孰謂其不可信哉。又案武王疾瘳。四年而崩。羣叔流言。周公居東二年。罪人既得。成王迎周公以歸。凡六年事也。編書者附于金縢之末。以見請命事之首末。金縢書之顯晦也。

【集說】林氏之奇曰。以逆公爲我國家之禮所宜。比其至也。則郊勞而親逆之。故曰王出郊。先儒以郊爲王幣謝天誤矣○吳氏澄曰王出郊以迎而天乃雨陰陽和也反偃禾之風而禾之偃者盡起天意回也凡大木爲風所拔者既顛仆於地矣則合衆力起其榦令不偃又築其根令堅固也前言秋大熟後言歲則大熟其辭相始終以見未穫而禾偃既偃而復起雖遭風災而不害也

附錄 朱子曰王執書至歲則大熟歸禾嘉禾之書皆此後作周公自是歸大夫美之而作東山之詩也

總論 王氏樵曰金縢一篇周公之事首尾明著以旦代某之身一爲周家大業一亦爲成王之幼也至誠感天王翼日乃瘳又四年而崩成王纔年十三耳武庚三監猶且有變使武王遂喪於克商二年之後則意外之變何如哉故周公與太公召公同心同德以身任天下之重而豈知管蔡不平於旁武庚伺釁於下雖然以順討逆在王室自有大義存焉在周公則身被流言有引避而已或以成王終不悟爲疑未足以知聖人之事

也。天理人事不閒毫髮。周公之事。人事已無不盡。王心已必回矣。而天動威以彰周公之德。又適相參合。孰非周公至誠之效哉。至於致辟之事。則大法在王室。大義在天下。非周公之事也。

附錄 陳氏大猷曰。豳風諸詩。其言與金縢所書。皆昭然相合。大誥序言武王崩。三監及淮夷叛。金縢言武王既喪。管叔及羣弟流言。則流言與叛皆在武王始崩之際。不得分爲兩節明矣。亦非養寇三年而後始征也。成王幼。未親政。凡事皆聽於師傅。二公居中調護。成王中心雖不能無疑。亦未敢明沮周公之行。兼成王諒闇。國家之事。惟冢宰是任。在周公固可專其事矣。四國之變。征之少緩。則蔓延莫遏。周公豈敢顧一己之小嫌。忘宗社之大計邪。迨夫三監伏辜。居東以俟朝命而不敢遽歸。此則公之避遠權勢以待成王之悟也。以經證經。正不必遷就牽合。○陳氏櫟曰。我之弗辟。朱子初主孔注甚力。後改從鄭說。特與九峰言之。固宜其用師說而不敢違也。然證以蔡仲之命曰，羣叔流言，乃致辟管叔于商。致辟接流言下，與此之弗辟接流言于國下，一也。在彼可以致辟爲刑辟，在此何不可乎。使云我若不避之，如何接得我無以告我先王。不審避之將何以告先王乎。有辟字在上，則居東便是屯駐以東征矣。鴟鴞詩云，既取我子，便是謂武庚既敗我管蔡矣。三年而歸，便是成王因風雷之變，迎公以歸也。首尾關涉三年，謂二年三年皆可耳。

案金縢篇，孔安國據大誥序三監淮夷之叛，在周公相成王之初，故以居東爲東征。又據蔡仲之命云羣叔流言，乃致辟管叔于商，故我之弗辟注曰辟法也。此與豳風鴟鴞篇詩序相合。至鄭康成箋詩，始讀辟爲避，而分居東爲二年，東征爲三年，於是紀年紀事，參差不同矣。朱子釋詩，既從孔氏書傳，而蔡氏釋書，則從鄭氏箋詩。朱子與蔡氏手帖，固在晚年，然鴟鴞詩注，究未曾改，則讀金縢者，未可盡廢孔傳，而朱子前後辯論未決，今亦節錄兩存以俟考焉。

大誥

【集傳】武王克殷。以殷餘民封受子武庚。命三叔監殷。武王崩。成王立。周公相之。三叔流言。公將不利於孺子。周公避位居東。後成王悟。迎周公歸。三叔懼。遂與武庚叛。成王命周公東征以討之。大誥天下。書言武庚而不言管叔者。爲親者諱也。篇首有大誥二字。編書者因以名篇。今文古文皆有。○案此篇誥語多主卜言如曰寧王遺我大寶龜曰朕卜幷吉曰予得吉卜曰王害不違卜曰寧王惟卜用曰矧亦惟卜用曰予曷其極卜曰矧今卜幷吉至於篇終又曰卜陳惟若茲意邦君御事有曰艱大不可征欲王違卜故周公以討叛卜吉之義與天命人事之不可違者反復誥諭之也

集說 陳氏經曰使三叔監殷亦如舜之封象不得有爲於其國使吏治其國之意讀泰牧誓而知武王取商之易讀大誥諸篇而知周家安商之難○陳氏櫟曰傳避位之說蓋以照應金縢

王若曰猷大誥爾多邦越爾御事弗弔天降割于我家不少延洪惟我幼沖人嗣無疆大歷服弗造哲迪民康矧曰其有能格知天命

集傳 猷發語辭也猶虞書咨嗟之例案爾雅猷訓最多曰謀曰言曰已曰圖未知此何訓也弔恤也猶詩言不弔昊天之弔朱子曰書中弗弔字只如字讀解者欲訓弔爲至故音的聲非也言我不爲天所恤降害於我周家武王遂喪而不少待也沖人成王也歷歷數也服五服也哲明哲也格格物之格言

大思我幼沖之君。嗣守無疆之大業。弗能造明哲以導民於安康。是人事且有所未至。而況言其能格知天命乎。

【集説】王氏安石曰。大誥疑有脱誤。其不可知者。輒闕之。而釋其可知者。○林氏之奇曰。政雖總於周公。而成王在上爲天子。必稱王命以告之也。○眞氏德秀曰。聖賢舉事。必先誥諭多方者。所以昭大公而一衆志。非但防亂而已。○金氏履祥曰。此言成王以幼沖嗣位。流言展轉而事變如此。未能上測天意如何。以起下文求濟卜筮之意。

已。予惟小子。若涉淵水。予惟往求朕攸濟。敷賁。

敷前人受命茲不忘大功予不敢閉于天降威用。

集傳 已承上語辭已而有不能已之意若涉淵水者喻其心之憂懼求朕攸濟者陳氏大猷曰渡水曰涉渡訖曰濟冀其事之必成敷布賁飾也敷賁者修明其典章法度敷前人受命者增益開大前王之基業若此者所以不忘武王安天下之大功也今武庚不靖天固誅之予豈敢閉抑天之威用而不行討乎。

【集說】○孔氏安國曰：若涉淵水，往求我所以濟渡，言祗懼。○孔氏穎達曰：王者征伐刑獄，象天震曜殺戮，則征伐者，天之所威用，謂誅惡是也。天有此道，王者用之，則用之則開，不用則閉。○呂氏祖謙曰：大抵守成之君，苟徒保守，無所增飾，使祖宗之業不至光明盛大，則爲不善繼矣。必賁飾其業，大前人所受之命，玆乃能不忘所成之大功。予不敢閉于天降威用者，謂威既用於三監，若不往伐，是閉天之威用也。

【附錄】王氏安石曰：閉，拒也。天降威，成王不敢拒，故用寧王所用大寶龜，紹天之明，以斷吉凶，而卽天命也。○朱子語類：人説荆公穿鑿，只是好處亦用還他。如天降割于我家不少延，用寧王遺我大寶龜，皆非諸家所及。

【案】王氏之説，以用字屬下句，朱子嘗取之。蔡傳仍屬上句讀，則以二孔注疏分明，不欲更改耳。

寧王遺我大寶龜紹天明即命曰有大艱于西土西土人亦不靜越兹蠢

集傳 寧王武王也下文又曰寧考蘇氏曰當時謂武王爲寧王以其克殷而安天下也蠢動而無知之貌寧王遺我大寶龜者以其可以紹介天命以定吉凶曩嘗即龜所命薛氏肇明曰即命與金縢即命于元龜同意而其兆謂將有大艱難之事于西土西土之人亦不安靜是武庚未叛之時而龜之兆蓋已預告矣及此果蠢蠢然而動其卜可驗如

此將言下文伐殷卜吉之事，故先發此以見卜之不可違也。

集說　蘇氏軾曰：有大艱于西土，西土人亦不静，此龜所以告也。及此三監果動。○林氏之奇曰：天之吉凶示人甚明，然其道玄遠，無介紹以傳其意，惟卜之以龜，則天之明曉然可見矣。此所以即命也。○吕氏祖謙曰：寧王遺我大寶龜，大誥一篇之綱領也。自始至終，皆以卜爲言。○陳氏櫟曰：武庚之亂在東，非西土也。孔注四國作大難於京師，意其指流言於國歟。○王氏樵曰：介紹所以傳人之意，龜爲天之介紹以傳天之意，故曰紹天明。天明者，吉凶之理昭然者也。命，命龜也。此蓋武王初崩之時，泛卜時事之吉凶而有此兆，將言卜伐武庚之吉，先言此以見卜之有驗也。

殷小腆。誕敢紀其敘。天降威。知我國有疵。民不康。曰予復反鄙我周邦。

集傳 腆。厚。林氏之奇曰。蘇氏以腆爲厚。案僖三十三年左傳曰。不腆敝邑。則腆字固當訓厚。誕。大。敘。緒。疵。病也。言武庚以小厚之國。乃敢大紀其既亡之緒。是雖天降威于殷。然亦武庚知我國有三叔疵隙。民心不安。故敢言我將復殷業。而欲反鄙邑我周邦也。

集說 呂氏祖謙曰。反鄙之鄙。如鄭子產曰鄭鄙邑也。

林氏之奇曰。有三叔流言之疵。民將不安。武庚知之。故其言曰。我將紹我湯之業而光復之。殷既復

則反以我周家爲鄙矣武庚以叛亡之餘而有反鄙我周邦之言則其志不小矣縱之一日則有一日之患此所以不可不征也

今蠢今翼日民獻有十夫予翼以于敉寧武圖功我有大事休朕卜幷吉

集傳 于往敉撫武繼也謂今武庚蠢動今之明日民之賢者十夫輔我以往撫定商邦而繼嗣武王所圖之功也大事戎事也左傳云國之大事在祀與戎休美也言知我有戎事休美者以朕卜三龜而幷吉也案上文即命

曰有大艱于西土。蓋卜於武王方崩之時。此云朕卜幷吉。乃卜於將伐武庚之日。先儒合以爲一。誤矣。

集說　孔氏穎達曰。武庚既叛。聞者皆驚。故今天下蠢動。○將欲伐叛。而賢者卽來言人事先應也。○鄭玄云。卜幷吉者。謂三龜皆從也。王肅云。何以言美以三龜一習吉。是言幷吉。證其休也。○林氏之奇曰。民獻與益稷所謂黎獻同。將興師動衆以討不逞之武庚。而十夫以賢能之才。爲我左右之助。則我所有之大事固爲休矣。及其灼龜以卜師之勝負。則三龜又皆幷吉。民獻有十夫予翼。則得人心矣。朕卜幷吉。則得天心矣。天人俱應。則我周家有必勝之理。而武庚有必亡之勢。如之何而不征也。○楊氏時曰。惟至誠爲能通天下之志。誠而不疑。其類自合。方是時。危疑之甚。惟周公以身任之而不疑。故十夫予翼。此勿疑朋盍簪之謂也。○陳氏櫟曰。

公之東征邦君御事皆疑民獻十夫先至故公表其人以詰天下蓋天之視聽在民而民之去就視賢著龜固可以紹天明賢人尤可以占天意也十夫馬融以爲十亂非也十亂周公在中不應自言又有婦人焉亦不得稱十夫

肆予告我友邦君越尹氏庶士御事曰予得吉卜予惟以爾庶邦于伐殷逋播臣

【集傳】此舉嘗以卜吉之故告邦君御事往伐武庚之詞也肆故也尹氏庶官之正也殷逋播臣者謂武庚及其羣臣本逋亡播遷之臣也

集說 陸氏鍵曰。此非國家誅叛之大典。不足憑。而反憑冥冥之卜也。蓋殷王之裔。或天心所未欲絕。則取決於卜。今卜伐而吉。則此不過逋亡播遷之餘孽耳。又何論艱大乎。

爾庶邦君越庶士御事。罔不反曰艱大。民不靜。亦惟在王宮邦君室。越予小子考翼。不可征。王害不違卜。

集傳 此舉邦君御事不欲征。欲王違卜之言也。邦君御事。無不反曰艱難重大。不可輕舉。且民不靜。雖由武庚。然亦在於王之宮。邦君之室。謂三叔不睦之故。實兆釁端。不可不自反。害曷也。林氏之奇曰。與害澣害否之害同。越我小子。與父老敬事者。皆謂不可征。王曷不違卜而勿征乎。

集說 時氏瀾曰。邦君所以有此言者。一則守常習故。遭變事而不知其權。一則見其艱大。退避而畏縮也。○申氏時行曰。艱大以事勢言。見不可以輕舉。民不靜二句。以理勢言。見不可不自反。

肆予沖人。永思艱。曰。嗚呼。允蠢鰥寡。哀哉。予造天役。遺大投艱于朕身。越予沖人。不卬自恤。義爾邦君。越爾多士。尹氏御事。綏予曰。無毖于恤。不可不成乃寧考圖功。

【集傳】造爲卬我也故我沖人亦永思其事之艱大歎息言信四國蠢動害及鰥寡深可哀也然我之所爲皆天之所役使今日之事天實以其甚大者遺於我之身以其甚艱者投於我之身於我沖人固不暇自恤矣然以義言之於爾邦君於爾多士及官正治事之臣當安我曰無勞孔氏穎達曰毖勞也於憂誠不可不成武王所圖之功相與戮力致討可也此章深責邦君御事之避事

【集說】林氏之奇曰成王自責以爲我以一身而負艱難之責則其毒民以興師者豈爲一己之故哉我之

興師。既非徇一已之私憂。凡欲聿追來孝以光大前人也則爾羣臣。其可以徇私臆而不念天下之大謀。與我合謀同心。共厎安平乎。故成王以此而責之也。○陳氏櫟曰以大任責已。以大義責臣。非不知遺我以大投我以艱。而責不得辭也。以義言之。當如此。反觀之則以艱大沮撓者。其爲不義大矣。

已。予惟小子不敢替上帝命。天休于寧王。興我小邦周。寧王惟卜用。克綏受茲命。今天其相民。矧亦惟卜用。嗚呼。天明畏。弼我丕丕基。

集傳 卜伐武庚而吉。是上帝命伐之也。上帝之命。其敢廢乎。昔天眷武王。由百里而有天下。亦惟卜用。所謂朕夢協朕卜。襲于休祥是也。今天相佑斯民。避凶趨吉。況亦惟卜是用。是上而先王。下而小民。莫不用卜。而我獨可廢卜乎。故又歎息言天之明命可畏如此。是蓋輔成我丕丕基業。其可違也。天明。卽上文所謂紹天明者。

集說 林氏之奇曰。武王之克商。旣獲仁人。又加之夢卜之協。其天人之應。不期而同。所以遂克商而有天下。今十夫予翼。則是天助我民矣。況又卜之吉哉。天人之應。亦如武王之世。則我之征武庚。不獨成寧考之功。亦所以述寧考之事也。○呂氏祖謙曰。天之明示威畏。乃欲輔弼我之基業。如孟子言天將降大任。必先苦其心志。畏之者。乃弼之也。大抵國家多成於憂患。天雖降威。不敢自沮。此周公之自強。亦所以畏天命也。

王曰。爾惟舊人。爾丕克遠省。爾知寧王若勤哉。天閟毖我成功所。予不敢不極卒寧王圖事。肆予大化誘我友邦君。天棐忱辭。其考我民。予曷其不于前寧人圖功攸終。天亦惟用勤毖我民。若有疾。予曷敢不于前寧人攸受休畢。

集傳 當時邦君御事有武王之舊臣者。亦憚征役。上文考翼不可征是也。故周公專呼舊臣而告之曰。爾惟武王之舊人。爾大能遠省前日之事。爾豈不知武王若此之勤勞哉閟者否閉而不通毖者艱難而不易言天之所以否閉艱難國家多難者乃我成功之所在我不敢不極卒武王所圖之事也化者化其固滯誘者誘其順從棐輔也寧人武王之大臣當時謂武王爲寧王因謂武王之大臣爲寧人也民獻十夫以爲可伐是天輔以誠信之辭考之民而可見矣我曷其不於前寧人而圖功所終乎勤毖我民若有疾者四國勤毖我民如人有疾必速攻治之我曷其不於前寧人所受休美而畢之

乎。案此三節，謂不可不卒終畢寧王寧人事功休美之意。言寧人，則舊人之不欲征者，亦可愧矣。

【集說】林氏之奇曰：武庚之叛，是天之閉塞以使我毖慎。蓋欲其操心危而慮患深，養其德慧術智於疢疾之中。此正我戡定禍亂以成功之所也。我其敢不極盡而使無遺力，以終寧王所圖之事乎？○卒寧王圖事，于前寧人圖功攸終者，蓋欲紹隆基業，以繼前人之成績也。于前寧人攸受休畢者，蓋欲永膺歷數，以繼武王之美命也。唐孔氏曰：三者文辭略同，義不甚異，大意推言當終文王之業，須征逆亂之賊，丁寧以勸民耳。此說是也。但不當以寧王爲文王耳。○王氏樵曰：既言寧王，又言寧人者，蓋謂寧人之功，我尚思終之；寧人之休，我尚思畢之，況爾舊人乎？曰事、曰功、曰休，蓋互言之。大抵寧王寧人以除亂安民爲事，而成功於時，受休於天者。今適不幸有武庚之亂，不能討定，則前事有不卒，前功有不終，前休有不畢矣。不訖事之咎，我固不敢辭。爾舊人與寧人，昔日同功一體者，亦何以自解乎。

附錄　朱子曰：諸家棐字竝作輔字訓，更曉不得。後讀漢書顏師古注云：棐匪通用。如書中棐字，正合作匪字義。○許氏月卿曰：朱子謂棐匪通。天非誠有言辭，考之民可見。天意欲征武庚，非諄諄然命之。民心所欲，卽天意也。○陳氏櫟曰：以寧王寧人爲文王，固非。以前寧人爲武王舊臣，亦未穩。玩文意，寧王、寧人、前寧人，皆合指爲武王。

王曰：若昔朕其逝，朕言艱日思。若考作室，既厎法，厥子乃弗肯堂，矧肯構？厥父菑，厥子乃弗肯播。矧肯穫。厥考翼其肯曰。予有後。弗棄基。肆予曷敢不越卬。敉寧王大命。

集傳 昔。前日也。猶孟子昔者之昔。若昔我之欲往。我亦謂其事之難而日思之矣。非輕舉也。以作室喻之。父既厎定廣狹高下。其子不肯爲之堂基。況肯爲之造屋乎。以耕田喻之。父既反土而菑矣。孔氏穎達曰。菑。謂殺草。故治田一歲曰菑。言其始殺草也。其子乃不肯爲之播種。孔氏穎達曰。播。謂布種。后稷播殖百穀是也。況肯俟其成而刈穫之乎。考翼。父敬事者也。爲其子者如此則。考翼其肯曰。我有後嗣。弗棄我之基業乎。蓋武王定天下。立經陳紀。如作室之厎法。如治田之旣菑。今三監叛亂。不能討平以終武王之業。則是不肯堂。不肯播。況望其肯構肯穫而延綿國祚於無窮乎。武王在天之靈。亦必不肯自謂其有後嗣而不棄墜其基業矣。故我何敢不及我身之存。以撫存武王之大命乎。案此三節。申喻不可不終武功之意。

集說 孔氏安國曰。以作室喻治政也。父已致法。子乃不肯爲堂基。況肯構立屋乎。不爲其易。則難者可知。

又以農喻。其父已菑耕其田。子乃不肯播種。況肯收穫之乎。其父敬事創業。而子不能繼成其功。其肯言我有後不棄我基業乎。今不征。是棄之○時氏瀾曰。周公深體武王之心。勤勞如此。成王或不能平三監之亂。武王之心謂何。今日之事必任其責可也。

若兄考乃有友伐厥子。民養其勸弗救。

集傳 民養未詳。蘇氏曰。養廝養也。謂人之臣僕。大意言若父兄有友攻伐其子。爲之臣僕者。其可勸其攻伐而不救乎。父兄以喻武王。友以喻四國。子以喻百姓。民養以喻邦君御事。今王之四國毒害百姓。而邦君臣僕乃憚於征役。是長其患而不救。其可哉。此言民被四國之害。不可不救援之意。

【集說】胡氏士行曰。前堂構之喻。以自責。此民養之喻。以責邦君御事。○王氏樵曰。意邦君御事以王宮邦君室爲言者。頗以管蔡爲難耳。而成王言譬之有友來伐其子。則爲所畜養者。亦惟急救之爲是。而不可猶豫坐視。相勸以弗救也。

王曰。嗚呼。肆哉。爾庶邦君越爾御事。爽邦由哲。亦惟十人迪知上帝命。越天棐忱。爾時罔敢易法。矧今天降戾于周邦。惟大艱人誕鄰胥伐于厥室。爾亦不知天命不易。

集傳 肆。放也。欲其舒放而不畏縮也。爽。明也。爽厥師之爽。桀昏德。湯伐之。故言爽師。受昏德。武王伐之。故言爽邦。言昔武王之明大命於邦。皆由明智之士。亦惟亂臣十人。蹈知天命。及天輔武王之誠。以克商受。爾於是時。不敢違越武王法制。憚於征役。矧今武王死。天降禍於周。首大難之四國。大近相攻於其室。事危勢迫如此。爾乃以爲不可征。爾亦不知天命之不可違越矣。此以今昔互言責邦君御事之不知天命。案先儒皆以十人爲十夫。然十夫民之賢者爾。恐未可以爲迪知帝命。未可以爲越天棐忱。所謂迪知者。蹈行眞知之詞也。越天棐忱天命已歸之詞也。非亂臣昭武王以受天命者。不足以當之。况君奭之書。周公歷舉虢叔閎夭之徒。亦曰迪知天威。於受殷命。亦曰若天棐忱。詳周公前後所言。則十人之爲亂臣。又何疑哉。

集說 孔氏安國曰。歎今伐四國。必克之故。以告諸侯及臣下御治事者。○王氏樵曰。迪知上帝命者。心與天通。自然合理者也。知天命不易者。未能眞知而不敢不信者也。在武王時商罪貫盈。不可不討。天命如此。眷佑有周夢卜協吉。天之棐忱又如此。在今日武庚作亂。不可不討。天命亦如此。民獻予翼朕卜幷吉。天之棐忱亦又如此。是今昔之事理一也。然在昔有十人之輔。而爾舊人。亦不敢易武王之法。今考翼不可征。則不惟易我之法。而言害不違卜。則亦不知天命之不可易矣。以昔時奉法之心。爲今日順天之義。則與迪知者雖有閒。而與爽邦者實同功矣。

附錄　孔氏安國曰。十人蹈知天命。謂人獻十夫來佐周。○孔氏穎達曰。蹈天者識天命而履行之。十人謂上文民獻十夫。此是賢人。賢人既來。是必克之效也。○林氏之奇曰。武庚之亂。神人之所共怒。而邦君御事乃以爲不可。此十人惠然而來。皆以爲可征。則夫十人者。蓋哲人也。十人之所以爲哲人者。以其能迪知上帝之命故也。○陳氏櫟曰。自爽邦至棐忱。本無武王時之意。十夫十人。前後相應。

案十人迪知上帝命。與民獻有十夫予翼。蔡傳前後詮解不同。然諸儒皆從孔傳。以十人即是十夫。蓋此節經文未嘗明指武王時事。周公在十亂之中。亦未必自言及此。似舊說可竝存以參觀也。

予永念曰。天惟喪殷若穡夫。予曷敢不終朕畝。天亦惟休于前寧人。

集傳天之喪殷。若農夫之去草。必絕其根本。我何敢不終我之田畝乎。我之所以終畝者。是天亦惟欲休美於前寧人也。

集說林氏之奇曰：我之長念，則謂天以紂之暴虐而改命我周。其於殷人也，若穡夫治田，去其稂莠，必芟夷蘊崇之，絕其本根，勿使能植而後已。今也有遺種焉，則我何敢不如田畝之終而畢其事乎？蓋武庚之叛不去，則爲不終朕畝矣。武王伐紂，其誓師曰：除惡務本。正如此終朕畝之謂也。天使我周家仗大義以滅殷者，亦惟休美于前寧人，使長享天下也。○曹氏學佺曰：武王伐紂而封武庚，不忍絕之也。武庚叛，是自絕之矣。惟其自絕，故天亦絕之。

予曷其極卜？敢弗于從率寧人有指疆土？矧今卜幷吉。肆朕誕以爾東征，天命不僭，卜陳惟若茲。

【集傳】我何敢盡欲用卜。敢不從爾勿征。蓋率循寧人之功。當有指定先王疆土之理。卜而不吉。固將伐之。況今卜而幷吉乎。故我大以爾東征。天命斷不僭差。卜之所陳蓋如此。案此篇專主卜言。然其上原天命。下述得人。往推寧王寧人不可不成之功。近指成王邦君御事不可不終之責。諄諄乎民生之休戚。家國之興喪。懇惻切至。不能自已。而反復終始乎卜之一說。以通天下之志。以斷天下之疑。以定天下之業。非聰明睿知神武而不殺者。孰能與於此哉。

集說 眞氏德秀曰。此以予永念發端。下分三說。天命喪殷。我不可不終其事。一也。天降休命于武王。凡今所有之疆土。皆前人之所區畫。我可不率其舊。如韓愈所謂惟天惟祖宗所以付任予者。庶其在此。予曷敢不力。二也。其下乃言今卜幷吉。是天實命我。所不可違。三也。予曷其極卜。言不必窮極於卜也。卜陳惟若茲。言卜亦不外乎此也。先以理斷。而後以卜參之。蓋不特不違卜。亦本不專恃於卜也。○陳氏櫟曰。東征之舉。以天命與先王之責決之。本不待卜。況今卜又幷吉。故我大以爾東征。天命討罪。決不僭差。卜之所陳。蓋如此。此總承前諸章之意而結之。以哲人與元龜。知天意之當從。前業之當終。而決於東征也。

總論 朱子曰。大誥一篇不可曉。據周公在當時。外則有武庚管蔡之叛。內則有成王之疑。周室方且岌岌然。他作此書。必欲以此聳動天下也。而今大誥大意。不過說周家辛苦做得這基業在此。我後人不可不有以成就之而已。其後又却專歸在卜上。其意思緩而不切。殊不可曉。○因言武王既克紂。武庚三監及商民叛。曰。當初紂之暴虐。天下之人胥怨。及武王既奉天下之心以誅紂。於是天下之怨皆解。而歸德於周矣。然商之遺民。及與紂同事之臣。一旦見宗社爲墟。寧不動心。茲固叛心之所由生也。蓋始於苦紂之暴而欲其亡。固人之心。及怨已解。而人心復有所不忍。亦事勢人情之必然者。又況商之流風善政。畢竟尚有在人心者。及其頑民感商恩意之深。此其所以叛也。後來樂毅伐齊。亦是如此。○書亦難點。如大誥語句甚長。今人都碎讀了。所以曉不得。○董氏鼎曰。帝王之決大疑。必詢謀僉同。謀及乃心卿士庶民而後及卜筮。蓋以人謀既協。乃決於天。商之亡也。格人元龜。罔敢知吉。周之東征也。民獻十夫予翼。而卜又幷吉。此大誥一書。所以始終言之。

欽定書經傳說彙纂卷第十二

清雍正內府本欽定書經傳説彙纂

第四册

清　王頊齡等撰

天津圖書館藏清雍正八年內府刻本

山東人民出版社・濟南

欽定書經傳說彙纂卷第七

商書

【集傳】契始封商。【地理今釋】括地志云。商州東八十里上洛縣。本商邑。古之商國。帝嚳之子契所封也。上洛縣。金廢。今爲商州地。屬陝西西安府。湯因以爲有天下之號。書凡十七篇。

【集說】史記。湯。黃帝後。帝嚳生契。爲唐虞司徒。封於商。賜姓子氏。十三世生湯。名天乙。都亳。今濟陰亳縣。○鄭氏康成曰。商在太華之陽。湯在位十三年。壽百歲。國號商。盤庚遷殷以後號殷。○申氏時行曰。書凡十七篇。皆是商時史官記商家一代之事者。故曰商書。

湯誓

【集傳】湯號也或曰謚湯名履姓子氏夏桀暴虐湯往征之亳衆憚於征役故湯諭以弔伐之意蓋師興之時而誓于亳都者也今文古文皆有

【集說】孔氏穎達曰甘誓泰誓牧誓發首皆有序引別言其誓意記其誓處此與費誓惟記誓辭不言誓處者史非一人辭有詳略也○黃氏度曰湯十一征皆爲行方伯之職桀忌惡之昏虐愈甚湯於是誓師而出征葛之後未出師之前桀能改德事爲可已乎曰何以不可文言曰上下無常非爲邪也進退無恆非離羣也此聖人之事常人安能與此可上而不可下可進而不可退此豈足以

論聖人哉○朱子曰湯武固是反之但細觀其書湯反之之功恐是精密如湯誓與牧誓數桀紂之罪辭氣亦不同又曰湯有慙德如武王恐未必有此意

王曰格爾衆庶悉聽朕言非台小子敢行稱亂有夏多罪天命殛之

集傳 王曰者史臣追述之稱也林氏之奇曰湯武誓師時桀紂猶在稱王必於克夏勝殷之後格至台我稱舉也以人事言之則臣伐君可謂亂矣以天命言之則所謂天吏非稱亂也

集說 林氏之奇曰不爲天吏而伐有罪猶不爲士師而擅殺人也爲天吏而不伐有罪猶爲士師而故縱

罪人也。○張氏九成曰。天命殛之。豈諄諄然命之乎。蓋天以天下之心爲心。古之論天者。多以民心卜之。○黄氏度曰。堯舜之禪。湯武之伐。皆權道也。非聖人而論權。則亂而已矣。

今爾有衆。汝曰。我后不恤我衆。舍我穡事而割正夏。予惟聞汝衆言。夏氏有罪。予畏上帝。不敢不正。

【集傳】穡。刈穫也。割。斷也。亳邑之民。安於湯之德政。桀之虐焰所不及。故不知夏氏之罪。而憚伐桀之勞。反謂湯不恤亳邑之衆。舍我刈穫之事。而斷正有夏。湯言我亦聞汝衆論如此。然夏桀暴虐。天命殛之。我畏上帝。不敢不往正其罪也。

【集說】薛氏季宣曰。湯之伐夏。制義而動。既非常情所識。又興師于農月。商民不知有夏之暴。是宜不樂湯之舉也。○天道在人。得罪於民。是爲得罪於天。天討不施。非自任以天下之重者也。應天而動。湯之所以受命也。○朱子曰。讀書且先求聖人之心。如湯曰予畏上帝。不敢不正。熟讀豈不見湯之心。○呂氏祖謙曰。舍我穡事。然則湯之伐桀。不因民願乎。曰。亳民之不願。而夏民之願也。○眞氏德秀曰。武王謂予弗順天。厥罪惟鈞。是亦湯之心也。

今汝其曰。夏罪其如台。夏王率遏衆力。率割夏

邑有衆率怠弗協曰時日曷喪予及汝皆亡夏德若茲今朕必往

【集傳】遏絕也割剝割夏邑之割時是也湯又舉商衆言桀雖暴虐其如我何湯又應之曰夏王率黃氏度曰率猶一切也爲重役以窮民力嚴刑以殘民生孫氏繼有曰謂盡人而刑役也或云任意而刑役其民也民厭夏德亦率皆怠於奉上不和於國疾視其君指日而曰是日何時而亡乎若亡則吾寧與之俱亡蓋苦桀之虐而欲其亡之甚也桀之惡德如此今我之

所以必往也。桀嘗自言。吾有天下。如天之有日。日亡。吾乃亡耳。故民因以日目之。

集說　林氏之奇曰。亳邑之民。憚於興師。以此見湯之薰陶漸漬。蓋有由之而不自知者。○朱子曰。湯之征伐。只知一意救民。不知其他也。○呂氏祖謙曰。夏罪其如台。見夏民在塗炭。而商民在春風和氣之中。○金氏履祥曰。弔伐之師。義也。而亳衆有不恤之怨。何也。亳衆知已事之小。而不知天意之大。在聖人則不可不順天。亳衆知商邑之安。而不知夏民之危。在聖人不可不救民。○陳氏櫟曰。商民以一國爲心。湯則以天下爲心。

爾尚輔予一人。致天之罰。予其大賚汝。爾無不信。朕不食言。爾不從誓言。予則孥戮汝。罔有攸赦。

賚與也。黃氏度曰。大賚。功大者錫爵封國。食言。言已出而反吞之也。哀二十五年左傳。孟武伯惡郭重曰。何肥也。公曰。是食言多矣。禹之征苗。止曰。爾尚一乃心力。其克有勳。至啓。則曰。用命賞于祖。不用命戮于社。予則孥戮汝。此又益以朕不食言。罔有攸赦。亦可以觀世變矣。

集說 林氏之奇曰。汝能順天之意。是天命之所當加也。汝既不能承天之意。則是天討之所宜加也。或刑或賞。我豈容私喜怒於其間哉。凡以奉天之意而已。○孫氏繼有曰。順天應人。則有以服人心之公。信賞必罰。

則有以作人心之怠。

總論 林氏之奇曰。詳考此篇。必是其始興師之時。誓衆於亳邑之辭。非是行陣於鳴條。臨戰而後誓。若牧誓之類也。○終篇必誘之以大賚。憚之以孥戮者。此誓師之常理也。易曰。師出以律。否臧凶。象曰。失律凶也。蓋師之紀律。必明於始出之時。始出而紀律不明。雖師有名。亦危道也。湯之興師。雖曰伐夏救民。安能廢師律乎。夫舜之考績。猶不能不用刑賞。況湯武之行師。宜其刑賞之不可廢也。○董氏鼎曰。禹征苗有誓。啓征扈有誓。胤侯征羲和又有誓。誓者。臨衆發命。述其興師之意。禹啓胤侯猶可無誓。惟湯不可無誓。湯無誓。則稱兵之意不明。而稱亂之罪滋大。明目張膽言之。而不怍。則順天應人。行之而無疑矣。天命殛之。湯何以知其然哉。天之聰明自民。天之明畏亦自民。始於匹夫匹婦之復讎。而終於西夷北狄之怨望。吾非彼君也。而曰徯我后。我何以得此於民哉。殆天啓之也。湯曰予畏上帝。不敢不正。是非稱亂。將以止天下之亂也。非不恤我衆。將以恤天下之衆也。雖以夏罪無如我何而不止者。將以救彼之願與偕亡而不得者之苦也。其示之以賞罰者。厲士氣一人心。非誘以利。怵以禍。而強其從我也。

仲虺之誥

集傳 仲虺臣名。奚仲之後。爲湯左相。孔氏穎達曰。定元年左傳云。薛之皇祖奚仲居薛。以爲夏車正。仲虺居薛。以爲湯左相。是其事也。○趙氏岐曰。即萊朱也。誥。告也。陳氏經曰。古字告誥通用。周禮。士師以五戒先後刑罰。陳氏師凱曰。先後。猶左右也。一曰誓。用之于軍旅。二曰誥。用之于會同。以喻衆也。此但告湯而亦謂之誥者。唐孔氏謂仲虺亦必對衆而言。蓋非特釋湯之慙。而且以曉其臣民衆庶也。古文有。今文無。

【集說】朱子語類。問仲虺之誥。似未見其釋湯慙德處。曰。正是解他。云若苗之有莠。若粟之有秕。他緣何道這幾句。蓋謂湯若不除桀。則桀必殺湯。如說推亡固存處。自是說伐桀。至德日新以下。乃是勉湯。又如天乃錫王勇智。他特地說他勇智兩字。便可見。尚書多不可曉。固難理會。然這般處古人如何說。得恁地好。

成湯放桀于南巢。惟有慙德。曰。予恐來世以台爲口實。

【集傳】武功成。故曰成湯。南巢地名。廬江六縣皇輿表。今巢縣屬廬州府無爲州。有居巢城。蘇氏軾曰。書有巢伯來朝。文十二年春秋楚人圍巢。【地理今釋】南巢今江南廬州府巢縣東北。有居巢故城。桀奔于此。因以放之也。孔氏穎達曰。縱而不迫。故稱放也。湯之伐桀。雖順天應人。然承堯舜禹授受之後。於心終有所不安。故愧其德之不古若。而又恐天下後世藉以爲口實也。○陳氏曰。堯舜以天下讓。後世好名之士。猶有不知而慕之者。湯武征伐而得天下。後世嗜利

之人安得不以爲口實哉此湯之所以恐也歟

集說 鄭氏康成曰必往之師以救生人口實之慙以慮後世○呂氏祖謙曰此心之慙此誥之釋皆不可少○金氏履祥曰觀湯誥之書成湯憂以天下至此又憂後世聖人之心量如此○陳氏櫟曰湯之慙湯本心始見矣以居萬世君臣之始變也仲虺釋其慙始則美之又慮其愧心既釋驕心或生故終復警之大臣之引君當道如此

仲虺乃作誥曰嗚呼惟天生民有欲無主乃亂惟天生聰明時乂有夏昏德民墜塗炭天乃錫王勇智表正萬邦纘禹舊服兹率厥典奉若天

命。

集傳　仲虺恐湯憂愧不已。乃作誥以解釋其意。歎息言民生有耳目口鼻愛惡之欲。無主。則爭且亂矣。天生聰明。王氏樵曰。聰明以聖德言。不囿於形氣之私。不爲物欲所蔽。所以爲之主而治其爭亂者也。墜。陷也。塗。泥。炭。火也。桀爲民主而反行昏亂。呂氏祖謙曰。昏德與聰明相反。陷民於塗炭。旣失其所以爲主矣。然民不可以無主也。故天錫湯以勇智之德。呂氏祖謙曰。勇智非自外來。即聰明之發見。勇足以有爲。王氏樵曰。一毫私意牽制他不得。智足以有謀。王氏樵曰。一毫私意昏蔽他不得。非勇智。則不能成天下之大業也。表正者。表正於此。而影直於彼也。陳氏經曰。立木爲標準。謂之表。表而正之。使萬邦皆正。所謂天生聰明時乂也。天錫湯以勇智者。所以使其表正萬邦。而繼禹舊所服行也。此但率循其典常。以奉順乎天而已。王氏樵曰。上言天意如此。故此言王于茲惟循其常道以順天。天者。典常之理所自出。而典常者。禹之所服行者也。湯革夏而纘舊服。武革商而政由舊。孔子所謂百世可知者。正以是也。林氏曰。齊宣王問孟子曰。湯放桀。武王伐紂。有諸。孟子曰。賊仁者謂之賊。賊義者謂之殘。殘賊之人謂之一夫。聞誅一夫紂矣。未聞弒君也。夫立之君者。懼民之殘賊而無以主之。爲之主而自殘賊焉。則君之實喪矣。非一夫而何。孟子之言。則仲虺之意也。

集說 林氏之奇曰。有桀之昏德。非湯之勇智。則不得爲天吏。有湯之勇智。而桀無昏德。則事之而已。尚何伐之有哉。以如是之勇智。又適遭如是之昏德。故以臣伐君而不爲逆。苟爲君之昏不如桀。臣之勇智不如湯。則固不可以爲湯之所爲矣。又何患其以是爲口實哉。○薛氏季宣曰。人生而靜。天之性也。感物而動。性之欲也。非有聖人之教。從人欲而悖天理。其亂何所不至。聖人者作。有天之聰明。代天理物。爲之綱紀政教。使民得之觀感。知善之美。知惡之咎。惟日遷善。賢者得其天性之正。不賢者不敢爲惡以厎於罪。則何窮欲之亂。○陳氏傅良曰。仲虺作誥。非但釋湯之慙。亦進德戒滿之書也。○眞氏德秀曰。湯自謂不幸而處變。故有慙德。仲虺解之曰。此特循其常道以順天命而已。蓋變而不失其正。卽所謂常也。○陳氏雅言曰。天錫湯以勇智之德者。天豈私於湯哉。湯率其典常之道。卽禹之所服行。而其原出於天者也。天命湯以正萬邦。而湯能爲之表正。天命湯以纘禹服。而湯能纘之。天可謂厚於湯。湯可謂能奉若天命矣。此仲虺推天爲民立君之意。以釋湯慙。見湯之順乎天也。

夏王有罪。矯誣上天。以布命于下。帝用不臧。式商受命。用爽厥師。

集傳　矯與矯制之矯同。誣罔。臧善。式用。爽明。孔氏穎達曰。昭七年左傳云。是以有精爽。至於神明。從爽以至於明。則爽是明之始。故爽爲明也。師衆也。天以形體言。帝以主宰言。桀知民心不從。矯詐誣罔。時氏瀾曰。誣天之理。矯天之意。以布命令於下。託天以惑其衆。吳氏澄曰。如言吾有天下。如天之有日。此類是也。天用不善其所爲。用使有商受命。用使昭明其衆庶也。○王氏曰。夏有昏德。則衆從而昏。商有明德。則衆從而明。○吳氏曰。用爽厥師。續下文簡賢附勢。意不相貫。疑有脫誤。

【集說】姚氏舜牧曰率遏率割桀德之自昏耳民不昏也特墜于塗炭不能解脫爲不爽耳湯出之塗炭之中置之袵席之上民情其舒快矣此下文所謂后來其蘇也

簡賢附勢實繁有徒肇我邦于有夏若苗之有莠若粟之有秕小大戰戰罔不懼于非辜矧予之德言足聽聞

【集傳】簡略繁多肇始也戰戰恐懼貌言簡賢附勢之人同惡相濟實多徒衆傳氏元初曰所謂徒者必苞有三蘖韋顧昆吾之類肇我邦于有夏爲桀所惡欲見翦除如苗之有莠如粟之有秕

鋤治簸揚。黃氏度曰。莠在苗。必芟耡。秕在粟。必簸颺。而邪之醜正。乃亦如是。有必不相容之勢。蘇氏軾曰。蓋言我不放桀。則桀必滅我也。商衆小大震恐。無不懼陷于非罪。況湯之德。言則足人之聽聞。尤桀所忌疾者乎。以苗粟喻桀。以莠秕喻湯。特言其不容於桀而迹之危如此。史記言桀囚湯於夏臺。皇甫氏謐曰。地在陽翟。湯之危屢矣。無道而惡有道。勢之必至也。

【集說】朱子曰。此仲虺分明言事勢不容住。我不誅彼。則彼將圖我矣。後人多曲爲之說以諱之。要之自是住不得。○問矧予之德言足聽聞。據古注云。道德善言。某竊意言足聽聞。自當作一句。言我之德。言之足使人聽聞。彼安得不忌之。未知是否。曰。是。○金氏履祥曰。上文二節。自理言之。則湯固爲所當爲。此章自勢言之。則湯亦不得不爲。朱子嘗謂文武之勢當亦住不得。觀湯此時。亦正如此。○王氏肯堂曰。仲虺之言及此。非以其必不相容。而湯之先發制人爲得計也。亦曰湯之一身乃天下所倚賴。使南巢之師不舉。則必見翦除於桀。將失天天下望耳。

惟王不邇聲色。不殖貨利。德懋懋官。功懋懋賞。用人惟已。改過不吝。克寬克仁。彰信兆民。

集傳 邇。近。殖。聚也。不近聲色。不聚貨利。若未足以盡湯之德。呂氏祖謙曰。仲虺見聖人之的。故其稱湯。不爲高大之論。然此本原之地。非純乎天德。而無一毫人欲之私者。不能也。本原澄澈。然後用人處已。而莫不各得其當。懋。茂也。繁多之意。與時乃功懋哉之義同。言人之懋於德者。則懋之以官。人之懋於功者。則懋之以賞。王氏樵曰。言官賞一稱其人功德。而無所私也。用人惟已。而人之有善者無不容。改過不吝。而已之不善者無不改。不忌能於人。不吝過於己。合併爲公。私意不立。非聖人其孰能之。湯之用人處已者如此。而於臨民之際。是以能寬能仁。申氏時行曰。克寬者。含弘廣大中有節制。克仁者。慈愛惻怛中有嚴厲。謂之能者。寛而不失於縱。仁而不失於柔。陸氏鍵曰。寛仁原不柔縱。柔縱便非寛仁。克者。能滿其量也。易曰。寛以居之。仁以行之。君德也。君德昭著。而孚信於天下矣。湯之德。足人聽聞者如此。王氏肯堂曰。此言湯德足人聽聞之實。乃指爲諸侯時言之。

集說　薛氏季宣曰。天理常與人欲爲對。湯惟無欲。故無聲色貨利之好。爵賞隨事。無非天理。用人之善。即己之善。改過之際。無吝於心。故能德至寛仁。以明民而取信。○眞氏德秀曰。虞書所謂好生之德。安民則惠。即仁也。而未有仁之名。至是而名始著。大抵言仁之用。至孔子而後言仁之體。○陳氏櫟曰。克寛克仁。開萬世言仁之端。以心德之體言。則仁爲體。寛爲用。以愛之用言。則寛以容人。仁以愛人。皆用也。德莫大於仁。湯所以克仁。實自不邇殖之無私欲始。德懋至兆民。根本皆自不邇不殖中來。○陳氏雅言曰。使湯之心。有一毫聲色貨利之私。則用人處己之閒。必有不盡其道。臨民之際。亦豈能無愧哉。以見人君一心。政事之根本。孟子謂惟大人爲能格君心之非。此之謂也。

乃葛伯仇餉。初征自葛。東征西夷怨。南征北狄怨。曰奚獨後予。攸徂之民。室家相慶。曰徯予后。后來其蘇。民之戴商。厥惟舊哉。

【集傳】葛。國名。【地理今釋】今河南歸德府寧陵縣西十里有葛城。漢書地理志陳留郡寧陵縣注云。故葛伯國。今葛鄉是。伯。爵也。餉。饋也。仇餉。與餉者爲仇也。孔氏穎達曰。桓二年左傳稱怨耦曰仇謂彼人有負於我我心怨之是名爲仇也餉田之人不負葛伯非所怨而妄殺葛伯不祀湯使問之曰無以供粢盛湯使亳衆往耕老弱饋餉葛伯殺其童子湯遂征之湯征自葛始也奚何徯待也蘇復生也西夷北狄言遠者如此則近者可知也湯師之未加者則怨望其來曰何獨後予其所往伐者則妻孥相慶曰待我后久矣后來我其復生乎他國之民皆以湯爲我君而望其來者如此天下之愛戴歸往於商者非一日矣商業之興蓋不在於鳴條之役也洪氏

翼聖曰。舊指征葛時。蓋征葛十七年。然後有鳴條之役。○呂氏曰。夏商之際。君臣易位。天下之大變。然觀其征伐之時。唐虞都俞揖遜氣象依然若存。蓋堯舜禹湯以道相傳。世雖降而道不降也。

【集說】張子曰。湯征而未至怨者。非史溢辭。如郡縣素困弊政。亦望一良吏。莫非至誠。平居亦不甚至於有事。則傾望其上之來。如解倒懸也。天下之望湯。是實如父母。願耕願出。莫非實如此。○呂氏祖謙曰。湯師所至。民皆欣然有喜。蓋弔民伐罪。布其寬仁。所至則蘇。故其氣象。不可與後世同日論也。○陳氏櫟曰。民之戴商如此。何慙之有。此以民之歸湯者釋之。以見湯之應乎人也。

佑賢輔德。顯忠遂良。兼弱攻昧。取亂侮亡。推亡固存。邦乃其昌。

集傳 前既釋湯之慙。此下因以勸勉之也。諸侯之賢德者。佑之輔之。忠良者。顯之遂之。孫氏繼有曰。顯則有褒揚之典。以顯其名。遂則有委任之專。以行其志。所以善善也。侮說文曰。傷也。諸侯之弱者兼之。黃氏度曰。使有所附屬。○薛氏季宣曰。弱者與之共治。昧者攻之。亂者取之。亡者傷之。所以惡惡也。言善則由大以及小。言惡則由小以及大。推亡者。兼攻取侮也。固存者。佑輔顯遂也。推彼之所以亡。固我之所以存。邦國乃其昌矣。

集說林氏之奇曰。天之生物。必因其材而篤焉。故栽者培之。傾者覆之。實天道之自然。不容私意於其閒也。佑輔顯遂。爲善者必爲人所助也。兼攻取侮。爲不善者必爲人所侵也。聖人因其常理以應世接物。有亡道者則推而亡之。有存道者。則輔而固之。如此則順乎天而應乎人。於是邦乃其昌。可以萬年永保矣。○鄭氏曉曰。視以手足。待以忠信。而眷顧之寵沃者曰佑。盛其官屬。設其輔貳。於以爲之介助者曰輔。表其宅里。以樹其風聲者曰顯。信任不疑。使得其志者曰遂。○馬氏森曰。兼。如命官以分承之。贊佐之。矜其不能而爲之處也。攻。如聲罪而戒飭之。黜罰之。正其昏庸而嚴以治之也。此則猶存其國而不終棄之者也。取。如六師移之。收其土地而爲他屬也。侮。如更置社稷。傷其廢絕而自作孽也。此則不能存其國。而在所必滅者也。○姚氏舜牧曰。有夏簡賢附勢。實繁有徒。則賢德忠良。必有以直蒙擯棄者。弱昧亂亡。必有以阿取茍容者。此不可不一爲區處也。

德日新。萬邦惟懷。志自滿。九族乃離。王懋昭大德。建中于民。以義制事。以禮制心。垂裕後昆。予聞曰。能自得師者王。謂人莫已若者亡。好問則裕。自用則小。

集傳 德日新者。日新其德而不自已也。孔氏穎達曰。繫辭云。日新之謂盛德。修德不怠。日日益新。志自滿者反是。金氏履祥曰。有所慙。固多自阻。無所慙。又多自滿。湯未必有是仲虺之論。亦不容疎也。湯之盤銘曰。苟日新。日日新。又日新。
其廣日新之義歟。德日新。則萬邦雖廣而無不懷。志自
滿。孔氏穎達曰。自滿則陵人。陵人人情必不附。則九族雖親而亦離。萬邦舉
遠以見近也。九族舉親以見疎也。王其勉明大德。立中
道於天下。中者天下之所同有也。然非君建之則民不
能以自中。而禮義者所以建中者也。義者心之裁制。張氏
雲鑾曰。事到面前便以義決其可否。如利刃相似。著處便作兩片。禮者理之節文。以義
制事。林氏之奇曰。直內必以敬。故以禮制心。方外必以義。故以義制事。則事得其宜。金氏

履祥曰。使萬物各得其時中至善之宜。而無過不及。以禮制心。張氏雲鸞曰。禮是天理之恰好處。心指念慮之動言。如喜怒哀樂。皆憑禮以爲準則也。則心得其正。金氏履祥曰。使人心各循于規矩準繩之內。而不偏不倚。內外合德。而中道立矣。如此。非特有以建中於民。而垂諸後世者。亦綽乎有餘裕矣。金氏履祥曰。經制既立。人心風俗既正。雖傳之後世。固有餘裕。豈有來世口實之憂哉。然是道也。必學焉而後至。故又舉古人之言。以爲隆師好問。則德尊而業廣。自賢自用者。反是。謂之自得師者。眞知己之不足。人之有餘。委心聽順。而無拂逆之謂也。孟子曰。湯之於伊尹。學焉而後臣之。故不勞而王。其湯之所以自得者歟。仲虺言懷諸侯之道。推而至於修德檢身。又推而至於能自得師。夫自天子至於庶人。未有捨師而能成者。雖生知之聖。亦必有師焉。後世之不如古。非特世道之降。抑亦師道之不明也。仲虺之論。遡流而源。要其極而歸諸能自得師之一語。其可爲帝王之大法也歟。

集說朱子曰。日新。須是常接續不已。纔有間斷。便不可。○問禮義本諸人心。惟中人以下。爲氣稟物欲所拘蔽。所以反著求禮義自治。若成湯。尚何須以義制事以禮制心。曰。聖人雖則說是生知安行。便只是常常恁地不已。所以不可及。若有一息不恁地。便也是凡人了。以義制事。以禮制心。此自是內外交相養之法。事在外。義由內制。心在內。禮由外作。○問禮莫是攝心之規矩否。曰只如顏子非禮勿視之類皆是也。又曰今學者只是要常存此心。以觀衆理。○陳氏經曰。自得師。如自明自強不因乎人。尊德樂道。出於中心之自然也。○眞氏德秀曰。此心無時而不勉。則其德無時而不明。懋昭大德者。明明德也。建中于民。新民也。蓋事有萬端。未易裁處。惟揆之以當然之理。則舉措當而無一事之不中。心有萬慮。未易執持。惟內主於敬。而視聽言動不敢肆。則周旋中禮而無一念之不中矣。已之中。乃民所由中也。王者所以爲法後世者。道備于身而無缺。則法垂于後而有餘。○陳氏大猷曰。德不大則梏於偏。如夷清惠和。各有偏之弊。何以建中。湯德本大。又欲其懋昭之。然後能建中以範斯民。所謂皇建其有極也。以義制事。乃大德之所自行。中之用也。以禮制心。乃大德之所自出。中之本也。○陳氏櫟曰。德與中。皆當兼體用而言。大德云者。全體大用。無非大也。懋勉以昭明之。則全體呈露。妙用顯行矣。由是而建中道之標準。使民之罔中者。皆惟我之中。則不偏不倚。無過不及。是中之體用無不備矣。然禮義德也。卽昭德建中之要也。動而以義制事。則此德應萬事之大用以行。而此中無過不及之用在是矣。靜而以禮制心。則此德具衆理之全體以立。而此中不偏不倚之體在是矣。

嗚呼。愼厥終惟其始。殖有禮。覆昏暴。欽崇天道。永保天命。

【集傳】上文既勸勉之。於是歎息言謹其終之道。惟於其始圖之。始之不謹。而能謹終者。未之有也。伊尹亦言謹終于始。事雖不同。而理則一也。欽崇者。敬畏尊奉之意。胡氏士行曰。欽而又加以崇。敬之至也。此勅天時幾之意。有禮者。封殖之。昏暴者。覆亡之。王氏十朋曰。殖禮覆暴。卽上文佑輔取侮之事。天之道也。欽崇乎天道。則永保其天命矣。案仲虺之誥。其大意有三。先言天立君之意。桀逆天命。而天之命湯者不可辭。次言湯德足以得民。而民之歸湯者非一日。末言爲君艱難之道。人心離合之機。天道福善禍淫之可畏。以明今之受夏非以利己。乃有無窮之恤。以深慰湯而釋其慙。仲虺之忠愛。

可謂至矣。然湯之所慙。恐來世以爲口實者。仲虺終不敢謂無也。君臣之分。其可畏如此哉。

【集說】林氏之奇曰。商之宗社。所以傳祚數十世。凡歷六百年。賢聖之君六七作。其天命之永保者如此。其原則自夫湯之日新其德。以愼終如始者。則自夫仲虺之諄諄告戒。然則仲虺之相成湯。其功業殆與伊尹相配矣。○金氏履祥曰。此總一篇之意以終之。謹終惟始。謂勿失其不邇不殖改過寬仁之德。殖禮覆昏。謂益廣其佑輔顯遂兼攻取侮之規。欽崇天道。即日新昭德之謂。而以永保天命終篇首之意。○陳氏櫟曰。推亡固存。與殖禮覆暴同一栽培傾覆之理。特有人己之分。推亡固存。欲湯審此理以施之人。殖禮覆暴。欲湯審此理而謹諸己也。

湯誥

集傳　湯伐夏歸亳。諸侯率職來朝。湯作誥。以與天下更始。今文無。古文有。

集說　孔氏安國曰。以伐桀大義告天下。○林氏之奇曰。此則周官士師所謂用之於會同之誥也。○朱子曰。湯武征伐。皆先自說一段義理。

王歸自克夏。至于亳。誕告萬方。

集傳　誕。大也。亳。湯所都。在宋州穀熟縣。地理今釋　亳。案漢志河南郡偃師縣。注云。尸鄉。殷湯所都。又山陽郡薄縣注云。湯所都。皇甫謐曰。孟子稱湯居亳。與葛爲鄰。葛伯不祀。湯使亳衆爲之耕。葛卽今梁國寧陵之葛鄉也。若湯居偃師。去寧陵八百餘里。豈當使民爲之耕乎。亳今梁國穀熟縣後漢改山陽郡亳縣爲穀熟。屬梁國。亳與薄義同字異。也。皇甫謐主穀熟爲湯都。良是。不知偃師亦湯都也。張守節史記正義曰。湯卽位都南亳。元和志云。宋州穀熟縣。殷之所都。謂之南亳。後徙西亳。通典云。河南偃師縣。亦古亳邑。商有三亳。成湯居西亳。此其一也。至盤庚又自河北徙理于此。蓋湯未伐桀。居南亳。後自南亳遷西亳。與葛伯爲鄰。乃居南亳時事。皇甫謐據此以獻疑。固矣。穀熟故城。在今河南歸德府商邱縣東南四十里。尸鄉。在今開封府偃師縣西十里。

【集說】時氏瀾曰。湯誥一篇。立一代之規摹。新天下之耳目。垂六百年之基業者。皆在焉。誕誥萬方。非家至而户曉也。意卽位之始。萬國之君皆朝於亳。故因而告之。嗟爾萬邦有衆。吁嗟歎息。憫其勞苦之意也。明聽予一人誥。提警振起。作其更新之意也。一篇之義。盡在是矣。〇曹氏學佺曰。歸亳者。不敢私其位也。誕告者。因衆之來歸而大告之也。

王曰。嗟爾萬方有衆。明聽予一人誥。惟皇上帝。降衷于下民。若有恆性。克綏厥猷惟后。

【集傳】皇大衷中。朱子曰。孔安國以衷爲善。便無意思。衷只是中。若順也。天之降命。而具仁義禮智信之理。無所偏倚。所謂衷也。朱子曰。此蓋指大本之中也。此處中庸說得甚明。考之自見。人之稟命。而得仁義禮智信之理。與心俱生。所謂性也。王氏天與曰。案性字義。程子曰。性卽理也。朱子曰。生之理謂性。

又曰。性只是實理。仁義禮智。無一不具。猷道也。由其理之自然而有仁義禮智信之行。所謂道也。眞氏德秀曰。以體言曰性。以用言曰道。以降衷而言。則無有偏倚。順其自然。固有常性矣。陳氏櫟曰。此時君不必容力於其間也。以稟受而言。則不無清濁純雜之異。故必待君師之職。而後能使之安於其道也。眞氏德秀曰。何謂安。父安於慈。子安於孝。知其當然而不可易。與其自然而不容已。然後爲安。故曰克綏厥猷。金氏履祥曰。周子所謂聖人定之以仁義中正而立人極焉。蓋綏猷之謂也。惟后。夫天生民有欲。以情言也。上帝降衷于下民。以性言也。仲虺卽情以言人之欲。成湯原性以明人之善。聖賢之論。互相發明。然其意則皆言君道之係於天下者。如此之重也。

【集說】林氏之奇曰。惟民之衷。本於上天之所命。則是民之性無有不善矣。然天雖能降衷下民。不能使保其固有之常性而勿失。故立之君而付以立教之任。師曠曰。天生民而立之君。使司牧之。勿使失性。是謂勿使失其所降衷也。○朱子曰。何故不說降善。卻說降衷。衷字是箇無過不及恰好的道理。天之生物。箇箇有一精當恰好的道理。與程子所謂天然自有之中。劉子所謂民受天地之中相似。與詩所謂秉彝。張子所謂萬物一原。又自不同。彝是常道。有物有則。則字卻似衷字。天之生物。必有箇當然之則。蓋君有君之則。臣有臣之則。耳有耳之則。目有目之則。止於仁。君之則也。止於敬。臣之則也。視曰明。目之則也。聽曰聰。耳之則也。故民執以爲常道也若說降衷便是秉彝則不可若說便是萬物一原亦不可萬物一原自說萬物皆出此也若統論道理固是一般然其中名字位分又自不同若曉得名字訓義之不同方見其所謂同衷只是中今人言折衷者蓋以是爲準則而取正也○天下莫尊於理故以帝名之降衷便是有主宰意天地自有箇生物之心復卦一陽生於下這便是生物之心如惟皇上帝降衷于下民天道福善禍淫便是分明有箇人在裏主宰相似○自天而言則謂之降衷自人受此中而言則謂之性猷卽道也道者性之發用處能安其道者惟后也○眞氏德秀曰聖賢之言衷曰降衷命曰降命深味降之一言眞若天之與人交相付受明命赫然不離心目之間也可不敬哉○成湯有天下之初卽以此自任可謂知君師之職矣厥後秉彝受中之言相繼而發至於孔孟性善之理益明而開萬世性學之原則自成湯始

案唐虞以執中相傳。承之者湯也。然人心道心四語。雖包性命之理。其實未明言之也。湯之執中。乃能洞澈乎其原。而直抉以示人曰。惟皇上帝。降衷于下民。若有恆性。克綏厥猷惟后。湯之聖學淵微。所造實深。非於虞廷所詔之外。有默契者乎。此實爲萬世言性之始。而湯之明德日新。又能推所得於人。知此理皆得之生初。有君師之職者。當大彰其教於天下。俾氣稟之有清濁純駁者。一歸之大同。此所以直接堯舜之心法治法也。當時其臣仲虺稱之曰。懋昭大德。建中于民。非卽堯舜之所謂中乎。又曰。以義制事。以禮制心。此非建中之實而精一所由致乎。伊尹之稱湯曰。先王懋敬厥德。又曰。撿身如不及。湯惟能執此中。故敬者敬此者也。撿者撿此者也。又曰。顧諟天之明命。明命卽性也。卽天之降衷於我者也。湯時時顧諟乎此。而不使須臾有閒。此所以昭大德而建中于民者乎。二臣之於湯。眞可謂見之眞而知之的矣。孟子曰。若伊尹萊朱。則見而知之。說者謂萊朱。

仲虺也。不其然乎。以二臣之稱湯者。合之湯之自言。則上以接虞廷之眞傳。下以開萬世之聖學。皆在乎是矣。

夏王滅德作威。以敷虐于爾萬方百姓。爾萬方百姓。罹其凶害。弗忍荼毒。竝告無辜于上下神祇。天道福善禍淫。降災于夏。以彰厥罪。

【集傳】言桀無有仁愛。但爲殺戮。天下被其凶害。如荼之苦。如毒之螫。孔氏穎達曰。釋草云。荼。苦菜。毒謂螫人之蟲。蛇虺之類。不可堪忍。稱冤於天地鬼神。以冀其拯己。屈原曰。人窮則反本。故勞苦倦極。未嘗不呼天也。天之道。善者福之。淫者禍之。桀既淫虐。故天降災以明其罪。意當時必有災異之事。如周語所謂伊洛竭而夏亡之類。

集說 董氏仲舒曰。國家將有失道之敗。而天乃先出災異以譴告之。不知自省。又出怪異以儆懼之。尚不知變。而傷敗乃至。○朱子語類問天道福善禍淫。此理定否。曰。如何不定。自是道理當如此。賞善罰惡。亦是理當如此。不如此。便是失其常理。又曰。天莫之爲而爲。亦何嘗有意。只是理自如此。且如冬寒夏熱。此是常理當如此。若冬熱夏寒。便是失其常理。又問失其常者。皆人事有以致之邪。抑偶然邪。曰。也是人事有以致之。也有是偶然如此時。

肆台小子。將天命明威。不敢赦。敢用玄牡。敢昭

告于上天神后。請罪有夏。聿求元聖。與之戮力。以與爾有衆請命。

【集傳】肆。故也。故我小子。蔡氏卞曰。以天子告萬方。故稱予一人。對上帝而言。故稱台小子。奉將天命明威。不敢赦桀之罪也。呂氏祖謙曰。不敢赦。深見湯不得已之心。如有所督迫而不得已者。玄牡。夏尚黑。未變其禮也。神后。后土也。聿。遂也。元聖。伊尹也。

【集說】林氏之奇曰。將天命者。所以助天之福善也。將天威者。所以助天之禍淫也。○王氏肯堂曰。請罪。請夏桀當問之罪于天也。請命。請有衆更生之命于天也。伐罪救民。湯不敢專。而一聽於天也。○傅氏元初曰。湯之請罪有夏也。不曰師武臣力。而但曰聿求元聖。與之戮力。蓋王者之興。必有王者之佐。得人任賢。則可以撥亂反治。如此之重也。三聘有莘。爲生民屈耳。

上天孚佑下民罪人黜伏天命弗僭賁若草木。兆民允殖。

集傳 孚。允。皆信也。僭。差也。賁。文之著也。殖。生也。上天信佑下民。故夏桀竄亡而屈服。天命無所僭差。孔氏安國曰。言福善禍淫之道不差。燦然若草木之敷榮。兆民信乎其生殖矣。

集說 黃氏度曰。天佑下民信矣。桀於是退黜屏伏。去夏歸商。豈有差忒。天下更新。煥然賁飾。如草木之華。

精神氣象爲不同矣。兆民信能生殖。○王氏樵曰。昔也民困於虐政。如草木之憔悴。今憔悴者蘇。枯槁者復。如草木之敷榮也。

附錄 朱子曰。賁若。言草木之美。允殖。言兆民信安其生。罪人既黜伏。天命既弗差。故草木華美。百姓豐殖。謂人物皆遂。○問賁若草木。兆民允殖。諸家說多不同。未知當如何看。曰。連上句天命不僭。明白易見。故人得遂其生也。

案 賁若草木。諸家之說不同。二孔以大惡既除。天下渙然咸飾若草木同生華。王氏謂草木天之所生。民之所殖。湯之受命。天與之。人立之。蘇氏謂天命視民所與則殖之。所不與則蹶之。若草木然。林氏謂賁字。當讀爲譬。至元陳櫟。遂謂譬諸草木。區以別矣。栽培傾覆。皆其自取。金履祥則以一草木之微。上天且生長之。則兆民之衆信不欲遏絕之明矣其說之各異如此今擇一二體蔡傳意者錄之其義皆此孔氏以下爲優矣獨朱子以兆民草木對言以爲天命弗差人物皆遂與諸說反覆審之畢竟朱子乃正大不易之論諸家解多此托諭一層皆迂迴而難通而王氏陳氏更不免於曲爲之說矣

俾予一人輯寧爾邦家兹朕未知獲戾于上下慄慄危懼若將隕于深淵

【集傳】輯和戾罪隕墜也天使我輯寧（姚氏舜牧曰和輯而安寧也）爾邦家其付予之重恐不足以當之未知已得罪於天地與否驚恐憂畏若將墜於深淵蓋責愈重則憂愈大也

【集說】林氏之奇曰古者聖人雖甚盛德未嘗敢忘自儆之意戰戰兢兢皆出於其中心之誠然惟其恐懼修省如此茲其所以爲全德也○眞氏德秀曰商頌云聖敬日躋玩此則聖敬日躋之實可見矣○申氏時行曰聖人之心不以得天下爲樂而以治天下爲憂

凡我造邦無從匪彝無即慆淫各守爾典以承天休

【集傳】夏命已黜湯命維新侯邦雖舊悉與更始故曰造邦彝法即就慆慢也匪彝指法度言慆淫指逸樂言○龐氏泮曰無從句即罔失法度之意無即句即罔遊于逸罔淫于田意　典常也各守其典常

之道。以承天之休命也。

【集説】王氏樵曰。天子有天子之典。兹率厥典。纘禹舊服者是也。諸侯有諸侯之典。謹爾侯度。撫爾民人是也。○馬氏森曰。爾典者。王度常憲也。即禮樂政教出之王朝而承式之邦國者。能恪守之而不敢弛。則有承宣之勤。而無廢墜之愆。民得樂利而邦益輯寧。天佑下民之命。有以奉若之。而弼予一人矣。故曰以承天休。

爾有善。朕弗敢蔽。罪當朕躬。弗敢自赦。惟簡在上帝之心。其爾萬方有罪。在予一人。予一人有罪。無以爾萬方。

【集傳】簡。閲也。人有善。不敢以不達。已有罪。不敢以自恕。

簡閱一聽於天。然天以天下付之我。則民之有罪。實君所爲君之有罪。非民所致。非特聖人厚於責己而薄於責人。是乃理之所在。君道當然也。

集說　林氏之奇曰。所以謂罪在朕躬。非必是在已一身有可指之罪。蓋爲君者。必使天下之人。皆不失其降衷之常性。以安厥猷。然後無負於上天之撫字。民之有罪。是爲君者教之不至。所以自棄於愚不肖之地而莫能返。此其所以罪當朕躬也。夫以一人之身。臨涖四海。而天下人之罪。皆歸之於其身。必使舉天下之人皆無罪。然後爲能盡君之職。茲其所以危懼若將隕于深淵也。○朱子曰。善與罪。天皆知之。如天檢點數過相似。爾之有善也在帝心。我之有惡也在帝心。○王氏樵曰。據論語。則爲初伐桀而請命告詞。據此經。則既克夏而告諸侯之詞。

嗚呼。尚克時忱。乃亦有終。

【集傳】忱信也。歎息言庶幾能於是而忱信焉。乃亦有終也。吳氏曰。此兼人已而言。

【集說】陳氏櫟曰。曰尚曰乃亦。皆不敢必之辭。蓋兢兢不敢忽之意。不特湯自謂當如此。亦欲萬方諸侯皆勉於此也。

【總論】林氏之奇曰。此篇自惟皇上帝。至兆民允殖。是告衆以順天應人。伐夏弔民之舉。自俾予一人至乃亦有終。是告以戒謹恐懼。保邦安民之意。此篇所誥。首尾本末與仲虺之誥。蓋相爲表裏。○陳氏櫟曰。此篇見成湯明命性之理。知君師之道。監夏之所以亡。而凛凛於今之所以興。且戒諸侯以相與盡守邦圖終之道。眞帝王之格言。聖學之淵源也。○羅氏欽順曰。六經之中。言心自帝舜始。言性自成湯始。舜之四言。未嘗及性。而性固在其中矣。至湯始明言之。孔子言之加詳。曰一陰一陽之謂道。繼之者善也。成之者性也。子思述之則曰天命之謂性。率性之謂道。孟子祖之則曰性善。凡古聖賢言性不過如此。自告子而下。初無灼然之見。及宋程張朱子者出。始別白而言之。孰爲天命之性。孰爲氣質之性。其說於是乎大備。

伊訓

【集傳】訓。導也。太甲嗣位。伊尹作書訓導之。史錄爲篇。今文無。古文有。

【集說】林氏之奇曰。訓亦書之一體。有諄諄警戒之意。古人之所以遺後世。祖宗之所以誨子孫。臣下之所以規諫其君者。皆有此名。說命曰。學于古訓。乃有獲。呂刑曰。若古有訓。此古人之訓也。五子之歌曰。皇祖有訓。又曰。訓有之。胤征曰。聖有謨訓。此祖宗之訓也。伊訓高宗之訓。此人臣之訓也。其所以爲訓雖不同。其諄諄警戒之意則一。故皆以訓爲名。○朱子曰。商書幾篇。最分曉可玩。伊訓太甲等篇。又好看。似說命。蓋高宗資質高。傅說所說底細了難看。若是伊尹與太甲說雖是粗。却切於學者之身。太甲也不是箇昏愚底人。但欲敗度。縱敗禮耳。

惟元祀。十有二月乙丑。伊尹祠于先王。奉嗣王祗見厥祖。侯甸羣后咸在。百官總已以聽冢宰。

伊尹乃明言烈祖之成德以訓于王。

【集傳】夏曰歲。商曰祀。周曰年。爾雅注曰。歲取歲星行一次。祀取四時一終。年取禾一熟。○陳氏師凱曰。此之謂三正。又名三統。又名三微。一也。元祀者太甲卽位之元年十二月者。商以建丑爲正。故以十二月爲正也。乙丑日也。不繫以朔者。非朔日也。三代雖正朔不同。然皆以寅月起數。陳氏師凱曰。天時人事。咸與維新之時也。故其月稱正月。商周因之以起數。以夏稱歲。故以建寅之月爲正歲。周禮屢稱正歲是也。蓋朝覲會同。頒曆授時。則以正朔行事。至於紀月之數。則皆以寅爲首也。伊姓。尹字也。

伊尹名摯。潘氏士遴曰。孔傳據孫子及呂覽云名摯。蔡傳因之。以尹爲字。祠者。告祭於廟也。先王湯也。冢長也。禮有冢子冢婦之名。周人亦謂之冢宰。古者王宅憂。祠祭則冢宰攝而告廟。又攝而臨羣臣。太甲服仲壬之喪。伊尹祠于先王。奉太甲以卽位改元之事。祗見厥祖。則攝而告廟也。侯服甸服之羣后咸在。百官總己之職以聽冢宰。則攝而臨羣臣也。烈。功也。商頌曰。衎我烈祖。孔氏穎達曰。湯有定天下之功業。爲商家一代之太祖。故以烈祖稱焉。

太甲卽位改元。伊尹於祠告先王之際。明言湯之成德。王氏肯堂曰。湯之成德。卽下肇修人紀六事。幷聖武之昭代虐之寛等是。以訓太甲。此史官敘事之始辭也。或曰。孔氏言湯崩踰月。太甲卽位。則十二月者。湯崩之年建子之月也。豈改正朔而不改月數乎。曰。此孔氏惑於序書之文也。太甲繼仲壬之後。服仲壬之喪。而孔氏曰。湯崩。奠殯而告。固已誤矣。至於改正朔而不改月數。則於經史尤可考。周建子矣。而詩言四月維夏。六月徂暑。則寅月起數。周未嘗改也。秦建亥矣。而史記始皇三十一年十二月。更名臘曰嘉平。夫臘必建丑月也秦以亥正則臘爲三月云十二月者則寅月起數秦未嘗改也至三十七年書十月癸丑始皇出遊十一月行至雲夢繼書七月丙寅始皇崩九月葬酈山先書十月十一月而繼書七月九月者知其以十月爲正朔而寅月起數未嘗改也且秦史制書謂改年始朝賀皆自十月朔夫秦繼周者也若改月數則周之十月爲建酉月矣安在其爲建亥乎漢初史氏所書舊例也漢仍秦正亦書曰元年冬十月則正朔改而月數不

改亦已明矣且經曰元祀十有二月乙丑則以十二月爲正朔而改元何疑乎惟其以正朔行事也故後乎此者復政厥辟亦以十二月朔奉嗣王歸于亳蓋祠告復政皆重事也故皆以正朔行之孔氏不得其說而意湯崩踰月太甲卽位奠殯而告是以崩年改元矣蘇氏曰崩年改元亂世事也不容在伊尹而有之不可以不辨

陳氏櫟曰胡氏安國云踰年然後改元緣始終之義一年不二君也

又案孔氏以爲湯崩

吳氏曰殯有朝夕之奠何爲而致祠主喪者不離於殯

側。何待於祗見。蓋太甲之爲嗣王。嗣仲壬而王也。太甲。太丁之子。仲壬。其叔父也。嗣叔父而王。而爲之服三年之喪。爲之後者爲之子也。太甲旣卽位於仲壬之柩前。方居憂於仲壬之殯側。伊尹乃至商之祖廟。徧祠商之先王。而以立太甲告之。不言太甲祠。而言伊尹。喪三年不祭也。奉太甲徧見商之先王。而獨言祗見厥祖者。雖徧見先王。而尤致意於湯也。亦猶周公金縢之冊。雖徧告三王。而獨眷眷於文王也。湯旣巳祔于廟。則是此書初不廢外丙仲壬之事。但此書本爲伊尹稱湯以訓太甲。故不及外丙仲壬之事爾。餘見書序。

【集說】蘇氏軾曰。元祀十有二月者。太甲立之明年正月也。正月而謂之十二月。何也。殷之正月。則夏之十二月也。殷雖以建丑爲正。猶以夏正數月。亦猶周公作豳詩于成王之世。而云七月流火。九月授衣。皆夏正也。○朱子曰。伊尹祠于先王。若有服不可入廟。必有外丙二年。仲壬四年。○問成湯既歿。太甲元年。玩其語意。則是成湯歿而太甲立。太甲既立不明。伊尹放桐三年。使居於湯之墓。三年而克終允德也。或者乃曰。孟子云湯崩。太丁未立。外丙二年。仲壬四年。湯歿六年而太甲立。太甲服仲壬之喪。伊川謂太丁未立而死。外丙方二歲。仲壬方四歲。乃立太丁之子太甲。而或者又謂商人以甲乙爲兄弟之名。則丙當爲兄。而壬當爲弟。豈有兄二歲弟乃四歲乎案皇極經世圖紀則太甲實繼成湯而立無疑不知外丙仲壬當作如何訓釋曰書序恐只是經師所作然亦無證可考但決非夫子之言耳成湯太甲年次尤不可考○問外丙二年仲壬四年先生兩存趙氏程氏之說則康節之說亦未可據邪曰也怎生便信得他又問如此則堯即位於甲辰亦未可據也曰此却據諸曆書如此說恐或有之然亦未可必問若如此則二年四年亦可推矣曰却爲中閒年代不可紀自共和以後方可紀則湯時自無由可推○陳氏大猷曰喪三年不祭不以凶服入宗廟故太甲不親祠而尹攝祠侯甸舉五服之近者以見其餘文元年胡氏春秋傳謂即位者告廟臨羣臣是也明言烈祖之成德以訓猶五子述禹之戒周召陳文武之業以祖宗艱難起家之事告子孫則莫不信守之也

曰嗚呼古有夏先后方懋厥德罔有天災山川

鬼神。亦莫不寧。暨鳥獸魚鼈咸若。于其子孫弗率。皇天降災。假手于我有命。造攻自鳴條。朕哉自亳。

【集傳】詩曰。殷監不遠。在夏后之世。商之所宜監者。莫近於夏。故首以夏事告之也。率。循也。假。借也。有命。有天命者。謂湯也。桀不率循先王之道。故天降災。借手于我成湯以誅之。夏之先后。方其懋德。陳氏大猷曰。方者。方見其進而未見其退之意。日新而未可量也。則天之眷命如此。及其子孫弗率。而覆亡之禍。又如此。太甲不知率循成湯之德。則夏桀覆亡之禍。亦可監矣哉。始也。鳴條。夏所宅也。陳氏師凱曰。鳴條在今解州安邑縣。【地理今釋】鳴條岡在今山西平陽府安邑縣北三十里。接夏縣界。括地志云。高涯源在蒲州安邑縣北南坂口。卽古鳴條。條岡是也。亳。湯所宅也。言造可攻之釁者。由桀積惡於鳴條。而湯德之修。則始於亳都也。

【集說】陳氏大猷曰。人君爲天地鬼神萬物之主。而德者。天地鬼神萬物之理。所謂致中和。天地位萬物育焉者也。○王氏肯堂曰。幽遠而至難格者。莫如山川鬼神。微而至無知者。莫如鳥獸魚鼈。今皆得所。則形容極治之象。儼然在目矣。○桀之都。禹之都也。或爲朝覲訟獄之所歸。或爲干戈之所指。因其所造而已矣。湯之亳太王之邠。文王之岐。其初微矣。闇然自修。豈有意於興王之業哉。而卒爲政於天下者。修德無小也。

惟我商王布昭聖武代虐以寬兆民允懷。

集傳 布昭。敷著也。聖武。猶易所謂神武而不殺者。湯之德威。敷著于天下。代桀之虐以吾之寬。故天下之民信而懷之也。

集說 金氏履祥曰。此言成湯之所以承天造攻載自亳之事也。○陳氏雅言曰。不徒謂之武。而必謂之聖武。以見其出於德義之勇。故能除暴救民以安天下。○申氏時行曰。布昭聖武。自伐夏言。代虐以寬。自反夏之政言。兆民允懷。言夏桀暴虐。民之塗炭極矣。惟我商王負天錫之勇。而具克寬之德。是以興師弔伐。戡定禍亂易其荼毒斯民之虐。而施之以子惠困窮之仁。故天下之人。信其志在救民。而徯后來蘇之望。心誠懷服也。布昭聖武。卽武成一戎衣天下大定之意。代虐以寬。卽武成反政由舊之意。兆民允懷。卽武成萬姓悅服之意。○王氏肯堂曰。所至民大悅。曰非富天下也。爲匹夫匹婦復讐也。是謂信之。曰徯我后。后來其蘇。是謂懷之。信則不惑。懷則不忘。

今王嗣厥德。罔不在初。立愛惟親。立敬惟長。始于家邦。終于四海。

【集傳】初。卽位之初。言始不可以不謹也。謹始之道。孝悌而已。孝悌者。人心之所同。非必人人教詔之。立植也。立愛敬於此。而形愛敬於彼。親吾親。以及人之親。長吾長。以及人之長。始于家。達于國。終而措之天下矣。眞氏德秀曰。此卽齊家治國平天下之序也。孔子曰。立愛自親始。教民睦也。立敬自長始。教民順也。

集說 孔氏穎達曰。王者之馭天下。撫兆人。惟愛敬二事而已。愛其親。推之以及疎。敬其長。推之以及幼。卽孝經所云愛親者不敢惡於人。敬親者不敢慢於人。是推親以及物。始則行於家國。終乃治於四海。卽孝經所云德教加於百姓。刑於四海是也。所異者。孝經論愛敬竝始於親。今分敬屬長言耳。○呂氏祖謙曰。嗣德在初。乘其天理之正發而開導之也。○陳氏雅言曰。孝悌之道。達諸天下。而謂之立者。盡吾愛親之道於此。使天下之愛其親者。莫不視我以爲法。盡吾敬長之道於此。使天下之敬其長者。莫不視我以爲準。愛敬之道既立於此。則必形於彼。始而一家。次而一國。終而四海之人。莫不各有親也。莫不各有長也。亦莫不各有愛敬之心也。觀感興起。孝悌之心油然而生。則各親其親。各長其長。而天下平矣。此卽大學所謂絜矩之道也。

嗚呼。先王肇修人紀。從諫弗咈。先民時若。居上克明。爲下克忠。與人不求備。檢身若不及。以至于有萬邦。茲惟艱哉。

【集傳】人紀。三綱五常。張氏九成曰。君臣父子兄弟夫婦長幼朋友有禮義以相維。謂之人紀。傳曰。禮義以爲紀。孝敬之實也。上文欲太甲立其愛敬。故此言成湯之所修人紀者。如下文所云也。申氏時行曰。肇修人紀。爲一章之綱領。下六句。皆修人紀之實。綱常之理。未嘗泯沒。桀廢棄之。而湯始修復之也。咈逆也。先民。猶前輩舊德也。孔氏穎達曰。賈逵注周語云。先民。古賢人也。言其動皆法古賢也。從諫不逆。先民是順。非誠於樂善者不能也。居上克明。言能盡臨下之道。爲下克忠。言能盡事上之心。林氏之奇曰。明於御下。所謂有君民之大德也。忠於事上。所謂有事君之小心也。○呂氏曰。湯之克忠最爲難看。湯放桀以臣易君。豈可爲忠。不知湯之心最忠者也。天命未去。人心未離。事桀之心。

曷嘗斯須替哉。與人之善。不求其備。檢身之誠。有若不及。其處上下人己之間又如此。是以德日以盛。業日以廣。天命歸之。人心戴之。由七十里而至于有萬邦也。積累之勤。玆亦難矣。伊尹前既言夏失天下之易。此又言湯得天下之難。太甲可不思所以繼之哉。

集說 朱子曰。湯工夫全在敬字上。看得來大段是一箇修飭底人。故當時人說他做工夫處。亦是說得大段地著。如禹克勤于邦。克儉于家之類。却是大綱說。到湯。便說檢身若不及。○與人不求備。檢身若不及。大槩是湯急己緩人。所以引爲日新之實。○呂氏祖謙曰。舜嗣位而從五典。禹受命而敘彝倫。湯歸亳而肇人紀之修武王勝殷而汲汲攸敘之訪爲君爲師第一事也○陳氏經曰湯以肇修人紀爲一身之任吾身有一毫之不盡則於人紀必有一毫之虧於是不自足其足從諫求之今未已也又求之古又欲兼天下之善修人紀之道不得不然也○陳氏櫟曰人綱與人紀對莫大於三綱故曰人綱小者爲紀綱之紀也修品節修理之也欲太甲立愛立敬厚於人倫故以湯之修人紀繼之凡於今古之善與處上下人己之閒各盡其當然者皆修人紀之實也

敷求哲人俾輔于爾後嗣

【集傳】敷廣也廣求賢哲使輔爾後嗣也

【集說】林氏之奇曰林子和云敷者言求之非一方也孟子曰立賢無方亦此言也是惟敷求哲人則賢者

各以其類進左右前後罔匪正人朝夕納誨於上以格其心之非如此則不善之心無自而入矣○陳氏經曰湯得天下也甚難故其慮天下也甚遠宜求賢以遺後人也

制官刑儆于有位曰敢有恆舞于宮酣歌于室時謂巫風敢有殉于貨色恆于遊畋時謂淫風敢有侮聖言逆忠直遠耆德比頑童時謂亂風惟兹三風十愆卿士有一于身家必喪邦君有一于身國必亡臣下不匡其刑墨具訓于蒙士

【集傳】官刑官府之刑也巫風者常歌常舞若巫覡然也

孔氏穎達曰楚語云在男曰覡在女曰巫又周禮有男巫女巫之官皆掌接神故事鬼神曰巫也

淫過也過而無度也比昵也倒置悖理曰亂好人之所惡惡人之所好也風風化也三風愆之綱也十愆孔氏穎達曰巫風二淫風四亂風四也

風之目也卿士諸侯十有其一已喪其家亡其國矣墨墨刑也孔氏穎達曰墨刑五刑之輕者謂鑿其額涅以墨司刑所謂墨罪五百者也

臣下而不能匡正其君則以墨刑加之具詳悉也童蒙始學之士則詳悉以是訓之欲其入官而知所以正諫也當時太甲欲敗度縱敗禮伊尹先見其微故拳拳

及此。劉侍講曰。墨卽叔向所謂夏書昏墨賊殺。臯陶之刑貪以敗官爲墨。眞氏德秀曰。臣下所以不匡。以其貪官固位故也。不諫之罪。與貪墨同。使人知不獨貪賄之有罪。而貪官之不諫。亦有刑也。

集說 林氏之奇曰。雖敷求哲人。俾輔于爾後嗣。而猶恐所用之人。或有持祿固位。不以諫諍迪其君爲事者。於是制官刑以儆戒之。○陳氏櫟曰。湯儆有位之官刑。爲後嗣慮至矣。三風十愆。以戒卿士邦君。而舉以訓太甲者。意謂卿士諸侯犯此。已足喪家亡國。況天子乎。儆意見矣。況不匡刑墨。儆臣下者。欲其以是儆天子也。前章述湯德以勉其善。此述湯刑以防其失。勉其善。在啓發其愛敬之良心。防其失。在禁遏其欲縱之私心也。○王氏樵曰。哲人輔之。導諛阿意之人從而敗之。欲嗣德難矣。故又制官刑儆于有位。使有位者惟恐蹈喪亡之轍。爲臣者不敢犯不匡之刑。則逸欲之源。無自而啓。

嗚呼。嗣王祗厥身。念哉。聖謨洋洋。嘉言孔彰。惟上帝不常。作善。降之百祥。作不善。降之百殃。爾惟德。罔小。萬邦惟慶。爾惟不德。罔大。墜厥宗。

【集傳】歎息言太甲當以三風十愆之訓。申氏時行曰。上言人紀。而此獨言風愆者。能戒風愆。則能嗣德。而人紀自無不修矣。敬之於身。陳氏大猷曰。祗厥身。乃指太甲下手用功處。一篇之綱領也。念而勿忘也。謨謂其謀。言謂其訓。孫氏覺曰。以其謀之出於聖人。故曰聖謨。以其言之至美。故曰嘉言。即指三風十愆之戒也。洋。大。孔。甚也。言其謀訓大明。不可忽也。不常者。去就無定也。爲善則降之百祥。爲惡則降之百殃。各以類應也。勿以小善而不爲。萬邦之慶積於小。勿以小惡而爲之。厥宗之墜不在大。蓋善必積而後成。惡雖小而可懼。此總結上文。而又以天命人事禍福申戒之也。

集說　張氏九成曰。不敬其身。必納此身於風愆矣。能敬其身。則能如夏后之懋德。繼先王以嗣德。立愛立敬。作善之祥。惟德之慶。皆自敬其身出。敬立則百善從也。○朱子曰。觀此則人之禍福。皆其自取。未有不爲善而以謟禱得福者也。未有不爲惡而以守正得禍者也。○陳氏經曰。旣戒以祖訓。又戒以天。君所當畏。惟天惟祖宗也。○真氏德秀曰。愆雖有十。苟能敬則十者俱泯。一不敬則十者俱生。故敬之一辭。乃治三風十愆之藥石也。篇將終。又深歎聖言之彰明。與天命之難保。以警動太甲之心。冀其必聽。真所謂社稷之臣歟。

總論 陳氏櫟曰。此篇始終以興亡寓勸戒。夏以懋德興。桀以弗率亡。初意明矣。繼言湯以聖武興。而欲太甲以愛敬之良心嗣厥德。勸之也。繼言湯以艱難興。而防太甲以欲縱之私心敗厥德。戒之也。末章作善之降祥。爾德之惟慶。勸之保其所以興。作不善之降殃。不德之墜宗。戒之陷於所以亡。而提綱挈領。則在祗厥身之一言。○傅氏元初曰。守成之君。法祖是第一義。故伊尹之告太甲也。亦惟明言烈祖之成德。而古今興亡。天人禍福。皆以發明此意。

太甲上

集傳 商史錄伊尹告戒節次及太甲往復之辭。故三篇相屬成文。其閒或附史臣之語以貫篇意。若史家紀傳之所載也。唐孔氏曰。伊訓肆命徂后太甲咸有一德。皆是告戒太甲。不可皆名伊訓。故隨事立稱也。林氏曰。此篇亦訓體。今文無古文有。

集說 林氏之奇曰。古者簡冊。以竹爲之。編次而成篇。一篇之所編。不可以多也。故或析而爲二。或析而爲三。以便於習讀。析而爲二者。則於篇名之下。加上下二字以別。若禮記曲禮檀弓雜記孟子梁惠王公孫丑等篇是也。析而爲三者。則有上中下之別。如經所載太甲盤庚說命泰誓是也。○

史記載太甲篇序。以爲太甲訓三篇。意者漢之時。此篇名猶有訓字。而後世失之也。○陳氏櫟曰。前一篇作於未遷桐宮之先。後二篇作於自桐宮歸亳之後。

惟嗣王不惠于阿衡。

集傳 惠。順也。阿。倚。衡。平也。阿衡。阿倚同音。故阿亦倚也。商之官名。言天下之所倚平也。亦曰保衡。葉氏夢得曰。阿保通。阿亦保之意。或曰。伊尹之號。蘇氏軾曰。猶曰師尚父。師。其官。尚父。其號也。史氏錄伊尹之書。先此以發之。

集說 林氏之奇曰。文勢與上篇伊訓相屬。蓋伊尹所以丁寧嗣王。激切論興亡禍福之理以告戒之者。可謂深切著明矣。然言雖切而未易入也。伊尹自湯伐桀之時。旣爲相矣。其曰阿衡者。尊之之稱也。

伊尹作書曰。先王顧諟天之明命。以承上下神祇社稷宗廟。罔不祇肅。天監厥德。用集大命。撫綏萬方。惟尹躬克左右厥辟宅師。肆嗣王丕承基緒。

集傳 顧。常目在之也。諟。古是字。明命者。上天顯然之理而命之我者。在天爲明命。在人爲明德。伊尹言成湯常目在是天之明命。以奉天地神祇社稷宗廟。無不敬肅。

故天視其德。用集大命。以有天下。撫安萬邦。我又身能左右成湯以居民衆。王氏樵曰。宅師。承撫綏言。謂之宅者。除虐布寬之後。處之各得其所也。故嗣王得以大承其基業也。王氏樵曰。丕承基緒。謂臨已定之萬方。統已宅之民衆也。

集說 朱子曰。顧諟天之明命。只是照管得那本明底物事在。○古注云。常目在之。此語最好。非謂有一物常在目前可見。只是常存此心。知得有這道理光明不昧。方其靜坐未接物也。此理固湛然清明。及其遇事而應接也。此理亦隨處發見。只要人常提撕省察。念念不忘。存養久之。則是理益明。雖欲忘之而不可得矣。○呂氏祖謙曰。人心雖渙散。至祭祀之時。無有不誠敬者。故萃渙二卦。必言王假有廟。○眞氏德秀曰。湯惟顧天之明命。天亦監湯之厥德。曰顧曰監。可見天人之交。至近而非遠也。○陳氏雅言曰。顧諟者。卽敬也。推此心以奉天地神祇社稷宗廟。罔不祇肅。卽所謂顧諟明命也。上天監觀聖人之德。故集大命於其身。而付以治民之責。蓋治民事神。初無二理。誠敬足以事神。則未有不能治民者也。曰顧諟者。如立則見其參於前。在輿則見其倚於衡之意。曰監者。昊天曰明。及爾出王。昊天曰旦。及爾游衍之意。○王氏樵曰。篇中言作書者二。前古告語皆口陳。疑作書始此。

惟尹躬先見于西邑夏。自周有終。相亦惟終。其後嗣王罔克有終。相亦罔終。嗣王戒哉。祗爾厥辟。辟不辟。忝厥祖。

集傳夏都安邑在亳之西故曰西邑夏周忠信也國語曰忠信爲周蘇氏軾曰自由也由忠信之道則有終○施氏曰作僞心勞日拙則缺露而不周忠信則無僞故能周而無缺呂氏祖謙曰內而修身外而治朝廷全備而無一毫虧缺不滿人之處夏之先王以忠信有終故其輔相者亦能有終其後夏桀不能有終故其輔相者亦不能有終蘇氏軾曰言君臣一體禍福同也嗣王其以夏桀爲戒哉當敬爾所以爲君之道君而不君則忝辱成湯矣太甲之意必謂伊尹足以任天下之重我雖縱欲未必遽

至危亡。故伊尹以相亦罔終之言。深折其私而破其所恃也。

集說 林氏之奇曰。伊尹言此者。蓋謂湯之顧諟天命。盡其恭敬以事天地社稷宗廟。可謂自周有終矣。故我得以左右厥辟宅師而有終也。今太甲承湯之基緒。苟不能以忠信有終。則我亦何以克終哉。○黄氏度曰。君相一體。安危休戚無不同之。太甲之克終不終。伊尹安敢不任之於其身哉。終始惟一。非忠信能之乎。文言曰。忠信所以進德也。嗣王知所戒。則敬而已矣。敬則盡君道爲君而不盡君道。則辱乃祖成湯矣。

附錄 朱子語類。問古注及諸家。皆以周訓忠信。竊謂以忠信自周則可。以忠信訓周。恐未安。未知如何。曰。自周二字。本不可曉。○金氏履祥曰。周當作君。古文君寫爲㕯。與周字相似。故誤。吴氏經說。王子書疑皆云當作。君。

〔案〕自周有終。孔傳而下。皆以國語忠信爲周立解。蔡傳仍其說。又恐義有未備。復以施氏之言周而無缺者繼之。朱子則因門人之問。而以自周二字爲不可曉。蓋文義之稍涉牽強者。卽不肯下斷語。良愼之也。是後王柏以爲周字之義。費先儒詞說。終不明白。不應伊尹前後許多言語如此分曉。獨於此下一艱深字。愚意只是一箇君字。籀體與周字相似。傳寫之誤也。至金履祥遵之。其說最爲近理。合下四句。玩其文勢。當是君字。似可無疑也。

王惟庸罔念聞。

〔集傳〕庸。常也。太甲惟若尋常於伊尹之言。無所念聽。此史氏之言。

【集說】朱子語類。問諸家皆以庸字絶句。竊謂只作一句讀。以庸訓用。如說命中王庸作書以告之庸。未知是否。曰。六字一句。

伊尹乃言曰。先王昧爽丕顯。坐以待旦。旁求俊彦。啓迪後人。無越厥命以自覆。

【集傳】昧晦爽明也。昧爽云者。欲明未明之時也。丕大也。顯亦明也。先王於昧爽之時。洗濯澡雪。大明其德。坐以待旦而行之也。金氏履祥曰。昧爽丕顯。此即先王顧諟之功也。旁求者。求之非一方也。彦。美士也。言湯孜孜爲善。不遑寧處如此。而又旁求俊彦之士。以開導子孫。太甲毋顛越其命。胡氏士行曰。湯付託之命。以自取覆亡也。

集說呂氏祖謙曰。未明將分之際。湯於是時大自顯明。存心養性。湛然清淨。無一毫物累。同乎太虛。不啻日之東升。照臨天下。湯之勤勞得天下。似可少逸矣。猶坐以待旦。則下於湯者當何如。伊尹所以暗箴太甲之病也。○陳氏雅言曰。聖人之心。惟恐修於已有未至。而施於事者有未及。故既昧爽而丕顯。坐待旦而行之。然猶不止此也。誠以吾身之德。能修於吾身。而不能使吾之子孫常修其德。吾之政。能行於吾身。而不能使吾之子孫常行是政。則吾之仁爲有限。而吾之心爲有歉矣。又廣求賢才。求之一鄉而不足。又求之一國焉。又求之天下焉。夫求之所以如是其廣者。誠使吾之子孫。得以有所依據。欲有爲焉。則有開而發之者。有順而導之者。如是。吾之子孫。可保其德無不修。政無不行矣。此聖人之心也。

愼乃儉德。惟懷永圖。

集傳 太甲欲敗度。縱敗禮。蓋奢侈失之。而無長遠之慮者。伊尹言當謹其儉約之德。朱子曰。儉。節制也。○潘氏士遴曰。儉曰德。自其收斂之根於心者言之。惟懷永久之謀。陳氏櫟曰。永圖。卽前所謂有終也。以約失之者鮮矣。此太甲受病之處。故伊尹特言之。

集說 眞氏德秀曰。此太甲不惠于阿衡之時。故伊尹訓之者如此。夫儉則心小。而爲慮者遠。侈則心大。而爲謀者疎。是時太甲以欲敗度。縱敗禮。心爲二者所蔽。未知斯言之爲忠也。一旦處仁遷義。而本心復明。然後知受病之源。端在於此。克終之美。光昭簡冊。伊尹訓戒之功。夫豈小哉。○陳氏雅言曰。儉者。不侈然以自放之謂。人能收斂此心。使常存於內。則精神聚會。志慮精明。義理昭著。言必稽其所從。行必稽其所敝。所懷者孰非永圖哉。苟此心放辟。則昏於欲。失於縱。皆不知永圖矣。愼儉德。懷永圖。古昔聖賢所以進德之方。實不外此。皐陶告舜。亦曰愼厥身修思永。愼厥身修者。即愼乃儉德之謂。思永者。即懷永圖之謂。但皐陶之言渾然。不若伊尹嚴切。舜與太甲之不同也。

若虞機張。往省括于度則釋。欽厥止。率乃祖攸行。惟朕以懌。萬世有辭。

【集傳】虞，虞人也。朱子語類問諸家多訓虞爲度如何曰作虞人說爲是。機，弩牙也。孔氏穎達曰機是轉關故爲弩牙。括，矢括也。孔氏穎達曰括謂矢末。○程氏大昌曰岐而御絃處也。○潘氏士遴曰以鏃爲首故括爲末。度，法度，射者之所準望者也。釋，發也。言若虞人之射，弩機既張，必往察其括之合於法度，林氏之奇曰機必應於括括必應於度。然後發之，則發無不中矣。欽者，肅恭收斂。止，見虞書。率，循也。欽厥止者，所以立本；率乃祖者，所以致用。王氏樵曰欽厥止是心上工夫故曰所以立本率乃祖攸行是事上工夫故曰所以致用。所謂省括于度則釋也。王能如是，則動無過舉，近可以慰悅尹心。遠可以有譽於後世矣。安汝止者。聖君之事。生而知者也。欽厥止者。賢君之事。學而知者也。

集說　蘇氏軾曰。準望有毫釐之差。則中有尋丈之失。言人君所爲得失微而禍福大。亦如是也。○林氏之奇曰。萬世有辭。所謂相亦惟終也。○陳氏大猷曰。言欲永終。當謹始發也。萬事莫不有度。君所以爲度。在敬汝所當止。如君止於仁。子止於孝之類。○金氏履祥曰。太甲之失。必在驕侈。故戒之曰。愼乃儉德。必苟目前。故曰惟懷永圖。其爲事也必輕發。故曰若虞機張。往省括于度則釋。○欽厥止。凡未接物之時。此心須存敬畏。此卽顧諟丕顯之法。○王氏樵曰。靜中之動者。其理已具。未動而有能動者在也。動中之靜者。止之各於其所。動亦靜也。而所以主乎靜中之動。主乎動中之靜者。則敬而已矣。故曰欽厥止。

案萬世有辭。蔡傳只在太甲身上。言遠可有譽於後世。林氏以爲萬世有辭。所謂相亦有終也。則此句屬尹躬自言矣。湯以重任托之尹。尹以重任承之君。尹若不能輔嗣王。欽厥止。率祖攸行。則萬世之責將羣萃於尹。其何說之辭。竊謂此義更悚切。可見尹之凜凜乎持之已者何如也。後之君子。居此責者。安可不敬且懼哉。

王未克變。

集傳不能變其舊習也。此亦史氏之言。

集說孔氏穎達曰。據在後能變。故當時爲未能也。太甲非是全不可移。但與物推遷。雖有心向善。而爲之不固。伊尹至忠。故誨之不止。○袁氏黄曰。不曰不克變而曰未克變。王於伊尹之言。不能無動。但習染深。從而不改。故有桐宮之舉。

伊尹曰。茲乃不義。習與性成。予弗狎于弗順。營于桐宮。密邇先王其訓。無俾世迷。

集傳 狎。習也。弗順者。不順義理之人也。桐。成湯墓陵之地。地理今釋 案桐宮。湯墓所在。元和志云。殷湯陵在河中府寶鼎縣北四十三里。即今山西平陽府滎河縣也。滎河縣志云。殷湯陵在百祥村西。元時淪入汾河。以石柩遷葬。明洪武初。建陵寢于其東。而江南鳳陽府亳州北。相傳有湯陵。陵東有桐宮。當屬附會。伊尹指太甲所爲。乃不義之事。習惡而性成者也。孔氏穎達曰。言爲之不已。將以不義爲性也。我不可使其狎習不順義理之人。於是營宮于桐。使親近成湯之墓。朝夕哀思興起其善以是訓之無使終身迷惑而不悟也。

【集說】陳氏經曰習爲不義若與性俱成賈誼曰少成若天性習慣如自然○陳氏櫟曰千古性學開端於若有恆性之一言其次則習與性成之言也恆性以天地之性言孟子性善之論本恆性而言也孔子性近習遠之論自習與性成而發也若有恆性本有善而無惡惟習於惡而後性流於惡其既流也性若成矣然能謹所習而習於善則善反之而天地之性存焉此太甲所以終允德也天地之性氣質之性雖至横渠張氏始剖判言之已肇端於湯尹言性之初矣。

【附錄】王氏樵曰孟子集注予不狎于不順狎習見也不順言太甲所爲不順義理也朱子以伊尹不忍習見太甲不義之事故放諸桐蔡仲默不用其說作不使太甲狎於近習其意固佳但於本文予弗狎文勢未順

須添字而後可通。

王徂桐宮居憂克終允德。

【集傳】徂往也。允信也。有諸己之謂信。實有其德於身也。凡人之不善。必有從臾以導其爲非者。太甲桐宮之居。伊尹既使其密邇先王陵墓。興發其善心。又絕其比昵之黨而革其汙染。此其所以克終允德也。次篇伊尹言嗣王克終厥德。又曰允德協于下。故史氏言克終允德。結此篇以發次篇之義。

集說 呂氏祖謙曰。憂則心收。樂則心放。王居于憂。果至克終允德。○時氏瀾曰。玩狎之習日遠。感發之機日接。克變之理在是也。

總論 朱子曰。伊尹之言極痛切。遂感發得太甲如此。伊尹之志。公天下以爲心。而無一毫之私者也。○呂氏祖謙曰。伊尹未嘗數太甲之非。但反覆言先王之美如此。使善惡自相形。此伊尹納誨之不可及。

太甲中

惟三祀十有二月朔。伊尹以冕服奉嗣王歸于亳。

集傳 太甲終喪明年之正朔也。冕。冠也。唐孔氏曰。周禮天子六冕備物盡文惟袞冕耳此蓋袞冕之服義或然也林氏之奇曰周官司服王之吉服祀昊天上帝則服大裘而冕祀五帝亦如之享先王則袞冕享先公饗射則鷩冕祀四望山川則毳冕祭社稷五祀則希冕祭羣小祀則玄冕六冕冕皆有服其服皆玄衣纁裳奉迎也喪既除以袞冕吉服奉迎以歸也

集說 黃氏度曰三年喪畢冕服而見於廟是謂卽政朝廟禮之常也自桐歸亳而見廟因復政厥辟事之變也從容有常非聖人孰能與於此○申氏時行曰太甲終喪之日正改過之後而伊尹卽奉迎以歸見得桐宮之遷非出於得已也必於朔者大事當於正朔行之也

作書曰民非后罔克胥匡以生后非民罔以辟

四方。皇天眷佑有商。俾嗣王克終厥德。實萬世無疆之休。

【集傳】民非君。則不能相正以生。君非民。則誰與爲君者。言民固不可無君。而君尤不可失民也。太甲改過之初。伊尹首發此義。其喜懼之意深矣。夫太甲不義。有若性成。一旦翻然改悟。是豈人力所至。蓋天命眷商。陰誘其衷。申氏時行曰。其思也。若或啟之。其行也。若或翼之。故嗣王能終其德也。向也湯緒幾墜。今其自是有永。豈不爲萬世無疆之休乎。

集說　陳氏經曰。若人事不盡。而一切諉於天。太甲之書不作。桐宮之居不營。而謂天實爲之。則非聖賢以人合天。以義合命之道矣。○董氏其昌曰。終德雖吾王之自能翻然改悟。然亦是天心之默佑處。欲使長爲辟於四方。

王拜手稽首曰。予小子不明于德。自底不類。欲敗度。縱敗禮。以速戾于厥躬。天作孽。猶可違。自作孽。不可逭。既往背師保之訓。弗克于厥初。尚賴匡救之德。圖惟厥終。

集傳　拜手。首至手也。稽首。首至地也。孔氏穎達曰。凡爲稽首者。皆先爲拜手。乃後爲稽首。故拜手稽首連言之。太甲致敬於師保。其禮如此。不類。猶不肖也。多欲。則興作而亂法度。縱肆。則放蕩而隳禮儀。度。就事言之也。禮。就身言之也。速。召之急也。戾。罪孽。災。逭。逃也。既往。已往也。已往既不信伊尹之言。不能謹之於始。庶幾正救之力。以圖惟其終也。當太甲不惠阿衡之時。伊尹之言。惟恐太甲不聽。及太甲改過之後。太甲之心。惟恐伊尹不言。夫太甲固困而知之者。然昔之逃。今之復。昔之晦。今之明。如日月昏蝕。一復其舊。而光采

炫耀萬景俱新湯武不可及已豈居成王之下乎

集說 真氏德秀曰德者得之於天者也天性本善人自昧之則反善而爲惡與天不相似矣奉身當有法度嗜好無節則敗度修身當有禮縱肆不恭則敗禮故以自責○陳氏櫟曰伊尹雖謂太甲克終厥德太甲不敢自保方賴伊尹正救以圖終焉○申氏時行曰欲敗度三句即不類之實敗度敗禮以速戾厥躬是不能愼儉德懷永圖而惟越命自覆也正與背師保之訓相應師保之訓如作書如口陳皆是背之者罔念聞未克變是也匡救之德即繩愆糾繆之謂初曰弗克終曰圖惟者言往者雖不可及而來者猶可圖也太甲求助之意可謂切至矣

伊尹拜手稽首曰修厥身允德協于下惟明后

【集傳】伊尹致敬以復太甲也。修身則無敗度敗禮之事。申氏時行曰。修身是以義制事而無敗度之愆。以禮制心而無敗禮之失。允德。則有誠身誠意之實德。誠于上。協和于下。申氏時行曰。由是出乎身。加乎民。誠於此。動於彼。至誠未有不動者也。惟明后然也。

【集說】蘇氏軾曰。允德。信有德也。下之協從。從其非僞者。蓋欲天下中心悅而誠服。苟非其德出於其固有之誠。心。未有能至者。○陳氏櫟曰。惟明后。與不明于德相應。太甲自謂不明于德。尹遂以修身協下而爲明后者。許與期望之。修身。本諸身也。允德協下。徵諸庶民也。誠實之德。孚契人心。其身修之驗歟。

先王子惠困窮。民服厥命。罔有不悅。並其有邦厥鄰乃曰徯我后后來無罰。

【集傳】此言湯德所以協下者。困窮之民。若已子而惠愛之。惠之若子。則心之愛者誠矣。未有誠而不動者也。故民服其命。申氏時行曰。民就本國說。命是政令。無有不得其懽心。當時諸侯並湯而有國者。其鄰國之民。乃以湯爲我君。曰待我君。我君來。其無罰乎。言除其邪虐。湯之得民心也如此。卽仲虺后來其蘇之事。時氏瀾曰。伊尹又舉先王之事。以優游勸諭之。

【集說】林氏之奇曰。是時諸侯之邦。皆化於桀之虐政。峻法以荼毒斯民。民墜塗炭。不獲保其生。而湯之在亳獨以仁政。至於困窮之民。無不被其澤者。其深仁厚澤。雖其所施者未出於亳邑。而其惻怛愛民之意。已固結於天下。故鄰國之徯之也。曰我后之來。其無刑罰也必矣。此其所謂允德協于下者也。○朱子曰。並其有邦至后來無罰。言湯與彼皆有土諸侯。而鄰國之人。乃曰徯我后后來無罰。此可見得民心處。○申氏時行曰。本國之民。被子惠之澤而悅之深。鄰國之民。聞子惠之風而望之切。所謂協于下也。

王懋乃德。視乃烈祖。無時豫怠。

集傳 湯之盤銘曰。苟日新。日日新。又日新。湯之所以懋其德者如此。太甲亦當勉於其德。視烈祖之所爲。不可頃刻而逸豫怠惰也。

集說 王氏樵曰。太甲勉勉不已之心。一以烈祖之心爲心。烈祖之事爲法。庶乎身修而德允者可至。不可有一時之豫怠。豫怠不必逸欲。只優游怠弛。少不自強。卽與烈祖不相似矣。○湯之懋德。又子惠以前事。卽檢身若不及之功也。由此敷之。而爲子惠之仁。由此達之。而爲徯后之望。

奉先思孝。接下思恭。視遠惟明。聽德惟聰。朕承王之休無斁。

集傳 思孝。呂氏祖謙曰。思者。日加省察之謂。則不敢違其祖。思恭。則不敢忽其臣。惟。亦思也。思明。則所視者遠而不蔽於淺近。思聰。則所聽者德。申氏時行曰。視聽。以耳目之用言。聰明。以耳目之德言。而不惑於憸邪。此懋德之所從事者。太甲能是。則我承王之美而無所厭斁也。

集說 林氏之奇曰。上承祖宗之託。則其奉之也不可不思孝。下膺臣民之歸。則其接之也不可不思恭。奉先思孝。則能懋乃德視乃厥祖。無時豫怠矣。接下思恭。則能子惠困窮。使民服厥命。罔有不悅矣。然人君垂旒蔽明。黈纊塞聰。而欲盡知四方情僞。以子惠其困窮。非其聰明足以察見人情之好惡。則其聞見止於耳目所接之地而已。故又在夫明足以視遠。聰足以聽德。然後爲盡。○朱子曰。能視遠謂之明。所視不遠。不謂之明。能聽德謂之聰。所聽不德。不謂之聰。視聽是物。聰明是則。視不爲惡色所蔽爲明。聽不爲姦人所欺爲聰。○陳氏大猷曰。尹恥其君不及堯舜。太甲德成。尹責始盡。是承王之美於無窮也。

總論 陳氏櫟曰。伊尹提起先王子惠。而勉以視乃厥祖。然後以朕承王之休結之。仍是以先王尹躬對言。以警動期望之也。○呂氏柟曰。既曰修身允德協于下。爲明后。何以於先王獨言子惠困窮。曰。此舉用以見體亦以見先王顧諟明命於上篇也。在太甲則孝恭明聰皆修身允德之目。能是四者。欲縱無自而生矣。

太甲下

集說 朱子曰。伊尹告太甲諸篇極緊切。其所以治心修身處。雖爲人主言。初無貴賤之別。○陳氏大猷曰。伊訓作於太甲未有過之先。尹欲預防其縱。故其辭嚴。太甲上篇作於太甲有過之時。尹不欲激之。而微轉其機。故其辭婉。中篇作於悔過之初。尹深自喜慰。故其辭溫。下篇作於改過之後。尹慮其或不克終。故其辭深以厲。大臣格言。淺深有序。蓋如此。

伊尹申誥于王曰。嗚呼。惟天無親。克敬惟親。民罔常懷。懷于有仁。鬼神無常享。享于克誠。天位艱哉。

集傳 申誥。重誥也。天之所親。民之所懷。鬼神之所享。皆不常也。惟克敬有仁克誠。而後天親之。民懷之。鬼神享之也。曰敬曰仁曰誠者。各因所主而言。天謂之敬者。天者。理之所在。動靜語默。不可有一毫之慢。民謂之仁者。民非元后何戴。鰥寡孤獨。皆人君所當恤。鬼神謂之誠者。不誠無物。誠立於此。而後神格於彼。三者所當盡如此。人君居天之位。其可易而爲之哉。分而言之則三。合而言之一德而已。太甲遷善未幾。而伊尹以是告之。其才固有大過人者歟。

【集說】孔氏穎達曰。天親克敬。民歸有仁。神享克誠。言天民與神皆歸於善也。奉天宜其敬謹。養民宜用仁恩。事神當以誠信。亦準事相配而爲文也。○眞氏德秀曰。敬仁誠竝言始於此。三者。堯舜禹湯之正傳也。○金氏履祥曰。三者俱無常。而皆不能外乎德。敬與誠分言者。誠則眞實之意。而敬則加謹畏。所以事天也。○陳氏雅言曰。居天之位。苟有一毫之不敬不仁不誠。則天之親我者安保其常親。民之懷我者安保其常懷。鬼神之享我者安保其常享。是豈可以易而爲之哉。能盡其在我者。則無常者爲有常矣。

德惟治。否德亂。與治同道罔不興。與亂同事罔不亡。終始慎厥與惟明明后。

集傳 德者。合敬仁誠之稱也。有是德則治。無是德則亂。治固古人有行之者矣。亂亦古人有行之者也。與古之治者同道。則無不興。與古之亂者同事。則無不亡。治而謂之道者。蓋治因時制宜。或損或益。事未必同。而道則同也。亂而謂之事者。亡國喪家。不過貨色遊畋作威殺戮等事。事同道無不同也。治亂之分。顧所與如何耳。時氏瀾曰。所謂與乃幾微處意之所向。始而與治。固可以與終。而與亂則亡亦至矣。謹其所與。終始如一。惟明明之君爲然也。上篇言惟明后。此篇言惟明明后。蓋明其所已明。而進乎前者矣。

集說孔氏穎達曰。總言治國。則稱道。單指所行。則言事。惟言治亂在所法耳。○陳氏櫟曰。圖終之道。在常不變其始而已。終始慎其所與。則不特初心之明而爲明后。且悠久常保此初心之明。而爲明明后矣。尹蓋慮太甲悔艾於初而轉移於終也。故言及此。

先王惟時懋敬厥德。克配上帝。今王嗣有令緒。尚監兹哉。

集傳 敬。即克敬惟親之敬。舉其一以包其二也。成湯勉敬其德。德與天合。故克配上帝。今王嗣有令緒。庶幾其監視此也。

集說 朱子曰。成湯工夫。全在敬字上。○眞氏德秀曰。惟時云者。謂敬德之外。無復他道。所以深勉太甲也。惟前言敬仁誠。兹獨總之以敬者。蓋敬而後能仁能誠故也。○陳氏櫟曰。此欲太甲與湯之治同道也。○陳氏雅言曰。人受天地之中以生。莫不有是德也。先王惟能勉敬其德。至於與天爲一。非於性分之外。別有所增益也。

伊尹語先王用工之要。則曰懋敬厥德。語用工之極。則曰克配上帝。蓋徹上徹下以告太甲者也。能敬則必能仁而且誠。能配上帝。則天親民懷而鬼神亦無不享。傳謂舉其一以包其二者。此也。

若升高必自下。若陟遐必自邇。

【集傳】此告以進德之序也。中庸論君子之道。亦謂譬如行遠必自邇。譬如登高必自卑。進德修業之喻。未有如此之切者。呂氏曰。自此乃伊尹畫一以告太甲也。

【集說】呂氏祖謙曰。太甲悔甚銳。見甚力。伊尹恐其勇於進而不循序。故告以自下自邇之說。使知下學而上達。道在邇而不可求諸遠也。○陳氏櫟曰。觀法先王。豈一蹴能至。自下自邇。欲其希聖進德之有序也。

无轻民事惟难，无安厥位惟危。

無輕民事惟難。無安厥位惟危。

集傳 無。毋通。毋輕民事而思其難。毋安君位而思其危。

集說 時氏瀾曰。無輕無安。防其心也。惟難惟危。明其理也。太甲怨艾方新。豈有輕民事安厥位之意。聖賢不已之工夫。其儆戒固如此。

慎終于始。

集傳 人情孰不欲善終者。特安於縱欲。以爲今日姑若是而他日固改之也。然始而不善。而能善其終者寡矣。桐宮之事往已。今其即政臨民。亦事之一初也。

集說 陳氏櫟曰。前言終始愼厥與。則愼終爲重。此言愼終于始。則謹始爲重。固當謹終而常如其始。圖終尤當先善其始也。○姚氏舜牧曰。欲善其終。必自其始愼之。易曰。君子以作事謀始。

有言逆于汝心。必求諸道。有言遜于汝志。必求諸非道。

集傳 鯁直之言。人所難受。巽順之言。人所易從。於其所難受者。必求諸道。不可遽以逆于心而拒之。於其所易從者。必求諸非道。不可遽以遜于志而聽之。以上五事。

王氏樵曰。進德之序。一也。輕民事。二也。安厥位。三也。不愼始。四也。鯁言難受。巽言易從。五也。　蓋欲太甲矯乎情之偏也。申氏時行曰：求之道，是矯人情難受之偏；求之非道，是矯人情易從之偏。

【集說】薛氏季宣曰：逆心之言，忠也；遜志之言，諂也。忠言逆心而切於事，諂言順意而悖於理。能以道觀，則忠者不逆；求其非道，則諂者不順矣。聽言之道，此其要也。○朱子曰：治道別無說。若使人主恭儉好善，有言逆于汝心，必求諸道；有言遜于汝志，必求諸非道，如何會不治？這別無說，從古來都有見成樣子，直是如此。○呂氏祖謙曰：逆耳之言，亦有不合理者，要之合處多，不合處少；遜志之言，亦有合理者，要之合處少，不合處多。○王氏樵曰：聽德惟聰最難，前既言之，此又申之。

嗚呼！弗慮胡獲？弗爲胡成？一人元良，萬邦以貞。

【集傳】胡，何也。弗慮何得，欲其謹思之也；弗爲何成，欲其篤行之也。元大良善貞正也。孔氏穎達曰。易彖一人者。象皆以貞爲正。萬邦之儀表。一人元良。則萬邦以正矣。

集說 陳氏雅言曰。所慮所爲者。卽欲其於上文所陳進德之序。矯乎情之偏。五事。而慮之爲之也。能慮能爲。則知行兩盡。一人有大善之德。而萬邦有皆正之效。所謂勸勉之也。○申氏時行曰。元良者。知行並力。思爲交盡。蘊之於心。而純粹至善。無一理之不備。體之於身。而悉有衆善。無一事之不周。所謂敬仁誠者。皆有以會其全也。○孫氏繼有曰。能慮能爲。則艱者圖其易。偏者就於中。所存卽先王懋敬之心。所行皆先王懋敬之事。終始與治同。而盛德與帝配。

君罔以辯言亂舊政。臣罔以寵利居成功。邦其永孚于休。

集傳弗思弗爲。安於縱弛。先王之法廢矣。能思能爲。作其聰明。先王之法亂矣。亂之爲害。甚於廢也。成功非寵利之所可居者。至是太甲德已進。伊尹有退休之志矣。此咸有一德之所以繼作也。君臣各盡其道。邦國永信其休美也。○吴氏曰。上篇稱嗣王不惠于阿衡。必其言有與伊尹背違者。辯言亂政。或太甲所失在此。罔以寵利居成功。已之所自處者。已素定矣。下語既非泛論。則上語必有爲而發也。

【集說】孔氏穎達曰。伊尹告君而言及臣事者。雖復汎說大理。亦見已有退心也。○蘇氏軾曰。天下之亂。必始於君臣攜離。君以辯言亂舊政。則大臣懼。臣以寵利居成功。則人主疑。亂之始也。○申氏時行曰。上無作聰明之主。則法度純一。可以守成業而致盛治。下有識去就之臣。則忠義相觀。莫不秉精白以承休德。從此政治益修。風俗益厚。而國家大業。常常休美矣。

【總論】王氏肯堂曰。此篇曰申誥者。蓋上篇既告以圖終之道。而此又致其丁寧反覆之意也。首節言君道之難。盡而揭出敬仁誠。卽申上懋德意也。二節言盡君道之在乎與治。而明先王之治爲當與。卽申前視乃烈祖之意也。若升高五節。正畫一以陳與治之意。而期之以功效。申前修身協下意。末一節。君臣共致其戒。而以

休期之。卽申前

朕承王之休意。

欽定書經傳說彙纂卷第七

欽定書經傳說彙纂卷第八

咸有一德

【集傳】伊尹致仕而去。恐太甲德不純一。及任用非人。孔氏穎達曰。經云任官惟賢才。左右惟其人。是戒太甲使善用其臣也。故作此篇。亦訓體也。史氏取其篇中咸有一德四字。以爲篇目。今文無。古文有。

【集說】林氏之奇曰。此篇蓋伊尹丁寧告戒。終致其拳拳愛君之意而作也。而其簡册所編次。則與伊訓太甲三篇相連屬。不可以無别也。故别爲篇名曰咸有一德。

伊尹既復政厥辟。將告歸。乃陳戒于德。

集傳　伊尹已還政太甲。將告老而歸私邑。以一德陳戒其君。此史氏本序。

集說　孔氏穎達曰。太甲既得復歸。伊尹即應還政。其告歸陳戒。未知在何年也。下云今嗣王新服厥命。則是初始即政。蓋太甲居亳之後。即告老也。君奭云。在太甲時則有若保衡。保衡。伊尹也。襄二十一年左傳云。伊尹放太甲而相之。則伊尹又相太甲。蓋伊尹此時將欲告歸。太甲又留之爲相。如成王之留周公。不得歸也。

曰。嗚呼。天難諶。命靡常。常厥德。保厥位。厥德靡常。九有以亡。

集傳　諶，信也。天之難信，以其命之不常也。然天命雖不常，而常於有德者。君德有常，則天命亦常，而保厥位矣。君德不常，則天命亦不常，而九有以亡矣。九有，九州也。

集說　林氏之奇曰：人君之德常與不常，是天命之所自出也。夏商周皆是用禹貢疆理之法，分天下以爲九域。夏之九州，卽禹貢所載是也。商之九州，先儒以爲卽文觀之，卽成周之九州，職方氏之所載者也。○眞氏德秀曰：天難諶者，今日而善則福之，明日而淫則禍之，難必信也。命靡常者，有德則歸於我，無德則去之，人無定在也。

夏王弗克庸德，慢神虐民。皇天弗保，監于萬方，

啓迪有命。眷求一德。俾作神主。惟尹躬暨湯咸有一德。克享天心。受天明命。以有九有之師。爰革夏正。

【集傳】上文言天命無常。惟有德則可常。於是引桀之所以失天命。湯之所以得天命者證之。一德純一之德。不雜不息之義。卽上文所謂常德也。神主。百神之主。享當也。孔氏穎達曰。德當神意。神乃享之。故以享爲當也。湯之君臣皆有一德。鍾氏天才曰。先知先覺。不邇不殖。各有不雜之德也。樂道終身。聖敬日躋。各有不息之德也。故能上當天心。受天明命。而有天下。於是改夏建寅之正。而爲建丑正也。朱子曰。爰革夏正。只是正朔之正。

集說 張氏九成曰。君爲神民之主。詩曰。百神爾主矣。言神主則民主可知。多方曰。天惟時求民主。言民主。則神主可知。○朱子語類。問咸有一德。竊謂一者是純一而不雜。德至於純一而不雜。所謂至德也。蓋歸於至當無二之地。無纖毫私意人欲閒雜之。猶易之恒中庸之誠也。說者多以咸有一德爲君臣同德咸有一德固有同德意。而一非同也。言君臣皆有此一德而已。曰此篇先言常德庸德。後言一德。則一者常一之謂。○陳氏雅言曰。純一之德者。卽天之德也。惟與天合德。故能上當天心。明命而能受之。九有而能有之。則嗣王今日之有天下。亦當純一其德。以克享於天。然後可以承祖宗之基業。膺上天之付託。慰生民之屬望。故以成湯一德之效爲之告。而必言尹躬暨湯咸有一德者。亦猶太甲上篇。言先王顧諟天之明命。而繼之以惟尹躬克左右厥辟宅師之意也。

非天私我有商。惟天佑于一德。非商求于下民。惟民歸于一德。

集傳 上言一德。故得天得民。此言天佑民歸。皆以一德之故。蓋反復言之。

集說 林氏之奇曰。既曰常德。又曰一德者。惟一故常。惟常故一。天地之覆載。日月之照臨。四時之推遷。萬物之生育。所以悠久而不變者。惟其一而常。常而一故也。○陳氏雅言曰。一德者。天人合應之機也。商之君臣惟同有一德。故自然爲天所佑。爲民所歸。是則天雖非私於商。而不能不私於商之一德也。商雖非求於民。而民求歸於一德也。一德之效固如是。其大乎。

德惟一。動罔不吉。德二三。動罔不凶。惟吉凶不僭在人。惟天降災祥在德。

【集傳】二三則雜矣。德之純則無往而不吉。德而雜則無往而不凶。僭差也。惟吉凶不差在人者。惟天之降災祥在德故也。

【集說】林氏之奇曰。自其降於天者而言之。則爲災祥。自其受於人者而言之。則爲吉凶。其實一也。○張氏九成曰。天理無往而不吉。人欲無往而不凶。以其體卽凶也。○呂氏祖謙曰。一則動皆合理故無不吉。二三則動皆背理故凶。

今嗣王新服厥命。惟新厥德。終始惟一。時乃日新。

集傳 太甲新服天子之命。德亦當新。然新德之要在於有常而已。終始有常而無閒斷。是乃所以日新也。

集說 張氏九成曰。此告太甲以繼湯之一德也。○朱子曰。終始惟一。時乃日新。這箇道理須是常接續不已方是日新。纔有閒斷便不可。○眞氏德秀曰。易以日新爲盛德。先儒謂人之學。不日進則日退。故德不可不日新不日新者不一害之也始敬終肆以一出一入之心爲或作或輟之事德何日而新乎○陳氏櫟曰太甲自怨自艾始能自新矣然終或間斷則非日新也湯之盤銘曰苟日新日日新又日新其自儆如此仲虺之誥曰德日新萬邦惟懷仲虺告湯亦如此尹以湯之日新望太甲必以湯之一德勉太甲故時乃日新必先之以終始惟一焉

任官惟賢材左右惟其人臣爲上爲德爲下爲民其難其愼惟和惟一

【集傳】賢者有德之稱材者能也左右者輔弼大臣孔氏穎達曰輔弼左右惟當用其忠良之人非賢材之稱可盡故曰惟其人夫人

臣之職。爲上爲德。左右厥辟也。爲下爲民。所以宅師也。不曰君而曰德者。兼君道而言也。臣職所係。其重如此。是必其難其慎。難者。難於任用。慎者。慎於聽察。所以防小人也。惟和惟一。和者。可否相濟。王氏樵曰。如晏子所謂獻其否以成其可。獻其可以去其否之類。一者。終始如一。王氏樵曰。立政所謂勿有間之。自一話一言。我則末惟成德之彥。以乂我受民者也。所以任君子也。

集說　張氏九成曰。尹欲堯舜其君。則爲上爲德可知。欲堯舜其民。則爲下爲民可知。○朱子語類問左右惟其人。何所指。曰。只是指親近之臣。任官是指任事底人也。任官惟賢材。多是爲下爲民底意思。左右惟其人。

多是爲上爲德底意思其難其愼言人君任官須是賢材左右須是得人當難之愼之也惟和惟一言人臣爲上爲下須是爲德爲民必和必一爲此事也○問臣爲上爲德爲下爲民諸家說不同不知此四爲字當作如何音曰爲字竝去聲爲上者輔其德而不阿其意之所欲爲下者利於民而不徇己之所安○伊尹告太甲卻是與尋常人說話便恁地分明恁地切身至今看時通上下皆使得至傅說告高宗語意卻深緣高宗賢明可以說這般話故傅說輔之說得較精微伊尹告太甲前三篇許多說話卻從天理窟中抉出許多話分明說與他今看來句句是天理○論其難其愼曰君臣上下相與甚難○眞氏德秀曰爲云者意有所主之名言人臣之心爲上則爲君成德爲下則爲君牧民意之所主惟此二者二者之外不雜他念然後爲一德之臣

德無常師主善爲師善無常主協于克一

【集傳】上文言用人因推取人爲善之要。無常者。不可執一之謂。師。法。協。合也。德者。善之總稱。善者。德之實行。一者。其本原統會者也。德兼衆善。不主於善。則無以得一本萬殊之理。善原於一。不協于一。則無以達萬殊一本之妙。謂之克一者。能一之謂也。博而求之於不一之善。約而會之於至一之理。此聖學始終條理之序。與夫子所謂一貫者幾矣。太甲至是而得與聞焉。亦異乎常人之改過者歟。張氏曰。虞書精一數語之外。惟此爲精密。

【集說】朱子語類問德無常師四句或言主善人而爲師若仲尼無常師之意如何曰非也橫渠說德主天下之善善原天下之一最好四句三段一段緊似一段德且是大體說有吉德有凶德然必主於善始爲吉爾善亦且是大段說或在此爲善或在彼爲不善或在前日則不善而今日則爲善惟須協于克一是乃爲善謂以此心揆度彼善耳故橫渠言原則若善之原於一耳蓋善因一而後定也德以事言善以理言一以心言大抵此篇只是幾箇一字上有精神須與細看此心纔一便終始不變而有常也協字雖訓合字卻是以此合彼之合非已相合之合與禮記協於分藝書協時月正日之協同義蓋若揆度參驗之意耳張敬夫謂虞書精一四句與此爲尚書語之最精密者而虞書爲尤精○此言於天下之德無一定之師惟善是從則凡有善皆可師也於天下之善無一定之主惟一其心則其所取者無不善矣○德無常師四句上兩句是教人以其所師

下兩句。是教人以其所擇善而爲之師。○從一中流出者。無有不善。所以伊尹從前面說來便有此意。曰常厥德。曰庸德。曰一德。常庸一。只是一箇。○問横渠之言如何。曰。一故善。一者。善之原也。善無常主。如言前日之受非也。協于克一。如言皆是也。蓋均是善。但易地有不同者。故無常主。必是合于一。乃爲至善。一者。純於理而無二三之謂。一則無私欲而純乎義理矣。

俾萬姓咸曰。大哉王言。又曰。一哉王心。克綏先王之祿。永厎烝民之生。

集傳 人君惟其心之一。故其發諸言也大。姚氏舜牧曰。君之出身加民者。與天地萬物爲一體。所以聞之者。咸頌王言之大。萬姓見其言之大。故能知其心之一。姚氏舜牧曰。萬姓洞然見我心。此方驗君德之一處。感應之理。自然而然。以見人心之不可欺。而誠之不可掩也。祿者。先王所守之天祿也。孫氏覺曰。或言天祿。或言先王之祿。蓋天與之。而先王受之也。烝。衆也。天祿安。民生厚。一德之效驗也。

集說 張氏九成曰。民始聞號令。既贊其言之大。及行之久而不變。又贊其心之一。使左右皆曰大哉一哉。未足貴也。使諸大夫皆曰大哉一哉。未足貴也。惟萬姓皆曰大。皆曰一。然後信乎大且一耳。○眞氏德秀曰。不言德之一。而言心之一者。推原其所自出也。心不一而欲其言之大。雖致飾於號令之末。未見其能大也。○陳氏大猷曰。咸曰。見須之無間。又曰。見須之無已。人心感孚。若有使之者。此一德之驗。綏祿底民。此一德之效。○

王氏肯堂曰。言發於一德之後。則包涵盡天下之理。淵微合百慮之同。言之大。心之發也。心純於一德之餘。則妙百爲而不二。主萬化而有常。心之一。言之所以大也。

嗚呼。七世之廟。可以觀德。萬夫之長。可以觀政。

【集傳】天子七廟。三昭三穆。與太祖之廟七。孔氏穎達曰。祭法云。王立七廟。曰考廟。曰王考廟。曰皇考廟。曰顯考廟。曰祖考廟。皆月祭之。遠廟爲祧。有二祧。享嘗乃止。此篇乃是商書。已云七世之廟。則天子立七廟。王者常禮。非獨周人始有七廟也。所言二祧者。王肅以爲高祖之父及祖也。并高祖已下。共爲三昭三穆耳。七廟親盡則遷。必有德之主。則不祧毀。故曰。七世之廟。可以觀德。陳氏師凱曰。或問云。商之七世三宗。其詳今不可考。又云。

九九八

周穆王時。文王親盡當祧。而以有功當宗。故別立一廟於西北。而謂之文世室。至共王時。武王親盡當祧。而亦以有功當宗。故別立一廟於東北。而謂之武世室。自是以後。則穆之祧者。藏於文世室。昭之祧者。藏於武世室。

天子居萬民之上。必政教有以深服乎人。而後萬民悅服。林氏之奇曰。萬夫之長者。猶所謂萬姓萬民。亦謂天子也。故曰。萬夫之長。可以觀政。伊尹歎息言德政修否。見於後世。服乎當時。有不可掩者如此。

集說 王氏安石曰。於廟言德者。不德則墜厥宗。於長言政者。政荒則民散。○蘇氏軾曰。非德無以遺後。非政無以齊衆。

后非民罔使，民非后罔事。無自廣以狹人，匹夫匹婦不獲自盡，民主罔與成厥功。

【集傳】罔使罔事，卽上篇民非后罔克胥匡以生，后非民罔以辟四方之意。（孔氏安國曰：君以使民自尊，民以事君自生。）申言君民之相須者如此，欲太甲不敢忽也。無、毋同。伊尹又言君民之使事，雖有貴賤不同，至於取人爲善，則初無貴賤之閒。蓋天以一理賦之於人，散爲萬善，人君合天下之萬善而後理之一者可全也。苟自大而狹人，匹夫匹婦有一不得自盡於上。則一善不備。而民主亦無與成厥功矣。伊尹於篇終致其警戒之意。而言外之旨。則又推廣其所謂一者如此。蓋道體之純全。聖功之極致也。嘗因是言之。以爲精粹無雜者。一也。終始無間者。一也。該括萬善者。一也。一者。通古今。達上下。萬化之原。萬事之幹。語其理。則無二。語其運。則無息。語其體。則幷包而無所遺也。咸有一德之書。而三者之義悉備。前乎伏羲堯舜禹湯。後乎文武周公孔子。同一揆也。

【集說】王氏樵曰。人君苟有自廣狹人之心。則豈能主善爲師乎。惟主善爲師之量。則必使匹夫匹婦無不獲自盡。而始無一善之遺。然帝王豈能人人而延見之。日日而咨訪之。只是吾之聰明不蔽。樂善無倦。則凡政事所接無非延納之地。民情所達。皆吾感觸之機。爾聖人以己不能盡匹夫匹婦之善爲懼。而後以匹夫匹婦不被己之澤爲恥。譬之天能包羅萬物。而後萬物咸被其澤也。

【總論】孔氏穎達曰。此篇終始。皆言一德之事。發首至陳戒于德。敘其作戒之由。已下皆戒辭也。德者。內得於心。行得其理。既得其理。執之必固。不更至差貳。是之謂一德也。經云德惟一。動罔不吉。德二三。動罔不凶。是不二三則爲一德也。又曰終始惟一。時乃日新。言守一必須固也。太甲新始卽政。伊尹恐其二三。故專以一德爲戒。○金氏履祥曰。首論天命之靡定。以德之常不常爲存亡之分。常卽一也。以桀之亡商之興證之。又以一與二三所以致興亡於天者總之。遂勉太甲以一德之工夫。既勉君之一德。又求臣之一德。而以惟和惟一總之。協于克一。則一德所以能擇天下之善。而時天下之中焉者。俾萬姓以下。則一德之效。以終常德保位之語。嗚呼以下。又推其餘意。警戒以終之。終始相生。其爲書未有明整於此者。

盤庚上

集傳 盤庚。陽甲之弟。自祖乙都耿。圮於河水。盤庚欲遷于殷。而大家世族。安土重遷。胥動浮言。小民雖蕩析離居。亦惑於利害。不適有居。盤庚喻以遷都之利。不遷之害。上中二篇。未遷時言。下篇。既遷後言。王氏曰。上篇告羣臣。中篇告庶民。下篇告百官族姓。左傳謂盤庚之誥。實誥體也。三篇今文古文皆有。但今文三篇合爲一。

【集說】朱子語類。問商書又卻較分明。曰盤庚依舊難曉。曰。不知怎生地盤庚要恁地遷那都。曰。他不復更說那事頭。只是當時小民被害。而大姓之屬安於土而不肯遷。故說得如此。○史記盤庚。祖乙之曾孫也。歷祖乙子祖辛。祖辛子開甲。開甲弟祖丁。開甲子南庚。祖丁子陽甲。及盤庚凡七世都耿矣。亳殷。亳之殷地。殷者亳之别名。在河南。耿在河北。○王氏樵曰。王氏因上篇有斅民由在位之語。中篇有話民之弗率有衆咸造之語。下篇有歷告爾百姓于朕志。邦伯師長百執事之語。百姓。

蔡氏謂爲畿內民庶。而百官族姓。亦在其中也。故大略如此分之。其實上篇首三節亦本告民。夾乃提臣而專告之。雖曰告臣。亦本對民而告之。使同聽也。故蔡氏曰衆者。臣民咸在也。

盤庚遷于殷。民不適有居。率籲衆慼出矢言。

集傳 殷在河南偃師。適。往。籲。呼。矢。誓也。史臣言盤庚欲遷于殷。民不肯往適有居。盤庚率呼衆憂之人。出誓言以喻之。如下文所云也。○周氏曰。商人稱殷。自盤庚始。自此以前惟稱商。自盤庚遷都之後。於是殷商兼稱。或只稱殷也。

集說黃氏度曰。民不趨令。適新邑之居。人皆重遷。若曰。可與樂成。難與慮始。勿恤可也。然古人終不肯違衆而獨舉。以智力求濟。必使盡知其爲不可不遷而聽命焉。

曰。我王來。既爰宅于茲。重我民。無盡劉。不能胥匡以生。卜稽曰其如台。

集傳曰。盤庚之言也。劉。殺也。盤庚言我先王祖乙來都于耿。固重我民之生。非欲盡致之死也。民適不幸蕩析離居。不能相救以生。稽之於卜。亦曰此地無若我何。言耿不可居。決當遷也。

集說　林氏之奇曰。古者將遷國。必以卜定之。如緜詩曰。爰始爰謀。爰契我龜。曰止曰時。築室于茲。衞文楚邱之遷。亦云降觀于桑。卜云其吉。是也。○申氏時行曰。不能胥匡以生。是人事固當遷。而稽之於卜。是天命又必當遷也。

先王有服。恪謹天命。茲猶不常寧。不常厥邑。于今五邦。今不承于古。罔知天之斷命。矧曰其克從先王之烈。

集傳　服。事也。先王有事。恪謹天命。不敢違越。先王猶不敢常安。不常其邑。于今五遷厥邦矣。今不承先王而遷。

且不知上天之斷絕我命。況謂其能從先王之大烈乎。詳此言。則先王遷徙亦必有稽卜之事。仲丁河亶甲篇。逸不可考矣。五邦。漢孔氏謂湯遷亳。仲丁遷囂。河亶甲居相。祖乙居耿。幷盤庚遷殷爲五邦。然以下文今不承于古文勢考之。則盤庚之前。當自有五遷。史記言祖乙遷邢。或祖乙兩遷也。

〔地理今釋〕五邦。亳。囂。相。耿。殷也。亳見湯誥。囂。史記作隞。竝音敖字。水經注云。敖山上有城。卽殷仲丁之所遷。秦置倉于其中。亦曰敖倉城。敖山在今河南開封府滎澤縣西北。相。亦名故殷城。括地志云。故殷城在相州內黃縣今屬直隸大名府。東南十三里。卽河亶甲所築都之是也。耿城在今山西平陽府吉州南。隋置耿州于此。以祖乙遷耿爲名。史記索隱云。祖乙遷于邢。邢音耿。近代本亦作耿。今河東皮氏縣有耿鄉。蔡傳以祖乙兩遷分耿邢爲二。非也。殷卽西亳。亦詳見湯誥。

集說 薛氏肇明曰。不遷。故罔知天之斷命。則遷乃天欲永我命也。不遷。故不克從先王之烈。則遷乃欲紹復先王之業也。

若顛木之有由蘖。天其永我命于茲新邑。紹復先王之大業。厎綏四方。

集傳 顛。仆也。由。古文作甹。木生條也。魏氏了翁曰。左傳由故云。楚其復由。又昭八年。今在析木之津。猶將復由。韻書。蘖本作櫱。今作枿。槁木之餘也。馬氏云。顛木而肄

生曰　顛木譬耿。由蘖譬殷也。言今自耿遷殷。若巳仆之枿。木而復生也。天其將永我國家之命於殷。以繼復先王之大業而致安四方乎。

集說　陳氏大猷曰。承天命。復祖業。綏四方。三者。盤庚圖遷之本意。故史總述於篇首。

盤庚斆于民。由乃在位。以常舊服。正法度。曰。無或敢伏小人之攸箴。王命衆。悉至于庭。

集傳　斆。教。服。事。箴。規也。耿地潟鹵墊隘。而有沃饒之利。故小民苦於蕩析離居。而巨室則總于貨寶。惟不利於小民。而利於巨室。故巨室不悅。而胥動浮言。小民眩於利害。亦相與咨怨。閒有能審利害之實而欲遷者。則又往往爲在位者之所排擊阻難。不能自達於上。盤庚知其然。故其敎民。必自在位始。而其所以敎在位者。亦非作爲一切之法以整齊之。惟舉先王舊常遷都之事。以正其法度而已。然所以正法度者。亦非有他焉。惟曰使在位之臣。無或敢伏小人之所箴規焉耳。蓋小民患潟鹵墊隘。有欲遷而以言箴規其上者。汝毋得遏絕而使不得自達也。衆者。臣民咸在也。史氏將述下文盤庚之訓語。故先發此。

【集說】陳氏大猷曰。法度。如朝市室廬之營建。道路頓宿之部分。去舊卽新之區畫之類。遵故事。則人情不駭。達微辭。則人情不壅。此遷都之大綱。史特先舉之。○金氏履祥曰。民之不欲遷者。皆在位者訹之。其欲遷者。又在位者蔽之。敎民必由乃在位。正其源也。曰無或敢伏小人之攸箴。防其蔽也。常舊之服。蓋先王遷都故事。正其法度者。今日遷都規模也。

王若曰。格汝衆。予告汝訓。汝猷黜乃心。無傲從康。

【集傳】若曰者。非盡當時之言。大意若此也。汝猷黜乃心者。謀去汝之私心也。無。與毋同。毋得傲上之命。從已之安。蓋傲上則不肯遷。從康則不能遷。王氏安石曰。無傲。戒之以無違王命。無從康。戒之以無即安其故處。二者所當黜之私心也。此雖盤庚對衆之辭。實爲羣臣而發。以斆民由在位故也。

【集說】陳氏經曰。違王命而不肯從。懷苟安而不爲後日慮。當時羣臣所以不遷。其病根在此二者。故直指其病而戒之。

古我先王。亦惟圖任舊人共政。王播告之修。不

匿厥指。王用丕欽。罔有逸言。民用丕變。今汝聒聒。起信險膚。予弗知乃所訟。

【集傳】逸。過也。盤庚言先王亦惟謀任舊人共政。王播告之修。則奉承于內。而能不隱匿其指意。故王用大敬之。宣化于外。又無過言以惑衆聽。故民用大變。今爾在內。則伏小人之攸箴。在外。則不和吉言于百姓。譊譊多言。凡起信於民者。皆險陂膚淺之說。王氏安石曰。不夷之謂險。不衷之謂膚。○王氏樵曰。言不出於中正爲險。無深謀遠慮爲膚。我不曉汝所言果何謂也。詳

此所謂舊人者世臣舊家之人非謂老成人也蓋沮遷都者皆世臣舊家之人下文人惟求舊一章可見

【集說】孔氏穎達曰此篇所言先王皆謂成湯以來諸賢王也下言神后高后者指謂湯耳此既言先王下句王播告之王用丕欽蒙上之先不言先省文也○陳氏櫟曰民用丕變以前謂先王時世家舊人能使上敬下化如此下文責今世家不能然也○俞氏鯤曰大家勢重望尊民之耳目所屬導以罔逸之言固能使之丕變導以險膚之言亦能使之起信○姚氏舜牧曰凡一遇播告即將朝廷德意傳宣於下使四海曉然見君上之心這是不匿厥指如中間民未遍曉又委曲告以利害之故並不出一浮言眩惑衆聽這是罔有逸言

非予自荒茲德惟汝含德不惕予一人予若觀

火予亦拙謀作乃逸。

【集傳】荒廢也。逸過失也。盤庚言非我輕易遷徙自荒廢此德。惟汝不宣布德意。孔氏穎達曰。汝含藏此意。謂我不知。不畏懼於我。我視汝情明若觀火。我亦拙謀不能制命。而成汝過失也。

【集說】胡氏士行曰。言予非欲棄德而用刑者也。而汝含吾德而不我畏。是吾拙謀致汝之逸也。訓責之辭云爾。○陳氏櫟曰。含德掩晦遮蔽意。與不匿厥指正相反。不惕一人。卽傲上也。成乃安逸。卽從康也。

若網在綱。有條而不紊。若農服田力穡。乃亦有秋。

【集傳】紊。亂也。綱舉則目張。喻下從上。小從大。申前無傲之戒。勤於田畝。則有秋成之望。喻今雖遷徙勞苦。而有永建乃家之利。申前從康之戒。

【集說】申氏時行曰。上二句。是喻以從遷之義。所以責其聽命而無傲上也。下二句。是喻以從遷之利。所以誘其趨事而無從康也。蓋君者臣之綱。君令臣共。而綱紀秩然。其有敘。猶在綱而有條不紊也。勞者逸之本。先難後獲。而乃家自爲之永建。猶農之服田力穡而有秋也。○鍾氏天才曰。當時羣臣不肯從遷者。不過任一己之私。而不知事君之大義。故以義責之。貪一時之安。而不知後日之遠利。故以利動之。

汝克黜乃心。施實德于民。至于婚友。丕乃敢大言。汝有積德。

集傳 蘇氏曰。商之世家大族。造言以害遷者。欲以苟悅小民爲德也。故告之曰。是何德之有。汝曷不去汝私心。施實德于民。與汝婚姻僚友乎。勞而有功。此實德也。汝能勞而有功。則汝乃敢大言曰。我有積德。曰積德云者。亦指世家大族而言。申前汝猷黜乃心之戒。

集說 林氏之奇曰。彼其所以媒利自營者。徒以爲婚姻僚友之計。而不能爲民深謀遠慮。苟能黜其私心。

施實德于民，則民受其賜，而汝之婚友，亦皆受其賜矣。○黜私心以施實德，欲其以德愛人，不出于姑息也。○夏氏僎曰：先王時，汝祖父率民以遷。今汝又率民遷，是世有積德及人也。○陳氏大猷曰：不遷則徇人情而患在後，雖若愛民，實害民也。遷則若拂人情而利在後，雖若勞民，實福民也。在位以使民不遷爲有德於民，故戒之如此。此章總告以利，下二章分告以害。

乃不畏戎毒于遠邇，惰農自安，不昬作勞，不服田畝，越其罔有黍稷。

集傳　戎，大。昬，強也。汝不畏沈溺大害於遠近，而憚勞不遷，如怠惰之農，不強力爲勞苦之事，不事田畝，安有黍稷之可望乎。此章再以農諭。申言從康之害。

集說　孔氏穎達曰。惰農對上服田力穡而反言之。○林氏之奇曰。此篇文勢。大抵反覆辯論。相顧成文。既曰若農服田力穡。乃亦有秋。又曰惰農自安。不昬作勞。不服田畝。越其罔有黍稷。既曰予若觀火。又曰若火之燎于原。文雖渙散。而意實相貫。以是知盤庚之言。雖佶屈聱牙。不可遽曉。然反覆求之。於人情則近也。

汝不和吉言于百姓。惟汝自生毒。乃敗禍姦宄。以自災于厥身。乃既先惡于民。乃奉其恫。汝悔身何及。相時憸民。猶胥顧于箴言。其發有逸口。矧予制乃短長之命。汝曷弗告朕。而胥動以浮

言恐沈于衆若火之燎于原不可嚮邇其猶可撲滅則惟爾衆自作弗靖非予有咎

集傳 吉好也。先惡謂惡之先也。林氏之奇曰不導民以遷而先不樂遷是謂先惡。奉承。恫痛。陳氏大猷曰不急去之乃奉而養之猶安其危利其菑之意。相視也。憸民小民也。逸口過言也。逸口尚可畏況我制爾生殺之命。可不畏乎。恐謂恐動之以禍患。沈謂沈陷之於罪惡。不可嚮邇。其猶可撲滅者。言其勢焰雖盛。而殄滅之不難也。潘氏士遴曰視爾有觀火之明故制爾有滅火之勢。靖安。咎過也。則惟爾衆自爲不安。非我有過也。此章反復辯論。申言傲上之害。

【集說】林氏之奇曰。詩辭之輯矣。辭之懌矣。辭輯則所謂和言也。辭懌則所謂吉言也。○臣有嘉謀嘉猷則入告爾后于內。爾乃順之于外。盤庚之羣臣反是。故責之。謂汝苟心知遷都之未爲利。又何不入告于我。而乃相搖動浮言。○張氏九成曰。毒曰自生。禍敗姦宄曰自災。言非自外來。皆汝自取之罪也。○時氏瀾曰。觀奉其恫悔何及之言。見盤庚恩意之周。旣歷數其戀土懷安之情。至此乃開其自悔之路。

遲任有言曰。人惟求舊。器非求舊。惟新。

【集傳】遲任。古之賢人。林氏之奇曰。遲任。鄭氏曰。古之賢史。案論語周任有言曰。馬總以謂周之良史。蓋古之史。必賢而有文者爲之。故多立言以爲法於世。以遲任爲賢史。料必有據而云耳。蘇氏曰人舊則習器舊則敝當常使舊人用新器也今案盤庚所引其意在人惟求舊一句而所謂求舊者非謂老人但謂求人於世臣舊家云耳詳下文意可見若以舊人爲老人又何侮老成人之有

古我先王暨乃祖乃父胥及逸勤予敢動用非

集說 張氏九成曰器惟新者但以證人求舊爾故下文繼以乃祖父非以器喻新邑也○王氏樵曰引此結前圖任及起下不敢動用非罰非德之意○申氏時行曰曰器非求舊者只是言用器之道不可施之於用人以見舊人之當任耳

罰。世選爾勞。予不掩爾善。茲予大享于先王。爾祖其從與享之。作福作災。予亦不敢動用非德。

【集傳】胥。相也。敢。不敢也。非罰。非所當罰也。世。非一世也。勞。勞于王家也。掩。蔽也。言先王及乃祖乃父。相與同其勞逸。我豈敢動用非罰。以加汝乎。世簡爾勞。不蔽爾善。茲我大享于先王。爾祖亦以功而配食於廟。先王與爾祖父。臨之在上。質之在旁。作福作災。皆簡在先王與爾祖父之心。我亦豈敢動用非德。以加汝乎。

【集說】孔氏安國曰。配食於廟。大享烝嘗也。○孔氏穎達曰。大享于先王。謂天子祭宗廟也。古者天子錄功臣。配食於廟。故臣之先祖得與享之也。此殷時已然。知烝嘗有功臣與祭者。案周禮司勳云。凡有功者。銘書於王之太常。祭於大烝。司勳詔之。是也。嘗是烝之類。○陳氏經曰。此見盤庚賞罰竝用。既不敢用非理之罰。又不敢用非德之賞。盤庚之心。惟有大公至正而已。○陳氏櫟曰。此以羣臣世有勳勞。當與國同休戚者感動之。乃中言前圖任舊人之意。

予告汝于難。若射之有志。汝無侮老成人。無弱孤有幼。各長于厥居。勉出乃力。聽予一人之作猷。

集傳 難言謀遷徙之難也。蓋遷都固非易事。而又當時臣民傲上從康。不肯遷徙。然我志決遷。若射者之必於中。有不容但已者。弱少之也。意當時老成孤幼。皆有言當遷者。故戒其老成者不可侮。孤幼者不可少之也。爾臣各謀長遠其居。勉出汝力。以聽我一人遷徙之謀也。

集說 蘇氏軾曰。有。又通。猶言孤與幼也。○黄氏度曰。公卿大夫各有封邑而爲之長。當率其民勉出力以聽命。作猷。言遷都有道。於此作興之也。○胡氏士行曰。老成。則知久安之計而欲遷。孤幼。則受水之害而欲遷。卽小人之攸箴者。

無有遠邇。用罪伐厥死。用德彰厥善。邦之臧。惟汝衆。邦之不臧。惟予一人有佚罰。

集傳 用罪。猶言爲惡。用德。猶言爲善也。伐。猶誅也。言無有遠近親疏。凡伐死彰善。惟視汝爲惡爲善如何。爾邦之善。惟汝衆用德之故。邦之不善。惟我一人失罰其所當罰也。

集說 張氏九成曰。不從遷者。罪也。從遷者。善也。

凡爾衆。其惟致告。自今至于後日。各恭爾事。齊乃位度乃口。罰及爾身。弗可悔。

集傳　致告者。使各相告戒也。呂氏祖謙曰。當時所告。惟在庭之人。故使之轉相告語。

自今以往。各敬汝事。整齊汝位。法度汝言。不然。罰及汝身。不可悔也。

集說　孫氏覺曰。恭爾事。則無傲上。齊乃位。則無從康度乃口。則無浮言。三者。盤庚所深戒也。○時氏瀾曰。盤庚本無刑人之意。恐人見其勤懇。遂以爲不能用刑。故露此意。

盤庚中

集說　金氏履祥曰。中篇之誥。諭民爲詳。蓋遷徙之際。民亦勞止。或有再動于浮言者。○馬氏明衡曰此篇只反覆懇惻至云崇降罪疾乃祖乃父乃斷棄汝皆是卽其平日之所嚴事而畏信者以開悟之非卽以刑罰加之也惟亂政具乃貝玉之臣則必欲加之以刑而亦出其乃祖乃父之意非一人之私也

盤庚作惟涉河以民遷乃話民之弗率誕告用亶其有衆咸造勿褻在王庭盤庚乃登進厥民

【集傳】作起而將遷之辭殷在河南故涉河誕大亶誠也

孔氏安國曰大告用誠於衆

咸造皆至也勿褻戒其毋得褻慢也此史氏之言蘇氏曰民之弗率不以政令齊之而以話言

曉之盤庚之仁也。

【集說】林氏之奇曰。秦風無衣之詩曰。與子偕作。與子偕行。作與行字葢是一義。是將行而渡河耳。非有他義也。○傳曰。未言而信。信在言前。誕告用亶。然後登進厥民而告之。可謂信在言前矣。○吕氏祖謙曰。已離舊邦。未至新邑。則王庭葢道路行宫。如周禮掌次是也。班次臣在前。民在後。故升進其民於前而告之。○申氏時行曰。誕告用亶。包一篇而言。曰亶者。惟誠可以動物也。

曰明聽朕言無荒失朕命。

【集傳】荒。廢也。

【集說】王氏肎堂曰。明聽者。勉之於方受之時。無荒失者。戒之於旣受之後。

嗚呼。古我前后。罔不惟民之承。保后胥慼。鮮以不浮于天時。

【集傳】承。敬也。蘇氏曰。古謂過爲浮。浮之言勝也。后既無不惟民之敬。故民亦保后。相與憂其憂。雖有天時之災。鮮不以人力勝之也。林氏曰。憂民之憂者。民亦憂其憂。罔不惟民之承。憂民之憂也。保后胥慼。民亦憂其憂也。

【集說】林氏之奇曰。諸說皆以浮爲行。竊謂蘇氏爲勝。其說與上下文相貫。古人謂名勝實爲名浮於實。而又有天人相勝之說。天之降災於人。宜其國遂至于危敗禍亂而不可救。而先后能與其民同心協力。擇利而遷。是以安存而無虞。是修其人事而能勝其天時者矣。○金氏履祥曰。首明先王君民相體。一篇大意○鍾氏天才曰。上下協和。既足以挽回乎天心。而備禦有道。又足以潛消乎天變。

殷降大虐。先王不懷厥攸作。視民利用遷。汝曷弗念我古后之聞。承汝俾汝。惟喜康共。非汝有咎比于罰。

集傳 先王以天降大虐。不敢安居。其所興作。視民利當遷而已。爾民何不念我以所聞先王之事。凡我所以敬汝使汝者。惟喜與汝同安爾。孔氏穎達曰。惟歡喜安樂。皆與汝共之。非爲汝有罪。比于罰。而謫遷汝也。

【集說】姚氏舜牧曰。遷國原是極難的事。然到時勢之窮。歸於康民而已。但將利害二字。分勘明白。必從其利。必去其害。要忘其勞。正此視民利用遷國。又曰。說以先民。民道曰。先王遷從與作。因民所利。此民之所共聞者。以所聞先王者而念我。則知我今日圖遷之意矣。民利者。舍陷溺之危。而趨生全之地也。承汝承字。與惟民之承同。

予若籲懷茲新邑。亦惟汝故。以丕從厥志。

【集傳】我所以招呼懷來于此新邑者。亦惟以爾民蕩析離居之故。欲承汝俾汝康共。以大從爾志也。袁氏黄曰。從民一時之欲者。其從小。從民永建之利者。其從大。故曰丕從。或曰。盤庚遷都。民咨胥怨。而此以爲丕從厥志。何也。蘇氏曰。古之所謂從衆者。非從其口之所不樂。而從其心之所不言而同然者。夫趨利而避害。捨危而就安。民心同然也。殷亳之遷。實斯民所利。特其一時爲浮言搖動。怨咨不樂。使其卽安危利害之實。而反求其心。則固其所大欲者矣。

集說 劉氏克莊曰。思患豫防。君之遠慮。安土懷居。民之淺見。亳邑之遷。臨以君令。孰敢不從。而盤庚不然。曰天時。曰大虐。謂天時當遷。非人所能爲也。曰古我前后。曰古后之聞。謂先王常遷。非自我作古也。曰先王不懷。雖先王不思此土矣。曰視民利用遷。曰惟喜康共。蓋欲利汝。非以害汝。欲汝安且樂。非欲汝勞且怨也。曰惟民之承。曰承汝。曰惟汝故。曰丕從厥志。皆屈己以順民。非彊民以從己也。古者行利民之政。尚恐人情之疑信。必耳提面命。使之洞曉。此盤庚所以爲賢王也歟。○金氏履祥曰。此二節。言君之體民。

今予將試以汝遷。安定厥邦。汝不憂朕心之攸困。乃咸大不宣乃心。欽念以忱。動予一人。爾惟自鞠自苦。若乘舟。汝弗濟。臭厥載。爾忱不屬。惟胥以沈。不其或稽。自怒曷瘳。

集傳 上文言先王惟民之承。而民亦保后胥慼。今我亦惟汝故安定厥邦。而汝乃不憂我心之所困。杜氏偉曰。朕心攸困。言憂民不安居。而至於困鬱也。乃皆不宣布腹心。欽念以誠。感動於我。爾徒爲此紛紛。自取窮苦。譬乘舟不以時濟。必敗壞其所資。今汝從上之誠。間斷不屬。姚氏舜牧曰。有忱不加欽念。便是爾忱不屬。安能有濟。惟相與以及沈溺而已。詩曰。其何能淑。載胥及溺。正此意也。利害若此。爾民而罔或稽察焉。王氏樵曰。稽者。所謂卽安危利害之實。而反求其心也。是雖怨疾忿怒。何損於困苦乎。

集說　申氏時行曰。安定厥邦。申安民生。從民志言。蓋民生安。國與之俱安。民志定。國與之俱定也。

汝不謀長。以思乃災。汝誕勸憂。今其有今罔後。汝何生在上。

【集傳】汝不爲長久之謀。以思其不遷之災。是汝大以憂而自勸也。孟子曰。安其危而利其災。樂其所以亡。勸憂之謂也。有今。猶言有今日也。罔後。猶言無後日也。上。天也。今其有今罔後。是天斷棄汝命。汝有何生理於天乎。下文言迓續乃命于天。蓋相首尾之辭。

【集說】金氏履祥曰。此二節。言民不體君。祗以自怏。○王氏綱振曰。利者。民所欲安者。民所懷。然所欲有甚於此者。生。命也。故以何生續命大利害大安危動之。

今予命汝一。無起穢以自臭。恐人倚乃身。迂乃心。

集傳　爾民當一心以聽上。無起穢惡以自臭敗。恐浮言之人倚汝之身。迂汝之心。黃氏度曰。不服常業。身偏倚矣。不則德義。心迂曲矣。使汝邪僻而無中正之見也。

集說　王氏肯堂曰。是非無兩在。利害無兩從。心有定主。則不迯於正直之塗。身有定歸。則不蹈於邪僻之地。不然。身心非所自有。顛倒迯惑。趨於禍患。如起穢以自臭。豈他人能敗之哉。蓋不一。則無中正之見。而人得倚之迂之。倚者。使汝害不能避。利不能趨。而失其持身之則。迂者。使汝以利爲害。以害爲利。而失其制心之宜。

予迓續乃命于天。予豈汝威。用奉畜汝衆。

【集傳】我之所以遷都者。正以迎續汝命于天。林氏之奇曰。是亦將修人事以勝天之降災也。予豈以威脅汝哉。用以奉養汝衆而已。

【集說】林氏之奇曰。天之應物。禍福吉凶之來。皆以類至。聖人治天下。能轉禍而爲福。去凶而爲吉。其至於將危將亂之際。而皆有續之之道焉。故伊川先生有言曰。天命不可易也。然有可易者。惟有德者能之。

予念我先神后之勞爾先。予丕克羞爾。用懷爾然。

【集傳】神后。先王也。羞。養也。即上文畜養之意。言我思念我先神后之勞爾先人。我大克羞養爾者。用懷念爾故也。

【集說】金氏履祥曰。此三節。言我之體民。亦體先王之意。爾先人亦甚矣。予念之不忘。故大能養爾者。惟以爾爲先民子孫。念先民以及于爾。所以不忘爲汝謀也。汝又何以不從乎。蓋盤庚之意。以己如先王。而欲民之如其祖父。民縱不能體君之心。亦當知率祖攸行也。○申氏時行曰。言保后胥感。竭力從遷。我后之勞

失于政。陳于兹。高后丕乃崇降罪疾。曰曷虐朕

民。

集傳 陳久。崇大也。耿圮而不遷。以病我民。是失政而久于此也。高后。湯也。湯必大降罪疾於我曰。何爲而虐害我民。蓋人君不能爲民圖安。是亦虐之也。

集說 馬氏森曰。當遷之義。質諸鬼神而無疑。不遷之罪。質諸鬼神而無宥。其嚴之者至矣。政。卽遷都之政。失于政一節。言君不遷。則君有罪。而先王不宥之。以見今日不得不遷也。

汝萬民乃不生生。暨予一人猷同心。先后丕降與汝罪疾。曰曷不暨朕幼孫有比。故有爽德。自上其罰汝。汝罔能迪。

集傳 樂生興事則其生也厚。是謂生生。先后。泛言商之先王也。幼孫。盤庚自稱之辭。比。同事也。爽。失也。言汝民不能樂生興事。與我同心以遷。我先后大降罪疾於汝。曰汝何不與朕幼小之孫同遷乎。故汝有失德。自上其罰汝。汝無道以自免也。黃氏度曰。自上降罰於汝。汝無能迪吉矣。

集說 金氏履祥曰。此節言民不體君之罪。○劉氏應秋曰。猷。卽遷徙之謀。同心。卽康共之心也。

古我先后既勞乃祖乃父。汝共作我畜民。汝有戕則在乃心。我先后綏乃祖乃父。乃祖乃父乃斷棄汝。不救乃死。

集傳 既勞乃祖乃父者。申言勞爾先也。汝共作我畜民者。汝皆爲我所畜之民也。戕。害也。綏。懷來之意。謂汝有戕害在汝之心。我先后固已知之。懷來汝祖汝父。汝祖汝父亦斷棄汝。不救汝死也。

集說 金氏履祥曰。此節言君民相體之義。以申明民不體君之罪。○鍾氏天才曰。民不從遷。不惟得罪於先王。而且得罪於其祖父也。

茲予有亂政同位，具乃貝玉。乃祖乃父丕乃告我高后曰：作丕刑于朕孫。迪高后丕乃崇降弗祥。

集傳　亂，治也。具，多取而兼有之謂。言若我治政之臣所與共天位者，不以民生爲念，而務富貝玉者。孔氏穎達曰：貝者，水蟲。古人取其甲以爲貨，如今之用錢然。是行用之貨也。貝玉，物之最貴者。責其貪財，故舉二物言之。其祖父亦告我成湯作丕刑于其子孫，啓成湯丕乃崇降弗祥而不赦也。此章先儒皆以爲責臣之辭。然詳其文勢。

曰兹予有亂政同位。則亦對民庶責臣之辭。非直爲羣臣言也。案上四章言君有罪。民有罪。臣有罪。我高后與爾民臣祖父一以義斷之。無所赦也。王氏曰。先王設敎。因俗之善而導之。反俗之惡而禁之。方盤庚時。商俗衰。士大夫棄義卽利。故盤庚以具貝玉爲戒。此反其俗之惡而禁之者也。自成周以上。莫不事死如事生。事亡如事存。故其俗皆嚴鬼神。以經考之。商俗爲甚。故盤庚特稱先后與臣民之祖父。崇降罪疾爲告。此因其俗之善而導之者也。

【集說】孔氏穎達曰。原神之意而爲之辭。以懼其子孫耳。○朱子語類問盤庚言其先王與其羣臣之祖父若眞有物在其上。降災降罰。與之周旋從事日用之間者。竊謂此亦大槪言理之所在。質諸鬼神而無疑爾。而殷俗尚鬼。故以其深信者導之。夫豈亦眞有一物耶。曰鬼神之理。聖人蓋難言之。謂眞有一物固不可。謂非眞有一物亦不可。若未能曉然見得。且缺之可也。○時氏瀾曰。根本之病。非發其根本之良心。何以能治。敬畏祖父者。人之良心也。盤庚提其祖父而言之。敬畏之心。豈不油然而。顧戀財寶之念輕矣。○陳氏櫟曰。神后言神靈在天。高后言功德崇高。與先后皆指先王之遷都者言之。大意言我不率民以遷。先王必罪我。汝不從上以遷。不特先王罪汝。汝之祖父亦禍汝矣。

嗚呼。今予告汝不易。永敬大恤。無胥絶遠。汝分猷念以相從。各設中于乃心。

集傳 告汝不易。卽上篇告汝于難之意。孔氏安國曰。凡所言皆不易之事。○孔氏穎達曰。此易。讀爲難易之易。不易。言其難也。大恤。大憂也。今我告汝以遷都之難。汝當永敬我之所大憂念者。君民一心。然後可以有濟。苟相絶遠而誠不屬。則殆矣。分猷者。分君之所圖而共圖之。分念者。分君之所念而共念之。相從相與也。中者。極至之理。陳氏師凱曰。無過不及。舉天下無以加之。故謂之極至之理。各以極至之理存于心。則知遷徙之議爲不可易。而不爲浮言橫議之所動搖也。

【集說】王氏樵曰。前曰一。此曰中。民心皆有一。民心皆有中。聖賢理會利害處卽義理。故隨事而有不偏之準。不二之則。

【附錄】孔氏穎達曰。鄭云。我所以告汝者不變易。言必行之。謂盤庚自道已言必不改易。與孔異。

乃有不吉不迪。顚越不恭。暫遇姦宄。我乃劓殄滅之。無遺育。無俾易種于茲新邑。

【集傳】乃有不善不道之人。顚隕踰越不恭上命者。孔氏穎達曰隕越。是遺落廢失之意。及暫時所遇爲姦爲宄。成十七年左傳曰。亂在外爲姦。在內爲宄。劫掠行道者。我小則加以劓。孔氏穎達曰。五刑。截鼻爲劓。大則殄滅之。無有遺育。毋使移其種孔氏穎達曰。易種。相染易也。惡種在善人之中。則善人亦變易爲惡。于此新邑也。遷徙道路閒關。恐姦人乘隙生變。故嚴明號令以告勅之。

集說 黄氏度曰。遷徙之際。固當明法禁。而况嘗有異論動搖。或恐姦邪乘閒而作。必當周防也。

往哉生生。今予將試以汝遷。永建乃家。

集傳 往哉。往新邑也。方遷徙之時。人懷舊土之念。而未見新居之樂。故再以生生勉之。振起其怠惰。而作其趨事也。試。用也。今我將用汝遷。永立乃家。爲子孫無窮之業也。

集說　劉氏克莊曰。曰往哉生生。曰汝何生在上。曰汝萬民乃不生生。凡三言之。謂遷以利民。非止利君也。曰今予將試以汝遷安定厥邦。曰今予將試以汝遷。永建乃家。凡再言之。謂將爲臣民建家。非止爲國定都也。○陳氏櫟曰。生生養不窮之道也。末二句。應前安定厥邦。前以邦言。此以家言。互文見意。民惟邦本。本固邦寧。必民家永建。而後邦國安定也。

盤庚下

【集說】林氏之奇曰：此篇盤庚既遷，猶恐民情未盡諭其意，故復爲之反覆告諭，申前篇之義，推其赤心以與斯民同其勞逸，共其好惡，未嘗致疑於其閒。蓋其愛民惻怛之意充實於中，而優游寬大之語發見於外，皆其心之所誠然者也。

盤庚既遷，奠厥攸居，乃正厥位，綏爰有衆。

【集傳】盤庚既遷新邑，定其所居，正君臣上下之位，慰勞臣民遷徙之勞，以安有衆之情也。此史氏之言。

【集說】王氏炎曰：定居，謂君有寢廟，臣有邑宅，民有廛里。○王氏樵曰：居者，官府民廛井邑之居；位者，君卿大夫士民上下之位。既奠其居，乃各正其分，首呼集慰勞而安之。○孫氏繼有曰：新都草昧之初，名分不可以不正。間關遷徙之後。衆情不可以不綏。正者。正其體統無使紊亂之謂。綏者。慰其勞苦。無使猜疑之謂。有衆兼臣民而言。此篇多綏衆之辭。

曰。無戲怠。懋建大命。

【集傳】曰。盤庚之言也。大命。非常之命也。遷國之初。臣民上下。正當勤勞盡瘁。趨事赴功。以爲國家無窮之計。故盤庚以無戲怠戒之。以建大命勉之。

【集說】林氏之奇曰。中篇曰。予迓續乃命于天。既遷而告之曰。懋建大命。言我雖能續汝命于天。汝心能無無戲怠。然後可以立汝之命也。○吳氏澄曰。無戲。欲其敬事。無怠。欲其勤事。大命。兼民命國命而言。建命。謂命雖

在天立之在我使民有以遂其生國有以永其祚也當時傲上從康習於戲怠未遷則以爲憚既遷則以爲足不復爲自勉自立之計故以此戒之

今予其敷心腹腎腸歷告爾百姓于朕志罔罪爾衆爾無共怒協比讒言予一人

集傳 歷盡也百姓畿內民庶百官族姓亦在其中

集說 黄氏度曰遷事百姓容有不能盡知吾心者浮言胥動今悉無罪汝○吴氏澄曰敷心腹腎腸謂無一不布露也臣民雖既遷盤庚猶慮其強從上命非出本心怨怒未忘故明白洞達以釋其疑

古我先王將多于前功適于山用降我凶德嘉

績于朕邦。

集傳 古我先王湯也。適于山。往于亳也。契始居亳。其後屢遷。成湯欲多于前人之功。王氏樵曰。湯以亳而興王業。王業之興。是多于前人之功。故復往居亳。案立政三亳。鄭氏曰。東成皐南轘轅西降谷。以亳依山。故曰適于山也。降下也。黃氏度曰。猶依今言減少也。山。地高水下。而無河圮之患。故曰用下我凶德。嘉績美功也。孔氏安國曰。下去凶惡之德。立善功於我國。

集說 金氏履祥曰。此章謂亳殷之地。高爽依山。古我先王。將恢大前人之烈。是以建都于亳。用降我凶德。

猶傳所謂有汾澮以流其惡。國語所謂沃土民不才。瘠土民好義之意。蓋消斯民沈溺重墜之疾。而絶後世驕奢淫侈之風也。○吴氏澄曰。凶德謂民受水患。適亳依山。自此民獲其吉。所以降其凶德。又成美功於我邦。謂湯由亳而興有天下也。

今我民用蕩析離居。罔有定極。爾謂朕曷震動萬民以遷。

集傳 今耿爲河水圮壞。沈溺墊隘。民用蕩析離居。無有定止。將陷於凶德。而莫之救。爾謂我何故震動萬民以遷也。

集說孔氏安國曰：言皆不明己本心。○時氏瀾曰：民無遠慮，未見水害而不欲遷，猶可。今既蕩析離居矣，猶憚於遷，何也？瀕水之民，水至則憂，水去則忘之，極者止也。水所圮壞，已無所止其身矣，尚不自覺，姑欲苟安，反謂我何爲震動萬民以遷。民既出此言，豈不自疑？述其所言，無復他意，使之釋然也。

肆上帝將復我高祖之德，亂越我家。朕及篤敬，恭承民命，用永地于新邑。

集傳乃上天將復我成湯之德，而治及我國家。我與一二篤敬之臣，時氏瀾曰：篤敬者，同心同德之人也。敬承民命，用長居于此新邑也。

集說 時氏瀾曰：所以遷者，蓋上帝將復我高祖成湯之德，以治我家。亳邑，湯之舊都。盤庚非特欲復成湯之故業，蓋將復成湯之法度紀綱。聖人所居，風聲氣習，尚有可考，求之以爲治也。○申氏時行曰：此言己之遷都，實天意所在，正對上曷震句。曰上帝者，盤庚不敢以爲己功，而擬先王，故歸之天也。朕及篤敬，卽復祖德而治國家之事。篤敬是審利害之實而謀其遷者，忠誠體國之臣也。恭承民命，卽迓續乃命之意，言君臣一心，致敬以承續民命，使趨利避害，舍危就安，用長居于新邑也。

肆予沖人，非廢厥謀，弔由靈。各非敢違卜，用宏兹賁。

集傳 沖，童。弔，至。由，用。靈，善也。宏、賁，皆大也。孔氏穎達曰：樊光曰：周禮云。其聲大而宏。詩云。有賁其首。是宏賁皆爲大之義也。言我非廢爾衆謀。乃至用爾衆謀之善者。指當時臣民有審利害之實以爲當遷者言也。爾衆亦非敢固違我卜。亦惟欲宏大此大業爾。言爾衆亦非有他意也。蓋盤庚於既遷之後。申彼此之情。釋疑懼之意。明吾前日之用謀。略彼既往之傲惰。委曲忠厚之意。藹然於言辭之表。大事以定。大業以興。成湯之澤。於是而益永。盤庚其賢矣哉。

【集說】孔氏穎達曰。禮。將有大事。必謀於衆。謀衆乃是常理。故言非廢。謂己不自專也。衆謀必有異見。故至極用其善者○林氏之奇曰成公六年左傳曰聖人與衆同欲是以濟事盤庚能善用謀之意也○張氏九成曰盤庚非特不廢人謀卜者鬼謀亦不敢違之是人謀鬼謀皆以爲當遷○金氏履祥曰此章以上諭民○陳氏櫟曰此篇如多于前功以下朱子本疑之如弔由靈宏茲賁等語實難曉姑依前注觀之可也

附錄蘇氏軾曰賁飾也大此郊廟朝市之飾○陳氏傳良曰各非敢違卜蓋曰吾與汝皆非私意各惟卜是用以求其宏大藩飾之事爾

案宏賁皆大之義孔疏所引有賁其首者足相証矣然句中兩字皆大之意終不甚分曉或作賁卦之賁則在立國規模郊廟朝市之賁飾煥然一新上說宋儒蘇軾陳傳良主此似亦有理存之以備一解

嗚呼邦伯師長百執事之人尚皆隱哉

【集傳】隱痛也。盤庚復歎息言。爾諸侯公卿百執事孔氏穎達曰。百執事。謂大夫以下。諸有執事之官也。之人。庶幾皆有所隱痛於心哉。林氏之奇曰。邦伯者。邦之諸侯。師長者。衆官之長。

【集說】六卿也。百執事之人。則其屬也。○金氏履祥曰。此章以下諭臣。○吳氏澄曰。新遷之民生理未復。諸臣當惻然憫痛。愛護封殖之。

【案】經言邦伯。漢孔氏以爲二伯及州牧。唐孔氏疏云。東西二伯及九州之牧也。蘇氏林氏則云。邦之諸侯。黃氏度謂諸侯一國之長。伯。長也。蔡傳不從二孔。故但以諸侯言。或以爲遷都不及畿外之諸侯。而謂孔傳說是。蔡以邦伯只指諸侯爲未必然。禮不云乎。內諸侯。祿也。外諸侯。嗣也。意此處傳專主內諸侯而言。注疏所云伯牧。正嫌其涉於畿外耳。蓋二伯之分陝。隱五年公羊云。天子三公。相也。自陝以東。周公主之。陝以西。召公主之。一相處乎內然則二伯亦未必在內也。況二伯之設。殷時未必有之。若八州八伯各有其屬。尤當在畿外也。至注云州牧者。或以爲當州之牧。然唐孔氏明言九州之牧矣。則是注疏語涉游移。而蔡所云諸侯者。專主內諸侯也。此爲得之。又考鄭康成曰殷之州長曰伯。虞夏及周爲牧。鄭之洽聞亦必有據此則所謂當州之長乎。其說優於二孔。

予其懋簡相爾。念敬我衆。

【集傳】相。爾雅曰導也。我懋勉簡擇導汝。以念敬我之民衆也。

【集說】時氏瀾曰。乍至新邑。敬民之念稍弛。民即有不得其所者矣。○陳氏經曰。念敬我衆。謂念之而不忘敬之而不忽也。

朕不肩好貨敢恭生生鞠人謀人之保居敘欽。

【集傳】肩任。敢勇也。鞠人謀人。未詳。或曰。鞠養也。我不任好賄之人。惟勇於敬民。以其生生爲念。使鞠人謀人之保居者。吾則敘而用之。欽而禮之也。劉氏應秋曰。敘以祿位言。欽以禮貌言。

【集說】王氏十朋曰。導其耕桑。薄其稅斂。使老幼不失其養。鞠人之事也。聯其比閭。合其族黨。相友相助。謀人保居之事也。既養之。又安之。則斯民之生生得矣。○吳氏澄曰。言我不任貪人。有能敢於恭承民之生生。俾貧富各保其居者。則任之敬之。

今我既羞告爾于朕志。若否。罔有弗欽。

集傳 羞。進也。若者。如我之意。即敢恭生生之謂。否者。非我之意。即不肩好貨之謂。二者爾當深念。無有不敬我所言也。

集說 馬氏森曰。不肩好貨。敢恭生生。斯二者。一則我志之所若。一則我志之所否。今我既進告而無隱矣。爾必於我所若者而勉之。所否者而戒之。罔有弗欽焉可也。○湯氏顯祖曰。前告朕志。志在恭承民命。此告朕志。志在念敬我衆。一也。

無總于貨寶生生自庸。

集傳 無。毋同。總。聚也。庸。民功也。王氏樵曰。以民之生生爲功而自勉也。此則直戒其所不可爲。勉其所當爲也。

集說 眞氏德秀曰。廉雖小善。貪乃大惡。此盤庚所以有貨寶之戒。○劉氏克莊曰。又拈起次篇貝玉之言以勵之。曰不肩好貨。曰無總貨寶。可謂反覆告戒之至矣。○陳氏櫟曰。敬我之所否。而無總貨寶。申不肩好貨之戒。敬我之所若。而生生自庸。申敢恭生生之訓。

式敷民德永肩一心。

集傳 式。敬也。敬布爲民之德。永任一心。欲其久而不替也。盤庚篇終戒勉之意。一節嚴於一節。而終以無窮期之。盤庚其賢矣哉。蘇氏曰。民不悅而猶爲之。先王未之有也。祖乙圮於耿。盤庚不得不遷。然使先王處之。則動民而民不懼。勞民而民不怨。盤庚德之衰也。其所以信於民者未至。故紛紛如此。然民怨誹逆命。而盤庚終不怒。引咎自責。益開衆言。反復告諭。以口舌代斧鉞。忠厚之至。此殷之所以不亡而復興也。後之君子。厲民以自用者。皆以盤庚藉口。予不可以不論。

【集說】林氏之奇曰上篇告之以汝克黜乃心而終篇則曰永肩一心蓋謂欲黜其傲上從康之心則在於施實德于民則能一心以事上矣私心去則義理自明義理明則物莫能奪而愛民之實著矣○吳氏澄曰用敷布其德於民永久守此一心而不變也始終不貳之謂一

【總論】呂氏祖謙曰三書反覆折難須於包容處看其德量於委曲訓誥處看其恩意於規畫纖悉處看其措置○王氏天與曰三篇中皆有告臣民之辭蓋盤庚本意在誥諭胥怨之民而其中責臣之意尤重者以當時君民之情不通皆羣臣爲之間也去其間而後君民之情通遷都之計定矣○蔣氏悌生曰上篇始有遷都之謀世臣不利故造浮言以惑衆愚民無知怨咨蠭起盤庚乃出教令大意皆責在位之人多示嚴刑以威之中篇臨行告諭大意在位既從下民如風行草偃不必示以威惟慮塗中寇攘竊發故特嚴刑以禁之下篇上

下奠居。勞事已過。故統諭之。皆撫綏之意。上篇威多於恩。中篇恩威竝行。下篇弛威崇恩。此盤庚三篇之殊義也。

欽定書經傳説彙纂卷第八

欽定書經傳說彙纂卷第九

說命上

集傳說命。記高宗命傅說之言。命之曰以下是也。猶蔡仲之命。微子之命。後世命官制詞。其原蓋出於此。上篇記得說命相之辭。中篇記說爲相進戒之辭。下篇記說論學之辭。總謂之命者。高宗命說實三篇之綱領。故總稱之。今文無古文有。

說史記。高宗。盤庚弟小乙之子也。名武丁。以夢得說於傅險。遂以傅險姓之。號曰傅說。

集說 林氏之奇曰：此三篇，蓋史官記高宗得傅說與之反覆商較議論爲治之道，與夫學問之大方。而其文煩多，故其策分爲三篇，而有上中下之別。○王氏樵曰：案命官有辭，自唐虞有之，少僅一言，多或數言而止，出於當時面命。有書自說命始，其事既非常，其言則大訓微言在焉。夫子錄之，實與三謨伊訓相表裏，非他篇比也。

王宅憂，亮陰三祀。既免喪，其惟弗言，羣臣咸諫于王曰：嗚呼！知之曰明哲，明哲實作則。天子惟君萬邦，百官承式，王言惟作命，不言臣下罔攸稟令。

【集傳】亮亦作諒。陰古作闇。案喪服四制。高宗諒陰三年。鄭氏注云。諒古作梁。楣謂之梁。闇讀如鶉鵪之鵪。闇謂廬也。卽倚廬之廬。儀禮翦屏柱楣。朱子曰。柱音知主反。似是從手不從木。鄭氏謂柱楣所謂梁闇是也。宅憂亮陰。言宅憂於梁闇也。先儒以亮陰爲信默不言。孔氏安國曰。陰。默也。居憂信默。三年不言。則於諒陰三年不言爲語。復而不可解矣。君薨百官總己聽於冢宰。居憂亮陰不言。禮之常也。高宗喪父小乙。惟旣免喪而猶弗言。羣臣以其過於禮也。故咸諫之。歎息言有先知之德者。謂之明哲。明哲實爲法於天下。今天子君臨萬邦。百官皆奉承法令。王言則爲命。不言則臣下無所稟令矣。

集說　朱子語類。問諒陰。以他經考之。皆以諒陰爲信默。惟鄭氏獨以爲凶廬。天子居凶廬。豈合禮制。曰。所引翦屏柱楣是兩事。蓋始者户北向用草爲屏。不翦其餘。至是改而西向。乃翦其餘草。始者無柱與楣檐著於地。至是乃施短柱及楣。以拄其楣架起其檐。令稍高而下可作户也。梁闇未詳古定制何如。不敢輒爲之説。但假使不如鄭説。亦未見天子不可居廬之法。○時氏瀾曰。免喪之後。則發號施令。與天下更始。當臣民拭目觀化。聳然聽命之時。高宗猶且弗言。弗言者。恭默深思。爲君之難。不敢易其言也。非柔懦闒弱。胷中無所主而不能言也。中無所主而不言。則柔懦闇弱之形。已見於外。惟中有所主者。雖未嘗言。其至誠發越。自不可掩。此高宗之羣臣。默窺於不言之表。而有明哲之說。○金氏履祥曰。謂之明哲者。以高宗天資之不凡也。知之固貴於行之。故曰實作則。命令之行。乃作則之事也。○申氏時行曰。知者氣質清明。義理昭著。先天下而知者也。明者方寸虛靈。無一理之不具。哲者。察微知著。無一理之不燭。言具是先知之德者。謂之明哲之人也。

王庸作書以誥曰。以台正于四方。台恐德弗類。茲故弗言。恭默思道。夢帝賚予良弼。其代予言。

【集傳】庸。用也。高宗用作書告喻羣臣以不言之意。言以我表正四方。任大責重。恐德不類于前人。故不敢輕易發言。惟恭敬淵默金氏履祥曰。恭者。敬身以處。默者。不言而思。以思治道。夢帝與我賢輔。其將代我言矣。蓋高宗恭默思道之心。純一不二。與天無間。故夢寐之間。帝賚良弼。其念慮所孚。精神所格。非偶然而得者也。

【集說】程子曰。夢說之事。高宗只思得聖賢之人。須是聖賢之人。方始應其感。若傅說。非聖賢。自不相感。如人卜筮。蓍在手。事在未來。吉凶在書策。其卒三者必合矣。○問高宗往求說邪。說來入夢邪。曰。譬懸鏡於此。有物必照。亦非鏡往照物。亦非物來入鏡。大抵人心虛靈。善不善必先知之。○或言高宗於傅說。文王於太公。蓋已素知之矣。恐羣臣未信。故托夢卜以神之。曰。此僞也。聖人豈僞乎。○朱子曰。高宗夢傅說。分明有個傅說在那裏。高宗却不知。所以夢見。亦是朕兆先見者如此。○帝賚良弼。必是夢中有帝賚之說。說是帝眞賚不得。說無此事只是天理亦不得。○呂氏祖謙曰。自古聖賢皆於恐懼用工。恐德弗類。入聖作德之門也。○恭默者。用志不分也。思道者。沈潛思慮。玩索天下至理之所在也。

乃審厥象。俾以形旁求于天下。說築傅巖之野。惟肖。

【集傳】審。詳也。詳所夢之人。繪其形象。孫氏繼有曰。追述像其形容曰象。得其象而繪之則曰形。其夢中所見而想旁求于天下。旁求者。求之非一方也。築。居也。今言所居。猶謂之卜築。傅巖在虞虢之閒。地理今釋傅巖在今山西平陽府平陸縣東北二十五里。一名隱賢社。水經注云。沙澗水出虞山。東南逕傅巖。歷傅說隱室前。俗名謂之聖人窟。孔安國傳。傅說隱于虞號之閒。卽此處也。**肖。似也。與所夢之形相似。**

集說　陳氏雅言曰。天之生賢。將欲以用世。而高宗求賢之心。能合上天生賢之心。賢之處世。將欲以得君而高宗求賢之心。又能合賢人用世之心。○何氏孟春曰。孟子曰傅說舉於版築之閒。墨翟書云傅說衣褐帶索。傭築於傅巖。賈誼賦云傅說胥靡。乃相武丁。遷史殷本紀云。說爲胥靡。築於傅巖。孔安國書傳。說代胥靡以供食。孔之所謂代緣墨之所謂傭也。史記索隱引漢書注。胥。相也。靡。隨也。古者相隨坐輕刑之名。莊周書胥靡登高而不懼。遺死生。是刑使人不聊於生如此。非輕刑矣。說之賢而被此刑。吾不敢信。況書只云築。胥靡非經之所載也。竊意伊耕傅築之云，不過明其方賤，苦力民間，而成湯高宗能得之於畎畝巖穴耳。

爰立作相，王置諸其左右。

【集傳】於是立以爲相。案史記高宗得說，與之語，果聖人，乃舉以爲相。書不言，省文也。未接語而遽命相，亦無此理。置諸左右，蓋以冢宰兼師保也。荀卿曰：學莫便乎近其人。置諸左右者，近其人以學也。史臣將記高宗命說之辭，先叙事始如此。

【集說】黄氏度曰：古者冢宰猶是行有司之事，相則師保也。仲虺爲左相，伊尹爲右相，周召相成王，爲左右。

命之曰。朝夕納誨。以輔台德。

【集傳】此下命說之辭。朝夕納誨者。王氏炎曰。不曰諫而曰誨者。蓋屈已以求教也。無時不進善言也。孟子曰。人不足與適也。政不足與間也。惟大人爲能格君心之非。高宗旣相說。處之以師傅之職。而又命之朝夕納誨以輔台德。可謂知所本矣。呂氏曰。高宗見道明。故知頃刻不可無賢人之言。

【集說】胡氏一桂曰。相業莫大於輔君德。高宗命相。未及他事。而責之以納誨輔德爲第一義。蓋其思道精。見道明。又素學於甘盤而有得。故其言如此。○王氏樵曰。納誨而不朝夕。亦難以奏功。曰左右。則無間。曰朝夕則無時。君德安得而不成乎。

若金用汝作礪。若濟巨川用汝作舟楫。若歲大旱用汝作霖雨。

集傳 三日雨爲霖。高宗託物以喻。望說納誨之切。三語雖若一意然一節深一節也。

集說 王氏安石曰作礪使成器。舟楫使濟難。霖雨使澤民。○蔣氏悌生曰。金作礪。望其朝夕有切磋琢磨之功。使己德日修而至於成器。濟川舟楫。則澤及乎人矣。大旱作霖。則及天下。如天地之功用非人力所可及。所謂一節深一節也。

啓乃心沃朕心

集傳　啓開也沃灌漑也啓乃心者開其心而無隱沃朕心者漑我心而厭飫也

集說　陳氏大猷曰相業莫大於輔德輔德莫切於格心格心之道非可外求惟以心格心啓開而發之也沃灌而入之也如渴之沃漿神受心領而入之深也○陳氏櫟曰高宗命說之初已有渴教之意今欲遂沃其渴教之心說果開誠心以進言高宗心心相孚必有如土受水之沃如所謂江海之浸膏澤之潤渙然冰釋怡然理順者矣○劉氏應秋曰汝心啓則礪也舟楫也霖雨也各已致其相資之益我心沃則金也大川也大旱也各已得其默助之功矣輔德之道又何以加於此哉

若藥弗瞑眩，厥疾弗瘳；若跣弗視地，厥足用傷。

【集傳】方言曰：飲藥而毒，海岱之間謂之瞑眩。瘳，愈也。孔氏穎達曰：藥之攻病，先使人瞑眩憒亂，病乃得瘳。弗瞑眩，喻臣之言不苦口也；弗視地，喻我之行無所見也。

【集說】時氏瀾曰：大臣之進言，始開陳其略，中則漸引其君以當道，而後進苦口之言。於終，進諫之序也。高宗慮說守進諫之常，未肯盡吐，故使之即陳逆耳難聽之言。言不逆耳，則過不能明，猶藥不猛烈，則疾不愈也。高宗恭默思道，已造明哲之地矣，而其自處乃若暗而無所見者。如跣足之人，苟不視地，即爲物所傷。蓋高宗恐說視已爲成德之人。高宗雖已成德，無說以扶持之，則未免有自虧之病。其望說又切於前矣。○王氏炎曰：

己之有失。非說之苦口不能藥。己之不明。非說之開導不能行。

惟暨乃僚罔不同心。以匡乃辟。俾率先王迪我高后。以康兆民。

集傳 匡。正。率。循也。先王。商先哲王也。說既作相。總百官。則卿士而下。皆其僚屬。高宗欲傅說暨其僚屬。同心正救。使循先王之道。蹈成湯之迹。以安天下之民也。

黃氏度曰。同官爲僚。使說表倡之。○袁氏黄曰。暨者。下及之詞。袁氏黄曰。率者。循而弗違。迪者。蹈而無間。

集說 陳氏雅言曰。高宗於傅說。不特望其以己正君。而又望其暨百僚同心以正君者。誠以君德之進退。

係乎羣臣之賢否。苟小人衆。則說雖賢。亦無以獨成正君之功。故欲其擇羣才以居庶職。則道同德合。庶能左右輔弼。交修不逮。以正其君。然而正君之道當何如哉。亦惟使循先王之道。蹈成湯之迹。以安天下之民而已。夫成湯之創業垂統。所以遺後嗣者至矣。後世之君莫不遵守之。故命說先之以俾率先王。而後言迪我高后者。與君牙所謂用奉若於先王。以對揚文武之光命同也。成湯之迹。商之先王能迪蹈之。故欲其率先王以迪高后。以康兆民則安民之道盡。而匡君之道亦盡。○孫氏繼有曰。說之納誨者一。而臣皆納誨。則其輔益廣。說之啓心者一。而臣皆啓心。則其沃益深。

嗚呼。欽予時命。其惟有終。

【集傳】敬我是命。其思有終也。是命。上文所命者。

集說陳氏櫟曰。卽相亦惟終之意。○王氏樵曰。君德成則輔德有終。民生安則同心匡辟有終。○姚氏舜牧曰。命朝夕納誨到迪高后康兆民。此爲相業之終。不如是其責未盡也。

說復于王曰。惟木從繩則正。后從諫則聖。后克聖。臣不命其承。疇敢不祗若王之休命。

集傳答欽予時命之語。木從繩。朱子曰。引繩彈墨以取直。喻后從諫。明諫之決不可不受也。然高宗當求受言於已。不必責進言於臣。君果從諫。臣雖不命。猶且承之。況命之如此。誰敢不敬順其美命乎。

集說 陳氏雅言曰。高宗託物以喻其意。故傅說之復高宗。亦託物以進其辭。木之生。豈生而皆正。惟從繩則無不正。君之德。豈生而皆聖。惟從諫則無不聖。傅說於此。將進其中篇陳戒之辭。故先說此以廣其從諫之量。高宗欲資之於人。故以納誨責其臣。傅說使反求諸己。故以從諫之道望其君。納誨者。相臣之職。從諫者。人君之道也。○呂氏枏曰。言從諫者。亦以美高宗。堅其爲善之志也。於美之中。而又勸焉者此也。○姚氏舜牧曰。君曰欽予時命。臣曰祗若休命。是謂一敬相成。

說命中

惟說命總百官。

集說 陳氏櫟曰。說初見高宗。上篇所言。只及從諫。至此乃詳及爲君立政之道。

【集傳】說受命總百官。冢宰之職也。

【集說】孔氏穎達曰。說以官高任重。乃進言於王。故史特標此句爲發言之端也。〇林氏之奇曰。高宗之於傳說。信之篤。任之專。遂舉國而聽之。使之代言政事。其至誠之心。上格於天。下孚於民。而其君臣同心同志。相與孚契於一堂之上。如股肱元首之相爲用也。

乃進于王曰。嗚呼。明王奉若天道。建邦設都。樹后王君公。承以大夫師長。不惟逸豫。惟以亂民。

【集傳】后王。天子也。君公。諸侯也。治亂曰亂。明王奉順天道。建邦設都。立天子諸侯。承以大夫師長。孔氏穎達曰。周禮立官。多以師爲名。師者。衆所法。亦是長之義。大夫以下分職不同。每官各有其長。故以師長言之。制爲君臣上下之禮。以尊臨卑。以下奉上。非爲一人逸豫之計而已也。惟欲以治民焉耳。

集說 楊氏時曰。明王不以私智自用。循天理而已。所謂奉若天道也。○陳氏雅言曰。天生民而不能以自治。故立之君。君奉天而不能以獨治。故任之臣。建邦設都。分地而居之。分職而任之者。非欲以天下奉一人。惟欲以一人治天下焉耳。○王氏樵曰。天之化育萬物。亦豈自用。凡日月星辰雨露風霆。皆所以爲天之用。而代天之行者也。王者豈能以一人之聰明。徧及庶物。故以尊臨卑而事有統。以下奉上而職有分。○申氏時行曰。天道。以尊卑上下之自然者而言。所謂天秩之禮也。奉若者。順天道之自然。而制爲尊卑上下之禮也。建邦。是卽四海之內而分建之有王畿有侯國設都是就一邦之中而分設之有大都有小都此分土之事后王君公所以樹之於邦者大夫師長天子諸侯皆有所以承之於都者此列爵之事惟以亂民者惟體統嚴而分守有定位序列而化理益周君以贊天臣以贊君凡以治民焉耳

惟天聰明惟聖時憲惟臣欽若惟民從乂

集傳　天之聰明無所不聞無所不見無他公而已矣人君法天之聰明一出於公則臣敬順而民亦從治矣

集說　孔氏安國曰言聖王法天以立教於下無不聞見除其所惡納之於善雖復運有推移道有升降其所施爲未嘗不法天也○蘇氏軾曰未嘗視也而無不見未嘗聽也而無不聞此天聰明也而聖人法之○呂

氏祖謙曰。高宗已造明哲之地。若火然泉達。故說欲擴充高宗之明哲。必憲天之聰明而後已也。○陳氏櫟曰。憲天聰明。則君與天一。臣民之心。均此天理。自有不容違者。此四句。因上文而申言之。

惟口起羞。惟甲胄起戎。惟衣裳在笥。惟干戈省厥躬。王惟戒茲。允茲克明。乃罔不休。

集傳 言語所以文身也。輕出則有起羞之患。甲胄所以衛身也。輕動則有起戎之憂。二者所以爲己。當慮其患於人也。衣裳所以命有德。必謹於在笥者。戒其有所輕予。干戈所以討有罪。必嚴於省躬者。戒其有所輕動。二者所以加人當審其用於已也。王惟戒此四者。信此而能明焉則政治無不休美矣。

集說　朱子曰。惟天聰明。至惟干戈省厥躬。八句各一義。不可牽連。天自是聰明。君自是用時憲。臣自是用欽順民自是用從乂。口則能起羞。甲冑所以禦戎也。然亦能興戎。衣裳者。賞也。在笥。猶云在箱篋中。甚言其取之易。如云爵者上之所擅。出於口而無窮。惟其予之之易。故必審其人果賢邪。果有功邪。則賞不妄矣。干戈刑人之具。然須省察自家眞箇是否。恐或因怒而妄刑人。或慮施之不審。而無辜者被害。則刑之施當矣。蓋衣裳之予在我。而必審其人之賢否。干戈施之於人。而必審自已之是非也。〇王氏炎曰。此所戒。皆恐其聰明蔽於私欲。而不與天相似也。克明則庶幾於天之聰明矣。〇傅氏元初曰。言動命討四件。機動於此而應在彼。喜怒予奪。發於一時。而榮辱成敗關乎四海百姓。四句皆是戒其輕而欲其重持以凝定而出乎精明也。

惟治亂在庶官。官不及私昵。惟其能。爵罔及惡德。惟其賢。

【集傳】庶官。治亂之原也。庶官得其人則治。不得其人則亂。王制曰。論定而後官之。任官而後爵之。六卿百執事。所謂官也。公卿大夫士。所謂爵也。官以任事。故曰能。爵以命德。故曰賢。惟賢惟能。所以治也。私昵惡德。孔氏穎達曰。私昵。謂知其不可而任之。惡德。謂不知其非而任之。所以亂也。○案古者公侯伯子男。爵之於侯國。公卿大夫士。爵之於朝廷。此言庶官。則爵爲公卿大夫士也。○吳氏曰。惡德。猶凶德也。人君當用吉士。凶德之人。雖有過人之才。爵亦不可及。

集說 孔氏穎達曰。治其事謂之官。受其位謂之爵。治事必用能。故官云惟其能。受位宜得賢。故爵云惟其賢。戒王使審求人。絕私好也。○呂氏祖謙曰。官爵及私惡。是蔽於私意。非憲天聰明矣。

慮善以動。動惟厥時。

集傳 善。當乎理也。時。時措之宜也。慮固欲其當乎理。然動非其時。猶無益也。聖人酬酢斯世。亦其時而已。

集說 王氏安石曰：事固有善而非時所宜者。善如裘葛之良，時如寒暑之時。時非，葛裘雖善何施。惟未動審於慮善，將動審於時宜，然後事順理而當其可矣。不顧可否，干時而動，非聰明也。

有其善，喪厥善；矜其能，喪厥功。

集傳 自有其善，則已不加勉而德虧矣；自矜其能，則人不効力而功隳矣。

集說 黃氏度曰：善與人同，舜所以爲有君德也。驕矜起於自私，一己之善，猶無以容之，況能以天下爲度乎。○王氏樵曰：有其善者，有自足之心也。故已不加勉而喪其善。矜其能者，有自用之心也。故人不効力而喪其功。

惟事事乃其有備有備無患。

集傳 惟事其事。乃其有備。有備故無患也。張氏曰。修車馬。備器械。事乎兵事。則兵有其備。故外侮不能爲之憂。簡稼器。修稼政。事乎農事。則農有其備。故水旱不能爲之害。所謂事事有備無患者如此。

集說 林氏之奇曰。此又戒之以預備於不虞。治不忘亂。安不忘危之事也。〇王氏肯堂曰。有備。以事之未至言。無患。以事之既至言。

無啓寵納侮。無恥過作非。

集傳 毋開寵幸而納人之侮，毋恥過誤而遂己之非。過誤出於偶然，作非出於有意。

集說 孔氏穎達曰：君子位高益恭，小人得寵則慢。若寵小人，則必恃寵慢主。無得開小人以寵，自納此輕侮也。○陳氏櫟曰：啓寵納侮，即女子小人近之不孫之意。過而改之，則無過矣。恥過而作非，則遂非而爲惡矣。本只無心之過，反成有心之惡。

惟厥攸居，政事惟醇。

集傳 居，止而安之義。安於義理之所止也。義理出於勉強，則猶二也。義理安於自然，則一矣。一故政事醇而不雜也。

集說 林氏之奇曰。自此以上。所以爲高宗謀者。無所不至。故又總結之。蓋言如上之所云當謹者。其本則在於人主先正其心術而已。居者。有所主於中也。中有所主。則政事不駁雜。此其本也。○馬氏森曰。心者萬化之所從出也。使心蔽於物欲。則危殆不安。而發於其政。害於其事矣。故必安於義理之所止。而無物欲之揺奪。則大本立。達道行。而政事之閒。無一不得其當矣。

黷于祭祀。時謂弗欽。禮煩則亂。事神則難。

集傳 祭不欲黷。黷則不敬。禮不欲煩。煩則擾亂。皆非所以交鬼神之道也。商俗尚鬼。高宗或未能脫於流俗。事神之禮。必有過焉。祖己戒其祀無豐昵。傅說蓋因其失而正之也。

【集說】林氏之奇曰。黷于祭祀。是心術所蔽。故傅說舉以爲訓。蓋祭惟稱於禮。苟不稱於禮。而以私意爲之。以數。則過。疏則不及。皆非禮之中也。黷而謂之不欽者。以禮煩則紛。亂而難行也。夫鬼神聰明正直。享于克誠。苟亂而非禮。則鬼神豈享之哉。蓋夙夜惟寅。直哉惟清。則於事神爲易也。○杜氏偉曰。事神有歲舉之時。先王酌天理之時宜而定之者也。事神有品節之禮。先王觀天理之會通而制之者也。黷則將以敬之。適以慢之。將以治之。適以亂之。事神不亦難乎。

王曰。旨哉。說乃言惟服。乃不良于言。予罔聞于行。

【集傳】旨。美也。古人於飲食之美者。必以旨言之。蓋有味其言也。服。行也。高宗贊美說之所言。謂可服行。使汝不善於言。則我無所聞而行之也。蘇氏曰。說之言。譬如藥石。雖散而不一。然一言一藥。皆足以治天下之公患。所謂古之立言者。

【集說】林氏之奇曰。說既進其嘉謀嘉猷。自明王奉若天道以下。凡數十言。無非治道之大原。君術之至要。其所以啓沃以成就高宗之德。可謂展盡底蘊而無餘矣。高宗至是而聞其所未聞。義理之悅於其心而無厭也。則若飢之甘食。渴之甘飲。入乎口。著乎心。斷然以爲可以行之而無疑也。

說拜稽首曰。非知之艱。行之惟艱。王忱不艱。允協于先王成德。惟說不言有厥咎。

集傳 高宗方味說之所言。而說以爲得於耳者非難。行於身者爲難。王忱信之。亦不爲難。信可合成湯之成德。說於是而猶有所不言。則有其罪矣。上篇言后克聖。臣不命其承。所以廣其從諫之量。而將告以爲治之要也。此篇言允協先王成德。惟說不言有厥咎。所以責其躬行之實。將進其爲學之說也。皆引而不發之義。

【集說】程子曰。知之非艱。行之惟艱。固也。然知之亦自艱。如人欲往京師。必是知出那門。行那路。然後可往。若不知。雖有欲往之心。其將何之。自古非無能力行者。然鮮能明道。此知之亦難也。○張氏栻曰。孔子觀上世之化。曰大哉知乎。雖堯舜之民。比屋可封。亦能使之由之而已。知者。聖凡之分也。豈可云易乎哉。傅說之告高宗。高宗蓋知之者。恭默思道。非知之明哲者有此乎。故君奭篇言。在武丁。時則有若甘盤。蓋發高宗之知者甘盤也。說故告之以雖已知之。此非艱也。貴於身親實履之耳。此爲已知者言也。若高宗未克知之。而告之曰知之非艱。則說爲失言矣。○眞氏德秀曰。忱誠也。使高宗以誠爲主。何患於行乎。○陳氏櫟曰。說意謂王能行而說不言。則咎在說。說已言而王不行。則咎在王。不在說也。上篇復君以從諫。此則責君以行言。必實見於行。而後始不爲徒從也。知對行言。自傳說始發之。而後致知力行。爲萬世學者爲學之法程。

說命下

集說 馬氏廷鸞曰。前篇訪以政事。故說以政事對。此篇訪以學。故說以學對。

王曰。來汝說。台小子舊學于甘盤。既乃遯于荒野。入宅于河。自河徂亳。暨厥終罔顯。

集傳 甘盤。臣名。君奭言在武丁時則有若甘盤。遯。退也。高宗言我小子舊學于甘盤。已而退于荒野。後又入居于河。自河徂亳。遷徙不常。歷敘其廢學之因。而歎其學終無所顯明也。無逸言高宗舊勞于外。爰曁小人。與此相應。國語亦謂武丁入于河。自河徂亳。唐孔氏曰。高宗爲王子時。其父小乙。欲其知民之艱苦。故使居民閒也。孔氏穎達曰。於時蓋未爲太子。殷道雖質。不可既爲太子。更與民雜居。蘇氏謂甘盤遯于荒野。以台小子語脈推之非是。

【集說】朱子曰。東坡解作甘盤遯于荒野。據某看。只是高宗自言。觀上文曰予小子可見。但不知當初高宗因甚遯于荒野。不知甘盤是甚樣人。是學箇甚麼。今亦不敢斷。但據文義疑是如此。兼無逸云。高宗舊勞于外。亦與此相應。想見高宗三年不言。恭默思道。未知所發。又見世閒未有箇人強得甘盤所以思得大賢如傅說。

高宗若非傳說想不能致當日之治傳說若非高宗亦不能有所爲故曰惟后非賢不乂惟賢非后不食言必相須也○黄氏震曰蘇氏之說非是此論精矣世人不喜其說者以曁厥終罔顯非所以言高宗也案蔡云高宗歷敘廢學之因而歎其學終於無所顯明其說亦本古注初非蔡氏自爲之說且自言學罔顯而下文求傳說爾惟訓于朕志文義極順無可疑者若以爲甘盤遯去而罔顯則上文既言宅于河又言自河徂亳蹤跡歷歷甚明豈得言罔顯邪且蘇氏雖以遯野爲甘盤而小蘇氏作古史亦以遯野爲高宗也○鄭氏曉曰正義云高宗未立之前已有甘盤免喪不言乃求傳說漢儒以爲卽位初有甘盤佐之甘盤卒後有傳說說有大功周公數六臣不言說未知其故蓋此六臣皆商前王舊臣輔後王者說乃高宗所求非其父小乙所遺之臣也周公留召公專述舊臣故數盤而不及說

爾惟訓于朕志。若作酒醴。爾惟麴糵。若作和羹。爾惟鹽梅。爾交修予。罔予棄。予惟克邁乃訓。

【集傳】心之所之謂之志。陳氏大猷曰：訓志猶云格心。邁，行也。黃氏度曰：說以力行要高宗。故高宗有克邁之言焉。范氏曰：酒非麴糵不成。朱子曰：周官五齊，二曰醴齊。注云：醴成而汁滓相將。如今甜酒也。○陳氏師凱曰：麴，酒母也。糵，牙米也。羹非鹽梅不和。人君雖有美質。必得賢人輔導。乃能成德。作酒者麴多則太苦。糵多則太甘。麴糵得中。然後成酒。作羹者鹽過則鹹。梅過則酸。鹽梅得中。然後成羹。臣之於君。當以柔濟剛。可濟否。左右規正。以成其德。故曰爾交修予。王氏樵曰。罔命交修。乃羣臣交相弼正其君之意。此專說傅說。故取更互相濟之意。爾無我棄。我能行爾之言也。孔氏曰。交者非一之義。

集說 蘇氏軾曰。麴蘖鹽梅。和而不同也。○時氏瀾曰。學問之道。相需而成。有傅說之教。有高宗之聽。故謂之交修。言教學互相發明。誠意相接也。○陳氏經曰。中篇說謂患高宗之不能行。不患臣之不能言。此篇高宗謂患說之不能言。不患我之不能行。○王氏樵曰。訓不於行事而於志。此高宗知本之論。

說曰。王。人求多聞。時惟建事。學于古訓。乃有獲。事不師古。以克永世。匪說攸聞。

集傳 求多聞者資之人學古訓者反之己古訓者古先聖王之訓載修身治天下之道二典三謨之類是也說稱王而告之曰人求多聞者是惟立事然必學古訓深識義理然後有得不師古訓而能長治久安者非說所聞甚言無此理也○林氏曰傳說稱王而告之與禹稱舜曰帝光天之下文勢正同

集說 王氏安石曰求多聞而不惟古訓是式則是非無所考正而所聞愈惑矣○林氏之奇曰善待問者如撞鐘叩之以小者則小鳴叩之以大者則大鳴待其從容然後盡其聲高宗既從容以問矣故說得以盡其

聲也。○朱子曰今人只管說治心修身。若不見這箇理。心是如何地治。身是如何地修。傅說曰學于古訓。至匪說攸聞。蓋聖賢說出道理在裏。必學乎此。後可以有得。○經籍古人言學字。方自說命始有。○呂氏祖謙曰學問之博。貴有實用。大而建立大經。經綸大業。彌綸大化。至於贊天地化育。皆所謂建事也。此所謂有用之學。否則所聞雖多。亦奚以爲。○眞氏德秀曰大學自格物致知。推而至於治國平天下。蓋致知所以明理。理明則見諸行事者。舉而措之耳。此求多聞建事之意也。古者學與事爲一。故精義所以致用。利用所以崇德。本末非二致也。後世學與事爲二。故求道者以政事爲粗迹。任事者以講學爲空言。不知天下未嘗有無理之事。無事之理。老莊言理而不及事。是有無事之理也。管商言事而不及理。是有無理之事也。深味傅說之言。則古先聖王之正傳。可以識矣。

惟學遜志務時敏厥修乃來允懷于茲道積于厥躬。

集傳　遜謙抑也務專力也時敏者無時而不敏也遜其志如有所不能敏於學如有所不及虛以受人勤以勵已則其所修如泉始達源源乎其來矣茲此也篤信而深念乎此則道積於身不可以一二計矣夫修之來來之積其學之得於己者如此。

集說　林氏之奇曰功崇惟志業廣惟勤學之欲有得者惟在於此二者遜志則功日以崇時敏則業日以

廣。此誠爲學之大方。○朱子曰。遜順其志。捺下這志。入那事中。子細低心下意。與他理會。若高氣不伏。以爲無緊要。不能入細理會得。則其修亦不來矣。旣遜其志。又須時敏。若似做不做。或作或輟。亦不濟事。須是遜志。又務時敏。則厥修乃來。爲學之道。只此二端而已。又戒以允懷于兹二者。則道乃積于厥躬。積者。來得件數多也。○陳氏經曰。信道不篤。則所修雖來。亦不堅凝。惟允懷于此。篤信不忘。則來者積聚不散。來。如日知其所無。積。如無月忘其所能也。

惟斆學半。念終始典于學。厥德修罔覺。

集傳 斆。敎也。言敎人居學之半。朱子曰。學記引此。亦只依古注。蓋道積厥躬者。體之立。斆學于人者。用之行。兼體用。合內外。而後聖學可全也。始之自學。學也。終之教人。亦學也。一念終始。常在於學。無少間斷。則德之所修。有不知其然而然者矣。孫氏覺曰。德修罔覺。董子所謂長日加益而不自知也。或曰。受教亦曰斆。斆於爲學之道半之半。須自得。此說極爲新巧。但古人論學語皆平正的實。此章句數非一。不應中間一語。獨爾巧險。此蓋後世釋教機權。而誤以論聖賢之學也。

【集說】朱子曰。惟斆學半。蓋已學既成。居於人上。則須教人。初學得者是半。既學而推以教人。與之講說。已亦因此溫得文義。是斆之功亦半也。念終始典于學。自學教人。無非是學。自始至終。日日如此。忽不自知其德之修也○眞氏德秀曰上言道之積下言德之修以理之共由言之謂之道以理之自得言之謂之德也○王氏樵曰自人己之分殊而言修身以上者學之事也齊家以下者教之事也學固居斆之先而未學固無可以爲教自大學之全功而言則自學者學之始也教人者學之終也斆實居學之半而凡教皆所以爲學學誠無終始可間也一念終始常在于學則厥德修罔覺何也蓋家國天下之酬酢無非身心之實理自其體之以性分也而政事非粗迹自其體之以職分也而天下皆分內則其所以施於天下國家者孰不歸於性分之所固有職分之所當爲而德之所修殆化其迹而不自知矣蓋以事分之則有學有教以理言之則利用所以崇德而初無二也中庸所謂合內外之道也

監于先王成憲其永無愆

集傳 憲。法。愆。過也。言德雖造於罔覺。而法必監于先王。法。或言爲學之準的。非也。

王氏樵曰。此法字乃法度之　先王成法者。子孫之所當守者也。孟子言遵先王之法而過者。未之有也。亦此意。

集說 張氏九成曰。欲高宗以湯爲法也。○呂氏祖謙曰。無愆德之至難也。舜德盛矣。皋陶惟曰罔愆而已。○時氏瀾曰。德修罔覺。已幾於大而化之矣。復使之監于先王者。蓋至公無私之理。雖聖人不可有一毫自恃之心也。○王氏樵曰。爲治孰非學中事。謂成憲不關於君德固不可。但監于成憲與上文學古。自是相對而言。如夫子遠宗堯舜之道。而法則近守文武。

惟說式克欽承。旁招俊乂。列于庶位。

【集傳】式用也言高宗之德苟至於無愆則說用能敬承其意廣求俊乂列于衆職蓋進賢雖大臣之責然高宗之德未至則雖欲進賢有不可得者

【集說】彭氏汝礪曰大臣以己事君不若以天下之賢事君一相得其人則天下之賢兼收竝蓄庶位皆得其人○陳氏大猷曰君莫大於務學進德相莫大於爲君求賢○姚氏舜牧曰前篇高宗云惟暨乃僚罔不同心以匡乃辟君知進賢之在任相也此云旁招俊乂列于庶位說亦知相職之在進賢也

王曰嗚呼說四海之内咸仰朕德時乃風

【集傳】風教也天下皆仰我德是汝之教也

【集說】黃氏度曰。不曰教而曰風。風有感發之義。

股肱惟人。良臣惟聖。

【集傳】手足備而成人。良臣輔而君聖。高宗初以舟楫霖雨爲喻。繼以麴糵鹽梅爲喻。至此又以股肱惟人爲喻。其所造益深。所望益切矣。

【集說】陳氏櫟曰。高宗潛默之久。一旦舉說而相之。風聲所動。四海仰德。然非輔君作聖。則無以慰人心之仰。說始告君以從諫則聖。惟聖時憲。是臣以聖期待其君。今高宗語說以良臣惟聖。是君亦以聖自期待矣。○王氏樵曰。此二句且泛論。而望說之意在言外。下舉伊尹堯舜其君。正良臣惟聖之實事。而欲傅說繼之。

昔先正保衡。作我先王。乃曰。予弗克俾厥后惟堯舜。其心愧恥。若撻于市。一夫不獲。則曰時予之辜。佑我烈祖。格于皇天。爾尚明保予。罔俾阿衡。專美有商。

集傳 先正。先世長官之臣。鄒氏季友曰。此章從孔氏訓正爲長。君牙文侯篇。又訓先正爲祖父。案詩雲漢。禮記緇衣。亦皆訓長。保。安也。保衡。猶阿衡。孔氏穎達曰。言天下所取安。所取平也。作。興起也。陳氏經曰。學于伊尹。湯之爲聖。乃尹興起而作成之也。撻于市。恥之甚也。不獲。不得其所也。高宗舉伊尹之言。謂其自任如此。故能輔我成湯。功格于皇天。爾庶幾明以輔我。無使伊尹專美於我商家也。傅說以成湯望高宗。故曰協于先王成德。監于先王成憲。高宗以伊尹望傅說。故曰罔俾阿衡專美有商。

集說 周子曰。伊尹恥其君之不及堯舜。一夫不獲則曰時予之辜。學者當志伊尹之所志。○林氏之奇曰。人君之學與匹夫異。其所宅者至廣。其所御者至衆。其所學者。不過學爲堯舜而已。若高宗之學于傅說。其所謂堯舜之學矣。○陳氏大猷曰。尹在畎畝。則欲使君爲堯舜之君。民爲堯舜之民。其自任之重如此。說起版築爲相。迹與尹同。其自任不可不與尹同。

惟后非賢不乂。惟賢非后不食。其爾克紹乃辟于先王。永綏民。說拜稽首曰。敢對揚天子之休命。

集傳　君非賢臣不與共治。賢非其君不與共食。言君臣相遇之難如此。克者。責望必能之辭。敢者。自信無慊之辭。對者。對以己。揚者。揚於衆。王氏樵曰。對揚者。以休命。示必能踐此言之意。上文高宗所命也。至是高宗以成湯自期。傅說以伊尹自任。君臣相勉勵如此。異時高宗爲商令王。傅說爲商賢佐。果無愧於成湯伊尹也。宜哉。

集說 趙氏敦臨曰。前言疇敢不祗若王之休命。今云敢對揚天子之休命。蓋方求諫之時。則貴乎廣。故舉衆以稱之。至於阿衡之事業。則傅說當躬任其責。故稱己以言之。○朱子曰。惟后非賢不乂。言人君必任賢而後可以致治也。惟賢非后不食。言人君當任養賢之責也。高宗之本意如此。○陳氏雅言曰。高宗言今我而獲說。則后得賢矣。當與爾共治也。說而遇我。則賢得后矣。當與我共食也。以君臣相遇之難。而見今日相遇之盛。爾其克紹汝君於先王。安斯民於永久。此以致君澤民之事責其臣也。說於是拜稽首以致其敬君之禮。而謂之敢對揚天子之休命者。此以致君澤民之事任諸己也。

總論 朱子曰。伊尹告太甲。便與傅說告高宗不同。伊尹之言。諄切懇到。蓋太甲資質低。不得不然。若高宗則無許多病痛。所謂黷于祭祀時謂弗欽之類。不過此等小事爾。

高宗肜日

【集傳】高宗肜祭。有雊雉之異。史記曰。有飛雉登鼎耳而呴。祖己訓王。史氏以爲篇。亦訓體也。不言訓者。以既有高宗之訓。林氏之奇曰。其所訓。析而爲兩篇。其一篇。遜於秦火者。名高宗之訓。故只以篇首四字爲題。今文古文皆有。

【集說】高堂氏隆曰。大戊有桑穀生朝。武丁有雊雉升鼎。皆因災恐懼。側身修行。故號曰中宗高宗。興也勃焉。

附錄　金氏履祥曰此篇首稱高宗肜日終言無豐于昵高宗廟號也似謂高宗之廟昵近廟也似是祖庚繹于高宗之廟兼高宗名臣不聞祖己乃訓于王似告幼君書序大誤惟史記謂此書作于祖庚之時爲得之而其說又不分明○鄒氏季友曰案說命篇首稱王此篇首稱高宗史臣不應逆書廟號史記謂祖己諫于高宗時作書於祖庚時蓋亦因篇首高宗二字而曲爲之說耳篇中絕無以前王戒後王之意且稱祖己曰者乃史臣之詞非祖己自作之書也此必祖庚肜祭高宗之廟而祖己諫之故有豐昵之戒詞旨淺直亦告少主語耳肜祭高宗而曰高宗肜日謂于高宗之廟肜祭之日也如仲康命胤侯而曰胤侯命掌六師高宗命傅說而曰惟說命總百官書中如此者多乃史氏立言之法也小序不察遂以爲高宗祭成湯後之解者又泥於小序雖馬氏稱昵爲禰廟蔡傳

亦云非湯廟。然皆未得其說。故詳論之。

案 此篇首以廟號稱武丁。故史遷謂其作於祖庚時。而金履祥鄒季友。并疑祖己之諫。乃在祖庚。非高宗也。以其訓於王者。似告幼君。不似爲高宗言之耳。以今觀之。其有可疑者。如乃曰其如台。此天變不足畏之說。高宗斷不至此。不必以此陳戒也。然蔡傳及諸儒定爲高宗而不云祖庚者。因黷于祭祀云云。傳說既以告高宗。雖因商俗尚鬼而言。亦自是高宗一病。故以此篇屬之高宗耳。然此若在高宗。必初年事。非晚歲進德而復勞祖己之訓如此也。書作於嗣王時。無可疑者。既是追作。豈必爲晚年事邪。

高宗肜日。越有雊雉。

集傳 肜。祭明日又祭之名。殷曰肜。周曰繹。孫氏炎曰。祭之明日。尋繹復祭也。彤者。相尋不絕之意。○林氏之奇曰。彤之與繹。事同而名異耳。○馬氏森曰。周頌絲衣。繹賓尸也。箋曰。天子諸侯曰繹。以祭之明日。卿大夫曰賓尸。與祭同日。

雊。鳴也。於彤日有雊雉之異。蓋祭禰廟也。序言湯廟者非是。

集說 林氏之奇曰。高宗祀豐于昵。必殺于祖。有缺而不備者。賢臣祖己進諫于王而正救其失。將使之恐懼修省。以銷天變。此書之所以作也。○雉之爲禽。飛鳴於郊野之外。今乃于宗廟行禮之時。百執事環列於庭。而徜徉於廟之鼎耳。必其宗廟祭祀之事。有不合於禮者。

祖己曰。惟先格王。正厥事。

集傳 格。正也。猶格其非心之格。詳下文高宗祀豐于昵。

昵者。禰廟也。豐于昵。失禮之正。故有雊雉之異。祖己自言當先格王之非心。然後正其所失之事。惟天監民以下。格王之言。王司敬民以下。正事之言也。

集說 孔氏光曰。上天聰明。苟無其事。變不虛生。書曰。惟先格王。正厥事。言變異之來。起事有不正也。○王氏安石曰。祖考罔非天嗣。祀有典。不可豐殺。訓之使改。所謂正厥事。○申氏時行曰。此祖己將欲訓王而私論如此。蓋凡事之失。皆本於心。苟非先格其非心。事有不可得而正者矣。不務民義而邀福祈命。此非心也。不知敬民而祀豐于昵。此失事也。

乃訓于王曰惟天監下民典厥義降年有永有

不永。非天夭民。民中絕命。

集傳　典。主也。義者。理之當然。行而宜之之謂。言天監視下民。其禍福予奪。惟主義如何爾。降年有永有不永者。義則永。不義則不永。非天夭折其民。民自以非義而中絕其命也。意高宗之祀。必有祈年請命之事。如漢武帝五時祀之類。祖己言永年之道。不在禱祠。在於所行義與不義而已。禱祠非永年之道也。言民而不言君者。不敢斥也。

【集說】孔氏穎達曰。民有五常之性。謂仁義禮智信也。此稱獨以義爲言者。得其事宜。五常皆以適宜爲用。故義可以總之也。獨以夭壽爲言者。洪範五福以壽爲首。六極以短折爲先。是年壽者。人之所貪也。○時氏瀾曰。天所主。自有常理。至公而無私。厚薄高下善惡皆合其宜。卽常理也。理無偏全氣有厚薄。降衷于民。無非純粹至善之端。受其氣者。或永或不永。非天夭之也。○孫氏繼有曰。直指禱祀祈年之意。而以大義儆懼之。此格心第一事也。孔子曰。務民之義。敬鬼神而遠之。則義字之義自見。下云王司敬民。所謂義也。

民有不若德。不聽罪。天既孚命正厥德。乃曰其如台。

【集傳】不若德。不順於德。不聽罪。不服其罪。謂不改過也。

孚命者。以妖孽爲符信而譴告之也。言民不順德。不服罪。天既以妖孽爲符信而譴告之。欲其恐懼修省以正德。民乃曰孽祥其如我何。則天必誅絶之矣。祖己意謂高宗當因雊雉以自省。不可謂適然而自恕。夫數祭豐昵徼福於神。不若德也。黷于祭祀。傅説嘗以進戒。意或吝改。不聽罪也。雊雉之異。是天既孚命正厥德矣。其可謂妖孽其如我何邪。

集説 孔氏穎達曰。言天信命。賞有義。罰無義也。正其德。勸王改過修德以求永也。○王氏樵曰。以孽祥爲符信以正其德人於斯時恐懼修省側身修行以消變異猶恐其後其可曰孽祥其如我何而莫之省乎本爲雊雉進戒故此言孽祥之來乃上天所以譴告不可不思其故也

嗚呼王司敬民罔非天胤典祀無豐于昵

集傳 司主胤嗣也王之職主於敬民而已徼福於神非王之事也況祖宗莫非天之嗣主祀其可獨豐于昵廟乎孔氏穎達曰犧牲粢盛尊彝俎豆之數禮有常法不當特豐於近廟謂犧牲禮物多也

集說 黃氏度曰人君誠能若天敬民皇建有極使五福均被則受祿于天而何用豐昵祀哉王者祭天地祭山川祭社稷宗廟無非爲民者也

陳氏經曰。爲雊雉訓王。而書不及雉。本以訓王。而辭屢及民。末始指王而言。辭不迫而意獨至矣。○黄氏震曰。高宗肜日而有雊雉之異。祖己遂訓以天之於民。降年永不永。惟其義如何。天既信其命令賞罰無差。而民猶以爲無如我何。此民之愚也。王之事天。正此而已。豐祀何益。此肜日一篇之大旨。

西伯戡黎

【集傳】西伯文王也。名昌。姓姬氏。戡勝也。黎國名。在上黨壺關之地。【地理今釋】黎國今山西潞安府黎城。平順二縣地。括地志云。故黎城黎侯國也。在潞州黎城縣東北十八里。尚書云西伯戡黎是也。案史記文王脫羑里之囚。獻洛西之地。紂賜弓矢鈇鉞。使得專征伐爲西伯。文王既受命。黎爲不道。於是舉兵伐而勝之。祖伊知周德日盛。既已戡黎。紂惡不悛。勢必及殷。故恐懼奔告于王。庶幾王之改之也。史錄其言以爲此篇。誥體也。今文古文皆有。○或曰。西伯武王也。史記嘗載紂使膠鬲觀兵。膠鬲問之曰。西伯曷爲而來。則武王亦繼文王爲西伯矣。

集說 孔氏穎達曰。王肅云。王者中分天下爲二公總治之。謂之二伯。得專行征伐。文王爲西伯。黎侯無道。文王伐而勝之。○紂都朝歌。王圻千里。黎在朝歌之西。爲近王圻之諸侯。鄭云入紂圻內。

亦無文也。○林氏之奇曰。黎。史記以爲耆。大傳爲肌。其音相近。其君黨惡於紂。與之爲不義而虐用其民。文王既專征伐。於是率師戡黎而勝之。當是時。諸侯助紂爲虐者多矣。周人之德既及於黎國。則天下之困於虐政者。皆相率而歸之。紂雖欲不亡。不可得也。○朱子曰。觀戡黎逼近紂都。看來文王只是不伐紂耳。其他事亦都做了。如伐崇戡黎之類。後人因孔子以服事殷一句。遂委曲回護殊不知孔子只是說文王不伐紂耳。○問舊說西伯多指文王。惟陳少南呂伯恭薛季龍以爲武王。吴才老亦曰乘黎恐是伐紂時事。二說未知孰是。曰。此等無證據。可且闕之。

西伯既戡黎。祖伊恐。奔告于王。

【集傳】下文無及戡黎之事。史氏特標此篇首。以見祖伊告王之因也。祖姓。伊名。祖己後也。奔告。自其邑奔走來告紂也。

【集說】林氏之奇曰。文王既爲西伯。則西方諸侯之爲不義者。其戡而勝之。蓋方伯連帥之職然也。其於文王所以事殷之至德。實未嘗失。而祖伊之所以恐者。非謂文王將有伐商之心也。蓋以黎之亡。逆知殷之必亡。民既棄殷而歸周。則文王雖欲終守臣節而不可得。此其所以恐而奔告于受也。

曰。天子。天既訖我殷命。格人元龜。罔敢知吉。非先王不相我後人。惟王淫戲用自絕。

【集傳】祖伊將言天訖殷命。故特呼天子以感動之。訖絕也。格人。猶言至人也。格人。元龜。皆能先知吉凶者。言天既已絕我殷命。格人元龜。皆無敢知其吉者。甚言凶禍之必至也。非先王在天之靈不佑我後人。我後人淫戲用自絕於天耳。

集說 孔氏安國曰。至人以人事觀殷。大龜以神靈考之。皆無知吉。○時氏瀾曰。自古觀興衰。皆參之以卜。格人與元龜竝言者。乃有道之士。至誠如神。如元龜之先知也。成湯德澤在人。神靈在天。於後人未嘗無相助之心。惟紂自絕其天命。自云者。天無心。周亦無心也。

故天棄我。不有康食。不虞天性。不迪率典。

【集傳】康。安。○詩周頌。明昭上帝。迄用康年。朱子曰。康年。猶豐年也。虞。度也。典。常法也。紂自絕於天。故天棄殷。不有康食。饑饉荐臻也。不虞天性。民失常心也。不迪率典。沈氏瀞曰。典。即五典。民之天性。不虞故不迪。廢壞常法也。

【集說】林氏之奇曰。夫天佑下民。作之君師。惟欲其富之教之也。今乃至於不有康食。不虞天性。不迪率典。則君師之任。兩失之矣。斯民何賴焉。○陳氏櫟曰。書之言性。此第三見。蓋謂人所受於天之性。爲私欲所昏蔽而不能自省察也。惟不自省察其天性。是以不蹈迪率循乎典常也。

今我民罔弗欲喪。曰天曷不降威。大命不摯。今王其如台。

大命。非常之命。摯至也。史記云。大命胡不至。民苦紂虐。無不欲殷之亡。曰天何不降威於殷。而受大命者。何不至乎。孔氏穎達曰。向望大聖之君。欲其早伐紂也。今王其無如我何。言紂不復能君長我也。上章言天棄殷。此章言民棄殷。祖伊之言。可謂痛切明著矣。

集說呂氏祖謙曰。商之覆亡。固未易救。然而賢人尚多。先王之澤尚未泯。紂苟能轉而之善。則民之欲喪者。將愛戴而懷歸。周德雖盛。以服事殷。又何求也。

王曰。嗚呼。我生不有命在天。

集傳　紂歎息謂民雖欲亡我。我之生。獨不有命在天乎。

集說　時氏瀾曰。天命方歸之時。聖人猶曰命靡常而不敢有也。天命已訖。紂乃曰有命在天乎。眞不知命者也。○王氏肯堂曰。我生雖承民棄來。然謂有命在天。則非輕民心之不足畏。而且恃天命之不見絕矣。天人交棄。而猶爲自安之言。此之謂罔有悛心。

祖伊反曰。嗚呼。乃罪多參在上。乃能責命于天。

集傳　紂既無改過之意。祖伊退而言曰。爾罪衆多。參列在上。申氏時行曰。卽商罪貫盈之意。乃能責其命于天邪。呂氏曰。責命于天惟與天同德者方可。

吳氏澄曰。前與紂言。故稱王。此以下祖伊退而私言之。故稱乃。

殷之卽喪指乃功不無戮于爾邦。

集傳 功事也。葉氏夢得曰。凡事積而成者。皆曰功。言殷卽喪亡矣。指汝所爲之事。其能免戮於商邦乎。蘇氏曰。祖伊之諫。盡言不諱。漢唐中主所不能容者。紂雖不改。而終不怒。祖伊得全。則後世人主有不如紂者多矣。愚讀是篇而知周德之至也。祖伊以西伯戡黎。不利於殷。故奔告於紂。意必及西伯戡黎不利於殷之語而入以告后出以語人未嘗有一毫及周者是知周家初無利天下之心其戡黎也義之所當伐也使紂遷善改過則周將終守臣節矣祖伊殷之賢臣也知周之興必不利於殷又知殷之亡初無與於周故因戡黎告紂反覆乎天命民情之可畏而略無及周者文武公天下之心於是可見

總論　呂氏柟曰自天棄至率典言天怒也自民罔弗欲喪至不摯言人怨也詩不云乎儀監于殷峻命不易又不云乎王室如燬父母孔邇於是乎可以考周德之盛矣○郝氏敬曰孔子删書不序文王事殷之事而

但存戡黎微子二篇。以見商紂之危。無異朝露。文王以摧枯拉朽之勢。可取不取。故夫子謂之至德也。

微子

集傳 微國名。子爵也。微子名啓。帝乙長子。紂之庶母兄也。微子痛殷之將亡。謀於箕子比干。史錄其問答之語。亦誥體也。以篇首有微子二字。因以名篇。今文古文皆有。

地理今釋 孔安國傳。微圻內國名。寰宇記云。微子城在潞東北。今山西潞安府潞城縣東北十五里有微子鎮。卽故城也。

集說 孔氏穎達曰。鄭康成以爲微箕俱在圻內。孔雖不言箕亦當在圻內也。比干不言封爵。或本無爵或有而不言也○林氏之奇曰案史記宋世家曰微子者殷帝乙之首子紂之庶兄而孟子則以爲紂爲兄之子則是微子者紂之叔父也此二說不同案微子之命云殷王元子使微子果是紂之叔父則不當以元子言之也故當從史記宋世家之言

微子若曰父師少師殷其弗或亂正四方我祖厎遂陳于上我用沈酗于酒用亂敗厥德于下

集傳 父師太師孔氏穎達曰以畢命之篇王呼畢公爲父師畢公時爲太師也 三公箕子也王氏肅曰箕子紂諸父○孔氏穎達曰書傳不見箕子之名惟司馬彪注莊子云箕子名胥餘 少師孤卿孔氏穎達曰周官以少師爲孤此言孤卿者孤亦卿也 比干也干紂諸父家語曰比

官則少師。弗或者。不能或如此也。亂治也。言紂無道。無望其能治正天下也。厎致也。陳列也。我祖成湯。致功孔氏穎達曰。致行其道。遂其功業。陳列於上。而子孫沈酗于酒。陸氏德明曰。以酒爲凶曰酗。敗亂其德於下。沈酗言我而不言紂者。過則歸己。猶不忍斥言之也。

集說 呂氏祖謙曰。其者。未定之辭。或者。非斷然之辭。商亡形決矣。猶曰商其不或能治正四方乎。微子猶冀紂一旦悔悟。不謂其果不能也。○沈酗。紂自爲。微子歸之我者。蓋以君爲體。視同己過。以商家體統言之。故總而言我。亦不忍斥言紂也。

殷罔不小大好草竊姦宄卿士師師非度凡有辜罪乃罔恆獲小民方興相爲敵讎今殷其淪喪若涉大水其無津涯殷遂喪越至于今

【集傳】殷之人民無小無大皆好草竊姦宄上而卿士亦皆相師非法王氏樵曰互相倣效以自恣於法度之外上下容隱凡有冒法之人無有得其罪者小民無所畏懼強凌弱衆暴寡方起讎怨爭鬬侵奪綱紀蕩然淪喪之形茫無畔岸若涉大水無有津涯殷之喪亡乃至于今日乎微子上陳祖

烈。下逑喪亂。哀怨痛切。言有盡而意無窮。數千載之下。猶使人傷感悲憤。後世人主觀此。亦可深監矣。

【集說】時氏瀾曰。夫天生民有欲。無主乃亂。爲之法度以防閑之。則邪心不萌。如隄以防水。則無氾濫之患。苟無所維持。則貪冒無厭。爭鬭無已。水決而橫流。不可禁止矣。今商之民。無小無大。皆草竊姦宄。而且好之。足見其心之無所畏忌而紀綱法度之盡廢也。

曰。父師少師。我其發出狂。吾家耄遜于荒。今爾無指告予顛隮。若之何其。

【集傳】曰者。微子更端之辭也。何其。語辭。鄭氏康成曰。其。齊魯之閒聲讀如姬。記曰何居。義與此同。言紂發出顛狂。暴虐無道。我家老成之人。皆逃遁于荒野。危亡之勢如此。今爾無所指示告我以顛隕隮墮孔氏穎達曰。顛謂從上而隕。隮謂墜於溝壑。之事。將若之何哉。蓋微子憂危之甚。特更端以問救亂之策。言我而不言紂者。亦上章我用沈酗之義。

集說 陳氏經曰。老成皆遁。留者父師少師耳。○王氏天與曰。讀微子之書者。若以爲微子決然去之。全身續祀。未足見微子之心。惟觀其愛君憂國傷時念亂。彷徨躊躇。就謀於一二同休戚之人。而後微子之心始著。○陸氏鍵曰。惟聖罔念。猶不免狂。況狂而可使其發乎。如醉人使醉。又何忌憚之有。人之云亡。邦家殄瘁。至於老成皆去。而國不可爲矣。

附錄　孔氏安國曰。我念殷亡。發疾生狂。在家耄亂。欲遯出於荒野。

案　注疏以發出狂及遯于荒爲微子自言。後儒多從此推說。蔡氏反之者。其意以狂疾之發。出於憂憤抑鬱者。乃負氣慷慨之士所有。非可語於大賢以上之人也。若箕子之佯狂則可。然幽囚之餘。事勢兩窮。聖人不得已而行權耳。下文吾家耄解云吾在家昏耄則添一在字。於訓經之義例。猶屬牽強。未爲穩合。不如作家耄指吾家老成人。則紂之播棄黎老者多矣。且微子之遯荒出自兩宗老之所詔。更爲謀之周悉。仁至義盡。有舍此不可旁貸者。何必出自微子自謀。而近於潛身遠害也。弟注疏諸家之說。亦不可盡廢。故宜附著云。

父師若曰。王子。天毒降災荒殷邦。方興沈酗于酒。

【集傳】此下箕子之答也。孔氏穎達曰。咨二人而一人答。明心同也。王子。微子也。孔氏穎達曰。父師呼微子爲王子。則父師非王子矣。鄭王等以爲紂之諸父。當是實也。自紂言之。則紂無道。故天降災。自天下言之。則紂之無道。亦天之數。箕子歸之天者。以見其忠厚敬君之意。與小旻詩言旻天疾威。敷于下土意同。方興者。言其方興而未艾也。此答微子沈酗于酒之語。而有甚之之意。下同。

【集說】王氏炎曰。箕子以其意剖析微子之言而答之。○陳氏櫟曰。紂之惡皆原於酒。若天所使。乃無所歸咎之辭。惟紂之沈酗。方興而未艾。下民化之。無怪其爲敵讎。亦方興而未艾也。○沈氏瀞曰。箕子之答。甚有步驟。惟沈酗故咈耇長。咈耇長便用非度之卿士。用非度之卿士。便讎斂于民。節節相承。可見罪源皆起于沈酗。

乃罔畏畏。咈其耇長舊有位人。

【集傳】乃罔畏畏者。不畏其所當畏也。孔子曰。君子有三畏。畏天命。畏大人。畏聖人之言。咈。逆也。耇長。老成之人也。紂惟不畏其所當畏。故老成舊有位者。紂皆咈逆而棄逐之。卽武王所謂播棄黎老者。此答微子發狂耄遜之語。以上文特發問端。故此先答之。

集說 陳氏大猷曰。沉酗昏迷。故當畏者皆無所畏。無畏則無所不至矣。以下諸惡皆無畏所致。○王氏肯堂曰。罔畏畏。泛指紂所行。如謂已有命。則不畏天。謂祭無益。則不畏神。謂暴無傷。則不畏民之類。○來氏宗道曰。不但耄之自遜。而且咈逐之使遜。其棄老成。蓋有甚焉者。

今殷民乃攘竊神祇之犧牷牲。用以容。將食無災。

集傳 色純曰犧。孔氏穎達曰。曲禮云。天子以犧牛。天子祭牲必用純色。故知色純曰犧也。體完曰牷。孔氏穎達曰。周禮牧人掌牧六牲。以供祭祀之牲牷。以牷爲言。必是體全具也。牛羊豕曰牲。犧牷牲。祭祀天地之物。禮之最重者。猶爲商民攘竊而去。有司用相容隱。將而食之。孔氏穎達曰。將訓爲行。謂盜者得行盜而食之。且無災禍。豈特草竊姦宄而已哉。此答微子草竊姦宄之語。

【集說】時氏瀾曰。宗廟犧牷牲。尤當敬重而不可少犯。今商民乃敢竊食之。各相容隱。謂其無災則當時之紀綱法度。一切埽地可知。此舉其大者言之也。○秦氏繼宗曰。用以容。指有司。則卿士之壞法亂紀在其中矣。

降監殷民。用乂讎斂。召敵讎不怠。罪合于一。多瘠罔詔。

【集傳】讎斂。若讎敵掊斂之也。不怠。力行而不息也。詔告也。下視殷民。凡上所用以治之者。無非讎斂之事。夫上以讎而斂下。則下必爲敵以讎上。下之敵讎。實上之讎斂以召之。而紂方且召敵讎不怠。君臣上下。同惡相濟。合而爲一。故民多饑殍。而無所告也。此答微子小民相爲敵讎之語。

集說 孔氏穎達曰。治民之官。以紂暴虐。務稱上旨。皆重賦傷民。民則以上爲讎。泰誓所謂虐我則讎。是也。重斂民財。乃是聚斂怨讎之道。既爲重斂。而又亟行暴虐以威民。乃是自召敵讎。○呂氏祖謙曰。君爲不善。猶可詔其左右之大臣。大臣爲不善。猶可詔其僚屬之大夫。今上下俱惡。如出一人。瘠雖多。何自而詔告也。

商今其有災。我興受其敗。商其淪喪。我罔爲臣僕。詔王子出迪。我舊云刻子。王子弗出。我乃顛隮。

集傳 商今其有災。我出當其禍敗。商若淪喪。我斷無臣僕他人之理。詔。告也。告微子以去爲道。蓋商祀不可無人。微子去則可以存商祀也。刻。害也。箕子舊以微子長且賢。勸帝乙立之。帝乙不從。卒立紂。紂必忌之。是我前日所言。適以害子。子若不去。則禍必不免。我商家宗祀。

始隕墜而無所托矣。箕子自言其義決不可去。而微子之義。決不可不去也。此答微子淪喪顛隮之語。

【集說】王氏炎曰。微子不去。殺身之禍。恐不獨在比干。尚何宗祀之可續乎。故曰我乃顛隮。○劉氏應秋曰。上言已之義不可去。見身輕於國也。下言微子之義決不可不去。見宗祀重於國也。○顧氏錫疇曰。商今有災四句。是以事商之忠自許。詔王子以下。以存商之祀望王子。微子尚有圖存之意。而箕子但以存先祀爲先事。勢至此。更無善後之論也。

自靖。人自獻于先王。我不顧行遯。

【集傳】上文既答微子所言。至此則告以彼此去就之義。

靖。安也。各安其義之所當盡。以自達其志於先王。使無愧於神明而已。如我則不復顧行遯也。案此篇微子謀於箕子比干。箕子答如上文。而比干獨無所言者。得非比干安於義之當死而無復言歟。孔子曰。殷有三仁焉。三仁之行雖不同。而皆出乎天理之正。各得其心之所安。故孔子皆許之以仁。而所謂自靖者。卽此也。○又案左傳。楚克許。許男面縛銜璧。衰經輿櫬。以見楚子。楚子問諸逢伯。逢伯曰。昔武王克商。微子啓如是。武王親釋其縛。受其璧而祓之。焚其櫬。禮而命之。然則微子適周。乃在克商之後。而此所謂去者。特去其位而逃遯於外耳。論微子之去者。當詳於是。

集說 張氏九成曰。三仁之志。各有所在。後世以死生爲重。古人以義禮爲重。後世志慮淺狹。故見死爲高。節。古人智慮廣大。故以死爲常事。或去或死或生。初無高下。義之所在。三人各安之矣。○朱子曰。延平先生說三仁事。云當理而無私心。則仁矣。今以此語推之。三仁之心。只欲紂改過而圖存。比干之殺身。蓋非得已。箕子亦偶未見殺耳。非有意於爲奴也。事勢既爾。微子自是亦只得全身以存先王之祀。皆理不得不然者。使其先有殺身强諫之心。則亦不得爲仁人矣。微子去。却易。比干一向諫死。箕子最是難處。所以易中特說箕子之明夷。可見其難處。故曰利艱貞。晦其明也。內難而能正其志。箕子以之。他外雖狂。心則定也。

附錄　王氏樵曰。蔡氏之論當矣。然僖六年左氏面縛銜璧之說。亦傳之譌也。不知周師未至。微子先已出迪。胡得有面縛銜璧之事乎。面縛銜璧。武庚事也。非微子也。微子適周。不知的在何時。以經考之。武王克商。卽反商政。釋箕子之囚。封比干之墓。式商容之閭。豈於微子而獨遺之邪。若初克商時。卽得微子。武王必有以處之。必見於經矣。以經之不載。知微子之遯而未獲也。以微子未獲。故初封武庚以奉湯祀。及武庚以叛誅。而後微子受封於宋。其命辭曰。修其禮物。作賓王家。周人之禮微子如此。寧有抱器自歸之理乎。史記言克商時。微子持其祭器造於軍門者。亦謬也。

案　蔡傳別引左氏一段。以見微子之去。當在武王克商之後耳。而王氏樵力辯面縛銜璧之說爲非。其言亦反覆當時情事而斷之以理。蓋左氏浮夸。或有未盡實者。而史遷特以爲據焉耳。今因王氏說可存。並附著之。

總論

董氏銖曰。微子以宗國將亡。不勝其憂愁無聊之心。而謀出處於箕子比干。故箕子爲言我與受其敗。不可逃免。當與宗國俱爲存亡。故雖商祀或至淪亡。我亦誓不臣屬他人。蓋將諫紂。紂不聽。亦不敢苟全逃死。而比干無一言者。孔氏所謂心同不復重言是也。其後比干果以諫死。而箕子乃不死者。比干初心。豈欲徒死以沽名哉。所以諫者。庶幾吾言得行而紂改焉耳。紂既不改而言益切。故紂遂殺之。則比干亦不得而逃死耳。箕子初心。亦豈欲隱晦自存。以苟全其生哉。亦猶比干之諫。冀吾言得行而紂改焉耳。紂既不改而因之。偶不死耳。因遂佯狂而爲奴。蓋亦未欲卽死。庶幾彌縫其失。而冀其萬有一之開悟耳。蓋諫行而紂改過者。二子之本心也。諫不行而或死或囚者。二子所遇之不同耳。至於箕子爲微子之計。則以微子居危疑之地。義當逃去。萬有一全宗祀可也。此三子者。其制行不同。各出於至誠惻怛之心。無所爲而爲之。孔子竝稱三仁。或以此歟。

欽定書經傳說彙纂卷第九

清雍正内府本欽定書經傳説彙纂

第八册

清 王頊齡等撰

天津圖書館藏清雍正八年内府刻本

山東人民出版社·濟南

欽定書經傳說彙纂卷第二十

康王之誥

集傳 今文古文皆有。但今文合于顧命。

集說 孔氏穎達曰。康王既受顧命。主天子之位。羣臣進戒於王。王遂報誥諸侯。史敘其事。作康王之誥。○朱子曰。伏生以康王之誥合於顧命。今除却序文讀著。則文勢自相接連。

王出在應門之内。太保率西方諸侯入應門左。畢公率東方諸侯入應門右。皆布乘黄朱。賓稱奉圭兼幣。曰。一二臣衞敢執壤奠。皆再拜稽首。

王義嗣德。答拜。

【集傳】漢孔氏曰。王出畢門立應門內。鄭氏曰。周禮五門。一曰皐門。二曰雉門。三曰庫門。四曰應門。五曰路門。路門一曰畢門。外朝在路門外。則應門之內。蓋內朝所在也。陳氏師凱曰。路門之外。即應門內。實外朝所在也。傳言內朝。傳寫誤耳。周中分天下諸侯。主以二伯。自陝以東。周公主之。自陝以西。召公主之。召公率西方諸侯。蓋西伯舊職。畢公率東方諸侯。則繼周公爲東伯矣。諸侯入應門。列于左右。布陳也。乘四馬也。諸侯皆陳四黃馬而朱其鬣。孔氏穎達曰。定十年左傳云。宋公子地有白馬四。公嬖向魋。取而朱其尾鬣以與之。是古人貴朱鬣。知朱者朱其尾鬣也。以爲庭實。或曰黃朱若篚厥玄黃之類。賓。諸侯也。稱。舉也。諸侯舉所奉圭兼幣。曰一二臣衛。一二。見非一也。爲王蕃衛。故曰臣衛。孔氏穎達曰。言衛者。諸侯之在四方。皆爲天子蕃衛。故曰臣衛。敢執壤地所出奠贄。孔氏穎達曰。諸侯享天子。其物非徒圭馬而已。皆是土地所有。故曰敢執壤奠。○陳氏櫟曰。奠。如奠鴈之奠。皆再拜首至地孔氏穎達曰。周禮太祝辯九拜。一曰稽首。施之於極尊。故爲盡禮也。以致敬。義。宜也。義嗣德云者。史氏之辭也。康王宜嗣前人之德。

故答拜也吳氏曰穆公使人弔公子重耳重耳稽顙而不拜穆公曰仁夫公子稽顙而不拜則未爲後也蓋爲後者拜不拜故未爲後也弔者含者襚者升堂致命主孤拜稽顙成爲後者也康王之見諸侯若以爲不當拜而不拜則疑未爲後也且純乎吉也答拜既正其爲後且知其以喪見也

集說 孔氏安國曰二公爲二伯各率其所掌諸侯隨其方爲位○孔氏穎達曰王肅云畢公代周公爲東伯故率東方諸侯然則畢公是太師也太師在太保之上此先言太保者於時太保領冢宰相王室任重故先

言西方。若使東北任重亦當先言東方。○周禮小行人云合六幣圭以馬璋以皮璧以帛琮以錦琥以繡璜以黼此六物者以和諸侯之好此云皆陳馬者下云奉圭兼幣幣卽馬是也圭是致馬之物獨取此物以總表諸侯之意故云諸侯皆陳馬也○鄭注曲禮云春受贄於朝受享於廟是朝與享别此既諸侯總入而得有庭實享禮者以新朝嗣王因行享禮故鄭注云朝兼享禮也與常禮不同○義嗣德三字史言王答拜之意也康王先是太子以義繼先人明德今爲天子無所嫌故答其拜受其幣自許與諸侯爲主也○陳氏師凱曰皐門在外第一門建皐鼓詢事弊訟朝士掌之雉門周禮圖作庫門自外入内第二門也有寶藏之所庫門周禮圖作雉門自外入内第三門也畫雉居五門之中又曰中門應門自外入内第四門也建應鼓又曰朝門路門一曰畢門自外入内第五門也又曰虎門下建路鼓

太保暨芮伯咸進相揖皆再拜稽首曰敢敬告天子皇天改大邦殷之命惟周文武誕受羑若克恤西土

集傳 冢宰及司徒與羣臣皆進相揖定位又皆再拜稽首陳戒於王曰敢敬告天子示不敢輕告且尊稱之所以重其聽也曰大邦殷者明有天下不足恃也羑若未詳蘇氏曰羑羑里也文王出羑里之囚天命自是始順或曰羑若卽下文之厥若也羑厥或字有訛謬西土文

武所興之地。言文武所以大受命者。以其能恤西土之衆也。進告不言諸侯。以內見外。

集說 孔氏穎達曰。相揖者。揖之使俱進也。太保揖羣臣。羣臣又報揖太保。故言相揖。動足然後相揖。故相揖之文在咸進之下。○文王所憂。非憂西土而已。特言能憂西土之民。本其初起於西土故也。○蘇氏軾曰。康王生長富貴。告以文王羑里之難。欲其知創業之艱難也。○林氏之奇曰。前者率諸侯朝王而召畢爲二伯。故召畢率之以入此。率羣臣戒王而冢宰司徒最尊。故太保與芮伯咸進。○呂氏祖謙曰。二伯率諸侯列門左右。朝會分班儀也。太保及芮伯咸進相揖。朝會合班儀也。始而分班。則諸侯兩列。西伯與東伯之位相對。今而合班。則六卿前列。冢宰與司徒之位相次。○告以文武之所成就。蓋自憂患艱難得之。羑里之囚。厄莫甚焉。於此能順。則天下之理無乎不順。天所以畀付文王。而進德作聖者。庶其在此。而武王則親傳之於文王也。故謂之誕受羑若。○張氏九成曰。言克恤西土。以文武基業本於西土。示不忘本也。

惟新陟王畢協賞罰。戡定厥功。用敷遺後人休。今王敬之哉。張皇六師。無壞我高祖寡命。

【集傳】陟。升遐也。成王初崩未葬未謚。故曰新陟王。畢。盡。協。合也。好惡在理。不在我。故能盡合其賞之所當賞。罰之所當罰。而克定其功。用施及後人之休美。今王嗣位。其敬勉之哉。皇。大也。張皇六師。大戒戎備。無廢壞我文武艱難寡得之基命也。案召公此言。若導王以尚威武者。然守成之世。多溺宴安而無立志。苟不詰爾戎兵。奮揚武烈。則廢弛怠惰。而陵遲之漸見矣。成康之時。病正在是。故周公於立政。亦懇懇言之。後世墜先王之業。忘祖父之讎。上下苟安。甚至於口不言兵。亦異於召公之見矣。可勝歎哉。

【集說】張氏九成曰。新王卽位。元老大臣當以道德進戒。乃先以賞罰六師言。何也。曰。周自祖宗以來。仁深澤厚。規模已定。惟商民猶伺閒隙。欲逞其禍。元老深謀遠慮。不得已而及此。是說也。施於康王之時則可。不可泛言之於新王之時也○朱子語類問太保稱成王獨言畢協賞罰何也曰只爲賞不當功罰不當罪故事差錯若畢協賞罰非至公至明何以能此又問張皇六師曰古者兵藏於農故六軍皆寓於農張皇六師只是整理民衆底意思○陳氏櫟曰周以仁厚立國盈成之久流弊易弛而弱弊政雖甚於東遷之後幾微已兆於一再傳之餘周召畢諸公已預見先憂於未然之前矣正如太公言魯後世浸弱者也○金氏履祥曰六師謂天子六軍猶云萬乘爾張皇六師即云振天子之職也然武備亦承平易弛之事諸公既言受命戡定之功故於此又特言之張不弛其備皇不輕其事也○王氏充耘曰刑賞乃人君之大權使賞必當功而不僭刑必當罪而不濫則天下不勞而定矣○王氏樵曰昔周公告成王以克詰戎兵陟禹之迹而成王能用其言巡侯甸四征弗庭至于六服羣辟罔不承德此正畢協賞罰之大者故召公今致告而復及此焉張皇六師亦本畢協賞

罰之意
而言。

王若曰。庶邦侯甸男衞。惟予一人釗報誥。

【集傳】報誥而不及羣臣者。以外見內。康王在喪。故稱名。春秋嗣王在喪。亦書名也。

【集說】孔氏穎達曰。上文太保芮伯進言。不言諸侯。以內見外。此王告庶邦。不言朝臣。以外見內。欲令互相備也。周制六服。此惟四服。不言采要者。略舉其事。猶武成云侯甸衞駿奔走。亦略舉之矣。○林氏之奇曰。報誥者。諸侯戒我。故我以誥報之。

昔君文武丕平富。不務咎。厎至齊信。用昭明于

天下則亦有熊羆之士不二心之臣保乂王家用端命于上帝皇天用訓厥道付畀四方

【集傳】丕平富者薄博均平薄斂富民言文武德之廣也不務咎者不務咎惡輕省刑罰言文武罰之謹也底至者推行而底其至也齊信者兼盡而極其誠也文武務德不務罰之心推行而底其至兼盡而極其誠內外充實故光輝發越用昭明于天下蓋誠之至者不可揜也而又有熊羆武勇之士不二心忠實之臣戮力同心保

乂王室。文武用受正命於天。上天用順文武之道。而付之以天下之大也。康王言此者。求助羣臣諸侯之意。

集說 孔氏穎達曰。王肅云。文武道大。天下以平。萬民以富。是也。○蘇氏軾曰。詩歌文武之德。曰陳錫哉周。言其布大利以賜天下。則天下相率而戴周。及其亡也。以榮夷公專利。今康王所謂丕平富者。豈非陳錫布利也歟。所謂不務咎者。豈非不專利以消怨咎也歟。即位而首言此。其與成王皆致刑措宜也。○呂氏祖謙曰。是心有毫髮之未盡。則不得謂之底止其至。有毫髮之未實。則不得謂之齊壹於信。曰底至齊信者。又所以形容是心之盡而實也。篤實則輝光。用昭明于天下。表裏之符也。○陳氏經曰。丕則大而無外。平則均而無偏。富者惠養之謂。咎刑罰之謂也。○羣臣以賞罰六師告康王。明君道之大用也。康王以文武至仁誥諸侯。明君道之大本也。互相發明。○陳氏櫟曰。王資助於內外。而首述文武得勇士忠臣之助者。蓋有感於張皇六師之言也。○吳氏澄曰。丕平富。謂無一人不富也。平者。各得其分願。富者。家給人足也。不務咎。不以咎人之咎爲務。愼刑罰也。○陳氏雅言曰。昔君文武至昭明于天下。言聖人之仁極其誠。故其德有以著于民也。則亦有熊羆之士至保乂王家。言才德之臣爲之輔。故其治有益于國也。則亦云者。康王意謂文武之聖。本無賴於羣臣之助力。而當時則亦有羣臣爲之輔佐。而況我之今日。得不賴爾臣之助乎。其求助羣臣諸侯之意可見矣。唐孔氏云。文武既聖。時臣亦賢。以君聖臣賢之故。用能受端正之命于上天也。○陸氏鍵曰。明德愼罰。行于天下。則爲正道。合之維皇。則爲正理。當人心。乃其合天理處。

乃命建侯樹屛。在我後之人。今予一二伯父。尚胥暨顧綏爾先公之臣服于先王。雖爾身在外。乃心罔不在王室。用奉恤厥若。無遺鞠子羞。

【集傳】天子稱同姓諸侯曰伯父。康王言文武所以命建侯邦。植立蕃屏者。意蓋在我後之人也。今我一二伯父。庶幾相與顧綏爾祖考所以臣服于我先王之道。雖身守國在外。乃心當常在王室。用奉上之憂勤。其順承之。毋遺我稚子之恥也。

【集說】孔氏穎達曰。覲禮言天子呼諸侯之禮。同姓大國。則曰伯父。其異姓。則曰伯舅。同姓小邦。則曰叔父。

其異姓。則曰叔舅。計此時諸侯多矣。獨云伯父。與同姓大國言之也。○林氏之奇曰。諸侯祖父嘗臣服于周先王。今汝當相與顧安之。顧謂顧念而不忘。則先公在天之靈。於是安矣。○呂氏祖謙曰。心者。身之綱。王室者。諸侯之綱。諸侯而心不在王室。則既失其綱。渙散悖亂。無所厎麗矣。此乃君臣相勅戒之至意。初非欲其嚮己以自利。然藩屏擁衛之意。亦在其中。○總戒之以敬奉憂恤所當順者。順理則一。而時位則殊。厥若者。諸侯之所當順也。人孰不欲順理。時位之不識。則其順或非所順焉。惟止其所者斯知之矣。康王以天子臨諸侯。獨戒以無遺我稚子之羞。退託謙沖。不以威力要束天下。感人心之至者也。○吳氏澄曰。言先王之有臣以保乂王家。所以勵羣臣也。言先王之建侯以藩屏後人。所以勵諸侯也。鞠子。王自謂。諸侯不能盡職。豈不貽我之羞乎。

羣公既皆聽命。相揖趨出。王釋冕。反喪服。

集傳 始相揖者，揖而進也；此相揖者，揖而退也。蘇氏曰：成王崩未葬，君臣皆冕服，禮歟？曰：非禮也。謂之變禮可乎？曰：不可。禮變於不得已，嫂非溺，終不援也；三年之喪，既成服，釋之而卽吉，無時而可者。曰：成王顧命，不可以不傳；既傳，不可以喪服受也。曰：何爲其不可也？孔子曰：將冠子，未及期日，而有齊衰大功之喪，則因喪服而冠。冠，吉禮也，猶可以喪服行之；受顧命、見諸侯，獨不可以喪服乎？太保使太史奉冊授王于次，諸侯入哭於路寢，而見王於次。王喪服受教戒諫。哭踊答拜。聖人復起。不易斯言矣。春秋傳曰。鄭子皮如晉葬晉平公。將以幣行。子產曰。喪安用幣。子皮固請以行。既葬。諸侯之大夫欲因見新君。叔向辭之曰。大夫之事畢矣。而又命孤。孤斬焉在衰經之中。其以嘉服見。則喪禮未畢。其以喪服見。是重受弔也。大夫將若之何。皆無辭以退。今康王既以嘉服見諸侯。而又受乘黃玉帛之幣。使周公在。必不爲此。然則孔子何取此書也。曰。至矣。其父子君臣之閒。教戒深切著明。足以爲後世法。孔子何爲不取哉。然其失禮。則不可不辯。

【集說】朱子語類。潘時舉問康王釋喪服而被衮冕。受虎賁之逆于南門之外。且受黄朱圭幣之獻。諸家皆以爲禮之變。獨蘇氏以爲失禮。使周公在。必不爲此。未知當此際。合如何區處。曰。天子諸侯之禮。與士庶人不同。故孟子有吾未之學之語。蓋謂此類耳。如伊訓元祀十有二月朔。亦是新喪。伊尹已奉嗣王祗見厥祖。固不可用凶服矣。漢唐新主卽位。皆行冊禮。君臣亦皆吉服。追述先帝之命以告嗣王。韓文外集。順宗實錄中。有此事可考。蓋易世傳授。國之大事。當嚴其禮。而王侯以國爲家。雖先君之喪。猶以爲己私服也。五代以來。此禮不講。則始終之際。殊草草矣。○康王釋斬衰而服衮冕。於禮爲非。孔子取之。又不知如何。設使制禮作樂。當此之

職只得除之○陳氏櫟曰證之朱子之說當制禮職一條固主蘇氏答潘子善一條未嘗必主蘇氏但未知二說孰先孰後耳莫若兩存之

畢命

集傳 康王以成周之衆命畢公保釐此其冊命也今文無古文有○唐孔氏曰漢律歷志云康王畢命豐刑曰惟十有二年六月庚午朏王命作冊書豐刑此僞作者傳聞舊語得其年月不得以下之辭妄言作豐刑耳亦不知豐刑之言何所道也

【集說】孔氏穎達曰。周禮內史云。凡命諸侯及孤卿大夫則冊命之。○呂氏祖謙曰。周公始遷商民。戒長治者不忌於凶德。包以大度。善惡竝育。以安反側也。至君陳則商民寖服周化。故簡修進良。以猶未大區別也。至康王則世變風移矣。苟猶兼蓄竝容。則餘孽不除。終爲良民之害。故命畢公分別。居里。不惟惡不能以染善。亦將無以自容。勢不得不入於善矣。此周之治所以成也。蓋惟此時。然後可以舉此政。爲治之序固如此。○陳氏埴曰。或問商之代夏。去唐虞未遠。而湯之得民。不聞有誥諭之勤。至周之代商。自后稷公劉至於文武成王之世。商民未愜周化。尚勤諸書之訓。而世變風移。僅見於三紀之後。其遺風猶未殄。何邪。曰。三代子孫。惟商多賢君。故其德意在人。久而未忘。雖王澤既斬之後。猶有一線之微在也。

惟十有二年六月庚午朏越三日壬申王朝步自宗周至于豐以成周之衆命畢公保釐東郊

【集傳】康王之十二年也畢公嘗相文王故康王就豐文王廟命之成周下都也保安釐理也保釐卽下文旌別淑慝之謂蓋一代之治體一篇之宗要也

【集說】孔氏穎達曰說文云朏月未盛之明也此日未有事而記此庚午朏者爲下言壬申張本猶如記朔望與生魄死魄然也○呂氏祖謙曰成周爲洛都總名王城非天子時會諸侯則虛之下都則保釐大臣所居治事之地○陳氏大猷曰古者封諸侯命德賞功必於祖廟示不敢專重其事也○釐雖有辨別分理之意曰

保。則有恩意行乎其間。非斬然割裂無復潤澤也。以保爲釐。蓋有欲竝生哉之意。

王若曰。嗚呼。父師。惟文王武王敷大德于天下。用克受殷命。

【集傳】畢公薛氏季宣曰。三公不名。古之道也。代周公爲太師也。文王武王布大德于天下。用能受殷之命。言得之之難也。

【集說】胡氏士行曰。畢公以太師作方伯。父者。同姓之尊者也。○馬氏森曰。康王將命畢公以東郊之任。故先述其所以得之之難。而化之之不易。以見今日不可不得人以繼承之也。

惟周公左右先王。綏定厥家。毖殷頑民。遷于洛

邑。密邇王室。式化厥訓。既歷三紀。世變風移。四方無虞。予一人以寧。

集傳 十二年曰紀。父子曰世。周公左右文武成王。安定國家。謹毖頑民。遷于洛邑。密近王室。用化其教。既歷三紀。世已變而風始移。今四方無可虞度之事。而予一人以寧。言化之之難也。

集說 孔氏穎達曰。周公以攝政七年營成周。成王元年遷殷頑民。成王在位之年。雖未知其實。當在三十左右。至今應三十六年。是殷民遷周。已歷三紀。十二年者。天之大數。歲星太歲皆十二年而一周天。故十二年曰紀。○林氏之奇曰。周之得天下。民心悅而歸之。所慮者惟商民耳。苟商民遷善遠罪。則四方豈有不虞之變哉。○王氏柏曰。先敘周公之功。而商頑有式化厥訓之效。今之所以命畢公。命之以繼周公之治。非直曰代君陳也。○潘氏士遴曰。遷殷雖在成王時。然輔成王化殷。卽是尊文武之成烈。故總以左右先王言之。舉世皆巳變。而商民之習始移。移尚未盡變。但回心向道耳。

道有升降。政由俗革。不臧厥臧。民罔攸勸。

【集傳】有升有降。猶言有隆有汚也。周公當世道方降之時。至君陳畢公之世。則將升於大猷矣。爲政者因俗變革。故周公毖殷而謹厥始。君陳有容而和厥中。皆由俗

爲政者當今之政旌別淑慝之時也苟不善其善則民無所勸慕矣

【集說】黃氏度曰道隨時升降是故政必因其俗而更革之易曰通其變使民不倦其知道之升降歟當殷民初遷教化未施而遽分別淑慝人心必乖沮紛擾周公誠未暇也至此則事體已定人之爲惡者亦少苟無以旌別則惡者不懲王化無由而大同也使猶有一夫弗率則君師之職爲不盡故其政有所更革而道日隆焉○呂氏祖謙曰既曰世變風移矣而猶欲其俗革者風移雖靡然從善未若俗革則舊染之習無毫髮存至是而治始可保也不臧厥臧民罔攸勸革俗之道也君道當識其大者商民之餘俗欲事事而革之顧不勞哉善其善者以率之則民斯勸矣○陳氏櫟曰臧厥臧卽下文旌淑彰善之事所謂勸則使慝惡者皆克畏慕也

○孫氏繼有曰。矯其俗之有餘。救其俗之不及。或寬或嚴。由於俗不由於我。故於政則爲革。於俗則爲由。政體大抵然也。

惟公懋德。克勤小物。弼亮四世。正色率下。罔不祗師言。嘉績多于先王。予小子垂拱仰成。

【集傳】懋。盛大之義。予懋乃德之懋。小物。猶言細行也。言畢公既有盛德。又能勤於細行。輔導四世。風采凝峻。表儀朝著。若大若小。罔不祗服師訓。休嘉之績。蓋多於先王之時矣。今我小子復何爲哉。垂衣拱手以仰其成而已。康王將付畢公以保釐之寄。故敘其德業之盛。而歸美之也。

集說孔氏穎達曰。小物。猶小事也。能勤小事。則大事必能勤矣。故舉以爲畢公之善。晉語說文王之事云。詢于八虞。訪於辛尹。重之以周召畢榮。則畢公於文王之世。已爲大臣。是輔佐文武成康四世爲公卿也。○林氏之奇曰。君子者容止可觀。進退可度。以臨其民。是以其民畏而愛之。則而象之。望其容貌。不敢生慢易焉。則其善心油然而生。故必正色而後可以率下也。○呂氏祖謙曰。畢公天下大老。康王不稱其成德而稱其懋德不稱其總大體而稱其勤小物者。蓋以成德自居則止矣。於小物而忽焉。亦非造次必於是者。惟勉於德者。貫稚耄而不息。故勤於物者。一小大而無閒。○史氏漸曰。忠厚近迂闊。老成若遲鈍。先王終不以此易彼者。蓋世臣舊德。功業已見於時。聞望已孚於人。商功利。課殿最。雖不若新進者。至於雍容廟堂。天下想聞其風采。足以廉頑立懦。敦薄厲偷。如泰山喬嶽。初無運動之勞。而功之及人厚矣。畢公四世元老。雖有不可及之盛德。常有不自足之誠心。小物不以不必勤而不勤。嘉績不以已多於前時而或怠。正色斂容。而使人之非意自消。出辭吐氣。而使天下之羣心胥服。保釐之任。捨公其誰。○陳氏櫟曰。不矜細行。終累大德。公於小物克勤。所以愈見其懋德之誠也。○王氏樵曰。有盛德。又能勤於細行。見其踐履之純。備衆善而不遺。操存之密。一小大而無間也。大臣元老之風采議論。百寮所瞻。正色率下。則仰其風采者。有不言之化。罔不祗師言。則聽其法言者。信之篤而領之深矣。嘉績多于先王。指在康王之時也。

王曰。嗚呼。父師。今予祗命公以周公之事。往哉。

【集傳】今我敬命公以周公化訓頑民之事。公其往哉。言非周公所爲。不敢屈公以行也。

【集說】馬氏森曰。康王言非周公無以當化殷之任。非畢公無以繼周公之治。故先敘其德業之盛。而遂付以東郊之寄焉。其曰祗命者。見其不敢忽也。其曰周公之事者。見其非常任也。○王氏樵曰。祗命者。就祖廟中行冊書之禮是也。言周公之事。見非國家之大事。不敢勞周公於曩時。非周公所嘗爲。不敢勞我公於今日。

旌別淑慝。表厥宅里。彰善癉惡。樹之風聲。弗率訓典。殊厥井疆。俾克畏慕。申畫郊圻。愼固封守。以康四海。

【集傳】淑善慝惡癉病也旌善别惡成周今日由俗革之政也表異善人之居里如後世旌表徐氏僑曰昭而揭之曰旌標而植之曰表門閭之類顯其爲善者而病其爲不善者以樹立爲善者風聲使顯於當時而傳於後世所謂旌淑也其不率訓典者則殊異其井里疆界使不得與善者雜處禮記曰不變移之郊不變移之遂卽其法也使能畏爲惡之禍而慕爲善之福所謂别慝也圻與畿同郊圻之制昔固規畫矣曰申云者申明之也封域之險昔固有守

矣曰謹云者戒嚴之也疆域障塞歲久則易湮世平則易玩時緝而屢省之乃所以尊嚴王畿王畿安則四海安矣

【集說】王氏安石曰先王之政不獨慶賞刑威而已所以沮勸之術尤在於榮辱彰善癉惡使民知是非榮辱之所在也○使人有所感動曰風使人有所聽聞曰聲○夏氏僎曰望風而化聞聲而應如風動於此而物偃於彼聲振於此而響應於彼也○呂氏祖謙曰榮辱不止於一時而流芳遺臭將傳百世而未泯所謂樹之風聲也風聲所傳可鼓動千百年之遠雖事往迹陳而興起如新弗率者殊其井疆豈眞欲絶之而置之人類之外哉欲其畏慕而卒歸於善而已此旌别之本心也五陽一陰然後可以夬決揚庭不知時義而錯施之爲

惡者衆。或以召亂矣。因區別里閭。遂弁郊圻封守而整齊之○薛氏季宣曰。孟子曰。仁言不如仁聲之入人深也。彰善以癉惡。不言之化。風行於百姓也。申畫郊圻。正經界之法也。愼固封守。謹封疆之臣也。經界之法古矣。非先王世世修理。守之弗失。日月寖久。隳壞有漸。故必時時申畫以復其舊。然後長如一日。周衰至於壞而不復。由當時慢之也。封疆之吏。所以司經界者。謹於疆吏之擇。使之固守疆理之政。申畫之後。賴是以守之耳。詩曰。商邑翼翼。四方之極。京師。萬邦所恃以爲表式者。治京師以儀四海。所以爲康治之也。○金氏履祥曰。旌淑別。慝。東郊之政由俗革者。莫大於此。申畫三句。承上文。因以推廣東郊之政。所以保之也。○陳氏櫟曰。旌別淑慝一句。綱也。表厥至風聲三句。旌淑也。弗率至畏慕三句。別慝也。東郊之政。以保爲釐。旌別淑慝者。釐也。義之盡也。本心欲其畏慕而同歸於善者。以保爲釐也。仁之至也。又樹立爲善者之風聲。見其善善之長。俾爲惡者畏慕。見其惡惡之短。有以人治人改而止之意。愛之深。待之厚如此。卒化浮薄爲忠厚。宜哉。○王氏充耘曰洛都乃京畿所在。而與下都雜民相鄰。故畢公一面旌別淑慝以化之。一面固封守以防之。聖人固恃德以服人。然亦未嘗不豫備不虞。故易有重門擊柝以待暴客。又言王公設險以守其國。否則疆埸不戒以啓戎心此誰之咎歟。○王氏樵曰洛邑與宗周通封畿。宗周。鎬京也。方八百里。八其八爲方百里者六十四。洛邑成周也。方六百里。六其六爲方百里者三十六。東西長而南北短。短長相覆爲千里。然則洛之封畿。即鎬京之封畿。鎬爲洛之根本。洛爲鎬之陪輔。形勢合而不可分。周公營洛。取四方朝享道里均而已。初未嘗欲舍鎬京而廢祖宗之舊也。知此。乃知康王命畢公申畫愼固之深意。

政貴有恆。辭尚體要。不惟好異。商俗靡靡。利口

惟賢餘風未殄。公其念哉。

【集傳】對暫之謂恆。對常之謂異。趣完具而已之謂體。衆體所會之謂要。政事純一。辭令簡實。深戒作聰明趨浮末好異之事。凡論治體者皆然。而在商俗則尤爲對病之藥也。蘇氏曰。張釋之諫漢文帝。秦任刀筆之吏。爭以亟疾苛察相高。其弊徒文具無惻隱之實。以故不聞其過。陵夷至於二世。天下土崩。今以嗇夫口辯而超遷之。臣恐天下隨風靡。爭口辯。無其實。凡釋之所論。則康王以告畢公者也。

集說 孔氏安國曰。政以仁義爲常。辭以理實爲要。故貴尚之。若異於先王。君子所不好。○孔氏穎達曰。韓宣子稱紂使師延作靡靡之樂。靡靡者。相隨順之意。利口捷給。能隨從上意者。以之爲賢。商人效之。遂成風俗。至今不絕。公其念絕之。欲令其變惡俗也。○夏氏僎曰。體則具於理而無不足。要則簡而亦不至於有餘。謂辭理足而簡約也。政辭如此。皆不好異者能之。政而好異。則悅須臾而厭持久。不能有恆。言而好異。則言浮於理。言徒多而理不足。安能體要。○薛氏季宣曰。有恆道也。體要得中也。政履常而令簡當。雖商俗之靡靡。故當久而自化。○王氏應麟曰。伊尹以辯言亂政戒其君。盤庚以度乃口告其民。商俗利口。其弊久矣。邵子曰。天下將治。則人必尚行。天下將亂。則人必尚言。周公訓成王勿以憸人。所以反商之弊也。張釋之諫文帝超遷嗇夫。所以監秦之失也。周官曰。無以利口。冏命曰。無以巧言。此周之家法。將相功臣。少文多質。安靜之吏。悃愊無華。此漢之家法。〇王氏樵曰。趣謂辭之指趣。趣不完具。則未能達意。而理未明。趣完具而不已。則爲枝辭衍說。皆不可謂之體。人身上有領。下有要。乃體之關會處。事理之有要。亦猶是也。〇張氏爾嘉曰。政事之二三。與詞章之浮薄。此患在人心者。安得任好異之趣。而傷政辭之大體。

我聞曰。世祿之家。鮮克由禮。以蕩陵德。實悖天道。敝化奢麗。萬世同流。

集傳 古人論世祿之家。逸樂豢養。其能由禮者鮮矣。既不由禮。則心無所制。肆其驕蕩。陵蔑有德。悖亂天道。敝壞風化。奢侈美麗。萬世同一流也。康王將言殷士怙侈滅義之惡。故先取古人論世族者發之。

集說呂氏祖謙曰。興門之俗儉。衰門之俗侈。古人論世族之病。必歸之驕侈。此乃商民受病之源也。○陳氏大猷曰。德雖性之固有。然敬則存。肆則泯。以放蕩而陵蔑其德。蓋人欲勝。則天理消也。○家氏安國曰。觀此則洛邑所遷。豈多世祿之家歟。○顧氏錫疇曰。鮮克由禮。是惡之源。其流至於陵德悖道。此惡之流於自身者也。到敝化奢麗。則又流於風俗矣。禮者。每事必有品節限制。便於規矩之士。最不便於逸樂豢養之人。故鮮克由耳。此禮原是人心所同得。故曰德。又是命於天者。故曰天道。

茲殷庶士。席寵惟舊。怙侈滅義。服美于人。驕淫矜侉將由惡終。雖收放心。閑之惟艱。

【集傳】呂氏曰。殷士憑藉光寵。助發其私欲者。有自來矣。私欲公義相爲消長。故怙侈必至滅義。義滅則無復羞惡之端。徒以服飾之美。侉之於人。而身之不美則莫之恥也。流而不反。驕淫矜侉。陸氏鍵曰。驕者心肆。淫者心佚。矜者心傲。侉者心浮。與下放心相應。百邪竝見。將以惡終矣。洛邑之遷。式化厥訓。雖已收其放心。而其所以防閑其邪者。猶甚難也。

【集說】林氏之奇曰。服美於人。若子玉瓊弁玉纓。子臧鷸冠之類。非先王之法服也。○武王數紂之罪。以其官人以世。蓋殷之世家。驕淫矜侉。與紂同惡相濟。如此篇所稱。故得以其官人以世爲罪。不然。古之仕者世祿。賞延于世。舜之盛德。又何訾哉。○眞氏德秀曰。放心二字。始見於此。○陳氏經曰。人之心。莫難收於已放之時。尤莫難閑於既收之後。苟其根尚在。雖一時知所收斂。將觸事而發。此閑之所以爲難也。○姚氏舜牧曰。怙侈之人。不顧禮法之當守。是爲滅義其事若宮室服用。不止一端。舉服美于人以見之也。

資富能訓。惟以永年。惟德惟義。時乃大訓。不由古訓。于何其訓。

集傳　言殷士不可不訓之也。資。資財也。資富而能訓。則心不遷於外物。而可全其性命之正也。然訓非外立教條也。惟德惟義而已。德者。心之理。義者。理之宜也。德義。人所同有也。惟德義以爲訓。是乃天下之大訓。然訓非可以己私言也。當稽古以爲之說。蓋善無證。則民不從。不由古以爲訓。于何以爲訓乎。

【集說】黃氏度曰。德義之在人心。與生俱生。聖人不能強人所無而訓之也。○陳氏經曰。旣富以養其身。又訓以養其心。全正性。所以順正命。此所以永年也。所謂能訓。豈外人心天理而他有所謂訓哉。德者。人心之所得。義者。人心之所宜。根於人心之所同然。此之謂大訓。古訓所載。亦惟德義而已。卽人心之所同然。而證諸古所已然。非德義之外。有古訓也。畢公之化。本諸同然。而民易從。參諸已然。而民易信。開之之道。孰過於此。君陳尚有辟以止辟。三細不宥之說。此篇雖歷數商俗之不美。然惟務區別以生其愧。敎訓以導其善。無片言及於刑。蓋純以德化。而刑措不用信矣。○陳氏櫟曰。訓以德。所以化其陵德。訓以義。所以化其滅義。旌別淑慝。以商人化商人也。所以興起其勸慕之微機。崇德義。稽古訓。反身以化商人也。所以反求其訓化之大本。化商之道。至是盡矣。○王氏樵曰。因其放心之收。而開導以本心之正。使之舍人欲之危塗。而向天理之坦易。卓乎其合萬心之同。恢乎其關世敎之大。非天下之大訓而何。○王氏綱振曰。大約商俗當釐者二。靡靡利口之風。既漸染其耳目。驕淫矜侉之慝。又盤據於心胷。故政則用旌別。外以消其好異之習。訓則閑放心。內以拔其怙侈之根。是皆所以保釐之也。○孫氏繼有曰。富則生禮義。此善之資。富則生驕侈。亦惡之資。乘其富而有以訓之。則心不遷於異物。身不陷於罪戾。惟以永年。不以惡終矣。

王曰嗚呼父師邦之安危惟兹殷士不剛不柔厥德允修

集傳 是時四方無虞矣蕞爾殷民化訓三紀之餘亦何足慮而康王拳拳以邦之安危惟繫於此其不苟於小成者如此文武周公之澤其深長也宜哉不剛所以保之不柔所以釐之不剛不柔其德信乎其修矣

集說 王氏炎曰忿其不從而以剛制之則必怨慮其難制而以柔遇之則必玩惟不偏於剛柔而處之以中則德允修而商人化矣○莫氏如忠曰不曰剛柔竝用而曰不剛不柔然後見渾然無偏倚之弊卽詩言仲

山甫剛亦不吐。柔亦不茹者也。○王氏樵曰。一旌别之間。自其恩義言之。則爲保而不失於剛。自其辨别言之。則爲釐而不失於柔。○沈氏漸曰。不剛不柔。非是操箇調停之術。化慘舒於彰癉之內。神機權於因俗之閒。威之而無憎之心。寬之而無縱之意。蓋剛柔合爲一道。而渾忘其迹也。

惟周公克愼厥始。惟君陳克和厥中。惟公克成厥終。三后協心。同厎于道。道洽政治。澤潤生民。四夷左衽。罔不咸賴。予小子永膺多福。

集傳 殊厥井疆。非治之成也。使商民皆善。然後可謂之成。此曰成者。預期之也。三后所治者洛邑。而施及四夷。

王畿四方之本也。吳氏曰。道者。致治之道也。始之。中之。終之。雖時有先後。皆能卽其行事。觀其用心。而有以濟之若出於一時。若成於一人。謂之協心如此。

集說 張氏九成曰。三后猶四時之序。不同而同於成歲功也。○陳氏經曰。愼始。毖殷頑民也。和中。從容以和也。今日惟防閑之使前日之功不壞耳。事莫難於成終。少有懈弛。則二公之化。皆爲之不終矣。聖賢之政。雖有始中終之異。其心與道。則無始中終之殊。謂之洽。謂之潤。漸漬積累。豈一日之功。遽能如此哉。商民蕞爾甚微。而所係甚重。必如是而後可以盡成終之責。○王氏充耘曰。周公克愼厥始。君陳克和厥中。皆見於已然。惟公克成厥終。是期望之於將然。言此事非畢公不能終也。蓋殷民難服。繫天下安危。天下安危。繫人主憂樂。故曰四夷咸賴予小子永膺多福○金氏履祥曰周公之時反覆特甚故遷之教之君陳之時不善尚多猶每兼容之至畢公之時世變風移不善者浸少而猶有在者正當分別之分別之則善者衆不善者孤乃所以使之同歸於善也非君陳之孝恭謹良則不能恪遵循襲以行周公之政非畢公之重德元老則不能調劑因革以終化成之功前後之時不同由革之政亦異而云協心同厎於道者蓋此心所處各止於所當然之則也京師首善之地而周畢二公又皆以東伯鎮東都故推其餘效至四夷咸賴也○陳氏雅言曰聖賢心協道同故能仁漸義摩而道化浹洽綱舉目張而政事修治漸漬積累澤之深入於民者豈一朝一夕所能致哉○申氏時行曰澤潤謂德澤深入于民而沐浴于膏澤中者○王氏樵曰三后之政前後以相濟爲心是曰協心適因革之宜各行其所當然是曰同厎于道洽猶孟子猶未洽于天下之洽昔有升降今則道無不洽昔由俗革今則

政無不治。道洽則政治。只是一事。使下都之民。皆由德義以永年。無復怙侈而惡終。是澤潤之也。其效至于四夷左衽。罔不咸賴。極言成終之事如此。蓋至是而三后之功始成也。君以民化爲福。故又言予小子永膺多福。應前予小子垂拱仰成而言。四夷咸賴。廣期之也。永膺多福。遠期之也。

公其惟時成周。建無窮之基。亦有無窮之聞。子孫訓其成式。惟乂。

【集傳】建。立。訓。順。式。法也。成周。指下都而言。呂氏曰。畢公四世元老。豈區區立後世名者。而勳德之隆。亦豈少此。康王所以望之者。蓋相期以無窮事業。乃尊敬之至也。

集說　孔氏安國曰公其惟以是成周之治爲周家立無窮之基業於公亦有無窮之名以聞於後世後世子孫順公之成法惟以治○蘇氏軾曰康王以爲邦之安危在殷士又以保釐之任爲足以澤生民而服四夷其言若過然殷民至此亦不能睥睨周室如三監時矣然猶重其事古之知治體者其論安危蓋如此○林氏之奇曰成王之戒卿士曰萬邦惟無斁戒君陳曰終有辭於永世此曰亦有無窮之聞皆謂其實著則其名自顯效之必至也○王氏樵曰人心者國之基風俗者治之基人心善風俗美無窮之基建矣謂道化一成而人心風俗與周始終也基之所在亦有無窮之聞謂令聞也子孫畢公之子孫成式化民之成法也

嗚呼罔曰弗克惟既厥心罔曰民寡惟慎厥事

欽若先王成烈以休于前政

【集傳】蘇氏曰。曰弗克者。畏其難而不敢爲者也。曰民寡者。易其事以爲不足爲者也。前政。周公君陳也。

【集說】王氏炎曰。觀殷民不輕於從周。見殷先王德澤之深。觀三后化殷。殷卒依於周者八百年。見周家仁厚之至。○張氏栻曰。內靜其心。外謹其事。則能敬順成王之成烈。以休美周公君陳之政矣。○陳氏大猷曰。事之不立。非視之太重而畏其難。則視之太輕而忽其易。能盡其心。則雖難無不舉。不謹其事。則雖易不能舉。○金氏履祥曰。畢公重德而有弗克之戒。又有民寡之戒。三代君臣。相與警戒。固無事不存。未嘗以盛德廢也。推畢公克勤小物之心。則或以商民之難化爲憚。推畢公多嘉之績。則或以商民之蕞爾而忽。毋憚其難。惟當盡心。毋忽其少。惟當謹事。休于前政。謂成終也。周公君陳。其道固盡。而商民猶未盡化。是尚有餘責也。成終。則無復餘責矣。此之謂休于前政。非求勝于前之謂也。○王氏綱振曰。以既歷三紀。周公君陳所未及化者。今仰成畢公。則似爲難。故曰弗克。以世變風移。一二頑民所未盡化者。今仰成畢公。則又爲易。故曰民寡。惟既厥心。言心盡則無事爲難。惟愼厥事。言當事亦無微可忽。

總論 張氏九成曰。觀周公之處商民。其忠厚仁恕激勸之方。非後人可及也。殺之既不可。用之又不可。於是遷之洛邑。使日見周之仁政。日聞周之仁聲。日親周之仁人君子。優游涵養以變易其不服之心。如此者三十六年矣。得不有激勵之方以一新其耳目。爲永久之計乎。周公經營之。君陳祖述之。而畢公成就之。三后協心。同厎于道。豈虛詞哉。○王氏柏曰。康王卽位之初。報誥之外。只此一命存於後世。是時商之頑民世變風移。可以無慮。而康王必推擇此大老鎮之。且謂國家安危之所係。而精神心術之運用。只在一箇閑字上。以一時已放之心。三紀收之而不足。苟不常常防閑之。雖三紀之功。可以一日而失也。旌其淑善。别其惡慝。導之以德義。啓之以古訓。皆所以爲閑之之具也。氣象重厚。規模嚴密。三曰嗚呼父師。其待者德也。所以盡其敬。終日欽若先王成烈。其尊體貌也。所以異其詞。雖一篇之命。自足以備見康王之爲君。可謂善持盈守成者歟。○王氏應麟曰。畢命一篇。以風俗爲本。殷民既化。其效見於東遷之後。盟向之民。不肯歸鄭。陽樊之民。不肯從晉。及其末也。周民東亡。不肯事秦。王化之入人深矣。

君牙

集傳 君牙。臣名。穆王命君牙爲大司徒。此其誥命也。今文無。古文有。

集說 孔氏安國曰。命以其名。遂以名篇。○林氏之奇曰。穆王以大司徒之職所當爲者而命君牙。且先之以纘乃舊服無忝祖考。以洪敷五典爲君牙祖考之舊服則君牙之祖考。蓋皆典是職矣。○黄氏度曰。諸侯有司徒司馬司空。亦有宗伯司寇。故天子司徒以下。稱大以别之。○朱子語類。問君牙冏命等篇。見得穆王氣象甚好。而後來乃有車轍馬迹馳天下之意。何如。曰。此篇乃内史之屬所作。猶今之翰林作制誥然。如君陳周官蔡仲之命微子之命等篇亦是當時此等文字。自有格子。首呼其名而告之。末又爲嗚呼之辭以戒之。篇篇皆然。觀之可見。○呂氏祖謙曰。穆王書三篇。君牙冏命。初年書也。呂刑。末年書也。君牙篇曰。惟予小子嗣守文武成康遺緒。冏命篇曰惟予弗克于德。嗣先人宅丕后。則皆初嗣歷服之言也。與呂刑所謂仲叔季弟幼子童孫。其辭氣新陳稚耄。大相逕庭。先後之次。蓋無可疑者。○舜命契。穆王命君牙。皆司徒也。契所受者。纔一語。而君牙之贊書至一篇。甚矣世降而文勝也。然周家之典刑文獻在焉。

王若曰。嗚呼。君牙。惟乃祖乃父世篤忠貞。服勞王家。厥有成績。紀于太常。

【集傳】王。穆王也。康王孫。昭王子。周禮司勳云。凡有功者。銘書於王之太常。司常云。日月爲常。畫日月於旌旗也。

【集說】孔氏穎達曰。鄭云。銘之言名也。書於王旌。以識其人與其功也。是有功者書於王之太常。以表顯之也。周禮王建太常。是王之旌旗畫日月。名之曰太常也。○呂氏祖謙曰。世臣與國升降者也。重光奕休之世。必有世篤忠貞之族。同休共戚。功名隱然爲社稷之鎮。念舊紀功。忠厚之澤所以長也。觀穆王惓惓君牙之祖父周曆其未艾乎。○薛氏季宣曰。貞者正也。貞固足以幹事。用此勤幹。所以世有王功之紀也。○馬氏森曰。盡心之謂忠。無一念之不實也。守道之謂貞。無一事之不正也。

惟予小子。嗣守文武成康遺緒。亦惟先王之臣。克左右亂四方。心之憂危。若蹈虎尾。涉于春冰。

【集傳】緒。統緒也。若蹈虎尾。畏其噬。若涉春冰。畏其陷。言憂危之至。以見求助之切也。

【集說】孔氏安國曰。言祖業之大。已才之弱。故心懷危懼。○張氏九成曰。嗣之欲其不絕。守之欲其不失。○

呂氏祖謙曰。穆王守文武成康之緒。而君牙亦守其乃祖父之緒者也。穆王方自憂危懼不克承。故亦勉君牙無忝祖考。各欲保其世業。相語益親。臣主蓋一體也。

附錄 陳氏櫟曰。先王之臣。孔注作先正。東齋云。先正說見說命。作先正當從孔注。

今命爾予翼。作股肱心膂。纘乃舊服。無忝祖考。

集傳 膂。脊也。舊服。忠貞服勞之事。忝。辱也。欲君牙以其祖考事先王者而事我也。

集說 孔氏穎達曰。作我股肱心膂。言將任之如己身也。○禮記緇衣云。民以君為心。君以民為體。今以臣為心者。君臣合體。則亦同心。詩云。赳赳武夫。公侯腹心。是臣亦為君心也。○薛氏季宣曰。人有股肱心膂之用。

人君賴輔臣之用。亦猶此也。命爾予翼。所望以左右已也。舊服。先公之舊職也。司徒掌邦教。敷五典。擾兆民。先公既克有成。世守其官。當思所以纘繼其緒。忝不克負荷也。

弘敷五典。式和民則。爾身克正。罔敢弗正。民心罔中。惟爾之中。

集傳 弘敷者。大而布之也。式和者。敬而和之也。則。有物有則之則。君臣之義。父子之仁。夫婦之別。長幼之序。朋友之信是也。典以設教言。故曰弘敷。則以民彝言。故曰式和。此司徒之教也。然教之本。則在君牙之身正也。中也。民則之體。而人之所同然也。正。以身言。欲其所處無邪行也。中。以心言。欲其所存無邪思也。孔子曰。子率以正。孰敢不正。周公曰。率自中。此告君牙以司徒之職也。

集說林氏之奇曰。敷五典以和民則。若不能盡父子君臣兄弟夫婦朋友之道。雖使其號令之諄復。政刑之嚴明。終不能以和之也。是必以身觀身。以心觀心。爾身之正。然後可以求民之正。爾心之中。然後可以求民之中。○陳氏大猷曰。以其常行而不可易。謂之典。以其截然而不可越。謂之則。教之理雖不外乎人之性。然教之本則在君牙之身與心。正者容有不中。中則無有不正。身之正。勉強修飭者能之。心之中。非存養純熟不能也。故穆王既欲君牙正身以率民身之正。尤欲其存心之中以感民心之中。則民則和。五典惇矣。敷典和則因民心之同得者教之爾正爾中卽吾心之先得者率之也於身先言爾於心先言民互文耳○陳氏雅言曰爾身正爾心中則爾之典修而則洽民身正民心中則民之典亦無不修民之則亦無不洽矣此立教之本也○申氏時行曰弘敷者大布其條教使民曉然明乎典常之理而知所趨向也式和者敬慎以和衷使民怡然安於彝則之內而無所乖戾也體此典則於身而無反無側者謂之正存此典則於心而不偏不倚者謂之中

夏暑雨小民惟曰怨咨冬祁寒小民亦惟曰怨咨厥惟艱哉思其艱以圖其易民乃寧

集傳 祁大也暑雨祁寒小民怨咨自傷其生之艱難也厥惟艱哉者歎小民之誠爲艱難也思念其難以圖其

易民乃安也。艱者。飢寒之艱。易者。衣食之易。司徒敷五典。擾兆民。兼教養之職。此又告君牙以養民之難也。

【集說】呂氏祖謙曰。此穆王深知民之艱難也。時方暑雨。小民之沾體塗足者。殆其怨咨乎。不以處廣厦而忘之也。時方祁寒。小民之裂面墮指者。殆其怨咨乎。不以處溫室而忘之也。穆王一遇寒暑。深恤民瘼。如聞其愁歎。思欲人人而濟。戛乎其難。舉以告君牙。蓋欲其共此心也。君牙體此而篤於養民。深思其艱以圖其易。民庶幾其寧乎。思之旣艱。易將自見。先難之義也。○眞氏德秀曰。夏而雨。冬而寒。時令之常也。而小民惟曰怨咨者。非怨天之雨且寒也。小民生生之計。無時弗艱。而於斯時爲尤艱。此其所以怨咨也。○彭氏應龍曰。司徒掌五典。亦大綱耳。以周禮考之。如以鄉三物教萬民。頒職事十有二。登萬民。本俗六安萬民之類不一。則豈惟教五典其教以安養之事亦多有節目知此則思艱圖易亦是教中道理○王氏樵曰小民生生之計上之責也思其艱者一民飢曰我飢之也一民寒曰我寒之也凡其飢寒困苦之狀無一不經于心有如身處其地而備知其情圖其易者若何而使民不飢若何而使民不寒一一有以預爲之處不待暑雨祁寒之時而後有以恤之也如是則民免於怨咨而且有生生之樂矣故曰民乃寧○董氏其昌曰必得此乃寧之民然後可進爲克正克中之民不然即日敷典和則而艱難者方怨咨不已也欲從教能乎○張氏爾嘉曰養立而教可興未有飢寒咨嗟之民而責以中正典則之俗者故於民艱尤兢兢非思則不能圖也

嗚呼丕顯哉文王謨丕承哉武王烈啓佑我後人咸以正罔缺爾惟敬明乃訓用奉若于先王

對揚文武之光命。追配于前人。

集傳 丕大。謨謀。烈功也。文顯於前。武承於後。曰謨曰烈。各指其實而言之。咸以正者。無一事不出於正。咸罔缺者。無一事不致其周密。若順。對答。配匹也。前人。君牙祖父。

集說 孔氏穎達曰。文始謀造周。故美其謀。武功業成就。故美其功。○張氏九成曰。先王。指成康。○夏氏僎曰。文王之謨。非以陰謀取天下。如後世謀人國家者。乃顯然著見。但知積行累功。而天下自歸之。故曰丕顯。武王之功。乃承文王之意。亦惟積行累功。而天命人心自有不可卻者。初非計其功之至此。故曰丕承。由其謨非陰謀而出於丕顯烈非邀功而出於丕承是以其道粹然一出於正若一有陰謀邀功之私介其間則必有不正者矣安得而無缺○呂氏祖謙曰敬明云者以君牙生長典訓之內懼其或玩故欲其提振而發輝之也後世之治隨失隨救所立之法鮮有能終其身由文王武王而至穆王蓋百餘年矣而其謨烈無偏之可指無隙之可乘創業垂統信非三代以下所可及也○陳氏櫟曰文武之光命成康已對揚之今又能奉若成康所以對揚文武之意也如此則君牙可追配其祖父矣○王氏充耘曰光命即謨烈也前王成康用爾祖父爲司徒故能對揚文武光命而不隧其治民之法今汝能不失成康之意則與祖父無異矣○陳氏雅言曰文王之謨大而能顯則其造有周之謀者於是至矣武王之烈大而能承則其成有周之功者亦於是至矣今爾君牙爲司徒之官所居之職前日乃祖乃父之職所訓之民昔君文武成康之民也爲訓之道不可以不敬而尤不可

以不明。豈特司徒之職。將以奉若先王之道。追配前人之美。在於此也。

王若曰。君牙乃惟由先正舊典時式民之治亂在茲率乃祖考之攸行昭乃辟之有乂。

集傳 先正。君牙祖父也。君牙由祖父舊職而是法之民之治亂。在此而已。法則治。否則亂也。循汝祖父之所行。而顯其君之有乂。復申戒其守家法以終之。案此篇專以君牙祖父爲言。曰纘舊服。曰由舊典。曰無忝。曰追配。曰由先正舊典。曰率祖考攸行。然則君牙之祖父嘗任司徒之職。而其賢可知矣。惜載籍之無傳也。陳氏曰。康王時芮伯爲司徒。君牙豈其後邪。

【集說】王氏充耘曰。夫教化行。而君君臣臣父父子子。則天下治。教化不行。而君不君臣不臣父不父子不子。則天下亂。則民之治亂不在此而何在乎。○王氏綱振曰。凡教以身心爲的。則民自易從。凡教以衣食爲資。則教尤易入。此先王文武之謨烈。亦先正祖父之舊典。惟君牙敬明而率由之耳。

【總論】陳氏櫟曰。舜命契爲司徒。不過曰敬敷五教在寬。穆王命君牙。其詳雖至於一篇。其要不出舜之一言。曰弘敷五典式和民則。曰弘曰和。卽在寬意也。曰敬明乃訓。卽敬敷意也。帝舜此言。豈惟穆王不能易。萬世職教者不能易也。○董氏鼎曰。司徒職在掌教。必先教之以倫理明。然後治之而爭奪息。苟非以教化爲急先務。則爲之民者。冥行罔覺。卒犯刑辟。是所謂罔民以陷罪也。爲民父母。豈忍爲之哉。穆王肆其侈心。所至將有車轍馬迹。而猶知以大司徒爲重。此所以雖荒而不至於亡歟。○張氏居正曰。觀君牙篇中。論敷典和則。圖易思艱。乃人君教養斯民之大務。而又惓惓於顧念舊德。親任世臣。亹亹然若家人父子相告語者。周家忠厚之風。尚可想見。此孔子所以采錄而示後世也。

冏命

集傳 穆王命伯冏爲太僕正。此其誥命也。今文無。古文有。○呂氏曰。陪僕暬御之臣。後世視爲賤品而不之擇者。曾不知人主朝夕與居。氣體移養。常必由之。潛消默奪於冥冥之中。而明爭顯諫於昭昭之際。抑末矣。自周公作立政。而歎綴衣虎賁知恤者鮮。則君德之所繫。前此知之者亦罕矣。周公表而出之。其選始重。穆王之用太僕正。特作命書。至與大司徒略等其知本哉。

集說 張氏九成曰。穆王馳騁天下。而其言殷勤懇惻。何也。曰。唐德宗何人哉。陸贄作奉天詔書。山東父老爲之感泣。則二篇之命。豈非當時仁人君子。修辭立誠以勸勵其臣下歟。○董氏琮曰。夫子何爲錄之。曰。聖人不以人廢言。亦取秦穆悔過之意。○陳氏大猷曰。太僕正。上薰陶涵養乎君德。

下簡擇表率乎羣僚。所繫甚重。故冊命焉。○胡氏士行曰。此立政重綴衣虎賁意也。太僕掌內朝。職雖微而與君最近。

王若曰。伯冏。惟予弗克于德。嗣先人宅丕后。怵惕惟厲。中夜以興。思免厥愆。

集傳 伯冏。臣名。穆王言我不能于德。繼前人居大君之位。恐懼危厲。中夜以興。思所以免其咎過。

集說 孔氏穎達曰。禮記祭義云。春雨露既濡。君子履之。必有怵惕之心。怵惕。是心動之名。厲。危也。言常悚懼。惟恐傾危。易稱夕惕若厲。卽此義也。○林氏之奇曰。穆王之命君牙。曰心之憂危。若蹈虎尾。其命伯冏。則曰怵惕惟厲。成湯之所謂慄慄危懼者。亦不是過也。而蘇氏曰。二書皆無哀痛惻怛之語。此非惻怛之語而何。○金氏履祥曰。思免厥愆。此穆王知自克之難。欲寡其過。篇中此意爲多。○孫氏繼有曰。思免厥愆。有二意。愆之既往者。思補之於終。愆之未形者。思禁之於始。總之欲修德以嗣位之意。

昔在文武聰明齊聖。小大之臣。咸懷忠良。其侍御僕從。罔匪正人。以旦夕承弼厥辟。出入起居。罔有不欽。發號施令。罔有不臧。下民祗若。萬邦咸休。

【集傳】侍。給侍左右者。御。車御之官。僕從。太僕羣僕。凡從王者承。承順之謂。弼。正救之謂。雖文武之君。聰明齊聖。小大之臣。咸懷忠良。固無待於侍御僕從之承弼者。然其左右奔走。皆得正人。則承順正救。亦豈小補哉。

集說 王氏安石曰。發之以爲警戒之謂號。施之以爲法守之謂令。○林氏之奇曰。人君所以治天下者。不惟朝之大臣。欲得其人。至於左右近習。使非其人。則朝夕與之居處。漸染浸漬。入於邪僻而不自知。雖大臣或得天下之傑。而君心已蠹。孰與有爲哉。○朱子曰。古者人君左右。執賤役皆士大夫。日相親密。所謂侍御僕從。罔匪正人。漢世禁中侍衛。亦皆士大夫。○呂氏祖謙曰。文武動容周旋。何嘗不中禮。號令何嘗不善。今必先言近臣承弼之功。而後及此。蓋左右交修。近臣之常職。而內外交相養。亦聖人不已之誠也。○世主出入起居。漫不加省徒欲謹於議令之時所謂咸其輔頰舌咸人之末者也民若邦休豈口舌所能辦哉○陳氏大猷曰聰明自其質之生知者言之齊聖自其德之充於極至者言之出入起居發號施令就太僕職掌而言蓋太僕掌正王之服位出入王之大命掌諸侯之復逆復王之答報逆下之敷奏君之起居號令皆與有職焉○金氏履祥曰承上文欲免厥愆因言文武之聖猶有資於大小之臣故穆王自謂無良不可不賴前後左右有位之士以免己於愆而

昭文武之烈

惟予一人無良實賴左右前後有位之士匡其不及繩愆糾謬格其非心俾克紹先烈

集傳 無良言其質之不善也匡輔助也繩直糾正也非

心。非僻之心也。先烈。文武也。

【集說】程子曰。心之非。卽害於政。不待發之於外也。昔者孟子三見齊王而不言事。門人疑之。孟子曰。我先攻其邪心。心既正。然後天下之事可從而理也。○黃氏度曰。繩愆糾謬。諫爭之事也。古者諫無常職。百官箴王闕。然近而易入。莫如僕御之臣。故穆王專責伯冏以諫爭之事。漢諫大夫議郎博士與郎官常從。得三代餘意。隋唐諫官屬兩省。謂之供奉官。隨仗入閤。而勢疎遠矣。○朱子語類。問格其非心之格訓正。恐是如格式之格。以此律人之不正者否。曰。今人如言合格。只是將此一物格其不正者。使歸於正。如格其非心。是說得淺者。大人格君心之非。是說得深者。○呂氏祖謙曰。從容浸灌。漸以入之。在人臣自論輔迪之法則可。若君求助於臣。而亦使之姑徐徐云爾。則意先不篤。忠言亦無由而進矣。故穆王必望其臣深繩其愆。痛糾其謬。無一毫假貸變移感格其非心以繼文武之盛烈言之力求之切如此庶幾其臣展布而無所隱也○陳氏大猷曰文武猶資左右況予之無良乎匡救其惡而不知格其心則止於東而生於西惟格其非心則拔本塞源末流自善○愆謬自其過失之形於外者言之非心自其存於中者言之○王氏樵曰文武聖德無過可諫故言承弼者主承順而帶匡救言之穆王思免厥愆以規過爲重故言之不同也

今予命汝作大正正于羣僕侍御之臣懋乃后德交修不逮

集傳 大正太僕正也周禮太僕下大夫也羣僕謂祭僕隷僕戎僕齊僕之類穆王欲伯冏正其羣僕侍御之臣

以勉進君德。而交修其所不及。王氏樵曰。言左右前後非一人。交以修君之所不逮爲事也。或曰。周禮下大夫不得爲正。漢孔氏以爲太御中大夫。蓋周禮太御最長。下又有羣僕。與此所謂正于羣僕者合。且與君同車。最爲親近也。

集說 林氏之奇曰。君子小人不同事。惟賢爲能知賢。惟善爲能舉善。伯冏正。則羣僕侍御而有一不正者。必不能與之一朝居也。○張氏栻曰。公卿進見有時。僕御褻近無間。有時者見其尊嚴。無間者知其情性。方其進見。君臣之分甚嚴。未易犯其顔色。及其褻近。君臣之情無間。故可糾其過失。救過於無間之時。易爲力。救過於已發之後。難爲功。懋德交修。正侍御僕從之職也。○夏氏僎曰。周禮太僕。王眡治朝。則正位。眡燕朝。則正位

而掌擯相出入則前驅燕飲則相其法射則贊弓矢無非與王俱者而二孔以爲周禮太御之官當兩存之

愼簡乃僚無以巧言令色便辟側媚其惟吉士

集傳 巧好令善也好其言善其色外飾而無質實者也便者順人之所欲辟者避人之所惡側者姦邪媚者諛說小人也吉士君子也言當謹擇汝之僚佐無任小人而惟用君子也又案此言謹簡乃僚則成周之時凡爲官長者皆得自舉其屬不特辟除府史胥徒而已

集說 孔氏安國曰當謹愼簡選汝僚屬侍臣無得用巧言無實令色無質便辟足恭側媚諂諛之人其惟

皆吉良正士。○呂氏祖謙曰。治有體統。王雖急於求助。苟徧擇之則叢脞矣。故命一伯冏作大正。使精擇其僚。固不待王親擇也。此爲治之體統也。陸贄在唐。欲使諸司長官。各舉其屬。亦庶幾有見於此。○張氏爾嘉曰。懋德在於交修。交修必須吉士。若巧令等諸人。只曉一味阿諛。安知交修。修有補救之意。交有多方効忠直之意。非吉士不能出此。○孫氏繼有曰。君子小人。其品易淆。故曰簡。簡其不可用而去之。簡其可用而任之也。

僕臣正。厥后克正。僕臣諛。厥后自聖。后德惟臣。不德惟臣。

集傳　自聖。自以爲聖也。僕臣之賢否。係君德之輕重如此。呂氏曰。自古小人之敗君德。爲昏爲虐。爲侈爲縱。曷其有極。至於自聖。猶若淺之爲害。穆王獨以是蔽之者。蓋小人之蠱其君。必使之虛美熏心。傲然自聖。則謂人莫己若。而欲予言莫之違。然後法家拂士日遠。而快意肆情之事。亦莫或齟齬其閒。自聖之證既見。而百疾從之。昏虐侈縱。皆其枝葉而不足論也。

集說孔氏安國曰。僕臣皆正。則其君乃能正。僕臣諂諛。則其君乃自謂聖。君之有德。惟臣成之。君之無德。惟臣誤之。言君所行善惡。專在左右。○林氏之奇曰。漢世騶乘之官。最爲要重。以其職於天子爲親近。故每用天子素所倚信之人。一非其人。則其臣力爭以爲不可。此蓋得周之遺法。○史氏漸曰。朝廷之官。不勝其衆。而狎近者。莫親乎僕御。天下之邪。不勝其多。而易溺者。莫先乎耳目。○王氏樵曰。君德之敗。蔽以自聖之一言。何也。子思子所謂君出言自以爲是。而莫敢矯其非者也。是常起於左右。左右導諛。而國人至於道路以目。蓋一爲順從。不敢忤意。其終未有不至是者也。

爾無昵于憸人。充耳目之官。迪上以非先王之典。

集傳 汝無比近小人。充我耳目之官。導君上以非先王之典。蓋穆王自量其執德未固。恐左右以異端進。而蕩其心也。

集說 蘇氏軾曰。引小人以暱王。人臣不敬。莫大於此。○夏氏僎曰。僕臣在王左右。朝夕顧問。故云耳目之官。○陳氏大猷曰。不以先王之典迪其君。謂以邪僻也。○孫氏繼有曰。大抵憸人欲以長君逢君之計。結人主之知。必以易親易合之情。投上官之好。或昵而用之。以是人充耳目之官。則上以耳目寄之。彼且以耳目嘗之。凡所以迪君者。不蠱其心志。則蔽其聰明。必其非先王正言正行之典矣。又何以使君之克紹前烈哉。凡此皆始於一念之昵耳。

非人其吉。惟貨其吉。若時。瘝厥官。惟爾大弗克祗厥辟。惟予汝辜。

集傳 戒其以貨賄任羣僕也。言不于其人之善。而惟以貨賄爲善。則是曠厥官。汝大不能敬其君。而我亦汝罪矣。

集說　林氏之奇曰。薛博士曰。詩刺皇父。擇三有事。亶侯多藏。此惟貨其吉。是也。○薛氏季宣曰。孔子惡近佞人之殆。爲能陷溺人心之正也。正羣僕而不惟正人之用。專利之臣。得以充之。君之侈心。自此熾矣。知義利相爲盛衰。則小人之姦。將無自而入也。穆王以此儆戒正僕。爲知義利所在。不能承王之志。是瘝官也。瘝官之罪。何所逃哉。○呂氏祖謙曰。漢唐之嬖習。更相表裏。靡不以利合。則捨人才而論貨賄。近習之通病也。伯冏而有一於斯。則下負職業。上負委屬。而刑之所當加矣。穆王命伯冏。固選擇而任之。乃防其昵憸人。又防其嗜貨賄。又防之以曠職慢上之刑者。蓋以所繫至切。憂之深而防之過。非謂伯冏眞有是也。然自盤庚總于貨寶之戒。至此篇又復見之。成湯文武之隆。未聞數數以貨飭其臣也。噫。其商周之衰乎。○傅氏元初曰。國家之敗。由官邪也。官之失德。寵賂章也。周之季世。已有此風。故穆王戒之。在羣僕則爲瘝官。在僕正則爲弗祗厥辟。貨非寶也。惟府辜功而已。

王曰。嗚呼。欽哉。永弼乃后于彝憲。

【集傳】彝憲。常法也。呂氏曰。穆王卒章之命。望於伯冏者深且長矣。此心不繼。造父爲御。周遊天下。將必有車轍馬迹。導其侈者。果出於僕御之閒。抑不知伯冏猶在職乎否也。穆王豫知所戒。憂思深長。猶不免躬自蹈之。人心操捨之無常。可懼哉。

集說 王氏安石曰。近習之臣。不患其不能將順而莫之承。惟患其不能正救而莫之弼。故在先王。則稱其承弼。在己。則責之以永弼。而不及於承焉。○王氏樵曰。彝憲。與先王之典同。自文武以來。人君起居言動之常法也。弼者。正救乎我。而使之不悖乎此也。○張氏爾嘉曰。前言承弼。此言弼。前言弼。此言永弼。是一篇結語。所謂旦夕交修。方免厥愆耳。○孫氏繼有曰。謂之曰永。則雖君德已盛。不弛其格心之功。卽君志不終。不替其糾繩之力。必使吉士在朝。匡之以正。不使憸人在側。導之以非。其所以弼君于彝憲者。不以久暫異趨。不以終始異致。然後言永。不然。匡弼未幾。將順乘之矣。正人無何。憸人閒之矣。其能永弼哉。

總論 林氏之奇曰。後世之論穆王者。多過其實。蘇氏因之。遂以爲周德之衰。今觀此篇。其言純正明白。切於治體彼其於僕御之臣丁寧反覆如此至謂愼簡乃僚無以便辟側媚則其僕御豈有敢導王爲非者而王之言既然則亦豈肯爲無方之遊哉以是知世之論穆王者皆好事者爲之也當以書爲正○王氏樵曰大抵人主左右前後皆德選朝夕與居皆正人則有以養成其德文武之時攜僕趣馬無非吉士周公定六典幕次酒漿之官皆領於太宰漢初此意猶存一二出入供事禁闥猶參用正士但不知愼簡之法耳程子當古法既廢之後欲漸復之故其論經筵曰一日之中親賢士大夫之時多親宦官宮妾之時少則自然氣質變化德器成就使周公之典行則豈但親賢士大夫之時多而巳哉欲旦夕承弼非左右前後侍御僕從罔非正人不能也欲僕臣皆正又未易言其事在立政其本在無逸

欽定書經傳說彙纂卷第二十

欽定書經傳說彙纂卷第二十一

呂刑

集傳 呂侯爲天子司寇。穆王命訓刑以詰四方。史錄爲篇。今文古文皆有。○案此篇專訓贖刑。蓋本舜典金作贖刑之語。今詳此書。實則不然。蓋舜典所謂贖者。官府學校之刑爾。若五刑。則固未嘗贖也。五刑之寬。惟處以流。鞭扑之寬。方許其贖。今穆王贖法。雖大辟亦與其贖免矣。漢張敞以討羌兵食不繼。建爲入穀贖罪之法。初亦未嘗及夫殺人及盜之罪。而蕭望之等猶以爲如此。則富者得生。貧者獨死。恐開利路以傷治化。曾謂唐虞之世。而有是贖法哉。穆王巡遊無度。財匱民勞。至其末年。無以爲計。乃爲此一切權宜之術以斂民財。夫子錄之。蓋亦示戒。然其一篇之書。哀矜惻怛。猶可以想見三代忠厚之遺意云爾。又案書傳引此多稱甫刑。史記作甫侯言於王。作修刑辟。呂後爲甫歟。

集說孔氏穎達曰。崧高之篇。宣王之詩。云生甫及申。揚之水。爲平王之詩。云不與我戍甫。明子孫改封爲甫侯。穆王時。未有甫名。而稱爲甫刑者。後人以子孫之國號名之也。猶若叔虞初封於唐。子孫封晉。而史記稱晉世家。○林氏之奇曰。呂與甫。猶荊與楚。殷與商。○王氏炎曰。此書穆王之言而名呂刑者。呂侯爲王司寇。言於王。王命之參定刑書。乃推作刑之意。以訓四方司政典刑者。故以呂刑名之。○朱子曰。呂刑一篇。如何穆王說得散漫。直從苗民蚩尤爲始作亂道起。○問贖刑所以寬鞭扑之刑。則呂刑之贖刑如何。曰。呂刑。蓋非先王之法也。故程子有一策問云。商之盤庚。周之呂刑。聖人載之於書。其取之乎。抑將垂戒後世乎。○蔡仲默論五刑不贖之意。曰。是穆王方有贖法。嘗見蕭望之言古不贖刑。某甚疑之。後來方省得贖刑不是古。因取望之傳看畢。曰。說得也無引證。○

問鄭敷文所謂甫刑之意是否曰便是他們都不去考那贖刑如古之金作贖刑只是刑之輕者如流宥五刑之屬皆是流竄但有鞭作官刑扑作教刑便是法之輕者故贖想見穆王撰出那般法來聖人也是志法之變處但是他其中論不可輕於用刑之類也有許多好說話不可不知○呂氏祖謙曰穆王之時文武成康之澤寖微姦宄日勝其作書於既耄閱世故而察物情者亦熟矣故古今犴獄言之略盡用刑者所宜盡心焉○刑之有贖始見於虞書不過有金作贖刑一語而已蓋皐陶作士斟酌出入舜一以付之固不預立條目之多也今呂侯既受命而猶煩穆王訓夏贖刑至三千之多焉視舜皐陶之際則有間矣是書哀矜明練固夫子存以示後世而微見其意者亦不可不察也

惟呂命。王享國百年。耄荒。度作刑以詰四方。

集傳 惟呂命。與惟說命語意同。先此以見訓刑爲呂侯之言也。耄。老而昏亂之稱。荒。忽也。孟子曰。從獸無厭謂之荒。穆王享國百年。車轍馬跡遍于天下。故史氏以耄荒二字發之。亦以見贖刑爲穆王耄荒所訓耳。蘇氏曰。荒。大也。大度作刑。猶禹曰予荒度土功。荒當屬下句。亦通。然耄亦貶之之辭也。

集說 孔氏安國曰。王享國百年。耄亂荒忽。度時世所宜。訓刑以治四方。○孔氏穎達曰。周本紀云。穆王卽位。春秋已五十矣。無逸篇言殷之三王及文王享國若干年者。皆謂在位之年。此言享國百年。乃從生年而數言其長壽也。○朱子曰。東坡解呂刑。王享國百年耄。作一句。荒度作刑。作一句。甚有理。如洛誥等篇不可曉。只合闕疑。

附錄 呂氏祖謙曰。百年耄荒。乃倦於萬幾之時也。哀矜之意猶不能已。方且度刑以詰四方。穆王之於民厚矣。○陳氏櫟曰。王享國當百年耄荒之時。而能裁度作刑以詰四方。乃見其篤老而尚精明仁厚。非眞耄亂荒迷也。荒度。雖有益稷語可證。然土功可言荒度。作刑何荒度之有。蔡氏只存蘇曰於下以備一說。得之矣。詰。如詰姦慝之詰。

王曰若古有訓。蚩尤惟始作亂。延及于平民。罔不寇賊。鴟義姦宄。奪攘矯虔。

【集傳】言鴻荒之世。渾厚敦厖。蚩尤始開暴亂之端。管子曰。蚩尤受盧山之金而作五兵。驅扇熏炙。延及平民。無不爲寇爲賊。鴟義者。以鴟張跋扈爲義。袁氏黃曰。鄭康成云。盜賊狀如鴟梟。梟寀鴟梟。陰類。晝伏。伺物而動。得時而張。以比盜賊最善名狀。矯虔者。矯詐虔劉也。

【集說】孔氏安國曰。九黎之君。號曰蚩尤。○孔氏穎達曰。史記云。神農世衰。諸侯相侵伐。蚩尤最暴虐。黃帝乃與戰於涿鹿之野。遂擒殺蚩尤。楚語曰。少昊氏之衰也。九黎亂德。顓頊受之。使復舊常。史記蚩尤在炎帝之末。國語九黎在少昊之末。二者不得同也。九黎之文。惟出楚語。孔以蚩尤爲九黎。下傳又云。蚩尤黃帝所滅。言黃帝所滅。則與史記同矣。孔非不見楚語而爲此說。蓋以蚩尤是九黎之君。黃帝雖滅蚩尤。猶有種類尚在。故下至少昊之末。更復作亂。鄭云學蚩尤。其意以蚩尤當炎帝之末。九黎當少昊之末。九黎學蚩尤。非蚩尤也。○鄭氏曉曰。考黃帝滅蚩尤於涿鹿之野。在北鄙。南蠻多黎種。九黎三苗。皆南蠻。蚩尤九黎。非一種也。

苗民弗用靈。制以刑。惟作五虐之刑曰法。殺戮無辜。爰始淫爲劓刵椓黥。越茲麗刑。幷制。罔差有辭。

【集傳】苗民承蚩尤之暴。不用善而制以刑。惟作五虐之刑。名之曰法。以殺戮無罪。於是始過爲劓鼻。刵耳。椓竅黥面之法。於麗法者必刑之。并制無罪。不復以曲直之辭爲差別。皆刑之也。

集說 孔氏安國曰。三苗之君。習蚩尤之惡。不用善化民而制以重刑。言異世而同惡。○孔氏穎達曰。苗民於此施刑之時。并制無罪之人對獄。有罪者無辭無罪者有辭。苗民斷獄。竝皆罪之。無差簡有直辭者。言濫及無罪者也。○楚語云。三苗復九黎之惡。鄭以爲苗民卽九黎之後。顓頊誅九黎。至其子孫爲三國。高辛之後。又復九黎之惡。堯興又誅之。堯末又在朝。舜又竄之。後又在洞庭逆命。禹又誅之。穆王深惡此族。故著其惡而謂之民。孔惟言異世同惡。不言三苗是蚩尤之子孫也。○蘇氏軾曰。自蚩尤以前。未有以兵彊天下者。自苗民以前。亦未有作五虐之刑者。故舉此二人以爲亂始。○吴氏澄曰。五虐之刑。此舊五刑更加酷虐也。曰法。非法而謂之法也。凡麗於刑。不分輕重而并其制。無復簡別。其無罪而有辭者。○陳氏櫟曰。案呂氏謂古未有五刑。自苗民制之。然後聖人始不得已而用之。非也。舜典稱象以典刑。流宥五刑。下文方及誅四凶。三苗居一焉。蓋五刑其來久矣。豈有苗民始作五刑。舜乃效尤用之之理。鄭殺鄧析而用其竹刑。傳猶譏之。孰謂舜以三苗虐威而竄其身。乃效其虐威而用其法乎。曰作五虐之刑。曰淫爲劓刵椓黥。曰虐與淫。可見非卽古之五刑。必又暴虐淫過用之。天討有罪。五刑五用。帝王二千年相承。莫之能改。而謂始於苗民乎。使果創始於苗民。穆王方諄諄以苗民爲戒。乃遵用其法乎。不然必矣。

民興胥漸。泯泯棼棼。罔中于信。以覆詛盟。虐威庶戮。方告無辜于上。上帝監民。罔有馨香。德刑發聞惟腥。

集傳 泯泯。昏也。棼棼。亂也。民相漸染。爲昏爲亂。無復誠信。相與反覆詛盟而已。虐政作威。衆被戮者方各告無罪於天。天視苗民。無有馨香德。而刑戮發聞。莫非腥穢。呂氏曰。形於聲嗟。窮之反也。動於氣臭。惡之熟也。馨香。陽也。腥穢。陰也。故德爲馨香。而刑發腥穢也。

集說 蘇氏軾曰。人無所訴。則訴於鬼神。德衰政亂。則鬼神制世。○林氏之奇曰。以德行刑。則刑一人而千萬人莫不畏。可以至於無刑。故其治爲馨香。苟惟作虐刑。則必至囹圄成市。民不勝其虐。怨嗟之聲。呼籲於天。

此腥穢之所以發聞也。○陳氏經曰。罔中于信。無中心出於誠信者。信不由中也。無馨香之德。而發聞者惟腥穢之虐刑。觀二始字。見蚩尤爲作亂之始。而苗民爲淫刑之始。

皇帝哀矜庶戮之不辜。報虐以威。遏絕苗民。無世在下。

【集傳】皇帝。舜也。以書考之。治苗民。命伯夷禹稷皐陶。皆舜之事。報苗之虐以我之威。絕滅也。謂竄與分北之類。遏絕之。使無繼世在下國。

【集說】薛氏季宣曰。哀庶戮之濫。奉行天威以報有苗之虐。放之於遠。不得傳國於後。○呂氏祖謙曰。民心之反。天意之還也。惡運之極。治原之開也。皇帝哀矜庶戮。勝復之理然也。報虐以威者。咸其自召而我無心焉所謂天討也。

乃命重黎。絕地天通。罔有降格。羣后之逮在下。明明棐常。鰥寡無蓋。

集傳 重少昊之後。黎高陽之後。重卽羲。黎卽和也。呂氏曰。治世公道昭明。爲善得福。爲惡得禍。民曉然知其所由。則不求之渺茫冥昧之間。當三苗昏虐。民之得罪者。莫知其端。無所控訴。相與聽於神。祭非其鬼。天地人神之典。雜揉瀆亂。此妖誕之所以興。人心之所以不正也。在舜當務之急。莫先於正人心。首命重黎。修明祀典。天子然後祭天地。諸侯然後祭山川。高卑上下。各有分限。絕地天之通。嚴幽明之分。焄蒿妖誕之說。舉皆屏息。羣后及在下之羣臣。皆精白一心。輔助常道。民卒善而得福。惡而得禍。雖鰥寡之微。亦無有蓋蔽。而不得自伸者也。○案國語曰。少皞氏之衰。九黎亂德。民神雜揉。家爲巫史。民瀆齊盟。禍災薦臻。顓頊受之。乃命南正重司天以屬神。北正黎司地以屬民。使無相侵瀆。其後三苗復九黎之德。堯復育重黎之後不忘舊者。使復典之。

集說 孔氏穎達曰。羲是重之子孫。和是黎之子孫。司天屬神司地屬民。定上下之分。使民神不雜。則祭享有度。災厲不生。罔有降格。言神不干民也。○蘇氏軾曰。自苗民瀆於詛盟。人神相亂。虢之亡也有神降于莘。卽此類也。○張氏九成曰。傳曰。國將興聽於民。將亡。聽於神。三苗之俗。以詛盟爲事。是聽命於神也。絕地天通。罔有降格者。絕在地之民。使人不得以妖術格在天之神。絕在天之神。使人不得假其名字以降于在地之民。○呂氏祖謙曰。治世神怪所以不興者。只爲善惡分明。自然不求之神。亂世善惡不明。自然專言神怪。言鬼言命。○陳氏櫟曰。此非專重黎之力。亦由朝之羣后。及在下之衆臣。明顯明之理。使人不惑於茫昧之說。輔經常之道使人不撓於妖怪之習。雖窮民亦無蔽蓋而不得自伸者。民心坦然無疑。而不復求之於神。此重黎所以得舉其職也。蓋人昧正理。悖常道。而後惑神怪。亂祀典。惟明明棐常。人心先正。自將求之明而不求之幽。於其常而不於其怪。絕地天通。庶其易乎。○王氏樵曰：不曰絕天地通。而曰絕地天通者。地。民也。天。神也。神本無通於民。與之嘗自於下。故曰絕地天通。降格。蓋如神降于莘之類。曰罔有降格。則前此豈眞有降格哉。亦曰人爲之耳。迨聖人使重黎絕其通。正其位。而遂無降格。則可見其本無矣。○羣后。諸侯也。在下。其臣也。常道之在天下。雖根於人心。不可泯滅。然非有世道之責者。時有以提撕輔助之。則亦易爲邪說暴行所晦蝕而不明。充塞而不行也。是時有帝舜爲之主。羣后與其臣下。無不以棐常爲心。明明者。精白展布之謂。常者。常道。卽秉彝人倫是也。棐常者。順乎此者有勸。悖乎此者有懲。是非明白。而公道必行於上。民何復求之於神哉。

附錄 陳氏櫟曰。案北正黎。或作火正黎。北字與火字相似。又黎以北正兼火正。黎卽祝融也。所以祕注揚子云。北正黎。卽火正黎也。北正對南正爲是。

案 國語火正黎。蔡傳作北正黎。考堯典乃命羲和孔疏云。昭二十九年左傳稱重爲句芒。犁爲祝融。祝融火官。可稱火正。句芒木官。不應號南正。且木不主天。火不主地。而外傳稱顓頊命南正司天。火正司地者。蓋使木官兼掌天。火官兼掌地。南爲陽位。故掌天。謂之南正。黎稱木官。故掌地。猶爲火正。鄭答趙商云。先師以來。皆云火掌爲地。當云黎爲北正。可見蔡傳之改北正。非無本耳揚子法言。亦作北正黎。所以陳櫟引注云。北正黎。卽火正黎也。然則北正之說。由來久矣。

皇帝清問下民。鰥寡有辭于苗。德威惟畏。德明惟明。

【集傳】清問虛心而問也。有辭聲苗之過也。苗以虐爲威。以察爲明。帝反其道。以德威而天下無不畏。以德明。而天下無不明也。

【集說】林氏之奇曰。惟鰥寡無蓋。則在下者冤抑之情。得以上通。故舜清問于民。則鰥寡得以三苗之虐爲辭而告訴焉。舜於是問罪於三苗也。威而非德。威褻而民玩。非所以爲畏。明而非德。失之過察。則民將益出其巧詐以欺上。非所以爲明。惟舜之威與明皆本於德。故惡如三苗。無不諳悉其罪。一去三苗而天下莫不服也。○呂氏祖謙曰。清問者。明目達聰。無纖毫壅蔽之謂也。苗民既遏絕矣。鰥寡猶有辭于苗者。蓋苗在舜世。合散靡常。前章所謂遏絕者。討其元惡大憝也。此章所謂有辭于苗者。言其遺孽餘種也。考於虞書。或伐之以大禹徂征之師。或治之以皐陶象刑之敘。大小非一端。先後非一時也。惟苗民尚有遺孽餘種。爲鰥寡之患。故舜於此。益反本自治。不求威明於外。而反修其德。盛德之至。不怒而威。無思不服。不察而明。無隱不照也。○陳氏師凱曰。表記引德威惟畏德明惟明。繼之曰。非虞舜其孰能如是乎。則皇帝爲舜明矣。

乃命三后。恤功于民。伯夷降典。折民惟刑。禹平水土。主名山川。稷降播種。農殖嘉穀。三后成功。惟殷于民。

【集傳】恤功。致憂民之功也。典。禮也。伯夷降天地人之三禮。以折民之邪妄。蘇氏曰。失禮則入刑。禮刑一物也。伯夷降典以正民心。禹平水土以定民居。稷降播種以厚民生。三后成功。而致民之殷盛富庶也。吳氏曰。二典不載有兩刑官。蓋傳聞之謬也。愚意皐陶未爲刑官之時。豈伯夷實兼之歟。下文又言伯夷播刑之迪。不應如此謬誤。

集說 林氏之奇曰。賈誼曰。禮者。禁於將然之前。而刑者。禁於已然之後。法之所用易見。而禮之所爲難知。則禮與刑。一物也。民能由於禮。則何刑之有哉。○夏氏僎曰。九州各有名山大川爲之主名。如揚州山有會稽川曰三江之類。○呂氏祖謙曰：平水土，降播種，當在所急，而伯夷之降典，若緩而不切。然抑不知人心不正，雖有土安得而居，雖有穀安得而食，諸穆王首述伯夷之典，先其本也。○陳氏經曰：主名山川，所以表疆域也。○王氏充耘曰：凡禮教與刑相表裏，故司徒敷教，亦必有刑以弼之。伯夷降典，以辨上下之分，有不從者，則以刑折之，使其陵僭者不得以自遂，則其勢不得不入於禮也。○王氏綱振曰：伯夷典禮，宜言禮，不言刑，而乃曰折民惟刑，可見伯夷之刑，即是齊之以禮。臯陶明刑，宜言刑，不言德，而乃曰以教祗德，又見臯陶之刑，是即道之以德。德禮刑原是一物，自後世以刑爲刑，德禮與刑罰遂判。

士制百姓于刑之中，以教祗德。

集傳　命臯陶爲士，制百姓于刑辟之中，所以檢其心而教以祗德也○吳氏曰皋陶不與三后之列遂使後世以刑官爲輕後漢楊賜拜廷尉自以代非法家言曰三后成功惟殷于民皋陶不與蓋吝之也陳氏師凱曰吝恥也是後世非獨人臣以刑官爲輕人君亦以爲輕矣觀舜之稱皋陶曰刑期于無刑民協于中時乃功又曰俾予從欲以治四方風動惟乃之休其所繫乃如此是可輕哉呂氏曰呂刑一篇以刑爲主故歷敘本末而歸之於皋陶之刑勢不得與伯夷禹稷雜稱言固有賓主也

【集說】王氏安石曰刑非教也而言以教祇德蓋聖人莫非教也刑之所加非苟害之亦曰敺而納之於善而已故周官十有二教亦曰刑教中則民不虣○葉氏夢得曰古者謂獄已定而不失其實曰中故小司寇以三刺斷庶民獄訟之中說者云中謂罪正所定而司刺亦以三法求民情斷民中獄訟成士師受之曰受中小司寇登之於天子曰登中此書亦累累言之○邱氏濬曰伯夷禮官也所降者典而折民惟刑臯陶刑官也所制者刑而教民祇德可見有虞爲治專以禮教爲主而刑辟特以輔其所不及焉耳禮典之降而折以刑所以遏其邪妄之念而止刑辟於未然刑罰之制而教以德所以啓其祇敬之心而制刑辟於已然禮教刑辟之相爲用如此帝世之制所以本末兼舉而民協于中自不犯於有司也歟○王氏樵曰此亦蒙乃命之文制乃裁斷之義刑之中言輕重得其當也民惟心無所檢而不知所畏故不敬其德而自越於禮法之外臯陶斷以中

刑乃所以檢其心而敎之敬德也。

穆穆在上明明在下。灼于四方。罔不惟德之勤。故乃明于刑之中。率乂于民棐彝。

【集傳】穆穆者。和敬之容也。明明者。精白之容也。灼于四方者。穆穆明明。輝光發越而四達也。君臣之德。昭明如是。故民皆觀感動盪。爲善而不能自已也。如是而猶有未化者。故士師明于刑之中。使無過不及之差。率乂于民。輔其常性。所謂刑罰之精華也。

集說蘇氏軾曰教化之廢推中人而墮於小人之域教化之行引小人而納於君子之塗此率乂于民之謂也○呂氏祖謙曰自伯夷之典迄臯陶之刑制度文爲之具也自穆穆明明至乂民棐彝精神心術之運也○陳氏櫟曰舜命臯陶以刑本之以威明之德繼期民以祇德勤德刑之本必主於德而刑之用必合於中德與中爲呂刑一篇之綱領繼此曰惟克天德曰以成三德曰有德惟刑無非以德爲本也曰觀于五刑之中曰中聽獄之兩辭曰罔非在中曰咸庶中正曰非德于民之中曰咸中有慶無非以中爲用也刑必合於中而後刑卽所以爲德以此意讀呂刑其庶幾乎○王氏充耘曰兩言刑之中者蓋刑而失之重則傷於苛暴而民無所措手足失之輕則流於姑息而惡者無所懲惟酌其中則能使人畏服而不敢犯○顧氏錫疇曰惟帝舜之德威德明也則當時恭已於南面者皆和氣之流通而君之德容可想也故曰穆穆在上惟三后之恤功成功

也。則當時亮采於北面者，皆精白之昭著，而臣之德容可想也。故曰明明在下。灼于四方，指君臣合德而言。

典獄非訖于威，惟訖于富，敬忌罔有擇言在身。惟克天德，自作元命，配享在下。

集傳 訖，盡也。威，權勢也。富，賄賂也。當時典獄之官，非惟得盡法於權勢之家，亦惟得盡法於賄賂之人。言不爲威屈，不爲利誘也。敬忌之至，無有擇言在身，大公至正，純乎天德，無毫髮不可舉以示人者。天德在我，則大命自我作，而配享在下矣。在下者，對天之辭。蓋推典獄用刑之極功。而至於與天爲一者如此。

集說 蘇氏軾曰。修其敬畏。至於口無擇言。此盛德之士也。何以責之於典獄。獄賤事也。而聖人盡心焉。其德入人之深。動天地感鬼神無大於獄者。盛德之士。皆屑爲之。皐陶遠矣。莫得其詳。如漢張釋之于定國。唐徐有功。民皆自以爲不寃。其不言之信。幾於口無擇言之人哉。若斯人者。將與天合德。子孫其必有興者。非自作元命。配享在下而何。○張氏九成曰。穆王戒典獄諄諄以富貨言。當時風俗衰敝可知。敬則善心生。忌則惡念滅。○夏氏僎曰。行之於身。皆可言之於口。不必擇而後言。是能與天合德。如此則典獄之官。身雖在下。而仰合天德。如所謂配天其澤。仰當天意。如所謂克享天心。謂之配享在下。豈不信哉。○呂氏祖謙曰。典獄不得行其公者。非爲威脅則爲利誘。欲威不能屈。富不能淫。惟在敬忌。無擇言在身而已。○陳氏經曰。天德無私。威富之事絕於外。敬忌之誠存於中。此無私之天德也。死生壽夭之命。乃天以制斯人者。今典獄者德與天一。則制生人之大命。不在天而在我矣。天能制人之大命。典獄者亦能制人之大命。豈非在下而與天配。合乎自作元命。猶言自貽哲命。○陳氏櫟曰。敬忌如康誥文王之敬忌也。罔有擇言。口無擇言也。言行相表裏。罔有擇言在身。併身無擇行矣。典獄之事。天實臨之。天德克於我。則天之元命自作於我。配天澤享天心。皆我也。念念知有天在上。且知天實在我。一心中斯爲得之。○陳氏雅言曰。天此心而人此心。天此理而人此理。栽培傾覆。有以見天道之至公。賞善罰惡。有以見人心之至公。或刑或宥。一出於公。則元命之作。不在天而在我也。○洪氏翼聖曰。敬者愼刑之至。而察之必盡其心也。忌者畏刑之至而施之惟恐不當也。○孫氏繼有曰。訖者。法之內。一毫不以意輕。法之外。一毫不以意重。輕重各如其法而止。所謂訖也。

附錄 王氏充耘曰。諸家皆自典獄之人言之。然謂之元命。是國命。與厥惟廢元命同。謂之配享在下。是又言人君享國與天相配。與克配上帝配天其澤之意同。蓋謂所用典獄之人能敬忌之至。用刑悉無宄濫。則是人君德與天合。而自作元命可以長治久安。而配享在下矣。此卽司寇蘇公式敬爾由獄。以長我王國之意耳。

案 惟克天德自作元命配享在下三句。孔疏云。典獄之官能效天爲德。則長久大命由已而來。是自爲大命可以配當天意在於天之下也。蔡傳融會其意。而推典獄用刑之極功至於與天爲一。義固精矣。王氏充耘則以元命爲國命。配享爲人君之克配上帝。此歸重人君說。亦甚正大。蓋典獄之得人。實由帝德之合天耳。

王曰。嗟。四方司政典獄。非爾惟作天牧。今爾何監。非時伯夷播刑之迪。其今爾何懲。惟時苗民。

匪察于獄之麗罔擇吉人觀于五刑之中惟時庶威奪貨斷制五刑以亂無辜上帝不蠲降咎于苗苗民無辭于罰乃絶厥世

集傳　司政典獄漢孔氏曰諸侯也爲諸侯主刑獄而言非爾諸侯爲天牧養斯民乎爲天牧民則今爾何所監懲所當監者非伯夷乎所當懲者非有苗乎伯夷布刑以啓迪斯民捨皐陶而言伯夷者探本之論也麗附也顧氏錫疇曰凡人犯一罪必有一種情詞附於其間苗民不察於獄辭之所麗又

不擇吉人。俾觀于五刑之中。惟是貴者以威亂政。富者以貨奪法。斷制五刑。亂虐無罪。上帝不蠲。貸而降罰于苗。苗民無所辭其罰。而遂殄滅之也。

集說 呂氏祖謙曰。獄。重事也。不察者或視以爲刀筆吏之事。故穆王明告司政典獄。使知其職分之大焉。五刑五用。是謂天討。雖君不得而與。司是柄者。非君之臣。乃天之牧也。故曰非爾惟作天牧。蓋呼而警之。使知其任之重如此。要必前有所法。後有所戒。庶幾不爲天位之辱。伯夷之監。告之以所當法也。苗民之懲。告之以所當戒也。播刑以啓迪斯民。特刑之理耳。捨臯陶而使之監伯夷者。蓋三居五服。彼固朝夕之所從事。監于伯夷。所以探其原也。苗民人與法俱弊。則所謂庶威者。初無定法。奪於貨利。相與爲市而已。斷制五刑。無非私意。

逆天悖理罪大而不可解其殄滅也宜哉○陳氏櫟曰庶威奪貨蔡氏分説與上文訖威訖富相照應優於諸家○孫氏繼有曰遏絶苗民本舜事而曰上帝弗蠲者上帝降咎舜特奉行天討耳○王氏綱振曰就民之邪思言則曰折就民之眞性言則曰迪伯夷非刑官何以一則曰惟刑再則曰播刑蓋理以辨是非愚民難與言禮惟刑與較利害因知利害而後可使别是非是其所以折民即以迪民故曰折民惟刑又曰播刑之迪一事兩指非刑有兩用也

王曰嗚呼念之哉伯父伯兄仲叔季弟幼子童孫皆聽朕言庶有格命今爾罔不由慰日勤爾罔或戒不勤天齊于民俾我一日非終惟終在

人爾尚敬逆天命以奉我一人雖畏勿畏雖休勿休惟敬五刑以成三德一人有慶兆民賴之其寧惟永

集傳 此告同姓諸侯也格至也孔氏穎達曰至命當爲至善之命參錯訊鞫極天下之勞者莫若獄苟有毫髮怠心則民有不得其死者矣罔不由慰日勤者爾所用以自慰者無不以日勤故職舉而刑當也爾罔或戒不勤者刑罰之用一成而不可變者也苟頃刻之不勤則刑罰失中雖深

戒之而已施者亦無及矣戒固善心也而用刑豈可以或戒也哉且刑獄非所恃以爲治也天以是整齊亂民使我爲一日之用而已非終卽康誥大罪非終之謂言過之當宥者惟終卽康誥小罪惟終之謂言故之當辟者非終惟終皆非我得輕重惟在夫人所犯耳爾當敬逆天命以承我一人畏威古通用威辟之也休宥之也王氏樵曰古以刑爲咎則以開釋爲休我雖以爲辟爾惟勿辟我雖以爲宥爾惟勿宥惟敬乎五刑之用以成剛柔正直之德則

君慶於上。民賴於下。而安寧之福。其永久而不替矣。

集說 林氏之奇曰。穆王享國百年。故諸侯或其子孫也。○王氏炎曰。刑當輕而輕。以成柔德。而柔不至於縱弛。當重而重。以成剛德。而剛不至於苛暴。介輕重之間。以成正直。而正直不至於偏倚。○呂氏祖謙曰。慰者。非得其情而喜。蓋以不弛其職自慰也。罔或戒者。必嘗情然後戒。雖曰知悔。方其情時。安知無失其平者乎。天子以天下爲體。天下典獄者如是。則導迎善氣。培養根本。國脉其有不延乎。獄之所係如此。○陳氏經曰。成三德者。時乎用中典。則正直之德成。時乎用重典。則剛德成。時乎用輕典。則柔德成。○陳氏櫟曰。此章言刑出於天。天俾之我。故望爾逆天命以奉我。所以承天者。勤也。敬也。能勤能敬。則刑非刑也。德也。刑非刑也。福也。可不念哉。○陳氏雅言曰。刑罰之原。天以齊民。而俾我有一日之用也。非終惟終。而在人。無一定之罪也。蓋刑不出於我而出於天。刑不在我而在於人。爾同姓諸侯均有一日掌刑之責。知上天之心。惟在於以刑齊民。則庶能敬逆之而不違。知我一人之心。惟在於以刑齊民。則必當有以奉承之而不慢。敬者。勤之本。勤者。敬之發。惟其用心也敬。故其臨事也勤。辟宥不可以徇君之命。敬刑惟當以成民之德。刑之用無不敬。則民之德無不成。由是君受其福。民蒙其惠。至於永久安寧而不替。又豈非勤敬之效乎。○王氏樵曰。勤者。事事盡其心之謂。慰者。無所憾於已之謂。戒者。有所懲於前之辭。有失然後有戒。故言刑不可以不勤而或戒。欲其常勤而無所失耳。敬者。言畏與休皆不敢怠也。當畏而畏。所以成剛之德。當休而休。所以成柔之德。畏其所當畏。則民皆懼於爲惡。休其所當休。則民皆樂於爲善。不犯於刑。相安於無事之天。所以成正直之德也。至是乃所謂日勤者矣。豈但足由以自慰而已邪。

附錄 蘇氏軾曰。庶以格天命。○薛氏季宣曰。諸侯上自尊屬。下逮子孫。悉告以言。庶幾可以格于上帝。天之賦物。人人有齊一之道。使我朝夕自戒。恐其非終。則惟終在人。所以迎天命也。○陳氏經曰。天以刑齊民。天不能自爲之。故以俾我。然天之愛民。其心無窮。我亦不能以一日遂終其事。相與以終之者。猶有望於人。則我敬刑之心。始有所託。是此心無窮。已處即天意也。用刑之際。人雖畏服。我猶以爲未足畏。人雖稱美。我猶以爲未足美。則此心常無已。方能承人君愛民無窮之心。合上天愛民無窮之心矣。

案 庶有格命。蔡傳從孔疏。格訓至。然未詳至命之義。蘇軾薛季宣以格命爲格天之命。不作至字解。與下文敬逆天命句相應。亦可通也。非終惟終在人。諸家祇就怠勤對看。有謂古傳非終屬上句。惟終在人作一句讀者。如陳經之說。尤貫穿曉暢。雖畏勿畏。雖休勿休。總見得不自足之心。此皆與蔡傳不同。而於經義各有發明者。

也。

王曰：吁！來，有邦有土，告爾祥刑。在今爾安百姓，何擇非人？何敬非刑？何度非及？

【集傳】有民社者，皆在所告也。夫刑，凶器也，而謂之祥者，刑期無刑，民協于中，其祥莫大焉。及，逮也。漢世詔獄所逮有至數萬人者，審度其所當逮者而後可逮之也。曰何曰非，問答以發其意，以明三者之決不可不盡心也。

【集說】蘇氏軾曰：罪非已造，爲人所累曰及。秦漢之間謂之逮。獄吏以不遺支黨爲忠，以多逮廣繫爲利，故大獄有逮萬人者。國之安危。運祚長短。咸寄於此。故曰何度。非及。度其非同惡者。則勿逮可也。○張氏九成曰。此幷同姓異姓諸侯而戒之。○陳氏櫟曰。刑而曰祥。以好生之德寓焉。擇人敬刑而謹所及。則民安矣。民安。則刑可言祥矣。○吳氏澄曰。邦言其國。土言其境內之地。祥刑者。慈良惻怛。詳審輕重。主之以不忍。行之以不得已。所以謂之祥也。在今日爾諸侯欲安百姓。何者當擇。非人乎。何者當敬。非刑乎。何者當揆度。非及乎。○陳氏雅言曰。刑非所以殘民。而以安民。謂之祥刑。安民之道。能擇人而後能敬刑。能敬刑而後能度及。三言何者設爲問辭以致其疑。三言非者。設爲答辭以致其決。當時有邦之諸侯有土之卿大夫。果能於此三者而致其擇。致其敬。致其度。則民無不安而刑斯爲祥矣。○王氏樵曰。辭所連引。度之以已之心。勿惟人言之所指者卽逮之也。度之以彼之情。勿惟已心之所疑者卽逮之也。

兩造具備。師聽五辭。五辭簡孚。正于五刑。五刑不簡。正于五罰。五罰不服。正于五過。

集傳 兩造者。兩爭者皆至也。周官以兩造聽民訟。具備者。詞證王氏樵曰。詞如文卷。證是證佐。皆在也。師。衆也。五辭。麗於五刑之辭也。簡。核其實也。孚。無可疑也。正。質也。五辭簡核而可信。乃質于五刑也。潘氏士遴曰。非便用五刑。只以此情辭質正于刑書。當於何等刑加之也。不簡者。辭與刑參差不應。孔氏穎達曰。謂覆審囚證之辭。不如簡核之狀。刑之疑者也。罰。贖也。疑於刑。則質于罰也。不服者。辭與罰又不應也。罰之疑者也。過誤也。疑於罰。則質于過而宥免之也。

集說 孔氏穎達曰。不應五刑。獄官疑不能決。則當正之於五罰。令其出金贖刑。五罰卽下文是也。今律疑罪。各依所犯以贖論。虛實之證等。是非之理均。或事涉疑似。旁無證見。或雖有證見。事涉疑似。如此者。皆為疑罪。○王氏安石曰。周禮過而未麗於法者。桎梏而坐諸嘉石。役諸司空。此治五過之法。非免釋之也。○張氏九成曰。兩造非偏辭。師聽非偏見。一人獨聽。恐聰明有不及。思慮有不至。必衆聽之也。○呂氏祖謙曰。前數章反覆告戒。至此始須贖刑之令。○獄辭所及。既欲審度。而兩造復欲其具備。蓋所不當逮者。不可擾一人。所當逮者。不可闕一人也。獄辭雖衆。麗于刑者不過五。羣有司同聽其辭。簡核孚信。隨其輕重而正其刑。此情法相當者也。以是辭而求是刑，參差而不可簡核，則罪之疑者。於是正五贖之罰以待之，此情法不相當者也。至於罰之猶不服，察其果無辜，則宥。過無大，蓋直貸之而已。古者因情以求法，故有不可入之刑。後世移情而合法，故無不可加之罪。○王氏樵曰：五辭簡孚六句，只是相推下去，欲其原情定罪而已。○傅氏元初曰：供辭與所告之辭，簡核之，皆符合可信，是爲簡孚，簡斯孚矣。下言不簡，便包孚字在內。刑不簡，則質于罰；罰不簡，則質于過。周禮司刺掌三刺、三宥、三赦之法，以贊司寇聽獄訟。三刺曰訊羣臣，訊羣吏，訊萬民。三宥曰不識，過失，遺忘。三赦曰幼弱，老耄，蠢愚。以此三法者求民情，斷民中，而施上服下服之刑，然後刑殺。然則在刑殺之外者，卽在五罰五過之寬政矣。

五過之疵：惟官，惟反，惟內，惟貨，惟來。其罪惟均。

其審克之。

集傳 疵。病也。官。威勢也。反。報德怨也。內。女謁也。貨。賄賂也。來。干請也。惟此五者之病以出入人罪。則以人之所犯坐之也。審克者。察之詳而盡其能也。下文屢言以見其丁寧忠厚之至。疵於刑罰亦然。但言於五過者。舉輕以見重也。

集說 孔氏安國曰。五過之病。出入人罪。使在五過。罪與犯法者同。○林氏之奇曰。唐太宗問於劉德威曰。比刑網寖密。咎安在。對曰。律失入者減三。失出者減五。今坐入者無辜。坐出者有罪。所以吏務深入爲自安計。

五過之疵。其罪惟均。此失出者也。特言出而不及於失入者。觀一篇之中。其丁寧諄復之意如此。是豈坐入者無辜。而坐出者有罪乎。以意逆志可也。先儒謂出入人罪。得之矣。○呂氏祖謙曰。刑降而爲罰。罰降而爲過。然以私而故縱。則又非天討也。故縱之疵病。有此五者。審者。察之盡其心。克者。治之盡其力。○王氏樵曰。舍五刑五罰而專言五過者。當以爲過而不以爲過。乃入之於刑罰。不當以爲過而以爲過。乃出之於刑罰。皆疵也。故言五過之疵。則五刑五罰之疵在其中矣。今律有故出入失出入人罪。此經不言意多主故言也。五過之疵。以當正於五過者。或因此五者而罰之。是故入也。不當正於五過者。或因此五者而宥之。是故出也。察之詳而盡其能。言當正於五過之時。反覆推究。而盡已之聰明。務使宥當其刑之謂。

五刑之疑有赦。五罰之疑有赦。其審克之。簡孚

有衆惟貌有稽無簡不聽具嚴天威

【集傳】刑疑有赦正于五罰也罰疑有赦正于五過也簡核情實可信者衆亦惟考察其容貌周禮所謂色聽是也然聽獄以簡核爲本苟無情實在所不聽上帝臨汝不敢有毫髮之不盡也

【集說】孔氏穎達曰刑疑有赦赦從罰也罰疑有赦赦從免也上云五罰不服正於五過卽是免之也不言五過之疑有赦者知過則赦之不得疑也其當清察能得其理不使應刑妄得罰應罰妄得免也○林氏之奇曰五刑之疑尚不免於罰而謂之赦者蓋雖以金自贖而幸其不至於殘潰其肌體是亦赦也下文墨辟疑赦

之類皆然也。蓋古之云赦者。以疑似之罪。不可以刑辟加。故爲之差降贖罰以寬宥之。所以矜恤善良。非貸免惡人也。○張氏九成曰。具。俱也。謂上所言。皆敬天威也。○夏氏僎曰。簡孚有衆。卽前五辭簡孚之意。而此簡孚之法。又當惟貌有稽。辭或可僞。而貌不可掩。不正則眊。有愧則泚。於此稽之。不得遁矣。苟無可簡核。則疑獄明矣。此在所不必聽。竟捨之可也。○呂氏祖謙曰。所以如是求詳而致嚴者。蓋刑乃天之威。非君之私權也。天明畏自我民明威。衆之所簡孚。卽天威之所在也。○王氏樵曰。經文貌字。該氣色耳目。蓋以訊鞫覈其言。因察之於視聽氣色之間也。心在辭。則情在貌。不暇相顧。

墨辟疑赦。其罰百鍰。閱實其罪。劓辟疑赦。其罰惟倍。閱實其罪。剕辟疑赦。其罰倍差。閱實其罪。

宫辟疑赦其罚六百锾阅实其罪大辟疑赦其罚千锾阅实其罪墨罚之属千劓罚之属千剕罚之属五百宫罚之属三百大辟之罚其属二百五刑之属三千上下比罪无僭乱辞勿用不行惟察惟法其审克之

集传 墨刻颡而涅之也劓割鼻也剕刖足也宫淫刑也男子割势妇人幽闭大辟死刑也六两曰锾阅视也倍二百锾也倍差倍而又差五百锾也陈氏师凯曰百锾六百两也倍二百

鍰一千二百兩也倍差五百鍰三千兩也六百鍰三千六百兩也千鍰六千兩也屬類也三千總計之也周禮司刑所掌五刑之屬二千五百刑雖增舊然輕罪比舊爲多而重罪比舊爲減也比附也罪無正律則以上下刑而比附其罪也孔氏穎達曰上下比方其罪之輕重上比重罪下比輕罪無僭亂辭勿用不行未詳或曰亂辭辭之不可聽者不行舊有是法而今不行者戒其無差誤於僭亂之辭勿用今所不行之法惟詳明法意而審克之也○今案皋陶所謂罪疑惟輕者降一等而罪之耳今五刑

疑赦而直罰之以金是大辟宮剕劓墨皆不復降等用矣蘇氏謂五刑疑各入罰不降當因古制非也舜之贖刑官府學校鞭扑之刑耳夫刑莫輕於鞭扑入於鞭扑之刑而又情法猶有可議者則是無法以治之故使之贖特不欲遽釋之也而穆王之所謂贖雖大辟亦贖也舜豈有是制哉詳見篇題

【集說】孔氏安國曰刑疑則赦從罰鍰黄鐵也閲實其罪使與罰各相當序五刑先輕轉至重者事之宜五刑疑各入罰不降相因古之制也別言罰屬合言刑屬明刑罰同屬互見其義○孔氏穎達曰古者金銀銅鐵

總號爲金。此傳言黃鐵。舜典傳言黃金。皆是今之銅也。古人贖罪。悉皆用銅。而傳或稱黃金。或言黃鐵。爾。○蘇氏軾曰。察。我心也。法。國法也。內合我心。外合國法。乃爲得之。○林氏之奇曰。以罰金之多少而觀之。則劓重於墨。剕重於劓。宮重於剕。其降殺之數相較則同。惟大辟爲尤重。故其數之重於宮。比之三者之相校爲尤多也。○夏氏僎曰。每條必言閱實其罪。恐聽者或不詳其意。止閱實其一而忽其他。故不嫌其費辭也。○上言罰下言刑者。罪實而加以法謂之刑。罪疑而贖以金謂之罰。互見其義。以明刑罰之條。其數一同也。上下比罪。謂於法無此條。則上比重罪。下比輕罪。上下相比。觀其所犯當與誰同。然後定其輕重之法。如今律無明文。則許用例也。然當上下比罪之時。吏多因緣爲姦。差錯妄亂。實由以生。故又戒以不可用私意而僭差妄亂其辭。僭謂辭在此乃差而之彼。亂謂辭本直乃亂而爲曲也。惟內察以心。外合以法。內外兩盡。情法相推。惟詳審者能之。

○呂氏祖謙曰：墨劓所增，皆輕刑；宮所損二百，大辟所損三百，皆重刑也；剕無增損，居輕重之間者也。輕罪則多於前，重罪則損於舊，觀其目，則哀矜之意固可見；觀其凡，則文勝俗弊亦可推矣。○陳氏經曰：此下言贖法。載於法謂之刑，加於人謂之辟。犯墨辟而情罪之可疑者，則赦之，使贖其罰，則罰之納贖也。然必檢閱核實，其罪使與罰相當，不可苟也。下倣此。○三千已定之法，載之刑書者也。天下之情無窮，刑書所載有限，不可以有限之法而盡無窮之情，又在用法者斟酌損益之。古者任人不任法，法所載者任法，法不載者參以人，上下比罪是也。以其罪而比附之上刑，則見其重；以其罪而比附之下刑，則見其輕。故於輕重之間裁酌之，然必以辭爲主。辭若僭亂，情與罪不相合，是不可行者也。當勿用其不可行之法，惟當察其情，求之法，二者合而後允當乎人情法意，是乃可行者也。在審克之而已。○陳氏大猷曰：刑如律，比如例。三千之屬，猶不能盡天下之情罪。

以此知法不可獨任也。既無正律。復僭亂而無定辭。將安所據依乎。且又有此例昔嘗有之。而今不可行者矣。必無差亂其辭而妄比附。勿用今不可行之法而強比附。如漢長安賈人與渾邪王市者罪當死凡五百餘人。汲黯曰。愚民安所知市賈長安中。而文吏以爲闌出財物。如邊關乎。此類。乃以不可行者比附也。○陳氏師凱曰。秋官司刑云。掌五刑之法以麗萬民之罪。墨罪五百。劓罪五百宮罪五百刖罪五百殺罪五百。輕罪比舊爲多者。墨劓舊五百。今一千各多五百也。重罪比舊爲減者。宮大辟舊各五百。今宮減二百大辟減三百也。○孫氏繼有曰。罪而曰比。則廷評無一成之議。或有惑於人言而妄爲比附者。爰書無一定之條。或有泥於古法而強爲比例者。皆非用法之公。故戒其勿僭勿用。而以惟察審克者勉之。

上刑適輕下服。下刑適重上服。輕重諸罰有權。

刑罰世輕世重。惟齊非齊。有倫有要。

【集傳】事在上刑而情適輕。則服下刑。舜之宥過無大。康誥所謂大罪非終者是也。事在下刑而情適重。則服上刑。舜之刑故無小。康誥所謂小罪非眚者是也。若諸罰之輕重。亦皆有權焉。權者。進退推移以求其輕重之宜也。刑罰世輕世重者。周官刑新國用輕典。鄭氏康成曰。新辟地立君之國用輕法者。爲其民未習於教也。刑亂國用重典。鄭氏康成曰。篡弑叛逆之國用重典者。以其化惡伐滅之也。刑平國用中典。鄭氏康成曰。承平守成之國用中典者。常行之法也。隨世而爲輕重者也。輕重諸罰有權者。權一人之輕重也。刑罰世輕世重者。權一世之輕重也。惟齊非齊者。法之權也。有倫有要者。法之經也。言刑罰雖惟權變是適。而齊之以不齊焉。至其倫要所在。蓋有截然而不可紊者矣。此兩句總結上意。

【集說】王氏安石曰。情之輕重。世之治亂不同。則刑罰之用當異。而欲爲一法以齊之。則其齊也不齊。以不齊齊之。則齊矣。先後有序謂之倫。衆體所會謂之要。○張氏九成曰。殺人者死。此上刑也。然有誤殺者。此適輕也。則服下刑矣。鬬毆不死。此下刑也。然有謀殺而適不死者。此適重也。則服上刑矣。用刑豈可不問情之輕重哉。至於用罰。亦當權其輕重。情輕則罰亦輕。情重則罰亦重。以情爲權而論疑罪之輕重。則罰亦當矣。刑權輕重以爲上下。罰權輕重以爲多少。○陳氏雅言曰。法之或輕或重。雖原於人情世變而爲之不同。而其所以輕之重之。則皆出於理之當然。而非以已之私意爲之也。蓋變法以求當於人情世變者。權也。法雖變而能當於理者。是卽經也。理通。則人情世變無不通。人情世變無不通。則法無不通矣。○王氏樵曰。道有升降。俗有汚隆。此世變之不同也。世輕世重。惟其變之所適而權焉。斯盡權之道者也。然謂之權。則有若不齊而無常。而不知是乃所以致齊而有常也。人情世變之不同。而君子之所以權乎其間者。理而已矣。理之所在。雖不爲一法以齊之。而要爲合乎人情。宜乎世變。其不齊乃所以爲齊也。惟齊之以非齊。則中乎先後輕重之序而不錯施。豈不有倫乎。歸於至當。豈不有要乎。玆權也。乃所以爲經也歟。

罰懲非死人極于病非佞折獄惟良折獄罔非在中察辭于差非從惟從哀敬折獄明啓刑書胥占咸庶中正其刑其罰其審克之獄成而孚輸而孚其刑上備有并兩刑

【集傳】罰以懲過雖非致人於死然民重出贖亦甚病矣佞口才也非口才辯給之人可以折獄惟溫良長者視民如傷者能折獄而無不在中也此言聽獄者當擇其人也察辭于差者辭非情實終必有差聽獄之要必於

其差而察之。非從惟從者。察辭不可偏主。猶曰不然而然。所以審輕重而取中也。哀敬折獄者。惻怛敬畏以求其情也。明啓刑書胥占者。言詳明法律。而與衆占度也。咸庶中正者。皆庶幾其無過忒也。於是刑之罰之。又當審克之也。此言聽獄者。當盡其心也。若是則獄成於下而民信之。王氏樵曰。獄成是結案時。孚者。兩爭者皆心服。而衆人皆以爲然也。獄輸於上而君信之。王氏樵曰。輸是奏案時。孚者。情法允合。君上無所違異也。其刑上備。有幷兩刑者。言上其斷獄之書。當備情節。一人而犯兩事罪雖從重亦幷兩刑而上之也。此言讞獄者當備其辭也。

集說　蘇氏軾曰：佞口給也。口辯者服其口，不服其心也。從其差者察之，多得其情。○林氏之奇曰：孔子曰：今之聽獄者求所以殺之，古之聽獄者求所以生之。良者求所以生之也。○王制曰：成獄辭，史以獄成告於正，正聽之。正以獄成告於大司寇，大司寇聽之棘木之下。大司寇以獄之成告於王，王命三公參聽之。三公以獄之成告於王，王三宥，然後制刑。此正所謂獄成而孚，輸而孚也。○呂氏祖謙曰：辭之實者，屢訊屢鞫，前後如一，欺罔文飾者，雖巧於對獄，其辭要必有差。因其差而察之，之不從其僞辭，乃所以從其眞情也。○以哀矜之心折獄，既有其本，至於議法之時，必澄定其精神，澡雪其耳目，然後啓法律，與衆占裁度。其輕重，則咸庶幾協乎中正。刑書，民命所繫，豈容有少昏惰，亦豈容不博盡衆議乎。蓋過此，則其刑之，其辟之矣。於此時，固不可不審克也○論刑既終申之以奏獄之戒獄辭之成既得其孚信輸之於上不可變易情實必如其本辭然後謂之孚也一人而有數罪一罪而有數法奏其刑於上必皆備載而上之人斷獄則幷兩刑而從其一重者以斷之焉陳其數者有司也制其義者人主也○李氏杞曰此周禮辭聽之法罔差有辭者不能差別其辭也察辭于差者察其辭之差別也○陳氏經曰哀者憫其犯法也敬者謹於用法也刑書法令也占權度也以哀矜爲心明啓法律與衆有司相共推度人已相盡庶幾乎中且正也庶者見中正之爲難典獄者不當自足以爲已得中正也輸之於上備載罪法之輕重事情之本末不可闕略兩刑謂一人有兩罪一罪有二法幷具上之以聽命於上不敢專也言閱實至於五言審克至於四重其事故詳其戒也○陳氏大猷曰此章首云告爾祥刑至安百姓言制刑之本意也何擇至非及言用刑之綱領也自兩造至天威言聽獄之節奏也自墨辟至三千言贖

法及刑書之定目也。自上刑至有要。言用刑之權變也。自罰懲至克之。言折獄而用法也。自獄成至兩刑。言結獄而奏案也。反覆丁寧備矣。○王氏樵曰。察辭于差。與惟貌有稽。皆聽獄中之一法。非專恃乎此也。蓋欲得其情。非多方以參驗之。而欲以片言立決。其能免於無寃乎。○此章節次察辭者。問理時也。啓刑書者。擬罪時也。獄成是一時。輸是一時。問鞫以察爲主。恐任察而失哀敬之心。故勉以哀矜。折獄議擬以明爲主。恐恃明而忘中正之則。故勉以咸庶中正。歸結以孚爲主。求其情而辭有不備。亦非盡法之道。故以備辭終焉。

王曰。嗚呼。敬之哉。官伯族姓。朕言多懼。朕敬于刑。有德惟刑。今天相民。作配在下。明清于單辭。民之亂。罔不中聽獄之兩辭。無或私家于獄之兩辭。獄貨非寶。惟府辜功。報以庶尤。永畏惟罰。非天不中。惟人在命。天罰不極。庶民罔有令政。在于天下。

集傳 此總告之也。官。典獄之官也。伯。諸侯也。族。同族。姓。異姓也。朕之於刑。言且多懼。況用之乎。朕敬于刑者。畏之至也。有德惟刑。厚之至也。今天以刑相治斯民。汝實任責。作配在下可也。明清以下。敬刑之事也。獄辭有單有兩。單辭者。無證之辭也。聽之爲尤難。明者。無一毫之蔽。清者無一點之汚。曰明曰清。誠敬篤至。表裏洞徹。無少私曲。然後能察其情也。亂。治也。獄貨鬻獄而得貨也。府。聚也。辜功。猶云罪狀也。報以庶尤者。降之百殃也。非天不中惟人在命者。非天不以中道待人。惟人自取其殃禍之命爾。此章文有未詳者。姑缺之。

集說 孔氏穎達曰。襄十二年左傳云。異姓臨於外。同族於禰廟。是相對則族爲同族。姓爲異姓也。○獄之兩辭。謂兩人競理。一虛一實。典獄之官無不以有中正之心。聽獄之兩辭。棄虛從實。實者得理。虛者受刑。則刑獄清而民治矣。○典獄知其虛。受其貨而聽其詐。詐者虛而得理。獄官致富成私家。此民之所以亂也。故戒諸侯。無使獄官成私家於獄之兩辭。○葉氏夢得曰。私家。私其家也。○徐氏僑曰。無以獄之兩辭爲私家之利。謂獄以賄成也。○陳氏大猷曰。任刑之大本在敬與中。用心以敬爲主。用法以中爲主。前已論之。此復提敬與中訓之。後章復申以中焉。○陳氏師凱曰。民之亂罔不中聽獄之兩辭者。謂治民之道。惟在於聽其兩辭。而得刑之中也。無或私家于獄之兩辭者。不可以私意鬻獄。而圖利其家於兩爭之人也。獄貨非寶。惟府辜功者。謂舞文得貨。非所爲寶。不過自積其枉法之罪狀也。報以庶尤者。言罪惡貫盈。則天必降之百殃也。天罰不極。庶民罔有令政在於天下者。謂獄貨之人。天若不極罰之。則庶民不得掌令善之政於天下也。此章蓋言有忠厚之德。而後可以聽訟。舞文弄法。刻剝以取貨者。亦必自受其禍也。○邱氏濬曰。獄辭之初造者。必單。俗所謂一面之辭也。及夫兩造具備。則有兩辭矣。必即其兩者之辭而折之以中道。用吾前日清明之心。行乎今日中正之道。○顧氏錫疇曰：作配在下，期之之辭，是欲其體上天相民之心以敬刑，而使我之相民亦與天無二，是有以贊天之所不及也。

王曰：嗚呼！嗣孫，今往何監？非德于民之中，尚明聽之哉！哲人惟刑，無疆之辭，屬于五極，咸中有慶。受王嘉師，監于茲祥刑。

集傳 此詔來世也。嗣孫，嗣世子孫也。言今往何所監視，非用刑成德而能全民所受之中者乎？下文哲人，即所當監者。五極，五刑也。陳氏經曰：五極，五刑之施，皆中正之極也。○陳氏大猷曰：此句疑有闕文。明哲之人用刑而有無窮之譽。蓋由五刑咸得其中。所以有慶也。嘉善。師衆也。諸侯受天子良民善衆。當監視于此祥刑。申言以結之也。

集說 孔氏安國曰。嗣孫。諸侯嗣世子孫。非一世。自今以往。當何監視。非當立德於民爲之中正乎。○智人用刑。有無窮之善辭。名聞後世。○夏氏僎曰。民受天地之中以生。未嘗不善。其陷於罪惡。非其本然也。故民曰嘉師。刑雖主於刑人。然刑姦宄。所以扶善良。雖曰不祥。乃所以爲祥也。故刑曰祥刑。能以惡爲嘉。以不祥爲祥。而後知用刑之道矣。○呂氏祖謙曰。末章訓迪自中之外。亦無他說焉。今爾何所當監。豈非德于民之中乎。所以爲德者。必於民之中而後可也。○或曰。非有德于民所受之中乎。民失其受中之性。我以德導之。使復其性。

是我有德於民所受之中也○陳氏櫟曰師曰嘉師良民也刑曰祥刑良法也此申明前告爾祥刑之意而欲其監觀于所告之祥刑也○王氏樵曰刑施於人非可願之事宜不足以致譽而皆有無疆之譽由於五刑無一而不盡其心則無一而不得其中所以有慶而致無疆之辭也以刑之中全民之中此所以有德於民之中也有德於民之中則刑非凶器而乃祥刑矣爾受王之嘉師其尚監視乎此焉

附錄 徐氏僑曰情辭雖難窮惟智哲則有見以哲人而用刑雖情辭之來紛然無有疆界而以理燭之以辭係法各協其極自然有慶矣○胡氏士行曰哲則天理明其於聽刑之際雖僞辭紛紛無窮而各附之極刑無不中而慶豈外至乎○陳氏櫟曰極者標準之名折獄能係屬于五刑之標準所以皆合乎中理而有福慶也或訓極爲中固非徑指五極爲五刑亦非也

案　哲人惟刑。無疆之辭。蔡傳云哲人用刑而有無窮之譽。此從注疏舊解也。徐僑胡士行則謂情僞之辭紛來無疆惟哲人以理燭之。而各協其極。說亦貫穿。屬于五極。蔡傳徑指五極爲五刑。陳櫟頗疑之而以此極爲準則之名。謂折獄能係屬五刑之準則。亦可以備一解也。

總論　黃氏度曰。夫子定書。呂刑制作沿革。固當錄周策命卿大夫多矣。何獨取於君牙伯冏哉。曰。穆王三書。周之衰也。周衰何以錄其書以爲文武周公之法度紀綱猶在也。周公作立政以教成王。固以爲常得人以守其法度。則天下可以常安。王室可以常尊。立政大要。在於任準牧而已。穆王君牙。豈非所謂常任者歟。冏命。豈非所謂準人者歟。呂刑。豈非所謂勿誤于庶獄。惟有司之牧夫。推其本則自司寇蘇公式敬由獄者歟。然求其實。則周道衰矣。何以言之。主德多違。人材衰息。風俗澆漓。固皆異於文武成康之世矣。而不至於遂亂者。則猶憑藉於周公之紀綱法度而已矣。夫子錄其書，著盛衰之變焉。○王氏應麟曰：舜、臯陶曰欽，曰中；蘇公曰敬，曰中。此心法之要也。呂刑言敬者七，言中者十，所謂惟克天德，在此二字。○呂氏枏曰：呂刑之序，若古有訓至惟腥，言苗民承蚩尤之亂而淫刑也。皇帝哀矜以下，言舜之德威也。乃命重黎以下，言舜之德明也。蓋皆因鰥寡有辭于苗也。乃命三后以下，言羣臣輔舜之德威德明也。由是而始命臯陶制刑耳。穆穆以下，申制刑之故也。典獄以下，言用刑之善也。四方司政以下，則明當時諸侯以苗爲戒，以伯夷爲勉也。伯父伯兄以下，言勉伯夷者在乎勤敬也。曰叔父兄弟子孫者，卽四方典獄也。舉其親者而言之，欲其言之入也。有邦有土者，亦卽四方典獄也。舉其責而言之，欲其言之行也。至擇人敬刑度及，則舉其要也。兩造具備至有幷兩刑，卽其所謂事焉耳。然兩造以下，皆言從輕之意，恐其出罪也。則言五過之疵，五刑之疑有赦以下，復言從重之意，恐其入罪也。則定刑罰之條。然此皆所謂經也。至上刑適輕以下。則又言刑罰之權耳。故罰懲以下。申擇人也。察辭以下。申敬刑也。獄成以下。申度及也。其官伯族姓以下。則又言其本也。本者明清而無私家耳。嗣孫以下則告後世也。然曰哲人曰屬于五極。則亦擇人敬刑度及之意也。

文侯之命

集傳 幽王爲犬戎所殺。晉文侯與鄭武公迎太子宜臼立之。是爲平王。遷於東都。平王以文侯爲方伯。賜以秬鬯弓矢。作策書命之。史錄爲篇。今文古文皆有。

孔氏穎達曰平王東徙於洛邑避戎寇隱六年左傳周桓公言於王曰我周之東遷晉鄭焉依鄭語云晉文侯於是乎定天子是迎送安定之故平王錫命焉○諸侯之長謂之伯僖元年左傳云凡侯伯救患分災討罪禮也王肅云平王東遷晉文侯鄭武公夾輔王室者爲大國功重故平王命爲侯伯○胡氏安國曰詩降於黍離書止於文侯之命於是春秋作矣○夏氏僎曰書自此篇以下無復王者之誥命然此乃平王初年書錫命文侯猶有天子之權苟能自是振刷周道亦未至盡墜奈何至魯隱初在位且五十年竟以不振故孔子託始隱公而春秋作焉書終文侯之命孔子猶有望於平王春秋始於隱公孔子蓋絕望於平王也○呂氏祖謙曰此篇作於東遷之初由此而上爲成康爲文武由此而下爲春秋爲戰國乃世道消長升降之交會也使平王能復文武成康之

遺澤則可以繼二帝三王之盛天下無復有春秋戰國矣惟平王止於苟且因循自然降爲列國夫子編此書於二帝三王之後者深惜平王不能推文武之餘澤而流爲春秋戰國也法語舊典尚有一二未泯而陵遲頽墮之意已見於辭命間學者當審察而明辨也○陳氏櫟曰此書略無立志全不以綱常讎恥爲務其戍許戍申之師歸惠公仲子之賵雖於詩與春秋而見其兆已於不能善始之書先見矣

王若曰父義和丕顯文武克愼明德昭升于上敷聞在下惟時上帝集厥命于文王亦惟先正克左右昭事厥辟越小大謀猷罔不率從肆先

祖懷在位。

【集傳】同姓故稱父文侯名仇義和其字不名者尊之也丕顯者言其德之所成克謹者言其德之所修昭升敷聞言其德之所至也文武之德如此故上帝集厥命於文王亦惟爾祖父能左右昭事其君於小大謀猷無敢背違故先王得安在位薛氏肇明曰懷安也如邦之榮懷之懷謂先王得安在位也

【集說】孔氏穎達曰覲禮說天子呼諸侯之義同姓大國則曰伯父其異姓則曰伯舅同姓小國則曰叔父其異姓則曰叔舅晉文侯唐叔之後與王同姓故稱曰父桓二年左傳以文侯名仇今呼曰義和知是字也同

姓諸侯稱父者非一人故以字别之○張氏九成曰平王將言已無耆壽俊之助故先言先王得先正之助也○薛氏肇明曰昭事厥辟以明德事其君也文武以明德臨下先正以明德事上○應氏鏞曰用先正者文武也從小大之謀猷以事文武者先正也○吳氏澄曰文武之德昭明而上升于天廣布而下聞于民惟以是之故天集其命于文王之身周家之命集於文王定於武王故集命則以文王言明德則兼文武言先正文武之臣也能於左右昭事其君及小大謀猷之事皆率循從順以此貽後故文武而下諸君爲平王之祖者得以安於其位也○王氏樵曰昭升敷聞皆明德之所發言其精華之上格而洞達無間則昭升于上所謂明德之馨香是也言其道化之旁孚而四達不悖則敷聞在下所謂振舉於此而遠者聞焉軌範於此而遠者效焉是也

嗚呼閔予小子嗣造天丕愆殄資澤于下民侵

戎我國家純。卽我御事罔或耆壽俊在厥服。予則罔克。曰惟祖惟父其伊恤朕躬。嗚呼有績予一人。永綏在位。

集傳 歎而自痛傷也。閔憐也。嗣造天丕愆者。嗣位之初。爲天所大譴。父死國敗也。殄絕純大也。絕其資用惠澤于下民本既先撥。故戎狄侵陵。爲我國家之害甚大。今我御事之臣。無有老成俊傑在厥官者。而我小子又材劣無能。其何以濟難。又言諸侯在我祖父之列者。其誰能恤我乎。又歎息言有能致功予一人。則可永安厥位矣。蓋悲國之無人。無有如上文先正之昭事。而先王得安在位也。

集說 林氏之奇曰。十月之交。刺幽王之詩也。其言曰。皇父卿士番維司徒家伯冢宰仲允膳夫聚子內史蹶維趣馬楀維師氏。則其罔或耆壽俊在厥服可知矣。○張氏九成曰。永綏在位。對上文先祖懷在位而言。平王惟自幸永安其位。卑卑以位爲樂。其無有爲之志可見矣。○呂氏祖謙曰。殄資澤于下民。如所謂喪亂蔑資。曾莫惠我師。蓋推本禍亂所由也。下民之殄資澤。旣爲致亂之本。厥服之無耆俊。又乏拯亂之助。平王之失。大抵求於人者重。而自任者輕。徒延頸企踵以望諸侯之助。而不思反身以自强。燕昭。小國之君耳。慨然有復讎

之志而士爭趨之平王豈可以罔或耆壽俊在厥服而但已哉

父義和汝克昭乃顯祖汝肇刑文武用會紹乃辟追孝于前文人汝多修扞我于艱若汝予嘉

集傳　顯祖文人皆謂唐叔卽上文先正昭事厥辟者也後罔或耆壽俊在厥服則刑文武之道絕矣今刑文武自文侯始故曰肇刑文武會者合之而使不離紹者繼之而使不絕前文人猶云前寧人汝多所修完扞衛　王氏樵曰修完於殘破之後扞禦於侵侮之時我于艱難若汝之功我所嘉美也

集說 孔氏穎達曰：晉之上世有功名者，惟有唐叔耳，故明汝顯祖唐叔之道，所以勸獎之，令其繼唐叔之業也。○薛氏季宣曰：能於艱難之中扞衛天子，亦其戰功之多，宜天子嘉命之也。○董氏其昌曰：多修扞言其功之非一，若汝予嘉，則不但在家爲孝子，而又在國爲忠臣，故嘉之。

王曰：「父義和，其歸視爾師，寧爾邦。用賚爾秬鬯一卣，彤弓一，彤矢百，盧弓一，盧矢百，馬四匹。父往哉！柔遠能邇，惠康小民，無荒寧，簡恤爾都，用成爾顯德。」

集傳 師，衆也。黑黍曰秬，釀以鬯草。卣，中尊也。諸侯受錫命當告其始祖故賜卣也彤赤盧黑也諸侯有大功賜弓矢然後得專征伐馬供武用四匹曰乘侯伯之賜無常以功大小爲度也簡者簡閲其士恤者惠恤其民都者國之都鄙也孔氏穎達曰都國都也鄙邊鄙也言都不言鄙由近以及遠也○蘇氏曰予讀文侯篇知東周之不復興也宗周傾覆禍敗極矣平王宜若衛文公越句踐然今其書乃旋旋焉與平康之世無異春秋傳曰厲王之禍諸侯釋位以間王政宣王有志而後效官讀文侯之命知平王之無志也愚

案史記。幽王娶於申。而生太子宜臼。後幽王嬖褒姒。廢申后。去太子。申侯怒。與繒西夷犬戎攻王而殺之。諸侯即申侯而立故太子宜臼。是爲平王。平王以申侯立已爲有德。而忘其弑父爲當誅。方將以復讐討賊之衆而爲戍申戍許之舉。其忘親背義。得罪於天已甚矣。何怪其委靡頹墮而不自振也哉。然則是命也。孔子以其猶能言文武之舊而存之歟。抑亦以示戒於天下後世而存之歟。

集說

孔氏穎達曰。周禮鬱人。掌和鬱鬯以實彝而陳之。鄭云。鬱。鬱金香草也。築鬱金煮之以和鬯酒。又有鬯人。掌共秬鬯。鄭云。鬯。釀秬爲酒。芬香調暢於上下也。如彼鄭說。釀黑黍之米爲酒。築鬱金之草煮以和之。此傳言釀以鬯草。似用鬯草合釀。不同者。終是以鬯和黍米之酒。或先或後言之耳。○諸侯有大功。賜弓矢然後專征伐。禮記王制文也。周禮司弓矢掌六弓。其名王弧夾庾唐大。鄭云。六者。弓異體之名也。經又云。唐弓大弓。以授學射者使者勞者。鄭云。勞者。勤勞王事。若晉文侯受弓矢之賜者。鄭以此彤弓盧弓。爲周禮唐弓大弓。唐大是弓强弱之名。彤盧是弓赤黑之色也。○葉氏夢得曰。覲禮諸侯來朝。天子享之。賜以車服。此常禮也。及敵王所愾而獻其功。於是有加賜。賜弓矢然後征。賜鈇鉞。然後殺。賜圭瓚然後爲鬯。未賜圭瓚。則資鬯於天子。此非常禮也。○林氏之奇曰。賚之秬鬯一卣。使之有事於祖廟者。以稱其昭乃顯祖。肇刑文武。追孝於前文人之功也。賚之彤弓一。彤矢百。盧弓一。盧矢百。馬四匹。使得以征伐諸侯者。以稱其多修扞我于艱之功也。○張氏九成曰。文侯平王腹心之臣也。當如周公留相朝廷。而侯其子如伯禽。與之圖復國讎可也。乃使之歸視爾師。寧爾邦。其志可知。可謂不知輕重者矣。○或曰。平王賚文侯以秬鬯。得非用成王寧周公故事歟。至襄王賜晉文公弓矢。僖二十八年左傳曰。平禮也。則又援此爲故事矣。○呂氏祖謙曰。東遷之初。大讎未報。王略未復。正君臣臥薪嘗膽之秋也。奔亡之餘。僅得苟安。乃釋然遽自以爲足。曰歸視爾師。寧爾邦。兵已罷矣。曰用賚爾秬鬯一卣。彤弓一。彤矢百。盧弓一。盧矢百。馬四匹。功已報矣。曰往哉柔遠能邇。惠康小民。無荒寧。告以平世之政。軍旅不復講矣。曰簡恤爾都。勉以本邦之治。王室無復事矣。嗚呼。周其終於東乎。

總論 林氏之奇曰。書於呂刑之下。有文侯之命。費誓。秦誓三篇。竊意周太史所藏典謨訓誥誓命之文。纔至呂刑而止。自時厥後歷幽厲之亂。簡編不接。其間如宣王中興。會諸侯。復境土。任賢使能。南征北伐。錫命韓侯申伯。用張仲仲山甫。其時大誥命必多矣。乃無一篇見於書。意宣王之書。必失亡於東遷之亂。孔子旣取周太史所藏。斷自堯典至于呂刑。而於列國復得命誓三篇。遂取而附益於其後。案襄三十年左傳。鄭子產曰。鄭書有之曰。安定國家。必大焉先。大學舉楚書曰。楚國無以爲寶。惟善以爲寶。是知春秋之世。列國皆有書。夫子周流遍觀。而於晉得文侯之命。於魯得費誓。於秦得秦誓。故以附於帝王書之末歟。○董氏鼎曰。此篇書體與微子之命蔡仲之命同。其事則彼爲封建。此爲錫賚耳。平王。幽王子。宣王孫。宣王承厲王之後。修車馬。備器械。復會諸侯於東都。而周室爲之中興。幽王繼之。荒淫失道。爲犬戎所殺。平王苟能赫然發憤。率天下諸侯以報不共戴天之讎。則諸侯必有能敵王所愾。而中興之功烈。可以增光於乃祖矣。不知務此。東遷於洛。惟晉焉依。

自幸於苟偷。而不復念及君父。自安於卑陋。而不思興復王室。此所以詩自黍離列爲國風。而春秋始於平王。則以王政自是不綱矣。文侯非有方叔召虎之功。平王所以深嘉之者。不過曰汝多修扞我于艱耳。不知昭顯祖刑文武而紹乃辟者。果若先正之克左右昭事厥辟否乎。方當戡亂之際而使之歸。方當圖治之時而遣之往。賚以秬鬯。錫以弓馬。果何謂哉。拳拳於爾師爾邦爾都。而置我君我父我王家於不問。是可忍。孰不可忍。而夫子猶錄其書者。尚以其能錫命諸侯。文武之遺澤未泯。特平王自不振耳。

費誓

【集傳】費地名。【地理今釋】孔傳云。費魯東郊地名。蘇氏云。費在東海郡。後爲季氏邑。季氏之費邑。今山東兖州府費縣西北二十里有故城是。孔安國謂魯東郊地。則是今曲阜縣境。未詳所在。

淮夷徐戎【地理今釋】案孔安國傳。徐戎。徐州之戎。括地志云。大徐城在泗州徐城縣北三十里。古之徐國也。括地志。又以徐國即淮夷。非是。徐城縣今廢。屬江南鳳陽府泗州。竝起爲寇。魯侯【地理今釋】史記。武王封弟周公旦于曲阜曰魯。括地志云。兖州曲阜縣外城。即周公旦子伯禽所築古魯城也。曲阜縣。今屬山東兖州府。征之。於費誓衆。故以費誓名篇。今文古文皆有。○呂氏曰。伯禽撫封於魯。夷戎妄意其未更事。且乘其新造之隙。而伯禽應之者。甚整暇有序。先治戎備。次之以除道路。又次之以嚴部伍。又次之以立期會。先後之序。皆不

可叅又案費誓秦誓皆侯國之事而繫於帝王書末者猶詩之錄商頌魯頌也

集說 孔氏安國曰諸侯之事而連帝王以魯有治戎征討之備秦有悔過自誓之戒足爲世法故錄以備王事○蘇氏軾曰費在東海郡後爲季氏邑國外十里爲郊費非魯東郊當時治兵於費也○蔡氏卞曰魯侯蓋承王命率諸侯以征徐戎故曰我惟征徐戎征者上伐下也言征非承王命故邪○朱子曰費誓秦誓亦皆有說不行不可曉處○呂氏祖謙曰徐戎淮夷世爲周患武王崩三監及淮夷叛載於大誥命召公平淮夷載於江漢徐方繹騷載於常武自成王至宣王每有叛亂朝廷爲之搖動非小寇也禹之家學見於甘誓周公之家學見於費誓啓之嗣位驟當有扈之變伯禽

就封。騾當徐夷之變。觀其誓師。曲折纖悉。若老於行陣者。是以知禹周公之家學。蓋本末具舉而無所遺也。○張氏沂曰。逸書成王政之序言成王東伐淮夷。唐孔氏引費誓序言王伐淮夷魯伐徐戎。然則魯侯乃佐王征討也。○陳氏師凱曰。春秋之初。費自爲國。隱元年左傳曰。費伯帥師城郎。後爲魯季氏之邑。僖元年左傳曰。公賜季友汶陽之田及費。論語使閔子騫爲費宰。是也。然則伯禽時費決非魯地。但魯爲方伯。費在屬國之中耳。○徐州名。魯亦在徐州境內。淮夷蓋自古有之。禹貢於徐州有淮夷蠙魚之貢。徐戎亦其類也。伯禽分封於魯。實與爲鄰。故此戎乘魯之新造。相挻而動。遠連商邑。近結奄民。周公故嘗征之。成王故嘗踐之。不知與此事先後如何耳。誓辭首以淮夷徐戎並稱。甲戌則惟征徐戎。則此誓專爲征徐戎而作也。然戎夷爲亂。必非一次。周公既沒。又復爲亂。禮記曾子問篇子夏曰三年之喪卒哭金革之事無辟也者非與孔子曰吾聞諸老聃曰昔者魯公伯禽有爲爲之也注云伯禽周公子有徐戎作難喪卒哭而征之則在成王之十四年也蔡氏於此引呂氏之說則謂伯禽初封之時而洛誥傳又謂費誓在周公東征之時則伯禽就國已十年矣終不可指其的年月也

公曰嗟人無譁聽命徂茲淮夷徐戎並興

【集傳】漢孔氏曰徐戎淮夷並起寇魯伯禽爲方伯帥諸侯之師以征歎而勅之使無喧譁欲其靜聽誓命蘇氏曰淮夷叛已久矣及伯禽就國又脅徐戎並起故曰徂

茲淮夷徐戎竝興徂茲者猶曰往者云。

集說 孔氏安國曰伯禽爲方伯監七百里內之諸侯帥之以征○孔氏穎達曰禮諸侯不得專征伐惟州牧於當州之內有不順者得專征之禮記明堂位云封周公於曲阜地方七百里孔意以周之大國不過百里禮記云七百里者監此七百里內之諸侯非以七百里并封伯禽也下云魯人三郊三遂指言魯人明於時軍內更有諸侯之人也○詩美宣王命程伯休父率彼淮浦省此徐土知淮夷是淮浦之夷徐戎是徐州之戎也宣王命召穆公平淮夷則淮夷之處中國久矣

附錄 孔氏安國曰今往征此淮浦之夷徐州之戎○王氏充耘曰徂往當從孔氏言今往伐此戎夷爲是

善敹乃甲胄敿乃干無敢不弔備乃弓矢鍛乃

戈矛礪乃鋒刃無敢不善。

集傳 斆縫完也。縫完其甲冑勿使斷毀。敿鄭氏云。猶繫也。王肅云。敿楯當有紛繫持之。陳氏師凱曰。紛卽紛帨之紛。讀如棼。周禮注。紛如綬有文而狹。弔精至也。鍛淬礪磨也。甲冑所以衛身。弓矢戈矛所以克敵。先自衛而後攻人。亦其序也。

集說 孔氏穎達曰。世本云。少康子杼作甲。說文云。冑兜鍪也。兜鍪首鎧也。經典皆言甲冑。秦世以來。始有鎧兜鍪之文。古作甲用皮。秦漢以來用鐵。鎧鍪二字皆從金。蓋用鐵爲之。鄭云。斆謂穿徹之。謂甲繩有斷絶。當使斆理穿治之。干是楯也。紛如綬而小。繫於楯以持之以爲飾。每弓百矢。弓十矢千。使其數備足。毛傳云。五十矢爲束。或臨戰用五十矢爲束。凡金爲兵器。皆須鍛礪。有刃之兵。非獨戈矛。其文互相通。○陸氏鍵曰。蔽體取甲胄。扞禦用干楯。敵在遠則弓矢所及。敵在近則戈矛所交。敵互進而短兵接。則鋒刃所紛出而迭應。仁義之師。制梃可撻堅利。然善戰者常爲不可勝以待敵之可勝。不得不於此凜凜。器械嚴整。則士氣精明也。

今惟淫舍牿牛馬。杜乃擭。斂乃穽。無敢傷牿。牿之傷。汝則有常刑。

【集傳】淫大也。牿閑牧也。擭機檻也。斂塞也。師既出牛馬所舍之閑牧大布於野。當窒塞其擭穽。一或不謹而傷閑牧之牛馬。則有常刑。此令軍在所之居民也。舉此例之。凡川梁藪澤。險阻屏翳。有害於師屯者皆在矣。此除道路之事。

集說　孔氏安國曰。令軍人惟大放舍牿牢之牛馬。言軍所在必放牧也。擭捕獸機檻。當杜塞之。穽穿地陷獸。當以土窒斂之。無敢令傷所放牿牢之牛馬。牛馬之傷。汝則有殘人畜之常刑。○孔氏穎達曰。既言牛馬在牿。遂以牿爲牛馬之名。周禮冥氏。掌爲穽擭以攻猛獸。知穽擭皆是捕獸之器也。擭以捕虎豹。穿地爲深坑。又設機於上。防其躍而出也。穽以捕小獸。穿地爲深坑。入必不能出。其上不設機也。穽以穿地爲名。擭以得獸爲名。擭亦設於穽中。但穽不設機爲異耳。○張氏九成曰。牛馬爲車戰及負載之用。○黃氏度曰。民本設機穽以捕獸。恐傷軍人牛馬。令閉塞之。不閉塞。傷牿有常刑。○王氏樵曰。上是誓衆士以治戎備之事。師未出時也。此是誓居民以除道路之事。師既出時也。○王氏肯堂曰。牛駕車以載軍儲。馬服乘以供武用。皆用兵所急者。軍所止之處。必出之牢閑。牧於草澤。故以戒居民。

馬牛其風。臣妾逋逃。無敢越逐。祗復之。我商賚汝。乃越逐不復。汝則有常刑。無敢寇攘。踰垣牆。竊馬牛。誘臣妾。汝則有常刑。

集傳 役人賤者。男曰臣。女曰妾。金氏履祥曰。臣妾。軍中奴婢薪炊者。戎車。甲士三。徒七十二。外有餘子二十五人。卽臣妾也。　馬牛風逸。臣妾逋亡。不得越軍壘而逐之。失主雖不得逐。而人得風馬牛。逃臣妾者。又當敬還之。我商度多寡以賞汝。如或越逐而失伍。不復而攘取。皆有常刑。有故竊奪踰垣牆。竊人牛馬。誘人臣妾者。亦有常刑。此嚴部伍之事。

集說 孔氏穎達曰。僖四年左傳云。惟是風馬牛不相及也。賈逵云。風。放也。牝牡相誘謂之風。然則馬牛風佚。因牝牡相逐。而遂至放佚遠去也。○蘇氏軾曰。軍亂生於動。故軍以各居其所不動爲法。若聽其越逐則軍或以亂。亦恐姦人規亂我軍。故竊牛馬誘臣妾以發之。禁其主使不得捕逐。則軍自定。得此風逃者。當敬復其主。我當商度有以賜汝。若其越逐。與其得而不復者。皆有常刑。○薛氏季宣曰。毋得越逐牛馬逋臣。恐亂行也。祇復之。不得私人之有也。賞賚隨事之賜也。盜賊之禁。軍之大防也。○呂氏祖謙曰。師既出。則部伍不可不嚴。

馬牛其風。臣妾逋逃。宜鎮之以靜。故戒其本部。按堵不動。無敢越逐。若縱之越逐。則奔者未及。逐者先亂。軍律不可復整矣。惟嚴之以越逐之刑。此出師鎮定變亂之法也。又戒其他部見馬牛臣妾奔逸而至者。無敢保藏。敬而歸之。隨其多寡。商度行賞。人誘於祇復之賞。而憚於不復之刑。則流散者將不召而自集。此出師招集散亡之法也。本部不敢離局。他部不敢匿姦。部伍條達。繩引碁布。何變亂之足憂哉。至於師旅所經。又申以寇攘竊誘之法。不惟欲田野不擾。自古喪師者每因剽掠失部伍。爲敵所乘。故不得不戒也。

甲戌。我惟征徐戎。峙乃糗糧。無敢不逮。汝則有大刑。魯人三郊三遂。峙乃楨榦。甲戌我惟築。無敢不供。汝則有無餘刑。非殺。魯人三郊三遂。峙

乃芻茭。無敢不多。汝則有大刑。

【集傳】甲戌。用兵之期也。峙。儲備也。糗。林氏之奇曰。糗說文云熬米麥也謂熬使熟。又擣之以爲粉也糧食也。不逮。若今之乏軍興。淮夷徐戎竝起。今所攻獨徐戎者。蓋量敵之堅瑕緩急而攻之也。國外曰郊。郊外曰遂。天子六軍。則六鄉六遂。大國三軍。故魯三郊三遂也。楨榦。板築之木。題曰楨。牆端之木也。旁曰榦。牆兩邊障土者也。以是曰征。是日築者。孔氏穎達曰當築攻敵之壘距堙之屬。兵法。攻城築土爲山以闚望城內。謂之距堙。彼方禦我之攻。勢不得擾我之築也。無餘刑王氏樵曰。不定之辭。法書既無定名。臨時以情輕重。非殺者。刑之非一。但不至于殺爾。芻茭供軍牛馬之用。軍以期會芻糧爲急。故皆服大刑。楨榦芻茭。獨言魯人者。地近而致便也。

【集說】孔氏穎達曰。周禮司徒。萬二千五百家爲鄉。司馬法。萬二千五百人爲軍。小司徒云。凡起徒役。無過家一人。是家出一人。一鄉爲一軍。天子六軍。出自六鄉。則諸侯大國三軍。亦當出自三鄉也。周禮又云。萬二千五百人爲遂。遂人職云。以歲時稽其人民。簡其兵器。以起征役。則六遂亦當出六軍。鄉爲正。遂爲副耳。鄭衆云。六遂之地。在王國百里之外。然則王國百里爲郊。鄉在郊內。遂在郊外。諸侯之制。亦當鄉在郊內。遂在郊外。此言三郊三遂者。三郊。謂三鄉也。蓋使三鄉之民。分在四郊之內。三遂之民。分在四郊之外。鄉近於郊。故以郊言之。鄉遂之民。分在國之四面。當有四郊四遂。惟言三郊三遂者。明東郊令留守。不令峙楨榦也。○上云無敢不逮。此云無敢不供。下云無敢不多。文異者。糗糧難備。不得偏少。故云無敢不逮。楨榦易得。惟恐闕事。故云無敢不供。芻茭賤物。惟多爲善。故云無敢不多。量事而爲文也。○蘇氏軾曰。言魯人以別之。知當時有諸侯之師也。楨榦芻茭皆重物。故獨使魯人供之。○林氏之奇曰。刑非聖人之所忍言。至於用兵。則不厭夫三令而五申之。所以全民命而重戎事也。○呂氏祖謙曰。郊之兵。其正也。在天子則六鄉之軍也。遂之兵。其副也。在天子則六遂之軍也。兩寇竝至。其勢甚重。故悉起正副之兵以應之。糗糧芻茭之不給。加以死刑。楨榦之不供。加以降死一等之刑。何也。糗糧人食也。芻茭馬食也。人馬不可一日無食。楨榦雖板築之所須。視二者則猶稍緩也。然則古人之於殺非甚不得已肯輕用之哉○李氏杞曰常刑刑有定名者也大刑死刑也無餘刑刑之不至於死也○吳氏澄曰峙糗糧不言魯人蓋伯禽爲侯伯監七百里内諸侯率以同征糧食當自齎持蓋統告諸侯在會之人也楨榦芻茭非遠國所能自齎故責之魯人也芻茭所以供牛馬若不繼則牛馬饑疲故亦服死刑也

總論

薛氏季宣曰伯禽當徐夷之難所以用其民巳至矣以戰則兵甲精鍊以居則營廏嚴肅以動則軍無侵掠戰守則糧餉備具城築則楨榦畢集而申之以戒令儆之以邦刑節制之明師衆之一是故有不戰戰必勝矣以甲戌征以甲戌築二役竝起使敵不知所向奪其地利攻其腹心制勝以奇未始不由於正兵法之善固無加於此者孔子錄費誓於周書之末同乎王者之師也○董氏鼎曰此國史所書而孔子存之於帝王之後者以周禮猶在魯也雖一時禦敵未足以盡魯侯之美而國之大事在祀與戎於此而盡其心則他可知

矣。即此一事。而本末先後。輕重緩急。井然有條。規模整暇。魯侯其賢矣哉。

秦誓

【集傳】左傳。杞子自鄭使告于秦【地理今釋】周孝王封非子于秦。因爲國號。今陝西鞏昌府秦州也。曰。鄭人使我掌其北門之管。若潛師以來。國可得也。穆公訪諸蹇叔。蹇叔曰不可。公辭焉。使孟明西乞白乙伐鄭。晉襄公帥師敗秦師于殽孔氏穎達曰。杜預云。殽在弘農澠池縣西。因其三帥。穆公悔過誓告羣臣。史錄爲篇。今文古文皆有。

春秋僖公三十三年。晉人及姜戎敗秦于殽。

集說　○胡氏安國曰。書序專取穆公悔過。主於勸善。其詞恕。春秋備書秦晉用兵之失。兼於懲惡。其法嚴。故人晉君而以狄視秦也。○薛氏季宣曰。春秋於殽之戰。在秦無足取者。書序紀其戰敗之實。起其自新之意也。太史公書秦誓於封殽尸下。書序以爲還歸自殽而作。則非作於封殽之時。穆公引咎歸已。如遂能戢兵自斂。則豈直伯西戎哉。詩美衛文。而春秋正其滅邢之罪。書序秦誓而春秋不與秦晉之師。觀於詩書春秋。可以知六經之旨矣。○王氏炎曰。過而不改。春秋不得赦其罪。悔過美意。書亦不得廢其言。○李氏杞曰。春秋敗殽之後。復有彭衙濟河之師。徒悔不改。穆公所以僅爲穆公也。夫子於書。取其一念之悔。而於春秋。責其遂非之失。一寬一嚴。意各有主。○陳氏實曰。夫子於書以秦誓終。以見周室之不復振也。夏書終於

胤征商書終於西伯戡黎而周書終於秦誓其旨一也

附錄 金氏履祥曰秦晉交兵之故本末具見左氏傳而不言作誓之事書序誤云殽敗還歸之作惟史記載誓辭於取王官及郊封殽尸之後穆公自是師不復東矣此篇老成懲艾之言極爲眞切穆公平日貪利功於五霸爲末而晚年之悔若此蓋髣髴乎王者之意象焉但所欠剛明之力而尚有悠緩之意所望於人者大而所以自爲者或尚小此所以爲穆公歟

案 秦誓篇首蔡傳云晉敗秦師于殽因其三帥穆公悔過誓告羣臣史錄爲篇此從孔傳據書序誓作於敗殽之年明甚考左氏春秋魯僖公三十三年亦秦穆公之三十三年也是年夏四月晉人及姜戎敗秦于殽左雖不言作誓之事然晉歸三帥穆公郊迎鄉師而哭曰孤違蹇叔以辱二三子當是時其自悔可知乃復有彭衙

之敗。濟河之師。此後之說者。每責秦穆知悔過而不能改耳。惟史記載穆公自三十三年敗殽之後。至三十六年伐晉。晉敗。乃自茅津渡河。封殽中尸。爲發喪哭之。三日。乃誓於軍。金氏履祥以史既有明文。是誓作於封殽之日。而非殽敗還歸之作矣。要之作誓歲月。孔傳與史記雖記載不同。然秦晉之爭緣起於殽。則諸書皆合也。

公曰。嗟我士聽無譁。予誓告汝羣言之首。

集傳 首之爲言第一義也。孔氏安國曰。衆言之本要。將舉古人之言。故先發此。

集說 孔氏安國曰。誓其羣臣。通稱士也。○孔氏穎達曰。我誓告汝衆言之首。告汝以言中之最要者。

古人有言曰。民訖自若是多盤。責人斯無難。惟

受責俾如流是惟艱哉。

【集傳】訖。盡。盤。安也。凡人盡自若是多安於徇已。其責人無難。惟受責於人。俾如流水。孔氏安國曰。卽改之。如水流下。略無扞格。是惟難哉。穆公悔前日安於自徇。而不聽蹇叔之言。深有味乎古人之語。故舉爲誓言之首也。

【集說】孔氏穎達曰。稱古人言者。悔前不用古人之言。不順忠臣之謀故也。○朱子曰。民訖自若是多盤。想只是説人情多要安逸之意。○呂氏祖謙曰。曰俾曰艱非直從事於自克者。不能爲此言也。受人之責。苟私意猶有毫毛之未盡。則聞規聽諫。亦必有毫毛之齟齬。雖弗違之迹。不見於外。隱之吾心。蓋莫能掩也。澌除滌治俾略無扞格。沛如順流。其爲力豈易乎哉。○應氏鏞曰。民。猶言天下之人也。凡人之情。孰不知善之可爲過之當改。然悠悠度日。多汨沒於盤遊安樂之中。歲月侵尋。忽不知其巳老矣。盤之爲樂。以他篇觀之。皆未有以爲善者。若曰盤遊無度。不敢盤于遊田。若是。猶如此也。人終自如此多爲盤樂也。○魏氏了翁曰。古之人任大責重。則心愈畏。年高德卲。則禮滋恭。周畢公弼亮四世。而罔不惟師言之祗。衞武公年過九十。惟懼交戒之不聞。下逮秦穆。困而後知者也。其言尤爲深切。蓋一於責人固甚易易也。受人之責。則苟有一毫未克之私。横於其中。縱能變色受之。然未能全無扞格如順流。然則猶不受也。故曰是惟艱哉。信乎其用力之不易。又曰羣言之首。信乎天下之善。無以先於此也。○王氏樵曰。凡人盡自若是多安。言其戀人欲而不忍割。憚天理而不肯進。凡人鮮不如是。故多可悔。蓋多盤二字。不能進善之病根也。○姚氏舜牧曰。人情多自是。故難於知過。多自遂。

故難於改過。皆多盤之病。穆公以已前不受人言。致喪師辱國。故有味乎此言。深用以自悔耳。

我心之憂。日月逾邁。若弗云來。

集傳 已然之過。不可追。未遷之善。猶可及。憂歲月之逝。若無復有來日也。

集說 林氏之奇曰。思有以轉禍爲福。易危爲安。則我心之憂。惟恐日月逾邁。難得易失。若不復反。雖欲悔之而無所及也。○夏氏僎曰。若弗云來。憂改過之無日也。如日月逝矣。歲不我與。

惟古之謀人。則曰未就予忌。惟今之謀人。姑將以爲親。雖則云然。尚猷詢兹黄髮。則罔所愆。

【集傳】忌疾姑且也古之謀人老成之士也今之謀人新進之士也非不知其爲老成以其不就已而忌疾之非不知其新進姑樂其順便而親信之前日之過雖已云然然尚謀詢茲黃髮之人則庶罔有所愆蓋悔其既往之失而冀其將來之善也

【集說】孔氏安國曰惟爲我執古義之謀人謂忠賢蹇叔等也則曰未成我所欲反忌之耳惟指今事爲我所謀之人我且將以爲親而用之悔前違古從今以取破敗○孔氏穎達曰古之謀人當謂忠賢之臣若蹇叔等今之謀人勸穆公使伐鄭者蓋謂杞子之類○王氏樵曰君子之爲人謀也忠不肯苟就其意小人遷就人

意。與謀必敗事。親其就已而從其謀。穆公之所以有今日也。〇今之謀人。非眞可親。我之初心。亦欲惟善謀是聽。但以其就已而姑將以爲親。則溺於其說而不自覺矣。

番番良士旅力既愆我尚有之仡仡勇夫射御不違我尚不欲惟截截善諞言俾君子易辭我皇多有之

集傳 番番。葉氏夢得曰。番番如世稱皤皤然。老貌。仡仡。勇貌。截截。辯給貌。諞。巧也。皇。遑通。旅力既愆之良士前日所詆墓木既拱者。我猶庶幾得而有之。射御不違之勇夫前日所誇過門超乘者。我庶幾不欲用之。勇夫我尚不欲。則辯給善巧言。能使君子變易其辭說者。我遑暇多有之哉。良士。謂蹇叔。勇夫。謂三帥。諞言。謂杞子。先儒皆謂穆公悔用孟明。詳其誓意。蓋深悔用杞子之言也。

【集說】王氏十朋曰。番番。與申伯番番同。仡仡。與崇墉仡仡同。○呂氏祖謙曰。尊老貴德之心。欲保養之而不復替也。喜功生事之習。欲防閑之而不復萌也。憸邪讒佞之徒。欲絕其本根而不復殖也。所當從事者。方自此始。○王氏炎曰。巧言變亂是非。君子仁而不佞。往往爲其所奪。故易辭。○陳氏師凱曰。古注云。旅力。衆力也。張氏曰。衆力。如目力耳力手足之力。既愆。已皆不能及人也。蓋言番番然老貌者。其衆力雖不能及人。前日謬以中壽詆之。今思之。眞良士也。蹇叔得不怨我。庶幾尚爲我有乎。

昧昧我思之。如有一介臣。斷斷猗無他技。其心休休焉。其如有容。人之有技。若已有之。人之彥聖。其心好之。不啻如自其口出。是能容之。以保我子孫黎民。亦職有利哉。

【集傳】昧昧而思者。深潛而靜思也。介。獨也。王氏樵曰。獨立無朋也。大學作个。斷斷。誠一之貌。猗。語辭。大學作兮。休休。易直好善之意。容。有所受也。彥。美士也。聖。通明也。技。才。聖德也。心之所好。甚於口之所言也。職。主也。

集說　呂氏祖謙曰。昧昧之思。深潛篤至。故見君子小人之情狀甚眞。而言治亂之效甚決。○陳氏大猷曰。惟無技能容人之技。其無技而休休有容。所謂不可小知而可大受也。曰其如有容。莫測其限量而難乎形容也。心之好。不啻如口之稱。口之稱美有限。心之好慕無窮。此其好有德之眞切。又甚於視有才者之若已有矣。是眞實能容。非勉強也。好善之利。流澤無窮。亦職有利。卽孟子所謂好善優於天下。況魯國乎之意。○金氏履祥曰。因上文古謀人良士而思好賢樂善之人。蓋兼有受責如流之美。此賢相之量也。○陳氏雅言曰。大臣之道。不貴乎用一已之能。而在於容天下之善。人君能得是臣而用之。則必能廣致羣賢以圖治功。子孫者。我之子孫也。而是人能保之。蓋遵其成憲。被其餘澤。子孫之利。莫大於此也。黎民者。我之黎民也。而是人能保之。蓋樂其政教，安其田里，而黎民之利，亦莫大於此也。一已之技能有限，而天下之才德無窮，大臣惟不用已而用人，故善之集國者衆，而福之集國者遠也。

人之有技，冒疾以惡之；人之彥聖，而違之俾不達：是不能容，以不能保我子孫黎民，亦曰殆哉！

【集傳】冒，大學作媢，忌也。違，背違之也。達，窮達之達。殆，危也。蘇氏曰：至哉穆公之論此二人也！前一人似房玄齡，後一人似李林甫，後之人主監此足矣。

【集說】呂氏祖謙曰：小人之於君子，不惟疾之惡之，違之而已，必左右沮遏，千慮百圖，非使君子不能自達其心不厭。○陳氏櫟曰。此章大學傳引之。其形容能容不能容者之情狀利害。可謂至言。宜孔子定書不能廢其言也。○王氏樵曰。凡人以材自結於君。則惟恐他人形已之短。妨已之進。此冒疾之所以生也。

邦之杌隉曰由一人。邦之榮懷亦尚一人之慶。

【集傳】杌隉。張氏九成曰。杌如木之動搖。隉如臯之圮壞。不安也。懷安也。言國之危殆。繫於所任一人之非。國之榮安。繫於所任一人之是。申繳上二章意。

【集說】孔氏穎達曰。既言賢佞異行。又言用之安否。邦之杌隉。危而不安。曰由所任一人之不賢也。邦之光榮。爲民所歸。亦庶幾所任一人之有慶也。言國家用賢則榮。背賢則危。穆公自誓。將改前過。用賢人也。○夏氏僎曰。邦之不安。由用一人。如後所稱者。邦之安榮。亦賴一人之慶。如前所稱者。○陳氏櫟曰。國之安危。繫所用一人之是非。卽老蘇管仲論。國以一人與。以一人亡之意。結上文兩節。有照應。○顧氏錫疇曰。杌隉卽指子孫黎民之危殆不保言。榮懷卽指子孫黎民之可保有利言。曰由一人。言係於一人之不容才德者耳。亦尚一人之慶者。言係於一人之能容才德者耳。

附錄 薛氏季宣曰。邦之安危。一人之寵辱繫焉。原本從來。一人所自出爾。○黃氏度曰。寡謀敗事。杌隉不安。由我一人苟能改舊圖新。則邦之榮懷。亦在一人而已。○呂氏祖謙曰。安危皆由我一人所任。公所以責已也。

案 蔡傳言邦之安危。繫於所任一人之是非。一人。指大臣說。與注疏相合。是申繳上二章之意。若薛季宣黃度

呂祖謙諸家之說則以一人爲穆公自稱之辭似亦無背於理蓋穆公當不徒望之大臣尤宜責之一已也

總論

邵子曰穆公悔過之辭非止霸者之事幾於王道聖人所以錄於書末○黃氏度曰書終於二誓何也費誓見周初牧伯職業秦誓春秋霸國爭雄盛衰之變也○董氏鼎曰秦穆輕信杞子逢孫楊孫之謀固違蹇叔之諫至於喪師辱國而悔過之誓作焉使有天下國家者皆如其知過而能悔又必自知悔而能改則雖以挽回三代之治亦何難哉惜乎穆公徒悔而不能改也然夫子之微意讀書者可以深長思矣○李氏謹思曰周書終於文侯之命而以秦誓附焉蓋世變往來之會王霸升降之機周遷洛邑而周日弱秦得鎬京而秦日強平王之詩下儕列國而秦車鄰附見焉平王之書續以列國而秦誓附見焉春秋之筆於秦每人之以尊周也而天下之勢駸駸趨於秦夫子得不見其幾微於定書刪詩作春秋之際乎○羅氏洪先曰秦誓一篇有

可爲後世法者二。悔過遷善。知所以修身矣。明於君子小人之情狀。知所以用人矣。愼斯道也以往。帝王之治。其殆庶幾乎。

欽定書經傳說彙纂卷第二十一

欽定書經傳說彙纂

書序

【集傳】漢劉歆曰。孔子修易序書。班固曰。孔子纂書凡百篇而爲之序。言其作意。今考序文於見存之篇。雖頗依文立義。而識見淺陋。無所發明。其間至有與經相戾者。於已亡之篇。則依阿簡略。尤無所補。其非孔子所作明甚。顧世代久遠。不可復知。然孔安國雖云得之壁中。而亦未嘗以爲孔子所作。但謂書序。序所以爲作者之意。與討論墳典等語隔越不屬。意亦可見。今姑依安國壁中之舊。復合序爲一篇。以附卷末。而疏其可疑者於下云。

【集說】孔氏穎達曰。安國既以同序爲卷。檢此百篇。凡有六十三序。序其九十六篇。明居。咸有一德。立政。無逸。不序所由。直云咎單作明居。伊尹作咸有一德。周公作立政。周公作無逸。六十三序者。若汩作。九共九篇。槀飫。十一篇共序。其咸乂四篇同序。其大禹謨。臯陶謨。益稷。夏社。疑至。臣扈。伊訓。肆命。徂后。太甲三篇。盤庚三篇。說命三篇。泰誓三篇。康誥。酒誥。梓材。二十四篇。皆三篇同序。其帝告。釐沃。汝鳩。汝方。伊陟。原命。高宗肜日。高宗之訓。八篇皆共卷。類同故同序。同序而別篇者。三十三篇。通明居。無逸等四篇。爲三十七篇。加六十三。卽百篇也。○馬氏廷鸞曰。書序自爲一篇。堯典之後。皆相續之辭。

昔在帝堯。聰明文思。光宅天下。將遜于位。讓于虞舜。作堯典。

集傳 聰明文思。欽明文思也。光宅天下。光被四表也。將遜于位。讓于虞舜。以虞書也。作者追言作書之意如此也。

集說 孔氏安國曰。言聖德之遠著。遜。遁也。老使攝。遂禪之。○程子曰。聽廣曰聰。視遠曰明。文。文章也。謂文理明順成文也。思。謀慮意思也。謂其含蓄。堯以此聰明文思臨治天下。其道光顯。故云光宅。言光顯而居天下也。○蘇氏軾曰。聖人之德。如日月之光。貞一而無所不及也。○林氏之奇曰。昔在者。篇首起語之辭。書序自爲一篇。故以昔在帝堯起於篇首。遜遁也。春秋夫人姜氏遜于齊。公遜于邾。其義蓋出於此。遜于位。非謂逃遁而去也。蓋厭倦萬幾之務。將使舜攝行天子之事而嬗焉。孟子所謂堯老而舜攝也。○朱子曰。小序多可疑。堯典一篇。自是說堯一代爲治之次第。至讓于舜方止。今却說是讓于舜後方作。舜典亦是說一代政事之始終。却說歷試諸難。是爲要受讓而作也。○馬氏廷鸞曰。案維昔黃帝。法天則地。四聖遵序。各成法度。唐堯遜位。虞舜不台。厥美帝功。萬世載之。作五帝本紀第一。此太史公序傳之文。與書序堯典之說一也。是皆古策書史官之序語如此。今史記序傳。亦自爲一篇。

虞舜側微。堯聞之聰明。將使嗣位。歷試諸難。作

舜典。

【集傳】側微。微賤也。歷試。徧試之也。諸難。五典百揆四門大麓之事也。今案舜典一篇。備載一代政治之終始。而序止謂歷試諸難。作舜典。豈足以盡一篇之義。

【集說】孔氏安國曰。爲庶人。故微賤。嗣。繼也。試以治民之難事。○孔氏穎達曰。此云側微。卽堯典側陋也。不在朝廷謂之側。其人貧賤謂之微。居處褊隘故言陋。昭八年左傳云。自幕至于瞽瞍。無違命。似其繼世相傳常有國土。孔言爲庶人者。堯典云有鰥在下。此云虞舜側微。必是爲庶人矣。蓋至瞽瞍始失國也。○黃氏度曰。舜自虞卽帝位。都安邑。或曰蒲坂。或曰平陽。○呂氏祖謙曰。舜之聞本於師錫。而此言堯聞者。人君以天下爲耳目。四岳之薦。卽堯之聞。君臣一體也。

帝釐下土方。設居方。別生分類。作汨作。九共九篇。槀飫。

集傳 漢孔氏曰。言舜理四方諸侯。各設其官。居其方。生。姓也。別其姓族。分其類。使相從也。汨。治。作。興也。言治民之功興也。槀。勞。飫。賜也。凡十一篇。亡。今案十一篇共只一序。如此亦不可曉。

集說 孔氏穎達曰。凡此不見其經。暗射無以考中。孔氏順其文爲傳耳。是非不可知也。他皆倣此。○左傳言犒師者以師枯槁用酒食勞之是稾得爲勞也襄二十六年左傳云將賞爲之加膳加膳則飫是飫得爲賜也○葉氏夢得曰別生因生以賜姓也分類胙土以命氏也故禹平水土後亦曰錫土姓○朱子曰方設居方逐方各設其居之道九共九篇劉侍讀以共爲邱言九邱也劉原父云古文邱共相近誤爲共○問張子以別生分類爲明庶物察人倫恐未安曰書序本無證據今引來解說更無理會了○陳氏經曰隨方別居方之法如所謂量地制邑度地居民

皋陶矢厥謨禹成厥功帝舜申之作大禹皋陶謨益稷

【集傳】矢陳也申重也序書者徒知皋陶以謨名禹以功稱

而篇中有來禹汝亦昌言。與時乃功懋哉之語。遂以爲舜申禹使有言。申皋陶使有功。其淺近如此。而不知禹曷嘗無言。皋陶曷嘗無功。是豈足以知禹皋陶之精微者哉。

集說 孔氏穎達曰。皋陶爲帝舜陳其謀。禹爲帝舜陳已成所治水之功。舜因其所陳。從而重美之。史錄其辭。作大禹皋陶二謨。又作益稷。凡三篇也。篇先大禹。序先言皋陶者。皋陶之篇。皋陶自先發端。禹乃然而問之。皋陶言在禹先。故序先言皋陶。益稷之篇。亦是禹之所陳。因皋陶之言。而禹論益稷。在皋陶謨後。故後其篇。○林氏之奇曰。虞史旣述二典。又序其君臣之閒嘉言善政以爲三篇。備二典之所未備。○一序分三篇者。竹簡所載不能多。分爲三篇。便簡册而已。非謂大禹謨盡在第一篇。皐陶謨盡在第二篇也。三篇中。凡禹所言。皆大禹謨。凡皐陶所言。皆皐陶謨。○朱子曰。帝舜申之序者之意。見書中皐陶陳謨了。帝曰。來禹汝亦昌言。故先說皐陶矢厥謨。禹成厥功。帝又使禹亦陳昌言耳。今書序固不能得書意。後來說書者。又不曉序者之意。只管穿鑿求巧妙耳。○帝舜申之之說。亦嘗疑之。既而考其文則此序乃三篇之序也。皐陶矢厥謨。卽謂皐陶謨篇也禹成厥功。卽謂大禹謨篇也。陳九功之事。故曰成厥功也。申。重也。帝舜因皐陶陳九德而禹俞之。因復申命禹曰。來禹汝亦昌言。而禹遂陳益稷篇中之語。此一句序益稷篇也。以此讀之。文意甚明。不煩生意。○小序。只是周秦閒低手人作。然後人亦自理會他本義未得。且如禹謨序。申。重也。序者本意。先說皐陶。後說禹。謂舜欲令禹重說。故將申字繫禹字。蓋伏生書以益稷合於皐陶謨。而思曰贊贊襄哉。與帝曰來禹汝亦昌言相連。申之二字便見舜令禹重言之意此是序者本意今人都不如此說說得雖多皆非其本意也○陳氏櫟曰案朱子語錄甚明蔡氏不純祖述仍用交互申禹使有言申皐陶使有功之說

禹別九州隨山濬川任土作貢

【集傳】別分也分九州疆界是也隨山者隨山之勢濬川者濬川之流任土者任土地所宜而制貢也

【集說】陸氏德明曰九州周公職錄云黃帝受命風后受圖割地布九州春秋說題辭云州之言殊也○孔氏穎達曰計九州之境當應舊定而云禹別者以堯遭洪水萬事改新此爲作貢生文故言禹別耳○黃氏度曰肇十二州禹幷爲九州商周因之疆域進退微有不同因時之宜也以職方界域與禹貢合觀爲可見○林

氏之奇曰禹之取民既有田賦又有貢篚者鄭氏謂以所出之穀市其土地所生異物各獻其所有蓋九州之內土地所生之物有可以供天子服食器用必使之得以辨其多寡以充每歲之常賦以是知所謂貢者其實乃在于九等田賦之內非于田賦之外別有貢也夫九州之貢雖有上下輕重之不同皆不過乎什一此所以爲任土作貢也貢乃賦稅之總稱不必漆絲鹽絺之類然後謂之貢蓋併與田賦之所出包篚之所入皆在其中矣○呂氏祖謙曰先別九州使疆界既定水乃可治隨山有兩說一謂水源皆出於山山脈與水脈通隨山即所以導水一謂隨山開道以觀水勢而治之隨山濬川見禹之智任土作貢見禹之仁○陳氏大猷曰隨與任行其所無事也隨其土之所有而不責其所無是謂任土

啓與有扈戰于甘之野作甘誓

【集傳】經曰大戰于甘者甚有扈之辭也序書者宜若春秋筆然春秋桓王失政與鄭戰于繻葛夫子猶書王伐鄭不曰與不曰戰者以存天下之防也以啓之賢征有扈之無道正禮樂征伐自天子出也序書者曰與曰戰若敵國者何哉孰謂書序爲夫子作乎

【集說】孔氏安國曰夏啓嗣禹立伐有扈之罪○黃氏度曰與賢與子孟子論之盡矣謳歌訟獄朝覲皆歸啓啓是以嗣禹而立不知扈何以不服至於天子親征而猶大戰于其國野哉禹禪征苗啓繼征扈人心不同故事變多端也○朱子曰交兵曰戰○呂氏祖謙曰讀書者必觀其時識其變堯舜禹三聖相承渾然無閒至

啓而有跋扈之臣。臣與君抗。其勢若均。其體若敵。遂至於戰。視有苗弗率汝徂征之氣象有閒矣。

太康失邦。昆弟五人須于洛汭。作五子之歌。

【集傳】經文已明。此但疣贅耳。下文不注者放此。

【集說】陸氏德明曰。五子名字書傳無聞。仲康蓋其一也。○孔氏穎達曰。昆弟五人自有長幼。故稱昆弟。○馬氏廷鸞曰。如湯誓大誥等。初未嘗言所作之意而引序以冠之。此爲得體。否則安知是篇何自而作乎。至五子歌旅獒之類。復加以序。則爲贅矣。

羲和湎淫。廢時亂日。胤往征之。作胤征。

【集傳】以經攷之。羲和蓋黨羿惡。仲康畏羿之強。不敢正其罪而誅之。止責其廢厥職荒厥邑爾。序書者不明此意。亦曰湎淫廢時亂日。亦有所畏而不敢正其罪邪。

【集說】孔氏安國曰。羲氏和氏世掌天地四時之官。自唐虞至三代。世職不絕。承太康之後。沈湎於酒。過差非度。廢天時。亂甲乙。胤國之君受王命往征之。○孔氏穎達曰。經云酒荒于厥邑。惟言荒酒。不言好色。故訓淫爲過。言耽酒爲過差也。聖人作曆數以紀天時。不存曆數。是廢天時也。日以甲乙爲紀。不知日食。是亂甲乙也。○蘇氏軾曰。羲和掌天地四時之官。堯時爲四人。今此有國邑。而以沈湎得罪。則一人而已。不知其何自爲一也。○陳氏櫟曰。廢時。失分至之節。亂日。紊甲乙之序。○陳氏大猷曰。帝王之道。莫大於奉天。堯作曆象。舜作璣衡。蓋時以作事。事以厚生。生民之道。於是乎在。羲和之征。仲康可謂知帝王之家法矣。先儒於此書疑焉者。蓋以時日爲輕也。夫葛伯不祀。不過其身自得罪於祖宗而湯以爲始征。義和廢時亂日。使人君上失奉天之道。下失生民之務。其罪過於不祀遠矣。又況有脅從渠魁之事乎。學者不疑湯之征葛。而疑胤侯之征義和者。過矣。

自契至于成湯八遷。湯始居亳。從先王居。作帝告釐沃。

【集說】孔氏安國曰。契父帝嚳都亳。湯自商丘遷焉。故曰從先王居。○陸氏德明曰。此五亡篇。舊解是夏書。馬鄭之徒以爲商書。兩義竝通。○孔氏穎達曰。契至成湯十四世。凡八遷國都者。商頌云。帝立子生商。是契居商也。世本云。昭明居砥石。左傳稱相土居商丘。及今湯居亳。事見經傳者。有此四遷。其餘四遷。未詳聞也。○孔言湯自商邱遷焉以相土之遷商邱其文見於左傳耳此言不必然也何則相土契之孫也自契至湯凡八遷若相土至湯都遂不改豈契至相土三世而七遷也相土至湯必更遷都但不知湯從何地而遷亳耳必不從商邱遷也○經文既亡其義難明孔以意言耳所言帝告不知告誰序言從先王居或當告帝嚳也○陳氏櫟曰契帝嚳子舜封之商賜姓子嚳元都亳帝告疑即帝嚳釐理治沃沃饒之土

湯征諸侯葛伯不祀湯始征之作湯征

【集說】孔氏安國曰爲夏方伯得專征伐葛國伯爵也廢其土地山川及宗廟神祇皆不祀湯始伐之伐始於葛○孔氏穎達曰王制云山川神祇有不舉者爲不敬不敬者君削以地宗廟有不順者爲不孝不孝者君黜以爵是言不祀必廢其土地山川之神祇及宗廟皆不祀故湯始征之湯伐諸侯始於葛仲虺之誥云初征

自葛是也孟子湯居亳與葛爲鄰云云是說伐始於葛之事也

伊尹去亳適夏既醜有夏復歸于亳入自北門乃遇汝鳩汝方作汝鳩汝方

集傳 漢孔氏曰先王帝嚳也醜惡也不期而會曰遇鳩方二臣名五篇亡

集說 孔氏穎達曰湯欲以誠輔桀冀其用賢以治不可匡輔乃始伐之此時未有伐桀之意故貢伊尹使輔之○黄氏度曰伊尹耕於有莘之野湯進之於桀古者貢士壹適謂之好德再適謂之賢賢三適謂之有功伊尹五就桀幸桀之改德也醜言其德垢穢爲可醜也於是爲不足事伐桀定於伊尹醜夏歸亳之日始入國

門而遇汝鳩汝方。與論夏事。二臣。商賢人。二書必有異同之論。惜乎其亡也。○張氏九成曰。惜二篇之亡。不得見湯尹之心。而孫武乃曰。商之興也。伊摯在夏。以伊尹爲反閒。甚可怪也。

伊尹相湯伐桀。升自陑。遂與桀戰于鳴條之野。作湯誓。

【集傳】以伊尹爲首稱者。得之咸有一德。亦曰惟尹躬暨湯。咸有一德。陑在河曲之陽。鳴條在安邑之西。升自陑。義未詳。漢孔氏遂以爲出其不意。亦序意有以啓其陋歟。

集傳孔氏穎達曰桀都在亳西當從東而往今乃升道從陑升者從下向上之名言陑當是山阜之地歷險迂路爲出不意故也鳴條在安邑之西桀西出拒湯故戰于鳴條之野伊訓曰造攻自鳴條朕哉自亳今安邑見有鳴條陌○林氏之奇曰伊尹既醜有夏以歸而桀之作惡不悛終無改過之意於是相湯伐夏救民也湯得伊尹必使之就桀而輔以正之至於五反而桀終不改然後伐之天下後世知湯之伐桀非其本心也彼以伊尹爲湯作間於夏者此乃戰國之士以己之私意臆度伊尹者也升自陑者所從伐夏之道也漢孔氏意謂桀都安邑在亳之西從東而往湯不由安邑之東而由其西兵法所謂出其不意者也蘇氏曰古今地名道路有易改不可知者安知陑鳴條之必在安邑西邪升陑以戰記事之實猶泰誓言師渡孟津而已此說甚善夫威文節制之師已無事於詐謀而況湯武之仁義乎謂出其不意者其說固陋矣而唐孔氏又謂湯承禪代

之後，嘗爲桀臣，慙而且懼，故出其不意，果如此說，則湯之伐夏，是誠何心哉。○朱子語類：問湯誓升自陑，先儒以爲出其不意，如何。曰此乃序說，經無明文，要之今不的見陑是何地，何以辨其正道奇道，湯武之興，決不如後世之譎詐，若陑是取道近，亦何必迂路，大抵讀書須求其要處，古人所謂味道之腴，最有理。又問凡書傳中如此者，皆可且置之。曰固當然。○呂氏祖謙曰：升自陑，或謂出其不意，豈王者之師哉，或謂湯得人和，不必地利，亦非人情也，王者固仁義之兵，然利害向背，亦必決擇，升自陑，必用師當行之道，夏之可攻處也。

湯既勝夏，欲遷其社，不可，作夏社、疑至、臣扈。

集傳 程子曰：聖人不容有妄舉，湯始欲遷社，衆議以爲不可而不遷，是湯有妄舉也，蓋不可者，湯不可之也，唐

孔氏以於時有議論其事者詳序文以爲欲遷者湯欲之也恐未必如程子所言要之序非聖人之徒自不足以知聖人也三篇亡

【集說】孔氏安國曰湯承堯舜禪代之後順天應人故革命創制改正易服變置社稷而後世無及句龍者故不可而止言夏社不可遷之義○孔氏穎達曰湯既勝夏欲遷其社無人可代句龍故不可而止於時有議論其事故史敘之爲篇○易革卦彖曰湯武革命順乎天而應乎人大傳云改正朔易服色此其所得與民變革者也故於是之時變置社稷昭二十九年左傳云共工氏有子曰句龍爲后土后土爲社有烈山氏之子曰柱爲稷自夏巳上祀之周棄亦爲稷自商巳來祀之祭法云厲山氏之有天下也其子曰農能殖百穀夏之衰

也。周棄繼之。故祀以爲稷。共工氏之霸九州也。其子曰后土。能平九州。故祀以爲社。是言變置之事也。湯於初時。社稷俱欲改之。周棄功多於柱。即令廢柱立棄。而上世治水土之臣。其功無及句龍者。故不可遷而止。漢世儒者說社稷有二。左傳說社祭句龍。稷祭柱棄。惟祭人神而已。孝經說社爲土神。稷爲穀神。句龍柱棄。是配食者也。孔無明說。而此序云遷社。孔傳云無及句龍。即以社爲句龍也。疑至與臣扈相類。當是二臣名也。蓋亦言其不可遷之意。馬融云。聖人不可自專。復用二臣自明也。○程子曰。湯以爲國既亡。則社自當遷。然遷之不若不遷之愈。故但屋之。春秋書亳社災。是魯有亳社。屋之。故有火災也。記喪國之社屋之。○陳氏櫟曰。孔注謂後世無及句龍者。故不可而止。此易社神。非遷社也。書亡。本無所考據。以序意詳之。初欲遷夏社。作夏社篇。繼以二臣之議而止。故又作疑至臣扈篇。自商初不遷夏社。垂爲後法。周遂亦不遷商社。所以亳社。春秋猶存焉。忠厚之仁。監戒之義。蓋兩得之。始以爲可。卒也不可。縱以人言而不可。主之者亦湯也。伊川之説。正不必辨。

夏師敗績。湯遂從之。遂伐三朡。俘厥寶玉。誼伯仲伯作典寶。

集傳　三朡國名。今定陶也。俘。取也。俘厥寶玉。恐亦非聖人所急。篇亡。

集説　孔氏安國曰。三朡國名。桀走保之。今定陶也。桀自安邑東入山。出太行。東南涉河。湯緩追之。不迫。遂奔南巢。俘。取也。玉以禮神。使無水旱之災。故取而寶之。二臣作典寶一篇。言國之常寶也。○孔氏穎達曰。楚語云。玉足以庇廕嘉穀。使無水旱之災。則寶之。韋昭云。玉。禮神之玉也。言用玉禮神。神享其德。使風雨調和。可以

庇廕嘉穀故取而寶之○葉氏夢得曰非貪其寶也國之庸器也則非以珍異爲寶可知矣

【附錄】鄭氏伯熊曰胡氏春秋傳曰古者寶玉世守罔敢失墜以昭先祖之德存肅敬之心告終易代弘璧琬琰天球夷玉兌之戈和之弓垂之矢莫不陳列非直爲觀美也先王所寶傳及其身全而歸之則可以免矣況神器之大者乎典寶之作其以祖宗之物所當常寶若無德則天亦不可常可不儆戒乎

湯歸自夏至于大坰仲虺作誥

【集傳】大坰地名

【集說】孔氏安國曰自三朡而還○孔氏穎達曰上言遂伐三朡故傳言自三朡而還不言歸自三朡而言歸自夏者伐夏而遂逐桀於今方始旋歸以自夏告廟故序言自夏傳本其來處故云自三朡耳大坰當是定

陶向亳之路所經。湯在道而言予恐來世以台爲口實故仲虺至此地而作誥也。○林氏之奇曰。此篇序上一句。言其作誥之時。下一句言其所誥之地。而湯之慙德與夫仲虺之所以廣湯之意者。初無一言及之。若此之類。其爲史官記載之辭也審矣。

湯既黜夏命。復歸于亳。作湯誥。

【集說】孔氏安國曰。黜。退也。退其王命。以伐桀大義告天下。○孔氏穎達曰。史錄其事。作湯誥。仲虺在路作誥。此至亳乃作。故次仲虺之下。○陳氏櫟曰。諸侯來朝。湯告之以與天下更始。序意欠明。

咎單作明居。

【集傳】一篇亡。

集說 孔氏安國曰：咎單，臣名，主土地之官，作明居民法一篇。○孔氏穎達曰：百篇之序，此類有四：伊尹作咸有一德，周公作無逸、作立政，與此篇直言所作之人，不言作者之意，蓋以經文分明，故略之。馬融云：咎單爲湯司空。傳言主土地之官，蓋亦爲司空也。

成湯既沒，太甲元年，伊尹作伊訓、肆命、徂后。

集傳 孟子曰：湯崩，太丁未立，外丙二年，仲壬四年，太甲顛覆湯之典刑。史記：太子太丁未立而死，立太丁之弟外丙，二年崩；又立外丙之弟仲壬，四年崩；伊尹乃立太丁之子太甲。序書者以經文首言奉嗣王祗見厥祖，遂云成湯既沒太甲元年後世儒者以序爲孔子所作不敢非之反疑孟子所言與本紀所載是可歎也肆命徂后二篇亡○吴氏曰太甲諒陰爲服仲壬之喪以是時湯葬已久仲壬在殯太甲太丁之子視仲壬爲叔父爲之後者爲之子也祗見厥祖謂至湯之廟蓋太甲既立伊尹訓于湯廟故稱祗見厥祖若止是殯前既不當稱奉亦不當稱祗見也

集説 孔氏安國曰肆命陳天命以戒太甲徂后陳往古明君以戒○蘇氏軾曰太史公案世本湯之後二

帝七年而後至太甲其迹明甚不可不信而孔安國獨據經臆度以爲成湯沒而太甲立且以是歲改元學者因謂太史公爲妄初無二帝而太史公妄增之豈有此理哉殷道親親兄死弟及若湯崩舍外丙而立太丁之子則殷道非親親矣安國謂湯崩之歲而太甲改元不待明年者亦因經文以臆也

附錄 孔氏安國曰太甲太丁子湯孫也太丁未立而卒及湯沒而太甲立稱元年○孔氏穎達曰周法以踰年即位知此即以其年稱元年者此經云元祀十有二月伊尹祠于先王奉嗣王祗見厥祖太甲中篇云惟三祀十有二月朔伊尹以冕服奉嗣王歸于亳若是踰年即位二者皆當以正月行事何以用十二月也明此經十二月是湯崩之踰月太甲中篇三祀十二月是服闋之踰月以此知湯崩之年太甲即稱元年也顧氏云殷家猶質踰月即改元年以明世異不待正月以爲首也商謂年爲祀序稱年者序以周世言之故也據此經

序及太甲之篇。太甲必繼湯後。而殷本紀與經不同。彼必妄也。○陳氏大猷曰。孔氏謂太丁未立而卒。程子謂年齒也。外丙方二歲。仲壬方四歲。故立太甲。此說是也。邵康節皇極經世書。起於堯即位之甲辰。歷譜帝王世次。湯起乙未。太甲起戊申。無外丙仲壬也。謂湯崩甲立。非同一年。則可謂中閒猶隔七年。則非成湯既沒。而以太甲元年繼之。則太甲繼湯明矣。況康節歷數所譜。悉與經合。又何疑乎。○胡氏一桂曰。案湯後有外丙仲壬二王。蔡氏力主之。邵子經世書。又合孔注。朱子孟子集注。亦云二說未知孰是。闕之可也。

太甲既立不明。伊尹放諸桐。三年復歸于亳。思庸。伊尹作太甲三篇。

【集傳】案孔氏云。桐。湯葬地也。若未葬之辭。蓋上文祗見厥祖，言湯在殯，故此不敢爲巳葬。使湯果在殯，則太甲固巳密邇其殯側矣，捨殯而欲密邇湯於將葬之地，固無是理也。孔氏之失起於伊訓序文之繆，遺外丙仲壬二帝，故書旨不通。

集說 孔氏安國曰：不用伊尹之訓，不明居喪之禮，不知朝政，故曰放。○孔氏穎達曰：經稱營于桐宮，密邇先王，知桐是湯葬地也。舜放四凶，徙之遠裔；春秋放其大夫，流之他境。嫌此亦然，故辨之云不知朝政，故曰放，與彼放逐事同，故亦稱放也。○王氏天與曰：思庸，漢孔氏曰念常道，蘇氏曰思用伊尹之言也。陳氏曰：孟子所謂自怨自艾，於桐處仁遷義三年，以聽伊尹之訓巳者也。

伊尹作咸有一德。

集說 孔氏安國曰。言君臣皆有純一之德。以戒太甲。○孔氏穎達曰。太甲既歸於亳。伊尹致仕而退。恐太甲德不純一。故作此篇以戒之。此主戒太甲。而言臣有一德者。欲令太甲亦任一德之臣。經云任官惟賢材。左右惟其人。是戒太甲使善用臣也。○朱氏祖義曰。伊尹示太甲以傳心之要。故咸有一德之書作焉。太甲克終允德。德固一矣。然人心無常。一念苟差。則前日之允德。安保其不變哉。伊尹告歸之際。猶以爲慮。一德其大矣乎。明乎一德之理。推而爲用。人已一也。君民一也。幽明古今終始。無適非一。伊尹心欲太甲君臣咸有純一之德。故以名篇。

沃丁既葬伊尹于亳。咎單遂訓伊尹事。作沃丁。

集說 孔氏安國曰：沃丁，太甲子。伊尹既致仕老終，以三公禮葬，訓暢其所行功德之事，咎單忠臣，名作此篇以戒也。○孔氏穎達曰：皇甫謐云：沃丁八年，伊尹卒。年百有餘歲。○蘇氏軾曰：咎單訓伊尹事，猶曹參述行蕭何之政也。咎單作明居，司空之職也。舜宅百揆，亦司空之事也。禹作司空，以此考之，自堯舜至商，蓋嘗以司空爲政也歟。

伊陟相太戊，亳有祥，桑穀共生于朝。伊陟贊于巫咸，作咸乂四篇。

集說 孔氏安國曰：祥，妖怪。二木合生，七日大拱，不恭之罰。○孔氏穎達曰：二木合生，謂共處生也。七日大拱，伏生書傳有其文。鄭云：兩手搤之曰拱，生七日而見其大滿兩手也。殷本紀云：一暮大拱，所聞不同，故說異也。五行傳曰。貌之不恭。是謂不肅。時則有青眚之祥。漢書五行志云。肅。敬也。內曰恭。外曰敬。人君行已體貌不恭。則不能敬。木色青。故有青眚之祥。是言木之變怪。是貌不恭之罰也。○禮有贊者。皆以言告人。故贊爲告也。君奭傳曰。巫氏也。名咸。鄭云巫咸謂之巫官者。案君奭。咸子又稱賢。父子竝爲大臣。必不世作巫官。故孔言巫氏是也。○王氏安石曰。兆乎物者。禍福特未定。皆謂之祥。應以德則爲福。應以不德則爲禍。○眞氏德秀曰。史記云。太戊立。伊陟爲相。桑穀生于朝。一暮大拱。太戊懼。問伊陟。伊陟曰。臣聞妖不勝德。帝之政其有闕歟。帝其修德。太戊從之。祥桑枯死。太戊遇災而懼如此。故周公稱之曰。昔在殷王中宗。嚴恭寅畏。天命自度。是可謂知中宗之心矣。

太戊贊于伊陟。作伊陟原命。

集說 孔氏安國曰：告以改過自新。原，臣名。○孔氏穎達曰：言太戊贊于伊陟，惟告伊陟，不告原也。史錄其事而作《伊陟》、《原命》二篇，則太戊告伊陟，亦告原，俱以桑穀事告，故序總以爲文也。原是臣名，而云《原命》，猶如《囧命》、《畢命》也。○陳氏櫟曰：咸乂以巫咸能乂王家也，意此臣下自相警戒之書。太戊又告命二臣，意此君臣交相警戒之書。

仲丁遷于囂，作《仲丁》。

集說 孔氏安國曰：太戊子，去亳。囂，地名。陳遷都之義。

河亶甲居相，作《河亶甲》。

集說 孔氏安國曰：仲丁弟。相，地名，在河北。

祖乙圮于耿。作祖乙。

【集傳】沃丁。太甲之子。咎單。臣名。伊陟。伊尹之子。太戊。沃丁弟之子。桑穀。二木合生于朝。七日而拱。妖也。巫咸。臣名。囂。相。耿。皆地名。囂相在河北。耿在河東。耿鄉。河水所毀曰圮。凡十篇亡。

【集說】孔氏安國曰。亶甲子。圮于相。遷于耿。河水所毀曰圮。○孔氏穎達曰。此三篇皆是遷都之事。竝陳遷都之義。如盤庚之誥民也。發其舊都。謂之遷。到彼新邑。謂之居。遷于囂與居相。亦事同也。李顒云。囂在陳留浚儀縣。皇甫謐云。在河北。或曰。今河南敖倉。未知孰是。○孔以河亶甲居相。祖乙卽亶甲子。故以爲圮于相地。乃遷都于耿也。據文圮于耿，謂遷來于耿，爲水所毁，更遷他處，故言毁于耿耳。非既毁乃遷耿也。盤庚云：不常厥邑，于今五邦。及其數之，惟有亳、囂、相、耿四處而已。知此既毁于耿，更遷一處，盤庚又自彼處而遷於殷耳。殷本紀云：祖乙遷于邢。馬遷所爲説耳。鄭云：祖乙去相居耿，而國爲水所毁，於是修德以禦之，不復徙也。錄此篇者，善其改政而不徙，如鄭所言，稍爲文便，但未可依信也。

盤庚五遷，將治亳殷，民咨胥怨，作盤庚三篇。

集傳 以篇中有不常厥邑于今五邦，序遂曰盤庚五遷。然今詳于今五邦之下，繼以今不承于古，罔知天之斷命，則是盤庚之前已自有五遷，而作序者考之不詳，繆云爾也。又五邦云者。五國都也。經言亳囂相耿。惟四邦耳。盤庚從湯居亳。不可又謂之一邦也。序與經文既已差繆。史記遂謂盤庚自有五遷。誤人甚矣。

集說 孔氏穎達曰。商自成湯以來。屢遷都邑。盤庚最在其後。故序總之。經言不常厥邑。于今五邦。故序言盤庚五遷。傳嫌一身五遷。故辨之云。自湯至盤庚。凡五遷都也。上文言自契至于成湯八遷。幷數湯爲八。此言盤庚五遷。又幷數湯爲五。湯一人再數。故班固云。殷人屢遷。前八後五。其實止十二也。此序云亳殷。下傳云。殷亳之別名。則亳殷卽是一都。湯遷還從先王居也。

高宗夢得說。使百工營求諸野。得諸傅巖。作說

說命三篇。

集傳 案經文乃審厥象。俾以形旁求于天下。是高宗夢得良弼。形象。乃審其狀貌而廣求于四方。說築傅巖之野。與形象肖似。如序所云。似若高宗夢得傅說。姓氏。又因經文有羣臣百官等語。遂謂使百官營求諸野。得諸傅巖。非惟無補經文。而反支離晦昧。豈聖人之筆哉。

集說 孔氏安國曰。盤庚弟小乙子名武丁。德高可尊。故號高宗。夢得賢相。其名曰說。使百官以所夢之形象。經求之於野。得之於傅巖之谿。命說爲相。使攝政。○孔氏穎達曰。以工爲官。見其求者衆多。故舉百官言之。

皇甫謐云使百工寫其形象則謂工爲工巧之人與孔異也谿是水流之處巖是山崖之名序稱傅巖傳云傅巖之谿以巖是總名故序言之耳○林氏之奇曰古者祖有功而宗有德創業垂統有功者祀以爲祖守文之主有德者祀以爲宗其廟皆百世而不毀商人立廟之制其所祖而祀之者成湯是也所宗而祀之者太甲太戊高宗是也宗之者既不止於一人則人不可以無別故以太甲爲太宗太戊爲中宗武丁爲高宗曰太曰中曰高者所以爲廟之制也唐室以宗爲廟號之常稱不復論德而先王建廟立宗之制至是紊矣○呂氏祖謙曰清明在躬志氣如神嗜慾將至有開必先高宗舊學于甘盤恭默思道至誠所召必有以開其先矣故形於夢大抵誠則一一則通至誠者志爲氣之帥見之於夢無非兆朕之先故夢得說遂信之而不疑而果得之其後如武王言朕夢協朕卜皆周禮之所謂正夢也

高宗祭成湯。有飛雉升鼎耳而雊。祖己訓諸王。作高宗肜日。高宗之訓。

【集傳】經言肜日。而序以爲祭成湯。經言有雊雉。而序以爲飛雉升鼎耳而雊。載籍有所傳歟。然經言典祀無豐于昵。則爲近廟。未必成湯也。宗廟都宮。堂室深遠幽邃。而飛雉升立鼎耳而鳴。亦已異矣。高宗之訓篇亡。

【集說】孔氏安國曰。耳不聽之異。○孔氏穎達曰。經言肜日有雊雉。不知祭何廟。鳴何處。故序言祭成湯。升鼎耳以足之。禘祫與四時之祭。祭之明日。皆爲肜祭。不知此肜是何祭之肜也。洪範五行傳云。視之不明時則有羽蟲之孽。先儒多以此爲羽蟲之孽。非爲耳不聽也。漢書五行志。劉歆以爲鼎三足。三公象也。而以耳行。野鳥居鼎耳。是小人將居公位。敗宗廟之祀也。鄭云。雉升鼎耳而鳴。象視不明。天意若云。當任三公之謀以爲政。劉鄭雖小異。其爲羽蟲之孽則同。與孔意異。詩云。雉之朝雊。尚求其雌。說文云。雊。雄雉鳴也。雷始動。雉乃鳴而雊其頸。○名高宗之訓。所以訓高宗也。此二篇。俱是祖已之言。竝是訓王之事。但所訓事異。分爲二篇。

附錄 金氏履祥曰。此篇首稱高宗肜日。終言無豐于昵。高宗廟號也。似謂高宗之廟。昵。近廟也。似是祖庚繹于高宗之廟。惟史記謂此書作于祖庚之時。而其說又不分明。

殷始咎周。周人乘黎。祖伊恐。奔告于受。作西伯戡黎。

集傳 咎惡乘勝也。詳祖伊所告。無一言及西伯者。蓋祖伊雖知周不利於商。而又知周實無所利於商。序言殷始咎周。似亦未明祖伊奔告之意。

集說 孔氏安國曰。祖伊。祖己後賢臣。戡。亦勝也。○陸氏德明曰。黎。國名。尚書大傳作耆。○林氏之奇曰。文王之爲西伯。得專征伐之權。出於紂之命也。黎乃諸侯之國。其地密邇王畿。其君黨惡於紂而虐用其民。文王既專征伐。於是率師戡黎而勝之。曰殷始咎周者。非是舉殷國之人。皆知咎周也。但指祖伊而言之耳。史記曰。祖伊聞之而始咎周。此言爲得其實。周人既乘黎而勝之。祖伊恐其將不利於殷。爲是震恐而奔告于紂也。○袁氏默曰。周人乘其勢以戡之。戡如左傳戡定禍亂曰武。○董氏鼎曰。祖伊奔告于受。蓋謂民罔弗欲喪。而大命者不至耳。初無怨于周。而曰殷始咎周。何也。經明曰西伯。而序曰周人。何也。

殷既錯天命微子作誥父師少師。

集說 孔氏安國曰。錯。亂也。告二師而去紂。○孔氏穎達曰。不指言紂惡而言錯亂天命者。天生蒸民立君以牧之。爲君而無君道。是錯亂天命。爲惡之大。故舉此以見惡之極耳。○林氏之奇曰。微子箕子皆有國邑。故以其爵爲稱。比干雖爲三孤。於王朝。而未有封爵。故不以爵稱。三人皆是紂之懿親。位尊職近。與紂同其休戚者也。紂之暴虐不道。於人事顛倒錯亂而無所統。故天命亦皆至於紛錯。此篇所載。皆其錯天命之事也。此三人者。知其滅亡不旋踵而至矣。情迫於中。不能自已。故微子謀於比干箕子。而箕子遂言國勢危迫如此。吾三人者。所處不同。各當順其勢之所宜。因其心之所安。以處乎是。而不可以苟同。殷史得之以爲此篇。○董氏鼎

曰錯亂天命如孟子所謂逆天

惟十有一年武王伐殷一月戊午師渡孟津作泰誓三篇

集傳 十一年者十三年之誤也序本依放經文無所發明偶三誤而爲一漢孔氏遂以爲十一年觀兵十三年伐紂武王觀兵是以臣脅君也張子曰此事閒不容髮一日而命未絕則是君臣當日而命絕則爲獨夫豈有觀兵二年而後始伐之哉蓋泰誓序文既有十一年之

誤。而篇中又有觀政于商之語。僞泰誓得之傳聞。故上篇言觀兵之事。次篇言伐紂之事。司馬遷作周本紀。因亦謂十一年觀兵。十三年伐紂。訛繆相承。展轉左驗。後世儒者遂謂實然。而不知武王蓋未始有十一年觀兵之事也。且序言惟十有一年武王伐殷。繼以一月戊午。師渡孟津。卽記其年其月其日之事也。夫一月戊午既爲十三年之事。則上文十一年之誤審矣。孔氏乃離而二之。於十有一年武王伐殷。則釋爲觀兵之時。於一月戊午師渡孟津。則釋爲伐紂之時。上文則年無所繫之月。下文則月無所繫之年。又序言十一年伐殷。而孔氏乃謂十一年觀兵。十三年伐殷。是蓋繆中之繆。遂使武王蒙數千百年脅君之惡。一字之誤。其流害乃至於此哉。

集說朱子曰。柯國材言。序稱十有一年。史稱十有三年。書序不足憑。至洪範謂十有三祀。則是十三年明矣。使武王十一年伐殷。到十三年方訪箕子。不應如是之緩。此說有理。○陳氏櫟曰。案此之一月。卽武成之一月壬辰也。戊午。卽中篇之戊午次于河朔也。二日旁死魄壬辰。則戊午二十八日也。經之十有三年。卽洪範之十有三祀也。一年之一字誤。顯然矣。○董氏鼎曰。泰誓誓三篇。非一時一所所作。序謂作於一日。豈理也哉。

武王戎車三百兩。虎賁三百人。與受戰于牧野。作牧誓。

集傳 戎車。馳車也。古者馳車一乘。則革車一乘。馳車戰車。革車。輜車。載器械財貨衣裝者也。司馬法曰。一車甲士三人。步卒七十二人。炊家子十人。固守衣裝五人。廄養五人。樵汲五人。馳車七十五人。革車二十五人。凡百人。二車故謂之兩。三百兩。三萬人也。虎賁。若虎賁獸之勇士百人之長也。

集說 陳氏櫟曰。一虎賁必長百人。一乘車。總用百人。以車而序虎賁數合車數。蓋三萬人也。○董氏鼎曰。經無戎車而序乃自言之。何也。豈其附會記禮革車三百兩虎賁三千人而爲此序歟。孟子蓋亦本於此歟。

武王伐殷。往伐歸獸。識其政事。作武成。

集傳 歸獸。歸馬放牛也。武成所識。其事之大者亦多矣。何獨先取於歸馬放牛哉。

集說 林氏之奇曰。此篇是武王克商之後。史官記載其本末以見其一時應天順人之大槩自往伐之初。至於歸獸之後。其所施設政事。皆識於此。識。謂紀其事也。

【附錄】吴氏棫曰史記本紀罷兵西歸行狩記政事作武成班固亦云歸狩當以狩爲正

武王勝殷殺受立武庚以箕子歸作洪範

【集傳】唐孔氏曰言殺受立武庚者序自相顧爲文未見意也

【集說】程子曰武王不曾殺紂紂自殺遂言殺紂也○蘇氏軾曰洪範大法也武王所以問洪範者明武王之得箕子蓋師而不臣也箕子之言曰殷其淪喪我罔爲臣僕殷亡則箕子無復仕之道以此表正萬世爲君臣之法如伯夷叔齊之志也太史公曰武王封箕子朝鮮而不臣也非五服之外賓客之國則箕子不可得而侯也然則曷爲爲武王陳洪範也天以是道畀禹而傳至于箕子不可使自我而絶也以武王而不傳則天下

無復可傳者矣故爲箕子者傳道則可仕則不可此敘書之意也○呂氏祖謙曰殷之當勝紂之當殺武庚之當立箕子之當以歸竝行而無心循天命之正由至公之理也除天下之大害傳天下之大法事之重一也以箕子歸以字當深玩箕子自言殷其淪喪我罔爲臣僕又言我不顧行遯其無臣服歸周之意久矣曰以箕子歸見箕子不欲歸以箕子歸者武王也自武王言之見其能尊德樂道屈致賢者自箕子言之見其道統在身欲遺範百王未嘗渝其不欲歸周之意而又不得不言也

武王既勝殷邦諸侯班宗彝作分器

集傳 宗彝宗廟彝尊也以爲諸侯分器篇亡

集說 孔氏穎達曰序云邦諸侯者立邦國封人爲諸侯也樂記云封有功者爲諸侯詩賚序云大封於廟

謂此時也。釋言云。班。賦也。周禮有司尊彝之官。鄭云。彝。亦尊也。鬱鬯曰彝。彝。法也。言爲尊之法正。然則盛鬯者爲彝。盛酒者爲尊。皆祭宗廟之酒器也。分宗廟彝器酒尊以賦諸侯。既封乃賜之也。○昭十二年左傳。楚靈王云。昔我先王熊繹與呂伋王孫牟燮父禽父竝事康王。四國皆有分。我獨無有。十五年傳曰。諸侯之封也。皆受明器於王室。杜預云。謂明德之分器也。

西旅獻獒。太保作旅獒。

集傳 獻。貢也。

巢伯來朝。芮伯作旅巢命。

集傳 篇亡。

【集說】孔氏安國曰。殷之諸侯。伯爵也。南方遠國。武王克商。慕義來朝。芮伯周同姓。圻內之國。爲卿大夫。陳威德以命巢。○孔氏穎達曰。武王克商。卽來受周之王命。知是殷之諸侯。伯是爵也。仲虺之誥云。成湯放桀于南巢。或此巢是也。故先儒相傳。皆以爲南方之國。今聞武王克商。慕義而來朝也。鄭玄以爲南方世一見者。孔以夷狄之爵不過子。此君伯爵。夷夏未明。故直言遠國也。○芮伯在朝作命。必是王臣。旅訓爲陳。陳王威德以命巢。

武王有疾。周公作金縢。

【集說】孔氏穎達曰。案經周公策命之書。自納金縢之匱。及爲流言所謗。成王悟而開之。史敘其事。乃作此篇。○陳氏櫟曰。周公納祝冊于金縢之匱中耳。周公東征而歸之後。史作此書。述禱疾事爲始耳。書非周公作也。此序不特不能盡此書之事。大意全非。

武王崩。三監及淮夷叛。周公相成王。將黜殷。作大誥。

【集傳】三監。管叔。蔡叔。霍叔也。以其監殷。故謂之三監。

孔氏安國曰。黜。絶也。將以誅叛之義大誥天下。○黄氏度曰。大誥專爲黜殷而作。湯伐夏。遂黜夏命。

【集説】武王伐殷。不黜殷命。因其國。立武庚。武庚叛。乃黜殷命。何也。曰。湯黜夏命。固以爲天下之公也。天下不幸而復有放伐之事。不可以爲典常。故立武庚繼殷後。其意以爲天遂廢之。雖其國猶在。不能病天下。天將興之。則雖周亦當退聽。以俟天命之所授。是亦爲天下之公也。天卒歸周。未嘗改命。武庚爲亡國後而弗克畏天。悁忿妄作。蓋嘗受周封爵而臣周矣。今乃叛之而招天下以爲亂。是豈得復存哉。或曰。武庚於周爲讎。得聞稱兵無乃不可乎。曰。非也。凡殺人而不義。雖國君不得行於匹夫。故其讎當復。殺之而義者。雖匹夫不得讎。讎之則死。武王行天討。爲天下誅殘賊。而可讎乎。武庚能從父於死則可。既受周封爵而叛周則不可。凡此天下之通義也。

○呂氏祖謙曰。序言三監而不及武庚。武庚之叛。生於三監之謀也。書言武庚而不及管蔡。爲親者諱也。

成王既黜殷命。殺武庚。命微子啓代殷後。作微子之命。

【集傳】微子封於宋。爲湯後。

【集説】孔氏穎達曰。黜殷命。謂絕其爵也。樂記云。武王克殷。既下車。投殷之後於宋。爾時未爲殷之後也。初封於宋。不知何爵。此時因舊宋命之爲公。命爲湯後。使祀湯耳。○林氏之奇曰。封微子爲書以命之。蓋陳其所以封之之意。而勉以所當爲之事。後世之命官必以制書。蓋出於此。○吴氏棫曰。微子封宋。蓋在武王時。此書乃爵爲上公申命之書。如孔氏之說。則是微子前此未封。至成王而始封。非矣。

唐叔得禾。異畝同穎。獻諸天子。王命唐叔歸周公于東。作歸禾。

【集說】孔氏安國曰。唐叔食邑內得異禾。異畝同穎。天下和同之象。周公之德所致。周公東征未還。故命唐叔以禾歸周公。唐叔後封晉。○孔子穎達曰。歸禾年月。史傳無文。不知在啓金縢之先後也。王啓金縢。正當禾熟之月。若是前年得之。於時王疑未解。必不肯歸周公。當是啓金縢之後。喜得東土和平而有此應。故以歸周公也。昭元年左傳。成王滅唐而封太叔焉。所滅之唐。卽晉國是也。然則得禾之時。未封於唐。從後稱之爲唐叔耳。

周公既得命禾。旅天子之命。作嘉禾。

【集傳】唐叔。成王母弟。畝。壟也。穎。穗也。禾各一壟。合爲一穗。葛氏曰。唐叔雖幼。因禾必有獻替之言。成王既悟風雷之變。因命唐叔以禾歸周公于東。旅。陳也。二篇亡。

【集說】孔氏安國曰。已得唐叔之禾。遂陳成王歸禾之命。而推美成王。善則稱君。天下和同。政之善者。故周公作書。以嘉禾名篇。○陳氏經曰。此天地委和。借草木之靈。以彰成王周公始疑終信之象。乃君臣和同之德之所感召也。唐叔獻諸天子。必以此意歸美稱德。成王不有。歸美於周公。知有公。不知有已也。周公不有。歸美於成王。知有王。不知有已也。二書雖亡。君臣和氣藹然。猶可想見。

成王既伐管叔蔡叔。以殷餘民封康叔。作康誥。酒誥。梓材。

集傳 案胡氏曰。康叔。成王叔父也。經文不應曰朕其弟。成王。康叔猶子也。經文不應曰乃寡兄其曰兄曰弟者。武王命康叔之辭也。序之繆誤。蓋無可疑。詳見篇題。又案書序似因康誥篇首錯簡。遂誤以爲成王之書。而孔安國又以爲序篇亦出壁中。豈孔鮒藏書之時。已有錯簡邪。不可考矣。然書序之作。雖不可必爲何人。而可必其非孔子作也。

【集說】左傳。定四年。祝鮀曰。分康叔殷民七族。陶氏。施氏。繁氏。錡氏。樊氏。饑氏。終葵氏。封畛土略。命以殷誥而封於殷虛。啓以商政。疆以周索。○孔氏穎達曰。酒誥梓材亦戒康叔。但因事而分之。康誥戒以德刑。又以化紂嗜酒。故次以酒誥。卒若梓人之治材爲器爲善政以結之。○康圻內國名。管蔡郕霍皆國名。則康亦國名而在圻內。惟鄭玄以康爲謚號。以史記世家云生康伯故也。

成王在豐。欲宅洛邑。使召公先相宅。作召誥。

集說 孔氏穎達曰。成王於時在豐。欲居洛邑以爲王都。公使召公先往相其所居之地。因卜而營之。王與周公從後而往。召公於庶殷大作之時。乃以王命取幣以賜周公。因告王宜以夏殷興亡爲戒。史序其事。作召誥。○呂氏祖謙曰。豐者舊都。宗周之地也。洛邑之宅。一以道里之均。受四方之朝會。一以遷有商之民。一以定周鼎。此國家之大事也。成王重其事。使召公大臣先往相宅。建作洛之規摹。故召公因作誥。使成王知艱難之理。

召公既相宅。周公往營成周。使來告卜。作洛誥。

集說 林氏之奇曰。使來告卜者。當周公之至洛。王尚在塗。故遣使而來。所以得吉卜。告於成王也。王之至洛。蓋後周公而來也。先儒又謂周公與王之相問答。乃周公既成洛邑。又歸宗周之後。故篇末云。王在新邑。明戊辰以前。皆是宗周之事。此亦不然。篇內有曰。予小子其退卽辟于周。又曰。公定予往已。是成王將退而歸鎬京。欲周公留居於洛。則其相與應答。皆在洛邑也明矣。

成周既成。遷殷頑民。周公以王命告作多士。

【集傳】遷殷頑民。在作洛之前。序書者考之不詳。以爲成周既成。遷殷頑民。繆矣。詳見本篇題。

【集說】陳氏櫟曰。書稱商王士。殷多士。殷遺多士。未始目爲頑民。小序之云然。殊失周家忠厚之意。其失不但昧遷殷民之先後也。

周公作無逸。

【集說】孔氏安國曰。中人之性好逸豫。故戒以無逸。

召公爲保周公爲師相成王爲左右召公不悅周公作君奭

集傳 蘇氏曰舊說或謂召公疑周公陋哉斯言也愚謂序文意義含糊舊說之陋有以啓之也

集說 林氏之奇曰相成王爲左右者言周召以師保而爲成王左右之相說命曰王置諸其左右命之曰朝夕納誨以輔台德周召之爲左右相是亦陳善閉邪以輔成人主之德也惟周召既爲左右相故因命以爲二伯分總天下之諸侯王制曰八伯各以其屬屬於天子之老二人分天下以爲左右曰二伯是也召公自武王時已居太保之位至於成王卽政之後將欲與周公謝事告老故周公作此篇言已不得不留輔成王兼留

召公共政。蘇氏曰。周公何以不歸也。察成王之德。未可以舍而去也。周公齊百官以輔王。而王之所用。悉其私人受教於王者。此其德。豈能離師友而弗反也哉。此說是矣。然不獨此也。殷之餘民。染紂之化。草竊姦宄無所不爲。至康王之世。而其餘風猶未殄。苟一舉措之失宜。則彼將乘閒而起矣。此周公所以長慮却顧而以爲不可告歸也。○陳氏櫟曰。書中略不見召公不悅之意。諸說揣摩。皆序之陋啓之。

蔡叔既沒。王命蔡仲踐諸侯位。作蔡仲之命。

集說 蘇氏軾曰。蔡叔死于囚。不得稱沒。仲爲卿士。無因父用子之理。蓋釋之矣。仲踐蔡叔之舊國。以鮮爲始封之君。則周既赦其罪矣。故得稱沒。

成王東伐淮夷。遂踐奄。作成王政。

集傳　踐，滅也。篇亡。

孔氏安國曰：成王即政，淮夷奄國又叛，王親征之，遂滅奄而徙之。

集說　孔氏穎達曰：周公攝政之初，奄與淮夷從管蔡作亂，周公征而定之。成王即政，淮夷與奄又叛，成王親往征之。成王即政，始封伯禽，費誓之稱淮夷徐戎並興，魯侯征之。王伐淮夷，魯伐徐戎，是同時討伐，知成王即政之年復叛也。○黄氏度曰：淮夷種類不一，奄蓋其大者也。淮夷嘗與管蔡叛周，故周公伐奄。成王朝諸侯于洛邑，淮夷又不至，成王於是東伐淮夷，遂踐奄。奄猶首亂也。踐，蹂也，謂滅其國也。成王始祭天地宗廟，見諸侯，遷殷民，封蔡，踐奄，禮樂征伐無不行焉。作書名成王政，言王政於此成也。

成王既踐奄，將遷其君於蒲姑。周公告召公，作

將蒲姑。

集傳　史記作薄姑篇亡。

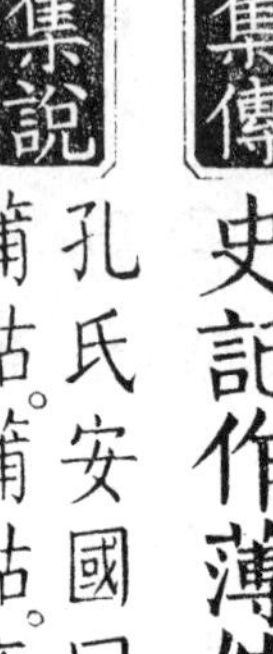集說　孔氏安國曰已滅奄而徙其君及人臣之惡者於蒲姑蒲姑齊地近中國教化之言將徙奄新立之君於蒲姑告召公使作冊書告令之。

成王歸自奄在宗周誥庶邦作多方。

周公作立政。

集說　胡氏士行曰無逸立政相爲經緯無無逸之心則立政方冊而已無立政之體則勞於細故秦皇隋文之程石傳餐矣○朱氏祖義曰周公戒成王以用人之事不曰用人而以立政名篇蓋謂得人則政自立。

成王既黜殷命滅淮夷還歸在豐作周官。

集傳 成王黜殷久矣而於此復言何邪。

集說 黃氏度曰還歸在豐作周官周官書成自文王之廟發之古者大命令大誥誓皆發於祖廟○林氏之奇曰召誥序曰成王在豐欲宅洛邑使召公先相宅蓋宅洛者亦是朝廷之大事故至于豐以告廟也○陳氏櫟曰序言歸在豐書云歸于宗周乃歸鎬非豐也自惟周王撫萬邦至董正治官乃此書之本序辭甚明白。小序贅矣。

成王既伐東夷肅慎來賀王俾榮伯作賄肅慎之命。

集傳 賄賂也。義未詳。篇亡。

集說 孔氏安國曰。海東諸夷。駒麗扶餘馯貊之屬。武王克商。皆通道焉。成王卽政而叛。王伐而服之。故肅愼氏來賀。榮國名。同姓諸侯。爲卿大夫。王使之爲命書。以幣賄賜肅愼之來賀。○孔氏穎達曰。肅愼氏以王戰勝。遠來朝賀。王賜以財賄。使榮伯爲策書以命之。嘉其慶賀。慰其勞苦之意。○魯語云。武王克商。遂通道於九夷八蠻。於是肅愼氏來賀。貢楛矢。則武王之時東夷服也。成王卽政。奄與淮夷近者尚叛。明知遠夷亦叛。蓋成王親伐淮夷而滅之。又使偏師伐東夷而服之。君統臣功。故言王伐。不是成王親自伐也。肅愼之於中國。又遠於所伐諸夷。見諸夷既服。故懼而來賀也。○晉語云。文王諏於蔡原。訪於辛尹。重之以周召畢榮。榮於文王之時。名次畢公之下。則是大臣也。未知此時榮伯。是彼榮公以否。或是其子孫也。同姓諸侯。相傳爲然。注國語者亦云。榮周同姓。不知時爲何官。○黄氏度曰。肅愼。海外國。魏時東夷挹婁通中國。云卽古肅愼。在扶餘東千餘里。

周公在豐。將没。欲葬成周。公薨。成王葬于畢。告周公。作亳姑。

集傳 此言周公在豐。漢孔氏謂致政歸老之時。而下文君陳之序。乃曰周公既没。命君陳分正東郊成周。方未命君陳時。成周蓋周公治之。以公没。故命君陳。然則公蓋未嘗去洛矣。而此又以爲在豐將没。則其致政歸老。

果在何時邪。篇亡。

【集說】孔氏穎達曰。帝王世紀云。文武葬于畢。畢在杜南。長安西北。序說葬周公之事。其篇乃名亳姑。與序不相允會。其篇既亡。不知所道。○蘇氏軾曰。畢有文武墓。亳姑。蒲姑也。周公告召公作。將蒲姑至此。并告以遷歟。○黃氏度曰。伊尹從湯葬。周公從文武葬。皆國禮。猶後世陪葬山陵也。○呂氏祖謙曰。公欲葬成周。蓋宗臣垂死憂國之心。以邦之安危。惟茲殷士。致不忘之意。意不在葬也。成王領其意。不從其葬。使祔于文武也。

周公既沒。命君陳分正東郊成周。作君陳。

【集說】孔氏安國曰。成王重周公所營。故命君陳分居。正東郊成周之邑里官司。作書命之。○孔氏穎達曰。分別居處。正此東郊成周之邑。成周。周之下都。成王重周公所營。猶恐殷民有不服之者。故命君陳分正東郊成周也。以畢命之序言分居。知此分亦爲分居。分別殷民善惡所居。卽畢命所云旌別淑慝。表厥宅里是也。言東郊者。鄭云天子之國。五十里爲近郊。今河南洛陽相去則然。是言成周之邑。爲周之東郊也。○蘇氏軾曰君陳命于周公之後。畢公之前。必周之老臣也。鄭玄以爲周公子。非也。畢公。成王之父師。弼亮四世。豈以周公之子先之。○陳氏櫟曰。治洛以化殷民爲重。故君陳畢命曰尹茲東郊。保釐東郊。雖以東郊言。實全付以治洛之任也。君陳繼周公。畢公繼君陳。其任一也。小序一分字。辭意欠明。或者遂謂分東郊之地。成周之邑。使君陳爲之正長。王城之事。君陳不與焉。此說蓋小序誤之也。

成王將崩。命召公畢公率諸侯相康王。作顧命。

集說 黃氏度曰。召公以太保爲冢宰。畢公以司馬兼太師。畢公序召公下。名數不同也。召畢率諸侯爲諸

侯長也君奭周召相重在師保顧命召畢相重在率諸侯

康王既尸天子遂誥諸侯作康王之誥

集傳 尸天子亦無義理太康尸位羲和尸官皆言居其位而廢棄其事之稱序書亦用其例謬矣

集說 孔氏穎達曰康王既受顧命主天子之位羣臣進戒於王王遂報誥諸侯史敘其事作康王之誥伏生以此篇合於顧命共爲一篇後人知其不可分而爲二○黃氏度曰周人大封諸侯重監牧之權齊魯衛晉土壤廣斥當時固有翼衛之效數傳之後事體必變周公成王見其幾矣故二書變禮皆爲訓飭諸侯○呂氏祖謙曰遂繼事之辭也既宅尊位繼卽誥諸侯其辭之迫則其勢必有不容已者四國流言之變未遠亟須新

天子之號令。所以鎮浮議而折姦萌。哀恫
不言之際。康王二公。豈得已而不已者乎。

康王命作冊畢。分居里。成周郊。作畢命。

集傳 分居里者。表厥宅里。殊厥井疆也。

集說 孔氏穎達曰。周禮內史云。凡命諸侯及孤卿大夫。則策命之。此云命作冊者。命內史爲冊書以命畢公。○林氏之奇曰。成周郊卽君陳序所謂東郊成周。成周爲王城之東郊。故因謂之成周郊也。篇內曰保釐東郊。卽此郊也。分居里言分其居里於成周東郊之地。○陳氏櫟曰。案此序康王命作冊畢一句。文義難通。必有缺誤。孔傳似爲得之。而朱子非之。何也。○大意謂王命作冊書以任畢公耳。○朱氏祖義曰。商俗三紀之後。與周公君陳之時大異。化之尤難。蓋是時爲善已衆。不可無所勸。爲惡雖寡。不可無所懲。非有元老重望。不足以膺此責。康王所以命畢公。

穆王命君牙爲周大司徒。作君牙。

集傳 序無所發明。曰周云者。殊無意義。或曰。此春秋王正月例也。曰。春秋魯史。故孔子繫之以王。此豈其例邪。下篇亦然。

集說 黃氏度曰。諸侯有司徒司馬司空。亦有宗伯司寇。故天子司徒以下。稱大以別之。○林氏之奇曰。是時大司徒缺。穆王命君牙爲之。篇內有曰弘敷五典。式和民則。此正大司徒之職也。

穆王命伯囧爲周大僕正。作囧命。

集說　孔氏穎達曰：正，長也。周禮大馭中大夫，大僕下大夫。此言大僕正，則官高於大僕，爲周禮大御。若是大僕，何須云正乎？且此經云命汝作大正，正于羣僕。案周禮大御最爲長，既稱正于羣僕，故以爲大御中大夫。且與君同車，最爲親近，故春秋隨侯寵少師爲車右，漢書文帝愛趙同，命之爲御。凡御者最爲密昵，故此經云汝無昵于憸人。大僕雖掌燕朝，非親近之任，是下大夫，不得爲長。

呂命穆王訓夏贖刑作呂刑。

集傳　此序亦無所發明，但增一夏字。自古刑辟之制，豈專爲夷狄，不爲中夏邪？或曰訓夏贖刑，謂訓夏后氏之贖刑也。曰：夏承虞治，不聞變法，周禮亦無五刑之贖，其非古制明甚。穆王耄荒，車轍馬跡無所不至。呂侯竊舜典贖刑二字，作爲此刑，以聚民財，資其荒用。夫子以其書猶有哀矜之意而錄之，至其篇首，特以耄荒二字發之，其意微矣。詳見本篇。

集說　孔氏穎達曰：呂侯得穆王之命，爲天子司寇之卿。穆王於是用呂侯之言，訓暢夏禹贖刑之法。呂侯稱王之命而布告天下，史錄其事，作呂刑。○經言陳罰贖之事，不言何代之禮，故序言訓夏，以明經是夏法。王者代相革易，刑罰世輕世重，殷以變夏，周又改殷，夏法行於前代，廢已久矣。今復訓暢夏禹贖刑之法，以周法傷重，更從輕以布告天下。以其事合於當時，故孔子錄之以爲法。○陳氏大猷曰：呂命二字爲句，疑有闕文。

平王錫晉文侯秬鬯圭瓚。作文侯之命。

【集傳】經文止言秬鬯。而此益以圭瓚。有所傳歟。抑錫秬鬯者必以圭瓚。故經不言歟。

【集說】孔氏安國曰。以圭爲杓柄。謂之圭瓚。幽王爲犬戎所殺。平王立而東遷洛邑。晉文侯迎送安定之。故錫命焉。○孔氏穎達曰。祭之初。酌鬱鬯之酒以灌尸。圭瓚者。酌鬱鬯之杓。杓下有槃。瓚卽槃之名也。是以圭爲杓之柄。故謂之圭瓚。周禮典瑞云。祼圭有瓚。以肆先王。以祼賓客。鄭司農云。於圭頭爲器。可以挹鬯。鄭玄云。肆解牲體以祭。因以爲名。爵行曰祼。漢禮。瓚槃大五升。口徑八寸。下有槃。口徑一尺。詩云。瑟彼玉瓚。黃流在中也。傳云。玉瓚。圭瓚也。黃金所以飾流鬯也。鄭云。黃流。秬鬯也。圭瓚之狀。以圭爲柄。黃金爲勺。青金爲外。朱中央。是說圭瓚之形狀也禮無明文而知其然者祭統云君執圭瓚祼尸大宗執璋瓚亞祼鄭云圭瓚璋瓚祼器也以圭璋爲柄酌鬱鬯曰祼然則圭瓚璋瓚惟柄以圭璋爲異其瓚形則同考工記玉人云祼圭尺有二寸有瓚以祀廟大璋中璋九寸邊璋七寸厚寸鼻寸鄭云鼻勺流也凡流皆爲龍口也三璋之勺形如圭瓚是鄭以璋形如此知圭瓚亦然毛傳又云九命然後錫以秬鬯圭瓚則晉文侯於時九命爲東西大伯故得受此賜也○林氏之奇曰序言秬鬯圭瓚而篇中特言秬鬯此亦互見其義以相備也○陳氏櫟曰成王以秬鬯錫周公於作洛之餘見西周所以盛平王以秬鬯錫文侯於遷洛之始見東周所以衰蓋以我周東遷於晉焉依已位已定不啻足矣錫賚之重可以成王待周公者待文侯矣記曰賜弓矢然後征賜圭瓚然後爲鬯未賜圭瓚則資鬯於天子苟以此律之今賜圭瓚則文侯可自爲鬯不資於天子矣錫以圭瓚則假之禮器賚以弓矢則假之兵

權。又不止於成王待周公者矣。嗚呼其周之東乎。

魯侯伯禽宅曲阜。徐夷竝興。東郊不開。作費誓。

【集傳】徐。徐戎也。夷。淮夷也。

【集說】孔氏穎達曰。經稱淮夷徐戎。序言徐夷。略之也。諸侯之制。於郊有門。恐其侵逼魯境。故東郊之門不開○蘇氏軾曰。二寇皆在魯東。東郊門不開。非謂寇已至東郊也。如漢烽火通甘泉。而棘門霸上皆屯兵。吳楚七國反。而閉函谷關耳。蓋戒嚴也。○林氏之奇曰。曲阜魯之所都。左傳所謂少皞之虛者也。魯之分地。實禹貢徐州之境。其地南抵於淮。徐戎淮夷。蓋東方戎夷之種落。錯居於魯之境內者也。當紂之時。中國無政。嘗侵入職方之地。肆爲呑噬。則其心必不利於齊魯之建國。故伯禽之始居曲阜。而淮夷徐戎竝興者。蓋與之爭魯也。

戎之與夷。壤地相望。蓋有脣齒犄角之勢。服則俱服。叛則俱叛。常武之詩曰。率彼淮浦。省此徐土。不留不處。三事就緒。閟宮之詩曰。保有鳧繹。遂荒徐宅。至于海邦。淮夷蠻貊。莫不率從。言淮浦必言徐土。言徐宅必言淮夷。明此二者嘗有竝與之勢故也。

秦穆公伐鄭。晉襄公帥師敗諸崤。還歸作秦誓。

集傳 以經文意考之。穆公之悔。蓋悔用杞子之謀。不聽蹇叔之言。序文亦不明此意。

集說 呂氏祖謙曰。秦穆因杞子之閒。潛師襲鄭。書法宜曰襲。不宜曰伐。師未加鄭。移兵滅滑。書法宜曰滑。不宜曰鄭。兵端發於鄭而加於滑。晉襄公帥師敗諸崤。乘人之隙者。人亦乘之。出乎爾者。反乎爾者也。還歸作秦誓。傷於外者反於家。動心忍性。將以進於二帝三王之治者。此其階也。○鄒氏季友曰。伯禽。魯之先君。當諱其名。而乃斥言伯禽。秦本伯爵。故春秋書秦伯任好卒。而乃稱秦穆公。此決非孔子筆削之例。

欽定書經傳說彙纂書序全